종교개혁의 역사

역사도서관 019

종교개혁의 역사

토마스 카우프만 지음 | 황정욱 옮김

도/서/출/판 길

옮긴이 황정욱은 1950년 인천에서 태어나 서울대 독어독문학과를 졸업했다. 한신대 대학원에서 신학 석사학위를 받았으며, 독일 부퍼탈 신학대학(Kirchliche Hochschule Wuppertal)에서 교회사를 전공하여 신학 박사학위를 받았다. 1991년부터 2015년까지 한신대 신학과 교수로 있었다.
저서로 『칼빈의 초기사상연구 1』(한신대학교출판부, 2000), 『칼빈의 초기사상연구 2』(한신대학교출판부, 2002), 『예루살렘에서 *長安*까지』(한신대학교출판부, 2005) 등이 있으며, 번역서로는 『교회교의학 II/1』(칼 바르트, 대한기독교서회, 2010), 『교회교의학 II/2』(칼 바르트, 대한기독교서회, 2007), 『교회교의학 IV/3-2』(칼 바르트, 대한기독교서회, 2005), 『종교개혁 초기: 청년 루터, 청년 츠빙글리』(요하임 로게, 호서대학교출판부, 2015), 『독일 민족의 그리스도인 귀족에 고함 외』(마르틴 루터, 도서출판 길, 2017) 등이 있고, 다수의 연구 논문들이 있다.

역사도서관 019

종교개혁의 역사

2017년 10월 10일 제1판 제1쇄 인쇄
2017년 10월 20일 제1판 제1쇄 발행

지은이 | 토마스 카우프만
옮긴이 | 황정욱
펴낸이 | 박우정

기획 | 이승우
편집 | 권나명
전산 | 한향림

펴낸곳 | 도서출판 길
주소 | 06032 서울 강남구 도산대로 25길 16 우리빌딩 201호
전화 | 02) 595-3153 팩스 | 02) 595-3165

등록 | 1997년 6월 17일 제113호

ISBN 978-89-6445-149-6 93900

GOETHE-INSTITUT
Die Übersetzung dieses Werkes wurde vom Goethe-Institut aus Mitteln des Auswartigen Amtes gefordert.
이 책은 독일 외무성의 재원으로 괴테-인스티투트의 지원 아래 번역되었습니다.

"지난 10년 동안 거의 새로운 시대가 성립되었기 때문에 세상은 질주한다."

WA.TR 2, Nr. 2756b, S. 637,10f.(1532년 가을)

"한 여인을 얻기는 쉽되, 그녀를 한결같이 사랑하기는 어렵다.
그러한 여인을 가진 자는 주 하나님에게 감사할 일이다."

WA.TR 5, Nr. 5324, S. 214,27~29(1542/43년)

안티에(Antje)에게 바침

서론

종교개혁과 교회에 대한 애정

1413년 봄 프라하 대학의 한 마기스터는 후에 유명해진 『교회에 대한 논설』(*Tractatus de ecclesia*)의 서두에서 이렇게 썼다. "모든 그리스도인 방랑자가 거룩한 가톨릭교회가 있다고 신실하게 믿어야 하는 것처럼, 그는 주 예수그리스도를 이 교회의 신랑으로서, 교회를 그의 신부로서 사랑해야 한다. 그러나 그가 자신의 영적 어머니를 믿음을 통해 알지 못한다면, 그는 이 교회를 사랑하지 않는 것이다. 그러므로 그는 믿음을 통해 교회를 알아야 하고 교회를 탁월한 어머니처럼 존경해야 한다."[1]

이 글을 쓴 신학 선생은 얀 후스(Jan Hus, 1370경~1415)였다. 그는 2년 후 콘스탄츠(Konstanz) 공의회에서 이단자로 정죄되어 화형을 당했다. 후스가 요구하고 맹세한 교회에 대한 사랑은 하나의, 보편적인, 포괄적인 교회, 즉 신앙고백의 가톨릭교회에 대한 것이었다. 신앙의 대상인 이 교회는 그에게는 현재 존재하는 로마 가톨릭 교황의 교회와 동일한 것이 아니었다. 왜냐하면 이 교회는 당시 경쟁적으로 교황이라 주장하는 자들로 말미암아 분열되어 있었고, 이는 콘스탄츠 공의회가 극복하고자

1 S. Harrison Thomson (Hg.), *Magistri Johannis Hus Tractatus de Ecclesia*, Cambridge 1956, Kap. 1, A, S. 1.

했던 버거운 폐해였기 때문이다. 후스가 생각한 법적·행정적 권력 기구로서가 아니라 그리스도의 신부로서의 교회상에는 옥스퍼드의 신학 교수 존 위클리프(John Wycliff, 1330경~1384)가 끼친 영향이 작용하였다. 위클리프는 로마 교황 교회의 지상적 형상에, 서양의 가장 중요한 교부 아우구스티누스(Augustinus)에 의거해서 참으로 포용적인, 보편적 교회, 그것의 유일한 머리가 그리스도인 교회의 이념을 대립시켰다. 후스의 30개 논제 외에 위클리프의 글 가운데 45개 논제 역시 콘스탄츠 공의회에서 정죄되었다.[2]

루터와 그의 이른바 선구자들

마르틴 루터(Martin Luther, 1483~1546) 이전 서양 교회사에서 유명한 이 두 이단자의 신학 사상이 단순하게 루터 자신의 신학에서 유명한 영감의 근원을 이루지는 않는다. 그보다는 그가 특히 후스, 그리고 이후 위클리프에 대한 연구를 하면서 비로소 로마 교황 교회로부터 그의 내적·외적 분리 과정이 분명히 드러나기 시작한 시점에 들어섰다고 해야 할 것이다. 그때가 1519년 봄과 1520년 여름 사이였다. 그러나 루터는 당시 기꺼이, 그가 생각하기에 부당하게 이단자로 몰린, 그리고 교회에 실망하면서도 사랑한 이 신학자들과 그 밖의 사람들의 전통 속에 자신을 자리매김했고 그들을 자신의 선구자로, 자기 자신을 그들의 추종자요 완성자로 만들었다. 루터 개신교의 역사편찬적 자기 기획에서 이 연결의 실은 한층 더 늘어났다. 루터는 이제 당시의 부패한 교황 교회에 대항하고 그 교회를 개혁하고자 하였던 한 무리의 올바른 진리의 증인(testes veritatis)의 정점이자 종결자로 나타났던 것이다. 16세기 후반 그의 추종자들의 확신에 의하면, 하나님은 루터를 최고의 그리고 마지막 예언자로 보내어 자기 교회에 시대의 임박한 종말에 앞서 회개하도록

2 DH, Nr. 1151-1195 (1415. 5. 4); 얀 후스의 오류는 Nr. 1201-1230 (1415. 7. 6). 양자는 1418년 2월 22일 교황 마르틴 5세를 통해서 확증되었다.

설교하게 하고 반신적 폐단을 극복하게 했다는 것이다.

기원적으로나 루터와 결부되어서나 본질적으로 비난받은 이단의 구원사적 자기 확신의 개념을 나타내는[3] 이 개신교적 역사상은 가장 영향력 있는 역사 기술의 '위인 이야기' 가운데 하나가 되었다. 루터 시대는 당시 인문주의적, 후일 계몽주의적 수사학에 의해 가미되어서 교황의 어두운 지배와 교황 주변 성직자 집단에 대항하여 영적 자유, 그리스도교적 혹은 시민적 양심, 독일 민족의 찬란한 봉기로 묘사되었고, 그럼으로써 어두운 중세의 저 왜곡된 상을 생성하는 데 기여했다. 이 상을 극복하는 일이 학문 밖에서는 언제나 전적으로 성공하지 못했다. 루터와 그의 '선구자들', 이른바 루터 이전 종교개혁가들이 그들의 현재와의 관계에서 위대한, 위협받은, 이해되지 못한, 박해받은 국외자로 자리매김된 반면, 루터 및 15세기 종교개혁가들과 연결된 당대는 종종 시야에서 사라졌다. 루터와 그의 선구자들이 들고일어나 투쟁했던 '중세' 세계가 어둡게 보일수록 그 세계는 더욱더 '무시간적' 혹은 '현대적'으로 나타났다. 그러므로 루터를 영웅화하는 데에서 자유롭지 않은 탈(脫)상황화가 이후 연구에서, 중세 속에 루터를 '재상황화'하려는 드물지 않은 노력, 중세적 루터를 발견하려는 노력으로 이어졌다는 것은 놀라운 일이 아니다. 그러나 이로써 실제로 얻은 것은 거의 없다. 왜냐하면 저 모든 술어들—중세적·전근대적·무시간적-개신교적·근대적 등—이 가공의 구성물이라는 것은 오늘날 거의 진지한 논란거리가 될 수 없기 때문이다.

루터가 자신과 교회 성직계급제 간 갈등사의 일정한 시점부터 이전 종교개혁가들을 연구하고 원용하기 시작하였다는 것 말고는 이 비텐베르크인(루터)과 이른바 이전 종교개혁가들을 밀접하게 연결해주는 것은 별로 없다. 그런데 루터는 회고 속에서 그 자신이 이단자가 되었다는

---

3 1541년 루터가 쓴 다니엘서의 서문 작업에 특별히 영향을 끼쳤다(WA. DB 11/2, S. 75ff.).

사실을 출발점으로 해서 구교의 적대자들에 의해 재생산되고 확증된 (교황 교회로부터 박해받은) 참 교회의 계보를 구성했다. 왜냐하면 이 '이단의 계보'는 결국 루터가 이단자로 정죄받고서야 실제로 이단자가 되었다는 것을 보여주기 때문이다. 이단자 후스와 공적으로 연대한 자는 결국 후스파로 고발되고 저주받는 것을 이상하게 여겨서는 안 될 일이었다. 개신교-강조적 역사 서술과 가톨릭-이단론적 역사 서술은 동전의 양면처럼 나타나고 있다.

회고에서 루터와 그의 이른바 선구자들 사이에 어떤 연결선을 그음으로써 교회 개혁을 위한 노력, 변천하는 시대의 조건에 제도를 생동적으로 적응시키려는 노력, 성서와 교부들로부터 유래하는 거룩한 자료들을 영적으로 재조직하려는 노력 등이, 국외자가 맨 처음으로 옹호한 1500년 무렵 시대의 부차적인 주제가 아니라 많은 인물들과 집단 그리고 종교 단체의 시선을 모은 주요 주제였다는 사실을 보지 못하게 했다. 사람들이 교회 및 그것의 신뢰성을 개선하고자 집중적으로 활동하는 가운데서 교회는 개인들, 사회집단들과 신분들, 길드, 노동조합, 농민 연맹 혹은 왕가(王家)들이 구원 확보, 우연 극복을 위한 욕구와 사회문화적 표출을 위한 욕구를 연출하고 표현한 대안 없는 공간이었다는 사실이 드러났다. 교회 내지 그것의 성직자 대표들에 대한 비판에서는 사람들이 그것들 없이는 살 수도 없고 살려고도 하지 않는다는 사실이 드러났다. 15세기에 점증하는 교회 비판을 두고 사람들이 교회와 내적으로 단절했고 더 이상 교회의 미래를 허용하지 않았다고 추정하는 것은 오류일 것이다. 교회 및 그 실천과 교리에 대항한 공개 반론이나 단호한 봉기는 기껏해야 주변적 현상에 불과하다. 종교개혁을 교회에 대한 종교개혁 이전의 적대적 태도에서 도출하는 것은 비록 그런 적대적 태도가 언급할 가치가 있을 정도로 있었다 하더라도, 지나친 속단이다. 반면 널리 퍼져 있던, 기존 교회에 대한 교회비판적 내지 개혁적 목소리들은 그것의 이념과 본질에 대한 원칙적 승인의 표현, 교회 현실을 그 이념에 근접시키려는 시도로 해석해야 할 것이다. 후스는 이 교회를 앞의 인용문에서 감정적 동사 diligere(사랑하다)로 표현한 바 있다. 교회는 언제나 실제 존재하는 세상적 실수의 기구이자 믿음의 대상이었으므로, 교회에 대한 모든 비판은 그것이 필수 불가결하고 포기할 수 없으며 거룩하다는 것을 입증하는 것으로 간주될 수 있었다. 교회의 최고 대표에 대항하여 교회의 주 그리스도 이름으로 공격할 수 있었고, 또한 참 교회의 내부에서부터 나온다는 주장을 가지고 나설 수 있었다. 가장 신랄하게 교회를 비판한 이들은 대개 교회를 가장 뜨겁게 사랑한 이들이었다.

루터는 후스와 위클리프, 그리고 그 밖의 많은 사람들에 대해 정확한 지식을 얻기 전부터 이 점에서 그들과 일치하였다. 서양 신학사에서 그들의 가장 중요한 교부 아우구스티누스에 근거를 둔 가시적 교회와 불가시적 교회, 거룩한 교회와 죄 많은 교회, 세상적 교회와 영적 교회의 자기 구별은 중세의 여러 단계 동안, 그러나 또한 종교개혁기에도 불안과 문제 제기, 개혁 노력의 촉매로 작용했다.

'교회'의 자명한 편재

종교개혁과 실제 존재하는 교회와의 투쟁, 참 교회, 복음에 부합하는 교회를 위한 그것의 싸움은 오로지 피할 수 없는 교회의 편재성을 배경으로 해서만 이해할 수 있다. 비유대교 신앙을 가진 모든 유럽인들에게 '교회'는 루터 이전이나 그의 당대, 심지어 그 한 세기 뒤까지도 절대 피할 수도 없고 속일 수도 없는 현실이었다. 종교개혁을 통하여 인간에 대한 교회의 요구가 변한 것이 아니라 이 요구가 행해지는 방식이 변했다. 가시적 현상 형태, 권위적·제도적 조직 등의 모든 것은 변했다. 모든 인간이 서로 경쟁하고 서로 저주하는 교회에 당연히 속박되어 있다는 사실은 변하지 않았다. 종교개혁 이전이나 이후나 원칙적으로 유대인과 출교된 자들을 제외한 모든 사람이 '교회'에 속해 있었다. 사람들은 '요람에서 무덤까지' 교회에 속해 있었다. 다른 모든 문화·사회적 결속 및 조직 관계와 달리, 아마도 가족 관계를 제외하고, 모든 인간 삶은 오롯이 교회에 속해 있었다. 종교개혁 이전과 이후 교회는 대다수의 인간들에게 정치적 질서 체계, 즉 국가보다 더 가깝고, 더 구체적이며, 경험 가능한 현실이었다. 교회는 여러 시대와 여러 지역의 인간들이 과거, 현재, 미래에 함께 모이고 서로 연관을 맺게 되는 가장 보편적인 카테고리였다. 교회는 가깝고도 멀며, 보편적이고도 지역적이며, 애쓰지 않고 방문할 수도 있고 애써 도달할 수도 있지만 실제로 도달할 수는 없는 장소요 공간, 중심이며 진원지였다. 교회는 실제로 모든 신분, 장소, 세대의 인간들 곁에 있는 시대의 유일한 질서체였다. 종교개혁 이전과 이후의 교회는 결코 유일한—대부분의 유럽인들에게는 결코 우선적인—'로마'가 아니었으므로, 모든 사람이 잠재적으로 속한 종교의 사회적 형태로서의 교회에서 온전한 정신으로 교황과 그들의 아첨꾼들을 비난하고 그들을 악마의 자식으로 거부할 수 있었다. 교회는 이렇게 무한히 많은 얼굴을 가졌고 교회와의 결속은 자발적이거나 개인적인 결단에 근거한 것이 아니고—종교개혁 이전에도 이후에도 그러했다—당연한 생활 질서를 나타냈으므로, 교회는 종교개혁 도중 분열을 겪었으나 제도적·사회적 유형으로서, 교회로서 살아남았다. 자발적인 종교 공동체 형태는 종교개혁 이전의 교회에서도 이후의 교회에서도 소종파적·이단적인 것으로 간주되었다. 사람들은 자기 결단에 의해서가 아니라 세례를 통해서 교회에 소속되었다. 유럽 종교사에서 급진적인 변경 개척자들, 종교개혁 이전의 종파들과 무엇보다 개신교 소종파들 혹은 유대교와 이슬람에서 개종한 자들에게만 개인적인 종교적 결단이 제 역할을 했다. 그 밖의 모든 사람들에게 교회에 소속되는 것은 돌이킬 수 없는, 대개 반문할 수 없는 자명한 현실이었다.

'교회'에 대한 '교회'의 봉기로서의 종교개혁

교회는 여러 가지 얼굴을 가졌고, 다만 약간의 제의적 혹은 윤리적 의무를 구속적으로 부과했을 뿐 다양한 대안의 여지를 허용했으므로, 교회를 비난할 동기는 상대적으로 적었다. 사람들이 교회의 소명받은 대표들보다 교회의 존폐가 달려 있는 문제를 훨씬 심각하게 받아들여야 한다고 생각할 때에만 교회를 비난할 동기를 가질 수 있었다. 종교개혁은 '교회'에 대한 '교회'의 이런 봉기였다. 종교개혁은 교회의 교회됨을, 그들이 판단하기에 그들이 비난한 저 교회 내지 그 대표들이 받아들이는 정도보다 훨씬 심각하게 받아들였다. 종교개혁은 신자들의 종교적 의무를 고양했고, 의무의 개인적 전유를 촉구했으며, 그런 한에서 모든 인간을 포괄하는 그리스도교 사회(corpus christianum)의 이념을 종교개혁 이전의 교회보다 훨씬 철두철미하게 실현하려고 시도했다. 그리스도교 사회를 형성하려는 데 중세 교회의 목표가 있었다면, 이 목표는 종교개혁과 이로 인해 촉발된 역(逆)종교개혁 도중에 보다 일관되게 그리고 결국 이전보다 더욱 성공적으로 실현되었다.

종교개혁은 기존 교회가 성서의 구속의 척도에 따라서 정돈되고 다시 형성되는 것과 교회의 일원인 그리스도인들이 교회의 교리와 삶에 대한 공동 책임을 떠안는 것을 목표로 하였다. 종교개혁은 교회가 그리스도교적 삶과 사회 형성의 대안 없는 형태를 가리킨다는 것을 자각하고 있었고 그 시대의 조건에서는 '교회'와 '사회'를 개념적으로 구별하는 것이 전적으로 타당하지 않았기 때문에, 교회에 대한 그것의 공격과 개신교의 새로운 건설이 그리스도교 역사상 획기적 영향을 끼칠 수 있었던 것이다. 교회에 대한 공격이 만약 교회를 다시 모든 시민과 농민, 어떤 지정학적 공간의 모든 신분의 모든 인간들의 종교·문화적 사회 및 통합 형상으로 이끌지 않았더라면, 그것은 중세 소종파 역사의 또 다른 장(章)에 불과할 뿐 획기적 현상은 되지 못했을 것이다.

"전체 그리스도교에서 …… 보편적 종교개혁"[4]을 외치는 것은 루터 이전의 저자들에게나 그들 자신에게 모든 부분에 걸쳐 전체 그리스도교 사회의 기초를 뒤흔드는 말을 하는 것이나 다름없었다. 이런 총체적 종교개혁은 인간이 감행하기에 돌파구가 없거나 좌절되기 쉬우니, 오로

4 Johann Geiler von Kaysersberg, *Die Emeis* ……, 1508; R. Kastner, *Quellen zur Reformation 1517~1555*, Darmstadt 1994, S. 34에서 부분적으로 인용함.

지 하나님으로부터 모든 것을 기대할 따름이었다.[5] 그러나 종교개혁은 작은 형성 공간과 행동의 틀 안에서 가능성을 추구하고 폐단을 바로잡기를 멈추지 않았다. 이미 종교개혁 이전의 영향력 있는 설교자요 신학 저술가인 스트라스부르 대성당 설교자 요한 가일러 폰 카이저스베르크(Johann Geiler von Kaysersberg, 1445~1510)는 총체적 종교개혁의 불가능성으로부터 폐단에 순응하라고 결론을 내린 것이 아니라 도리어 조망할 수 있는 책임 영역에서 개혁적으로 활동할 것을 호소했다. "…… 특별히 모든 사람은 자기 신분을, 모든 윗사람은 자기 아랫사람을 개혁할 수 있다. 주교는 자신의 교구에서, 수도원장은 자기 수도원에서, 참사회는 자기 도시에서, 시민은 자기 집안에서, 이것은 쉬울 것이다. 그러나 그리스도교 전체의 보편적 개혁은 어렵고 힘들며, 어떤 공의회도 그것을 가능하다고 보지 않았고 그 길을 발견할 수 없었다."[6] 이로써 지역적·국부적·가정적 개혁의 실현 조건은 정확히 파악했으니, 이것이 합쳐서 종교개혁의 성공을 이루게 되리라는 것이었다. 미래는 총(總)공의회를 통해서 시작되고 구성된 '보편적 종교개혁'이 아니라 도시적·지역적·가정적으로 조망 가능한 그리스도교계의 사회·문화적 삶과 조직 단위 안에 있는 국지적 종교개혁에 속했다. 보편적 종교개혁의 사도, 그리스도인 사회의 대변혁과 근본적 변화의 사도들은 16세기에 곧 이른바 종교개혁 좌파, 급진주의자들에게서 압도적으로 발견된다. 그들의 보편적 종교개혁의 강령 문서들은 초기 유토피아 문학 및 정신과 유사한 현상이다. 그러나 종교개혁가들의 성공은 보편주의를 축소하고 그들이 형성한 집단을 실제로 국지화한 데, 그리고 통칭해서 '종교개혁'이라

5 "교회는 개혁을 필요로 한다. 이것은 교황이나 여러 추기경들과 같은 어떤 인간의 과제가 아니라 오로지 하나님의 과제다. 그러나 시간을 창조한 자만이 종교개혁의 때를 안다. 그사이에 우리는 [면죄부 같은] 명백한 악폐를 거부하는 것을 도외시할 수 없다"(*Resolutiones disputationum de indulgentiarum virtute* [1518], nach WA 1, S. 627, 27~31).

6 가일러의 언급, Kastner, *Quellen zur Reformation* (Anm. 4), S. 34에서 재인용.

불리는 운동에 크고 작은 종교개혁들을 추가한 데 있었다. 어쨌든 이런 개별적·국지적 종교개혁의 종합은 서양 교회의 본질을 이전이나 이후의 어떤 운동보다 근본적으로 바꿔놓았다.

종교개혁의 성공은, 작은 국지적 공간에서 개혁을 이룸으로써 모든 인간을 통합하여 교회를 세우고, 갱신을 규칙적으로 어떤 사회적·정치적 삶의 공간에 단숨에 구속력 있게 관철한 데서 비롯하였다. 개인이나 집단—구교 추종자이든, 재세례파든, 급진적인 '열광주의자'나 외톨이든 간에—의 이탈적 행동에 관용을 보인 것은, 그들이 대항하여 봉기했던, 그리고 그들과 함께 교회로서의 권리 주장을 공유했던 저 교회에서만큼 낯선 것이었다. 그러므로 종교개혁은 그들의 형성 및 관철 공간의 국지성을 보편적 구속성, 즉 그들의 교회로서의 권리 주장과 결부하였기 때문에 성공했다. 콘스탄티누스 시대에 도입된 종교사회학적 사회화 모델, '교회의 이런 사회적 유형'의 당연한 가치가 해체된 것을 근대의 결정적인 종교사적 문화 지표로 이해한다면,[7] 종교개혁과 중세를 두 개의 상이한 역사적 시대로 구분하는 것이 역사적으로 부적합한 것임은 의심할 수 없다. 종교개혁가들은 한 공동체의 모든 인간들이 교회에 속한다는 생각을 그들이 항거했던 저 교회와 공유했다.

전환기로서의 종교개혁?

종교개혁의 의미를 교회사적, 보편사적 중간 휴지(休止)로 단순화하는 것, 특히 레오폴트 폰 랑케(Leopold von Ranke, 1795~1886) 이후 고유한 전환기로 단순화된 종교개혁기(1517~55)를[8]—중세 후기와 근대

---

7 Ernst Troeltsch, *Protestantismus Christentum und Kirche in der Neuzeit*, neu hg. v. Volker Drehsen & Christian Albrecht, Ernst Troeltsch Kritische Gesamtausgabe Bd. 7, Berlin & New York 2004는 이 관점에서 여전히 고무적이다.

8 *Deutsche Geschichte im Zeitalter der Reformation*, 5 Bde., München & Leipzig 1924; 근대의 시대 개념에 대해서는 Thomas Kaufmann, *Die Reformation als Epoche?*, in: Verkündigung und Forschung 47 (2002), S. 49~63.

초기를 포괄하는—1400년과 1650년 사이의 과도기로 정리하는 것이 당연하거나 불가피하지는 않은가? 종교개혁을 중세 혹은 근대에 편입하는 것, 또한 역사편찬적으로 '시대들 사이'에 자리매김하는 것을 둘러싼 논란은 항상 유독 열정적으로 이루어졌다. 이것은 본질적으로, 이 물음과 연결된 암묵적인—드문 경우에만 명시적이 되는—가치정치적 주장과 관계가 있다. 종교개혁을 의도적으로 중세 쪽으로 강력히 끌어들이는 사람은 그것의 현실적인 가치 주장을 보다 유보적으로 판단하는 듯하고 보다 일관되게 역사화하며 '금빛 바탕 없이'[9] 루터를 자기 시대에 놓는 듯하다. 반면 루터와 종교개혁을 근대 쪽으로 끌어들이는 사람은 또한 루터를 오늘의 우리에게도 본질적인 것을 시사할 수 있는 인물이라고 주장하며, 그의 생애, 업적과 신학이 결정적으로 개인화나 다원화, 종교적 최종구속성의 개인 양심에의 결합, 성직자의 후견으로부터의 해방, 개인 인권의 근거 정립 내지 가능성 부여 등 일련의 근본적인 종교문화적 과정에 지분이 있다고 말한다. 그러므로 일정한 시대화 개념에서 드물지 않게 교리적 가치 주장을 만나게 되는데, 종교적 경쟁과 그리스도교 세계를 둘러싼 현실적인 대립 지평에서 영향력은 이 가치 주장의 탓으로 돌려진다.

근대의 보편사적 시대 논쟁과 관련해서 개신교 저자들에게서 드물지 않게 만나게 되는, '종교개혁: 중세인가 근대인가?'라는 물음에서의 흥분은 그 사이에 가라앉은 것으로 간주될 수 있다. 오늘 누구도 진지하게 우리 자신의 현재를 종교개혁 시대와 같은 시대에 놓여 있다고 주장할

9 고트프리트 제바스(Gottfried Seebaß)는 루터 탄생 500주년의 결실을 이 모토 아래 요약했다. *Ein Luther ohne Goldgrund—Stand und Aufgaben der Lutherforschung am Ende eines Jubiläumsjahres*, in: Otto Hermann Pesch (Hg.), *Lehren aus dem Luther-Jahr. Sein Ertrag für die Ökumene*, München u. a. 1984, S. 49~85. 1983년 루터 탄생 500주년에 루터를 철저히 역사적으로 관찰한—내 견해로는—중요한 책이 뉘른베르크의 게르만민족박물관과 종교개혁역사협회가 공동으로 기획하고 개최한 전시회에서 전시되었다. *Martin Luther und die Reformation in Deutschland*, Frankfurt am Main 1983.

수는 없다. 종교개혁의 이질성, 그것의 상이성은 역사적 관점에서 진지한 논란거리가 될 수 없다. 보편적으로 통용되는 '근대 초기'라는 시대 개념을 도입함으로써 루터 혹은 종교개혁이 '중세적인 것'에 속하는지 '근대 유사성'을 띠는지에 대한 논쟁은 따라서, 거기서 불꽃을 튀길 수 있다고 여전히 생각하는 사람들에게 안심하고 맡길 수 있다.

기존 교회 제도의 변화로서의 종교개혁

종교개혁은 달력상의 일정한 날, 예를 들어 1517년 10월 31일, 비텐베르크의 신학 교수가 마그데부르크 교구의 대주교요 독일 제국교회의 수석 대주교이며 베드로 대성당 건축을 위한 면죄부 판매 책임을 맡았던 알브레히트 폰 브란덴부르크(Albrecht von Brandenburg)에게 면죄부에 관한 95개 논제를 보냈던 만성절 전날에 시작된 것이 아니다. 그는 자신을 처음으로 루더(Luder) 대신 루터로 칭했고 결코 이루어지지 않은 토론을 통보할 목적으로 비텐베르크의 교회 문, 대학의 '칠판'에 게시한 듯하다. 또한 종교개혁은 일정한 사건, 예를 들어 1555년 9월 25일, 곧 1530년의 중대한 개신교 신앙고백인 『아우크스부르크 신앙고백』(*Confessio Augustana*)의 신봉자들에게 (기대되었던) 교회의 재통합 시까지 제국법상 관용이 승인되었던 아우크스부르크 제국의회 결정으로 끝난 것도 아니다. 이 책에서 이해하는 대로 종교개혁은 전통적 교회 제도에 대한 신학적 문제 제기, 출판물을 통한 공격, 형성적 변혁 과정을 보여준다. 교회와 사회의 불가분적 결속 관계에 근거하여, 상이한 수단으로 착수된 교회 제도에 대한 변화들은 여러 사람들에게 다양한 방식으로 영향을 끼쳤다. 나는 종교개혁을 도시 및 영방국가적 맥락에서의 **교회 제도의**—로마 교회와의 의식적인 경계 설정 속에서 그리고 거기서 효력을 가지는 교회법상의 법적 근거와의 단절에서 이루어진—**변형 과정들**, 일부는 이 과정을 열어젖히고 일부는 동조한, 일부는 사적이지만 대개는 공식적인 특히 팸플릿 출판을 통한 커뮤니케이션 행위, 그리고 이 과정과 불가분으로 연결된 도시들과 영방국들과 지역, 제국과 유럽 등 매우 상이한 무대에서 일어난 정치적·법적·군사적 투쟁으로 이해한다. 그러므로 종교개혁이란 말이 루터의 끊임없는 신학적 발전 과정 속에서만 의미를 갖는 그의 특정한 신학적 인식을 섣불리 지칭하지는 않는다. 루터의 신학은 그것이 **기존 교회 제도의 변화** 혹은 그 세부 현상의 변화를 목표로 커뮤니케이션 매체를 이용하여 이것을 달성하는 한에서만, 그 시점부터, 여기서 추구하는 관점의 의미에서 종교개혁 신학으로서 중요하다. 면죄부 논쟁은 종교개혁이 되었던 저 일련의 사건의 출발점을 이루었다.

이렇게 이해된 종교개혁과 흔히 종교개혁가들이라 칭해지는 유력 신학자들의[10] 일정한 통찰의 연관성에 대해 일정한 종교개혁적·신학적 통찰이 직접 '종교개혁적' 결과를 낳았다고 가정하는 취지에서 답변을 제시한다면 결코 타당한 해답이라고 할 수 없다. 이것은 신학 사상이 어떤 작용을 했는가에 대한 너무나 순진한 모델을 전제하는 것이다. 그러므로 종교개혁 신학과 종교개혁 사이의 연관성에 대한 물음은 그때마다의 관찰 지형, 교회 변화의 대상과 주제에 따라서 구별해서 제기되어야 할 것이다.

종교개혁과 근대 초기

1530년대 이래 독일 역사에 지속적 영향을 끼친 기존 교회 제도의 변형 과정은 종교개혁의 신기원적 개념과 결별하고 종교개혁을 **근대 초기** 내의 매우 **중요한 단계**로 자리매김하더라도 역시 획기적으로 혹은 어쨌든 핵심적으로 의미심장한 것으로 평가될 수 있는 결과들을 산출했다.[11] 근래의 연구에서 **종파화** 개념을 통해 표현된 16세기 후반의 사

10 Thomas Kaufmann, *Reformatoren*, Göttingen 1998.

11 Kaufmann, *Die Reformation als Epoche?* (Anm. 8) 참조; Thomas Kaufmann, *Lutherische Konfessionskultur in Deutschland — eine historiographische Standortbestimmung*, ders., *Konfession und Kultur. Lutherischer Protestantismus in der zweiten Hälfte des Reformationsjahrhunderts*, Tübingen 2006, S. 3~26.

회·역사적 역동성이[12] **근대**를 향한 역사 발전에서 갖는 특별한 의미를 인정하는 경우, 종교개혁이 교회와 그리스도교 역사에서 심대한 단절 혹은 '변혁'[13]을 이루며 그런 한에서 그것은 교회와 국가, 그리스도교와 사회, 종교적 심성과 문화의 불가분적 결합을 고려할 때, '일반 역사'의 단절과 변혁 또한 이룬다는 사실을 확인할 수 있을 것이다. 왜냐하면 일부 종교개혁의 돌출적 발발을 통해 야기되었거나 간접적으로 가능케 되었던 경향과 확신들이 16세기 후반에 되살아나 성공을 거두었거나 고착되었기 때문이다. 종교개혁과 종파화 사이의 문화적 연관 관계는 양자를 상이한 역사적 시대로 구분하는 것을 별 의미 없는 일로 보이게 한다. 예를 들어 16세기 후반에 강화된 훈육 전략을 통해 '보통 사람'에게 전수한 교리문답은 압도적으로 세기 전반에 생성되었다. 세기 후반에 자기 종파로 고착되었고 경쟁하는 교파들에 대립하는 개신교 내의 대집단들—루터파와 개혁파, 어떤 의미에서 로마 가톨릭도—은 세기 전반의 종교개혁기에 생성되었다. 16세기와 17세기 초에 종파들의 공생을 위한 정치적·법적 틀을 형성해야 했던 법률 형식들은 그것들이 장기간 지속되는 잠정적 해결책으로서 세기 후반부에 다소간 설득력 있게 확증되기 전에, 세기 전반에 잠정적으로 검증되었거나 투쟁의 대상이 된 것이었다. 관점들이 증대되었으니—어디서나 종교개혁과 종

---

12 하인츠 실링(Heinz Schilling)의 논문들은 이에 대한 기초적 연구이다. 이것 가운데 가장 중요한 것은 H. Schilling, *Ausgewählte Abhandlungen zur europäischen Reformations- und Konfessionsgeschichte*, hg. v. Luise Schorn-Schütte und Olaf Mörke, Berlin 2002; Heinz Schilling (Hg.), *Konfessioneller Fundamentalismus*, München 2007에서 발견할 수 있다. 새로운 시대화 개념 및 그 논쟁에 대해서는 Stefan Ehrenpreis, Ute Lotz-Heumann (Hg.), *Reformation und konfessionelles Zeitalter*, Darmstadt 2002; Luise Schorn-Schütte, *Die Reformation. Vorgeschichte — Verlauf — Wirkung*, München ³2002; Olaf Mörke, *Die Reformation. Voraussetzungen und Durchsetzung*, München 2005 참조.

13 Bernd Moeller (Hg.), *Die frühe Reformation in Deutschland als Umbruch*, Gütersloh 1998 참조.

파화는 서로 간섭했고, 하나 없이 다른 것이 존재하지 않았다. 이 때문에 종파화를 종교개혁에 뒤따르는 근대 초기의 제2단계로 이해하는 것이 타당한 것처럼 보인다.

종교개혁과 중세 후기—연속성

종교개혁기에는 중세 후기에 특별한 형상을 각인한 많은 것들이 계속 살아남았다. 종교개혁의 몇몇 본질적 관점과 현상들은 15세기 후반의 종교적·정신적·사회적·정치적 전제 없이는 이해될 수 없다. 종교개혁 이전부터 독일 내에서 분명히 시작된 대중어 성서에 대한 관심을 빼놓고는, 종교개혁에서 제기된 평신도들의 성서 독서에 대한 요구 및 다른 모든 진리 심급들에 대비한 성서의 규범적 우월성에 대한 요구가 그렇게 급속히 퍼지고 용인될 수 있었는지 납득할 수 없을 것이다.[14] 대중어 설교에 대한 명백히 증대하는 관심과 설교가 회개와 칭의 문제에 집중한 사실을 배제하면,[15] 일차적으로 평신도 신분 가운데서 도시 독자들을 위해 정해진 경건문학 및 신앙문학 출판의 폭발적 증가를 배제하면,[16] 도시 시민계급의 증가하는 교양 요구에 부응하는 형태로 강단

---

14 Thomas Kaufmann, *Vorreformatorische Laienbibel und reformatorisches Evangelium*, in: ZThK 101 (2004), S. 138~74 참조.

15 Hans-Jochen Schiewer, *German sermons in the Middle Ages*, in: Beverly Mayne Kienzel (Hg.), *The Sermon*, Turnhout 2000, S. 861~961; Hans-Jochen Schiewer, *Predigten und Visionsliteratur*, in: Peter Jörg Becker, Eef Overgaauw (hg.), *Aderlass und Seelentrost, Die Überlieferung deutscher Texte im Spiegel Berliner Handschriften und Inkunabeln*, Mainz 2003, S. 247~64; Anne T. Thayer, *Penitence, Preaching and the Coming of the Reformation*, Aldershot 2002 참조.

16 Thomas Kock, Rita Schlusemann (Hg.), *Laienlektüre und Buchmarkt im späten Mittelalter*, Frankfurt am Main 1997; Christoph Burger, *Direkte Zuwendung zu den Laien und Rückgriff auf Vermittler in spätmittelalterlicher katechetischer Literatur*, in: Berndt Hamm, Thomas Lentes (Hg.), *Spätmittelalterliche Frömmigkeit zwischen Ideal und Praxis*, Tübingen 2001, S. 84~109 참조. 클라우스 슈라이너(Klaus Schreiner)의 논문들은 평신도 교육에 대한 기초 연구이다. *Laienbildung als*

설교를 할 수 있는 평균 이상의 교육을 받은 설교자들을 위한 도시 설교자직의 정착을 배제하면, 종교개혁적 설교 및 출판의 급속한 성공은 거의 납득할 수 없을 것이다. 종교개혁 이전의 반(反)로마적·반교황적 교회 비판을 의도적·선동적으로 수용했던 것이나 종교개혁의 배우들이 공의회주의 이론과 개념을 체득했던 것을 배제하고는, 루터가 『독일 민족의 그리스도인 귀족에게 고함』(1520)을 통해서 달성한 돌파력은 거의 재현될 수 없을 것이다. 이미 15세기에 일부 진전된, 교회 제도를 자기 영지 내에서 자신들의 통제 아래 두고 '영주의 교회 통치'를 확립하려 한 독일 영주들의 시도[17] 혹은 주교의 영향이나 그들의 법적 대리인의 영향을 길들이고 자신들의 공동체 집단에 통합하려는 도시 행정관들의 시도[18]를 배제하고는, 지속적으로 일어나는 지역적 종교개혁 과정은 납득할 수 없을 것이다. 인쇄물과 팸플릿, 교육적 도상 매체 등 대중 매체적 커뮤니케이션 수단에 관해서는, 초기 종교개혁의 출판 운동가들은 물물유통적·사회설비적·예술적 경험 및 전략과 연결하거나 이것들을 이용할 수 있었는바, 이것을 배제하고는, 초기 종교개혁 운동을 수반하고 또한 가능케 한 거대한 매체 장치는 생각할 수 없을 것이다. 유대교와 '투르크인' 종교를 신학적으로 해석하고 종교실천적으로 다루는 데서는, 종교개혁 저자들이 의도적으로 종교개혁 이전의 해석 전통을 원용하고 중세 텍스트를 재활성화한 것을 입증할 수 있다.[19]

Herausforderung für Kirche un Gesellschaft. Religiöse Vorbehalte und Widerstände gegen die Verbreitung von Wissen im späten Mittelalter und in der Reformation, in: ZHF 11 (1984), S. 257~354; *Laienfrömmigkeit — Frömmigkeit der Eliten oder Frömmigkeit des Volkes? Zur sozialen Verfaßtheit laikaler Frömmigkeitspraxis im späten Mittelalter*, in: ders. (Hg.), *Laienfrömmigkeit im späten Mittelalter*, München 1992, S. 1~78 참조.

17 Manfred Schulze, *Fürsten und Reformation. Geistliche Reformpolitik weltlicher Fürsten vor der Reformation*, Tübingen 1991 참조.

18 Bernd Moeller, *Kleriker als Bürger*, in: ders., *Die Reformation und das Mittelalter*, Göttingen 1991, S. 35~52, 284~94 참조.

그러므로 종교개혁은 스스로 창조하지 않은 전제에 의거해 스스로를 지속시켜갔고 그 전제 아래 생성되었다. 이것은 종교적 성향에 해당될 것이다. 구원 문제, 구원의 동경과 불안 없이, 회개 제도와 기부 제도, 종교적 유희, 순례, 삶을 규제하는 윤리, 죽음의 염려 등의 정형화된 종교적 실천 없이는 종교개혁가들의 답변, 질문과 공격은 납득할 수 없고 영향력이 없을 것이다. 여기서 암시된, 그리고 추후의 서술에서 근본적으로 입증될 종교개혁과 중세 후기 사이의 퇴행적 연관성에 비춰볼 때 중세 후기와 종교개혁 사이의 연속선을 분명히 드러내고 그 둘 사이의 단절이나 '체계 붕괴',[20] 역사적 '경계선'이라는 관념에 대하여 유보적이거나 그것을 아예 거부하는 것이 바람직스러운 것으로 보이지 않는가?

---

19 Thomas Kaufmann, *Das Judentum in der frühreformatorischen Flugschriften-publizistik*, in: ZThK 95 (1998), S. 429~61; Th. Kaufmann, *Luthers 'Judenschriften' in ihren historischen Kontexten*, Göttingen 2006; Th. Kaufmann, *'Türkenbüchlein', Zur christlichen Wahrnehmung 'türkischer Religion' im 15. und 16. Jahrhundert*, Göttingen 2008 참조.

20 베른트 함(Berndt Hamm)은 이 개념을 거듭 역설한다. 특히 *Einheit und Vielfalt der Reformation —oder: was die Reformation zur Reformation machte*, in: B. Hamm, Bernd Moeller, Dorothea Wendebourg, *Reformations-Theorien. Ein kirchenhistorischer Disput über Einheit und Vielfalt der Reformation*, Göttingen 1995, S. 57~127; B. Hamm, *Von der spätmittelalterlichen reformatio zur Reformation. Der Prozeß der normativen Zentrierung von Religion und Gesellschaft in Deutschland*, in: ARG 84 (1993), S. 7~81; B. Hamm, *The Reformation of Faith in the Context of Late Medieval Theology and Piety*, hg. v. Robert J. Bast, Leiden 2004 참조. 이 밖에 Rudolf Suntrup, Jan R. Veenstra (Hg.), *Normative Zentrierung/Normative Centering*, Frankfurt am Main u. a. 2002 참조. 구드런 리츠(Gudrun Litz)와 롤란트 리벤베르크(Roland Liebenberg)가 펴낸 *Frömmigkeit-Theologie-Frömmigkeitstheologie. Festschrift für Bernd Hamm*, Leiden / Boston 2005은 베른트 함의 개념을 생생하게 수용하지만, 때로는 언제나 독자적으로 수용하지는 않는다는 인상을 제공한다.

종교개혁과 중세 후기 — 불연속성

이 문제에는 조심스럽게 판단하고 답변할 수 있을 따름이다. 연속성을 역설하는 자도 불연속성의 요소들을 부인할 수 없을 것이고 또한 그 역으로도 마찬가지다. 이 책에서 불연속성에 비중을 두는 것에 대해서 — 이것만이 종교개혁이라는 역사편찬적 개념을 계속해서 사용하고 그것으로 표현된 것을 중세 후기부터 근대 초기의 개혁 시대에 귀속시키지 않는 것을 정당화한다! — 개신교 교회사가가 자기 분야의 역사편찬적 전통에 구속받는 사실과 종교개혁은 독일 역사의 '기억 장소'라는 정황[21]만이 책임이 있는 것은 아니다. 비록 이것을 부인하는 것이 어리석거나 부정확할 수는 있겠지만 말이다. 내 견해로는, 불연속성의 관점을 결정적으로 뒷받침하는 것은 종교개혁의 옹호자들뿐만 아니라 구교 적대자들, 즉 '역(逆)종교개혁'의 주역들이[22] 교황 교회와 이단 교회 사이의 분리가 심히 깊었고 상호 배척이 화해의 여지가 없었다는 점, 그들이 하나의 라틴 유럽 교회의 통일적 역사가 종교개혁에서 잠정적 내지 궁극적인 종말에 도달한 것으로 본다는 점에서 일치했다는 사실이다. 실로 보헤미아 '종교개혁'에서도 민족적·국지적 교회의 독자화가 있었고, 이를 종교개혁가 편에서 기억하고 일시적으로 독일 민족교회의 강령적 표상들을 위한 본보기로 삼기도 하였다. 그러나 로마로부터 이탈한 숫자, 신학적 반대의 단호성과 항구성, 독일 종교개혁의 특징을 나타내는 정치적 지원의 안정성, 결국 유럽으로의 확산 강도는 이전의 서양 이단사의 독자화 경향을 넘어선다. 종교개혁과 더불어 유럽의 풍경은 교황에서 벗어난, 교회법의 구속력과 로마의 판결에서 독립된 교회로 넘어갔다. 라틴 유럽의 그리스도교계는 이에 비견할 만한 제도적·조

---

21 Gerald Chaix, *Die Reformation*, in: Étienne François & Hagen Schulze (Hg.), *Deutsche Erinnerungsorte*, Bd. 2, München 2001, S. 9~27 참조.

22 이 개념 및 이것과 연결된 역사편찬적 난점에 대해서는 Thomas Kaufmann, Artikel *Gegenreformation*, in: *RGG*^{4} 3 (2000), Sp. 338~544 참조.

직적·교회법사적 해체 과정을 지금까지 겪지 못했다.

또 다른 관점이 중세 후기에 대한 종교개혁의 불연속성, 즉 종교개혁이 더 이상 중세적이 아님을 강조하는 것을 정당한 것으로 보이게 한다. 종교개혁과 더불어, 종교개혁을 통하여, 인간 구원을 하나님과의 개인적 관계 및 신앙에 근거하는 신학과 이에 상응하는 경건의 실천이 주도하게 되었다. 이 입장이 그 뿌리를 중세 후기의 경건신학적 경향에 두었다고 할지라도, 그것이 종교개혁에서 전면에 등장할 때의 급진성, 보편성, 배타성은 경건한 인간과 교회의 관계를 근본적으로 바꿔놓았다. 교회는 더 이상 구원 획득의 제도적 담보로서 기능하는 것이 아니라, 개인이 신의 말씀과 믿는 자들의 공동체를 만나는 공간으로 기능하였다. 그러므로 종교개혁기에 중세 후기의 출판 생산을 통해 준비되고 1519/20년 이후 폭발적으로 등장한 커뮤니케이션 역사의 변화가 이루어졌으니, 이 변화는 연구에서 '종교개혁적 공론장의 탄생', 종교개혁적 '커뮤니케이션 과정'[23] 혹은 '매체 사건'으로서의 종교개혁 등과 같은 말로 표현되었다. 이전에는 어쨌든 그렇게 짧은 시기에 그렇게 다양한 글이 작성되고 인쇄된 적이 없었고, 그렇게 다양한 저자들—때로는 평신도 신분 출신의—이 '루터와 그 추종자들의 일'을 편들기 위해서 동원된 적이 없었으며, 종교개혁 초기에서처럼 그렇게 빠른 속도로 비교적 동질적 견해와 신념이 그렇게 광대한 독일어권 지역으로 전파되었던 적이 없었다.

오랜 교회사의 법적·사회적·정신사적 관점에서 근본적인 두 종류

---

23 Rainer Wohlfeil, "Reformatorische Öffentlichkeit", Ludger Grenzmann & Karl Stackmann (Hg.), *Literatur und Laienbildung im Spätmittelalter und in der Reformationszeit*, Stuttgart 1984, S. 41~54; Bernd Moeller, *Die frühe Reformation als Kommunikationsprozeß*, in: ders., *Luther-Rezeption*, hg. v. J. Schilling, Göttingen 2001, S. 73~90; Berndt Hamm, *Die Reformation als Medienereignis*, in: Jahrbuch für Biblische Theologie 11 (1996), S. 137~66; Thomas Kaufmann, *Luther und die reformatorische Bewegung in Deutschland*, in: Albrecht Beutel (Hg.), *Luther Handbuch*, Tübingen 2005, S. 185~96 참조.

의 그리스도인(genera christianorum),[24] 곧 성직자와 평신도의 구별을 신학적으로 부정함으로써 결국 종교개혁 초기 이후 역사적으로 유례없는 평신도들의 활동이 시작되었는바, 이것은 상이한 맥락에서 교회 변혁 과정의 중요 요소가 되었다. 평신도들이 만인사제직에 근거하여 신학적 자기 판단의 권한을 얻고 대중어 성서 출판을 통하여 능력을 얻게 됨으로써, 그들에게는 원칙적으로 교회를 함께 형성할 수 있는 기회가 많아졌다. 이런 일은 종교개혁 이전에는 전혀 상상할 수도 없었다. 실로 평신도들의 참여 가능성은 실제로 여러 신분에 따라서 큰 차이가 있었으니, 농민전쟁 후 개신교 위정자들은 이를 제한하거나 의심을 품고 바라보았다. 그러나 정치적으로 유력한 평신도, 도시의 행정관과 제국의 제후들에게는 종교개혁 동안 교회의 탁월한 일원(praecipua membra ecclesiae)으로서 교리를 판단하고 결정할 권리가 부여됨으로써, 종교개혁은 공식적으로 평신도들에게 법적으로 보증된 영향을 끼칠 가능성을 만들어냈다. 이런 것을 중세 교회는 알지 못했다.

종교인의 극적인 감축, 수도원 제도의 철폐, 재산 관리 제도의 폐지, 이와 연관된 성직록 체계의 해체, 그리고 시민적 삶의 세계 속으로 완전히 통합된 목사직(유일한 영적 직무로서)의 설치는 사회사적·정신사적으로 심대한 변혁을 이룬다. 혼인한 개신교 목사는 기능적으로 정의된 공동체 직무를 수행했고 개인으로서 신학적으로 정의되고 사제 봉헌을 통해서 보증된 신성한 신분을 더 이상 주장할 수 없었다. 그와 공동체 간의 직무 관계는 일차적으로 성서 해석과 성례전 집행을 통해 중계되었고 종교개혁 이전의 선구자들보다 훨씬 교육적 특징을 지니게 되었다. 종종 기존의 사제들이 그들의 직무에 남아 있었으므로—그들이 혼인했거나 내연 관계를 합법화한 이후 실로 빈번하게 그러했다—믿는 자의 관점에서 차이점은 여러모로 중대하지 않은 것처럼 느껴졌을지라도, 신학자들의 관점에서는 안수받은 개신교 목사는 서품받은 사제

24 제1부 제2장 각주 7 참조.

와 전혀 달랐다.

신성한 대상, 예를 들어 성유물, 성체, 형상, 부적 등을 종교적으로 대하는 데에서 종교개혁은 전통과 다소간 완전히 단절하였다. 종교개혁은 전통적 의미에서의 순례, 거룩한 장소, 또한 무한히 중요해진 성자들을 더 이상 알지 못했고 그런 한에서 광범위하게 탈신성화, 아마도 합리화를 추진했다. 종교개혁 신학과 경건을 성서, 그것에서와 설교에서 만날 수 있는 말씀, 화해하는 그리스도에게 (이제 자기 어머니 마리아를 완전히 능가하고 그녀의 경배에 분명한 선을 그었다) 집중한 것은 깊은 단절을 의미했으니, 중세 후기의 상응하는 현상들과 전형들 혹은 비교 가능한 경건의 경향을 되짚어보는 것은 실제로 의미가 없다. 어쨌든 지금까지, 종교개혁에서 일상적인 신랄함, 잔인성, 자명함으로써 성자들의 천국이 침공받거나 약탈된 적이 없었고 마리아가 격하되거나 신성한 대상이 탈신성화된 적이 없었다. 그러나 종교개혁이 승리한 곳에서 중세 경건문화와 교회성의 본질적 요소 및 출현 방식은 다소간에 계속해서 소멸되어갔다. 그리고 보잘것없는 잔재 가운데 민간신앙의 관습이나 개신교 수도원 제도[25]로 살아남은 것들은 이전에 가진 의미의 희미한 자취에 불과했다. 종교개혁이 돌진하는 곳에서 중세 교회 역사는 본질적 현상에서 종말을 고했다.

독일과 유럽의 사건으로서의 종교개혁

레오폴트 폰 랑케 이후 종교개혁 역사는 민족적 독일 역사기술의 고전적 주제였다. 독일의 민족적 담론이 본질적으로 개신교 저자들에 의해 규정된 것처럼,[26] 종교개혁의 역사가 민족적 자기 서술에 깊이 뿌리

---

25 개신교 수녀원에 대해서는 예를 들어 Lucia Koch, *"Eingezogenes stilles Wesen?" Protestantische Damenstifte an der Wende zum 17. Jahrhndert*, in: Anne Conrad (Hg.), *"In Christo ist weder man noch weyb." Frauen in der Zeit der Reformation und der katholischen Reform*, Münster 1999, S. 199~230 참조.

26 Alexander Schmidt, *Vaterlandsliebe und Religionskonflikt. Politische Diskurse im*

내리게 된 것은 이미 근대 초기 루터파로 거슬러 올라간다. 민족개신교적 역사정치의 상황 속에서 종교개혁을 이념적으로 도구화했던 것은—그 문제성에도 불구하고—너무나 자명하기 때문에[27] 민족적 사건으로서의 종교개혁을 서술할 때 민족주의적 강조는 문제성이 있는 것으로 보일 수밖에 없다. 그렇기 때문에 종교개혁 현상에 대한 시각을 철두철미하게 유럽화하고 이로써 포스트 민족주의, 포스트 식민주의의 역사편찬적 지평에서 모든 독일 지역주의와 역사정치적으로 정확하게 결별하는 것은 때늦은 것도 아니고 억지스러운 것도 아니잖은가?

현재의 서술은 실제로 언제나, 그러나 또한 역사적 맥락을 이해하기 위해서 유럽 연관성을 포기할 수 없을 경우에만, 이 관계를 논의하게 될 것이다. 독일 민족의 신성로마제국 수장 카를 5세(재위 1519~56)가 종교개혁의 결정적 단계에서 유럽정치적·세계정치적 규모의 군주였고 제국에서 종교 정책에 외교적 이해관계를 얽어 영향력을 행사했던 사실을 고려하면, 국제적 관계성은 당연히 핵심적 위치를 점하고 있다. 독일어권의 유력한 종교개혁가들이 유럽 인접 국가의 학자들이나 종교 집단들과 직간접적으로 접촉한 것이 일시적으로 구(舊)제국과 스위스에서의 종교개혁 과정에 결정적으로 영향을 끼쳤다. 그러나 내 견해로는 독일의 종교개혁 역사를 자기 서술의 중심에 놓는 것이 합리적이다. 왜냐하면 한편으로 종교개혁은 여기서 시작되었고 구제국의 특수한 정치적·헌정적 여건 아래서 특수한 형태를 띠었으며 다른 유럽 국가들에 비하여 성격적으로 다르게 진행되었기 때문이고, 다른 한편으로는 종교개혁이 대중어 출판의 주도적 역할에 힘입어 특수한 문화적 맥락을 형성했고 종교개혁의 몇몇 핵심 주역들이 독일 민족이라는 정치적·문화적

Alten Reich (1555~1658), Leiden & Boston 2007; Mattias Pohlig, *Zwischen Gelehrsamkeit und konfessioneller Identitätsstiftung. Lutherische Kirchen- und Universalgeschichtsschreibuing 1546~1617*, Tübingen 2007 참조.

27 예를 들어 Karl-Heinz Fix & Stefan Laube (Hg.), *Lutherinszenierung und Reformationserinnerung*, Leipzig 2002.

공간 내의 교회에 특별한, 어쨌든 우선적인 의미를 부여했기 때문이다.

지금까지 독일 종교개혁 역사의 전체 서술에 비하여, 역사적 행위자, 개인, 크고 작은, 공적이고 은밀한 그룹, 정치적 질서 세력들에 대한 나의 관심 때문에 많은 것들이 독선적으로 보일 수도 있다. 그들이 그리스도교를 자신들의 사회적·정신적 세계의 상황에서 어떻게 해석했는가는 그들에게 무엇을 의미했는가? 종교의 — 그러므로 신학의 — 반성적 해석 형태가 문화적·정치적 실제와 어떤 관계를 가졌는가? 가능한 한, 그리고 전체 상을 고려하여 지지될 수 있거나 필수 불가결한 것처럼 보였을 때, 거시사적 관점보다는 문헌에의 근접성에 우선권이 부여되었다.

실로 서술은 이 방법이 얼마나 의미가 있는지를 설득력 있게 만들어야 한다. 종교개혁가들의 개혁 요구와 교회비판적 동기들이 로마의 보편적 교회를 향했고 그런 한에서 (그들이 항거한) 저 교회의 가톨릭성에 참여하였을지라도, 종교개혁은 역사적으로 기존 교회에 정치적으로 개입하는 것을 충분히 보장받을 수 있는 구제국의 개별 도시들이나 영지에서 일차적으로 실현되었다. 그런 한에서 종교개혁은 상이한 도시적·지방적 종교개혁의 연관 관계로서만 존재한다. 종교개혁은 이런 것으로 존재한다.

차례

제2부 제국의 종교개혁

제3부 종교개혁의 철회 불가

제1부
종교개혁의 전제들

종교개혁의 근거와 동기, 진행과 구조는 직접 그것의 전사(前史)로부터 도출될 수 없다. 종교개혁 전야의 교회와 사회의 위기적 몰락 상황에서, 르네상스를 통해 미화된 베드로의 권좌에서 호색한이 지도하는 교회에 만연한 퇴폐에 대항하여 다소간에 어쩔 수 없이 양심이 봉기하게 되었다는 데서 결정적 원인을 찾는 영향력 있는 개신교 해석 모델에 대하여 강력한 유보 자세를 취해야 한다. 이제 3세대의 집중 연구를 통하여 인과관계에 따라 구성된 어둡게 영락한 중세 후기와 찬란한 종교개혁의 관계 규정은 시대에 뒤떨어진 것으로 간주되어야 한다. 이것은 한편으로 인과관계 모델 일반에 따른 형식주의적 도식화가 역사적 변혁 동기들과 거기에 내재한 자기 역동성을 서술하기에는 역부족이기 때문이다. 다른 한편으로는 종교개혁 시대의 주역들을 가치평가하는 데 뿌리를 두고 있는 단순화된 붕괴와 개혁, 몰락과 상승의 대립은 선입견에 사로잡히지 않고 15세기와 16세기 초를 바라보려는 시각에 요구되는 세분화된 관찰들과 여러모로 상치된다.

중세 후기에 대한 퇴폐이론적 시각은 종교개혁가들과 그 후계자들의 변증적·공격적 자기 주장 전략의 결과로 이해될 수 있다. 그들 이전이나 이후의 개혁가들처럼 종교개혁가들은 옛것, 존경할 만한 것, 원래의 것의 기준에 비춰 입증된 갱신과 변화의 근거를 종교개혁이 필연적으로 이룬 몰락에서 찾았다. 루터의 『그리스도인 신분의 개선에 대하여: 독일 민족의 그리스도인 귀족에게 고하는 글』(1520)과 같은 신학정치적 강령의 문서는 오로지 그것의 공격적·선동적 성격을 파악할 때만 당대 교회 및 사회관계를 재구축할 토대로서 유용해진다. '갱신자'는 통상적으로 자신을 방어해야 하고, 자기방어를 할 때는 습관적으로 자신의 개혁 기준을 규범적으로 부정 불가능하고 모든 참여자들에게 타당한 영역에 설정하며 갱신의 필연성에 대한 근거는 단순히 더 이상 지속될 수 없다는 데서 찾는다. 따라서 '종교개혁의 원인'을 묻는 것은[1] 암묵적으로, 종교개혁의 정당성과 필요성을 위한 그들의 투쟁을 역사편찬적 정치 수단을 통해서 속행함을 의미한다.

여기서는 이 길을 걸어서는 안 된다. 차라리 종교개혁을 가능케 했고 그것의 진행 및 구조를 그 시대 안에서 용납할 수 있게 만든 조건 및 전제들에 대해 묻는 것이 중요하다. 많은 이런 조건과 전제들에 중심적·지속적으로 영향을 끼치는 의미가 부여되었다. 다른 것들에는 차라리 부수적이거나 단계적으로 유리하게 만드는 역할이 부여되어야 한다. 종교개혁은 16세기의 전체 교회 및 사회를 다소간 집중적으로 건드려 놓은 사태였으므로, 그것의 조건과 전제들은 모든 관련 지평에서 시대의 **사회적·정치적** 장, **교회·경건사** 및 **신학사**, **문화사**, **교양사**, **커뮤니케이션사**의 장에서 확인되어야 한다.

1 종교개혁 내지 종파적 시대를 연장된 중세로 해석하는 에른스트 트뢸치(Ernst Troeltsch)에 대립하여 Georg von Below, *Die Ursachen der Reformation*, München / Berlin 1917 참조.

제1장

종교개혁의 사회적·정치적 전제들

황제 막시밀리안 1세 시대의 제국

1486년 이후 로마제국의 황제(rex populorum romanorum)로서 그의 아버지 프리드리히 3세의 동반 통치자였던 황제 막시밀리안 1세(1493~1519)의 통치기는 독일의 종교개혁에서 중심적 의미를 가지며, 실로 이중적 관점에서 그렇다. 우선 막시밀리안은 그의 혼인 및 집안 권력 정책을 통해서, 손자 카를 5세가 이를 통치하도록 저 보편적 합스부르크가(家) 제국의 기초를 놓았다(그림 1 참조). 제국의 역사는 종교개혁의 대적자로서의 합스부르크가의 태도를 결정했다. 두 번째로 막시밀리안은 제국 내 자신의 주권과 정치적·법적 조직 기구의 공고화를 추진했다. 즉, 이것들은 제국 차원에서 종교 문제를 정치적으로 규제하기 위한 전제를 이루었다.

혼인 정책과 국제적 얽힘

막시밀리안은 부르고뉴 왕 샤를르, 일명 대담공의 딸이자 상속녀 마리아(1482년 사망)와의 혼인을 통하여 자유 백작령 내의 주권을 획득했으니, 이것은 경쟁하는 프랑스 왕조와 장기간에 걸친 갈등의 불씨를 키

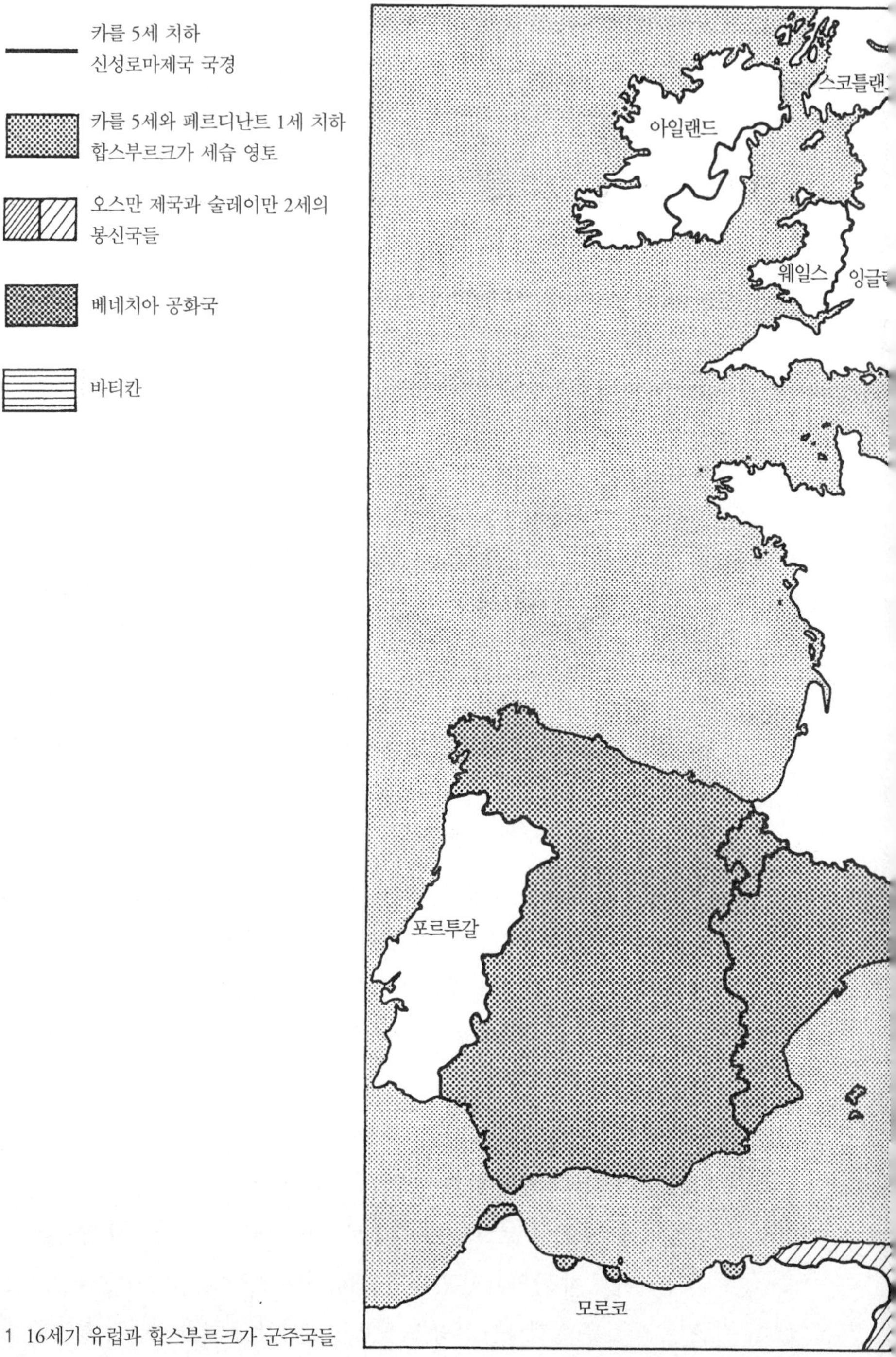

그림 1 16세기 유럽과 합스부르크가 군주국들

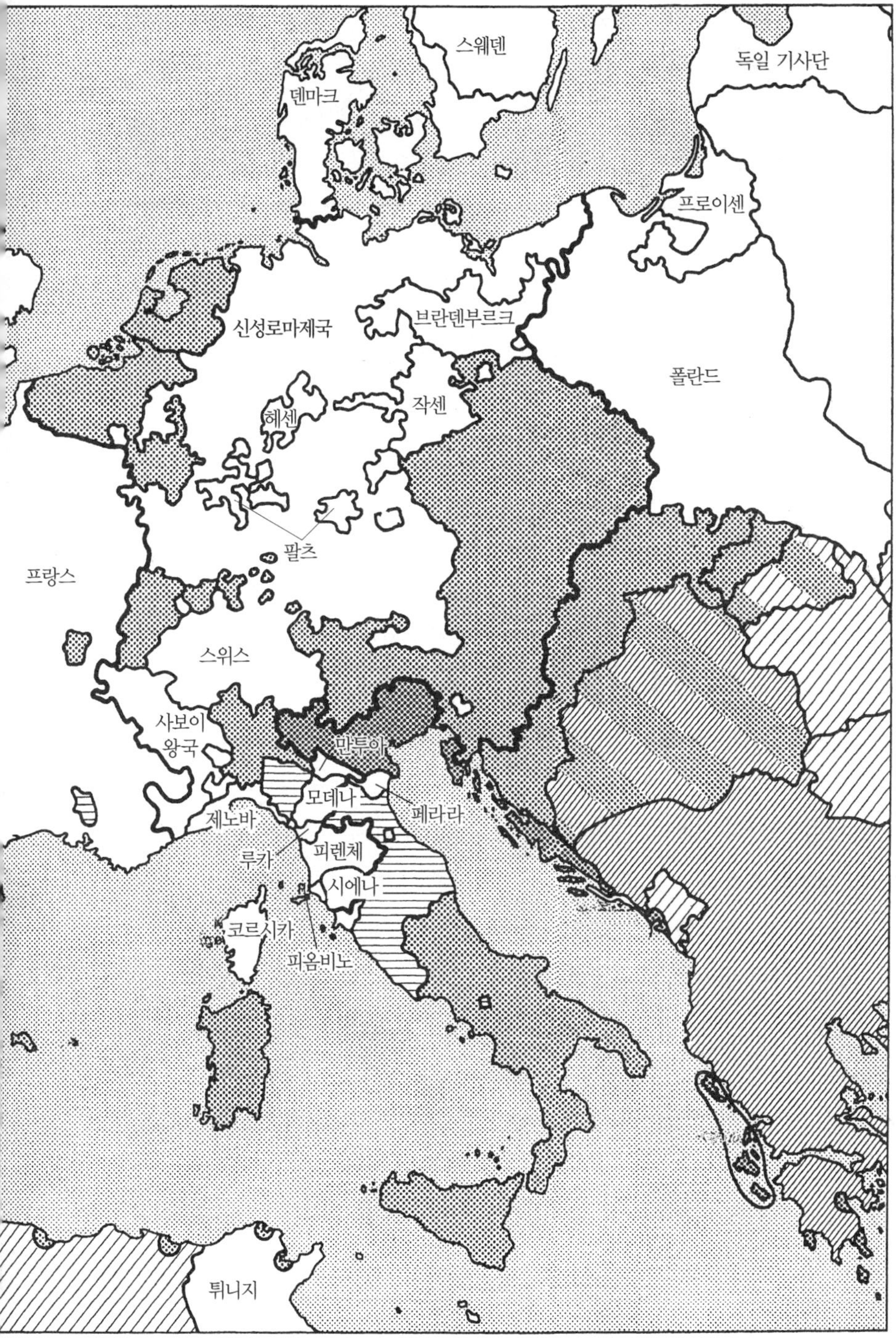

스웨덴
독일 기사단
덴마크
프로이센
신성로마제국
브란덴부르크
폴란드
헤센
작센
팔츠
프랑스
스위스
사보이
왕국
만투아
모데나
페라라
제노바
루카
피렌체
시에나
코르시카
피옴비노
튀니지

웠고 결국 그에게 경제적으로 번영하는 많은 도시를 가진 네덜란드의 영토를 안겨주었다. 티롤(Tirol)과 연안 지역에서 막시밀리안은 합스부르크가의 소유권을 확보했으니, 이 사건은 이 지역의 귀금속 생산 때문에 그의 악명 높은 텅 빈 금고를 안정시키는 데 중요한 의미가 있었다. 밀라노의 공작 루도비코 스포르차(Ludovico Sforza)의 딸과 두 번째 혼인을 통해서 막시밀리안은 북이탈리아를 제국과 결속하는 데에 어느 정도 성공을 거두었다. 막시밀리안은 반(反)프랑스 이해관계에 입각한 스페인과의 동맹을 위하여(이것은 특히 이탈리아에서 프랑스의 영향력을 방어내지 격퇴하는 데 유효했다) 자식인 필리프, 마르가레테를 스페인의 공주 후아나, 왕자 후안과의 이중 혼인을 시도했다. 1497년 아라곤의 페르디난트와 카스티야의 이사벨라 사이의 딸 후아나가 필리프와 혼인을 함으로써 카를 5세(1519년 이후 독일 황제)가 탄생했다. 후아나에 앞서 상속권을 가졌던 스페인의 예비 왕세자의 사망 후, 그리고 합스부르크가의 네덜란드 유산을 통치했던 필리프가 사망한 뒤(1506) 카를 5세는 스페인의 왕좌까지도 얻었다. 그의 어머니가 점차 광증에 빠졌기 때문이다. 막시밀리안의 통치 아래 체결된 합스부르크-야기엘론(Jagiellon)가의 이중 혼인(즉, 합스부르크가의 페르디난트와 마리아, 보헤미아-헝가리 왕족의 안나와 루트비히)에 따라서 후일(1526년) 보헤미아와 헝가리 일부가 그의 왕조 소유물이 되었다.

제국 내의 종교개혁에 직간접으로 영향을 끼쳤던 16세기 유럽 국가 세계에서의 몇몇 국제 관계의 구조 축은 막시밀리안 통치기에 놓였다. 프랑스-합스부르크 내지 프랑스-스페인의 지속적 분쟁은 크레피(Crépy) 강화조약이 체결될 때까지 거듭하여 군사적인 충돌로 이어졌고 제국 수장의 운신의 폭을 다소간에 결정하였다. 프랑스 왕실은 반(反)합스부르크 정서 때문에 특히 오스만 제국과 동맹을 성사시켰고, 이는 카를 5세에게 한결같이 부담이 되었다. 또한 잉글랜드의 정책도 프랑스와 합스부르크가 간의 반목에 의해 결정되었다. 헨리 8세(1509~47)는 처음에는 카를 5세를 지원했으나, 로마와의 단절 이후(이것은 1531~34년 잉글랜드 국교회의 창설을 초래했다) 프랑스 쪽으로 기울었다.

국제 판세는 카를 5세로 하여금 거듭하여 '저항하는' 제후들, 종교개혁에 개방적인 독일 제국 신분들과 타협하도록 만들었는바, 이것은 종교개혁의 단계적인 공고화를 초래했다. 거듭하여 막시밀리안 시대 이후 불안정했던 이탈리아에 대한 합스부르크가의 권리 주장은, 이탈리아 지역 세력으로서 자기 이익을 지키고자 했던 교황청과의 관계에 부담을 주었다. 합스부르크가의 경쟁자 계보, 즉 스페인파와 오스트리아파 간의 결속을 유지하기 위해서 남매들 및 나머지 왕조와의 타협과 조율이 불가피했다. 카를 5세의 수중에서 통합된 듯 보인 강력한 중앙집권적 권력은 여러 편에서 그의 우세에 대한 두려움을 키웠고, 스페인 왕실의 해외 정복과 아메리카 황금의 대량 유입은 서양사상 가장 강력한 군주를 불신케 만드는 악명 높은 계기가 되었으니, 이는 힘들이지 않고 선동적으로 이용될 수 있었다. 막시밀리안의 지나친 야망에서 비롯되고 종교개혁기에 이 중요한 통치자의 정부가 처한 구조적·정치적 조건들은 결국 종교개혁의 운명을 결정적으로 유리하게 이끌었다.

막시밀리안의 제국 개혁

황제 막시밀리안의 이름과 결부되는 것은 구(舊)제국의 정치적·법적 체계의 개혁 시도이다. 간단히 말해서, 보름스에서 개최된 그의 통치기 첫 번째 제국의회(1495)에서 시작된 제국 개혁이다. 오랫동안 연구를 자극했던 물음, 즉 막시밀리안의 제국 개혁이 입헌정치적 보수화의 시도인가 아니면 제국의 근대 초기 국가성을 강화하고 고무하는, 그런 한에서 근대화의 시도인가,[1] 그리고 개혁이 형식적 조직 요소들에 의해서

1 Georg Schmidt, *Geschichte des Alten Reichs. Staat und Nation in der Frühen Neuzeit 1459~1806*, München 1999; Barbara Stollberg-Rilinger, *Das Heilige Römische Reich deutscher Nation*, München 2006²; B. Stollberg-Rilinger, *Des Kaisers alte Kleider. Verfassungsgeschichte und Symbolsprache des Alten Reiches*, München 2008, S. 23~91. 또한 독일역사박물관의 전시회 안내 책자 *Heiliges Römisches Reich*

혹은 개인적·의사소통적·상징적 상호작용을 통해서 효과를 거두었는가의 문제는 오로지 종교개혁사의 좁은 역사적 틀 밖에서만 답변할 수 있다. 방금 설치된 제국의 기구들은 종교개혁 동안에 엄청난 시험에 내맡겨졌다는 것이 드러났다. 그런 한에서 종교개혁은 제국이 평화 유지 및 긴장 때문에 생긴 충돌을 극복하고 법적으로 조정하는 체제로서 공고해지는 데에 기여했다. 이른바 제국 개혁은 어떤 포괄적인 계획을 따르지는 않았다. 오히려 현안 문제에 직면하여 실천적으로 가능한 해법을 발견하거나 참여한 신분들 간에 중재하는 것이 중요했다.

'제국'—이것은 역사신학적 주장에 따르면 로마 제국을 계승한 그리스도교의 표준적인 정치적 조직 형태였고 그런 한에서 다니엘서의 네 세계제국 중 마지막이었다(다니엘서 2:7). 제국의 의식들, 황제에 의한 엄숙한 봉토 수여, 개시 미사, 제국 보물의 게시, 행렬, 엄밀한 계급 서열에 따라서 제국 대표들이 도열하는 종교적 위광 속에 제국의 구원사적 의미가 담겨 있었다. '제국'—이것은 15세기 제국의 정치 현실에 따르면 수장인 황제 아래 상이한 성원들이 뭉친 결속체였다. 그들은 신뢰 관계로 황제와 연결되어 있었다. 막시밀리안의 부친 프리드리히 3세(1439~93) 이후 합스부르크가에서 나온 황제와 공간적·정치적으로 가깝다는 것은 제국과 가깝다는 것과 같은 의미였다. 그런 한에서 북독일과 중부 독일은 남독일보다 제국에 더 가까웠고 종교개혁기 동안에도 그러했다.

황제 카를 4세(1346~78)의 '금인칙서'(1356)의 규칙에 따라서 황제 선출권을 가진 일곱 명의 **선제후**가 제국의 인사적·제도적 핵을 구성하였다. 그들은 '제국의 기둥'으로 간주되었고 황제 곁에서 집단적으로 그를 대리하였다. 선제후단은 세 명의 성직 선제후, 즉 마인츠, 트리어, 쾰른의 대주교와 네 명의 세속 선제후, 즉 보헤미아 왕, 라인 팔츠(Pfalz) 백작, 작센 공작, 브란덴부르크(Brandenburg) 변경백으로 이루어졌다. 루

deutscher Nation 962 bis 1806, Dresden 2006 참조.

터의 영주인 에르네스트계(系) 작센의 공작이 선제후로서 제국 차원에서 차지한 정치적 비중은 종교개혁의 성공에 과소평가할 수 없는 중요성을 가졌다.

제국이 황제 막시밀리안의 통치기에 경험한 강제된 제도적 '공고화'[2]는 일련의 구조적·정치적 위기와 갈등을 풀려고 시도한 것이었다. 무엇보다 중세 후기 남독일 도시들에서 나온 경제적 역동성(이것은 광산업, 금속 및 직물 산업과 일차적으로 결부되어 있었다)은 화폐경제의 확산을 촉진했고 상업자본주의적으로 짜인 시장구조를 만들었다. 군사기술과 축성술의 발전은 군사 제도를 효율화하여 용병대를 의무화함으로써 하급 귀족의 기사로서의 생존권을 박탈하는 데 기여했다. 15세기에 시작되어 16세기 동안 고대 말 로마의 황제권을 역동적으로 수용한 결과 제국 내 법 관계가 계속해서 일원화되었으나 동시에 법의 전문화가 초래되었다. 학식 있는 법률가들은 이제 포기할 수 없게 되었고 배운 지식을 통해서가 아니라 신분을 통해서 구별된 귀족들을 궁중의 직위에서 몰아냈다. 하급 귀족 기사계급의 몰락 및 궁핍화에 대한 불안(그들은 자기 집단의 빛나던 복고적 상을 고수했다)은 제국 내 불안의 촉매로 작용했고 이후 종교개혁에 친근감을 갖게 하는 토대를 이루었다. 그러나 15세기 말 사회경제적·정치적 비중은 번영하는 상업도시들과 광산을 소유하고 하급 귀족들의 증가하는 폭력적 자세에 대처하여 법률가들의 서비스를 받은 영방국들에 유리하게 옮아갔다. 하급 귀족들은 자기 이익을 관철하기 위해서 결투 제도를 이용했다. 그리고 여기서 그들을 막을 도리가 없었는바, 통제 체계나 평화 유지 체계가 없었기 때문이다.

1495년 보름스 제국의회

'독일 민족 신성로마제국'이라는 개념뿐만 아니라 '제국의회'라는 용

---

2 Peter Moraw, *Von offener Vefassung zu gestalteter Verdichtung. Das Reich im späten Mittelalter 1250~1490*, Berlin 1985 참조.

어도, 1495년 각종 팸플릿 등 새로운 형태의 매체를 집중 이용해 준비한 엄청난 규모의 보름스 제국의회와 관련해서 처음으로 등장한다. 이 제국의회는 막시밀리안 1세의 즉위 이후 첫 번째 회의였다. 이 언어적 증거는, 스스로를 한 사람의 황제적 우두머리 아래 고유한 '민족'으로 현저하게 느끼는 제국 신분들의 인상적인 정치제도화의 염원이 이 제국의회에서부터 표출되었다는 것을 분명히 보여준다. 황제는 다양한 군사행동, 특히 거듭하여 남동유럽으로 진출하려는 오스만 제국을 방어하고(363~65쪽 참조) 제국령 이탈리아로부터 프랑스 왕을 몰아내기 위하여 제국 신분들의 재정적 지원을 필요로 했다. 제국 신분들에게는 특히 '국내 치안' 분야와 제국 내 지배에 대한 항구적 참여 등 구조적인 문제의 해결이 중요했다. 1495년에 특징적으로 선보인 제도적·절차법적 타협안을 통한 제국 신분들과 황제의 이해 조정은 이후 계속해서 근대 이전 독일 국가성의 특수한 형태를 형성하게 된다. 이를테면 제국 신분들의 공통된 관심은 황제와 제국의 제도에서 국가적 형태를 발견했다. 행정기술적으로 또한 법적·정치적으로 통합된 관계라는 의미에서의 국가는 일차적으로 영방국가들에서 형성되었다. 민족적·지역적 내지 지방적 정체성들의 상호 보완과 동시성은 독일의 문화적·정치적 현실을 깊이, 지속적으로 각인하였다. 종교개혁 동안에 이 정체성들은 복잡한 방식으로 종교 내지 종파들과 결부되었다.

1495년 보름스 제국의회에서 채택한 기초적 결정 가운데 하나는 '영원한 땅의 평화', 즉 종전과는 달리 제국의 전체 영토 내에서 한시적인 것이 아니라 영속적인 결투 금지를 도입한 것이다. 이로써 강제력을 통해서 자기 권리를 관철하는 것이 계속해서 금지되었다—이것은 국가의 강제력 독점을 확립하는 초보적 단계로서, 일차적으로 영방국가 범위에서 실현되었다. 왜냐하면 강력한 제국 차원의 법 집행은 아직 존재하지 않았기 때문인데, 그것은 또한 영방 제후들의 이해에도 반하는 것이었으리라.

첫 번째 결정에서 거의 필연적으로 나온 두 번째 쇄신책은 사법제도의 구축이었으니, 이것은 규제된 절차에 따라서 권리를 추구할 수 있는 가능성을 제공했다. 바로 **제국 대심원**이었다. 이것은 제국 신분들이 주도하는 법정이므로 처음에는 장소를 바꿔가며 열리다가 1527년 이후 지속적으로 슈파이어(Speyer)에 상시적으로 설치되어 제국 직속 신분들을 위한 1심 법정으로 기능했다. 방계(傍系) 도시들과 영지들에서의 땅의 평화 위반의 문제에 대해서뿐만 아니라 제국 전체의 최고 항소 법정으로서 이 새로운 제도는 결정권을 가졌다. 제국 대심원을 통해서 그리고 대심원의 로마법 수용을 통해서 점차 독일에서 사법제도가 전문화되었고 통일되었다. 황제는 제국의 최고 심판자로서의 전통적 기능에 따라 대심원 옆에 독자적 법 기관인 제국 추밀원을 구성했다. 두 개의 법정은 그 권한이 서로 분명히 구별되지 않은 채 나란히 존립했다. 이런 법 기관의 이중성은 근대 이전 독일 국가의 이중적 구조를 반영하며 본질적으로 분쟁을 법적으로 해결하는 데 기여했다. 종교개혁 10년 전에 시작된 이런 법제화 추진은 종교개혁 동안에 발발한 수많은 분쟁을 법적으로 조정하고 그런 한에서 잠재울 수 있을 가능성을 제공했다. 종교개혁과 연결된 종교적 감정의 거대한 확산이 재앙적인 종교전쟁으로 끝나지 않았던 것은(프랑스는 오랫동안 종교전쟁을 경험했고 그것에 시달려야 했다) 막시밀리안 시대에 확립된 사법제도의 평화 확립 잠재력 덕택으로 돌려야 할 것이다. 두 개 법정의 의미는 제국의 결속을 안정화하는 요소로서 높이 평가되어야 한다.

1495년 제국의회의 세 번째 제도적 결정은 보편적 **제국세**, 이른바 '보편적 페니히'를 4년간 한시적으로 도입한 것이다. 이것은 제국 대심원의 재정과 대(對)투르크 방어 비용 조달을 목적으로 제국의 15세 이상 모든 주민들로부터 징수하게 되었다. 개인별 세금 부담액은—남녀가 평등하게—각기 재산에 따라 정해졌다. 세 징수는 교구를 통해 이루어지도록 했다. 교구와 비교할 수 있는 지방 영주의 행정망은 존재하지 않았다. 실제로 이 개혁 계획은 지방 영주들에 의해 좌절되었는바, 그들은 제국세로 인하여 자신의 재정적 이익에 지장을 받는 것을 알았고 제국세의 흐름을 통제하려고 했다. **제국 정부**, 즉 제국 대재상인 마인츠 대주교의 지도 아래 제국 신분들로 구성된 통치위원회도 비슷한 실패를 겪었다. 제국 정부는 다만 잠깐(1500~02) 존재했을 뿐이고 제국 신분들이 자신의 통치권을 양도하기를 거부함으로써 좌절되었다.

황제와 제국 신분들 간의 또 다른 합의는 **제국의회**의 연례적 소집에 대한 것이었다. 이로써 제국의회는 제국 내의 정치적 커뮤니케이션을 위한 중요한 무대와 의결의 장소로 확립되었고 합법화되었다. 황제가 소집하는 제국의회의 장소로서 약 65개 제국도시(54쪽 이하 참조)가 예정되었다. 제국 신분들은 황제가 제안하여 확정한 안건들을 3개의 상이한 평의회, 즉 선제후 평의회, 제후 평의회, 그리고 도시 평의회에서 논의했다. 황제는 논의에서 배제되었다. 각 평의회는 결정을 내리되, 보통 전원 합의를 목표로 하는 절차에 따라서 결정했다. 선제후 평의회와 제후 평의회 사이에서 논의 결과가 교환되고 조율되었으며, 제국도시들이 대표로 있는 도시 평의회에 전달되었다. 제후 평의회는 도시 평의회의 결정을 보통 구속력 없는 권고적 의견으로서 참고했다. 초기 종교개혁의 중요한 커뮤니케이션 및 행동의 중심이 될 도시들의 제국정치적 비중은 제국에서 도시들의 재정적 기여 및 경제적·문화적 중요성에 비하여 현저히 불균형을 이루었다. 평의회 간의 공동위원회에서는 황제와의 양해를 위한 결정 초안이 만들어졌다. 황제는 제국의 결정들을 **제국 의결**로서 공식적으로 낭독하고 비준하며 인쇄물로 반포했다. 제국의 절차 규정을 제도화함으로써, 제국 의결이 구속력 있는 제국 법으로 인정받게 되어 근본적인 토대가 되었다. 그것을 실행하는 것은 결정적으로 지방 영주의 집행권에 달려 있었다. 일부 지방 영주들이 1521년의 보름스 칙령(290쪽 이하 참조), 곧 루터 및 그 추종자들에게 불리한 반종교개혁적 제국 의결의 실행 내지 공표를 거부한 결과, 종교개혁에 처음으로 결정적으로 유리한 상황이 만들어졌다. **제국 관구**들과 더불어 —1500년 이후 먼저 숫자상 여섯 개(프랑켄, 슈바벤, 바이에른, 오버라인, 니더라인-베스트팔렌, 작센 권역), 1512년 네 개의 관구가 추가됨(오스트리아, 부르

군트, 선제후령 라인, 오버작센) — 16세기 동안에 조직적으로 점차 강화된 제국의 정치적 하부구조가 만들어졌는바, 이 하부구조는 부분적으로 영토 방어, 제국세 징수, 제국 의결 및 제국 법정의 판결 집행 등 중요한 과제를 떠맡았다.

후대 종교개혁가들의 유년기와 청년기에 해당하는 시기의 정치 상황이 유지했던 특수한 형태, 중앙집권과 연방적 요소의 결합, 보편적 원칙 혹은 법 형태와 국지적 변용 내지 수용의 결합은 종교개혁 역사의 기초적 전제를 이룬다. 제국의회의 무대는 종교개혁을 종교정책적으로 확보하기 위한 중요한 무대이자 상이한 독일 지역 출신의 종교개혁 신학자들, 제후들, 도시 정치가들 간의 초영방적 의사소통의 무대가 되었다. 제국의 취약한 집행력과 영방국들 및 도시들의 강점, 황제의 제한된 권력, 황제가 처해야 했던 한없이 다양한 분쟁은 종교개혁의 핵심 조건을 형성했다.

막시밀리안 1세와 교황청의 관계

막시밀리안 1세가 교황청에 대해 취한 태도는 불안정했고 어쨌든 역사적으로 유동적이었으며 여러 면에서 악명 높게 '얼토당토않은 계획의 창시자'의 행동적 특징을 드러냈다.[3] 우선 그는 황제 지위의 종교적 위엄을 깊이 확신하였고, 교황청이 교회 재산에 대한 처분권을 과도하게 신장하려고 하는 입장 및 '야만적 독일인'에 대한 이탈리아적 오만 때문에 교황청에 대한 독일 고위 성직자들의 영향력이 미미한 것 등의 이유로 반(反)로마적 불만에 가득 차 있었다. 그의 통치에 영향을 끼친 항구적인 자금 부족은 그가 로마를 통해서 재정적으로 '착취'당하는 것에 그의 통치의 핵심적 문제가 있음을 알아차리는 데 한몫했다. 다른 한편으로 황제는 예술 및 인문주의 문사들의 후원자로서 민족적·반로마

3 Volker Press, Artikel *Maximilian I*, in: *TRE* 22 (1992), S. 291~95, 여기서는 S. 294,17.

적 정서가 여론으로 확산될 수 있게 하고 거기서 지지를 얻는 데 본질적으로 기여했다. 반로마의 강조는 그가 큰 비용을 들여 추진케 했던 자신을 위한 프로파간다의 대중적 효과를 전적으로 조장한 듯하다. 교황 율리우스 2세(재위 1503~13)와의 팽팽한 긴장(이것은 이탈리아를 둘러싼 권력 투쟁에서 상반된 이해로부터 비롯한 것이다)과 연관해서 황제는 1510년 자체 수장을 가진 독일 민족교회의 개혁으로 마무리지어질 계획을 추진했고, 1507년 이후 그동안에 홀아비가 된 군주는 심지어, 스스로 교황으로 선출되어서 대(對)이탈리아 정책을 자기 의도대로 종결하려는 망상에 가까운 계획을 품었다. 여기서 막시밀리안 1세는 1511년 이후 피사에 집결한 프랑스의 분파적 추기경들의 지원을 염두에 두었다. 교황에 의한 황제 대관을 목표로 한 로마 원정 계획은 1508년 프랑스, 베네치아, 교황청의 반대 때문에 좌절되었다. 그는 지속적으로 거부당한 교황의 황제 대관 대신에 트리엔트에서 '선택된 로마 황제'로 공포되었다. 그러나 이것이 무엇을 의미하는지는 헌법적으로 불명확하였다. 실제로 트리엔트 공포 행위는 교황의 대관에 대한 대안으로 나타났다. 율리우스 2세가 결국 동의했기 때문이다. 그런 한에서 교황의 대관을 어쩔 수 없이 포기한 것은 황제권과 교황청 간의 간격을 설명해주며, 로마에 대항하여 황제가 민족적으로 독자화를 추진한 것을 설명해준다. 막시밀리안은 주교좌와 대주교좌(트리어와 잘츠부르크) 혹은 대성당 참사회를 자기 심복들로 채움으로써, 제국 내 자기 권력의 공고화에 도움을 줄 수 있는 상당한 성공을 굳힐 수 있었다.

그의 마지막 제국의회인 1518년의 아우크스부르크 제국의회에서 막시밀리안은 자신의 손자 카를을 황제로 선출하도록 선제후들을 설득했다. 그는 제국의회 주변에서 계속되고 있던 비텐베르크의 수도사 마르틴 루터를 둘러싼 분쟁에 대해 알고 있었다. 루터는 후대의 회고에서 작센의 고문 데겐하르트 페핑거(Degenhardt Pfeffinger, 1471~1519)가 인스부르크(Innsburg)에서 황제를 알현했으며, 그에게서 면죄부에 대한 경멸할 가치도 없는 논제를 작성한 저 수도사가 무엇을 하느냐는 질문을 받았다고 보고한다.[4] 막시밀리안은 아우크스부르크 협상과 관련해서 작센 선제후가 카를을 황제로 선출하는 데 반대하고 레오 10세(재위 1513~21)의 투르크 원정 계획을 지원하기를 거부한 것에 자극받은 데다가 교황 특사 추기경 카예탄(Cajetan)의 영향을 받아서(217~22쪽 참조) 교황에게 보낸 한 서신에서 고집스러운 이단자에 대한 재판을 서두를 것을 약속했다.[5] 그러나 이것은 루터에 대한 황제의 최종 의견 표명은 아니었던 것 같다.[6] 수도사가 추기경 특사에게 출두하기 위해서 황제에게 신변 보호를 요청했을 때, 이것이 그에게 결국 허락되었다.[7] 역사적으로 개연성이 없는 후대의 전설적인 전승에 의하면, 루터는 아우크스부르크에서 황제 앞으로 인도되었다고 한다. 황제는 그에게 "큰 미래가 있을 것을 예견했다"는 것이다.[8] 루터에게 비판적인 어떤 이야기에 의하면 늙어가는 제국의 수장이 수도사의 어깨에 까마귀가 앉아 있는 것을 보았다고 한다. 까마귀는 흉조의 사자로 간주되었다. 일련의 '루터 문제'와 종교개혁 운동이 막시밀리안 시대의 반로마적 분위기를 이용할 줄 알았기 때문에 얻어낸 프로파간다의 성공은 황제의 사망 후 비로소 시작되었다.

막시밀리안 자신은 종교개혁 이전의 경건 속에 변함없이 살았고, 그

---

4 WA. TR 5, Nr. 5343, S. 74,27~29.

5 Maximilian I. an Leo X. (5. 8. 1518), in: Peter Fabisch, Erwin Iserloh (Hg.), *Dokumente zur Causa Lutheri (1517~1521)*, 2 Bde., Münster 1988-91, Bd. 2, Nr. 10.1, S. 37~44.

6 Martin Brecht, *Martin Luther*, Bd. 1, Stuttgart ^{2}1983, S. 240; *Christoph Scheurl's Briefbuch. Ein Beitrag zur Geschichte der Reformation und ihrer Zeit*, hg. v. Franz von Soden und Joachim Karl Friedrich Knaake, Bd. 2, Potsdam 1982 (Nachdruck Aalen 1982), S. 58f. 참조.

7 WA. B 1, S. 233,1~9; 236,15~237,26; 1545년 루터의 회고, in: WA 54, S. 181, 20ff.=LuStA 5, S. 630,3ff.=Cl 4, S. 423,26ff. 참조.

8 Heinrich Lutz, *Das Ringen um deutsche Einheit und kirchliche Erneuerung. Von Maximilian I. bis zum Westfälischen Frieden 1490 bis 1648*, Frankfurt am Main/Berlin 1987 (Studienausgabe), S. 168.

의 최후에 대한 보고는 이 사실에 대해 인상 깊은 증언을 한다. 아우크스부르크 제국의회에서 그가 제국 후계자 결정의 결정적인 해결을 거부당한 채 귀환하는 길에 말을 타기에는 너무나 약해졌다. '마지막 기사'—그는 자신을 그렇게 연출하곤 했다—는 이제 가마에 태워져야 했다. 그의 최종 여행 목적지는 오스트리아의 벨스(Wels) 성이었다. 그가 유언을 통해 자기 손자 카를과 페르디난트에게 자기 나라를 이양한 후, 단계적으로 황제 역할의 표장과 상징들을 내려놓았다. 종부성사를 받은 후 그는 한 수도원장에게 황제 옥새를 넘겨주었고 황제로 부르는 것을 금지했다. 그는 창조주 앞에 죄인으로 나서기를 바랐다. 그가 사망한 후 그의 소원에 따라서 방부 처리를 하지 않았고 오히려 채찍질을 하고 머리털을 깎은 뒤 이빨을 부러뜨렸다—주님 앞에서 고해하는 자의 모습이었다. 그의 시신은 거친 부대에 넣어지고 재와 석회가 뿌려졌다. 그의 마지막 안식처는 소박한 떡갈나무 관이었으니, 그는 이미 수년 동안 관과 함께 여행을 한 바 있었다—관은 부패성에 대한 경고의 표시이자 동시에 책과 서류를 보관하는 데도 사용되었다. 죽은 그를 그린 그림은 사실적인 면에서 충격적인 증거였다. 담황색 얼굴의 뺨은 깊이 팼고 이빨 없는 입을 살짝 벌리고 있다. 반쯤 감은 눈꺼풀은 비틀린 동공을 보여준다. 그가 1500년에 화려한 묘비를 세우게 했던 인스부르크가 아니라 빈 신도시에 매장되었다는 사실은 그의 변덕스러운 성격에 어울린다. 그의 통치기에 성장한 종교개혁가들 세대에게 막시밀리안은 독일, 그리스도교-반로마적 황제직의 이상을 대표한다. 젊은 스페인의 피와 더불어 여러 가지가 달라졌다.

영방국가성

일정한 통치 영역을 면적상 통합하는 의미에서, 통일된 법적·행정적 기관 및 정치적·군사적 강제력의 집중화를 통한 국가성의 확장과 강화 과정이 서유럽의 군주국인 잉글랜드, 스페인, 프랑스에서 **민족** 차원에서 완성되어가는 동안, 구(舊)제국에서는 **영방국가들**이 그것들의 일차적인 실현 틀을 형성했다. 제국과 그 제도들은 15세기 후반부터 활성화된 이 전(前)근대적 내지 초기근대적 영방국가 형성 과정을 저해하지 않고 오히려 조장했다. 제국은 영토 평화와 법 제도를 통해서, 제후통치권 신장에 도움을 줄 수 있도록 짐을 덜어주었고 안전을 보장해주었기 때문이다. 16세기 전반에 이르러 제후의 손에 주권이 통합된 것을 과대평가해서는 안 된다. 영방국 의회에 대표로 나선 영방 신분들은, 대개 도시, 고위 성직자, 귀족의 개별 평의회로 조직되어서, 특히 재정에 관한 한 상당한 영향력을 가졌고 영방국의 제후들로 하여금 정기적으로 자신들과 협상하도록 강제했다.

전근대적 국가 형성의 역동적 발전은 특히 제국의 대제후국에서 활발했다. 숱한 소(小)영지들, 공작령과 기사령 등은 이 발전으로 부정적인 의미에서 타격을 받았으니, 인근 대제후국들이 자신의 배타적 영토 소유를 완성하려는 야망으로 그들의 자주권을 위협했기 때문이다. 국가 권력의 확립은 대개, 영주나 도시 행정관이 특별한 방식으로, 1500년경 널리 유포된 정치적·법적 의미 및 사회윤리적 자기 이해를 지닌 핵심어인 '공동의 이익'을 위하여 책임감을 가지는 것으로 설명되었다. '공동의 이익'에 대한 권한에서 규제의 요구 및 권리가 나오는데, 이것은 영방국, 경찰, 복장에 관한 조령에 그 흔적을 남겼고 개별 신하의 수준에 이르기까지 행동을 통제하고 규율함으로써 영향력을 행사할 수 있었다. 15세기 후반과 16세기의 사법적·정치적 중앙집권화 과정에서 국가는 모든 신분의 인간들에게 접근할 수 있는 질서 권력이 되었다(지금까지는 오직 교회만이 그들에게 접근할 수 있었다). 영방국의 행정기구 구축과 통일된, 결속력 있는, 예외 없이 문서 형태로 확립된 집행 절차의 확장은 보다 많은 교육받은 인원의 투입을 필요로 했다. 1500년 무렵의 국가는 법률가 없이는 내부적으로 통솔할 수 없었고 또한 대외적으로 법적·정치적 관계에서 안전이 보장될 수 없었다. 영방국의 권력 집중의 필요는, 점차 제국의 모든 대(大)영방국에서 자격 있는 인원의 투입을 확보할 수 있는 교육기관, 즉 대학이 설립됨으로써 충족되었다.

영방국 권력의 확장과 집중화는 또한 교회에도 지속적으로 영향을 끼쳤다. 제후 편에서는 언제나 영토 내 교회의 핵심적 직위에 신뢰할 만한 인물을 임명하고, 주교좌와 다른 높은 성직록을 자기 가족의 일원이나 귀족 피후견인에게 선사하여 특히 로마의 영향력을 차단하려고 시도했다. 로마 교황청은 종교개혁 이전에 영방 제후들의 교회 지배가 형성되는 과정을 부분적으로 심지어 장려했고 주교 임명, 후견, 지명권의 경우 자신의 권한을 팔아넘겼다. 서유럽 군주정에서 민족국가적 차원에서 이루어졌던 이런 교회의 국가화 과정이 독일에서는 지방적 차원에서 일어났다. 종교개혁 이전에 이 영방 제후의 교회 지배가 형성된 정도는 지역마다 상이했다. 제후가 교회 재정에도 영향력을 행사하려 했던 것은, 사안의 성격 때문이다. 왕실 유지, 관리 및 사회 설비를 위한 재정 수요는 꾸준히 증가했고, 교회가 아니면 어디에서도 그 많은 돈을 조달할 수는 없었다. 제후들은 대개 면죄부에서 함께 수입을 챙겼고, 십일조 처분권을 가지려 했으며 — 점차 성공을 거두었다. 그들은 순례나 성유물 전시와 같은 대규모 종교 행사로부터 상당한 규모로 재정수입을 얻을 줄 알았다. 독일이 로마 교황청을 통하여 재정적으로 착취당한다고 불평하는 프로파간다도 역시 제후들의 자명한 자기 이익을 위한 것이었다. 황제처럼 제후들은 **독일 민족의 '그라바미나'**(gravamina), 즉 교황청이 독일 제국교회를 압제하는 것에 관한 불만 목록을 이용했는바, 이것은 1456년 이후 정기적으로 로마의 요구를 방어하고 반로마적 감정의 엄호 아래 권리 주장을 정당화하며 자신의 이익을 얻기 위해서 제국의회에서 결의되었다. 영방국의 공고화와 동질화 및 중앙집권화 과정은 종교개혁의 중심적 전제를 이루었다. 즉, 종교개혁은 '제후의 종교개혁'으로서 특별히 지속적으로 영향을 끼치고 이후 독일 역사를 지속적으로 형성하게 되었다.

경제적 · 사회적 · 인구통계학적 상황

종교개혁 전야에 독일 내 경제적·사회적·인구통계학적 삶의 상황도 급속한 변화에 의해 특징지어졌다. 구제국의 핵심 영토—네덜란드, 보헤미아, 스위스, 제국 이탈리아를 제외하고—에는 1500년경 거의 1200만 명이 살았던 것 같다. 세기 전환기 이래 인구 증가는 분명히 상승세를 탔다. 즉, 14세기 중엽 이후 대(大)페스트의 결과로 생긴 극적인 인구 감소는 1500년경 상쇄되었다. 따라서 종교개혁기에 독일에는 이전보다 더 많은 인구가 살았다. 때때로 인구과잉의 징후마저 감지되고 있었다. 울리히 폰 후텐(Ulrich von Hutten, 1488~1523)이 고용 및 인구정책적 조절 조치[9]로서 투르크와의 전쟁을 호소한 것에서 근대 초 합리적인 인구통계학적 전략의 초기 흔적을 발견할 수 있다. 15세기 말과 16세기의 인구 증가는 계속적인 도시화 과정의 본질적 원인으로 평가될 수 있다. 1500년경에 인구의 3퍼센트가 1만 명 이상의 주민 수를 가진 26개 대도시에 거주했다. 즉, 중소도시를 감안한다면, 종교개혁기에 제국 내 주민 너댓 명 가운데 한 명은 도시에 살았다고 할 수 있다.[10] 물론 독일에서도 지역에 따라서 도시화 정도가 매우 상이하게 나타난다. 작센과 튀링겐, 뷔르템베르크, 프랑켄, 알자스에는 특별히 번창하는, 교통망을 통해서 경제적으로 긴밀히 연결된 도시들이 있었다. 종교개혁기에 이 도시들에는 핵심적 역할이 주어지게 될 터였다.[11]

---

9 *Ulrichi Hutteni equitis Germani Opera*, hg. v. Eduard Böcking, Bd. 5, Leipzig 1861, S. 97~136: *Ad principes Germanos ut bellum Turcis inferant* (1518), 특히 S. 115,18ff. 참조.

10 Heinz Schilling, *Die Stadt in der Frühen Neuzeit*, München 1993, S. 2ff.는 상세한 통계자료를 제공한다.

11 Bernd Moeller, *Reichsstadt und Reformation*, bearbeitete Neuausgabe Berlin 1987.

제국도시들과 영방도시들

도시들 가운데 제국도시에는 법적·정치적으로 특별한 역할이 주어졌다. 즉, 그 도시들은 독자적 제국 신분을 형성했고 따라서 제후의 통치권에 예속되지 않았다. 전체적으로 65개 제국도시가 있었다. 그것들 대부분이 제국 남서부에 있었다. 10개 도시는 알자스에 있었고, 30개는 슈바벤의 제국 권역에 속했다. 제국도시들의 정치적인 자기 관리 구조는 과두정치적 요소와 동업조합적인 요소에 의해 똑같이 결정되었다. 15세기 동안 동업조합과 시민의 참정권은 소수의 부유한 명문가에 비해서 일부 증대되었지만, 언제나 논란거리였거나 위협을 받았다. 15세기 말과 16세기 초반부에 여러 곳에서 시민계급 혹은 도시 정치에서 배제된 하층 동업조합의 정치 참여를 둘러싼 대결이 심화되었다. 시민-동업조합의 참정권 투쟁은 1520년대 이후 여러모로 종교개혁의 관철 시도와 연결되었다.

도시의 정치적 기구인 시장과 시 참사회는 시민계급과 동업조합에 의해 한시적으로 명문가에서 선출되었는바, 영주들보다 일찍이 지속적·효과적으로 도시 내의 삶을 규율하고 통제하려고 했다. 이것은 무엇보다도 협소한 공간에 비교적 많은 인구가 모임으로써 공동체 전체를 위협하는 분쟁이 쉽사리 발생할 수 있는 데서 나온 결과였다. 가난한 이들을 구호하고 교육 및 시민의 일상생활을 규제하는 영역에서 제국도시들은 주도적 잠재력을 발휘했다. 그 잠재력에는 때로 지역에서 모델을 이루는 기능도 속했다. 왜냐하면 제국도시에는 사회화된 시민들이 적잖게 있었고 그들로부터 영방국가의 행정을 담당한 지도자가 나왔기 때문이다. 스트라스부르, 뉘른베르크 혹은 울름 같은 몇몇 제국도시들은 상당한 영토를 보유하였다. 이것은 도시와 시골 간의 경제적·정신적 상호작용 과정을 촉진했다. 중소 제국도시 및 영방도시들에는 상당수의 주민들이 농업 및 목축업으로 살았다. 도시 성벽과 문은 도시와 시골 세계를 분리하고 연결했다.

독일의 일부 지역들, 특히 슈바벤과 슐레지엔 및 일부 중부 독일에서는 1500년경 경작지가 부족해졌다. 경제적 원인에서 비롯한 이농(離農)의 징후라든지 대(大)주민집단이 번영하는 광산 지역으로 이주하고 거기에서 집단 주택단지를 개척한 것은, 포괄적인 사회적 위기의 일부로서는 아닐지라도 사회적 유동화 및 잠재적 불안의 요소로 판단될 수 있다. 그러나 마그데부르크나 브라운슈바이크처럼 경제적·군사적 잠재력을 가진 일부 도시들은 도시 나리들과 10년에 걸친 투쟁에 연루되었고 제국도시로 승격하려는 시도에서 좌절되었다. 강력한 영방국가들 혹은 도시의 주교 나리들은 도시, 때로는 심지어 제국도시의 자치권을 구조적으로 위협하는 요인이 되었다. 도시를 관장한다는 것은 중요한 재정적·기술적·지적 자원의 접근권을 확보하는 것을 뜻하였다. 종교개혁기 동안에 이 싸움은 전면화되었다. 즉, 이것은 종교개혁 과정의 구조와 방향에 부분적으로 지속적인 영향을 끼쳤다.

이런 도시 공간—사회적 상호작용 및 통제의 지역으로서, 동업조합적 통합 이념 및 긴밀한 소통의 실험실로서, 시의적절한 지식의 보호소로서—의 상태는 종교개혁의 전제 조건을 이루었는바, 이것의 의미는 아무리 높이 평가해도 지나치지 않다. 모든 종교개혁의 표준적 신학자들은 결국 도시민이었다.

농민 계급

독일 주민의 대다수는 시골에서 살았다. 농민층의 사회적·법적 다양성과 그들의 지역적·공간적 특수성은 그들을 어떤 간단한 개념으로 정리하기에는 너무나 크고 모호하다. 프리슬란트(Friesland)나 알고이(Allgäu) 같은 일부 지역에서는 자작농이 높은 비율을 차지했고, 그들은 때로 상당한 재산을 소유할 수 있었다. 그러나 독일 대부분의 지역에서는 농민이 된다는 것은 한 명의 귀족이나 교회 영주, 지주에 의존하는 것이고 자주 압박하는 조세 부담의 의무를 지는 것, 모든 교육의 기회에서 소외되어 '예속자'로서, 시민이 누리는 것과 같은 기초적 계발 및 인격권에 대한 권한이 없음을 의미했다. 장원 제도가 농노 계층을 포함할 경우, 이것은 농민이 농노 계층 안에서만 혼인을 해야 하고 관할 영역에서 벗어나서는 안 된다는 것, 유산의 일부는 영주에게 귀속된다는 것을 의미했다.

1490년대에 이미 농민들의 불만이 폭발적으로 첨예화한다는 징조가 증가했다. 자유에 대한 농민들의 열망의 종교적·사회적 동기들은, 예를 들어 '니클라스하우젠(Niklashausen)의 피리 부는 사람'으로 유명해진 몽상가 목자 한스 뵈하임(Hans Böheim)의 활약 속에서 서로 결합되었는바, 그는 많은 농민들로 하여금 저항적 순례를 하도록 유도했고 1471년 화형을 당했다. 또한 라인 상류의 **분트슈**(Bundschuh) **운동**과 1514년 뷔르템베르크에서 발발한 **가난한 콘라트**(Armer Konrad) 농민 봉기는 농민들이 감당할 수 있고 감당하고자 하는 것의 한계에 도달했음을 나타내는 징후였다. 농민 내지 마을 공동체의 법적 전통에서 자라난 농민들의 정치적 이념은 '하나님의 의'를 원용한 것에서 표현된 것처럼, 특히 종교적 내용을 포함했다. 종교개혁기의 농민전쟁(1524/25, 492~504쪽 참조) 당시 종교개혁 이념과 혼합된 농민들의 요구 목록은 오랜 전통과 연결되거나 그것을 전제한 것이었다. 또한 교회도 봉건적 장원 제도 체제에 당연히 편입되어 있었고 그런 한에서 이 체제가 유발한 반대에 함께 직면했다. 농민들 및 하층 도시민들의 생활고와 참정권 투쟁은 불안의 온상이 되었다. 이것들은 종교개혁을 명백히 유리하게 하고 가능케 하는 요소들에 속했다.

수공업, 상업과 자본거래

15세기 말과 16세기 초 독일에서의 사회적·정치적 상황을 대략적으로 그릴 때는 수공업, 상업, 자본거래의 역동적 발전을 반드시 고려해야 한다. 수공업과 산업은 1500년경 제국에서 유리한 경기 조건에 의해 결정되었다. 특히 직물 생산 및 금속 가공과 연결된 업종들은 대단한 호황을 누렸는데, 이것은 기술 혁신과 연관이 있었다. 또한 인쇄업도 번영하는 직종에 속했으니, 뉘른베르크의 페터 헨라인(Peter Henlein,

1479/80~1542)이 회중시계를 발명한 것과 같은 기술 발전 혹은 구리 광석에서 은을 분리하고 이로써 가는 철사 제조를 가능케 한 정련 기술과 같은 새로운 생산 방법은 금속을 가공하는 생산 분야에서 발전을 가속화했다.

동업조합은 도시 수공업의 기본적 조직 형태였다. 동업조합은 직업에 진입하는 것을 규제했고 진입 제한을 통해서 수공업 노동과 그 회원들의 경제적 삶의 질을 보장했다. 많은 도시에서 동업조합은 정치적 참정권을 위해 투쟁했다. 하급 동업조합과 직물 및 금속 생산조합에서는 역시 사회적·정치적 불안 요소들이 비등했다. 길드 조합은 중세 후기 도시 문화에서 종교적·사회적 질서 요소의 중핵을 이루었다. 죽은 회원 및 그 유족을 위한 영혼 미사의 재정을 지원하는 성직록의 공동 기부는 공동체의 장래 준비를 위한 주요 요소가 되었다. 광업과 제련업 같은 번영하는 산업 분야에서는 동업조합 조직에 속하지 않은 임금노동자라는 새로운 사회적 유형이 생겼다. 독일을 단시일 내에 유럽 시장의 주도자로 만든 철과 귀금속의 생산 및 가공은 대량의 무산 노동자를 창출했으니, 이들은 대기업가들, 경기 상황, 그리고 광갱의 수익성에 직접적으로 의존하였다. 새로운 광업 중심지에는 생필품으로 노동자의 일용적 생계를 보장할 수 있는 산업적 하부구조가 없어 광산 경영주들이 이런 하부구조를 세웠으나 그들은 이곳에서의 매출을 양심의 가책 없이 치부의 원천으로 삼았다. 광부들은 당시 사회의 특히 유동적인, 사회적으로 불안정한 요소로 등장했고, 이것은 종교개혁 운동과 관련해서 불안의 온상이 되었다.

제련업은 큰 수익을 약속했으나 또한 막대한 투자를 요구했으니, 투자는 오직 일부 제후들, 예를 들어 작센의 베틴(Wettin)가(家) 혹은 남독일의 대(大)도매상과 장거리 무역 회사를 통해서만 가능했다. 도매 경제는, 도매업자—이 개념은 당시 출판업에 국한되어 있지 않았다—가 원자재 구입 내지 원자재 생산과 마케팅 사이의 중간자 역할을 하는 것을 특징으로 했다. 도매업자는 자재와 더불어 금속 가공을 하는 수공업자를 공급했다. 도매업자가 제련소에 자기 지분을 가졌다면, 이에 따라서 보다 유리하게 원자재를 얻고 이로써 자신의 수익을 높였다. 대도매업자와 무역상이 처해 있었던 광범위한 사업 관계를 통해서 그들은 정확한 시장 정보를 가졌으니, 그들에게 의존적인 고객들은 이런 정보를 결코 얻을 수 없었다. 아우크스부르크와 뉘른베르크의 푸거(Fugger), 벨저(Welser), 호흐슈테터(Hochstetter), 파움가르트너(Paumgartner), 투허(Tucher), 혹은 임호프(Imhoff) 같은 남독일의 대(大)상사는 북이탈리아, 특히 베네치아와 긴밀한 사업 관계를 구축했고 이로써 근동 지역과의 교역 통로를 얻었다. 이 상사들은 가족회사로서 조직되었고 전 유럽에 걸쳐서 지점망을 가지고 있었다. 소수의 친밀한 지도층의 사회적 결속과 광범위한 교역망은 당대의 세계시장에서 효과적으로 대처할 수 있는 길을 보장했다. 상사들은 광산업에 참여함으로써 재판매 시 큰 이윤폭을 확보했다. 푸거가(家)는 합스부르크가(家)의 도움으로 헝가리와 티롤의 광산에서 독점권을 획득했고, 이로써 그들은 은행업에 진입하는 것이 가능해졌다. 카를의 황제 피선을 확보하기 위해서 야코프 푸거(Jacob Fugger, 1459~1525)가 지출한 금화 85만 굴덴이라는 상상할 수 없는 큰 금액은 이 가족의 막대한 영향력을 예증한다.

스페인 왕실이 새로 발견한 나라들로부터의 황금 수입과 오스만 제국의 지중해 지배로 말미암아 어쩔 수 없이 네덜란드의 주도 아래 경제 활동을 서유럽 및 북서유럽의 대서양으로 이전하게 된 것은 종교개혁기 동안에 제국의 경제적 삶에 영향을 끼치기 시작했다. 초기 자본주의적 경제, 그것의 효율성, 그것의 수익 규모, 고도의 자본축적과 혁신의 역동성은 많은 사람들에게 거래 과정을 이해할 수 없게 만들었다. 경제의 명령 아래 수많은 사람들에게 요구된 유동성은 신분적 심성 및 윤리규범적·그리스도적으로 속박된 사회적 감성과는 모순되는 것이었다. 이 사회적 감성은 경제 관계에서도 정의를 요구했고 억제된 이자율을 예견했으며 사회윤리적 주도 이념으로서의 '공동의 이익'에 대해 의무감을 느꼈다.

제2장

종교개혁의 교회사적 · 경건사적 · 신학사적 전제들

중세 말의 다원적 교회상

종교개혁 전야에 제국 내의 교회종교적 전체 상황은 단순하게 요약할 수 없다. '전야'라는 은유가 종교개혁의 밝은 새로운 아침에 의해 제거될 어스름한 황혼의 표상과 결부되어야 한다면, 이것은 사실을 간과한 것이다. 1500년경 종교 문화의 다양성과 다형성은, 그것이 종말로 치닫고 종교개혁의 '변혁'을 통해 '구속받는' 단절을 필요로 하는 그런 종류가 아니었다. 종교개혁 및 근대 초 개신교의 자기 해석에 기초한, 중세 말의 퇴폐적 요소들(예를 들어 성직록 장사, 성직 엘리트의 부패, 르네상스 교황들의 윤리적 타락, 스콜라주의 신학의 경직 등)에 대한 표상은 당대의 일정한 성격과 현상을 전체적으로 근본적 위기에 처한 것처럼 극화했다. 그러나 이것은 필연적으로 종교개혁으로 몰고 가지는 않은, 1500년경의 개방적 상황에 타당하지 않을 것이다.

1500년경 경건과 신학 및 교회의 실제는 매우 다양한 현상들을 보이고 있어 결코 전체적으로 문제가 많은 것은 아니었다. 중세 말의 위기에서 종교개혁의 원인을 발견할 수 있다고 생각하는 회고적 예언은 1500년경의 복잡한 상황을 용납하기 어려운 방식으로 축소하는 것이다. 그것은 많은 '중세적인 것'이 종교개혁에 수용되고 계승되었다는 것을 무시하고, 역사 진행에 이념적 역사목적론이 말하는 필연성을 강요하는 것이다. '중세'는 한동안 계속될 수 있었고 또한 종교개혁, 역(逆)종교개혁, 종파 시대의 특수한 굴절 아래서도 계속 진행되었다. 교회 건물, 시설, 전례 도구의 사용, 교구 구조, 교구의 강제, 즉 주소에 따라서 일정한 지역 공동체 소속을 결정하는 일, 후견인의 권리에 대한 실상과 그 밖의 교회적 삶의 일정한 요소들은 21세기 독일 개신교에서 여전히 '중세적'이다.

무엇이 중세, 종교개혁, 종파 시대와 근대를 결합하고 분리하는지는 간단하게 통분(通分)할 수 없다. 종교개혁에서 중세 교회의 전통은 파괴되었을 뿐만 아니라 보존되었다. 독일이 경건의 구조나 강도와 관련해서 유럽의 통상적 규범에서 특별히 벗어났는지는 회의적이다. 독일에서 입증될 수 있는 바, 면죄부 캠페인에 대한 큰 수요, 공격적인 로마 비판, 대중어 성서 및 경건 서적의 대량 보급과 같은 일부 특별한 사실은 전적으로 독일의 정치적·문화적 상황의 복잡성과 내적 다양성을 배경으로 해서 해석될 수 있다.

'열린 체계 교회'

종교개혁 전 교회종교적 전체 상황에서 우선 두드러진 점은 종교개혁 10년 전에 대규모의 교회 비판, 예를 들어 고가의 건축물과 예술품을 통한 과시욕, 사치스러운 복장과 성직자의 세속적 삶의 스타일에 대한 비판뿐만 아니라 이에 상응하여 사도적 청빈 이념에 호소하는 것 등이 3세기 전에 비하여 큰 의미를 갖지 않았다는 것이다. 종교개혁 이전 여러 세대에 걸쳐 제국 주민들은 체계적인 이단자 박해와 효과적인 종교재판정을 자신의 관점에서 거의 겪지 못했다. 당대 교회의 일정한 현상을 비판하는 대학의 학자들은 그 시대에 국외자들이어서 대중적으로 큰 영향을 끼치지는 못했다. 예를 들어 이것은 요하네스 루헤라트 폰 베젤(Johannes Rucherath von Wesel, 1425경~1481)과 로스토크(Rostock)

의 마기스터 니콜라우스 루체(Nikolaus Rutze, 1460~1524)에게 해당되는데, 전자는 면죄부에 대하여—아마도 1475년의 희년 면죄부와 관련해서—공격하였고 성서를 원용하여 교황과 공의회의 구속적 권위를 문학적으로 반박하였다. 이것 때문에 그는 한 종교재판에서 이단죄로 정죄되었고 오직 취소를 통해서만 목숨을 구할 수 있었다. 후자는 역시 면죄부를 비판했고 얀 후스의 글들을 유포했다. 종교개혁가들이 그들을 기억하고 그들을 자신들의 교훈의 증인으로 삼는 한 그들은 후스, 위클리프, 요한 베셀 간스포르트(Johann Wessel Gansfort, 1419~89) 및 다른 사람들처럼 '종교개혁 이전의 개혁가'가 되었다. 요한 가일러 폰 카이저스베르크(Johann Geiler von Kaysersberg) 같은 존경받는 설교자 혹은 야코프 빔펠링(Jacob Wimpfeling) 같은 논란이 되는 신학자가 요하네스 루헤라트의 유죄판결을 잘못이라고 생각하고 자기 생각을 고집한[1] 것과 같은 사실에서, 종교개혁 이전 교회를 폐쇄된 체계로 보는 것은 잘못된 것임을 염두에 두어야 한다. '교회'는 서로 경쟁하거나 서로 보완하는 수많은 차원과 사회 형태를 가진 매우 세분화되고 다원적인 현실이기 때문이다.

교회는 현저히 '열린 체계'로서 주목할 만한 통합력을 발휘했고 상이한 경건 스타일에 안식처를 제공했다. 이때 도시와 시골 간에, 성직자의 교육 상황뿐만 아니라 종교적 내용 제공 정도에서 상당한 차이가 있었다. 시골에서는 지역 성직자에 의한 미사 예배와 전통적인 성례전 집전이 대안 없는 종교적 실제의 기본 형태를 이루었다. 여러 가지 다양성을 통합할 수 있었던 '열린 체계 교회'의 안정성은 특히 도시들에서 우선 외적으로 1500년경 관찰할 수 있는 놀라운 기부 활동에서 드러났다. 지나간 교회사의 어떤 시대에도 1500년경처럼 그렇게 많은 교회 건물과 예배당이 세워진 적이 없었고, 그렇게 많은 제단들이 기부자 및 그 가족

1 Gustav A. Benrath, Artikel *Johann Rucherat von Wesel*, in: *TRE* 17 (1988), S. 150~53, 여기서는 S. 152,24ff.

의 영혼 구원을 위하여 성만찬의 제물을 드렸던 하급 사제를 위해서 미사 비용을 지급한 적이 없었으며, 그렇게 많은 형상들이 경건한 목적을 위해 만들어진 적이 없었다. 번영하는 경기의 기본 조건은 귀족과 같은 상층 도시 시민계급으로 하여금 그들의 경건과 사회적 지위를 넉넉한 기부를 통해 과시할 수 있는 경제 상황을 만들었다. 사회에서 영향력 있는 인물들의 물건, 문장, 초상화, 이름들이 교회 공간을 더욱 눈에 띄게, 위압적으로 채웠다. 종교개혁의 관점에서 '선행'과 '행위의 의'의 지표로서 기부 행위가 집중적으로 행해진 것을 위기 현상으로 보아야 한다고 생각하는 측에서는 이것을 불안, 외형화, 공허한 열심의 동기로 평가하려는 경향이 있다. 그 자체로, 당대인의 정신적 전제에서부터 볼 때, 경건한 목적을 위해서 사회적 특권과 종교적 헌신을 통합하여 기부하는 것은 명백한 교회성의 표현으로 평가될 수 있다.

1500년경 독일 예술의 유례없는 높은 수준은, 예술을 구원 대비와 과시욕을 위하여 사용하려는 무한한 마음가짐과 일치했다. 또한 빈자, 병자, 나병 환자의 집과 같은 자선 시설들이 생긴 것은 저 구원 욕구와 과시욕이 혼합된 데서 비롯한 것이었다. 또한 종교개혁 이전 교회의 '열린 체계'에 속한 것은, 교회법적으로 정의된 바 모든 성인 그리스도인의 최소 의무—1215년의 제4차 라테란 공의회의 결정 '옴니스 우트리우스퀘'(Omnis utriusque)의 기준에 따라서 매년 행해야 할 고해와 성찬의 의무—의 도를 넘어서 활동할 수 있는 여러 가능성과 선택의 여지가 있었다는 것이다. 종교적 봉사를 제공하는 교구 교회, 수도원, 종교 시설과 수도회, 형제단 등이 순례나 성물 관람을 유치하는 도시나 제후와 치열한 고객 경쟁을 벌였다는 사실은, 1500년경 종교의 초기 자본주의적 시장성에 당연히 속한다. 종교적 장(場)의 개방성은, 교회가 더불어 혹은 대립적으로 구원의 문을 열어주었고 천국으로 가는 여러 가지 길에서 동반하였던 많은 얼굴과 숱한 대표를 가졌다는 데서 표현된다.

1500년경 교회적으로 통일된 경건의 팽창적 요소들은 숫자화할 수 있는 상승률에서 나타났다. 미사 기부, 특히 죽은 자들을 위한 영혼 미사의 급증은 성직자들의 폭발적 증가를 가져왔으니, 그들 대다수는 얼마 되지 않는, 일부는 힘들게 일해야 겨우 벌리는 소득으로 살았다. 하급 사제들 자신이 일부 번거롭게 징수해야 했던 헌금과 헌물은 그들을 기부자와 그들 가족이나 다른 기관들(종종 도시 행정관)에 얽매어놓았다. 행정관은 기부자가 사망한 후 기부된 자본을 관리했다. 박봉을 받는 많은 미사 사제들은 프롤레타리아 성직 계급을 형성했는바, 이들에게 보다 높은 윤리 수준 혹은 교육 수준을 요구하기는 어려웠다. 1508년 이후 비텐베르크의 알러하일리겐 참사회 성당(Allerheiligenstift)에서는 총 64명의 사제들이 매년 9천 회의 미사를 집전했다고 한다. 1500년경 약 43만 명의 주민이 있었던 쾰른과 같은 대도시에는 11개의 참사회 성당, 22개의 수도원, 19개의 교구 본당, 그리고 약 100개의 예배당이 있었고, 여기서 매일 1천 회 이상 미사가 거행되었다(Dom 혹은 Domkirche, Stift 혹은 Stiftskirche, Pfarrkirche는 주교좌 대성당, 참사회 성당, 교구 본당으로 구별할 수 있다—옮긴이). 대도시에서 남녀 성직자 수는 수천 명에 달했다. 거의 매시간, 아니 매분 한 도시 안 어디에선가 영혼 미사를 위한 종소리가 울리지 않은 순간이 없었으니, 피 없는 미사 제사를 제단에 바쳤고 초를 봉헌하여 경건한 목적을 위해 촛불을 켰으며 연도를 노래하거나 면죄가 베풀어졌다.

당대 사회의 신분 계층 간 차이는 망자 추모와 관련해서 특히 현저하게 나타났다. 작센의 공작들이 자신들의 영혼의 영원한, 중단 없는 구원을 위해 봉헌했고 부유한 시민들이 매주 수차례 추모 미사 비용을 낼 수 있었던 반면, 하층민에게는 적어도 죽은 가족을 위한 미사를 죽은 그날 드리는 것이 큰 재정적 희생과 결부되었다. 부유하고 권력 있는 자들이 가난하고 병든 자들보다 천국에 들어가기 힘들다, 지상에서 '짐승 고기를 먹는 자'가 '하늘에서 짐승 고기'가 된다[2]는 생각이 보편적으로

2 루터에게서 이 격언의 사용은 예를 들어 WA.B 2, Nr. 425, S. 381,74~76; WA.TR 5, S. 500,10f.; S. 507,7~10; Karl Friedrich Wilhelm Wander (Hg.), *Deutsches*

퍼져 있었기 때문에, 구원의 기회와 관련된 이런 사회적 부조화는 견딜 만한 것이었다. 그러나 이것이, 영혼 미사를 통한 빈자 착취가 — 구원의 '매매 가능성'의 다른 요소들처럼 — 교회 비판의 단골 메뉴가 되는 것을 막을 수는 없었다. 여기에서부터 종교개혁의 공격은 이후 사이비 사제의 탐욕을 반박할 이념적 자산을 취했다. 한 종교개혁 팸플릿에 이렇게 적혀 있다. "…… 가난한 자가 죽어서 3굴덴만 남기고 집에는 여섯 명의 어린 자식 말고 남은 것이 없다면, 부인은 사이비 사제에게 영혼비를 주어 미사를 드리게 해야 하고 그에게 제물을 바치게 해야 하며, 1페니히가 남았으므로 사망 후 혹은 매장 후 30일째에 영혼 미사를 드려야 한다." 죽은 자는 "경건한 사람이었으니, 나는 그가 이미 천국에 있다고 믿는다"는 과부의 언급에도 불구하고 '사이비 사제'를 거부할 수 없었다. 왜냐하면 결국 중요한 것은 그의 '의',[3] 즉 영적 봉사에 대한 그의 권리 주장이기 때문이다. 죽음의 무도 연출과 '죽음의 기술'(ars moriendi, 85쪽 참조)을 안내하는 죽음의 책에서 인상 깊게 시각화된 모든 신분의 경계를 평준화하는 죽음의 힘은, 사회적 기회의 불평등이 또한 종교적으로 영향을 끼쳤다는 초보적 경험을 거의 바꾸지 못했다.

봉헌(성만찬의 기부와 관계되는 신도들의 헌물)과 성식 사례(사제가 고해, 세례, 혼인과 산부에 대한 축복 같은 다른 업무에서 영대領帶를 착용할 때 받은 사례)는 교구 수입의 기본 요소를 이루었으며 아마도 종교개혁 전야에 여러모로 불평을 샀던, 또한 '그라바미나'에서 항의를 받은 보좌 사제 문제 때문에 경제적으로 중요해졌다. 봉헌과 성식 사례는 실제 일하는 성직자에게 흘러갔다. 그러나 본래의 성직록은 종종 고위의, 드물지

Sprichwörter-Lexikon, 5 Bde., Leipzig 1867~80 (Nachdruck Darmstadt 1964), Bd. 1, S. 1286, Nr. 83.

3 『누가 온 세상을 가난하게 만들었는지를 듣고자 하는 자는 이 책자를 읽어보기 바란다……』, [Augsburg: Erhard Öglin Erben 1521], ediert in: Adolf Laube u.a. (Hg.), *Flugschriften der frühen Reformationsbewegung (1518~1524)*, 2 Bde., Berlin 1983, Bd. 2, S. 731~41, 특히 S. 737,24~37.

않게 외국의 성직자 손에 들어갔으니, 그들 대부분은 때로는 엄청난 액수의 성직록을 축재했고 저임금으로 고용한 보좌 사제를 직무 대행자로 투입했다. 그러나 여러 가지 직무 행위에서 얻어지는 수입은 지역 보좌 사제들로서는 포기할 수 없는 것이었다.

교회가 영혼 구원을 경제화한 것의 본질적 동기는 수세기 전부터 일부 존립했던 사제 고용의 구조에 있었던 것이 아니라 성직 엘리트들의 구체적 행동 방식에 있었다. 교회 계급 서열상의 정점인 교황으로부터 시작하여 추기경, 주교, 대성당 참사회원과 그들의 사치스러운 생활 방식, 그들의 성직록 장사 등에 대한 종교개혁가들의 포퓰리즘적 공격의 파괴력은, 고위 성직자들이 명망이 별로 없었거나 그들에 대한 반감이 특별히 형성되었다는 전제 아래서만 이해될 수 있다. 성직 '상류사회'(High Society)에 대한, 구체적인 갈등 맥락에서 마음의 짐을 푸는 싸구려 반감은 포괄적 반(反)성직주의의 의미로 본다면 오해된 것이다. '부도덕한 고위 성직자들'에 대한 많은 공공연한 혹은 은밀한 비판자들 자신이 성직자였거나 드물지 않게 수도사였기 때문이다.

1500년경 교회 체계가 개방되었음을 보여주는 것에는 교회의 개별 인물이나 현상들에 대한 비판이 결코 전체를 문제삼는 것을 뜻하지 않았다는 사실도 속한다. 반대로 일정 부분의 반대는 교회의 생동성, 유연성, 안정성을 입증해주었다. 성공적인 인문주의 작가 제바스티안 브란트(Sebastian Brant, 1457~1518)는 『바보들의 배』(*Narrenschiff*, 1494)의 「종교인이 되는 것에 관하여」에서 이렇게 썼다.

> 이제 바보들의 배에 속하는
> 다른 것을 지금 배워서
> 모든 사람이 그것을 즐겨 사용한다.
> 모든 농부는 게으름으로 먹고사는
> 성직자가 되고자 한다.
> 노동 않고 살고 주인이 되고 싶다.

그가 이것을 명상에서 선택하거나
영혼 구원에 대한 존경심에서 선택한 것이 아니며
그는 오로지 남매를 먹일 수 있는
주인이 되고 싶다.
그는 거의 책을 들여다보지 않는다
사람들은 말한다. "그는 충분히 안다!
그가 성직록만 얻을 수 있다면
더 큰 기술을 생각할 필요가 없다!"
사람들은 사제직이 쉬운 것처럼
과소평가한다.[4]

여기에는 성직자 및 그들의 임무를 원칙적으로 거부하는 태도는 나타나지 않고, 다만 그들에 대한 특별한 가치 평가가 나타났다. '비종교적' 동기, 양식에 대한 기대, 교육의 필요성 결핍 등은 바로 지원하고 장려해야 할 종교인들의 영성을 위협하였다. 교육받은 도시민 브란트는 실리주의적 동기에서 비롯한 영적 직무를 행하는 것에서의 경박성을 비난했으며 영성 그 자체를 폭로하려 한 것은 아니다. 평신도가 자신의 구원을 위해 성직자를 필요로 했다는 것은 논란의 여지가 없었으므로, 성직에 대한 비판은 그것을 개선하고 교육하며 그에게 의탁한 자들에 대한 그의 임무를 보다 완전하게 이행하도록 돕는 수단이었다. 성직자와 평신도 사이의 근본적 관계의 위기는 종교개혁 이전에는 거의 없었다. 사제에 대한 평신도들의 증오에 대해 말하거나[5] "사이비 사제와 수

---

4 H. A. Junghans의 번역, *Sebastain Brant*, *Das Narrenschiff*, durchgesehen und mit einem Nachwort neu hg. v. Hans-Joachim Mähl, Stuttgart 1985, S. 266에서 인용; Manfred Lemmer (Hg.), *Sebastian Brant*, *Das Narrenschiff*. *Nach der Erstausgabe (Basel 1494) mit den Zusätzen der Ausgaben von 1495 und 1499*, Tübingen 1962, S. 118f. 참조

5 예를 들어 가일러 폰 카이저스베르크(Geiler von Kaysersberg)에 연결해서 Thomas

도사와 평신도는 서로 원수가 되었으니 투르크인과 그리스도인보다 더 그렇게 되었다"[6]는 것을 보여주는 자료 증언들은 대개 '두 종류의 그리스도인'[7]이 서로 의존한다는 생각에 기초했으며, 이 생각의 전제가 되는 저 관계 교란을 극복하는 데 목적이 있었다. 또한 성직자와 평신도 사이의 다양한 관계는 너무나 복잡하여 간단히 정리할 수 없다.

데보티오 모데르나

영향력이 큰 경건 운동 '데보티오 모데르나'(Devotio moderna)는 수도원과 세속적 길 사이의 제3의 길을 택한, 폭넓은 지지를 얻은 평신도 공동체의 한 예이다. 발단은 교육받은 네덜란드의 설교자 헤르트 흐로테(Gerd Groote, 1340~84)에서 나왔으니, 그는 회심 후 세속의 학문을 떠나서 예수의 청빈한 삶의 겸손을 따르는 삶으로 전향했고 부유한 가정 출신 아들이 상속한 집을 한 여성 종교 공동체(후에 '공동생활 자매'라 칭함)에 넘겨주었다. 네덜란드, 벨기에, 그러나 특히 북독일, 북서독일, 중부 독일, 후에는 또한 알자스, 라인란트, 뷔르템베르크에 세상 속에서 단호히 그리스도인답게 살고자 한 경건한 인간들의 공동체 집들이 생겼다. 사람들은 사도적 원시 공동체를 본따서 물물 공동 소유를 실천했고, 공동의 질서 아래 자발적으로 순종했고, 상호 권면(Kollatien)

A. Brady, "*You hate us Priests*". *Anticlericalism, Communalism and the Control of Women at Strasbourg in the Age of the Reformation*, in: Peter A. Dykema, Heiko A. Oberman (Hg.), *Anticlericalism in Late Medieval and Early modern Europe*, Leiden u. a. 1993, S. 167~208 참조. 한스-위르겐 괴르츠(Hans-Jürgen Goertz)는 반성직주의를 종교개혁의 한 원인으로서 서술했다. *Pfaffenhaß und groß Geschrei. Die reformatorischen Bewegungen in Deutschland 1517~1529*, München 1987; H.-J. Goertz, *Antiklerikalismus und Reformation*, Göttingen 1995; H.-J. Goertz, *Deutschland 1500~1648. Eine zertrennte Welt*, Paderborn 2004.

6 Luther, *An den deutschen Adel* (1520), in: WA 6, S. 354,11f.

7 Decretum Gratiani의 해당 규정 참조: "Duo sunt genera Christianorum."(*Decretum Gratiani*, Secunda pars, c. XII, q. I, c. 7, in: Aemilius Friedberg [Hg.], *Corpus Iuris Canonici*, Pars I, Leipzig 1879 [Nachdruck Graz 1955], S. 678)

을 실시했고, 개인의 양심을 살폈고, 성서 자료를 묵상했고, 내적으로 심화된 그리스도 추종을 지향했다. 서양 그리스도교 역사에서 가장 영향력 있는 책 가운데 하나인 토마스 폰 켐펜(Thomas von Kempen, 1379/80~1471)의 『그리스도 모방』(*Imitatio Christi*)은 신비주의적 사변에 빠지지 않고 심오한 종교적 경험에 자신을 개방하는 세상 속에서의 활동적·자선적 추종의 삶을 보여준다. 교회 성직 서열제의 일시적 보호와 유익한 관심을 확신했던 공동생활의 형제자매들은 드물지 않게 경건한 내용의 책을 출판함으로써 자신의 생계비를 충당했다. 후에 그들은 자신의 공동생활 집에서 책 인쇄업을 운영했다. 그들은 또한 모국어 성서 보급에 기여했다. 그들은 청소년 교육, 특히 청소년들을 영적·목회적으로 돌보는 일에 종사했다. 이미 당대인들이 '데보티오 모데르나' 개념으로 표현한 경건 운동의 '근대성'은 종교적 경험(experientia)에 관심을 가지는 데, 성직자와 평신도의 (다양하게 평가된) 양분화를 상대화하는 데, 평신도들에 대한 종교 교육을 장려하는 데 있었다. 마그데부르크 학교 시절에 개인적으로 공동생활 형제들을 경험했던 루터는 그들을 높이 평가했다. 모국어 성서를 장려하는 것에 관한 '데보티오 모데르나'의 운동은 16세기 알프스 이북의 유력 인문주의자요 공동생활형제단에 의해 교육을 받은 로테르담의 에라스무스를 거쳐서(109~15쪽 참조) 직접 종교개혁 운동으로 들어갔다. 그들이 동시대의 필요에 부응하여 도시 공간에서 종교적 평신도 교육에 공헌한 것, 그리고 세상 속에서 전적으로 그리스도에 집중된 경건 실천(praxis pietatis)을 격려한 것은 종교개혁의 전제에 속한다.

아마도 '데보티오 모데르나'와 그것의 공동생활 형식(Vita communis)은 또한 도시 공동체와 그것의 그리스도적 윤리의 사회윤리적 심성에 무의식적으로 영향을 끼쳤을 것이다. 그들이 가졌던 단순한, 덕스러운 그리스도인다운 삶의 이념(이것은 논설, 기도서, 그리고 자기 관찰, 자기 극복, 자기 훈육을 통해서 훈련되었다)은, 평신도들의 참여 아래, 개별적 동화 과정의 측면 지원을 받아 사회를 규범화하기 위한 잠재적 동기를 내포했다. 도시의 종교개혁 과정에서 이런 정신적 자세는, 부패한 성직에 대한 온갖 탄식과 도덕적 조롱보다 훨씬 지속적 영향을 끼치는 전제를 이루었다.

수도회

특히 민감하고 영속적인 내외적 개혁 욕구에 의해 결정된 교회 삶의 영역인 수도회는 15세기에 강력한 변화의 역학에 의해 형성되었다. 수도원 삶의 개혁의 필요성이 빈번히 새로운 수도회 창설로 이어진 교회사의 이전 시대와 달리, 15세기에 이것은 비교적 별다른 역할을 하지 못했다. 오히려 개혁 문제는 기존의 옛 수도회 내에서 각성되었다. 모든 규칙의 보다 엄격한 준수를 결단한 수도원과 수도회, 즉 엄수파는 기존 종단 내에서 자체 회(會)를 결성했다. 베네딕트회의 경우 **부르스펠트**(Bursfeld)**회**는 초지역적 의미를 얻었다. 아우구스티누스 참사회원들 가운데서 **빈데스하임**(Windesheim)**회**는 내면화와 탈세속화를 지향하고 규칙을 엄수하는 개혁을 추진했다. 또한 탁발 수도회, 즉 프란체스코회, 도미니쿠스회, 아우구스티누스 은둔자회, 카르멜(Karmel)회 등도 엄수회를 결성했다. 엄수 운동이 사회 전체에 끼친 막대한 영향은 개별 영주들이 거기에 관심을 갖고 자기 영지 내 엄수파 수도원을 장려하여 콘벤투알(Konventual)회, 즉 덜 엄격한 수도원과 수도회를 오히려 냉대한 것 때문에 간접적으로 이루어졌다. 대개 윤리적·지성적으로 보다 설득력 있게 후진들을 사로잡은 엄수파 수도원들의 규칙을 엄수하는 경건으로부터 사람들은 정치 쪽에서 보다 유리한 구원경제적 효과를 기대했을 뿐만 아니라—해이한 수도회보다 경건한 수도회는 다른 자의 영혼 구원에 많은 기여를 했기 때문—나머지 사회를 위한 생산적이고 모범적 기능을 기대했다. 대중적 해학에서 조롱하는 대로, '술 취한, 음탕한 수도사'를 과시할 수는 없었다. 그러므로 기강에 대한 세상적 열망과 수도원 내부의 규칙 엄수 운동의 동력은 생산적으로 서로를 강화할 수 있었다. 사회 전체에 무언가 말할 것이 있으며 사회를 가르치고 사회에 방향을 제시할 수 있는 인물과 신념이 수도원에서 나왔다는 생각은 그 시대에 낯선 것이 아니었다. 수도원적 삶의 형태가 엄수 운동을 통하여 윤리적 신뢰성 및 종교적 타당성을 획득하게 된 것은 엄수파 아우구스티누스 은둔자회와 특히 밀접하게 결부된 에르네스트가(家) 왕조와 결국 또한 보다 많은 대중이 비텐베르크 출신 '마르티누스 형제'(마르틴 루터를 가리킨다—옮긴이)의 말을 듣고 그를 신뢰하게 된 전제를 이룬 듯하다. 이 전제의 의미는 아무리 높이 평가해도 지나침이 없다. 종교개혁가들 가운데 수도원적 배경에서 유래한 자들은 압도적으로 엄수파 수도회 출신이었다. 수도원에서 세상으로의 이행 과정은 그들에게는 잘 알려진 것이었다.

순례

고대 이래 순례는 그리스도교 경건 실천의 전통적 요소였다. 순례의 대상은 성지(팔레스티나—옮긴이)에 있는 그리스도와 연관된 장소 및 성인들의 장소였으며, 순례는 일상적으로 범죄나 경험한 은혜에 대한 개인적 회개 혹은 감사를 위해서, 서약 의무를 이행하기 위해서 시도되었다. 15세기 말과 16세기 초에 순례는 집단적·종교적 이벤트 문화의 한 현상이 되었던 것 같다. 순례 목적지가 매력적이 된 것은 거룩한 유골이나 과거의 유물 때문이 아니라 오히려 일종의 기적 같은 것을 보여주었기 때문이었다. 기적 과시는 대중적 모집을 통해서 유포되었고 돈벌이가 되는 대규모 행사가 되었다. 경건한 동기나 선정주의적 동기에 이끌려 순례하는 자는 이런 사실을 거의 인식하지 못했을 것이다. 새로운 순례 장소에서는 처음에 대개 기적이 일어났다. 예를 들어 크라일스하임(Crailsheim)에서 한 목동이 너도밤나무에서 샘이 솟았는데 그 물이 흐린 눈에 기적적인 치유 능력을 가졌다는 소문을 유포했다. 사람들은 즉시 마리아 예배당을 세웠고 의도적으로 모집을 위해 선전에 착수했다. 알트마르크(Altmark)의 빌스나크(Wilsnack)에서는—브란덴부르크 선제후는 장려하고, 교황청 측, 예를 들어 추기경 니콜라우스 폰 쿠에스

(Nikolaus von Kues, 1401~64)는 의심한—세 개의 피흘리는 성체를 경배했는데, 1470년대 이래 이 세 성체는 인기 있는 순례 대상으로 발전했다. 이런 많은 새로운 순례지에서는 기적의 책을 비치해놓고 기적들을 기록했는바, 기록원은 이 책에 성인의 갖가지 비상한 사실, 기도가 응답된 것, 치유, 구원 경험들을 기록했고 그 가운데 일부는 출판하기도 했다. 메클렌부르크(Mecklenburg)의 슈테른베르크(Sternberg)에서는 이른바 성체에 대한 유대인의 범행이(그런데 치욕을 당하고 더럽혀진 그리스도인의 '구워진 신'이 기적적인 권능을 통하여 이 범행을 보복했다) 1490년대 이후 번성하는 순례의 배경이 되었다. 교황과 주교의 면죄 특권을 통해서 순례지를 방문하고 성물을 관람하는 일은(이것은 하늘이 지상적 영역에 개입하는 것을 뜻하였다) 구원을 베푸는 사업이 되었다. 슈테른베르크의 성체 기적에서 신과 세상에 대한 새로운 지식이 중계되지는 않았으나, 오래전 알려진 '올바르고' '확실한 사실'이 확증되었고 이런 기적의 사회심리적·문화적 기능이 분명해진다. 유대인들은 그리스도와 그리스도인들의 영원한 원수이며, 할 수 있는 한 그들을 해치려 한다. 무력함의 형태로 빵에서 자신을 괴롭히는 자에게 맡겨진 그리스도는 그러나 그들보다 무한히 우월하다는 것이 입증되었다. 슈테른베르크에서 그랬듯이, 그리스도의 승리에 대한 '작은 사람들'의 전설은, 유대인들에게 경제적·문화적으로 뒤진다고 느꼈던 자들에게는 미움받는 '이방인'을 파멸시키고 박해하는 동기를 제공했다.

종교개혁 운동의 초기와 시간적으로 중첩되는 1519년 레겐스부르크의 집단 순례도 반(反)유대적 배경이 명백하다. 레겐스부르크 시 참사회는 황제 막시밀리안 1세의 사망 후 짧은 공백기를 이용하여 그의 법적 보호 아래 있었던 유대인들을 추방했고 그들이 살던 시 구역과 회당을 파괴하였다. 회당 철거 공사를 하다가 심하게 부상을 입은 레겐스부르크의 한 석공이 다음 날 다시 현장에 나타났을 때, 사람들은 이것을 마리아가 일으킨 치유의 기적으로 해석했다. 급히 세워진 목조 마리아 예배당과 '아름다운 마리아' 입상은 레겐스부르크 시 참사회가 공격적으로 마케팅한 순례 사업의 중심이 되었다(그림 2 참조). 기적을 일으키는 것으로 경배받는 마리아상은 대판 인쇄를 통해 공지되었다. 기적에 대한 보고는 연속적으로 나왔고 순례지로 알려진 후 불과 4년 만에 700번의 기적이 기록되었다. 회계장부에서 입증된 순례자 표 판매 실적을 보면—1520년에 주석 표는 109,198개가, 은 표는 9,763개—이런 새로운 순례지의 방문자 수 증가가 분명해진다. 이런 순례를 수반하는 몰아적 요소들—마을의 전원이 순례 행렬에 나섰다—은 특히 여성들을 사로잡아서 모든 것을 내버려둔 채 행렬에 참여케 했다. 경련하듯이 떠는 인간들은 마리아상의 발 앞에서 흐느끼면서 뒹굴었다. 반쯤 몸을 가린 농민들은 알아들을 수 없는 말로 중얼거렸고, 그들은 종교적 집단 히스테리 현상을 연상시키는데—이런 현상은 후대에 때로 재세례파와 급진적 종교개혁에서도 만나게 된다—레겐스부르크의 경우를 종교개혁 이전의 '전형적' 행사로 볼 수는 없다. 그러나 '아름다운 마리아'에게로의 순례는 인간들의 종교적 열정 및 성자와 구원을 위한 이동의 준비 태세를 나타내며, 이것은 1500년경 역시 높은 평가를 받고 많은 방문객 수로 축복받은 거룩한 의복 전시장을 방문하는 순례와 다르지 않았다. 마리아의 의복과 주님의 포대기, 세례 요한의 머리가 놓여 있었던 피에 젖은 천, 십자가에 달린 자의 허리띠를 볼 수 있다는, 아헨에 있는 카를 대제의 팔츠 예배당과 거룩한 상의가 있다는 트리어 대성당이 그러한 장소들이었다.

성물 관람

경건한 순례자들에게 지역적으로 혹은 지역을 넘어서 매력을 지닌 다른 목표지는 특정한 대규모 행사, 이른바 성물(聖物) 관람을 위해 홍보를 한 곳이었다. 이 행사는 매년 반복되는 기일에 개최되었으며 수집된 많은 성물을 정확하게 정해진 연출법에 따라서 전시하였다. 각각의 이런 성물에는 인쇄된 안내서에 등록된 일정한 면죄의 은혜가 결부되어 있었다. 1509년 루카스 크라나흐(Lucas Cranach)가 117개의 목판

그림 2 레겐스부르크의 '아름다운 마리아'상으로의 순례
(미하엘 오스텐도르퍼의 목판화, 1519년경)

화로 구성한 성물 책에서 보여준, 작센의 프리드리히 3세(1463~1525)가 비텐베르크에 수집해놓은 성물은 종교개혁 발발 직전 몇 년 동안에 특히 급속히 증가했다. 1513년에 성물이 5,262개가 있었다면, 1520년에는 이미 19,000개에 달했다. 이에 상응하여 연옥 불의 면죄 연수(年數)도 증가했으니, 종교개혁 직전에는 수백만 년이라는 정점에 도달했다. 할레(Halle)에서 대주교 알브레히트 폰 브란덴부르크(Albrecht von Brandenburg)가 경쟁적으로 전시한 성물을 관람할 경우 면죄 은혜는 수백만 년에 이르렀으니, 이 숫자는 어쨌든 영원보다는 작은 것이었다. 종교개혁으로 말미암아 형성된 모든 물적·대상적 신성을 단호히 거부하는 입장에서 되돌아볼 때, 이런 종교관광적 대규모 행사는 구원의 은총 축적을 목표로 하는 외형화된, 궁극적 구원의 확신을 결여한 괴상한 종교성의 인상적인 예로 평가될 수 있을 것이다. 종교개혁은 이런 종교성을 거부했고, 결국 종교개혁이 관철되었을 때 이를 극복하고 철폐했다. 그러나 이것은 동전의 한 면일 뿐이다. 성물 관람은 그리스도 교회의 구원사 전체를 다소간에 완전히 현재화하고 현실화하여 개별 신도에게 보여줌으로써 구원사가 **그에게** 의미를 가진다—설령 우선은 추상적으로 면죄의 일정한 일수 혹은 연수의 형태일지라도—는 것이 분명해졌기 때문이다. 동시대 예술에서 일상적인 바, 관찰자의 삶의 세계에 형상을 적응시키는 것처럼(이것은 구원사의 주인공을 외모와 의상에서 동시대인으로 등장시켰고 황금의 천상적 피안으로부터 차안으로 옮겨놓았다) 성물 관람은 '나에게' 외적인 타자의 역사를 '내' 구원에 동화시켜주었다. 예를 들어 작센의 프리드리히가 비텐베르크에 수집해놓은 유물에서 그리스도의 역사는 각 유물의 형상에서 '나에게' 가까이 다가왔고 면죄를 통해 의미심장해졌다. 지시된 대상들은 무엇보다 성서의 역사를 현재화했다. 그 대상은 마리아의 출생지의 일부, 그녀 모친의 손가락과 엄지손가락, 그녀가 짠 실, 천사가 마리아에게 나타났던 방의 일부, 심지어 신의 어머니의 젖, 그녀가 그 아래서 주님에게 젖을 먹였던 나무의 일부, 주님의 포대기, 구유의 파편, 주님이 누웠던 짚, 동양에서 온 마술사의 황금과 몰약, 고난의 유물, 마지막으로 그가 하늘로 올라간 무덤에서 나온 돌 일부 등이었다. 그리고 각 성물 내지 전시 과정에 결부되었던 그때마다의 면죄 은총들은 이 역사에 근거하고 있는 '나를 위한' 구원을 구체화했다. 유물들은 그 역사적 신빙성 혹은 개연성의 의미에서, 그 수행적 능력을 발휘하기에 진정한 것이 아니었다.

면죄

면죄는 중세 후기의 경건 문화에서 도처에 현존하는 요소를 이루었다. 교황에게 유보된, 연옥에서 속죄해야 할 형벌을 완전히 면제하고 이로써 사망 후 직접 천국으로 들어갈 것을 약속하는 완전면죄 외에, 1215년 교황 인노켄티우스 3세(재위 1198~1216)의 교서에 따라서 규정된 각 주교의 면죄가 있었는바, 이것은 교회를 봉헌할 때 1년 동안, 그리고 매년 봉헌일에 수여되었고 40일의 회개 기간을 넘을 수 없었다.[8] 완전면죄와 부분면죄가 나란히 존재했는데, 그것의 시간 수는 고해 체계에서 나왔다. 또 일정한 범행에 상응하는 보속 행위가 정해졌는데 보속 행위는 적합한 면죄에 의해 상쇄될 수 있었다. 원래 십자군 참여에 대해 수여되었고(1095년 이후 우르반 2세[재위 1088~99] 치하에서), 1300년의 희년 면죄 이후에는 로마 순례자에게도 희년마다 수여되었던(처음에는 100년마다, 후에는 50년이나 25년마다 혹은 십자가 처형 기념일에) 완전면죄는 형벌의 완전한 면제를 약속했다. 완전면죄는 전반적으로 볼 때 예외적인 구원 선물이었던 반면, 일정한 장소에서 일정한 때에 일정한 기도나 회개로써 얻을 수 있었던 축적된 작은 면죄들은 면죄의 일상적인, 거의 보잘것없는 변형에 지나지 않았다.

---

8 Walter Köhler, *Dokumente zum Ablaßstreit von 1517*, Tübingen ^{2}1934, Nr. 5, S. 9; Joannes Dominicus Mansi, *Sacrorum Conciliorum Nova et Amplissima Collectio*, Paris 1901 (Nachdruck Graz 1961), Bd. 22, S. 1050f.; Nikolaus Paulus, *Geschichte des Ablasses im Mittelalter*, 2 Bde., Darmstadt ^{2}2000, S. 47 참조.

13세기 신학에서 형성된 교회의 은총의 보물 이론은 그리스도의 공로와 더불어 성인들의 넘치는 공로가 교회에 위탁되어 있고 교황은 이 공로의 보물(thesaurus meritorum)을 처분할 수 있다고 가르치는데, 이 이론은 신자들에게서 큰 호응을 받은 실천의 표준적·신학적 정당성의 기초를 이루었다. 면죄는 점차, 무엇보다 희년과 연관해서 돈벌이가 되는 사업이 될 수 있음이 드러났다. 그러나 종교개혁 초기 전면에 드러난 여러 가지 반(反)로마적 목소리들과는 반대로 여기에 놓인 교황청의 축재 가능성을 결코 과대평가해서는 안 되며 이것을 면죄 역사에서의 표준적 추동력으로 단순화해서도 안 된다. 종교개혁 이전 대규모 면죄 선전에서(그것 중 하나가 면죄 논쟁 및 종교개혁을 촉발했다) 교황에게는 보통 기껏해야 수입의 1/3이 떨어졌다. 세속 신분들, 도시들(그 성벽 안에서 면죄가 선포되었다), 제후들(그 영지 안에서 면죄가 선포되었다) 그리고 활동가에 따라서 많은 군중이 모인다는 것을 고려해야 했던 면죄부 판매인들도 수입을 나누어 가졌다. 희년 면죄 시 들어왔던 가장 큰 액수는 1500년의 것이었다. 이 면죄는 4년간 선포되었고 선포 지역의 절반에서 금화로 약 75,000굴덴을 벌어들였는데, 이 액수는 바젤과 같은 중소 도시의 1년 예산과 맞먹었다. 면죄 장사가 교황청 살림에서 얼마나 큰 부분을 차지하는지는 상세하게 기록되어 있지 않다. 교회국가의 영토 톨파(Tolfa)의 구덩이에서 생산하는 명반 거래로부터 얻는 이득에 비하여(이 장사를 대가로 교황들은 직물 가공과 염색에 없어서는 안 될 소금 판매 독점권을 확보하려고 했다) 면죄 판매는 전체적으로 볼 때 무시해도 좋을 정도였을 것이다.

중세 후기의 면죄 이론에서는, 교회의 보물, 공로의 보물(thesaurus ecclesiae)에 대한 교황의 열쇠권과 결부된 전권이 어느 정도까지 미치는지 그리고 어떻게 효과가 있는지가 불분명한 상태였다. 이것은 교황의 회계 처분권의 전권 행위를 통해서(per modum dispensationis) 일어나는가 아니면 부과된 형벌이 대도를 통하여(per modum suffragii), 즉 하나님의 사법적 우월성을 인정하는 가운데 면제됨으로써 일어나는가? 면죄와 매년의 회개 의무, 고해성사와의 관계에 대해서 중요한 사항이 불분명하였는바, 특히 완전면죄에 관한 한 그러했다. 면죄는 결국 회개의 필요를 없애버렸는가? 종교개혁 초기에 큰 비중을 얻은 이러한 물음들은 중세 후기에 면죄에 계속해서 구원의 효과가 전가되고 완전면죄가 점점 많이 사용됨에 따라 그 의미가 강화되었다. 아비뇽 대분열 시대(1389~1404)에는 지금까지 완전면죄를 십자군과 관련하여 무장한 순례자들과 로마 방문자들에게만 배타적으로 결부시켰던 관행을 폐기하기에 이르렀다. 이제 교황의 허용에 근거하여 일정한 구원 및 은혜의 장소에서처럼(ad instar) 다른 장소에서도 얻을 수 있게 된 면죄 은혜의 유동화로 — 예를 들어 비텐베르크의 성(城) 교회에서 수여되는 아시시(Assisi)의 포르티운쿨라(Portiuncula) 예배당의 면죄 — 일정한 축제일에 제공되던 특별한 구원의 은총이 더 이상 먼 곳에서가 아니라 이웃 동네에서도 얻을 수 있게 되었다. 교황으로부터 이런 면죄 특권을 획득한 종교적 장소와 기관들은 구원 제공의 경쟁 시장에서 당연히 매력이 커졌다. 면죄 이론에서 — 그리고 곧 실천적 선포에서도 — 또한 죽은 자를 위한 면죄가 등장했다. 즉, 교황의 열쇠권이 직접 피안에도 작용할 수 있다는 것이었다. 루터의 첫 번째 적대자 요한 테첼(Johann Tetzel, 189쪽 이하 참조) 같은 면죄 설교자는 속량받지 못한 조상의 고통을 극적으로 표현했고, 죽은 자들이 살아 있는 자에게 이 고통을 호소하게 함으로써 이 시대에 활성화된 가족 의식에 호소했다. "우리는 너희를 낳았고 양육했으며 너희에게 일시적으로 재물을 남겼다. 그런데 너희는 그렇게 잔인하고 냉담하여서, 약간의 수고로써 우리를 구할 수 있는데도 구하려 하지 않고 우리를 불길 속에서 뒹굴게 내버려두다니."[9]

프랑스 추기경인 라이문드 페라우디(Raimund Peraudi, 1435~1505) 치하에서 행해진 대대적 면죄 홍보에서 면죄는 마지막 상승 및 유동화 단

9 EA var. arg., Bd. 1, S. 274; im Anschluß an Heiko A. Oberman, *Die Kirche im Zeitalter der Reformation*, Neukirchen-Vluyn ^{4}1994, S. 16.

계에 도달했다. 그는 투르크 십자군 원정과 특별희년을 계기로 1480년대 이후 프랑스, 독일, 스칸디나비아에서 홍보를 벌였다. 이 홍보는 로마에서 얻을 수 있는 완전한 구원의 은혜, 즉 완전면죄를 나라를 통과하는 면죄 수행인이 방문하는 마을로 이전한다는 것이었다. 이런 맥락에서 완벽해진 구원의 선물은 다음과 같았다. 첫 번째로 극단적 범죄의 경우에도 형벌이 완전 면제되는 것 — 다만 교황, 교황청과 고위 성직자에게 적대하는 행위 및 교황의 명반 독점을 공격하는 상행위는 제외되었다. 두 번째로 면죄부, 이른바 고해장(confessionale)에 의해 확증된 장래를 위한 보증이니, "일생에 그리고 죽음의 시간에 단 한 번만"(189쪽 참조)이 아니라 언제라도 toties quoties, 즉 누구든지 요구할 때마다 전체 고해와 완전면죄에 대한 권리를 허용한다. 이런 형태로 완전한 죄의 용서는 언제라도 얻을 수 있었고 면죄는 고해성사의 진지성을 좀먹었다. 세 번째로, 고해장 획득을 통해서 죽은 자들을 연옥에서 직접적으로 해방하는 데 면죄를 적용하는 것이다. 면죄에 관한 페라우디의 공로는 대대적 홍보를 통해서 예외적 구원의 선물을 표준화된 형태로 민중들에게 제공했다는 데 있다.

15세기 중엽에 발전한 금속활자를 통한 인쇄술의 축복은 철저하게 면죄 홍보에 사용되었다. 홍보 팸플릿, 교서, 면죄 판매인을 위한 지침서, 수혜자의 이름이 기입되어야 할 면죄부 양식이 인쇄기에서 나왔다. 투르크 십자군 면죄 및 면죄 홍보와 결부된 인쇄 산업은, 책 출판과 하청 산업이 성장 분야로 발전하는 데에 본질적으로 기여하였다. 그러나 면죄 홍보는 미디어 및 커뮤니케이션 역사상 또 다른 혁신적 차원을 이룩했다. 왜냐하면 면죄 홍보는 목적지에서 통일된 행위 양식으로 일관되게 이루어졌고 그 장소들을 동일한 경험 공간으로 만들었다. 면죄부 부대가 들어온 모든 도시의 일곱 교회 혹은 예배당에서는 로마의 7개 주요 교회와 유사하게 교황 깃발이 달렸고, 수도에는 교황의 문장기가 달린 거대한 적색 십자가가 세워졌다. 면죄를 받을 자는 홍보 부대와 함께 여행하거나 즉석에서 모집한 고해 신부들 중 한 사람에게 갔다.

1489년에 에르푸르트(Erfurt)에는 25명, 뉘른베르크에는 심지어 43명의 고해 신부가 있었다고 한다. 면죄받을 자의 재정 능력을 평가한 후 소액을 징수해야 했고 7개 교회에서 일정한 기도를 드려야 했다. 이런 표준화된 절차가 면죄부 부대가 들어가는 모든 서양의 도시에서 진행되었다. 유럽의 서로 멀리 떨어진 장소들이 이런 방식으로 연결되었고, 교황의 인가를 받은 구원식서[10]를 통하여 면죄에서 접하는 '총체적 은혜의 이념'을 알게 되었다. 돈이 없는 자는 기도하고 금식해야 했다. 천국이 가난한 자뿐만 아니라 부자에게도 열려 있으리라는 것은 자명한 일로 간주되었다.[11] 중세 후기의 기부 제도 및 사회적 계층과 불평등에 의해 각인된 수많은 은혜의 행사들과 비교해서 면죄는 개념상으로 볼 때 종교개혁의 결코 사소한 전제라고 간주할 수 없는 평등주의적 색채를 지니고 있었던 것이다.

교회와 그것의 다양한 기구들이 1500년경 제공한 각양각색의 구원 준비에는 구조적 불안정의 요소가 내재한 듯하다. 왜냐하면 교황들이 취임 시 자신이 제공한 것을 판매할 여지를 만들기 위해서 전임자들의 완전면죄를 언제나 폐기했다면, 완전면죄는 어떤 가치가 있었을까? 성물 관람, 순례의 중심지, 은혜의 장소가 제공한 것이 점차 보다 풍성한 은혜의 보물을 제공했다면, 그것들이 얼마나 신빙성이 있었는가? 하늘이 고귀한 기부자뿐 아니라 경건한 빈털터리에게도 닫혀 있지 않았다면, 넉넉한 기부 투자가 '내 구원'에 어떤 효과가 있었겠는가? 1500년경 구원의 제공이 점차 팽창하면서 그것에 대한 의문의 싹을 배태하고

---

10 Bernd Moeller, *Die letzten Ablaßkampagnen. Der Widerspruch Luthers gegen den Ablaß in seinem geschichtlichen Zusammenhang*, in: ders., *Die Reformation und das Mittelalter*, Göttingen 1991, S. 53~72, 295~307, 여기서는 S. 68.

11 "Et qui pecunias non habent, precibus et ieiuniis suam contributionem suppleant; regnum enim celorum non plus divitibus quam pauperibus patere debet." (Ablaßinstruktion Albrechts von Mainz [um 1517], in: Köhler, *Dokumente* [Anm. 8], S. 112,33~113,2; Peter Fabisch, Erwin Iserloh [Hg.], *Dokumente zur Causa Lutheri [1517~1521]*, 2 Bde., Münster 1988~91, Bd. 1, S. 266)

있었으며 획득 형태의 개인화를 조장했다.

성자숭배와 마리아 경건

성자숭배의 다채로운 형태가 15세기 동안에 상당히 증가한 가운데 특정한 곤경에 대해서 개별 성자를 개인적 조력자로 선택하는 경향은 점차 강화되었다. 형제단들은 특정 성자를 종종 수도원과 연계하여 단체 차원에서 경배했다. 성직자, 수도사, 평신도를 포괄하며 일부 막대한 가입비를 요구한 형제단들의 구원에 대한 염려는 주로 그 회원들과 그 가족에게까지 확대되었고, 경건 행위의 축적과 집단화를 통하여 단체가 숭배하는 성자가 단체의 이런 구원의 염려를 중재하도록 보살펴주실 것을 확실히 했다. 곤경 시 도와줄 14인 성자에 대한 숭배는 15세기에 특히 인기를 얻었다. 1445/46년 이후 한 수도원 양치기의 환상에 근거하여 어느 순례 예배당에서 숭배된 14인 성자들의 모인 잠재력은 천상의 후원자 조합을 형성했는데, 이것은 동업조합으로 조직된 그의 경배자들의 공동체 구조와 일치하는 것이었다. 15세기에 폭발적으로 확산된 마리아의 어머니 안나에 대한 숭배, 당대에 인기 있었던 '거룩한 혈족' 숭배에서 시민적 삶의 형태로서 혼인과 가족이 얼마나 사회사적·정신사적으로 중요한가가 표현되었다. 여성 이름 안나가 1500년경 인기를 누린 것과 마리아의 전설적 어머니가 콘라트 켈티스(Konrad Celtis, 1459~1508), 요하네스 트리테미우스(Johannes Trithemius, 1462~1516), 그리고 에라스무스와 같은 학식 있는 인문주의자에게서 높은 평가를 받은 것이 특히 도처에서 생겨난 안나 단체에 그 흔적을 남겼다.

성(聖)안나의 인기는 물론 성자로서 마리아의 특별한 역할에 의해 고무받은 것이었다. 그리스도는 그녀 뒤로 사라졌다. 아버지 신 자신은 한 북독일의 기도문에 의하면 "하늘의 여왕 앞에서 그녀를 섬기고자 하며 그녀의 종이 되리라는 말과 함께" 일어섰다.[12] 보호 외투를 입은 마돈

12 Willy Andreas, *Deutschland vor der Reformation*, Stuttgart 71972, S. 154.

나, 초승달 위에 있는 하늘의 여왕에서부터 당대의 예절을 지키는 단정한 시민 부인에 이르기까지 시각적으로 다양하게 표현한 것들은 마리아 경건의 폭이 얼마나 넓었는지, 또한 그것과 결부된 해석 및 도움 요구가 얼마나 보편적이었는지를 반영한다. '무염 수태', 즉 마리아와 그녀의 거룩한 가족을 원죄로 결정된 화의 맥락에서 제외하는 것, 혹은 신의 어머니가 사망 후 직접 육신을 이끌고 하늘로 올라갔다는 것과 같은 마리아론의 교리 문제들은 우선은 명확한 교리적 결정에 이르지 않은 채로 활기차게 경건과 신학을 요구했다. 15세기 말에 널리 보급되기 시작한 로사리오 묵주는 기초적으로 중요한 마리아 기도 아베마리아와 결합되었고 종교개혁 이전 경건을 마리아 중심으로 만드는 데 기여했다(그림 3 참조). 그러나 이것은 또한 십자가에 달린 그리스도에게 관심을 갖고, 그의 고난에 탐닉하며, 그의 고통에 참여하게 만드는 데 기여했다. 슬픔과 기쁨, 낮음과 높음, 종교적 감수성의 온 우주가 마리아와 그리스도 속으로 수렴되고 통합되었다.

그리스도 경건과 고난 경건

마리아 경건을 그리스도 경건과 대결시키는 것은 1500년경의 경건 문화에 온당하지 않을 듯하다. 또한 그리스도가 언제나 멀리 있고 세상 심판자가 되었기 때문에 불안한 신도가 마리아의 대도(代禱)를 필요로 했다는 생각도 중세 후기 고난 경건의 열정과 부합하지 않는 듯하다. 고문당한 인간이 겪은 고난의 사실 묘사—그의 고난의 길의 단계들, 그의 고난을 야기한 도구들(arma Christi), 성례전 경건과 밀접하게 연결된 바 그리스도의 상처에 몰두하는 것 및 그것을 미사의 제의 신비에서 현재화하는 것(그레고리 미사, 성체 맷돌)—가 다양하게 형상적·문학적으로 시대를 전유한 것의 내용을 이룬다. 그리스도 역사를 대상화하고자 하는 욕망은 자명했다. 성탄절 구유 속 어린이를, 고난의 나귀를 타고 입성하는 구원자를, 십자가에 달린 자, 근대적 도르래 기술을 통해서 시야에서 사라진 부활한 자를 3차원적 조형 매체로 진짜처럼 형상화함

그림 3 대(大)로사리오
(독일어판, 에르하르트 쇤의 목판화, 1515년경)

으로써 그리스도의 역사는 교회력에 따라 구성된 동시대인의 삶의 세계로 들어왔다. 아마도 성자숭배의 활력, 그것의 넓은 확산과 일시적 호황은 인간에게 다가오는, 고난받는 그리스도의 모습이 이미 15세기 경건에서, 여러 글과 수많은 도상들 그리고 특수한 맥락(예를 들어 수도원)에서 종교의 핵심으로 들어오는 데 기여했다. 이것은 종교개혁의 종교문화적 전제에 속하며 그것의 중심적·기초적 역학에서 동시대 경건의 여러 원심적 경향과 대조를 이룬다. 종교개혁가들이 경건의 다양한 현상들을 그리스도 신앙고백의 기준에 따라서 판단하고 비판한 사실에서 그들도 역시 시대의 아이들이었다.

설교와 경건문학

15세기와 16세기 초의 경건 문화에서 교훈적 특징을 인식할 수 있는 바, 그 특징은 특히 도시 평신도들의 교양에 대한 요구가 증가하는 현상과 관계가 있으며, 증가하는 도시 설교에서 표현되었다. 자격 있는, 학위를 취득한 대학 졸업자들로서 성직록으로 재정 지원을 받는 설교자들을 도시 및 때로는 시골 교회에 임명하는 일은 그리스도교 신앙을 영적으로 전유하는 것에 대한 증가된 욕구를 반영한다. 이것은 제의에 수동적으로 참여하는 것을 넘어서는 것이었다. 또한 설교를 특별히 떠맡은 종교개혁 이전의 신학자들 가운데서 때로는 설교가 미사보다 구원에 기여하는 바가 크다는 논제를 주장하기도 했으니,[13] 잉골슈타트(Ingolstadt)의 에크(Eck)는 "설교를 경건하게 경청하는 자는 자신을 채찍질하는 카토회 수도사만큼 선한 일을 하는 것이다"[14]라고 말했다. 1500년경 설교 능력은 수도원 영역에서뿐만 아니라 세속 성직자에게도 종교적 경력의 본질적 구성 요소였다. 개혁을 바라는 주교들은 성

---

13 Thomas Kaufmann, *Die Abendmahlstheologie der Straßburger Reformatoren bis 1528*, Tübingen 1992, S. 39, Anm. 185의 입증 참조.

14 Andreas, *Deutschland vor der Reformation* (Anm. 12), S. 98.

직자들의 교양 수준 및 설교 능력을 개선함으로써 성직에서의 악습을 치유하려고 했고, 바젤의 목사요 신학 교수인 울리히 주르간트(Ulrich Surgant, 1450경~1503)의 『목회 핸드북』(*Manuale Curatorum*, 1520년까지 6쇄가 나옴)은 설교의 인문주의적·수사학적 경향과 스콜라적·방법론적 경향을 통합하는 데 기여했다.

대중어로 된 경건문학(이 가운데서 특히 설교 혹은 성서 본문에 대한 설교조의 해석, 이른바 주석 설교가 큰 인기를 누렸다)이 크게 확산된 것은 경건 문화와 매체 문화 사이의 밀접한 연관성을 인식하게 만든다. 경건문학 독서가 예배의 특질을 가지며, 어쨌든 신 관계에 직접 관련되는 종교적 확신과 통찰을 준다는 것이 전제되었다. 특히 대중어 성서 독서는 몇몇 교회 법정들이 그것의 보급을 때로 금지했음에도 불구하고 이런 특질이 부여되었다. 종교개혁 이전의 복음서 주석 설교에서 평신도의 성서 독서는 유혹에 대한 의심을 몰아내고 성령의 위로를 준다고 가르쳤다면,[15] 이것은 중세 후기 경건 문화의 스펙트럼이 얼마나 넓은지를 명시하는 것이며 종교개혁이 그것의 경향들 중 하나와 직접 접속할 수 있다는 것을 보여준다. 독일어권에서 대중어 성서 출판의 높은 보급률—14종의 고지 독일어 성서, 4종의 북부 및 북서부 독일어 성서 출판과 수많은 부분출판이 종교개혁 이전에 나왔다—이 상응하는 수요, 신의 말씀에 대한 평신도들의 굶주림 같은 것이 있었음을 증언한다.

회개

회개라는 주제—이것을 통해 종교개혁이 촉발되었다고 하는데—는 중세 후기의 설교에서도 핵심적이었으니, 평신도들은 무엇보다 양심을 주의 깊게 살피고 자신의 죄를 슬퍼하도록 훈계를 받았고 완전한 고해를 실천하도록 권유받았다.[16] 루터의 수도회 원장 요한 폰 슈타우피

15 Th. Kaufmann, *Vorreformatorische Laienbibel und reformatorische Evangelium*, in: ZThK 101 (2004), S. 138~74, 여기서는 S. 146f. mit Anm. 32의 입증 참조.

츠(Johann von Staupitz, 89쪽 참조)처럼 일부 존경받는 설교자들이 신의 은총, 그리스도에게서 만나는 그의 사랑에 중요한 의미를 부여했다는 것은 1500년경 경건 문화의 다채로운 전체 상에 자명하게 속한다. 「성찰기략」, 십계명 및 주기도문 주석과 같은 교리문답 장르는 이른바 죽음의 기술 문학—올바른, 위로받은, 영적 준비와 성례전적 보조를 통해 '극복된' 죽음의 기술에 관한 소논문으로서, 종종 많은 도상을 구비하고 있다—과 더불어 가장 인기 있고 널리 보급되었다. 정의롭지 못한 행동을 할 때 구원 상실에 대한 위협 요소들이 교리문답 교육의 본질적 구성 요소가 되었다. 죽어가는 자의 영혼을 낚아채고 그의 사소한 실수, 태만과 회개하지 않은 죄를 이용하는 악마, 그리고 악마에 의해 고문당하는 저주받은 자들을 보여주는 열린 지옥문이 당대 화상과 또한 확실히 신자들의 정신세계를 가득 메웠다.

마녀 신앙

악마가 도처에 임한다는 생각은 또한 마녀 신앙의 신속한 인기 획득에서 표현되었다. 그러므로 1500년경 거룩한 것과 더불어 거룩하지 않은 것도 큰 인기를 누렸다. 교회에 의해 통제된 영역과 고대 이교의 혼돈스러운 깊이에서 자라난 모호한 마술적 정신(여기에서 축복과 저주 과정을 통하여 닥쳐올 일을 저지하거나 숙명을 바꾼다)의 동기와 실천을 엄밀히 구별하는 것은 불가능하다. 악마가 도처에 있다는 두려움(이 두려움에서 온갖 종류의 우연이 하나로 묶였고, 위협받은 삶의 경험이 해석되었다)은 교육받은 인간이나 무식한 인간의 생각과 감정을 결정했고 교회의 가르침과 영원한 저주를 그린 끔찍한 형상에 그 근거를 두었다. 인간이 어둠의 세력과 보다 가까이 교통할 수 있고 사회 변두리에 사는 불길한 인간인 유대인들이 이러하다는 믿음이 역시 불안을 자극했고 불안에 빠뜨

16 Anne T. Thayer, *Penitence, Preaching and the Coming of the Reformation*, Aldershot 2002 참조.

렸다. 마녀에 대한 싸움과 식자들 가운데 유포된 별의 세력에 대한 신앙은 신 및 성자들의 직접적 권세에서 벗어난 삶의 영역이 있다는 것을 전제했다. 죽음의 경계를 넘어서 작용한다고 주장한 교회의 행위와 유사하게, 마술은 초세계적 영역에까지 개입했고 초지상적 능력을 발휘했다. 독일의 도미니쿠스회 종교재판관 하인리히 인스티토리스(Heinrich Institoris, 1430경~1505)와 야코프 슈프렝거(Jacob Sprenger, 1435경~95)가 『마녀의 망치』(*Malleus malificarum*, Straßburg 1487)에서 제시한 악마론의 상이한 생각들을 스콜라주의적으로 체계화한 데 근거해서, 교황 인노켄티우스 8세(재위 1484~92)가 종교재판에 의한 마녀 박해를 승인함으로써 수세기 동안 지속된 집단적 강박관념의 토대가 형성되었다.

또한 동시대의 형상이나 교회 혹은 시청에 걸려 있던 채색된 교훈적 화판, 혹은 가정집 방에 들어온 대판 인쇄물에도 교리문답적·교훈적 특징이 전면에 나타났고 문맹자들에게 그리스도인의 유익한 삶의 핵심 내용을 보여주었다. 종교개혁 전야에 도처에, 특히 도시 공간에 다양하게 시각화된 것들이 있었다. 1500년경 본문을 갖춘 십계명 판, 매년 고해 의무를 양심적으로 준비하는 데 도움을 주고 삶에서 갖가지 가능한 잘못들을 체계화한 「성찰기략」, 면죄를 선사한 일정한 제의 장소의 성자 전설과 기적들을 묘사한 것들, '시대의 표적'에 대하여 민감하게 만들어줄, 최후의 날의 15개 징조를 체계적으로 편집한 것, 그러나 또한 화체—성만찬의 요소인 빵과 포도주를 그리스도의 참 몸과 참 피로 변화시킨 것—처럼 신앙의 신비를 열어준 밝은 유리창 등이 그것이었다.

신학과 그 콘텍스트

1500년경 신학적 전체 상황은 그 나름으로 다원성, 아마도 모순성, 어쨌든 교회의 특색을 이루는 전체적 긴장을 반영한다. 상이한 콘텍스트에 대해 신학이 있었으며 콘텍스트에 따라서 신학은 다르게 나타났다.

학문적 신학

대학과 수도회 서재에서, 특히 탁발 수도회의 서재에서 연구된 학문적 신학에서는 스콜라주의 신학, 스콜라적 방법과 고전적 교리서 및 본문 장르에 관심을 집중하는 것이 지배적이었다. 15세기 중엽까지 형성된, 고전적 길(via antiqua)과 근대적 길(via moderna), 고전적·실재론적, 즉 보편자(Universalien)의 존재에서 출발하는 학파와 근대적·유명론적, 즉 사유 밖의 보편자의 실재성을 인정하지 않은 학파 사이의 경쟁은 15세기 말과 16세기 초에 그 치열함이 많이 사라졌다. 특별히 도미니쿠스회의 토마스주의자들(토마스 아퀴나스[1224~74]를 따라서)과 프란체스코회의 스코투스주의자들(요하네스 둔스 스코투스[1265~1308]를 따라서) 및 오컴주의자들(오컴의 윌리엄[1285~1347/49]을 따라서)에 의해 대변되었던 두 갈래의 인식론적 학파 전통이 점차 같은 대학에 동시에 존재했다. '후기 스콜라주의'를 하나로 묶어 지성적으로 경직된 시대, 신학사적으로 시대의 정신적 도전에 유연하지 못하고 통합력이 약한 시대로 판단한 것은, 한편으로 인문주의자들, 다른 한편으로 종교개혁가들의 비난에서 나온 것이다. 인문주의자들이 스콜라주의자들에게 대항하여 연출했던 지성적 시합이 예과 졸업자들이 상위 학부에 비견할 수 있는 혹은 이것을 능가하는 명성을 위해 경쟁적으로 싸움으로써 결정되었거나 전적으로 정확한 사실 대립에 의해 이루어진 한에서, 이런 판단은 문제가 있다. 이 논쟁을 공리화하는 것은, 튀빙겐의 위대한 오컴주의자 가브리엘 비엘(Gabriel Biel, 89쪽 참조) 같은 스콜라주의자도 인문주의자의 글과 '데보티오 모데르나'(67~69쪽 참조)의 종교 전통에 대해 적극적 자세를 취할 수 있고, 카를슈타트나 츠빙글리 같은 후대 종교개혁가들의 형성 전기에서 스콜라주의적·인문주의적 영향이 혼재되어 있으며, 그러나 또한 요하네스 로이힐린(Johannes Reuchlin, 103~07쪽 참조) 같은 존경받는 인문주의자나 북부에서 존경받는 이탈리아의 철학자이자 신학자 마르실리오 피치노(Marsilio Ficino, 1433~99)와 조반니 피코 델라 미란돌라(Giovanni Pico della Mirandola, 1463~94)가 자신들의 작품과 논증 과정에서 스콜라주의적 형태와 사고 전통을 따랐다는 사실을 오인하는 것이다. 1500년경의 정신사 및 신학사적 상황에서 스콜라주의와 인문주의적 전통의 혼재는 특징적이었다. 특별히 에라스무스의 활동과 결부된 교부들 작품의 출판은 스콜라주의자들뿐만 아니라 인문주의자들에게도 고대 후기 그리스도교 신학에 대한 관심을 강화했다.

아우구스티누스 은둔자회의 그레고르 폰 리미니(Gregor von Rimini, 1305경~58)와 같은 일부 스콜라주의 신학자들은 아우구스티누스가 선에 대한 인간의 의지력을 강조하는 수도사 신학자 펠라기우스와의 대결에서 발전시켰던 급진적 은총신학에 연계하여 아우구스티누스주의의 부흥을 가져왔다. 이 경향은 아우구스티누스의 반(反)펠라기우스 작품을 일찍이 인쇄 보급하는 가운데서 강화되었으며 종교개혁의 중요한 신학사적 전제를 이루었다. 아우구스티누스의 유산의 핵심 문제, 즉 신앙과 행위, 자유의지와 신적 은혜의 관계에 대한 구속력 있는 교리 확정은 없었다. 구체적으로 존재하는 개별 사물을 중시하는 유명론적 경향이 '데보티오 모데르나'의 대변자들이 홍보했던 것과 같은 종교적 경험에 대한 관심 및 인문주의자들이 몰두했던 언어적 단일성과 특별한 친근성을 가졌다는 것을 암시하는 것들은 많다. 토마스주의가 신학과 철학, 이성과 계시를 종합한 것은 전체적으로 볼 때, 유명론보다는 시대의 강한 조류를 약하게 따른 것으로 보인다. 유명론은 신학이 해명할 수 있는 권한이 한정되었다고 주장했고 무익한 신학적 호기심(curiositas)을 경고했으며 신학이 성서와 계시에 집중하는 것을 의도적으로 조장했다. 전통과의 관계에서 성서의 지위에 대한 물음과 관련해 신학과 교회법학에는 차별된 이해가 있었다. 성서가 무조건적으로 우위성을 가진다는 표상이 결코 그릇된 것으로 간주되지는 않았다. 물론 콘스탄츠 공의회(7쪽 참조)에서 위클리프와 후스에게 유죄판결을 내림으로써 성서의 우위성을 대변한 입장들을 받아들이는 것에 한계가 놓였다.

경건신학과 신비주의

15세기 동안에 학문적 신학이 자기를 표현한 문학적 장르들, 그리고 그것과 더불어 콘텍스트와 그것이 대상으로 삼은 수신자들은 세분화되었다. 장 제르송(Jean Gerson, 1363~1429)이나 가브리엘 비엘과 같은 스콜라주의 신학자들은 스콜라주의 본문 형태 밖에서 감동을 자아내며 수행적으로 표현했다. 일부 스콜라주의자들은 배운 신학과 특히 평신도들의 경건 실천 사이의 괴리를 메우고 그리스도인다운 삶, 죽음에 대한 적절한 영적 준비로 인도할 글을 집필할 필요를 느꼈다. 대중어로 인쇄되어 보급된 이런 글들은 저자의 목회 경험과 밀접한 연관이 있고 그 삶의 자리를 설교와 목회에 두었다. 드물지 않게 평신도에게 도움을 주고, 또한 수도원 및 신비주의 신학 전통을 수용하는 '경건신학'[17]에 몰두한 것은 수도승들이었다. 루터의 중요한 스승(120~22, 125쪽 이하 참조)인 요한 폰 슈타우피츠(Johann von Staupitz, 1468경~1524) 같은 반(反)펠라기우스주의적 아우구스티누스를 추종하는 신학자가 수도원 담장 밖에서도 누렸던 좋은 평판은, 그가 평신도들에게 신학적 근거가 있는 삶에 도움을 주었고 유혹과 선택에 대한 회의에 반하여 신의 무조건적 구원 의지, 신 사랑에 근거한 은혜의 우선과 성례전 속에 위로로 가득한 신의 자비가 현재한다는 것을 가르쳤다는 데서 비롯했다. 뉘른베르크의 슈타우피츠 추종자 무리(여기에는 뛰어난 인문주의자들이 속했다)는 후에 프랑켄의 제국도시에서 루터를 개인적으로 숭배하는 이들의 핵심을 이루었다.

독일 대중어로 알려졌고 특히 16세기 초 이래 읽히고 인쇄를 통해 보급된 종교적 글들 가운데 신비주의 전통의 글에 특별한 중요성이 부

17 기초적인 연구로 Berndt Hamm, *Frömmigkeitstheologie am Anfang des 16. Jahrhunderts. Studien zu Johannes von Paltz und seinem Umkreis*, Tübingen 1982; 특히 B. Hamm, *The Reformation of Faith in the Context of Late Medieval Theology and Piety. Essays*, hg. v. Robert J. Bast, Leiden u. a. 2004가 있다.

여되었다. 요하네스 타울러(Johannes Tauler, 1300경~61)의 설교문들이 1498년 이후 인쇄되어 보급되었고 종교개혁 세대에게 가장 현실적이고 선동적인 가르침이 되었다. 그는 그리스도인의 길이 십자가에 달린 자의 추종, 자신에 대한 절망, 신적 가능성에의 헌신에 있다고 묘사하고 모든 세상적 노력을 포기하라는 호소를 통해서 루터, 카를슈타트, 뮌처와 같은 신학자들의 종교적 형성 과정과 루트비히 해처(Ludwig Hätzer)와 한스 뎅크(Hans Denck) 주변의 이른바 심령주의자들에게 영향을 끼쳤다. 그뿐만 아니라 그는 신학적 언어 교사로서 사람들에게 독일의 경건 언어 형성에서 가장 중요한 자극을 주었다. 자기 의지를 포기하고 신적 의지에 안주하는 것은 1516년 최초로 루터에 의해 출판된 익명의 프랑크푸르트인의 글인 『독일 신학』(*Theologia deutsch*)의 종교적 중심에 있었는바, 이 글은 1500년경 시대의 특징적인 경향인 모든 신자들의 종교적 스타일로서의 '신비주의의 민주화'[18]에 부합하는 것이었다.

종교개혁에서 '외적 행위'와 '내적 신뢰'[19] 사이의 모순으로 느껴졌고 주제화되었던 경건 문화의 내면화 및 외형화 경향은 오래전부터 그리스도교의 경건 실천(praxis pietatis)을 결정지었다. 그러나 1500년경 두 경향의 긴장 및 다원성의 정도는 새로운 수준에 도달했다. 이것은 많은 동시대인들로 하여금 옛것과 원래의 것, '필요한 하나'에 집중하도록 제안한 것을 수용할 수 있게 만들었는바, 종교개혁가들은 시대의 몇 가지 경향과 연계하여, 그리고 다른 경향들에 대립하여 이 '필요한 하나'를 선전하였다.

---

18 Heiko A. Oberman, *Die Bedeutung der Mystik von Meister Eckhart bis Martin Luther*, in: ders., *Die Reformation. Von Wittenberg nach Genf*, Göttingen 1986, S. 32~44, 여기서는 S. 40.

19 WA 6, S. 212,2.

제3장

종교개혁의 문화사적 · 교육사적 · 커뮤니케이션사적 전제들

학교 및 출판

학교

15세기 말과 16세기 초는 집과 가정, 초등학교, 김나지움, 대학에서 교육열의 엄청난 상승을 특징으로 한다. 일차적 종교, 사회적 기초 교육의 장으로서의 시민 '가정'에서 가부장 혹은 어머니의 지도 아래 그리스도인으로서의 행동법에 대한 교육—가정, 국가, 사회에서 신이 세운 권세에 대해 근면하고 순종하며 또한 공동의 유익을 위해 봉사해야 한다—이 이루어졌다. 15세기까지는 초등학교, 중등학교 분야에서 교회가 세운 학교들이 지배적이었다. 교구 내의 주교좌성당 내지 대성당 학교는 일차적으로 재속 성직자들 가운데서 후진을 모집하고 양성하기 위한 것이었고, 수도회 내지 수도원 학교는 미래의 수도사를 모집하고 양성하기 위한 것이었다.

초등교육은 초등학교를 통해 이루어졌는데, 이것은 대체로 교구 학교에서 발전한 것이었고 원래 재능 있는 아동을 모집하여 미래의 사제직을 준비시킬 목적을 가졌다. 15세기에 많은 도시들에서 이른바 라틴어 학교가 생겼는데, 주로 세속 직업을 위한 교양 조건을 개선하려는 목적을 가지고 시 공동체가 지원을 맡았다. 중소도시와 시장이 서는 장소에 있는 라틴어 학교들은 대도시의 학교와 차별화된 교육체계를 통해 빈번히 초보적 대중어 교육과 라틴어 교육을 병행함으로써 구별되었다. 대도시에서는 시 참사회 학교, 라틴어 학교 외에 '독일어' 학교도 있었다. 전자는 대개 개인이나 장인 조합에 의해서 지원되었고 문학적·산술적 능력을 전수하려는 목적을 가졌다. 이런 능력은 수공업과 공업 혹은 상업 경영에 점차 필수 불가결해졌다.

15세기 말과 16세기 초의 도시 공동체 교육의 부흥은 일반적인 경제적·인구통계학적 번영과 밀접한 연관 속에서 해석되어야 한다. 어쨌든 15세기에 지난 세기보다 많은 학교들이 도시와 공동체에 설립되었다. 15세기에 시작되었고 16세기 동안에 지속된, 특별히 개신교 영역에서 강화된 교육의 역동성은 특히 도시 영역에서 폭발적인 문맹률 감소를 가져왔다. 이미 종교개혁 이전에 뉘른베르크, 아우크스부르크, 혹은 스트라스부르 같은 제국도시에서는 주민의 30퍼센트 정도가 문자를 해득할 수 있었다. 아우크스부르크의 경우, 종교개혁 초기에 적어도 가족 모두가 문맹인 가정은 거의 없을 정도였다고 한다.[1] 학자 신분 계층 밖에서 보편적이던 큰 소리로 읽는 관습을 고려하면 문맹이었던 사람들도 별다른 수고 없이 문학작품의 내용을 파악할 수 있었을 것으로 추측할 수 있다.

또한 교육사적·보편문화적 관점에서도—어리석고 무지한 농민에 대한 도시 작가들의 동시대 농담을 수용하더라도—도시 주민과 시골 주민 사이의 경계선을 현실적으로 종종 그러듯이 분명히 그어서는 안 될 것이다. 의심의 여지 없이 도시는 조밀한 교육의 공간이었고, 적어도 읽기, 쓰기, 계산하기에 대한 초보 지식에 숙달하는 것은 많은 분야와 활동의 장에서 생존의 필수 요건이었다. 우리가 종교개혁 초기에 수

---

1 Hans-Jörg Künast, "Getruckt zu Augspurg", *Buchdruck und Buchhandel in Augsburg zwischen 1468 und 1555*, Tübungen 1997, S. 13.

공업자 신분이나 정원사 조합 출신의 평신도 저자들(그들은 독일어에 대해서 주목할 만한 표현 능력을 구사했고 심지어 일정한 라틴어 지식을 소유했다)을 만나게 된다는 사실은, 도시 성벽이 메울 수 없는 교양 지식의 경계선을 이루지 않는다는 추측을 가능케 한다. 시골에 거주하는 하층 귀족도 시대의 교육 역동성에 참여했고 어쨌든 일부 인사들에게서 시민적 교양 및 책 문화와의 명백한 친근성을 볼 수 있다는 사실은 확실하다. 도시 시민이 교양사회학적으로 중심 역할을 했다고 해서 이 점을 깎아내리면 안 된다.

출판

인쇄업이 폭발적으로 발전하고 삽화가 들어 있는 교과서와 인쇄물, 특히 대판 인쇄물에 문자적 요소를 집어넣는 일이 잦아진 것은 사회적으로 점차 독서 능력이 확산된 간접 지표로 해석될 수 있다. 15세기 말과 16세기 초의 '교양 혁명'[2]과 커뮤니케이션 과정에 전체적으로 깊이 영향을 끼치는 '매체 혁명'[3]은 서로를 안정시키고 강화했으며, 이것들은 초기의 회의에도 불구하고 교회 및 정치 엘리트들에 의해서 자신의 관심을 관철하고 홍보하는 데에, 공동의 이익을 촉진하는 데에, 정신적·영적 욕구를 만족시키는 데에 점차 굳건하게 이용되었다. 독일 역사의 이전 어느 시기에도 종교개혁 전 수십 년 동안처럼 그렇게 많은 인간들이 문화적 자산에, 전통적이거나 또한 새로운 지식에 참여할 기회를 갖지 못했다.

학교와 대학의 표준 교과서, 예를 들어 아엘리우스 도나투스(Aelius Donatus, 320경~80)의 라틴어 문법 혹은 대학 연구의 기초 텍스트, 특히

2 Werner Röcke, *Familie - Schule - Universität. Die "Bildungsrevolution" des 16. Jahrhunderts*, in: Daniel Hess (Hg.), *Mit Milchbrei und Rute. Familie, Schule und Bildung in der Reformationszeit*, Nürnberg 2005, S. 35~50.

3 Michael Giesecke, *Der Buchdruck in der frühen Neuzeit*, Frankfurt am Main 1991 (unveränderter Nachdruck 1994), S. 29ff.

아리스토텔레스의 텍스트, 전례 텍스트, 정부의 명령과 벽보, 고해서와 면죄부, 성서와 그 밖의 다른 책들을 비교적 적당한 값에 구입할 수 있었다. 책 속의 지식이 점차 가정으로 들어올 수 있었고 교훈과 오락, 혹은 명상에 이용될 수 있었다. 1500년경 인쇄술에서 이루어진 기술의 눈부신 발전 — 값비싼 동판 조각술에서, 그러나 특히 보다 저렴한 목판 인쇄에서 — 은 큰 규모의 조형 작품들을 보다 많이 가정 거실에 들여왔다. 때로는 문맹 인구층의 경계선을 뛰어넘었다. 1500년경 독일이 조형예술의 모든 분야에서 체험했고 결코 다시 도달하지 못한, 일류급 수공 예술인의 높은 비율은 문화적·경제적 호황의 명백한 지표이다. 종교개혁 전야에 회화와 인쇄술의 창조적 약진은 종교개혁의 형상 투쟁을 조장하고 종교개혁 신학에 상응하는 형상 조성에 영향을 끼치게 되었다. 상이한 인쇄소들, 즉 판매 공간을 갖춘 인쇄소들, 그리고 급속히 등장하는 인쇄 중심지들 간의 영업 구조는 시장을 생성했고 언제나 새로운 공급을 통하여 새로운 수요를 창출했다. 교황 교회도 인쇄소에서 나온 상품을 "성직자를 양성하는 데, 교회 관리를 신속하게 하는 데, 교회의 자기표현을 통일하는 데, 교회의 선포 활동을 단순화하는 데, 그리고 여러 가지 다른 일에"[4] 이용할 줄 알았다. 교황 교회는 이로써 자신에 대항하는 자들에게 귀감이 될 수 있었다.

15세기 말과 16세기 초의 교양사적·매체사적 역동성은 커뮤니케이션을 일반적으로 자극한 듯하다. 책을 읽은 자는 모든 장르의 텍스트와 서신을 보다 용이하게 쓸 수 있었다. 인쇄 매체의 승리는 문맹률 감소를 가져왔고, 정신적 양식과 인쇄된 언어에 대한 '굶주림'을 언제나 새롭게 만들어냈다. 인쇄 혁명이 가능케 한 텍스트 및 도상 재현의 정확성은 텍스트 인식을 정밀화하는 데 기여했고, 고대의 소중한 원천 자료들의 출판은 '독일 민족'의 역사적 정체성 형성에 새로운 기회와 전망을 열어주었다.

---

4 Giesecke, *Buchdruck* (Anm. 3), S. 253.

텍스트 생산 및 재생산의 기술화는 동시에 커뮤니케이션의 가속화 및 확산, 경계 초월에 이바지했다. 사람들은 이제 최초로 혹은 어쨌든 보다 현실적으로 수용하기에 보다 용이하고 텍스트상으로 보다 정확한 형태로 많은 것을 경험했다. '공개적인 의견' 혹은 보다 보편적으로 '여론' 같은 것이 생기기 시작했다. 종교개혁 운동의 성립과 종교개혁의 성공에서 이 교양사적·매체사적 관점의 의미는 아무리 과대평가해도 지나치지 않을 것이다.

대학

종교개혁 이전의 교양 혁명의 본질적 요소는 대학이 15세기에, 특히 제국 안에서 급속히 번영하게 된 데 있었다. 14세기에 최초로 설립된 대학 — 프라하(1347/48), 빈(1363), 에르푸르트(1379), 하이델베르크(1385), 쾰른(1388) — 에 이어서 15세기와 16세기 초에 두 배 이상의 많은 대학들 — 뷔르츠부르크(1402), 라이프치히(1409), 로스토크(1419), 루뱅(1425), 트리어(1454), 그라이프스발트(1456), 프라이부르크/브라이스가우(1455/56), 바젤(1459), 잉골슈타트(1472), 마인츠(1476), 튀빙겐(1476/77), 비텐베르크(1502), 프랑크푸르트/오더(1506) — 이 신설되었다. 이 신설 대학들은 다양하게 투입할 수 있는 종교적·세속적 기능의 엘리트들에 대한 증가하는 수요에 부합하였다. 이런 수요는 인구가 조밀한 도시와 무엇보다 제후 영지들에서의 행정 구조 확장과 결부되어 있었다.

제국 내 대부분의 대학들은 영주들이 주권 통합의 지역정치적 이익을 위해, 그리고 신실한 국가 일꾼 모집을 위해 설립한 것이었다. 한편으로 국제성과 지역성, 유럽을 포괄하는 이해와 방법, 학위 수여, 수강생, 규정의 폭, 다른 한편으로 특정 영토나 특정 도시에 근거를 둔 것, 특정 왕조나 행정관에 대한 충성 등이 똑같이 제국 내 대학들의 구조와 정신을 결정했다. 때로는 긴장감 넘치는 두 요소가 또한 종교개혁과 연관해서 비텐베르크 대학의 역할을 형성했다.

도시 시민계급 출신 자녀들의 증가하는 교육 수요는 15세기 말과 16세기 초 동안 등록 숫자의 꾸준한 증가에서 드러난다. 독일에서 역사적으로 최고의 등록률은 1515년과 1520년 사이 동안, 즉 종교개혁 직전 내지 종교개혁 초기에 이룩되었다. 독일 대학의 내적 구조는 본질적으로 파리 대학의 조직 형태를 따랐다. 즉, 대학은 법적으로 마기스터(교사들)의 집단으로서 4개 학부—예과와 3개의 상위 학부, 즉 신학부, 법학부, 의학부—로 구분되어 있었고 한 사람의 총장 아래 있었다. 총장은 평의회로부터 지원을 받았고 한 사람의 사무국장—대부분 주교나 주교가 위임한 대리인, 이른바 국고 출납관—에 의해 지도 내지 통제되었다. 가장 등록자가 많은 학부는 예과였다. 상위 학부에서의 수업은 예과 학위, 보통은 마기스터 아르티움(Magister artium) 취득을 전제하였다. 일반적으로 학위 취득은 다른 대학에서의 교수 자격을 포함하였고, 이것이 학문적 사상의 유동성과 순환을 가능케 하고 장려했다. 그러나 극소수의 대학생만이 학위를 취득했다. 잠시 대학에 적을 두는 것만으로도 일정한 경력상의 이점을 얻기에 충분했다.

15세기 말과 16세기 초 대학 간의 긴밀한 커뮤니케이션 구조는 토론 논제 같은 학문적 텍스트의 정기 교환이나 서신 교환과 수강을 통해서 이루어졌는바, 이것은 비텐베르크 신학자들의 사상이 보급되는 기본 전제를 이루었다. 대학은 주변 도시 세계와 연결되었으나 또한 그것과는 구별되는 자기만의 세계를 이루었다. 대학은 총장에 의해 관리되었고 형사 법정 수준 바로 아래의 전권, 즉 대개 감금이나 제적 같은 벌칙을 포함하는 자체의 법적 권한을 가졌다. 대개 의무적인 기숙사에서의 수도원과 유사한 생활은 대학생의 일상적 삶을 규제했고 구성했다. 대학생은 그 지역에 부모나 친척 집이 있는 경우에만 기숙사 밖에서 생활할 수 있었다. 보통 독신으로 사는 마기스터가 지도하는 대학생들의 공동체에서 기숙 규칙은 윤리적·종교적 훈육을 포함했다. 성서 강독, 유명한 신학자들의 설교의 주석 작업, 기도 의무, 일요일과 축일에 교회 가기, 복장 규정과 금식 규정, 성적 금욕은 성장하는 학문 엘리트들에게 구속력을 가지고 그들을 동시대의 교회 및 윤리에 순응시켰다. 대학의 다양한 차원에 상존하는 교회적인 면은 이후 비텐베르크인들에게서 나온 신학적 자극이 배우는 청소년들에게도 매력적으로 작용하게 만든 전제를 이루었다.

기초 연구

내용이나 형식의 관점에서 연구는 강력히 규제되어 있었다. 교육의 중심에는 보통 교수의 논평을 덧붙여 받아쓴 기초 교재를 해석하거나 텍스트에 근접하게 주석하는 일이 이루어졌다. 일부 주석은 개략적으로 작성된 강의 인쇄물에 기입되었다. 교육의 본질적 목표는 토론 능력을 갖추게 하는 데 있었는바, 토론에서는 엄격히 규제된, 의식화된 절차에 따라서 표준적 권위의 공고 아래 일정한 사항에 관하여 다루며 해당 전통을 인정하는 가운데 새롭게 바뀐 점들을 검증하였다. 토론을 거쳐서 학문적 자격 체계의 상이한 등급에 도달했다. 각 학위 단계의 지원자는 보통 교수나 마기스터가 작성한 토론 논제들을 이의를 반박함으로써 방어해야 했다. 일반 학생들은 경청하는 청중에 불과했으나 학문적 대결의 문화 속에서 성장하였다. 학문적 대결은 그들로 하여금 논거들의 타당성 및 개연성을 검증할 수 있는 능력을 갖추도록 하였다. 일정한 학위 취득을 위한 토론 외에도 교수가 주도적으로 학문적 여론 앞에서 특정 주제를 다루기 위해 제안한 토론과 일련의 학년 축제 안에서 특별한 위상을 가진 성대한 행사들도 있었다.

예과에서의 첫 번째 학위 단계는 학사-바칼라우레우스(Bakkalaureus) 학위였는데, 이것은 보통 일러야 3학기 이수 후에 취득할 수 있었고 이른바 3학문(Trivium, 문법, 수사학, 논리학 내지 변증법) 분야(때로는, 예를 들어 에르푸르트 대학에서는 천문학, 물리학, 심리학, 즉 아리스토텔레스의 영혼론이 포함된다)의 숙련도를 검증했다. 3학문 분야는 학생들의 언어능력을 확립하고 학문적 대화의 논리적 요구에 응하게 만들었다. 본격적 연구를 허락하기 전의 사전 검증은 라틴어 숙달의 최소 기준을 보증했다. 라틴어에 대한 확고한 지식 없이는 연구가 불가능했기 때문이다.

마기스터 학위 취득을 위한 준비 기간은 보통 약 2년이다. 마기스터 학위 취득까지의 전체 연구 기간은 7학기 내지 8학기 이하가 되어서는 안 되었다. 연구 초년생을 가르치는 바칼라우레우스의 교수 활동을 통해서 기본적 지식 자료의 지속적 습득이 보증되었다. 수학, 기하학, 음악, 천문학으로 이루어진 이른바 4학문(Quadrivium)은 마기스터 학위에 이르게 되는 지식 자산의 실질적 핵심을 이루었다.

예과의 기본 연구에서 논란의 여지가 없는 학문적 이상은 아리스토텔레스(Aristoteles)였다. 모든 기초 교과서는 그로부터 온 것이었다. 그의 『윤리학』과 『정치학』은 대개 바칼라우레우스 학위 취득 전에, 그의 『형이상학』은 4학문을 끝맺기 전에 다루었다. 고대 말부터 규범화된 7자유학문(septem artes liberales)은 유럽의 대학 운영에서 13세기 이래 저 학문적 기본 능력을 확보하게 만들었으니, '자유인'은 상위 3학부에서의 연구에 참여하기 위한 학문적 능력을 필요로 했다.

신학 연구

중세 후기 대학에서의 신학 교육은 특히 두 가지에 중점을 두었는데, 이것들은 단계화된 학위 체계에 따라서 위계질서를 가졌다. 즉, 성서학 바칼라우레우스(baccalaureus biblicus)의 학위 단계로써 종결되는 성서 해석과 중세 신학 연구의 교의적 전통, 페트루스 롬바르두스(Petrus Lombardus)의 『명제집』 4권과 몇 가지 질문을 다루는 것인데, 이것은 『명제집』 바칼라우레우스(baccalaureus sententiarum) 학위 취득으로 끝난다. 중세기 대학 신학의 최고 학위인 신학 박사는 보통 적어도 5년의 신학 연구를 전제로 하며 성서와 『명제집』을 가르칠 권한, 즉 강독 과정과 주석을 넘어서 체계적인 주안점을 형성할 권한을 부여했다. 따라서 강단과 교단에서 신학 전체에 대해 정규적으로(ordinarie) 교회 교리 범위

안에서 책임지되, 신학적 이견이 지배적이고 구속력 있는 전통이나 교직이 확립되지 않은 문제에 대해서만 자기 판단으로 책임졌다.

대학 운영상 가장 관습화된 내용과 의식화된 커뮤니케이션 형태는 가장 범(汎)유럽적인 동시에 변화에 가장 저항하였던 동시대 사회 영역이었던 것 같다. 대학으로부터 특히 많은 것을 기대했다는 사실은 대학이 구현하고 연출할 수 있었던 존경할 만한 전통에 대한 이런 존중과 기본적으로 연결되는 듯하다. 특히 전통이 많은 이 기구들 가운데서 전통 없는 비텐베르크의 신설 대학에서 서양 교회사상 가장 큰 변화가 나왔다는 것은 우연이라고 할 수 없다.

인문주의

이탈리아에서 시작된 인문주의 문화운동은 제국 내 대학에서 1500년경 아직 확고히 정착하지 않았는바, 어쨌든 교육, 커리큘럼, 학문 구조 등에서 심대한 변혁을 이룰 정도로 영향을 끼치지는 못했다. 이탈리아에서 고대 그리스-로마의 문학작품을 재발견했고 '중간 시대'(media aetas), 즉 중세의 문화적 기근에 대립하여 그것의 정신적 위대성과 도덕적 숭고함의 재탄생, 곧 르네상스를 불러낸 자들의 공격은 이미 15세기에 폭넓은 사회적 기초를 이루었고 그것의 옹호자들에게 학문적 명성을 가져다주었다. 그러므로 전체적으로 상위 학부에 비하여 예과 분야의 일정한 가치 상승을 초래했고 이 분과의 스콜라주의적 교육을 성립시켰다.

논리학이 지배한 스콜라주의 학문들과 그것의 언어적 표현 가능성의 빈곤한 레퍼토리, 라틴어의 조야함, 그것의 논증 방식의 합리성에 대한 반감은 인문주의적 기조에 속한다. 반(反)스콜라주의적 태도는 스콜라주의 신학의 사실 문제에 대한 내용상의 관계에 관해서 거의 말하지 않는다. 마르실리오 피치노(그의 그리스도교와 플라톤주의의 종합은 토마스주의를 배제하지 않고 포괄한다) 혹은 조반니 피코 델라 미란돌라(그는 아름다운 수사학적 외양에 맞서서 스콜라주의 신학에서 다룬 사실 문제의 정당성을 위해 투쟁했다) 같은 이탈리아 르네상스 인문주의에서 신학적으로 창조적인 두뇌들은 스콜라주의에 대한 단순한 대립이 얼마나 비생산적인가를 알았다. 인문주의적 수사학에도 불구하고 인문주의와 스콜라주의의 대립에만 고착한 연구 관점은 별로 생산적이지 않다는 것이 입증되었다. 아마도 르네상스 인문주의가 문화사적으로 가장 지속적으로 끼친 영향은 명시적 혹은 암시적으로 반그리스도교적인 혹은 무종교적인 태도에 있는 것이 아니라 오히려 과거에 대한 지식을 광범위하게 보급한 것, 상이한 철학적·문학적 전통을 열어준 것에 있다. 이 전통은 전해진 유산과 더불어 문화 자원을 다원화함으로써 새로운 것을 획득하거나 종합하는 영감의 근원이 될 수 있었다.

1453년 오스만 제국의 콘스탄티노플 정복으로 인하여 수많은 그리스와 유대인 학자들이 이탈리아로 피신한 사건은 이 과정을 근본적으로 조장했다. 보다 인간적인 것(humaniora)에 대한 연구, 특히 인간의 인간성을 완전케 하기에 적합한 것으로 보인 저 학문들에 헌신한 문학적·언어학적·문화적 운동으로서 인문주의는 먼저 예과의 문법, 시학, 수사학, 역사와 윤리학 분야에서 활동의 장을 펼쳤다. 사람들은 고대 그리스-로마에서 참된 인간성의 소생을 장려하는 미학적·윤리학적 표준을 발견했다. 14세기와 15세기의 이탈리아 인문주의자들은 우선 수사학적 교육을 자신들의 영역으로 삼았다. 수사학 교육은 키케로를 추종하는 그들에게 진리로의 인도자로 간주되었다. 재치 있고 세련되게 표현하며 빈틈없는 키케로식 웅변가는 곧 이탈리아의 경쟁하는 도시 공화국들에서 정치적으로 중요한 인물로 부상했고, 예술을 이해하기보다는 권력지향적인 베네치아, 피렌체, 밀라노, 제노바, 로마의 예술 보호자들은 양과 질에서 전례가 없을 만큼 출중한 화가, 조각가, 건축가, 발명가, 천재들에게처럼 이 새로운 유형의 지식인들에게도 유사한 발전 가능성을 제공했다.

알프스 이북의 인문주의

알프스 이북 지역의 젊은 지성인들에게 15세기의 이탈리아는 칭송받는 나라였다. 베네치아의 인쇄업자 알두스 마누키우스(Aldus Manucius, 1449~1515)의 출판물('알디넨'Aldinen이라 불린다)은 언어학적·인쇄적 표준을 세웠으며, 고상한 애서가 취향의 귀중품으로 간주되었고 전 시대의 인쇄물에 영감을 고취했다. 이탈리아 출신 사람들은 이 고상한 문화의 고귀한 광채를 지녀 경탄의 대상이 되었고, 고국의 다른 인문주의자들에 대한 존경 속에 주목을 받았다. 인문주의자들은 연대와 친교 동아리 속에서 서로 교류했고 학문적 소문을 퍼뜨렸으며 영감을 주는 텍스트 내지 감동적인 책들을 서로에게 알려주었다. 그들은 서로 이 세상의 위인들 중 이런저런 인물이 이런저런 방식으로 평가된다는 사실에 주목하며, 자신들을 공범으로 여기에 참여시켰다. 전 유럽에 걸쳐 퍼져 있는 인문주의자들 간의 커뮤니케이션망은 특히 민감하게 온갖 새로운 사실과 변혁에 반응했다. 즉, 그들은 다른 누구보다도 더 활기차게, 더 널리 정보를 중개했다. 그들은 대부분의 동시대인들보다 문화, 종교, 정치의 여러 문제에 대해 더욱 잘 알고 있었다.

특히 남독일과 이탈리아 간의 집중적인 경제적 접촉 외에 무엇보다도, 알프스 이북의 인문주의를 궤도에 올려놓은 것은 편력하는 학생들이었다. 이른바 인문주의의 거장 루돌프 아그리콜라(Rudolf Agricola, 1444~85)와 하이델베르크의 아그리콜라의 제자 콘라트 켈티스(Konrad Celtis)는 대학에 확고한 기반을 차지하고 고위 정치인의 주목을 받는 데 성공했다. 1487년에 황제 프리드리히 3세로부터 최초의 독일인 계관시인으로 임명된 켈티스는 황제 막시밀리안 1세에 의해 빈으로 부름을 받은 후에 린츠, 빈, 잉골슈타트, 아우크스부르크, 하이델베르크, 뉘른베르크의 인문주의자들과 연대하는 데 주도적 인물이 되었다. 일부 인문주의자들은 예과 교사로 정착한 것을 넘어 빈, 마인츠, 트리어, 쾰른의 궁에서 성공했고, 곧 다른 곳에서도 성공했다. 점차 인문주의는 무엇보다도 일부 교사들을 통하여 상류사회, 예를 들어 도시의 명문가에도 진출했다. 뉘른베르크의 피르크하이머(Pirckheimer)가, 스트라스부르의 슈투름(Sturm)가, 콘스탄츠의 블라러(Blarer)가는 인문주의에 영향을 받았으며, 때로는 딸들조차 고상한 교양 자산에 접근하기도 했다.

1520년대 이래 인문주의는 또한 수도원에도 폭넓게 진출했다. 알프스 이북의 인문주의가 제도적으로 확립됨으로써 그 내용상의 윤곽이 민족화되기 시작했다. 여기서 15세기 중엽에 다시 발견된 타키투스(Tacitus)의 『게르마니아』(*Germania*)가 핵심적 역할을 했다. 이 글은 중세에 걸쳐서 일부 사본으로 존속했다. 알자스 슐레트슈타트(Schlettstadt)의 야코프 빔펠링(Jacob Wimpfeling) 같은 인문주의자들에게 이 고대의 역사서는, 이탈리아인과 프랑스인의 노회함에 타키투스식 게르만인(이들을 동시대 독일인의 조상으로 표현했다)의 고상함을 대립시키며 자기 고향 알자스와 제국의 확고한 결속을 강조하는 데 도움을 주었다. 『게르마니아』는 특히 이탈리아인들이 말한 문화적으로 열등한 독일 '야만인'이라는 진부한 주장을 반박하는 논거를 제공했다. 무엇보다도 합스부르크 가문이 황제 궁 주변에서 과거의 위대성을 회상함으로써 자기 민족에 대한 칭송은 자극을 얻었다. 울리히 폰 후텐(Ulrich von Hutten)은 헤루스케(Cheruske)의 고상한 제후 아르미니우스(Arminius)라는 인물을 통하여, 이탈리아와 프랑스에 대한 열등감에서 비롯한 독일인의 민족 감정을 대변하는 인물을 창조했다. 이후 안드레아스 알타머(Andreas Altamer, 1500 이전~1539), 필리프 멜란히톤, 제바스티안 뮌스터(Sebastian Münster) 같은 종교개혁 저자들이 계속하여 독일 민족을 『게르마니아』의 '고대 독일인'을 지향하고 이에 맞추어 자신을 '형성'해야 하는 정치·윤리적 범주로 고양한 것은, '독일 민족'에 대한 호소가 종교개혁 초기의 여론에서 비교적 큰 자리를 차지하게 되는 전제를 이룬다. 그러나 인문주의자들이 무엇보다 이탈리아인들에 의한 실제적인 혹은 그렇게 느꼈던 평가절하에 대항하여 옹호한 것은 일차적으로 독일 문화민족이었지, 루터가 그의 『귀족에게 고함』(261~65쪽 참조)에서 언급하게 될 독일 민족교회는 아니었다. 그러나 독일 민족의 이념을 자신의 반로마적 투쟁에 활용하려는 루터의 시도는 20년간 지속된 인문주의자들의 '선행 작업' 없이는 거의 생각할 수 없을 것이다. 또한 종교개혁은, 성취되지 못한 학문 개혁 — 예를 들어 그리스어와 히브리어 교수직 설치, 예과에서 강의 계획 변경, 일부 교부 텍스트들에 대한 강의 도입과 보다 엄격히 원문에 맞춰 주석 강의를 진행하는 것을 통한 개혁 — 에 대한 인문주의자들의 희망을 성취하거나 생생하게 보존할 수 있었다.

반계몽주의자들과의 싸움

인문주의자들은 여러모로 자신들을 일종의 전위로 생각했으므로, 그들의 커뮤니케이션 강도는 심화되었고 그들 중 한 사람에게 부당한 일이 생길 때마다 다른 여러 도시에서 연대하는 자들 간의 상호작용이 강화되었다. 이것은 독일에서 우선 이른바 반계몽주의자들과의 싸움과 연관해서 이루어졌다. 인문주의자들의 접촉망을 결속하는 데서, 아마도 학자들의 인문주의적 여론을 조성하는 데서 이 싸움은 역사적으로 중요한 의미를 갖는다. 그리스도교로 개종한 이전의 유대인 요하네스 페퍼코른(Johannes Pfefferkorn, 1469~1524)이 관여한, 유대인들에게 그들의 이른바 반그리스도교적 문서를 내놓도록 의무화한 황제의 어떤 명령이 여러 관점에서 루터를 둘러싼 초기 문학적 대결의 전주곡으로 보이는 이 문학적 싸움의 계기를 만들었다. 인문주의 교육을 받은 법학자요 그리스어와 히브리어를 배웠고 1490년에 피렌체에서 조반니 피코에게서 유대교 카발라의 신비를 전수받았으며 1502년 이후 슈바벤 동맹의 판사로 재직했던 요하네스 로이힐린(Johannes Reuchlin, 1455~ 1522)은 다른 법정들과 더불어 황제 막시밀리안 1세로부터 유대교 문서 몰수 문제에 관해서 소견서를 제출하도록 요구받았다. 그러나 로이힐린에게는 일부 공공연한 비방문들을 압수하는 것을 제외하고 유대인의 재산에 손대는 것은 불가능했다. 로마제국의 시민 내지 황제의 시종으로서 그들의 재산은 보호되어야 했기 때문이다. 이 밖에 탈무드와 카발라 문서들은 예수의 신의 아들됨을 옹호하는 중요한 증거를 내포하였다. 그러므로 이 문서들을 유대교의 독법과는 반대로 유대인 개종을 위한 변증적 보조 수단으로 사용할 수 있었다.

1511년 『검안경』(*Augenspiegel*)이라는 표제 아래 출판된 소견서는 쾰른 대학 신학부와 라인 교회 지방에서 교황청 종교재판관으로 활동하는 쾰른 도미니쿠스회 수도원장 야코부스 호그슈트래텐(Jakobus Hoogstraeten)의 반대에 부딪혔다. 그들은 로이힐린이 증오받는 유대인의 완고한 미신을 조장한다고 비난하고 그의 논제들 가운데 일부는 이단적이라고 선언하면서 로마에서 그에 대한 이단 재판을 추진했다. 이 재판은 1520년에 루터와의 대결의 압박 아래서 『검안경』에 대한 레오 10세의 유죄판결로 끝을 맺었다.

로이힐린은 당시의 유력한 히브리어 학자였다. 그는 히브리어 교과서(*De rudimentis Hebraicis*, 1506), 참회시(詩) 7편의 히브리어-라틴어 텍스트 출판과 카발라에 대한 그의 강령적 글(*De verbo mirifico*, 1494; *De arte cabbalistica*, 1517)을 통해서 콘라트 펠리칸(Konrad Pellikan, 1478~1556), 볼프강 카피토(Wolfgang F. Capito), 제바스티안 뮌스터 — 이들은 후에 모두 종교개혁의 추종자가 되었다 — 같은 성장하는 후세대 그리스도교 히브리어 학자들에게 깊은 영향을 끼쳤다. 로이힐린 자신은 잉골슈타트(1520/21)와 튀빙겐(1521/22)에서 그리스어와 히브리어 교수로 봉직했고 로마 교회에 충성했다. 1515~17년에 교육받은 신학자들과 교육받지 못한 페퍼코른이 로이힐린을 공격한 것이 인문주의자들의 격렬한 연대 운동을 촉발했다. 가상의 교사들과 학생들이 형편없는 라틴어로 쾰른 신학자들의 우두머리인 데벤터르 출신의 오르트비누스 그라티우스(Ortwinus Gratius, 1480경~1542)에게 보낸 이른바 『반계몽주의자들의 서신』(*Epistolae virorum obscurorum*)이 두 개의 전집으로 출판되었다. 신랄한 해학은 스콜라주의적 정통 신앙의 소명받은 성배 수호자들의 학문적·도덕적 부족, 무한한 자만심과 깊이를 모르는 어리석음을 폭로했고 이로써 라틴어에 조예 있는 교양 있는 독자들을 즐겁게 했다. 익명으로 출판된 『반계몽주의자들의 서신』의 첫 번째 전집 배후에는 무엇보다 콘라트 무티안(Konrad Mutian, 1471~1526), 헤르만 폰 뎀 부셰(Hermann von dem Busche, 1468경~1534), 크로투스 루베아누스(Crotus Rubeanus, 1480경~1545경)를 중심으로 한 에르푸르트의 인문주의자 그룹이 있었던 것 같다. 보다 강력한 반로마적 경향의 두 번째 전집은 무엇보다 대중적으로 영향력이 큰 독일 인문주의자요, 후대의 루터 추종자인 울리히 폰 후텐(254쪽 이하 참조)에 의해 작성된 듯하다(그림 4 참조).

논쟁 중에 학문의 자유와 한계의 문제는 스콜라주의 신학과 그것의 독일, 로마의 대변인들에게 대항하는 근본적 투쟁으로 바뀌었다. 반계몽주의자들에 관한 싸움은 지금껏 없었던 치열함으로 인문주의와 스콜라주의로 양극화됨으로써, 이전에 빔펠링 주변의 인물들이 대변한 중재적 입장은 시대에 뒤떨어진 듯 보였다. 젊은 인문주의자 세대, 즉 후대 종교개혁가들의 동년배는 분명히 전통적인 스콜라주의적 학문 방식과 타협하지 않는 경향을 보였다. 이것은 제바스티안 브란트(Sebastain Brant)와 콘라트 포이팅거(Konrad Peutinger, 1465~1547), 빌리발트 피르크하이머(Willibald Pirckheimer), 에라스무스, 울리히 차지우스(Ulrich Zasius, 1461~1535), 빔펠링, 로이힐린 같은 늙은 인문주의자 세대가—루터 및 그에게서 출발한 운동에 초기에 공감하였음에도 불구하고—결국 대부분 구교에 머문 반면에, 젊은 세대가 압도적으로 종교개혁을 지지한 상황과 부합한다.

루터가 1517년 일련의 토론 논제를 통해 개진한 스콜라주의 신학에 대한 근본적 공격이 『반계몽주의자들의 서신』의 제2부와 같은 해에 출판되었다는 사실은 루터와 후텐의 논리 사이의 깊은 실질적 차이와는 무관하게 일반적 정황에 부합한다. 1520년대 말에 후진 세력으로서 직무에 취임한 자들은 전통적 학문 방식에 보다 큰 불만을 품고 있었다. 그들은 보다 투쟁적이었고 싸울 준비가 되어 있었다. 왜냐하면 그들은 숭배받는 로이힐린이라는 인물이 도처에서 부당하게 공격받는 것을 본 제1세대가 쌓은 업적과 돌파한 부분을 계승했기 때문이다. 시간적으로

그림 4 『반계몽주의자들의 서신』
(두 번째 모음집의 표지, 1517년)

종교개혁 직전에 시작된 인문주의와 스콜라주의 사이의 날카로운 양극화는 동시대인들과 후손들의 여론 형성에 지속적으로 영향을 끼쳤다. 그러나 이 양극화는 인문주의 신학자, 철학자, 법학자들과 스콜라주의 전통의 복잡한 관계에 대해서는 타당하지 않을 것이다. 로이힐린을 공격하는 스콜라주의 신학자들을 적대하는 분위기의 조성은 스콜라주의 신학에 대한 비텐베르크의 공격(특히 인문주의자들 집단 내에서)의 긍정적 반향을 위한 전제를 이루게 될 것이다.

독일의 인문주의와 종교개혁

16세기 초 인간성 연구(studia humanitatis)가 널리 공감을 얻고 보급된 사실은 1500년 이후 대학에 들어온 인물들의 몇몇 형성 전기에서 직접적으로 느낄 수 있게 되었다. 새로운 세기의 지성적으로 가장 활발한 대학생들은 자신들의 교양 이념을 고전어에 정향시켰다. 즉, 그들은 라틴어를 완전하게 하고 그리스어와 히브리어를 배우고 언어학적으로 개정된 텍스트 판본에서 읽고 당시 대학 세계에서 어떤 역할도 없거나 주변적 역할을 했던 저자들을 읽기 위해서 노력과 비용을 아끼지 않았다. 무의식적이었고, 반계몽주의 투쟁에서 전투적으로 드러난, 전통적 권위 구조를 상대화하려는 경향은 인문주의의 것이 되었는바, 이 경향은 종교개혁의 정신적·문화적·교양정치적 핵심 전제를 이루었다.

종교개혁과의 연관성은 역사적·언어학적 발견에서 특히 명백해진다. 로렌초 발라(Lorenzo Valla, 1405/07~57)는 1440년에 **콘스탄티누스 대제**가 교황에게 교회국가를 **증여**하고 세상의 모든 교회에 대한 수위권을 양도한 것이 중세 초기의 위조에 근거했다는 것을 입증했다. 발라의 글은 1506년에 최초로 출판되었다. 울리히 폰 후텐이 1517/18년과 1519년에 교황 레오 10세에게 보내는 반어적 서문을 붙여서 새로이 출판했을 때 비로소 발라의 글은 큰 주목을 받게 되었다. 이로써 폰 후텐은 '악마적 기만'[5]에 근거한 교황청에 대한 루터의 여론 형성에 강한 영향을 끼쳤다.

그러므로 알프스 이북의 인문주의가 전적으로 종교개혁으로 귀결된 것으로 보는 것은 사실에 맞지 않으며, 또한 종교개혁을 단순히 인문주의로부터의 이탈로 보는 것도 문제가 있을 것이다. 자체적으로 다양한 형태를 가진 인문주의의 특정한 경향은 종교개혁을 어떤 의미에서 비로소 가능케 했다. 이것은 인간적 하부구조에 해당된다. 사람들은 루터를 알았고 인문주의자 그룹 내에서 그의 관심사를 일찍이 공공연히 공유했다. 이것은 또한 스콜라주의의 교리적 권위를 상대화하는 것, 성서와 교부들의 오래되고 존귀한 신학(prisca theologia)의 부패하지 않은 원천들로 전향하는 것에도 해당된다. 마지막으로 이것은 외형화된 교회 경건에 대한 인문주의의 갖가지 조롱조의 강한 비판에도 해당된다. 구원을 가져오는 경건은 그리스도에게 집중하고 그리스도 추종에 걸맞은 삶을 통해 부응해야 한다. 인문주의의 다른 경향들은 종교개혁에서 더 이상 거의 계승되지 못했다. 예를 들어 '보통 사람들', 무지한 평신도들을 교육하는 것에 대한 일정한 유보적 자세, 교회 및 정치적 위계질서와의 충돌에 대해 거리를 두는 것, 엘리트 의식을 갖고 표현, 일상적 삶, 자기표현에서 까다로워지고 순수하려는 특징, '거리의 압력'보다는 차라리 개방적 고위 성직자를 경유해서 인문주의적 사고를 가진 자들을 요직에 임명함으로써 필요하다고 생각하는 개혁을 성취하려는 정치적 사고 등을 들 수 있다. 이것은 종교개혁가들이 얻은 통찰을 보편적으로 관철하고자 하는 그들의 고백자적 요구와도 대립했을 것이다. 그러므로 인문주의와 종교개혁의 관계는 매우 복잡하다. 인문주의는 종교개혁의 전제가 되었으며 종교개혁은 인문주의를 부분적으로 계승했고 자기 것으로 변형했다. 그러나 인문주의는 종교개혁 옆에서, 그것에 적대하여 남아 있었으니, 실로 한편으로는 종교개혁의 일부 구교 적대자들에게

---

5 WA 6, S. 434~24f. 1537년에 만투아로 소집한 공의회를 배경으로 루터는 『콘스탄티누스의 증여』(*TRE* 8 [1981], S. 196~202; *RGG*^{4} 4 [2001], Sp. 1619f. 참조)를 독일어로 번역하여 신랄한 해설과 함께 출판했다(WA 50, S. 69~89).

서, 다른 한편으로는 형성되는 종파 교회를 추종하기를 거부하는 급진 주의자들이나 무관심한 자들에게서 남아 있었다.

로테르담의 에라스무스

알프스 이북의 이 가장 위대한 대변자 외에 어떤 인물에게서도 인문주의와 종교개혁 간 관계의 복잡성이 더 분명한 경우는 없다. 로테르담의 에라스무스(1466/69~1536)가 바로 그 인물이다. 교부 출판자로서, 최초의 그리스어 신약성서의 주석자요 출판자(1516)로서, 그리스도교 경건의 내면화와 집중화를 촉구한 개혁가로서, 외형화된 의식을 비판한 이로서 에라스무스는 1520년대 초에 연구를 하거나 교회와 학문적 지위로 올라온 이들의 우상이었고, 신의 은총 내지 칭의를 받는 것에서 인간의 자유의지 문제를 두고 그와 루터 사이에 공개적으로 신학적 단절이 이루어졌을 때조차도 그러했다(576~78쪽 참조). 에라스무스는 평화윤리가, 평화주의자, 중재신학자로서 구교 진영에서도 지속적으로 영향력을 행사했으며, 서로 다투는 신학적 진리 주장의 경계 논리에 궁극적 유효성을 인정하려 하지 않은 모든 자들에게 영감의 원천으로 남았다. 그는 모든 진영의 종파주의자들에게는 의심스러운 인물이었으나, 그들조차 그의 영향력을 확정적으로 단절할 수는 없었다.

에라스무스는 후에 종교개혁으로 넘어갔고 그것을 실행한 대부분의 사람들에게 위대한 귀감이었으므로, 그의 생애가 종교개혁 역사 속에서, 그의 곁에서 15년 정도 진행되었을지라도 그와 그의 업적을 종교개혁의 전제로서 보다 근본적으로 다루는 것이 합당하다. 1520년대에 영광의 절정에 도달한 그 시대의 가장 숭배받은 이 학자는 1466년 혹은 1469년에 한 사제의 사생아로 로테르담에서 태어났고 위트레흐트 대성당 학교와 데벤터르 성(聖)레부이누스(St. Lebuinus) 참사회 학교에서 수년 간, 스-헤르토헨보스('s-Hertogenbosch) 공동생활 형제들 곁에서 '데보티오 모데르나'(67~69쪽 참조) 정신에 따라 2년간 교육을 받았다. 1487년 그는 하우다(Gouda) 부근 슈테인(Steyn)에서 아우구스티누스회 참사회 수도원에 들어갔고, 1492년 여기서 사제 서품을 받았다. 그다음 해에 그는 수도원을 떠났고 캄브라이(Cambrai) 주교의 비서가 되었다. 그는 수도원으로 돌아가려 하지 않았다. 그러나 수도사복을 1507년까지 입었다. 1517년에 그는 수도사 서원에서 해제되었다. 그는 1495년과 1499년 사이 파리에서의 연구, 특히 유명론의 영향을 받은 신학에 만족하지 못했는데, 경직된 것으로 느껴진 스콜라주의적 방법 때문이었다. 파리에서 유력한 프랑스 인문주의자인 역사가이자 외교관 로베르 가갱(Robert Gaguin, 1425/33~1501/02)과 접촉했다는 증언도 있다. 에라스무스는 이 파리 시절에 자신의 라틴어 표현 능력을 동시대인들 가운데서 거의 비견할 수 없는 수준으로 완성했다. 1499/1500년에 에라스무스는 몇 개월을 잉글랜드에서 보냈으며, 여기서 피코 델라 미란돌라의 영향을 받았고 옥스퍼드에서 가르치는 인문주의 신학자 존 콜레트(John Colet, 1466/67~1519)를 알게 되었다. 에라스무스가 그리스어 연구에 몰두한 것이 바로 이 시기에 해당된다. 그는 경탄을 자아낼 정도로 그리스어에 통달했다. 에라스무스가 콜레트에게서 알게 된 성서 텍스트의 문자적 의미에 대한 관심은 그에게 지속적으로 영향을 끼쳤다. 이런 방향은 스콜라주의에서 알레고리적 성서 주석을 선호하는 것으로부터 벗어나는 것이었다. 1500년과 1516년, 즉 그가 바젤로 이주하던 해 사이에 에라스무스는 빈번하게 네덜란드, 프랑스, 잉글랜드, 이탈리아로 거주지를 바꿨다. 1506년 그는 토리노에서 신학 박사 학위를 받았다. 잉글랜드에서 때로 인문주의자요 정치인이었던 토머스 모어(Thomas Morus, 1477/78~1535)의 집에 머물렀고, 바젤의 요한 프로벤(Johann Froben, 1460경~1527)에 의해 출판된 충격적이고 곧 시장을 지배할 그리스어 신약성서 출간을 위한 기초를 놓았다. 개정판은 1519년, 1522년, 1527년, 1535년에 나왔다.

에라스무스는 거듭하여 — 그러나 라틴어로 집필한 강령적 글에서 — 성서는 대중어로 평신도들에게 읽힐 수 있어야 한다고 주장했다. 그가 개인적 라틴어 번역을 첨부한 그리스어 텍스트 출판은 실제로, 정경으로 간주된 라틴어 번역, 즉 불가타(Vulgata)를 상대화하는 것이었다. 에라스무스는 대중어판 성서들이 탄생하고 널리 보급되는 데에 간접적으로, 결정적으로 기여했다. 이 사건은 시간적으로 종교개혁 초기 운동의 확산과 나란히 이루어졌으며 결국 최초의 완전한 신약성서 독일어판, 즉 루터의 1522년 9월 성서로 끝을 맺었다. 자신은 대중어로 출판하지 않았으나, 에라스무스처럼 종교개혁 직전에 그렇게 대중어 성서를 위해 많은 일을 한 사람은 없었다. 그의 많은 초기 문학 작업들—고대 저자들로부터 약 800개의 격언을 수집한 『아다기아』(*Adagia*, 1500)를 비롯하여 『그리스도인 군사의 핸드북』(*Enchiridion militis christiani*)은 1503년에 처음 출판되었고, 1518년 프로벤이 출판한 이래 성공작이 되었으며 에라스무스가 사망하기까지 50쇄 이상이 출판되었다. 또한 해학적·사회비판적인 『우신 예찬』(*Moriae Encomium*, 1511)과 그리스도교적 세계 질서를 설계한 『평화의 탄식』(*Querela Pacis*, 1517), 끝으로 『친숙한 대화』(*Colloquia familiaris*, 1518)가 있다—은 전 세대가 경탄한 고전이 되었고, 좋은 문체의 귀감이 되는 책으로 추천되었으며, 16세기 전체의 교양 자산으로 정착되어 있다.

에라스무스의 학문적 삶의 강령은 인간성 연구와 그리스도교 신학을 종합하는 것을 목표로 했다. 이 종합은 원문으로 연구해야 할 성서와 교부에 기초를 두었다. 에라스무스는 교부의 출판자로서—우선 그가 누구보다 숭배한 히에로니무스(1516), 그리고 곧 다른 교부들(키프리아누스[1520], 아르노비우스[1522], 힐라리우스[1523], 크리소스토무스[1525~33], 이레나이우스[1526], 암브로시우스[1527], 아우구스티누스[1528/29])—종교개혁기의 신학 발전에 깊이 영향을 끼쳤다. 그의 방대한 신약성서 『주석』(*Paraphrasis*)도 마찬가지다. 이것들은 1517년에서 1524년 사이에 출판되었고 요한계시록 외의 모든 문서를 다루었다. 여러 나라에 걸쳐 학문적으로 수용된 사실과 여러 대중어로 번역된 사실에 비추어볼 때 16세기의 가장 영향력 있는 주석 작품인 것 같다.

일시적으로 중단되었지만(1529년과 1535년 프라이부르크) 그의 사망까지 계속되었던 그의 바젤 체류 시절 동안(1514~17년과 1521년 이후)에 에라스무스는 모든 세대의 젊은 지성인들에게 핵심적 인물이요 결정적인 권위였다. 이것은 무엇보다 첫 번째 시기, 즉 1514년부터 1518년까지에 해당된다. 당시 그의 영향력은 대(大)정치와 개혁적 사고를 지닌 교회인들에게 확장되기 시작했고 저명한 인물들이 그를 방문하였으며 후에 그를 괴롭힌 종교개혁의 분열 경험은 아직 나타나지 않았다. 1518/19년 이래 공개적으로 루터 내지 종교개혁으로 전향한 마르틴 부처(Martin Bucer), 카피토, 카스파르 헤디오(Kaspar Hedio), 요하네스 외콜람파트(Johannes Oecolampad), 츠빙글리, 펠리칸, 우르바누스 레기우스(Urbanus Rhegius), 암브로지우스 블라러(Ambrosius Blarer), 멜란히톤, 요하네스 브렌츠(Johannes Brenz) 등 많은 남독일의 후진 신학자들이 처음에는 에라스무스의 주문과 그의 윤리적인 그리스도 철학에 사로잡혀 있었다. 그는 '데보티오 모데르나' 정신에 의해 형성된 경건개혁적 자극을 줌으로써 종교개혁기를 결정하게 될 외적인 단절을 넘어서까지 계속 작용했다. 정신적 오만을 동반하는 금식에 대한 그의 비판, 육에 대한 영의 우선(요한 복음 6:63 참조)에 관한 플라톤주의적 주장, 그리스도에게로 인도하는 것이 아니라 세속적 욕구에서 비롯한 성자 숭배에 대한 그의 공격, 1518년 루터를 적극적으로 지지함으로써 면죄부에 대한 거리감 표명, 적극적 추종자가 없는 성물 숭배에 대한 그의 비판, 그가 요구한 성결의 수준과는 천양지차로 다른 성직 계급의 윤리적으로 의심스러운 삶에 대한 그의 항거 등을 예로 들 수 있다.

그리스도는 그리스도인 삶의 '유일한 목표'[6]가 되어야 하므로 모든 열정, 모든 시간, 모든 활동을 이 목표에 맞추어야 한다. 그리스도를 향해 노력하는 자는 오직 덕을 위해(solam virtutem) 노력하는 자이다.[7] 에

6 Erasmus von Rotterdam, *Enchiridion militis christiani. Handbüchlein eines christlichen Streiters*, in: ders., *Ausgewählte Schriften*, hg. v. Werner Welzig, Darmstadt 2006, Bd. 1, S. 168: "totius vitae …… Christum velut unicum scopum".

라스무스가 강제적 배타성, 즉 솔라(sola)-양식으로써 경건과 신학의 중심에 둔 그리스도는 무엇보다 윤리적으로 구속력 있는 삶의 모델의 예로서 제시된다. 그리스도를 위해서 학문과 예술을 사랑해야 하고 이웃에 대한 관심 위에 있어서는 안 된다. "많이 알고 사랑하지 않는 것보다 조금 알고 더 사랑하는 것이 낫다."[8] 피렌체의 플라톤주의자들을 따른 이 로테르담인의 인간론과 인식론을 결정한 육-영혼-영의 삼분법 내지 영과 육의 이분법은 인간의 결정의 자유에서 중심을 이룬다. 인간은 영과 육 사이에 서서 ― 조반니 피코가 그의 유명한, 강연되지 않았고 사후 출판된 『인간의 품위에 대한 담화』(1486)에서(그는 논리학, 철학, 신학 영역에서 나온 900개 논제에 대한 한 논쟁을 계기로 이 글을 편집하였다) 진술한 것처럼 ― 신의 형상인 영혼에 의해서 영의 편에 서고 천상의 것으로 올라갈 수 있는 자유를 가진다. "영은 우리로 하여금 신이 되게 하고, 육은 짐승이 되게 한다."[9] 영과 육신 사이의 중간자로서 영혼은 고귀한 것으로 향하거나 천한 것으로 향할 자유가 있다.[10] 가시적인 사물, 교회 성례전도 불가시적인 구원의 은사를 지시하거나 그것들로 인도하는 임무만을 가진다. 그는 빵이 (사제의 축성을 통해) 참된 그리스도의 몸으로 본질 변화한다는 것을 가르친 교회의 화체론(化體論)과 미사제물론에 신학적으로 거리를 두었다.

인간 본래의 자유의지(liberum arbitrium) 사상은 그로 하여금 그리스도의 모범에 헌신하고 그것을 추종할 수 있게 했는바, 이 생각은 에라스무스의 경건 개념에 깊이 뿌리를 내렸다. 이에 따라서 에라스무스는 인간 이성의 가능성에도 긍정적이었다. 즉, 이성은 원죄를 통해서도 완전히 부패하지 않았고 은총에 의지하여 선을 인식하고 선을 향해 갈 수

7 같은 곳.
8 같은 책, S. 173.
9 같은 책, S. 142f.: "spiritus deos nos reddit ……".
10 같은 책, S. 140: "liberum habet, utro velit inclinare".

있다. 인문주의 학문(bona litterae)은 성서 곁에서 인간을 완전하게 하는 데 실제로 기여할 수 있다. 루터가 1516년 10월 19일 에라스무스에 대해 행한 초기 발언(이 네덜란드인이 그가 보기에는 아리스토텔레스처럼 인간은 의를 행함으로써 의롭게 된다는 것에서 출발하지, 인간은 의롭다는 칭함을 받은 자로서 — 루터가 바울과 아우구스티누스를 따라서 가르친 것처럼 — 의로운 일을 행할 능력을 부여받는다는 것에서 출발하지 않는다) 속에서 이미 그와의 많은 차이점을 확신한 것은[11] 루터의 에라스무스 수용에서 대다수 동시대인들의 그것과는 근본적으로 차이가 있었다.

루터와 관련해서 조형예술에 깊이 영향을 준 인문주의적 인간상의 인간중심주의는 어쨌든 그의 종교개혁에 질적으로 부정적 전제였음을 인정할 수 있다. 인문주의의 인간론에서 근대적 자율성의 최초의 흔적을 본다면, 루터는 '중세'와 '근대'에 대항하여 싸웠으며 어쨌든 인간의 능력에 대한 양자의 신뢰에 대항해 싸웠다. 그의 신학을 둘러싼 소란이 시작되기 오래전에, 비텐베르크의 아우구스티누스회 수도사는 자신의 입장이 그 시대의 가장 총애받는 인문주의자의 입장과 화합할 수 없음을 의식했다. 1520년 중반에 결정적으로 비텐베르크의 종교개혁을 에라스무스로부터 결별케 한 자유의지 논쟁은 루터와 에라스무스의 시각에서 볼 때 신학적으로 불가피하였다. 이런 대립으로 이끈 정황은 종교개혁의 역학에서 나왔다. 종교개혁은 에라스무스를 두 진영 사이로 몰았고 그로 하여금 또한 구교 진영으로부터의 공격을 극복하도록 강요했으며 결정적으로 경계선을 긋게 만들었다. 이것의 신학적 정당성은 인간상 및 신 표상의 깊은 차이점에 근거한 것이었다(576쪽 이하 참조).

에라스무스의 이상은 고대 그리스도교의 경건 및 이에 상응하는 신학의 소생이었다. 즉, 그는 이것을 인간 지혜의 탁한 샘이 아니라 성서와 교부들의 살아 있는 샘에서 푸려고 했다. 경건과 신학을 통합하는 그의 강령은 스콜라주의 신학과 동떨어진 것이었고, 그를 평신도와 관련

11 WA.B 1, Nr. 27, 여기서는 S. 70,29~31.

된 다른 '경건신학적' 저자들과 결부시켰다. 에라스무스는 다른 인문주의자들처럼, 특히 명료한 음성으로 스콜라주의의 거부를 심화했다. 그러나 다른 사람들과 달리 그는 대안적인 비학문적 신학 유형에 기여했다.

에라스무스는 자극들을 모아서 지성적 에너지를 발휘했으나, 이것은 결국 그를 시대의 변두리 인물이 되게 만들었다. 그의 작품이 방대하게 출판된 덕분에 에라스무스는 다른 많은 선구자들(예를 들어 요한 폰 슈타우피츠)보다 훨씬 강하게 종교개혁을 가능케 만들었던 정신적 힘이 되었다. 대부분의 종교개혁가들은 '마르틴파' 혹은 '루터파', '츠빙글리파'가 되기 전에 에라스무스주의자들이었다. 그의 교회 비판, 신학의 여러 동기들, 문자적 의미를 지향한 그의 주석의 해석학적 수준과 언어학적 기준, 그의 텍스트 출판, 간단히 말해서 그의 작업의 본질적 부분들은 개신교에 유산으로 전수되었고, 반면 그가 끝까지 충성한 로마 교회에서는 파문을 받았으며 **금서 목록**에 올랐다. 당대의 가장 위대한 학자는 시대의 정황 때문에 비극적인 분열에 휘말렸다.

제4장

루터의 초기 종교적·신학적 발전

작센의 수도사 마르틴 루터의 개인적·종교적·신학적 형성의 역사도 종교개혁의 전제에 속한다. 이 역사는 당연히 당대 교회의 '열려 있는 체계' 안에서 이루어졌기 때문이다. 여기 근저에 놓인 종교개혁 이해(17~18쪽 참조)에 비추어 1517년 후반 내지 1518년 초반 이전의 루터에 관해서, 그가 종교개혁의 발단을 제공했다고는 거의 말할 수 없다. 물론 그는 비텐베르크 대학에서의 교수 활동(그는 1512년 10월 18/19일 신학 박사 학위 취득 후 요한 폰 슈타우피츠의 후임으로 신학 교수로 취임했다) 중에 거듭하여 교회 실천의 의심스러운 현상들—무엇보다 면죄—, 그리스도인의 삶, 그것의 신학적 근거에 대해 언급하곤 하였다. 또한 그의 초기 설교 활동에 대한 우리에게 전해진 증언들 가운데서(그는 1514년경부터 비텐베르크 시 참사회의 위임을 받아서 설교를 했다) 그는 청중에게 회개에 보다 진지할 것과 종교적 양심을 보다 결단성 있게 검증할 것을 권고했고, 청중에게 십자가에 달린 그리스도를 구원의 총괄개념, 담보로 제시했으며 다른 동시대 '경건신학자들'의 관심과 비슷하게 외형적 그리스도교 신앙을 멀리하여 신앙을 내면적으로 획득하고 신앙적 삶의 형태에 관심을 가질 것을 권고했다. 그러나 비텐베르크 아우구스티누스회 수도원 부원장 및 아우구스티누스 은둔자회의 지역 대리인(루터가 1515년부터 1518년까지 맡았던 11개 수도원에 대한 감독직)에게서 나온 개혁에 대한 이런 자극들은 그의 수도원 및 학문 활동의 범위를 넘어서지 않았고, 그의 강의와 설교를 듣는 청중과 그의 수도회 형제들 외의 더 많은 대중에게 도달하지 않았으며, 내용상으로도 아우구스티누스와 성서를 신뢰한 다른 동시대 신학자들이 주장했을 법하거나 실제로 주장한 것 이상을 넘어서지 않았다.

설령 우리가 젊은 교수의 위대한 강의들(132~35쪽 참조)에서 타당한 근거를 가지고 독자적인 회개 및 은혜의 신학자의 획기적인 신학적 통찰을 인식할 수 있다 하더라도, 그의 학문적 교수 활동의 인상적인 문서들은 종교개혁의 시작이 아니라 그것의 포기할 수 없는 전제임을 보여준다. 회고하건대, 이 문서들은 진보하는 신학적 정화 과정의 문학적 증언으로, 루터가 추진한 변혁의 성서적 기초들을 다짐으로써 종교개혁가로 발전해가는 과정에서의 이정표로 나타난다. 그러나 당시에 그것들은 성서 강의에 불과했으며, 그 내용은 상대적으로 소수의 청중에게만 알려졌고, 우리가 지금까지 아는 것에 따르자면 청중들은 강의들을 1517년 가을 혹은 1518년 봄 이전, 즉 면죄 논쟁 시작 이후의 돌발적 변혁의 신호탄으로 받아들이지는 않았다. 이 강의에서 나온 영향은 '문명의 변두리에'[1] 있는 전통 없는 지방대학 교수에게는 의심의 여지 없이 개인적으로 의미심장한 것이었다. 강의 내지 교수 및 설교 활동에서, 즉 자신의 서재를 넘어서 다른 사람들에게 지식을 중계하는 임무에는 도전이 있었고, 이것의 의미는 인간 루터의 형성에서 매우 크다고 할 수 있다. 루터가 만년에 외견상 어렵지 않게 독일어, 라틴어로 갖가지 문학 장르를 사용하고 상황에 적합하게 응용하여 능수능란하게 수사학적·문체적 표현 수단의 건반을 두드릴 수 있었던 것은 — 이것이 그의 성공에서 본질적 요소이다 — 특히 신학 교수로서 비텐베르크 초기의 학습 및 교수 시절의 열매였던 것 같다. 루터가 쓰고 가르침으로써[2] 신학적으로

1 WA. TR 2, S. 669,12.

발전했다는 사실은 부인하기 어렵다. 그런 한에서 그는 젊은 교수로서의 자신의 교수 및 형성 과정에서 이후 보다 많은 대중 속으로 들어가기 위한 전제를 만들었고, 또한 자신의 초기 강의를 들은 몇몇 청중을 자신이 가는 길에서 동반했다. 그러나 루터가 동시대 교회 전체에 해당되는 악습을 독서 가능한 대중의 법정 앞에서 토론하려는 의도를 가지고 학문 활동 및 수도사로서의 활동의 장의 틀을 넘어갔을 때부터 비로소 종교개혁의 시작이라고 말하는 것이 의미가 있을 것이다. 1517년 말의 95개 논제의 출판 내지 1518년 봄 그것을 대중어로 표현한 『면죄와 은총에 관한 설교』 이후 비로소 종교개혁의 시작을 말할 수 있다. 루터의 신학이 면죄 반박 이후의 논쟁들 가운데서 발전하고 변화한 것은 종교개혁의 전제에 속하는 것이 아니라 좁은 의미에서 종교개혁사의 일부이다.

루터의 초기 성장 과정(1483~1512년)

1517/18년까지 루터의 외적 성장 과정은 보다 보편적인 종교개혁사적 관점과 연관해서 몇 가지 흥미로운 특징이 있다. 그는 1483년 11월 10일 만스펠트(Mansfeld) 구리 광산에서 제련소 임차인으로 활동한 한스 루더(Hans Luder)와 그의 부인 마르가레테(결혼 전 성은 린데만 Lindemann) 사이의 아들로서 아이슬레벤(Eisleben)에서 태어났다. 사회적 관점에서 루터는 번창하는 도시민 환경 출신이다. 루터는 두 번의 장기적인, 특정한 상황 때문에 비롯된 베틴(Wettin)가(家) 성(城)에서 체재

2 많이 논란이 되는 그의 라틴어 작품집(1545) 제1권의 서문에서 루터는 이런 식으로 자신의 학습 과정의 특징을 규정하였다. 그는 "(아우구스티누스가 자신에 대해 쓴 것처럼) 쓰기와 교수를 통해서 발전한 사람에 속했다." WA 54, S. 186,26f.: "qui [ut Augustinus de se scribit] scribendo et docendo profecerint"; Nachweise der Augustinusbelege in: LuStA 5, S. 638, Anm. 147.

한 것(1521년 5월부터 1522년 1월까지 제국의 파문을 받은 자로서 바르트부르크에서 은신한 것과 1530년 제국의회 동안 4월부터 10월까지 코부르크 성채에서 머무른 것)을 제외하고 오로지 도시에서만 살았다. 우선 1484년부터 만스펠트에서 살았고, 1490/91년부터 3학과 학교를 다녔으며, 마그데부르크에서 대성당 학교를 다니면서 공동생활형제단이 운영하는 기숙사에서 살았다(1497). 1498년부터 1501년까지 아이제나흐에서 성(聖)게오르크 교구 학교를 다녔고, 1501년부터 에르푸르트 대학에서 인문학부를 신속히 성공적으로 이수했다(1502년 인문학 바칼라우레우스, 1505년 인문학 마기스터). 루터는 수세대 이래 학풍을 보여준 외가 쪽 전통을 통해서 학자적 시민 계층의 관습, 정신, 문화적 기준, 윤리적 이념과 친숙했다. 친가 쪽 조상은 상당히 부유한 농부였다. 만스펠트 지역의 루터 친척들도 농민이었다. 한스 루더가 광산업자로 사회적으로 상승한 것은 고등교육기관에 대한 분명히 적극적인 입장과 궤를 같이했다. 마르틴의 학력은 그의 부모 집안이 영향력 있는 직위를 얻기 위하여 모든 기회를 그에게 제공하려 했다는 추론을 가능케 한다.

수도원 입회

마르틴이 에르푸르트의 아우구스티누스 은둔자 수도회에 들어간 것은 법학 수업을 통해서 실현되어야 할, 한스 루더가 아들에게 품었던 출세의 환상에 분명히 종지부를 찍었다. 슈토테른하임 마을 부근 벌판에서 일어난 유명한 벼락 사건(1505년 6월 2일)은 마르틴을 죽음의 공포에 몰아넣었다. 그는 "성(聖)안나여, 도와주소서, 내가 수도사가 되겠나이다"[3]라고 서원(誓願)하였고 결국 이 서원을 실행하게 되었다. 이 사건은 명예욕이 있는 아버지가 아들에게 품었던 삶의 계획에 대한 마르틴의

3 1539년 7월 16일의 탁상 담화에서 이렇게 회고했다. WA.TR 4, S. 440,9f.; Angelika Dörfler-Dierken, *Luther und die heilige Anna*, in: LuJ 64 (1997), S. 19~46 참조.

갈등이 없지 않은 상황에 일말의 빛을 비춰준다. 슈토테른하임 사건과 수도원 입단에서부터 루터의 내면적 삶을 어느 정도 들여다볼 수 있는 바, 이것은 물론 후대의 서술과 평가의 형태로 전승되었으므로 비판적으로 다루어야 한다. 자기 노력에 근거한 '행위의 의'의 총괄 개념으로서 수도사로서의 삶의 길을 후에 배격한 것은 오인의 여지 없이, 자신의 수도사로서의 삶에 대한 영적 아포리아, 절망과 유혹을 비극화하고 이런 어두운 묘사를 배경 삼아 수도원과의 단절을 자명하게 만들려는 경향으로 이끌었다. 루터의 수도원 시절은 어쨌든 순전히 고난의 시기는 아니었다. 오히려 그의 수도회 원장이 그의 태도에 불만을 갖지 않았으며 그가 사제 서품을 받고 첫 번째 미사(1507년 5월 2일) 후 신학 수업을 받도록 결정한 사실, 루터 자신이 자기의 새로운 신분의 지성적, 학문적 도전을 용감하게 받아들였다는 사실, 그에게 수도회의 정치적 임무가 위임되었으며 에르푸르트와 비텐베르크 수도원에서 자기 세대의 수도원 형제들, 예를 들어 벤체슬라우스 링크(Wenzeslaus Linck), 요하네스 랑(Johannes Lang) 혹은 가브리엘 츠빌링(Gabriel Zwilling)을 만났고 자신의 종교개혁에 가담하게 될 그들과 평생 동안 우정을 유지했다는 사실은 그 반대였음을 말해준다.

그는 아우구스티누스 은둔자 수도회 출신의 가장 중요한 스승이면서 독일 수도회 엄수파의 주교 총대리이자 수석 대표인 요한 폰 슈타우피츠를 평생 동안 존경하는 마음으로 기억하였으며 자신을 슈타우피츠가 주장한 관심사를 완성한 자로 표현했다. 루터는 슈타우피츠 외에 자신의 수도회 출신 몇몇 인물을 존경하는 마음으로 기억한다. 위에 언급한 관점들은 루터가 아우구스티누스 은둔자 수도회에서 그에게 인격적으로 깊은 인상을 주었고 그를 영적·신학적으로 고무했으며 또한 여러 가지 그의 관심, 취향, 이해를 공유한 형제들을 만났다는 것을 의심할 수 없게 만든다. 어떤 것도 금욕주의적으로 엄격하고 외적으로 규제되며 내적인 자기 훈육과 양심적 자기 성찰을 통해 형성된 수도사들의 공동체 삶의 형태가 루터에게 지속적인 멍에가 되었음을 암시하지 않는다. 그가 수도회에서 쌓은 단선적인 경력과 사람들이 그에게 보낸 신뢰는 루터가 자신의 수도사 신분 및 사제로서의 소명의 기대와 도전을 감당하였음을 결코 의심할 수 없게 만든다. 루터가 1518년 10월 중순 아우크스부르크에서 추기경 카예탄과의 중재 대화가 좌절된 후(217~22쪽 참조), 슈타우피츠를 통해서 자신의 수도회 상관에 대한 순종 서약에서 해제된 것은 수도회와의 단절을 의미하는 것이 아니라, 그가 그동안에 빠졌던 불안정한 교회정치적 상황 때문이었다. 이제 슈타우피츠는 루터에게 적대적으로 지시된 명령을 실행할 의무에서 자유로워졌고, 또 루터에게도 자신에 관해 내려진 결정이 수도회에 끼칠 직접적인 결과를 방어하는 것이 중요했을 것이기 때문이다. 그런데 순종 관계의 해제는 수도회 상관, 특히 슈타우피츠가 루터에게 그때까지 제공할 수 있었던 법적 보호가 상실됨을 의미했다. 그러므로 루터와 수도회, 그리고 간접적으로 수도사로서의 삶과의 관계는 로마 재판에 근거하여 변했고 그의 신학적 발전의 단선적 결과로 평가되어서는 안 될 것이다.

신학적 발전

전통적인 종교개혁의 시작인 1517년 가을 이후 루터의 신학적 발전은 그의 교회정치적 운명과의 불가분적 연관 속에서만 해석될 수 있다. 후대의 회고에서 루터는 교황 교회 및 그것의 기구들, 그러므로 수도원과의 단절을 성서적 통찰의 직접적 결과로 서술하는 경향이 있었다.

루터가 수도사요 신학생으로서 배운 여러 가지 입장들, 신학적 전통과 영적 도움들은 종교개혁에서 긍정적이고 유리한 전제를 이룬 반면, 다른 것들은 부정적인, 즉 종교개혁 이전 신학의 일정한 경향들로부터 거리를 유지하게 만드는 전제를 이루었다. 그는 신학 박사가 되기 위한 정규적인 학위 취득 단계를 거쳤다. 신·구약성서의 각 문서를 연속적으로, 신속하게 해설할 수 있는 자격을 가진 성서학 바칼라우레우스(baccalaureus biblicus) 혹은 쿠르소르(cursor, 1509년 3월 9일, 비텐베르크, cursor의 문자적 의미는 달리는 자이다—옮긴이), 페트루스 롬바르두스의 『명제집』 첫 두 권을 다룰 권한을 지닌 『명제집』 바칼라우레우스(baccalaureus sententiarius)와 그 작품의 제3, 4권을 다룰 권한을 가진 바칼라우레우스 포르마투스(baccalaureus formatus, 1509년 가을부터 1511년 가을까지, 에르푸르트)가 그것이다. 루터가 회고할 때마다 거듭하여 기억하는 자신의 진지한 회개, 유혹의 경험, 또한 소심함은 그가 성장한 수도원의 경건 문화의 일부였다. 다른 수도사들도 심판을 통과할 수 있는가에 대한 불확실성을 공유했고, 루터는 자신에게 주어진 영적 도움을 — 위로와 목회 문서를 통해서, 특히 슈타우피츠의 영적 충고와 고해성사를 통해서 — 받아들였다. 루터는 특히 신은 죄인의 생명과 구원을 바라며 그렇기 때문에 죄를 저주한다는 은총신학적 성찰을 슈타우피츠로부터 배웠다. 죄를 태워버리고 죄인을 구출하는 신의 의에 기꺼이 동의하는 것은 수도회의 수호자 아우구스티누스를 지향하는 영성의 본질적 목표였다. 슈타우피츠는 예정에 대한 루터의 의심 내지 회의를, 자신에게 고해하는 자에게 고난당하는 그리스도를 지시함으로써 대응했다. 여기에서 모순적으로 보이는 창조자의 구원 의지가 반대의 형상 아래서 인식될 수 있다는 것이었다. 루터가 평생 높이 평가했던 베르나르(Bernard de Clairvaux[1090/91~1153])식 전통에서 알게 된 그리스도의 고난에 전념함으로써 그는 특별히 영향력 있는, 그가 후에 속행한 고난 경건의 형태에 친숙해졌다. 또한 그가 일반적인 것 이상으로 요청한 고해 가운데서 체험한 죄로부터의 해방의 경험은 거듭 유혹과 싸우는 수도사의 영적 안정화에 기여하였다. 루터가 수도사로서 체험했을 내적 갈등은 결코 비전형적인 것이 아니라 부분적으로 수도사적 경건의 구조적 긴장에 뿌리를 두었다. 왜냐하면 한편으로 수도사는 자신이 얼마나 합당치 않은가, 죄로 말미암아 신으로부터 얼마나 멀리 있는가를 감지해야 하고, 신에 의해 지원받아 의지의 노력을 통해서 이것을 극복해야 하며, 다른 한편으로는 신비주의 문학을 통해 알려진 대로 신적인 것에 점진적으로 접근하고 신과의 의지의 일치를 통하여 천상으로 상승하는 길로 가야 하기 때문이다. 모든 수도회 사람에게는 개인적으로 자기 인식을 통한 지옥의 불안과 신 인식을 통한 천국행 사이의 영적 균형을 발견하는 임무가 부과되었고, 이때 어떤 사람은 다른 사람보다 행함이 더 어려울 수 있다. 루터는 죄의 진노와 구원의 확신 사이, 심판의 공포와 은총의 희망 사이의 갈등을 특히 강력하게 체험했고 고통을 겪은 듯하다. 귀에 대고 고하는 고해에서 모든 죄를 완전히 발설하라는 요청은 루터에게 분명히 그의 양심을 안정시킨 것이 아니라, 오히려 그가 기억하는 것처럼, "결코 충분히 고해할 수 없게"[4] 만들었다. "어떤 사람이 망각했던 것이 생각났다면, 그는 즉시 다시 고해해야 한다."[5] 구조적인 긴장에 대한 경험 자체가 아니라 그가 그것을 경험한 강도와 그를 몰아세우고 계속적인 신학적 해명으로 이끈 불안감에서 루터는 자신의 형제들과 구별된 듯하다.

루터가 특히 프란체스코회의 후기 대변인 오컴의 윌리엄, 가브리엘 비엘로부터 알게 된 스콜라주의 신학은 진노와 은총, 죄의 깊이와 자비의 위대함 사이의 대립을 외견상 축소하기보다는 강조하는 듯했다. 루터는 에르푸르트의 신학 교수 요하네스 나틴(Johannes Nathin, 1529년 사망)의 지도 아래 페트루스 롬바르두스의 『명제집』을 연구했다. 나틴은 아우구스티누스 은둔자회의 일반 학습을 지도했고 중세 신학의 체계적 교리서를 다룰 때 가브리엘 비엘의 주석을 기초로 했다. 루터가 에르푸르트에서 사용한 『명제집』에 남아 있는 독서 흔적의 증거에 따르자면,[6] 그는 비엘의 유명론 학파 신학에 가장 능통했고, 그러나 그가 『명제집』 학사로서 '배우면서 가르쳐야 했던' 시기에 이미 교부들, 특히 아우구스티누스와 성서를 강력히 권위로서 끌어들이기 시작했다. 루터에게 알려진 스콜라주의 신학의 구원과 은총론에서는 인간 행위와 신의 승인을 단계적으로 상호 구축하면서 결합하는 것이 결정적이었다. 인

4 후일의 탁상 담화에서 이렇게 말했다. WA.TR 5, Nr. 6017, S. 440,27.
5 같은 책, S. 440,27f.
6 Edition in: WA 9, S. 28~94.

간이 행함이 가능하고 부과된 것을 행하였을(facere quod in se est) 때, 그는 신으로부터 불완전하나, 즉 신의 승인을 요구할 권한이 없으나, 칭찬받을 만한 정당한 공로(meritum de congruo)를 얻은 것이다. 이것은 교회 성례전의 도움에 의해서 신 앞에서 유효한 합당한 공로(meritum de condigno)로 평가될 수 있다. 신-인간 관계의 자발적 근원으로서의 신에 대한 선한 노력은, 인간이 구원을 받기 위한 필수적인, 그러나 또한 충분한 자세로 간주되었다. 신은 그의 무제한적 권세(potestas absoluta)에 힘입어서 전적으로 다르게 할 수 있을지라도, 그의 구원 질서(ordinatio) 안에서, 자기 능력(facere quod in se est)에 따라서 행동하는 모든 사람에게 은총을 베풀 의무가 있었다.

인간이 개념상 자신의 가능성에, 즉 스콜라주의 교리에 따르면 인간 본성 자체에 신 사랑의 능력이 내재한다는 것에 집착하는 것은 루터에게는 종교적, 신학적으로 문제성이 있는 것으로 보인다. 노력하며 애쓰는 수도사는 자신의 가능성에 집착하는 것인데, 사리사욕과 자기기만, 자기 마음이 신으로부터 멀리 떨어져 있음을 민감하고 예리하게 반성하는 것에 근거해서 이 가능성들에 대해 회의적이 되어야 한다. 루터가 다른 수도회 사람들과 함께 처한 내면적 갈등은, 1500년경의 경건 구조 전반에서 특징적인 수도사의 외형화와 동시에 내면화의 경향에 대한 유비로 볼 수 있다.

은총신학에서, 그리고 클레르보의 베르나르, 제르송 및 이른바 독일 신비주의의 몇몇 저자들의 독서를 통해서 알게 된 아우구스티누스의 신비주의 전통에서 성장한 수도사 루터는 인간 구원의 근거를 신 은총의 조건 없음과 인간 영이 신적 영과 하나됨의 사건에 두는 신학 개념들과 접하게 되었다. 루터는 비텐베르크에 약 1년간 체류하는 동안(1508/09) 그리고 1511년 이후 신설 대학으로 옮긴 다음부터 계속해서 요하네스 폰 슈타우피츠에게 개인적으로 접근했으며, 슈타우피츠는 목회자로서 루터에게 신의 자비는 그리스도에게서 계시된다는 것을 가르침으로써 도와주었다. 인간의 구원은 자신의 가능성이 아니라 고난받는 신의 아들 안에 포함되어 있었다.

슈타우피츠는 '경건신학자'로서 수도원 영역을 넘어서 고난받는 그리스도를 지향하는 평신도의 종교성에 영향을 끼치려고 했고 또한 끼치고 있다는 점에서도, 루터에게 지속적인 영향력을 행사했다. 그리스도인은 세상에 살든 수도원에서 살든지 간에, 인간이 되었고 고난받는 그리스도에게서 신의 선택하는 은총을 깨닫는다. 루터가 슈타우피츠에게서 생명의 도움으로서 알게 된 급진적인 아우구스티누스의 은총신학은 모든 신분의 그리스도인들을 구속하는 영성을 형성하는 데 특별한 잠재력을 내포했다. 슈타우피츠가 독일어 설교자로서, 특히 뉘른베르크에서 받은 큰 호응(1516/17)은 그가 동시대인의 종교적 욕구에 부합하는 목소리를 낼 줄 알았음을 보여준다. 슈타우피츠는 수도회 고위 지도자요 비텐베르크 대학 신학 교수로서의 이중 지위에 근거해서 많은 젊은 아우구스티누스 은둔자회 수도사들을 작센 선제후 대학으로 끌어들였다. 수도원의 삶의 형태에 별로 익숙하지 않은 이 젊은 수도사들은 초기 종교개혁 운동을 지원할 중요한 잠재력이 되었다.

슈타우피츠가 스콜라주의의 언어 및 사고 스타일로부터 철저히 탈피한 것은 인문주의와 궤를 같이한다. 인간의 구원의 길에 신학적으로 초점을 맞춤으로써 선별하고 참조한 성서적·신비주의적·교부적·수도원적, 또한 스콜라주의적 출처의 상이한 종교적·신학적 전통을 종합적으로 취급한 방식에서 슈타우피츠는 루터의 직접적 귀감으로 간주되어야 할 신학적 스타일을 대표한다. 루터는 신학의 표준적 근원이요 지향점으로서의 성서에 점차 집중하는 가운데 자신을 슈타우피츠의 제자요 계승자로 생각했다. 슈타우피츠는 자기 관할 아래 있는 수도원들에서 성서 연구를 장려하고 루터에게도 그렇게 하도록 격려하며 그의 철저한 성서 지식을 칭찬했다고 한다. 루터는 슈타우피츠에게서 영적인 스승을 만났다. 슈타우피츠는 교회 전통에 대해 성서가 우선한다는 관점 아래 스콜라주의 신학을 비판하는 점에서 튀빙겐의 신학자 콘라트 주멘하르트(Konrad Summenhart, 1458경~1502)와 일치하였으며, 루터가 후일 역시 원용했던 에르푸르트의 유명론자 요도쿠스 트루트페터(Jodocus Trutvetter, 1460경~1519)처럼 루터에게 성서를 모든 다른 진리의 법정보다 우선시하도록 역설했다.

루터가 후일의 회고에서 성서 연구에 대한 초기의 관심을 아마도 지나치게 부각했을지라도, 그는 동시대 신학 연구가 대략 예견한 것보다 훨씬 강도 높게 일방적으로 성서를 천착했고 거듭 읽었다는 것은 의심할 여지가 없다. 성서에 대한 루터의 관심이 이미 에르푸르트 시절에 인문주의적 영향 아래 있었다는 사실은 확실하다. 루터는 1509년 로이힐린의 획기적인 히브리어 교과서(*De rudimentis Hebraicis*)의 난외 방주에서 이미 교부들—그의 철학 교사 바르톨로메우스 아르놀디(Bartholomäus Arnoldi, 1465경~1532), 일명 우징겐(Usingen)의 충고에 따라서 교부의 관점에서 성서도 해석해야 한다고 했다—을 풍부하게 인용하였다. 그가 권위적인 전통에 반하여 일반적인 학위 취득 과정에서 『명제집』 취급으로 주석 작업을 마무리하는 것을 포기했다는 사실은, 성서 주석에 비해서 이런 과업을 과소평가했음을 암시하는 듯하다. 루터가 후일 그의 강의에서, 그러나 특히 스콜라주의 신학에 대한 논쟁에서(1517년 9월 4일) 가브리엘 비엘의 은총론에서 인간의 능력을 강조한 것을 비판한 것은, 10년 뒤 그 자신의 신학적 발전에서 깊이 정초되어 있는 신학적 결론들을 표명한 것이었다. 루터는 아우구스티누스의 반(反)펠라기우스주의 글, 즉 영국 수도사 펠라기우스에게 적대하여 집필된 작품에서 보여준 급진적 은총신학을 아우구스티누스 은둔자회 안팎의 다른 동시대 신학자들과 공유했다. 루터가 후일 분명히 역설할 수 있었던 논란의 여지 없이 존중할 만한 서양 교부 전통에 '그의 신학'이 근거를 두었다는 사실은 종교개혁의 포기할 수 없는 내용적·신학적인, 논증적·전략적인 전제를 이루었다.

로마 여행

루터가 1511년 가을에 수도회 형제와 시도했던 로마 여행은 아우구스티누스 은둔자 수도회의 일부 엄수파 수도원들과 그들의 주교 총대리인 슈타우피츠 사이의 논쟁과 연관이 있다. 루터가 속한 에르푸르트 수도원은 슈타우피츠가 로마의 지원을 받아서 추진한 개혁 수도회와 작센 지방 조직의 결합을 거부하며 대립하는 일곱 개 수도원 중 하나였다. 아마도 루터를 약 1년 반 동안 정규적인 연구와 교수 활동에서 벗어나게 한 이 여행은 이미 교황청의 재가를 얻은 합병 계획을 저지하려는 노력의 일환에 속한 것이었다. 1511년 늦여름에 루터와 몇 명의 다른 에르푸르트 아우구스티누스 은둔자회 수도사들이 비텐베르크 수도원으로 옮긴 것은, 그가 수도회 정치 문제에서 슈타우피츠의 지지자가 되었고 그의 이익의 대변인으로서 라틴 유럽 그리스도교계의 수도로 여행했음을 암시한 듯하다.

루터가 후일의 회고에서—평가하려는 경향을 가지고—기억한 로마에서의 자신의 종교실천적 태도는 내면적 경건에 기울어진 탁발 수도사가 명성 있는 그리스도교 순례지에서 제공된 구원의 은총을 확보하려 했음을 의심치 못하게 한다. 그는 순교자 묘지와 유물을 방문했고, 하루 동안 로마의 7개 주요 교회를 금식하며 방문했으며, 어디서든지 미사를 집전했다. 이때 그는 자신에게 서두르라고 충고하는 이탈리아인들의 조급하고 기계적인 태도에 당황했다. 그는 고해를 통해서 조상들의 연옥의 고통을 단축하기를 포기하지 않았고, 따라서 제공되는 온갖 면죄를 당연히 요청했다. 몸을 파는 여성과 소년들, 고위 성직자들, 특히 추기경들의 사치스러운 삶과 같은 윤리적으로 간과할 수 없는 현실은 확실히 당시 그의 눈에 띄었지만, 우선은 자신의 수도사로서의 길의 정당성에 대한 확신을 주었을 것이다. 무엇보다도 그가 자주 이 문제를 언급했다는 사실은 이 인상이 일생 동안 그를 따라다녔다는 것을 입증한다. 그가 영원한 도시에서 보았던 여러 가지 것들이 로마로부터의 예상되었던 유죄판결 시기에 교황과 그의 아첨꾼들에게 대항하는 논거가 되었고, 그의 로마를 향한 공격을 수월케 했다는 사실은 간과할 수 없다. 그런 한에서 루터의 로마 여행은 교황 교회와의 단절의 근원은 아닐지라도, 후일 완성된 단절에 추가로 특별한 명증성을 부여하는 전제가 되었다.

젊은 신학 교수(1512~17년)

루터가 1512년 신학 박사 학위를 취득한 후 슈타우피츠의 후임으로 물려받은 정식의 신학 교수직은 비텐베르크 아우구스티누스 은둔자 수도원에 할당되어 있었고 이 수도원으로부터 재정 지원을 받았다. 이것은 정확한 명칭에 의해 정의되지 않은 정식 직위로서 이 직위를 가진 자는 신학 전반 내지 성서 전체를 강의, 토론, 설교를 통해 가르칠 의무가 있었다. 루터가 이 교수직에서 전적으로 성서를 강의했다는 것은 법적으로 규정된 것, 혹은 가능한 것의 범위를 원칙적으로 벗어나지 않았다. 루터가 특히 교황 교회와의 갈등의 맥락에서 전개해야 했던 성서 내지 신학 박사에 대한 특별한 자기 이해는, 그가 말하고자 했던 것이 직무상 자신에게 위임되었던 저 학문적 책임과 신분적 권한의 필연적 결과임을 입증하는 것을 목표로 하였다. 그런 한에서 중세 대학의 법적 형태와 의식에 근거한 정식 신학 교수이자 박사로서의 그의 직위는 종교개혁으로 귀결될 교수 활동을 위한 결정적 전제를 이룬다.

루터의 **토론 활동**은 1516년 9월 이후부터 기록으로 남아 있다. 토론자 루터에 관해 전승된, 추측건대 벽보로 인쇄되었고 다른 대학의 몇몇 학자들에게 발송된 최초의 두 개의 논제는 학위 취득을 위한 것들이었다. 첫 번째 것은 루터의 초기 제자들 중 한 사람인 펠트키르히(Feldkirch) 출신의 바르톨로메우스 베른하르디(Bartholomäus Bernhardi)가 『명제집』 바칼라우레우스 학위 취득(1516년 9월)을 위하여, 인간이 자신의 능력으로 신의 계명을 성취할 수 없는 무능력에 대하여 작성한 것이었는데,[7] 여기서 그는 논란의 여지 없이 루터의 로마서 강의(1515/16)로부터 그런 사상을 수용했다. 두 번째 토론 논제는 그다음해(1517년 9월)의 것으로서 루터 자신이 작성한 것이고, 노르트하우젠(Nordhausen) 출신의 프란츠 귄터(Franz Günther)가 성서학 바칼라우레우스 학위를 취득한 과정에 속한다.[8] 이것은 『스콜라주의 신학에 대한 반박』(*Contra scholasticam theologiam*, 그림 5)이라는 두 번째 제목으로 알려져 있다. 이 논제들에서 루터는 무엇보다 신학에서 지배적인 아리스토텔레스의 영향을 반박하고 개별적으로 언급된 스콜라주의자들, 특히 가브리엘 비엘이 가졌던 구원에 관련된 인간의 자연적 능력에 대한 생각을 반박하는 데 중점을 두었다.

여러 가지 사실은, 두 토론 내지 인쇄된 토론 논제들은, 비텐베르크의 아우구스티누스회 신부의 '새로운' 신학을 일정한 대학·학문적 환경에서 알리고 또한 신설된 비텐베르크 대학의 학자들과 대학생들의 주목을 끌려는 목적을 가진 것으로 해석할 수 있게 한다. 초기에 나쁘지 않은 성과를 올린 비텐베르크 대학의 등록자 수는 1512년 이후 감소했는데, 인근에 있는 경쟁자 라이프치히와 에르푸르트 대학의 등록자 수보다 분명히 저조했다. 1518년까지 라이프치히 대학에는 에르네스트계(系)가 설립한 대학에 비하여 두 배 이상이 등록했고, 에르푸르트에서도 비텐베르크보다 50퍼센트 이상 많은 등록자 수를 기록할 수 있었는바, 이것은 비텐베르크 대학이 신설되던 해인 1502년 이전과 같은 수준이었다. 1519년 이후 비로소 비텐베르크는 대학생 등록에서 승리의 행진을 시작했는바,[9] 이것은—다소 오르내림이 있기는 했지만—16세기 내내 지속되었고 '루터 대학'을 제국 내 가장 영향력 있는 학문 양성소로 만들었다.

루터의 초기 토론들이 학문적 신호는 아니었다. 그러나 그것들은 대학교수단 내에서 그의 급진적 아우구스티누스주의 수용을 확산시켰고, 은총, 희망, 신앙, 사랑, 선행 등의 교리 문제 전반에 관한 스콜라주의자

7 WA 1, S. 142~51.
8 WA 1, S. 221~28.

들, 특히 가브리엘 비엘의 이론을 문제시하였다. 1511년 이후 비텐베르크에서 신학 석사로서 가르친 슈타우피츠의 조카 니콜라우스 폰 암스도르프(Nikolaus von Amsdorff)를 루터는 1516/17년에 평생의 동지요 신뢰할 수 있는 친구로 얻었다. 그는 유명론 학파의 지혜를 뒤로하고 전적으로 바울과 아우구스티누스에 의지했다. 또한 프랑켄의 출생지 이름을 따라서 카를슈타트(Karlstadt)로 호칭되는 안드레아스 루돌프 보덴슈타인(Andreas Rudolf Bodenstein)은 루터의 반(反)스콜라주의적 아우구스티누스 해석에 분명한 반기를 든 후 집중적으로 이 교부와 그의 반(反)펠라기우스적 글들에 몰두했다. 그리하여 그는 스콜라주의자들이 신앙과 행위, 은총, 칭의에 대한 아우구스티누스의 본질적 발언들을 알지 못했거나 왜곡했다는 인식에 도달했고 이를 공적으로 표명했다. 루터가 교수단 내지 대학 전체로부터 받은 지지는 1517년 가을 이후 활동의 결정적 전제가 되었다.

1513년 이후 루터의 **강의 활동**은 가장 잘 기록된 그의 삶의 측면이며 연구에서 집중적인 주목을 받았다. 이것은 그의 신학적 입장 및 그것에 작용한 경건신학적·수도원적·교부적·인문주의적 영향의 생성을 재구성하려는 관점 아래서 타당하고도 적절한 것이다. 보편적인 종교개혁사의 관점에서 볼 때 강의들은 무엇보다 관심을 끌 만하였는데, 루터는 강

9 1512~19년도의 등록생 수는 아래와 같다.

	에르푸르트	라이프치히	비텐베르크
1512년	331	486	209
1513년	293	372	151
1514년	283	463	213
1515년	305	572	218
1516년	270	319	162
1517년	313	382	242
1518년	346	354	273
1519년	298	298	458

* Franz Eulenburg, *Die Frequenz der deutschen Universitäten von ihrer Gründung bis zur Gegenwart*, Leipzig 1904, S. 287f.

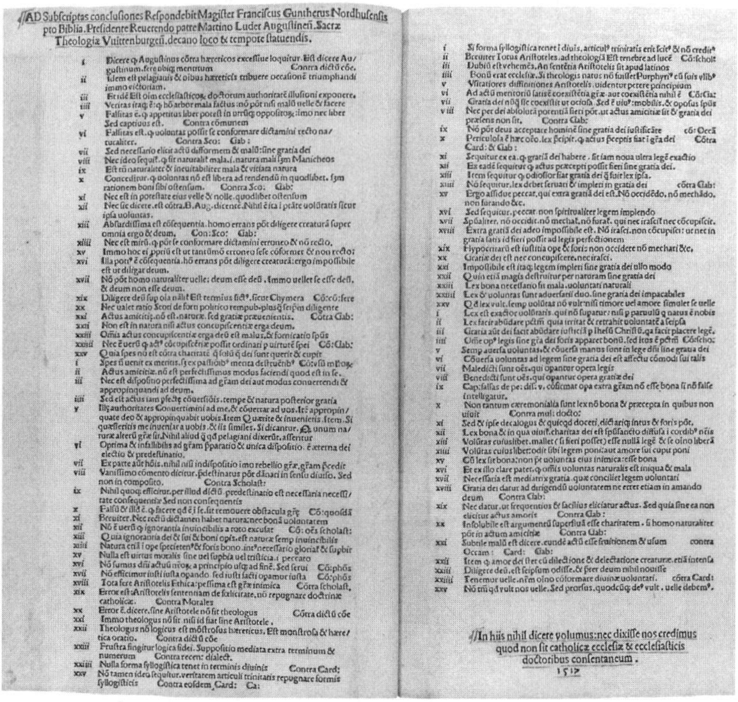

AD Subscriptas conclusiones Respondebit Magister Franciscus Guntherus Nordhusensis pro Biblia. Presidente Reuerendo patre Martino Luder Augustinen. Sacræ Theologiæ Vuittenburgen. decano loco & tempore statuendis.

In hiis nihil dicere volumus: nec dixisse nos credimus quod non sit catholicæ ecclesiæ & ecclesiasticis doctoribus consentaneum.

1517

그림 5 마르틴 루터의 스콜라주의 신학에 대한 반박 논제
(초판, 1517년)

의에서 신학의 기초를 다졌기 때문이며, 이것 없이는 교회 개혁이 없었을 것이기 때문이다. 종교개혁을 루터 초기 신학의 '작용' 혹은 직접적 결과로 표현하고 1518년 이후의 논쟁에서 형성된 강조점들과 발전상들을 무시하는 것이 사태를 지나치게 단순화하는 것처럼, 또한 루터가 자신의 주석 강의 활동 속에서 도달한 일정한 신학적 정화에 근거해서만 면죄 제도를 공격할 수 있었고 공격하기를 원했으며 공격할 의무를 느꼈다는 사실을 모르는 것도 이치에 맞지 않을 것이다.

루터가 처음으로 행한 강의, 즉 1513년 봄이나 가을에 시작한 「시편 강의」(Dictata super psalterium)는 전통적인 스콜라주의적 성서 해석과 비교해서 몇 가지 특성을 보여준다. 형식적 면에서 루터는 관행적인 주석 방

법, 즉 본문을 언어학적 · 내용적으로 설명하는 어구 주해(Glosse)와 보다 큰 신학적 맥락을 다루는 스콜리아(Scholie)를 사용했다. 또한 그는 전통적인 4중적 의미에 대한 해석 절차를 따랐고, 따라서 문자적 · 역사적 의미(sensus literalis seu historicus) 외에도 도덕적 의미(sensus tropologicus)와 신앙의 신비를 밝히는 알레고리적 의미(sensus allegoricus), 종말론적 의미(sensus anagogicus)를 탐구하려고 했다. 물론 루터는 이 모델에 바울의 그리스도의 몸 사상을 집어넣었는데, 이 사상은 시편 본문을 주석할 때 그리스도론적 · 교회론적으로 현재화할 수 있게 만들었다. 루터는 강의를 위해서 라틴어 시편 책을 대규모로 인쇄하게 하였고 이를 통해서 수강자는 그가 제공하는 언어적 해설을 여백에 메모할 수 있었다. 여기에 성서 본문에 대한 인문주의적 관심이 표출되었다. 루터는 시편 주석을 위해서 가장 현실적인 인문주의의 보조 수단, 즉 로이힐린의 히브리어 교과서와 히브리어 본문에 기초한 그의 참회시 7편의 주석, 프랑스 인문주의자 자크 르페브르 데타플(Jacques Lefèvre d'Étaples, 1450/55~1536)의 시편 주석을 사용했으며, 그가 참조할 수 있는 고대 교회 및 중세의 주석 작품을 인용했다. 그는 히브리어의 특성을 살리려고 노력했고 수사학적 요소를 찾아내려고 했다. 또한 그는 경험에 근거한, 특히 자신의 수도원 세계를 지향하는 수도원 신학, 아우구스티누스 신학의 전통을 계승하는 해석 형태를 제공했다. 이 해석 형태란 성서적 신 경험을 현재화하려고 시도하고, 스콜라주의적 사고 및 언어 스타일에서 합리주의적으로 거리를 두는 자세에 대해 비판적인 것이었다. 우리가 루터로부터 알고 있는 대로, 성서 본문을 학문적으로 취급하는 데서 그에게 성서는 살아 있는, 현실적으로 말하는 생명의 말씀이라는 것은 명백하였다. 이 말씀은 사용할 수 있는 온갖 언어적 수단을 통해서 이해해야 하고 현재와 연관지어야 했다.

루터는 시편 강의 이후에 바울 해석에 전념했다. 그는 1515~16년에 로마서에 대해 강의했고, 1516~17년에 갈라디아서에 대해 강의했으며, 1517~18년에는 바울 문서로 간주한 히브리서에 대해 강의했다. 형식적인 면에서 어구 주해 및 스콜리아에 의한 스콜라주의적 주석 방법과 단절한 후일의 강의와 달리, 그는 우선은 어구 주해와 스콜리아를 계승했다. 루터는, 늦어도 로마서 강의 이후 그에게 친숙해진 아우구스티누스의 반(反)펠라기우스주의 문서의 관점에서 바울을 읽었다. 그는 에라스무스가 출판한 신약성서 라틴어판에 대한 로렌초 발라의 주해, 최근 출판된 르페브르 데타플의 바울 주석, 또 그것이 출판된 직후 나온 에라스무스의 그리스어 신약성서 텍스트를 사용했다. 그는 바울, 아우구스티누스를 통해 스콜라주의 신학과 그것이 기초한 아리스토텔레스주의에 선전포고를 했다. 인간이 자신의 의지 능력에 근거하여 악을 멀리하고 선, 곧 신에게로 향할 능력이 있다는 이론은 루터의 바울 해석에 따르면 모든 성서적 신학의 근본과 대립한다. 왜냐하면 인간에 대한 신의 은혜의 작용은 그 핵심에서 저촉되지 않은 채 남아 있는 인간 체질이 변화한다는 의미에서 이루어지는 것이 아니라, 실재하는 인간에 대한 급진적 결별로서, 신에게 적대적인 자기 중심으로 이해된 죄에 대한 심판으로, 그리스도 안에서 선사되는 신의 자비를 인간이 믿음으로 받아들임으로써 이루어지기 때문이다. 인간은 스스로는 전적으로 죄인이나, 그리스도 안에서 전적으로 의롭다. 그러므로 그리스도인의 존재는 변증법적으로 의인이며 동시에 죄인(simul iustus et peccator)이라는 사실에 의해 결정되어 있다. 신의 은혜를 인간에게 내재하는 체질적 특질로서 이해하는 스콜라주의 신학과 대립하여, 구원 사건을 인간이 자기 자신을 벗어나는 것, 무아 상태, 자기 밖에 처하는 것으로 이해하는 신비주의적 전통과 유사하게, 루터는 믿는 자의 존재를 우리 밖에(extra nos), 그리스도 안에 위치시킨다. 루터가 바울 서신에 대한 주석 강의를 통해 신학적 인간론, 은총론, 구원의 획득과 관련해 도달한 기초신학적 변화는 그의 신학의 계속적 발전의 전제를 이루었다.

상이한 정신적·문학적·신학적 영향들, 특히 아우구스티누스, 인문주의, 신비주의와 수도원 신학, 유명론, 슈타우피츠 등이 젊은 비텐베르크 교수에게 끼친 영향을 어떻게 평가하든지 간에 결정적인 사실은 루터가 10년간 수도원에서의 교수 기간 및 초기 학습 동안 수용한 이 모든 것이 성서 해석 방식으로 함께 흘러 들어와서, 모든 기술의 규칙에 따라 해석되었고 명상을 통해 동화된 신의 말씀으로부터 방향과 목표를 얻게 되었다는 것이다. 루터의 신학은 가장 초기부터 탁월한 성서적이며 동시에 실천적인 신앙론, 즉 인간 수도사, 그러나 또한 평신도의 삶, 개인적 신 관계와 관련된 신앙론이었다.

설교자, 경건문학 저자, 출판인

비텐베르크 아우구스티누스회 수도원에서의 설교가 루터의 임무였다는 정황은 중재, 적용, 개혁을 목표로 하는 신학 작업들을 그에게 자명한 것으로 만들었을 것이다. 이미 젊은 교수는 인상적인 설교자였음이 분명하다. 어쨌든 그렇기 때문에 그가 그것을 '거부한'[10] 것처럼 보일지라도, 비텐베르크 시 참사회가 그에게 도시교회에서의 설교 임무를 부여한 사실이 설명될 수 있다. 도시 평신도들 앞에서 정기적으로 설교를 하는 일은 루터가 독일어 표현 능력을 획득하는 데 결정적으로 기여했다. 이것은 그의 출판물을 통한 성공에 결정적인 기초를 이루게 되었을 것이다. 처음에는 1518년 이후 경건 문학 저자로서, 나중에는 종교개혁적 글의 출판가이자 교회 정치 운동가로서 말이다. 설교하는 수도사요, 신학 교수가 비텐베르크 사회와 대학에서 얻은 지지는 그가 종교개혁가가 될 수 있었던 결정적 전제가 되었다.

산발적으로, 일부 단편적으로 전해지는 초기 설교들(1514년 이전의 것들은 없다)에서는 그의 강의에서와 유사한 주제나 경향들을 인지할 수 있다. 자기 자신에게 절망하고 여기서 자신에 대한 신의 심판을 경험하며 그리스도의 고난을 동감함으로써 고해의 길을 걷는 인간의 죄인됨, 우리 자신 밖에, 그리스도에게 의의 근거를 두는 것이 루터의 설교에서 중심이 되는 주제들이다. 십계명과 주기도문에 대한 설교들에서 그는

10 WA 10 III, S. 10,13.

분명히 수도원적 삶의 세계를 넘어서 평신도 세계로 확장하는 방식으로 교리문답적 자료들을 제공했다. 공리주의적·세속적 목적에 이용되는 성자숭배, 교구 교회의 종교적 가치를 약화시키는 순례, 사치(luxuria)와 외형화된 경건에 대한 최초의 비판적 언급들은 루터의 설교들이 당대의 다른 회개 설교들과 여러 가지 공통점을 가지고 있으나 내면화를 촉구하는 인문주의 내지 신비주의적 경건신학자들의 생각들과도 공통점을 가지고 있음을 보여준다.

루터가 최초로 내놓은 대중어 간행물은 그가 익명의 신비주의 저자의 글, 이른바 『독일 신학』(*Theologia deutsch*) 텍스트를 우선(1516) 불완전한 형태로, 후일(1518) 확장된 형태로 출판한 것이다. 비텐베르크 교수가 독일어 서문에서, 즉 인쇄물에서 사용한 최초의 성서 인용문(고린도전서 1:23-24 참조)은 다음과 같다. "우리는 그리스도를 설교하니, 그는 이교도들에게는 어리석음이나 성도들에게는 하나님의 지혜이다."[11] 이로써 그는 '십자가의 지혜'라는 바울의 패러독스적 사상과 동시에 그가 높이 평가한, 신 사랑의 깊이를 단순한 언어의 비천함으로 표현할 줄 알았던 타울러 신비주의의 겸비신학적 요소를 요약하였다. 『독일 신학』의 저자처럼 설교자 루터의 관심사는 물 위의 거품같이 "위에서" 떠다니는 것, 그러므로 신학적 사변의 허공으로 오르는 것이 아니라 "요단의 바닥에서",[12] 성서, 전통, 종교적 경험의 깊은 데서 취하는 것이었다. 즉, 그가 거기서 발견한 것을 이 세상의 고매한 자들, 권세 있는 자들이 아니라 소박한 그리스도인들에게 전하고자 했다. 루터의 내적 시련 및 자기 자신과 신에 대한 절망이 아니라[13] 이것을 성서적 지평에서 가공하

---

11 WA 1, S. 153; Hermann Mandel (Hg.), *Theologia Deutsch*, Leipzig 1908, S. 11.

12 WA 1, S. 153.

13 연대 표기가 되지 않았으나 1514년으로 추정되는 신 경외에 대한 설교에 나오는 "그래서 나는 거의 신에 대해서 그리고 그가 무엇인지에 대해서 절망했다." WA 4, S. 665,21f.: "Sic enim et ego prope de Deo et quicquid ipse est et habet desperavi."

고 주석할 수 있는 능력이 '루터의 종교'에서 주어진 종교개혁의 전제를 이룬다.

종교개혁적 전환?

전승된 자료들, 특히 강의와 몇 편의 설교들에 비추어볼 때, 폭발적 변화, 특별한 인식적 경험과 같은 것, 따라서 이른바 '종교개혁적 전환'을 가정하는 것은 의심스러워 보인다. 강의에서 주석자가 양심적으로 작업하는 것을 보게 되는데, 신적 의에 대한 그의 이해, 즉 신적 의는 인간의 자세나 선행 행위를 통해서가 아니라 오로지 그리스도에게서 중재된 신의 자비에 근거해서만 이룩된다는 이해가 점차 상세해지는 것을 입증할 수 있다. 이 강의들은 장르 특성상, 그것들 근저에 있는 인식 도상에서 그 저자를 움직였거나 수반하였을 수도 있는 어떤 불안을 거의 반영하지 않는다. 루터 자신은 후일의 회고에서 이런 인식 경험을 하나 혹은 여럿 언급하였는바, 의심할 여지 없이 자신의 신학에서 중요한 권위인 사도 바울과 아우구스티누스가 회심을 체험했고 신적 영(靈)에 의해 작용된 삶의 변화의 경험은 그런 일을 경험한 자에게 특별한 방식으로 권리를 부여하고 정당화할 수 있기 때문이다. 학계에서는 지금까지 이런 '종교개혁적 전환'의 시점에 대해 합의할 만한 안을 제시하지 못했다. 전환의 시점은 1513년부터 1518년까지 다양하다. 최근에 이르러서야 루터의 '종교개혁가적 진화 과정'[14]에 초기 에르푸르트 수도원 시절 내지 1505년부터 1511년까지의 기간을 포함하는 것을 옹호하는 동시에 루터의 발전에서의 종교개혁적 전환에 대해서 더 이상 말하지 않게 되었다.

14 Berndt Hamm, *Naher Zorn und nahe Gnade, Luthers frühe Klosterjahre als Beginn seiner reformatorischen Neuorientierung*, in: Christoph Bultmann, Volker Leppin, Andreas Lindner (Hg.), *Luther und das monastische Erbe*, Tübingen 2007, S. 111~51, 여기서는 S. 117.

이 책의 근저에 있는 종교개혁의 개념을 고려할 때 종교개혁 역사 안에서 루터 신학의 발전 단계 내지 흐름의 문제는, 이것이 루터가 언제부터 교회 개혁의 의미에서 공적으로 활동했는지의 물음과 연결되는 한에서만 관심거리가 될 수 있다. 그런데 이 물음은 1517년 말 이후 면죄논쟁 초기를 가리키는 것으로 명백히 답변될 수 있다. 루터의 신학적 발전에서 실제로 일회적이며 특별한 인식 체험 혹은 여러 가지 체험들이 있었는가의 문제는, 종교개혁이 언제 시작되었는가를 결정하지 못한다. 왜냐하면 종교개혁은 하나의 통찰로 시작된 것이 아니라 사건화된 하나의 결단 내지 행동으로 시작되었기 때문이다. 한 사건 대(對) 과정적 발전, 한 역사적 정세 대 장기적 과정 가운데서 선택하는 것은 루터, 종교개혁, 혹은 여러 가지 다른 역사적 사실에 비추어서 거의 의미가 없는 듯하다. 루터의 기록 속에서도 장기간의 발전의 결과였던 것이 우리가 더 이상 연대를 추정할 수 없는 일회적인 인식 행위로 압축되었다. 루터가 특정 시점에 로마서 1장 17절의 신의 의(iustitia Dei) 개념의 새로운 의미를 깨달았고 그때까지 불만스러웠던 이 술어를 더 이상 징벌과 보상 수여라는 철학적, 분배적 의미로서가 아니라, 신이 인간을 의롭게 만드는 창조적, 효과적 선물로 이해했다는 사실을(그가 이것을 1545년의 유명한 자기 증언에서 진술한 것처럼) 부인할 수 없을 것이다. 이 일회적 통찰의 결과들은 다시금 일련의 과정, 즉 아우구스티누스의 반(反)펠라기우스적 글인 『영(靈)과 문자에 관하여』(*De spiritu et littera*)를 읽음으로써, 그리고 성서에서 비교 가능한 속격 구문 분석을 통해서(예를 들어, 신이 우리 안에서 역사하는 행위의 의미에서 신의 행위, 신이 능력을 통해 우리를 강하게 만든다는 의미에서 신의 능력, 신이 지혜를 통해서 우리를 지혜롭게 만든다는 의미에서 신의 지혜 등) 그에게 열렸다. 로마서 1장 17절의 인식 체험은 루터로 하여금 말씀의 행위자, 교회 개혁가가 되도록 만든 신학적 길을 시작하고 혹은 속행할 수 있도록 도와주었지, 종교개혁을 촉발한 것이 아니다. 또한 루터가 자신의 신학적 발전 과정 속에 들어와서 영향을 끼친 경건신학적·신비주의적·교부적 인문주의 전통들을 다양하게 수용한 과정들도 종교개혁의 **전제**에 속한다.

물론 루터는 면죄에 대한 자신의 공격이 끼친 파급효과를 전혀 예측할 수 없었다. 그러나 면죄에 대한 그의 비판은 바위를 굴려서 산사태를 일으킨 사건이 되었으니, '행위자' 자신이 죽음 직전에 이렇게 비유했다. "이것은 하늘을 파괴하고 세상에 불을 지르는 일일 것이다."[15]

15 "Hoc [면죄에 대한 루터의 공격] erat coelum deturbasse et mundum incendio consumpsisse." WA 54, 180,21.

제2부

제국의 종교개혁

레오폴트 폰 랑케의 『종교개혁 시대의 독일 역사』 이후 고전적인 개신교의 종교개혁 역사서술에서는 독자적·역사적 시기로 취급된 종교개혁기가 두 가지 의미심장한 기준일에 의해서 정의되었다. 즉, 1517년 10월 31일 95개 논제의 게시일을 출발점으로 하고, 1555년 9월 25일에 인준된 아우크스부르크 제국의회의 의결을 종결점으로 한 것이 그것이다. 이 의결은 제국에 10년간 안정적인 종교 평화를 선사했고 개신교 제국 신분들이 1530년의 『아우크스부르크 신앙고백』(*Confessio Augustana*)을 인정하는 한, 그들에게 제국법상 보장된 생존의 안전을 선사했다. 두 시점의 역사편찬적 의미는 근대의 연구에서 논란이 없지 않다. 출발점의 경우, 너무나 스펙터클한 95개 논제 게시의 역사성이 의심되었기 때문이거나 역사적 강조점이 순간적 사건에서 점진적으로 형성되는 종교개혁 운동 및 1519년과 1521년 사이 기간으로 옮겨졌기 때문이다. 종결점에 대해서는, 1552년 내지 1555년의 제국법적 해결(파사우 조약)이 앞선 종교개혁 기간의 종결이라기보다는 그리스도교의 상이한 종파들이 사회적·정치적으로 형성, 관철되는 전제, 즉 이른바 종파화의 출발이 되었기 때문이다. 그런데 종파화는 장기간에 걸쳐 사회사적·종교적 구조 변화를 초래했고 16세기 후반부터 30년전쟁의 시기까지 개인들 및 그들의 사회조직의 사고나 감정, 행동에 보다 집중적으로 영향을 끼쳤다. 아우크스부르크 종교 평화가 신민들이 아니라 제국 신분들에게만 상대적인 종교 선택의 자유를 열어주었으므로, 이것을 근대의 관용 내지 보편적 종교의 자유로 가는 길에서의 이정표로 평가할 수는 없다.

개관한 다수의 주장들에 대해 부분적인 정당성을 부인할 수는 없다. 이 밖에 역사적 변화를 특정 시점에 고정하는 것에 대한 회의적 태도는 적절한 듯 보인다. 즉, 모든 사건의 전후 역사는 그 사건에 속하며, 모든 역사적 현실을 함께 결정하는 장기 구조들은 특정 사건들을 그 콘텍스트와 맥락에서 해체하여 실체화하는 것이 바람직스럽지 않게 하기 때문이다. 그러나 모든 '역사'는, 그런 것이 있다면, 시작이 있어야 하거나 특정한, 가능한 한 납득할 만한 발단에서 발전되었거나 구성되어야 한다. 지금까지 교회 역사상 가장 많은 숫자의 저자들에 의한 가장 방대한 출판 운동으로 귀결된 저 역사, 종교적 인간들과 종교적 대상에 대한 새로운 집중적인 투쟁, 항거 및 간섭을 초래했고 폭발적으로 경쟁하는 다양한 신학들을 유발했으며 전통적 법 형태, 권위, 문화적 가치를 문제삼거나 일소했고 지금까지 귀중하고 거룩하고 옳고 자명하다고 간주된 많은 것에 도전하고 부정하고 탈신성화한 저 역사—간단히 말해서, 사람들이 **종교개혁**이라고 부른 저 사건은 지금껏 알려지지 않은 아우구스티누스회 수도사요 전통 없는 작센 선제후의 대학 신학 교수가 면죄를 비판하기 시작했고 이에 반박하는 비판을 야기한 후에 응집성 있는 역사적 맥락으로서 시작되었다.

루터는 이 사건의 시작에 있으나, 고립된 인물로서 있는 것이 아니다. 왜냐하면 그 옆에는 그의 면죄 비판을 즉시 수용하고 유포한 사람들뿐 아니라 또한 루터와 지체 없이 대립하고 반대했으며 그의 정통 신앙을 검증하게 만든 사람들이 있었기 때문이다. 루터는 종교개혁 초기에 고립된 개인으로 있었던 것이 아니라, 일정한 인격교호적 상황의 중심인물로서, 사건이 시작되자마자 그로 인해 사람들이 분열하였다. 그러므로 종교개혁을 역사로서 시작하게 하기 위해서 중세 후기의 연속선—예를 들어 공의회주의 전통, 종교개혁 이전의 경건신학, 13세기 이후 평신도들의 종교 행위나 정신의 존속, 평신도들에 대한 신학적인 새로운 평가, 특히 15세기 이후 평신도들의 교육 활동의 증가와 관련해서—을 지목하는 것으로는 얻을 것이 별로 없다. 이런 연속성들은 종교개혁이 직면했거나 종교개혁에서 존속한 전제, 문화적 조건, 정신들과 관련해서 의심의 여지 없이 매우 중요하다. 이 요소들은 종교개혁이 결과에 도달하는 데 영향을 끼쳤다. 그러나 종교개혁 역사의 시작을 규정하는 것과 관련해서—이 개념이 역사편찬적 의미를 가지려면—중세 후기의 전제들은 직접적으로는 도움을 주지 않았다.

그 시대 사람들이 종교개혁의 시작을 인지한 것과 관련해서, **면죄 논쟁**에서 그 시초를 발견했다는 것은 거의 의심할 수 없다. 루터에게나 점차 형성되는 그의 추종자 및 적수의 진영에나 신앙 논쟁의 '비극'[1]의 시초가 면죄 거래에 있었다는 사실은 심각한 논란거리가 되지 않았다. 비록 자신의 독자성을 강조하고자 애쓴 츠빙글리 같은 비텐베르크인의 지지자가 이미 자신의 바젤 학생 시절에, 루터가 출현하기 오래전의 한 토론에서 '면죄는 사기이며 거짓된 가식'이라는 것을 알았다고 주장하기는 했지만 말이다.[2] 교회의 반응에서 나타난 면죄 논쟁의 역동성은, 면죄 주제에서 회개와 은총 이해에 관한 신학적 원칙 문제들이 교회 실제 및 그것의 법적 근거와 규제라는 중심 문제들과 특별히 교착되었다는 데서 비롯했다. 루터가 면죄 비판으로써 촉발한 충돌의 파급효과가 점차 그에게 분명해졌다는 사실은 그 자신의 역할 이해와 연관되어 있다. 왜냐하면 그는 면죄 거래를 통해서 그 신뢰성이 위협받는다고 보았던 자기 교회가 해를 입지 않기를 바랐기 때문이다. 루터는 고의적인 방

1 루터는 테첼의 면죄 설교 및 그 결과에 대해서 이렇게 표현했다. WA 54, S. 184, 32.

2 Z 2 (CR 89), S. 146,1.

화자는 아니었다. 비록 면죄 논쟁이 서양 교회의 일체성을 지속적으로 파괴하게 될 들불로 발전하기는 했지만 말이다.

독일의 종교개혁 역사를 내적으로 구분하는 것과 관련해서, 1517년 가을 내지 1518년 봄의 면죄 논쟁 시초와 보름스 칙령에 의한 루터 및 그의 추종자들에 대한 제국법상 확정적인 유죄판결(1521년 5월) 사이를 독자적 단계로 취급하는 것은 자명하다(제1~3장). 종교개혁 운동의 형성 시작, 최초로 루터와의 공적인 연대, 영향력이 큰 그의 출판 활동, 지속적 발전을 지원하게 될 작센 선제후 정부와의 안정적 신뢰 관계 형성 등 여러 가지가 이 시기에 속한다. 종교개혁 역사의 시작 단계에 관해서, 그것을 특별히 루터 및 비텐베르크 그룹을 고려하면서 서술하는 것이 합리적이며 필요하다. 종교개혁 초기가 황제 권력이 카를 5세에게로 이관된 시기에 속한다는 것은 단순히 외적 맥락이 아니다.

종교개혁의 역사에서 두 번째로 큰, 1521/22년 이후의 다양한 변화 및 동화 형태를 주제로 하는 맥락(제4~10장)은 1530년의 아우크스부르크 제국의회로 끝난다. 왜냐하면 라틴 유럽 그리스도교의 독자적 교리 및 신앙고백 형태의 결정적 형성과 돌이켜볼 때 궁극적이라고 평가되어야 할, 기존 가톨릭교회 조직으로의 '개신교'의 재편입 좌절은 이 제국의회와 결부되어 있기 때문이다. 동시에 1521/22년 이후 생성된 개신교의 다양한 방향과 집단들은 자체적, 독자적인 조직과 교회 형태들로 고착되었다. 농민전쟁(1524/25)은 오스만 제국의 위협만큼 이 과정을 심화시켰고 그런 한에서 간접적으로 종교개혁 역사의 진행과 형상에 결정적으로 영향을 끼쳤다. 1530년 이후 개신교의 제도적·교리적 다원성은 돌이킬 수 없는 현실을 나타내었고 종교개혁의 이후 역사를 지속적으로 함께 결정했다.

세 번째 맥락은 도시 및 영방국의 차원에서 종교개혁적 변화의 확립을 통해서 특징지어진다. 이 변화는 이미 1520년대 후반부에 시작되었다. 제국정치적 차원에서 이 발전은 황제와 군사적으로 조직화된 신앙동맹으로 형성된 제국 신분들 사이에서 지속적으로 상하 곡선을 그리는 파워 게임에 해당한다. 황제의 보호 아래 종교정치적 평화 시도의 단계, 이른바 슈말칼덴(Schmalkalden) 전쟁에서의 군사적 충돌(1546/47), 그리고 지속적이고 법적인 안정 형태의 협상(파사우 조약, 아우크스부르크 종교 평화) 후에 이 역사적 장은 상이한 종파 교회의 형성 내지 트리엔트 공의회(1546~63)를 통해 강행된 로마 가톨릭교회의 교리적 공고화로 끝났다(제3장 2절). 사건사적으로 정리된 이 절들은 서술에서 구조적 관점과 연결되어야 한다. 다른 관점에서 일방적이라고 느낄 수도 있는 특별한 비중들이 의도되었다. 왜냐하면 역동적인 1530년 말에 처음으로 종교개혁은 거부할 수 없다는 사실이 드러났는데, 교회사적 관점에서 이 시기에 특별한 의미가 부여되기 때문이다.

제1장

루터와 종교개혁 운동의 초기(1517~21년)-개관

빠듯한 시간

1517년 가을 면죄를 공개적으로 비판하기 시작한 것과 카를 5세가 1521년 5월 26일에 서명한 보름스 칙령을 통해 루터를 이단자로서 법적으로 유죄판결한 것 사이의 약 3년 반 동안에 무명의 작센 아우구스티누스회 수도사는 독일과 중부 유럽에서 가장 유명한 신학자—끊임없이 증가하는 추종자 집단의 희망의 상징으로 부상했다. 무엇보다 루터에게서 지도자를 발견한 초기 종교개혁 운동의 성립은 이 시간적 맥락이 갖는 결정적·역사적 요소를 나타낸다. 왜냐하면 이 운동은 제국 내의 종교정치 상황과 루터 사상 간의 대립이 진행되는 방식에 직접적인 영향을 끼쳤기 때문이다. 그가 점차 대학생과 학자들의 무리를 넘어서 자신의 견해와 신념을 지지하는 사람들을 얻을 수 있었기 때문에, 그를 지지하는 것은 도시와 영방국, 그리고 제국 차원의 결정권자들이 간과하거나 간과하려 하지 않은 공적·정치적 삶의 일부가 되었다.

루터에 대한 파문 위협 교서를 제국에 공표하면서 도처에서 루터와 그의 추종자의 서적들을 공개적으로 소각하도록 조치한 로마 교황 특사 지롤라모(히에로니무스) 알레안더(Girolamo [Hieronymus] Aleander)는

1521년 2월에 새로이 선출된 황제의 첫 번째 제국의회에 참석하여 자신이 섬기는 레오 10세에게 다음과 같이 썼다. "지금 전 독일은 반란을 일으키고 있습니다. 10명 가운데 9명은 '루터!'라고 구호를 외치며, 나머지 1명이 루터와 상관이 없다면, 적어도 구호는 '로마 궁전에 죽음을!'입니다. 그러나 모든 사람이 깃발에, 독일에서 공의회가 개최되기를 요구하고 있으며, 이런 요구는 차라리 우리를 위해서, 혹은 정확히 말해서 그 자체를 위해서 받아들여져야 할 것입니다."[1] 알레안더가 상황을 극적으로 과장해서 표현했다는 것을 우리는 배제할 수 있을 것이다. 독일 정치에 개입할 권한이 상대적으로 작은 점과 제국 출신이거나 그와 가까운 로마 교황청의 고위 성직자들이 거의 참석하지 않은 점은 로마에서 게르만 야만인들 가운데서 무슨 일이 벌어지는지를 파악하기 어렵게 만들었다. 교황 특사가 로마에 발송한 급보들은 물론 그것이 반영한 경악과 당혹감, 몰이해 때문에 로마와 제국 사이의 골이 얼마나 깊었는지를 인상 깊게 증언해준다.

루터가 1521년 봄까지 자신의 신학적 관심을, 막시밀리안 통치기에 강력한 추진력을 얻은 반(反)로마적 사고 및 정서와 결부시키고 교황에 대한 비판을 자신의 성서적 은총신학의 필연적 결론으로 제시하는 데 성공했을 때, 그가 주도하는 듯 보이고 정치적으로 책임 있는 자들이 공적 질서의 요소로서 고려해야 할 하나의 운동이 생겨났다. 보름스 칙령이 대부분의 독일 영방국과 도시들에서 공표되거나 집행되지 않았고(290쪽 이하 참조) 종교개혁 운동이 계속 전파되었으며 1520년대에 도시와 영방국 교회에 대한 지속적인 변화를 처음으로 주도하게 된 것의 토대는 1517년 가을과 1521년 봄 사이의 약 3년 반에 놓이게 되었다.

두 개의 서로 구별되어야 할, 그러나 또한 서로 결부되어 있는 사건 및 행동이 루터와 그의 추종자들이 이단자로 유죄판결을 받은 동

---

1 Paul Kalkoff, *Die Depeschen des Nuntius Aleander vom Wormser Reichstag 1521*, 2. völlig umgearb. und erg. Auflage, Halle 1897, S. 69f.

시에 그로 인해 촉발된 운동을 더 이상 억압할 수 없게 된 저 상황을 만들었다. 아우구스티누스 은둔자 수도사에 대한 **교회재판**(152~58쪽 참조)과 폭넓은 독자층을 발견했거나 만들어낸 **종교개혁적 글의 출판**(296~313쪽 참조)이 그것이다. 두 사건 내지 행동의 역사적 출발점은 면죄에 대한 루터의 공개 비판이었으니, 그는 먼저 95개 논제에서 그리고 잠시 후 『면죄와 은총에 관한 설교』에서 이것을 공표하였다. 두 사건이 전개된 시초에 루터가 있다. 그의 95개 논제 출판과 발송은 그 저자 자신마저 경악시킨 뜨거운 확산의 역사를 유발했다. 항변을 야기한 마그데부르크 대주교구에서의 베드로 면죄부 판매에 대해 책임이 있었던 마인츠의 대주교 알브레히트에게 루터가 논제와 함께 보낸 서신은 교회 제후가 마인츠 대학으로 하여금 신학적 평가를 내리도록 했고 대학이 소견을 개진하기 전에 로마에서 이 사안에 대한 조사—아마도 이단 혐의 때문이 아니라 다만 면죄부 판매의 방해 요소를 제거하는 조치를 취하기 위해서—를 개시하게 만들었다.

교직에 의한 종교재판뿐만 아니라 출판 사건의 흐름이 특이하게도 단번에 시작되었으니, 이것은 사안의 폭발력으로만 설명될 수 있는 정황이다. 종교개혁적 글의 출판과 그것이 촉발한 반작용의 자기 역동성은 신속히, 공개적으로 논란이 된 신학 문제들의 스펙트럼을 확장하였다. 면죄 논쟁은 신학적 판단 및 교회의 교리 형성의 규범적 기초에 대한 물음, 전통, 교황의 수장권, 공의회의 권위, 성례전의 본질, 합법성과 실천적·전례적 형태 간의 관계에서 성서의 의미에 대한 물음을 불러일으켰고 그에 상응하는 출판물을 산출했다. 이런 출판물들은, 교직 편에서 그것에 근거하여 루터의 정통 신앙을 검증하는 토대를 끊임없이 넓혀주었다. 루터가 봉착한 반대는 그로 하여금 자신의 입장을 보다 정확하게 표명하지 않을 수 없게 만들었고, 또한 그것을 계속 발전시키고 급진화하도록 만들었다. 1520년 10월 파문 위협 교서가 공표되자 비텐베르크 신학 교수는 첫 번째 출판 이후, 자신은 면죄에 대한 자신의 초기 글들을 유감스럽게 생각한다는 진술을 통해서 지나간 3년의 시간의 극적인 측면과 역동성을 표현했다. 그는 황금에 탐욕스러운 교황청의 전제주의적 무용성을 아직 통찰하지 못했으며 평신도에게 잔을 금지하는 것에서 드러난 무신성을 아직 분명히 언급하지 못했다. 그러므로 서적상인들은 시대에 뒤떨어진 그의 이전 저술들을 소각해야 했다.[2] 그러나 파문 위협의 공표의 직접적 정황 가운데 있는 역사적 콘텍스트로 말미암아, (루터의 이런 발언 속에 당연히 반영되어 있는) 교회에 대한 실망에 근거한 감정적 격앙과는 무관하게 이 글들은 여론 형성 과정이 얼마나 신속했는지, 분열이 얼마나 극적이었는지, 종교개혁 초기에 변화가 얼마나 급속도로 이루어졌는지, 루터가 모든 것에 대해 얼마나 준비되지 않았는지를 적절하게 표현하고 있다.

루터에 대한 교회재판

종교개혁적 글의 출판이 자기 법칙을 따르고 이로써 역사 발전을 추동해 나가는 동안, 루터에 대한 교회재판은 교황청의 정치외교적 계산과 행동 논리에 따르고 있었다. 마인츠의 대주교 알브레히트 혹은 루터가 추측하는 것처럼 면죄 설교자 테첼 주변의 독일 도미니쿠스회의 고발이 이단 혐의로 정식 이단 재판을 개시하는 데 결정적이었는지는 분명히 규정할 수 없을지라도, 이 재판이 1518년 5/6월에 시작되었다는 것은 논란의 여지가 없다. 그러나 이미 이전 1518년 2월에 교황은 아우구스티누스 은둔자회의 지도층에 루터에게 압력을 행사하도록 시도했다. 교황은 수도회의 프로토마기스터(Protomagister, 선임 교사)이자 지명된 수석 대표인 가브리엘레 델라 볼타[베네투스](Gabriele della Volta [Venetus])에게 독일에서 새로운 일(novas res)을 도입하고 민중에게 새로운 가르침(nova dogmata)을 전한 수도회 형제 마르틴 루터

2 Vorrede zu *De captivitate Babylonica*, in: WA 6, S.497,501.

(Martinum Luterium tuae societatis sacerdotem)를 수도원 대표의 권위로써 처리할 것을 요구했다.[3] 루터는 그의 스승 슈타우피츠를 통해서 1518년 3월에 이미, 수도회 내부에서 자신에 대한 권징 절차가 시도되었으며 로마의 수도회 지도부는 자신에게 면죄 논제를 철회할 것과 면죄 문제를 더 이상 발설하지 말 것을 요구했다는 사실을 알았다. 이 밖에 그는 1518년 4월 말 하이델베르크에서 계획되어 있는 독일 아우구스티누스 은둔자회 개혁파 총회에서 자신의 신학적 원칙에 대하여 보고하기를 기대하고 있었다. 하이델베르크로의 여행을 준비하는 때 처음으로 작센 선제후의 정부가 루터 개인을 보호하기 위해서 개입하였다. 루터가 총회 참석을 허락해달라고 선제후 프리드리히에게 신청했는데, 그는 뷔르츠부르크 주교와 팔츠 백작에게 자신의 교수를 위해 호위병을 붙여줄 것을 요청했다. 루터가 체포될 수 있고 형식적 재판을 위해 로마로 이송될 수 있다는 우려가 면죄 논제의 출판 이후 약 반년 만에 이미 현실로 나타났다.

1518년 아우크스부르크 제국의회 동안에 이단으로 고발당한 비텐베르크 신학 교수를 위한 작센 선제후의 보호 정책은 새로운 단계에 들어섰다. 작센 선제후 프리드리히는 1517년 8월 7일 루터에게 발송된 로마로의 소환장을 따르는 것을 제지했다. 루터 자신은 자신의 사안에 대한 심리를 독일에서 진행하도록 요구할 것을 선제후에게 간청했다. 외교적 계산 때문에 이를 위한 계기가 제공되었다. 왜냐하면 늙어가는 황제 막시밀리안은 자신의 스페인 손자 카를이 로마의 왕으로—이와 더불어 지명된 황제로 선출되는 것을 관철하려 했기 때문이다. 교황청은 합스부르크가의 과도한 권력에 대한 두려움 때문에 이것을 저지하려고 했다. 그러나 작센의 프리드리히는 이 선거를 앞둔 선제후들 가운데 가

---

3 레오 10세가 1518년 2월 3일에 가브리엘레 델라 볼타에게 보낸 서신, Peter Fabisch, Erwin Iserloh (Hg.), *Dokumente zur Causa Lutheri (1517~1521)*, 2 Bde., Münster 1988~91, Bd. 2, Nr. 9, S. 17ff., 여기서는 S. 21.

장 영향력 있는 인물이었다. 황제 선출 문제의 공통적인 이해를 고려해서 당시 가장 존경받는 도미니쿠스회 신학자 중 한 사람인 추기경 토마스 데 비오(Thomas de Vio), 일명 카예탄(Cajetan)은 로마의 특사로서 교황으로부터 루터를 아우크스부르크로 소환하여 심문할 수 있는 전권을 얻어냈다(217~22쪽 참조). 황제 선출 시 작센 선제후가 자행한 봉쇄 정책에 분노한 막시밀리안 1세는 1518년 8월 레오 10세에게 "저주받아 마땅하고 이단 혐의가 있는"[4] 루터의 신념을 결정적 조치를 통해 공격함으로써 로이힐린 논쟁 때 그랬던 것과 비슷한 여론에서의 파괴적인 결과(104쪽 참조)를 저지할 것을 긴급히 요청하였다.

그러므로 95개 논제의 출판 이후 9개월 만에 이미 그리스도교 세계의 최고 법정인 황제와 교황이 작센 지방의 아우구스티누스회 수도사의 문제에 관여했으며, 그의 면죄 비판에 대한 공적인 협상에서 생긴 폭발력은 명백해졌다. 또한 정치적 분규와 여러 정황들—강력한 에르네스트가(家) 영주의 지원—은 결국 '이단'이 살아남을 수 있게 만들 것임이 분명히 드러났다. 작센 선제후의 일관된 루터 보호 정책을 종교개혁이 살아남고 확산될 수 있는 **그런** 결정적인 동기로 본다면, 작센의 프리드리히의 비서요 고해 사제, 궁정 설교자, 여행 동반자, 대학 대리인인 게오르크 슈팔라틴(Georg Spalatin)의 공로를 높이 평가해야 할 것이다. 수년 동안 슈팔라틴은 루터의 친밀한 서신 교환 상대였다. 그들의 서신 교환을 통해서 궁정은 비텐베르크인의 발걸음에 대해, 루터는 선제후의 태도에 대해 정확한 정보를 얻었다. 슈팔라틴의 친분과 루터의 신학에 대한 추종은 선제후의 종교개혁 정책의 개인사적 핵심을 이루었다.

1519년에 루터에 대한 로마의 재판이 종결되지 않은 것은 고차원적 외교의 결과였다. 1518년 가을에 교황청 시종으로 일하는 작센의 귀족

---

4 막시밀리안 1세가 1518년 8월 5일에 레오 10세에게 보낸 서신, Fabisch, Iserloh, *Dokumente* (Anm. 3), Bd. 2, Nr. 10, S. 37ff, 여기서는 S. 42: "damnosa et haeretica pleraque videantur".

카를 폰 밀티츠(Karl von Miltitz, 1490경~1529)를 통해 레오 10세는 프리드리히 선제후에게 금제 장미장(1년에 한 번 정기적으로 제후들에게 수여되는 로마 교회 수장의 훈장—옮긴이)을 전달했다. 밀티츠는 루터 주변에 일어난 분쟁을 가능한 한 조용히 해결하기 위해서 자신의 임무를 이용했다. 그가 자신의 의도를 이루기 위해 어느 정도나 로마 교황청의 지원을 받았는지는 결론 내리기가 특히 어렵다. 그러나 분명한 사실은 이 외교적 간주곡이 늦어도 프랑크푸르트 선거일(1519년 7월 4일)에 카를을 새로운 황제로 선출하는 문제 때문에 로마의 확고한 지원을 얻지 못했다는 것이다. 밀티츠의 중재 활동을 통해서 작센의 프리드리히와 트리어 대주교 리하르트 폰 그라이펜클라우(Richard von Greiffenklau, 재위 1511~31) 사이에, 루터 문제는 다음번 제국의회에서 심리되어야 한다는 합의가 이루어졌다. 선출 승낙, 즉 새로 선출된 황제가 제국 신분들과 더불어 통치 인수 조건들로서 협상하는 계약적 합의에서, 그의 사건이 제국 신분 내지 기구에 의해서 검증되지 않은 당사자에게는 제국 파문을 선고하지 않는다는 것이 명문화되었다. 로마의 파문권이 제국 정치의 법적 안전선에 영향을 줄 수 있기 때문이었다. '루터 사안' 및 그것을 제국 차원에서 담판짓는 것과 관련해서 카를 5세의 선출 승낙의 이 규정은 중요해졌을 것이다.

1519년 말경 내지 1520년 초에 루터 재판에서 새로운 움직임이 있었다. 즉, 황제 선거가 끝난 후 작센 선제후를 외교적으로 고려할 여지가 사라졌고, 1519년 말 루터의 글들에 대해 투표를 통해서 결정한 루뱅과 쾰른 대학 신학부의 공식적인 유죄 소견서가 제출되었으며, 제국 내 '교황파'의 진영에서 나온 루터의 최대의 신학적 적수 요하네스 에크(Johannes Eck, 251~55쪽 참조)가 비텐베르크의 신학자 카를슈타트 및 루터와 여름에 벌인 라이프치히 논쟁(222~39쪽 참조) 이후 자신에게 주어진 모든 역량을 동원해 개인적으로 로마에서 루터를 이단자로 정죄하고 그의 가르침을 저주하며 그의 글들을 파괴해야 한다고 주장하였기 때문이다. 한편으로 파문 위협 교서(258, 265, 269쪽 이하 참조)를 통하여 루터의 가르침에 대한 결정적인 판결이 선고되었고, 다른 한편으로는 문서를 수령한 후 60일의 철회 유예기간이 개인적으로 용인되었다. 루터는 1520년 12월 10일 비텐베르크의 엘스터 문(Elstertor) 앞에서 교회법전, 몇 권의 스콜라주의 교리서, 교서를 소각하는 스펙터클한 상징적 행위를 통해 자신의 파문에 응답했고, 자신에게 유죄판결을 내리게 만든 법적·신학적 기초를 근본적으로 거부한다는 것을 표현했다. 추방당한, 자기 교회에 대한 애정에서 깊이 실망한 탁발 수도사는 이날 로마 교황의 교회와 단절했다. 이제 그는 이 교회를 적그리스도의 감옥으로 간주했다. 그가 로마 교회와 그의 아첨꾼들에게 가지게 될 증오의 열기 속에서 실망한 그의 애정의 열정이 불타올랐다.

교황의 파문 교서(281쪽 이하 참조)에 의해 법적으로 출교당한 이단자가 1521년 3월 초에 카를 5세에 의해 새로 선출된 젊은 제국 수장의 제국의회에 소환되었고 자유 통행을 보장받았다는 사실은, 복잡한 정치적 투쟁의 결과였다. 무엇보다 교황의 특사들 가운데 한 사람인 지롤라모 알레안더가 이 소환을 막으려고 하였고 세속 신분들에게 이단자 판결을 실행에 옮기기 위해서 필요한 조치를 취할 것을 요구한 반면, 작센 선제후의 주도 아래 제(諸) 신분들은 루터를 독자적 법정을 통해서 심문케 할 것을 주장했다. 이런 입장은 루터 신학에 대한 적극적 지지를 뜻하는 것은 아니지만, 독일과 관련되는 출교 재판에 대한 법적 권한을 가지고 제국에서 스스로 결정하려는 전통적인 시도에 따르는 것이었다. 이미 신분들의 논리에서 루터가 민중에게서 지지를 받고 있다는 사실에 대한 지적과 그가 성서에 의해 반박되지 않았다는 견해가 중요한 역할을 하였다. 무엇보다 1519년 후반기부터 종교개혁적 팸플릿 출판을 통해서 생긴 여론이라는 요소가 최초로 정치적인 영향을 끼쳤다. 보통 사람들의 폭동에 대한 두려움은, 농민전쟁 시기까지 정치적 배역들의 행동을 근본적으로 결정한 배경 동기가 되었다. 루터도 1520년 여름 파문 위협 교서의 공표라는 역사적 틀 안에서 벌인 그의 출판 활동에서 이 여론이라는 요소를 민감하게 염두에 두었다는 사실을 보여준다. 그러므로 그는 자신의 사안에 무한히 유리해질 여론을 조성하기 위해서 그 나름대로 기여한 것이다.

보름스 제국의회로의 여행은 루터에게, 그가 도착한 여러 마을마다 그가 그사이에 거대한 지지층을 얻었으며 부당하다고 느꼈던 출교를 통해서 엄청난 인기를 얻게 되었다는 고무적인 경험을 선사했다. 루터가 점차 공공연히 공유했고 능력껏 말과 글에서 이용하였던, 널리 퍼져 있고 깊이 뿌리내린 반로마적 정서와 사고는 그를 동정하는 이들을 양산했는데, 이들이 비텐베르크에서 시작한 발단을 실제로 하나의 운동이 되게 했다. 황제의 숙소인 보름스 주교관에서, 공식적인 제국의회 일정 밖에서 이루어진 황제와 제국 앞에서의 철회 거부(1521년 4월 17/18일) 이후 루터에 대한 경탄과 존경은 또다시 치솟았다. 보름스 칙령(1521년 5월 26일)을 통해 공식적으로 제국 파문을 당한 법적 보호 밖에 있는 이단자로서—아마 그 시대의 가장 존중받은 기관인 대학과 수도원을 체현한—진지하고 엄격한 탁발 수도사요 학식 있는 박사가 근대 이전의 가장 유명한 '언론 스타'가 되었다. 세계가 지켜보는 가장 강력한 황제의 첫 번째 제국의회의 세계사적 무대로부터 그의 유년기의 도시 아이제나흐(Eisenach) 위에 있는 튀링겐 바르트부르크(Wartburg) 숲의 정적 속으로의(그의 영주는 그를 습격하는 척 위장한 후 그를 보호하기 위해서 이곳으로 데려오게 했다) 극적인 장소 변화는 그의 생애에서의 휴지를 의미할 뿐만 아니라 또한 종교개혁 역사의 분기점을 의미한다. 왜냐하면 루터는 외르크(Jörg)라는 익명의 젊은 귀공자로 행세하였던 감금 생활 동안에도 문학적으로 활동하고 계속해서 출판 작업을 벌일 수 있었을지라도, 종교개혁 운동의 카리스마적 유력 인물의 물리적 부재는 이제 수많은 크고 작은 배우들이 무대에 등장하고 거기서 시작된 일이 속행된다는 것을 의미했기 때문이다. 그들은 비텐베르크에서 출발한 발단을 일관되게 실현하거나 적어도 지속하려고 진심으로 노력했다. 그리고 그들은 루터의 사안 및 '복음'을 공공연히 옹호함으로써, 루터가 강요된 피신을 통해서 벗어난 저 파문, 죽음의 위험 속으로 들어갔다. '노인' 에라스무스 대신 ―루터가 사라졌다는 소식에 흥분한 뒤러(Dürer)는 에라스무스가 '그리스도의 기사'로서 루터 대신 진리를 보호하고 '순교자의 왕관'을 얻기를 기대했다[5] ―많은 사람들은 이제 나라 도처에서 설교자와 출판인으로서의 위험을 무릅쓰고 루터를 지지하며 로마에 대항하여 시작된 싸움, 그들이 이해한 복음을 위한 투쟁을 계속하였다. 1521년 하반기의 종교개혁 운동의 폭발적 확산은 이제 특히 도시 영역에서 처음으로 독자적으로 받아들여지기 시작해 목소리의 다양화, 다원적 수용을 초래했다. 종교개혁 운동의 통일성과 다원성은 보름스 제국의회 이후 종교개혁 역사의 핵심적 문제가 된다.

문학적·출판적 재능

1521년 봄 루터가 받은 폭넓은 주목은 일차적으로 그의 각별한 문학적 성공의 결과였다. 그리고 이것은 면죄 논쟁 시초에는 아직 완전히 무명의 시골 출신 탁발 수도사가 보여준 독보적인 출판적 수완의 결과였다. 우리는 루터의 초기 독일어 텍스트에서, 그 저자가 라틴어와 스콜라주의적 사고 전통에 익숙해 있으며 점차 대중어로 표현할 수 있는 가능성을 의식했다는 것을 분명히 인지한다. 그러나 드물지 않게 그의 설교활동과 긴밀히 결부되어 있던 집필 과정에서 그는 독일어에 대한 감각을 발전시켰는데, 이로 인해 그의 대부분의 텍스트들은 그 시대 다른 저자들의 것보다 읽기 쉽고 접근하기 쉬워졌다. 설교단과 강단의 연결이 그의 삶에서 이 언어적 수완의 근원을 이루었으나 그것을 완전히 설명해주지는 않는다. 확실히 루터의 언어능력을 고취하고 형성한 것은 방대한 성서 텍스트들과 형상들, 신비주의 문학과의 접촉 경험이었다. 수

5 Albrecht Dürer, Tagebucheintrag 17. 5. 1521. Heiko A. Oberman, *Die Kirche im Zeitalter der Reformation*, Neukirchen-Vluyn [4]1994, S. 67에서 인용.

년 동안 그는 성서를 매년 두 번 처음부터 끝까지 통독했다. 성서 지식에 관해서 그는 후일 '교황파' 진영의 모든 적수들과 자기 진영의 대부분의 경쟁자들보다 무한히 월등하다는 것을 알아차렸다. 그러나 그의 '입이 흘러넘치게' 만든 것은 '가득한 마음'이었다. 종교적 확신, 바울적 복음의 진리에의 압도, 선사받은 신의 은총인 자유의 체험, 이런 것들은 그리스도에 대한 믿음에서 그에게 나타났고, 그의 전달 충동을 자극했으며, 그가 받은 도전에 직면하여 언어 형성 능력을 발전시켰다.

루터가 독일어의 적절한 표현을 추구하는 것에서 선배들, 특히 타울러와 『독일 신학』에서 배웠다는 것은 납득할 만하다. 그러나 종교개혁 전체의 발전에서 결정적인 사실은 루터가 면죄 논쟁 시초부터 라틴어 외에 독일어로 글을 발표했다는 것이다. 이것은 그의 신학적 성격 및 그의 활동의 주요 관심과 부합하였다. 즉, 학문 토론과 문학 형태의 콘텍스트 속에서도 그에게 일차적으로 중요한 것은 학문적 문제가 아니라 학자와 평신도들에게 똑같이 해당되는 그리스도교 신앙의 이해였다. 루터 신학은 대학과 수도원의 콘텍스트를 넘어섰다. 그것의 종교개혁적, 즉 기존 교회와 당대 그리스도교 전체를 겨냥한 비판적인, 그러나 믿음을 세우는, 성서적 기초에서부터 그리스도교를 문제삼고 바로잡으려는 힘은 공적 등장 초기부터 이 신학에 특징적인 것이었다.

종교문학의 대중적 저자

1521년 봄에 첫 번째 정점에 도달한 루터의 인기에 근본적으로 기여한 것은, 1520년까지 출판된 그의 대부분의 독일어 글이 그리스도인의 신앙 및 그리스도인의 삶의 근본 문제들—제단 성례전을 받는 데 대한 준비, 죽음에 대한 준비, 그리스도의 고난을 경건하게 다루는 방식, 십계명, 주기도문, 세례, 회개, 성만찬에 대한 올바른 이해—을 공격적이지 않은 형태로 다루었다는 데 있다. 이런 형태는 루터의 교회비판적 결과를 공유하지 않은 이들조차 인정하는 것이었다. 이단자로 유죄판결을 받은 저자가 또한 높이 존경받는 "종교문학의 대중적 저자"였으니,[6]

이것은 근본적으로 그가 당한 이단자 판결이 '보통 사람들'에게서는 그의 명성에 해를 끼쳤다기보다 오히려 도움을 주었다. 이미 갑자기 센세이션을 일으킨 95개 논제에서, 토론의 전통적인 라틴어 형태에도 불구하고, 면죄와의 관계에서 고해성사 내지 고해 제도라는 기존 교회 행동의 실제를 모든 그리스도인의 경건에 결정적인 저 교리 및 형성적 관점에서 교정하는 것이 루터에게는 중요했다. 그러므로 결코 이루어지지 않은 이 학문적 토론에서도 루터에게는 **모든 그리스도인**에게 무엇을 가르쳐야 하는가가 중요했다. 신학 교리 견해의 교정뿐만 아니라 교회 실제의 교정, 일차적으로 신학이 아니라 교회 개혁 —실로 특별한 주제와 관련해서 — 이 루터의 관심사였다. 사회적으로 혹은 교육 정도에 맞게, 특히 성직자인가 평신도인가에 따라서 구분된 혹은 서열화된 진리의 등급과 구속력의 등급은 비텐베르크 출신의 탁발 수도사에게는 낯선 것이었다. 루터가 학문적 대화 형식을 사용하는 곳에서도 이 형식의 사회적 배타성을 파괴하고 배제했다는 사실은 **모든** 그리스도인들에게 동일한 종교적 기준과 진리의 청구권을 전제하고 요구했던 신학에 근거한다. 루터의 요구와 도전이 '다(多)계급 그리스도교'의 틀 안에서 결정되었더라면 종교개혁에 이르지 못했을 것이다.

면죄 논제 반년 전인 1517년 봄에 루터가 출판한 첫 번째 글은 7편의 참회시를 대중어로 주해한 것이었다. 그는 이 주해로써 세련된 도시인들이 아니라 그리스도교 교훈(eruditio Christiana)을 충분히 철저히 그리고 풍부한 어휘로 "미리 씹어 먹을" 수 없는 거친 작센 사람들에게 봉사하고자 했다.[7] 종교개혁 초기인 1517~19년의 루터의 출판 활동은 출판물 총량이 대폭 증가하고 독일어 글과 라틴어 글 사이의 거의 비슷한

6 Heinrich Dannenbauer, *Luther als religiöser Volksschriftsteller 1517~1520. Ein Beitrag zu der Frage nach den Ursachen der Reformation*, Tübingen 1930.

7 Luther an Christoph Scheurl (1517. 5. 6), in: WA.B 1, Nr. 38, S. 93f., 여기서는 S. 93,7f.: "nulla verbositate satis mandi et permandi potest".

비중을 차지한 점이 특징적이다. 아마도 1517년에 그가 출판한 것은 오직 두 개의 라틴어 글이었을 것이다—95개 논제의 비텐베르크 원판은 분실된 것으로 간주되어야 하며, 1517년 9월 4일에 루터의 제자 프란츠 귄터가 성서학 바칼라우레우스 학위를 취득할 때(130쪽 참조) 행한 스콜라주의 신학에 대한 논쟁을 출판한 것은 오직 하나의 사본만 전해진다(132쪽 이하 및 그림 5 참조). 이것은 "루터 초기의 논제 초판의 유일본"[8]이다. 1518년 루터는 10종의 라틴어 글과 5종의 독일어 글을 출판했고, 1519년에는 직접 11종의 라틴어 글과 14종의 독일어 글을 출판했다. 1518년 10월에 이미 바젤의 요한 프로벤사(社)에서 라틴어 작품 전집이 나왔는데, 여기에는 그의 『면죄와 은총에 관한 설교』의 라틴어 번역과 그때까지 원래 라틴어로 작성된 글 대부분이 들어 있다. 1519년 2월과 8월에 그때마다 증가된 글들을 합친 라틴어 작품 전집이 계속 이어졌다(스트라스부르의 쉬러Schürer 출판사). 1520년 이후 또한 독일어 작품 전집도 나왔다.

1520년 이후 원래 대중어로 출판된 텍스트들이 지배적이었는데, 이것은 초기 단계의 다른 종교개혁적 글의 출판자인 루터의 동료 카를슈타트에게서 거의 유사한 방식으로 관찰된다. 그러므로 파문 위협 교서가 공표된 해에 대중어로 출판하는 경향이 시작되었으며, 이것이 초기 종교개혁의 커뮤니케이션 과정을 계속 지배했고 가속화했다. 루터가 1518년에 3편의 「설교」—간단한, 신앙심을 일으키는 설교 양식의 글—와 방대한 십계명 주해를 라틴어로 출판했다면, 그가 학문 언어로 대중에게 내놓은 것은 거의 전적으로 논쟁적인 신학 논문들과 학문적인 성서 주해였다—1519년의 이른바 「작은 갈라디아서 주석」과 「시편 연구」, 예를 들어 시편 110장에 대한, 주기도문에 대한 짧은 성서

8 Maria von Katte, *Kiste 143-die herzogliche Bibliothek entsteht*, in: Vernissage 14 (2004), S. 42~27, 특히 S. 45(볼펜뷔텔Wolfenbüttel에 보관된 페이지의 팩스본과 원본을 재구성한 것).

주석과 십계명에 대한 간단한 해설, 또한 그리스도인의 삶에 관한 기초적 문제, 고해, 고난 명상, 그리스도인의 혼인, 죽음에 대한 준비, 고리대금 문제, 회개, 세례, 성만찬에 대한 설교는 이제 독일어로 출판되었다.

이 글들이 재판된 것을 고려할 때, 대중어 글들이 보다 큰 성공을 거둔 것은 자명하다. 1518년에 이미 독일어 글들은 평균 12쇄 이상 출판된 반면, 라틴어 글들은 그 절반에 불과했다. 1519년의 상황에서는 독일어 글 출판이 더욱 증가했다(독일어 글은 평균 14쇄, 라틴어 판은 4.4쇄).[9] 루터가 더 많이 쓰고 그의 글이 더 자주 인쇄될수록, 특별히 대중어로 성공하는 저자의 윤곽이 두드러졌다. 그러나 라틴어는 계속해서 루터가 대부분의 신학 논쟁을 진행한 언어로 남아 있었다. 일반적으로 그는 지면 논쟁에서 자신이 공격받은 언어로 응답했다. 그의 구교 적대자들이 출판상으로 거의 성공을 거두지 못한 것은 신학 문제를 대중어로, 그러므로 평신도 법정 앞에서 논하는 것이 극히 어렵다는 것과 연관이 있기 때문이다.

신학 논쟁적 글

면죄 문제로 시작된 신학적·학문적 저술 행위는 또 다른 문제들을 계속해서 스스로 산출했다. 요하네스 테첼과 그의 도미니쿠스회 형제인 신학 교수 콘라트 빔피나(Konrad Wimpina)가 1518년 봄에 루터의 95개 논제에 대항하여 제출한 반대 논제들이 주로 회개와 면죄론의 틀 안에서 작성된 반면, 테첼이 루터의 『면죄와 은총에 관한 설교』에 대항하여 독일어로 쓴 반박문은 루터의 이론과 후스 및 위클리프의 것 사이의 유사점을 지적함으로써 이단 혐의를 공개적으로 노출시켰다. 또한 잉골슈

9 Alejandro Zorzin, *Karlstadt als Flugschriftenautor*, Göttingen 1990. 또한 1517년과 1519년 사이의 루터의 인쇄물에 대한 다른 자료에 관해서는 Bernd Moeller, *Das Berühmtwerden Luthers*, in: ders., *Luther-Rezeption*, hg. v. J. Schilling, Göttingen 2001, S. 15~41, 특히 S. 39~41 참조.

타트의 신학 교수 요하네스 에크가 루터의 논제들에 관해서 아이히슈테트(Eichstätt)의 주교에게 표명하고 필사 형태로만 알려진 반론에서도 이단과 소요, 그리고 교회의 서열 질서 파괴의 혐의가 드러난다. 루터가 로마에서 받는 최초의 공식 반응, 도미니쿠스회의 교황청 신학자요 도서 검열관인 마기스터 사크리 팔라티(Magister sacri Palatii) 실베스트로 마촐리니(Silvestro Mazzolini, 일명 프리에리아스Prierias)의 소견서는 면죄 문제를 교황의 권위 문제로 첨예화했다. 그러자 루터는 "두 개의 전선"[10]에서 에크와도 이 문제를 다투어야 했다. 1518년 말 출판된 교황의 권세에 관한 프리에리아스의 대화에 대한 그의 답변에서 루터는 교회의 교리 문제에서 성서가 무조건 우선한다는 논제의 근거를, 인정받은 베네딕트회의 교회법학자요 팔레르모 대주교, 그러므로 파노르미타누스(Panormitanus)라 불린 니콜라우스 데 투데스키(Nicolaus de Tudeschi, 1386~1445)의 입장으로써 설명했다. 후자는 공의회도 교황도 신앙 문제에서 오류를 범할 수 있다는 견해를 주장한 바 있었다.[11] 보다 나은, 특히 성서적 권위의 증언을 제기할 수 있는 모든 믿는 자는 신앙 문제에서(in materia fidei)[12] 전체 공의회와 교황 위에 설 수 있다는 것이다. 필연적으로 성서적 권위와 교황 내지 공의회의 교리권 및 출교권 간의 관계 문제로 첨예화된 권위 논쟁은 그다음 에크, 루터, 카를슈타트 사이에 벌어진 라이프치히 논쟁 및 이것에 선행하고 뒤따르는 출판 활동에서 절정에 다다랐다(296~300쪽 참조). 라이프치히 논쟁 후 인문주의자들이 루터와 연대하여 주로 라틴어로 집필한 글들의 출판이 처음으로 시작되었다.

처음으로 루터의 95개 논제를 계속 전달하고 자신들의 접촉망 내에

---

10 Heiko A. Oberman, *Wittenbergs Zweifrontenkrieg gegen Prierias und Eck. Hintergrund und Entscheidungen des Jahres 1518*, in: ders., *Die Reformation*, Göttingen 1986, S. 113~43.

11 Fabisch, Iserloh, *Dokumente* (Anm. 3), Bd. 1, S. 121ff.과 각주 참조.

12 Fabisch, Iserloh, *Dokumente* (Anm. 3), Bd. 2, S. 94.

서 정보를 교환한 이들은 인문주의자들이었다. 그들은 루터 글의 대부분을 재출판하고 처음으로 전집을 출판할 때 배후에 있었다. 그들은 또한 루터와 그의 운명에 대해서 중요한 정보를 계속 전달했다. 그들은 작센 선제후의 소도시 밖에서 최초의 영향력 있는 추종자들이었고 루터의 인격과 신념이 국제적으로 인정받도록 만들었다. 파문 위협 교서가 공표되기까지는 대다수의 인문주의자들이 루터의 편이었다. 그러나 루터가 교서 이후 출판한 최초의 글『교회의 바빌론 포로에 관하여』(*De captivitate Babylonica*)에서 궁극적으로 의견은 분열되었다. 구원 기구로서의 로마의 성례전 교회에 대한 루터의 도발적인, 자신의 신학의 중심에 근거한 정면 공격은 그에게 선고된 이단자 판결에 대한 최초의 응답이었다. 이 글에서 루터는 전통적인 견신례, 혼인, 성직 안수, 종부성사는 성서적 근거가 없기 때문에 이 성례전들을 철폐했고, 또한 고해도 외적 표지가 없기 때문에 더 이상 성례전으로 인정하지 않고 매년 고해의 의무와 죄의 완전한 고백 요구 때문에 고해 제도의 형태를 거부하였으며, 다만 세례와 성만찬을—그러나 이것 또한 받는 자의 개인적 신앙의 정도에 따라서 분명히 재평가함으로써만—성례전으로 유지했으니, 이 글은 의심의 여지 없이 루터가 지금까지 저자로서의 활동에서 행한 가장 공공연한 '이단자적' 발언이었다. 이단자로 유죄판결을 받은 자가 보란 듯이 이 교회와 교리에서 벗어나서, 저 교회를 섬기고 교회의 해악을 방지하며 믿을 수 없을 만큼 과중한 부담들을 교정하려는 자신의 시도를 거부한 교회에 맞서 일어났다. 교회를 사랑하다가 환멸을 느낀 자의 분노는 이 교회의 구원기구적·성례전적 성격과의 신학적 단절을 통해 표현되었으니, 이는 그 급진성과 엄격성에서 중세의 이단 역사상 모든 전례를 능가했다. 바빌론 포로에 관한 논설이 당시 독자들에게 얼마나 급진적이었는지는 루터의 특히 영향력 있는 구교 적대자인 프란체스코회 수도사 토마스 무르너(Thomas Murner)가 이 글이 출판되자마자 독일어로 번역했다는 사실에서 드러난다. 왜냐하면 그는 독자들이 이 글을 읽는다면 대거 루터로부터 등을 돌릴 것으로 생각했기 때문이다. 그러나 분명히 실제로 그러지는 않았다. 오히려 루터는 다른 사람들보다 인문주의자들에게서 공감을 얻었다.

라이프치히 논쟁 후 신학 논쟁의 주제 스펙트럼이 순식간에 확장되었다. 즉, 교황 및 공의회의 권위 외에도 곧 성만찬이 문제가 되었다. 1519년 말에 나온 성만찬 설교에서 루터는 주제상 차라리 부수적으로 도발적 잠재성을 배제하지 않은 채 평신도의 잔에 대한 요구를 표현했다. 라이프치히에서 분명해진 대로, 그가 보헤미아의 이단자들, 후스파와 연대하려는 태세는 이로써 새로운 단계에 도달했고 구교의 반응 역시 신랄해졌다. 알베르트(Albert)계 작센의 영주 게오르크 공작은 자기 사촌 프리드리히에게 루터가 후스파와 연대하는 것을 저지하도록 개입했고, 마이센(Meißen) 주교의 훈령 형태(1520년 1월 24일)로 비텐베르크 신학자에게 대항하여 첫 번째로 교직적 결정을 이끌어냈다. 마이센 주교는 콘스탄츠 공의회가 교리적으로 평신도의 잔의 철폐 의무를 결정했음을 원용함으로써 루터의 설교의 전파와 '두 요소에 의한 성찬'(communio sub utraque specie)을 처벌하였다. 교회 교리에 대한 권위, 성례전의 종교적 의미 및 적절한 실천 문제, 결국 신앙과 여러 가지 공로적 행위 간의 관계는, 루터가 1519년 가을 이후 전개한 방대한 문학적 생산 활동의 중심이 되었으니, 그가 보름스 제국의회로 출발하기까지 축소되지 않고 지속되었다.

저자로서의 루터의 성공

루터는 지금까지 교회 역사에서 저자로서 가장 성공적인 신학자였다. 그 이전에는 당대 저자가 그렇게 큰 주목을 받은 적이 없었고 그의 사상이 그렇게 널리 보급된 적이 없었다. 그의 유례없는 출판적 성공에서 새로운 커뮤니케이션 매체인 서적의 사회적·교회정치적 엄청난 잠재력이 현실화되었다. 이제는 더 이상 과거의 권위가 아니라 살아 있는 저자의 현실적인 텍스트들이 급속히 제국의 인쇄 중심지에서 재인쇄되었고 의심의 여지 없이 독자를 만났다. "이것을 읽거나 읽는 것을 듣는 자"와 같은 사용 지침에 근거하여 문맹률이 텍스트 내용을 받아들이는 데 결정적인 한계를 의미할 수 없다는 것과 종교개혁적 팸플릿의 저자들이 "읽을 능력이 없는 수용자"를 의식적으로 고려하거나 전략적으로 그들을 향해 말하는 것이 전제될 수 있다.[13] 널리 유포된, 사회적으로 고착된 큰 소리로 읽는 관습, 그러나 또한 일부 내용을 시사하는 도상적 요소들을 인쇄에 부치는 현실을 감안할 때, 많은 동시대인들이 우선 루터와 카를슈타트, 그러나 또한 다른 저자들이 집필한 팸플릿의 현실적 내용을 알게 되었다는 것을 추론할 수 있다.

보통 초판의 인쇄 장소와는 다른 장소에서 글을 출판한 재인쇄 횟수에서 상응하는 수요에 대한 지표를 발견할 수 있다. 이것은 출판 부수에도 해당될 것이다. 그러나 이것은 예외적인 경우에만 알려져 있다. 인쇄업자는—출판물의 내용에 대한 개인적 공감에도 불구하고—경제적 타당성의 척도에 따라서 진행해야 했다. 이것은 그들이 일반적으로 상응하는 매출을 기대할 수 있는 글들을 재인쇄했음을 의미한다. 루터의 글들이 그것의 보급 정도와 재인쇄 횟수에서 대부분의 경우 지금까지 알려진 정도를 초과했고 어떤 다른 저자도 달성하지 못했으며 빈번하게 비텐베르크의 초판 이후 당대의 인쇄 중심지들—아우크스부르크, 스트라스부르, 바젤, 뉘른베르크, 라이프치히, 에르푸르트—에서 한 번 혹은 여러 번 재인쇄되었음에도 불구하고, 그의 출판의 초기 단계, 즉 1518년과 1519년에 특히 몇 편의 텍스트들은 여러 차례 재인쇄되었다. 라틴어 글 가운데서 1518년의 『회개에 관한 설교』와 『성만찬을 받기 위한 합당한 준비에 관한 설교』는 9쇄, 『공의회에의 항소』는 10쇄, 『출교의 권세에 대한 설교』는 12쇄를 기록했다. 마지막에 언급한 설교는, 루터가 파문의 외형적인, 가시적 성례전 친교와 관계되는 의미만을 인정

13 Monika Rössing-Hager, *Wie stark findet der nicht-lesekundige Rezipient Berücksichtigung in den Flugschriften?*, in: Hans-Joachim Köhler (Hg.), *Flugschriften als Massenmedium der Reformationszeit*, Stuttgart 1981, S. 77~137.

함으로써, 그 자신이 위협받았던 교회 파문의 예봉을 미리 격파함으로써 특별한 폭발력을 얻었다. 본래의 영적인 친교는 오직 신에게(solus deus) 달렸다고 보았다.[14] 그렇기 때문에 그것은 피조물도, 어떤 교회 법정도 건드릴 수 없다. 신과의 영적인 개인적 관계를 지향하는 교회 개념은 신학적으로 그 잠재성이 현실화되기 오래전에 이단화될 수 있는 잠재성을 내포하였다. 분명히 기존 교회에 거리를 두는 이런 콘셉트는 특히 급속히 많은 독자들을 확보했다.

1518년과 1519년의 독일어 글 가운데서 22쇄를 기록한 『면죄와 은총에 관한 설교』는 다른 글들을 능가했다. 또한 이 설교는 라틴어로 3회, 독일어로 1회 출판된 95개 논제를 훨씬 능가했다. 그러므로 루터의 면죄 비판은 어떤 다른 텍스트보다 이 설교를 통해서 더욱 알려지게 되었다. 이 설교는 루터의 출판적 성공의 시초를 이루었고 어떤 의미에서 그의 다른 글들을 위한 길을 예비했다. 루터가 신앙의 감동을 주는 저자로서 대히트를 치기 전에, 그는 면죄를 비판한 것으로 유명해졌다. 1519년의 보다 큰 문학적 성공—주기도문 해설 12쇄, 『그리스도의 고난을 묵상함에 관한 설교』 15쇄, 『혼인 신분에 관한 설교』 12쇄, 『죽음의 준비에 관한 설교』 10쇄—은 평신도를 대상으로 하는 영적으로 진지한 경건신학자에게 해당된 것인데, 사람들은 그가 널리 퍼진 면죄 실제에 대항하여 일어났다는 것을 이미 알고 있었다. 또한 그러므로 출판적 관점에서도 면죄 논쟁에서 종교개혁의 출발점을 찾는 것이 적절하다.

논쟁가

종교개혁 운동을 형성한 일차적 작용이 루터의 인쇄된 글에서 나왔다는 것은 확실한 사실로 간주될 수 있다. 출판물 속에 설교자, 교수, 사제의 수사학적 경험, 논리적 술책, 목회 능력이 들어왔다. 그러나 또한 루터가 논쟁가로서 인상을 줄 수 있었다는 사실이 비텐베르크에서(특히

---

14 WA 1, S. 639,8.

그 자신의 학부에서) 그의 초기 성공의 바탕을 이루었다. 암스도르프와 카를슈타트의 전향, 그리고 1518년 이후 새로이 임명된 그리스어 교수 필리프 멜란히톤의 전향(그는 분명히 일찍이 루터에게 깊은 인상을 받았고 비텐베르크에서 이루어진 인문주의 정신에 따른 학문 개혁을 루터의 문제를 위해 철저히 이용할 줄 알았다), 그리고 1519년 이후 많은 학생들이 등록한 레우코레아(Leucorea, 비텐베르크 대학 부지를 가리킴 — 옮긴이)에서 아우구스티누스회 사제의 교육적 성공은 루터가 개인적으로 설득력과 카리스마를 지녔음을 암시한다. 그가 하이델베르크 논쟁에서 수많은 젊은 학생들에게 심어줄 수 있었던 강한 인상은 추종자와 전파자 집단을 구축하는 데 결정적인 전제를 이루었다. 이후 남독일의 영향력 있는 종교개혁가들은 논쟁자 루터와의 개인적 접촉을 통해서 그의 문제를 위해 투신했다. 1519년 여름의 라이프치히 논쟁에 대해서도 그러하다고 할 수 있다. 여기에 루터와 카를슈타트는 자기 대학의 많은 학생 추종 세력을 동반했다. 여러 관점에서 정규적인 학문 토론 이상으로 해석하기는 힘든 대규모 행사는 알베르트계 공작 게오르크의 후견 아래 지성적인 경합의 성격을 지녔으되 온갖 호기심을 초래했고, 루터의 직선적인, 그러나 열정적인 등장 때문에 자신의 문제에 관해서 인원 동원 기능을 발휘한 듯하다. 그런 한에서 루터 개인은 여러 관점에서 — 저자로서, 출판가로서, 설교자로서, 논쟁가로서, 교수요 비판자로서 — 종교개혁의 출발점이었다.

제2장

면죄 논쟁

1517년 10월 31일의 역사적 콘텍스트

논제 게시의 역사성

사태의 정황으로 볼 때, 루터는 1517년 10월 31일, 만성절(11월 1일) 전 토요일에 자신의 95개 논제를 자신의 아우구스티누스회 수도원 인근에[1] 차린 요하네스 그루넨베르크(Johannes Grunenberg)의 인쇄소에서 벽보로 인쇄하여 알러하일리겐 교회와 비텐베르크의 다른 교회들의 문에도 게시함으로써 자신의 논제를 공표했을 개연성이 비교적 크

1 7편의 참회시 원판의 판권에 이렇게 되어 있다. WA 1, S. 155; Josef Benzing, Helmut Claus, *Lutherbibliographie. Verzeichnis der gedruckten Schriften Martin Luthers bis zu dessen Tod*, 2 Bde., Baden-Baden ^{2}1989~94, Nr. 74f. 또한 루터가 출판한 *Theologia deutsch* (Benzing, Claus, 앞의 책, Nr. 69)와 그의 *Disputatio contra Scholasticam theologiam*은 그루넨베르크에 의해서 인쇄되었다. 요제프 벤칭은 루터의 글을 최초로 인쇄한 요한 라우-그루넨베르크가 "1513년 이후 아우구스티누스회 수도원 부근에서", "1517년 이후 노이에스 콜레기움(Neues Kollegium) 부근에서" 인쇄했다고 진술한다. Joseph Benzing, *Die Buchdrucker des 16. und 17. Jahrhunderts im deutschen Sprachgebiet*, 2., verbesserte und ergänzte Auflage, Wiesbaden 1982, S. 497.

다. 설령 이런 논제 게시가 루터의 사망 후 해당 시점에 비텐베르크에 있지 않았던 '증인'들, 예를 들어 멜란히톤과 루터의 후대 필경사 게오르크 뢰러(Amanuensis Georg Rörer)를 통해서 처음으로 보고되었을지라도,[2] 그들은 구전 전승에 의거했을 것으로 가정할 수 있다. 루터 자신은 1517년 11월 1일을 면죄가 '땅에 짓밟힌' 날로 기억하였다. 그는 10년 후 같은 날 전적으로 안심하고 즐거운 술잔치로써 기념 축제를 열었으며 당시 자신과 함께했던 오랜 동료 니콜라우스 폰 암스도르프—그 사이에 마그데부르크 대교구 감독이 되었다—에게 그 기회에 서신으로 문안 인사를 했다는 사실은[3] 루터가 주변 인물들 사이에서 이 날짜를 기념했음에 대해 의심할 여지가 전혀 없다. 루터가 마그데부르크 대주교 알브레히트 폰 브란덴부르크에게 만성절 전날 혹은 전날 저녁(vigilia)으로[4] 날짜가 표시된 서신에 자신의 95개 논제를 첨부했고 동시에 같은 내용의 분실된 서신을 자신의 직속상관인 브란덴부르크 주교 히에로니무스 스쿨테투스(Hieronymus Scultetus, 일명 슐츠Schulz, 1460경~1522)에게 같은 날짜로 작성했으므로, 이 논제의 비텐베르크 원판은 분실된 것으로 가정하는 것이 자연스러운 듯하다.

루터가 회고 시에 자신이 논쟁 논제를 공개하기 전에 주교들에게 자신의 의도에 대해 정보를 주었고, 그래서 그들을 '공범'으로 만들었다는 인상을 주었을지라도,[5] 그 무엇도 루터가 논제를 유포하기 전에 그들의 반응을 기다릴 준비가 되었다는 것을 시사해주지 않는다. 그런 한

---

2 CR 6, Sp. 161f. (1546. 6. 1.) = *MBW* 4, Nr. 4277; WA 48 RN, S. 116; WA.DB 11/2, S. CXLI과 각주 7 참조.

3 WA.B 2, Nr. 1164, S. 274f., 특히 S. 275,25~27. 또한 1532년의 한 탁상 담화(WA.TR 2, Nr. 2455a/b, S. 467,27f.30f.)에서 루터의 자기 이해에 의하면, 1517년 만성절에 교황과 면죄에 대항하는 문서 투쟁이 시작되었다는 것이 의심할 여지 없이 드러났다. "Anno 17. in die omnium sanctorum incepi primum scribere contra papam et indulgentiam"(WA.TR 3, S. 564,14~16).

4 WA.B 1, Nr. 48, S. 112,65.

5 WA.B 1, S. 245,356~63.

에서 주교들에게 보낸 서신은 논제 공개와 동시에 집필되었다고 가정해야 한다. 일반적으로 적은 부수로 논쟁 논제를 인쇄하는 것은—특히 비텐베르크에서—드문 일이 아니었다. 원판을 모조리 보존할 확률은 낮았다. 이것은 오직 재인쇄판으로 보존되어 있는 다른 비텐베르크 논제 인쇄물에서도 드러난다. 어쨌든 루터가 자신의 95개 논제를 여러 번 수기로 필사했으리라는 생각은—11월 초에 그는 논제를 친구 요한 랑에게 발송했다—자기 수도원에서 가장 가까운 곳에 인쇄소가 하나 있다는 사실을 감안할 때, 불필요하고 복잡한 듯하다. 또한 루터가 지배적인 면죄 실제를 반박한 이 논제(추측건대 10월 31일에 인쇄되어 있었다)를 대학 학사 규칙이 규정한 보통의 일반적인 형식, 즉 논제를 게시하도록 마련되어 있는 교회 문에 게시하는 형식으로 공개했을 리가 없다는 주장은 그 반대 경우보다 더 개연성이 없는 듯하다.

시점의 선택

공개 시점은 비텐베르크의 축제일과 관련해서 임의로 택한 날짜가 아니었다. 만성절 전야부터 만성절 밤까지는 교구 교회를 방문하는 모든 사람들에게 완전면죄, 즉 아시시 부근 포르티운쿨라(Portiuncula) 예배소에서 수여되는 면죄 은총처럼(ad instar) 죄책과 연옥의 형벌의 완전한 용서가 수여되었다. 1510년 4월 8일의 교서를 통해서 작센 선제후 프리드리히는, 만성절 면죄와 연관해서 투입할 수 있는 사제들을 기존에 대성당 수석 사제와 8명의 성직자로 제한한 것을 철폐하고 고해 기간을 만성절 이전과 이후 각 이틀로 연장할 수 있도록 하였다. 1521년에 고해 기간은 다시 이전에 관행이었던 기간, 즉 10월 31일 만과(vesper, 저녁기도)부터 11월 1일 만과까지 이틀 반의 기간으로 제한되었다. 그런데 1510년의 교서를 통해서, 지역의 협소한 경계선을 넘어서 비텐베르크를 '구원 관광'을 위해 마케팅할 수 있는 전제 조건이 마련되었다. 상응하는 비용을 들여서 예를 들어 루카스 크라나흐(Lucas Cranach)의 삽화를 넣은 성물 도록의 형태로 홍보를 추진했다. 루터가 완전면죄를 의

문시하는 자신의 논제를 비텐베르크에서 ― 즉 베틴가(家), 특히 선제후 프리드리히에게 알리는 형태로 ― 그리고 동시에 알브레히트 폰 브란덴부르크에게 보낸 서신을 통해 공개함으로써, 그는 자신의 영주에 대해서도 독자성을 유지하려는 입장을 취하고자 했다.

알브레히트 폰 브란덴부르크는 1517년 초부터 시작된, 마그데부르크 대교구 내의 베드로 대성당 건축을 위한 면죄부 판매의 책임자였다. 루터는 일찍이 마그데부르크 주교좌에 있는 브란덴부르크의 경쟁자를 겨냥한 공격이 자신의 영지에서 베드로 대성당 면죄부 판매를 금지한 작센 선제후의 지지를 얻게 될 것을 분명히 알았다. 면제부 부대가 부근에 있을 때도 베드로 대성당의 면죄부를 작센 선제후의 주민으로서 영지 밖에서만 힘들게 구할 수 있다는 사실(비텐베르크의 경우 1517년 부활절에 그랬으니, 테첼이 체르프스트Zerbst와 위터보크Jüterbog에서 활약하고 루터의 적지 않은 고해자들이 거기로 몰려갔다고 한다)은 비텐베르크에서 제공한 완전면죄부의 '시장가'를 상승시켰음이 분명하다. 특별히 베드로 면죄부가 아니라 면죄 실제 일반을 반박하는 논제들을 만성절 축제 시점에 비텐베르크에서 공개함으로써, 루터는 처음부터 면죄부 판매자들과의 관계에서, 작센 선제후의 명령 혹은 지원을 받아서 마그데부르크 대주교에게 대항하여 95개 논제를 공표했다고 하는 독자적 입장을 취하고자 했다.[6] 루터는 왕조적 · 교회정치적인 표면적 이해 때문에 면죄에 반대하는 입장을 취했다는 의심에서 벗어났다. 그러므로 1517년 10월 31일이 알브레히트 폰 브란덴부르크에게 보낸 서신의 시점으로서 확실하고 비텐베르크에서 논제를 인쇄한 가장 늦은 시점으로서 개연성이 있으며, 이 날짜가 비텐베르크의 만성절 완전면죄와 내적으로 연관되어

6 루터가 자신을 비판하는 이들의 이런 항의를 예견했다는 것은 슈팔라틴(Spalatin)에게 보낸 (1517년 11월 초로 추정되는) 서신에서(WA.B 1, Nr. 50, S. 117~19, 특히 S. 118,9~14) 드러났다. 그러나 작센 선제후의 궁에서는 이미 10월 말에 루터가 면죄에 대해 어떻게 생각했는가를 알았으니, 그가 "성에서 행한" 설교에 근거해서였다(WA 51, S. 539,9).

있고 우연한 것이 아니라면, 논제를 일반적인 방식으로—형식적으로 스펙터클하게, 즉 게시를 통해서 공개한 것은 자명할 것이다. 이하는 이런 가설에서 출발한다.

한편으로는 비텐베르크에서 만성절 포르티운쿨라 면죄부에 대한 반박 논제 공개 시점 및 그것의 문학적 형태를 통해서 분명한 것은 면죄에 대한 루터의 비판이 신학적으로 원칙적이었고 개별 종교적 혹은 세속적 제후들의 일정한 금전적 이해를 넘어서 있었다는 사실이다. 다른 한편으로는 그가 1517년의 만성절 축제를 위태롭게 하지 않으면 비텐베르크의 면죄부 판매를 자신의 비판에서 예외로 만들 수 없었다는 것이 확실하다. 이 시점, 10월 31일 혹은 11월 1일에 루터는 기대되는 방문객 홍수 때문에 자신의 면죄 비판이 보다 큰 주목을 받을 것을 예상했을 것이며, 그러나 상응하는 인원 동원 단계가 전제되는 심각한 소란을 우려하지는 않았음이 분명하다. 이 밖에 소수의 방문객만이 논제의 난해한 라틴어 텍스트를 이해할 수 있었을 것이다. 그러므로 루터는 하나의 텍스트를 가지고, '여론'을 실제로 찾지 않고서도 여론에 나갈 수 있었다. 그런 한에서 루터가 악습의 학문적인, 근본적인 정화를 염두에 두었고 또한 자기 영주의 면죄부 판매도 자신의 비판에서 예외로 삼지 않았다는 의미에서 논제 게시는 의미심장하다. 교회사적 효과는, 논제 게시에서 나온 것이 아니라 도리어 오직 그것의 인쇄, 주교들에게 보낸 서신에서 나왔다. 규정상 도시의 '교회 문들에' 게시한 논쟁 논제들이 더 이상 주목받지 못했다는 것은 다른 데서도 증언되고 있다.[7]

루터의 95개 논제는 선동적인 성격이 없다. 그것은 학문 세계를 위해 작성된 것이었고 비텐베르크에서도 이런 사람들이 인지했을 것이다. 처

---

7 1522년 12월 30일 글라레안(Glarean, 본명은 하인리히 로리티Heinrich Loriti, 1488~1563)은 츠빙글리에게 바젤의 교회 문에("valvis templorum": Z7 [CR 94], S. 648,4f.) 게시된, "루터 및 새로운 이단자들을 반박한" 총장의 논제가 별로 주목받지 못했음을 보고한다. Heiko A. Oberman, *Werden und Wertung der Reformation*, Tübingen ^{3}1989, S. 191f. 참조.

음에는 여기에 대해서 거의 알려진 바가 없었다. 루터 자신의 진술에 따르면 그는 면죄의 의혹에 대해 주장하고자 한 바를 표현하고 공개적으로 진술할 각오가 되기까지 오랜 시간[8] 주저했다. 또한 이 사실은, 그가 10월 31일 내지 만성절 날짜를 의식적으로 선택했을 개연성이 크다는 사실을 말해준다. 마르틴 루더(Luder)로 태어나서 33년간 이 이름 아래 산 아우구스티누스회 수도사가 최초로 1517년 10월 31일에 '루테루스'(Lutherus)라는 새로운 이름 형태를 사용했다는 사실도 의도적으로 날짜를 선택했음을 방증한다. 루터는 그리스어 어원 — 엘레우테리오스(Eleutherios), '자유인' 혹은 '해방된 자' — 의 감추어진 비밀 이름에서 차용한 라틴어식 이름 형태로써 인문주의자의 방식으로 자기 이해를 표현했다. 그는 오랜 친구이자 수도회 형제 요하네스 랑에게 그리스도 안에서의 자유와 이 세상 권세 아래서의 종살이라는 바울적 변증법의 의미에서 이런 자기 이해를 다음과 같이 해석했다. "형제 마르틴 엘레우테리우스, 종이자 사로잡힌 자, 비텐베르크의 아우구스티누스회 수도사."[9] 형제 마르틴이 이 새로운 이름 형태 '루터'를 1519년 초까지 거듭 한 번씩 사용한 형태인 '엘레우테리우스'로부터 이해했고 특별한 신학적 의미와 결부했다는 사실은, 1517년 10월 31일에 그것을 역사적으로 최초로 사용한 것에 특별한 비중을 부여한다.

위에 언급한 근거들은 1517년 10월 31일을 루터가 자신이 행한 일을 통하여 특별한 의미를 부여한 날짜로 본다는 것을 가리킨다. 논제 게시가 후대 개신교의 기념 문화에서 종교개혁의 신호탄이 되었다는 것은 사실 자체와 루터 자신에게 일정한 근거점이 있다. 물론 이 날짜가 루터에게 가졌을 의미와 해석 때문에, 비텐베르크 동시대인들에게는 한 신학 교수의 논제 공개가 어떤 심상치 않은 일과 결부되지 않았다는 사실을 간과해서는 안 된다. 논제 게시에 대한 비텐베르크인의 즉각적 반

8 WA.B 1, Nr.48, 111,10; 138,9.

9 WA.B 1, Nr.521, 122,56f. (1517. 11. 11).

응에 대해서는 알려진 바가 없다. 또한 루터의 비판을 담고 있는 공적인 학문 형식은 면죄 문제에는 온갖 것이 불분명하거나 학문적 해명을 기다린다는 것을 알려주었다. 바로 여기에서 이 논제의 특별한 전략적 의미를 볼 수 있다. 루터가 서신을 보낸 교회의 권위들, 주교들에 대해서도 학문적 형식은 토론할 가치가 있는 사안(disputabilia)에 관해 — 이 사안을 명확하게(asserta) 진술하려 하지 않고 — 근본적인 비판을 진술할 수 있게 하는 저 솔직성을 유지했다.[10] 그런 한에서 1517년 10월 31일에 서로 중첩된 두 개의 전략적 지평, 논쟁 논제와 주교들에게 보낸 서신은 서로 연결되었다. 루터는 베드로 대성당 면죄부와 관련된 악습을 철폐하기 위한 구체적 조치를 경고할 수 있었고, 논제에 표현된 것처럼 이것을 면죄 이론의 신학적 불확실성의 근거로 설명할 수 있었다. 또한 그는 자신에 대해서는 학문적 문제를 학문적 해명으로 끌고 가기를 원한다고 주장할 수 있었다. 루터가 1517년 가을에 그러고자 했다면, 교회 개혁의 첫걸음은 그가 행한 것보다 더 용의주도하게, 신중하게, 그러나 또한 희망적이게, 모호하게 진행될 수 없었을 것이다.

1517년 10월 31일 내지 11월 1일의 시나리오는 반년 전에 있었던 비텐베르크 알러하일리겐 교회의 두 번째로 큰 축제일과 연관된 사건 — 알러하일리겐 교회의 수석 부제이자 신학 교수 안드레아스 루돌프 보덴슈타인, 일명 카를슈타트가 부활 후 두 번째 주일(1517년 4월 26일)에 알러하일리겐 교회의 연례적인 성물 전시회 전날에 계획 내지 실행한 151개 논제의 공개 및 게시 — 을 상기시킨다. 부활 후 두 번째 주일 다음 월요일에 교회에서 면죄 은총의 풍성한 보화를 획득할 수 있었으니, 물론 그 액수는 만성절의 완전면죄부 및 선제후령 작센 지역 밖에서 거래된 베드로 대성당 면죄부에는 못 미쳤다. 우선 성체 조각 하나에 대

10 루터가 1518년 2월 13일에 히에로니무스 스쿨테투스에게 보낸 서신, WA.B 1, Nr. 58, 특히 S. 139,38; S. 140,72: "non assero, ac disputo": Nr. 110, S. 242, 244f. 참조.

해서 40일간의 회개 징벌(Quadragene)을 포함한 100일간의 면죄를 얻을 수 있었다. 선제후의 수집물이 급속히 증가하였으므로 —1518년에 17,443점의 유물을 확보했다— 연옥 형벌 시간의 단축을 상당히 축적할 수 있었다.

루터가 어느 큰 축제일 전날에, 카를슈타트가 또 다른 큰 축제일 전날에 비텐베르크에서 라틴어 논쟁 논제를 가지고 등장했다는 정황은 우연일 수 없을 것이다. 두 경우는 학사 규칙으로 규정된 논쟁 유형에 집어넣을 수 없는 논쟁과 관계가 있다. 논쟁에는 1년에 1회 신학부의 모든 마기스터 내지 박사가 자유롭게 선택한 주제에 대해서 진행할 수 있는 **엄숙한 논쟁**(disputationes quodlibeticae)과 규정상 학기 도중 금요일 오전에 진행할 수 있는 **회람 논쟁**("교사와 학생들이 적극 참여하는 제한된 집단 안에서 공개적으로 거행되어야"[11] 하는, 학문적 학위 취득 자격을 위한 행사), 그리고 마지막으로 **학위 취득을 위한 논쟁**이 있다. 비텐베르크의 신학자 카를슈타트와 루터의 두 논쟁 중 어느 것도 실제로 일어나지 않았다는 사실은 그것들이 학사 규칙이 정한 틀에 적합하지 않았음을 확증한다. 두 경우에, 그때마다의 방대한 주제들에 대해 진술하기 위해서 비텐베르크 내에서, 그러나 또한 무엇보다 비텐베르크 밖에서 관심 있는 사람들을 끌어모아야 했다. 두 경우에 논쟁을 위한 시간이 언급되지 않았다. 분명히 비텐베르크나 인근 대학에서 관심 있는 사람들이 신청하고 나서 모든 세부적인 일이 저절로 이루어질 것을 기대했다. 따라서 학사 규칙상 규제되지 않은 논쟁 형식은 1517년 4월의 카를슈타트의 경우뿐

---

11 Ernst Wolf, *Zur wissenschaftsgeschichtlichen Bedeutung der Disputationen an der Wittenberger Universität im 16. Jahrhundert*, in: E. Wolf, *Peregrinatio*, Bd. 2: *Studien zur reformatorischen Theologie, zum Kirchenrecht und zur Sozialethik*, München 1965, S. 38~51, 특히 S. 41f.; Ulrich Köpf, *Martin Luthers theologischer Lehrstuhl*, in: Irene Dingel, Günther Wartenberg (Hg.), *Die Theologische Fakultät Wittenberg 1506 bis 1602*, Leipzig 2002, S. 71~86, 특히 S. 75. 해당 규정은 1508년 11월 15일자 신학부 학사 규칙에 있다. Walter Friedensburg, *Urkundenbuch der Universität Wittenberg*, Tl. 1: *1502~1611*, Magdeburg 1926, Nr. 23, S. 31~39.

만 아니라 10/11월의 루터의 경우에도, 의식화된 학문적·변증법적 다툼의 뚜렷한 역할 분담 안에서 권위에 근거한 논증에 의한 진리 발견의 일반적 구조를 넘어서도록 강제했다. 이 논쟁이 성립했더라면, 1519년 여름 비텐베르크의 신학자 루터 및 카를슈타트와 잉골슈타트의 도전자 요하네스 에크 사이에 라이프치히에서 실제로 일어난 것(226~32쪽 참조)과 유사한 특별한 행사가 되었을 것이다.

선례들

위의 두 가지 행사를 주도한 것의 선례를 찾는다면 이 시대에 잘 알려진 예, 즉 천재적인 조반니 피코 델라 미란돌라의 예를 생각할 수 있다. 그는 1486년 로마에서 모든 학자들과 토론하기를 원하여 각종 학문 분야에서 적어도 900개의 논제를 출판했다. 이 환상적인 계획은 이 논제들 가운데 13개에 대한 교황청의 유죄판결 때문에 성사되지 못했다. 비텐베르크에서는 경탄을 자아낸, 요절한, 계속해서 인쇄된 '조화의 군주' 피코(미란돌라 백작은 상이한 철학 학파들의 화해자로 불렸다)에 대해 알았고 그를 귀감으로 생각했다는 것은 확실한 듯하다. 30대 초반에 들어섰고 모두 한 번씩 이탈리아에 갔던 비텐베르크의 두 신학 교수의 논쟁 주도는, 히브리어학 연구를 고무하고 시작했을 뿐만 아니라 많은 다른 사람들과 달리 스콜라주의를 근본적으로 악평하지 않고 그들과 이성적인 대결을 추구했던 저 인문주의 학자의 귀감에서 배운 것이었을까? "국경에서, 모든 지중해적인 것에서 멀리 떨어져 있는"[12] "식민지 같은 작은 마을"[13] 비텐베르크 위에 피렌체의 유성이 반짝거렸을까? 그럴 가능성을 거의 배제할 수 없다.

2,000명 내지 2,500명의 주민과 소수의 대학생들로 이루어진, 차라리

---

12 Herbert Schöffler, *Die Reformation. Einführung in eine Geistesgeschichte der deutschen Neuzeit*, Frankfurt am Main o. J., S. 18.

13 같은 책, S. 21.

조용한 영방국 도시에 방문객의 홍수가 밀려오려는 시점에 카를슈타트와 루터가 각자 논쟁 논제를 가지고 등장했다는 사실은 우연일 수 없다. 그러나 루터와 카를슈타트의 '합동작전'은 배제해야 할 것이다. 비텐베르크의 친구들 중 아무도 그의 논쟁 주도에 대해 미리 알지 못했다는[14] 루터의 언급은 믿을 만하며 주교들에게 보낸 서신과 논제 인쇄로 이루어진 복잡한 행동 조직에 부합하고, 그러나 또한 이름을 비장하게, 고백자답게 루더에서 루터로 변경한 사실에도 부합하기 때문이다. 루터가 1517년 10월 31일에 행한 일은 다른 사람을 끌어들이지 않은 채 자신의 위험을 감수한 모험이었다. 또한 이런 사실은 루터가 이런 행보를 결정적인 것으로 생각했으며 뒤늦게 그렇게 느낀 것이 아니라는 가설을 확고하게 만든다.

카를슈타트와 루터가 각자의 논제를 통해서 보다 긴 정화 및 결정 과정을 종결하였으니, 카를슈타트는 스콜라주의 신학으로부터 궁극적으로 벗어나서 반(反)펠라기우스주의적 아우구스티누스로, 교부와 성서의 권위로 전향했음을 표명했고,[15] 루터는 널리 퍼진 교회 실천의 신학적 기초에 대하여, 면죄에 대하여 거리를 유지한 가운데 행한 다년간의 논평을 통해 준비된, 몇 개월 동안 베드로 대성당 면죄부 판매에 대한 실제적인 경험을 통해서 첨예화된 근본적 비판을 표명한 한에서, 양자 사이에는 또한 공통점이 있다. 그러나 1517년 4월 26일과 10월 31일 사이의 차이는 주목할 만하다. 왜냐하면 카를슈타트에게는 비텐베르크 학파의 신학적 기본 성향, 곧 아우구스티누스를 지향하는 것에 대한 보

14 루터가 1518년 11월 21일에 작센 선제후 프리드리히에게 보낸 서신, WA.B 1, Nr. 110, S. 245,358f.: "…… cum huius disputationis nullus etiam intimorum amicorum fuerit conscius".

15 In: Ernst Kähler, *Karlstadt und Augustin. Der Kommentar des Andreas Bodenstein von Karlstadt zu Augustins Schrift De Spiritu et Littera*, Halle 1952, S. 8~37. 해석에 관해서는 Hermann Barge, *Andreas Bodenstein von Karlstadt*, Bd. 1, Nieuwkoop ²1968, S. 75ff.; Jens-Martin Kruse, *Universitätstheologie und Kirchenreform. Die Anfänge der Reformation in Wittenberg 1516~1522*, Mainz 2002, S. 89ff. 참조.

다 폭넓은 공개 대화가 중요했기 때문이다. 이 점에서 그는 루터와 일치한다는 것을 알았다. 루터는 카를슈타트의 논제를 확산시키는 데에 가담했고 그것에 대해 분명히 적극적으로 진술했다. "그리스도가 키케로보다 소중한 것처럼, 성(聖)아우구스티누스는 키케로보다 훨씬 놀랍고 소중하다는 것이 우리 카를슈타트의" 논제이다![16] 그해 9월의 스콜라주의 신학에 대한 논쟁은 비텐베르크 학파의 이런 신학개혁적 성향을 명백히 표현해주었다.

그러나 루터의 면죄 논제는 아우구스티누스-바울의 은총신학의 윤곽을 선명하게 드러낸 또 다른 문서 이상의 것, 그것과는 다른 것이었다. 그것은 교회 실천에 대해 문제를 제기한 것이며, 또한 이로써 교회가 책임져야 할 부분에 대한 문제 제기였다. 루터는 마그데부르크의 대주교에게 보낸 서신에서 학문적 대화 관계를 분명히 넘어섰다. 그가 후에 대화를 필요로 하지만 확실하지 않은 사안을 진술했다고 회고했을지라도, 알브레히트 폰 브란덴부르크의 권위 아래 테첼이 실행한 면죄부 홍보의 이론과 실제를 자신은 무조건 고칠 필요가 있다고 생각한 것에 대해 추호의 의심도 갖지 않았다. 또한 주교들의 반응을 기다리지 않고서 자신의 논제를 유포했다는 사실은 그가 면죄에 대한 학문적 논쟁에 앞서 이미 면죄 실제는 더 이상 계속되어서는 안 된다는 것을 확신했음을 확증한다. 그러므로 모든 것은 루터가 자신의 행동의 의미에 대해 — 그 결과에 대해서는 아닐지라도 — 의식했음을 암시한다. 그가 개별적으로 행동했고, 자기 친구들의 지원을 확신하지 못했으며, 홀로 자신의 논거의 권위 및 '소명받은 신학 박사'[17](그는 대주교에게 보낸 서신에다 이렇게 서명했다)로서의 직무 의식의 권위, 그리고 교회에 대한 애

16 루터가 1517년 5월 6일에 크리스토프 쇼이를(Christoph Scheurl)에게 보낸 서신, WA.B 1, Nr. 38, S. 93~95, 특히 S.94,17~19.

17 루터가 1517년 10월 31일에 알브레히트 대주교에게 보낸 서신, WA.B 1, Nr. 48, S. 112,70f.: "Doctor S Theologie vocatus".

정(그는 교회가 상처받지 않기를 원했다)에 근거했다는 사실은 루터가 10월 31일에 지금까지의 활동의 성격을 벗어났음을 분명히 의식했다는 것을 전제할 때에만 납득할 수 있다. 논제 게시의 이른바 드라마적 성격이 아니라 신학적 통찰에 따라서 법적·목회적 책임이 귀속되는 자들에게 교회 행태의 변화를 경고하고 강력히 요구하며 이 요구를 공개적으로 표현한 대학교수의 의식적 행보는 10월 31일을 특별한 날로 만들었다. 루터는 면죄의 신학적·법률적 문제들에 몰두했고 자기 논제를 탈고하고 추측건대 인쇄에 부친 후에, 이 결정을 위해 투쟁했다. 10월 31일에 아우구스티누스회 수도사 마르틴 루터, 조용한 벽촌을 사랑했고 지금까지 자기 시대의 위대한 인물들의 경쟁을 멀리서 구경하기를 선호했던 그가 자신의 두려움을 극복하고 무대에 올라서서 **루터**가 되었다.[18]

95개 논제

면죄 논제의 서문은 전통적 방식으로 학문적 논쟁의 목적을 규정한 후에 목표를 이렇게 표명하였다. "사랑과 열성으로 진리를 밝히기 위하여",[19] 그리고 이를 위해서 이하 논제들은 루터의 사회 아래 토론되어야 할 것이다. 참석하여 논제에 대해 토론할 수 없는 자는 서면으로 진술하도록 요청되었다. 논제는 그리스도의 이름의 축복 아래 있었다. 또한 이 형식 요소도 관습적이었으나 논제 내용에 비추어서 결코 무의미하

18 루터가 *Resolutiones disputationum de indulgentiarum virtute*(1518)의 서문으로 슈타우피츠에게 보낸 헌정사에서의 자기 묘사 참조(WA 1, S. 526,33~35). 루터는 브란덴부르크 주교에게 보낸 서신에서(WA.B 1, Nr. 58, S. 135~41, 특히 S. 140,75~77) 면죄부 설교자들의 파렴치함과 무식함이 그로 하여금 두려움에 굴복하지 않도록(timore meo non cedere) 만들었다고 말한다. 그들이 도를 지나치지 않았다면, 아무도 조용한 벽촌에 있는 루터를 알지 못했을 것이다(nullus me praeter quam angulus meus cognovisse).

19 WA 1, S. 233,1: "Amore et studio elucidande veritatis".

게 보이지는 않는다. 왜냐하면 루터는 첫 번째 논제에서 자신의 지상적 선포의 처음에 있었고 모든 그리스도인의 삶에 목표와 방향을 주게 될 예수의 말씀으로 시작했기 때문이다. "우리 주님이요 스승이신 예수그리스도가 '회개하라'(마 4:17) 등을 말할 때, 그는 믿는 자의 온 삶이 회개가 되기를 바란다."[20] 또한 두 개의 마지막 논제는, 모든 그리스도인은 자신의 머리인 그리스도를 십자가, 죽음, 지옥에서 뒤따르고 이른바 면죄부라는 안전장치를 통해서가 아니라 고난을 뚫고 천국으로 들어간다는 것을 믿어야 한다고 역설한다. 그러므로 논제들이 예수그리스도의 이름으로 선포되었다는 것은, 논제가 그리스도를 지향한 삶, 십자가 추종을 중심에 두었고 이 메시지를 수사학적으로 그리스도 자신이 선포하는 형식으로 연출했다는 것을 암시한다.

루터는 그리스도인의 온 삶을 요구하는 현실로서의 회개를, 고해와 보속적 공로 행위로 구조화된 교회성례전적 고해 제도와 대립시킨다. 예수가 호소한 회개의 의미에서 참된 회개는 '육을 다양하게 죽임'[21]에서 효과적이 되는 자기부정을 의미하여야 한다. 루터는 이처럼 자기 자신의 죄성(罪性)을 인식함으로써 이루어지는 생각의 변화로서의 회개 이해가 metanoia(회개, 말 그대로 '사고의 전환')에 대한 그리스어 개념의 언어적 의미를 발견함으로써 확증되었다고 보았다.[22] 평생 동안의 회개 요구는 인간의 자기 증오(odium sui)[23]에서 실현되어야 할 끊임없는 신적 형벌에 부응한다(논제 1~4). 루터는 수도원풍으로 느껴지는 평생 동안의 자기부정, 끊임없는 십자가 추종으로서의 회개 이해를 그리스도인 실존의 기준으로 보편화했고, 이런 회개 이해를 고해성사 및 그것과 결부된, 면죄부를 통해 획득할 수 있는 일시적인 보속적 공로에 적용했

---

20 WA 1, S. 233,10f.

21 WA 1, S. 233,15: "varias carnis mortificationes".

22 *Resolutiones*에 실린 슈타우피츠에게 바치는 헌정문(1518. 5. 30), WA 1, S. 525, 24~30 참조.

23 WA 1, S. 233,16.

다. 교황은 오로지 그 자신이 부과한 형벌만 사면할 수 있다. 교회의 고해 형벌은 죽음을 넘어서까지 유효하지 않다(논제 8~13). 교황은 죄책(culpa)이 신 자신에 의해 용서된 한에서만 용서할 수 있다(논제 5~6). 왜냐하면 죄책의 용서는 오직 신에게 달려 있으므로 교회가 부과한 고해 행위를 통해서는 죄책을 제거할 수 없기 때문이다. 루터는 연옥을 죽음의 공포와 연결했다. 죽는 자가 불완전한 영혼 상태(savitas)에서 혹은 불완전한 사랑(charitas)을 가지고 죽는다면, 죽음의 공포가 엄습한다(논제 14~15). 연옥의 상태에 대해서 확실하게 알려진 것은 거의 없다. 교황은 죽음을 앞둔 죄인이 연옥에서 받아야 할 속죄받지 못한 형벌을 풀어줄 권한을 갖지 못했고, 이렇게 주장하는 면죄부 설교자는 오류를 범하였다(논제 19~22). 교황의 열쇠권은 죽음 이후 영역까지 확대되지 못하기 때문이다. 따라서 법적 구속력이 있는 교회제도적 수단을 통해서가 아니라 오로지 대도를 통해서만 연옥의 영혼에게 작용할 수 있다(논제 26).

이로부터 면죄부 판매에 대한 직접적 결론이 생겨난다고 루터는 생각한다. "동전이 돈궤에서 짤랑거리는 순간 영혼이 연옥에서 올라온다고 말하는 자들은 인간을 설교한다. 반면 확실한 것은, 동전이 돈궤에서 짤랑거리는 순간 물욕과 탐욕이 증가할 수 있다는 것이다. 그러나 교회의 도움은 오로지 신의 호의에 있다"(논제 27~28). 완전한 사죄의 확실성은 면죄부를 통해 얻을 수 없으며, 다른 것을 주장하는 자는 인간을 기만하는 것이다. 면죄 선물은 오직 성례전적 고해를[24] 통해 부과된 죄의 벌과 관계될 수 있기 때문이다. "참으로 뉘우치는 모든 그리스도인은 벌과 죄책에 대한 완전한 용서를 면죄부 없이 받은 것이다"(논제 36).

루터는 일부 논제에서, 면죄부는 참된 회개 의도에 불행한, 파괴적인 영향을 초래한다는 것을 지적한다. 이 밖에 면죄부는 '보통 사람들'로 하여금 면죄부가 사랑과 자비 행위보다 낫다고 믿게 만들므로 도덕적

24 WA 1, S. 235,3f.: "penas satisfactionis sacramentalis".

으로 문제가 있다. "우리는 그리스도인들에게 가난한 자에게 주거나 궁핍한 자에게 무언가를 빌려주는 자는 면죄부를 얻는 것보다 나은 일을 하는 것이라고 가르쳐야 한다"(논제 43). 루터는 일부 논제에서 스스로 교황을 대변한다. 교황은 면죄부의 재정적 이익보다는 경건한 기도를 바란다(논제 48). 교황이 면죄 설교자들의 공갈이나 다름없는 수법에 대해 알았더라면, 자기 교회를 양들의 가죽, 몸, 뼈로 세우기보다는 차라리 성(聖)베드로 성당을 잿더미로 만들었을 것이다. 교황은 면죄부 설교자들에게 돈을 강탈당한 자들에게 자신의 돈을 줄 준비가 되어 있다(논제 50~51). 루터는 교황을 수사학적으로 그리스도와 신의 말씀 편에 세웠고 교황을 면죄부 설교자와 대립시켰다. 즉, 루터는 교황이 교회의 진리와 동일시한 자신의 입장을 옹호한다고 주장한다. 루터는 복음의 선포에 대비해 면죄부의 중요성에 적절하게 등급을 매긴다고 할 때 교황의 견해가 무엇인지 정확히 알 수 있다고 주장했다. "교황의 생각은 반드시 한 번의 종소리, 한 번의 겉치레, 한 번의 의식으로 …… 면죄 의식을 올린다면, 백 번의 종소리, 백 번의 겉치레, 백 번의 의식으로 …… 복음이 선포되어야 한다는 것이 아닐 수 없다"(논제 55). 루터는, 교황이 면죄를 통하여 은사를 분배할 수 있다는 생각의 바닥에 깔린 교회의 보물(thesuarus ecclesiae) 이론을 근본적으로 문제삼았고 교회의 참된 보물인 복음과 대결시켰다(논제 62). 루터는 마그데부르크 대주교의 위임으로 행한 면죄부 홍보인들의 설교와 구체적으로 대결할 때, 교황청의 구원관에 대립하여 자신에게 자명한 그리스도교적 구원관을 극적으로 첨예화하였다. 면죄 설교자들이 교황의 문장으로 장식된 면죄 십자가가 그리스도의 십자가만큼이나 능력이 있다는 생각을 유포하는 것은 신성모독일 것이다(논제 79). 이와 유사한 논제에서, 얼마나 강한 종교적 갈등의 잠재력이 면죄 문제에 내재하고 여기서 폭발할 것인가를 깨달아야 한다. 인근에서 선동가들이 선전하는 면죄는 루터에게는 그리스도교의 가장 신성한 근본원리, 즉 십자가를 통한 속량, 회개를 통한 추종, 능동적 사랑의 의무를 근본적으로 문제삼게 만드는 것이었다.

루터는 면죄 문제의 핵심이 교황 문제라는 것을 일련의 학자들 및 '보통 사람들'의 비판적 항변을 수용함으로써 분명히 했다(논제 81). 95개 논제 결론부의 이런 문제들의 목록(논제 81~91)은 루터가 시대의 맥박을 느꼈고 주민들 사이의 정서를 수용하거나 상상할 수 있었음을 보여준다. 이 문제는 교황이 이끄는 구원 기구로서의 교회의 핵심을 향해 있기 때문이다. 교황은 어째서 사랑을 위하여 모든 영혼을 해방하지 않고 오직 몇몇 영혼을 돈 때문에 해방하는가? 죽은 자들이 면죄를 통해서 이미 속량받았다면 어째서 계속하여 죽은 자를 위한 미사를 드려야 하는가? 신자들의 영혼의 구원만이 교황에게 중요했다면, 교황들은 어째서 정기적으로 전임자의 면죄를 무효화했는가? 이런 식의 항변을 논리를 통해 잠재우는 대신 폭력으로 억누르려는 것은 교회와 교황을 적들의 조롱거리로 만드는 것이며 그리스도인을 불행하게 만드는 것을 뜻한다고 루터는 생각한다(논제 90). 이것이 또한 루터의 관심사였다. 그는 자신의 논제 내지 그것과 관계되는 논쟁을 통하여 교회 및 교황에게 미치는 피해를 제거하기를 바랐고, 또한 신뢰성의 문제를 극복하기를 바랐다. 교회는 마그데부르크 대교구에서 판매되는 베드로 대성당 면죄부의 바탕을 이룬바, 구원 경륜상 완전하다는 면죄 실제로 말미암아 신뢰성의 문제에 빠졌다.

구석진 자기 자리에서 기어 나왔으며 더 이상 침묵할 수 없고 침묵하려 하지 않는 남자, 어떤 뉘우침도 보이지 않고 면죄부에 근거하여 사죄를 바란 순진한 신자들의 영혼을 파괴하는 경박성에 경악한 남자, 자기 자신에게, 그러나 또한 다른 엄격한 종교적·윤리적 기준에 의지하곤 했던 이 진지한 수도원식 회개신학자에게 각종 유희적인 아이러니들이나, 에라스무스의 저작으로 여겨지는 교황 율리우스 2세가 천국에서 배제된다는(*Julius exclusus*) 풍자적인 대화에서 그렇게 대가답게 희화화된 것처럼[25] 성직자의 이중 윤리를 해학적으로 다루는 것은 무척 낯선 일

25 루터가 우선 필사본으로 회람된 대화편 *Julius exclusus*를 알게 된 것은 늦어도

이었다. 이 순수한 '루터'는 교회를 믿었고, 교황을 믿었고, 그의 생각에 무책임한 홍보가들이 어머니 교회의 거룩한 치마를 더럽힌 오점을 제거하려 했고, 교회를 구하려 했다. 루터가 자신의 논제에서, 한편으로는 교황의 입장을 자신의 말로 표현하고 다른 한편으로는 교황에게 적대하는 신랄한 항변을 수용함으로써 드러낸 솔직함은 이 기구의 이상에 대한 믿음, 이 교회에 대한 애정으로 깊이 물들어 있는 자에게만 가능한 것이었다.

루터가 1517년 가을에 신뢰성의 위기에서 교회를 구하려고 했을 때, 그가 말하고자 한 것을 성직 엘리트 측에서 위협으로 느낄 수 있다는 것, [교회를] 구출하려는 자가 위험이 될 수 있다는 것을 그는 — 모든 양심적 행위자처럼 — 상상할 수 없었다. 그가 이후 판단한 것처럼, 교황청의 교리에 취해 있고 그 교리로 완전히 차 있으며 뜨거운 열정으로 모든 공격자와 원수들에게 대항하여 그것을 수호할 준비가 되어 있는[26] 자의 순진함 없이는 루더는 루터가 되지 못했을 것이다. 자신의 개인적 유익을 구하지 않은 작센의 탁발 수도사로 하여금 교황 교회를 수호하게 만든 교회에 대한 애정에서 나온 진지한 합리성은, 자신에게 대항하여 교황청을 보호하고 자신의 유익을 추구했던 저 사람들의 냉정한 계산과 구별된다.[27]

1517년 11월 초인 것이 확실하며, 따라서 아마도 그가 면죄 논제를 작성하던 시기에 해당된다(WA.B 1, Nr. 50, S. 117～19 참조). 에라스무스는 대화편을 이미 1513/14년에 집필했다. 1516년에 이것은 바젤의 친구들 사이에서 알려졌고, 보니파티우스 아머바흐(Bonifatius Amerbach, 1495～1562)는 이것을 필사했다. 최초의 알려진 인쇄본은 1518년에 나왔다. Erasmus von Rotterdam, *Ausgewählte Schriften*, hg. v. W. Welzig, Darmstadt 2006, Bd. 5, S. Xff. 참조.

26 WA 54, S. 179,24～27 참조.

27 WA 54, S. 179,28～31 참조.

베드로 대성당 면죄부와 알브레히트 폰 브란덴부르크의 책임

1545년을 회고할 때 루터에게는 다음이 명백했다. "모든 책임은(tota culpa) 마인츠인에게 있었으니, 그가 면죄부를 통해 획득한 돈을 구하기 위해서 내 가르침을 억압하려 함으로써, 그는 자신의 간계와 교활성에 의해 오류에 빠졌다."[28] 종교개혁의 원인을 재정적 이기심에서 비롯한 가장 강력한 독일 교회 제후의 실수로 돌리려는 이런 일방적인 판단이 복잡한 사건 및 결정 관계에 거의 타당하지 않다는 것은 자명하다. 그럼에도 불구하고 이 판단은 면죄 논쟁의 초기에 핵심적이었던 특별한 개인적 정황에 대한 적확한 기억을 내포한다. 후작 알브레히트 폰 브란덴부르크(1490~1545)는 1513년 이래 교회법상 규정된 최소 연령을 거스르고 마그데부르크의 대주교이자 주교구 할버슈타트(Halberstadt)의 대리인, 마침내 1514년 이래 ─ 교회법의 구속에 반하여 ─ 마인츠의 대주교가 되었고, 자신의 대교구에서 레오 10세가 8년간 승인한 베드로 대성당 면죄부의 총관구장 역할을 하였다(1515년 3월 31일 레오 10세의 면죄 교서*Sacrosanctis*, 그림 6). 그 자신은 로마의 베드로 대성당 신축을 위한 면죄부 홍보에 대해 개인적인 관심을 가졌다. 왜냐하면 이 홍보는 그가 교회법에 위배되는 성직 양도로부터 면제된 대가를 금전으로 변제하기 위해 로마에 납부해야 할 특별사면료를 충당하기 위해서 푸거가(家)에서 빌린 약 2만 9천 굴덴의 빚을 갚는 데 도움이 될 것이었기 때문이다. 금전 거래에 관해서, 이미 5만 굴덴으로 예상되어 있었던 면죄부 판매 수입은 남독일의 금융가 푸거가의 관리인에게 돌아가는 것으로 합의되었다. 수입의 절반은 새로운 베드로 교회의 건축 계획에, 다른 절반은 브란덴부르크인의 채무를 변제하기 위해서 푸거가로 흘러가게 되었다. 루터는 당연히 비밀이었던 이 금전 거래 합의를 면죄 논쟁 초기

28 WA 54, S. 185,5~7.

ALBERTVS·MI·DI·SA·SANC·
ROMANE·ECCLAE·TI·SAN·
CHRYSOGONI·PBR·CARDINA·
MAGVN·AC·MAGDE·ARCHI·
EPS·ELECTOR·IMPE·PRIMAS
ADMINI·HALBER·MARCHI·
BRANDENBVRGENSIS
SIC·OCVLOS·SIC·ILLE·GENAS·SIC
·ORA·FEREBAT·
·ANNO·ETATIS·SVE·XXX·
·M·D·XX·

그림 6 알브레히트 폰 브란덴부르크 추기경
(대大루카스 크라나흐의 동판화, 1520년)

에는 전혀 알지 못했다. 마인츠 주교좌를 인수한 후 이제 7명의 선제후 중 두 선제후가 벌인 베틴가(家)와 호엔촐레른가(家) 사이의 가문 경쟁이 면죄 논쟁이라는 종교개혁의 초기 역사의 구조 축을 이루었다. 이전에 선제후 프리드리히의 동생 에른스트 폰 작센 아래서 베틴가의 수중에 있었던 마그데부르크 대교구가 이제 브란덴부르크가(家)에 넘어갔다는 것은 루터의 영주에게는 특히 가슴 쓰라린 사실이었다. 대주교 영주에 대항하는 고(古)도시 마그데부르크의 자치 노력을 지지한 선제후의 지원 정책에서(1524년 이것은 최초의 대도시 개혁을 가능케 했다) 제후 가문의 경쟁심이 지속적으로 영향을 끼쳤다.

테첼의 면죄 설교

마그데부르크 대교구에서의 면죄 설교의 책임을 맡은 두 명의 부(副)관구장 중 한 사람은 도미니쿠스회 수도사 요하네스 테첼(1465경~1519)이었다. 그는 1504년에서 1510년까지 여러 독일 땅과 교회 지역에서 독일 수도회를 위한 면죄 설교자로, 그리고 또한 폴란드와 작소니아(Saxonia) 지역에서 종교재판관으로 활동한 경험 많은 인물이었다. 1516년 그는 이미 면죄 홍보의 부관구장으로 마이센 주교구에서 일했고, 따라서 능력이 입증된 전문가였으며, 이에 합당하게 많은 보수를 받았다—대주교는 그와 그의 부대를 위해서 월 300굴덴을 지출해야 했다. 1517년 『총괄 지침』(*Instructio summaria*)이 부관구장, 고해 신부, 면죄 설교자를 위한 지침으로서 대주교 알브레히트의 권위로 출판되었다. 이것은 마그데부르크 대교구와 할버슈타트 주교구에서, 면죄를 어떻게 팔아야 하고, 언제 수여해야 하며, 어떤 은사가 들어 있는지를 정했다. 95개 논제와 1517년 10월 31일자 알브레히트에게 보낸 서신에서 나타난 대로, 면죄에 대한 루터의 대결은 면죄 교서(1515년 바젤 및 라이프치히에서 인쇄) 및 『총괄 지침』에 대한 지식을 전제로 한다. 그러나 이 밖에 그는 간접적으로 들은 테첼의 면죄 설교에 대한 정보와 또한 비텐베르크의 고해자들에게 끼친 면죄부의 영향에 대해 직간접적으로 겪은 개인적 경험을 접합했다.[29] 도시에서 도시로 이동했으며 우리가 아는 바에 따르면 적지 않은 주목을 받았던 테첼과 그의 부대가, 대주교의 지침을 통해 제공된 은혜의 도를 근본적으로 넘었다는 암시는 전혀 없다. 지침이 대부분 1515년에 출판된 교황청 면죄 관구장 조반니 안젤로 아르침볼디(Giovanni Angelo Arcimboldi, 1485경~1555)의 지침서에 의존했으므로, 1517년 초부터 판매된 특별한 은혜의 선물을 과도하게 강조할 이유는 없었다. 어쨌든 "『총괄 지침』이 사용한 과대광고식 최상급 표현들"은 이탈리아의 샘플을 초과했다.[30] 즉, 그것들은 신자들로 하여금 결코 존재하지 않는, 더 나은 것이 있을 수 없고 그런 한에서 포기할 수 없는 특별한 구원의 선물, 산 자와 죽은 자를 위한 영적 양식이 거래되는 것으로 믿게 만들었다.

베드로 대성당 면죄부가 제공한 은총

사람들이 획득할 수 있었던 네 가지 중요 은총보다 실제로 더 나올 것은 없었다. 첫 번째는 연옥에서 속죄해야 할 모든 죄책과 모든 징벌의 완전한 면제로서, 따라서 그것을 받는 자는 하늘 낙원의 입장이 확실하다. 두 번째는 그것을 획득한 자에게 고해 신부를 자유로이 선택할 수 있는 권한을 주고, 고해 신부에게는 "일생에 한 번, 죽음의 순간에"[31] 모든 무거운 죄를, 사도좌에 유보되어 있는 경우조차 사면해야 하고 온갖 종류의 서약을 다른 경건한 행위로 바꾸며 아무 조건 없이 성찬을 베풀어야 할 의무를 부과하는 고해장(confessionale)이다. 세 번째는 금전적

29 1541년의 교훈적·회고적 서술은 *Wider Hans Worst* 참조(WA 51, S. 538,29~540,19). Lothar Vogel, *Zwischen Universität und Seelsorge. Martin Luthers Beweggründe im Ablaßstreit*, in: ZKG 118 (2007), S. 187~212는 프리드리히 미코니우스(Friedrich Myconius, 1490~1546)로부터 시작해서 고해 사제로서의 루터의 책임이라는 주제를 면죄 비판의 동기로서 재구성한다.

30 Fabisch, Iserloh, *Dokumente* (Anm. 3), Bd. 1, S. 250.

31 같은 책, S. 267에서 인용: "semel in vita et in mortis articulo".

공로를 행하는 모든 인물 내지 그의 친척들에게 교회의 영적 보물에 참여할 수 있는 권한을 약속하는 것이다. 두 번째와 세 번째 중요 은총을 받은 경우 고해도, 홍보문에서 표시된 교회를 방문하는 것도 필요하지 않고 오직 고해장을 구매하는 것만 필요했다. 네 번째 은총은 죽은 자의 영혼을 연옥에서 해방하는 것과 관계되었다. 이 은총은 역시 뉘우침이나 귀에 대고 말하는 고해 없이, 다만 돈궤에 [금전을] 투입하는 것만으로 효력이 있었다. 이 은총을 위해 특히 집중적으로 홍보했다. 이 은총은 분명히 가장 급속한 증가율을 약속했다. 왜냐하면 죽은 자를 위한 면죄는 어느 정도 새로운 일이었기 때문이다. 또한 자신에게 제공된 은총을 게을리하면 오히려 자신에게 해가 될 것이라는 경고는 아르침볼디의 샘플을 넘어서는 것이었다. 그러므로 구원의 선물이 아니라 대주교의 지침에 명시적으로 포함된, 신도들을 대상으로 특별히 공격적인 홍보 전략에 대한 지시들은 일상적으로 통용되는 것을 어느 정도 뛰어넘는 것이었다.

물론 빈털터리를 단순히 돌려보내서는 안 되며 돈을 투입하는 대신 기도와 금식으로 상쇄할 수 있음이 전제되었다. 그럼에도 불구하고 본래의 목적은 물론 교회 건축이라는 경건한 사업을 위해서 가능한 한 조달할 수 있는 모든 재정적 자원을 동원하는 것에 있었다. 그런 한에서 돈을 조달할 수 있거나 마련할 수 있는 사람은 누구도 양심껏 지불을 거절해서는 안 되었다. 거대한 구원 사업 배후에 도사리고 있었던 재정적 관심은 지침에 비추어봤을 때 특히 간과할 수 없었다. 테첼은 분명히 면죄 판매에서 과대광고적 요소를 분명하게 드러내기에 적당한 인물이었으며, 그는 이 과업을 맡는 데 효과적인 인물이었다. 이것이 아마도 대주교 알브레히트가 "그를 고용한 대가가 매우 비싸다"[32]고 느꼈을지라도 그를 고용한 이유였을 것이다.

32 알브레히트 폰 브란덴부르크가 1517년 12월 13일에 할레(Halle)의 추밀원에 보낸 서신, Fabisch, Iserloh, *Dokumente*, (Anm. 3), Bd. 1, S. 307에서 인용.

루터와 베드로 대성당 면죄부

1517년 4월 10일에 테첼은 선제후령 작센 밖 비텐베르크 인근에 있는 체르프스트(Zerbst) 옆 위터보크(Jüterbog)에 머물렀다. 이 시기에 루터는 최초로 자신에게 몰려온 비텐베르크 민중의 이야기를 듣고 테첼의 설교를 접하게 되었다. 수년 후 루터는 그때 들은 것을 회고했다. 테첼은 다음과 같이 말했다고 한다.

> 어떤 사람이 거룩한 동정녀 마리아, 신의 어머니를 능욕하거나 임신시켰을지라도, 자신은 교황으로부터 은총과 권한을 얻었으므로, 그 사람이 돈궤에 합당한 금전을 넣는 순간, 그 죄를 용서할 수 있다. 또한 교황의 문장이 붙은 면죄부의 붉은 십자가는 그리스도의 십자가만큼 능력이 있다. …… 또한 그는 천국에서 성(聖)베드로와 바꾸지 않을 것인데, 왜냐하면 베드로가 설교로써 행한 것보다 많은 영혼을 면죄부로 속량했기 때문이다. 또한 어떤 사람이 연옥에 있는 영혼을 위해서 돈을 돈궤에 넣으면, 동전이 바닥에 떨어져 딸랑거리자마자 영혼은 하늘로 오를 것이다.[33]

대주교 알브레히트의 면죄 지침을 조사해본 결과 루터에게는, 어느 정도 과장된 면이 있음에도 불구하고 테첼의 설교의 본질은 신학적·법적으로 지침을 따랐음이 분명해졌다. 그러므로 테첼에게 대항하는 것은 불가피하게 최강의 교회 제후에게 도전장을 내미는 것을 뜻했다.

1517년 10월 31일의 서신의 직접적 결과 및 대주교 자신이 교황청에 이단 재판을 요청한 사실에서 볼 때, 루터의 주저와 망설임이 근거가 있었음을 알 수 있다. 그리스도교계의 진리의 최고 법정인 교황이 자기편에 있거나 분쟁에서 자신을 편들 것이라는 확신이 없었더라면, 그는 이 서신을 쓰지 않았을 것이다. 루터의 종교개혁은 이 중대한 착각, 이 깊은 환멸과 자기 교회에 대한 애정에 근거한다.

33 WA 51, S. 539,14～25.

대주교에게 보낸 루터의 서신은 필자의 수사학적 탁월함의 인상 깊은 예이다. 이 서신은 겸손과 겸양의 표현으로 점철되어 있는바, 이것은 루터의 수도사 신분에 부합하는 동시에, 경외해야 하고 관대하며 존경해 마지않는 아버지께 드리는 서신의 '뻔뻔함'[34]과 대담함에 부합한다. 또한 서신은 논증 측면에서 전술적이다. 일차적으로 면죄부 설교자를 장황하게 비판하지 않고, 도리어 그들이 민중에게서 목표로 한 것의 치명적인 결과를 상세하게, 관계되는 정보들을 원용하여 적시했다.[35] 고위 성직자의 탐욕을 공개적으로 낙인찍는 대신 그에게 위임된 영혼들의 구원에 대한 그의 책임을 역설했다. 또한 위협적인 어조를 숨기지 않는다. 대주교가 이 영혼들에게 답변해야 할 변명의 책임이 점차 준엄해지고 중해진다.[36] 면죄부가 암시하는 구원의 넓은 길에 전율과 떨림을 통한 복락의 좁은 길을 대립시키는 성서 말씀에 근거하여 신학적 근거를 제시한다. 주님은 복되다는 것이 얼마나 어려운지를 도처에서 선포한다. 그러므로 자비 행위가 면죄부보다 훨씬 낫다는 것을 가르치는 대신, 면죄부를 통해 "백성을 두려움 없이 안전하게 만드는"[37] 것은 무슨 스캔들이며, 얼마나 무책임한 불(不)경건인가! 그리고 비텐베르크의 수도사는 주교들을 질책한다. 여러분의 유일한 직무는 백성에게 복음과 그리스도의 사랑을 가르치는 것이다. 복음에 대해 침묵하고 사기적이면서 기만적인 면죄부를 선전하게 하는 것은 얼마나 '경악'스러운 일이며, 주교에게 얼마나 위험한 일인가![38]

그다음으로 루터는 알브레히트의 이름 아래 회람되는 불길한 면죄 지침에 대해 언급한다. 수사학적으로 노련하게 그는 면죄 지침이 대주교의 의지와 무관하게 부지불식간에 유포되었다고 가정한다. 그리고 그

34 WA.B 1, Nr. 48, S.118,8: "temeritas".

35 같은 책, S. 111,17: "falsissimas intelligentias populi".

36 같은 책, S. 111,25f.: "durissima ratio".

37 같은 책, S. 111,34: "securum & sine timore".

38 같은 책, S. 111,43.

것의 치명적인 오류 몇 가지를 인용한 후, 더욱 강조해서 다음 결론이 불가피함을 말한다. 알브레히트는 문제의 지침을 회수하고 다른 설교 지침을 통지해야 한다. 이렇게 하지 않을 경우, 아마도 누군가 들고일어나서 인쇄물을 통해서 저 졸작을 반박할 것이니 대주교에게는 큰 수치가, 교회에는 해가 될 것이다. 루터는 그것을 두려워하며, 그렇기 때문에 자신은 글을 쓴다. 이런 일이 일어나지 않게 하기 위해서 즉시 도움을 주어야 한다. 교회의 신실한 종, 대주교의 양떼의 한 사람으로서 헌신적인 수도사는 자기 자신을 통해서 벌어진 일을 막기 위해서 개입한다. 대주교가 지금까지의 형태의 마그데부르크 면죄부 판매를 중지하지 않는다면 이에 문서로써 대항할 이 '누구'(aliquis)[39]로 루터가 이미 자기 자신을 염두에 두었는지는 불확실하다. 그는 대주교에게 서신을 통해 회개를 호소했는데, 예수의 회개 명령에 따라서 그렇게 한 것이었다. 즉, 그는 진술해야 할 바를 우선 대주교에게만 전달했다. 어쨌든 성서에 이 절차에 관해서 약속하고 있다. "그가 네 말을 들으면, 너는 형제를 얻은 것이다"(마 18 : 15). 그를 얻기 위해서, 자기를 부인하거나 사실을 배신하지 않은 채 가능한 모든 일을 행했다. 루터는 대주교가 자신의 이름으로, 그리고 자신의 권위로 일어난 일을 알지 못했다고 가정함으로써, 그가 체면 손상 없이 후퇴할 여지를 주었다. 그럼에도 불구하고 루터는 그가 자신의 말을 반드시 들을 것이라는 점을 의심하지 않았다. 첨부한 95개 논제와 서신에서 더 이상 상세히 언급하지 않은 면죄에 대한 논설[40](이것은 95개 논제보다 훨씬 분명하게 탐욕을 면죄부 판매의 추진력으로 질책했다)은 교회 제후로 하여금 이 사업의 문제성을 통찰하고 그리스도교 교리와 도덕을 위태롭게 할 가능성을 방지하는 조치로 돌아가는 데 도움을 주기 위함이었다.

면죄부를 선전하는 자들이 부근에서 제공한 치명적인 '완전 보증'은

---

39 같은 책, S. 112,57.

40 WA. B 12, Nr. 4212a, S. 2~10.

고해 제도의 의미를 빼앗고 교회 성례전을 통한 구원 제공을 위태롭게 할 뿐만 아니라 그리스도교적 사랑의 종교적 동기를 죽이려고 위협하였다. 완전면죄는 루터에게 '생소한'[41] 것으로서, 곧 위험하고 거짓된 가르침이었다. 즉, 이것은 교회의 전통적 교리와 행위의 신뢰성을 근본에서 위태롭게 했다. 루터는 면죄부가 제공한 환상 같은 사후의 구원 은총을 교황의 열쇠권을 통해서 책임 있게 중재하는 전권을 부인함으로써, 교황을 이 교회 교리의 완전한 부패에 대한 책임으로부터, 그리고 이것과 결부된 근본적인 신뢰성 상실로부터 면책해주었다. 이미 사람들은 술집에서 사제들의 탐욕에 대한 탄식, 열쇠의 직무 및 교황들의 착취로[42] 말미암은 열쇠권의 남용에 대한 경멸적 발언을 들을 수 있다고 그는 보고한다. 즉, 오래전부터 알려진 반(反)성직주의에 관한 이야기를 들을 수 있다는 것이었다. 한 사람이[43] '젊은 혈기로' 분발하여[44] 사도적 권위를 섬기기 위해서 이에 대항하고자 했다. 그러나 아우구스티누스회 수도사의 구원 작전은 실패했다. 사건은 다른 방향으로 흘러갔다.

초기 반향과 첫 번째 논쟁

1517년 만성절 직후에 이미 루터에게는 켐베르크(Kemberg)로 가는 도중 비텐베르크의 법률가 히에로니무스 슈르프(Hieronymus Schurff)와

41 사도좌의[즉, 교황청의] 면죄에 대한 생소하고 들어보지 못한 가르침에 관한 루터의 언급, WA.B 1, Nr. 58, S. 138,5 참조. 비슷하게 그는 슈타우피츠에게 면죄부 장사치의 생소한 나팔 소리에 대해 말한다. "clangere nova indulgentiarum classica et remissionum buccinae", in: WA 1, S. 526,16. 루터는 레오 10세에게 그의 이름으로 일어난 희년면죄 선포를 불경스럽고 이단적이라고 표현했다. "impiissima haereticaque", in WA 1, S. 527,31.

42 WA 1, S. 528,16ff.

43 WA 1, S. 528,28: "unum".

44 WA 1, S. 528,19: "iuvenili calore".

나눈 대화에서 최악의 사태가 벌어질 것임이 분명해졌다. 20년 후에도 그는 다음의 대화를 분명히 기억했다. "'그대는 교황에게 적대하여 반박하려 하는가? 그대는 무엇을 하려 하는가? 사람들은 감당하지 못할 것이다.' 이에 내가 대답했다. '사람들이 감당해야 한다면, 어떻게?'"[45] 이 기억은 대결의 시초는 '힘들었다'는[46] 언급과 연결되어 있다. 이것은 교황청과의 위협적 대결이 루터를 '힘들게 만들었고' 그의 행동에 부담을 주었다는 뜻으로 해석될 수 있다. 그러나 분명히 그는 처음부터 자신의 면죄 비판의 참됨에 의지하여, 그리고 교회 교리 및 결정의 최고 법정은 결국 이 진리 편에 설 것이라는 확신에 의지하여 사태를 돌파하고자 하였다.

논제의 초기 유포

루터의 95개 논제가 신속히 유포되었다는 사실은 그 자신에게도 불가사의(miraculum)로[47] 보였다. 왜냐하면 우리가 아는 한 그는 이런 일에 대해서, 그리고 학문적 논쟁에 거의 대비한 것이 없었기 때문이다. 그는 주교들 외에도 슈팔라틴과 에르푸르트의 랑에게 논제를 발송한 듯하다.[48] 어쨌든 우리는 비텐베르크 알러하일리겐 대성당의 합창 지휘자 울리히 폰 디슈테트(Ulrich von Diestedt)가 뉘른베르크의 크리스토프 쇼이를(Christoph Scheurl, 1481~1542)에게 논제를 보냈다는 것을 안다. 이것은 분실된 비텐베르크 원판이 존재했음을 암시한다. 쇼이를은 우선 논제 유포에서 가장 중요한 '핵심'이었다. 1518년 2월 그는 루터에게 그의 논제의 성공에 대해 보고하면서 뉘른베르크에서 출간된 라틴어본과 독일어 번역본을 발송했다. 인문주의자들 간의 커뮤니케이션망

45 WA.TR 3, Nr. 3722, 특히 S. 565,33f.; S. 564,16~18; S. 566,6f. 참조.

46 WA.TR 3, 564,13; 565,30의 다른 독법: "schwächlich".

47 WA 1, S. 528,38.

48 WA.B 1, S. 118,9ff.(불분명하다지만 S. 141,6ff.은 이것을 지지하는 듯하다); WA.B 1, Nr. 52, S. 121,4ff.(분명하다).

에서 루터의 논제는 확고부동하게 수용되었다. 루터는 쇼이를에게 자신이 어째서 그에게 논제를 이전 글들과 달리 보내지 않았는지 설명해야만 했다. 루터는 자신이 비텐베르크나 그 부근에 거주하는 소수의 학자들과 먼저 토론하고 나서 출판하려 했다고 변명했다.[49] 루터는 독일어 번역본 때문에 자신의 논제를 후회했다. 왜냐하면 그 형식이 민중을 가르치기에 적합하지 않았기 때문이다. 뉘른베르크 인쇄본 외에도 1517년 12월에 95개 논제의 다른 판들이 라이프치히와 바젤에서 출간되었다는 것을 루터는 알지 못했다.

주교들에게서 자신의 논제에 대한 지지를 얻으려는 루터의 기대가 전혀 틀린 것은 아니었다. 이것은 95개 논제가 출간되고 몇 주 후 고문관 체자르 플루크(Cäsar Pflug, 1450/55~1524)가 자신의 영주 게오르크 폰 작센에게 보낸 서신에서 전한 소식에서 드러났다. 이 서신에 따르면, 메르제부르크(Merseburg)의 주교 아돌프 폰 안할트(Adolf von Anhalt, 1458~1526, 재위 1514~26)는(루터는 대주교와 브란덴부르크 주교 외에 그에게도 서신을 보낸 듯하다) 플루크와의 대화에서 이렇게 말했다고 한다. "비텐베르크 아우구스티누스회 수도사가, 몰려가서 완전면죄의 은총을 구한 불쌍한 사람들에게 테첼의 사기에 대해 경고하고 내린 결론이 여러 곳에 게시된 것이 주교 성하의 마음에 들었다. 이것은 은총을 중지시킬 것이다."[50] 1517년 11월의 이 정보에서 추론할 수 있는 것은, 논제가 급속히 주목을 받았고, 어떤 주교는 논제 및 그것이 미친 결과에 대해 한없이 동의할 수 있었으며, 또한 게오르크 공작도 논제 유포에 참여한 듯하다는 것이다.

49 WA.B 1, Nr. 62, S. 152,6~10.

50 체자르 플루크가 1517년 11월 27일에 게오르크 폰 작센에게 보낸 서신, Felician Gess (Hg.), *Akten und Briefe zur Kirchenpolitik Herzog Georgs von Sachsen*, 2 Bde., Leipzig und Berlin 1905~17 (Nachdruck Köln und Wien 1985), Bd. 1, S. 28f.

테첼의 저항

대주교의 활동뿐만 아니라 주제의 폭발력, 그리고 또한 즉각 시작된 테첼 및 그의 동역자들의 반대가 그 저자에게는 점차 부적합하게 보인, "모호하고 수수께끼처럼"[51] 형언된 논제의 유포를 촉진한 듯하다. 대주교는 "주제넘은 수도사의 건방진 시도"에[52] 대항하여 재판 절차를 시작했고 12월 초에 이미 자신의 대주교구 마인츠의 신학부에 논제에 대한 소견서를 요청했다. 1518년 2월 이후 논제의 신속한 유포에 대한 소식이 쇄도했다. 1518년 1월 20일 이미 프랑크푸르트 안 더 오더(Frankfurt an der Oder)에 있는 브란덴부르크 영방대학에서 그곳에 갓 등록한 테첼이 주관한 토론이 열렸다. 토론 논제는 테첼에게서 방어하도록 위임받은 이 대학교의 권위 있는 신학자 콘라트 빔피나(Konrad Wimpina)에 의해 작성되었다. 훈련받은 종교재판관이 루터의 이단을 비난하기를 주저하지 않았고 교황의 권위 문제를 중심에 놓았다는 사실은 놀라운 일이 아니다. 늦어도 1518년 5월에 이 106개의 논제가 비텐베르크에 소개되었다. 테첼에 의해 파견되었다고 전해지는 할레 출신 서적상이 이것을 판매했다. 몇 권이 판매되었고 나머지는 강탈되었다. 800부로 추정되는 책들은 대학생들에 의해 시장터에서 소각되었다. 루터는 제후도, 시 참사회도, 총장도, 교수들도 이 행위에 대해 알지 못했고 또 승인한 적이 없었다고 맹세했다.[53] 그는 대학생들의 행위가 마음에 들지 않았다. 한 금식 설교에서 그는 공적으로 자신은 이 행위와 무관하다고 선언했다.[54] 그가 자신의 에르푸르트 교사 요도쿠스 트루트페터(Jodocus Trutvetter)에게 자신이 이 행위를 사주했다는 혐의에 대해 변명해야 했다는 사실은[55] 면죄부 문제가 짧은 시일 내에 어떤 갈등과 역동적 잠재력

51 WA 1, 528,40: "obscurios; enygmaticos"; WA.B 1, 170,41f. 참조.

52 알브레히트 폰 브란덴부르크가 1517년 12월 13일에 할레 시 참사회에 보낸 서신, Fabisch, Iserloh, *Dokumente*, (Anm. 3), Bd. 1, S. 305.

53 WA.B 1, Nr. 64, S. 155,24~35.

54 WA 1, S. 277,19f.

을 얻었는지를 분명히 보여준다.

비텐베르크 대학생들의 행동은 그들이 루터 교수를 위해 보여줄 준비가 되어 있었던 열정에 대해 증언한다. 이것은 대학생들의 폭넓은 반향의 최초 증거였다. 이것은 일종의 초기 종교개혁 운동의 기조를 이루게 될 터였으며, 또한 그 운동이 명시적으로 입증되지 않은 경우에도 이 사실이 고려되어야 한다. 대학생들은 유동적 존재들이었다. 그들은 여러 대학도시 및 다른 도시들 간 커뮤니케이션의 중요한 연결 고리를 형성했고 비텐베르크로부터 넓은 세상으로 정보를 전달했다. 수많은 대학생들이 텍스트들을 인쇄하고 공급하며 중간 전달자 역할을 함으로써 더 많은 수입을 올렸다. 후에 비텐베르크 대학생들은 다른 곳에서 종교개혁의 행동대원으로 등장했다. 루터의 95개 논제를 최초로 읽고 어떤 방식으로든지 유포한 것이 대학생들임을 부정할 수 있을까? 대학이라는 콘텍스트는 초기 종교개혁 운동의 지성적·사회적·커뮤니케이션적 온상이었다.

루터의 『면죄와 은총에 관한 설교』

1518년 봄에 루터는 대학의 경계를 벗어나서 출판 활동으로 넘어갔다. 1518년 3월 말경[56] 출판된 『면죄와 은총에 관한 설교』는 특히 성공을 거두었고 지금까지의 삶의 영역으로서의 지역과 대학이라는 콘텍스트를 벗어나서 처음으로 그의 이름을 알린 글로서, 1520/21년까지 저 종교개혁 운동을 형성하고 또한 제국적으로 비텐베르크 탁발 수도사를 추종하는 세력을 형성할 발전의 초기에 속한다. 종교개혁 운동 형성이라는 이 과정은 곧 일탈적이고 이단으로 의심을 받게 되며 즉시 파문에

---

55 WA 1, S. 170,59f.

56 지지될 수 없는 1517년 가을이라는 연대 추정(WA 1, S. 239)에 반하여 Adolf Laube, Ulman Weiß (Hg.), *Flugschriften gegen die Reformation (1518-1524)*, Berlin 1997, S. 68f. 참조.

처해질 그의 가르침이 생존하는 데 결정적인 역사적 근거를 이룬다. 루터가 대중어로 교육을 받은 자들의 여론 속으로 들어갈 길을 모색하고, 그래서 한편으로는 테첼과 빔피나가 학문적으로 이단시한 것에 반응하며 다른 한편으로는 그가 보통 사람들을 교육하기에는 부적합하다고 간주한 95개 논제의 번역에 반응함으로써, 그는 이런 방향으로 첫걸음을 내딛었다.

그의 적수 테첼이, 그가 95개 논제에서 밝힌 것처럼 면죄에 대한 토론 초대에 응하지 않고 — 루터와의 직접적 접촉을 시도하지 않고 — 도리어 자신의 입장을 학문적인 것으로 경계지으려 하지 않음으로써, 비텐베르크인은 면죄신학의 문제를 평신도 독자들에게 설명하는 것이 정당하다고 생각했을 수도 있다. 그는 직접 삶과 관련되어 있는 문서 집필에 집중함으로써 이렇게 했다. 브란덴부르크 주교가 대중어 설교에 대해 알았을 때, 그는 이 일을 심히 유감스럽게 여겼고 이 책의 지속적 판매가 중지되기를 바랐다.[57] 1518년 봄의 설교는 그런 한에서 면죄 주제를 순수학문적으로 취급하려는 시도가 좌절되었음을 나타낸다. 그러나 이 설교는 또한 평신도들의 경건에 대한 면죄 실제의 파괴적 결과에 대응하려는 루터의 결정적 의지를 보여준다. 그는 면죄부 설교자들의 거창한 판매 홍보에 대응하여 면죄부의 제한적 의미를 밝힘으로써 이렇게 했다. 고해 제도는 스콜라주의 교리에 의하면 세 부분 — 마음의 통회(contritio/attritio cordis), 귀에 대고 말하는 고백(confessio oris), 그리고 면죄 선언(absolutio)에 근거한 보속 행위(satisfactio operis) — 으로 구성된다. 범죄에 상응하여 고해 신부가 부과해야 할 죄의 벌은 보속 행위를 통해서 보속된다. 면죄부는 다만 이 '보속 행위',[58] 즉 사제가 명령한 교회의 벌을 제거하는 것이며, '형벌'(poena),[59] 곧 신이 죄에 대해 요구하

57 WA.B 1, S. 162,15f.
58 WA 1, S. 244,8.
59 WA 1, S. 244,13.

는 형벌적 의(義)를 제거하는 것은 아니다. 이것이 루터에게는 계산 가능한 응보 및 측정의 카테고리로는 파악할 수 없는 신적 의를 서술하는 계기가 되었다. 신적 의는, 성서에 따르면 죄인에게 "참된 뉘우침과 앞으로 그리스도의 십자가를 지려는 의도를 가지고서 회심하는 것" 외에 다른 것을 요구하지 않는 그런 것이다.[60] 신께 죄에 대한 적절한 보속을 행하려는 것은 '큰 오류'이니,[61] 신은 "언제나 거저 한량없는 은총으로" 죄를 용서하기 때문이다.[62] 신은 "앞으로 잘 살고자"[63] 하는 준비 태세, 즉 그리스도의 추종의 기준에 맞추어 계속해서 삶의 방향을 정하는 것 외의 다른 것을 요구하지 않는다. 신은 인간이 생시에 감당할 수 있는 것 이상을 부과하지 않으므로, 연옥에서 불완전한 채로 남아 있는 보속 행위에 대해 사후에 속죄한다는 생각은 잘못된 것이다.[64] 루터는 '새로운 박사', '스콜라주의 박사들'이[65] 발전시킨 죽은 자들의 영혼이 연옥에서 해방된다는 이론을 전적으로 불확실하다고 표현했다. 죽은 자들을 위해서 대도를 행하는 것이 더 낫고 확실할 것이었다. 면죄부보다 나은 것은 가난한 자들을 위한 자선이니 —성베드로 대성당을 위한 기부보다는 자기 도시의 교회를 위한 기부가 더 나았다. 면죄부는 다만 "게으르고 나태한 그리스도인들"을[66] 위한 것인바, 그것은 윤리적 이완(弛緩)을 조장하기 때문이었다.

루터는 설교에서 '몇 사람'이 자신을 '이단자'로 비방한다고 공개적으로 말했다.[67] 그러나 그는 '이런 요설'에[68] 특별히 신경 쓰지 않는다

60 WA 1, S. 244,18f.
61 WA 1, S. 245,21.
62 WA 1, S. 245,22f.
63 WA 1, S. 245,23.
64 WA 1, S. 245,18~20.
65 WA 1, S. 246,23.29.
66 WA 1, S. 246,13.
67 WA 1, S. 246,31.
68 WA 1, S. 246,32.

는 점에 추호의 의심도 허용하지 않았으니, 그런 요설은 자신이 대변하는 진리가 면죄 수입에 '해롭게'[69] 작용하는 데서 나온다고 보았기 때문이다. 루터는 자신을 비판하는 이들에게, 누구도 "들어보지도 않고 무조건"[70] 비방하고 이단시해서는 안 된다고 공공연히 충고한다. 그러므로 그는 당연히 교리적으로 미결 상태인, 구속력 있는 교회의 교리 결정을 통해 정의되지 않은 신학적 견해를 토론할 때 통용되어야 할 토론 기준이 또한 면죄 논쟁을 위한 자신의 논제에도 적용되어야 한다는 것을 전제한다.

아마도 이처럼 이단자라는 비난을 무시한 루터의 공격적인 자세에서, 이후 로마의 유죄판결이 그에게 큰 충격을 주지 않는 결정적인 근거를 볼 수 있을 것이다. 1518년 3월 이미 그는 서신들에서 자신의 적들이 설교를 통해 민중들에게 루터가 조만간 이단자로 화형당하리라고 공언하고 있다는 소식에 대응하고 나섰다.[71] 이런 사실에서 우리는, 비텐베르크 대학 전체를 공격하였고 이로써 그 대학이 루터와 연대하도록 조장한 테첼 무리가 루터에 대한 정보를 민중에게 전달하는 데에 근본적으로 기여했고 그의 설교는 또한 이렇게 이단자로 만들려 선동하는 일에 맞장구치는 것을 목표로 했음을 추론할 수 있을 것이다. 그런 한에서 1518년 봄 면죄 논쟁의 확산은 구두나 문자로 된 발언을 통해서, 그러나 또한 이름 없는 중간 전달자들의 풍문을 통해서 가열되고 촉진되었던 복잡한 대립의 결과였다.

루터의 면죄 비판이 초래한 폭발적인 작용은 교회의 실제를 직접 건드린, 면죄 캠페인에 개입한 주제의 역동성에서 비롯한 것이다. 또한 면죄부 설교자들이 대주교의 위임을 받아 분명히 우선 비텐베르크로부터

69 같은 곳.

70 WA 1, S. 246,36f.

71 요하네스 랑에게 1518년 3월 21일에 보낸 서신, WA.B 1, S. 154,12~14; 1518년 3월 31일에 슈타우피츠에게 보낸 서신, WA.B 1, Nr. 66, S. 159~61 참조.

학문적 논제 형태로 제시된 질문들에 즉각 반응했다는 사실은, 루터의 비판이 면죄부 사업에 눈에 띄게 부정적 영향을 끼치기 시작했다는 추론을 가능케 한다. 아마도 후자의 경우는 또한, 이미 존재한 불만, 1517년 이전에 이미 점차 확산된 면죄부에 대한 회의가 비텐베르크인의 목소리 주위에 모였고 축적되었다는 사실을 암시한다(그림 7 참조).[72] 루터는 교회의 명성이 면죄부 거래 때문에 위협받는다고 전제했다. 그는 자신이 인지한 교회의 신뢰성 상실의 위기에 대처하고자 했다. 그의 논제가 그로서는 놀라운 반향을 얻었고 결국 그의 『면죄와 은총에 관한 설교』가 유례없이 보급되었다는 것, 따라서 그가 식자와 무식자들에게서 큰 동의를 얻었다는 사실은, 그가 면죄부에 대해 회의적인 분위기가 존재하였음을 포착한 것이지 비로소 만들어낸 것이 아님을 암시한다. 면죄 논쟁 초기에 그의 역사적 업적은 무엇보다도, 쉽사리 반(反)교회적 사고로 빠질 수 있는 비판적 자세를 위한 통로를 만들어준 데 있었다. 그는 교회의 대표로서 그리고 교회에서 가장 존경받을 만한 두 질서 요소—대학과 수도원—의 대표로서 자신이 감지한 위험에 대응하고자 했고 자신이 사랑한 교회를 구하고자 했다. 그를 향해 불어온 바람은 곧 더 이상 꺼질 수 없는 '대(大)화재'(incendium)[73]로 발전했다.

1520년은 출판의 상황과 성공 정도에서 특징적인 해로서 다음과 같은 사실이 처음으로 드러났다. 곧 테첼이 역시 대중어로 집필한 루터의 설교에 대한 답변이 1518년 4월에 라이프치히에서 멜히오르 로터(Melchior Lotter, 후에 유력 종교개혁 인쇄업자 가운데 한 사람)에 의해 출판되었으나 성공을 거두지 못하였다. 초판 외에는 더 출판되었는지가 알려져 있지 않다.[74] 이 첫 번째 지상 대결에서처럼—루터의 답변서는

---

72 Wilhelm Ernst Winterhager, *Ablaßkritik als Indikator historischen Wandels vor 1517. Ein Beitrag zu Voraussetzungen und Einordnung der Reformation*, in: ARG 90 (1999), S. 6~71.

73 *Resolutiones*에 나오는 레오 10세에게 드리는 서문에서(WA 1, S. 528,27).

74 Fabisch, Iserloh, *Dokumente*, (Anm. 3), Bd. 1, S. 340; Laube, Weiß, *Flugschriften*

On Aplas von Rom
kan man wol ſelig werden
durch anzaigung der götlichen
hailigen geſchryfft.

그림 7 『로마의 면죄 없이는 구원을 얻을 수 없다』
(익명 저자의 팸플릿, 1520년)

1519년 말까지 9쇄에 이르렀다—이후의 해에 다음 사실이 점차 명백해지게 된다. 여론은 루터와 1519/20년 이후 점차 등장한 그의 추종자들에게 귀를 기울였다. 즉, 그들의 글은 보다 빈번하게 인쇄되었고 또한 읽혔다. 출판상의 성공적 결산에 비추어볼 때 분명한 사실은 대개는 테첼보다 주저하면서 대중어 출판을 시작한 비텐베르크인의 적대자들이 신속히 퇴각했다는 것이다. 루터 사태의 확산 동학에서 이 출판상의 결과는 결정적이다. 또한 그가 달성한 문학적 성공은 그의 활동 방식에 영향을 끼쳤다. 사람들이 그의 글을 읽고 싶어하며 그의 글에 대한 정기적 수요가 시작되었다는 경험은 그의 사기를 북돋아주었고 그의 문학적 정열을 더욱 부채질했다.

루터는 독자를 얻었다는 것을 깨달았고, 이 기회를 이용하여 인쇄된 언어의 도움으로 비텐베르크의 독자층을 훨씬 넘어서 문서상으로 설교하고 교리를 가르치며 그리스도교 신앙의 초보적 문제들을 평신도들이 이해할 수 있는 방식으로 보급하였다. 프랑크푸르트 대학의 태도 때문에 거부당한 면죄 문제에 대한 학문적 토론은 신학적 글을 대량 출판한 루터의 유례없는 출세의 촉매가 되었으니, 그는 곧 다른 사람들과 달리 여론을 형성하고 신념에 영향을 끼치며 일정한 행동을 격려하거나 포기시킬 줄 알았다. 루터가 1518년 이후 승리의 축제를 벌일 수 있었던 것은 종교개혁의 성공에 결정적인 기초를 이루었다.

교회 내의 권위

1518년 여름 동안에 교리 및 결정의 권한에 대한 문제, 교회 내의 권위에 대한 문제가 논쟁의 중심이 되었다. 1518년 봄에 잉골슈타트 대학 교수 요하네스 에크가 아이히슈타트의 주교에게 보낸 95개 논제에 대

gegen die Reformation (*1518~1524*)(Anm. 56), S. 68f. 참조.

한 파멸적 주석을 루터에게 전달한 후, 처음으로 에크와 필사(筆寫) 방식으로 진행한 대결은 결국 교황의 문제로 발전했다. 에크도 루터의 이단성, 특히 후스주의에의 접근을 비난했고, 소요와 교회 계급서열제의 전복 혐의로 질책하기를 마다하지 않았다. 양자의 공통적 지인(知人)인 뉘른베르크의 크리스토프 쇼이를을 향한 루터의 답변에서 분명해진 사실은, 신학적 판단 형성의 기준에 관해서 1518년 전반기에 이미 루터와 에크 사이에는 공통적 기반이 더 이상 있지 않다는 것이었다. 에크가 스콜라주의자들 및 교황의 권위로써 논증한 반면, 루터는 다만 교부와 성서만 인정하고자 했다.

하이델베르크 논쟁

바로 이 판단 법정이 비텐베르크인이 하이델베르크 논쟁 논제 및 이 논제의 기초를 이룬 증거들에서 유일하게 인정한 것이었다. 1518년 4월 26일 하이델베르크 아우구스티누스 은둔자회 엄수파 총회에서 성사된 이 논쟁은 루터에게 바울 및 반(反)펠라기우스주의적 아우구스티누스 쪽으로 방향을 정한 비텐베르크 신학의 기초를 남서독일의 학문적 대중에게 널리 알릴 수 있는 특별한 기회를 제공하였다. 루터는 작센 수도회 지부의 원장보(補)로서 회합에 참여했다. 그가 총회에서 일상적인 토론을 진행하는 데 익숙했다는 사실은 교황 레오 10세가 수도회 기율이라는 방식을 통해서 비텐베르크 수도사에게 영향을 행사하기 시작했다는 사실과 연결될 수 있다. 그러나 아마도 토론은 슈타우피츠의 생각이었을 것이며, 자신의 피보호인의 아우구스티누스주의라는 신학적·철학적 기초를 수도회 내에서 보다 잘 알리는 데 도움을 주기 위함이었다. 루터가 논제에서 면죄 문제에 대해 한마디도 언급하지 않았다 할지라도, 하이델베르크에서 논란이 된 논제들은 신학적 근본 문제들을 부각했고, 그로 하여금 면죄에 대해 비판토록 만들었다. 율법, 신앙의 법을[75] 통해서 열리는 은총, 신이 요구한 것을 선사하는 은총, 율법의 요구를 성취하는 그리스도, 신의 영광을 강탈하는 것으로 보이는 자기 신뢰의 포기—이 하이델베르크 논쟁의 논제들은 무엇보다 바울에게서 입증되었고 아우구스티누스를 통해 설명되는 신학 강령이었다.

젊은 도미니쿠스회 수도사요, 후일의 스트라스부르 종교개혁가 마르틴 부처는 인문주의자 친구인 슐레트슈타트(Schlettstadt)의 베아투스 레나누스(Beatus Rhenanus, 1485~1547)에게 이 논쟁에 대하여 보낸 보고서에 작센의 아우구스티누스회 수도사가 그의 아우구스티누스주의적 급진적인 은총신학으로써 젊은 청중들에게서 어떤 감동을 자아낼 수 있었는가를 인상 깊게 기록하였다. 분명히 스콜라주의 신학에 대한 비판을 숨기지 않으려는 루터의 솔직한 태도는 부처와 다른 청중의 감탄을 자아냈다. 요하네스 브렌츠(Johannes Brenz), 테오발트 빌리칸(Theobald Billican), 에르하르트 슈네프(Erhard Schnepf), 마르틴 프레히트(Martin Frecht, 1494~1556), 프란츠 이레니쿠스(Franz Irenicus, 1494~1553), 아마도 파울 파기우스(Paul Fagius), 요하네스 이젠만(Johannes Isenmann, 1494경~1553), 제바스티안 프랑크 등 후일의 남서독일 종교개혁가 몇 명이 하이델베르크 논쟁에 참여함으로써 하이델베르크 인문학부 내에서의 학문 행사는 남부 독일에서 루터 열풍의 시작을 알렸다. 마르틴 부처처럼 적지 않은 젊은 청중들은 루터에 대해 비슷하게 생각했을 것이다. 즉, 루터와 에라스무스는 모든 면에서 일치하지만, 단 후자가 다만 암시한 것을 전자는 솔직하게 공개적으로 가르침으로써 후자를 능가한다고 말이다.[76]

---

75 LuStA 1, S. 200; Thomas Kaufmann, *Bucers Bericht von der Heidelberger Disputation*, in: ARG 82 (1991), S. 147~71, 특히 S. 160f. 참조. 나와는 무관하게 마르틴 브레히트(Martin Brecht)는 하이델베르크 논쟁에 대한 부처의 보고는 진행의 재구성을 위한 자료로서 신뢰할 만하다는 결과에 도달했다. *Martin Bucer und die Heidelberger Disputation*, zuletzt in: ders., *Ausgewählte Aufsätze*, Bd. 1: *Reformation*, Stuttgart 1995, S. 48~61. 즉, 그의 보고에 따르면, 루터는 루터 연구에서 특별히 유명해진 이른바 십자가 신학에 대한 논제, 그러나 또한 철학적 논제들을 시간적 이유 때문에 다루지 않았다는 것이다.

76 "Cum Erasmo illi[즉, 루터] conveniunt omnia, quin uno hoc praestare videtur,

논쟁에 참여한 일부 하이델베르크 사람들은 루터에게서 나왔거나 그와 연관되는 텍스트, 정보와 인쇄물을 인문주의적, 초기 종교개혁적 커뮤니케이션망을 통해 신속하게 편집하여 보급한 주역이 되었다. 대부분의 남부 독일과 스위스의 인쇄 중심지, 곧 뉘른베르크, 바젤, 스트라스부르, 아우크스부르크, 취리히에 정보를 교환하고 대량으로 보급하는 자들이 있었는데, 그들은 루터에 관한 소식과 그 주변에서 벌어지는 대화를 열렬히 수용하고 문학 뉴스로서 인쇄에 부쳤다. 하이델베르크 논쟁 이후 또한 커뮤니케이션망이 조밀해졌으며, 이 망 안에서 루터 자신도 움직였다. 브레텐(Bretten) 출신으로서 학문적으로 하이델베르크와 튀빙겐에서 교육을 받은 청년 인문주의자이자 로이힐린의 먼 친척인 멜란히톤(로이힐린은 멜란히톤을 비텐베르크 대학의 새로 설치된 그리스어 교수로 추천했다)을 초빙함으로써, 작센 대학과 남부 독일의 인문주의 중심지 및 주도적 인물들 간의 교류가 보다 심화되었다. 비텐베르크는 제국 내에서 그리스어와 히브리어 교수직이 설치되고 인문주의적 이상인 homo trilinguus(3개 언어 인간), 곧 3개 고전어인 라틴어와 그리스어, 히브리어의 교육을 받은 인간의 이상을 대학 연구 개혁에서 실현한 최초의 대학이 되었다. 루터는 지금까지의 학문 연구에서 스콜라주의와 아리스토텔레스의 지배에 대항하는 이 발전을 능력껏 지원했다. 즉, 게오르크 슈팔라틴과의 친분 관계 덕분에 선제후령 작센 정부의 지원을 확보할 수 있었다. 하이델베르크 논쟁을 통하여 비텐베르크인과 인문주의자들의 성서 및 교부신학, 그리고 공통적인 반스콜라주의적 관심의 긴밀한 연관이 효과적인 형태로 표현되었다.

quod quae ille duntaxat insinuat, hic aperte docet et libere." (Martin Bucer, *Opera omnia*, Series 3: *Correspondence*, Bd. 1: *Correspondence jusqu'en 1524*. hg. v. Jean Rott, Leiden 1979, S. 61,54~46)

레오 10세와 슈타우피츠에게 보낸 자신의 논제 해설에 대한 루터의 서문

루터의 『면죄와 은총에 관한 설교』를 반박한 어느 글에서 테첼은 루터에게 "거룩한 로마 교황 성하의 판단과 모든 그리스도교적인, 신뢰할 만한 대학들의 판단에"[77] 굴복할 것을 요구했고 그의 각오에 부합하는 증거를 요청했다. 95개 논제 및 설교의 이단적 성격에 대해서 도미니쿠스회 '이단 심판관'[78]에게는 의심의 여지가 없었다. 루터가 교황 레오 10세에게 헌정한 자신의 논제에 대한 해설의 서문(아마도 1518년 3월 말에 나온 듯하다)에서 교황에게 전적으로 굴복하였고, 교황이 그리스도의 대행으로 교회를 인도하는 한[79] 교황의 음성 내지 판단에서 그리스도의 음성을 듣고 인정하고자 한다고 선언한 것은 의심의 여지 없이 교회의 진리의 최고 심급이 성서적 진리를 표현할 것이라는 작센 수도사의 깨어지지 않은 신뢰와 부합한다. 이로써 루터는 묵시적으로 교황에게 굴복하라는 테첼의 요구에 반응했는바, 이런 방식으로 교황의 예단을 피하거나 거부할 수 있기 위함이었다. 루터는 교황에게 보낸 서신에서 자신에게 알려진 로마에서의 자신에 대한 명예훼손에 관하여, 이단자와 배교자, 배신자(hereticus, apostata, perfidus)[80]로서의 예단에 관하여 자신을 방어했고, 면죄에 대한 분쟁의 발전을 무엇보다 그의 적대자들이 교황의 수권(授權)이라는 핑계 아래 신학적으로 새로운, 무책임한 구원의 약속을 통해 치부를 꾀한 결과라고 진술했다. 루터는 동시에 신학 박사로서 교황이 승인한 대학교에서 면죄에 대해서뿐만 아니라 신이 수여한 죄와 벌을 용서할 수 있는 전권에 대해서,[81] 그러므로 은총과 신앙

---

77 Fabisch, Iserloh, *Dokumente* (Anm. 3), Bd. 1, S. 362.

78 테첼은 루터의 『면죄와 은총에 관한 설교』를 반박한 『제시』의 표제에서 자신을 이렇게 표현했다(같은 책, S. 341).

79 WA 1, S. 529,25: "vocem tuam[레오 10세를 의미] vocem Christi in te praesidentis et loquentis agnoscam".

80 WA 1, S. 527,22.

81 WA 1, S. 528,29~31: "ius habere in publica schola disputandi pro more omnium Universitatum et totius Ecclesiae non modo de indulgentiis, verum etiam de

론의 콘텍스트에서, 로마 교회의 구속력 있는 교리적 결정이 지금껏 존재하지 않는 중요한 모든 문제들을 토론할 수 있는 자신의 권리를 역설했다.

루터는 교황에게 교리적 논제가 아니라 토론 논제로서 의도한 자신의 논제들이 널리 유포된 것에 경악을 드러냈다. 즉, 그는 논제의 납득하기 어려운 형태를 유감스럽게 생각하지만 그것의 내용을 철회할 수 없다고 선언했고, 자신은 "교회 권력과 열쇠권에 대한 경외심을 촉진하고 장려"하고자 하는 순수한 의도를 가졌다고 맹세했다.[82]

교황에게 보낸 서신은 루터가 95개 논제에 대해 작성한 상세한 『해제』(*Resolutiones disputationum de indulgentiarum virtute*)와 더불어 필사본으로 슈타우피츠를 경유하여 로마로 전달되었는데, 루터는 슈타우피츠에게 이 글을 헌정하면서 그가 장려한 회개신학의 발전에 대한 개인적 보고를 첨부했다. 다른 한편으로 이 글은 비텐베르크에서 인쇄에 부쳐졌다. 그러나 2월에 루터는 이미 『해제』를 자신의 관할 주교인 브란덴부르크의 히에로니무스 스쿨테투스에게 보냈고 3월 초에 출판을 잠깐 연기해야 할 것이라는 소식을 받았다. 4월 초에 주교는 루터에게 출판을 허락했다.[83] 5월 말 하이델베르크 수도회 총회에서 귀환한 직후 그의 출판 계획이 변동된 것은 그가 하이델베르크에서 만난 슈타우피츠와의 대화 때문인 듯하다. 아마도 이런 조치는, 일부 이해하기 어려운 자신의 논제들의 내용을 철저히 해설하고 교황에 대한 충성을 효과적으로 강조함으로써 자신의 적대자들의 로마 활동에 대응하기 위함인 듯하다.

루터는 슈타우피츠에게 보낸 서신을, 면죄 문제를 회개 및 은총 이해라는 보다 광범위한 신학적 콘텍스트에 편입하기 위한 수단으로 이용

---

potestate, remissione, indulgentiis divinis."

82 WA 1, S. 529,13f.: "pure simpliciterque ecclesiasticam potestatem et reverentiam Clavium quaesierim et coluerim".

83 WA B 1, S. 164,3f.

했다. 그는 또한 교황에게도 이 콘텍스트를 면죄 자체보다 비할 바 없이 중요한 것이라고 적시했다. 루터는 슈타우피츠의 목회적 조언과 연결해서(그는 그의 조언을 한때 "마치 천상의 음성으로"[84] 받아들인 적이 있었다) "참된 회개는 …… 의와 신에 대한 사랑에서 출발해야 하며"[85] 그리스도 안에서 이루어진 화해에 의해 결정되었고 급진적인, 자기 죄성(罪性)에 대한 통찰에서 나온 지금까지의 전체적 삶의 방향 변화와[86] 더불어 일어나야 한다고 표명했다. 회개는 어휘의 그리스어 의미 내용에서 볼 때 인간에 대한, 인간 안에서의 변화 과정을 나타낼 뿐만 아니라 또한 변화가 일어나는 방식, 즉 신의 은총을 통한 변화를 표현한다. 이런 변형 과정, 신적 은총에 근거한 급진적 의식 및 사고의 변화[87]라는 의미에서의 회개는 성서에서 매우 상이한 비유를 통해 표현되었으나, 전적으로 내면적인 자세를 표현하며 외적 행위를 표현하지는 않는다. 이것이 루터로 하여금 무엇보다 행위에 고착된 고해 제도 및 이것과 연관된 면죄 제도의 논리를 비판하게 만든 신학적 배경이었다. 루터는 자신에게 중요해진 이런 회개 이해를 외형화된 면죄 및 고해 실제에 대한 비판의 종교적 내적 측면으로 자기 독자들에게 알리고자 했으며, 동시에 널리 존중받는 자기 스승 슈타우피츠의 권위를 암시함으로써 이단 혐의를 받는 국외자의 견해로서가 아니라 신약성서와 방금 에라스무스의 학문적 노력을 통해 최근 출판된 그리스어 텍스트에 의해서 수호된 견해로서 소개하고자 했다. 이 서문의 전기적 요소들은 전적으로, 95개 논제 중 첫 번째 논제의 핵심어인 회개에 대한 루터의 이해로 인도하기 위한 것이었다. 인간의 신 이해에 관계된, 신적 은총에 의해 결정된 회개 이해(루터는 확실히 관련된 신비주의 텍스트를 읽음으로써 이런 이해를 획득하

84 WA 1, S. 525,11: "te[슈타우피츠를 의미] velut e caelo sonantem excepimus".

85 WA 1, S. 525,11f.: "poenitentia vera …… ab amore iustitiae et dei incipit".

86 WA 1, S. 525, 28; S. 526,14: "mutatio affectus et amoris"; S. 526,3 참조.

87 WA 1, S. 526, 4f.: "transitus mentis".

였다[88])는 외형화된, 인간으로 하여금 악행을 고해하기 위해 보속 행위를 이행케 만드는 고해 제도(그것의 조야한 부산물이 바로 면죄였다)에 대한 결별의 비판적 기준을 이루었다. 면죄 논쟁에서 루터의 가장 중요하고 방대한 출판물인 『해제』를 통해서 95개 논제에 관한 결코 이루어지지 않은 논쟁은 저자 쪽에서 논리적으로 종결되었다.

루터는 슈타우피츠에게 보낸 서신의 끝부분에서 오래전부터 로마에서 그에 대한 이단 재판이 계류 중이던 요하네스 로이힐린의 말을 인용했다. "가난한 자는 아무것도 두렵지 않다. 잃을 것이 없기 때문이다."[89] 이것은 의심할 여지 없이 자기 적들에 의해 불의하게 박해받는, 그러나 십자가에 달린 그리스도를 추종함으로써 강건해진 탁발 수도사로서의 자화상과 일치했다. 그러나 이 인용문은 인문주의자들에게 루터 자신을 그들 중 한 사람으로서 추천하는 데 도움을 주었다. 루터는 슈팔라틴에게 보낸 서신에서 자신의 경우를 널리 존중받는 히브리어 학자의 경우와 비교했다. 그처럼 루터는 자신이 빛을 두려워하는 반계몽주의자들[90]과 대립한 것으로 보았다. 루터는 『해제』와 서문을 수도회 장상을 통하여 로마로 보냈을 뿐만 아니라 이것을 출판함으로써, 자신의 사안의 진실성과 정당성을 확신했을 뿐 아니라 교황도 결국 그것에 동의할 것임을 확신했고 추호도 의심하지 않았다. 루터가 『해제』와 관련해서 이미 일찍이 염두에 두었던 공개 논쟁에 대한 이런 재결정은 그가 로마에서 그에게 대항하여 음모를 꾀하는 '반계몽주의자'들과의 싸움을 끝까지 관철할 생각이었음을 보여준다. 루터는 교황이 그에게 정의를 베풀 것이라는 믿음 없이는 이런 행보를 취하지 않았을 것이다. 그런 한에서 종교개혁은 교황에 대한 루터의 좌절된 소망 덕분이다.

---

88 폴커 레핀(Volker Leppin)은 특히 신학 발전의 이 관점을 다시 한 번 역설했다. "*Omnem vitam fidelium poenitentiam esse voluit*" —*Zur Aufnahme mystischer Traditionen in Luthers erster Ablaßthese*, in: ARG 93 (2002), S. 7~25.

89 WA 1, S. 527,7.

90 WA.B 1, S. 146,89f. (1518. 2. 15.)

루터와 프리에리아스의 대결

루터의 면죄 논제에 대한 최초의 반(半)공식적 반응, 즉 도미니쿠스회 교황청 신학자 실베스터 프리에리아스(Silvester Prierias)의 『교황 권력에 관한 대화』(*De potestate papae dialogus*, 이 글은 로마에서 즉시 인쇄되었고 루터에게 1518년 8월에 알려졌다)를 통하여 면죄 문제는 테첼과 빔피나, 에크의 발언에서 이미 암시된 수준, 그리고 교회 내의 권위와 특히 교황의 권력 문제 등도 계속해서 토론될 수 있는 수준으로까지 끌어올려졌다. 프리에리아스의 글은 처음부터 '의심의 해석학'에 의해 결정되어 있었다. 그는 루터가 모호한 표현들 뒤에 교황의 권위에 대한 거친 공격을 감추고 있다고 전제하고, 루터에게 이 근본적인 진술을 상응하는 설명을 통해 밝힐 것을 노골적으로 요청했다. 그러면 그는 새로이 그 설명에 대해 답변할 생각이었다. 그는 루터의 95개 논제를 논제식으로 반박하면서, 그 자신이 홀로 복되게 만드는 교황 교회의 교리와 동일시한 자신의 교회론적 근본 신념을 전제했다. 철저한 교황중심주의의 교회론적 강령은 다음의 네 핵심 논제에 있다. 첫 번째로 보편교회는 본질상(essentialiter) 신을 섬기는 모든 그리스도인의 모임이다. 그러나 보편교회는 그 능력과 권능에서(virtualiter) 교황을 정점으로 하는 로마 교회와 동일하다. 두 번째로 교황이 대표하는 전체 교회는 오류를 범할 수 없다. 교황이 교황으로서 자신의 직무에서 결정하고 진리를 판단하기 위해서 자신에게 가능한 일을 행할 때, 교황은 오류를 범할 수 없다. 세 번째로 이런 기초 위에 다음 사실이 근거한다. 규범으로서의 로마 교회와 교황의 무오한 교리에 의존하지 않는다는 것은 이단적으로 가르친다는 것을 뜻한다. 성서도 이 규범으로부터 그 능력을 얻는다. 네 번째로 로마 교회의 신앙과 윤리는 관습을 통해서도 법적 구속력을 얻는다. 즉, 교황의 승인이나 명시적 동의에 근거하여 이행된 행위는, 명시적인 교리 고지가 존재하지 않을 경우에도 무오한 법적 능력을 가진다. 이에 관한 실제 — 예를 들어 면죄부 판매 — 에 반항하는 자는 누구나 이단자로 간주될 수 있다.[91] 따라서 프리에리아스에게 교황의 전권이 면죄부를 통해서 연옥까지 미치는가와 같이 지금까지 교리적으로 구속력 있게 해명되지 않은 물음을 부정하는 것은 교회의 교리, 신앙, 관습을 의문시하는 것을 의미할 따름이었다. 그것은 이단적이었다.[92]

루터는 자신이 생각하기에 완전히 이탈리아적이고 토마스주의적인 교황청 신학자의 『대화』[93]에 즉각 반응했는바, 그것을 구속력 있는 문서가 아니라 개인적인 발언으로 다루었다. 루터는 모든 것을 검증하고 선한 것을 유지하라고 호소했으며 다른 복음을 선포하는 하늘의 천사에게는 저주로 위협한(갈라디아서 1:8 참조) 바울과 오직 정경의 저자들의 권위만 인정할 준비가 되어 있던 아우구스티누스, 그리고 마지막으로 다른 증언들을 통해서 프리에리아스의 토마스주의적 교황중심주의의 기초가 흔들렸다고 보았다. 루터는 교회법적 전통에서부터 알고 있던 교황뿐만 아니라 공의회도 오류를 범할 수 있다는[94] 주장에 근거하여 프리에리아스의 교회론적 전제가 근거 없음이 입증되었다고 생각했다. 그리고 그는 이것을 로마 교회 수장의 역사에서 '괴물 같은' 착오에 대한 일련의 사례를 통해서 증명했다.[95] 전체적으로 볼 때 그에게 자신의 논제에 대한 로마의 답변은 신학적으로 심히 보잘것없는 것으로 보였다. 따라서 그는 프리에리아스가 『대화』를 작성하기 위해 소요한 것보다 하루 적은, 이틀 만에 답변을 작성했다. 유력 교황청 신학자는 성서와 교부, 그리스도 자신을 통해 결정된 루터의 실질적 진리 개념에 교황의 권위, 특정 행위의 실제 효력을 지향한 순수형식적인 진리 이해를 대립시켰다. 루터의 회고에 의하면, 프리에리아스의 글은 이미 루터

91 Fabisch, Iserloh, *Dokumente* (Anm. 3), Bd. 1, S. 53~56 참조.

92 "Negare potestatem non se extendere ad relaxandum penas in purgatorio per viam indulgentias, est male sentire de facto et doctrina ecclesie circa fidem aut mores, ideo hereticum est."(같은 책, S. 70 [WA 1, S. 234,19f. = 22번 면죄 논제에 관해])

93 WA 1, S. 647,8f.

94 WA 1, S. 656,32f.에서 루터는 최초로 니콜라우스 데 투데시스(Nicolaus de Tudeschis)를 인용한다.

95 WA 1, S. 656,37ff.

의 유죄판결로 이끌어가게 될 결정적인 논거와 기준들을 알려주는 것이 확실했으므로 비텐베르크인은 '이웃의' 적과의 대결에서 희망을 품었던 로마 교회의 정상에서부터 자신의 몸과 목숨이 극도로 위협받고 있다는 사실을 인지할 수 있었고 인지했다고 주장했다. 그럼에도 불구하고 면죄 문제가 자기 적의 편에서 교황 문제로 비화하고 면죄 논쟁이 교회의 질서와 권위에 대한 원칙 논쟁으로 확장되는 일관된 과정은, 1518년 여름 사자의 포효에서 어린양의 음성을 듣는 것이 루터에게 어려웠을 것임을 예감케 했다. 보편교회와 로마 교회의 동일성 문제에서 또다시 정신들이 분열될 것이었다.

제3장

희생자 루터—행위자 루터

파문 위협 교서 내지 파문 교서의 형태에 의한 로마 재판의 형식적 종결(281쪽 이하 참조)까지의 기간에 루터의 역할을 억압적인 교회 권력 기구의(이 교회 기구는 성가신 탁발 수도사 때문에 자기 이익을 챙기는 일에서 방해받았다고 느꼈고, 그렇기 때문에 자신이 사용할 수 있는 온갖 수단을 동원하여 그를 적대했다) 단순한 희생자로 규정하는 것은 불충분할 것이다. 그는 1518년 중반부터 1520년 중반까지 약 2년간 지속된 복잡한 사건 및 행동 맥락의 모든 단계에서 언제나 또한 행위자였기 때문이다. 그는 쉬지 않고 글들을 산출했는데, 1518년 가을 이후 점차 그 글들이 로마와의 화해를 불가능하게 만들지는 않았을지라도 어렵게 만들었다는 사실이 명확해졌고, 자신의 '문제'에 대한 정보를 여론에 도달시킬 수 있는 가능성을 배제하지 않았다. 그는 철회를 거부했고, 따라서 자신에게 전가된 이단자 역할을 점차 분명하게 수용했다. 자신이 불가피하게 이단시된다는 것이 분명해짐에 따라 로마 교회가 개혁 불가능할 정도로 버림받았다는 통찰이 생겼다. 루터는 이 길의 종국에서 그 지상적 정점이 교황인 교회에 더 이상 속하기를 바라지 않았다. 이 교회는 예수그리스도의 교회가 아니라 적그리스도의 교회였기 때문이다.

로마 교회의 신실한 아들이 신랄한 원수가 된 이 길은 루터가 자신을 공격하고 꾸짖으며 위협하는 이들, 또한 자신을 격려하고 지원하며 조언하는 이들과 더불어 서 있는 상호작용의 맥락 속에서 이루어졌다. 처음에 언급한 그룹에는 일부 신학적 적대자들이 속해 있다. 도미니쿠스회의 테첼, 빔피나, 프리에리아스 이후 잉골슈타트 신학 교수 요하네스 에크, 프란체스코회의 알펠트, 무르너, 그리고 재속 성직자 둥거스하임(Dungersheim), 엠저와 코클레우스, 그리고 공개적으로 혹은 은밀히 행동하는 공적 법정과 교회 당국뿐만 아니라 루터에게 불리한 견해를 피력한 신학부들, 곧 마인츠, 쾰른, 루뱅, 그리고 마지막으로—1521년 봄에 특히 루터의 글 『바빌론 포로에 관하여』에 대해서 소견서를 제출한—모든 대학 가운데 가장 존경받는 파리의 소르본 대학 등이 그들이었다.

루터 지지자 그룹은 우선 그의 대학으로 구성되었다. 비텐베르크 대학은 1518년 9월 25일, 즉 루터가 카예탄의 심문을 받기 위해서 아우크스부르크로 출발하기 전날 교황 레오 10세에게 서신을 써서 루터 사건을 제국 내의 편파적이지 않은 법정 앞에서 심리하게 해줄 것을 요청한 바 있었다. 에크를 통해 파문 위협 교서가 송달된 후, 대학은 이것을 공표하기를 거부했고 그사이에 유명해진 신학 교수와 신학부의 또 다른 교수 카를슈타트와 요하네스 될슈(Johannes Doelsch)에 대한 파문을 수용하기를 거부했다. (전자는 라이프치히 논쟁 이후, 후자는 루뱅과 쾰른의 소견서에 대항하여 루터를 위해 변론을 했기 때문에 에크로부터 공격을 당했다.) 그다음으로 선제후령 작센의 정부는 루터를 지지했는데, 상이한 외교적 경로를 통해 루터와 대학을 위협하는 요소들을 저지하려고 했다. 마지막으로 동조자들이 루터와 서신을 교환하는 인문주의자들 그룹에서 나왔다. 그들은 비텐베르크인에 대한 공개적인 정보를 끊임없이 유포했고 그를 위해 초기 작품들을 출판했다.

루터 사건은 현저히 양극화되어 전개되었다. 활발한 인쇄물 생산을 통해 여론을 일으키려는 비텐베르크 교수의 끊임없는 열망은 서로 공공연히 싸우는 두 파를 형성하는 데 기여했다. 루터는 친구들 및 점차 분명하게 화해할 수 없는 원수들이 되어가는 적대자들로 이루어진 커뮤니케이션망 안에서 이단으로의 길을 오랫동안 걸어가면 걸어갈수록 그만큼 더욱 철저하게 걸어갔다. 성서와 교부들에 근거한 그의 신학적 확신에도 불구하고 그는 거듭 시련 및 회의와 싸워야 했고, 문학적으로 특별히 생산적인 1519년과 1520년이 그에게는 개인적으로 고난의 해였다. 결국 루터가 외형적으로 파문을 당했을 때, 그는 내면적으로 이미 철저하게 준비했고 교황 교회와의 단절을 완성했다.

아우크스부르크에서의 카예탄의 심문

루터보다 오래전에, 비텐베르크인의 급진적인 은총신학적 아우구스티누스주의가 로마 구원 기구의 교회론적 자기표현 및 교리적·교회법적 요구로써 중재될 수 없다는 것을 처음으로 인식한 신학적 공로는 도미니쿠스회의 훌륭한 신학자 가에타(Gaeta)의 토마스 데 비오, 일명 카예타누스(Thomas de Vio/Cajetanus, 1469~1534)에게 있을 것이다. 그가 아우크스부르크에서 루터를 심문한 것은 황제 선출 때문에 교황청에 영향력을 행사한 작센 선제후의 외교적 계산 덕분이었다. 카예탄은 선언된 이단자(haereticus declaratus)로 간주된 아우구스티누스 운둔자회 수도사를 상황에 따라서 처분을 내릴 수 있는 방대한 전권을 교황으로부터 받았다. 카예탄은 루터와 논쟁을 벌이고자 한 것이 아니라 그의 이론을 성실하게 검증하고자 했다. 추기경 특사는 루터를 아버지같이 다루며 재판관으로서 심문하지 않을 것임을 작센 선제후와 합의하였다. 그럼에도 불구하고 철회를 거부할 경우 비텐베르크인을 즉시 파문에 처하고 구금하여 로마로 데려가거나—이후 일어난 것처럼—작센 선제후 프리드리히를 고려하여 그것을 포기하는 것은 그의 전권에 달려 있었다.

카예탄이 심문을 준비하면서 방금 출판된 루터의 『해제』를 읽고 작성한 비망록에서, 루터가 자신의 일곱 번째 논제 해설에서 진술한 것처럼, 신앙의 확신의 근거를 그리스도의 말씀에 두는 것이 교회 내지 사제의 행위에 구원의 근거를 두는 것의 신학적 토대를 앗아간다는 견해가 나타난다. 루터는 고해성사의 맥락에서 선포된 그리스도의 약속, 즉 "너희가 땅에서 풀면 하늘에서도 풀릴 것"(마 18:18)이라는 말씀에 대한 신앙을 구원의 확신의 축으로 선언하였고 말씀에 대한 신앙을 성례전의 효력의 조건으로 만들었으며 신과의 평화를 약속하는 그리스도의 말씀에 대한 신앙과 연결함으로써,[1] 개별 신앙인에게 직접적 구원의 확신을 전가했다. 추기경의 확신에 따르면 이런 개인적 확신은 존재할 수 없었다. 가톨릭교회의 교리에 의하면 우리는 오직 구원의 현실과 교회의 구원 중재 능력만 확신할 따름이니, 곧 신과의 개인적 관계에 근거해서가 아니라 교회의 일원으로서 구원에 참여한다는 것을 확신할 수 있다. 구원을 중재하는 교회의 의미를 위태롭게 만드는 루터의 개인적 신앙 이해는 새로운 교회를 건설하는 것으로 귀결될 것이라고 카예탄은 비망록에 썼다.[2] 왜냐하면 교회는 신의 말씀에서 파생된 현실인 듯 보였고, 신의 말씀은 교회에 대해 독자적인, 교회를 최초로 구성할 능력을 가진 것으로 보였기 때문이다. 이로써 성례전이나 면죄부의 형태로서의 은총에 대한 구원 기관으로서의 처분의 토대를 이룬 교회와 구원의 현실, 신적 신비 간의 동일성은 상대화되었으며, 그리스도와 교회 사이에는 그의 말씀과 이 말씀을 수용하는 신앙이 세워졌다.

실제로 우리는 추기경 카예탄이 루터 신학의 지속적이면서도 파급효과를 지닌 변혁적 잠재력을 내포한 저 신학적 관점을 정확히 파악했다는 것을 부정하기 어려울 것이다. 반면 교회의 보물 이론을 근본적으로

---

1 "Fides enim huius verbi faciet pacem conscientiae, dum iuxta illud sacerdos soluerit. …… Tantum enim habebis pacis, quantum crederis verbo promittentis: Quodcunque solveris usw. Pax enim nostra Christus est, sed in fide." WA 1, S. 541,5~9.

2 Charles Morerod (Hg.), *Cajetan et Luther en 1518*, Freiburg / Schweiz 1994, Bd. 1, S. 336: "Hoc enim est novam ecclesiam construere."

문제삼았고 인간이 철저하게 죄와 죽음에 빠졌다는 사실 때문에 어떤 성인도 교황이 관리하는 보물(thesaurus) 속에 들어가는 잉여적 공로를 획득할 수 없다는 이유를 근거로 든 루터의 58번째 논제에 대한 카예탄의 이의는 차라리 교직적·형식주의적이었다. 루터가 자신의 논제들에서 가설적으로, 그러나 『해제』에서는 의무적 진리로 표현하였던 교회의 보물에 대한 공격은 면죄 이론의 기초를 문제삼았다. 비록 루터가 자신의 입장을 위해서 성서와 교부 외에 교회법과 교황을 원용했을지라도, 그는 카예탄으로부터 클레멘스 6세의 교서 『우니게니투스 데이 필리우스』(*Unigenitus Dei filius*, 1343)에 대립하였다는 질책을 받아야 했다. 왜냐하면 거기서 그리스도의 화해의 죽음이, 그가 그리스도인에게 구원에 이르는 무제약적 통로를 열어주려고 '분투하는 교회'를 위해 획득한 보물의 기초로 표현되었기 때문이다. 천국에서 문지기 베드로와 지상에서 그의 지상적 후계자들이, 마리아 및 선택된 자들이 추가적으로 채운 이 보물을 관리한다.[3]

루터가 추기경 특사에게 문서로 제출한 두 가지 핵심 지점에 대한 답변에서, 그는 한편으로는 교회법에 수용된 교서 『우니게니투스』가 성서뿐만 아니라 전통의 관련된 진술과도 모순된다는 것과 그가 그것들의 의미를 의식적으로 왜곡했음을 암시했다. 다른 한편으로 비텐베르크인은 "아무도 믿음을 통하지 않고서 의롭게 될 수 없다"[4]는 자신의 질책받은 논제를 해당되는 다양한 성서 인용을 통하여 입증하려 했다. 그는

---

3 "…… thesaurum militanti ecclesiae acquisivit [Christus], volens suis thesaurizare filiis pius Pater, ut sic sit infinitus thesaurus hominibus, quo qui usi sunt Dei amicitiae participes sunt effecti. Quem quidem thesaurum …… per beatum Petrum coeli clavigerum, eiusque successores suos in terris vicarios, comisit fidelibus salubriter dispensandum ……. Ad cuius quidem thesauri cumulum beatae Dei genitricis omniumque electorum a primo iusto usque ad ultimum merita adminiculum praestare noscuntur". C. Mirbt, K. Aland, *Quellen zur Geschichte des Papsttums*, Bd. 1, Tübingen [6]1967, Nr. 760, S. 472~74, 특히 472f.에서 인용.

4 WA 2, S. 13,7: "neminem iustificari posse nisi per fidem".

성서는 말씀이 요소에 들어옴으로써 성립하고 믿음을 통해서 구성된다는 아우구스티누스의 유명한 표현을 추가했고, 또한 믿음을 사죄의 토대라고 선언한 클레르보의 베르나르의 말도 인용했다.[5] 서양의 가장 존경받는 교부와 수도원 신학의 가장 중요한 대표자가 모든 것을 신앙에 결부시키는 비텐베르크인의 편에 서 있는 듯했다. 1518년 10월 13일에 루터는 카예탄과의 두 번째 만남에서 배석한 법률가들 및 슈타우피츠 앞에서 낭독한 엄숙한 『항변』(*Protestatio*)에서 자신의 말과 행위로써 언제나 거룩한 로마 교회를 존경하고 따랐다고 맹세했다. "심문을 받거나 보다 나은 교훈을 얻지"[6] 않고서는 요구한 철회를 행하는 것은 불가능했다. 왜냐하면 그의 생각으로는 자신은 성서, 교부들, 교황의 교령들, 그리고 이성에 부합하여 가르치고, 그렇기 때문에 구원을 가져오는 가톨릭의 신앙 전통을 존중했기 때문이다. 그럼에도 불구하고 그는 공개 논쟁을 할 준비가 되어 있으며 바젤, 프라이부르크, 루뱅 대학 혹은 이것으로 충분하지 않다면 파리 대학 같은 대학에 의한 교리적 판단을 받을 생각이었다.[7]

그러므로 루터는 자신이 이 시점에 로마 가톨릭 전통의 신학적·교회적 발전의 정통적인 주류와 일치한다고 생각했다. 즉, 그의 생각으로는 일부 스콜라주의적 교리와의 차이점들은 정통 교리에 대한 해석의 범위 안에서 이루어졌고 지금까지 분명하게 결정되지 않은 교리 문제와 관련된 것이었다. 루터는 공증인에 의해 공증된, 1518년 10월 22일 아우크스부르크 대성당 문에 게시된 "잘못된 정보를 들은 교황에게 보낸"[8] 항소장에서 또다시, 면죄의 문제에는 "박사들의 상이하고 불확실한 견해들"[9]이 있으나 로마 교회의 분명한 교리적 입장은 없다는 것을

5 WA 2, S. 15,28~16,3.

6 WA 2, S. 8,37: "non auditus neque convictus".

7 WA 2, S. 9,1~10.

8 WA 2, S. 28,14: "nostro Papa non bene informato".

9 WA 2, S. 28,32: "variae et incertae …… opiniones".

역설했다. 그렇기 때문에 그는 로마가 아니라 안전한 장소에서 학자들이 법적 문제를 재조사할 것을 요구한다는 것이었다.

로마 측은 면죄 문제에서 구속력 있는 교리적 입장의 명백한 해명에 대한 루터의 요구에 공개적·학문적 토론의 형태가 아니라 권위적인 교리 결정의 형태로 대응했다. 카예탄이 작성하고 1518년 11월 9일에 공포된 레오 10세의 면죄 교령 『쿰 포스트쾀』(*Cum postquam*)을 통하여, 교황의 열쇠권에 근거하여, 그리스도 및 성자들의 공로의 보물에 기초하여 "대상(代償) 혹은 대도(代禱)의 구속력 있는 형태로 일시적인 죄의 벌을 용서하기 위한 면죄가"[10] 산 자와 죽은 자들에게 허락된다는 것이 구속력 있게 해명되었다. 이로써 로마 교회의 교리가 무엇인지가 결정적·궁극적으로 규정되었다. 즉, 아무도 로마 교회의 구속력 있는 교리에 대한 무지(ignorantia)[11]를 구실로 발뺌할 수 없었다. 내용상으로 면죄론은 이로써 『우니게니투스』 교서와 일치하게 법제화되었고, 루터가 요구한 해명이 충족되었으며, 동시에 그가 계속해서 철회를 거부할 경우 그를 이단자로 만드는 것이 불가피해질 수 있는 결정적 토대가 정의되었다.

루터가 위의 교령을 "거룩한 교회의 올바르고 충분한 교리"[12]로서 인정할 준비가 되어 있지 않고 그런 이유로 신에 대한 순종의 이름으로 교령에 복종하기를 거부했기 때문에, 그는 로마인들이 그에게 떠맡긴 이단자의 역할을 더욱 분명히 수용했다. 4세기의 삼위일체론 논쟁에서도 성(聖)아타나시우스 같은 정통 신앙의 주교들은 박해를 받았다. "신

10 Peter Fabisch, Erwin Iserloh (Hg.), *Dokumente zur Causa Lutheri (1517~1521)*, 2 Bde., Münster 1988~91, Bd. 2, S. 191~97, 특히 S. 193f.: "per modum absolutionis …… vel per modum suffragii …… poenam vero temporalem pro actualibus peccatis".

11 두 번에 걸친 거부 표현 참조. "ne …… quisquam ignorantiam doctrinae Romanae Ecclesiae circa …… Indulgentias …… allegare"(Fabisch, Iserloh, 같은 책, S. 192) 그리고 "ne quispiam …… ignorantiam allegare"(같은 책, S. 194).

12 루터가 1519년 1월에 작센 선제후에게 보낸 서신, WA B 1, S.307,50.

은 복된 시기에도 교회에서 이렇게 결정한 것처럼, 불쌍한 인간인 내가 굴복하도록 만든 것은 기이한 일이 아니다. 그러나 진리는 언제나 변함이 없고 영원히 진리로 남아 있을 것이다."[13]

그의 자세는 전적으로 이 진리를 공개적으로 증언하는 것에 집중되었다. 그는 자신의 아우크스부르크 심문 및 이것과 연관되는 글들을 즉시 『아우크스부르크 심문』(*Augustana Acta*)으로 출판하여 널리 유포함으로써 그렇게 했다.[14] 그는 대중으로 하여금 자신에게 적대적으로 진행되는 재판의 기록을 일별시키고 재판 과정에 참여시키면서 동시에 출판을 통하여 다음과 같은 견해의 길을 닦았는바, 이 견해 덕분에 결국 그는 생존할 수 있었다. 그 견해란 판단 능력이 있는 그리스도교 전체는 물론 평신도까지도 교회의 참 교리가 무엇인지 판단할 권한이 있고 판단할 수 있다는 것이었다. 루터의 자세가 면죄 문제에서 로마 측의 입장을 교리적·법적으로 결정적으로 확정하도록 재촉한 것처럼, 교황청의 정책은 그 자신의 태도에 대한 해명을 촉구했다. 이후 1520년 여름에 표현된 바, 믿는 자들의 보편적 사제직이라는 신학 이념은 이단 혐의가 있는 신학 교수의 출판 활동을 통해서 예비되었다.

라이프치히 논쟁과 그 반향

전사(前史)

요하네스 에크와의 대결도 로마 교회에 대한 루터의 태도가 명확해지고 대결 태세를 갖추게 만드는 데 기여했다. 원래는 에크와 카를슈타

13 WA,B 1, S. 307,34~36.

14 WA 2, S. 1~26; Klaus-Peter Schmid, *Luthers Acta Augustana 1518 deutsch. Dokumente vom letzten Gespräch Roms mit Luther in Augsburg vor seiner Exkommunikation*, Augsburg 1982.

트 사이에 치러질 예정이었던 라이프치히 논쟁에 루터가 참여한 것은 잉골슈타트 대학의 공개적 도전의 결과였으며, 루터가 이에 응했던 것이다. 1518년 10월에 그는 아우크스부르크에 체류하는 동안에 에크를 만났고, 그다음 해에 에르푸르트나 라이프치히, 즉 중립적인 장소에서 카를슈타트와 잉골슈타트인 사이의 논쟁을 벌이기로 그와 합의하였다. 카를슈타트는 1518년 5월이나 6월 초에 총 406개의 논제를 출판했다. 그는 다음 여름 학기에 비텐베르크에서 학문적 토론을 통해서 이 논제들을 다루고자 했고, 결국 다루었다. 일부 논제들은 명시적으로 에크를 겨냥한 것이었다. 카를슈타트는 루터의 면죄 논제들에 대한 필사본으로만 유포된 에크의 비판적 주석 『오벨리스키』(*Obelisci*)를 비텐베르크 대학 전체의 자존심을 건드리는 공격으로 보아야 한다고 생각했고, 비텐베르크인의 아우구스티누스주의와 죄인의 칭의 때 신의 단독 역사를 높이 평가하며 모든 다른 교회적 권위에 대립하여 성서 말씀의 우선적 의미를 옹호했다.[15] 에크는 8월에 반대 논제를 출판했고, 로마 교황청이나 독립된 대학 같은 제3의 법정에서 공개 토론을 할 것을 제안했다. 그는 루터와의 대화에서 토론 장소로 라이프치히에 합의했고 결국 카를슈타트와 에크 간의 학문적 싸움을 위하여 그곳 대학의 승인(그러나 라이프치히 대학은 미리 판정관의 역할을 거절했다)뿐만 아니라 그곳의 영주인 에르네스트계 공작 게오르크의 승인을 얻었다.

그러나 다음으로 에크는 전혀 예기치 않게 1518년 말에 '새로운 교리'[16]에 대항하는 12개의 논제를 출판했다. 내용적 관점에서 이것은 일

---

15 논제 12: "Textus Biblie non modo uni / pluribusve ecclesie doctoribus / sed etiam tocius ecclesie auctoritati perfertur." 논제 14: "Premissa intantum procedit, quod dicto doctoris auctoritate canonica con munito plusquam declarationi pape / credendum est." Andreas Rudolf Bodenstein von Karlstadt, *CCCLXX et Apologeticae Conclusiones pro sacris literis et Vuittenbergensibus compositae*, Wittenberg [Johannes Rhau-Grunenberg] 1518; VD 16 B 6203; Ex. Köhler MF 987, Nr. 2504, A 2^{r}.

16 WA 2, S. 154f. 참조. Fabisch, Iserloh, *Dokumente*, (Anm. 10), Bd. 2, S. 241ff.에

차적으로 루터를 겨냥한 것이었다. 루터는 자신에게 던져진 학문적 도전장을 접수하고 12개의 반대 논제로 응답했다. 에크는 13개의 논제를 출판함으로써 응답하는데, 명시적으로 카를슈타트를 겨냥한 논제를 추가했다. 루터는 또다시 같은 수의 반대 논제로써 반응했고, 4월 말에 카를슈타트는 17개의 논제로써 논쟁문 저자의 대열에 들어왔다. 학문적 행사에서 전적으로 특이한 출판을 통한 전초전은 라이프치히에서 예정된 행사를 일상적인 학문적 논쟁과는 다른 것으로 생각하고 있음을 보여준다.

루터가 논쟁에 참여하는지 여부는 라이프치히로 출발할 때(1519년 6월 24일)까지도 논란거리였다. 앞서 출판된 논제들 가운데서 에크와 루터의 마지막 논제들은 각자 특별한 폭발력을 지니고 있었다. 에크는, 로마 교회는 교황 실베스터(재위 314~35) 시대 이전에 이미, 그러므로 콘스탄티누스 이전에 다른 교회들 위에 있었다고 주장했다. "거룩한 베드로좌를 소유했고 그의 신앙을 공유한 자"는 "베드로의 후계자요 그리스도의 보편적 대리인으로서" 인정되어야 한다.[17] 루터는 로마 교회의 수위성은 다만 지난 4세기간의 로마 교황들의 끔찍스러운 교령들에서만 입증될 따름이라는 반대 논제를 주장했다. 앞선 1100년간의 교회 역사 및 "성서 텍스트와 가장 거룩한 니케아 공의회의 결정"은 이에 반한다는 것이다.[18] 이 논제가 엄청난 폭발력을 내포했다는 것은 이것이 출

수록됨.

17 "Romanam Ecclesiam non fuisse superiorem aliis ecclesiis ante tempora Sylvestri negamus. Sed eum, qui sedem beatissimi Petri habuit et fidem successorem Petri et vicarium Christi generalem semper agnovimus." Fabisch, Iserloh, *Dokumente*, [Anm. 10], Bd. 2, S. 253.

18 "Romanam Ecclesiam esse omnibus aliis superiorem, probatur ex frigidissimis Romanorum Pontificum decretis intra CCCC annos natis, contra quae sunt historiae approbatae MC annorum, textus scripturae divinae et decretum Niceni Concilii omnium sacratissimi." Fabisch, Iserloh, *Dokumente*, [Anm. 10], Bd. 2, S. 257; WA 2, S. 161,35~38.

간된 직후 교황이 쾰른의 종교재판관 야코부스 호그슈트래텐(Jakobus Hoogstraeten)을 통하여(그는 로이힐린 재판에서 권위적 행동주의자였다, 104쪽 참조) 비텐베르크인의 이 발언에 대해 보고했다. 내용상으로 루터의 이 논제는 물론 1520년 초 여름의 파문 위협 교서에서 반박되었다.[19] 이 밖에 루터는 그의 논제에서 콘스탄츠 공의회에서 정죄받은 얀 후스의 논제들 중 하나에 동조하면서, 프라하 마기스터의 이 논제가 다른 논제들처럼 신학적·역사적으로 옳다는 신념 아래 이것을 수용했다. 이것은 교황의 권위적 지위가 황제의 권력에서 나왔고 콘스탄티누스의 증여에 근거하여 황제에 의해 교황에게 부여되었다는 논제이다.[20]

로마에 대한 루터의 부정적 시각은 이 시기에 급속히 심화되었다. 루터 및 선제후령 작센 정부와 작센 출신의 교황청 시종 카를 폰 밀티츠(교황은 작센 선제후 프리드리히에게 금제 장미장을 보내기 위해 밀티츠를 파견했고 루터 사안에서 해법을 모색할 권한을 준 바 있다, 155쪽 참조) 간의 협상 도중에도 비텐베르크인은 자신의 친구 슈팔라틴에게 자신은 성서와 교회를 모독하는 로마를 바빌론, 묵시록의 재앙의 장소로 간주한다는 것을 의심치 못하게 만들었다. 이 괴물(묵 13; 17장)과 대결하지 않고서 성서와 교회의 진리를 진술할 수 없었다.[21] 루터는 에크의 12개 논제가 출판된 후, 자신이 밀티츠에게 공개적으로 로마 교회에 순종하도록 호소하고 자신의 행동이 '과열되었다'고 표현하면서, 로마가 자신에 대

19 논제 25: "Romanus Pontifex Petri successor non est Christi Vicarius super omnes totius mundi ecclesias ab ipso Christo in beato Petro institutus." Fabisch, Iserloh, *Dokumente*, [Anm. 10], Bd. 2, S. 380. 더 많은 증거는 같은 책, S. 381, Anm. 52 참조.

20 "Papalis dignitas a Caesare inolevit, et Papae praefectio et institutio a Caesaris potentia emanavit." DH, Nr. 1208, S. 439; Mirbt, Aland, *Quellen*, Bd. 1, [Anm. 3], Nr. 771, S. 480, Art. 9. 루터의 적극적 수용은 WA 2, S. 159,17~19.

21 루터가 1519년 2월 24일경에 슈팔라틴에게 보낸 서신, WA.B 1, Nr. 156, S. 350~52, 특히 S. 351,17f.: "Non potest scripturae et ecclesiae veritas tractari, mi Spalatine, nisi haec belua offendatur."

한 재판을 취소하고 자신의 신학적 의문을 진지하게 대하리라는 기대 속에 면죄에 대한 비판을 기꺼이 자제하려 한다고 통보한 것에 더 이상 구속받지 않는다고 생각했다. 그는 교황청 시종의 외교적 협상을 하나의 에피소드 이상으로 생각하지 않은 듯하다. 이 협상에 응한 것은 결국 자신의 영주에 대한 충성심 때문이었다. 아마도 루터가 프리에리아스의 근래의 출판물에 대한 답변을 포기하고 답변 대신에 이 형편없는 신학자[22]에 대한 해학 어린 연민의 표시를 재인쇄하는 데 국한하면서 반면에 에크와의 논쟁에 뛰어들었다는 사실은, 멀리 로마에 있는 교황청 신학자와의 성과 없는 대결보다는 고향의 전선이 그에게는 더 중요했음을 암시한다.

진행

비텐베르크인들이 에크와의 싸움에서 보여준 헌신에서 — 앞마당에서와 라이프치히에서, 그리고 결국 출판을 통한 이후 싸움에서 — 분명해진 사실은 이 대결이 또한 신생 선제후 작센 대학의 명성과 관련이 있었다는 것이다. 비텐베르크인들이 보여준 노력은 그들이 이 사건에 극도의 중요성을 부여했다는 것을 의심치 못하게 했다. 논쟁자들 외에도 다음의 인물들이 출발했다. 대학 총장 바르님 폰 포메른(Barnim von Pommern) 공작, 교수 암스도르프와 멜란히톤, 후자와 친밀한 우정을 나눈 '젊은 학자' 요하네스 아그리콜라, 플라이센부르크(Pleißenburg)에서 3주간(1519년 6월 27일에서 7월 15일까지) 치러진 공작의 대규모 행사를 상세하게 메모한 서기 한 사람, 마지막으로 에크를 괴롭히고 밤의 안식을 빼앗으려 한 거대한 대학생 부대, 그들 가운데는 후일의 급진적 종교개혁가 토마스 뮌처 같은 유명한 인물도 있었다. 루터가 논쟁 후, 얀 후스를 원용하는 그룹 가운데 가장 크고 영향력 있는 집단인 보헤미아의

22 WA 2, S. 50,6~10. 프리에리아스의 글은 WA 2, S. 50~56에 수록. Fabisch, Iserloh, *Dokumente* (Anm. 10), Bd. 1, S. 116ff.

두 요소 영성체론자(Utraquist)들로부터 받은 서신에서 드러난 사실은 15세기 인근 보헤미아에서 가장 영향력 있는 '이단자'의 후손들도 아우구스티누스 은둔자회 수도사를 주목했다는 것이다. 라이프치히에 후스파(波)가 있다는 것을 안 에크는 그렇기 때문에 루터로 하여금 주최자인 게오르크 폰 작센으로부터의 신용을 잃게 만들려고 했다. 또한 루터가 라이프치히에서 발언한 자신과 후스의 공적 연대는 물론 저 '이단 연구자'들에게 바라던 바였다. 그들은 루터 및 그의 점차 늘어나고 뚜렷해지는 추종자들을 이단자로 만들어 파멸시키기를 기다렸다.

대중매체를 통한 새로운 동원의 차원이 논쟁의 앞마당에서, 카를슈타트가 비텐베르크의 루카스 크라나흐 인쇄소에 삽화가 들어 있는 팸플릿 『마차』(*Fuhrwagen*)를 위탁한 사실에서 표현되었다(그림 8). 이것의 구조는 반유형적이다. 즉, 이것은 천국 내지 십자가에 달린 그리스도에게 가는 마차와 지옥으로 가는 마차를 보여주고 위 마차의 기수 바울과 아우구스티누스를 지향하는 '비텐베르크 학파'의 은총신학과 이에 대조적으로 살찐 도미니쿠스회 설교자—아마도 테첼—에 의해 대표되는 스콜라주의적 '행위의 의'를 표현하고자 했다. 여기에 몇 줄의 작은 해설문이 붙어 있다. 라틴어와 독일어판으로 인쇄되어 행사 직전에 등장한 이 팸플릿은 지금까지 여기에 대한 모든 참여가 거부되었던 저 주민 집단들과 교양층에게 이 의미심장한 학문적·신학적 논쟁을 명확하게 보여주려는 인상 깊은 시도를 반영한다. 비록 삽화가 든 팸플릿이 후일의 비텐베르크 종교개혁가의 출판물에 비해서—확실히 루터의 영향 아래—비교적 그다지 큰 역할을 담당하지 못하게 되었을지라도, (우리가 아는 한) 종교개혁에 대한 신학 이론 내용의 확산을 위해 도상 매체를 이용한 것의 첫 번째 사례에는 탁월한 의미가 부여되어야 한다. 본래의 학문적 싸움 이전에 이미 중요한 것은 비텐베르크 신학의 '사안'에서부터 그것의 일부분을 구성하는 저 여론을 포착하거나 만들어내는 것이었다. 왜냐하면 모든 그리스도인의 구원 및 이 목표를 향한 길이 무엇보다 중요했기 때문이다.

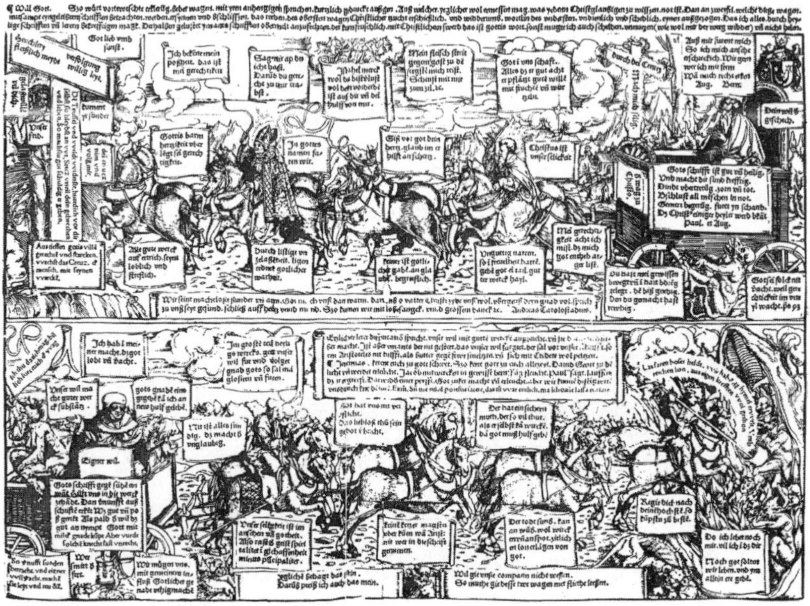

그림 8 안드레아스 폰 카를슈타트의 『마차』
(대大루카스 크라나흐의 전지 목판화, 1519년)

아우구스티누스-바울의 은총신학의 콘셉트를 타울러 신비주의의 요소들을 강하게 가미해서 삽화가 든 팸플릿을 통해 입문케 하고 시각화한 카를슈타트의 재치 있는 아이디어는 좌절된 듯하다. 왜냐하면 그 자신은 이 이해하기 어렵고 과도해서 미학적·도상교육학적으로 실패한 팸플릿의 설명을 돕기 위해 또 다른 팸플릿을 출판할 필요가 있다고 생각했기 때문이다.[23] 이 작은 불운은 사제요 교수로서(1510년 신학 박사), 비텐베르크 알러하일리겐 대성당의 수석 부제로서, 로마의 양법(兩法,

23 카를슈타트의 『마차』에 관해서는 Hans-Georg Thümmel, *Karlstadts und Cranachs "Wagen" von 1519*, in: Jörg Haustein, Harry Oelke (Hg.), *Reformation und Katholizismus. Festschrift für Gottfried Maron*, Hannover 2003, S. 66~96 참조. 카를슈타트의 타울러 수용의 콘텍스트에서 벽보 해석에 관해서는 Hans-Peter Hasse, *Karlstadt und Tauler*, Gütersloh 1993, S. 117ff. 참조.

세속법과 교회법—옮긴이) 박사로서(1515/16), 그리고 마지막으로 교황청 '시종 대리'(Vicecomes)[24]—로마에서 획득했거나 수여받은 직무로서 공증할 수 있는 전권을 지님—로서의 찬란한 경력을 빠르게 거친 사람에게는 전적으로 전형적인 일이다. 이 민첩한 재속 성직자는 루터에게서 자신의 스승을 발견했다. 그는 우선 신학적으로 루터와 마찰을 겪었다. 그러나 그와의 접합점을 발견했다. 그는 루터를 방어하기 위해서 적극적으로 에크에게 대항했다. 그러나 루터가 무대에 등장하자마자 그는 거의 주목을 받지 못했다. 카를슈타트가 후일 대중어로 종교개혁적 글을 출판한 영향력 면에서 루터에 버금가는 인물이 되었지만, 아우구스티누스회 수도사와의 간격은 컸고 재속 사제에게는 이것이 고통스러웠다. 카를슈타트라는 인물은 비극적인 무언가를 가졌다.

라이프치히에서 카를슈타트는 곧 루터의 그늘에 가렸으니, 한편으로는 15일의 논쟁 기간 가운데 9일 동안 루터가 에크와 맞섰기 때문이고, 다른 한편으로는 교황의 수장권 문제를 중심으로 진행된 이 대립의 폭발력은 바울-아우구스티누스의 은총론에 대한 카를슈타트와 에크 간의 토론을 훨씬 능가했기 때문이다. 카를슈타트는 그 계기를 마련하기는 했지만, 라이프치히 논쟁에 대한 역사적 기억에서 더 이상 어떤 역할도 하지 못했다. 그리고 당대의 회의록은 루터보다 젊고 학식 있으며 자만하지 않으나 그다지 카리스마적이지 않은 동료보다는 루터 자신을 훨씬 많이 주목하였다. 루터가 즉흥적·비관습적으로—예를 들어 모든 토론 규칙에 반하여 라이프치히 청중들에게 독일어로 행한 식사(式辭)[25]—그리고 담대하고 무모하게, 신랄하게 수미일관 관철한 것을 카

24 Ulrich Bubenheimer, *Consonantia Theologiae et Iurisprudentiae. Andreas Bodenstein von Karlstadt als Theologie und Jurist zwischen Scholastik und Reformation*, Tübingen 1977, S. 53ff.

25 WA 59, S. 494,1903f.; Anselm Schubert, *Libertas Disputandi. Luther und die Leipziger Disputation als akademisches Streitgespräch*, in: ZThK 105 (2008), S. 411~42 참조.

를슈타트는 책에서 얻은 지식을 가지고 근면하게 신중한 논증을 통해 달성하기를 바랐다.

1521/22년까지 혹은 그 이후까지도 외부에서 비텐베르크를 인식할 때 교회 갱신의 보편적인, 가시적인 지성적 대표였던 이 두 대립적 인물들 간의 관계는 그들의 변화무쌍한 관계의 어떤 단계에서도 조화로운 적이 없었다. 그리고 극단적으로 대립한 신학적 발전의 출발점을 이루었고 신생 종교개혁 운동에 처음으로 깊이 거리를 벌리게 될 양자 사이의 최초의 신학적 긴장은 우연히 생긴 것이 아니라 오랫동안 조화를 이루지 못한 어려운 동료 관계에서 기인한다. 어쨌든 처음에 라이프치히에서 그들은 같은 편에서 활약했고, 비텐베르크의 아우구스티누스주의라는 공통의 신념을 위해 싸웠으며, "산전수전 다 겪은" 잉골슈타트의 적대자 요하네스 에크에게서 화육한 스콜라주의 신학에 대항하여 투쟁했다. 에크는 카를슈타트와의 논쟁에서 그 자신도 메울 수 없는 것으로는 분류하지 않은 은총론에서의 관점 차이를 길게 다루기보다는 교황 문제에서 루터에게 이단 혐의를 씌우거나 그를 후스주의로 몰아가는 데 보다 큰 관심을 보였다. 그런 한에서 카를슈타트가 처하게 된 보잘것없는 역할은 에크의 탓으로 돌려야 한다. 그러나 이 점은 또한 물론 루터가 자신의 비텐베르크 동료보다 면죄에 대한 비판 및 면죄 논쟁을 통해서 이미 훨씬 잘 알려져 있었다는 사실과 부합한다.

종교개혁의 역사 이후의 역학에서 교황 문제 내지 보다 일반적으로 교회 내 권위 문제는 결정적으로 중요했다. 루터는 교황의 수장권이 신적 법(ius divinum)에서 온 것이며 로마 교회의 수장에 대한 순종에 구원적 의미가 있다는 것을 부정했다. 루터는 동방 그리스 교회를 교황권과 독립적인, 그럼에도 구원과 연관된 교회에 대한 증거로 들었다. 또한 루터는 교회 계급 서열, 예를 들어 주교직을 신적 법에 의해서 정당화하는 것을 의심했다. 사람들은 교부들로부터 episcopus(주교)와 presbyterus(장로)라는 직무 명칭이 교회 초기에는 동일한 의미를 가졌으며 주교들은 다만 고대의 도시 목회자로 간주되어야 한다는 것을 알고 있었다. 에크는 물론 콘스탄츠에서 정죄받은 후스와 위클리프가 로마 주교의 수장권을 부정했고, 이 수장권의 근거를 로마 황제의 역사적으로 우연스러운 권한 이양에서 찾았으며, 따라서 로마 주교의 신적 정당성을 부정했던 인물들이라는 것을 지적했다. 루터는 이에 의거하여 에크가 자신을 후스주의와 동일시하도록 강요한 것에 저항했다. 후스주의는 실제로 그의 당시 태도와 부합하였다. 왜냐하면 루터는 로마 교회에 대한 그들의 오만한 우월 의식에서 그리스도교적으로 용납될 수 없는 분리주의를 보았고, 보헤미아인들의 이런 점을 줄곧 비판해왔던 것이다. 에크가 자신에게 이미 법적으로 유효하게 유죄판결을 받은 이단적 입장을 전가한 사실을 루터는 공개적인 학문 토론에 대한 위반으로 간주했다. 그래서 그는 공의회의 권위를 부정하지 않을 수 없었다. 공의회가 오류를 범할 수 있고, 콘스탄츠 공의회는 참된 것으로 간주해야 할 몇 가지 논제를 정죄했다. 오로지 성서에 근거를 가진 것만이 구원에 필수적이며 구속력 있는 것으로 인정될 수 있었다.[26] 이런 입장을 가지고 루터는 자신이 논쟁 전에 이미 주장했던 견해를 넘어서지 않았다. 다만 공의회와 모든 인간적 법 제정의 권위를 무오한 규범으로서의 성서를 통해 상대화할 준비가 되어 있는 그의 자세는 그가 그사이 로마 교회의 규범 조직에 대해서 교회론적으로 대립하고 있음을 드러냈다. 루터가 교황을 계속해서 서양 교회의 수장으로 인정하기를 원할지라도 1519년 여름에 교황의 권위를 상대화함으로써, 교회가 무엇이며 교회에서 무엇이 유효해야 하는가의 이해에서의 균열은 메워질 수 없는 것처럼 보였다. 끝으로 논쟁 진행 과정과 에크의 논쟁 스타일에서 드러난 사실은 비텐베르크인의 규범들—교부와 성서!—이 지닌 흡인력에서 벗어날 수 없었다. 어쨌든 스콜라주의 신학자들을 원용하는 것은 양편에서 모두 현저히 종속적인 역할을 담당할 따름이었다.

26 WA 59, S. 511,2415ff.; S. 508,2307ff.; S. 513,2484ff.; S. 466,1059ff.; S. 500,2080ff.

이후 역사

논쟁자들 사이에는 논쟁의 결말과 주장한 입장의 승패 및 이와 더불어 교리의 참됨에 대한 결정을 에르푸르트 대학과 파리 대학에 이관하기로 합의되었다. 이들 대학에는 토론 과정에 대한 정확한 기록이 전달되었다. 그러나 에르푸르트 대학은 임무에서 제외되었고, 파리 대학 신학부의 소견서는 1521년 4월 15일에 가서야 제출되었으니,[27] 논쟁이 종료된 지 1년 반이 지난 후였다. 신학자들뿐만 아니라 두 대학의 모든 학자들, 그리고 평신도들을 결정 과정에 끌어들이려는 루터의 의도를 게오르크 폰 작센 공작은 에크의 개입에 따르면서 거부했다. 공작은 다만 "파리의 신학부와 교회법 학부에만, 그러나 교회법학자들이 아니라 신학부의 박사들에게만"[28] 결정권을 허용했다. 게오르크는 라이프치히 논쟁 및 루터에게 내려진 후스주의 혐의의 결과로 제국의 제후들 가운데서 루터의 가장 큰 적대자가 되었다. 평신도들을 신학적 판단에 끌어들이려는 루터의 생각은 그가 평신도들, 무엇보다 인문주의자들에게서 보다 큰 지원을 예상했다는 것을 보여주었다.

논쟁자들이 계약을 통해 합의한 대로 학문적 결정 법정의 교리적 소견에도 불구하고, 도대체 누가 라이프치히에서 승리했는가에 대한 역사적으로 유효한 결정은 여론 공간에서, 즉 팸플릿 출판 매체를 통해서 내려졌다. 저울이 비텐베르크인들에게 유리하게 기울었다는 것은 무엇보다 그들의 능숙한 태도와 논리의 설득력, 그리고 또한 주변 인문주의자

---

27 WA 8, S. 255~312 참조; Johannes Schilling, *Determinatio secunda almae facultatis theologiae Parisiensis super apologiam Philippi Melanchthonis pro Luthero scriptum. 1521*, in: Gerhard Hammer, Karl-Heinz zur Mühlen (Hg.), *Lutheriana. Zum 500. Geburtstag Martin Luthers von den Mitarbeitern der Weimarer Ausgabe*, Köln / Wien 1984, S. 351~75.

28 게오르크 폰 작센(Georg von Sachsen)이 자신의 고문 체자르 플루크(Cäsar Pflug)에게 보낸 서신(Rochlitz, 1519. 7. 16), in: Felician Gess (Hg.), *Akten und Briefe zur Kirchenpolitik Herzog Georgs von Sachsen*, 2 Bde., Leipzig und Berlin 1905~17 (Nachdruck Köln und Wien 1985), Bd. 1, Nr. 125, S. 94,15~17.

들의 지원 덕분이었을 것이다. 멜란히톤은 논쟁 후 곧 보고서를 작성했고, 그의 인문주의자 스승 가운데 한 사람으로서 당시 아우크스부르크에서 설교자로 활동 중인 요하네스 외콜람파트에게 이것을 헌정했다. 후일 그는 바젤의 종교개혁가가 되었고 츠빙글리 옆에서 독일-스위스 종교개혁을 주도하는 신학자가 되었다. 멜란히톤은 논쟁 진행에 대한 어느 정도 편파적인 묘사를 통해서 카를슈타트, 그러나 무엇보다 루터를 에크보다 탁월한 논쟁자로 부각했고 비텐베르크인들을 공개적으로 지지했다. 즉, 카를슈타트는 탁월한 학자요 선한 인간이며, 루터는 경탄할 만한 지성을 지녔고 교양이 있으며 웅변술을 구사하므로, 자신은 그의 진실한 그리스도교적 정신을 열렬히 사랑하지 않을 수 없다는 것이었다.[29] 이로써 지금까지 국외자요 문법학자요 그리스어 학자로서 1년 전부터 작센 지방에서 가르쳤고 인문주의자 집단 안에서 아마도 가장 전망 있는 신진 세력으로 간주된 인물을 통해서, 다른 저자들도 동조하게 될 판단이 내려졌다.

그러므로 비텐베르크인들은 출판이라는 수단을 통해서 그들이 신학적으로 점차 분명하게 전면에 내세운 것, 즉 교리의 참됨에 대한 판단 법정으로서 글을 아는 평신도들에게 표준적인 역할을 부여해야 한다는 점을 알렸다. 루터는 라이프치히 논쟁에서 주장한 논제들에 관하여 공격적 해설의 형태로 제공한 논쟁에 대한 그 자신의 문학적 반응에서, 자신의 적대자들의 활동에서 악마가 일하는 것을 보았음을 숨기지 않았다. 설령 그가 패배할지라도, 결국 그리스도가 보다 강할 것이고 후세의 판단이 자신을 옳다고 할 것이었다.[30] 어조가 날카로워지고, 공개적인

---

29 "Carolstadium e scriptis, credo, novisti [외콜람파트에게 말함]. Bonus est vir et rara doctrina planeque nonnihil extra volgi aleam eruditus. In Martino longo iam usu mihi familiariter cognito vivax ingenium, eruditionem et facundiam admiror. Sincerum et pure Christianus animum non possum non deamare." Melanchthon, *Epistola de Lipsiaca disputatione* [1519], in: *MWA* 1, S. 11,7~12.

30 *Resolutiones …… super propositionibus …… Lipsiae disputatis*, 1519의 결론 참조.

편들기를 요구하는 출판물이 증가하며, 마지막으로 1519년 12월 말경에 에르푸르트가 소견서를 제출하지 않는다는 것이 확정된 후 에르푸르트의 루터의 친구 랑을 통해 라이프치히 논쟁 기록의 출판[31](이것은 대학 소견의 공표 이전에는 논쟁 회의록을 출판하지 않기로 공증인을 통해 공증된 논쟁자들 간의 합의를 위반한 것이다)이 추진된 것—이 모든 요소들은 두 진영의 분열을 강요했다. 루터 내지 비텐베르크인들의 지지자 진영 대(對) 적대자 진영, '개신교' 진영 대 '교황파' 진영, 교부와 성서를 지향하는 '새로운 신학'의 추종자 진영 대 공격적으로 평가절하된 '스콜라주의자' 진영—에크는 이제 스콜라주의자들의 유력한 대표로 간주되었다.

누구보다도 루터 자신이 논쟁 속으로 끌고들어온 증가하는 인신공격은 그가 전제한 전선을 성립시키는 데 기여했다. 이것은 루터가 1519년 초가을에, 라이프치히 논쟁 및 곧 이어진 알베르트가 궁정 신학자 히에로니무스 엠저와의 논쟁 이후에 있었던 작은 논쟁에서 분명해졌다. 엠저는 분명 작센 공작령에 위험과 두려움을 안겨준 비텐베르크인과 인근 보헤미아의 이단자 사이 연대의 토대를 제거하기 위해서, 루터가 라이프치히에서 자신이 보헤미아인과 완전히 동일하다고 발언한 적이 없고 그들을 분명히 비판했다는 점을 지적했다. 이처럼 엠저는 지역정치적 계산에서 루터와 보헤미아인 사이를 갈라놓으려고 했다. 반면에 에크는 이단론적 이유에서 양자를 동일시하려고 애썼다. 무엇보다 엠저가 교황의 수장권에 반대하는 루터의 주석적 논리와의 세세한 대결을 포기했다는 사실에 근거한 '염소'—엠저의 짐승 문장(紋章)—에 대한 신랄하고 공격적인 응답을 통해서 비텐베르크인은 에크가 알베르트가

WA 2, S. 435,10: "Praesens male iudicat aetas, Iudicium melius posteritatis erit."

31 인쇄는 Erfurt [Mattes Maler] 1519; VD 16 E 320; WA 2, S. 252; WA 2, S. 252~383 (im Auszug: Disputation Eck-Luther)에 게재됨. 표준적 출판은 WA 59, S. 427~605, 마이크로피시는 MF 436~37, Nr. 1180; Köhler, *Bibl.*, Bd. 1, Nr. 836, S. 359f.

궁정 신학자와 문학적으로 연대하도록 도발했고, 그렇게 해서 그들의 논증 스타일에서는 결코 필연적이지 않은 공통점이 성립하게 되었다.

엠저를 위한 에크의 변론서에서[32] 차라리 부수적으로 언급한 바, 일부 '무식한 참사회 의원들' 외에 다른 모두가 루터에게 반대하여 자신이 옳다고 인정할 것이라는 말은 1519년 12월 초에 익명 저자의 반박문을 도발했다. 이 글의 배후에는 요하네스 외콜람파트 내지 그를 사주한 아우크스부르크 대성당 참사회 의원이자 학식 있는 인문주의자요 로이힐린의 옹호자 베른하르트 아델만 폰 아델만스펠덴(Berhard Adelmann von Adelmannsfelden)이 있었다. 에크는 예리한 논평을 통해 그와 아우크스부르크인의 연대를 분명히 염두에 두었다. 그들이 어째서 **루터주의자**[33]—마르틴주의자(Martiniani) 외에 비텐베르크인을 지지하는 자들에게 적용된 관행적 표현—가 되었는지를 서술한 '무식한 참사회 의원들'의 『답변』(*Responsio*)에서 반계몽주의자 논쟁(103~05쪽 참조)과 라이프치히 논쟁 이후 시작된 루터를 둘러싼 문학적 대립 사이의 밀접한 관계가 특히 분명해진다. 루터를 마니교도, 위클리프주의자, 후스주의자 등의 이단자로 만들고 루터의 그리스도인 자격을 부정하려는 공격을 통하여 에크는 그들을 이 '이단자'의 품속으로 몰고 있다고 '무식한 참사회 의원들'은 대중에게 전했다. 루터가 '그리스도교의 목표'[34]를 지시하고 동시에 '선한 예술과 윤리의 소생'[35]을 위해 노력하며 처음

---

32 Johannes Eck, *Pro Hieronymo Emser contra malesanam Lutheri venationem responsio* [Leipzig, Martin Landsberg 1519]; VD 16 E 413; Köhler, *Bibl.*, Bd. 1, Nr. 853, S. 366f.; MF 855, Nr. 2152.

33 *Responsio*의 영인본에서 인용: EA var. arg., Bd. 4, S. 61~70, 특히 S. 62; Drucke: VD 16 O 297~300. 콘텍스트에 관해서는 Thomas Kaufmann, *Anonyme Flugschriften der frühen Reformation*, in: Bernd Moeller (Hg.), *Die frühe Reformation in Deutschland als Umbruch*, Gütersloh 1998, S. 191~267, 특히 S. 201f., Anm. 38.

34 EA var. arg., Bd. 4, S. 64: "Christianismi scopum".

35 같은 책, S. 65: "reflorescere bonas artes, ita et mores redire videamus".

으로 십계명 해석을 통해서 그들로 하여금 그리스도에 관해 이전보다 고상하게, 복음에 대해 보다 거룩하게 사고하도록 만들었다는 것이다.[36] '무식한 참사회 의원들'은 에크의 궤변적 논리를 이해할 수 없었으므로 차라리 그리스도교의 정경 문서들과, 다른 '무지한 자'들에게 호소하는 루터의 기초적 그리스도교 신학에 의지했다.

익명의 성직자는 이 글을 통하여 문학적으로 뛰어난 방식으로 성직자와 평신도라는 두 종류의 그리스도인의 구조적 차이를 거부하는 신학을 정당화했다. 아델만은 또 다른 익명의 텍스트를 대중어로 작성하여 뉘른베르크의 도시 서기 라차루스 슈펭글러(Lazarus Spengler)의 이름으로 『루터의 가르침을 위한 변론』(*Schutzrede für Luthers Lehre*)을 아우크스부르크에서 인쇄하게 했다. 이 글은 학식 있는 참사회원의 『답변』과 동시에 출간되었다. 이 일로 두 사람의 이름은 에크에 의해 파문 위협 교서에 올려졌다. 그러자 에크의 절친한 적 아델만은 철회를 하면서 사면을 요구했지만, 슈펭글러는 평신도 신분으로 종교개혁의 가장 중요한 신학적 홍보자가 되었다. 그가 익명으로 출판한 『변론』은 여론의 법정 앞에서 한 익명의 인물의 개인적 증언을 보여주었다. 총 6번 재인쇄되었고 최초의 대중어 루터 전집에 편집된[37] 이 성공적인 글은 루터의 가르침을 "성서의 신적 진리를 사랑하는 자"로서 등장하는 익명의 저자로 하여금 비텐베르크인의 신학이 참되다는 결론에 도달하게 만드는 글에 비유했다.[38] 루터는 자신의 설교를 통하여 그리스도인들을 "절망적인 오류와 양심의 가책에서 벗어나게 만들었다."[39] 그의 생애 동안 어

36 같은 책, S. 66: "nos sublimius de Christo, sanctius de evangelio sentiremus".

37 Berndt Hamm, Wolfgang Huber (Hg.), *Lazarus Spenglers Schriften*, Bd. 1, Gütersloh 1995, S. 79~81의 서지학적 언급 참조; Josef Benzing, Helmut Claus, *Lutherbibliographie. Verzeichnis der gedruckten Schriften Martin Luthers bis zu dessen Tod*, 2 Bde., Baden-Baden ^{2}1989~94, Nr. 7 und 8; zu Spengler zuletzt: Berndt Hamm, *Lazarus Spengler (1479~1534)*, Tübingen 2004 참조.

38 *Lazarus Spenglers Schriften*, Bd. 1 (Anm. 37), S. 74, 82,2.

39 같은 책, S. 95,10f.; S. 96,10~12 참조.

떤 교훈이나 설교도 그렇게 강력하게 자신의 이성에 영향을 끼친 것은 없었다고 익명의 저자는 고백한다. 그는 거듭하여 많은 "우수하고 학식 있는 성직자 및 세속 신분의 인물"들로부터 루터와 그의 가르침을 들을 수 있는 시간을 체험한 것에 대해 신께 감사해야 한다는 말을 들었다.[40] 평신도의 관점에서 "교회의 특별한 교사임을 자처하는"[41] 소수의 사람들이 루터의 가르침과의 대결은 "오직 학교에서 학식 있는 자들에 의해서 토론되어야 한다"고 강요하는 것은 용납할 수 없다.[42] 이것은 감수할 수 없다. 왜냐하면 루터의 가르침이 옳다면 그것은 구원에 도움을 주고 모든 그리스도인에게 다가갈 것이나, 그것이 "불경스럽다"면[43] "모든 민중으로부터 비그리스도교적인 독으로서"[44] 제거되어야 한다. 어쨌든 루터의 가르침을 둘러싼 대결은 여론의 공간에 속한다. 즉, 그것에 대해서 "학교 안에서만이 아니라 공개적으로"[45] 다루어져야 한다. '학자들의 논쟁과 언쟁'[46]은 적절하지 않다. 기껏 정규 공의회가 도움을 줄 수 있다. 루터가 공의회의 무오성을 부정했던 사실은 법학자인 저자를 분명히 괴롭히지 않았다. 문학적으로 사법적 변론 장르에 의존한 변증을 통해서 익명의 '신적 진리를 사랑하는 자'는 여론을 환기시킴으로써, 성서 원리의 기준에 따르자면 자신의 견해로는 부당하게 비난받은 비텐베르크인의 가르침을 판단하는 데 대한 책임을 여론에 맡기고자 했다. 슈펭글러의 익명의 글을 통해 달성된 대중어 행보는 루터의 실질적 관심과 부합하였고 또한 그의 '사안'에 공감하는 인문주의자들과도 부합하였다. 단순히 학문적인 대립은 루터가 중요시한 복음의 진리에 타당

40 같은 책, S. 89,8f.15~18.
41 같은 책, S. 96,14.
42 같은 책, S. 96,17f.
43 같은 책, S. 97,9.
44 같은 책, S. 97,10.
45 같은 책, S. 97,4.
46 같은 책, S. 97,13

하지 않았을 것이다.

그 이후 역사에 비추어서 라이프치히 논쟁의 실패는 필연적인 것으로 보인다. 왜냐하면 이 논쟁이 실행된 전통적인 학문 형식은 그것이 이루어진 틀—제후의 성에서 그리고 통치자인 작센 공작이 부분적으로 참석한 가운데 이루어진 공개 행사—에 그렇게 적합하지 않았기 때문이다. 전혀 라틴어를 모르는 사람들이 들었다. 비텐베르크 학생들은 그들 나름대로 자신들의 교수와 자신들의 모교의[47] 명성을 위해 싸웠고 운동을 펼쳤다. 그들의 모교는 라이프치히 논쟁 이후 등록률이 놀랄 만큼 증가했다(130쪽 이하 참조). 후스파 '운동가'들은 비텐베르크의 '무대'와 접촉하였다. 또한 논쟁자들의 견해에 따르자면 논쟁의 틀 안에서 결정이 내려진 것이 아니었다. 결정은 논쟁의 틀을 넘어서 학문적 판단 법정의 손에 넘어갔는바, 이로써 동시에 본래 논쟁의 싸움을 벗어났다. 학문적 진리 발견과의 모호한 관련에서 라이프치히 논쟁은 어떤 의미에서는 면죄 논쟁의 결말부에 속한다. 한편으로는 루터가 자신의 95개 논제를 학문적으로 토론하도록 초대한 것과 다른 한편으로는 대중어로 쓴 『면죄와 은총에 관한 설교』를 통해 그것의 본질적 내용을 보편적으로 유포한 것, 라이프치히 논쟁이 학문적 대화로서 실패했고 그것의 결정이 에르푸르트 대학과 파리 대학과 여론의 결정 법정으로 넘어갔다는 사실은 이 논쟁을 제1차 취리히 논쟁(1523년, 398~402쪽 참조)의 사

---

47 오토 클레멘(Otto Clemen)이 쓴 글 *Litterarische Nachspiele zur Leipziger Disputation*, zuletzt in: O. Clemen, *Kleine Schriften zur Reformationsgeschichte* [*1897~1944*], Bd. 1 [1897~1903], hg. v. Ernst Koch, Leipzig 1982, S. 54~81의 일부에서 그 저자들이 라이프치히 논쟁에서 루터와 카를슈타트로부터 얻은 인상에 근거하여 비텐베르크로 마음을 바꿨다는 것을 알 수 있다. 1519년의 비텐베르크의 등록률의 의미심장한 증가는 근본적으로 라이프치히 논쟁과 연관이 있는 듯하다. 1520년 5월 말에 루터는 라이프치히의 대학생 수—아마도 논쟁 때문에, 그러나 또한 페스트 때문에(WA.B 2, S. 111, Anm. 3)—가 비텐베르크 때문에 감소했음을 확인했다(S. 111, Z. 7f.; 루터가 1520년 5월 31일에 슈팔라틴에게 보낸 서신 참조).

례에서 출발하여—대학 밖의 공개된 공간에서 세속 권세의 책임 아래 진행된 논쟁들의 귀감으로 만들었다. 이 논쟁들에서 개신교 가르침의 진리에 대해서 오직 성서에 기초하여 논쟁하였으니, 결국 공적 질서의 대표에 의해 일반적으로 시의 행정관을 통해서 결정되었다. 여론이 라이프치히 논쟁에 앞서서, 논쟁 자체의 진행 과정에서, 그리고 그 이후 결정적으로 참여함으로써 루터의 사안이 기존의 제도적 조직의 궤도에서 벗어났다는 것이 최종적으로 드러났다. '루터의 사안'(causa Lutheri)을 학문적·소송법적 혹은 외교적 콘텍스트에 국한하는 것을 불가능하게 만든 것은 루터의 신학과 그의 복음 이해의 보편성 주장에 근거한 여론 및 그리스도교계 전반을 향한 공세와 슈펭글러, 외콜람파트, 그리고 곧 많은 같은 생각을 지닌 다른 보급자들의 반향이었다. 라이프치히 논쟁의 여운은 종교개혁 발전에서 하나의 운동의 성립이라는 결정적인 역동적 요소를 이루었다.

최초의 공동체 분쟁

1519년 공동체 분쟁의 맥락에서 비텐베르크 신학의 최초의 영향이 구체적으로 기록되었다. 비텐베르크에서 멀지 않은 마그데부르크의 위터보크(Jüterbog)에서 루터의 한 제자이며 1517년 9월의 『스콜라주의 신학에 대한 반박』(*Disputation gegen die scholatische Theologie*)의 답변자 프란츠 귄터(Franz Günther)가 시 참사회에 의해서 목사로 부름을 받았다 (130쪽 참조). 그가 선포한 내용은 1519년 금식 기간 후 곧 그 지역에 거주하는 프란체스코 수도회와의 분쟁을 야기했다. 위터보크의 프란체스코회 수도사 베른하르트 다펜(Bernhard Dappen)이 브란덴부르크 주교보(補)에게 제출한 보고서 정보에 따르면(라이프치히 논쟁 직후 에크의 요구에 따라 인쇄되었다),[48] 귄터는 고해를 하거나 금식할 필요가 없고 성인들의 이름을 불러서는 안 된다고 설교했다. 이 밖에 그는 보헤미아인들을 로마 가톨릭 신자보다 선한 그리스도인이라고 표현했다. 이 소란이 부활절 성찬 전의 의무적인 연례적 고해 기간에 일어났기 때문에, 이 사건은 분명히 특별한 주목을 끌었다. 비텐베르크 아우구스티누스 은둔자회, 곧 루터의 수도원 부원장과 독경자가 참여한 프란체스코회 수도원에서의 대화에서 귄터는 보편적 공의회는 보편교회를 대표하지 않기 때문에 자신은 보편적 공의회를 아무것도 아니라고 생각하며, 또한 교황을 그리스도의 대리자로 생각하지 않고 베드로를 사도의 수장으로 인정하지 않는다고 발언했다. 또한 비텐베르크의 탁발 수도사는 수도원 윤리에서 기본적인 복음상의 조언(consilia Evangelica)과 오직 수도원 사람에게 구속력 있는 계명(praecepta) 사이의 차이를 근본적으로 부정했다. "그는 신은 모든 그리스도인에게 최고의 완전함을 요구하며 복음 전체를 준수할 것을 요구한다고 또한 말했다."[49] 이 밖에 그는 교황이나 공의회보다는 성서를 원용하는 농민을 믿어야 한다는 논제를 주장했다—이것은 루터가 파노르미타누스를 원용한 것(163쪽 참조)을 연상시키는 주장으로 무엇보다 에라스무스가 요구한 바 성서의 대중어 보급의 배경에서, 그리고 결국 농민전쟁에서 확대된 농민들의 성서 실제의 지평에서 가장 극적인 것으로 표현될 만하다. 이 밖에 그는 선행을 거부했고, 신과 관련해서 자유의지를 부정했으며, 신은 인간에게 불가능한 것을 명령했다고 주장했다—이것은 의심의 여지 없이 인간의 가능성에서 아무것도 기대하지 않고 오로지 신의 은사에 대한 믿음에서 모든 것을 기대하는 루터 신학의 요지다.

프란체스코 수도사들과의 대화 후 귄터는 수도원장이 임석한 가운데

---

48 나는 게르하르트 브렌들러(Gerhard Brendler)가 출간하고 주석했으며 독일어 번역을 첨가한 영인본을 사용했다. *Der Lutheraner Müntzer. Erster Bericht über sein Auftreten in Jüterbog. Verfaßt von Franziskanern anno 1519*, Berlin 1989(이하의 진술은 이 텍스트와 관계된다); WA 2, S. 621~24(루터의 답변에 대한 소개, in: WA 2, S. 625~54) 참조.

49 *Der Lutheraner Müntzer* (Anm. 48), S. 27.

위터보크 시 참사회 앞에서 자신은 논적들을 이겼다고 자랑했다. 이 비텐베르크 대학 졸업생은 자의식이 없지 않았는데, 공개적 대립을 추구했고, 무엇보다 루터를 통해 얻은 신학적 통찰을 강단에서 솔직하게 표명했다. 이 통찰은 종교적 삶에 직접적으로 작용해야 한다고 그는 생각했다. 지역 수녀원 원장에 대한 공격을 개시한 후에 그는 수녀원장 대리에 의해서 브란덴부르크 주교에게 고발되었고, 이에 근거하여 한동안 설교를 하지 못했다.

비텐베르크 대학의 또 다른 수료생, 마기스터 토마스라는 인물—다름 아닌 토마스 뮌처!—이 나타나 강단을 이용해서 프란체스코 수도사들의 설교를 공격했다. 프란체스코회는 이에 맞대응하였다. 사람들은 다른 편의 설교를 듣고 그들을 헐뜯었다. 뮌처는 무엇보다 교회정치적 주제, 즉 교황에 대한 거친 비판, 공의회에 대한 요구, 교황의 결정에 의한 성자 시복(諡福)에 대한 공격, 스콜라주의에 대한 공격, 이성적 논거에 대한 공격, 주교들의 전제(專制) 및 그리스어와 히브리어를 모르는 사제들의 무교양에 대한 공격을 통해서 분위기를 부채질했다. 또한 뮌처는 프란체스코회의 보고서 저자인 베른하르트 다펜을 개인적으로 공격했다. 그러나 다펜은 특이하게도 공적으로 이 일에 대해 침묵했다. "나는 복음과 그 규칙에 따라서 원수를 사랑해야 하는 작은 형제단의 형제이기 때문이었다."[50]

'루터파'—1519년 5월 4일자 다펜의 보고서는 이 개념의 최초의 증언으로 간주된다—라는 '새로운 소종파(小宗派)'의 이런 젊은 대변자들의 행태에 대한 서술에서 폭발적 역동성과 비텐베르크 대학에서 교육을 받은 학생들이 보여준 권위 비판적 분노 및 선동적 어조가 명백히 나타난다. 필요시에 그들은 비텐베르크인들의 지원을 확신했고 그들에게 가능한 한 협조적으로 행동했다. 물론 편파적이지 않다고 할 수 없는 이 위터보크 보고서에 의해서 드러난 제멋대로의 공격적인 행동은 여

50 *Der Lutheraner Müntzer* (Anm. 48), S. 32.

러 곳의 종교개혁의 진행 과정에서 극적인 결과를 수반할 것을 예고하였다. 에크가 위터보크 보고서를 인쇄했고 이로써 루터를 또다시 문학적 논쟁으로 몰고 감으로써, 그는 끈질기게 공개적으로 '이단자'의 체면을 깎아내리고 저주하는 데 주력했다.

사람들이 루터에게 위터보크에서의 그의 학생의 행태에 대한 책임을 전가할 수 있다고 하더라도, 귄터와 뮌처의 논제들은 전적으로 그들이 루터에게서 배운 것으로 추정되는 것의 지평 속에 있다는 것을 부정할 수 없다. 루터 지지자들이 위터보크에서 주장한 견해는 큰 무리 없이 '대가(大家)'의 상응하는 혹은 그것으로부터 멀지 않은 발언으로 소급될 수 있다. 물론 루터 자신은 이것을 부정하지 않았다. 루터는 수도원 제도에 대한 언급을 프란체스코 수도사들이 1519년 5월에 작센 지방 총회를 계기로 개최한 어느 공개 토론 속에서 발전시켰다. 그는 성서적 기원을 부정했고 수도사 규칙의 준수를 그것이 복음의 계명을 넘어가는 한 미신적이라고 칭했다.[51] 이로써 서양 기독교의 가장 중요하고 영향력 있는 기관에 대한 근본적인 공격이 비텐베르크에 파문 위협 교서가 도달하기 약 1년 전에 이루어졌다. 루터는 바르트부르크(Wartburg)에서 집필한 『수도사 서약에 관하여』(*De votis monasticis*)에서 이 공격을 발전시켰다.

라이프치히 논쟁 이후 집적되는 루터 사상의 점진적인 급진화 및 비텐베르크인들의 도발적이고 점진적인 타협 없는 돌출 행동으로 말미암아 루터는 그 나름대로 자신에게 전가된 이단자 역할을 맡아서 수행한다는 것을 의심할 수 없게 되었다. 여기서 루터는 선택받았다는 일종의 예언자적 의식에 사로잡혀 있었던 듯하다. 그는 엠저에게 벽촌에 숨어서 살고자 했던 자신이 신의 뜻에 의해[52] 단 한 번의 논쟁 쪽지(95개

51 Gerhard Hammer, *Militia Franciscana seu militia Christi*, in: ARG 69 (1978), S. 51~81; 70 (1979), S. 59~105.

52 WA 2, S. 672,31: "domini voluntate".

논제) 때문에 강제로 대중 앞에 끌려 나왔고 누구와도 싸울 준비가 되어 있다고 답변했다. "내가 성서의 묵상을 신뢰하고 차라리 전적으로 내 안에서 작용하는 유일한 신에 대한 믿음에 의지하지 않음으로써 그대의 교활함에 부합하여 싸운다면, 나는 진실로 악한 루터일 것이다."[53] 전적으로(totaliter) 믿음에 의해 움직이는, 즉 신의 현실적 의지를 통고함으로써 지탱되는 '예언자적' 인간의 의미에서 비텐베르크인은 자신을 낡은 성서적 권위의 증언을 주장할 뿐만 아니라 자유로운 신의 종으로서 '루터'로서 활동하도록 부름 받은 인간으로 이해했고, "단 한 번의 논제 쪽지"[54]가 그를 대중적 관심의 중심에 놓았다는 놀라운 사실을 해석했다. 자신에게 닥친 문제 제기에 의해 루터의 예언자적 열기는 불타올랐다. 이 열기는 많은 그의 학생 청중들에게 전이되었다. 위터보크에서 이 열기는 처음으로 불꽃을 일으켰다.

선동과 도발

루터가 받은 공적 주목은 자신의 '사안'이 신에 의해 담지되고 있다는 것을 그에게 확증해주었다. 루터가 당시 자신의 95개 논제의 공개적 유포를 위해 아무 시도도 하지 않았더라면, 그가 1517년 10월 31일로부터 약 2년 후 표명한 이런 자기 이해를 상상할 수 있었을까? 그를 신의 의지에 근거해서 강제로 대중 앞으로 끌려 나오게 만든 논제 쪽지라는 '송곳'의 상은[55] 그가 '이단', 곧 95개 논제의 공표로의 저 길에 첫걸음을 내딛었다는 것을 전제한다. 테첼과 에크, 엠저, 라이프치히 신학

53 WA 2, S. 672,33~35.

54 WA 2, S. 672,30: "unica schedula disputatoria".

55 WA 2, S. 672,30f.: "velut lacinia apprehensus et in publicum per vim tractus, domini voluntate ita factum credens".

교수이자 후스의 이론을 반박함으로써(1541) 입증된 전문가 히에로니무스 둥거스하임(Hiernoymus Dungersheim) 일명 옥센파르트(Ochsenfart), 위터보크의 다펜 — 그들 모두는 루터를 1415년에 정죄받은 프라하의 마기스터 근처로 밀어놓음으로써, 루터의 점증하는 영향력에 대응하려 시도했다. 루터는 더욱 집중적으로 후스에게 몰두하기 시작했고 자신을 그와 동일시하기 시작했는바, 이것은 파문 위협 교서의 공표 직후 공개적으로 발언된 다음의 고백으로 귀결되었다. "콘스탄츠에서 정죄받은 요하니스(Johannis) 후스의 모든 교리는 전적으로 그리스도적이니, 거룩한 복음과 요하네(Johanne) 후스를 정죄하고 그 대신 지옥의 용의 가르침으로 대치한 교황은 진정한 적그리스도로 간주되어야 한다고 고백한다."[56] 그는 이미 8개월 전에 사적인 서신 교환에서 "우리는 모두 후스파"[57]라는 확신을 폈다. 그는 후스의 『교회론』(*De ecclesia*, 이 글은 라이프치히 논쟁 후 보헤미아로부터 그에게 보내졌고, 추정컨대 그는 글의 출판을 추진했다)을 읽고 거기에 근거해 후스가 아우구스티누스, 바울과 일치하며 그런 한에서 불의하게 정죄받았다는 결론에 도달했다. 루터 자신은 독일 여러 곳에 친(親)후스적 정서, 보헤미아 신학자를 이단자로 만든 일에 대한 '수군거림'[58]이 있고 점점 더 커져 마침내 그 자신이 동조하게 되었다고 주장했다. 루터를 후스파에 근접해 있다는 주장으로 척결하려는 구교 측 책략이 상대적으로 성공할 수 없다는 것과 더욱 공격적으로 비텐베르크인을 보헤미아인과 동일시하려는 것은 그가 대중의 분위기를 보다 분명히 파악했고 여론에서 보헤미아인과의 동일시로부터 오히려 이익을 볼 수 있다는 것을 깨달았음을 암시하는 듯하다.

56 WA 7, S. 431,25～29.

57 WA.B 2, S. 42,24; Scott H. Hendrix, "*We are all Hussites*"? *Hus and Luther Revisited*, in: ARG 65 (1974), S. 134～61 참조; Thomas Kaufmann, *Jan Hus und die frühe Reformation*, in: Martin Keßler, Martin Wallraff (Hg.), *Biblische Theologie und historisches Denken*, Basel 2008, S. 62～109 참조.

58 WA 6, S. 591,20f.

이런 전략적 계산을 전제한다면, 루터가 로마 교회와의 심화되는 차이점들 및 자신에 대해 종결되지 않은 재판에 직면해서 새로운 분쟁 소지가 많은 주제를 여론에 내놓는 것을 사람들은 완전히 비이성적인 행동이라고 생각하지 않았을 것이다. 주제의 상징력은 자명하다. 평신도 잔의 요구가 그것이었다. 1519년 12월에 출간된 『그리스도의 거룩한 참된 시신의 경외스러운 성례전과 친교에 관한 설교』, 즉 세 가지 성례전 — 고해, 세례, 성만찬 — 에 관한 논설에서 루터는 7개 성례전을 정통으로 간주하는 로마 전통과의 단절을 명시적으로 표명하지 않은 채 서두에서 '민중'에게 두 가지 형상의 제단 성례전인 빵과 포도주를 '이전처럼' 제공하는 것이 바람직하다고 확인했다.[59] 그렇기 때문에 그는 "교회가 보편적 공의회에서 다시 사제에게처럼 모든 사람들에게도 두 가지 형상을 제공하도록 규정하는" 것이 최선이라고 생각했다.[60] 그러나 그는 동시에 두 가지 성례전 표시를 완전히 받는 것이 구원에 필수적인 것은 아니라고 강조한다. 왜냐하면 성례전의 의미와 영적 작용은 오직 '신앙의 욕구'[61]에 달려 있고, 그러므로 "민중은 나날이 그것을 바라는" 것으로 족하기 때문이다.[62] 계속된 설교에서 잔의 요구는 더 이상 아무런 역할을 하지 않는다. 루터가 이 설교에서 제시한 영적 친교, 성례전에서 친교하는 공동체의 윤리적 함께함, 교회 교제(communio)를 지향하는 성만찬 콘셉트에서 두 가지 형상 아래 외적으로 즐김은 다만 주변적 의미만을 가진다. 루터가 콘스탄츠 공의회가 금지했고 후스파들이 자신들의 중대한 인식 표지로 내세웠던 평신도 잔에 대한 요구를 이런 식으로(일부 후스파 신학자들이나 후일의 카를슈타트와 달리) 평신도를 위해 잔의 친교에 특별한 신학적·종교적 의미를 부여하지 않고 공개적

59 WA 2, S. 742,20f.

60 WA 2, S. 742,25f.

61 WA 2, S. 742,27.

62 WA 2, S. 742,22.

으로 진술했다는 사실은 그에게는 전선의 명료화, 이 시점에서 그에게 명백해진 로마 교회의 결함들을 계속 다루는 것, 아마도 또한 이런 식으로 평신도들의 동의를 끌어내는 것이 중요했다는 해석을 가능케 한다.

루터는 대립적 입장을 분명히 했으며, 아무것도 그가 이것을 의도적으로 하지 않았음을 암시하지 않는다. 루터가 이 설교의 비텐베르크 초판의 표지(표지는 성체 현시대顯示臺를 새긴 목판화, 그리고 그 아래 '평신도를 위해'라는 부제를 보여준다)를 만드는 데 영향력을 행사했는지 여부와 상관없이, 평신도 경건을 위해 이 텍스트에 부여된 특별한 의미—'누구라도' 대상으로 삼았지만, 해당 보충 글을 포함하지 않은 1519년 가을의 다른 두 개의 성례전 설교와 달리—가 아주 분명히 나타났다. 라이프치히 논쟁 이후 루터와 멜란히톤의 활약의 특징은 평신도 잔, 순례, 성자숭배, 수도원 제도, 각종 '공로'와 같은 로마 교회의 명백한 교리 내용 전통과의 관계에서 명백히 진보적이고 도발적인 동기에 있었다. 일관되게 공동체 행사로 해석된 성만찬과의 맥락에서 공로적인 미사 제사에 대한 루터의 명료한 침묵, 구원 획득의 방식으로서의 믿음에 세례와 고해의 신학적 의미를 집중시킨 것, 1519년 가을 멜란히톤이 화체설을 공격한 것[63] 등은 '루터 형제'에 대한 최종 판결이 선고되기 전에 비텐베르크인들이 자신들에게 점차 명료해진 교회의 성서적 근원 및 규범 형태와 그것의 실제적 현상 사이의 근본적 차이를 드러내고자 했다는 것으로 해석될 수 있다. 파문 위협 교서의 공표 직후 루터가 극단적으로 잔을 요구한 것과 관련해서—지금까지 그는 분명히 그리스도의 제정에 반하는 적그리스도적 횡포를 보여주는 이 문제에서 "너무 부드럽고 유순하게"[64] 가르쳤다—비텐베르크 신학 교수는 주제의 폭발

63 MWA 1, S. 25,1f. 이 논제들이 에크에게 끼친 영향에 대해서는 WA.B 1, S. 492, 483ff. 참조.

64 WA 7, S. 394,7. 내 견해로는 루터의 '자기 교정'에서 신학적으로 중요한 것은 그가 1519년 11~12월에 작성한 동반론—그리스도의 몸인 영성체에 피가 '함께'(concomitanter) 들어 있다는 이론—을 1520년 10월에 분명히 배척했다는 것이

그림 9 『그리스도의 거룩한 참된 시신의 경외스러운 성례전과 친교에 관한 설교』(1519) 표지

력과 평신도들의 적극적 호응을 확신했다는 것을 가정할 수 있다. 평신도 잔에 대한 루터의 요구가 결부되어 있는 교회론 콘셉트가 공동체의 평등한 일치를 역설했기 때문이다. 여기서 성직과 평신도 사이의 계급 서열적 차이가 폐기되었고, 공동체 전체가 아니라 그 일부를 대변하는 분리주의적 구원이기주의 역시 극복되었다.

평신도 잔에 대한 요구로 인해 루터는 최초로 교회 주도 법정, 곧 후스파 지역에 인접한 마이센 교구 주교의 법적 구속력 있는 조치로 문책을 당했다. 주교 요한 폰 슐라이니츠(Johann von Schleynitz, 재위 1518~37)는 루터의 성만찬 설교 책을 모두 압수하라고 명령했고 콘스탄츠 공의회의 결정에 대한 평신도들의 복종 의무를 강조했다. 1519년 12월 설교가 간행된 직후, 영지가 보헤미아에 인접해 있었던 게오르크 폰 작센 공작은 자신의 사촌인 선제후 프리드리히에게 경종을 울림으로써 반응했다. 그 자신이 성만찬 설교를 검열한 결과 및 학자들의 판단에 따르면, 이 책자는 '거의 프라하적',[65] 즉 후스적이며 작센 전체의 평판을 깎아내리고 폭동을 비호하는 많은 이단적 요소를 내포하기 때문에 긴급히 금지되어야 한다는 것이다. 이 밖에 게오르크 공작은 후스파 이단자들과 루터 간의 접촉이 이루어지고 보헤미아에서 이미 '그의 설교 이전'[66]에 비해 6천 명이나 많은 사람이 두 요소로 성찬식을 거행했다는 보고를 받았다. 이 마지막으로 언급된 소문의 개연성을 인정하지 않고,[67] 또한 게오르크 공작이 특별히 선동적이라고 평가한 원판의 표지 그림—"성체 현시대 그림과 문자", 즉 "평신도를 위해"[68]—을 쉽사

다. WA 7, S. 394,18ff.; S. 398,26ff.

65 게오르크 폰 작센이 1519년 12월 27일에 선제후 프리드리히에게 보낸 서신, Gess, *Akten und Briefe* (Anm. 28), Bd. 1, S. 110,29.

66 같은 책, S. 111,13.

67 이러한 맥락에 대해서는 Thomas Kaufmann, *Abendmahl und Gruppenidentität in der frühen Reformation*, in: Martin Ebner (Hg.), *Herrenmahl und Gruppenidentität*, Freiburg / Basel / Wien 2007, S. 194~210, 특히 S. 195~99 참조.

68 Gess, *Akten und Briefe* (Anm. 28), Bd. 1, S. 111,6. 공작 게오르크가 마이센과 메

리 이해할 수 없을지라도, 제후의 주도와 마이센 주교의 신속한 교직적 반응은 루터의 출판물이 '보통 사람들'에게서 처음으로 영향을 끼쳤고 그렇기 때문에 종교적·세속적 권력의 대표들에게서 격렬한 반응을 야기했음을 보여준다. 선제후 프리드리히는 자기 사촌의 간섭에 대해 보란 듯이 느긋하게 반응했는데[69] — 그는 그리스도교 교사로서의 루터의 명성뿐만 아니라 로마의 결정이 지연되고 있음을 지적하였고 후스파 전쟁에 대한 생생한 기억에 비춰 자명한 '폭동'에 대한 공포를 간과했다 — 이런 반응은 무엇보다 작센 정부가 슈팔라틴을 통하여 루터와 보헤미아인들 간의 접촉에 대한 상세한 정보를 가졌고 비텐베르크 교수의 정치적 충성심을 확신했다는 정황 때문이었다.

루터가 마이센의 명령에 직면하여 독일어와 라틴어로 작성한 작은 팸플릿을 통해 다시금 잔의 요구는 그리스도의 제정에 근거한 것이고 바람직하지만 구원에 필수적인 것은 아니라고 진술함으로써,[70] 최초로 통용되는 교회법에 공공연히 대립하는 교회 실제의 한 면을 공적으로 다루었고 이미 시작된 오류의 '개혁'을 요구했다. 잔의 문제에서 개혁의 주체는 보편적 공의회, 곧 라이프치히에서 발언한 공의회의 오류 가능성에도 불구하고 분명히 교황의 권력보다 우선시되어야 할 저 법정이어야 했다. 루터가 예나 지금이나 분파주의자로 비판한 보헤미아인들에 대한 그의 세분화된 입장에서부터 그는 자신을 자명하게 로마 교회의 일원으로 이해했고 양편의 화해에 대해 고심하였으며 '이단자들'

르제부르크 주교에게 보낸 서신, 같은 책, S. 112,11～16 및 영성체 현시대를 바라보는 거위[후스를 암시]에 대한 루터의 논평 참조, WA 6, S. 81,32～36; 그림 9 참조.

69 프리드리히 폰 작센이 1519년 12월 29일에 공작 게오르크에게 보낸 서신, Gess, Akten und Briefe (Anm. 28), Bd. 1, S. 112.

70 WA 6, S. 135～41; S. 142～53. 루터가 1520년 2월 5일에 알게 된 마이센 명령 이전에 이미 그는 게오르크의 서신을 선제후 행정부를 통해서 알게 되었고, 게오르크의 개입에 공적으로 대응했다(WA 6, S. 76～83). 이 사건은 출판을 통해 공격적으로 대응하려는 태세를 보여준다.

의 정당한 요구를 자기비판의 계기로 보았다는 것을 알 수 있다. 그러므로 그는 어떤 의미에서 보헤미아인들에 대해 그가 자신에게 요구한 것을 실천하고자 했다. 성서의 기준에 따른 사실 문제에 대한 양심적인 검증이 그것이었다. 특별히 후스파와의 관계에서 입증될 수 있는 루터의 이단 이해는 1519/20년의 전환점에 이미 교회법적으로 정의된 법정 및 결정 구조와 더 이상 관계가 없으며 다만 성서를 지향했다. 이단죄로 고발당한 자와 이단으로 정죄된 후스파 간의 교제에서 비텐베르크인은 파문 위협이 효과를 발하기 오래전에 이미 '자신의' 로마 교회가 계급 서열적·법적 조직인 한에서 내면적으로 이 교회에서 소외되어 있다는 것이 드러났다.

루터의 전략적 태도에서 특징적인 것은 그가 주교의 법적 전권을 위임받은 주교구 종교재판관 폰 슈톨펜(von Stolpen)의 인장으로만 날인되어 간행된 마이센의 명령을 인쇄하는[71] 한편, 이것을 주교의 전적인 권위가 결여된 교양 없고 명예욕 있는 성직자의 문서 중 하나로 다루었다는 점이다. 그는 몇 개월 후에 교황에 대해 자신의 그리스도인의 자유론 앞에 붙인 『레오 10세에게 보낸 서한』에서도 비슷하게 처신했다.[72] 추측건대 그 자신은 주교직과 교황직에 있는 인물들을 존중하며 그들이 조언을 하는 아랫사람들로부터 불충분하게 혹은 부정확하게 정보를 들었다고 전제한다는 것을 분명히 보여주는 것이 그에게 중요했다. 이런 행동은 그에게 자신을 향한 법적 결정을 명백하게 거부하고 그것의 정당성을 부인하며 동시에 주교나 이후 교황의 행동반경을 잠정적으로 열어주는 것을 가능케 했다. 공적 효과의 관점에서 볼 때, 주교구 혹은 서양 교회의 최고 법정을 우선 사선(射線)에서 제거하고 그들의 이름으로 내려진 법적 결정에 대해서는 하위직에게 책임지게 만드는 것이 물론 보다 위험이 없었다. 이로써 '위로부터'의 결정을 수정하는 것이 가

71 WA 6, S. 151,29~153,8 참조.

72 WA 7, S. 3~11.

능할 터였다. 이런 전략적 행동의 배후에 마이센의 주교나 후일 교황이 루터에 대한 법적 결정을 취하하리라는 진짜 희망이 숨어 있었는지는 불확실하다. 그러나 거의 개연성은 없다.

적과 친구—에크와 후텐

요하네스 에크

요하네스 에크(1486~1543)는 의심의 여지 없이 1518년 이래, 그리고 특히 라이프치히 논쟁 이후 집요하게 루터에 대한 교회의 정죄를 위해 노력한 사람이었다. 그는 끊임없이 출판의 형태를 통해서뿐만 아니라 또한 서신 개입이나 고발을 통해서(예를 들면 프리드리히 폰 작센, 브란덴부르크 주교 혹은 교황에게) 루터의 활동을 중지시키려고 애썼다. 이런 노력은 1519년 가을 이후, 루터의 영주에 대한 압력을 가중한 로마 교황청의 노력과 수렴하였다. 황제 카를 5세의 선출 이후 작센 선제후에 대한 제국정치적 배려는 사라졌다. 그러나 프리드리히 폰 작센은 트리어 대주교와의 협상을 통해서 정치적으로 확보된 자신의 전략을 고수했다. 즉, 유명해진 교수를 로마로 이송하는 것을 저지하고 사안을 차기 제국의회에서 다루는 것을 관철하려는 전략이었다.

교황에 의해 로마로 소환된 에크는 루터를 정죄하기 위한 교황청 의뢰 작업의 최종 단계에 1520년 4월부터 추측건대 결정적으로 영향력을 행사했는바, 한편으로는 비텐베르크인의 가장 핵심적 이단 혐의를 받는 발언들을 수집하였고, 다른 한편으로는 비텐베르크인의 특정 발언들뿐만 아니라 또한 그 당사자를 고발하였다. 제국 내에서 로마 입장의 가장 중요한 옹호자인 에크는 아우크스부르크 상인들과의 알려진 결속 때문에, 그리고 당대의 자본거래에 관해 교회에서 인가된 5퍼센트 이자율을 변호한 것에 근거하여 '대자본의 하수인'이요 '푸거가(家)의 종'으로 간주되었다. 이것뿐만 아니라 또한 이를 넘어서 그가 독재적이고 독선적이고 자기과시적이고 음주벽과 호색 때문에 평판이 좋지 않았다는 사실이, 비텐베르크 종교개혁의 추종자들에 의해 출판물에서 빈번히 매도되었다. 에크는 '잉골슈타트 출신 돼지' 혹은 '돼지 박사'[73]로서 유례없는 공격적 비방의 표적이 되었다. 탐욕적이고 음주벽이 있으며 호색적인 성직자의 잘 알려진 전형들이 에크에게 적용되었고, 인문주의적·학문적 풍자시뿐만 아니라 1521년 이후 시장을 점령한 독일어 팸플릿 및 삽화가 들어 있는 선전물에까지 들어왔다.

1520년 봄에 익명으로 출간된 라틴어 풍자문 『갈린 에크』(*Eckius dedolatus*, Eck의 의미는 '모서리'이다—옮긴이)에서는 루터와의 대결을 반계몽주의 논쟁의 연장으로 보았다. 이 글은 연구에 의하면 타당한 근거와 함께 뉘른베르크의 명문장가 빌리발트 피르크하이머(Willibald Pirkheimer)의 작품으로 추정된다. 이 글을 통해 피르크하이머는 (1518년 이래 공적으로 파악 가능한) 루터가 1520년 3월 출간된 루뱅 대학과 파리 대학의 유죄 판단에 대한 답변에서 갱신한 자기양식화에 연결되었다.[74] 『갈린 에크』의 술 취한 바보, 이른바 라이프치히의 승리 이후 기고만장한 에크는 스콜라주의 망령의 괴물적 화신으로 나타난다. 냉소적 명예욕에 사로잡힌 에크는 문학적으로 연출된 고해 대화에서, 면죄 문제에서 속으로라도 루터에게 동의하지 않을 정도로 미친 사람은 없다고 고백함에도[75] 불구하고 루터에게 대항해 싸운다. 루터는 성직자들의 이익을 망쳐놓았고 평신도들을 영적 성숙으로 이끌었기 때문이다.[76] 루터에

73 WA 39 II, S. 194,1; WA 51, S. 542,14.18; WA 53, S. 249,7; WA 54, S. 231,11; WA 6, S. 597,18f. 참조.

74 WA 6, S. 183,37ff. 참조.

75 Nikolaus Holzberg (Hg.), *Eckius dedolatus. Der enteckte Eck*, Stuttgart 1983, S. 60,22~24 참조.

76 "에크, 그러나 마르틴 [루터]도 무지하고 평범한 서민들에게, 감추어져야 할 면죄부의 비밀을 누설하고 그것을 사기라고 감히 표현한 점에서 잘못을 저질렀다. 우리 선생들보다 평신도들이 결국 저절로 이성적이고 보다 날카롭게 관찰하기 시작하는 것을 보지 않는가?" Holzberg의 번역, 같은 책, S. 63; 평신도에 대해서

대한 분노 때문에 피르크하이머 대화편에서의 성직자 구체제의 무지한 대변인은 기꺼이 문예(bonae literae),[77] 인문주의의 부흥에 도전할 준비가 되어 있었다. 그러나 인문주의자의 낙관주의는 꺾이지 않았다. 대화편의 고해 사제의 말을 통해서 익명의 저자는 — 그전 해의 익명의 저자처럼 — 에크로 대표되는 암흑의 세력에 대항한 '진리의 승리'에 대한 자신의 흔들림 없는 신앙을 암시한다. "나는 루터파도 에크파도 아니라 그리스도인이며, 침묵하는 것이 마땅치 않음을 드러내려 한다. 진리는 잠시 억압될 수는 있을지라도 완전히 질식될 수 없고 결국 스스로 환하게 드러날 것이기 때문이다."[78]

종교개혁의 결정적인 해인 1520년에 우선 인문주의자들은 다수가 비텐베르크인 편으로 기울어졌다. 그들은 루터를 자신들에게 속한 사람으로 보았다. 그러나 라이프치히 논쟁 이후 점차 감지될 수 있었고 파문 위협 교서의 공표 이후 '이단 아니면 정통 신앙'이라는 양자택일의 부호 아래 첨예화된 양극화, 명확한 전선 형성의 경향과 강압은 적지 않은 인문주의자들로 하여금 결정적으로 한편에 가담토록 만들었으니, 이것은 그들의 정신과 그들의 자기 이해에 전적으로 반하는 일이었다. 인문주의자들이 루터의 글에서 유감스러워하는 신랄한 공격적 어조, 또한 무엇보다 『교회의 바빌론 포로에 관하여』에서 나타난 그의 신학적 급진화는 그들에게 경악스럽게 느껴졌다. 그러나 편당을 초월한 입장, 제3의 길, 중도(via media)는 점점 견지될 수 없고 불가능해졌다는 사실은 지금 발발한 신앙 논쟁의 역학에 속하는 것이었다. 신앙 논쟁은 인문주의에는 낯선 종교적 결단을 강요하였다. 곧 종파로 형성되기 시작한 종교적 편 가르기는 힘닿는 대로 인문주의를 길들였고 도구화했다.

는 같은 책, S. 68,6ff.; S. 72,9ff.

77 같은 책, S. 66,17.19.

78 같은 책, S. 73의 번역.

울리히 폰 후텐

공개적으로 로마에 반대하여 루터 편을 지지하기를 잠시도 주저하지 않은 독일의 인문주의자들 가운데 울리히 폰 후텐(1488~1523)은 탁월한 의미를 가진다. 에라스무스와의 만남(1514)을 통해 보다 계획적인 삶을 설계하기로 회심한 제국 기사 가문 출신의 이 불안정한 인물은 황제권 및 제국 기사 계급의 강화를 목표로 한 정치적 신념을 키웠는바, 이것은 발전하는 영방국들에 부담을 주었다. 두 차례 이탈리아 여행을 통해서 확고해진 로마에 대한 격한 증오심은 그에게 황제 막시밀리안에 대한 연민을 확고하게 했고 교황청에 대한 상당한 불만을 심어주었다. 1520년 봄에 후텐은 비텐베르크인들과 접촉했으며, 루터에게 자신이 모시고 있었던 프란츠 폰 지킹겐(Franz von Sickingen) 주변의 제국 기사 몇 명의 지원을 보증했고(488~92쪽 참조) 수도사 출신의 신실한 독일인 아들에게 출판을 통해 배후를 지원하였다. 후텐은 루터의 종교적 관심으로부터 거리를 두고 있기는 했지만, 부패한 로마 교황청에 대한 공동의 적대 관계를 협력을 위한 풍성한 토대로 생각했다. 콘스탄티누스의 증여(Constitutum Constantini)가 위조임을 입증한 로렌초 발라의 글(107쪽 참조)을 인쇄·출판함으로써, 이 전투적인 시인은 비텐베르크 신학자로 하여금 교황청을 거부하고 로마 주교가 성서에서 예언된 적그리스도라는 확신을 가지도록 힘을 실어주었다. 루터는 1520년 4월에 라틴어로, 그다음 해에는 독일어로 출판된 후텐의 대화편『바디스쿠스』(*Vadiscus*)의 적지 않은 동기들을 1520년 8월에 출판된 독일 귀족들에게 보낸 공개서한에 수용했다(261~65쪽 참조). 후텐이 타키투스의『게르마니아』에서 무분별하게 인용하면서 반로마적 민족 영웅으로 미화한 아르미니우스에게서 대변된 영웅적인 게르만 정신을 예찬한 것(102쪽 참조)은 비텐베르크에서 별 호응을 얻지 못한 반면, 루터는 로마를 통해 착취당한 것 때문에 독일 민족에게 호소하고 그들을 전투적으로 동원하여 황제와 세속 정부의 후견 아래 민족적·교회적·공의회적 차원의 개혁 프로그램을 위해 그들의 지원을 얻으려고 노력했다. 영방국에 대한 루터의 근본적인 충성심은 후텐 및 그의 과도한 기사 계급 미화와 제휴하는 데에서 상당한 장애 요소가 되었다. 특히 1520/21년에 남독일의 출판계에서 대중어 출판을 통한 영향력이 가장 컸던 독일 인문주의자와 당대 가장 많이 읽히는 종교적 저자 사이의 동맹에는 두드러진 역할이 배당되었다. 후텐과 루터는 그림에 함께 등장했고(그림 10 참조) 동일한 사안을 수호하는 것으로 표현되었는바, 이것은 루터의 자기 이해와는 거의 부합하지 않았지만 종교개혁 운동에는 폭넓은 토대를 제공했다.

1520년 결정적 해의 루터의 문학적 산물

1520년 루터의 문학적 산물은 항상 거듭해서 그의 가장 중요한 생애의 업적으로 평가되었다. 우리가 비록 경건주의와 계몽주의 이후 보급되었고 지배적인, 부분적으로는 16세기 초의 급진적 종교개혁 운동의 평가에 근거한 빛나는, 개척자적인 '청년' 루터에 대한 평결들에 대해 원숙하고 복고적인 만년의 루터와 관련된 타당한 근거를 가지고 동의하지 않을지라도,[79] 비텐베르크인이 교회 차원에서의 유죄판결의 해에 이룩한 방대한 저술 업적은 온당하게 평가해야 할 것이다. 루터는 이 해에 거의 목숨을 걸고 저술한 것처럼 보였다. 또한 이것은 어떤 의미에서 사실이었다. 왜냐하면 그가 수호한 '사안'(Sache)이 주민들 가운데서 점차 확산되고 지지를 받을수록 그를 지탱하는 공적인 공감이 증가했고, 선제후령 작센을 넘어서까지 일부 정치적 책임이 있는 인물들로부터 그에 대한 지원이 강화되었으며, 그를 통해 제기된 문제들을 그를 제거

79 이에 관해서는 Thomas Kaufmann, *Der "alte" und der "junge" Luther als theologisches Problem*, in: Christoph Bultmann, Volker Leppin, Andreas Lindner (Hg.), *Luther und das monastische Erbe*, Tübingen 2007, S. 187~206 참조.

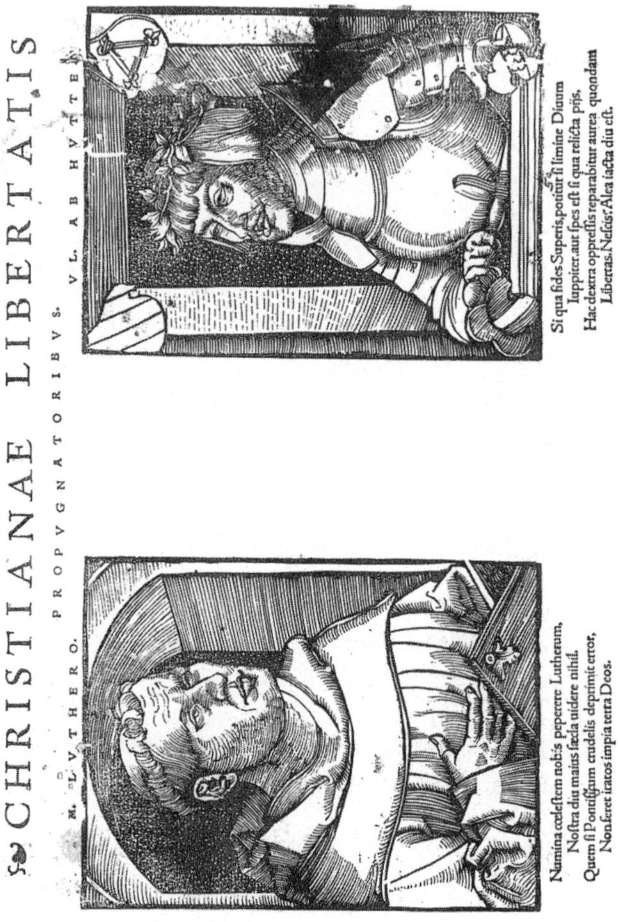

그림 10 그리스도인의 자유의 선두주자 루터와 후텐
(이중 초상화, 1521년)

함으로써 암암리에 해결하려는 위험은 감소했다. 이 해, 즉 1520년 이후 루터가 조기에 사망할지라도, 이는 그가 야기한 운동의 종식을 의미하기는 힘들게 되었다.

출판적 관점에서 루터는 1520년에 종교개혁의 성공을 위한 결정적 기초를 놓았다. 이것은 양적 관점**뿐만 아니라** 질적 관점에서도 해당된다. 1520년을 통틀어 이전 어떤 해보다도 많은 글이 나왔다. 즉, 14종의 독일어 글, 6종의 라틴어 글, 그리고 6종의 라틴어 글의 독일어 번역과 4종의 독일어 글의 라틴어 번역, 그리고 전체적으로 거의 250쇄[80]에 달하는 20만 부 이상의 출판량이 그것을 말해준다. 어떤 개인도 이전에 그렇게 많은 글을 신속하고도 널리 보급한 적이 없었다—평균적으로 1개월마다 2종의 방대한 작품을 낸 셈이었다. 그러므로 라틴어 글의 비중은 전년에 비해서 약간 후퇴했으나 다음 해와는 달리 전체 출판물에서 상당한 비율을 차지하는 것이 두드러진다. 특히 구교의 적대자들과 벌인 대결은 대부분 학문상의 언어로 진행되었다. 물론 전해에 비해 현저히 증가한 번역의 비율은 언어 세계들이 점차 서로 침투적이 되었음을 가리킨다. 다음 해에 루터와 다른 종교개혁 저자들의 경우 라틴어 인쇄물의 비율은 점차 떨어졌다. 1520년은 이런 발전에서 전환점을 이루었다.

1520년의 루터 글들의 질적 의미는 그것이 결정적으로 **종교개혁적** 성격을 가진다는 데서 찾을 수 있다. 즉, 루터는 그리스도인의 개인적 삶을 형성하고, 그리스도교적 자기 이해를 자유와 속박을 통해 실현하고, 기존의 교회를 갱신하고, 그 기준에 따라서 전통적인 성례전 신학과 실제를 근본적으로 변화시켜 교황청을 개혁할 수 있는 근거와 동기들을 발전시켰기 때문이다. 그러므로 루터에게는 상이한 동기와 주제, 콘텍스트에 관해서 기존 교회에 대한 비판을 넘어 복음 정신에 부응하는 그리스도교를 제도적·종교적·의식적으로 형성하고 그것의 신학적 근거

80 Benzing, Claus, *Lutherbibliographie* (Anm. 37), Nr. 559~818.

를 제공할 수 있는지 혹은 제공해야 하는지, 그리고 이 지향한 목표를 달성하기 위한 수단이 무엇인지를 서술하는 것이 중요했다. 따라서 루터가 이단으로 선언된 해에 그는 종교개혁가로서 궁극적 모습을 얻었다. 양자는 연대기적으로 그리고 실질적으로 서로 밀접하게 연관된다. 이 이단 판결 없이는 종교개혁을 이룰 수 없었다.

1520년의 출판물의 특별한 의미는 루터가 그의 중요한 글 대부분에서 단순히 적대자들의 도전에 반응한 것이 아니라 자신의 주제를 스스로 결정한 결과라는 데 있다. 가장 중요한 글들인 『선행에 관한 설교』, 귀족들에게 보낸 서한, 자유론 혹은 『교회의 바벨론 포로에 관하여』에서 외적 동기는 결정적이 아니었다. 이단 판결로 위협받은 자는 말할 수 있는 동안 말해야 할 바를 솔직하게 말함으로써 자유롭게 썼다. 강물같이 쏟아지는 말에서, 사상의 흘러넘침에서 모든 것이 여기에 모여들어 집결되었다가 이제 둑을 무너뜨렸다는 것이 분명해진다.

짧은 글들

연대기적 · 내용적 관점에서 파문 위협 교서 『엑스수르게 도미네』(*Exsurge Domine*)는 루터 저술의 일종의 은밀한 중심을 이룬다. 이 교서는 5월 초에 초고가 작성되어 1520년 5월 2일에 말리아나(Magliana) 수렵 별장에 있는 교황에게(교황은 멧돼지 사냥 때문에 그곳에 체재했다) 에크를 통해 알려졌고, 6월 15일에 집필이 완결되어 7월 24일에 로마에서 공표되고 공적으로 게시되었다. 교서의 1차 인쇄본이 로마의 한 인쇄소에서 제작되었다. 공증인에 의해 공증된 사본이 교황의 특사 알레안더와 에크에 의해 제국 내에 들어왔다. 그들은 교서 내용을 선포할 의무가 있었고 또 다른 이단자들의 이름을 기입할 권한을 부여받았다. 10월 초에 교서는 비텐베르크에 도달했다. 아마도 12월 10일, 즉 루터가 교회법전, 파문 위협 교서 및 일부 스콜라주의 작품들을 소각하는 형태로 그를 출교시킨 교황 교회를 자신의 편에서 '출교시킨' 날은 바로 교서가 송달된 후 허락된 60일의 철회 유예 기간이 종료된 날짜였다(156

쪽 참조). 그가 사랑했고 보호하고자 애썼으나 결국 그를 거부한 저 교회의 법적 근거를 소각한 이 행위에서 이단자 역할을 점점 분명히 수용하는 루터의 행동 역동성은 최고조에, 종착점에 도달했으며, 궁극적으로 명확성을 띠었다. 이전에 그의 활동은 작센 선제후 궁을 고려하여 때로 모호한 점이 있었다. 그는 자유론 앞에 붙인, 교황 레오 10세에게 보내는 『서한』의 날짜를 9월 6일로 소급하여 적었는데, 글이 파문 위협 교서의 선포 내지 송달 이전에 출판된 것처럼 보이게 하기 위해서였다. 그러나 교황이 복음의 이름으로 자신에게 허용된 전권에서 자유로워져 성서에 굴복할 수 있는 이론적 가능성은, 분명히 루터가 다른 경우 이미 주장했고 예를 들어 귀족들에게 보낸 서한에서 적그리스도 칭호를 공개적으로 사용함으로써 전투적으로 수호했던 교황에 대한 관점과는 일치하지 않았다. 또한 루터의 다른 공적 진술들은 작센 선제후의 정부와 일부 상세히 논의된, 황제에 대한 선제후의 정치적 노력, 즉 제국에서 루터 재판을 진행하고 비텐베르크인에 대한 청문을 차기 제국의회에서 관철하는 문제를 지원하게 만들 '전략적' 출판물들이었다. 그가 거기서 또다시 자신의 의지에 반하여 오직 복음을 위하여 '구석진 곳'에서[81] 나왔음을 강조한 『제의』(*Oblatio sive protestatio*, 1520년 8월)와 『황제에게 보낸 서신』(황제를 복음을 수호하기 위해 제국 내 최고의 법적 수호자로 내세우고자 했다[82]), 마지막으로 11월에 출간된 『공의회에 제기한 재(再)항소』가 그것들이었다.[83] 루터가 성서와 공의회에 대립하여 실재하는 교황청 및 그것의 수장권 주장을 1520년 봄에 이미 척결했다는 사실, 그가 근본적으로 교황 교회가 교황에게 허용한 법적·교리적 전권 주장을 '취소'할 수 있는 여지만 교황에게 허락했다는 사실은 거의 의심할 수 없을 것이다.

81 WA 6, S. 480,16.

82 WA.B 2, S. 175~78.

83 WA 7, S. 75~82.

라이프치히의 프란체스코 수도사 아우구스틴 폰 알펠트(Augustin von Alveld, 1480경~1535)와의 문서 논쟁에서도(알펠트가 대중어로 넘어간 후에 루터는 개인적으로 그에 응했다) — 루터는 자신의 제자 두 사람, 바르톨로메우스 베른하르디(Bartholomäus Bernhardi)와 요하네스 로니커(Johannes Lonicer, 1497경~1569)로 하여금 수도사의 라틴어 글에 대해 라틴어로 답변케 하였다 — 교황청이 중심에 있었다. 성서의 관점에서 그는 로마 교회의 자칭 신적 질서에 이의를 제기했다. 즉, '로마주의자'들의 탐욕을 공격했고, 조직적 의도를 가지고 참 교회의 표지에 대한 문제를 전개했다. 루터는 온 세상 위에 퍼져 있고 결코 지상적 수장에만 예속되지 않는 그리스도교라는 중심 개념을 근거로 하여 교회론적 입장을 발전시켰다. 이 입장은 파문 위협 교서가 도착하기 3개월 전에 이미 루터로 하여금 교회의 표지(notae ecclesiae)로서의 세례와 성만찬, 복음, 신앙고백의 사용을 통해 특성화되고 구성된 교회를 로마 교회의 외적인 법적·직무적 합법성 구조와는 무관하게 사고할 수 있게 만들었다.[84] 따라서 루터가 로마 교회 소속을 거부당하기 전에 그는 교회의 본질을 교황의 출교가 더 이상 건드릴 수 없는 방식으로 이해했다. "교회가 세상에 있는 곳에서 사람들이 외적으로 인식할 수 있는 표지는 세례와 성례전과 복음이며 로마나 다른 장소가 아니다. …… 로마 혹은 교황의 권세는 그리스도교의 표지가 아니며, 교황의 권세가 그리스도인을 만들지 못한다."[85] 그러므로 루터는 『로마 교황청에 관하여』에서 이미 분명하게 오직 두 성례전인 세례와 성만찬의 집행 및 복음 선포에 근거한 '개신교적' 교회 이해의 기초를 발전시켰고, 이로써 출교 위협을 신학적으로 극복하기 위한 사상적 전제를 만들어냈다.

---

84 WA 6, S. 287,4ff.; S. 293,1ff.

85 WA 6, S. 301,3~8.

『귀족에게 고함』

1520년 봄의 다른 글들에서도 입증될 수 있는 것처럼,[86] 평신도에 대한 분명히 강화된 입장은 믿는 자들의 보편적 사제직의 신학적 중심 동기를 이미 암시하였다. 그는 1520년 8월에 출간된 중요하고도 성공적인 강령적 글 『독일 민족의 그리스도인 귀족에게 고함: 그리스도인 신분의 개선에 대하여』에서 이 동기를 상세히 전개했다. 이미 면죄 논제에서 구상되었던 성직자와 평신도 간의 기초적 구별의 저변에 흐르는 루터의 평등주의적 사상, 곧 모든 그리스도인은 어느 신분에 있든지 간에 그리스도로부터 회개하도록 부름을 받았고 추종할 의무가 있으며 신앙의 의를 위해 자유롭게 되었다는 사상은 자신의 출교를 기다리는 상황에서 큰 역사적 파급효과를 지닌 교회론적·교회개혁적 콘셉트로 정련되었다. 즉, 모든 그리스도인은 똑같이 '세례에서 나왔으므로'[87] 모든 사람은 사제임을 자랑할 수 있고 모두 똑같이 자신의 '영적 신분'[88]을 의식하는 가운데 교회에 대한 책임을 지고 성서를 해석하며 공공연한 불의를 제거할 권리가 있다. 루터는 '젊고 고귀한 혈통'[89]의 황제를 정점으로 도시 행정관에 이르기까지 '그리스도인 귀족'의 개혁 과제에 대해 세속 위정자들이 특별히 권리 주장을 해야 하는 것에 관해 전적으로 실천적·질서이론적인 근거를 제시했다. 권한이 적기 때문이 아니라 다만 '직무적'으로 영향력을 행사할 수 있는 가능성이 적기 때문에 하층 신분들은 교회 개혁의 주체가 되기 어려울 따름이었다. 그러나 루터가 스콜라주의적 방법과 페트루스 롬바르두스의 『명제집』과 아리스토텔레스가 지배하고 성서는 '안식해야'[90] 하는, '의자 밑에' 놓여 있는 신

86 WA 6, S. 203,5ff.; S. 286,25; S. 289,25; S. 289,3ff. 참조. 행동 주체로서의 귀족에 관해서는 S. 297,27; S. 299,32~35.

87 WA 6, S. 408,11.

88 WA 6, S. 407,14.

89 WA 6, S. 405,24.

90 WA 6, S. 460,7.

학부의 재앙적인 교육 상황을 언급하면서 다음과 같이 단언했을 때, 귀족에게 보낸 글의 일부 표현을 통해서 농민과 수공업자, 여성, 대학생들도 성서를 손에 쥐고 구교의 성직 대표에게 대항하여 적극적으로 기존의 불의와 싸우도록 자극을 받았다.

『명제집』만이 지배한다면, 신학자들에게서 성서의 거룩하고 확실한 가르침보다는 이교적이고 인간적인 사고를 발견한다면, 우리는 어떻게 해야 할 것인가? 여기서 나는 신께서 우리에게 신학 박사를 보내주기를 겸손히 기도하는 것 외에 다른 방법을 알지 못한다. 교황, 황제, 대학은 예과 박사, 의학 박사, 법학 박사, 논제 박사를 만들 수는 있다. 그러나 하늘의 거룩한 영이 아니고서는 누구도 그대에게 성서 박사를 만들어주지 못할 것이다. …… 거룩한 영은 적색 혹은 갈색의 박사모[학자의 상징적 복장]에게, 어떤 장식을 했는지, 젊은지 늙었는지, 평신도인지 사이비 성직자인지, 수도사인지 세속인인지, 미혼인지 기혼인지 묻지 않는다. 오히려 성령은 옛날에 암나귀를 탄 예언자에게 암나귀를 통해 말했다.[91]

루터가 귀족에게 보낸 글은 종교개혁적 출판물이 사회 전반에 끼친 작용에서 가장 영향력 있는 글이었을 것이다. 루터가 귀족에게 보낸 글에서 — 평신도들이 이해할 수 있는 대중어로 — 표현한 대로 평신도들에게 신학적으로 독자적으로 판단하고 위기적 불의를 극복할 권한이 있다는 주장은 교회사적으로 둑의 붕괴나 다름없었다. 왜냐하면 이제 급속히 등장한 많은 종교개혁 수호자들과 글 쓰는 수공업자, 여성들, 농민복을 입은 평신도 예언자, 도시의 시민 정치인들, 하위 귀족과 고위 귀족들, 그들 모두는 어떤 방식으로든지 루터를 원용할 수 있었고, 그들 모두가 당사자가 되었으며, 그들 모두가 자기 책임 아래 그리스도인으로서 말하고 기존 교회에 대한 거의 한없는 불만 사항들 — 고위 성

91 WA 6, S. 460,25~36.

직자들과 로마 아첨꾼들의 탐욕으로부터 종교적 관행과 '공로'를 거쳐 지방과 자치도시 차원에서의 학교, 교육, 사회정책에 이르기까지 ― 을 공격하고 공의회 소집 전에 '구호자'로서 활동하거나 적어도 협력할 수 있는 권한과 권위를 가졌다. 루터가 귀족들에게 보낸 글을 통해서 열어 준 강한 종교개혁적 에너지와 항거, 그가 이 글을 통해 불러낸 정신들은 종교개혁의 파괴력을 단적으로 결정지었다. 루터가 더 이상 통제할 수 없는 정신들이 일부 있었다.

이 글의 신속한 출판상의 성공 ― 약 14개의 상이한 판본이 있음이 증언되었고, 대부분은 1520년 혹은 1521년에 출판되었다. 8월 전반부에 출판된 초판은 며칠 만에 4천 부가 매진되었다[92] ― 은 한편으로는 저자의 특별한 상황 덕분이었다. 저자는 유명했고 많이 읽혔을 뿐 아니라 또한 논란의 대상이었다. 또한 사람들은 그가 이단 재판을 받고 있다는 것을 알았다. 그런데 귀족들에게 보낸 글의 간행 시점은 판결이 아직 확정되기 전이었고, 루터의 글을 읽는 것이 아직 처벌받을 수 있는 때가 아니었다. 다른 한편으로는 보편적 정치 상황이 관심을 부채질했다. 젊은 황제(루터는 직접적으로 황제에게도 호소했다[93])의 첫 번째 제국의회가 임박했고, 사람들이 황제에게 건 기대와 희망이 도처에서 컸다.

사람들은 대중적 시문학에서 1520년의 제국의 상황을 특히 암울하게 ― 예를 들어 "모든 상태가 전도되었으니, 공공의 이익을 자기 이익으로 바꿨고, 모든 진실이 거의 색이 바랬다"[94] ― 묘사했다. 또한 사람들은 옛 전통을 따라서 바로 지금, 새로운 통치자가 취임한 시점에 대전

---

92 WA.B 2, S. 167,5f.; WA 6, S. 396; LuStA 2, S. 92ff.

93 WA 6, S. 405,9ff.

94 *An den großmechtigen fursten Karolum …… Ein gemeine klag von dem adel, kaufman, handwerksleuten und kramern. Ein hübscher spruch lustig zu lesen*, in: Rochus von Liliencron, *Die historischen Volkslieder der Deutschen vom 13. bis 16. Jahrhundert*, Bd. 3, Leipzig 1867 (Nachdruck Hildesheim 1966), Nr. 344, S. 350,135~37에서 인용.

환의 희망을 부채질했다. "고귀한 왕[카를] 당신에게 드릴 말이 있습니다. 당신의 권력을 어디서든지 듣게 하시고, 온 그리스도교계에 평화를 이루며, 불(不)신앙에 대해 싸우소서. 독수리가 높이 날아서, 신성로마제국에 복을 가져오게 하소서."[95] 구원 황제에 관한 종말 예언은 카를에게 투사되었다. 독일 땅에의 그의 도래는 보편적 종교개혁을 도입할 것으로 여겨졌다. "그는 온 세상을 개혁할 것이고 보다 나은 질서로 이끌 것이다."[96] 또한 '고귀하고 경건한 피'는 독일인들을 악한 성직자로부터 해방할 것임을 시가에서 추론할 수 있었다. "온 세상에서 영적 신분이 무질서하게 행동하니, 그 대가를 치를 것이라고 생각한다. 그들은 사치하고 호색적이며, 그들이 파는 모든 성례전, 그리스도의 몸, 도유, 세례, 혼인, 견진성사, 고해성사, 면죄부를 사람들은 지옥에서 벗어나고자 하는 욕심에서 산다. 이로써 그들은 많은 사람들을 미혹한다."[97]

이런 유의 널리 퍼진 사고와 과도한 희망에 비춰볼 때 루터가 귀족들에게 보낸 서신에서 주목할 점은 이 글이 황제뿐만 아니라 다른 세속 통치자 및 책임자들로 하여금 (제국에 관련되고 종교회의의 지원을 받는) 민족교회적 개혁의 의미에서 행동의 주도권을 잡도록 추동하였으나, 스스로는 그들에게 큰 기대—귀족에게 보낸 글의 많은 개혁안들에도 불구하고—를 거의 걸지 않았다. 대중적 언어로 집필된 출판물에 비추어서 루터가 다른 사람들에게 분명코 '구원자적 인물'이었던 시점에 카를 5세는 루터에게는 '구원자적 인물'이 아니었다. 루터는 처음부터 보다 폭넓은 정치적·사회적 토대 위에서 시작했다. 그의 강령적 고찰은 독일 제국의 황제와 신분적 요소라는 정치적·법적 이중 질서에 정신적으로 부합했다. 이것은 많은 사람들에게 호소하고 종교개혁이 끝내 성

95 같은 책, S. 351,175~80.

96 *An den großmechtigen fursten Karolum ……. Ein suplication und spruch, lustig zu lesen*, in: Liliencron, 같은 책, Nr. 343, S. 345,25f.; Hannes Möhring, *Der Weltkaiser der Endzeit*, Stuttgart 2000, 특히 S. 304ff. 참조.

97 Liliencron, 앞의 책, S. 347,132~41.

공하는 근본적 토대가 되었을 것이다. 그런 한에서 귀족에게 보낸 글은 종교개혁의 시간이 될 역사적 상황이 열리고 있다는 루터의 주목할 만한 감각 덕분에 작성된 것이다.[98]

파문 위협 교서에 대한 반응

루터는 귀족들에게 보낸 글에서, 신랄한 공격을 통해서 상황을 더 악화시키지는 말라는 친구들의 경고에도 불구하고 특별한 전략적 계산 없이 진술했다. 1520년의 그의 글들에서 표현된 신학적이고 교회론적·종교개혁적인 사상의 명료성은 로마 재판의 결말이 그에게 개인적으로 충격을 의미하지 않는다는 것을 분명히 보여주었다. 그는 면죄 논쟁에 관한 자신의 글들에서 로마의 독재적·미신적 정권을 너무 온건하게 대한 것을 후회하였다.[99] 교서 및 그것을 바이에른과 작센에서 유포한 장본인[100] 에크에 대한 그의 답변은(루터는 그 내용을 알게 된 즉시 교서를 공표했다) 불안의 흔적을 보여주지 않았다. 날카로운 공격과 신랄한 조롱(schimpff und ernst[101])은 루터가 결코 두려워하지 않음을 보여주기 위함이었다. 루터 추종자의 편에서 여론을 평가하는 데서 주목할 사실은 후텐이 교서의 라틴어판을 독설이 섞인 방주를 달아[102] 출판했고 슈팔라틴이 우선 자신의 선제후를 위해, 그다음으로 대중을 위해 독일어 번역판을 출간했다는 점이다.[103] 따라서 사람들은 교서 내용의 공표가 '루터

98 이에 대해서는 Bernd Moeller, *Klerus und Antiklerikalismus in Luthers Schrift 'An den christlichen Adel deutscher Nation' von 1520*, in: ders., *Luther-Rezeption*, hg. v. J. Schilling, Göttingen 2001, S. 108~20 참조.

99 WA 6, S. 497,9ff.

100 WA 6, S. 576ff.; S. 613ff.

101 비텐베르크의 의사 페터 부르카르트(Peter Burckard)가 라차루스 슈펭글러(Lazarus Spengler)에게 보낸 글들 가운데 하나의 성격을 이렇게 표현했다(1520. 10. 29). WA 6, S. 595에 인용; Herman Barge, *Andreas Bodenstein von Karlstadt*, Bd. 1, Nieuwkoop ^{2}1968, S. 221 참조.

102 Fabisch, Iserloh, *Dokumente* (Anm. 10), Bd. 2, S. 341f.의 증거 참조.

사안'에 도움을 줄 수 있다고 예상했다. 따라서 루터 자신은 교서에서 반박된 논제들을 자신의 글들에서 다수 인용하고 주석하며 성서적 근거가 있음을 변호함으로써 대응했다. 에크는 라이프치히에서뿐만 아니라 에르푸르트에서도 흥분한 대학생들의 공격에 노출되었다. 에르푸르트에서는 그를 조롱하는 시가가 울려 퍼졌다. 즉, 비텐베르크 출신의 대학생 50명은 이웃 대학으로 가서 라이프치히 논쟁 이후 비텐베르크인들의 주적으로 올라선 '돼지 박사'에 대한 항의를 선동했다.[104]

원래 대중어로 작성된 초기 종교개혁적 대화 팸플릿 가운데 하나가 라이프치히에서 출간되었다(그림 11 참조). 이 팸플릿은 쿤츠 폰 오베른도르프(Cuntz von Oberndorf)[105]라는 이름의 익명 저자의 것인데, 그는 에크에게 대항하여 루터가 귀족들에게 보낸 글에서 주장한 바 콘스탄츠 공의회는 후스의 신변 보호를 파기한 책임이 있다는[106] 논제를 옹호하였고, 문학적으로 연출된 두 명의 평신도의 '자기 계몽'의 형태로 이단시된 비텐베르크 신학자의 신념을 지원할 것을 호소하였다. 여전히 구교적 사고에 사로잡혀 있는 평신도 아르놀트(Arnoldt)와 독서를 통해서 이미 종교개혁적으로 사고하는 평신도 바르톨트(Bartoldt) 사이의 다음 대화는 시사하는 바가 많다.

---

103 In: Adolf Laube, Ulman Weiß (Hg.), *Flugschriften gegen die Reformation (1518~1524)*, Berlin 1997, S. 110~26.

104 Barge, *Karlstadt*, Bd. 1, (Anm. 101), S. 220 및 Anm. 102의 증거.

105 Cuntz von Oberndorf (Pseud.), *Dialogus oder ein Gespräche, wider Doktor Ecken Büchlein* [Leipzig: Wolfgang Stöckel 1520]; Köhler, *Bibl.*, Bd. 1, Nr. 644, S. 279; Ex. MF 375, Nr. 1043; Alejandro Zorzin, *Einige Beobachtungen zu den zwischen 1518 und 1525 im deutschen Sprachbereich veröffentlichten Dialogflugschriften*, in: ARG 88 (1997), S. 77~117, Nr. 35, S. 100 참조.

106 WA 6, S. 454,22ff.; Ecks Gegenschrift in: Laube, Weiß, *Flugschriften gegen die Reformation 1518~1524* (Anm. 103), 특히 S. 133,29ff. 및 이에 대한 루터의 반응, 특히 WA 6, S. 587,16ff. 참조.

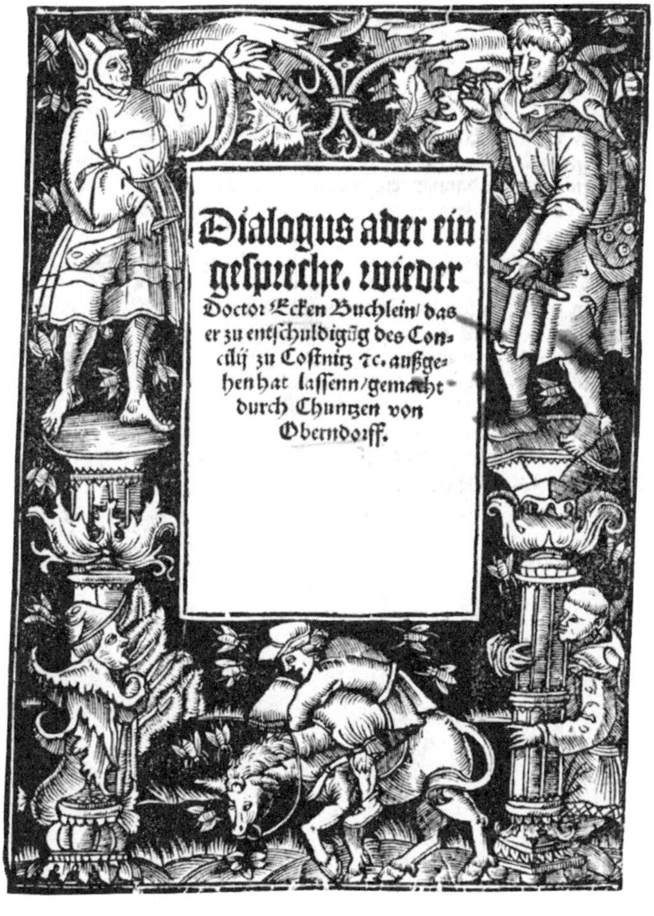
Dialogus ader ein
gespreche. wieder
Doctor Ecken Buchlein/ das
er zu entschuldigūg des Con-
cilij zu Costnitz 7c. außge-
hen hat lassenn/gemacht
durch Chuntzen von
Oberndorff.

그림 11 쿤츠 폰 오베른도르프(가명)의 『대화: 에크 박사의 팸플릿 반박』의 목판화 표지(1520)

B 그대가 알고자 하는 것이 무엇인가?

A 남자와 여자가 세례를 받자마자 그대의 루터는 그들을 사제나 수녀로 만든다는데.

B 나의 루터 박사가 아니라 성(聖)베드로가 그렇게 한다(베드로전서 2:9).

A 사람들이 돼지 치는 자를 선출하듯이, 그는 사제를 선출하기를 바라는가?

B 사도행전이 그렇게 가르친다(사도행전 6:1-2). 나는 에크보다 사도행전을 더 신뢰한다. 그러므로 이것이 그리스도교 교회의 성장에 필요했다면, 지금 왜 필요하지 않겠는가? 그러므로 「도미누스 보비스쿰」[Dominus vobiscum, 주가 너희와 함께!]을 노래하지도 이해할 수도 없는 로마의 수전노(원서의 schrapler는 schrapper의 오기로 보인다—옮긴이)를 사제로 가지는 것보다는 삶의 윤리, 덕, 교훈이 인정받는 사제를 선출하는 것이 낫지 않은가?[107]

교황청과 사제 혼인, 로마인들의 탐욕, 보헤미아인들의 거룩함 혹은 믿는 자들의 사제직과 교회의 사제 선출에 관한 비텐베르크인의 스펙터클한 논제들이 요약되어 있는 대화 과정에서 구교의 화자 아르놀트가 대화를 시작하고 '루터주의자' 바르톨트가 결론을 내린다. 도덕적 관점에서 보다 분명히 교회 및 성직에 대한 비판을 강조하고 보다 넓게 묘사한 이 선동적 문학의 배후에는 의심의 여지 없이 학식 있는 필자들이 있었다. 그들은 '보통 사람들'이 '루터 사안'을 지지하도록 만들기 위해서 그들에게 어떻게 호소해야 하는지 잘 알았다. 이제 점차 집단적 현상이 된—유포에서나 대중동원적 역동성에서나—이런 색깔의 팸플릿은 반로마적 정서가 형성되고 정착되며 파급되는 데 결정적으로 기여했다. 파문 위협 교서 및 그 내용의 단순한 유포는 로마와 교황, 그

107 Cuntz von Oberndorf, *Dialogus* (Anm. 105), B 2^r.

리고 그를 지지하는 모든 사람에 대한 증오를 키웠다. 교서로 말미암아 루터와 그의 지지자들에게 일어날 모든 치명적 위험은 여론 차원에서 교서의 장본인과 홍보자들에게 불리하게 돌아가기 시작했다.

로마는 말했고, 사건은 끝나지 않았다

보다 자유로운 순서로 고해성사, 회개, 성만찬, 교회의 보물, 면죄부, 출교, 교황의 열쇠권과 교리권, 자유의지, 선행, 연옥, 탁발, 또한 투르크와의 전쟁에 관하여 루터의 상이한 글들에서 발췌한 41개의 논제가 파문 위협 교서의 핵심을 이룬다. 논제들을 문맥에서 끄집어내어 단순히 인용하는 것은 사악한 일로 간주되었다. 논제들을 어떤 형태로든지 유포하는 행위는 철회를 거부할 경우 루터에게 내려지는 파문에 처해지는 결과를 초래했다. 교서의 도입부는 루터의 이단에 대항하여 베드로, 바울, 모든 성자들, 온 교회를 변호자로 내세워 루뱅 대학과 파리 대학이 내린 교리적 유죄 판단을 원용하고, 교황청과 독일인의 특별한 관계(교황청은 독일인들에게 황제권을 위임했다)를 부각하며, 이를 근거로 가능한 모든 수단을 동원하여 이단을 추적하고 박멸해야 할 황제와 제국의 의무를 설명하였다. 교서의 결론부는 루터 및 그의 추종자들에 대한 결론을 선언했다. 즉, 그의 가르침을 유포하고 그의 글을 소지하거나 소각하도록 넘겨주지 않는 자는 출교에 처해진다는 것이었다. 루터는 심문을 위해 로마에 오기를 거부했다. 그가 공의회에 항소함으로써 그는 이단죄로 기소되었다. 교서의 공표 후 루터가 60일 내에 마이센과 메르제부르크 혹은 브란덴부르크의 작센 주교 교회에 서면으로 철회하거나 직접 로마에 출두하여 철회할 경우, 교황은 교회와의 결속을 완전히 회복시키고 즉시 발효한 설교 금지를 해제할 용의가 있었다. 루터가 신학적으로 반박되지도 않은 채 권위적·법적 처분을 통해 법률상 무능력자가 되어야 한다는 것은 여론에서 그를 지지하는 근거가 되었다.

안드레아스 카를슈타트에 대한 파문

밖의 여론이 비텐베르크 신학을 인식한 가운데 안드레아스 카를슈타트는 의심의 여지 없이 탁월한 인물로서 루터 옆에서 일정한 역할을 담당했다. 반면에 당시까지 전적으로 그리스어와 라틴어 텍스트 출판 및 학문적 글과 결부되어 있었던 멜란히톤의 이름은 1520년에 학식 있는 인문주의자들의 좁은 그룹에나 알려졌지, 이를 넘어서는 거의 알려져 있지 않았다. 라이프치히 논쟁 이후 카를슈타트는 에크가 그곳에서 말한 바, 신학적 연구에서는 무식한 평신도들에게와는 다르게 발언할 수 있다는 전적으로 상투적인 발언에 자극받고서 신학적으로 숙고하게 되었는데, 에라스무스와 명백히 연계해서 평신도들이 대중어로 된 성서를 접할 수 있어야 한다고 주장했다. 카를슈타트는 대중어 성서를 신학적으로 강력히 옹호한 비텐베르크 신학자들 가운데 으뜸가는 인물이었다. 카를슈타트는 1520년 여름까지 면죄 및 축성된 소금과 물, 따라서 외형적·종교적 실천을 둘러싼 프란체스코 수도사들과의 소규모 문학적 논쟁 외에는 무엇보다 라틴어로 출판하는 성서신학자로서 두각을 나타냈다. 그는 학식 있는 교회법학자들에게는 당연했던 교황의 권위를 명시적으로 문제시하는 것을 피했다. 또한 그의 성서해석학적 강령은 모든 성서 문서가 그 존속 햇수와 교회에서의 사용에 근거하여 형식상 효력을 가진다고 전제했다. 아마도 1520년에 카를슈타트는 한 강의에서 야고보서를 다룬 반면, 루터는 우선 강의들에서, 그다음에 글로[108] 행위적 의를 가르친 이 서신의 사도성을 반대하였다. 두 사람의 비텐베르크 신학자는 강단에서조차 서로 공격했다. 루터의 이름을 언급하지는 않은 채 카를슈타트는 공개적으로 그것에 대해 탄식했다.[109] 완전한 정경 문

108 WA 6, S. 568,8∼19.

109 Martin Brecht, *Andreas Bodenstein von Karlstadt, Martin Luther und der Kanon der Heiligen Schrift*, in: Ulrich Bubenheimer, Stefan Oehmig (Hg.), *Querdenker der Reformation – Andreas Bodenstein von Karlstadt und seine frühe Wirkung*, Würzburg 2001, S. 135∼50, 특히 S. 142∼44 참조.

서들의 형식적·법규범적 효력을 상대화하는 것은 그에게 참을 수 없는 것으로 보였다. 왜냐하면 그런 것은 전통과의 관계에서 문서의 권위를 흔들어놓고 이로써 비텐베르크인들이 스콜라주의에 대항하여 사용해야 하는 가장 중요한 논쟁 무기의 가치를 감소시킬 것이기 때문이었다. 세부적으로는 거의 완전하게 재구성할 수 없는 비텐베르크 내의 정경 문제에서의 이견(카를슈타트는 에라스무스 및 전통을 따라서 형식적 권위 원리를, 반면에 루터는 내용적 기준, 즉 칭의 신앙 내지 성서의 중심으로서의 그리스도를 중요시했다)에 세속 사제와 탁발 수도사 사이에 벌어지는 이후의 모든 분쟁의 뿌리가 있음을 볼 수 있다.

에크가 교황의 지침서를 통해 정당성을 얻고서 카를슈타트의 이름을 파문 위협 교서에 올리게 한 것은 카를슈타트에게 완전히 뜻밖의 타격을 주었고 그에게 적지 않은 심적 혼란을 야기했다. 파문 위협 교서가 공표되던 시점에 카를슈타트는 자신에게 출세할 기회를 열어주었으며(그는 교회의 성직록 체계와 개인적으로 깊이 연결되어 있었다) 자신의 직업적 명예욕을 만족시켜주고 또한 부채질했던 로마 교회와 내면적으로 아직 단절하지 않았다. 그러므로 루터와는 달리 카를슈타트는 거의 강요당하다시피, 그 자신이 ('눈먼 지도자'에 의해 오도됨으로써[110]) 너무 오랫동안 걸었던 그릇된 길과 개인적으로 관계를 끊는 형식으로 로마와 단절했다. 카를슈타트는 강요된 로마와의 단절을 개인적 회심(conversio)으로 극화했다. 즉, 그는 자신이 지금까지 속했었고 그들의 최고 대표가 '레오'인 저 거짓으로 거룩한 '성서 현자들'[111]과 결별했다. 저 레오의 이름으로 잔인한 짐승의 해악이 '드러났다'.[112] 동시에 카를슈타트는 자신을 이단자로 판단한 법적 형식을 비난했다. 그는 '결코

110 Andreas Bodenstein von Karlstadt, *Von Bepstlicher heylichkeit* ……, Wittenberg [M. Lotter] 1520; VD 16 B 6253; Köhler, *Bibl.*, Bd. 2, Nr. 1962, S. 210f.; Ex. MF 93, Nr. 252, A 1^v.

111 같은 책, A 4^v.

112 같은 책, A 4^v; C 1^r; J $1^{r/v}$ 등 참조.

소환당한' 적이 없었고[113] 따라서 개인적으로 이단 재판에서 허용된 대로 입장을 표명하지 못했다. 그는 자신의 단호함을 역설하고 '보다 자유로이'[114] 활동하기 위해서 '시종 대리'(Vicecomes) 및 교황에 대해 특별한 충성심을 가진 사도적 호프팔츠 백작(Hofphalzgraf)으로서의 직위를 반납했다(229쪽 참조). 그는 로마에서 교황청 서기로서의 활동 기간(1515/16)에 이 직위를 획득했다.[115] "성서를 통독했다는 말을 결코 들어본 적이 없는"[116] 교황과의 공식적 결별은 그에게서 그리스도로의 회심과 결부되었다.

> 전능하시고 살아 있는 신이 나에게 자비로이 능력과 자유로운 용기를 주시기를 바란다. 그래서 나는 그의 말씀으로 말미암아 끊어짐의 매를, 출교의 칼을 기꺼이 감수할 것이다. 나는 유다 족속 출신의 인간을 두려워하니, 그는 성서에서 우리를 위해 태어났고 조롱과 저주를 겪고 십자가에 달려 죽었고 매장되어 우리를 구속했다. 그러나 황금 두카트를 자랑하며 온 세상을 다스리고 군림하고 모든 것을 자신의 유익을 위해 사용하는 자[교황 레오]를, 나는 신의 도움과 능력으로 말미암아 두려워하지 않을 것이다.[117]

카를슈타트는 종교적 신분으로부터 완전히 벗어나, 처음에는 강요되었으나 그다음에는 스스로 성직의 삶과 단절함과 동시에 평신도에게로 관심을 돌렸다. 성직과 평신도의 관계를 평등화하는 데서 특히 타울러 전통의 심령주의적 표현으로 형성된, 약 2개월 전 루터가 귀족들에게 보낸 글에서 명시된 종교개혁적 만인사제직 개념을 처음으로 그에

113 같은 책, B 1^v.

114 같은 책, B 2^r.

115 Bubenheimer, *Consonantia* (Anm. 24), S. 53ff.

116 Karlstadt, *Von Bepstlicher heylichkeit*, (Anm. 110), B 1^v.

117 같은 책, B 2^r.

게서 만날 수 있다. "모든 그리스도인은 사제이고 그들은 하나의 돌 위에 세워졌으니, 그것이 그들을 사제로 만든다. 그리스도는 바로 선택된 돌이다."[118] 그리스도에 대한 신앙을 모든 그리스도인의 '사제 신분'의 기초로 이해하고 그리스도로의 회심(conversio) 내지 적그리스도적 교황제로부터의 이탈의 의미에서 믿음이 실행됨으로써 자기 스스로 평신도가 된 것은 로마에 의한 이단시의 결과로 발생한 교황 교회의 사제로서의 자신의 역사와 개인적으로 단절한 것의 직접적 결과였다. 그리스도로의 회심(conversio), 평신도로의 전향이 끼친 결과는 카를슈타트와 그의 주변에서 점차 분명해질 것이었다. 에크가 파문 위협 교서에 올리게 한 이름들 중에서 카를슈타트 개인이 아마도 가장 깊이, 그리고 가장 지속적으로 영향을 받았으며 어쨌든 그때까지는 보다 급진적으로 교회를 비판한 루터보다도 훨씬 강하게 영향을 받았다. 탁발 수도사는 교서를 통해서 자신의 과거와 단절할 이유가 없었으나, 세속 성직자이자 법률가는 바로 그렇게 했다.

루터의 바빌론 포로에 관한 글과 자유론

교서 『엑스수르게 도미네』(*Exsurge Domine*)가 공표되었던 역사적 상황에서 루터의 문서 활동에서 인식할 수 있는 조심스러운 행보는 그가 자신에게 강요된 이단자로서의 역할을, 신의 말씀에 근거한 자의 내면적 자유로써 기꺼이 받아들일 준비가 되었고 받아들일 수 있었음에 대한 추호의 의심도 허용하지 않는다. 그리스도 교회에 대한 그의 사랑이 실재하는 교황 교회와의 분열을 초래했는바, 자신의 적대자들, 특히 에크가 레오 10세로 하여금 그의 말을 듣게 하는 데 성공했기 때문이다. 밀티츠와 수도원 형제들, 그리고 또한 작센 선제후 궁이 그에게 지시한 것처럼, 루터는 이 그릇된 길에서 교황을 떼어놓기 위해서 최후의 시도를

118 같은 책, D 3^{v}; Shinichi Kotabe, *Das Laienbild Andreas Bodenstein von Karlstadt in den Jahren 1516~1524*, München 2005, S. 193ff. 참조.

할 수 있었다. 많은 그리스도인에게 감옥이 된 바빌론 제국에 자신들이 구금되어 있음을 직시하게 하고 동시에 그리스도인의 자유를 가르치는 것이 중요하다는 것을 루터는 『교회의 바빌론 포로에 관하여』에서 확신했다.[119] 루터가 저 억압적인 기구의 수장인 교황에게 대항하여 그리스도인의 자유의 찬가를 불렀다는 것, 교회의 바빌론 포로 상태, 부(不)자유를 라틴어를 알고 신학 교육을 받은 독자들에게 서술했다는 것은 시간적으로 밀접하게 연관되어 있는, 1520년 10~11월의 두 유명한 글이 내용상으로도 밀접하고 서로 보완하고 있음을 가리킬 것이다.

문학적으로 서로 독립적인, 라틴어와 (아마 원래는) 독일어판으로 출간된 『그리스도인의 자유에 대한 논설』(*Von der Freiheit eines Christenmenschen/De libertate christiana*)은 그리스도인이 처해 있는 존재 운동을 신에 대한 자유와 세상 및 그 질서에 대한 속박의 변증법으로서 전개한다. 그리스도인은 자기 자신을 초월해서 신과 그의 구원의 말씀에서 자신의 자유의 근거를 발견한다. 그리스도인은 자신 아래로 내려가서 이웃에 대한 봉사에 헌신한다. 자기 자신에 근거하지 않고 신과 이웃을 향한 특이한 존재 방식 속에서 그리스도인은 낮아지고 높여진 주, 신-인간 그리스도를 따른다. 루터의 논설 『교회의 바빌론 포로에 대한 서주』(*De captivitate Babylonicae ecclesiae praeludium*)는 믿는 자를 성례전을 통해 구원하고 성례전의 단순한 실행을 통해(ex opere operato) 객관적으로 구원 작용을 일으키는 성례전의 공급 기구로서의 교회론적 표상과 단절했다. 피렌체 공의회(1439) 이후 궁극적으로 규범화된 7개 성례전(세례, 성만찬, 고해, 견진, 혼인, 사제 임직, 종부)에 대항하여 루터는 오직 세례와 성만찬만 성례전으로 인정했다. 왜냐하면 이 둘은 성서상의 근거를 갖고 있고 그리스도는 이 둘을 외적 표지(signum), 즉 물과 빵, 포도주를 받는 자의 신앙과 관계되는 약속의 말씀(promissio, 이것이 루터에게는 성례전의 핵심이

119 "…… scio nunc et certus sum, Papatum esse regnum Babylonis". WA 6, S. 498,5f.

다)과 합일시켰기 때문이다. 그가 교황 교회에 대항하는 궁극적인 문학적 치명타의 '서막'으로 제시한 교회의 포로에 관한 글은 그 급진성에서 지배적 전통 및 서양 그리스도교 역사의 권위와의 유례없는 결별을 나타낸다. 여기서 의견들이 갈린다. 이제 파문 위협 교서의 공표 후 많은 사람들에게 거룩한 저 교회의 기초를 뒤흔든 비텐베르크의 수도사는 일부 인문주의자들을 당황시켰다.

그런데 멜란히톤은, 루터가 이 글들을 썼던 주간에 그가 신적 영에 의해 이끌렸고 그를 잃는 것보다 더 슬픈 일은 일어날 수 없으며 그는 이 시대뿐만 아니라(그와 같은 부류의 인문주의자들이 거룩하게 여기는 교부 아우구스티누스, 히에로니무스, 나지안조스의 그레고리오스를 포함하여[120]) 모든 세기의 모든 중요한 정신들을 능가한다는 확신에 도달했다.[121] 이 판단은, 심각하게 파문 위협을 받고 있는 이가 일상의 처신에서도 혼란스러운 신경질덩어리가 아니라 오히려 교회의 포로론이나 자유론에 걸맞은 저 냉철한 우월성을 발휘했을 것임을 분명히 보여준다. 그는 자신을 레오 10세에게 헐뜯은 자들, 무엇보다 에크를 반어적으로 신랄하게 비난했다. 에크에게 본래 '책임'이 있었다.[122] 그가 교회의 포로론에서 '이단적인' 해방의 자세를 취함으로써 허풍을 떠는 자신의 원수들에게 새로운 일거리를 제공했다면,[123] (그들은 새로운 이단을 추적해야 하기 때문에) 그가 높은 학식을 가진 흠잡을 데 없는 인간이며 자신이 결코 공격하기 바라지 않은 교황의 발 앞에 굴복한 것은, 교황의 호의를 간구하기 위함이 아니라 교황에게 베드로직의 본래 원수들인 아첨꾼들에게 중단을 명령하도록 권고하기 위함이었다.[124] 수사학적 경배는 대놓

---

120 멜란히톤이 슈팔라틴에게 1520년 11월 4일에 보낸 서신, *MBW.T* 1, Nr. 109, S. 233,17~27.

121 WA 7, S. 4,30; S. 8,32; S. 9,26; S. 10,28; S. 10,40 참조. 에크를 이름을 들어서 공격한 경우는 WA 6, S. 498,10ff. u. ö; WA 7, S. 7,15ff.; S. 8,21ff.

122 WA 7, S. 8,27.

123 WA 6, S. 501,6ff.

고 온건해져서 『레오 10세에게 보낸 서한』에서 루터는 작센 선제후 궁과 자기 수도회를 고려하여 밀티츠의 독단적인, 교황청의 지원을 결여한 외교 작전에 응했는데, 이 서신에서 수사학적 굴종은 곧 오해의 여지가 없는 고백적 어조로 변했다. "그러나 내가 내 가르침을 철회하는 일은 없을 것입니다."[125] 교황이 개인적으로 그를 둘러싼 아첨꾼들이 로마에서 행한 것에 대한 책임에서 면제될지라도, 루터는 『포로론』에서 바빌론 제국으로 표현된 교황의 '로마 교회'[126]를 "모든 죽음의 수령 위에 있는 죽음의 수령"[127]으로 칭했다. 여기서는 모든 일이 투르크인들에게서보다 악하게 일어난다.[128] 로마 교회는 '적그리스도'[129]의 나라와 더 이상 구별될 수 없다. 루터가 가장 거룩한 아버지 레오, 즉 사자를 "사자들 가운데 있는 다니엘처럼 이리들 가운데 있는 양"[130]으로 묘사한 것은 아마도 생각할 수 있는 가장 신랄한 아이러니일 것이다. 비텐베르크 출신의 수도사가 그리스도인의 이웃 사랑 의무에서[131] 로마의 아첨꾼들에게 대항하여 사자굴 속에 있는 사자 레오를 돕고자 하는 것은, 그의 영혼을 위협하는 위험에서 벗어나기 위함이다!

흥미롭게도 루터는 교황에게 보낸 서신에서 두 번이나 클레르보의 성(聖)베르나르의 모범을 원용한다.[132] 그는 가장 널리 읽힌 글 『고려론』(*De cosideratione*)에서 시토회 출신의 교황 에우게니우스 3세(재위 1145~53)의 양심에 강력히 호소했다. 베르나르는 사치와 권력 행사뿐만 아니라 또한 로마 교황 궁의 추기경들에 대해 경고했고 베드로직을

124 WA 7, S. 9,25ff.
125 WA 7, S. 9,27f.
126 WA 7, S. 5,27.
127 WA 7, S. 5,28.
128 WA 7, S. 6,27.
129 WA 7, S. 5,31; S. 10,23.
130 WA 7, S. 5,32f.
131 WA 7, S. 10,31ff.
132 WA 7, S. 6,21f.,; S. 10,29~31.

가진 자의 영적·윤리적 파산을 방지하는 데 도움을 줄 여러 가지를 조언하려고 했다. 이 글은 중세에 널리 복잡하게 수용된 역사가 있었다. 베르나르가 『고려론』에서 로마의 윤리적 몰락을 비판적으로 탄식한 노래는 파두아의 바르실리우스, 오컴, 페트라르카 및 다른 사람들에 의해서 수용되었다. 그러나 또한 교황들도 이 글을 높이 평가했고 자신들의 전권 주장을 입증하는 맥락에서 이 글은 일상적으로 인용되었다. 후스와 위클리프 같은 교회를 비판한 이들조차 이 글을 원용했다.[133] 이단시된 수도사가 중세의 가장 위대한 라틴 수도사 신학자이자 초기 스콜라주의의 적대자요 교황청 교사인 베르나르의 권위를 자신의 것으로 만들고 베르나르처럼 교황에게 훈계함으로써, 그는 지극히 겸손한 자세를 취하는 가운데서도 자신이 진리를 주장함을 강조하면서 로마는 베르나르 시대보다 훨씬 악하게 신의 진노 아래 있고 '지옥의 활짝 열린 입구'[134]가 되었다고 역설했다. 루터는 『서한』에서 자신을 라틴 그리스도교의 존경할 만한 전통의 수호자로 소개하면서, 로마의 당대 대변인들이 이 전통을 배신했다고 주장했다. 자신의 진리 주장 및 권위 주장을 이보다 더 소박하게 할 수는 없다. 그런 한에서 『서한』은 다른 사람들이 이것과 연계할 수도 있는 외교적 기대를 손상하지 않으면서, 1520년 가을 루터의 행동 논리에 잘 들어맞는다. 그의 행동 논리는 『교회의 바빌론 포로』에서 로마의 성례전 교회를 신학적으로 급진적으로 문제시한 것(10월), 교서를 통해 그에게 특히 부담이 된 항소를 총공의회에 도발적으로 다시 제기한 것(11월), 12월 10일에 교황 교회의 출교를 의식적으로 연출하고 그것을 독일어와 라틴어로 된 팸플릿 형태로 출판해 공표한 것 등을 통해서 극적으로 각인되었고 오해의 여지가 없는 결과로 이어졌다.

---

133 Theo Bell, *Divus Bernhardus. Bernhard von Clairvaux in Martin Luthers Schriften*, Mainz 1993, S. 142ff.에서 풍부한 증거와 더불어 교훈적 지침을 제공한다.

134 WA 7, S. 6,29f.

방화자

일정한 면죄 실천의 신빙성을 위협받고 있는 로마 교회를 구출하기 위해 등장한 비텐베르크의 수도사는 1520년의 마지막 순간에 법적으로 적법하게 유죄판결을 받은 이단자로서 역사상 유례없는 파괴 및 제마(制魔) 행위를 실행했는바, 이 행위를 통해 그는 '저항하기 어려운', 그러므로 더 이상 교정될 수 없는 '악과 부패'를 제거하고자 하였다.[135] 루터를 정죄하고 그의 생존권을 박탈한 저 교회는 개혁이 불가능했다. 저 교회는 성서가 알지 못하고 그리스도가 제정하지 않은 성례전에 기초하였다. 즉, 저 교회는 잔을 탈취함으로써, 신에 대한 공적 축적에 근거한 미사 제사 이론 및 화체론을 통하여 성만찬을 깊이 부패시켰고, 또한 세례와 고해에서 신앙을 일으키는, 외적 표지를 통해 강화되는 약속의 말씀을 식별 불가능할 정도로 훼손하거나 뒷전으로 쫓아버렸다. 저 교회는 성서와 교부를 통해 신학적으로 설득하고 영적으로 인도하는 대신에 권위적인 법적 행위를 통해서 결정했다. 저 교회는 그리스도의 공동체를 권한을 지닌 성직자들과 종속적인 평신도로 분리했다. 저 교회는 성서상의 근거 없이, 오직 독선적인 법규를 근거로 자신을 공의회 위에 세웠다. 여기서 교회법과 공로 행위는 신앙, 그리스도, 복음보다 더 유효하였다. 이런 교회를 루터는 미워할 따름이었다. 그는 이 교회를 파괴하고자 했다.

이 교회에 대한 그의 파괴 의지가, 이 교회가 지금까지 대표했거나 스스로 그 권리를 주장한 서양 그리스도교의 모든 전통을 거부하는 것을 의미하지 않는다는 것은 자명한 사실이다. 루터는 교회와 그리스도교의 '중세' 역사를 포기하지 않았고, 이 교회의 신학적·영적 전통을 완전히 거부하지는 않았다. 즉, 그는 이 교회에서 살았고 성장했고 이 교회를 신뢰했고 이 교회에 의해 기만당하고 이용당했던 신앙인들과 자

135 WA 7, S. 6,24f.

신을 결코 분리하지 않았다. 따라서 루터가 이러저러한 경건신학 혹은 신비주의의 신을 수용하여 계속하여 전개했다는 것을 지적하는 것으로는, 1520년이라는 결정적 해의 말에 드러난 교회사적 전환점의 문제를 오롯이 조명하지 못한다. 로마 교회, 루터에게 유죄판결을 내린 저 사제직과 법적 기관의 대변인은 구출될 수 없었다. 이 교회의 개혁은 늦어도, 이단적인 교황 교회에 대항하는 참 교회의 법적 행위로서 연출되었고 홍보된 『그라티아누스 법령』과 몇몇 스콜라주의 작품과 몇몇 고해성사 지침과 마지막으로 이것이 산출한 최후의 '결실', 곧 파문 위협 교서의 형태로 나타난 이 교회의 법적·교리적 기초를 노골적으로 파괴함으로써 좌절되었다. 엘스터 문 앞의 방화자는 선동적으로 행동하는 자신의 수도사, 사제, 교수로서의 신분의 심각성을 파괴하는 혁명가가 아니라 그리스도인의 자유로부터 입증하고 행동하는 교회의 지도자가 되고자 했기 때문에, 이 사건은 1520년 12월 10일에 일부 대학생들이 여기서 바랐던 '권력층'에 대항하는 혁명의 신호탄이 되지는 않았다. 그는 자신의 전권으로써가 아니라 주님의 말씀에 따라서 — "그대가 신의 진리를 망쳤으므로 오늘 주님은 그대를 멸할 것이다"(시 21:10)[136] — 교황 교회에 대한 이단 재판을 집행했다. 이것은 '영적 인간의 내면적 자유'[137]에 관한 그리스도의 말씀 내지 복음에 대한 신뢰에 근거했고 어떤 외적 권력에 의해 억압당하기를 바라지 않은 그리스도교 이해의 신호탄이 되었다. 1520년 12월 10일의 파괴 작업은 새로운 교회가 시작될 기회를 감추었다.

적그리스도적 교회법의 소각이라는 '경건하고 경외스러운 장관'[138]

---

136 WA 7, S. 184,9.

137 WA 7, S.21,18f. 자유론 해석에 대해서는 *Reinhold Rieger, Von der Freiheit eines Christenmenschen / De libertate christiana*, Tübingen 2007 참조.

138 "pium ac religiosum spectaculum." 멜란히톤이 작성하여 비텐베르크 슐로스 교회에 공지한 벽보에 이렇게 되어 있다(WA 7, S. 183,8). 익명의 글 *Excustionis Antichristianorum decretalium acta*에 의하면 여러 개의 벽보들이 있었다(WA 7,

은 멜란히톤에 의해 작성된 벽보를 통해서 대학생들에게 공지되었고 대학 행사로서 연출되었다. 이 사건은 비교적 단시일에, 작센 선제후 정부의 인지 아래 이 일을 계획했고 실행한 자들에게는 묵시문학적 지평에 있었다. 지금은 적그리스도가 나타날 때라고[139] 엘스터 문 앞(여기에는 도시의 박피장剝皮場도 있었다) 하일리히크로이츠 예배당(Heiligkreuzkapelle)에서 있을 행사의 초대장에는 쓰여 있다. 그리고 루터는 시편 강의에서 청중들에게 장차 교황권 및 그의 법령과 결별할 것을 권고했다. 교황의 통치에 대항하지 않는다면 영혼의 구원을 얻을 수 없을 것이라는 것이었다. 교황의 나라와 그리스도의 나라 내지 그리스도인의 삶(vita Christiana)[140]은 부합할 수 없을 것이라는 것이었다. 대립은 궁극적이고 돌이킬 수 없어졌고 비텐베르크 지지자들의 상념 세계에서 종말적 차원에 도달했다. 저 날, 12월 10일에 파문 위협 교서의 철회 유예 기간이 경과한 후(269쪽 참조), 루터 및 그의 지지자들은 이단자가 되었다. 그러나 루터는 자신의 대학생들에게는 "그리스도의 헤매는 양들을 오직 진리의 말씀으로 먹이는 살아 있는 신의 천사"[141]로서 나타났다. 시대의 종말에 비텐베르크 예언자가 점차 카리스마적 인물이 된 것이 그의 권위가 상승하는 전제를 이루었으니, 그는 자신의 교회, 복음의 표준에 맞추어 형성된 그리스도 교회의 신기원을 가져올 수 있었다.

S. 184,3).

139 WA 7, S. 183,9.

140 WA 7, S. 186,9f.

141 "…… Lutherum esse viventis dei angelum, qui palabundas Christi oves pascat solo veritatis verbo". WA 7, S. 186,28f.

보름스로 가는 길

파문 교서

로마의 이단 판결에 대한 제국의 정치적 대처에서 최초로 황제와 제국 신분과 교황청의 이해 사이에 저 구조적 긴장이 나타났는데, 이것은 제국 차원에서 종교개혁의 향후 진행 과정을 결정지을 것이었다. 1521년 1월 3일에 공표된 파문 교서(*Decet Romanum Pontificem*)[142]를 통해 루터 및 그의 추종자들에 대한 유죄판결이 공식적으로 선고되었다. 이 교서는 1월에 모인 제국의회에서 종교재판에 관한 교황 교서(*Apostolica sedis providentiae*)[143]와 함께 교황 특사 히에로니무스 알레안더에게 전달되었다. 알브레히트 폰 마인츠 및 독일에 체류 중인 교황 특사 에크와 알레안더, 마리노 카라치올로(Marino Caracciolo, 1459~1538)에게 내려진 종교재판 교서는 대주교이자 제국 대재상을 전 독일의 종교재판관의 수장으로 지정했고, 이단을 독일에서 추방하기 위해서 그에게 출교, 수찬 금지, 재산 몰수와 구금 같은 법적 수단을 허용했다. 1521년 3월 28일에 루터의 이름은 세족(洗足) 목요일의 교황 교서(여기에는 전통적으로 로마 교회로부터 유죄판결을 받은 원수들이 수록되고 고지된다)에 등재되었다. '루터 사안'은 로마의 관점에서 이로써 처리되었다. 모든 다른 일은 이 결정을 집행할 의무가 있는 세속의 수족이 처리할 사안이었다.

1521년 1월 18일에 황제에게 보낸 한 교서에서 레오 10세는 루터에 대한 로마의 유죄판결을 제국에 고지하여 이단자들을 법적으로 조치하고 그들의 서적을 폐기하며 그들의 가르침을 금지할 황제의 의무를 역설했다. 황제는 가톨릭교회의 수호를 위한 자신의 책임에 상응하여 모든 그리스도인들에게 새로운 이단에 대해 경고하는 칙령을 전 독일에

142 Fabisch, Iserloh, *Dokumente* (Anm. 10), Bd. 2, S. 445ff. 참조. 본문 텍스트와 주해는 S. 457ff.

143 같은 책, S. 467ff.

공포해야 했다.[144] 이로써 황제의 보름스 칙령의 기본 사상이 확정되었으니, 이것은 차후 루터 '이단'의 박해를 위한 제국법적 기초와 카를 5세의 제국 정책의 확고한 기준을 이루게 되었다. 제국의회에서 연설할 때 알레안더는 교서를 전달하면서, 루터 이단은 도처에서 위험하고 평신도는 그것에 대해 논쟁해서는 안 되며 세속 정권은 황제의 지도 아래 이단 박멸을 집행할 의무가 있다는 것을 재차 개진했다.[145]

외교 차원에서 작센 선제후 궁은 계속해서 로마의 판결을 제국의 독자적 법정 내지 학자 법정을 통해서 검증하고 루터에게 지금까지 거부된, 성서적 토대 위에서의 신학적 대토론을 허용하는 정책을 폈다. 황제가 이 사안에서 동요하였고 루터 사안을 협상하는 것에 동의한다는 처음의 약속을 알레안더의 영향 아래 다시 철회한 반면, 선제후 프리드리히는 자신의 관심사를 계속 밀고 나갔고 결국 제국 신분들이 자신을 지지하게 만들었다. 그래서 2월 19일에 제국 신분들은 루터가 독자적 법정에 의해 심문받게 하라고 요구하였다. 여기서 한편으로 독일에 해당되는 출교 결정은 궁극적으로 로마에서 내려져서는 안 된다는 제국의 이전 요구들과의 연계가 하나의 역할을 담당했다. 다른 한편으로 루터에게 선고된 유죄판결의 신빙성이 의문시됨에 따라서 증가하는 '보통 사람들'의 폭동의 위험을 근거로 들었다.[146] 우리는 여기서 제국 신분들이 루터의 신학과 내용적으로 가깝다는 것을 추론하기는 힘들다. 물론 제국 차원에서 '루터 사안'의 협상 초기에 분명했던 사실은 교황

144 "…… et ut omnibus christifidelibus id innotescat per tuum[카를 5세를 말함] generale aedictum in omnibus civitatibus et locis Germaniae publicare curare eundem Martinum et alios haereticos et adherentes et eius fautores et receptatores ipsiusque perversitatem sequenties"[또한 …… 마르틴과 다른 이단자들, 그의 추종자들과 파당들과 그의 오류를 받아들인 자를 박해한다는 것을 황제의 일반 칙령을 통하여 독일의 모든 도시와 지역에 공지하여 모든 신실한 그리스도인들에게 알려야 한다—옮긴이 번역]. 같은 책, S. 476.

145 *DRTA.JR* 2, Nr. 67, S. 494ff.

146 *DRTA.JR* 2, S. 515,26ff. (1521. 2. 19) 참조.

의 유죄판결과 황제 내지 세속 권력의 집행 사이의 전통적 연결은 제국에서 더 이상 이의 없이 작동하지 않았다는 것이고, **독일 민족의 불만**(Gravamina der deutschen Nation)이라는 수십 년의 전통을 통해서 내적으로 무력해졌다는 것이다.

보름스로 가는 길에서

루터가 1521년 3월 6일자로 "그대로부터 나온 가르침과 서적에 관해서 그대를 심문하기 위해서"[147] 황제로부터 소환되었다는 사실과 동시에 왕복 여행길에 신변 보호를 얻은 것은 우선 제국 신분 내지 작센 선제후의 정책의 결과였고, 알레안더의 패배였다. 그가 여기서 교황의 전권이 상대화되었음을 본 것은 옳다. 보름스로 가는 여행에서 루터는 소규모 무리에 둘러싸였는데, 이 무리는 무엇보다 같은 수도원 형제들, 자기 친구이자 동료인 니콜라우스 폰 암스도르프, 에르푸르트의 법학자 유스투스 요나스(Justus Jonas)로 구성되었다. 이 여행 도중에 그는 3월 10일자 황제의 명령을 알게 되었다.[148] 이것은 모든 루터 서적을 세속 정권이 압류할 것을 명하는 것이었다. 이 명령은 제국의 가장 중요한 무대에서 자신의 사안을 대변하려는 결심, 또한 아직 열려 있는 상황에서 신학적 논거를 가지고 무엇인가를 이룰 수 있다는 희망을 꺾지는 못한 듯했다. 또한 루터가 여러 도시에서 받은 압도적으로 열렬한 환영은 그를 고무했으며, 그가 그사이에 어떤 인지도를 얻었고 폭넓은 대중층에서 어떤 지지를 받았는지를 직시하게 했다. 루터가 여러 마을에서 — 그에 대한 교서들의 금지에도 불구하고 — 설교하도록 요청받았다는 사실은 로마의 파문에 대한 두려움이 어떤 한계가 있었다는 것을 분명히 보여준다.

루터가 보름스로 가는 여행에서 겪은 경험은 그가 무엇보다 귀족에

147 WA.B 2, S. 480,4~6.

148 *DRTA.JR* 2, Nr. 75, S. 529ff.

게 보낸 글에서 주장했던 것이 확증되었음을 그에게 보여준 듯했다. 제국 내에서 로마의 재판과는 무관한 교회 개혁이 현실적인 대안이었다. 루터는 마르틴 부처가 자신에게 전달한, 에베른부르크(Ebernburg)로 와서 거기서 카를 5세의 고해 사제인 프란체스코회 수도사 장 글라피옹(Jean Glapion, 1460경~1522)과 비밀 협상을 하라는 프란츠 폰 지킹겐의 권유에 응하지 않았다. 이것은 그가 황제와 제국 앞에서 자신의 사안을 고수할 수 있다는 희망에 사로잡혀 있었음을 보여준다. 이후의 회고에서 그는 갖은 경고에도 불구하고 '겁먹지 않고'[149] 보름스로 갔다고 기억한다. 도시의 악마들이 지붕 위의 기와만큼 많다고 할지라도, 그는 신이 그를 '미치게'[150] 만든 곳으로 가고자 했다. 그가 아마도 4월 14일에, 부처와 만났던 오펜하임(Oppenheim)에서 슈팔라틴에게 보낸 서신은 이 분위기가 당시의 그의 느낌과 부합한다는 것을 확증한다.[151]

황제 앞에서의 청문

신이 부여한 이 '광기', 그러므로 무모함은 루터가 여행의 경험에 근거하여 제국의 중요한 정치적 무대가 그에게는 이단의 오명을 던져버릴 결정적 기회가 될 가능성을 예견했음을 의미했다. 그는 논쟁을 예상했고—보름스에서 도주하듯이 출발한 직후 자기 친구 루카스 크라나흐(Lucas Cranach)에게 보낸 서신에 쓴 것처럼—"황제 폐하가 한 명이든 50명이든 박사들을 모아놓고 수도사를 꺾으라고 할 것"[152]이라고 말했다. 그러나 그 대신에 그가 봉착한 것은 도착 다음 날인 1521년 4월 17일의 청문회였고, 여기서 그에게는 다만 두 가지 물음에 대한 답변이 허용되었다. 첫째로, 라틴어와 독일어로 집필되었고 그 앞에 제시된

149 WA.TR 5, S. 69,19 (1540년 여름).

150 WA.TR 5, S. 69,20.

151 WA.B 2, Nr. 396, S. 298f.

152 WA.B 2, Nr. 400, S. 305,11f.

20개의 글을 자신의 글로 인정하는지, 둘째로, 그가 글의 내용을 철회할 용의가 있는지가 그것이었다. 루터의 법적 고문으로 참석한 작센 선제후의 법률가 히에로니무스 슈르프(Hieronymus Schurff)는 황제의 위임을 받은 트리어 주교구 재판소의 수석 판사 요하네스 폰 에켄(Johannes von Ecken) 박사의 이 질문에 대해, 글들의 각 표제를 낭독할 것을 요청했고 그대로 이루어졌다. 이에 대해서 루터는 폰 에켄이 라틴어와 독일어로 번갈아서 말한 것에 대해 자신의 저작임을 인정했다. 그는 두 번째 질문에 답변하기 위해서 생각할 시간을 요청했고, 황제와 제후들의 상의 끝에 그는 소환장에 근거하여 무엇 때문에 자신이 소환되었는지를 알았어야 한다는 소견과 더불어 허락을 받았다. 그러나 루터는 심문에 대해 언급한 황제의 소환장을 고려할 때 철회 요청에 솔직히 경악했을 것이다. 이런 요청에 부응하는 데는 그를 보름스로 끌고 온 저 '광기'가 필요하지 않았을 것이다.

루터는 다음 날인 4월 18일에 철저히 준비한, 그러나 자유로이 진술한 연설 형태의 답변에서 재차 자신의 글들이 변함없이 자신의 저작임을 인정했고 글들을 상이한 세 범주로 구분했다. 첫 번째로, 목회와 감화를 위한 글들은 일반적으로 인정되고 철회를 필요로 하지 않는다. 두 번째로, 교황권에 적대한 글들은 성서, 교수, 제국으로부터의 교회비판적 견해, 예를 들어 '불만', 그리고 심지어 교회법의 일부 조항들을 원용할 수 있고, 따라서 그는 철회하지 않을 것이니, 이것은 교황권에 굴복함을 의미할 것이기 때문이다. 세 번째로, 개별 로마 신학자들에 대항하는 논쟁신학적 글들이 있어, 여기서 그는 아마도 지나치게 격렬했음을 인정했으나 내용상으로 철회할 이유가 없다고 진술했다.[153] 루터의 연

153 WA 7, S. 832,2~835,18 (라틴어); WA 7, S. 867,18~876,3 (독일어); WA 7, S. 815 (독일어 초고); Paul Kalkoff, *Die Depeschen des Nuntius Aleander vom Wormser Reichstag 1521*, 2. völlig umgearb. und erg. Auflage, Halle 1897, S. 168ff. 참조.

설은, 황제는 자신에 대한 로마의 원수들의 비방을 받아들이지 말라는 호소로써 끝났다.

제국의 수장들과 잠시 상의한 후 폰 에켄은 루터에게 그가 철회할 용의가 있는지 여부를 묻는 질문에 명확히 답변할 것을 요구했다. 루터는 이에 대한 결정적인 답변을 거부했다. 즉, 자신의 양심이 성서의 말씀을 통해 사로잡혀 있는 한, 그는 철회할 수 없다고 말했다. "어떤 일을 양심에 반하여 행하는 것은 불안하고 행복을 위협하기 때문입니다. 신께서 나를 도와주시기를, 아멘."[154] 루터 자신은 청문을 마치고 철회의 유혹을 극복했으므로, 마음이 편해진 듯 보였다. 그다음에 이어진 황제와 제국 신분들 간의 협상(황제는 정치적 고려에서 이것을 양보했다)에서 루터는 일주일 후, 즉 4월 25일에 황제의 통보를 받는 것으로 합의되었다. 통보 내용은 황제가 루터를 가톨릭 신앙의 원수로 간주하고 그에 대해 법적 조치를 취할 것이며, 루터는 황제의 호송 아래 귀환 도중 말과 글로 대중 앞에 나서는 것이 불허되었다는 것이다.

청문 이후

루터가 고백한 보름스 사건에 대한 최초의 반성에서 그가 이 사건의 의미를 매우 냉정하게 평가했다는 것이 나타난다. 그는 몇몇 비텐베르크인들과 보름스를 떠난 지 이틀 후인 4월 28일에 프랑크푸르트에서 크라나흐에게 이렇게 썼다. "여기서[보름스에서] 이것 외에는 다루어지지 않았다. 책들이 네 것인가? 예. 너는 그것을 철회하겠는가 철회하지 않겠는가? 아니오. 꺼져라! 오, 우리 눈먼 독일인들이여, 우리는 얼마나 유치하게 행동하며 비참하게 로마주의자들로 하여금 우리를 조롱하고 기만하게 하는가!"[155] 귀족들에게 보낸 글에 나타난 대로, 제국의 최고 차원에서 반로마적 경향을 결속하고 민족교회적 개혁 전략에 동원할

154 WA 7, S. 838,7f.; 877,4~6.

155 WA.B 2, S. 305,12~15.

수 있으리라는 그의 희망은 로마 교회의 법 및 권력 체계 앞에서, 그리고 황제 앞에서 좌절되었다. 알레안더는 제국의회 앞에 루터가 등장한 것이 자신의 명성을 크게 해쳤다고 확신했다.[156] 교황 특사는 카를 황제가 수도사를 본 순간부터 그와 싸우기로 결심했음을 의심하지 않았다. 그런 한에서 보름스 청문은 사건의 이후 과정을 정체시키는 데 영향을 끼쳤다. 교회와 정치 권력자들의 '인간적 언어'에 대항하여 '오직 신적 말씀에 묶여 있는 양심의 항거'의 찬란한 선언은 후대를 위한 보름스의 각본이었다.

개인적으로 제국의 주요 인물들의 각광 속에 있는 비텐베르크의 신학 교수의 삶의 상황이 정치적으로 영향력이 없을지라도, 그의 철회 거부는 종교개혁 운동에 중요해졌다. 보름스에서 루터에게는 다시금 성서에 의해 교리를 반박하는 것이 거부되었다. 이것은 그의 가르침이 성서에 부합하고 따라서 반박될 수 없다고 생각하는 자들의 확신을 고무했음이 분명하다. 여론 지평에서의 보름스 청문의 이런 작용을 루터 자신도, 황제도 곧바로 예상할 수 없었다. 그러나 그것은 황제의 종교 정책에 대한 점차 노골화되는 저항에서 곧 드러났다. 황제의 정책은 한 사상의 내적 비진실성의 입증 없이 그것을 외적 폭력을 통해서 억압할 수밖에 없는 부담을 지속적으로 안고 있었다. 그런 한에서 비로소 30년 후에 궁극적으로 확인된 황제의 종교 정책의 실패는 이미 보름스에서 결정된 것이었다. 왜냐하면 그리스도교 교리 문제, 루터가 활성화한 종교적 진리 의식에 대해서 교회법적·국가적 권력 수단을 통해서가 아니라 오직 성서와 교부, 이성에 근거해서만 결정할 수 있다는 것은 어떻든 종교재판의 경험을 겪지 않은 많은 동시대인들에게 분명했다.

그렇기 때문에 '심문받지 않고' 성서를 통해서 반박당하지 않은 탁발 수도사는 저 카리스마적·영웅적 인물이 되었으니, 그의 초상은 성자 그림의 견본들에서 시각화되었고 그의 인격은 죄 없이 고난당한 그리

156 Kalkoff, *Die Depeschen des Nuntius Aleander* (Anm. 153). S. 171f.

스도와의 유비에서 해석되었다(그림 12~15 참조). 알레안더는 몇몇 루터 지지자들이 공공연히 루터는 "아무 죄도 없고 그러므로 오류를 범하지 않았으며 그렇기 때문에 의심의 여지 없이, 죄인이었고 오류를 범할 수 있었으며 오류를 범한 아우구스티누스 위에 있다"는 견해를 주장했다고 로마에 보고하였다.[157] 그리고 그는 머리 위에 비둘기와 '광채의 관'[158]을 얹은 루터를 묘사한 저 목판화들을 보았고, 루터 추종자들이 이 화상에 입을 맞추었다는 것, 즉 성자들의 화상처럼 종교적 경건심을 가지고 대했다는 것을 알았다.

보름스 제국의회의 역사적 상황에서 생겨난 익명의 팸플릿, 즉 세 번의 라틴어판, 여덟 번의 독일어판으로 출판된 『마르틴 루터 박사의 고난』(*Passio Doctoris Martini Lutheri*)은[159] 보름스에서의 루터의 역사를 예루살렘에서의 예수 재판과 비교했고, 이로써 자신의 언어에 대한 모든 폭력은 그리스도 자신에 대한 폭력을 의미한다는 루터의 확신을 극화하였다. 매우 예술적으로 극화된 고난문학의 루터는 참 그리스도의 사례이다. 그렇기 때문에 그를 형상으로(in effigie), 즉 상징적으로 카를슈타트 및 후텐의 형상과 더불어 소각하려는 고문관들의 시도는 실패한 것이었다.[160] 하필 박해당한 자, 불의하게 유죄판결을 받은 자, 그리스도를 고백하고 따르는 자가 저 카리스마적 인물이 되었으므로, 보름스의 정치적 승리자인 황제 카를 5세는 더 이상 그를 지배할 수 없게 될 터였다. 루터에게나 그의 추종자들에게나 보름스의 패배, 불신자들의

157 같은 책, S. 58 (Worms, 1520. 12. 18).

158 같은 곳.

159 Johannes Schilling, *Passio Doctoris Martini Lutheri. Bibliographie, Texte und Untersuchungen*, Gütersloh 1989 참조.

160 "…… Aber des Lutthers bildnuß kunde In keinem Wege vorbrinnen, biß Ihn dye Trabanten zcußamme macheten, und In ein gepichtt faß theten, darinnen ehr auch gentzlich vorbrandt ward". Schilling, *Passio* (Anm. 159), S. 58,170~72에서 인용.

그림 12 아우구스티누스회 수도사로서의 루터(제1화, 대大루카스 크라나흐의 동판화, 1520년)

그림 13 아우구스티누스회 수도사로서의 루터(제2화, 대大루카스 크라나흐의 동판화, 1520년)

그림 14 한스 발둥 그린의 「마르틴 루터, 예수그리스도의 종」 (목판화, 1521년)

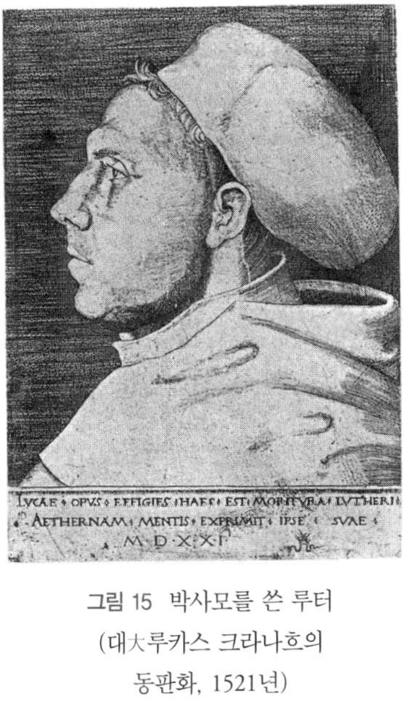

그림 15 박사모를 쓴 루터 (대大루카스 크라나흐의 동판화, 1521년)

성(聖)금요일의 자칭 승리는 의로운 자들의 부활절 승리가 되었다.[161] 루터의 승리, 그의 이단의 승리는 보름스에서 그것의 반대말 밑에 감추어진 형태로써만, 즉 루터가 헛된 소망을 품었던 젊은 황제의 제국정치적 권력 과시 형태로써만 존재했다. 루터가 보름스 제국의회에서 귀환하던 도중 자기 영주의 명령에 따라서 위장된 습격에서 끌려갔고 거의 9개월 동안 대중의 눈앞에서 사라졌을 때, 이 사건은 그의 인격을 신비화하는 데에 기여했다. 튀링겐 숲[162] 바르트부르크에서 고통에 찬 고독한 수개월 동안 수도사이자 신학 교수는 궁극적으로 종교개혁가가 되었다.

보름스 칙령

결국 1521년 5월 26일자 보름스 칙령은 몇몇 참석한 제국 신분들과 상의했지만 그들의 명백한 동의 없이 효력이 발생되었는바, 그후 계속해서 카를 황제의 표준적·종교정책적 지향점을 이루었다. 교황이 황제에게 부여한 교회 수호자 역할 및 교황의 파문을 '집행하고 실천'할 임무를 분명히 인지한 가운데 카를 5세는 알레안더가 기초한 루터에 대한 파문 칙령에서, 아무도 이단자를 보호하거나 돌보거나 감추어주거나 그에게 어떤 도움도 주어서는 안 된다고 명령했다. 오히려 루터를 체포하거나 고발하고 그를 구속하도록 인도할 의무가 모두에게 주어졌다. 또한 루터를 지원하거나 그를 추종하는 사람에게도 제국 파문이 해당되었다. 루터의 글들은 예외 없이 소각되어야 하고 그렇지 않으면 어떤 방법으로든지 박멸되어야 했다. 익명의 출판물과 가톨릭 신앙에 위배되는 모든 인쇄물들은 금지되며 그것을 소지하거나 유통하는 행위 등은

161 "Es müssen die Juden einmal singen[즉, 성금요일에]: Jo, Jo, Jo. Der Ostertag wird uns auch kommen, so wöllen wir dann singen Alleluia." 루터가 크라나흐에게 1521년 4월 28일에 보낸 서신, WA.B 2, S. 305,17.

162 Fabisch, Iserloh, *Dokumente* (Anm. 10), Bd. 2, S. 514에 인용된 보름스 칙령의 독일어판.

처벌받았다. 또한 "그리스도교 신앙을 많든 적든 손상하는"[163] 모든 글은 해당 지역 주교의 검열을 받아야 하고 동시에 인근 신학부의 허락을 필요로 했다. 그러나 또한 다른 출판물들도 오로지 주교의 '인지와 동의'[164] 아래 출판되어야 했다. 보름스 칙령의 이 상세한, 검열역사상 혁신적인 규정들은 인쇄 및 출판이 종교개혁 운동의 탄생과 확산에 탁월한 의미를 가졌다는 사실을 반영한다.

황제가 명령한 대로[165] 보름스 칙령이 보편적으로 유포되고 준수되었더라면, 이것은 확실히 종교개혁의 종말을 의미했을 것이다. 그러나 보름스 칙령의 수용은 각 제국 신분의 문제였다. 그러나 루터처럼 황제도 종교 문제를 제국 전체 차원에서 통일적으로 해결하려는 시도에서 실패했다는 것이 드러났다. 그런 한에서 보름스 제국의회는 독일 종교개혁사의 기원적 출발점을 이루었다.

---

163 같은 책, S. 542.

164 같은 곳; 출판에 대한 명령에 관해서는 *DRTA.JR* 2, S. 659, Anm. 1 참조.

165 Fabisch, Iserloh, *Dokumente* (Anm. 10), Bd. 2, S. 544.

제4장

변화의 물결

만인사제직, 종교개혁 운동의 통일성과 다양성

비텐베르크인들은 믿는 자 내지 세례받은 자의 보편사제직이라는 성서의 개념을 통하여(베드로전서 2:5 이하; 요한계시록 1:6) 도시와 지방의 세속 권력, 그러나 또한 평신도 그리스도인들도 각자 자기 신분에서 교회 개혁에 대해 공동 책임을 질 권리와 의무가 있다는 신학적 이론을 제공했다. 루터에게서 보편사제직에 대한 이 신학 이념이 그의 칭의론을 교회론적으로 구체화한 것으로 평가될 수 있다는 것을 부인할 수는 없다.[1] 개별 인간이 오직 그리스도로 말미암아 설교와 성례전에서 약속된 화해의 말씀에 대한 믿음과 신뢰에 근거하여 신 앞에 설 수 있으므로, 또한 모든 그리스도인들은 '오직 믿음에 의해'(sola fide) 신 앞에서 권리가 있으므로, 그들의 사회적 지위에 따라서 교회의 외적 형성에 복음적 의미에서 협력할 권한이 있었다. 신과의 관계(여기서 모든 것은 신앙에서 결정된다)의 극석인 완화와 첨예화로부터 루터에게는 모든 그리

1 Harald Goertz, *Allgemeines Priestertum und ordiniertes Amt bei Luther*, Marburg 1997 참조.

스도인들에게 그리스도교의 경험적 삶의 형상, 즉 교회에 대해 새로운 의무를 부과할 필요가 생겼다.

루터가 특히 1520년대에 보여준 것처럼, 교회보다 그리스도교 개념을 선호한 것은 그리스도를 믿는 신앙인 공동체의 신앙의 의에 신학적으로 집중한 결과였다. 이 공동체는 특정한 공간적·시간적 우연에 의해 한정되는 것이 아니라 보편적인 것으로 사고되어야 했다. 루터는 지상에[2] 하나의 온전한 그리스도교가 있음을 알았고 자신의 발전 단계에서 국지적 교회의 신학적 수장이 되려고 애쓰지 않았다. 세례와 믿음을 통해서 하나님 앞에 동등한 그리스도교계의 보편사제직의 개념을 칭의론을 교회론적으로 구체화한 것으로 이해하는 경우에만, 칭의론은 "대중을 …… 움직였다"는[3] 논제가 유지될 수 있다. 이른바 종교개혁적 칭의론은 한정될 수 있는 이론적 지식의 의미에서의 '가르침'이 아니라 그것으로써 무언가를 시작할 수 있으며 인간들의 삶의 형성에 개입하고 지금까지의 교회 직무자들 및 교회 체계가 제공한 다양한 구원 선물과의 관계를 문제삼는 콘셉트로서, 그리스도인됨에 대한 이해 및 형성과 관련해서 중대한 의미를 발전시켰다.[4] 믿음을 통한 인간의 신에 대

2 Dorothea Wendebourg, *Die eine Christenheit auf Erden*, Tübingen 2000; D. Wendebourg, *Kirche*, in: Albrecht Beutel (Hg.), *Luther Handbuch*, Tübingen 2005, S. 403~14.

3 Karl Holl, *Die Rechtfertigungslehre im Licht des Protestantismus* (1922), in: ders., *Gesammelte Aufsätze zur Kirchengeschichte*, Bd. 3; *Der Westen*, Tübingen 1928, S. 525~57, 특히 S. 526과 534(요하네스 할러Johannes Haller의 논제에 대한 동시대인의 보편사적 비판을 원용). 근래 "대중을 움직인 것은 칭의론이었다"는 논제는 특히 베른트 묄러(Bernd Moeller)에 의해 비판되었다. Berndt Hamm, Bernd Moeller, Dorothea Wendebourg, *Reformations-Theorien. Ein kirchenhistorischer Disput über Einheit und Vielfalt der Reformation*, Göttingen 1995, S. 9~30, 특히 S. 27 참조. Thomas Hohenberger, *Lutherische Rechtfertigungslehre in den reformatorischen Flugschriften der Jahre 1521~22*, Tübingen 1996은 폭넓은 자료에 근거하여 이 논제를 확증한다.

4 Thomas Kaufmann, *Die "kriteriologische Funktion" der Rechtfertigungslehre in den*

한 관계를 신학적으로 독점화(Exklusivierung)한 것이 기존 교회의 본질적 요소와 현상적 형태의 토대를 제거하는 파괴력을 가지는 한에서, 당대 그리스도교 혹은 '대중'과 관련해서 칭의론이 역사적으로 폭넓게 의미를 가진다고 말할 수 있다.

거룩한 문서인 성서에 따라서 모든 것이 믿음에 달려 있고 그리스도교가 교회의 직업적 대표들을 통해 이 문제에 대해 불명확하게 내버려 두었으며 이들의 이기적인 이해관계 때문에 기만당하였다면, 지금까지 가치 있고 중요하다고 간주되었던 많은 것들 — 기부, 수도원 제도, 성례전, 순례, 형상과 그 밖의 다른 것들 — 이 의심스럽고 혐오할 만한 일로 비칠 것이 분명하고 종교적 신분의 억압 수단으로서 공격받아야 했다. 인간의 구원을 오직 말씀을 통해 중계되고 그리스도에 결부된 신앙으로 극적·이론적으로 축소하는 칭의론은 이전 중세의 '이단들'과는 달리 서양 그리스도교의 기존 교회를 급진적으로 의문시하였다. 그런 한에서 칭의론은 교회 및 그 대표들에 대한 다양한 불만을 신학적으로 정당화하는 기초를 제공했다.

또한 칭의론이 내포한 교회비판적 잠재력에서 볼 때, 이것은 혁명적인 콘셉트였다. 1521년 이후 역사 무대에 등장한 많은 배우들의 의도가 루터가 의도한 것과 적극적·종교적 동기에서보다는 기존 교회에 대한 비판적·파괴적 결과에 비추어서 일치했다는 사실은 종교개혁 운동의 극적 전개 및 이 운동의 내적 차별화와 거부에 속한 것이었다. 농민전쟁 시기(1524/25)까지 종교개혁의 배우들 및 종교개혁적 메시지를 특별히 수용하고 변형하는 형태가 순식간에 증가했다. 교황 교회 및 그 대표들에 대한 대립, 성서 원리에 대한 주장, 행위적 의과 결부된 상이한 종교 실천과 경건 관습에 대한 비판은 다양한 전투 및 행동 형식으로 표현되는 종교개혁 운동의 공통된 이념적 토대로 정의될 수 있다.

---

lutherischen Bekenntnisschriften, in: *Zur Rechtfertigungslehre*, ZThK Beiheft 10, Tübingen 1998, S. 47~64 참조.

종교개혁 운동이 1520년대 중반까지 거친 신학 및 종교개혁 전략에서의 분열 과정은 '루터파'와 '츠빙글리파' 내지 개혁파 사이 혹은 정권이 주도하는 종교개혁과 소집단의 재세례파·급진적 종교개혁 콘셉트 사이의 분열의 근거를 이루었는바, 이것은 개신교의 차후 역사를 결정짓게 될 터였다. 1520년대 중반 이후 **저** 종교개혁은 지지자들의 시각에서 볼 때, 신학적으로나 종교정책적인 측면에서나 단일체로 나타나지 않았다. 교황 교회와 그것의 제국 내 지성적인 투사들의 시각에서 볼 때, 종교개혁의 내적 분열에 다름 아닌 이단자의 수괴인 루터에게 근거한 모든 악마적 이단의 파괴력이 반영되었다. '종교개혁'은 특정한 도시의 혹은 지방의 공동체에서 각각 형성됨으로써, 또한 1520년대의 후반부에 강화된 저 새로운 정치질서적 형성 과정을 거침으로써 역사적으로 성립했고 통일성을 얻었다.

팸플릿 출판

기존 교회의 대들보를 흔든 '종교개혁의 돌격대'[5] 가운데 이른바 팸플릿(Flugschrift)은 탁월한 의미를 갖는다. 우리는 이것을 제본되지 않

5 Arnold E. Berger, *Die Sturmtruppen der Reformation*, Leipzig 1931 (Nachdruck Darmstadt 1967), 여기서 특히 *Der Einfluß der Flugschriften auf die öffentliche Meinung*, S. 5~42. 종교개혁기의 팸플릿 출판에 대한 많은 문헌 가운데 다음을 언급할 수 있다. Hans-Joachim Köhler (Hg.), *Flugschriften als Massenmedium der Reformationszeit*, Stuttgart 1981; Köhler, *Erste Schritte zu einem Meinungsprofil der frühen Reformationszeit*, in: Volker Press, Dieter Stievermann (Hg.), *Martin Luther. Probleme seiner Zeit*, Stuttgart 1986, S. 244~81; Bernd Moeller, *Artikel Flugschriften der Reformationszeit*, in: TRE 11 (1983), S. 240~46; Thomas Kaufmann, *Anonyme Flugschriften der frühen Reformation*, in: Bernd Moeller (Hg.), *Die frühe Reformation in Deutschland als Umbruch*, Gütersloh 1998, S. 191~267; Johannes Schwitalla, *Flugschrift*, Tübingen 1999.

은, 대중어로 대량으로 작성된, 대개 4절판으로 제작된, 주로 현실적인 논쟁과 분쟁에 관련되고 비교적 쉽게 조달할 수 있는 인쇄물로 이해한다. 이것들은 독자들의 사고와 신념, 행동 방향에 영향을 주려 했고 따라서 홍보적·선동적 특성을 가졌다. 그것들은 신속히 성립하는 유동적 시장 체계를 통해, 특히 인쇄업자와 서적 행상인을 통해서 공개적인 장소에서나 은밀하게 유통되었다. 이런 문서를 두고 당대에는 buchlin 혹은 libellus(소책자)라고 했다. 삐라(일반적으로 한 장짜리 2절판에 인쇄되어 제작된 것) 및 서적(대개 볼륨이 보다 크고 빈번히 제본되어 거래된 것)과의 형식적 경계를 엄밀하게 적용할 수는 없다. 프랑스 혁명 이후 feuille volante에서 생성된 독일어 개념 Flugschrift의 변별성이 과대평가되어서는 안 된다. 팸플릿의 문학 양식은 다양하고 빈번히 중첩된다. 설교와 대화, 공개 서신이 양적 관점에서 두드러진다. 또한 논제, 논쟁이나 주석과 같은 학문적 요소들도 자주 만날 수 있다.

대량 출현에 비추어서 팸플릿은 본질적으로 새로운 현상이다. 1521년과 1525년 사이에 이 매체는 절정에 달했다. 즉, 1500년과 1530년 사이에 나타났다고 하는 약 1만 종류의 팸플릿 가운데서 거의 절반이 이 5년 사이에 나왔다. 농민전쟁 이후 일반적으로 팸플릿의 의미심장한 감소가, 그리고 평신도적 생성 배경을 가진 팸플릿의 감소는 특별히 입증되고 있다. 팸플릿의 양적 증가는 '종교개혁 여론'[6] 구조 변화의 표지이다. 선동적·홍보적 논쟁에 참여한 (특이하게도 평신도 출신 필자들이 대다수를 차지한) 목소리들의 일시적 다양성은 1525년 이후 신학자들이 이끄는 대화 상황으로 끝났다.

출판의 관점에서도 초기 단계는 정권의 지원을 받은 종교개혁의 정

6 Rainer Wohlfeil, *Einführung in die Geschichte der deutschen Reformation*, München 1982, S. 123ff.; Heike Talkenberger, *Kommunikation und Öffentlichkeit in der Reformationszeit. Ein Forschungsreferat 1980~1991*, in: Internationales Archiv für Sozialgeschichte der deutschen Literatur, Forschungsreferate 3, 6. Sonderheft 1994, S. 1~26.

착 단계와 뚜렷이 구별될 수 있다. 팸플릿이 직접적으로 사회 전반에 끼친 영향을 과대평가해서는 안 되겠지만, 그것들의 값은 일반적으로 문맹인 하층민들에게는 대개 너무 비쌌을 것이므로(여러 장 인쇄물의 경우 그것은 0.5킬로그램의 꿀이나 1파운드의 햄 내지 남부 독일 노동자의 반나절 임금과 맞먹는 구매 가치를 가졌다고 한다[7]), 이 문학의 간접적 영향력은 의심의 여지 없이 이전의 다른 많은 인쇄물들보다 높이 평가할 수 있다. 왜냐하면 구매자만이 독자가 아니었기 때문이다. 사람들은 팸플릿을 집 안에서, 주점에서, 공개적 공간에서, 강단에서 크게 낭독했다. 독서 가능한 보급자는 팸플릿 내용을 계속해서 전달했다. 또한 팸플릿을 필사하는 것도 일반적 관행이었다. 대체로 팸플릿의 외형적 '장식'은 무늬로 장식된 표제 면에 국한되었다. 특정 글과 내용적으로 연관되어 있고 따라서 특정한 인쇄를 위해 제작된 목판화는 희귀한 편이었다. 그러나 팸플릿은 또한 글을 읽을 수 없는 이들이 받을 수 있는 일정한 정보를 시각적으로 전달해주는 기능을 가졌다. 대부분의 전해 내려온 팸플릿은 당대에 제본된 전집 출판물 형태로 우리에게 남겨져왔는바,[8] 이것들은 학자나 귀족들의 장서에서 나온 것들이다. 바로 이런 전승 상황은 지배적인 당대의 관습과는 거의 부합하지 않는데, 당대 관습의 특징은 많은 팸플릿들이 '너덜너덜해질 정도로 읽히고' 결코 제본되지 않았다는 것이다.

쇄수에 대한 동시대인들의 진술은 상당히 다양하다. 약 1천 부가 실제적으로 다룰 수 있는 평균치로서 기본이었다. 오늘날 입증할 수 있는 인쇄 부수에서 쇄수를 역추론하는 것이 허용될 수 있지만 신뢰할 만한

7 Martin Brecht, *Kaufpreis und Kaufdaten einiger Reformationsschriften*, in: Gutenberg-Jahrbuch 1972, S. 169~73.

8 Karl Stackmann, *Städtische Predigt in der Frühzeit der Reformation. Flugschriften evangelischer Prediger an eine frühere Gemeinde*, in: Hartmut Boockmann (Hg.), *Kirche und Gesellschaft im Heiligen Römischen Reich des 15. und 16. Jahrhunderts*, Göttingen 1994, S. 171~91, 특히 S. 184ff.

경우는 드물다. 종잇값이 인쇄 제작에서 결정적인 비용 요소였고 인쇄업자들은 일반적으로 자기 부담으로 작업을 했다. 즉, 그들은 인쇄물에 대한 경제적인 책임을 전부 졌기 때문에, 인쇄의 질과 인쇄업자의 미학적 작업 비용으로부터 그의 쇄수를 역추론하는 것도 가능할 것이다. 그뿐만 아니라 유명한 기존 필자들의 글이 보다 많은 쇄수로 인쇄되었으리라는 예상은 합리적이다. 왜냐하면 무명이나 익명 저자들보다 경제적 위험이 제한적이었기 때문이다. 후자의 경우는 전적으로 글 내용의 인상을 통해서만 선풍을 일으킬 수 있었다.

실제의, 하지만 더 많게는 허구의 저자들이 그 시대 사회의 아주 폭넓은 스펙트럼을 이루었다. 학자들과 수공업자들, 기사들과 여성들(439~53쪽 참조), 농민들과 제후들, 왕들과 수도사들이 필자로 등장했고, 신학 문제에 관한 여론 투쟁에 참여했으며, 자신의 신념을 위해 변론했다. 몇몇 필자들이 무리 가운데서 특히 성공적인 팸플릿 출판자로서 명백히 두드러졌다. 루터는 종교개혁적 출판자들 가운데서 타의 추종을 불허하는 선두 주자로 간주되어야 한다.[9] 1525년까지 루터의 287종의 글이 1,737쇄로 인쇄되었고, 그중 219종의 글이 독일어로 1,465쇄나 나왔다. 그다음으로 성공적인 저자 가운데 카를슈타트가 47종의 독일어 글에 165쇄로, 그리고 멜란히톤이 47종의 라틴어 글에 182쇄로 뒤를 잇는다. 로마 가톨릭의 논쟁신학자들 가운데 가장 성공적인 출판자인 요하네스 에크는 총 36종의 글을 81쇄 간행했으며, 그 가운데 라틴어 글이 28종(70쇄), 독일어 글이 8종(11쇄)이다. 종교개혁 지지자들이 출판상 압도적 비중을 차지하는 것은 주목할 만하다. 구교의 저자들이 인쇄로 인한 경제적 위험을 감수할 용의가 있는 인쇄업자를 찾는 데 매우 난관이 있었다는 것에 대한 탄식이 많이 증언되었다. 몇몇 구교 필자들이 신학적 이유에서 무식한 평신도들의 법정 앞에 신앙론 문제를 대중어로 논하

9 Alejandro Zorzin, *Karlstadt als Flugschriftenautor*, Göttingen 1990, S. 24에 의한 통계 보고.

기를 주저한 것이 '신교 측'이 여론을 위한 투쟁에서 신속히 우위를 점하고 출판율 및 인쇄량에 비추어서 수십 년간 우위를 지속하는 데 기여했다.

팸플릿 제작물의 양적 실태에서 공급과 수요의 경제적 메커니즘이 지배하는 것을 보는 것은 원칙적으로 정당하다. 상응하는 판매를 기대할 수 있는 경우에 인쇄의 경제적 위험을 부담할 용의가 있었기 때문이다. 그런 한에서 다수의 친(親)종교개혁적 팸플릿들은 그것들이 구매자와 또한 확실히 독자를 얻었고 비텐베르크에서 나온 새로운 정보를 들으려는 사람의 수가 교황 교회 지지자들의 수에 비해 훨씬 많았음을 증언한다.

종교개혁적 팸플릿의 주요 인쇄 장소는—그들의 제작량 순서에 따라서—아우크스부르크, 비텐베르크, 뉘른베르크, 스트라스부르, 라이프치히, 에르푸르트, 바젤, 취리히였다. 스트라스부르 같은 인쇄 중심지에는 구교의 글을 출간한 유일한 인쇄소 옆에 일고여덟 곳의 인쇄소가 있었는데, 그곳들은 1521/22년 이후 거의 전적으로 종교개혁적 글의 제작에 전념했다.

팸플릿의 내용적 윤곽

종교개혁기에 인쇄된 언어의 중심적 의미는 종교개혁적 신학에서 '신의 말씀'의 종교적 권위와 분리될 수 없다. 일반적으로 나열되거나 다소 기술적으로 짜 맞춘 성서 인용구들로 채워진 종교개혁적 팸플릿을 읽는 것은 또한, 그리스도교의 거룩한 근원을 현재에 적용하고 동시대인들의 기대 지평을 자기 공동체에 대한 신의 행위 역사와 융합하는 데 도움을 주었다. 많은 초기의 종교개혁적 팸플릿들이 종말 시의 절박한 불안으로 각인되어 있었다. '지금' 결정적인 참여의 때가 왔다, '지금' "교황의 적그리스도적 통치"가 "그의 입의 영, 막대기와 칼"인[10] 그리스도의 말씀을 통하여 심판받았다, '지금' 심판하고 자기 양떼를 아는 주의 재림까지는 약간 시간이 있을 뿐이다 등의 내용이 대표적이었다. 많은 동시대인들은 루터처럼 종교개혁적 메시지를 확산시키는 데에서 역사 속의 신 내지 그리스도의 행동을 보았다. 즉, 신은 그의 말씀을 통해 행동하고 이 말씀을 듣고 의무를 감수하는 사람들을 구원사적인 강력한 변혁의 동역자로 만든다. 그렇기 때문에 루터 편에 선다는 것이 문학적으로 활동하는 그의 많은 추종자들에게는, 신의 말씀을 수단으로 악마와 '로마'의 성직으로 대표되는 암흑의 지옥 세력에게 대항하는 것을 의미했다.

1521년 평신도 한스 슈발브(Hans Schwalb)가 어느 팸플릿에서 진술한 "경건한 마르틴 루터가 자유로이 우리를 위해 신의 말씀을 가지고 싸우고 우리와 함께 영원한 복락의 기쁨을 누릴 수 있도록 그를 도웁시다"[11]라는 호소는 널리 퍼졌고, 비텐베르크 아우구스티누스회 수도사를 둘러싼 대립에 결정적인 구속력을 부여했다. 루터와 교황 교회 간의 싸움에서, 로마의 이단자 판결에서 드러났던 영원한 복락 아니면 종말적 저주에 초점이 맞추어진 절박한 단호함은 사람들의 마음을 자극했고 방관하는 것을 불가능하게 만드는 듯했다. 1520년 루터의 출판물에서 교황을 적그리스도로 폭로한 것과 결부되고 오스만 제국의 위협 경험(363~65쪽 참조)에 의해 상승되었던 묵시문학적 불안감은 종교개혁 운동에 종말적 회개 운동의 성격을 부여했다.[12]

내용상으로 종교개혁적 팸플릿은 매우 폭넓은 관점뿐만 아니라 집단

---

10 WA 8, S. 678,4~6.

11 *Beklagung eines Laien Hans Schwalb*, [Augsburg: Melchior Ramminger] 1521, in: Adolf Laube u. a. (hg.), *Flugschriften der frühen Reformationsbewegung (1518~1524)*, 2 Bde., Berlin 1983, Bd. 1, S. 63~74, 여기서는 S. 69,27~30.

12 Thomas Kaufmann, "*Türckenbüchlein*". *Zur christlichen Wahrnehmung "türkischer Religion" im 15. und 16. Jahrhundert*, Göttingen 2008; zu Luther: Johannes Ehmann, *Luther, Türken und Islam*, Gütersloh 2008; Adam S. Francisco, *Martin Luther and Islam*, Boston 2007.

의식의 특별한 응집력을 보여준다. '신교'의 '우리'가 적대적 상대편으로서 '교황파'의 '그들'과 대립한다. 사람들은 성서, '복음의 진리', 그리스도, 그리고 모든 그리스도교의 증언이 자기편에 있다고 주장하고 '교황파'를 불법적인 '갱신자'로 정죄했다. 그들은 전적으로 부정적으로 평가되는 교회법을 통해서 사람들에게 구원을 유보하고 그들에게 경건한 업적을 강요하는 억압적 체계를 세웠다. 그러나 인간의 공로는 신 앞에서 가치가 없고 혐오스러운 것이다. '신교적' 그리스도교 이해의 적극적 발언과 관련해서 성서 원리에 대한 상세한 진술들이 지배했다. 성서와 비교할 만한 다른 규범이 존재할 수 없다는 사실은 모든 종교개혁적 필자들에게 결론이 난 것으로 간주되었다. 라틴어를 아는 저자들의 경우, 성서 인용문은 빈번히 독자적 번역을 통해 제공되었다. 일부 친종교개혁적 독일어 번역이나 다른 대중어 필자들에게서 발견되는 정확한 성서 구절 인용이 평신도들에게 지속적으로 영향을 끼쳤다. 1522년 9월 내지 12월에 루터의 신약성서 번역이 간행된 후 그의 번역이 완전히 지배적이 되었다. 성서가 신의 의지에 대한 규범적이고 현실적인 메시지로서 당연히 받아들여졌다는 사실에서, 루터 및 그의 사람들을 통해서 홍보된 전적으로 성서에 의지해야 한다는 사상은 또한 당대 평신도 경건에서 깊은 반향을 얻었음이 드러난다.

저 행위적 의 및 그것의 실천에 대한 정죄, 성서적 기초에 근거하여 성례전을 개편해야 한다는 요구, 그리스도에게 집중하고 성자들을 거부하는 일과 같은 비텐베르크 홍보의 다른 근본 주제들은 놀라울 정도로 빠르게 도처에서 재생산되고 확산되었다. 또한 추방된 설교자들의 팸플릿에서 부분적으로 재구성될 수 있는, 당대 평균적인 도시 설교의 내용들은 주목할 만한 응집력과 동종성을 보여주며 대다수 비텐베르크의 글 내지 동기를 수용한 형태로 나타난다.[13] 1521/22년에 여론을 장악했

13 공동체에(설교자들이 떠난 후 대개 사제가 없었다) 초보적인 신교 교리를 요약하여 제공한, 추방된 설교자들의 이른바 설교 요약에 대한 분석에 관해서는

다고 생각한 자들은 대개 비텐베르크 출신 이단자들, 즉 보름스 칙령에 해당되는 자들에게로 방향을 정했다.

해당 팸플릿에 비추어서, 종교개혁 초기 신교 설교의 신학적 내용은 도시와 시골에서 본질적으로 다르지 않았다. 출판문화는 교훈과 소재의 동종성을 조장했다. 1520년대 초 이미 시작 단계에서 인식될 수 있는 종교개혁 신학의 개별적 수용 형태 사이의 편차 — 예를 들어 츠빙글리 혹은 부처에게서 — 가 위의 주장을 반박하는 것은 아니다. 분열적 잠재성은 이후 회고 시에 드러났다. 처음에는 개신교도들의 공동 소속성과 교황 교회로부터의 궁극적 결별에 대한 의식이 지배적이었다.

종교개혁적 팸플릿 출판의 초기 단계에서 특히 익명 저자들의 글이 상당히 높은 비중을 차지했다는 것이 입증될 수 있다. 이것은 한편으로는 보름스 칙령 및 그것이 함축한 검열 정책에 의해 위협받는 법적 처지에서 해석될 수 있고, 다른 한편으로는 개별 인간의 견해를 겨냥하지 않고 전형적인 '개신교 문제'를 소개하고자 하는 출판 태도와 부합한다. 익명성의 보호 아래, 이른바 '누구라도' 생각하고 있으며 성서적으로 볼 때 자칭 '명백한' 것이 표현되었다. 익명성의 위장을 이용한 사람들은 — 근거 있는 역추론이 가능한 한에서 — 대부분 지성적으로 활동적이고 인문주의적 교양을 갖춘 필자들로서, 그들은 성직 지도자층을 공격했고 또한 문학적 허구를 통해서 '보통 사람들'로(매수 불가능한 합리성으로 무장한 농민의 형태로) 하여금 '복음의 문제'를 지지하게 만들려고 노력했다.

Bernd Moeller, Karl Stackmann, *Städtische Predigt in der Frühzeit der Reformation*, Göttingen 1996 참조.

유명한 종교개혁 팸플릿

『신의 맷돌에 대한 묘사』

이런 글들 가운데 하나인 『신의 맷돌에 대한 묘사』(1521)[14]는 두 사람의 스위스 농민의 대화로서 표현되는데, 그들은 시류를 해석하고 '로마' 교회에 대해 신랄한 입장을 취한다. 6쇄를 출간한 이 성공적인 팸플릿의 많은 비용을 들여 제작된 표지의 배후에는 취리히 교구 사제 훌트리히 츠빙글리(Huldrych Zwingli)가 있었다. 츠빙글리는 마리엔펠트(Marienfeld) 시 총독이자 성서에 매우 해박한 평신도[15] 마르틴 슈테거(Martin Stäger)와 접촉하여 아이디어를 얻었고 취리히의 종(鐘)과 주물 제작자인 요하네스 퓌슬리(Johannes Füssli)에게 시구를 작성하도록 요청했다. 츠빙글리는 그림의 아이디어에 협력하는 일과 서문을 시운에 맞추어 작성하고("이것은 두 사람의 스위스 농민이 만들었으며 깊이 숙고했다") 일부 성서 구절을 제시하는 일에 제한적으로 참여했다. 퓌슬리는 성서 구절을 문학적으로 편집했다. 물론 츠빙글리는 루터를 분명히 영웅시하려는 경향을 가진 슈테거에게 대립해서, 그가 비텐베르크인에게 적용한 몇몇 발언을 그리스도 내지 신에게 적용해서 재해석했다.[16] 이

14 Peter Haag, *Die Drucker der "Göttlichen Mühle" von 1521*, in: Schweizerisches Gutenbergmuseum 40 (1954), S. 135~50; Christine Göttler, *Das älteste Zwingli-Bildnis? Zwingli als Bilderfinder. Der Titelholzschnitt zur "Beschribung der göttlichen Müly"*, in: Hans-Dietrich Altendorf, Peter Jezler (Hg.), *Bilderstreit. Kulturwandel in Zwinglis Reformation*, Zürich 1984, S. 19~39; 텍스트 출판: Oskar Schade (Hg.), *Satiren und Pasquille aus der Reformationszeit*, 3 Bde., Hannover ^{2}1863 (Nachdruck Hildesheim 1966), Bd. 1, S. 19ff.

15 "…… quodam laico, sed egregie docto in sacris literis". 츠빙글리가 오스발트 미코니우스(Oswald Myconius)에게 1521년 5월 25일에 보낸 서신, CR 94 [=Z 7], Nr. 181, S .457,2f.; 이 서신에서 도상 탄생에 대한 또 다른 언급들 참조.

16 "Ego[츠빙글리] vero argumento perspecto, quod ille [Säger] ad Luterum incommodius traxeret, ad deum et Christum rectius trahi putabam." CR 94 [=Z 7], S. 457,5f.

Dyß hand zwen schwytzer puren gmacht
Furwar sy hand es wol betracht.
Karsthans

그림 16 『신의 맷돌에 대한 묘사』(1521) 표지

팸플릿의 생성 역사는 평신도들과 '개신교' 성직자의 새로운 관계를 시사해준다. 평신도의 재촉에 응해서 종교개혁적 사고를 가진 성직자는 자신의 문학적 아이디어를 원고로 정리하였고 스스로 대중 앞에 나서지는 않은 채 그 아이디어를 실현하는 데에 협력했다. 에라스무스와 루터를 통해서 그리스도교 교리의 기초로 승격한 성서를 다른 설교자들이 받아들였고 평신도들과의 긴밀한 접촉 속에 전파하였다. "그 가르침이 나에게는 다르게 들린다. 우리 평신도들은 그 음성을 기꺼이 듣는다. 그들은 신의 목소리를 발한다. 그의 양떼는 이 말씀을 기꺼이 들으며 그리스도인이 자기 목자를 아는 것처럼, 그가 진실로 우리의 신실한 목자 예수그리스도임을 안다."[17] 동시에 팸플릿은 종교 지도층에 대한 노골적인 경고를 내포한다. 용감한 농민의 상징적 인물인 카르스트한스(Karsthans)는 사람들이 자산을 기만하려 한다면 공격할 준비가 되어 있다. "카르스트한스는 도리깨를 갖고 있다. 지금 그는 성서를 이해한다. 이전처럼 세상 사람이 그를 괴롭힌다면, 그는 난폭한 멍청이이니, 도리깨로 내려칠 것이다."[18]

팸플릿의 표지(그림 16 참조)는 그 본질적 진술을 인상 깊게 그림으로 표현하여 제공한다. 성만찬의 화체 신비를 시각화한 영성체 맷돌이라는 전통적 동기를 수용함으로써, 개신교의 말씀 선포를 알레고리화한다. 그리스도는 방앗간 주인으로서 사도의 상징과 바울의 모습을 한 신의 말씀이라는 곡식을 깔때기에 붓는다. 밀은 믿음, 사랑, 소망이라는 신학의 주요 덕이다. 비둘기 형상의 성령을 동반한 에라스무스는 이 덕을 맷돌과 십자가로 표현된 자루에 담는다. 탁발 수도사로 표현된 '루터'는 반죽 통에서 인쇄술을 통해 중계되는 종교개혁적 커뮤니케이션 과정의 상징인 활자를 빚는다. 이름이 언급되지 않은 어떤 세속 성직자는 '로마' 교회 대표에게 이 상징을 건넨다. 로마 교회 대표는 땅에 쓰러지고,

17 Schade, *Satiren und Pasquille*, Bd 1, (Anm. 14), S. 23,135~42.

18 같은 책, S. 25,209~13.

배후에서 등장한 농민 '카르스트한스'는 도리깨로 위협하면서 까옥까옥 우는 지옥의 새가 주위를 맴도는 가운데 일당을 때려눕힌다.

이 그림은 팸플릿 자체가 작동시키려고 하는 사이버네틱스 과정을 모범적으로 연출한다. 이것은 텍스트가 가상 대화 형태로 상징한 저 변형을 '만든다'. 아버지 신의 축복을 받은 그리스도는 그리스어 신약성서(1515/16)의 학식 있는 출판자 '에라스무스', 비텐베르크 출신의 탁발 수도사요 개신교 설교자를 중재자로 사용하며 루터에 대한 파문에서 상징화된 교회의 거부에 봉착하지만 이로써 '보통 사람들'의 봉기를 도발함으로써, 자신의 말씀을 관철한다.

『카르스트한스』

『신의 맷돌』에서도 만날 수 있는 반(反)성직적 공격은 적지 않은 종교개혁기의 팸플릿에서 특징적이다. 인문주의적 소양을 갖춘 스트라스부르인들이 만들어낸 카르스트한스라는 인물(308~11, 326~29쪽 참조)에서 종교적으로 성숙한, 만인사제직을 실현한 평신도의 상징이 탄생했다. 1521년 1월 초 출간된, 괭이(Karst)를 지닌 어느 농민을 성서에 해박하고 빈틈없으며 자신의 대화 상대인 성직자를 능가하는 논쟁자로 소개하는 대화편 『카르스트한스』를 통해서 인문주의적 창안자는, 일반적으로 어리석은 것으로 간주되고 멍청이로 묘사된 농민층을 완전히 문학적으로 새로이 평가하는 데 성공했다. 카르스트한스의 아들은 루터와 그의 진짜 의도에 대해 농민을 계몽한 대학생이다. 문학적 대화에서 지성적인 옹호자가 추진한 '보통 사람들'과의 결속은 마찰 없이 기능한다. 구교의 대표, 특히 버릇없고 아첨하는 고양이 '무르나르'(Murnarr)로 이름을 희화화함으로써 소개된 프란체스코 신학자 토마스 무르너(Thomas Murner)와는 달리, 종교개혁 지지자들은 평신도들에 대해 어떤 자만심도 없고 신분적 경계의 필요에서도 자유롭다. 젊은 지성인은 사제들의 사기에 흥분한 농민의 다혈질적 기질을 누그러뜨리며, 또한 대화에 등장하는 루터는 자기 도리깨를 잡는 카르스트한스를 진정시킨다.

"아니, 친애하는 친구여, 나 때문에 싸우거나 공격해서는 안 된다. 그리스도가 원했다면, 12군단의 천사에게 도움을 요청했을 것이다. 12사도는 그런 것을 바라지 않았으니, 참을성 있게 진리를 위해 죽음과 고문을 견뎠다."[19] 교육받은 성직자와 '보통 사람들' 사이의 새롭고 긴밀한 관계는 종교적으로 정화하는 작용을 하며, 카르스트한스가 폭력을 행사하려는 각오를 누그러뜨린다. 대화는 이런 주장을 가지고 무르너와 대결한다. 후자는 1520년 가을 이후 일련의 익명의 반종교개혁적 팸플릿에서 루터가 "한스 카르스트와 무식하고 폭동적인 보통 사람들에게"[20] 사주하는 자로 간주된다는 소문을 퍼뜨렸다.

1520년대 초에 익명의 팸플릿에서 진행된 여론을 얻으려는 문학적 싸움에는 행위적 동기가 내재했다. 이 싸움은 문학적 상상을 통해서 자기가 모방하려고 한 바를 창조했다. 평신도와 '개신교' 성직자 간의 솔직하고도 통제 없는 대화, 저절로 '복음적 진리의 승리'로 이끌게 될, 성서 말씀을 통해 풍부하게 논증되는 의사소통 등이 그것이다. 종교개혁적 사고를 지닌 성직자와 농민들은, 『카르스트한스』 대화편이 설계한 행동 모델에 근거하여 서로 접근하고 따라서 문학과 삶이 서로 융합되는 것을 거의 피할 수 없었고 아마도 기대할 수 있었을 것이다.

『새로운 카르스트한스』

『카르스트한스』가 출판된 지 몇 개월 후에 『대화: 새로운 카르스트한스』가[21] 나왔다. 이 소책자는 유력 제국 기사 프란츠 폰 지킹겐과 울리

19 Rudolf Bentzinger (Hg.), *Die Wahrheit muß ans Licht! Dialoge aus der Zeit der Reformation*, Frankfurt am Main 1983, S. 98에서 인용.

20 Thomas Murner, *Deutsche Schriften. Mit den Holzschnitten der Erstdrucke*, Bd. 7, hg. v. Wolfgang Pfeiffer-Belli, Berlin / Leipzig 1928, S. 63; Bd. 6, hg. v. Wolfgang Pfeiffer-Belli, Berlin / Leipzig 1927, S. 91.

21 Edition in: BDS 1, S. 408~44. 저자와 연도에 대해서는 같은 책, S. 279ff. 대화편을 마르틴 부처의 저작으로 보는 것에 대한 비판은 Martin Greschat, *Martin Bucer und Ulrich von Hutten*, in: Marijn de Kroon, Marc Lienhard (Hg.), *Horizons*

히 폰 후텐 주변의 종교개혁 지지자들에게서 유래한 듯하다. 두 사람의 평신도 카르스트한스와 지킹겐의 대화 형태로 하층 귀족과 농민층의 긴밀한 결속을 연출한 이 신랄하게 반(反)성직적인 대화편은 만인사제직에 뿌리를 둔 사상에 기초한다. "우리 모두가 교회이며 그 누구도 교회가 아닌 것이 아니다."[22] 부패한 성직자가 완전히 쓸모가 없기 때문에 스스로를 가르치는 평신도들의 곤경이 극적 색채로 묘사된다. 평신도들은 "신의 말씀에 크게 굶주리고"[23] 있으며, "사치스럽고 거슬리는 삶으로 신의 말씀을 치욕스럽게 억누르는 교황파와 사제들의 압박 및 오만으로부터"[24] 자신들을 해방해줄 것을 신께 간구한다. 성직이 개선될 것이라는 확실한 희망은 없다. 카르스트한스는 "우리의 사제들과 주교가 (현재 그렇게 살고 있는 것처럼) 행복해지는 것보다는 차라리 회색 말에게 읽기와 쓰기를 가르치는" 편이 낫다고 말한다.[25]

당대 교회에 대한 루터의 비판(이것은 '교리'를 왜곡하는 데에 그 이유와 핵심이 있었다)과는 달리, 많은 종교개혁적 팸플릿에서 성직 계급의 삶에 대한 공격이 전면에 부각되었다. 『새로운 카르스트한스』에서 새로운 형태의 전투가 포고되었다. 대화 속 프란츠 폰 지킹겐은 사령관으로서 황제 지기스문트에 대항하였던 타보르(Tabor)파 후스 교도요 체코의 기사인 요한 치스카(Johann Žiska, 1370경~1424)를 모범으로 제시한다.

"…… 성직 계급이 개혁되려면, (보헤미아에서 일어난 것처럼) 대부분의 교회를 허물어야 한다. 교회가 있는 한, 탐욕스러운 사제들을 계속해서 유혹하게 될 것이다. …… 그러므로 치스카는 바보가 아니었다. 그는

Européens de la Réforme en Alsace. Mélanges offerts à J. Rott, Straßburg 1980, S. 177~94; Siegfried Bräuer, *Bucer und der Neukarsthans*, in: Christian Krieger, Marc Lienhard (Hg.), *Martin Bucer and Sixteenth Century Europe*, Leiden u. a. 1993, S. 103~27.

22 BDS 1, S. 423,18.

23 BDS 1, S. 424,24.

24 BDS 1, S. 423,36~38.

25 BDS 1, S. 426,22f.

교회당을 파괴했고, 새 둥지를 남겨두었다. 10년 안에 모든 새들이 다시 그 안에 깃들게 될 것이다."[26] 카르스트한스는 그에게 동조한다. "보헤미아에서처럼 독일에서도 그런 일이 일어날" 필요가 있다.[27]

글은 카르스트한스와 그의 지지자들이 두 명의 기사와 공동으로 서약한 신조 열거로 끝난다. 그러므로 이 글은 로마 교회의 대표들에게 대항하는 무장 전투를 위해서 기사와 농민이 동맹을 체결한다는 인상을 자아낸다. 모든 교황청 '아첨꾼'들은 '미친 개들'에게 그러는 것처럼[28] 경계하고 치고 목 조르고 죽이는 것이 마땅하다. 장차 한 명의 성직자를 때리거나 짓밟을 때, "그것에 양심의 가책을 느껴서는 안 된다"[29]고 동맹 형제들은 합의했다. 치즈를 구걸한 탁발 수도사 뒤에 '4파운드의 돌'[30]을 던질 것이다. 동시에 동맹 형제들은 루터의 모든 적들을 적대시할 것을 서약한다.[31]

가상의 동시대 독자들에게 '사실'인 것처럼 소개된 동맹 체결의 형태로 위협적으로 극화된, 성직 계급에 대한 폭력 환상의 분출은 근본적인 변화, 폭동에 대한 최악의 두려움을 확증했음이 분명하다. 『새로운 카르스트한스』와 같은 텍스트 배후에 있는 지킹겐-후텐 그룹의 문필가들은 들판의 화재를 가지고 불장난을 했다. '루터 사안'은 그들로부터 개혁 능력을 기대할 수 없는 성직 계급에 대항하는 봉기의 신호탄으로 보였다. 1521년 이후 무엇보다 후텐이 문학적으로 안티오키아의 루키안(Lukian von Antiochien)의 대화편에 의지한 것에 고무되어, 만연한 대중어 장르의 다른 많은 예들처럼 『새로운 카르스트한스』는 문학을 통해 커뮤니케이션이 이루어지도록 하였다. 이 글은 문화와 삶의 세상에서

26 BDS 1, S. 438,32~40.
27 BDS 1, S. 439,8f.
28 BDS 1, S. 443,10.
29 BDS 1, S. 443,23f.
30 BDS 1, S. 443,29f.
31 BDS 1, S. 444,26f.

분리된 인간군들을 만인사제직의 울타리로써 결속하였고 공통의 신념과 행동 전망으로 연결하였다. 종교개혁적으로 고취된 폭동적 행동으로 넘어가기에 앞서 『새로운 카르스트한스』 같은 텍스트들은 이 행동을 이념적으로 선취했고 이로써 행동을 가능케 하는 데에 기여했다.

『15명의 동맹 동지』

1521년의 팸플릿 문학에서 가상의 그리스도교 동맹이 크게 유행하였다. 익명으로 출판된 『15명의 동맹 동지』(*15 Bundesgenossen*)라는 연작물, 전 프란체스코 수도사 요한 에베를린 폰 귄츠부르크(Johann Eberlin von Günzburg, 1465경~1544)[32]가 15회에 걸쳐서 출판한 일련의 글은 자신을 평신도들의 그리스도교 비밀 '동맹'으로 소개한다. 같은 해 아우크스부르크의 4부작 팸플릿에서 귀족들과 성직자들은 자기책임적인 신도사제단을 결성했다. 두 경우에 그리스도교 공동체는 루터의 귀족들에게 보낸 글의 의미에서 교회에 대한 책임을 깨달았다. 남독일과 스위스의 법·정치 문화에서 알려진 조합-동맹 원리는 위에 언급된 모든 글에서 결정적으로 만인사제직에 근거한 그리스도교적 공동체 콘셉트로 변형되었다. 이 동맹들이 문학적 허구라는 것을 동시대인들은 거의 알 수 없었다. 1521년에서 1525년 사이 5년간 100종의 대화 팸플릿이 거의 212종의 상이한 인쇄물로 20만 부 이상 출판되었다는 사실을 상상한다면,[33] 이 문학 장르에서 만인사제직의 교회론적 콘셉트를 문학적으로 형성하고 구체화하는 데에 중요한 의미가 부여되었다는 것이 명백해진다. 비텐베르크에서는 이 장르를 높이 평가하지 않았다. 비텐베르크의

---

32 Christian Peters, *Johann Eberlin von Günzburg ca. 1465~1544*, Gütersloh 1994. 『15명의 동맹 동지』와 아우크스부르크 연작물에 대해서는 Kaufmann, *Anonyme Flugschriften der frühen Reformation* (Anm. 5), S. 230ff. 참조.

33 수치 정보는 Alejandro Zorzin, *Einige Beobachtungen zu den zwischen 1518 und 1525 im deutschen Sprachbereich veröffentlichten Dialogflugschriften*, in: ARG 88 (1997), S. 77~117, 여기서는 S. 101~15에 있는 서지학적 편집에 근거한다.

저자나 인쇄업자들은 대중어로 된 대화문학을 촉진하는 데에 이렇다 할 공헌을 하지 않았다.

루터의 『모든 그리스도인은 소요와 봉기를 조심하라는 권고』

바르트부르크에 머물던 1522년 1월에 루터는 『모든 그리스도인은 소요와 봉기를 조심하라는 권고』[34]를 내보낼 필요를 느꼈다. 독일에 매우 많은 카르스트한스가 있다는[35] 사실을 그는 이미 이전부터, 즉 보름스 제국의회 직후부터 알고 있었다. "도리깨와 몽둥이로 내려친다"[36]는 카르스트한스의 위협이 독재적인 성직 계급을 불안과 공포로 몰아넣었고 경우에 따라서 그들에게 전향하도록 경고했다는 사실은 그에게 전혀 달갑지 않았다. 그러나 그는 어떤 '육신적 소요'[37]라도 정당성을 부정할 필요가 있다고 생각했다. 그는 믿음과 사랑으로 이루어진 '그리스도인의 삶'에서 2년 내에 "교황, 주교, 추기경, 사제, 수도사, 수녀, 교회종, 탑, 미사, 철야 기도, 수도사 복장, 두건, 삭발, 규칙, 법령, 교황 지배의 모든 무리와 기생충들이 일소되고 따라서 말씀을 통해서 '대중 가운데'[38] 전해진 진리는 필연적으로 『새로운 카르스트한스』와 같은 대화편 배후에 있는 자들도 매진한 저 목표로 인도하게 되리라고 주장했다.

루터는 그리스도가 "그의 영적 도리깨를"[39] 휘둘러야지, 카르스트한스가 도리깨를 휘두르기를 바라지 않았다. 그러나 행동으로 나선 자가 그리스도의 말씀에 의해 부름을 받았다고 생각하고 그리스도가 '우리를 통해'[40] 교황파를 처단하기를 바란다고 주장한다면, 그렇게 구별된

34 WA 8, S. 676~87.

35 "Habet Germania valde multos Karsthansen." 루터가 멜란히톤에게 1521년 5월 26일에 보낸 서신, *MBW.T* 1, Nr. 141,64; WA.B 2, S. 348.64f.

36 WA 8, S. 676,17f.

37 WA 8, S. 683,18.

38 WA 8, S. 684,2~7.

39 WA 8, S. 684,13.

40 WA 8, S. 684,27.

경계선은 거의 분명하지 않을 터였다. 루터에게 말씀이 —1520년 교회법과 파문 교서를 소각한 후[41] —1년 만에 교황 교회의 기초를 뒤흔들어놓은 능동적 말씀이고 그 말씀이 현실을 변화시키는 행동을 촉구한다면, 말씀과 행위를 어떻게 구분할 수 있겠는가? 종교개혁 초기 운동에서 이루어진 것과 같은 말씀과 행위 사이의 구분이라는 극적 연출에서, 루터 자신에게 그 뿌리가 있는 신학적 모호성이 지속적으로 영향을 끼쳤다. '마르틴 박사'는 다양한 전개의 출발점이었다.

41 "[그리스도의 말씀이] 홀로 1년 만에 무슨 일을 했는지 보라, 우리가 이 진리를 가르쳤고 썼으며, 교황파들의 가면이 줄어들고 좁아졌도다!" WA 8, S. 684,9~11. 루터는 자신의 『권고』를 1521년 12월 중순에 필사본으로 슈팔라틴에게 보냈다(WA.B 2, Nr. 444, S. 412,31). 여기서 그는 이 '1년'으로 1520년 12월 중순 이후의 시간을 가리킨 것이었는데, 이는 곧 교회법과 파문 위협 교서 소각일인 1520년 12월 12일 이후와 결부한 것이다!

제5장

종교개혁 초기 운동에서의 행동과 연출 형태

종교개혁 초기 커뮤니케이션 과정에서의 행동의 의미

1521년에 이미 문학적 맥락에서 등장한 폭력 문제에 관한 견해 차이는 누가 교회 개혁을 어떤 수단을 가지고서 추진하고 관철할 것인가에 대한 불화를 일으켰다. 이 문제는 1520년대 초에 한편으로는 정부 주도적인 도시 및 지방의 종교개혁과, 다른 한편으로는 농민 및 공동체 개혁적 내지 재세례파적·급진적 개혁의 콘셉트 사이의 중심 주제로서 나타났다. 루터가 국가권력을 통하여 그리고 지배 신분들의 구성원을 통하여 교회 상황을 바꾸기를 선호한 것은 귀족들에게 보낸 글에서 명백해졌다. 그러나 이 글은 종교개혁 이전에 여러 곳에서 뜨겁게 투쟁했던 자유로운 목회자 선출 문제의 경우처럼, 공동체의 행동 권한에 관한 어떤 관점을 내포한다. 따라서 종교개혁기의 중요한 교회정치 강령적 글에서 볼 때, 오직 제후와 행정관만이 교회 변혁을 결의하고 실행할 권한이 있는지 혹은 공동체도 그러한지는 분명하지가 않다. 루터가 비텐베르크 운동에 개입한 후(376~90쪽 참조)에도 그는 당연히 공동체가 교리를 판단하며 목회자를 임명하고 면직하고 예배와 교회의 과제를 재정적으로 지원하는 것을 스스로 조직할 권한이 있음을 고수했다.[1] 그런 한에서 농민전쟁의 역사적 분위기에서 발발했고 당국의 행동 원리의 '승리'로 끝난 정부 주도 개혁과 공동체 주도 개혁 사이의 긴장은 루터의 일부 발언 자체에 그 단초가 있었다.

누가 교회 갱신의 표준적 행동 및 결정 주체가 될 것인가, 교회 공동체인가 정치 공동체인가, 세속 정권인가 아니면 특히 신념이 확고한 그리스도인들의 개별 행동 집단인가라는 핵심 문제에 대한 해명 과정은 여러 곳에서 고통스러운 갈등으로 진행되었고, 무엇보다 농민전쟁 이후에 명백해졌다. 비텐베르크 종교개혁의 영향권에서 뮌처와 카를슈타트는 단호히 개혁의 형성 과정에서 공동체의 권리를 지지한 반면, 루터와 나머지 비텐베르크인들은 정부의 결정 전권을 지지했고 상응하는 절차 형태를 형성하는 데에 참여했다. 유사한 대립은 다른 곳에서도 진행되었다. 즉, 취리히에서 츠빙글리는 시 참사회에 지원을 구했고 도시의 정치적 지도층과의 긴밀한 공조 아래 교회 변혁을 추진했다.

다른 도시 종교개혁에서도 '개신교적' 사고를 가진 목회자들과 도시 행정관 사이의 행동 축이, 어떻게 그리고 어떤 수단을 통해 새로운 교회 형성에 착수했는가의 문제에서 구조를 형성하는 것으로 나타났다. 물론 시 참사회는 부분적으로 공동체와 긴밀한 협조 아래 행동했다. 대부분의 성공적인 도시 종교개혁 과정들은 공동체와 목회자, 행정관 사이의 정치적 협상의 결과였으며, 시 참사회 개혁과 공동체 개혁의 요소들이 서로 영향을 끼쳤다. 구교 교회 및 그 기구에 대한 개신교도들의 공통된 적개심이 통합적으로 문제를 정리하도록 만들었다. 종교개혁을 관철할 때 법 위반 및 갈등을 수반했으며, 이것은 폭넓은 합의에 근거하는 한에서만 사회적·정치적으로 관철될 수 있었다.

종교개혁의 진행 방식에 관한 대립은 대개 이론적 논쟁으로서 이루어진 것이 아니라, 도발적 행동에서 그리고 결단을 강요하는 시나리오에서 발발했다. 특정 행동 및 여기서 비롯한 갈등과 그것의 신학적 해석

---

1 특히 WA 11, S. 408ff.; WA 12, S. 11ff.; S. 35ff.

및 정치적 작업 사이의 긴밀한 상관관계는 종교개혁 과정에서 일반적으로 본질적 중요성을 갖는다. 점차 지배적 발전의 변두리로 내몰렸고 연구 토론에서 빈번히 '급진적'이라는 개념 아래 결합된 인물들과 방향들의[2] 특징은 그들이 획득한 신학적 신념을, 정부 주도 개혁을 선호한 저 신학자들과 평신도 집단에서 전형적인 것보다 신속히, 보다 직접적으로, 또한 일반적으로 갈등을 각오하는 자세로 관철하려고 했다는 점이다. 먼저 언급한 자들은 '복음의 교훈'을 '삶'으로 실천하고자 했고, 성서적 규범 내지 신의 법과 사회적 현실 사이의 인간적 부조화를 받아들이려 하지 않았으며, 삶의 모든 사회적 무질서, 사회적·정치적 부자유 및 그것의 상징들을 근본적으로 문제삼고자 했다.

관할 관청으로 하여금 행동하도록 압박하고 대립적·결단적 자세를 취하도록 강요한 급진적 행동의 직접적 도발은 다양했다. 이런 급진적 행동과 정부가 규제하는 종교개혁 과정 사이의 경계선은 일단 유동적이었다. 드물지 않게 산발적인 시나리오들—화상 파괴, 축성된 물체에 대한 탈(脫)신성화, 로마 교회 대표에 대한 침해 등—이 특히 도시 정부의 행정 조치를 작동케 했다. 정부 주도적 종교개혁 과정은 여러 곳에서 어느 정도 급진적 실천이 없었다면 거의 진척되지 않았을 것이다. 대부분의 정부 주도적 종교개혁은 이런 실천에 제동을 걸 필요성에 의해 형성되었다.

초기 종교개혁 운동에서 발견되는 행동 형태는 도시적 맥락에 따라서 상당한 차이가 있다. 농민, 도시 수공업자, 학자, 수도사와 수녀, 시민, 기사 계급, 혹은 고위 귀족의 표현 능력은 서로 차이가 있고 상징의 깊이 면에서 상이하게 나타나지만 원칙적으로 서로 구별할 수는 없다. 왜냐하면 마을, 도시와 성(城) 사이의 경계선은 종교적 근거를 가진 모든 참여 가능성에 대해 열려 있고 모든 사람을 하나님과의 관계에서 동

2 George Huntston Williams, *The Radical Reformation*, Kirksville ^{3}2000; Hans-Jürgen Goertz, *Radikalität der Reformation*, Göttingen 2007.

등하게 만든 만인사제직의 울타리 속에서 전개된 새로운 운동으로 사라졌기 때문이다. 우선 신학적 근거를 가진, 그리고 문학적으로 가상의 대화 속에서 묘사된 상이한 신분의 평신도들 사이의 사회적 관계—농민 카르스트한스와 학자와 귀족 사이, 사제와 수공업자 사이, 여성과 수도사 혹은 여관 주인과 하인과 유대인 사이—는 신분적으로 구성된 사회의 커뮤니케이션 행태를 '희석하였고' 신분적 경계를 넘어 커뮤니케이션적 및 상징적 교환을 심화하는 데 기여하였다.

상이한 행동 형태의 성립 조건들은 행동 주체들의 그때마다의 커뮤니케이션적·사회적 상호작용에 근거하고 있다. 어떤 행동들은 카니발의 맥락에서 잘 알려진 제의적 연행(演行) 방식에 의지했고, 또 어떤 행동들은 기존 교회의 금지령에 대한 고의적인 위반으로 연출되거나 기존 질서의 인격적·대상적 대표에 대한 폭력적 공격으로서 실천에 옮겨졌으며, 또 다른 행동들은 거부나 개별적인 교란으로서 자행되었다. 어떤 행동들은 복음의 의미에서 사회질서의 새로운 비전을 상징화했고, 또 다른 행동들은 교황 교회의 지배를 징벌적으로 경멸하며 그것을 신도들의 마음에서 몰아내고자 했다. 초기 종교개혁 운동의 다양한 행동 형태들에서 명백한 사실은 설교와 인쇄 문서 외에 또한 행동, 상징적 실천, 제의적 커뮤니케이션 형태 등이 대립의 중요한 도구와 매체로 평가될 수 있다는 것이다. 예를 들어 수도원 탈퇴와 사제 혼인 같은 여러 행동에서, 종교개혁적 팸플릿에서 유포된 관념 및 신념과의 직접적 연관성이 입증될 수 있다. 다른 경우에는 개별 신학자들 사이의 특정한 행동 및 설교 활동 사이의 관계가 입증될 수 있다. 이것은 예를 들어 십일조 거부 운동에 해당되는데, 메밍겐(Memmingen)의 마르틴 교회 설교자 크리스토프 샤펠러(Christoph Schappeler)가 이미 1523년에 이런 말로 십일조 거부를 촉구했다고 한다. "우리는 그것이 죽을 죄일지라도 십일조를 낼 의무는 없다."[3] 그러나 이런 언급은 자료비평적으로 검증해야 한다.

3 Peter Blickle, *Reformation und kommunaler Geist. Die Antwort der Theologen auf den*

왜냐하면 드물지 않게 동시대인들은 특정한 행동을 불법적인 것으로 생각했고 그런 것을 특히 '이단적' 설교자들에게 전가하는 경향이 있었기 때문이다. 이런 의미에서 구교의 연대기 학자는 재세례파 지도자 발타자르 후프마이어(Balthasar Hubmeier)를 '농민전쟁의 시조이자 원흉'으로 만들었는데, 왜냐하면 그는 "우리는 권세에 순종할 의무가 없고 오로지 우리 주 신을 경배하"라고 가르쳤기 때문이다.[4] 또한 루터와 다른 종교개혁가들도 비슷한 방식으로 '온갖 종류의 소요 행동에 대해' 책임이 있는 것으로 간주되었다. 그러나 이런 관점의 저변에 있는 평신도들의 행동을 결국 오도하는 신학자의 탓으로 돌리는 평가 모델은, 초기 종교개혁 운동의 맥락에서 평신도들의 독자성을 과소평가하는 것이고 그들의 행동을 학자들이 제공한 단초를 변형한 것으로 단순화하는 것이다.

십일조 거부와 목회자 선출

우리가 알고 있는 지방에서의 최초의 행동 및 시위 형태는 십일조와 지역 내지 교회 목회자 선출에 관한 것이었다. 이것들은 중세에 뿌리를 둔 공동체의 자결권 투쟁의 동기로 해석될 수 있으며 농민전쟁의 개혁 요구, 특히 『일반 농민들의 12개 조항』(494~96쪽 참조)에서 다시 되살아났다. 십일조—곡물에 대한 대(大)십일조, 과일 열매, 크고 작은 가축에 대한 소(小)십일조—는 원래 교회에 바치는 공물이었는데, 성직록 소유자 내지 성직록의 소유권을 가진 기관, 예를 들어 수도원이나 대

Verfassungswandel im Spätmittelalter, München 1996, S. 26.

4 슈틸링겐(Stühlingen) 백작령의 공증인 안드레아스 레치(Andreas Letsch in St. Blasien)의 보고, Günther Franz (Hg.), *Quellen zur Geschichte des Bauernkrieges*, Darmstadt 1963, S. 86,9ff.

성당 참사회도 징수할 수 있었다. 14세기와 15세기에 십일조는 빈번히 세속 관청인 지방 제후와 대영주, 혹은 시 참사회, 그러나 또한 개인들의 처분권으로 넘어갔다. 이런 관행을 통해서 십일조 봉헌의 원래의 종교적 성격은 모호해졌거나 시대에 뒤떨어진 것이 되었다.

취리히에 속한 지방 공동체에서 십일조의 징수권은 한편으로는 세속정권, 대참사회와 소참사회에 있었고, 다른 한편으로는 대성당 참사회에 있었다. 대성당의 설교자로서 츠빙글리의 임무는 교구 소속원들에게 양심적으로 십일조 납부 의무를 인식하도록 가르치는 것이었다. 츠빙글리는 설교를 통해 가난한 자들을 먹이고 목회자를 부양하려는 십일조의 원래 의도는 회복되어야 한다고 주장했다. 그리고 츠빙글리의 초기 지지자인, 횡(Höngg) 교구의 설교자 지몬 슈툼프(Simon Stumpf)는 설교에서 십일조 관행을 강도 높게 비판하면서 십일조 납부를 거부하라고 권유했다. 복잡한 경제구조의 급격한 변화를 우려하면서 악습을 점차 정리하도록 선포하는 츠빙글리의 차별화된 자세는 지방 분위기에서 직접행동을 선택해야 한다는 여론 앞에 굴복하였다. 얼마 지나지 않아서 그는 "십일조를 낼 의무가 없다고 설교했고 지금 그는 참사회 의원이 되었기 때문에 자신의 말을 취소했다"[5]는 비난을 받게 되었다.

1522년 슈툼프의 설교로 촉발된 십일조 거부 운동은 "부패한 종교 구조의 모퉁이 돌로서의 십일조에 적대하는 회중의 자주권 투쟁의 개시"[6]

---

5 1523년 10월 21일에 이렇게 말했다. Emil Egli (Hg.), *Actensammlung zur Geschichte der Zürcher Reformation in den Jahren 1519~1533*, Zürich 1879 (Nachdruck Aalen 1973), Nr. 432, S. 172.

6 James M. Stayer, *Die Anfänge des schweizerischen Täufertums im reformierten Kongregationalismus*, in: Hans-Jürgen Goertz (Hg.), *Umstrittenes Täufertum 1525~1975. Neue Forschungen*, Göttingen ^{2}1977, S. 19~49, 여기서는 S. 29f.; J. F. Gerhard Goeters, *Die Vorgeschichte des Täufertums in Zürich*, in: *Studien zur Geschichte und Theologie der Reformation. Festschrift Ernst Bizer*, Neukirchen 1964, S. 239~81; Andrea Strübind, *Eifriger als Zwingli. Die frühe Täuferbewegung in der Schweiz*, Berlin 2003 참조.

로 연결되었다. 1523년 6개 지역공동체가 비티콘(Witikon)의 목회자 빌헬름 로이블린(Wilhelm Reublin)의 지도 아래, 십일조는 성서상 근거가 없기 때문에 십일조를 더 이상 징수해서는 안 된다는 요구를 가지고 취리히 시 참사회에 갔을 때, 시 참사회는 악습들의 폐기를 약속했으나 원칙적으로 십[illegible]조를 유지하겠다고 맞섰다. 츠빙글리는 시 참사회의 이런 자세를 신학적으[illegible]했다. 곧 인쇄에 부쳐진 설교『신적 의와 인간적 의에 관하여』에서[7] 그는 세속 정[illegible] 명령을 따르고 그것의 불완전한 의를 감수하며 단계적으로 개선해야 한다[illegible] 진술했다. 신의 법과 인간의 명령 사이에는 그의 견해로는 엄청난 차이[illegible] 있다. 그러나 스위스 재세례파의 핵심을 이룬 츠빙글리의 초기 지지자[illegible]—로이블린, 펠릭스 만츠(Felix Mantz), 슈툼프, 대(大)가문의 아들 콘라[illegible] 그레벨(Konrad Grebel) 등—은 이것을 인정할 용의가 없었다.

로이블린은 이뿐만 아니라 비정상적 방식으로 비티콘에서 [illegible]회직을 얻었다. 일반적으로 시골 교회는 대성당 참사회가 관리했다. [illegible]러나 미사에 대한 저항 때문에 바젤의 성(聖)알반(Alban) 교회의 설[illegible]자직에서 해임되고 스위스 사제로서는 최초로 혼인한 로이블린은 비[illegible]콘에 정착했는데, 거기서 촐리콘(Zollikon)의 목회 임무를 위임받[illegible]고 1522년 성탄절에 공동체로부터 설교자로 임명되었다. 비티콘 공동체와 대성당 간의 갈등에서 취리히 시 참사회는 "공동체에 연말까지 [illegible]신들이 임명한 사제를 유지하는 것을 허락하되 십일조를 기꺼이 내기를 [illegible]란다는 그들의 요청에 따라서 십일조를 징수하도록 [illegible]한다고 결정했[illegible][8] 중세 후기에 널리 퍼진, 사제 선출에 지역공동체[illegible] 참여하는 관행은[9] 종교[illegible]으로 원칙상 동등한 권한이 있는 만인사[illegible]이라는 종교개혁적 개념을 통하여 새로운 근거를 얻었다. 취리히 정[illegible] 주도의 종교개혁과 지역

7 CR 89 = Z 2, S. 458~525.

8 Egli, *Actensammlung* (Anm. 5), Nr. 351, S. 125.

9 Dietrich Kurze, *Pfarrerwahlen im Mittelalter*, Köln / Graz 1966, 특히 S. 314ff.

공동체 개혁 사이의 균열은 신학적 교리 문제 때문이 아니라 교회 조직 및 성서상의 규범의 구속력이라는 주제에 근거한 것이었다.

취리히에서와 유사한 갈등 상황은 메밍겐에서도 등장했다. 시골의 농민들은 시 참사회에 대한 십일조 납부를 거부했다. 시 참사회는 무력으로 자신의 주장을 관철했고, 오직 한 제빵업자만이 저항을 고집했다. 메밍겐 참사회가 이 사람을 체포했을 때, 수백 명의 사람들이 집결해 구금된 자의 석방을 요구했으며, 모든 교회에서 '인간적 첨가 없이' 설교할 것을 요구했다.[10] 그러므로 십일조에서 갈등이 생겼고, 이것은 곧 상승했으며, 그것의 역동성은 결국 종교개혁에 유리한 결정 과정으로 이어졌다. 종교적·사회적 현실로서의 공동체의 불가분적 맥락은 회중주의적 독자성을 지향하는 행동 형태를 야기했다. 이 행동 형태는 자유로이 선출되어 — 예를 들어 1523년 프랑켄의 벤델슈타인(Wendelstein)에서처럼 — 교회 공동체 자체의 '비용으로 고용된'[11] 목회자와 공동체 구성원들 간의 관계를 새롭게 심화시켰다.

설교 방해

1520년대에 도시와 시골 여러 곳에서 발견되는 행동 형태는 설교 방해였다. 시골의 설교 방해는 토착 농민들보다 종교개혁 과정을 촉진하기 위해서 시골로 이주한 도시의 선동가들에 의해 연출된 사례가 더 잦았다는 사실을 가리키는 상당한 증거가 있다. 대부분의 설교 방해는 종교개혁 지지자들의 신념에 의하면 성서와 명백하게 모순되는 전통적 가르침 — 예를 들어 성자숭배, 한 가지 형태로 거행되는 영성체 성만찬, 면죄와 '공로' — 과 연관이 있는 듯하다. 1522년 2월에 한 비텐베르

10 Blickle, *Reformation und kommunaler Geist* (Anm. 3), S. 27.
11 같은 책, S. 30.

크의 대학생이 서류에 기록되었는데, 그 이유는 작센의 교구 마을 슐리벤(Schlieben) 교회 목회자가 설교하는 도중 그 대학생이 설교를 중단시키고 "사랑하는 회중들, 그는 거짓말을 하고 성서를 잘못 해석하고 있습니다"라고 말했기 때문이다. 이 때문에 대학생은 감방에 구금되었으나 목회자와 토론을 벌이는 것을 요구했고 받아들여졌다. "여기서 대학생은 권리를 지켰고 목회자를 이겼다."[12]

1523년 10월에는 유사한 사건이 학식 있는 종교개혁 활동가이자 후일 재세례파 지도자가 되는 루트비히 해처(Ludwig Hätzer, 403쪽 참조)에 의해 보고되었다. 그는 추크(Zug)와 인접한 프라이암트 메트멘슈테텐(Freiamt Mettmenstetten)에서 목회자 마슈반덴의 헤펠린(Heffelin in Maschwanden)의 설교를 중단시켰다. 해처는 이 때문에 취리히에서 고발당했으나 면죄되었고, 반면 구교 설교자에게는 1523년 1월 29일자 취리히 시 참사회의 명령을 준수하고 성서에 따라 설교하도록 요구되었다.[13] 또한 츠빙글리 자신도 교회 갱신을 위한 결정 과정을 촉진하기 위해서 설교 방해를 수단으로 이용했다. 1522년 7월에 그는 프랑스 아비뇽 출신의 프란체스코 수도사이며 후일 헤센 백작령의 유력 종교개혁가가 되는 프랑수아 랑베르(François Lambert)의 설교를 중단시켰다. 이에 따라서 랑베르의 요구에 의해서 츠빙글리와 토론이 있었다. 이 사건은 이 탁발 수도사가 자신의 견해를 수정하는 계기가 되었다.[14]

1523년 7월 아우크스부르크에서도 한 수공업자, 즉 제빵 견습생 외르크 피셔(Jörg Fischer)의 설교 방해가 증언되었다. 한 도미니쿠스회 수

12 카를슈타트의 보고, Nikolaus Müller, *Die Wittenberger Bewegung 1521 und 1522*, Leipzig ^{2}1911, Nr. 101, S. 211에서 인용.

13 J. F. Gerhard Goeters, *Ludwig Hätzer (ca. 1500~1529). Spiritualist und Antitrinitarier. Eine Randfigur der frühen Täuferbewegung*, Gütersloh 1957, S. 19ff. 참조.

14 Heinold Fast, *Reformation durch Provokation. Predigtstörungen in den ersten Jahren der Reformation in der Schweiz*, in: Goertz, *Umstrittenes Täufertum* (Anm. 6), S. 79~110, 여기서는 S. 85; 이하 Anm. 85 참조.

도사가 임신한 여성들에게 성(聖)마르가레테의 이름을 부르라고 권고했다. 그러면 그들은 "속량을 받을 것이니, 하나님이 그에게 이것을 약속했기 때문이다."[15] 수도사가 설교 마지막에 '드러난 죄'에 대해 말하려고 했을 때, 피셔는 수도사에게 중지를 요구하고, 그가 성서 어디에서 마르가레테에 관한 것을 발견했는지 물었다. 수도사는 퉁명스럽게 답변했다. "오, 악마가 오기 싫어서 자기 사신을 보냈다!" 이에 제빵공은 수도사에게 이런 것을 설교하지 말라고 경고했다. "왜냐하면 그는 이런 말로 사람들을 미혹하고 있었기 때문이다." 그러자 설교자는 그를 고소하겠다고 통고했다. 피셔는 그가 자신의 설교가 성서적임을 입증한다면 고난을 받을 각오가 되어 있다는 고백으로써 반응했다. 그러자 수도사는 기절했다. 분명히 주로 수녀들과 시민 부인들로 구성된 청중들은 서로 소리를 질렀으며, 일부는 제빵공 편을 들었고 일부는 그를 반대했다. 한 수녀는 '개신교도'들과 그들의 신학적 지도자 우르바누스 레기우스(Urbanus Rhegius)가 음행을 저질렀다고 비난했고, 한 '노파'는 그녀에게 대항했다. "네가 그들을 육체적으로 사랑했을지라도, 그들은 네 것이 되지는 않아!" 한바탕의 소란 뒤에 피셔는 시 참사회의 결정에 따라서 아우크스부르크 시장 앞에 소환되었다. 피셔는 이런 행동을 다시는 하지 않을 것이라고 서약한 후, 형벌을 면했다.[16] 그러나 제빵 견습생은 아직은 완전히 참을 수 없었다. 즉, 대성당 설교자 마티아스 크레츠(Matthias Kretz)의 설교가 끝난 후에 피셔는 분명히 단 둘이 있는 자리에서, 자신은 그의 설교에 동의하지 않는다는 것을 알렸다. 이에 크레츠는 그를 자기 집으로 불렀다. 대화 후 제빵공은 물론 그에게 '무뚝뚝하게' 대했고, 박사가 장차 유사한 설교를 한다면 "공개적으로 그에게 소리를 치겠다"

15 R. Kastner, *Quellen zur Reformation 1517~1555*, Darmstadt 1994, S. 173에 발췌되어 있는 빌헬름 렘(Wilhelm Rem)의 도시 연대기에서 인용.

16 모든 인용문은 Kastner, 같은 책, S. 174. 연대기에 의한 시 참사회의 결정은 같은 책, S. 174f. 참조.

고 위협했다. 이것 때문에 그는 다시 시 참사회에 소환되었다. 시 참사회는 피셔에게, 그는 "그[설교자]에게 그런 일을 할 권한이 없고" "은밀하게든 공개적으로든 교회나 거리에서 설교자에게 소리를 칠 권리가 없다"는 것을 통고했다.[17] 앞으로 신과 도시 정부에 대해 책임질 수 있는 한 지시한 대로 행동할 것이라는 피셔의 재선서에 의해서 그는 다시 처벌받지 않고 풀려났다. 이 사건은, 특히 평신도에 의한 설교 방해가 민감한 질서에 반하는 사건이었으며 소요의 위험을 내포했고 그렇기 때문에 금지되어야 했다는 것을 분명히 보여준다.

설교를 방해한 자들은 즉각적 행동의 원초적 불안 효과를 노렸는바, 이런 행동은 성직자의 권위에 의문을 심어주었고 즉자적으로 논란의 여지 없는 그들의 역할에 대해서 공동체의 법정 앞에서 오류 없는 신앙의 규범, 성서의 기준에 따라서 변호하도록 강요했다. 설교 방해는 한편으로는 공개적인 교회 공간을 이용해서 구체제 성직 대표의 실체를 폭로했고, 다른 한편으로는 '개신교' 일을 위해서 결단적 행동을 하도록 도발하였다. 설교 방해는 특별히 자기확신적이고 또한 공동체에서 지원세력을 가졌거나 얻을 수 있기를 기대할 수 있는 행위자를 전제했다. 해처나 비텐베르크 대학생의 사례처럼, 설교 방해에서 사람들은 감정적으로 흥분한 청중의 즉흥적 행동이 아니라 일정한 계획과 연결되어 있는 도발 행위일 가능성을 예상할 수 있었을 것이다. 구교 사제에게 대항한 종교개혁 초기의 설교 방해에서는 무엇보다도, 설교의 성서적 교훈 내용을 관철하고 숨어들어온 '로마의 거짓 교리의 관행'에 대항하는 것이 중요했다. 재세례파 지도자나 다른 급진주의자들이 개신교 설교자에게 행한 후대의 방해는 카리스마의 이름으로 직분의 정당성을 부인했다. 그래서 재세례파 지도자 외르크 블라우로크(Jörg Blaurock)는 1525년 1월에 취리히 대성당 참사회에 의해 임명된 설교자 니콜라우스 빌레터(Nikolaus Billeter)의 설교를 다음과 같은 말로써 막으려고 했다. "그대가

17 모든 인용문은 Kastner, 같은 책, S. 175.

아니라 내가 설교하도록 파송되었다."[18] 종교개혁 초기 단계 이후 설교 방해 형태는 산발적으로만 증언되는 '급진적 종교개혁'의 한 요소가 되었고, 1520년대 초에 일시적으로 가졌던 의미를 상실했다.

연출된 시골풍—카르스트한스

1521년 초 이후 카르스트한스라는 인물(307~08쪽 참조)로써 시작된 농민상을 재치 넘치는 교회 비판가와 직관적인 진리의 증인으로 내세운 종교개혁적 선동 형태가 농민전쟁 전에 발견된다. 자신을 농민으로 자처하며 교회의 악습을 탄핵하고 드물지 않게 신랄하게 사회비판적인 '개신교적' 교훈의 핵심 내용을 선포하는 설교자들이 일부 지역에 출현했다. 이런 평신도 설교자 한스 마우러(Hans Maurer), 일명 췬다우프(Zündauf)는 1522년 여름 스트라스부르에, 후일 바젤과 네카(Neckar) 골짜기 남부에 '카르스트 한스'[19]라는 이름으로 나타났으나 곧 폭동을 사주했다는 혐의로 체포되었다. 그는 스트라스부르 대성당 앞에서 설교했고 무엇보다도 하나의 성례전, 즉 성찬식만 있을 뿐 혼인, 종부, 사제 서품은 성례전이 아니며 사도 베드로는 교회에서 권세를 갖지 않았거나 세우지 않았고 사제와 수도사는 혼인할 수 있다고 가르쳤다. 폭동을 두려워하고 선동자가 "지금까지의 좋았던 시민과 사제 간의 조화"[20]를 파괴했다고 생각한 구교의 대표들은 한편으로는 그에게 대항하여 주교의 법정 대리인에게 고발했고, 다른 한편으로는 밤중에 그를 미행하며 그

18 Leonhard von Muralt, Walter Schmid (Hg.), *Quellen zur Geschichte der Täufer in der Schweiz*, Bd. 1: *Zürich*, Zürich ^{2}1974, Nr. 29, S. 39(예레미야 28:15를 상기시킴)에서 인용.

19 Manfred Krebs, Hans-Georg Rott, *Quellen zur Geschichte der Täufer*, Bd. 7: *Elsaß*, 1. Teil, Gütersloh 1959, Nr. 1, S. 1,12.

20 같은 책, S. 1,18f.[격(格) 바꿈, Th.K.]

를 비방했다. '카르스트한스'는 시 참사회가 통고한 설교 금지를 지키지 않았기 때문에, 결국 제국도시 알자스에서 추방되었다. 뷔르템베르크 슈투트가르트의 대리인이 췬다우프를 고발한 내용은 그가 민중에게 "불복종과 농민 폭동을 선동했다"[21]는 것이었다. 스트라스부르의 설교자요 후일의 종교개혁가 마테우스 첼(Matthäus Zell, 1477~1548)의 말에 의하면, '카르스트한스'는 사제들을 모조리 멸절하겠다고 통고한 듯하며[22] 아마도 대화 팸플릿 『새로운 카르스트한스』(308~11쪽 참조)에서도 추정할 수 있는 저 의미에서 가르친 듯하다.

전직 사제 혹은 수도사 디폴트 페링거(Diepold Peringer)는 마우러와 유사한 연출 작전을 사용했다. 그는 1523년 이후 뉘른베르크 시 서류에 기록되었으며 자신을 '뵈르트(Wöhrd)의 농민'으로 소개했다.[23] 페링거도 농민으로 행동했고, 읽기도 쓰기도 할 줄 모른다고 주장했으며, 술집 창문이나 공개 장소에서 행한 성서에 근거한 설교를 통해서 자기 청중에게 보다 깊은 인상을 줄 수 있었다. 자칭 무식한 자가 학식 있는 설교를 할 수 있었다는 사실은, 제국의회 때문에 뉘른베르크에 체류 중이었고 페링거의 설교를 들은 작센 선제후의 자문관 게오르크 슈팔라틴과 같은 청중의 귀를 솔깃하게 만들었다.[24] 무식한 평신도가 행한 복음 선포에서, 여러 신학자들이 기대했고 1520년대 초에 적지 않은 평신도 저자들이 주장했던(요엘서 3:1이 말한 대로) 종말 때 영이 부어진 사건이 나타나지 않았는가?[25]

산발적으로 수집된 증언들에 비추어서 페링거는 분명히 경탄을 자

21 같은 책, S. 5,16.

22 같은 책, S. 6,11f.

23 Günter Vogler, *Nürnberg 1524/25*, Berlin 1982, S. 135~51.

24 *DRTA.JR* 4, S. 99.

25 내 논문 *Pfarrfrau und Publizistin—Das reformatorische "Amt" der Katharina Zell*, in: ZHF 23 (1996), S. 169~218, 여기서는 S. 202f. 및 Anm. 116에 있는 증거자료 참조.

아내려 했고, 자신의 이름으로 카르스트한스라는 인물에서 문학적으로 투영된 사회적·교양적 질서의 전도(顚倒)를 제시하려고 노력했다. 곧 시민들과 농민들은 자신들에게 복음을 설명해줄 것을 그에게 요청했고, 그는 뉘른베르크 시 참사회의 설교 금지령에도 불구하고 그대로 이 요청을 받아들였다. 그는 뉘른베르크로부터 추방된 후 잠시 키칭겐(Kitzingen)에 발을 붙일 수 있었다. 그곳 시 참사회는 그로부터 감명을 받았기 때문에 설교 의자를 만들어 교회 마당에 세워주었다. 브란덴부르크-안스바흐 후작 카지미르(Kasimir, 재위 1515~27)가 개입한 후에야 페링거의 설교 활동은 결국 끝났다. 그의 활동은 몇몇 성공적인 인쇄물에 기록을 남겨놓았다.[26] 이후 그의 흔적은 사라졌다. 그의 설교 내용을 볼 때, 그가 수많은 다른 설교자들과 저자들이 가르쳤던 온갖 내용을 다루었다는 것이 확실한 듯하다. 즉, 그는 성자숭배, 순례, 우상숭배, 수도사들의 거짓된 거룩함, 적그리스도적인 교황에 대해 비판했다. 그는 실제로 '선동적인 것'을 주장하지는 않았을 것이다. 차라리 뉘른베르크와 키칭겐 시 참사회의 지도층이 그에게 적극적인 반응을 보인 것은 그가 농민의 화신으로 "신이 소자(小子)들에게 계시해준 진리를 말하고 모든 신자는 왕(王)적인 사제라는 것을 선포한"[27] '단순한 평신도'로서 깊은 인상을 주었음을 암시한다.

췬다우프가 위협적 어조로 대변혁을 예고함으로써 불안과 방어적 반응을 도발한 반면에, 페링거는 신이 세상 앞에서 아무것도 아닌 자들에게 진리를 계시하리라는 약속을 몸소 실천에 옮겼다. 교회 공간 밖에서의 공개적인 평신도 설교의 행동 형태와 재치 있는 농민의 연출 형태는

---

26 페링거와 '위장'되어 유포되었던 그의 출판물에 대해서는 Vogler, *Nürnberg 1524/25* (Anm. 23), S. 141ff.; Köhler, *Bibl.*, Bd. 3, Nr. 3683~94, S. 236~41 참조.

27 *Ein Sermon von der Abgötterey / durch den Pawern / der weder schreyben noch lesen kan gepredigt zu Kitzing im Franckenland auff unsers Herren Fronleychnams tag*, [Nürnberg: Hans Hergot] 1524; VD 16 P 1415; MF 1493, Nr. 3922, A 2r/v.

시민사회와 시골 사이를 중계했고, 종교개혁 운동을 양극화하고 사회문화적 경계를 철폐하는 데 기여했으며 만인사제직을 모범적으로 실현했다. 설교 방해자들보다 설교하는 농민은 낡은 교회 지배를 더 근본적으로 문제삼았다. 왜냐하면 그는 그리스도교 자체를 떠맡았기 때문이다.

금식 위반

중세 당시 교회법에 의한 금식 명령을 위반하는 행위는 금식 명령만큼이나 오래된 것이었다. 특별 면제 제도뿐만 아니라 또한 고해 및 면죄와 관련해서 보속 가능성은, 금식 규정 위반이 법적으로 규제된 문화적인 안정적 관행의 한 가지 구성 요소였다는 것을 확증한다. 금식에 대한 루터의 비판은 음식 섭취와 성적 금욕 자체를 겨냥한 것이 아니라 자의적으로 느껴진 교회의 입법을 겨냥한 것이었다. 이것은 거짓된 '거룩함'을 위장하도록 만들었고 이 관행이 지향한 영적 목표를 달성할 수 있는가를 의심케 할 수 있었다. 이 수도사는 금식을 통해 자신을 괴롭힐수록 자신의 성적 욕구가 증가한다는 것을 깨달았다.[28] 금식은 순례나 다른 관행처럼 종교개혁 초기 출판물에서 부수 주제로서 어디에나 존재했다. 아마도 반항심과 자존심의 표현일 수도 있는 금식 규정에 대한 당연한, 암묵적이고 사적인 위반에 비해서 종교개혁 초기에 공공연한 금식 위반은 과시적·시위적 성격을 가졌다.

공공연한 금식 위반은 많은 사람들에게 친숙한, 그러나 체제 내재적인 이중 도덕의 덮개 아래서 일반적으로 행해졌던 무언가를 행함으로써 교회법적 법체계를 근본적으로 부정하고, 공동체적 시위 행위를 통해 상징적으로 법을 무력화하며, (그 효력이 성서적 규범 앞에 설 수 없는)

28 "나[루터]는 심히 욕망에 불타지는 않았다. 그럼에도 불구하고 내 자신을 괴롭힐수록 더욱 내 욕망은 불타올랐다." WA.TR 3, Nr. 2909, S. 71,20f. [1533년 1월].

법적 규제에서 개인적 삶을 해방하는 것을 목표로 하였다. 종교개혁 초기 행동으로서 금식 위반은 사회적 커뮤니케이션 형태로서의 금식에 상응하여 공동체적인 행사였다. 금식 규정에 반하여 준비된 비정상적 식사에 참여하는 것은 고백적 성격을 취할 수 있었다. 이것은 누가 거기에 속하고 누가 속하지 않았는지 보여주었고, 그러므로 상징적 행동의 포괄적 내지 배제적 기능에 따라서 '제의적 특성'을 가졌다.

아일렌부르크

1521년 12월 27일 금요일, 세례 요한의 축일에 선제후령 작센의 소도시 아일렌부르크(Eilenburg)에서 일어난 금식 위반은 이런 의미에서 해석될 수 있다. 아직 바르트부르크에 체류 중인 루터의 한 비텐베르크 수도원 형제 가브리엘 츠빌링(Gabriel Zwilling)은 관할 후견인과 재직 중인 사제를 무시한 '개신교적' 사고를 지닌 아일렌부르크 시민의 초청으로 900명이 채 안 되는 주민이 사는 소도시로 가서 종교개혁적으로 설교하였고 최초로 교회를 변화시키려는 정신으로 결단적 행동을 실천하였다. 츠빌링은 루터가 부재하던 기간에 가시적으로 실천한다는 의미에서 종교개혁적 발전을 촉진했던 '비텐베르크 운동'의 대표 중 한 사람이었다. 츠빌링이 같은 시기에 아일렌부르크에서 성찬을 두 가지 형태로 나누어주었다는 사실(카를슈타트는 최초로 비텐베르크 교회에서 이것을 행했다)은 비텐베르크 운동의 두 지도자가 행동에서 협조하였다는 것을 시사한다. 교회의 새로운 질서를 만들기 위한 과정은 행동과 실천을 통해서 상징적으로 '농축'되고 강행되어야 했다.

세례 요한의 축일에 츠빌링은 아일렌부르크 시 교회에서 금식 문제에 대해 설교했고 교회법상 음식 규정과 관련해서 그리스도인의 자유를 강조했다. 저녁에 그는 이미 개신교적 사고를 가진 선제후령 작센 관리들의 집무처 아일렌부르크 성의 만찬에 초대받았다. 또한 지역 사제 하인리히 크라니히(Heinrich Kranich)와 그의 부사제도 참여했다. 베이컨에 삶은 물고기가 제공되었는데, 금요일에는 오직 육식 없이 먹어야 한다는 규정에 명백히 위반되는 식사였다. 사람들은 변칙적인 행위를 무해하다고 생각했을지라도—어쨌든 주 메뉴는 물고기였으므로—구교 성직자들은 이것을 먹기를 거부하였다. 금식 문제에서의 그리스도인의 자유에 대한 츠빌링의 설교라는 배경 앞에서 그들은 음식을 금식 위반을 선동하는 것 외에 달리 해석할 도리가 없었다. 또한 그런 의도가 있었다는 것은 다른 참석자들의 식사를 그리스도인의 자유를 고백하고자 했던 행동으로 해석한 이 사건에 대한 보고서에도 나타난다. "수도원을 뛰쳐나온 수도사[츠빌링], 아일렌부르크의 토지 관리인[한스 폰 타우벤하임(Hans von Taubenheim)], 직무대리[요한 몰러(Johann Moller)], 구두장이 요르게 쇼니헨(Jorge Schonichen) 그리고 성에서 만찬에 참석한 자들은 그런 물고기를 먹었고 그리스도가 이것을 금하지 않았다고 말했다."[29]

취리히

취리히의 종교개혁 역사 초기에 그것의 법적·문학적 여파 때문에 특별히 주목할 만한 금식 위반 사건이 일어났는데, 이 사건은 종교개혁 운동을 확산시키는 데 뛰어난 동원 효과를 발휘했다. 사순절의 첫 번째 주일(1522년 3월 9일) 저녁에 취리히의 인쇄업자 크리스토프 프로샤우어(Christopf Froschauer, 1490경~1564, 그는 1519년부터 시민이 되자마자 츠빙글리와 접촉했고 독일어권 스위스의 중요한 종교개혁 인쇄업자가 되었다)의 집에서 시위성의 소시지 식사가 벌어졌다. 츠빙글리의 회고적 해석에

29 Theodor Kolde, *Gleichzeitige Berichte über die Wittenberger Unruhen im Jahre 1521 und 1522*, in: ZKG 5 (1882), S. 325~33, 여기서는 S. 328f.; Siegfried Bräuer, "*ich begere lauttern und reinen wein / So vormischt er mirn mith wasser*". *Der Flugschriftenstreit zwischen dem Eilenburger Schuhmacher Georg Schönichen und dem Leipziger Theologen Hieronymus Dungersheim*, in: Jörg Haustein, Harry Oelke (Hg.), *Reformation und Katholizismus. Festschrift für Gottfried Maron*, Hannover 2003, S. 97~140, 특히 S. 100f. 참조.

의하면, 모임과 육식은 '육체적 쾌락'이나 '배를 채우기' 위함이 아니라 '그리스도인의 자유를 나타내기' 위함이었다.[30] 사람들은 소시지 식사를 통해 신을 찬양하고자 했고 "그가 이 교황의 질곡이라는 바빌론 포로 생활에서 우리를 벗어나게 하고 인도한" 것에 감사하고자 했다.[31] 여러 가지 사정은 소시지 식사가 성찬식의 '실행적' 개작, 즉 성찬식을 행동으로 실천한 것임을 말해준다.

세 명의 성직자가 참여했던 고백 행위의 진지성은 이 시나리오를 풍자적으로 해석하는 것을 반대하는 듯하다. 즉, 이 행위는 교황청의 종살이에서 해방되는 것에 대한 찬양 및 감사와 연결되었다. 그뿐만 아니라 그 행위는 사전에 준비된 것이었다. 인쇄업자의 하녀는 "거지 여자아이에게 주기" 위해서라고 핑계를 댐으로써 푸주한으로부터 고기를 구할 수 있었다.[32] 10명 내지 12명의 참석자들이 있었다고 한다.[33] 포식을 위한 만찬이 아니었고 '약간의'[34] 고기를 맛보았을 뿐이다. 두 개의 훈제 소시지를 토막 내어 '만찬 참석자'들에게 분배했다. 행사는 어둠이 시작될 무렵의 이른 저녁 시간, 즉 전통적인 그리스도의 만찬 시간에 이루어졌다.

전통적인 성례전 의식의 행동 논리에서 그리스도를 대표하는 사제 중에서 이 행사에 참여한 한 사람, 즉 츠빙글리 자신이 이야기한 대로 "자신 앞에 고기가 제공되었으나 자신은 맛보지 않았다"[35]는 정황에는 특별히 상징적인 의미가 내포되어 있었던가? 그리스도의 대행자는 그가 대행한 자의 몸을 먹을 수 없다는 것인가? 이것은 성찬식 제정과 연관해서 후일 츠빙글리가 사용한 사고의 윤곽이었으니, 여기서 나타난

30 CR 89 = Z 2, S. 778,13f.

31 같은 책, S. 778, 16f.

32 Egli, *Actensammlung* (Anm. 5), S. 74.

33 같은 곳.

34 CR 89 = Z 2, S. 778,15 및 Anm. 9.

35 같은 책, S. 778,18f.

결과는 첫 번째 성만찬을 모방하여 행해져야 하는 교회 성찬식이 그리스도의 육신적 임재를 배제했다는 것이다. 왜냐하면 자기 제자들과 육신적으로 식탁에 앉은 주님은 자기 몸을 먹을 수 없었을 것이기 때문이다! 그러나 취리히의 금식 위반을 개작된 성찬식으로 해석하는 데서 츠빙글리가 소시지를 포기한 것에 대한 해석이 결정적인 것은 아니다. 그는 먹지 않은 사람으로서 후에 자신에 대해 중립성을 주장할 수 있었고, 이것 때문에 그는 곧이어 일어난 이러저러한 금식 위반을 설교에서, 그리고 뒤이어 팸플릿에서 정당화할 수 있었다.[36] 금식 규정은 지킬 수도 있고 지키지 않을 수도 있는 인간적 명령이다. "그대가 기꺼이 금식하기 바란다면 행하라. 그대가 고기를 먹지 않겠다면 먹지 말라, 그러나 나를 그리스도인으로 자유롭게 내버려두라."[37]

시 참사회가 대성당 참사회와 세 명의 교구 설교자에게 요청한 소견서에서 즉흥적이고 시위성인 금식 위반에 대한 반대 입장을 표명했고, 동시에 시 참사회가 위반한 사람을 처벌할 것을 요구했다. 이 권고는 주목할 만한데, 왜냐하면 소견서는 이 사안에 대한 관할 권한이 있는 주교의 사법권을 배제한 채 교회를 시의 관리 아래 두려는 시 참사회의 이익을 도모했기 때문이다. 4월에 관할 콘스탄츠 주교의 사절과 취리히 시 참사회 사이의 금식 위반에 관한 협의가 이루어졌는데, 이 맥락에서 츠빙글리에게도 기존 교회 법령을 근본적으로 문제삼는 입장을 진술할 기회가 주어졌다. 콘스탄츠 주교가 지체 없이 교황이나 추기경들, 주교들, 공의회 혹은 다른 학식 있는 사람들에게 곧 "이런 경우에 어떤 형태로 처신해야 하는지, 어떻게 그리스도의 계명을 위반하지 않을 수 있는지 등에 관해 해명과 지침을 내려주도록" 청원하는 것으로 최종적으로

---

36 *Von Erkiesen und Freiheit der Speisen* (CR 88 = Z 1, S. 74~136). 금식 위반의 세부적 진행에 대해서는 특히 Egli, *Actensammlung* (Anm. 5), Nr. 233, S. 72~74 참조.

37 CR 88 = Z 1, S. 106,15~17.

합의되었다.[38] 이 '타협'은 금식 규정을 철저한 교리적 해명을 필요로 하는 사안으로 다룬 한에서 의미심장하다. 그런 한에서 콘스탄츠 주교가 취리히로 사절을 파견한 결과 통용되는 교회법은 명백하게 권위를 상실했음을 나타낸다. 합의에서 금식 규정이 당분간 유지되어야 하고 그것을 위반한 사람들은 그것을 고해해야 한다는 사실은 프로샤우어의 집에서의 소란스러운 행위가 교회 삶의 기초적 질서를 충분히 흔들어 놓는 데 성공했다는 사실을 강조하는 것이다.

1522년 3월 9일의 금식 위반은 어쨌든 이런 종류의 계속적 위반의 효시가 된 듯하다. 프로샤우어의 집에서의 행사 이전에 이미 어느 술집에서 구운 고기를 먹음으로써 이목을 끌었던 수공업자 하이니 아베를리(Heini Aberli)는 1522년 사순절 기간에 여러 차례 같은 행동을 통해 두드러졌다. 그는 한번 두 명의 동료, 목수와 인쇄업자와 함께 수도원 교회에 가서 "품에서 소시지를 꺼내어 토막 내어 자기 동료들에게 주었고 자신도 먹었다"[39]고 한다. 뒤이어서 아베를리와 몇 명의 수도사 간에 말다툼이 있었다. 여기서 아베를리는 이렇게 발언했다. "수도사와 사제들은 모두 사기꾼이고 도둑이며 미사에서 그리스도의 몸과 피를 받으면서도 평신도들에게는 오직 몸만 주고 피는 주지 않는다."[40] 한 수도원 형제가 다시 질문을 하자 아베를리는 자신과 자기편 사람들은 그리스도의 몸과 피는 성례전에서 임재한다고 믿는다고 확정적으로 말했다. "그럼에도 불구하고 그들은 자신에게서 그것을 훔쳤다."[41] 이 발언에 비추어 금식 기간에 소시지를 먹는 것은 평신도들에게 유보되어 있는 제단 성례전에 대한 권한을 자신들에게 부여하는 행위로 나타난다. 성찬식의 요소를 나누어 분배하는 것은 친교에서 이루어졌다. 소시지

38 Egli, *Actensammlung* (Anm. 5), Nr. 236, S. 77(1522년 4월 9일).

39 같은 책, S. 73.

40 같은 곳,

41 같은 책, S. 74.

식사가 행동 맥락을 통해 상징적 의미를 함축했다는 것은 후에 조사를 받은 어느 수도사가 아베를리가 분명히 제의에 참여시키려 했던 자신의 형제가 던져버린 소시지 조각을 주워서 여러 주 동안 보관했다는 사실에서도 나타난다. 계산된 고백적 행위의 성격을 지닌 아일렌부르크의 금식 위반과는 달리(이 사건은 비텐베르크의 '개혁 전문가'들에게 공동 책임이 있고 교회 예배에서 최초로 두 가지 요소로 성찬식을 집행함으로써 시간적·제의적·공간적으로 분명히 구별되었다), 취리히의 금식 위반은 평신도들의 성례전적 행동의 성격을 가진 듯하다.

1522년 3월 9일의 만찬에 참여한 자들은 지속적 입장을 통해 자신들의 행위가 알려지도록 함으로써 종교개혁 발전을 활성화하는 데 근본적인 자극을 주었다. 츠빙글리는 말과 글을 통해 금식 규정은 성서적 근거가 없다고 진술함으로써, 이런 도발을 이용할 줄 알았다. 특히 평신도들이 실행한 도발적인 행동과 반성적인 신학적 해석이 연계됨으로써 취리히 종교개혁의 금식 논쟁은 패러다임적 사안이 되었다. 행동 없이는 해석을 필요로 하는 갈등도 생기지 않았을 것이며, 행동에 대한 신학적 해석 없이는 취리히 시 참사회의 신뢰도 얻기 힘들었을 것이다. 그런 한에서 금식 위반은 종교개혁 과정을 결정적으로 역동화했다. 장차 스위스 종교개혁의 신학적 지도자가 된 츠빙글리가 이 효시적 행동에서 먹지 않고 참여했다는 것과 참여자 일부가 후에 재세례파로 넘어갔다는 사실은 사건에 종교개혁 역사상 중대한 의미를 부여했다.

사제와 수도사 혼인

금식처럼 독신제는 교회가 명령한 삶의 질서였는바, 그것의 준수가 의무적인 것으로 간주되는 만큼이나 이 질서는 위반되고 침해되었다. 악명 높은 공공연한 독신제 위반과 성직자의 독신 의무를 요구하면서 동시에 '사제들의 자식'에게 사면 수수료를 징수하는, 따라서 위반으로 이득을 취하는 교회의 이중 윤리는 종교개혁 이전에 이미 수없이 논의된 복잡한 의견 조율과 개혁 요구를 야기하였다. 종교개혁 이전의 개혁 문헌뿐만 아니라 특히 영향력이 컸던 에라스무스에게서도 독신제 철폐 요구는 드높이 제기되었다. 결국 루터가 1519년 이후, 그리고 귀족들에게 보낸 글에서[42] 상세하게 주장한 입장의 혁신적 내용은 전적으로 제한적이었다. 물론 만인사제직의 신학적 콘셉트에는 종교개혁 이전의 전통을 넘어서는 평등주의적 경향이 내재하였는바, 이는 사제들이 일관되게 시민 신분에 편입되는 것을 조장하게 될 터였다.

종교개혁 초기 운동에서 독신제 주제에 집중하고 수도사와 '사제들'의 성적 일탈 행위를 중세 후기 성직자 비판의 주요 주제 가운데 하나로 삼음으로써 정체되어버린 개혁 문제는, 교회법에 대한 노골적인 위반으로서 사제 혼인이 공공연히 거행되며 드물지 않게 출판물을 통해 홍보되고 정당화됨으로써 해결되었다. 공공연히 선언되고 실행된 사제 혼인의 행동 및 연출 형태는 교회법이 혼인한 사제에게는 그 공포를 상실했거나 어쨌든 불법적 관계에서 살아야 한다는 지속적인 양심의 가책보다는 비중이 덜했다는 것을 보여준다. 이 문제에서 성서적 근거가 분명하고 또한 행동적 요구가 명백하다는 사실은 사제 혼인 요구를 특히 평신도 집단 사이에서도 급속히 대중화하게 만들었다.

이 주제의 선전 효과는 무엇보다 1521년부터 1524년 사이 해당 팸플릿의 현저한 증가에서 반영된다(그림 17 참조).[43] 한 쌍의 부부와 이들을 돕는 '개신교' 성직자에 의해 공공연히 연출되며 설교를 통해 해명되고 정당화되고 참석한 평신도들을 통해 논평되고 인정되는 사제 혼인의 특별한 행동 형태는 사제직의 변화된 이해 및 성직자의 특별 윤리와의 결별을 과시한 것이었다. 때때로 이렇게 공공연히 자행된 사제 혼인은

42 WA 6, S. 440~43; LuStA 2, S. 135,5~138,20 참조.

43 Steven E. Buckwalter, *Die Priesterehe in Flugschriften der frühen Reformation*, Gütersloh 1998.

그림 17 에베를린 폰 귄츠부르크의

『사제에게 아내가 없다는 것이 얼마나 위험한가』(목판 표지, 1522년)

종교개혁을 위한 '홍보 행사'였던 것 같다. 즉, 사제 혼인은 사제도 살과 피로 이루어진 인간에 지나지 않음을 주장하고 봉헌과 자칭 동정성에 근거한 제의적 권능을 요구하지 않았다는 사실을 돌출시켰다. 동시에 사제 혼인에서 표현된 것은 그들이 혼인 신분의 속박을 받아들임으로써 책임을 진다는 것과 성직자들이 '어수선한 틈을 타서' 평신도들의 딸, 하녀, 아내를 '유혹할' 위험은 더 이상 없다는 것이었다. 성적인 것을 포함한 육신성의 고백은 사제들의 첩과의 기존 관계가 공개적 행위를 통해 새로이 평가되며 또한 해당 여인들이 도덕적으로 모호하고 수치스러운 신분에서 해방되었음을 의미하였다.

공공연히 연출된 혼인은 고백적·시위적·도발적 행동이었다. 즉, 그것은 관할 주교구청에 대한 도전이었고 상응하는 제재를 가하도록 강요했으니, 결과적으로 같은 생각을 가진 성직자와 평신도들로 하여금 연대하게 만들었다. 첫 번째 사제 혼인은 1521년 5월 이후에 작센과 만스펠트 백작령, 헤센에서 있었다고 증언되었다. 이전의 비텐베르크 대학생 3명이 이 최초의 사제 혼인을 감행했다. 루터의 제자이며 비텐베르크 부근의 켐베르크(Kemberg) 주교좌 교회의 수석 사제인 바로톨로메우스 베른하르디는 특히 주목을 끌었는데, 이 문제에서 일시적으로 여론을 주도한 카를슈타트가 집필한 소견서 때문이었다. 이 소견서를 작센 선제후 정부가 대주교의 종교재판에 대응하여 사용했고 후에 인쇄하였다.[44] 독신제 및 이것과 원래 결부된 서약 문제에 대한 카를슈타트의 연속적인 발언들에서 사제 혼인을 정상적인 일로, 반면 미혼은 이유를 설명할 필요가 있는 변칙적 행위로 선언하려는 경향이 점차 분명해졌다. 왜냐하면 혼인과 미혼에 대해 그리스도인의 자유를 선언한 바울도(고린도전서 제7장) 어떤 사람이 적어도 혼인하지 않았을 경우 그를 장로나 집사직에 임명하려 하지 않았기 때문이다![45]

---

44 Ulrich Bubenheimer, *Streit um das Bischofsamt in der Wittenberger Reformation 1521/22*, Tl. 1, in: ZSRG.K 73 (1987), S. 155~209, 여기서는 S. 172ff. 참조.

카를슈타트는 공공연히 혼인 신분에 들어간 최초의 비텐베르크 성직자였는데, 그는 자신의 혼인식을 성대하게 거행하면서 대학 구성원들과 선제후, 그 밖에 주변의 하객들을 초대했고 아마도 혼인 미사의 전례서를 인쇄한 듯하다. 전례서에 포함된 기도문에서, 다른 사제들이 자신을 뒤따르며 첩들을 내쫓거나, 아니면 혼인을 하고 '합법적인 부부 침상의 교제'로 돌아오기를 바란다고 기원했다.[46] 당시의 혼인법에 의하면, 증인들 앞에서 신랑 신부의 혼인 서약은 혼인을 구성하는 필수 요소로 간주되었고 교회의 축복은 이 행위를 인준하였으므로, 종교개혁적 사제 혼인에서 결정적인 요소는 기존의 관계를 공지하고 혼인으로 선포하는 데에 있었다.

스트라스부르에서 공공연히 행해진 사제 혼인에는 이런 공적인 선포가 선행하였다. 1523년 10월 18일에 사제 안톤 피른(Anton Firn)은 성토마스 교회 강단에서 서로 간의 혼인 서약에 의해 자신이 오랫동안 동거한 여인과 유효한 혼인 관계에 들어섰다고 공지했다. 피른은 강단에서 자신을 '남편이라고 공표'했는데, 이것은 흔한 불법적 사제 내연 관계 중 하나에 불과하다는 '스캔들을 사람들에게서 불식시키기' 위함이다. '회중 앞에서 축복이 내려진' 경우에[47] 혼인은 혼인으로 인정될 수 있다는 견해가 일반적으로 통용되었기 때문에, 피른은 자신의 동료이자 이 도시의 첫 번째 종교개혁 설교자 마테우스 첼로부터 3주 후에 스트라

---

45 "Concessa sunt matrimonia atque adeo, quot ne quidem Paulus audeat quempiam in Presbyteratum aut diaconatum constituere [디모데전서 3,2.12 참조], nisi illi saltem una fuerit uxor." Andreas Karlstadt, *Super coelibatu monachatu et viduitate axiomata* ……, Wittenberg: Nickel Schirlentz 1521; VD 16 B 6126; Köhler, *Bibl.*, Bd. 2, Nr. 1918, S. 193f.; MF 791, Nr. 1996, a 3^r.

46 Buckwalter, *Die Priesterehe* (Anm. 43), S. 99의 번역 인용.

47 *Supplication des pfarhers vnnd der pfarrkinder zu sant Thoman eim ersamen Rath zu Straßburg am XII. Decembr. überantwurt Anno M.D.XXIII.* ……, Basel, Andreas Cratander 1524; VD 16 F 1124; Köhler, *Bibl.*, Bd. 1, Nr. 1160, S. 494f.; MF 125, Nr. 334, A 2^v~A 3^r.

스부르 대성당 앞에서 공개적으로 축복을 받았다. 첼 자신은 3주 후에 이 조치를 다시 취했다. 여러 가지 사실이 그가 1523년 여름에 이미 마르틴 부처의 영향 아래 카타리나 쉬츠(Katharina Schütz)와 혼인을 했다(447~51쪽 참조)는 것을 가리킨다. 그들은 우선 그들 부모에게 혼인 사실을 숨겼다.[48] 후일 스트라스부르와 남부 독일 종교개혁의 지도자 부처는 수녀원에서 나온 자기 아내와 1523년 봄에 이미 파문당한 신앙의 도피자로서 알자스 제국도시로 들어왔으며, 아주 용감하게 자신이 교회법에 의해 금지된 혼인을 했음을 고백했고[49] 첼의 사제관에서 기거하였다.

스트라스부르에서 사제 혼인 사건은 전술적으로 부인되었으나, 그것의 공공연한 연출은 예상되는 주민들의 동의를 계산한 것이었다. 어느 정도나 개신교 성직자들의 형제애적 협동 정신이(사제조합에서 볼 수 있듯이) 집중적인 초공동체적 협조 속에(이것은 예를 들어 혼인 문제의 상호 지원에서 결실을 맺었다) 만연했는지는 쉽게 결론 내릴 수 없다. 종교개혁이 결국 성공을 거둔 도시들에서 '개신교' 성직자들의 긴밀한 협조는 무엇보다 구교에 대항한 공동전선에서, 그리고 교회의 변화 및 그것의 신학적 해석을 다양하게 내외적으로 조정하고 조율할 필요에서 비롯하였다. 스트라스부르 대성당 광장에서 피른과 그의 아내를 축복했을 때 인파가 몰려들었다. 군중 중 한 사람이 환호하며 외쳤다. "그[피른]는 잘했다. 신이 그에게 천년을 축복하시기를."[50] 첼과 그의 아내가 3주 후 축복받았을 때, 그들은 예배를 두 요소로 행한 최초의 공적 성찬식과 연결했고,[51] 따라서 센세이션을 일으키며 지지를 받은 의식을 이용하여

---

48 Martin Bucer, *Opera omnia*, Series 3: *Correspondance*, Bd. 1: *Correpondance jusqu' en 1524*, hg. v. Jean Rott, Leiden 1979, S. 211,14~19; Kaufmann, *Pfarrfrau* (Anm. 25), S. 181f., Anm. 33 참조.

49 BDS 1, S. 293ff.

50 Kaufmann, *Pfarrfrau* (Anm. 25), S. 182, Anm. 33에서 인용.

51 Thomas Kaufmann, *Die Abendmahlstheologie der Straßburger Reformatoren bis*

종교개혁적 갱신의 또 다른 중심 주제를 공공연히 개시했다.

스트라스부르와는 달리 아우크스부르크의 사제 혼인의 경우, 공개적인 교회 공간에서 제의 행위를 행하는 데 성공하지 못했다. '개신교적' 설교 때문에 성직록을 상실한[52] 바젤 출신의 사제 야코프 그리스뷔텔(Jakob Grießbüttel)과 그의 아내에게 아우크스부르크의 주교 대리 혹은 시장은[53] 교회 공간의 사용을 거부했다. 이에 아우크스부르크의 종교개혁 지지자 32명은 자비로 어느 술집에서 잔치를 마련했고, 동료 사제 한 명은 모인 축하객들에게 부부의 혼인을 증언해주기를 요청했다. "이는 하나님의 말씀을 억압하는 적그리스도가 이 혼인을 무효화할 수 없도록 하기 위함이다."[54] "나무와 돌로 만들어지고 세워진 성전"[55]이 그들을 받아들이지 않았으므로, 그리스뷔텔과 그의 아내는 술집의 회중 앞에서 혼인 서약을 했다. 그들은 세상 앞에서 부부로 서기를 바랐고 그들이 자녀를 얻을 경우 그 아이가 '사제의 사생아'로 여겨지기를 원하지 않았다.[56] 동료 사제 한 사람이 이 사건에 관해 작성한 팸플릿을 통해서 이 사건은 보다 널리 알려지게 되었다.

1520년대 하반기 이후에 비교할 만한 텍스트들이 더 이상 나타나지

1528, Tübingen 1992, S. 105.

52 Kastner, *Quellen zur Reformation* (Anm. 25), Nr. 56, S. 176에 발췌된 빌헬름 렘(Wilhelm Rem)의 아우크스부르크 연대기의 언급 참조.

53 Rem, (Anm. 52), S. 176에 따르면 "그[그리스뷔텔]는 교회 앞에서 축복을 받지 못했다. 왜냐하면 주교 대리가 심하게 반대했기 때문이다. 메밍겐의 목회자 크리스토프 게룽은 이 문제에 관해 집필한 팸플릿에서 아우크스부르크의 지지자 32명의 역할을 강조한다. 그들은 시장을 만났으나 거부하는 답변을 들었다." Christoph Gerung von Memmingen, *Der Actus und das geschicht: das newlich zu Augspurg durch den willen gots ain Christenlicher Priester zu der Ee gegriffen hat* …… [1523], in: Karl Simon [Hg.], *Deutsche Flugschriften zur Reformation* [*1520*~*1525*], Stuttgart 1980, S. 299~307, 여기서는 S. 304 참조.

54 Gerung, *Actus* (Anm. 53), S. 305.

55 같은 곳.

56 같은 책, S. 306.

않았다는 사실은 사제 혼인이 종교개혁의 개방적인 맥락에서 급속히 그 '요란한' 성격을 상실했고, 시민 가부장으로서 그리고 남편으로서 공동체 안에 사는 혼인한 사제는 곧 당연한 사실이 되었다는 것을 암시한다. 혼인 및 성(性)과 연관해서 지금까지 통용되어온, 평신도에 대비해서 성직자들은 신학적·법적으로 차이가 있어야 한다는 관념이 제거됨으로써, 사제 및 수도사 혼인은[57] 성직자들 편에서도 평등주의적 행위로 해석될 수 있다. 또한 이 일은 만인사제직을 이런 방식으로 연출한 것이다.

수도원 탈퇴

사제 혼인에 관한 팸플릿처럼 수도사 및 수녀의 수도원 탈퇴에 관한 그것은 역사적으로 제한적으로 관심을 끌었다. "이전 수도원 구성원의 자기 정당화에 관한 글"[58] 대부분은 1522년과 1523년에 나왔다. 이후에 이런 현상 특유의 요란함과 신기함은 사라졌다. 사제 혼인처럼 수도원 탈퇴는 개인의 갈등 가득한 삶의 결단, 독자적인 '고백 및 해방 행위'와 관계가 있었다. 경우에 따라서 민감한 법적 결과, 즉 속박 서약의 폐기가 문제가 되었다. 다른 행위 형태처럼 이것은 두 가지 종류의 그리스도인, 즉 성직자와 평신도의 근본적 구별에 근거한 삶의 질서와의 결정적인 단절과 관계가 있다. 사제 혼인의 실천을 통해서, 즉 현재적으로 경험 가능한 사건으로서 공적 주목을 끄는 행동 및 연출과는 달리 수도원 탈퇴는 회고를 통해서, 그러므로 연기자의 변증적 해석 형태로 수용

57 Bernd Moeller, *Wenzel Lincks Hochzeit. Über Sexualität, Keuschheit und Ehe im Umbruch der Reformation*, in: B. Moeller, *Luther-Rezeption*, hg. v. J. Schilling, Göttingen 2001, S. 194~218 참조.

58 종교개혁 초기의 해당 팸플릿 인쇄물의 서지학적 편집에 대해서는 Antje Rüttgardt, *Klosteraustritte in der frühen Reformation*, Gütersloh 2007, S. 333f. 참조.

될 수 있었다.

수도원 탈퇴의 경우에도 비텐베르크, 즉 루터 자신의 수도원이 급속히 전개된 발전의 출발점이었다. 1521년 11월에 13명의 아우구스티누스회 수도사들이 수도회를 떠났다. 루터가 1521년 11월에 바르트부르크에서 집필했고 1522년 2월에 인쇄된 『수도사 서약에 관하여』(*De votis monastichis*)는 의심의 여지 없이 다른 누구보다 기존 수도원 제도를 강하게 흔들어놓은 글이었다. 루터는 일생토록 유효한 서약은 성서에 기록된 신의 뜻과 일치한다는 것을 부인하고, 수도사 삶의 스타일의 '행위적 거룩함'을 거부하며, 세례를 신에 대한 모든 그리스도인의 의무의 정향점이라고 주장했다.[59] 루터는 '해방된 양심', '그리스도의 새로운 피조물'로서,[60] 오직 믿음으로 의롭다 함을 받은 자로서 지금까지의 수도사 신분의 외적 형태 안에서 자발적으로 남아 있을 자유를 스스로를 위해 주장했다. 개신교적 신앙의 자유를 안다는 것은, 다른 수도사와 수녀들에게는 수도원 세계에서의 계속되는 삶이 양심상의 이유에서 불가능해졌고 외적 단절과 세상적 삶으로의 전향이 필요한 것으로 보였음을 의미했다.

탈퇴한 자에게 그런 조치를 야기했거나 강요한 정황을 변증적으로 서술한 글 속에 자서전적 내용들이 다양하게 편집되었으므로, 보다 보편적 갈등을 어느 정도 추론할 수 있다. 지금까지의 수도사로서의 삶의 형태와 단절함으로써 자신의 삶이 근본적으로 문제시되었을 뿐만 아니라 남아 있는 자들이 공격을 받았다. 이런 많은 텍스트들에서 수도사-성직자로서의 특수한 길이 그리스도의 뜻에 부합하지 않는다는 통찰이 결정적 역할을 했다. 뉘른베르크의 도미니쿠스회 수도사 갈루스 코른(Gallus Korn)은 이웃 사랑에 대한 보편적 의무를 수도사들이 구원이기

59 WA 8, S. 573~669.

60 "양심이 해방되었으니, 따라서 나는 이미 수도사이자 수도사가 아니고, 새로운 피조물이며, 교황의 사람이 아니라 그리스도의 사람이다." WA 8, S.575,27~29.

주의적 분리주의로부터 전향하게 된 결정적 동기로 진술했다. 그는 수도원 도서관에서 아우구스티누스 내지 성(聖)안토니우스의 회심과 유사하게 일어난 그의 양심을 찌르는 성서 구절을 발견했다고 주장한 후에 1522년 6월 9일 성령 강림 월요일에 수도원을 탈퇴했다.[61]

만스펠트 백작령 내 시토회 수녀원을 모험적으로 탈출한 수녀 플로렌티나 폰 오버바이마르(Florentina von Oberweimar, 1509년경 출생)가 루터의 공개서한과 에필로그를 붙여서 1524년 비텐베르크에서 출판한 자기 변론은 이런 종류의 여성 수도원 인물의 첫 번째 글이었는데, 실존적 결단의 이유를 무엇보다 그녀가 수녀원에서 받았던 잔혹한 고통으로 설명했다.[62] 그녀는 6세 때 노이-헬프타(Neu-Helfta) 수녀원에 맡겨졌다. 11세 때, '그러므로 무지한 청소년기에'[63] 그녀는 봉헌되었다. 그녀는 종신 서약을 하도록 강요받았다. 그러나 그녀는 14세 이후 종교적 신분에 대해 의문을 가졌다. 그녀는 종교개혁적 글을 읽음으로써, 수녀로서의 삶이 "지옥으로 들어가는 지름길"임을 알게 되었다.[64] 수녀원 문이 열려 있음으로써 가능했던 예기치 않은 탈출은 신의 섭리로 해석되었으며, 이때까지 몇 달 동안 그녀는 욕설, 구타, 감금, 발언 금지, 독방 구금 등의 학대를 받았다. 루터에게 도피한 여성의 글이 비텐베르크에서 출판됨으로써 그녀의 감동적인 삶의 이야기는 수도원 반대 홍보 책자의 성격을 얻었다. 루터 자신은 이 수녀의 증언 사례를 "헛된 압력, 강요로 잔인하게 사람들을 신에게로 인도하려는 수녀원, 수도원이 얼마나 악마적인가를 보여주는"[65] 모범적 증언으로 다루었다. 그가 이전 해에 그리마 부근 님프셴(Nimbschen bei Grimma)의 시토회 소속 마리엔트론(Marienthron) 수녀원에서 12명의 수녀를 해방한 사건 — 그녀들 가

61 Rüttgardt, *Klosteraustritte in der frühen Reformation* (Anm. 58), 특히 S. 97f. 참조.

62 Rüttgardt, 같은 책, 특히 S. 276ff.; WA 15, S. 89,1~94,3 참조.

63 WA 15, S. 89,20f.

64 WA 15, S. 91,12.

65 WA 15, S. 87,30~32.

운데 후일 루터의 아내가 된 카타리나 폰 보라(Katharina von Bora)가 있었다—을 출판상으로 이용했던 것처럼,[66] 그는 이제 절망에 빠졌고 학대받은 플로렌티나의 이야기를 이용하여 수도원에 대한 싸움을 뜨겁게 달구고자 했다. 일차적으로 개인적 삶의 결단으로 이루어져야 할 수도원 탈퇴의 행동 형태는 개신교적 행동 귀감으로 연출되었다. 즉, 종교개혁적 사고와 수도원적 삶은 이제 서로 부합될 수 없는 것이 되었고 혼인 신분이라는 평신도적 삶의 형태는 보편적 규범으로 간주되어야 했다. 종교개혁적 선전에서 수도원 탈퇴는 종교개혁 운동 및 모든 세례받은 사제의 삶의 형태가 보통의 평신도와 다를 게 없어야 한다는 콘셉트를 정당화하는 신적 해방 행위로 보였다.

카니발적인 연출

우리가 아는 한, 종교개혁에서 도발적이고도 카니발적인 행위의 첫 번째 사례는[67] 비텐베르크 대학생들로부터 유래한다. 루터와 멜란히톤, 그리고 다른 교수들이 1520년 12월 10일에 도시 엘스터 문 앞에서 벌어진 교황 교회를 파문하는 행사(279쪽 참조)로부터 돌아온 후, 수백 명의 대학생들이 '전장'[68]에 남아 불 주변을 돌면서 '테 데움 라우다무스'

66 WA 11, S. 394~400. 이 글 *Ursach und Antwort, daß Jungfrauen Klöster Göttlich verlassen mögen*(1523)은 8쇄가 나왔고(WA 11, S. 389f.; Josef Benzing, Helmut Claus, *Lutherbibliographie, Verzeichnis der gedruckten Schriften Martin Luthers bis zu dessen Tod*, 2 Bde., Baden-Baden ^{2}1989~94, Nr. 1561~68), 플로렌티나의 글은 6쇄가 나왔다(WA 15, S. 81f.; Benzing, Claus, 같은 책, Nr. 1895~1900). 이로써 루터의 글은 수도원 탈퇴에 관한 한 가장 널리 읽힌 텍스트로 간주되어야 한다.

67 Robert W. Scribner, *Reformation, Carnival and the World Turned Upside-Down*, in: R. W. Scribner, *Popular Culture and Popular Movements in Reformation Germany*, London / Ronceverte 1987, S. 71~102이 주요 동기를 제공했다.

(Te deum laudamus, 우리가 하나님 당신을 찬양하나이다)와 교황 법령을 패러디한 장송곡을 불렀다.[69] 이 행위에 대해 호의적인 당대의 보고자가 이 노래를 '파렴치하다'[70]고 표현한 것은 도를 넘었다는 것을 의심할 수 없게 만든다. 만찬 후 일부 대학생들은 농민 짐차를 마련했다. 신입생들이 (비하와 결부된) 학업 개시 의식에서 착용하곤 했던 변장을 하고—대개 비지성인의 야만적 신분을 상징하는 동물 의상을 입었다—마차 위에 앉았다. 마찬가지로 변장한 마부가 웃음을 자아내는 말이나 몸짓과 함께 말을 몰았다. 마차 앞에는 네 명의 어린이가 앉아서 '유대 말',[71] 즉 히브리어로 선창을 했다. 그다음으로 그들은 로마에서 20굴덴 금화로 매입했다고 하는 4엘렌(Ellen, 중세의 길이 단위) 길이의 교서를 돛처럼 펼쳤다. 또한 한 명의 나팔수가 마차 위에 서서 한 손에는 악기를 잡고 다른 손에는 양날 검을 잡았는데, 칼끝에는 면죄 교서가 꽂혀 있었다. 둘러싼 사람들 가운데로 나뭇조각과 식물을 던졌는데, 교황 교회의 은사가 아무것도 아님을 상징하기 위한 것이었다.

비텐베르크 대학생들이 도시를 돌면서 연출한 '퍼포먼스'는 면죄에 의해 '추진'되는 교황 교회의 '배'[船]를 조롱했다. 시나리오는 결국 화형장을 돌면서 '테 데움', 레퀴엠, 그리고 '오, 불쌍한 유다여, 네가 무얼 했는가'라는 노래를 부름으로써 끝났다. 그다음으로 학생들은 이전에 시내에서 모은 루터의 적대자들의 글을 소각했다. 브란덴부르크 주교 히에로니무스 스쿨테투스의 보고에 의하면, 한 대학생은 교황으로 변장했다고 한다. 그리고 교황의 삼중관을 불태워 허수아비 처형식을 거행하였다.[72]

---

68 Johannes Keßler, *Sabbata*, hg. vom Historischen Verein des Kantons St. Gallen, St. Gallen 1902, S. 72,17.

69 *Exustionis Antichristianorum decretalium acta*, in: WA 7, S. 184~86, 여기서는 S. 184,12~185,1 참조.

70 WA 7, S. 185,2.

71 WA 7, S. 185,9.

다음 해의 카니발 기간에 비슷한 일이 반복되었다. 청년 학생들(인벤투스 노스트라Iuventus nostra)이 도시에서 교황, 추기경, 주교들을 몰이사냥했고, 이어서 성직서열제를 상징적으로 처형했다.[73] 루터는 이 소동을 관람한 듯하며 그것이 당연하다고 여겼다. 그리스도의 원수 교황을 조롱하는 것은 교황이 그리스도를 조롱하기를 중단하지 않는 한 정당하다. 비텐베르크 대학생들의 두 가지 행위에서 행동 구조를 결정한 것은 패러디된 의식, 행렬, 그리고 카니발 행진이었던 것 같다. 대학생들은 잘 알려진 것을 차용하여 변형함으로써 급진적·반성직주의적 메시지를 유포하였다. 의식적 틀은 이런 행위가 독자적인 것이 될 위험을 제한했다.

두 가지 해프닝에 관한 보고와 시가를 붙인 작은 라틴어 팸플릿이[74] 나타났는데, 이것은 일차적으로 라틴어를 아는 계층을 대상으로 함으로써 이 해프닝의 인기로부터 어부지리를 얻으려 하지 않았다는 것을 보여준다. 또한 1522년 스트라스부르에서, 1523년 베른에서, 1524년 프로이센의 쾨니히스베르크에서, 1525년 나움부르크에서의[75] 카니발 행진은 반(反)로마적으로 연출되었다. 비텐베르크 대학생들이 1521년 카니발 때 연기한 것처럼, 몰이사냥이 츠비카우(Zwickau)에서 보고되었다. 도시 시민들과 그 자식들은 수도사와 수녀로 변장했고 "사냥에서

---

72 Walter Friedensburg, *Die Verbrennung der Bannbulle durch Luther*, in: Quellen und Forschungen aus italienischen Archiven und Bibliotheken I (1898), S. 320f.; WA.B 2, S. 269, Anm. 19; Otto Clemen, Über die Verbrennung der Bannbulle durch Luther, in: O. Clemen, *Kleine Schriften zur Reformationsgeschichte*, hg. v. Ernst Koch, Bd. 3, Leipzig 1983, S. 164~73, 여기서는 S. 167.

73 루터가 보름스의 슈팔라틴에게 1521년 2월 17일에 보낸 서신, WA.B 2 Nr. 377, S. 266, 29~34.

74 Clemen, *Verbrennung* (Anm. 72), S. 170ff.; WA 7, S. 184~86; dt.: *Ulrichi Hutteni equitis Germani Opera*, hg. v. Eduard Böcking, Bd. 3, Leipzig 1862, S. 470~72 (*Das teutsch Requiem*) 참조.

75 Scribner, *Reformation* (Anm. 67), S. 73f.; Clemen, *Verbrennung* (Anm. 72), S. 169, Anm. 2 참조.

보통 그렇게 하듯이, 시장에서 큰 함성과 함께 그물 속으로 쫓겨 들어갔다."[76] 팸플릿은 이런 사냥 장면을 삽화로 그렸다(그림 18 참조).[77] 팸플릿에 첨부 인쇄된 시구에서 시인(아마도 뉘른베르크의 한스 작스Hans Sachs인 듯)은 사제 사냥의 환상을 회개로의 경고로 이해해야 한다는 것을 역설한다. "단조로운 그물에서 벗어나서 행위와 삶을 통해서 신의 말씀에로 가는 자에게 신은 구원을 베풀 것이다." 카니발에서의 사제 사냥이라는 생생한 상상적 형상은 지식인층을 넘어서 종교개혁적 선동의 동기를 제공했고, 사회적·계층적·전통적으로 분리되어 있는 환경 사이의 소통이 강화되었음을 보여준다.

비텐베르크 대학생들에게 이 상호작용 과정은 중요한 의미를 가진 듯하다. 비텐베르크에서 또한 성직자에 대한 최초의 구체적인 공격이 전해지고 있다. 1521년 10월 5일과 6일에 비텐베르크 대학생들은 헌금을 걷고 있던 성(聖)안토니우스회 수도사들에게 오물과 돌을 던졌다. 그들은 고함과 '무수한 소음'으로 설교를 방해했다.[78] 따라서 수도사는 설교를 일찍 중단해야 했다. 결국 안토니우스회 수도사가 봉헌하려고 했던 물이 담긴 양동이를 넘어뜨렸고 "교회 벽에 몇 개의 풍자적 대자보를 붙였다."[79] 이런 행위에서 분명한 사실은 염치없는 구교 성직자에 대한 '연출된' 상징적인 폭력 행사에서 직접적 행동으로 넘어가는 것은

76 Clemen, *Verbrennung* (Anm. 72), S. 169에 나오는 Ratsbibliothek Zwickau의 필사본, 페터 슈만(Peter Schumann)의 연대기에서 인용.

77 *Das Münich und Pfaffen Gaid / Niemand zur lieb noch zu laid*; Harry Oelke, *Die Konfessionsbildung des 16. Jahrhunderts im Spiegel illustrierter Flugblätter*, Berlin / New York 1992 참조.

78 그레고르 폰 브뤼크(Gregor von Brück)가 작센 선제후 프리드리히에게 1521년 10월 8일에 보낸 서신, Müller, *Die Wittenberger Bewegung*, Nr. 5, S. 19~21, 여기서는 S. 20; Felician Gess (Hg.), *Akten und Briefe zur Kirchenpolitik Herzog Georgs von Sachsen*, 2 Bde., Leipzig / Berlin 1905~17 (Nachdruck Köln und Wien 1985), Bd. 1, S. 207. 루터가 슈팔라틴에게 1521년 11월 11일에 보낸 서신에 의하면, 루터는 이 행위와 거리를 두고 있다. WA.B 2, S. 402,20f.

79 Müller, 앞의 책, S. 20.

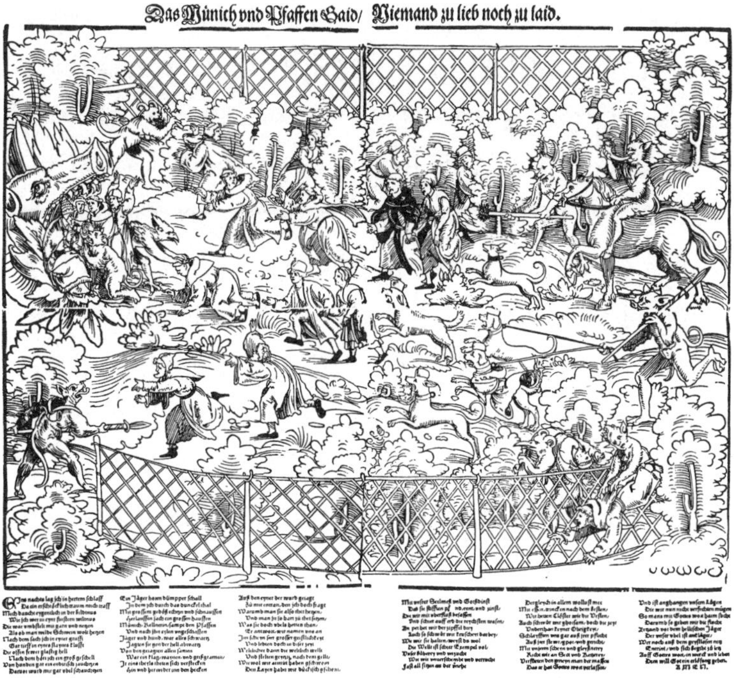
Das Münich vnd Pfaffen Gaid/ Niemand zu lieb noch zu laid.

그림 18 에르하르트 쇤(텍스트 저자는 한스 작스인 듯)의
『수도사와 사이비 사제 사냥』(삽화가 든 팸플릿, 1525년경)

유동적이라는 것이었다.

중세에 알려진 다양한 형태의 불손한 패러디에 비하여 종교개혁 운동이 전통적인 형태의 카니발의 익살극을 이용하는 경우에도 유머 없는 심각성이 두드러진다. 이제는 윤리에 관해서 성직자들의 '너무나 인간적인' 실패만이 문제가 된 것이 아니라 참된 교훈을 근본적으로 배신한 것이 문제가 되었기 때문이다. 비텐베르크나 다른 곳의 종교개혁 운동의 신학 지도자들은 익살스러운 카니발적 행위와는 거리를 두었다. '독자적' 개신교와 관련해서 잘 처방되고 조절된 조롱은 근거가 없다는 것이 점차 드러났다.

종교개혁적 퍼포먼스의 희화화(戱畵化)된 성격은 특별히 1524년 7월 초 에르츠 산맥의 소도시 부흐홀츠(Buchholz)에서 있었던 행렬에서 분

명해진다. 부흐홀츠는 에르네스트계 작센 내 광산 도시 안나베르크(Annaberg) 부근에 있었다. 이곳은 반종교개혁적 사고를 가진 알베르트계 게오르크 공작의 영토에 속하였다. 부흐홀츠로부터 종교개혁적 경향이 밀려들어왔다. 1524년 6월 16일 마이센에서 성대하게 거행된 성(聖) 베노(Benno, 그는 서품 논쟁 시대부터 작센 지역에서 제의 대상이었다)의 유골 '발굴'은 해학적 행렬의 동기를 제공했다. 게오르크 공작은 오랫동안 많은 비용을 들여서 노력한 끝에 결국 교황의 시성(諡聖) 승인을 얻어냈다.[80] 부흐홀츠 행사를 누가 시작했는지에 대해서 보다 상세한 것은 알려지지 않았다. 비텐베르크에서 처음 출판된[81] 익명의 팸플릿은 이 '엄숙하고 칭찬할 만한 행렬'[82]을 실행에 옮긴 것은 무엇보다 순박한 서민 출신의 젊은이들이었다고 말한다. 낡고 해진 발싸개 천으로 만든 깃발이 '성직자' 무리의 앞에 섰다. '성직자'들은 목욕용 모자와 삼 체를 비레트(byret, 성직자들이 쓰는 머릿수건)처럼 썼다.[83] 그들은 체스판을 보면서 노래책인 양 노래를 불렀다. 생선 냄비는 성수(聖水) 용기로 사용되었고, 거름 들것과 삽은 '존경할 만한 성물',[84] 이른바 성인의 유물을 운반하기 위해 사용되었다. 도시 밖의 한 구덩이에서 바이올린 및 류트

80 Otto Clemen, *Von der rechten Erhebung Bennonis ein Sendbrief* (1524), in: O. Clemen (Hg.), *Flugschriften aus den ersten Jahren der Reformation*, 4 Bde., Leipzig 1906~11 (Nachdruck Nieuwkoop 1967), Bd. 1, S. 185~209. 베노의 유골 발굴에 대해서는 Christoph Volkmar, *Die Heiligenerhebung Bennos von Meißen (1523/24)*, Münster 2002, 특히 S. 172ff. 참조. 그 맥락에 대하여는 Christoph Volkmar, *Reform statt Reformation. Die Kirchenpolitik Herzog Georgs von Sachsen 1488~1525*, Tübingen 2008 참조. 베노의 유골 발굴에 대한 루터의 공격에 관해서는 WA 15, S. 183~98 참조.

81 [Wittenberg: Hans Lufft] 1524. 인쇄에 대해서는 Clemen, *Von der rechten Erhebung*, (Anm. 80), S. 191ff.; Köhler, *Bibl.*, Bd. 2, Nr. 1766, S. 131; MF 518, Nr. 1336.

82 Clemen, *Von der rechten Erhebung* (Anm. 80), S. 203,4.

83 같은 책, S. 203,6.

84 같은 책, S. 203,9.

의 연주와 더불어 '웃지 않을 수 없는'[85] 유골 발굴이 이루어졌다.

그다음으로 유골은 거름과 함께 낡은 모피 누더기로 덮여서 거름 들것에 실려 도시로 보내졌다. 말 대가리 하나, 암소의 턱뼈, 말 다리 2개가 시장 광장으로 옮겨졌다. 지푸라기 외투를 백의로 걸치고 굽은 막대기를 든 채 생선 어살을 관으로 쓴 주교가 어떤 놀라운 일이 일어났는지를 설교했다. "오, 친애하는 경건한 이들이여, 보라, 이것이 마이센의 동기생, 친애하는 성(聖)베노의 거룩한 궁댕이로다."[86] 큰 웃음 가운데 이제 교황이 등장하여 공동체의 합창 속에('사랑하는 주님, 성베노가 우리 곁에 있나이다'[87]) 면죄를 선포했고 그다음으로 거름 들것에 옮겨져서 물통에 던져졌다. 구교 지지자들은 연극을 지역 행정관, 산림 감독관의 개입을 통해 중단시키려고 했고 이것은 성공했다. 그러나 연기자들은 단언했다. "교황파들이 그렇게 뻔뻔하게 바보짓 하기를 중단하지 않는데, 우리는 어째서 그들의 어리석음을 비웃고 조롱할 수 없는가?"[88]

부흐홀츠의 행위는 잘 준비되고 마이센의 성자 발굴을 계기로 신중하게 연출된 행렬의 패러디였다. 적어도 부흐홀츠의 연기자 가운데 한 사람은 마이센의 현장에 있었고, 이른바 베노의 관상골, 어깨뼈, 해골은 어린아이의 것임이 분명하다고 회고하면서 비웃었다. 부흐홀츠의 해학극은 알베르트가(家)의 '익살극'[89]을 폭로하며, 로마 교회의 기만적이고 유해한 광경을 무해한 '욕과 농담'[90]으로 대응하기 위함이었다. 로마 교회의 충실한 구성원들이 도발로 느꼈음이 분명한, 의도적으로 편집된 제의는 극적으로 영향을 끼침으로써 구교 통치의 상징에 대한 싸움을 도발하기 위함이었다. 특정 노래 및 행렬과 결부된 이동을 통해서 관객

85 같은 책, S. 203,16f.
86 같은 책, S. 204,1~3.
87 같은 책, S. 204,7.
88 같은 책, S. 204,16~18.
89 같은 책, S. 204,29; S. 205,16f.
90 같은 책, S. 204,25.

으로 하여금 자동적으로 참여케 만든 연극의 직접적 개방력은 익숙한 제의 형태와 연계되고 이것을 개조한 것에서 비롯되었다. 희극적 시나리오는 근본적으로 성직 계급 서열의 권위를 일상적 삶의 세계의 술어를 통해 심지어 그로테스크하게 전도(顚倒)함으로써 만들어졌다. 시기적으로 카니발 때 이루어지지 않은 부흐홀츠 사건과 같은 카니발적 행위는 기본적으로 파괴적인 경향을 띠었다. 사육제의 엄격히 제한된 '도착적 세계'가 일상의 삶으로 밀고 들어온 것이다.

다른 곳, 예를 들어 뤼네부르크에서 전통적인 카니발은 반(反)로마를 풍자하는 행렬을 위한 기간으로 남아 있었다. 뤼네부르크의 재단사 견습생들은 1530년 카니발 화요일에 수녀로 변장했고, 이런 식으로 심지어 시장을 속였다. 이것이 소문나자, 그들이 시로부터 견책당했다.[91]

성유물 모독과 화상 제거

부흐홀츠에서 베노의 유골에 행한 것과 같은 상징적인 능욕과 실제적인 모독 내지 위해, 파괴 행위를 구별하는 명백한 선을 긋는 것은 어렵다. 이런 일을 행한 자는 다른 일도 행할 잠재 능력을 가졌다. 부흐홀츠 사건과 같은 연극과 제의가 모독 실천을 위한 장애의 문턱을 낮추었다는 것을 과감하게 전제할 수 있다. 또한 성인의 유물과 유골이 라틴 유럽 교황 교회의 최대의 '보물'인데도 시위 행위의 선호 대상이 되었다는 것은 놀라운 일이 아니다. 이른바 화상 파괴처럼, 특히 성유물 파괴에서도 계획되고 잘 정돈되어 진행되는 모독 행위 외에 즉흥적이고 소란스러운 행위를 만날 수 있다. 화상에 대한 '개신교도'들의 신학적 견해의 스펙트럼과는 달리 성유물에 대해서는 그것을 제거해야 한다는 데에 전혀 논란의 여지가 없었다.

---

91 Kastner, *Quellen zur Reformation* (Anm. 15), S. 231.

성유물에 대한 폭력적 공격은 종교적인 물건을 탈권위화하고 통속적인 것으로 다루려는 행위였던 것 같다. 역사적 진정성이 의심되는 발굴된 유골들은 공격을 받은 끝에 자주 쓰레기 더미에 던져졌다. 거룩한 물건의 가치 상실이 이것보다 더 분명하게 표현될 수는 없었다.

마그데부르크 성(聖)플로렌틴의 관

구교 연대기 학자의 편향적인 보고에 의하면, 1524년 5월 마그데부르크에서 디오클레티아누스 박해 때(303~11)의 순교자 성플로렌틴의 관(棺)이 엘베 강에 던져질 뻔했다. 특정한 축제일에 대성당 가운데서 화려한 수의(壽衣)에 싸여서 관대(棺臺) 위에 놓여 전시되고 온전히 보존되었던 ― "그는 참수되었으므로 목 부분에 감은 선홍색 줄을"[92] 포함해서 ― 마그데부르크 대성당 마리아 예배소의 귀중한 전신 유골이 12명 내지 15명의 견습공에 의해 잔인하게 훼손되었다. 그들은 성플로렌틴의 관을 파괴했고 은으로 된 화상을 뜯어냈다. 그들이 관을 엘베 강에 던지려고 했을 때, 주임신부가 횃불로 그들을 위협했고 그들을 쫓아버렸다. 흥미롭게도 성유물과 능욕자들 사이에 직접적 신체 접촉은 없었다. 구교의 연대기 학자의 시각에서 볼 때, 개신교 설교의 직접적 결과였던 이 행위는 즉흥적으로 자행되었고 성급하게 중단된 해프닝이었던 것 같다. 이 행위는 거룩한 물건을 '무력화'하고, 그것의 무기력함을 폭로하며, 또한 무엇보다도 그것이 다른 자들에게 끼치는 위세를 꺾는 것을 목표로 했다.

스트라스부르의 성(聖)아우렐리아 묘

1524년 3월 29일에 마르틴 부처를 자신들의 목회자로 선출했고, 교구를 관할했던 성(聖)토마스 교회 참사회와 시 참사회에 대항해서 이

92 *Die Chroniken der niedersächsischen Städte. Magdeburg*, Die Chroniken der deutschen Städte 27, Göttingen ^{2}1962, S. 144, Anm. 6.

선출을 관철했으며, 사회적으로 별 특권을 갖지 못한, 주로 최하급 동업 조합인 원예사로 구성된 스트라스부르의 집단에 속한 성(聖)아우렐리아 교회에는 성아우렐리아의 묘가 있었다. 전설에 따르면, 아우렐리아는 스트라스부르에서 열병으로 사망한 11,000명의 처녀 가운데 한 사람이었다. 묘가 자칭 이미 1,100년 동안 존속했다고 하더라도, 지난 100년 동안에 비로소 이득을 취하려는 생각을 하게 되었다고 부처는 보고한다. 분명히 무덤은 증대하는 인기를 누렸다. 성녀는 열병을 치유하는 조력자로 간주되었다. 그녀의 무덤 곁의 흙을 먹고 성녀의 조각('우상'[93])을 장식하며 '사람들이 혹하도록 무덤 주변에 내의를'[94] 걸어놓는 것이 관행이었다. 성녀의 능력은 천 조각에 전이되었고, 이것은 치료 목적으로 사용되었다. "신의 말씀의 충분한 가르침에 따라서"[95] "공동체는 이 무덤을 파괴했다"라고[96] 부처는 회고했다. 이때 발견된 유골 잔해는 종교개혁적으로 '확립된' 공동체 구성원들이 '신의 말씀'에서 배운 것을 추가로 확증해주었으니, 즉 성녀 숭배는 우상숭배적 사기에 불과하다는 것이었다. 왜냐하면 발견된 유골은 "매우 크고 울퉁불퉁했으므로, 이것은 처녀의 몸이라는 정보를 줄 수 없기" 때문이었다.[97]

유골을 "사람들의 시야에서 사라지게 했다"[98]는 사실은 책임 있는 성아우렐리아 교회 공동체가 그들의 목회자 부처의 지도 아래 성녀 숭배를 극복했을 뿐만 아니라 동시에 그것을 지속적으로 불가능하게 했다는 것을 보여준다. 그런데 이것은, 부처가 묘사한 것처럼, 무덤 파괴가 '공적으로' 마찰 없이 이루어졌다고 믿게 만들려고 했음에도 불구하고

---

93 Bucer, *Grund und ursach auß gotlicher schrifft der neüwerungen*, in: BDS 1, S. 273,24.

94 BDS 1, S. 273,25.

95 BDS 1, S. 273,26f.

96 BDS 1, S. 273,27f.

97 BDS 1, S. 273,28f.

98 BDS 1, S. 273,29f.

성아우렐리아의 신실한 숭배자들이 많이 있었음을 전제한다. 아우렐리아 제의를 폐지할 때 사람들은 단계적으로 행동했다. 우선 그들은 '내의와 다른 미끼들'[99]을 치웠고, 그다음으로 제단 위에 있는 아우렐리아상을 치웠으며, 마지막으로 아우렐리아 묘가 있는 지하 납골실 입구를 봉쇄했다. 종교개혁적 설교자의 논평 — "그들이 그녀의 내의와 다른 속임수들을 격자 속에 밀어 넣은 것은 아무런 도움이 되지 못했다"[100] — 에서 빈자 구호의 사회적 호소와[101] 결부된 '계몽적 홍보'는 성녀 숭배에 대항해서 분명히 완전한 영향력을 끼치지 못했음을 추론할 수 있다. 그렇기 때문에 결국 무덤을 제거하고 지하 납골실을 메워버렸다. 그리스도인들에게 더 이상 아우렐리아 숭배 같은 '동화극'을[102] 요구할 수 없었기 때문이다. 그들은 '다른 신'을[103] 섬길 수 없는 것이 명백했다.

스트라스부르 성아우렐리아 교회의 모독 행위는 — 마그데부르크 대성당의 성플로렌틴의 묘에 대한 수공업자들의 공격과는 달리 — 종교개혁적 교육 및 갱신 프로그램의 일부였고, 목회자와 '개신교적' 사고를 지닌 공동체 집단의 합의에 근거한 것이었다. 다른 행위들에 비하여 이 행위에는 스펙터클하고 의도적으로 도발된 성격이 결여되었는바, 아마도 무엇보다도 세력 면에서 이미 '개신교도'들에게 유리하게 결정되었기 때문일 것이다. 이 사건은 종교개혁 초기 행위와 질서정연한 명령에 의한 종교개혁적 행동 사이의 이행 과정이 유동적이었다는 것을 분명히 보여준다. 성유물의 제거에 해당되는 것은 또한 개신교화되는 교회 공간 내의 거룩한 형상을 제거하는 것에도 유사하게 해당될 수 있다.

---

99 BDS 1, S. 273,37.

100 BDS 1, S. 273,40~274,1.

101 "…… 이 무덤을 꾸며놓음으로써 많은 사람들이 거기서 도움을 구했고, 무덤에서 신을 찾았으며, 가난한 자들에게 주어야 할 헌물을 목상(木像)과 유골에 가져다 바쳤다." BDS 1, S. 273,33~36; S. 274,1f. 참조.

102 BDS 1, S. 274,5.

103 BDS 1, S. 274,3.

즉흥적인 시위성 파괴 행위는 특히 종교개혁 초기의 대립 단계에서 등장했다. 이것은 여러모로 시의 명령으로 이루어진 질서정연한 형상 제거를 위한 계기를 마련했고 전반적으로 볼 때 예배에 사용되는 교회 공간 정화의 소소한 일부를 이루었다.[104]

비텐베르크 시 교회

이른바 비텐베르크 운동(376~90쪽 참조)의 맥락에서 최초의 종교개혁적 형상 제거 때 이미 '질서정연한' 절차가 의도되었다. 갖가지 시나리오와 소란에도 불구하고 — 예를 들어 칼로 무장한 대학생과 '평신도 시민 몇 사람'[105]이 습격하여 시 교회 사제들이 미사를 집전하는 것을 방해하고 미사 책을 빼앗았다[106] — 1522년 1월 말 전에는 비텐베르크의 교회와 예배소에서 형상들이 평신도들의 즉흥적 행동에 의해 파괴된 적이 분명히 없었다. 그곳에서 형상 파괴는 수도사들로부터 시작되었다. 1522년 1월 10일과 11일, 즉 시에서 개최된 아우구스티누스 은둔자회 총회가 끝난 다음 날, 수도원에 남아 있던 형제들이 가브리엘 츠빌링의 선동에 따라 아우구스티누스회 교회 제단을 허물고 성자상들과 채색된 화상들, 성유를 소각했다.[107] 아마도 그들은 자신들의 행위가 총회의 결의에 부합한다고 생각했던 듯하다. 총회는 그리스도인의 자유의 울타리 속에서 편견 없는 제의 개혁을 합법화했다.[108] 대학생 혹은 평신

104 Gudrun Litz, *Die reformatorische Bilderfrage in den schwäbischen Reichsstädten*, Tübingen 2007 참조.

105 비텐베르크 시 참사회가 선제후 프리드리히에게 1521년 12월 3일에 보낸 서신, Müller, *Die Wittenberger Bewegung* (Anm. 12), Nr. 32, S. 73; Nr. 33, S. 74 참조.

106 시 참사회가 선제후에게 보낸 서신에 상세하게 서술되었다(같은 책, Nr. 32, S. 73f.). 진행에 대해서는 Nr. 33ff., S. 74ff. 참조.

107 슈팔라틴의 진술과 알베르트 부러(Albert Burer)가 베아투스 레나누스(Beatus Rhenanus)에게 1522년 3월 27일에 보낸 서신, Müller, *Die Wittenberger Bewegung* (Anm. 12), Nr. 72, S. 169; Nr. 102, S. 212 참조.

108 같은 책, Nr. 67, S. 147~51.

도들이 이 소란에 참여한 것에 대해서는 알려진 바가 없다.

카를슈타트의 권위 있는 자문을 받아서 시 참사회가 공표한 최초의 종교개혁적 교회법인 1522년 1월 24일자 **비텐베르크 시 교회법**은 "우상 숭배를 피하기 위해서, 그리고 형상 없는 제단 3개로 충분하므로 교회의 형상과 제단들은 철거되어야 한다"[109]라고 규정했다. 곧바로 인쇄된 카를슈타트의 글 『형상 철거에 관하여』[110]는 1522년 1월 27일자로 되어 있는데, 여기서 그는 시의 '통치자'들이 공표한 '필요한 개혁'[111] 법을 언급하였고 동시에 또한 법에서 이미 규정한 형상 철거의 즉각적 실행을 촉구하였다. 세속 정권은 우상을 파괴하고 또한 제사장들에게 신의 법을 엄격히 준수할 것을 요구한 구약성서의 왕 히스기야와 요시아를 본받아야 했다.[112] 구약성서의 법을 지키는 자만이 그리스도의 뜻을 이룰 수 있었다.[113]

카를슈타트의 글에 앞서 불을 붙이는 선동적인 설교가 있었다. 곧이어서 비텐베르크 시 교회에서 주민들에 의해 실행된 형상 파괴는 우리에게 더 이상 알려지지 않은 날짜에 일어났는데, 이날에 시 참사회 쪽의 상응하는 조치가 통고되었다. 추후에 카를슈타트는 '소요와 폭동'[114]을 선동한 자로 드러났고, 또한 비텐베르크 시 참사회와 대학은 시 참사회가 형상을 철거하기로 한 날짜를 미리 알린 것에 대해 작센 선제후 추밀원에 책임을 져야 했다.[115] 시 참사회 내지 세속 정권에 즉각 형상을

---

109 LuStA 2, S. 527,20f.의 출판에서 인용.

110 Laube u. a., *Flugschriften der frühen Reformationsbewegung* (Anm. 11), Bd. 1, S. 105~27에 게재됨.

111 같은 책, S. 105,8.10.

112 같은 책, S. 122,4ff.

113 같은 책, S. 122,34ff.

114 후골트 폰 아인지델(Hugold von Einsiedel)이 카를슈타트에게 1522년 2월 3일에 보낸 서신, Müller, *Die Wittenberger Bewegung* (Anm. 12), Nr. 81, S. 178.

115 "형상을 제거하고 부수고 불태웠다. 그리고 그런 일을 하기에 합당한 자들은 형상을 좋은 의도에서 제거하려고 했다. 그럼에도 불구하고 이 일을 어

제거할 권한이 있음은 논란거리가 아니었다.[116] 그러나 선제후령 작센 정부는 비텐베르크인들이 그 시점을 공지하고 이 때문에 '보통 사람들'이 참여할 수 있게 된 것을 비난했다. 왜냐하면 이로 말미암아 "소요나 폭동을 일으키도록 보통 사람들을 자극하려 했다"는 인상을 받았기 때문이다.[117]

시의 인사들도 참여한 이 첫 번째 종교개혁적 '형상 파괴'에서 실제로 어떤 일이 벌어졌는지는 분명히 알 수 없다. 대학의 대표자들은 선제후의 추밀원에 다만 "몇 사람이 서투르게 일을 처리했다"고[118] 답변했다. 그러나 이 일은 교수들의 책임 아래 벌어진 것이 아니었다. 이 밖에 "위반자들 몇몇은 시 참사회에 의해 처벌받았고, 몇 개는 탈취되었다."[119] 이 종교개혁적 '형상 파괴'에 앞서 시 참사회가 법을 공포했고 실행 날짜를 미리 알렸다는 사실을 고려할 때에, 이 사건을 즉흥적, 시위성 행위로 보는 것은 타당하지 않다. 비텐베르크 교구 교회에서 형상 제거가 일시적으로 취했을 수도 있는 폭동적 성격에도 불구하고 — '폭동'을 두려워하는 선제후령 작센의 관리들 편에서는 이 사건을 자명한 근거에서 극화했다. 사건 자체는 어쨌든, 종교개혁 운동의 인간적 기반을 넓히는 것을 목표로 한 도발적인 행동 형태보다는 차라리 종교개혁적 정리 행위로 해석되어야 했다. 비텐베르크의 형상 파괴에 참여한 '보통 사람들'에게는 카를슈타트의 영향 아래서 무엇보다도, 사방으로부터 필요한 일로 판단된 정화 행위에 동참하고 이런 방식으로 만인사제직을 실천에 옮기거나 시 참사회가 자신의 공지를 실행하는지 그리고 형상

는 날짜에 계획했는지를 공개적으로 알리지 말았어야 한다." *Instruktion für die Verhandlungen der kursächsischen Räte mit Universität und Stift Wittenberg* [1522. 2. 13.], in: 같은 책, Nr. 92, S. 191 = *MBW.T* 1, Nr. 211, S. 446,25~29.

116 "우리[작센 선제후의 추밀원]는 형상이 성서의 내용에 따라서 소각되어야 한다는 것을 판단하지 못한다." 같은 곳 = *MBW.T* 1, Nr. 211, S. 447,31f.

117 같은 곳.

118 *MBW.T* 1, Nr. 212, S. 450,24f.

119 *MBW.T* 1, Nr. 212, S. 450,25f.

에 관한 교회법 규정을 실천에 옮기는지를 검증하는 것이 중요했다.

종교개혁 초기의 다른 행동 형태와 비교해서 형상 파괴의 선동적이고 홍보적인 의미는 아직 '복음 사안'에 관해 그들의 마음을 얻지 못한 사람들에게는 그렇게 높이 평가될 수 없는 듯하다. 형상 파괴 내지 세속 정권이 주도한 형상 철거는 널리 퍼져 있었던 형상 내지 대상을 시각적으로 대하는 경건의 종교문화적 관습을 종식시켰다. 즉, 이것은 일차적으로 새로운 종교개혁적 신앙 실천을 위해 노력한 것이 아니라, 오히려 옛것에 궁극적으로 종지부를 찍었다.

대중어 가요

새로운 개신교적 경건 형태의 윤곽을 알려주며 현대적 시각에서 볼 때 덜 스펙터클하게 보이는 평신도들의 행위 형태는 종교개혁적 찬송가를 대중어로 노래 부르는 것이었다. 1523/24년 이후 루터와 비텐베르크 종교개혁의 다른 행위자들에 의해 만들어진, 또한 보헤미아의 대중어 가요의 영향 아래 토마스 뮌처로부터 나온 종교개혁적 가요들은 예배와 홍보적 행동 요소로서 이 매체에 새로운 의미를 부여했다. 일정한 문맥 속에서 루터의 노래들은 1523년 이후 한 장짜리 인쇄물로, 1524년 이후 '찬송가 책'[120]으로 널리 유포되었고 급속히 번성하는 문학 장르로 발전해 평신도들에게 종교개혁 신학의 내용을 전달하는 중요한 매체가 되었다. 독일어 노래가 평신도들에게 높이 평가된 사실을 배제하고는 그것의 성공이 설명될 수 없다. 노래 내지 그것의 공동 찬송은 '개신교' 그룹의 정체성 형성을 촉진했고 갈등 상황에서도 이 정체성을 표현할 수 있는 가능성을 열어주었다.

마그데부르크 종교개혁사 연대기에는 종교개혁을 도입하게 된 저 발

120 WA 35, S. 315ff.; Martin Brecht, *Martin Luther*, Bd. 2, Stuttgart 1986, S. 132ff.

전의 초기에 '마르틴의 [그러므로 루터의] 찬송가'[121]들이 들어 있다. 한 늙은 직물공은 한 장에 인쇄된 루터의 찬송가를 시장에서 팔았고 대중 앞에서 노래했으며 또한 "많은 성인 남녀, 처녀와 총각들에게 가르쳤다. 그래서 독일어 노래와 시편이 대중화되었고 매일 모든 교회에서 설교를 시작하기 전에 회중에 의해 공개적으로 찬송되게 되었다."[122] 시 참사회가 종교개혁적 노래를 홍보하는 자를 체포하게 했을 때, 그는 600명 내지 800명의 군중이 폭력을 동원하고 나서야 풀려났다. 또한 다른 한자동맹 도시에서도 종교개혁 초기에 이것에 대한 지지는 시위성 찬송 행위를 통해서 일부 과시되었다.[123] 뤼네부르크에서는, '민중'이 열심히 '시편을 찬송할수록'[124] 사람들은 더욱 격렬하게 구교 신앙을 고수하려고 애썼다. '민중'은 공격받는 개신교 설교자와의 전투적 연대를 '독일어 시편'[125] 찬송을 통해서 표현하였다. 괴팅겐의 연대기 학자가 — 찬송에 대한 『마그데부르크 연대기』의 평가와 유사하게 — '복음의 시작'[126]이라고 표현한 그곳의 종교개혁 역사의 핵심 장면은 도시의 고해 행렬 때 종교개혁적 사고를 지닌 자들, 특히 양모 직조공들의 행진에 있었다. 그들은 구교의 행렬에 대항하여 루터의 찬송가 「내가 깊은 곤경에서 당신께 부르짖나이다」와 다른 찬송을 읊조렸고 결국 「테 데움 라우다무스」에 대항하여 루터의 「주 하나님, 우리가 당신을 찬양하나이다」를 찬송했다. 라이네(Leine) 강변 도시에서 벌어진 '개신교적' 사고

---

121 *Chroniken. Magdeburg*, (Anm. 92), S. 143,7.

122 같은 책, S. 143,7~10.

123 Inge Mager, *Lied und Reformation. Beobachtungen zur reformatorischen Singbewegung in norddeutschen Städten*, in: Alfred Dürr, Walther Killy (Hg.), *Das protestantische Kirchenlied im 16. und 17. Jahrhundert*, Wiesbaden 1986, S. 25~38 참조.

124 Kastner, *Quellen zur Reformation* (Anm. 15), S. 230에서 인용.

125 같은 곳.

126 Bernd Moeller, *Die Reformation in Göttingen*, in: ders., *Die Reformation und das Mittelalter*, Göttingen 1991, S. 196~211, 328~31, 여기서는 S. 197에서 인용.

의 대규모 공공 시위는 종교개혁에 유리하고도 신속한 결정 과정을 촉진했다. 마그데부르크에서 최초로 증언된 종교개혁 초기의 공동 찬송 형태는 개신교적 경건의 가장 생생한 표현 형태가 되었다.

제6장

도시들의 초기 종교개혁

1521~29/30년 제국정치적 상황 조건들

1520/21년 이후 '보통 사람들'의 소요의 징조가 종교개혁 운동 위에 드리웠다. 제국 차원에서 종교 문제를 다루는 일뿐만 아니라 구체적인 결정 과정은 이것에 저촉받지 않을 수 없었다. 반대로 정치적 책임이 있는 자들 쪽에서는 도처에서 특정 조치를 취해야 하느냐 마느냐를 놓고 갑론을박을 벌였다. 조처 여부에 따라 소요의 위험을 조장 또는 저지할 것이기 때문이었다.

오스만 제국의 위협

이런 두려움 외에도 '투르크족 문제'는 정치의 중심적 배경 주제였다. 오스만 제국의 공격에서 비롯한 위협은 특히 1520년대에 다양한 묵시문학적 예시의 배경을 이루었고, 종교개혁 선전자들의 시각에서는 그리스도교에 대한 신의 징벌 심판이 임박했음을 입증하는 것이었다. 1517년에 '투르크 황제' 셀림 1세(재위 1512~20)는 마물루크 제국을 공격하여 수도 카이로를 점령했으며 팔레스타인, 이집트, 시리아, 레바논과 이슬람의 성지인 메카와 메디나를 제국에 편입했다. 술레이만 1세

(재위 1520~66)—유럽에서는 '사치한 자'로, 투르크족들 사이에서는 '입법자'로 불림—가 부친 셀림의 유산을 물려받았을 때, 북아프리카의 광대한 영토와 아라비아 반도, 소아시아, 그리스와 발칸을 포괄하는 거대한 제국을 통치했고 점차 강력하게 유럽으로 진출했다. 지중해와 헝가리는 가장 치열하게 싸운 지역이었고 합스부르크가는 오스만 제국의 주적이었다. 베오그라드 함락(1521년 8월 8일)과 결국 성공을 거두지 못한 빈 포위(1529년 9~10월) 사이 기간은 점증하는 위협으로 각인되어 있었는바, 이 위협은 증대하는 투르크족 관련 출판물에 그 흔적을 남겼고 제국정치에도 영향을 끼쳤다. 요한 기사단의 항복 이후 로도스의 함락은 투르크인들에게 제노아와 베네치아의 지중해 무역에 대한 통제권을 선사했고, 헝가리 왕 루트비히 2세(재위 1516~26)가 전사한 모하츠(Mohács) 전투(1526. 8. 29)는 유럽으로의 문을 열어주는 듯했다.

프랑스와 오스만 제국 사이의 연합은 카를 5세로 하여금 지속적인 전투를 하도록 강요했고, 어쩔 수 없이 제국에서 자리를 비우게 만들었다. 1541년까지 헝가리는 오스만 제국과 합스부르크가가 세력균형을 이루며 맞서는 완충지대로서 존속하였다. 헝가리 중부와 남부는 반(反)합스부르크적 사고를 지닌 트란실바니아의 군주 요한 차포야(Johann Zápolya)에 의해 통치되었는데, 술레이만은 그를 봉신 통치자로 삼았다. 헝가리의 나머지 영토는 전사한 왕 루트비히의 누이와 혼인했고 이로써 왕관에 대한 권리를 획득한 황제의 아우 페르디난트 대공에게 귀속되었다. 대(對)투르크 전쟁을 위한 재정상의 필요 때문에 합스부르크가는 그다음 기간에 종교개혁적 제국도시들과 점차 새로이 타협하지 않을 수 없었다. 그런 한에서 프랑스뿐만 아니라 오스만 제국과의 외교 관계는 제국의 행동 차원에서 종교개혁을 정치적으로 정착시키는 데 단계적으로 중요한 의미를 가지게 되었다.

1520/21년 이후 형성된 개신교도들과 교황 내지 '구교' 추종자들의 종교정치적 진영은 술레이만의 군사적·정치적 성공의 책임을 서로에게 전가했다. 즉, '구교도'들은 '개신교도'들에게 루터가 투르크인들을

신의 징벌의 채찍으로 받아들이고 십자군전쟁을 일으키지 말라고 권고한 초기 발언에 대한 책임을 씌웠다.[1] '개신교도'들은 교황 교회에 성서의 진리를 배신함으로써 '투르크 황제'의 군대가 점차 진격한 것에 대한 책임을 씌웠다. 투르크족의 임박한 위협 경험은 특히 종교개혁 추종자들 사이에서(그들은 루터와 그의 추종자들을 복음의 마지막 사자로 보았다) 최후의 종말 때의 묵시문학적 분위기를 유발했고 설득력 있게 만들었다. 신은 종말 전에 마지막으로 회개할 기회를 주는 듯 보였다. 즉, 버림받은 그리스도교계에 대해 신의 심판을 집행하는 자 '투르크족'은 종교개혁적 복음을 위한 '교도관' 역할을 했다. 오스만 제국으로 말미암은 임박한 위협 국면이 독일어권 지역에서 종교개혁이 가장 집중적으로 확산된 기간이었다는 사실은 결코 우연이 아니었다. '투르크족 문제'와 종교 문제는 정치적·정신사적으로 서로 긴밀하게 연결되어 있었다. 교회와 사회의 변화를 세속 정권에 맡기기를 원치 않고 스스로 실천하고자 했던 이른바 급진적 종교개혁의 일부 추종자들은 의로운 자들의 종말적 나라에 대한 자신들의 소망을 오스만 제국이 유럽의 권력 판도를 근본적으로 변화시킬 사태와 결부시켰다. 농민전쟁 이후 '투르크족 문제'와 '보통 사람들의 폭동'은 공히 일부 급진적 종교개혁가들의 소집단들이 투르크족에게 품은 소망에서 폭발적인 종교적·정치적 이데올로기로 발전했다. 1521년의 보름스 제국의회와 1530년의 아우크스부르크 제국의회 사이 기간에 생성된 급진주의자들은 사면초가의 극단적 형태로 폭발적 잠재력을 대표했다.

도시와 지방의 종교개혁에 유리하게 진행된 결정 과정(이 맥락이 전체적으로 '종교개혁'을 이루었다)은 제국 차원에서 종교 문제를 어떻게 다루었는가와 전적으로 무관하지 않았다. 제국의회의 협상과 훈령을 종교개혁기의 정치적 특징으로 다루는 견해는 어쨌든 오류로 이끌 수 있다. 도

1 Thomas Kaufmann, "*Türckenbüchlein*". *Zur christlichen Wahrnehmung "türkischer Religion" im 15. und 16. Jahrhundert*, Göttingen 2008.

시와 시골의 종교개혁 과정은 권위적 주인공인 제후와 영방 신분들, 행정관과 시민계급의 행동 조건 및 상호작용에 근거하여 결정되었다. 제국 차원에서 정치적 기상도는 영방의 행동 조건에 영향을 끼쳤고, 거꾸로 제국도시나 제국 신분의 국지적 결정은 제국 차원에서 어떻게 행동하는가에 영향을 끼쳤다.

많은 제국도시들이 황제의 제국정치의 정선율(cantus firmus)을 이룬 보름스 칙령의 실행을 거부한 것은 복잡하게 얽힌 몇몇 상이한 동기들에서 유래했다. 정치적 독자성의 과시, 자기 통치 영역 내의 친종교개혁적 세력에 대한 고려, 체질화된 반로마적 정서와 또한 종교적 신념 등이 그런 동기였다. 이런 거부 자세가 물론 실천 가능한가는 그때마다의 정치적 맥락에서 결정되었다. 여기서 제국정치적 차원에 어떤 의미가 있는가는 경우에 따라서 다양하다. 1521년과 1530년 사이 제국정치적 상황에서 결정적인 것으로 나타난 것은 황제가 이 기간에 제국 밖에 체류했다는 사실이다. 그는 부재 기간에 자신의 대리인이자 지명된 후계자인 페르디난트 대공을 통해서 제국 신분들이 우위를 차지한 제국 정부를 대변하게 했다. 그러나 이 기관들의 협력이 결코 마찰 없이 진행된 것은 아니었다. 카를 5세는 이 밖에도 제국의회에 사절들을 파견했는데, 그들은 제국 정부와 같은 것을 항상 바라지는 않았다. 또한 카를 5세 자신이 제국의회 결정에 법적 효력을 부여하기를 유보했던 것이 절차를 지연시키고 긴장으로 이끌 수 있었다. 전반적으로 볼 때 황제의 부재는 제국 신분들의 자기주장을 유리하게 만든 듯하다. 황제에게 대립하여 제국 신분들의 공통적 이해가 다양한 종교정치적·종파적 선택과 중첩되었다는 사실은 1520년대 하반기에 분명히 드러나기 시작했다. 최초의 가톨릭 및 개신교 제국도시들의 종파적 동맹, 즉 데사우 동맹과 고타-토르가우 동맹(508쪽 이하 참조)은 1521년 이후 시작되었다.

제2차 뉘른베르크 제국의회

1521년 보름스 제국의회와 1530년 아우크스부르크 제국의회 사이에 제국 수장의 부재중에 열린 6개의 제국의회들 가운데 제2차 뉘른베르크 제국의회(1522. 11. 17~1523. 2. 9)와 두 번에 걸친 슈파이어 제국의회(368~70쪽 참조)는 종교개혁사적으로 보다 중요한 의미를 가진다. 카를 5세의 통치 기간에 열린 제2차 뉘른베르크 제국의회는 무엇보다 우선 투르크족 문제를 다루어야 했으나, 교황 특사 프란체스코 키에레가티(Francesco Chieregati, 1479~1539)가 낭독한 새로이 선출된 교황 하드리안 6세(1459~1523)의 지침에서 악습에 대한 교회의 책임을 인정함과 동시에 루터 이단에 대한 철두철미한 박해를 결부시킴으로써,[2] 종교 정책에서 선풍적인 전환을 가져왔다. 이것은 150년 이래 베드로좌의 최초의 비(非)이탈리아인이 내놓은 새로운 목소리였다. 그러므로 네덜란드에서 출생했고 카를 5세와 친한 인물에게 보다 오랜 교황 재위가 허락되었더라면(1522년 1월 9일 취임, 8월 31일 대관, 1523년 9월 14일 사망), 종교개혁의 역사가 어떻게 진행되었을지 정확하게 추측할 수 있을 것이다. 자기비판과 결부된 하드리안 6세의 개혁 의지는 의심할 여지 없이, 자신이 친숙하지 않은 로마 교황청에 적대하여 칼날을 세웠다. 뉘른베르크 제국의회에 모인 제국 신분들은 교황의 책임 인정을 수용했고, 보름스에서 편집된 『독일 민족의 불만』(*Gravamina der deutschen Nation*)의 해결과 교황청 개혁을 요구했으며, 신앙 문제를 정리하기 위한 공의회 소집을 촉구했다. 제국 신분들은 '보통 사람들의 폭동 위험'을 지적함으로써 황제와 교황이 똑같이 요구한 보름스 칙령 집행을 거부했다.[3]

루터 및 그의 추종자들과 관련해서 제국의회 결의는 작센 선제후에게 이들에게 출판 금지를 지시할 것을 요구했다. 그러지 않을 경우 나라

---

2 *DRTA.JR* 3, S. 387ff.; Ernst Wülcker, Hans Virck (Hg.), *Des kursächsischen Rathes Hans von der Planitz Berichte aus dem Reichsregiment in Nürnberg 1521~1523*, Leipzig 1899 (Nachdruck Hildesheim / New York 1979), S. 266ff.; Armin Kohnle, *Reichstag und Reformation. Kaiserliche und ständische Religionspolitik von den Anfängen der Causa Lutheri bis zum Nürnberger Religionsfrieden*, Gütersloh 2001.

3 *DRTA.JR* 3, S. 417ff.; S. 435ff.

도처에서 "오로지 성서 해석에 따라서 거룩한 그리스도 교회로부터 승인되고 받아들여진 거룩한 복음만"[4]이 설교될 터였다. 오직 "거룩한 복음과 신의 교훈" 그리고 "신의 사랑과 이웃 사랑을 증진하는 데 충분한 것을 자유로이 공개적으로"[5] 설교해야 한다고 규정한 스트라스부르 훈령(1523. 12. 1)과 같은 도시 훈령에서 이런 공식을 수용한 것에서 알 수 있는 사실은 그것의 공개성이 여러모로 종교개혁적 설교 활동의 합법적 근거로 간주되고 사용될 수 있다는 것이다. 제2차 뉘른베르크 제국의회는 처음으로 독일 땅에서 개최될 공의회를 요구함과 아울러, 이를 보름스 칙령을 다시 실행할 수 없다는 선언과 결부시키고 공개적인 종교정책적 해결 공식을 선전함으로써, 이후에 제국 차원에서 종교 문제를 다루는 방식을 결정짓게 될 방향을 설정했다.

제1차 슈파이어 제국의회

제1차 슈파이어 제국의회(1526. 6. 25~8. 27)에 제출된 황제의 제안에서 종교 문제는 두드러진 위치를 차지했다. 제국의 수장은 보름스 칙령을 실행할 것과 차기 공의회가 열릴 때까지는 교회적 삶의 전통적 질서를 유지할 것을 요구했다. 농민전쟁에 대한 아직도 생생한 경험을 잊지 못한 제국의회에서 종교 문제를 협상하면서, 제국도시들(여기에서는 종교개혁적 변화 과정이 이미 부분적으로 많이 진척되었다)은 보름스 칙령을 실행하는 것은 불가능하며 신의 말씀과 모순되는 교리와 예배 형식을 유지하거나 복구할 수 없다고 선언했다. 신분들은 결의에서 차기 공의회 내지 '민족회의'까지 "각자가 신과 황제 폐하에 대해 책임질 것을

4 *DRTA.JR* 3, S. 447,18ff.

5 Timotheus Wilhelm Röhrich, *Geschichte der Reformation im Elsaß und besonders in Strasbourg*, 1. Theil, 2. Abt., Straßburg 1831, Beilage VIII, S. 455f., 여기서는 S. 455에서 인용; Bernd Moeller, *L'édit strasbourgeois sur la prédication du 1. 12. 1523 dans son contexte historique*, in: Georges Livet, Francis Rapp (Hg.), *Strasbourg au cœur religieux du XVIe siècle*, Straßburg 1977, S. 51~62 참조.

희망하고 믿는 대로"[6] 보름스 칙령에 대해서 행동할 것이라고 선언했다. 이런 표현은 점차 양극화되어가는 종교 문제에서 통일된 입장을 발견할 수 없는 신분들의 난관을 반영한 것에 지나지 않는다. 그러나 제국 신분들 가운데 종교개혁을 지지하는 측은 이 표현을 자기 주권 영역 내에서 교회의 갱신을 추진할 수 있는, 즉 '개혁할 수 있는 권한'(ius reformandi)을 실행에 옮길 수 있는 전권 부여로 간주했다.[7]

제2차 슈파이어 제국의회

제1차 슈파이어 제국의회의 결의를 폐기하는 것이 카를 5세와 그의 대리 페르디난트 1세의 주요 관심사였다. 후자는 그사이에 헝가리와 보헤미아의 왕으로 선출되었고 제국의회에서 다수를 차지하고 있는 가톨릭 신분들은 사방으로 진출하는 종교개혁의 이른바 합법적 근거를 제거하려고 하였다. 제2차 슈파이어 제국의회(1529. 3. 15~4. 22)에서 종교 문제를 협상할 때 종파 간 결렬이 일어났다. 다수를 차지한 가톨릭 신분들이 제기한 보름스 칙령을 실행하지 않고 혁신을 허용한 도시와 제후 영지들은 혁신을 '가능한 한'[8] 차기 공의회까지 철회해야 하고 미사를 계속 허용해야 한다는 요구 사항을 이미 개신교화된 신분들이 단연코 용납할 수 없었기 때문이다. 작센 선제후의 재상 그레고르 브뤼크(Gregor Brück)가 1529년 4월 19일에 낭독한 항의서는 작센 선제후 요한, 헤센 방백 필리프, 브란덴부르크-안스바흐 방백 게오르크, 안할트의 제후 볼프, 브라운슈바이크-뤼네부르크 공작 에른스트의 재상 요

6 *Neue und vollständigere Sammlung der Reichs-Abschiede*, Frankfurt am Main 1747 (Nachdruck Osnabrück 1967), Bd. 2, S. 274, § 4; Ulrich Köpf (Hg.), *Deutsche Geschichte in Quellen und Darstellung, Bd. 3: Reformationszeit 1495~1555*, Stuttgart 2001, Nr. 59, S. 348; R. Kastner, *Quellen zur Reformation 1517~1555*, Darmstadt 1994, Nr. 154, S. 493~95, 여기서는 S. 494f. 참조.

7 Bernd Christian Schneider, *Ius reformandi*, Tübingen 2001, 특히 S. 92ff.

8 *DRTA.JR* 3, S. 1142,26ff.

한 포르스터(Johann Forster)가 서명하였는데, 여기서 위의 제국 제후들은 제1차 슈파이어 제국의회 결의를 폐기하는 것에 반대했다. 스트라스부르, 뉘른베르크, 울름, 콘스탄츠, 로이틀링겐 등 14개 도시가 이에 합세했다. 프로테스탄트들이 후일의 정치개념적 자기 해석에 근거하여 '프로테스탄티즘의 탄생 시각'[9]이라고 표현된 『슈파이어 항의서』는 종교적 양심 문제에서 다수결의 원리를 반대한 한에서, 종교개혁적 성향의 제국 신분들이 최초로 공동으로 공적 고백을 한 것으로 해석되었다. "신의 영광과 우리의 구원, 영혼의 행복에 관한 사안에서 인간은 각자 스스로 신 앞에 서야 하고 해명해야 한다. …… 따라서 어떤 지위의 사람도 많든 적든 다른 사람으로 하여금 해명하게 만들거나 그러도록 결정할 수 없다……."[10] 정치적 적수가 된 종교 진영 간의 노골적 대립은 항소 도구의[11] 압력을 통해서(적대하는 신분들이 이런 절차 형태를 통해서 자신들은 다수결에의 구속을 느끼지 않는다는 것을 강조했다) 공공연해졌다. 물론 제국의회 끝에 페르디난트 및 다수를 차지한 가톨릭 신분들과 개신교 신분들 사이에 평화 보장 각서를 교환함으로써, 양측은 당분간 자기들의 입장을 무력으로 관철하는 것을 포기할 용의가 있음을 확인했다.

---

9 Heinrich Bornkamm, *Die Geburtsstunde des Protestantismus. Die Protestation von Speyer (1529)*, in: ders., *Das Jahrhundert der Reformation*, Frankfurt am Main 1983, S. 146~62.

10 *Erweiterte Protestation der evangelischen Stände auf dem Reichstag zu Speyer vom 20. April 1529*, in: *Reformation und Protestation in Speyer*, Speyer 1990, S. 133; *DRTA.JR* 7/2, Nr. 167, S. 1345ff.; Georg Schmidt, Artikel *Protestation von Speyer*, in: *TRE* 27 (1997), S. 580~82.

11 *DRTA.JR* 7, S. 1346ff.

도시 종교개혁 과정에서의 진행 유형

학계에서 집중적으로 다루어진 도시 종교개혁의 주제들에 대해 몇 가지 일반적인 논평이 선행될 필요가 있다. 1521년에서 1529/30년 사이의 제국 정치에서 종교 문제의 발전은 시골 및 도시의 결정 수준에 간접적으로 중요했다. 왜냐하면 종교개혁에 대한 황제, 교황, 제국교회의 대표들, 그리고 가톨릭 제국 신분들의 정치적 저항은 처음에는 도시와 시골에서 종교개혁 과정을 저지할 효과적 수단을 갖지 못했음이 드러났기 때문이다. 그러므로 종교개혁에 대한 찬반 결정은 시골이나 도시의 행동 수준에 따라서, 그리고 여기에 존재하는 특수 조건에 근거해서 내려졌다. 종교개혁적 성향의 제국도시나 신분들이 자신의 행동반경을 넘어서서 정치적으로 충분하게 안전이 보장되어 있지 않은 상태에서 분쟁을 감행했을 경우에만, 그 이후의 결과를 두려워해야 했을 것이다. 안전보장은 인근 영주와의 보호 계약을 통해서 혹은 다른 도시들과의 동맹 체결을 통해서 이루어졌다. 제국도시에서는 황제 및 다른 제국 신분들과의 관계가, 영방도시들에서는 무엇보다 지방 영주와의 관계가 정치적 핵심이었고, 종교개혁 시도가 성공할지 여부는 바로 여기에 달려 있었다.

도시와 영방국의 종교개혁 과정에서 개시 단계와 진행 내지 제도화 단계를 구별할 수 있다. 또한 영방국에서도 최초로 종교개혁적 사고의 움직임이 포착될 수 있었던 것은 대개 도시였다. 그리고 또한 영방국에서 유력 정치가와 학식 있는 자문들은 대개 도시 출신들이었는바, 그들은 제후를 위해 봉사하는 데에도 시민으로서의 문화적 체질을 유지·관철했다. 특히 도시들에서는 종교개혁의 시작 단계와 제도화 단계 사이에서 교회 변혁 지지자들과 반대자들 사이의 전투적·충돌적 대립이 빈번히 일어났다.[12] 그리고 1520년대 중반에 먼저 보름스 칙령의 실행 불

12 Bernd Rüth, *Reformation und Konfessionsbildung im städtischen Bereich. Perspektiven*

가를 고집하고 — 1524년 4월에 처음으로[13] — 이로써 결국 '프로테스탄트적'으로 통용될 저 경로를 선택한 것은 무엇보다 도시들이었다.[14] 보름스 칙령과 제2차 슈파이어 제국의회 사이의 약 10년간에 그러므로 도시들은 어느 정도 제국 내 종교개혁 운동의 견인차가 되었다. 긴 기간을 조망할 때, 이 10년은 아마도 도시들이 전체 역사에 끼친 영향의 정점이었다. 그 후 도시들은 점차 근대 초기 영방국에 비하여 퇴보했다.

갖가지 개별적 발전에도 불구하고 도시 종교개혁의 몇몇 전형적 요소들과 특징들을 부각할 수 있는데, 이것은 상이한 종류의 도시들, 제국도시와 주교도시, 영방도시와 영주의 후견 아래 성장한 이른바 '자치도시'[15]에서 비슷한 형태로 만날 수 있다. 예를 들어 이종배찬(二種陪餐), 대중어 예배, 미사 폐지, 개신교적 설교자 — 빈번히 공동체 선출이나 시 참사회의 임명에 근거하여 초빙됨 — 임명, 오직 성서에 근거한 교회법 도입 등이 그것이다. 남부의 뉘른베르크와 스트라스부르 혹은 북부의 브레멘과 마그데부르크 등의 자치도시처럼 다소 크고 정치적으로 독립적인 제국도시들에서 초기의 탄탄한 종교개혁적 혁신 과정이 이루어졌다는 것과 이런 도시 종교개혁 중심지가 다른 도시들이나 영방국에 영향을 끼쳤다는 사실은 부인할 수 없다.

시작 단계

도시 생활의 집중된 교통망과 문화적 조밀도는 유동 잠재성을 일깨웠다. 즉, 사람들이 지속적으로 도시에서 오갔고, 도시들 안에 살아 있

---

der Forschung, in: ZSRG.K 108 (1991), S. 197~282의 콘셉트 참조. 나는 그의 술어(특히 S. 247f.)를 여기서 일부 인용한다.

13 *DRTA.JR* 4, S. 506~08(제국 신분들은 '가능한 한' 보름스 칙령을 준수해야 한다는 선제후들과 제후들의 결의에 대항한 1524년 4월 6일의 항의서).

14 Berndt Hamm, *Bürgertum und Glaube. Konturen der städtischen Reformation*, Göttingen 1996, 특히 S. 106f. 참조.

15 Heinz Schilling, *Die Stadt in der Frühen Neuzeit*, München 1993, S. 40f. 등 참조.

는 종교개혁적 이념들이 유포되는 데 기여했다. 도시 종교개혁의 초기 단계에 드물지 않게, 최초의 지방 '활동가'들(그들은 연대기적 전승에서 여러모로 종교개혁 과정의 최초 담당자로 나타난다)이 등장하기 전에 종교개혁적 사상과 '개신교적' 글을 보급한 것은 특히 유동적인 인간 그룹들이었을 것이다. 효율적인 인쇄소를 보유한 도시들에서 종교개혁적 글의 출판이 종교개혁 사상을 유포하는 데 핵심적이고 독자적인 의미를 가진다는 것은 자명하다.

도시 종교개혁에서 뿌리내린 개념, 모델, 질서와 경험들이 이차적으로 영방국의 종교개혁 과정에도 적용되었다. 도시의 종교개혁, 영방국의 종교개혁, 영지의 종교개혁 간의 이행은 유동적이었다. 1519년과 1522년 사이에 어쨌든 도시 종교개혁 초기 단계의 다양하고 상이한 동기들이 있음을 고려해야 할 것이다. 어떤 도시에서는 비텐베르크 대학생들이 사상이나 글들을 자기들의 고향으로 가져왔고, 다른 도시에서는 다른 곳에서 설교를 듣고 글을 얻은 상인들이 있었으며, 또 다른 도시에서는 유랑하는 수공업자들이 종교개혁적 노래를 찬송했고 이것을 통해 '루터 사안'을(그들이 어떻게 생각하든지 간에) 위해 홍보했다. 전반적으로 볼 때, 종교개혁적 설교자의 활동은 종교개혁을 확산시키고 신학적으로 공고하게 만들고 교회정치적으로 관철하고 제도적으로 정착시키는 데 결정적 역할을 했으나, 종교개혁의 최초 시작 단계에서 실제로는 드물었다. 이에 해당하는 증언들이 없는 경우가 적지 않기는 하지만, 도시 종교개혁 과정에서 다양한 형태의 출발을 전제하는 것은 부적절하지 않다.

제도화 단계

많은 도시들에서 새로이 임명된, 일반적으로 젊은 성직자들이 종교개혁 발전의 구심점이 되었다. 복음의 '새로운' 교훈과 종교개혁적 설교에 대한 요구는 도시가 사제직이나 시민들의 기부에 근거한 설교자직에 대한 지명권을 가진 곳에서 특히 신속히 실현될 수 있었던, 상응하는 인사 정책에서 나타났다. 이러한 새로운 임명에 이르게 된 상황들은 다양하며 재구성하기 어렵다. 또한 이런 사실이, 새로이 임명된 자를 도시 종교개혁적 발전의 창시자로 만들려는 경향을 심화시켰다. '개신교적'으로 변하는 도시에서 영적인 지도 그룹의 목회자를 사회적으로 충원하는 데서 두드러진 점은 그들이 전적으로 도시 시민계급 출신이라는 것이다. 이것은 중요한 종교개혁가들에게 예외 없이 해당되는 것이며[16] 또한 점차 생성되는 나머지 종교개혁적 목사들에게도 해당된다. 종교개혁 과정에서 일어난 성직자의 극적 감소와 더불어 개신교 목사들의 출신 환경이 사회적으로 독점적이 되었다. 즉, 농민도, 귀족도 이렇다 할 정도로 개신교 목사라는 시민적 신분으로 진출하지 못했다.[17]

종교개혁 이전에 이미 몇몇 혹은 모든 교구 교회에 대한 후견권을 획득함으로써 교회에 대한 공동체의 권한이 진전된 도시들, 예를 들어 뉘른베르크에서는 일반적으로 종교개혁을 관철할 때의 갈등이 현저히 감소되었다. 도시 종교개혁 운동이 지배 엘리트들에게서 초기부터 그리고 지속적으로 후원을 받거나 심지어 결정적으로 그들에 의해 인도될 경우, 종교개혁적 변혁 과정은 대개 종교개혁 이전의 도시가 교회 문제에 관해서 자율적으로 발전하려는 노력에 보다 마찰 없이, 보다 조직적으로 편입되었다. 종교개혁이 일차적으로 도시 통치에의 참여를 지금까지 거부당한 사회적 담당자들에 의해 시작된 곳에서의 종교개혁 과정은 체제적 갈등과 정치적 참여 투쟁을 수반했다.

수도사들, 특히 프란체스코회와 아우구스티누스 은둔자회의 역할은 여러 곳에서 결정적이었다. 예를 들어 마그데부르크 종교개혁의 맥락에서, 전술적 '교두보' 비텐베르크와 긴밀하게 연결되어 작업했고 1524년

---

16 Thomas Kaufmann, *Reformation*, Göttingen 1998, S. 11ff.

17 Luise Schorn-Schütte, *Evangelische Geistlichkeit in der Frühneuzeit*, Gütersloh 1996; Luise Schorn-Schütte, Scott Dixon (Hg.), *The Protestant Clergy of Early Modern Europe*, Houndmills 2003.

여름에 최초의 대도시 종교개혁을 결정적으로 유리하게 만든 것은 바로 아우구스티누스 은둔자회와 프란체스코 그룹이었다. 루터가 유력한 시 정치가와 개인적으로 접촉하고 이 도시에 오랫동안 체재한 것은 신뢰 형성에 결정적으로 기여했다. 니콜라우스 폰 암스도르프를 도시의 최초 감독으로 임명함으로써 마그데부르크의 발전을 비텐베르크에 긴밀히 결속하는 것이 보증되었다. 선제후령 작센 정부는 브란덴부르크 대주교에 대항해서 마그데부르크 시 참사회의 자치 노력을 군사적·정치적으로 보장해주었다.

엘리트적인 재속 성직자들을 제외하고는 종교개혁에 근본적으로 적대적인 입장을 가진 사회집단은 없었다. 시 참사회 내지 세속 정권에 의한 종교개혁과 민중 내지 공동체에 의한 종교개혁의 원칙적 대립 관계는 없었다. 즉, 드물지 않게 도시 종교개혁 운동의 확산은 유력 시 인사가 정치적인 계산 아래 수동적으로든 능동적으로든 지원하는 태도 덕분이었다. 그러나 종교개혁적 변화의 지속적 정착은 폭넓은 주민의 동의 없이는 생각할 수 없었다. 도시 생활 세계의 집중적·사회정치적·커뮤니케이션적·정신적 연관 관계는 또한 도시 종교개혁의 발전을 관철하고 공고히 하는 과정에서 결정적 역할을 했으며 일부 종교개혁 신학들의 특별히 '도시적'인 성격에 흔적을 남겼다. 이 신학은 공동체 윤리를 불러왔고 종교적으로 평등한 자들이 종교적인 도시체(體)에 통합되어야 한다는 점을 역설했으며 성직 계급 서열적 구체제에 대항하여 합의윤리 내지 책임윤리적 공동체 이념을 형성하였다.

혼인을 했고 공동체의 공적 영역에서 모범적인 그리스도인으로서의 삶을 영위한 종교개혁파 성직자들이 점차 일종의 그리스도인 시민으로 발전한 것처럼, 교구 교회는 공적 경건 실천(praxis pietatis)의 배타적 공간이 되었다. 시민으로서 성직자를 '길들이는'[18] 종교개혁 과정이 중세

18 William S. Stafford, *Domesticating the Clergy. The Inception of the Reformation in Strasbourg 1522~1524*, Missoula / Montana 1976; Thomas A. Brady, *Göttliche*

에 뿌리를 둔 경향을 지속·발전시킨 것처럼, 한 도시의 다른 종교적 건물에 대해 공동체 교회가 배타적이 된 것은 "시 교구 교회가 …… 중세 후기에 전적으로 시의 공공장소"가 되었던 것과 연결되었다.[19] 그런 한에서 중세 후기의 도시민의 특징이 되었던 종교·사회적 공동체화 사상과 정신적 집중화 과정은 사회통합적 종교개혁 신학의 수단을 통하여 지속되었고 목표로 인도되었다. 도시 종교개혁은 그리스도인이 '자신들의' 교회를 교회법과의 공적 단절 속에 자신들의 시민적 삶의 세계에 적합한 형태로 형성한 역사적으로 최초의 사례다.

이런 일반적인 구조적 언급에 이어서 도시 종교개혁사의 두 가지 사례를 서술할 텐데, 이 사례들은 '도시 종교개혁'이라는 전체 현상의 다양한 국면을 구체적으로 보여주지만, 또한 모델이 된 진행 및 규제 형태를 드러내준다.

사례 1: 비텐베르크의 좌절된 최초의 도시 종교개혁?

도시 종교개혁의 역사상 첫 번째 사례는 선제후령 작센의 수도이자 대학도시인 비텐베르크이다. 비텐베르크 도시 종교개혁의 진행 및 구조는 1518/19년 이후 제국 전체의 주목을 받았던 이 도시의 사회적·정치적·문화적·인구통계학적 특수성을 반영한다. 비텐베르크 종교개혁의 중대한 결과 가운데 하나인 1522년 1월 24일자 시 참사회 법령[20](357쪽 참조)이 인쇄되어 유포되었을 때, 이 법령이 다른 곳에도 영향력을 끼칠 수 있음을 예상할 수 있었다. 이 법령은 최초의 종교개혁적 교회법이었

Republiken. Die Domestizierung der Religion in der deutschen Stadtreformation, in: Peter Blickle, Andreas Lindt, Alfred Schindler (Hg.), *Zwingli und Europa*, Zürich 1985, S. 109~36.

19 Hartmut Boockmann, *Die Stadt im späten Mitelalter*, München ^{3}1994, S. 192.

20 이하에서는 LuStA 2, S. 525~29의 판본을 사용함.

다. 그 내용은 오로지 이른바 비텐베르크 운동의 배경 아래서만 이해될 수 있다.

이것은 특히 복잡한 역사적 현상과 관계되는데, 오늘날까지 본질적으로 '무질서'라고 표현되는 이 현상에 대해서는 카를슈타트의 신학적 '일차원성'[21]에 의해 도발되었고 루터의 강력한 사순절 첫 주간 설교를 통해(루터는 바르트부르크에서 귀환한 후 1522년 3월 9일부터 16일까지 시교회 강단에서 설교했다) 회복 내지 종식될 수 있었다는 생각이 지배적이다. 루터는 말씀의 능력을 통해서 "질서를 회복했다".[22] 분명히 루터의 자기 이해에 근거한 사물에 대한 이런 시각은 사건과 결과의 복잡성을 설명하기에는 타당하지 않다. 루터의 귀환 전에 비텐베르크에서 무질서가 일상화되어 있었는지 아닌지는 분명히 관점에 따라 다르다.

비텐베르크 운동

루터는 1522년 1월 중반 이후 비텐베르크와 아일렌부르크(이곳으로 그의 수도회 형제 가브리엘 츠빌링이 종교개혁 활동을 위해 진출했다, 330쪽 참조)로부터 불안한 정보를 접하였다.[23] 그는 여러 가지 정보 가운데서 이른바 츠비카우 예언자들에 관한 것은 비교적 무해한 것으로 생각했다. 그들은 12월 하반기에 비텐베르크에 등장했다. 츠비카우 예언자들의 일종의 사절단이 12월 중순 게오르크 공작의 고발에 따라서 작센 선제후 정부로부터 조사를 받은 후에 대학도시에 들어왔다. 그들 중에는 공상가 수건 제조업자 니콜라우스 슈토르히(Nikolaus Storch)와 바칼라우레우스 슈튀브너(Bakkalaureus Stübner)도 있었다. 때때로 주장되는 바와는 달리, 비텐베르크 종교개혁에 츠비카우 예언자들이 이렇다 할 영

21 Volker Leppin, *Martin Luther*, Darmstadt 2006, S. 204에서는 이해할 수 없는 판단을 내린다.

22 Horst Rabe, *Deutsche Geschichte 1500~1600. Das Jahrhundert der Glaubensspaltung*, München 1991, S. 272.

23 WA.B 2, S. 444,6ff.

향을 끼쳤다고 말할 근거는 없다. 게오르크 공작은 형제이며 프리드리히 선제후의 후계자인 요한 폰 작센(Johann von Sachsen)에게 츠비카우에서 성례전을 집행하던 어떤 사제가 돌에 맞았으며, 거기에는 "신앙은 없고 자신들이 죽으면 영혼과 몸이 죽을 것이라고 주장하는 일부 무리"가 있다고 주장했다.[24]

아일렌부르크처럼 츠비카우는 알베르트가 영지와 접해 있었고, 유포되는 종교개혁 이단이 자신의 영토에 도달하여 '오염'시킬 수 있다는 게오르크 공작의 증가하는, 전적으로 타당한 두려움은 그의 대항을 촉발했다. 게오르크는 선동자들에 대해 조치를 내려야 한다고 요한 폰 작센에게 권고함과 아울러, 1522년 1월 초부터 제국 차원에서 성공적으로 소동에 대처하였다. 즉, 뉘른베르크 제국 정부 앞에서 알베르트 공작은 "마이센 지역에서 큰 이단이 일어났다"는 것을 달변으로 화려하게 묘사했다.[25] 그가 퍼뜨린 정보는, 수도원에서 뛰쳐나온, 장상에 대한 순종 거부를 통고하고 아내를 얻고 세속적 복장을 입은 수도사들과 혼인하고 — "이것이 가장 큰 문제인데"[26] — 이종배찬을 실시한 성직자에 관한 것이었다. 선제후령 작센에서 일어난 끔찍스러운 종교정치적 사건 전반에 관해 상세한 정보를 알았던 공작은 가브리엘 츠빌링이 아일렌부르크에서 거행한 성만찬을 언급했다. 이 성찬에는 지역의 공직자를 포함하여 200명이 참여했으며, 성례전은 독일어로 진행되었으므로 참여자들은 성찬과 거기서 사용된 황금 잔을 직접 손으로 받았다고 하였다.[27] 제국 정부 주재 선제후령 작센의 대사 한스 폰 플라니츠(Hans von

24 Felician Gess (Hg.), *Akten und Briefe zur Kirchenpolitik Herzog Georgs von Sachsen*, 2 Bde., Leipzig und Berlin 1905~17 (Nachdruck Köln und Wien 1985), Bd. 1, S. 210,9f. 요한 공작이 게오르크 공작에게 1521년 12월 3일에 보낸 답신, 같은 책, S. 216,22ff. 참조.

25 한스 폰 플라니츠(Hans von Planitz)가 프리드리히 선제후에게 1522년 1월 16일에 보낸 서신, Wülker, Virck, *Berichte* (Anm. 2), S. 67,20f.

26 앞의 책, S. 67,26.

27 앞의 책, S. 67,26~68,4.

Planitz, 1473경~1535)는 자신의 영주 프리드리히 폰 작센에게 게오르크 공작의 극적인 묘사를 보고하면서, 후자가 "사태를 매우 뜨겁고 신랄하게"[28] 만들었음을 의심할 수 없게 만들었다. 어쨌든 그는 제국 정부로 하여금 1522년 1월 20일에 '직접적 당사자'[29]인 선제후 프리드리히, 게오르크 공작, 마이센과 메르제부르크와 나움부르크의 주교, 알브레히트 폰 마그데부르크 대주교, 선제후 요한 폰 브란덴부르크, 팔츠 백작 프리드리히에게 폭동의 척결을 촉구하는 명령을 공포하게 만들었다. 작센 선제후는 1522년 2월 초에 제국 정부의 명령을 알게 되었다.[30] 1522년 2월 말경에 루터는 선제후를 통해서 이 명령에 관해 알게 되었다.[31] 선제후의 명백한 바람에 반하여 비텐베르크로 귀환하고자 하는 그의 결심은 결정적으로 제국 정부의 명령 — 그 배후에 게오르크 공작이 있다고 루터가 추측한 것은 옳았다[32] — 과 연관이 있는 듯하다. 선제후가 루터에게 전한 "비텐베르크 사람들이 이상한 행동을 계획했다",[33] 그들이 "서로 의견이 일치하지 않는다",[34] "여러 소종파들이 생겼고 많은 사람들이 어찌할 바를 모른다",[35] 대학생 수가 줄었다는 소식 등이 그가 바르트부르크를 떠나서 비텐베르크로 돌아올 결심을 하는 데 기여했다.[36]

비텐베르크에서는 1521년 가을부터 종교개혁적 갱신의 추구가 강화

28 앞의 책, S. 68,10.

29 Kohnle, *Reichstag* (Anm. 2), S. 107; 명령 전체에 관해서는 S. 105~15 참조. Wülcker, Virck, *Berichte* (Anm. 2), S. 67,19ff.; S. 77,29ff.; S. 77,21ff.; WA.B 2, S. 450,36ff.; S. 452, Anm. 6; Gess, *Akten und Briefe*, Bd. 1, S. 250ff.

30 프리드리히 폰 작센이 플라니츠에게 1522년 2월 3일에 보낸 서신, Wülcker, Virck, *Berichte* (Anm. 2), Nr. 33, S. 77f.

31 WA.B 2, Nr. 454, 특히 S. 450,36ff. (1522. 2. 24).

32 WA.B 2, Nr. 455, 특히 S. 455,55ff. (1522. 3. 5).

33 WA.B 2, S. 450,15.

34 WA.B 2, Z. 15f.

35 WA.B 2, S. 451,94f.

36 WA.B 2, S. 450,19.

되었다. 그 계기가 된 것은 1521년 하반기에 발발한 미사를 둘러싼 대립이었다. 비텐베르크 운동에서 처음으로 무엇이 종교개혁의 역사를 전반적으로 결정하게 될 것인지가 분명해졌다. 말에서 행동으로의 이행, 선제후도 기꺼이 허락한[37] "논쟁하고 글 쓰고 설교하는" 것에서 전통적 제의의 가시적 변화로의 이행이 그것이었다. 이것이야말로 언제 누구에게 혁신의 권한이 있는지를 결정해야 하는 핵심적 문제였다. 즉, 사태를 장악한 '일개 평신도들'과 개별 설교자들[38]인가, 정치적 권세인가, 아니면 예를 들어 공의회에 근거한 교회 법정인가? 말에서 행동으로의 이행에서 극적인 점은 가시적·의도적으로 행해진 갱신이 인습에 대한 결정적 판단을 포함한다는 데 있었다. 성만찬을 이종배찬 아래 독일어로 거행한 자는 이것을 통해서 지금까지는 '비정상적으로', 즉 그리스도의 제정에 따르지 않고 거행했음을 선언한 것이었다. 제의 자체에 능력이 내재하기 때문에, 제의를 형성하려는 힘과 권한에 대한 투쟁은 종교개혁의 핵심적 문제가 되었다. 도시 환경에서는, 한 교회에서 가시적인 제의적 변화를 관철할 때 다른 교회에도 영향을 끼치지 않는 것은 불가능했다.

비텐베르크 운동은 거듭하여 소요와 결부되었는바—이것은 옳다고

37 1522년 2월 13일의 협상을 위한 작센 선제후 추밀원의 지침 참조. *MBW.T* 1, S. 446,17.

38 츠빌링이 아일렌부르크에서(Wülcker, Virck, *Berichte* [Anm. 2], S. 68,2f.), 카를슈타트가 비텐베르크에서(Thomas Kaufmann, *Abendmahl und Gruppenidentität in der frühen Reformation*, in: Martin Ebner [Hg.], *Herrenmahl und Gruppenidentität*, Freiburg, Basel/Wien 2007) 교회원들의 '손에' 빵과 잔을 주었다는(Wülcker, Virck, 앞의 책) 사실이 특별히 스캔들로 받아들여졌다. 카를슈타트는 평신도들로 하여금 빵과 잔을 붙잡게 함으로써, 그것이 실제로 빵과 포도주임을 강조하려 했다고 할 수 있다(카를슈타트에 대해서는 Nikolaus Müller, *Die Wittenberger Bewegung 1521 und 1522*, Leipzig ^{2}1911, S. 132 참조); Andreas Karlstadt, *Von beiden gestaldten der heyligen Messe* ……, Wittenberg 1521; VD 16 B 6219; MF 131, Nr. 353; Köhler, *Bibl.*, Bd. 2, S. 199, Nr. 1932, 여기서는 특히 D 3^{v}f.; WA 10 III, S. 41,13ff.; LuStA 2, S. 548,8ff. 참조.

하기 어려운 일이다. 구교 사제들에 대한 산발적 공격, 무엇보다 대학생 행동대원이 1521년 10월 5/6일에 안토니우스회 수도사를, 12월 3일에 시 교회에서 새벽 미사를 거행하는 사제를, 12월 3/4일에 프란체스코회 수도사를, 12월 24일에 역시 시 교회의 사제를 공격한 각각의 사건들을 제외하고는 도시 전체 상황을 공공질서에 대한 심각한 통제 불능의 위험성이 있다고 묘사하기는 힘들 것이다. 시 참사회는 범법자를 처벌하는 데 대학 및 선제후와 신뢰 속에 협력하였다. 이후에 생겨난 소요의 모습은 무엇보다도 일차적으로 제국정치적 결과를 고려하여, 이미 궤도에 들어선 갱신을 철회하거나 '드러나지 않게' 만드는 데 도움을 주었다. 개인 미사를 즉시 철폐하기를 바랐던 자들은 비텐베르크의 표준적 교사(루터를 포함하여)의 신학적 권위를 배후에 가지고 있었다.

1521년 10월에 무엇보다 요나스, 카를슈타트, 암스도르프, 멜란히톤, 법학자 히에로니무스 슈르프로 구성된 어느 위원회는 아우구스티누스회와 협조하였고, 인쇄되어 선제후에게 드린 한 보고서에서[39] "미사의 악습을 선제후의 땅과 영토에서 곧 신속히 철폐할" 것을 호소하였다.[40] 이 땅 위에 미사의 악습보다 더 큰 죄는 없으며,[41] 선제후는 답변서에서 그리스도교 전체에 해당되는[42] 미사 변경 같은 '중대 사안'[43]에 대해서는 '서두르지 않는'[44] 것이 최선이라고 확정했다. 비텐베르크 사람들이 주장하는 것처럼 지금까지의 미사 실천이 성서에 위배된다면, 확실히 곧 '보다 많은 사람이'[45] 이것을 알게 될 것이고 상응하는 '변화를 일반

39 *MBW.T* 1, Nr. 174, S. 360~70.
40 같은 책, S. 369,126f.
41 같은 책, S. 365,33~35.
42 크리스티안 바이어(Christian Beyer)에게 1521년 10월 25일에 내린 선제후의 지침, *MBW.T* 1, Nr. 177, S. 379,66.
43 같은 책, S. 379,66f.
44 같은 책, S. 379,67.
45 같은 책, S. 379,70.

민중과 함께'[46] 추진할 터였다. 당분간 미사 헌금의 폐지로 인해 생길 재정적 결과 때문에, 지금까지의 실천을 유지해야 했다.

카를슈타트가 예고도 없이 독자적으로 1521년 성탄절에 야외 복장으로 시 교회에서 예배를 거행했고 원하는 사람들에게는 모두 이종배찬을 제공했다는 사실은 도시 전체의 예배적 삶에 상징적인 영향을 끼쳤고 결정에 대한 압력을 높였다.[47] 성만찬이 이종배찬(sub utraque)으로 거행되었다는 사실이 아니라—이것은 이미 9월 29일과 11월 1일에 시 교회에서 거행되었음이 입증되었다[48]—이것이 규정에 따른 수찬자의 신고 없이, 고해 없이, 그리고 참여자들에 대한 사전 음식과 음료 금지 없이[49] 즉흥적으로 연출되었다는 사실이 이 행사를 스캔들로 만들었다. 또한 카를슈타트가 행사 시 영성체 하나가 떨어진 것에 대한 반응에서 보인 도발적·탈(脫)종교적 태도—'사제들이 축복하지 않았으므로'[50] 평신도는 그것을 집어들어야 한다고 발언했다고 한다—는 개혁 전략에 대한 신뢰를 구축하는 데에 별 기여를 하지 못했다. 다수가 모인 공동체 앞에서 한 사람의 성직자가 제의에서 탈종교적 자의성을 과시하였다. 그 누구도 평신도 복장을 한 카를슈타트가 1521년 성탄절에 행한 것보다 더 '사제처럼' '권위적으로' 행하기 어려웠을 것이다.

결국 카를슈타트의 도발로 인하여 강요된 결정 압력 덕분에 1522년 1월 24일자 비텐베르크 교회법이 만들어졌는데, 여기서 현존하는 대립들이 잠정적으로 조정되었다. 이 교회법에 따른 새로운 미사 규정이 타협안으로 제시되었다. 즉, 미사의 전통적 형식은 계속 유지되었다. 그

46 같은 책, S. 379,72.

47 아일렌부르크에서 대학의 대표들이 선제후의 추밀원과 상의할 때, 이 점을 솔직하게 언급했다(*MBW.T* 1, S. 449,6ff). 1521년 성탄절에서의 카를슈타트의 독단적 행동은 이미 그 전에 작센 선제후 관리들 내지 교회의 비판의 표적이 되었다. Müller, *Die Wittenberger Bewegung* (Anm. 38), S. 131ff. 참조.

48 Heinz Scheible, *Melanchthon. Eine Biographie*, München 1997, S. 68.

49 Müller, *Die Wittenberger Bewegung* (Anm. 38), S. 132 참조.

50 같은 곳.

러나 카논(Kanon), 즉 빵과 포도주의 변화를 가져오는 행위와 기도, 제단에 바쳐진 제물을 지시하는 말로 이해된 전례 해산의 부름 ite missa est(가시오, 파송되었습니다)는 삭제되었다. 제정사(辭)는 크게 독일어로 선포되었다. 수찬자가 봉헌된 영성체와 잔을 직접 손으로 받을 것인지는 임의에 맡겼다.[51] 이 규정이 온건한 변화를 가리킨다는 것은 루터가 가장 신랄하게 공격한 미사 렉타(missa lecta, 노래 없이 말로 진행하는 미사—옮긴이)가 단순히 폐지되지 않았고 수찬자 없이 미사가 계속 거행될 수 있었다는[52] 사실에서 드러난다. 이로써 이 규정은 1521년 여름에 아우구스티누스 은둔자회가 루터의 동의를 얻어 추진한 개인 미사 폐지의 실천에 못 미쳤다. 시 참사회의 규정은 교회 전반에 걸쳐 미사 기부금이 차지하는 재정적 비중을 고려하였던 것이다.

갱신의 철회?

1522년 1월 말까지 선제후령 작센 관리들이 비텐베르크인들과 행한 서신 교환 및 다른 접촉들에서는, 거기서 지금까지 개혁에서 실험되었던 것에 대한 영방 정부의 불신감이 물론 드러나지는 않았다. 제국 정부의 명령과 더불어 등장한 정치적으로 불분명한, 신중을 경고하는 상황으로 말미암아 1월에 정착 및 제도화 단계에 들어선 비텐베르크의 도시 종교개혁 과정은 '소요적'이고 '무질서한' 것으로 간주되게 되었다. 영방 정부는 1522년 2월 중에, 즉 루터가 바르트부르크로부터 귀환하기 전에 제국 정부의 명령에 근거해서 통고된 마이센 주교의 선제후령 작센 지역 시찰 여행을[53] 앞두고 스캔들을 야기하는 갱신을 저지하거나 드러나지 않도록 하는 데 몰두했다. 시 참사회 의원이며 법학 교수요 선제후령 작센의 자문 크리스티안 바이어(Christian Beyer)와 멜란히톤같이

51 LuStA 2, S. 527,22~528,6.

52 LuStA 2, S. 528,1f.

53 WA.B 2, S. 450,44ff.; S. 453, Anm.8의 증거 참조.

신임할 수 있는 인물들이 신속한 변화의 추진자로서 활약하는 츠빌링을 제어하는 데 성공한[54] 후, 카를슈타트는 종교개혁적 혁신의 현혹되지 않는 도전적인 수호자로 남게 되었다. 자제하라는 요청에 그는 "내가 설교하지 않는다면 나에게 화가 있을진저!"[55]로 응답하였다. 멜란히톤은 그와 관련해서 이렇게 확인했다. "나는 이 물을 감당할 수 없다."[56] 카를슈타트의 설교 활동과 연관되어 있는 1522년 2월 6일의 형상 파괴 사건은 이 인간으로부터 어떤 소요의 위험이 나오는지를 확증하는 듯 보였다(그림 19 참조). 카를슈타트가 그 자신 외에는 아무도 더 이상 알 수 없는 것처럼 보인 결정의 실행을 다만 촉구했다는 사실은 그의 역할의 비극에 추가된다. 어쨌든 위법행위는 멜란히톤 같은 배우들로 하여금 심사숙고하게 만들었고 2월 초부터 명백히 감지할 수 있는 바, 혁신 과정을 감속 내지 정지시키려는 선제후령 작센 정부의 시도를 용인할 수 있게 만들었다.

멜란히톤은 시대의 소망과, 그러나 또한 흥분을 다음 진술로 요약했다. "종교개혁이 있으니, 신의 영광을 위하기에 족하기를."[57] 제국정치적 맥락이 선제후령 작센 관리들의 행동을 유도한 동기로서 일반적으로 호명되지는 않을지라도, 이것은 그들의 태도에 결정적이었을 것이다. 1522년 1월 23일에 아일렌부르크에서 있었던 대학 대표들(요하네스 아이저만[Johannes Eisermann, 1486경~1558], 유스투스 요나스, 카를슈타트, 멜란히톤, 암스도르프)과 수도원 대표(요하네스 될슈Johannes Doelsch), 선제후 추밀원 대표 간의 협상에서 비텐베르크인들은 그들의 공공연한

54 크리스티안 바이어가 후골트 폰 아인지델(Hugold von Einsiedel)에게 1522년 1월 25일에 보낸 서신에 나온 문구 "가브리엘의 문제는 정리되었다."(Müller, *Die Wittenberger Bewegung*, S. 174) 멜란히톤이 폰 아인지델에게 1522년 2월 5일에 보낸 서신, 같은 책, S. 181 = *MBW.T* 1, Nr. 208f., S. 442~44.

55 카를슈타트가 폰 아인지델에게 1522년 2월 4일에 보낸 서신, 같은 책, S. 181.

56 멜란히톤이 폰 아인지델에게 1522년 2월 5일에 보낸 서신, *MBW.T* 1, S. 444,6.

57 같은 책, S. 444, 8f.

Klagrede der armen verfolgten Götzen vnd Tempelpilder/über so vngleich vrtayl vnd straffe.

그림 19 에르하르트 쇤,

『불쌍하게 쫓기는 우상과 신전 형상들의 애가』(전지 목판화, 1530년경)

견해 차이와 형상 파괴 행위 때문에 비난을 받았고, 선제후는 어떤 혁신도 바라지 않는다는 사실이 적시되었다.[58] 카를슈타트는 더 이상 설교해서는 안 된다는 것이었다. 법률가 바이어—그는 확실히 폭도가 아니다!—가 협상 종료 후인 1522년 1월 25일에 선제후의 자문관 후골트 폰 아인지델에게 비텐베르크 시 교회법의 종결에 대해 보고하면서,[59] 그는 자문관의 호의적 관심을 기대하지만 정부 쪽의 불신은 결코 상상하지조차 않는다고 말했다. 이로써 교회법은 실질적으로 폐기되었다. 따라서 시 참사회와 대학 대표들이 책임을 진 법조문은 영주에 의해서 '파기'되었다. 비텐베르크 시 종교개혁에서 어떤 법정이 교회 혁신의 실행에 대한 최종적인 책임을 맡아야 하는가가 결정되었다. 비텐베르크 개혁 과정에 비교적 오랫동안 여지를 허용했던 선제후령 작센 정부의 처분은 1522년 1월 20일자 제국 정부의 명령 이후 인식될 수 있었던 제국정치적 위험을 고려하여 이루어졌다. 루터는 비텐베르크로 귀환한 뒤에 인상적인 사순절 후의 첫 번째 주간 설교(그는 여기서 자신의 오래된 시 교회의 강단권을 과시적으로 주장했다)에서 좌절된 종교개혁 이후의 방향 상실 위기를 도왔다. 그는 자신이 지금까지 영방국의 종교개혁 과정에 결정적으로 참여하지 않았음을 고백하고 '약한' 자들을 아끼려 하지 않은 '시기상조의 혁신자들'과 선을 그음으로써, 자신의 비호 아래 비텐베르크인들의 새로운 결속감과 종교개혁에서 영주가 취한 처분의 정당성을 설명했다. 이 '장난'에 끼어들지도 않고 루터의 권위에 굴복하려고도 하지 않으며 실패한 비텐베르크의 1월 교회법에 이르게 된 저 경로를 고집한 유일한 인물은 카를슈타트였다.

1522년 3월 루터는 종교개혁의 방향을 영주 주도 쪽으로 정하는 데 기여했는바, 이 방향 결정은 이미 원칙적으로 내려진 것이지만 복음을 "인간이 아니라 오직 하늘로부터 우리 주 예수그리스도를 통하여"[60] 받

---

58 *MBW.T* 1, Nr. 211～14, S. 445～54.

59 Müller, *Die Wittenberger Bewegung* (Anm. 38), Nr. 75, S. 174.

았다고 주장하고 자신의 '밧모' 섬에서 돌아온 카리스마적 예언자의 권위를 통하여 그 비중과 의미를 얻었다. 본래 관할 주교 법정이 거부한 일, 즉 성서에 일치하는 전례와 복음의 자유로운 설교를 보장하는 일을 누가 행하고 책임질 것인가—공동체인가 영주인가—라는 미해결된 문제는 루터의 귀환을 통하여 선제후령 작센 쪽에 유리하게 결정되었다. 선제후가 자신을 '보호할 수 있는' 것 이상으로 자신은 선제후를 '더욱 보호할' 것이라는[61] 루터의 수수께끼 같은 통고는 이것으로써 이행된 듯하였다. 다른 지역에서 종교개혁의 변화 과정의 행동 및 책임 주체에 대한 문제는 다시금 새로이 제기되었다.

실제로 카를슈타트에게 시 참사회와 대학 동료들의 온건한 진행 방식을 성공적으로 속행하게 할 수 있는 '수완'[62]이 결여됨으로써, 그는 영방 정부에 비텐베르크 개혁의 전 과정을 명목상 일단 중단시켜야 할 확실한 동기를 제공했다. 그러나 1월의 미사 규정의 온건한 성격과 관련해서 결국 루터가 보급한 과도적 규정[63]과 그것의 실제적 차이를 너무 강조해서는 안 될 것이다. 루터가 성만찬을 이종배찬으로 거행하는 것이 '약한 자', 개신교적 신앙 의식에서 아직 확고하지 않은 공동체원들에게 과도한 부담이 되리라고 간주한 것은 규정의 의도 및 1522년 1월 13일 아일렌부르크 합의에도 부합하는 듯하다. 개신교적 성만찬 이해의 본질적 요소들—독일어 제정사, 해석적 교훈, 전례상 제물 사상의 포기와 잔의 허용—은 비텐베르크 규정에 포함되어 있었다. 선제후는 아일렌부르크 합의에 동의하기를 거부했다. 즉, 그는 당분간 어떠한 혁신도 바라지 않았다.[64] 루터는 이런 사실을 개의치 않고, 미사

60 루터가 선제후 프리드리히에게 1522년 2월 5일에 보낸 서신, WA.B 2, S. 455, 41f.

61 같은 책, S. 455,78.

62 후골트 폰 아인지델이 카를슈타트에게 1522년 2월 3일에 보낸 서신, Müller, *Die Wittenberger Bewegung* (Anm. 38), S. 178.

63 Martin Brecht, *Martin Luther*, Bd. 2, Stuttgart 1986, S. 70; WA 10 II, S. 1~41.

와 관련해서 최악의 불만이 폐기되어야 한다는 점을 고수했다. 평신도들은 포도주도 마시지 않으면 죄가 된다는 카를슈타트의 주장 때문에, 이종배찬의 성만찬 거행이 개신교적인 것의 제의적 인식 표지로서 획득한 항의적 고백 성격은 물론, 그리스도가 자기 공동체에서 행하는 효과적 보증의 표지로서 루터의 성례전 이해와 대립되었다. 그러나 카를슈타트는 비텐베르크 개혁의 다른 주역들에게도 자신의 엄격주의를 관철하지 못했다.[65] 아일렌부르크에서는 분명히 다음과 같이 확인했었다. "누구도 다른 사람에게 성례전을 강요해서는 안 되고 각자의 자유에 맡겨야 한다."[66]

그러나 우리는 개혁의 본래 핵심에서 판단할 때, 루터의 비판을 지나치게 강조해서는 안 될 것이다. 그는 1521년 성탄절 이후 카를슈타트나 다른 이들이 추구하는 엄격한 스타일의 개혁에 제동을 걸고자 했다. 여러 가지 사실은 루터가 대학의 일부 교수들과 시 참사회[67] 의원들의 바람에 따라서 비텐베르크로 귀환함으로써(그럼으로써 그는 카를슈타트와 결정적으로 선을 그었고 결국 그를 소외시켰다), 영주의 의지에 반하여 행동했으나 동시에 개혁에서 권력에 순응하는 충성심을 보여주었고 1522년 1월 24일의 비텐베르크 교회법의 본질적 내용을 수호했음을 말해준다. 두 명의 시 참사회 의원과 두 명의 교회 대표가 주관한 공동 금고의 모델에 따라서 교회 재정을 새롭게 정비해야 하며, 그것으로 빈자와 궁핍한 자들을 지원하고 시에서 수도사들의 탁발과 성매매를 금지하고 곤궁한 수공업자들에게 금고에서 신용 대여하고 사제들의 생계를 부양해야 한다는 것—이 모든 것은 비텐베르크 시 참사회가 계획한 규정에 들어 있었던 것으로, 루터가 1520년에 이미 요구하고 옹호했던 것,

---

64 선제후 프리드리히가 후골트 폰 아인지델에게 보낸 서신, Müller, *Die Wittenberger Bewegung* (Anm. 38), S. 207f.

65 이에 대한 멜란히톤의 고려에 대해서는 Scheible, *Melanchthon* (Anm. 48), S. 73.

66 *MBW.T* 1, S. 452,26f.

67 WA.B 2, S. 460,22f.; *MBW.T* 1, S. 459,11∼14.

1521년 초의 비텐베르크 돈주머니 규정(가난한 이들을 위한 공동 금고 규정—옮긴이)의 경우에[68] 심지어 함께 개정하거나 지원했던 것, 그리고 그 뒤 1523년에 그가 작센의 라이스니히(Leisnig) 공동체에서의 종교개혁의 토대로 삼으려고 했던 것과 일치한다.

시 참사회의 규정 내지 그것의 결과를 본질적으로 인정함으로써, '질서 수립자' 루터는 바르트부르크로부터 귀환한 후 안정도 가져왔다. 루터가 즉흥적이고 소란스러운 형상 파괴에 반대했다는[69] 사실은 '교사자'로서의 카를슈타트(선제후령 작센 정부는 츠빌링과 더불어 그를 몸통으로 지목했다[70])에게 뼈아픈 충격을 주었음이 분명하다. 그러나 그 자신도 형상을 '좋아하지 않는다'[71]는 루터의 고백을 고려할 때, 이로 인해 형상들이 시 교회에서 제거될지 남겨질지가 바뀌지는 않았다. 형상들을 우선 마음에서 제거하라는 루터의 호소가 새로운 형상, 예를 들어 성자의 형상을 걸게 만들었다는 것에 대해서는—내가 아는 한—알려진 바가 없다. 사순절 후 첫 번째 주간 설교가 선포되었던 비텐베르크 시 교회에는 계속해서 형상이 없었다. 크리스티안 바이어는 시 참사회와 대학 대표들, 총장 아이저만, 주교좌 성당 수석 사제, 대(大)부제 카를슈타트, 참사회원 암스도르프, 멜란히톤과 1월에 가졌던 수차례의 상담 끝에 1월 24일 교회법을 결의하였는데 바이어가 적어도 시 교회에 십자가 고상(苦像)의 보존을 주장한 유일한 인물이었다는[72] 사실은 형

68 WA 59, S. 62~65.

69 WA 10 III, S. 26,3f.; LuStA 2, S. 541,21ff.

70 "소요는 다름 아닌 카를슈타트 박사와 마기스터 츠빌링의 설교에서 벌어졌다." 폰 아인지델이 선제후에게 1522년 2월 14일에 보낸 서신, Müller, *Die Wittenberger Bewegung* (Anm. 38), S. 205; S. 207 참조.

71 WA 10 III, S. 26,7; LuStA 2, S. 541,24.

72 "그들[새로운 시 규정에 관한 토의에 참석한 이들]은 교구에서도 형상을 용납하려 하지 않은 채 시간을 두고 제거하기를 바라며, 이에 관해 성서를 인용한다. 나[바이어] 혼자 십자가 고상에 대해서 주장하며, 그들은 그것을 더 이상 좋게 여기지 않는다." Müller, *Die Wittenberger Bewegung*, [Anm. 38], S. 174.

상들이 비텐베르크의 책임자들 가운데서 어떤 지지도 받지 못했음을 분명히 보여준다. 루터는 형상 파괴의 소란으로부터 거리를 유지하면서 동시에 그것의 결정적 결과를 확실하게 했다. 그것은 바로 비텐베르크시 교회의 형상 제거였다. 루터 외에 누가 선제후의 분명한 바람을 거슬러 실제로 1월의 도시법 및 교회법의 의미에서 개혁을 관철할 수 있었겠는가? 즉시 인쇄된 사순절 후의 첫 번째 주간 설교에서 누가 비텐베르크에서 발언권을 가지고 있는지를 분명히 밝히는 것으로 사태를 진정시키는 권위를 보여준 루터의 기존 교회 질서에 대한 최초의 개입은, 도시와 대학의 심의를 거친 법령에 의거하여 지속되었고 제도화되었으며, 이와 결부해서 중요한 교회법에 대한 개입이 승인되었다.

자신의 오를라뮌데(Orlamünde) 교구로 이주한(454~55쪽 참조) 카를슈타트는 비텐베르크 도시 종교개혁의 전략극에서 적합한 '농민의 제물'이었다. 영주 주권의 보호 아래서 비텐베르크 교수들과 시민들은 자신들의 도시법 및 교회법, 그리고 거기에 포함된 혁신을 본질적으로 보존했다. 그런 한에서 비텐베르크 도시 종교개혁은 성공적인 영방도시 종교개혁의 최초의 사례였다.

사례 2: 취리히—자치도시의 첫 번째 종교개혁

비텐베르크가 영주에 의존하는 도시 종교개혁의 첫 번째 사례로 간주되어야 한다면, 취리히는 자치도시 종교개혁의 첫 번째 사례이다. 번영하는 경제 중심지로서 취리히에서 종교개혁이 일찍이 성공을 거두고 다른 지역의 모델이 된 이유는 한편으로는 정치구조적인 것이고 다른 한편으로는 개인적인 것이다. 중세 후기에 보다 큰 지역을 주권 아래 넣었고 연방 내에서 정치적으로 영향력 있는 지위를 획득한 도시의 정치 책임자들에게 '복음 메시지'의 선포는 교회에 대한 자신들의 영향력 가능성을 확대하고 관할하는 콘스탄츠 주교의 영향력을 물리치며 공동체의 결속을 보다 효과적으로 이룩할 수 있는 확실한 수단으로 보였다. 도시의 표준적인 개신교 설교자요, 카리스마적인 종교 지도자인 울리히 츠빙글리(Ulrich Zwingli, 1484~1531)는 1522/23년의 종교개혁적 변화 과정 초기에 이미 시에서 당당한 책임자 위치를 확보했는바, 이것은 교회 개편의 결정적 요소가 될 터였다.

울리히 츠빙글리의 설교 활동

많은 다른 도시들에서 종교개혁적 설교가 새로이 도시에 들어온 성직자들에게서 나온 반면, 울리히 츠빙글리는 1519년 1월 1일 이후에 취리히에서 활동하기 시작했다. 그는 대성당 교구 사제로서, 즉 소속 교회원들의 목회자로서 찬란한 설교 활동을 전개했다. 전통과는 달리 츠빙글리는 일반적 설교 본문을 토대로 해서 설교한 것이 아니라 성서 전체 — 마태복음, 그다음으로 사도행전, 그리고 디모데 서신 — 를 토대로 하였다. 아마도 츠빙글리는 이때 무엇보다도 구교의 모범, 예를 들어 요하네스 크리소스토무스(Johannes Chrysostomus)나 오리게네스(Origenes)를 염두에 두었다. 인문주의적 교육을 받고 신학을 독학한 그는 교부들의 글에 대해 풍부한 지식을 갖추었다. 그는 교구 대성당 수석 사제와 참사회의 동의를 받아서 연속적 성서 주석(lectio continua)을 실천했다. 그는 회고에서 연속적 주석에 대한 결단을 '모든 인간적 거짓 없이'[73] 오직 하나님 말씀을 설교하고자 했던 것으로 해석했다. 그의 교구 사제 초빙 건은 에라스무스적 사고를 가진 참사회원들에 의해 추진되었다. 츠빙글리는 빈과 바젤에서 수학한 후, 1506년 바젤에서 인문학 마기스터(magister artium) 학위를 취득하고 콘스탄츠 교구 내 글라루스(Glarus)의 사제직을 맡았으며, 1516년과 1518년 사이에 순례 중심지인 아인지델른에서 목회자로 활약했으니, 그의 박식함이 선출의 결정적 사유가 되었다. 이 밖에 츠빙글리는 '용병제도'(Reislaufen)의 비판자로서

73 Z 2 (CR 89), S. 145,24.

자신을 부각했고 스위스 동포들이 특히 프랑스를 위해 합스부르크가에 대항하는 전투에 용병으로 참여하는 것에 반대 입장을 취했다. 그는 자신의 정치적 관점을 통해서 취리히와 연방의 폭넓은 지역에서 압도적으로 지배적인 반(反)프랑스 정서에 잘 부응하였다.

츠빙글리는 에라스무스라는 인물에게 집중된 스위스-남독일 인문주의자들의 소통망에 확고히 속해 있었다. 1515년 혹은 1516년 초에 이루어진 에라스무스와의 개인적 만남은 그에게 압도적인 영향을 끼친 듯하다. 에라스무스가 성서를 궤변적 오해로부터 해방한 업적에서 츠빙글리는 '보다 완전한 시대'[74]가 등장하는 것을 보았다. 에라스무스의 영향 아래서 그는 1513년 이후 그리스어를 배웠는데, 일차적으로는 신약성서를 연구하기 위함이며 또한 고전 작가들, 무엇보다 교부들을 원전으로 연구하기 위함이었다. 츠빙글리의 철학적 기본 교육은 고전적 방식(via antiqua, 87쪽 참조)을 따라 진행되었다. 스콜라주의 작가들 가운데서 그가 집중적으로 연구한 것은 둔스 스코투스(Duns Scotus)였다.[75] 조반니 피코(츠빙글리는 이미 바젤에서 그의 글을 읽었다)의 영향도 높이 평가해야 할 것이며, 아마 특정한 내용에서보다는 여러 가지 상이한 정신적 전통에 대한 지성적 개방성에서 작용한 듯하다. 정신과 물질, 지상적인 것과 초월적인 것을 날카롭게 구별하는 신플라톤주의적·이원론적 사고 형태는 츠빙글리가 신학을 형성하는 데 지속적으로 영향을 끼친 철학적 지참금이라고 할 수 있다. 아우구스티누스, 에라스무스, 그리고 교부 연구는 신플라톤주의적 의미에서의 존재론적·인식론적 기본 틀을 강화했다.

루터 및 다른 자들의 회고적 자기 해석과 마찬가지로, 츠빙글리의 경

---

74 "perfectiorem aetatem". 츠빙글리가 에라스무스에게 1515년 혹은 1516년 4월 29일에 보낸 서신, Z 7 (CR 94), S. 35f., 여기서는 S. 36,18.

75 츠빙글리의 스콜라주의적 교육 배경에 대해서는 Daniel Bolliger, *Infiniti Contemplatio. Grundzüge der Scotus- und Scotismusrezeption im Werk Huldrych Zwinglis*, Leiden / Boston 2003.

우에도 그때그때의 상황적 맥락과 그 속에서 발생하는 변증적 기능을 고려해야 한다. 1523년 이후, 즉 이렇다 할 루터와의 신학적 차이가 나타나지 않았거나 츠빙글리가 이 점을 의식하지 못했던 시점에, 그는 비텐베르크와는 독자적으로 자신이 '모든 인간적 거짓'으로부터 자유로운 복음의 설교를 시작했음을 강조했다. 츠빙글리는 여러 차례 1516년을 자신의 '종교개혁적' 활동으로 귀결된 저 정신적·신학적 방향 설정의 시작으로 표현했다. 이때 그는 매일의 복음서 텍스트를 권위적 교회 해석자들의 기준에 따라서 해석하지 않고 '오직 성서로부터'[76] 해석하기 시작했다. 그는 당시 루터에 관해서 아무것도 알지 못했고, 1518년에 비로소 그의 면죄부 논제를 인지했다.[77] 츠빙글리가 자신의 신학적 발전을 에라스무스로부터 영감을 받은 성서의 선포를 단선적으로 일관되게 옮긴 것으로 이해했을 가능성이 크다. 루터가 — 성서적·수도원적 회심 및 소명 모델에 따라서 — 체험했고 보고했으며 표현한 '전환'을 츠빙글리는 아마도 행한 적이 없다. 그러나 그는 성서 해석자 루터를 높이 평가했다. 즉, 비텐베르크 출신의 '탁월한 신의 투사'는 '1000년 이래'[78] 교부 시대 이후 그런 적이 없었던 것처럼 그렇게 성서를 진지하게 탐구했다. 성서 해석에서 츠빙글리에게 끼친 루터의 영향은 상당한 듯했다. 그럼에도 불구하고 그가 루터에 대하여 자신이 독자적이라고 생각했다는 것은 믿을 만하다. 왜냐하면 그는 루터로부터 어떤 '이론', 예를 들어 칭의론을 받아들이지 않았고, 도리어 오직 성서에 근거하여(sola scriptura) 오직 그리스도만이(solus Christus) "우리에게 하늘 아버지의 뜻을 알려주었고 그의 무죄함으로써 죽음으로부터 속량했으며 신과 화해케 했음을 알았기 때문이다".[79]

76 Z 2 (CR 89), S. 145,4; Z 1 (CR 88), S. 256,13~18; S. 379,21~25; Z 7 (CR 94), S. 485,3~5 참조.

77 Z 2 (CR 89), S. 145,25ff.; Z 7 (CR 94), S. 114,7; S. 136,2~4 참조.

78 Z 2 (CR 89), S. 147,15f.

79 1523년 1월 17일 츠빙글리의 67개 논제 가운데 두 번째 논제, Z 1 (CR 88),

성서와 그리스도 증언의 규범적 가치는 츠빙글리의 종교개혁 신학의 핵심을 이룬다. 여기서부터 그는 성서 이외의 교회 전통의 가치 주장 및 그리스도의 구원론적 배타성을 제약하는 성자숭배, 미사 제사 신학 같은 경건 신앙 및 실제에 대한 비판을 도출했다. 성서와 그리스도에게 신학적으로 집중한 것은 어떤 의미에서 이미 에라스무스에게서 준비되어 있었다. 그런 한에서 츠빙글리는 단절 없이 에라스무스주의로부터 '종교개혁'으로 전진했으며, 여기서 루터는 주석상의 자극을 주는 사람으로서, 또한 인격적 모범으로서 영향을 끼쳤다. 츠빙글리의 신학에서는 하나님 말씀을 '정확하게 지시하고 그것에 따라 살라'[80]는 요구가 핵심적 역할을 담당했다. 하나님 말씀에서부터 시 공동체의 사회적 삶을 형성하고 인간적 의로써 신적 의에 부응하라는 요구는 츠빙글리 신학에 특별히 '도시적' 성격을 부여했다. 츠빙글리가 다른 누구보다 루터를 성서 해석자로 높이 평가했기 때문에,[81] 이후에 그리스도의 성만찬 제정사의 해석을 둘러싼 종교개혁 내의 대립은 그렇게 극적인, 근본적인, 위기적인 의미를 갖게 되었다. 츠빙글리와 루터 사이의 신학적 강조점의 차이가 상당하다는 것을 확인할 수 있다고 할지라도(그 차이점은 무엇보다 회개, 칭의 및 은총 주제가 취리히의 교구 사제에게는 체계상 중심적 기능을 갖지 않는다는 데 있었다), 종교개혁 초기 단계에서 루터와의 원초적 결속감은 결정적이었다. 자신과 루터가 서로 인격적 접촉을 갖지 않았음에도 본질적으로 일치한다는 사실을 츠빙글리는, '신의 영이 얼마나 일치하는가'[82]에 대한 증거로 보았다. 츠빙글리의 역사적 의미는 다만 스스로를 동질적으로 느끼는 종교개혁 운동(이 운동은 긴장 관계 속에 있는 루터와 에라스무스의 자극을 수용하였다)의 맥락에서만 해석될 수 있다.

S. 48,14f.

80 Z 9 (CR 96), S. 90,6.

81 츠빙글리가 루터에게 1527년 4월 1일에 보낸 서신, Z 9 (CR 96), S. 79,5~7.

82 Z 2 (CR 89), S. 150,13.

츠빙글리의 영향 아래 만들어진 팸플릿 『신의 맷돌』(304~07쪽 참조)은 이 사실에 대한 특별히 인상 깊은 증언이다.

취리히의 종교개혁 역사는 따라서 츠빙글리의 설교 활동으로부터 시작되었다. 츠빙글리가 공적으로 옹호한 1522년 봄의 금식 위반(331~35쪽 참조)을 둘러싼 대립에서 처음으로 드러난 것은, 취리히 시 참사회가 전통적 실천을 속행하는 것을 잠정적으로만 허용할 준비가 되어 있었고 관할 주교인 콘스탄츠 주교에게 금식 계명이 '그리스도의 명령'[83]에 어긋나지 않는다는 증거를 요구했다는 사실이다. 기존의 것을 문제시하는 것이 아니라 정당한 것으로 강제하려는 경향은 이후 시 참사회의 정책을 결정지었다. 이로써 1522년 봄에 시 참사회가 교회 형성에 대한 주도권을 장악하려는 의지와, 츠빙글리의 권위는 콘스탄츠 주교 내지 그의 대리자의 권위와 원칙적으로 동등하다는 주장이 암시적으로 표현되었다.

최초의 대결

1522년 여름, 취리히에서 설교 방해 사건이 있었다. 츠빙글리의 급진적 추종자들이 성자숭배와 수도원적 삶에 대한 그의 비판을 무엇보다 탁발 수도회의 대표들에게 대항해서 전투적으로 표현하였다. 츠빙글리 자신도 아비뇽 출신의 프란체스코 수도사 프랑수아 랑베르가 프라우엔 대성당(Frauenmünster)에서 마리아와 성자들에 관해 설교할 때 중지를 요구했다. "형제여, 그대는 틀렸소."[84] 랑베르의 바람에 따라서 그다음 날인 1522년 7월 16일에 참사회 의원 건물에서 츠빙글리와의 논쟁이

83 Emil Egli (Hg.), *Actensammlung zur Geschichte der Zürcher Reformation in den Jahren 1519~1533*, Zürich 1879 (Nachdruck Aalen 1973), Nr. 236, S. 77.

84 *Chronik des Bernhard Wyss. 1519~1530*, hg. v. Georg Finsler, Basel 1901, S. 16,5; Heinrich Bullinger, *Reformationsgeschichte*. Nach dem Autographen hg. v. J. J. Hottinger und H. H. Vögeli, 3 Bde., Frauenfeld 1838~40 (Nachdruck Zürich 1984), 여기서는 Bd. 1, S. 76~78.

이루어졌다. 논쟁은 4시간 정도 지속되었고, 결국 프랑스인 프란체스코 원시회칙파 수도사는 "두 손을 올려서 신께 감사하고 모든 곤궁 속에서 오직 신의 이름을 부를 것이라고 말했다."[85]

츠빙글리의 차라리 '개인적' 승리 직후(그는 저명한 수도회 설교자를 마리아 및 성자숭배로부터 전향시키는 데 성공했다)인 7월 21일에 시 참사회가 주최한 논쟁이 열렸다.[86] 츠빙글리와 취리히에 거주하는 탁발 수도회—아우구스티누스 은둔자회와 프란체스코회, 도미니쿠스회—의 강독 교사들이 시 참사회의 어느 위원회 앞에 소환되었다. 이 밖에 대성당 참사회와 시의 다른 신학 전문가들이 추가되었다. 분명히 도처에서 츠빙글리의 추종자들과 반대자들 사이에 불거진 대립을 조정하거나 해법을 도출하는 것이 중요했다. 츠빙글리는 이 논쟁에서 시에 대한 자신의 충성심을 능숙하게 부각했다. "나는 이 도시 취리히의 주교요 목자이며 나에게 목회가 위임되었다. 나는 그것 때문에 서약했으나 수도사들은 그렇지 않다."[87] 츠빙글리가 도시 목회자의 구교적 명칭에 해당되는 주교 칭호를 주장한 것은, 물론 그가 콘스탄츠 관할 교구 주교의 법적 권한을 침범하였음을 암시한다. 1522년 여름에 그는 주교와—독일어로—칸톤 연방에 독신제를 철폐하고 복음 설교를 허용하도록 공개적으로 호소함으로써 이런 입장을 분명히 표현했다.[88] 이런 출판 전략은 츠빙글리가 교회의 악습을 제거하는 것을 세속 정부의 임무로 여기고 있다는 것을 의심할 수 없게 만들었다. 따라서 그의 태도는 시 참사

85 *Chronik des Bernhard Wyss* (Anm. 84), S. 16,10~12; Gottfried W. Locher, *Die Zwinglische Reformation im Rahmen der europäischen Kirchengeschichte*, Göttingen 1979, S. 100 참조.

86 특히 Heiko A. Oberman, *Werden und Wertung der Reformation*, Tübingen ^{3}1989, S. 271f.; Z 1 (CR 88), S. 257f., Anm. 3 참조.

87 *Chronik des Bernhard Wyss* (Anm. 84), S. 19,13~15; Z 1 (CR 88), S. 258, Anm.

88 *Supplicatio ad Hugonem episcopum Constantiensem* (1522. 7. 2), in: Z 1 (CR 88), S.189~209; *Ein freundliche Bitte …… an die Eidgenossen* (1522. 3. 13), in: Z 1 (CR 88), S. 210~48.

회로 하여금 교회를 장악하도록 촉구하는 것이었다. 당시 시 참사회도 여기에 맞장구를 쳤다. 1522년 7월 21일의 논쟁 결과, 수도회 설교자들은 "성서에 있는 거룩한 복음과 성(聖)바울, 예언서를 설교할 것이고 스코투스와 토마스 등은 포기해야 한다"는 시 참사회의 결의로 끝맺었다.[89] 이 결의에 따라서 도미니쿠스회 강독 교사는 취리히를 떠나서 루체른으로 갔다.[90] 츠빙글리는 이 사건을 부유하고 까다로운 시어머니의 죽음처럼 슬프게 생각했다.[91] 성공은 분명히 그의 편에 있었다.

이러한 소견으로 시 참사회는 종교적으로 충돌하는 당파들 간의 논쟁 후에 처음으로 교리 문제에서 법적 주무 기관으로 활동했고 선포의 유일한 토대로서 성서를 기준으로 설정할 것을 역설했다. 이런 결의를 통해서 1523년의 두 차례에 걸친 논쟁 단계, 즉 1월의 이른바 제1차 취리히 논쟁과 10월의 제2차 취리히 논쟁(398~406쪽 참조)을 거쳐서 계획에 따라 리마트(Limmat) 호반도시(취리히를 의미 —옮긴이)의 교회를 세속 정권이 독자적으로 통치하는 방향으로 길을 걷게 되었다.

제1차 취리히 논쟁에 앞서, 이 도시뿐만 아니라 나머지 연방에서도 교회적·정치적 불안을 부채질한 일련의 사태가 벌어졌다. 여기서 츠빙글리의 몫은 상당했다. 즉, 그는 『아폴로게티쿠스 아르케텔레스』(*Apologeticus Archeteles*)[92]라는 신랄한 글을 통해서 자신이 주교의 사법권에서 벗어났음을 선언했고, 교회의 계급서열제가 그리스도의 뜻에 부합하는 질서를 회복할 능력이 없다고 주장했다. 1522년 11월에 그가 점차 의회의 다수를 차지한 가톨릭 의원들과 연방 칸톤들의 정치적 토론

89 *Chronik des Bernhard Wyss* (Anm. 84), S. 19,24~27; Z 1 (CR 88), S. 258, Anm. 츠빙글리는 베아투스 레나누스에게 보낸 어느 서신에서 논쟁의 결과를 전했다. "최근 이 임무를 위임받은 시장과 3인의 시 참사회 의원이 3명의 탁발 수도사에게 토마스주의와 스코투스주의 및 다른 박사들을 포기하고 오직 성서에 담겨 있는 거룩한 문서들에 의지해야 한다고 알렸다." Z 7 [CR 94], S. 549,3~5.

90 Z 7 (CR 94), S. 555,34f.

91 Z 7 (CR 94), S. 549,6~8.

92 1522년 8월 22/23일. Z 1 (CR 88), S. 249~327.

장의 과녁 속으로 들어감에 따라서, 취리히 시 참사회는 그의 탁월한 영적 직위를 인정했다. 그는 더 이상 고해를 듣거나 미사를 거행할 필요가 없었다. 오로지 설교만이 그의 임무였다. 1522년 봄 이후에 설교자, 논쟁자, 출판가로서 성장하게 된 그의 드러난 역할은 그렇게 거의 직무로써 표현되었다. 이것이 종교개혁 도입을 위한 중대한 정치적 선(先)결정의 의미에서 해석되기는 어려울지라도, 츠빙글리에게 시 참사회 의원들 가운데서 영향력 있는 지원자들이 있었음을 보여준다. 시 참사회의 위탁으로 그는 외텐바흐(Oetenbach) 도미니쿠스회 수녀원[93]에서도 설교했는데, 여기에는 무엇보다 취리히 상류층의 딸들이 살았다. 1522년 말 수녀원을 떠난 수녀들과 거기에 남기를 바란 수녀들 사이에 가시화된 양극화는 시민계급과 정권 내의 전선과 일치하였다. 1년 만에 츠빙글리와 그의 추종자들은 폭넓은 교회비판적 주제들—십일조, 금식 계명, 마리아 및 성자숭배, 수도원, 사제 혼인, 교회법의 효력, 교회 계급서열제의 정당성—에 대해 행동, 설교, 출판을 통하여 여론을 환기하는 데 성공했다.

제1차 취리히 논쟁

한편으로는 콘스탄츠 주교, 다른 한편으로는 1522년 이후 반(反)종교개혁적으로 기우는 연방의회 사이의 고조되는 긴장은, 1523년 1월 취리히 시 참사회가 주도권을 쥐고 스펙터클한 대규모 행사, 곧 1523년 1월 29일의 제1차 취리히 논쟁을 개최하게 된 배경을 이루었다. 1523년 1월 3일에 취리히 시와 인근 지역의 성직자들에 보낸 공지문에서 시 참사회는 1월 29일 아침에 대화를 위해 시청으로 와서 '독일어로'[94] '개신교'와 '구교' 양편 가운데 어느 편이 성서에 따라서 가르치는지를 토론하도록 초대하였다. 동시에 콘스탄츠 주교에게 이 모임에 관해 알렸

93 Z 1 (CR 88), S. 328~81.

94 Z 1 (CR 88), S. 466~68, 여기서는 S. 467,11의 출판에 따른 인용.

고 그가 참석하도록 초대할 것임을 예고했다. 또한 신이 진리의 빛을 진지하게 추구하는 자들을 진리의 빛으로 자비롭게 비춰줄 것이라는 희망을 표명했다.[95]

따라서 이 공지는 시 참사회가 공공질서 및 시민의 안녕에 대한 책임 때문에 학자들을 끌어들인 가운데, 어떤 교리가 성서에 일치하며 그의 주권 영역에서 선포의 토대가 되어야 하는지를 결정할 의도가 있다는 것을 의심할 수 없게 했다. 츠빙글리의 이름이 공지 속에 언급되지 않은 데는 처음부터 성서를 배경으로 그의 가르침에 대한 이의를 검증하려는 의도가 있었던 것 같다. 결국 이 대화를 촉구한 것도 츠빙글리 자신이었다. 행사는 처음부터 시 참사회, 즉 평신도 심의 기관의 주도 아래 있었다. 주교나 그의 법적 대리나 학자 집단에게 특별한 역할이 부여되지 않았다. 그런 한에서 계획된 '논쟁'[96]은 처음부터 전적으로 독자적 행사였으며, 어쨌든 학문적 논쟁의 엄격한 규칙에 따른 행사가 아니라는 것이 명백했다. 정규적인 학문의 형태와 비교해서 계획된 논쟁에서는 모든 것이 심히 '비정규적'이었다. 즉, 장소는 시청이었고, 결의 법정은 세속적 평신도 심의 기관이었으며, 판단 기준은 성서였고, 대화 언어는 독일어였다.

다루어야 할 주제는 처음에 전혀 알려지지 않았고, 논쟁 직전에 비로소 유포된 듯하다. 츠빙글리의 **67개 논제**[97]가 주제였다. 이것은 논쟁에서 결국 중심 역할을 하지 못했다. 이것은 그의 지금까지의 선포를 압축·요약한 것으로서 복음의 진리 및 여기서 귀결되어야 할 기존 교회의 제의와 의식에 관한 결론들의 요약이었다. 복음은 '교회의 뒷받침'[98]

---

95 "우리는 전능하신 신께서 진리의 빛을 진지하게 추구하는 자들을 진리의 빛으로 자비롭게 비춰줄 것과 우리가 그 빛 안에서 빛의 아들로 걷기를 소망한다." Z 1 (CR 88), S. 468,2~6.

96 Z 1 (CR 88), S. 466,5.

97 Z 1 (CR 88), S. 451~65에 인쇄됨.

98 제1논제, Z 1 (CR 88), S. 458,11f.

을 필요로 한다고 주장하는 모든 자는 잘못이며 신을 모독하는 것이라는 전제에서 출발하여, 츠빙글리는 유일한 구원의 근거로서 그리스도의 십자가는 죄의 용서를 얻기 위한 모든 다른 수단과 길을 폐한다고 주장한다. 츠빙글리는 신의 뜻에 따라 그의 법을 형성할 권리와 책임이 세속 권세에 있다고 주장한다.[99] 그러나 세속 권세가 '그리스도의 기준'[100]에 일치하지 않는 한, 그 권세를 폐할 권리가 있다. 그런 한에서 논제 목록에는 시 참사회가 제1차 취리히 논쟁을 통해서 신학적 가르침에 대한 판단권을 주도적으로 장악하는 것을 신학적으로 정당화하려는 의도가 내포되어 있다.

단기간의 공고에 대한 반향은 엄청났다. 600명 이상이 행사에 참여했다. 콘스탄츠 주교는 그의 총(總)대리 요하네스 파브리(Johannes Fabri)가 이끄는 사절단을 보냈다. 일부 연방 지역, 예를 들어 베른이나 샤프하우젠에서도 대표가 왔다. 빈번히 재인쇄되었고 경향성이 있는 비공식적인 보고서 『취리히 모임의 진행』(*Handlung der Versammlung in Zürich*)[101] 및 몇몇 이것과 연결되는 논쟁신학적 출판물로 말미암아 동시대의 서신 교류에서 이 행사가 큰 주목을 받은 결과, 이 행사는 곧 다른 도시들에 '모범 사례'[102]가 되었다. 그리고 도시 논쟁이라는 행사 유형이 이후 종교개혁 역사에서 크게 유행했다는 사실은,[103] 여기서 이루어진 시민과 공공을 대상으로 한 증거 제출, 과시, 협상 모델이 종교개혁적 가르침에 대해 사법적으로 판단할 수 있는, 도시 지역 내지 도시 영토의 성직으로 하여금 특정 신학적 입장을 추종하도록 의무를 지울 수 있는, 도시 정부

99 제39논제, Z 1 (CR 88), S. 463,1f.

100 제42논제, Z 1 (CR 88), S. 463,8.

101 Z 1 (CR 88), S. 472~569에 인쇄됨(적어도 7개 인쇄본).

102 "pulchrum exemplum". 헤디오가 츠빙글리에게 1523년 2월 10일에 보낸 서신, Z 8 (CR 95), S. 22,16.

103 Bernd Moeller, *Zwinglis Disputationen. Studien zu den Anfängen der Kirchenbildung und des Synodalwesens im Protestantismus*, in: ZSRG.K 56 (1970), S. 275~324; 60 (1974), S. 213~364.

에 대해 충성할 책임을 지우고 교회 계급서열제에 대항해서 효과적으로 독립할 수 있는 특별히 유리한 가능성을 제공했음을 증언한다.

교회법적으로 취리히인들은 "평신도로서 신앙 문제를 다루거나 결정하는 것이 적절치 않다"[104]는 입장을 대변하도록 자신들의 주교로부터 지시받은 콘스탄츠 사절단에게는, 행사에 단순히 참가하는 것이 중대한 전략적 실수였음이 밝혀졌다. 왜냐하면 한편으로 파브리는 자신의 전제에서 취리히 집회의 모든 합법성을 부정해야만 했고, 다른 한편으로 그와 사절단 동료들은 연설을 통해 로마 교회의 교리적·법적 입장을 방어하려고 시도했기 때문이다. 무엇보다 파브리와 츠빙글리에 의해 주도된 논쟁은 성자숭배 혹은 사제 혼인과 같은 일부 신학적·실천적 문제 외에 일차적으로 교회 권위의 관점을 둘러싸고 이루어졌다. 전통과의 관계에서 성서 원리의 충분성이 다루어졌고, 그러나 무엇보다 교리와 제의에 대한 결정권을 가진 법정이 공의회인가 아니면 취리히 교회 '노회'(老會)인가의 문제가 토론되었다. 츠빙글리는 이 모임은 고대 교회의 의미에서 합법적 노회라고 주장했다.

정오 휴식 후에 이미 공적으로 낭독된 결의 형태로 시 참사회의 판결은 이루어졌다.[105] 즉, 성서를 통해서 츠빙글리가 이단을 주장한다고 설득하는 데 성공하지 못했으므로, 시 참사회는 츠빙글리가 지금까지처럼 설교 활동을 계속할 수 있고 "그가 보다 나은 통지를 받기 전까지 거룩한 복음과 참 성서를 선포할 수 있다"[106]고 결정했다. 시와 시골의 모든 다른 성직자들도 복음과 성서에 부합하는 것만을 선포해야 했다. 상호 비방은 중단되어야 하고 처벌될 터였다. 시 참사회가 신중한 조치를 절대적으로 중요시했다는 사실은 시 참사회가 결정의 이유를 콘스탄츠 주교가 상응하는 모임을 소집하지 않은 것으로 설명했다는 데서 드러

104 Oberman, *Werden und Wertung der Reformation* (Anm. 86), S. 284에서 인용.

105 Z 1 (CR 88), S. 546f.; S. 469ff.

106 Z 1 (CR 88), S. 471,1~3.

난다.[107] 평신도들이 교회 교리의 진실성에 대한 판단권을 주장했다는 엄청난 도발은 시 참사회 결정의 잠정적 성격을 강조함으로써 은폐되었다.

어쨌든 제1차 취리히 논쟁의 결의는 원칙적으로 종교개혁에 유리한 결정을 의미하였다. 시 참사회가 교회 제도의 구체적 혁신의 의미에서 직접적 조치를 취하기를 포기했을지라도, 시 참사회가 교리의 진리에 대한 사법적 판단 법정으로 자처했다는 사실은 정부 주도의 교회정치의 기초를 놓은 것이고 취리히식 국교회 제도의 효시를 나타낸다. 츠빙글리는 종교의 국가기관화를 원칙적으로 인정했다. 대성당 교구 사제는 시 참사회가 방랑하는 설교자들을 추방하고 츠빙글리가 작성한 간단한 교리문답 촬요를[108] 무엇보다 시골 사제들의 교육용으로 배포하는 등 도시 설교자들과 규범적 신학 교과서의 영향력을 시골에까지 확대하기 위해 추진하는 조치에 적극적으로 참여했다.

제2차 취리히 논쟁

1523년에 츠빙글리와 시 참사회 내지 종교개혁적 사고를 가진 시 참사회 인사들 간의 교회정치적 행동 축은 더욱 긴밀해졌다. 성(聖)베드로 교회의 교구 사제 레오 유트(Leo Jud)는 때로는 보다 공격적이고 도발적으로 행동함으로써, 츠빙글리의 매우 중요한 투쟁 동지임을 입증하였다. 1523년 여름에 유트는 외텐바흐 수녀원에서 예배를 방해했다. 이와 관련된 소란 끝에 여러 명의 수녀가 수녀원을 떠났다. 취리히 종교개혁의 결정적인 해 여름에 사제들은 공공연히 혼인을 했다. 1523년 8월 이후 세례 예배는 제의적으로 가장 정화된 형태로 독일어로 거행되었다. 츠

107 Z 1 (CR 88), S. 469,13ff. 시 참사회는 금식 행위와 관련된 협의를 언급한다. 여기서 시 참사회는 주교 사절단을 통해 주교에게 "지체 없이 공의회 모임을 개최하도록 노력할 것"을 권고했다. Egli, *Actensammlung* [Anm. 83], Nr. 236, S. 77 참조.

108 *Kurze, christliche Einleitung* (1523. 11. 17.), in: Z 2 (CR 89), S. 626~63.

빙글리는 미사 전례의 개혁을 위해서 비교적 보수적인 글을 통해 공론장에 나섰다. 1523년 10월 초에 출간한 한 변증서에서,[109] 그는 신중한 조치에도 불구하고 자신의 진영으로부터 분명한 반대에 봉착했음이 드러났다.

1523년 초가을에 미사와 형상 주제에 관한 토론은 취리히와 그 주변에서 점차 뜨거워졌다. 9월에 형상과 십자가 고상에 대한 여러 차례 공격이 있었다. 성베드로 교회의 어느 부제는 판화 하나와 다른 교회 장식물을 제거했고, 수공업자들은 대성당에서 영원한 빛을 파괴했다. 취리히 인근의 마을 슈타델호펜(Stadelhofen)에서 어떤 제화공은 두 명의 동료와 함께 대형 십자가 고상을 넘어뜨렸다. 시 참사회는 범인을 체포하게 했다. 츠빙글리와 유트 같은 설교자들이 우상이라고 비난한 형상은 순수한 제의 요청과 일치하지 않는 듯 보였다. 나중에 급진적 종교개혁의 핵심 인물로 발전한 츠빙글리 추종자이자 이전의 사제인 루트비히 해처(Ludwig Hätzer)는 형상 문제가 특별히 심각했던 저 시기에 『우상과 형상을 어떻게 대해야 하는가』(*Wie man sich mit allen Götzen und Bildnissen halten soll*)[110]라는 급속히 유포된 짧은 팸플릿을 가지고 공론장에 등장했다. 해처는 엄밀한 성서주의적 논증을 통해서 형상 제거와 파괴는 그리스도인의 의무라고 결론 내렸다. 그리스도인들이 '서둘러 지체 없이 우상"[111]을 제거하지 않으면 신의 징벌적 진노를 초래할 터였다. 특히 형상 문제가 첨예화된 결과, 시 참사회는 1523년 9월 29일에 사제들과 시 참사회 의원들로 위원회를 구성하여 교회 설비에 관한 앞으로의 취급 및 개혁 문제에 관한 안을 제출하도록 하였다. 위원회의 추천에 따라

109 *De canone missae epichiresis* (1523. 8. 29.), in: Z 2 (CR 89), S. 552~608; *De canone missae libelli apologia* (1523. 10. 9.), in: Z 2 (CR 89), S. 617~25.

110 이 글은 1523년 9월 24일에 출판되었다. Adolf Laube u. a. (Hg.), *Flugschriften der frühen Reformationsbewegung* (*1518~1524*), 2 Bde., Berlin 1983, Bd. 1, S. 271~83에 인쇄됨.

111 Adolf Laube, 앞의 책, S. 280,24f.

서 시 참사회는 10월 26일에 이른바 제2차 취리히 논쟁을 소집했다.

공고는 취리히 시와 근교의 성직자들을 대상으로 했으나, 예고된 미사 및 형상 주제에 대해 '발언할 용의가 있는'[112] 이해관계가 있는 모든 성직자들과 세속 신분들도 대상에 포함시켰다. 콘스탄츠, 쿠르(Chur), 바젤의 주교, 바젤 대학, 스위스 연방도시들, 그리고 그 밖에 자세히 언급되지 않은 수신자들도 초대되었다. 분명히 그 행사는 처음부터 취리히를 넘어서 종교정치적 영향력을 발휘하려는 의도를 염두에 두고 있었다. 1월의 결의를 분명히 수용한 가운데[113] '복음적 교훈과 참 성서'[114]가 도처에서 보다 분명히 선포되어야 하고 또한 미사와 형상에 관해서 성서에 부합하는 질서를 회복하는 것이 긴급히 필요하다는 것을 전제로 했다.

주교 가운데 아무도 참석하지 않았고 연방에서는 오직 샤프하우젠과 장크트갈렌(St. Gallen)만이 참석했지만, 집회 참석 규모는 엄청났다. 약 350명의 사제, 그들 가운데 10명의 박사와 수많은 마기스터, 500명 이상의 평신도 등 총 900명 정도의 인원이 참석했다. 해처가 작성한 공식 회의록은 제1차 취리히 논쟁 이후 이루어진 대화 상황에 관한 공공연한 논쟁을 가능한 한 피하고자 했다고 기록한다. 구교 측의 가장 중요한 대변인은 이번에는 취리히 대성당 참사회원 콘라트 호프만(Konrad Hofmann)이었다. 그러나 그가 사제들로부터 받은 지원은 주로 수적으로는 많지만 학식 면에서 훨씬 뒤떨어진 시골 성직자들에 국한되었다.

---

112 해처가 집필한 제2차 취리히 논쟁 기록 내에 되살려진 공고에서 인용, Z 2 (CR 89), S. 679,17f.

113 "그래서 우리는 1년에 한 번 모든 목회자와 사제들의 모임을 가졌고, 우리의 사제, 목회자, 설교자들은 우리 도시와 시골 어디서나 거룩한 복음과 참된 성서에 부합하는 것만 선포해야 한다는 것을 알았으며, 따라서 우리는 이런 교훈에서 형상을 없애야 하고 미사도 우리 구원자 그리스도가 제정한 것과 달리 많은 악습으로 거행되고 다루어진다는 것을 배웠다." Z 2 (CR 89), S. 678,30~679,6.

114 Z 2 (CR 89), S. 678,24f.

다수의 지성적으로 우수한 성직자와 평신도들이 제2차 취리히 논쟁에서 발언권을 장악했고 종교개혁 편에 섰다. 그러나 그들 가운데 혁신의 실행에 누가 주도권을 가져야 하는지 — 교회 공동체인가 아니면 시의 정부인가 —, 그리고 어떤 속도로 혁신에 착수해야 하는지에 관해서 논쟁의 여지가 있다는 것이 드러났다.

3일간의 논쟁(1523년 10월 26~28일)에서 첫째 날의 주제는 형상이었고, 둘째와 셋째 날의 주제는 미사였다. 논쟁 당시 츠빙글리와 급진적 추종자들, 특히 후대의 재세례파 지도자들인 콘라트 그레벨(Konrad Grebel), 지몬 슈툼프(Simon Stumpf), 발츠후트(Waldshut)의 목사 발타자르 후프마이어(Dr. Balthasar Hubmaier) 사이에 극명한 대립이 드러났다. 츠빙글리가 미사를 어떻게 다룰 것인가를 결정하는 것은 시 참사회 의원들의 소관이라고 주장한 반면, 취리히 칸톤 내 횡(Höngg)의 목사 슈툼프는 "성서는 형상 숭배 및 미사를 부정하므로 판단은 이미 내려졌으니, 즉 신의 영이 판단하기 때문에, 교구 사제가 시 참사회 의원들에게 판단하도록"[115] 할 권한이 없다는 의견을 주장했다. "그러므로 의원 나리들이 신의 판단에 반하는 일을 판단하고 결정한다면, 나는 그리스도의 영을 간구할 것이며 그것에 따라서 가르치고 행할 것이다."[116] 츠빙글리도 신의 말씀에 대해 판단하는 것은 정부도 어느 누구의 권한도 아니라는 것을 역설했다. 논쟁의 임무는 오로지 성서로부터 미사가 제사인지 아닌지를 아는 것이었다. 신학적 판단에 관해서는 이견이 있을 수 없었다. 그러나 미사 개혁의 적합한 수단과 절차에 관해 결정하는 일은 정부에 위임해야 했다. 이것은 '소요가 일어나지 않게 하기'[117] 위함이었다.

신속하고 포괄적인 의식 개혁을 추구하고 시 참사회에 아무런 재량

115 앞의 책, S. 784,12~14.

116 앞의 책, S. 784,14~16.

117 앞의 책, S. 784,26.

의 여지도 인정하지 않으려는 급진적인 개혁 지지자들의 요구와 더불어, 츠빙글리를 둘러싼 집단 및 구교 집단과는 별개로 제3의 교회정치적 집단이 모습을 갖추고 등장했다. 여기서 처음으로 분명히 드러난 개혁 지지 세력의 분열은 이어 불안의 온상을 형성했고 점점 츠빙글리의 정부주도론을 강화했으며 마침내 신분적 주류 대 급진 개혁의 대립으로 귀결되었다.

비텐베르크의 도시 종교개혁을 둘러싼 갈등에서 나타났던 종교개혁 운동의 내부 분열과는 달리, 취리히에서 급진적 종교개혁을 선전하는 자들의 인적 토대가 훨씬 넓었다. 이 밖에 비텐베르크에서는 종교개혁가들과 도시 행정관들은 같은 목적을 추구했다. 선제후령 작센 정부와 정부를 지원하는 루터가 실험의 중단을 명령했을 때, 카를슈타트와 그의 소수 추종자들은 고립되었다. 비텐베르크 종교개혁에서 영방국 정부와 도시 권력 사이의 관계는 처음에는 전적으로 개방적이었고, 대학도 여기에 참여했다. 그러나 취리히에서 종교개혁의 운명은 전적으로 시 참사회에 달려 있었다—어쨌든 정치 상황의 근본적 변화를 감수하려 하지 않는 한, 루터가 선제후령 작센에서 그랬듯이 츠빙글리는 자신의 활동지에서 이것을 분명히 깨달았다. 그들이 자신들 정부에 거슬러 행동했다면, 그들의 종교개혁은 지속적으로 작동하기 어려웠을 것이다.

제2차 취리히 논쟁 이후 1523년 11월 1일 시 참사회는 교회 내의 형상들을 유지하도록 명령하는 한편, 종교 시설에 대해서는 형상의 철거를 그들의 자유에 맡겼다. 새로운 형상은 더 이상 허용되어서는 안 되고, 또한 미사 규정도 당분간 유지되어야 하며, 모독 행위는 처벌될 터였다. 여전히 구금되어 있는 형상 파괴자들 중 일부는 영구히, 일부는 2년간 도시에서 추방되었다. 그들 가운데 한 사람은 벌금을 물고 석방되었다. 11월 날짜로 출판된 해처의 신간 형상 책은 '오 하나님, 갇힌 자들을 속량하소서'[118]라는 모토를 가지고 출판되었는데—아마도 '우

118 J. F. Gerhard Goeters, *Ludwig Hätzer (ca. 1500~1529). Spiritualist und*

상'에 대한 신의 진노를 표현한 인간들이 처벌받았다는 것을 급진주의자들이 심각한 불의로 느꼈음에 대한 반향인 듯하다. '약한 자들을 감안하라'는 루터의 권고처럼, 취리히 시 참사회는 시골을 다니는 시 설교자들의 도움을 받아서 보다 넓은 전선에서 복음을 선포하도록 하였다. 이것이 다만 일시적 해법일 수밖에 없다는 것은 분명하였다.

취리히의 종교개혁 도입

1523년에 취리히는 개신교 도시가 되기로 결정하였다. 또한 정부가 교회 질서를 장악하려는 경향이 분명해졌다. 제2차 취리히 논쟁에서 츠빙글리와 그의 추종자들은 보다 강력히 부각되었다. 다른 곳의 종교개혁 결정 과정과는 달리(다른 곳에서는 교회 혁신의 지지자들이 사회적으로 특권을 누리지 못하고 정치적으로 영향력이 없는 부류 출신인 경우가 빈번했다!), 취리히에서 — 베른, 바젤, 장크트갈렌의 경우처럼 — 종교개혁을 관철한 것은 사회적으로 안정되고 경제적으로 활동적이며 정치적으로 목소리를 낼 수 있는 동업조합 소속의 시민 계층이었다. 종교개혁 이전이나 이후나 독일어권 스위스 내의 정치 상황의 안정성은 종교개혁이 관철될 수 있었던 특수 조건과 부합하였다.

시민적 생활 세계에 대한 츠빙글리 신학의 친화력은 이 안정의 중요한 요소였다. 그가 논설 『신적 의와 인간적 의에 관하여』(*Von göttlicher und menschlicher Gerechtigkeit*, 1523년 7월)[119]에서 전개한 질서신학적 사상은 복음과 사랑의 계명의 기준에 맞추어 공동체를 형성하는 것을 목표로 삼았던 급진적 추종자들의 이상과는 거리가 멀었다. 인간의 의는 '가난하고 부족한',[120] 즉 약하고 흠 많은 의이다. 이것은 신 앞에서 인

Antitrinitarier. Eine Randfigur der frühen Täuferbewegung, Gütersloh 1957, S. 26.

119 Z 2 (CR 89), S. 458~525에 인쇄됨.

120 Z 2 (CR 89), S. 485,26f.

간을 의롭게 하지 못하지만 '인간 사회와 공동체'[121]의 형성을 위해 포기할 수 없다. 인간적 의를 세우기 위해서 강제력을 갖춘 세속 권세가 필요하다. 그러나 인간은 신적 의의 선포를 통해서 보다 완전해지고 세상 질서를 윤리적으로 개선할 수 있다. 그러나 지상에 이미 신적 의에 상응하는 사회를 건설할 수 있다는 환상을 품어서는 안 된다. 이성의 척도에 따라서 처리하고 평화를 수호하며 공공의 안녕을 촉진하는 목표를 책임져야 할 자기 행동 논리에 따르는 세상적 법의 영역을 인정하는 것에 대해서, 루터와 츠빙글리는 '영적 형제'였다. 1523년 3월에 인쇄되었고 츠빙글리에게도 알려졌을 루터의 글 『세속 권세에 관하여』(*Von weltlicher Obrigkeit*)[122]는 복음적 사랑 및 법적 복종이라는 범주상 근본적으로 상이한 영역을 비교해서 다루었다. 루터도 세속 질서를 종교적으로 제고(提高)하는 것과 영적 질서를 정치적으로 오용하는 것에 반대했다. 종교개혁 시대 스위스의 유력 신학자와 가장 중요한 독일의 신학자 사이의 신학적 차이에도 불구하고 — 그리스도인이 이웃을 위해서 순종해야 하는 세속 주권의 포기할 수 없는 자체 가치를 신학적으로 수용하는 데서 두 종교개혁가는 본질적으로 일치한다. 도시와 지방에서의 종교개혁의 성공을 위해서 이 사회윤리 면에서의 근본적 일치는 아무리 높이 평가해도 지나침이 없을 정도의 의미를 갖는다.

취리히 시와 인근 지역에서 새로운 국가교회적 질서가 대논쟁 이후 2년간에 어느 정도 확립되었다. 성자 축제일, 행렬, 금식 같은 성서적으로 근거가 없는 의식과 실천들은 중단되었고, 형상과 십자가 고상과 오르간은 시 참사회의 결정에 따라서 철거되었으며(1524), 대중어로 거행되는 엄격히 성서적 모범을 따르는 세례 및 성만찬 전례가 도입되었다. 곧 수도원들과 시의 큰 종교 시설, 즉 대성당과 프라우엔 성당이 폐쇄되었다. 이 과정에서 획득한 금전은 시 참사회의 관리 아래 들어갔다. 이

121 Z 2 (CR 89), S. 490,11f.
122 WA 11, S. 229~81.

모든 조치가 충돌 없이 관철될 수는 없었다. 그러나 분리주의적 재세례파 공동체로 형성된 급진주의자들에 대한 취리히 시 참사회의 타협 없는 박해로 말미암아 종교정치적 대립이 시의 안정과 질서를 심각하게 위협하는 일은 방지할 수 있었다.

1525년에 두 개의 새로운 시설이 설립되었는데, 이것은 그 나름대로 취리히 종교개혁 전반에 대한 특징을 드러냈다. 우선 이른바 예언소(Prophezei)라 불리는 일종의 성서 해석 학교로서, 여기에 거의 매일 성직자들, 중급 라틴어 학생들, 교사들, 관심 있는 평신도들이 성서에 대한 연속 강의를 듣기 위해서 모였다. 대성당의 참사회실에서 이 모임을 주관한 학식 있는 신학자들은 각 구절의 히브리어, 그리스어, 라틴어 텍스트를 읽고 번역하며 해석했다. 도시와 시골의 성직자들을 위한 지속적 교육 프로그램으로서의 이런 유익한 성서 작업으로부터 『취리히 성서』라는 위대한 번역 작업이 나왔다. 이것은 루터 성서와 더불어 오늘날까지 가장 영향력 있는 독일어 성서 번역으로서 전문이 실린 판은 비텐베르크의 경쟁작보다 4년 앞서 1530년에 인쇄되었고 최초의 완결된 대중어로 번역된 종교개혁적 성서로 간주될 수 있다.

두 번째 혁신적 시설은 이른바 **혼인 및 윤리 법원**이다. 4명의 세속인 판사와 2명의 성직자 판사로 구성된 이 도시 기관의 설치를 통하여 취리히 시 참사회는 콘스탄츠 주교의 종교사법권을 차지했고, 이혼과 혼인 장애 요소에 대한 새로운 해석, 윤리적·훈육적 충돌의 조정, 상응하는 징벌, 예를 들어 가벼운 징벌(수찬 정지)과 중한 징벌(출교)의 부과에 대한 권리를 주장했다. 점차 이 시설은 독자적 교회 기구로서의 성격을 상실했다. 이것은 결국 츠빙글리의 승인을 받아서 효과적인 훈육 수단이 되었고, 다른 기구와는 달리 개혁된 국교화 종교의 경찰적 경향을 상징했다. 취리히 교회 공동체가 국가에 교회 훈육을 양도해야 하는 것에 대한 반대는 급진주의자들로부터뿐만 아니라 바젤의 종교개혁가 요하네스 외콜람파트 같은 츠빙글리 곁에 있는 신학자들로부터도 나왔다. 1523년 이후 츠빙글리가 여러모로 경탄을 받았고 취리히 종교개혁의 일부 요소를 다른 곳에서 수용·발전시켰을지라도 — 엄밀한 의미에서의 하나의 모델은 최초의 성공적인 자치도시 종교개혁은 아니었다. 어떤 도시의 종교개혁도 다른 도시의 그것과 유사하지 않으니, 특수한 지역적·개인적 특성과 정치적 정황은 상당한 차이를 보이기 때문이다.

도시 종교개혁의 콘셉트, 배우들, 결과

츠빙글리의 취리히와 루터의 비텐베르크는 도시 종교개혁의 특수한 지역이었다. 시 참사회의 손 안에서 교회 제도를 새로이 형성하는 도시 종교개혁 과정의 성공을 위해서는 상이한 구조적인 요소들이 책임을 떠맡았다. 도시 종교개혁의 속도와 과정, 결과는 조건 요소들에 달려 있었다. 이 요소들 가운데 가장 중요한 것은 종교개혁적 사고를 가진 성직자들과 도시 정치 책임자들의 협력, 도시 내부의 안정(즉, 한 도시의 사회적·정치적 평화 내지는 종교 그룹들 간의 차이 때문에 발생하는 불안정 요소들을 조정하고 통합할 수 있는 능력)과 국제정치적 전체 상황(즉, 제후 영주, 적대 세력 혹은 동맹 세력 그리고 특히 제국도시의 경우 황제 및 제국과의 관계에서 한 도시의 운신 및 결정의 자유)이었다.

교회 혁신에서 여러 가지 충돌의 잠재성

도시 교회의 권한 확장은 일반적으로 종교 기관들, 특히 주교, 교회 참사회와 수도원의 기존 권한이 침해되었음을 의미한다. 도시들과 교구 교회들은 만인사제직이라는 성서적 권원(權源)에 근거하여 자유로운 사제 선출권을 실천했고 교회 재정 관계를 '공동 금고' 모델에 따라서 조직했다. 이 모델에서 모든 성직록 및 조합의 자본 수입, 그 밖의 종교 기관의 지대 수입이 시 참사회 및 교구 교회의 공동관리로 이관되었다. 이 모든 것은 통용되는 권리와 충돌했고 이에 따라서 대립을 초래했다. 공동체의 사제 선출과 '공동 금고'는 무엇보다 루터가 1523년 봄에 작센의 소도시 라이스니히를 위해 집필한 규정을 통해서 널리 알려졌다.[123] 루터는 공동체가 전례를 조직할 수 있는 권리도 인정했다. 여러 개의 교구 공동체가 있는 도시에서 혁신은 일반적으로 세속 권력을 강화했는데, 세속 권력은 대개 설교자와 협력하여 자기 주권 영역 내에서 통일된 질서 관계를 관철하기를 촉구했다.

종교개혁의 도입과 결부해서 구교 측 지지자들 및 대표들의 권리침해가 야기한 저항의 형태는 혁신만큼이나 다양하였다. 많은 수녀들이 종교개혁을 우선 기초적 해방으로 경험했을 뿐만 아니라 수녀원의 폐쇄에 대한 저항이 수녀들을 넘어 그 가족들로부터도 있었다는 사실도 분명히 증언되었다. '혁신자'들이 성자숭배 및 형상숭배에 단호히 대처한 사실로부터, 여기에 깊이 뿌리내린 감정을 사로잡는 관행이 추방되어야 했고 종교적인 재교육 프로그램이 개시되었다고 추론하는 것이 합리적일 것이다. 주교나 참사회의 성직 임명권에 대한 침해, 교회 소유권에 대한 개입, 교회 재산 침해는 종종 제국 대법원에서의 장기 재판을 초래했고, 이 재판은 종교개혁 과정에도 영향을 끼칠 수 있었다. 그러나 고발이 효과를 성공적으로 발휘한 경우는 드물다. 예를 들어 스트라스부르 주교는 제국 대법원에 알자스 제국도시를 고발했다. 그러나 대법원이 스트라스부르 정부에 선고한, 교회 혁신을 철회하라는 권고는 이미 들어선 궤도를 벗어나게 할 수 없었다.

혁신에서 충돌의 잠재성은 각 지역 상황에 달려 있었다. 뉘른베르크시 참사회는 종교개혁 이전에 이미 성직 임명권을 쟁취했고 개신교적 사고를 가진 설교자의 초빙을 특별한 충돌 없이 관철할 수 있었던 반면, 스트라스부르 같은 도시에서는 먼저 사제를 선출한 후 그들의 결정을

---

123 *Daß eine Versammlung oder Gemeine Recht und Macht habe, alle Lehre zu urteilen und Lehrer zu berufen …… Grund und Ursach aus der Schrift*, in: WA 11, S. 401~16; *Ordnung eines gemeinen Kastens*, in: WA 12, S. 1~30; *Von Ordnung Gottesdiensts in der Gemeinde*, in: WA 12, S. 31~37.

수용해주도록 요구했고 관할 기관, 예를 들어 성토마스 교회 참사회에 대해서 정치적으로 관철한 일부 교회들도 있었다. 함부르크에서는 비슷한 상황에서 충돌이 일어났던 반면, 스트라스부르에서는 충돌이 일어나지 않았던 것은 참사회의 입장 때문이었다. 알자스의 수도에서는 일부 참사회 의원들이 종교개혁에 열려 있었으나, 다른 곳처럼 함부르크에서는 참사회가 혁신에 대한 저항의 중심이었다. 여러 도시에서 종교개혁이 성공했던 이유는 시민 공동체와 권력층의 이해가 절충·타협될 수 있었기 때문이며, 종교개혁 성직자들이 대부분의 참여자들의 신뢰를 얻었기 때문이다.

여러 곳에서 시민 봉기 운동의 맥락을 띤 종교개혁적 요구가 발견된다. 시 참사회에서 그들의 정치적 참여가 거부당한 하층 동업조합 대표들은 종교개혁적 사안, 예를 들어 자유로운 사제 선출을 수단으로 자신들의 정치적 참여권을 얻기 위해서 싸웠다. 또한 사회계급적으로 몰락하였거나 특권에서 소외된 자들은 종교적 동기를 세금 감면 및 물질적 생계 상황 개선이라는 기초적 요구와 결부했다. 많은 한자동맹 도시들에서 종교개혁 이니셔티브는 시민 계층으로부터 나왔고 시 참사회에 대항하는 사회적·정치적 봉기 운동의 특징을 띠었다.

배우들

종교개혁적 공동체 운동은 일부 성직자들, 드물지 않게 달아난 수도사들과 긴밀한 관계 속에 있었다. 이들은 처음에는 확고한 교회적 입장을 갖지 않았고 지역 주재 성직자들과의 경쟁 아래 종종 노천에서 설교하다 점차 교회 공간을 점령했다. 대중어로 행하는 개신교 설교에 대한 요구는 도시 종교개혁 운동의 핵심 관심사였다. 종종 종교개혁적 설교자는 도시 종교개혁 과정의 인간적 중심축이었다. 평신도들이 개신교 설교에 품은 높은 기대는 빈번히 공동체 구성원들과 설교자 간의 새로운 신뢰 관계의 토대를 이루었다. 대개 버림받은 무리의 일부로서 인식된 구교 성직자상이 어두울수록 드물지 않게 평균 이상으로 교육받은 개신교 설교자들의 인격상은 더욱 밝게 빛났고, 그들은 시민적 덕(德)의 모델이 되었다. 여러 도시에서, 예를 들어 성직자 집회나 목사단에서 목회자들 간의 초공동체적 협력 형태가 생겼는데, 이것은 신학 이론과 예배의 새로운 질서에서 새로운 공동 과제로부터 생성되었고 일반적으로 종교개혁 이전의 성직자들 간의 협력을 능가했다. 여러 지방 도시에서 종교개혁적 시민운동은 구교 군주와 도시 간의 긴장을 심화시켰다. 많은 시 참사회들은 먼저 지연 정책을 통해서 더 이상의 긴장 고조를 저지하려고 했다.

적지 않은 도시들에서 형상 파괴, 수도원 습격 혹은 성직자 공격과 신성모독 행위 같은 소란스러운 장면들이 있었는바, 이런 사건들은 도시 내부의 다른 분쟁에서 이미 입증된 시민위원회를 구성하게 만들었다. 위원회 설립 의도는 도시 내의 여론을 통합하는 것이었다. 시민위원회는 시민들의 종교개혁적·정치적 요구를 위한 통로 역할을 하고 제안들을 심의함으로써, 지금까지 정치적으로 대변되지 못한 동업조합이나 집단에 참여를 개방하고 최초의 종교개혁적 조치들(주로 독일어로 거행하는 이종배찬 성만찬 의식 도입, 개신교 목사 선출, 재정 관계의 새로운 규제)을 실행에 옮기게 만들었다. 도시 내 분쟁의 지속 기간과 강도는 드물지 않게 종교개혁에 대한 지배적 엘리트들의 저항이 얼마나 강한가에 달려 있었다. 종교개혁적 사고를 지닌 시민들이 시 참사회에서 얼마나 지지를 받고 시 참사회가 군주에게 대항해서 얼마나 정치적 위험을 감수할 용의가 있느냐에 따라서, 결정 과정은 신속히 진행될 수 있었다. 특히 이른바 자치도시들(54쪽 이하 참조)에서는 종교개혁 결정 과정이 빈번히, 특히 후견권 같은 교회 구조를 통해 도시를 통치하였던 군주에 대한 정치적 독립성의 추가 획득에 대한 소망과 결부되었다. 북서부 독일의 자치도시들은 드물지 않게 개신교적 성향을 지닌 영방국과 새로이 정치적 결속을 맺거나 종종 기존의 결속을 강화함으로써 종교개혁에 대한 결정을 확고히 하였다.

남부 독일의 제국도시들에서는 1524년에 이미 종교개혁에 공공연히 동조하는 가운데 협조가 강화되는 것이 관찰되었다. 1524년 12월 12일에 울름 도시 평의회에서는 남부 독일 제국도시들이 뉘른베르크의 주도 아래 황제 카를 5세에게 보내는 서한이[124] 의결되었다. 이 서한은 제국 차원에서 종교개혁에 대한 '최초의 공적 고백'[125]으로 평가되었다. 오류를 범할 수 있는 인간인 루터를 결단코 옹호하려 하지 않으나, 세례에서 하나님 말씀에 대해 약속했다.[126] 그렇기 때문에 ―우리의 몸과 소유에 관한 한[127] ―복속되어 있는 황제도 이것을 금지할 수 없다는 것이었다. 1524년 여름에 황제는 보름스 칙령의 준수를 재차 강조한 바 있었으나, 보름스 칙령을 따르는 것은 '자유 제국도시'[128]로서는 불가능했다. 도시들은 그렇지 않다면 "순수한 하나님 말씀을 갈망하는 그들의 시민들에게서 …… 괴로운 폭동, 불복종, 그리스도교 정부의 파괴, 그들의 통치와 몸과 재산에 대한 참을 수 없고 극복 불가능한 불이익과 위험, 돌이킬 수 없는 파멸이 기대될 터였다."[129] 정치 질서의 확립은 종교개혁적 사고를 지닌 시민 계층과 적대해서가 아니라 오직 그들과의 화해 속에서만 가능했다. 남부 독일의 제국도시들은 동맹 정책을 통해서 1524년 이후 자신들의 친(親)종교개혁적 발전을 군사적·정치적으로 수호했다.

이 도시들 가운데 일부는 자신들의 성벽 안에서 계획된 교회 혁신 형

---

124 Gerhard Pfeiffer, *Quellen zur Nürnberger Reformationsgeschichte*, Nürnberg 1968, Nr. 81a, S. 308~10.

125 Hamm, *Bürgertum und Glaube* (Anm. 14), S. 107; 전체적으로 S. 107~10; S. 174f.; Martin Brecht, *Die gemeinsame Politik der Reichsstädte und die Reformation*, in: ders., *Ausgewählte Aufsätze*, Bd. 1: *Reformation*, Stuttgart 1995, S. 411~70, 특히 S. 422ff. 참조.

126 Pfeiffer, *Quellen* (Anm. 124), S. 309. 이 논제의 배후에 루터의 1519년도 세례 설교가 있는 듯하다. 특히 WA 2, S. 730,20~22; S. 731,3ff.; S. 732,23f.; S. 735,19ff.29ff. 참조.

127 Pfeiffer, 앞의 책, S. 390.

128 같은 곳.

129 같은 곳.

태에 관해서 집중적으로 의견을 교환했고, 심지어 도시 평의회 및 제국 의회를 통해서 통일된 도시 예배 규정을 관철하려고 애썼다. 도시들 간의 단결 덕분에 개신교 설교자 임명, 사제 혼인, 성자 축일 및 전통적 라틴어 미사 폐지, 이종배찬 성만찬 및 독일어 세례식 도입 등과 같은 혁신이 1524/25년 이후에 시행되었다. 이것은 슈바벤의 제국도시인 콘스탄츠, 로이틀링겐(Reutlingen), 슈베비슈-할(Schwäbisch-Hall), 메밍겐, 뇌르틀링겐, 딩켈스뷜(Dinkelsbühl), 린다우(Lindau), 켐프텐(Kempten)에서 합스부르크와 슈바벤 동맹의 지배에 대항하여 시행되었고 유지될 수 있었다.

종교개혁 이전 제국도시들의 종교에서 황제 이념이 수행한 중심적 역할을 고려할 때(이것은 카를 5세의 통치기 초에 또 한 번 크게 부흥했다), 1524년 12월 제국도시들의 결정은 일종의 세속화 운동을 의미했다. 도시들은 세속정치적 사안에서 황제에게 충성을 고백했으나, 하나님 말씀, 양심과 '우리 영혼의 구원'[130]에 관한 문제에서 '지상의 모든 세속적 권세 중 최고 권세'[131]인 황제보다는 신께 순종할 의무가 있다고(묵 5:29) 주장했다. 하나님 말씀에 대한 이 무조건적인 종교적 충성과 자신들의 시민들에게 말씀에 이르는 문을 열어주어야 하는 도시 행정관의 책임에서 비롯한, 황제에 대한 태도와 관련한 구체적인 정치적 행동 방식은 개별 도시들이 처한 그때그때의 운신의 폭에 달려 있었다. 1525년 취리히 논쟁의 방향을 따른 종교 대화를 통해서 교회의 갱신을 도입한 뉘른베르크 같은 제국도시의 특징은 황제 및 제국에의 충성에 대한 어떤 의심도 피하고 황제에 대한 충성보다 신앙고백을 우위에 놓으려고 하지 않는 정치적 자세를 취하고 있었다. 뉘른베르크는 개신교 도시들과 제후들의 중요한 군사·정치적 방어동맹, 즉 1530년 말에 창설되었고 1547년에 패배당한 슈말칼덴 동맹을 황제에 대한 충성을 이

130 같은 책, S. 310.
131 같은 책, S. 309.

유로 지원하지 않았다. 그러나 다른 도시들은 이 동맹 내지 동맹을 선도하는 협력을 통하여 교회 갱신을 확립했다. 스트라스부르 같은 다른 도시들에서 귀족정치적 지배가 회복되기까지 수십 년이 걸린 반면에 뉘른베르크에서는 가부장적 시 참사회의 지배가 종교개혁의 변화 과정 내내 전반적으로 공격받지 않았다는 사실은 본질적으로 통치하는 엘리트들 간의 일정한 종교정치적 합의 및 구교 측 저항 중심들이 현존한 것—예를 들어 스트라스부르에는 대성당 참사회의 일부—과 연관이 있는 듯하다. 쾰른 같은 도시에서 시민들이 종교개혁적 경향을 가졌음에도 불구하고 종교개혁이 일어나지 않은 것은 무엇보다 상대적으로 폐쇄적인 구교 시 참사회의 과두정치 및 대학의 반(反)종교개혁적 다수 세력과의 협조 덕분으로 돌려야 할 것이다(668~69쪽 참조). 대성당 참사회 말고도 대학들은 종교개혁적 혁신에 오랫동안 끈질기게 저항했던 기관들이었다.

시민 종교개혁 운동의 돌파력은 종교개혁적 사고를 가진 설교자를 시에 유치하는 데 성공하는가에 결정적으로 달려 있었다. 설교자들에게는 정치적 지도층의 신뢰를 얻는 것이 과제를 푸는 열쇠였다. 또한 종교개혁적 글의 출판이 북부 독일 도시들보다 일반적으로 성벽 안에 혹은 인근에 잘나가는 인쇄업자를 두었던 남부 독일 도시에서 더욱 크고 독자적인 역할을 담당했다. 인쇄를 통해 유포된 종교개혁적 글 덕분에 시 참사회 인사와 고위 신분들이 개혁가들의 이념을 신뢰하는 일이 드물지 않았다. 뉘른베르크, 바젤, 스트라스부르 혹은 마그데부르크와 같은 도시들에서는 대중 내지 공동체의 종교개혁적 동기와 시 정부의 종교개혁적 동기 간의 일치가 종교개혁의 성공을 확정지었다. 여기서 여러 가지가, 도시 수공업자 집단과 연대한 뉘른베르크 같은 대도시 부근의 농민층의 사회적 불만에 통로를 마련해줄 수 있는 지배 엘리트들의 능력에 달려 있었다. 대중운동의 압력 아래 떨어진 프랑켄의 제국도시 행정관은 농민들과 시민들의 부담을 현저히 완화하는 일부 효과적인 결정을 통해 농민전쟁 전야에 봉기 위험을 감소시킬 수 있었다.

순수한 성서 말씀의 설교는 종교개혁을 지지하는 도시들에서 전통적으로 제사 의무, 특히 도시 수호자에 대한 제사 의무를 지닌 공동체를 종교적으로 통합하는 데 기여했다. 종교개혁의 도입은 일반적으로 구교적 경건 실천의 토대를 다소간 신속히 그리고 다소 완전하게 제거하는 결과를 초래했다. 도시가 소요의 위협을 받으며 종교의 구속에 의한 일치를 통해 단결하지 않으면 몰락할 것이라는 생각은 널리 반박의 여지 없이 통용되었다. 뉘른베르크의 총무처 서기 게오르크 프뢸리히[라에투스](Georg Fröhlich[Laetus])[132]의 관용론 같은 것은 동시대의 세속 권력에 의한 종교개혁 과정에서 호응을 얻지는 못했다. 그는 보헤미아 왕국 내의 다종교 내지 다종파적 상황을 지적하면서 상이한 신앙 방향은 정치 공동체의 안정성을 결코 위협하지 않을 것이라는 신념을 주장했다.[133] 이 관용 개념이 세속 권력은 오직 일시적 안녕에 관여하고 영원한 구원에 관여할 수 없다는 루터의 생각에 근거한다는 사실은 전적으로 주목할 만하다. 16세기 후반의 개신교 분리주의자들의 관용 논설에서도 루터의 『세속 권세에 관하여』는 가장 많이 인용되는 텍스트로 남게 되었다.[134] 종교개혁 초기의 도시 개혁 과정에서 도시를 '작은 그리스도의 몸'[135]으로 이해하고 종교개혁이라는 조건 아래 그 일원에 대해 동질성 압력 및 일치 압력을 강화하려는 경향이 지배적이었다. 이것은 대개 또한 지역을 포함했다. 특히 중세 후기에 이미 보다 큰 지역을 그 지배 아래 두었던 도시들은 종교개혁을 이용하여 종교적으로 통합된

132 Berndt Hamm, *Lazarus Spengler (1479~1534)*, Tübingen 2004, S. 271ff. 참조.

133 Martin Brecht u. a. (Hg.), *Johannes Brenz. Frühschriften*, Tl. 2, Tübingen 1974, S. 517~28, 특히 S. 525,39~526,3; Th. Kaufmann, *Konfession und Kultur. Lutherischer Protestantismus in der zweiten Hälfte des Reformationsjahrhunderts*, Tübingen 2006, S. 384f., Anm. 78 (Lit) 참조.

134 Th. Kaufmann, *Konfession und Kultur* (Anm. 133), S. 379ff.; Hans R. Guggisberg, *Sebastian Castellio 1515~1563*, Göttingen 1997, S. 89ff. 참조.

135 Bernd Moeller, *Reichsstadt und Reformation*, bearbeitete Neuausgabe, Berlin 1987, S. 15.

신민 동맹을 만들었다. 평신도 출신으로서 뉘른베르크 종교개혁의 중요한 지지자인 시 서기 라차루스 슈펭글러(Lazarus Spengler)는 사제가 "무지한 백성에게 그리스도인의 자유에 관해 많이 설교해야 하는지"에 대해 회의적이었고 "오히려 국가법과 처벌을 집행하는 것이 더 적절할" 것이라고 생각했다.[136]

결과

도시 공동체의 종교적 통합을 목표로 한 종교개혁가들의 신학적 콘셉트는 전반적으로 통치자의 권력적 성격을 상대화하기보다는 오히려 강화하는 데 기여했다. 이것은 '루터의 영향을 받은' 뉘른베르크뿐만 아니라 츠빙글리와 부처의 영향을 받은 스위스 및 남서독일의 도시들에도 거의 똑같이 해당된다. 종교개혁 운동이 주민의 특별한 지지를 받고 여러모로 주민에게서 출발하도록 기여한 공동체 조합적 내지 도시 공화국적 전통은 한자동맹 도시들에서도 영향을 끼쳤다. 도시 종교개혁은 시작 및 확립 단계에서 도시 정부의 개혁일 뿐만 아니라 공동체의 개혁이었다.[137] 그러나 시간이 흐르면서 지배 권력층의 동기가 전면에 등장했다. 뉘른베르크와 같은 도시에서 유력 개신교 설교자들은 자신들이 먼저 단호히 긍정한 교회 질서에 대한 세속 정부의 개입이 점차 시참사회가 교회 조직의 독자성을 방해하는 쪽으로 간다는 것을 체험했다.[138] 무엇보다 농민전쟁 시기에 뉘른베르크에서 '보통 사람들'의 정치적 압력을 누그러뜨리기 위해서 실시했던 수도원 철폐와 같은 형태로 구교의 시설들을 제거하는 일 혹은 예를 들어 스트라스부르에서 사

---

136 슈펭글러가 오지안더에게 1530년 3월에 보낸 서신, Osiander, GA, Bd. 3, Nr. 134, S. 680~88, 여기서는 S. 684,5~8. 논쟁의 맥락은 무엇보다 반율법주의에 의해서 결정된 듯하다. 오직 WA 26, S. 202,32ff. = LuStA 3, S. 417,10ff. 참조.

137 Brady, *Göttliche Republiken* (Anm. 18) 참조.

138 Gottfried Seebaß, *Stadt und Kirche in Nürnberg*, in: ders., *Die Reformation und ihre Außenseiter*, Göttingen 1997, S. 58~78 참조.

태 전개 과정의 종지부로서 신앙의 전환이 종결되었음을 나타낼 수 있는 미사 금지는 세속 정권이 종교를 길들이는 데 필수적인 요소였다.

뉘른베르크나 취리히에서 1525년 이후 아주 치열하게, 다른 곳에서는 온건한 형태로 진행되었던 급진주의적 내지 재세례파적 입장에 경계선을 그은 것은, 하층계급에 지지 기반을 갖고 교회에 대한 세속 정권의 지배를 거부한 개신교 '분리주의자'들이 자신들의 독자적 종교를 설계하고 자율적으로 형성하려는 시도에 대항하기 위함이었다. 급진주의자들은 그리스도를 참으로 믿고 추종하는 자들의 공동체를 그리스도교인 공동체 및 그리스도교적 삶의 결정적 주체로 보았기에 소요적이고 반동적인 인간들로 간주되었고, 동종의 그리스도 몸(corpus christianum)을 형성하고 통합하려는 정부의 지배권 주장을 배격했다. 시민들이 '자신의' 종교를 형성하는 일을 장악한다는 것은 시민계급과 세속 정권을 통한 도시 종교개혁을 옹호하는 자들에게는 개혁이 보편적 권리에 대한 요구와 더불어 이루어진다는 것, 즉 개혁이 정치 공동체의 모든 구성원에게 해당되거나 그들을 포함하는 것을 의미할 따름이었다. 분리는 보편적인 것에 거스르는 것 혹은 그것을 넘어서는 것을 의미하였다. 그런데 사람들은 '구교'와 그 기관들에 대해 이 점을 비난하였다. 그런 한에서 급진주의자들에 대한 경계선 긋기에서 드러난 것처럼, 도시 그리스도인 공동체의 통일 및 보편화에 대한 촉구 속에는 원초적·종교개혁적 동기가 표현되어 있었다. 참으로 경건한 자들의 이상적 공동체를 형성하려는 급진주의자들의 주장은 종교개혁적 공동체의 진리 및 보편성 요구와는 화해 불가능하게 대립되었다.

'교회의 탁월한 일원'으로서의 제후를 통해 대표되는 영주 주도적 종교개혁과 연결되는 세속 정권의 도시 종교개혁의 중심 동기는 급진주의자들의 '분리'에서 분명해진다. 루터에게는 이미 도시 사회의 합의 및 책임 공동체라는 '감각적 비유'[139]를 통해 그리스도교에 유효한 공

139 WA 2, S. 743,31.

동체적 결속을 예증하는 것보다 더 자명한 것은 없었다. "한 도시에서 모든 시민이 같은 도시 이름, 명예, 자유, 행동, 관습, 도덕, 도움, 보조, 보호 등을 공유하고, 또한 모든 위험, 불, 물, 적, 죽음, 손해, 법령과 같은 것을 공유하는 것처럼 …… 그러므로 또한 바울이 고린도전서 12장 [245절 이하]에서 이 성례전[성만찬]을 영적으로 설명한 것처럼, 육신의 몸 안에 지체들이 서로 보살피며, 한 지체가 고통받으면, 다른 지체도 모두 함께 고통을 받고, 한 지체가 잘되면, 다른 지체들도 그와 함께 기뻐한다."[140]

종교개혁은 인간의 공동체 삶 전체에 영향을 끼친다. 왜냐하면 그것은 모든 사람에게 해당되었고, 모든 사람에게 무조건 관계되는 일을 다루었기 때문이다. 역사적·정신적으로 종교개혁가들에게 이 전체가 현존하는 가장 조밀하고 원초적인 형태는 도시였다. 그런 한에서 다음은 적확하다. 즉, 종교개혁은 원래 도시적 사건이었다.[141] 종교개혁의 메시지는 그 옹호자들의 신념에 따르자면 '모든' 사람에게 해당되기 때문에, 종교개혁은 도시에서 시작되었고 어디서나 동시에는 아닐지라도 모든 신분을 사로잡았다. 종교개혁이 도시에서 시골로 확산되었을 때, 대개 도시적으로 교육받은 설교자를 통해서 시골을 '도시화'하려고 하였다. 즉, 그들은 도시 신학자들에 의해 발전된 교훈이나 그들이 작성한 설교들을 유포했고, 시골의 청중들을 도시적으로 가르쳤으며, 따라서 도시적·시민적 문화 모델에 따라서 훈육했다. 영방국의 종교개혁 과정의 가장 중요한 조직자이자 지방 영주를 위해서 봉사하는 표준적 행정 엘리트들은 도시인들이었다. 그들은 궁전을 도시화하거나 적어도 궁전에 결정적인 문화적 규범을 공급했다. 농민전쟁 전야와 와중에 농민 주도 종교개혁의 지성적 대표들 및 농민층의 신학 전달자들 가운데서도

---

140 WA 2, S. 743,31~744,1.

141 Arthur G. Dickens, *The German nation and Martin Luther*, London 1974, S. 182에 나오는, "독일 종교개혁은 도시적 사건이었다"는 경구가 된 명언이 떠오른다.

시민들이 목소리를 냈다. 따라서 그것의 지배적인 문화적 관점, 현상과 작용에서 종교개혁은 전체적으로 도시적·시민적 현상이었다.

종교개혁 이전에 이미 도시들은 사회적으로 통제된 밀집 공간이었다. 도시들에 대해서 최초의 '교회 규정', 즉 교회적·공동체적·예배적 삶의 일정한 면을 형성하는 것에 관한 지침이 입증되어 있다. 종교개혁 세기에 일정한 시행 영역 내 개신교회의 교리, 조직, 교직, 일반적 삶과 구빈 규제에 관한 방대한 규범집으로 발전한 이 '교회 규정'들은 관할 주교를 통해서 공포되었던 교회법 내지 전례 규정을 대치하였다. 루터가 라이스니히(Leisnig)의 **공동 금고 규정**을 한 서문에서 "공동체의 모든 그리스도인들이" 스스로 부과한[142] 규칙서로 해석한 반면, 시 참사회들이 이런 규정—경우에 따라서 목사들과의 혹은 시민위원회와의 표결을 통해서—을 공포하거나 공적으로 책임을 지는 것이 일반적 관행이었다. 종교개혁 시기의 도시 규정 행위의 첫 번째 영역은 구빈에 관한 것이었던 것 같다(비텐베르크[143] 1520/21년, 뉘른베르크[144] 1522년, 마그데부르크[145] 1524년). 일반적으로 새로운 예배 규정이 그 뒤를 따랐으니, 이것은 일부 공동체에서 시작되었고 대개 신속히 한 도시 공간에서 통일되게 조정되었다. 종교개혁은 궁극적으로 미사 및 다른 제의의 철폐, 수도원 폐쇄, 그리고 교회 재산에 대한 새로운 정리와 더불어 진행되었다. 도시의 교회 규정과 영방국의 그것 사이의 내용상의 차이는 원칙적으로 없다. 도시 행정관에 의한 교회 질서 행위는 주교들이 명령받은 성서적 질서의 회복을 거부함으로써 발생한 공백을 세속 정권이 메워야 한다는 (영주 및 행정관의 비상非常주교직) 이념에 의해서 정당화되었다. 그러나 또한 세속 정권은 최후 심판 때 신민의 구원을 책임져야 하고 한

142 "여러분[라이스니히 공동체]은 사도들의 모범에 따라서 새로운 예배와 공동 금고 규정을 시행하였다." WA 12, S. 11,3f. 특히 S. 11,11~13.

143 WA 59, S. 62~65.

144 *EKO* 11, S. 23~32.

145 *EKO* 2, S. 449f.

도시의 평화와 안녕을 위해서 통일된 종교 형식을 관철할 책임이 있다는 견해가 퍼져 있었다.

도시 종교개혁 초기에는 구속력 있는 교훈 내지 설교가 대개 성서 내지 복음을 가르치는 것으로 정의되었다. 설교의 성서성(性)이 그것의 진실성의 증거로 간주되었다. 인쇄된 '설교 요약'[146] 형태로 종교개혁 초기의 도시 설교를 추론할 수 있는바, 그것에 근거하여 대부분의 설교자들이 신학적으로 루터와 밀접하게 연결되어 있었고 오직 믿음(sola fide)에 의한 칭의가 중심에 있었으며, 선행 및 모든 공로적 제의 관습을 공격했고, 또한 신앙 및 그것에서 나오는 윤리적 책임과의 관계를 강조했다는 사실로 나아갈 수 있다. 가능한 한 모든 신학적 진술의 근거를 가능한 한 많은 성서 구절을 통해서 입증하려는 경향이 뚜렷했다. 종교개혁 초기 설교의 특징을 이룬, 교리적으로 압축하여 가르치려는 경향은 모든 그리스도인은 자신의 신앙에 대해 해명해야 한다는 의식에서 나온 것이었다. 많은 종교개혁기의 신앙고백 및 교리문답 텍스트에 곧 흔적을 남긴 교리화 및 교리문답화 경향은 보는 것에서 듣는 것으로, 형상에서 말로의 경건역사상 패러다임의 변화를 수반했다. 예배 실천이 일차적으로 "거룩한 복음 설교와 하나님의 교훈 …… 그리고 신 사랑과 이웃 사랑의 증진에"[147] 초점을 맞추어야 한다는 것은 초기 도시 설교 규정에서 당연한 요구였다. 종교개혁적 예배 규정에서도 설교의 중심적 의미는 일찍이 일관되게 표현되었다. 종교개혁을 관철하는 과정에서 이른바 탁월한 신학자들의 모범 설교집은 중요한 역할을 담당했다. 여러 곳에서, 특히 시골에서 모범 설교집은 설교의 표준적 내용을 이루었을 것이다. 루터의 설교집은 이런 장르의 가장 초기에, 가장 널리 유포된

146 Bernd Moeller, Karl Stackmann, *Städtische Predigt in der Frühzeit der Reformation*, Göttingen 1996.

147 스트라스부르의 설교 규정(1523. 12. 1), Röhrich, *Geschichte der Reformation im Elsaß und besonders in Straßburg*, Erster Theil, 2. Abt. (Anm. 5), S. 455에서 인용.

텍스트들이었다.

루터가 『교회 예배 규정에 관하여』(1523)에서 진술한 매일 설교에 대한 제안은, 대중어로 행하는 설교와 성서 독서를 중심에 놓았다.[148] 그는 라틴어 미사를 일요일 예배의 기초로 삼았다. 최초의 라틴어 전례서인 『미사와 성만찬 양식』(1523)에서는[149] 같은 해에 나온 츠빙글리의 전례 제안과 유사하게 미사를 제사 행위로 해석한 표현들이 제거되었다. 전통적으로 라틴어로 조용히 선언하는 제정사는 알아들을 수 있어야 했다. 미사에서는 이종배찬 성만찬이 예정되어 있었다. 1523/24년에 독일어로 번역되었고 라틴어판보다 훨씬 널리 보급되었던[150] 루터의 첫 번째 양식 외에도 다른 미사 규정들이 나왔다. 루터는 독자적인 예배 양식을 비교적 늦은 1526년에 제시했다. **독일어 미사**가 그것이었다.[151] 스트라스부르에서는 1524년 초 이후 미사가 대중어로 거행되었다. 스위스와 남부 독일 지역에서는 라틴어 미사가 아니라 중세의 대중어 설교 예배인 '프로나우스'(Pronaus)가 주 예배의 기본 모델을 이루었다. 여기서 성만찬은 독자적 규정을 따랐고, 필요 시 설교 예배에 부수적으로 붙었다. 스트라스부르에서 부처는 1525년 초에 동료들과의 긴밀한 조율을 통해 확정된 제국도시에서 통용되는 예배 양식 규정을[152] 제시했는데, 최소화된 말씀 중심의 개신교 종교문화를 모범적으로 실천에 옮긴 것이었다. 사제의 전례 복장, 봉헌된 물, 초, 성유, 봉헌된 소금, 세례수, 형상, 측면 제단, 숱한 성자 축일—말씀을 듣는 일에서 멀어지게 하는 이 모든 것은 취리히에서와 마찬가지로 제거되었다. 루터 및 그에

---

148 WA 12, S. 35~37.

149 WA 12, S. 197~220.

150 WA 12, S. 202f.에 따르면, 11종의 독일어판, 그 가운데 여섯 종은 파울 스페라투스(Paul Speratus)의 번역이고, 두 종은 뉘른베르크 판본이다. Josef Benzing, Helmut Claus, *Lutherbibliographie. Verzeichnis der gedruckten Schriften Martin Luthers bis zu dessen Tod*, 2 Bde., Baden-Baden ^{2}1989~1994, Nr. 1700~10.

151 WA 19, S. 44~113; S. 667~69.

152 BDS 1, S. 185~278에 인쇄됨.

게 의존적인 규정과는 달리, 스위스와 남부 독일 도시들에서는 또한 영성체 거양도 제거되었다. 여기서 행한 전례상 전통과의 단절은 비텐베르크보다 신랄했고 믿는 자들의 주목을 본질적인 것, 즉 그리스도, 구원, 새로운 생명으로 집중시키고자 하는 대중교육적 동기가 보다 강했다.

교직자를 임명하는 구조에서 도시 종교개혁의 초기에는 공동체나 시참사회 —혹은 양자의 협조—에 의한 선출 및 임명 과정이 지배적이었다. 주교들의 업무였던 성례전을 통한 사제 서품식은 철폐되었다. 비텐베르크 종교개혁의 영향권에서는 1520년대에 이미 특정한 교회에서 설교 임무를 위임하는 일로 해석될 수 있는 안수 행위가[153] 증언되고 있다. 뉘른베르크 같은 도시에는 안수식에 대한 세속 정권의 분명한 반대가 있었는데, 개신교 성직자를 새로이 형성하는 단초로 보았기 때문이다. 반면에 만인사제직에 근거한 성직자와 평신도의 종교적 평등주의가 종교개혁의 고유한 본질로서 옹호되어야 했다.

일반적으로 혼인해야 하고 윤리적으로 완전한 시민 서약을 통해서 법적으로 유효하게 시민 공동체에 통합된 일원으로 살아야 하는 개신교 목사의 시민화는 종교개혁 최초의 지속적이고 가장 널리 보급된 질서 형태를 이루었다. 혼인은 더 이상 성례전이 아니라 세속적 삶의 질서로 이해되었는바, 교회 의식을 통해 혼인을 축복하지만 혼인의 근거를 제공하지는 않았다. 혼인 재판을 위해 주교의 판결을 대신하여 대개 신학자들이 참여하는 가운데 도시 교회 산하기관이 설치되었다. 유사한 일이 교회 권징에도 해당되었다. 권징은 루터의 경우보다 스위스와 남부 독일 지역에서 매우 큰 비중을 차지했다.

종교개혁이 승리하는 곳마다 얼마 지나지 않아 수도원이 폐쇄되었다.

153 Dorothea Wendebourg, *Martin Luthers frühe Ordinationen*, in: Stefan Ehrenpreis, Ute Lotz-Heumann, Olaf Mörke, Luise Schorn-Schütte (Hg.), *Wege der Neuzeit. Festschrift für Heinz Schilling*, Berlin 2007, S. 97~115; Martin Krarup, *Ordination in Wittenberg. Die Einsetzung in das kirchliche Amt in Kursachsen zur Zeit der Reformation*, Tübingen 2007.

그러나 무엇보다 수녀들과 수도사들을 고려하여 시한부의 과도적 조치가 일반적이었다. 일부 개신교 수녀원은 무엇보다 귀족의 딸들에게 계속해서 유사-수도원적인 공동 삶을 보장해주었다. 그러나 이것은 수도원적 삶의 형태와 더 이상 관계가 없었다. 수도원 폐쇄 내지 일반적으로 교회 재산으로부터 오는 재정 수입, 즉 성직록, 기부금, 지대는 '공동금고'로 들어가야 했으며 구빈 목적과 급료를 위한, 그리고 도시의 교육 시설을 위한 비용으로 사용되었다. 교회 재산의 사용처를 예를 들어 일반적 공공사업에의 재정 지원으로 전환하는 가운데 세속화 작업이 무엇보다 1530년대 영방국 종교개혁 과정에서 발견된다.

루터는 도시의 행정관으로 하여금 일찍이 여학교를 포함하여 등급화된 학교 제도를 구축할 책임을 지게 만들었다(『그리스도교 학교를 세우고 유지하는 것에 관해서 독일의 모든 도시들의 시 참사회 의원들에게 드리는 글』).[154] 그리고 뉘른베르크와 스트라스부르 같은 도시에는 훌륭한 라틴어 학교가 탄생했는바, 이것은 멜란히톤-인문주의적 개신교 교육 문화의 모범 기관으로 발전했다. 종교에 대한 정부 책임의 일부로 이해된 교육 장려의 책임은 교육제도의 국가화를 강제했고 도시의 교육 수준을 고양하는 데에 어느 정도 이바지했다. 교육이 사회의 그리스도교화를 위한 본질적 도구라는 생각에는 모든 표준적 종교개혁가들이 일치했다. 그리스도교화라는 목표가 아니라[155] 그것을 달성하는 수단과 방법이 논란거리였으므로 종교개혁은 먼저 다양하고 다채로운 교회 제의와 축제, 종교 시설과 경건한 기부, 감동적인 행렬, 캠페인, 선동적 설교, 유혹적인 형상, 간단히 말해서, 농축된 그리스도교 안에 그것과 더불어 살았던 이들, 즉 도시민들에게서 성공을 거두었다.

---

154 WA 15, S. 9~53.

155 이 관점에 관해서는 Scott H. Hendrix, *Recultivating the Vineyard: The Reformation Agendas of Christianisation*, Louisville/London 2004의 종교개혁 내지 종파화에 대한 권위 있는 해석 참조.

제7장

작은 것 속의 변화 — 일상 세계의 종교개혁

많은 사람들의 일상은 종교개혁이라고 부르는 과정에 의해 영향받지 않을 수 없었다. 변화가 얼마나 결정적인지, 그것이 해방으로 체험되었는지 아니면 선한 옛 신앙에 대한 무도한 비방으로 느껴지고 감수되었는지는 개인적인 평가에 달려 있었는데, 그런 평가는 오로지 개별 사례를 통해서만 알려져 있다. 종교개혁 과정에서 교회 혁신의 수용에 대한 결정적인 여론상을 만들 수는 없다. 1480년경 비버라흐(Biberach)의 명망 있는 가정에서 태어난 요아힘 폰 플루메른(Joachim von Pflummern)은 1531년 자신의 고향에 도입된 종교개혁의 적대자에 속했고, 중년 남성으로서 옛 종교의 파괴된 화려함, 그것의 관습, 질서, 그리고 유혹적으로 아름답고 조화로운 대상을 기록한 그의 보고서에서,[1] 우리는 한 동시대인에게 강요된 종교문화적 변화가 얼마나 큰 고통이었는지를 짐작할 수 있다.

푸거가(家)의 오르간 연주자이며 아우크스부르크의 명망 있는 가문의

1 Albert Angele, *Altbiberach um die Jahre der Reformation*, Biberach-Birkendorf 1962; Hartmut Boockmann, *Wort und Bild in der Frömmigkeit des späten Mittelalters*, in: ders., *Wege ins Mitttelalter*, München 2000, S. 239~56, 여기서는 S. 248ff.

일원인 베른하르트 렘(Bernhard Rem, 그의 가족 가운데 한 사람이 비텐베르크인들과 접촉했다)이 딸 페로니카(Feronica)와 두 누이 바르바라(Barbara), 카타리나와 공개적으로 벌인 문학 논쟁에서,[2] 종교개혁은 또한 가정을 갈라놓았음을 알 수 있다. 렘은 자기 혈족에 대한 염려와 책임감에서 친척들에게 서신을 보내어 수녀 신분의 위험에 대해 경고했고 영혼의 구원을 위해 수녀원의 '한가로운 삶'[3]을 혼인 신분과 바꿀 것을 권고한다. "자기 자식의 기저귀를 종일 빨고 죽을 먹이고 가장에게 식사를 차려주고 자식들을 힘들게 양육하는 아내는 너희보다 앞에 설 것이니, 그녀는 오직 그리스도만 신뢰하고 오만하지도 않으며, 노동을 통해서가 아니라 그리스도에 대한 믿음을 통해서 경건해진다."[4] 자신의 서신에 대한 누이의 답변에서 렘은 그의 단식 위반 때문에 '거짓 예언자'로 표현되어야 했다. 그가 누이를 얼마나 사랑하는지는 그가 그녀에게 보낸 서신을 인쇄에 넘겼다는 사실에서 알 수 있다. 이 밖에 수녀원의 삶을 행위적 의로 비난한다면, 그것은 완전한 오해일 것이다. "너는 우리가 어리석어서 수녀원과 우리의 행위에 기대를 둔다고 생각해서는 안 된다. 우리는 신께 기대를 두었으니, 그는 참된 주님이며 만물을 보상하는 분이다."[5] 렘은 답변에서 수녀원 사람들의 '분립'을 공동체에 대한 애정 없음과 오만의 진수로 전면에 내세웠다. "너희들은 수녀원 밖에 있는 우

---

2 Bernhard Rem, *Ain Sendtbrieff an ettlich Closterfrawen zu Sant Katherina und Sanct Niclas in Augsburg* [Augsburg: Philipp Ulhart d. Ä. 1523]; Köhler, *Bibl.*, Bd. 3, Nr. 3862; Ex. MF 225, Nr. 632. 수녀들의 답변은 잠시 후 렘의 답변과 함께 나왔다. *Antwurt zwayer Closter frawen im Katheriner Closter zu Augspurg an Bernhart Remen und hernach seyn gegen Antwurt* [Augsburg: Philipp Ulhart d. Ä. 1523]; Köhler, *Bibl.*, Bd. 3, Nr. 3863; Ex. MF 751, Nr. 1921.

3 Rem, *Ain Sendbrieff* (Anm. 2), A 3^{v}.

4 같은 책, B 1^{v}. 아우크스부르크 종교개혁에서의 수녀원에 대해서는 Lyndal Roper, *Das fromme Haus. Frauen und Moral in der Reformation*, Frankfurt am Main /New York 1995, S. 179~214(렘의 '사례'에 대해서는 S. 182) 참조.

5 *Antwurt* (Anm. 2), A 1^{v}.

리와 비교해서 고상하며, 우리는 육적이고 너희는 영적인 것처럼 보일 테지만, 이것은 그리스도교 신앙이 참을 수 없는 오만이다."[6]

종교개혁 이념을 수용하고 성서를 독학함으로써 렘의 종교적 가치 세계에 급진적 변화가 일어났다. 이 변화는 그로 하여금 공개적으로 신앙을 고백하게 하였고 — 아마도 그가 그녀들이 수녀원에 입단하는 것을 일찍이 받아들였고 심지어 촉구했기 때문에 — 책임감을 느낀 자기 가족들에게 지금까지의 삶의 형태와 단절하도록 권유하게 하였다. 렘에게는 '내면적으로', 즉 그리스도인으로서의 자기 이해에 관해서 아마도 거의 모든 것이 변했으나 그의 '외적' 삶은 결정적으로 그것의 영향을 받지 않은 — 그는 세상에서 시민적 직업을 수행했다 — 반면에, 자기 가족 출신 수녀들에게는 그녀들의 사고 및 삶의 방식, 그녀들의 내적·외적 삶의 방향을 바꿀 것을 제안했다. 물론 렘은 수녀원의 삶 자체는 일정한 자기 이해와 일치해야 한다고 전제했다. 즉, 그는 세속적 삶의 형태에 비해서 명상적 삶이 가진 높은 가치, 경건하고 금욕적인 삶 등은 칭찬할 만하다는 확고한 생각을 갖고 있었다. 그러나 그의 가족 출신 수녀들은 뉘른베르크의 성(聖)클라라(St. Clara) 수녀원의 훨씬 학식 있는 원장 카리타스 피르크하이머(Caritas Pirckheimer, 1467~1532)[7]와 마찬가지로 오만과 '행위적 경건'의 비방에 저항했다. 수녀원에 들어간 그녀들의 삶의 결단을 방어한 것은 동시에, 그녀들이 다시 그녀의 아버지 내지 오빠의 지배를 받지 않겠다는 뜻을 함축하였다. 그러므로 그녀들은 렘이 이기주의, 자기애라고 비난한 저 자율성을 방어했다.

이 사례는 종교개혁과 더불어 제기된 문제들이 개인적 삶의 세계에서도 엄청난 갈등의 잠재성을 내포했고 극적인 곤란을 야기할 수 있었

---

6 같은 책, B 3^r; A 4^v~B 1^r.

7 Georg Deichstetter (Hg.), *"Die Denkwürdigkeiten" der Äbtissin des St. Klara-Klosters zu Nürnberg Caritas Pirckheimer*, St. Ottilien 1983; Martin Jung, *Nonnen, Prophetinnen, Kirchenmütter*, Leipzig 2002, S. 77~120 참조.

음을 분명히 말해준다. 자신의 서약을 고수했고 수녀원을 떠나지 않았던 원생들에게도 그녀들의 신분이 지금까지 가졌던 의문의 여지 없는 종교적·사회적 가치가 논쟁의 여지가 있는 것으로 판단된 한에서, 종교개혁은 변화와 결부되었다. 특히 도시 종교개혁의 시작 단계 및 초기 확립 단계에서 그리스도인이 되는 것과 교회가 무엇인가에 대한 해석을 둘러싼 논쟁, 토론, 시나리오에 기꺼이 입장을 취할 수 있는 개별 그리스도인은 이전에 그런 적이 없었던 것처럼 다양한 선택과 의견에 노출되어 있었다.

종교개혁이 이뤄졌을 때, 그 개혁은 일반적으로 달라지곤 했다. 가톨릭 경건 실천의 토대는 대개 철저하고도 신속히 파괴되었고, '프로테스탄트적'인 대안적 입장들은 경계되거나 공공연히 공격받았고 단일종파적 상황이 도입되거나 어쨌든 추진되었다. 늦어도 한 세대 후에는 구체적 관점에서 '교황파적' 내지 '로마적'이라는 말이 무엇을 의미했는지를 더 이상 알지 못하게 되었다. 종교개혁 세기의 말기에 이르러 루터파 설교자들은 자신들의 교회에 루터의 해방 행위를 설명하는 데 어려움을 겪었다. 왜냐하면 아무도 교황 아래서의 '부자유'가 얼마나 '끔찍스러웠는가'를 더 이상 알지 못했기 때문이다. 그들이 로마좌(座)에 대해 어떻게 생각하는가의 물음에 어느 프로이센 여인은 이렇게 답변했다고 한다. "그들은 교황이 의자에 앉는지 걸상에 앉는지 혹은 배 위에 앉는지 알지 못한다."[8] 그런 한에서 많은 동시대인들의 삶의 역사에서 감지할 수 있는 종교개혁의 결과로 인한 변화 단계는 종교개혁의 새로운 이념과의 첫 번째 접촉과 결단, 혁신 사이의 아마도 비교적 짧은 시간에

8 Daniel Cramer, *Zwo Historische Jahrpredigten / In welchen Aus glaub und denckwirdigen Geschichten kürtzlich widerholet wird / was Gott in nechst verwichener Hundert Jähriger zeit / für ein wunder grosse Werck / durch die Euangelische Reformation / wider des Bapsts Mord und Lügen / Durch …… Doctor Luther …… gethan …… hat* ……, Wittenberg: Simon Cronenberg 1600; VD 16 C 5671; Ex. MF (1530년 이후) 355, Nr. 683, B 3r.

한정될 것이다. '새로운' 것이 '정상적인' 것이 되면서 그것은 더 이상 변화의 순간을 나타내지 못했다.

젊은이들과 노인들에게도 종교개혁은 변화를 의미하지 않은 듯하다. 20세 이하 및 50세 이상의 친(親)종교개혁적 배우 혹은 반(反)종교개혁적 배우들이 어떤 신분에 속하는지, 어떤 직업 혹은 성별을 가졌는지를 확인하는 것은 쉽지 않다. 그 밖에도 사회에는 종교개혁을 변화로서 경험했거나 견뎌냈거나 형성했던, 활동적이고 목소리를 낸 세대들이 있었다. 종교개혁이 개별 인간이나 특정 집단의 삶의 관계에서 어느 정도의 변화를 의미했는지를 몇 가지 사례를 통해서 설명해보자.

'유대인 문제'

비텐베르크 대학 등록일인 1519년 12월 28일 전에 세례를 받고 세례명 베른하르트로 명명된 괴팅겐 출신의 랍비 야코프 기퍼(Jakob Gipher)[9]는 자신의 새로운 수학 장소에서 루터의 영향을 받았다. 라이프치히 인문주의자 페트루스 모젤라누스(Petrus Mosellanus, 1493~1524)는 당시 마인츠에서 추기경 알브레히트의 자문으로 활동한—후에 스트라스부르의 종교개혁가 가운데 한 사람인—볼프강 카피토에게, 베른하르트는 루터의 강의의 영향을 받고서 깊은 신념에서[10] 참 그리스도인이 되었다고 역설했다. 그가 그들 사이에서 교류했고 그들에 의해 기꺼이 신뢰할 만한 서신 전달자로 선택되었던 학자들 집단에서, 그

9 Karl Eduard Förstemann, *Album Academiae Vitebergensis*, Tl. 1: *Ab a. CH. MCII usque ad a. MDLX*, Leipzig 1841 (Nachdruck Aalen 1976), S. 87: "Bernardus gibbingnen. constancien. dioc. vic. 8", WA.B 3, S. 102~04, Anm. 1; Ernst Ludwig Enders (Hg.), *Dr. Martin Luther's Briefwechsel*, 17 Bde., Frankfurt am Main/Leipzig 1884~1920, Bd. 4, S. 96f., Anm. 1 참조.

10 Enders, *Briefwechsel*, Bd. 4, (Anm. 9), S. 97; WA.B 3, S. 103: "ex animo".

는 행복하게 성취된 신앙 전환의 예로 간주되었다. 다만 외적으로 개종했으나 마음속으로 유대인으로 남아 있었던 개종자들, 이른바 '마라네'(Marrane)는 '실제' 유대인보다 멸시를 받았다. 베른하르트와의 대화에 근거하여[11] 루터는 자신과 '복음'의 수호자들은 교황 교회가 시도했거나 할 수 있었던 것보다 훨씬 더 잘 유대인들에게 그리스도교 신앙을 설득할 수 있다고 주장했다. "나는 경건한 세례받은 유대인으로부터, 그들이 우리 시대에 복음을 듣지 않았다면 평생 동안 그리스도인의 외투 밑에 있었을 것이라는 말을 들었다. 왜냐하면 그들은 세례 주는 자와 교사들로부터 그리스도에 관해 들은 적이 없다고 고백하기 때문이다."[12]

유대인이 세례를 받고 '참된 그리스도인'으로 전환한 것은 루터에게 베른하르트를—어쨌든 그의 글 『예수그리스도는 유대인으로 출생한 분이다』의 라틴어 번역본에 실린, 베른하르트에게 헌정된 서문에서[13]—유대인 개종의 모범적 성공 사례로 소개할 수 있는 계기가 되었다. '유대교에서 개종한 베른하르트'[14]는 복음의 빛이 비쳤을 때 많은 유대인들이 진지하게 그리스도에게 돌아설 것이라는 소망을 정당화했다.[15] 루터는 이 그의 첫 번째 이른바 '유대인 글'에서, 우리가 몇 사람만 개종시킬 수 있을지라도 유대인을 형제처럼 다루어야 한다고 호소했다.[16] 우리가 '유대인들과 신중하게 교제하고'[17] 그들에게 성서를

11 Th. Kaufmann, *Luthers "Judenschriften" in ihren historischen Kontexten*, Göttingen 2006, 특히 S. 39f. 참조.

12 WA 11, S. 315,9~13.

13 WA.B 3, Nr. 629, S. 101~03.

14 "Bernhardum e Iudaismo conversum". 루터가 베른하르트에게 보낸 서신의 제목, WA 11, S. 310 참조.

15 "Verum cum iam oriatur et fulgeat lux aurea euangelii, spes est, fore ut multi Iudeorum serio et fideliter convertantur et sic rapiantur ex animo ad Christum." WA.B 3, S. 107,37~39.

16 WA 11, S. 315,22f.

17 WA 11, S. 336,19f.

가르치며 지금까지 교황 교회에서 일어난 것처럼 '인간이 아니라 개처럼'[18] 대하지 않고 친절하게 그들을 대한다면,[19] 확실히 몇 사람은 여기로 올 것이며,[20] 그들을 서로 간에 일하게 하고 그들에게 '인간적 친교'[21]를 허락하는 그리스도 교회로 개종할 것이라는 것이었다.

루터는 그리스도인과 유대인(루터가 베른하르트라는 인물에게서 개인적으로 가까워진) 사이의 관계 변화에 근거하여, 그리고 점차 확산되는 종교개혁 메시지에 대한 즐거운 경험에[22] 힘입어 상당수의 유대인 개종이 이루어질 것을 기대했다. 구교파에 대항해서 이것보다 더욱 감명적인 '복음의 진리'에 대한 증거는 상상할 수 없었을 것이다. 1523년 3월 초에 루터는 비텐베르크의 일부 인사들과 함께 베른하르트가 카를슈타트의 하녀와 결혼해서 얻은 아들의 세례에 참여했다. 개종자 가족이 살았던 비텐베르크 부근의 마을 슈바이니츠(Schweinitz)에서 작성된 서신에서 루터는 '베른하르트에게서 태어난 새로운 그리스도의 형제'[23]의 세례식은 즐거운 행사였다고 보고했다. 선제후는 포도주를 기증했는바, 이것은 몇 주 후(1523년 4월 14/15일)에 알텐부르크에서 비텐베르크의 저명인사의 참여 아래 거행된 벤첼 링크(Wenzel Linck)의 최초의 수도사 혼인만큼 개종자 자녀의 세례식에 중대한 의미를 부여했다는 암시일 수 있는 것이다.[24]

물론 이런 관심은 베른하르트의 이후 '경력'에 지속적·긍정적으로 영향을 끼치지는 않았던 것 같다. 그는 비텐베르크에서 잠시 히브리어

18 WA 11, S. 315,14.
19 WA 11, S. 315,3f.; S. 336,27 참조.
20 WA 11, S. 336,23f.
21 WA 11, S. 336,28f.
22 WA 11, S. 408,12ff. 참조.
23 WA.B 3, S. 41,6~10.
24 Bernd Moeller, *Wenzel Lincks Hochzeit*. Über Sexualität, Keuschheit und Ehe im Umbruch der Reformation, in: ders., *Luther-Rezeption*, hg. v. J. Schilling, Göttingen 2001, S. 194~218 참조.

교사로, 이후에는 사자(使者)와 성물 간수인으로 활동했음이 입증되었다. 그가 1534년에도 '히브리인 베른하르트'[25]로 서류에 기록되어 있다는 사실이 이를 입증한다. 유대인 베른하르트가 진실로 그리스도에게 돌아왔다는 사실은 종교개혁가에게는 로마 교회의 그리스도 원수들과의 싸움과 연관이 있었다. 뉘른베르크 제국의회에서 떠돈 바, 루터는 마리아의 동정성과 성령을 통한 그리스도의 잉태를 부인했다는 소문을 『예수그리스도는 유대인으로 출생한 분이다』에서 구약성서에서 그리스도 관련 예언들을 해석하여 그리스도는 유대인이 기대한 메시아였다는 것을 밝혀내기 위한 계기로 삼았다. 그러므로 유대인들의 신앙 증서에 예수의 메시아성(性)에 대한 증거가 들어 있다는 친절한 교훈은 한편으로는 그리스도교 내 적대자들의 비방에 대처하려는 목적을 가졌고, 다른 한편으로는 유대인에게 그리스도교 신앙을 가르치는 데 도움을 주기 위함이었다. "우리가 유대인을 도와주려면, 교황의 법이 아니라 그리스도인의 사랑의 법을 그에게 행해야 하고 친절하게 받아주어야 하며, 우리와 함께하고 우리의 그리스도교 교훈과 삶을 듣고 볼 수 있는 근거와 여지를 얻도록 제안해야 한다. 그들 중 일부가 고집불통이라고 해서 그것이 어떻단 말인가? 우리는 모두 선한 그리스도인이 아닌가?"[26]

루터가 그리스도인들 가운데 살게 하기를 바랐던 유대인에 대한 '변화된' 입장 형태는 구약성서의 예언들을 그리스도에 대한 것으로 증명하는 것에 집중된 선포의 의미에서 '변화된' 선교 전략과 결부되어야 했다. 루터의 첫 번째 '유대인 글'에 대한 동시대인의 다양한 반응은 이것이 유대인-그리스도교 관계사에서 근본적인 변화의 효시로 평가된다는 사실을 의심할 수 없게 만든다. 구교의 입장에서, 이 평가는 물론 부정적으로 받아들여졌다. 루터는 유대주의적 경향 때문에 비난받았고,

25 Nikolaus Müller, *Die Wittenberger Bewegung 1521 und 1522*, Leipzig ^{2}1911, S. 159, Anm.

26 WA 11, S. 336,30~34.

유대인을 관용하는 데에 특별한 관심을 보인 다른 종교개혁가들도 '유대인의 친구'로 간주되었다. 유대인 개종의 성공에 대한 루터의 기대가 깨어졌을 때, 그의 그리스도교 내 적대자들 측에서는 이 불행을 고소해하고 기뻐하였다.

종교개혁가의 비현실적인 기대가 개종시킬 수 없는 '완고한' 유대인들에 대한 점증하는 깊은 증오로 바뀌게 되었다는 사실을 동시대인들은 이미 인지하였다. 이것은 루터의 1523년도 글을 적극적으로 수용했고 일부 메시아문학적·묵시문학적 소망과 결부시켰던 유대인 관찰자들에게도 해당된다.[27] 루터의 만년의 생애에서 당대 유대인에 대한 상응하는 부정적인 판단이 증언되어 있다. 물론 그가 로마 제국에서 법이론적으로 유대인 관용의 근거를 유대인 시민권에서 설명하는 것을 알지 못했고, 또한 성서 외적 종교 전통, 탈무드와 특히 카발라의 신비주의적·마술적 비술(秘術)에 대한 관심이 없었다는 사실을 예리한 시선 앞에서 감출 수 없었을지 몰라도, 그는 1520년대 초에는 공공연히 '유대인의 친구' 로이힐린의 일종의 후계자로 간주되었다.

루터의 1523년 글은 몇몇 종교개혁 지지자들 가운데서 '유대인 문제'에 대한 공격적인 문학적 참여를 이끌었다.[28] 예를 들어 쿠니츠(Kunitz)의 사제 미하엘 크로머(Michael Kromer)는 대화편 한 권을 출판했는데, 여기서 그는 야코프 폰 브루크스(Jacob von Brucks)라는 이름의 방랑하는 랍비와 가졌던 우정 어린 대화를 전하였다.[29] 대화가 예수의 메시아

27 Hayim Hillel Ben-Sasson, *The Reformation in Contemporary Jewish Eyes*, in: Proceedings of the Israel Academy of Sciences and Humanities 4 (1969~70), S. 239~326, 특히 S. 255ff.; Stefan Schreiner, *Jüdische Reaktionen auf die Reformation -einige Bemerkungen*, in: Judaica 39 (1983), S. 150~65; Peter von der Osten-Sacken, *Martin Luther und die Juden. Neu untersucht anhand von Anton Margarithas "Der gantz Jüdisch Glaub" (1530/31)*, Stuttgart 2002, S. 35ff.

28 Thomas Kaufmann, *Das Judentum in der frühreformatorischen Flugschriftenpublizistik*, in: ZThk 95 (1998), S. 429~61 참조.

29 *Eyn underredung vom glawben/durch herr Micheln Kromer/Pfarherr zu Cunitz/und*

성 문제에 대해서 신학적 일치에 이르지는 못했을지라도, 이것은 유대인에 대한 종교개혁파 그리스도인의 관계에서 분위기 변화를 나타냈으니, 이것은 근본적인 변화로 감지될 수 있었다. 쿠니츠의 대화편은 내려오는 전설에 따르자면 코카서스 산맥에 은거하다가 돌아와서 성지를 재정복할 것이라는 '붉은 유대인들'에 대한 메시아적 기대를 반영했다.[30] 1523년의 어느 팸플릿은 이런 소망 및 공포상을 널리 유포했다. 붉은 유대인들의 거인 군대가 방금 이집트에 도달했고 오스만의 술탄 술레이만 2세에게 대사를 보내서 그로 하여금 전투 없이 예루살렘을 양도하도록 설득했다는 것이다.[31] 확실히 여러 동시대인들이 이 이야기를 '신빙성 없는'[32] 것으로 옳게 생각했고 사라졌다가 세상 종말에 다시 돌아올 이스라엘의 족속들에 대한 전설이 아주 오랜 것일지라도, 루터의 글 『예수그리스도는 유대인으로 출생한 분이다』가 출판되던 해에 이 이야기가 열광을 일으켰다는 사실은 그리스도인뿐만 아니라 유대인들 사이에서도 똑같이 종말론적 분위기가 팽배했음을 암시한다. 이것은 예기치 못한 반응을 일으킬 수 있었다.

1524년 봄에 나온 또 다른 대화편은 자칭 한 그리스도인, 프라하에서 콘스탄티노플로 여행하는 한 유대인, 뉘른베르크 성문 앞에 있는 여관 주인과 그의 하인 사이에 벌어진 대화를 재현한 것이다.[33] 여관의 하인

---

eynem Judischen Rabien/mit namen Jacob von Brucks/geschehen ynß Richters hause do selbst zu Cunitz (1523. 12. 2), [Erfurt?: M. Maler] 1523; Köhler, *Bibl.*, Bd. 2, Nr. 2081; Ex. MF 788, Nr. 1988; Otto Clemen (Hg.), *Flugschriften aus den ersten Jahren der Reformation*, 4 Bde., Leipzig 1906~11 (Nachdruck Nieuwkoop 1967), Bd. 1, S. 423~44의 출판과 논평.

30 Andrew Gow, *The Red Jews: Antisemitism in an Apocalyptic Age 1200-1600*, Leiden 1995.

31 *Von einer grossen Menge und Gewalt der Juden* ……, 1523, VD 16 V 2686~89; Clemen, *Flugschriften*, Bd. 1, (Anm. 29), S. 442~44에 인쇄됨.

32 SB München Rar. 4290 (Druck: VD 16 V 2689)의 뮌헨 소장본 표지에 그 시대 독자는 이렇게 낙서하였다.

33 *Gespräch zwischen einem Christen und Juden, auch einem Wirt samt seinem*

은 글의 필자로 자칭하였다. 대화 시나리오는 문학적 허구일 듯하다. 어쨌든 이것은 그리스도인과 유대인이 전대미문의 새로운 관계에 접어들었음을 느끼게 한 분위기 상황을 소개한다. 사람들은 서로 대화하였고 서로 설득하려고 애썼으며, 그리스도인은 그리스도교로의 유대인들의 대거 개종이 시작되기를 기대했다. 유대인과의 대화는 결국 자기 종교적 이력을 확실하게 했다. 여관집 대화에서 그리스도인 평신도들이 교대로 '주춧돌' 그리스도의 구원사적 의미를 표현한 그림(그림 20 참조)을 설명함으로써 이것이 명백해졌다. 그러므로 유대인과의 대화가 표현한 도전은 문학적 허구의 방식으로 그리스도교의 자기 신앙 의식을 정확히 진술하는 것으로 끝나고 말았다.

허구적 여관집 대화의 관점에서 볼 때, 루터의 첫 번째 '유대인 글'과 밀접하게 결부되어 있는 그리스도인과 유대인 간의 관계 변화에는 동시에 또 다른 변화의 단초가 들어 있었다. 유대인 대화 상대의 개종 실패로부터 대화는 그리스도교 내의 자기 양해 및 종교적 우월성과 유대인의 궁극적 포기에 대한 평신도의 자기 계몽으로 나아갔던 것이다. 유대인 손님이 떠났을 때, 그리스도인들은 단언했다. "여관 주인: 이들은 불쌍한 백성임이 분명하다! 그리스도인: 그들은 완고하다. 그리스도 예수 우리 구원자는 마태복음 제24장 [34절]에서 자기 제자들에게 최후의 날 전에 일어날 징후를 이야기하면서, 이 세대가 사라지기 전에 이 모든 일들이 일어날 것이라고 말했다. 그러므로 유대인들은 있어야 한다."[34]

Hausknecht, den Eckstein Christum betreffend ……, ediert in: Clemen, *Flugschriften*, Bd. 1 (Anm. 29), S. 389～422.

34 Clemen, *Flugschriften*, Bd. 1, (Anm. 29), S. 406.

그림 20 교회의 낡은 교훈과 새 교훈(전지 목판화, 1524)

종교개혁기의 여성 팸플릿 저자들

일부 여성들의 자기 이해와 관련해서도 종교개혁은 급속한 변화의 역사적 국면을 나타낸다. 종교개혁 초기에 일부 여성들은 저자로서 공론장에 등장했다. 그녀들은 저술 활동을 만인사제직을 통해 신학적 근거가 새로이 규정된 평신도의 역할의 표현으로 보았고 이에 상응하는 주목을 불러일으켰다.

아르굴라 폰 그룸바흐

여성 팸플릿 저자들 가운데 첫 번째 인물은 바이에른의 귀족 아르굴라 폰 그룸바흐(Argula von Grumbach)였다. 1492년 아르굴라는 카타리나 폰 테링스(Katharina von Therings)와 제국 남작 베른하르딘 폰 슈타우프(Bernhardin von Stauff)의 딸로서 오버팔츠(Oberpfalz)의 에른펠스 성(Burg Ernfels)에서 태어나 1508년 이후 뮌헨의 바이에른 공작부인의 궁녀로 일했다. 1509년 이후 그녀는 양친을 잃었으나 바이에른 공작들의 보호를 계속 받았다. 그녀의 글에서 드러난 사실은 그녀의 아버지가 10세가 된 그녀에게 독일어 성서를 줬다는 것이다.[35] 그녀는 자신

35 "내[아르굴라]가 오랫동안 아무것도 읽지 않았고 성서를 읽을 필요가 없었으나 …… 사랑하는 아버지는 나에게 성서를 읽도록 추천했고 내가 열 살이 되었을 때 성서를 줬다. 그러나 나는 유감스럽게도 특히 엄수파 탁발 수도사들의 유혹 때문에 그의 말을 따르지 않았다." *Wye ein Christliche fraw des adels / in Beyern durch iren / in Gotlicher schrifft / wohlgegründten Sendtbrieffe / die Hohenschul zu Ingollstatt …… straffet* [Nürnberg: F. Peypus 1523]; Ex. MF 285, Nr. 819; Köhler, *Bibl.*, Bd. 1, Nr. 1431; VD 16 G 3683, 여기서는 B 2^r. 아마도 아르굴라는 1482년 뉘른베르크의 코베르거(Koberger)에서 출판된 고판본 성서 한 부를 소유한 듯하다. 아르굴라에 대해서는 Peter Matheson, *Argula von Grumbach. A Woman's Voice in the Reformation*, Edinburgh 1995; Silke Halbach, *Argula von Grumbach als Verfasserin reformatorischer Flugschriften*, Frankfurt am Main u. a. 1992; Theodor Kolde, *Arsacius Seehofer und Argula von Grumbach*, in: Beiträge zur bayrischen Kirchengeschichte 11 (1905), S. 49~77; S. 97~124; S. 149~88 참조.

의 성서 독서는 수도사들에 의해 저지되었다고 회고한다. 1516년에 그녀는 프리드리히 폰 그룸바흐라는 이름의 남(南)프랑켄 귀족과 혼인했다. 그는 바이에른 공작을 위하여 알트뮐탈의 디트푸르트(Ditfurt im Altmühltal)의 관리자로 봉직했다. 아르굴라는 종교개혁과 관련된 사건들에 깊은 관심을 가졌다. 1520년대 초에 그녀는 지리적으로 인근에 있는 루터적 사고를 가진 설교자들, 즉 뷔르츠부르크의 파울 슈페라투스(Paul Speratus, 1484~1551), 뉘른베르크의 안드레아스 오지안더(Andreas Osiander)와 접촉했다. 1522년 봄에 루터와 서신을 교환한 사실도 증언되었다.[36]

1523년 가을에 아르굴라가 잉골슈타트 대학에 대항하여 작성한 글은 팸플릿 형태로 출판되었는데, 이것이 큰 주목을 끌었다(그림 21 참조). 이 대학은 아르자키우스 제호퍼(Arsacius Seehofer)라는 이름의 젊은 마기스터에게 비텐베르크인의 가르침을 공식적으로 부인하도록 강요했었다. 이 첫 번째 여성의 종교개혁적 팸플릿이 어떻게 인쇄되었는지는 더 이상 분명하게 재구성할 수 없다. 그러나 몇 가지 사실은 이 글의 서문을 투고한 무명의 출판자가 결국 선풍을 일으킨 출판 행위의 핵심 요소였다는 것을 말해준다. 뉘른베르크 초판의 출판자(학계에서 이 사람은 타당한 근거도 없이 뉘른베르크의 종교개혁가 안드레아스 오지안더와 동일시되었다[37])는 아르굴라의 글을 종말론적 지평에 놓았다. 지금 "이 마지막 때에"[38] 성서는 학자들뿐만 아니라 "또한 다른 많은 남녀노소에 의해서도"[39] 해석될 터였다. 초대 교회의 성령 강림절 경험에(사도행전 2:17-

---

36 아르굴라가 루터에게 보낸 서신들은 — 일반적으로 여성들이 쓴 서신들처럼 — 전해지지 않는다. 아르굴라와 루터 사이의 서신 교환은 루터가 파울 슈페라투스에게 1522년 6월 13일에 보낸 서신(WA.B 2, Nr. 509, 여기서는 S. 559,4; S. 561,84)을 통해 알려졌다.

37 서문의 교정판, Osiander, GA, Bd. 1, Nr. 6, S. 88~92.

38 같은 책, S. 91,12.

39 같은 책, S. 91,13f.

Wye ein Christliche fraw des adels / in
Beyern durch iren / in Gotlicher schrifft / wolgegrund
tenn Sendbrieffe / die hohenschul zu Jngoldstat /
vmb das sie eynen Euangelischen Jungling / zu
widersprechung des wort Gottes / betrangt
haben / straffet.

Auch volgent hernach die artickel / so Magister Arsacius
Sehoffer von München durch die hohenschul zcu Jn-
gelstat beredt am abent vnser frawē geburt nechst
verschinen widerruffen vnnd verworffen hat.

Actum Jngelstat. M D XXiij.

그림 21 아르굴라 폰 그룸바흐의

『바이에른 귀족의 그리스도인 부인이 … 잉골슈타트 대학을 어떻게 징벌하는가』

(표지, 1523년)

19) 상응하는 상황이 나타났다. 요엘서 2:28에서 예고된 종말 때 아들 딸들에게 성령이 내려와서 그들이 예언하고 꿈과 환상을 보는 사건이 지금 현재 일어났다. 아르굴라에게서 요엘의 예언이 실현되었다. 잉골슈타트 대학에 보낸 그녀의 서신은 그녀를 길을 헤매는 사제들에게 성서를 가르치는 제2의 유디트(유디트서 8:8-22)로 나타나게 한다. 그러므로 아르굴라는 하나님의 영에 의해 직접 영감을 받은 것으로 볼 수 있다.[40] 익명의 출판자는 에스더와 수산나[41] 같은 또 다른 성서의 여성을 통해서, 용맹한 신의 여전사는 진리의 억압에 항거하기 위해서 심지어 순교를 감수할 각오가 되어 있다고 강조했다. 한때 스가랴가 구세주의 임박한 탄생에 직면하여 기뻐한 것처럼(누가복음 1:67-79), 그리스도교는 신을 칭송해야 한다. 구원이 가까웠기 때문이다. "자기 백성을 돌아보고 속량한 이스라엘 신은 축복받으소서."[42]

아르굴라가 잉골슈타트 대학에 보낸 서신이 이룩한 엄청난 출판상의 성공—1524년까지 15쇄가 나왔으니,[43] 루터 외에는 오직 『일반 농민들의 12개 조항』(*Zwölf Artikel gemeiner Bauernschaft*, 494~96쪽 참조)만이 보여준 결과였다—은 이 사건이 얼마나 요란스럽고 새로웠는지를 증언한다. 평신도 출신 여성이 대학에 대항했으며 대학에 성서 내용을 가르쳤다! 시나리오에 대한 구원사적 해석은 이것이 더 이상 전통적 형태의 여성 혹은 수녀원 교육과는 상관이 없고 극적인 '변화'의 순간으로 이해되었음을 역설했다. 이 개별적 사건에서 결정적인 점, 즉 공론장으로의 진출이 아르굴라 자신에 의해 직접 이루어진 것인지 아니면 출판업자에 의해 시작되었는지는 알려지지 않았다. 그러나 아르굴라가 소수의 다른 여성들에게 모범이 되었을 개연성은 아주 크다.

40 같은 책, S. 92,7ff.

41 같은 책, S. 92,17ff.

42 같은 책, S. 92,26~28(누가복음 1:68 참조).

43 Halbach, *Argula* (Anm. 35), S. 102ff.

잉골슈타트 대학에 보낸 아르굴라의 서신은 1523년에 18세가 된 뮌헨 시민의 아들 제호퍼에게 17개 논제(여기에는 비텐베르크 신학을 기준삼아서 이해된 그의 그리스도교 신앙 이론을 이단으로 정죄하려는 목적에서 요약되어 있었다)의 철회를 강요한 것에 항의했다. 제호퍼는 1521년에 비텐베르크 대학에 등록했고, 거기서 특히 멜란히톤과 카를슈타트로부터 영향을 받았다. 루터는 그의 수학 연도 대부분 기간에는 바르트부르크에 머물렀다. 제호퍼가 1522년 1월 4일에 미지의 수신자에게 보낸 서신으로부터, 우리는 그가 종교적인 이유에서 자기 부모의 출세 기대에 더 이상 부응하려 하지 않았음을 안다. 그리스도는 겸손과 자기부정을 명령했다(마태복음 23:8 이하; 16:24 이하). 십자가를 지고 추종하라는 명령은 마기스터 학위 취득 같은 세속적인 가치 없는 일과는 부합될 수 없었던 것이다.[44]

슈바벤 출신의 한 대학생은 1523년 봄에 인쇄되어 나온 서신을 자기 부모에게 보내면서, 비텐베르크에서 복음의 진리가 빛났기 때문에 자신이 비텐베르크에 머물러야 하는 것에 대해 이해를 구했다. 어머니는 자신을 걱정하지 말고 루터가 번역한 신약성서를 읽어야 하며 그에게 귀향을 촉구한 아버지도 결국 신앙으로 돌아오기를 희망한다고 썼다. 분명히 상인 가정 출신의 대학생은 결론적으로, 갈색 펠트 모자를 구입하고자[45] 하며, 따라서 보통 사람 혹은 농민으로 변신하고자 한다는 뜻을

44 "결국 그대[미지의 수신자를 의미]는 어떤 식으로 내 부모님이 마기스터 학위를 취득하기를 바라는지 모른다. 그러나 나는 이것이 정당하다고 확신할 수 없다. 그리스도를 피하지 말고 그의 계획에 동조해야 한다. 왜냐하면 그리스도는 우리가 겸손과 단순한 마음으로 살기를 요구한다고 마태복음 23장은 말하기 때문이다. 여기서 그리스도는 바리새인들의 오만을 이렇게 책망했다. 너희는 랍비라고 불리지 말라, 너희의 교사는 한 분뿐, 즉 그리스도이기 때문이다[마태 23:8]." 계속해서 격언이 나온다. Kolde, *Arsacius Seehofer*, S. 71~74, 여기서는 S. 73에 출판된 서신에서 인용.

45 서신 결론에 이렇게 쓰여 있다. "사랑하는 어머니, 마음을 신께 맡기고 나처럼 루터 박사가 독일어로 번역한 신약성서를 구해서 읽으십시오. 나는 라이프치히 시

전한다. 이것은 카를슈타트가 선전하는 것이었다.

1520년대 초에 인쇄되어 나온 아버지와 아들 간의 대화편들[46] 가운데 청년이 종교개혁에 기울어져서 부모에게 — 대개는 성공적으로 — 그들의 구교적 입장을 바꾸도록 만드는 것을 내용으로 하는 것들은 '루터의 가르침'을 고백하는 일이 때로는 가족 내의 세대 간 갈등을 야기한다는 사실을 보여준다. 제호퍼의 경우에도 분명히 부모의 기대와의 충돌이 있었으니, 부모에게는 학위 취득으로써 대학 수업을 마무리하는 것이 직업적 출셋길로 들어가는 관문을 의미했다. 제호퍼와 다른 비텐베르크 대학생들은 '상류 계층'과 타협할 생각이 없었다. 그러나 1522년 여름에 뮌헨의 저명한 시민 가족은 청년 아르자키우스를 나쁜 비텐베르크의 영향에서 빼내어 잉골슈타트로 돌아와서 그의 종교개혁적 사상을 부정함으로써 마기스터 학위를 취득하게 만드는 데 성공했다. 그러나 제호퍼는 은밀히 비텐베르크의 사상을 유포하기 위해 활동했다. 그가 개설한 마태복음과 바울 서신에 관한 강의에서 멜란히톤의 주석이 사용되었다. 그래서 제호퍼는 잉골슈타트 대학 당국의 표적이 되었고, 결국 당국은 그를 이단죄로 고발해 그 주변의 대학생들을 심문했으며, 제호퍼를 중심으로 형성된 소규모의 비텐베르크 지지자들을 해산하였다. 17개 논제에 의거하여 제호퍼의 이단 혐의가 확증되었고, 그는 철회

장으로 가렵니다. 시장이 잘된다면, 나는 그곳에서 많은 돈을 벌어 4주 안에 이곳 비텐베르크에서 갈색 펠트 모자를 살 것입니다. 오직 아버지, 모든 누이 형제, 그리고 좋은 친구들에게 인사를 전해주십시오. 1523년 3월 16일, 비텐베르크에서." *Ain Sendbrief von aym Jungen Studenten zu Wittenberg an seine öltern im land zu Schwaben von wegen der Lutherischen leer zu geschriben*, [Augsburg: M. Ramminger] 1523; MF 67, Nr. 176; Köhler, *Bibl.*, Bd. 3, Nr. 4187; VD 16 S 5719, A 6^r = Clemen, *Flugschriften*, Bd. 1 [anm. 29], S. 5~20, 여기서는 S. 17f.

46 예를 들어 Clemen, *Flugschriften*, Bd. 1 (Anm. 29), S. 21ff.; Marc Lienhard, *Mentalité populaire, gens d'église et mouvement évangélique à Strasbourg en 1522~1523*, in: Marijn de Kroon, Marc Lienhard (Hg.), *Horizons Européens de la Réforme en Alsace. Mélanges offerts à J. Rott*, Straßburg 1980, S. 37~62 참조.

하도록 강요받았다. 그의 부친이 바이에른 공작에게 1천 굴덴이라는 전대미문의 거액의 보석금을 치르는 대가로, 아르자키우스는 이단 재판을 면하게 되었다. 1523년 9월 제호퍼는 일단 에탈(Ettal) 베네딕트회 수도원에 감금되었다. 그러나 그는 탈출에 성공해 비텐베르크를 거쳐서 프로이센으로 갔다. 이후에 뷔르템베르크 지역으로 가서 오랫동안 개신교 설교자로 활동했다.

제호퍼의 사상적 동지들을 통해서 17개 논제는 공론장에 알려졌다. 이것은 종교개혁적 칭의 신앙, 성서 원리와 이혼 및 서약[47]에 관한 논제들을 요약한 것이었다. 이것을 통해서 아르굴라도 이 사건을 알게 된 듯하다. 그녀는 서신을 통해서 "제호퍼가 그리스도와 그의 말씀을 부정하도록" 강요되었음을 보다 많은 대중에게 알렸다.[48] "나를 사람들 앞에서 인정하는 자를 나는 내 하늘 아버지 앞에서 인정할 것"이라는(마태복음 10:32)[49] 그리스도의 말씀에 의거하여 아르굴라는 자신이 '그리스도인으로서' 이 사건에서 제호퍼를 위해서 공격적으로 발언하지 않을 수 없었다고 진술한다.[50] 솔직한 고백에 관한 그리스도의 발언이 특별히 남성을 대상으로 한 것이 아니므로, 그녀는 이 말씀을 여성은 교회 안에서 침묵해야 한다는 바울의 지침을 의문시하거나 그것이 다만 긴급 상황에서만 유효하다는 의미로 해석할 수 있는 근거로 삼았다.[51] 이로써

---

47 *Wye ein Christliche fraw des adels* ……, B $3^{r/v}$에 인쇄됨.

48 같은 책, A 2^{v}.

49 같은 곳.

50 같은 곳.

51 "…… 나는 언제나 그[강단에서 제호퍼를 공격했던 구교 측 바이에른 설교자]를 염두에 두고서 나에게 복음의 충실한 일꾼 마르틴 루터가 가르친 이단적 논제를 보여달라고 서신을 보냈다. 어쨌든 바울이 디모데전서 2장[12절]에서 여성들은 교회 안에서 침묵하고 말하지 말아야 한다는 것이 내 영을 억눌렀고 우울하게 만들었다. 그러나 이제 내가 이렇게 남성들이 말하려 하지도 않고 말할 수도 없는 것을 보았을 때 '누구든지 나를 시인하면 나도 아버지 앞에서 그를 시인할 것이다'(마태 10:32)라는 말씀이 나를 재촉했다"(같은 책, A 3^{v}).

아르굴라는 1521년에 신은 여성 예언자를 불렀고 설교할 남성이 없는 경우 여성도 발언해야 한다고[52] 역설한 루터의 노선에 섰다.

그러므로 아르굴라는 제호퍼를 위한 참여에서 여성의 비상발언권에 호소했고, 이로써 믿는 자의 만인사제직에 관한 그녀의 이해를 실행에 옮겼다. 귀족 부인은 신이 한때 주님을 부정한 베드로를 불쌍히 여긴 것처럼 제호퍼를 불쌍히 여기기를 소망했다.[53] 그러나 그녀는 자신의 임무를 바이에른 종교재판관에게 루터와 멜란히톤의 독일어 글들이 성서와 일치한다고 고백하는 것이라고 보았다.[54] 그러므로 그녀는 잉골슈타트 대학에 논쟁을 위해 도전했다. "나는 여러분에게 가서 여러분의 말을 듣고 여러분과 대화하는 것이 두렵지 않습니다. 나는 신의 은총으로 독일어 질문에 답하고 읽을 수 있습니다. …… 나는 내 생각이나 인간적 이성이 아니라 참된 반석 그리스도 위에 근거하기 때문입니다. …… 신의 뜻에 따라서 우리의 바이에른 제후와 전체 공동체 앞에서 여러분과 대화할 수 있기를 바랍니다."[55] 아르굴라는 라틴어에 대해 알지 못한다고 공격적으로 고백한다. 아마도 그녀에게는 라틴어를 알지 못하는 여성이 계시받은 신앙적 신비를 특히 믿을 만하게 증언한다는 중세의 이념이 살아 있었던 것 같다.[56]

한 여성이 공개 논쟁에 도전했다는 사실이 구체제 교회와 사회의 대표들에게는 끔찍스러운 도발 행위였다는 것은 아르굴라의 입을 막으려는 온갖 시도에서 발견할 수 있다. 1524년에 그녀에게 잉골슈타트의 일부 귀족들과 시 참사회 의원들에게 보낸 작은 글을 인쇄하는 것이 가능

52 *Vom Mißbrauch der Messe* (1521), in: WA 8, S. 497,19~498,14; S. 424,20~425,6 참조.

53 *Wye ein Christliche fraw des adels* (Anm. 35), B 1r.

54 같은 곳.

55 같은 책, B 1r/v.

56 Ursula Peters, *Religiöse Erfahrung als literarishces Faktum - zur Vorgeschichte und Genese frauenmystischer Texte des 13. und 14. Jahrhunderts*, Tübingen 1988, S. 56f. 참조.

하였을지라도, 종교개혁적 신학자들과 정부들 사이에서는 만인사제직의 신학 개념을 전통적 성(性) 역할의 전반적 변환의 의미로 구체화하는 것에 소극적이라는 사실이 드러났다. 루터는 독재적 남편 아래서 고통받는 아르굴라를 '그리스도의 **특별한** 도구'라고 평가하면서도[57] 동시에 그녀의 태도를 변화된 복음적 여성상의 시범 케이스로 고려할 수 없다고 표현했다. 아르굴라가 귀족 신분에 속한다는 것은 확실히 '그리스도인 신분의 개선'을 위한 그녀의 기여에 주목하게 만들 수 있었던 결정적 원인이었다.

카타리나 쉬츠-첼

두 번째 종교개혁적 팸플릿의 여성 저자로서 전통적으로 오랜 신분이 아니라 전혀 새로운 신분, 즉 목사 부인이 있었다. 이 신분 때문에 그녀는 공적으로 발언하게 되었다. 바로 카타리나 쉬츠-첼(Katharina Schütz-Zell, 1497/88~1562)[58]이다. 1523년 12월에 그녀는 스트라스부르 종교개혁 운동의 중요한 대표인 설교자 마티아스 첼(Matthias Zell)과 결혼함으로써, 종교개혁에 대한 고백을 행동으로 옮겼다. 첼 부부는 이로써 공적인 관심 속에서 각광을 받게 되었다. 카타리나의 첫 번째 글은 1524년 7월에 나왔고 바덴의 도시 켄칭겐(Kenzingen)의 종교개혁적 생각을 가진 부인들을 대상으로 삼은 것이었다.[59] 그녀들의 남편들은 이 작은 도시를 통치했던 페르디난트 대공의 폭력적 조치가 두려워 목

57 루터가 쾨니히스베르크의 요하네스 브리스만(Johannes Brießmann)에게 1524년 2월 후반부에 보낸 서신, WA.B 3, S. 247,32f. (Hervorhebung Th. K.)

58 Elsie McKee, *Katharina Schütz Zell*, Bd. 1: *The Life and Thought of a Sixteenth-Century Reformer*, Bd. 2: *The Writings. A Critical Edition*, Leiden u. a. 1999; Elsie McKee, *Church Mother. The Writings of a Protestant Reformer in Sixteenth-Century Germany*, Chicago / London 2006; Th. Kaufmann, *Pfarrfrau und Publizistin - Das reformatorische "Amt" der Katharina Zell*, in: ZHF 23 (1996), S. 169~218 참조.

59 McKee, *Katharina Schütz Zell*, Bd. 2, S. 1ff.

사 야코프 오터(Jacob Otter)와 함께 6월 말에 스트라스부르로 피신했다. 페르디난트는 켄칭겐으로 군대를 보내어 반항적인 개신교 설교자 오터의 활동을 끝장내려 했다. 무엇보다 첼 부부는 약 150명의 난민을 받아들였다. 카타리나는 음식과 주거를 해결했고 자신의 목사관에 상당수의 난민을 수용했다. 그녀는 그들의 부인들에게 보낸 위로 서신을 통해 여성 평신도 신학자로서 풍부하게 인용한 성서의 증언을 가지고 그녀들의 힘을 북돋아주었다. 신은 자기 자녀들이 감당할 수 있는 고난의 시련만을 부과한다. "그러므로 사랑하는 자매들이여, 신을 신뢰하라, 그는 여러분에게 선하고 필요한 것만을 여러분이 감당하게 한다. 그러므로 그는 여러분의 믿음을 연단하고자 한다."[60]

아르굴라처럼 카타리나는 성서 지식의 어떤 면에서도 성직 신분 출신 남성 팸플릿 저자에 뒤지지 않았다. 그녀의 지식도 종교개혁 전 성서 출판을 통해서 형성된 듯하다. 그러나 신약성서 사용과 관련해서는 루터의 번역판(1522년 9/12월)이 신속히 보급되었다. 1523/24년의 팸플릿 문학은 대중어를 사용한 저 저자들에게서 이 번역이 신속하게 성공했음을 보여준 특별한 증거다.

카타리나의 두 번째 글은 켄칭겐 서신 이후 몇 주 만에 나왔다. 글은 아우구스티누스 은둔자회의 남부 독일 지역 관구장 콘라트 트레거(Konrad Treger, 1480경~1542)를 공격한 것이었다. 트레거는 스트라스부르의 종교개혁 지도자들이 논쟁을 거부한다고 공격했었다. 카타리나는 종교개혁 지지자들의 전반적인 흥분을 이용하여 문학적으로 사제 혼인을 변호하였고, 자기 남편에 대한 비난(그는 "나를 취하려는 정욕에 안달을 내"거나 그녀를 다른 여자를 통해 속였으며, 그녀를 때렸고 집 밖으로 쫓아냈다[61])을 무력화했고 자신들의 혼인을 그리스도 추종의 모범적 실천으로 묘사했다. 카타리나 첼에게 목사 부인으로서의 '직무'는 종교개혁을 통

---

60 같은 책, S. 11f.

61 같은 책, S. 41.

해 변화된 자기 이해가 실존적으로 구체화된 역할 개념이었다. 그녀가 사제 신분 출신의 남편을 '취했다'[62]는 사실은 그녀 남편 및 다른 많은 영혼을 구원하기 위한 공로였다.

아르굴라의 첫 번째 글의 익명의 출판자가 그랬던 것처럼, 카타리나는 자신의 공적인 발언에 대해 예언적 정당성을 주장했다. 또한 아르굴라와 유사하게 그녀는 여성은 침묵하라는 바울의 명령(고린도전서 14:34; 디모데후서 2:2)을 여성의 발언권을 지시하는 성서 구절과 대비하였다. "사람들은 인간의 아들이라고 쓰여 있는 것을 언급할 것이다[에스겔 22:2.18.24]. 그러나 이것은 그대에게 말한 것이 아니라 학식 있는 남자에게 말한 것이니, 바울은 여자들은 침묵해야 한다고 말한다. 나는 답변한다. 그가 갈라디아서 3장에서 말한 것을 알지 못하는가? 그리스도 안에 남자도 여자도 없다[갈라디아서 3:28]. 신은 예언자 요엘서 제3장에서 말한다. 나는 내 영을 모든 육체, 너희 아들과 딸들에게 부어줄 것이라고 한 것을 알 것이다[요엘 2:28; 요한계시록 2:27]. 또한 스가랴가 벙어리가 되고 엘리자베스가 처녀 마리아를 축복한 것을 안다[누가복음 1:22.42 이하]."[63] 사람들이 여성 예언자로서 그녀의 말을 듣기를 바라지 않을지라도, 신이 처음으로 예언자 발람에게 나귀를 통해서 말했다(민수기 제22장)는 사실은 받아들였을 것이다.[64] 루터도 이 성서적 사건을 한 번 인용해서, 믿음에 따라서 성서에 의지한 모든 그리스도인은 영적으로 교황 위에 있다는 것을 설명하였다.[65]

만인사제직에 근거한, 성서를 해석하고 공적으로 논할 평신도 및 여성의 권리를 종교개혁 초기의 팸플릿 여성 저자들은 자기 이해의 근본적 변화로 생각했고 공공연히 표현했다. 그러나 종교개혁 측 출판자로

---

62 같은 책, S. 43.

63 같은 책, S. 46.

64 같은 책, S. 45; S. 47.

65 *An den christlichen Adel*, in: WA 6, S. 412,33ff. 모든 남녀 평신도의 권한에 대해서는 WA 6, S. 460,35ff. 참조.

서의 카타리나의 경력은 급속히 끝났다. 종교개혁적 사고를 가진 야코프 슈투름(Jakob Sturm)도 소속되어 있던 스트라스부르 시 참사회의 소규모 대표단이 그녀의 남편을 방문해 그에게 "이런 일이 더 이상 일어나지 말아야 한다"는 것을 분명히 했다.[66] 카타리나의 글의 인쇄본들은 압수되었고, 목사 부인의 더 이상의 출판 활동은 당분간 불가능해졌다.

1530년대 중반에 그녀는 보헤미아 형제들의 찬송가 출판자로[67] 또다시 공론장에 등장했다. 1548년 이후 과부가 된 그녀는 1550년대 후반에 심령주의자 카스파르 폰 슈벵크펠트(Kaspar von Schwenkfeld)와의 접촉 때문에 루터파 초기 정통주의 소장 신학자들과 충돌하였다. 슈벵크펠트는 남부 독일 도시들에 적지 않은 추종자들을 거느리고 있었고 도시 및 영방국 종교개혁의 종파화 경향에 대항하여 초종파적 성령 교회를 선전하였다. 특히 과거 그녀 남편의 보좌 목사였고 제국도시 울름의 총감독으로 승진한 루트비히 라부스(Ludwig Rabus, 1523~92)는 목사 미망인의 공적 활동에 불만을 품었고 그녀를 악명 높은 선동가라고 비난했다. 카타리나 첼은 라부스와의 서신 교환을 1557년에 출판하였다.[68] 이 인상적인 출판물은 종교개혁 세대에게 일탈적 사상, 비정통적인 자세, 지성적 방종 면에서 가능했거나 당연했던 개방성이 16세기 중엽에 와서 모범적인 신세대들 내에서는 이단 혐의를 받게 되었음을 보여준 사례이다. 자신을 종교개혁의 개척자로서 느꼈고 이것을 스스로 의식하며 보여주고자 했던 카타리나는 노인이 되어 자신을 '악마의 시녀'로 악마화하는 것을 경험해야만 했다.[69] 1558년에 그녀가 인쇄한 시편 및

66 Thomas Kaufmann, *Pfarrfrau* (Anm. 58), S. 209에서 인용.

67 McKee, *Katharina Schütz Zell*, Bd. 2 (Anm. 58), S. 55ff.(Edition des Vorwortes Katharinas); McKee, *The Reform of Popular Piety in Sixteenth-Century Strasbourg. Katharina Schütz Zell and Her Hymnbook*, Studies in Reformed Theology and History 2:4, Princeton/New Jersey 1994.

68 McKee, *Katharina Schütz Zell*, Bd. 2 (Anm. 58), S. 154ff.

69 Kaufmann, *Pfarrfrau* (Anm. 58), S. 197, Anm. 97.

주기도문 해석은[70] 종교개혁 시대의 가장 탁월한 평신도 여성 신학자가 실천한 일생 동안의 집요한 주석 작업을 증언해준다.

우르줄라 바이다

또 다른 여성 출판가인 우르줄라 바이다(Ursula Weyda)가 종교개혁의 핵심 지역인 작센에 등장했다. 1524년 그녀는 20세의 나이로 에르푸르트 시 법률 고문 볼프강 블리크(Wolfgang Blick)에게 대항하는 글을 출판했다.[71] 블리크는 알텐부르크와 메르제부르크 사이에 있는 페가우(Pegau) 수도원 원장인 자기 형제 지몬의 출판인 자격으로 이혼, 독신제, 교회 등의 주제에 관한 루터의 사상을 공격했다.[72] 그는 루터와 그의 추종자들에게 동시대의 무수한 위기 현상, 사회적 몰락 현상에 대한 책임이 있다고 주장했다. 폭동, 대학 및 학문 교육의 몰락, 공동체에 의한 사제 선출로 인한 교회 질서 붕괴, 경제적 침체와 조각가들의 곤궁—이 모든 것을 루터가 초래했다는 것이었다. 아마도 1524년 여름에 선제후령 작센의 세무관이자 튀링겐의 아이젠베르크 '세금 징수인'의 아내인 우르줄라는 자신의 글을 통하여 이 주장을 논박했다.[73]

표지에는 종말 때에 영을 부어줄 것을 약속하는 요엘서의 구절이 발

---

70 McKee, *Katharina Schütz Zell*, Bd. 2, S. 305ff.

71 Otto Clemen, *Die Schösserin von Eisenberg* (1898), in: ders., *Kleine Schriften zur Reformationsgeschichte*, hg. v. Ernst Koch, Bd. 1, Leipzig 1982, S. 83~91; Gisela Brandt, *Ursula Weyda - prolutherische Flugschriftenautorin (1524)*, *Soziolinguistische Studien zum Neuhochdeutschen*, Stuttgart 1998 참조.

72 Simon Blick, Wolfgang Blick, *Verderben und Schaden der Lande und Leute an Gut, Leib, Ehe und der Seelen Seligkeit aus Luthers und seines Anhangs Lehre*, in: Adolf Laube, Ulman Weiß (Hg.), *Flugschriften gegen die Reformation (1518~1524)*, Berlin 1997, S. 651~84; Köhler, *Bibl.*, Bd. 1, Nr. 298f., S. 129f.; VD 16 B 5731f. 참조.

73 Ursula Weydin, *Wyder das unchristlich schreyben und lesterburch des Apts Simon zuo Pegaw unnd seyner Brueder …… Eyn gegruendt Christlich Schrifft Goetlich wort unnd Ehelich leben belangende*, o. O., o. Dr. 1524; MF 5, Nr. 20.

견된다. 우르줄라에게는 아르굴라의 모범이 전제되어 있었다. 그녀는 블리크의 글에서 종말 때에 거짓 교사와 배를 불리는 자들이 등장하리라는 성서의 예언이 실현되었다고 보았다. 그녀는 문학적 적대자의 인간적 가르침에 신의 말씀을 대립시켰다. 그녀는 제도화된 성직에 기초한 교회론을, 성서와 신의 영에 연결된 선택받은 자들의 불가시적 공동체 이해로써 반박했다.[74] "요약하자면 이것은 확실히 신에게 오기로 작정한 모든 자들의 규칙으로서, 성서에 따라 살고 비성서적인 모든 오류의 유혹을 경계하는 것이다."[75] 세금 징수인의 아내는 또 다른 주제로서 사제 혼인과 서약 문제를 다루었고 여기서 종교개혁가들의 일반적인 논리를 소개했다. 그녀는 자신의 문학 활동의 이유로 한편으로는 종말 때의 영의 부음 및 '이 마지막 진노의 날에'[76] 등장하는 거짓 교사를 들어 설명했고, 다른 한편으로는 루터와 같은 그리스도교 설교자는 블리크 같은 '그런 멍청이'[77]에게 답변하는 것보다 나은 일을 해야 할 것이기 때문이라고 설명했다.

우르줄라 바이다의 또 다른 팸플릿은 없다. 그녀에게 적대하여 어느 구교 측 익명 저자의 여성혐오적 팸플릿이 나왔는데, 이 저자는 우르줄라를 "크롬바흐의 아르굴라와 함께 모든 대학을 말살하려고 하는"[78] 여성으로 매도했으며 두 여성을 심각한 도덕적 몰락의 증거로서 악마로 취급하였다. 문학 옹호자 한 사람이 우르줄라를 위해 전장에 나타났는데, 그는 흥미롭게도 1476년 처형된 평신도 설교자 니클라스하우젠의 피리 부는 사람(Pfeifer von Niklashausen) 한스 뵈하임(Hans Böheim)[79]

---

74 같은 책, A 3$^{r/v}$.

75 같은 책, B 2^{r}.

76 같은 책, C 3^{r}; A 1^{r}; A 1^{v} 참조.

77 같은 책, C 3^{v}.

78 *Antwort wider das unchristlich lesterbuch Ursula Weydyn* ……, Durch Henricum P.V.H., Leipzig: Jacob Thanner 1524; Köhler, *Bibl.*, Bd. 2, Nr. 1538; Laube, Weiß, *Flugschriften gegen die Reformation (1518~1524)* (Anm. 72), S. 778~816, 여기서는 S. 785,4f.

을 연상시키는 가명을 사용한 콘츠 드로메터 폰 니클라스하우젠(Contz Drometer von Niklashausen)이었다.[80]

여성들이 공공연히 발언했다는 사실은 사람들이 두려워했거나—농민전쟁 전해에!—바랐을 법한 근본적 변화를 연상시켜주었다. 농민전쟁 후에 비교할 만한 여성 평신도의 자의식 시위가 더 이상 입증되지 않았다는 사실은 만인사제직과 결부된 종교적 혁신이 사회적으로 전통적인 성(性) 역할을 지속적으로 문제시하는 데에 영향을 끼치지는 않았음을 암시한다. 농민전쟁 후에 평신도와 여성의 출판물의 극적인 감소와 쇠퇴는 일부 여성을 종교개혁적 저자로 만들었던 생애적 '변화'가 종교개혁의 공개 토론에서 더 이상 여지를 찾지 못했음을 보여준다.

대중어로 된 종교곡 분야에서 남녀 평신도들에게는 종교개혁과 더불어 종교적으로 표현하고 참여할 수 있는 가능성이 열렸다. 이것은 전통적 제의에 비하여 일급의 종교문화적 변화를 의미했다. 1523년 비텐베르크 및 그 주변에서 시작된 찬송가 창작의 획기적 성공의 역사는 종교개혁파의 찬송가가 아마 '보통 사람들'에게 엄청난 호응을 얻었고 또한 무식한 자들에게 종교개혁 신학의 핵심 내용을 전달하는 매체였음을 웅변적으로 말해주는 증거가 된다. 루터파 개신교의 찬송가 작사자로 비텐베르크 대학 신학 교수의 아내요 지금까지 노래되는 개신교 찬송가 「주 그리스도, 하나님의 외아들」의 작사자 엘리자베트 크루치거(Elisabeth Cruciger, 1500경~35) 이후 거듭하여 여성들이 등장한 것은 놀라운 일이 아니다.

---

79 그에 대한 동시대인의 정보에 관해서는 의심의 여지 없이 다음의 서술과 묘사가 중요하다. Hartmann Schedel, *Weltchronik 1493*. Eingeleitet und kommentiert von Stephan Füssel, Köln 2004, S. CCLV^{r}; Günther Franz (Hg.), *Quellen zur Geschichte des Bauernkrieges*, Darmstadt 1963, Nr. 14, S. 62~67.

80 C.D.V.N. [Cunz Drometer von Niklashausen (Pseudonym)], *Apologia Fur die Schösserin zu Eysenbergk Auff das Gotlose Buechlin so fur Ern Simon …… Apt zu Pegaw* [Nürnberg: Hans Hergot 1524]; VD 16 D 2797.

삐뚤어진 학자들에게 대항하여

루터가 '대학을 파괴했다는'[81] 것은 종교개혁에 적대하는 구교 측 공격의 고정 레퍼토리였다. 비텐베르크를 제외하고 대학 등록자의 급감은 이 비난이 정당했음을 실증한다. 종교개혁 이후 독일 대학은 점차 새로운 대학들이 — 먼저 1527년에 마르부르크에 — 설립되고 옛 대학들이 1530년대 이후 비텐베르크의 인물들 내지 로이코레아(Leucorea, 비텐베르크 대학 — 옮긴이)에서 훈련받은 학자들을 통해 재조직되었을 때, 비로소 다시 활성화되었다. 그러나 1520년대 초에는 종교개혁 운동이 학습된 교양을 근본적으로 의문시하게 만듦으로써 학자 신분 및 대학의 옛 영광은 더 이상 남지 않게 될 위험성이 있었다. '삐뚤어진 학자들'[82]이라는 속담이 종교개혁 이전에 이미 알려져 있었을지라도, 이 말은 1520년대 초에 종교개혁적 사고를 지닌 신학자들이 전통적 대학 교육을 공격함으로써, 그리고 그것이 평신도 출신 저자들의 출판물에 끼친 반향 때문에 학자 신분의 빛나는 존립을 위협하는 지위를 얻었다.

점차 평신도는 신지식과 관련하여 성직자와 원칙적으로 동등할 뿐만 아니라 그들보다 우월하다는 인식에 도달한 신학 교수이자 교회법 학자인 카를슈타트는 1522/23년에 자신을 '새로운 평신도'[83]라는 명칭으

81 Blick, Blick, *Verderben* (Anm. 72), S. 669,24f.

82 Carlos Gilly, *Das Sprichwort "Die Gelehrten die Verkehrten" oder der Verrat der Intellektuellen im Zeitalter der Glaubensspaltung*, in: Antonio Rotondo (Hg.), *Forme e destinazione del messagio religioso*, Florenz 1991, S. 229~375; Heiko A. Oberman, *Die Gelehrten die Verkehrten. Popular Response to learned Culture in the Renaissance and Reformation*, in: Steven E. Ozment (Hg.), *Religion and Culture in Renaissance and Reformation*, Kirksville 1989, S. 43~63; Thomas Kaufmann, *Filzhut versus Barett*, in: Anselm Schubert, Astrid von Schlachta, Michael Driedger (Hg.), *Grenzen des Täufertums / History of Anabaptism. Neue Forschungen*, Gütersloh 2009, S. 273~94.

83 카를슈타트의 글에 이렇게 쓰여 있다. *Von Mannigfaltigkeit des einfältigen, einigen willen Gottes*, [Köln: Arnd von Aich] 1523. 3. 13; Köhler, *Bibl.*, Bd. 2,

로 소개하고, 그리스도가 '자기 제자들에게'[84] 세상의 명예를 포기하라고 명령했기 때문에 자신의 박사 학위를 내려놓음으로써 스스로 평신도가 되었다. 또한 그는 대학의 학위 취득 절차에 참여하는 것과 자신의 교수직을 중단했고 자신을 '안드레스(Andres) 형제'라 부르게 했다. 또한 새로운 평신도로 스스로를 꾸며 시골 사람의 회색 상의를 입고 다녔으며 펠트 모자를 썼고 자기 손으로 노동을 해서 음식을 얻으려고 노력했다. 카를슈타트의 과시적인 희생과 학자이자 성직자로서의 신분의 포기는 루터로 하여금 공적 공간에서 수도사 두건을 벗을 때 특히 주저하게 만들고, 그가 수도사복을 궁극적으로 벗는 것을 1524년 가을까지 기다리게 만든 동기가 되었던 것 같다.[85]

챙 없는 모자는 학위를 취득한 대학 졸업생의 상징적 표지였는데, 1520년에 루터는 맨 먼저 이것에 냉정하게 거리를 두었고 조롱하며 거부했다.[86] 그러나 루터는 1524년 여름에 카를슈타트의 정신의 영향을 받은 동(東)튀링겐을 시찰여행하는 동안에 의식적으로 챙 없는 모자를 머리에 씀으로써, 평신도들은 신의 영감에 의거하여 '성서 박사'보다 성서를 잘 이해할 수 있다고 생각하고 자신을 '박사'가 아니라 '형제'라고 호칭한 평신도에 대한 자신의 거부 입장을 표현했다.[87] 카를슈타트의 오를라뮌데(Orlamünde) 교구에서 루터 박사는 자신이 한때 선포한 것의 결과에 직면했다. "교황, 황제, 대학은 인문학, 의학, 법학, 『명

Nr. 1960; VD 16 B 6251; Ex. MF 1123, Nr. 2867, A 1^r(Titelblatt); *Was gesagt ist: Sich gelassen ……*, [Augsburg: Philipp Ulhart] 1523 (Widmungsbrief 1523. 4. 20); Köhler, *Bibl.*, Bd. 2, Nr. 1966; VD 16 B 6257; Ex. MF 1501, Nr. 3952, A 1^r(Titelblatt); Shinichi Kotabe, *Das Laienbild Andreas Bodensteins von Karlstadt in den Jahren 1516-1524*, München 2005, S. 246ff.; Hermann Barge, *Andreas Bodenstein von Karlstadt*, Bd. 1, Nieuwkoop ^{2}1968, Bd. 2, S. 12ff. 참조.

84 Karlstadt, *Was gesagt ist* (Anm. 83), E 3^v.

85 Kaufmann, *Filzhut versus Barett* (Anm. 82) 참조.

86 WA 6, S. 460,27~36 참조.

87 WA 15, S. 341ff. 참조.

제집』 박사를 만들 수 있다. 그러나 하늘의 성령이 아니면 누구도 그대를 성서 박사로 만들 수 없을 것이다."[88] '새로운 평신도' 카를슈타트로부터 가르침을 받았거나 독자적으로 성서를 읽도록 격려받은 잘레탈(Saaletal)의 평신도들은 형상 금지에 대한 선동적인 신학 논쟁에 루터를 끌어들였다. 어떤 제화공은 모호한 성서 구절—"나는 내 신부가 벌거벗기를 원한다"[89]—을 왜곡하여 인용했다. 그는 이 구절을 알레고리적으로 해석하여 형상을 파괴하라는 명령의 증거로 이해했다. 루터는 단념한 나머지 어쩔 수 없이 대항할 수밖에 없었다. 그는 주저앉았고 손으로 얼굴을 쓰다듬으면서 성서를 응용한 평신도에게 대답했다. "들으시오, 신부가 옷 벗는 것이 형상을 제거하는 것을 뜻한다는 것은 이상한 독일어요."[90] 루터와 그의 동행들은 곧장 마차를 타고 서둘러 그곳을 떠났다. 종교개혁 교사와 독자적인 주석을 통해 인식에 도달한 평신도 간의 만남은 둘 모두에게 트라우마로 끝났다. 자의식적 평신도들은 가르침을 원하지 않았고 '대칭적인' 계급 서열에서 벗어난 소통 형태를 고집했던 것이다.

루터는 결국 오직 영주의 경찰력을 통해서만 다스릴 수밖에 없는 영들을 일깨웠다. 그를 둘러싼 외적 변화가 더욱 극적이 되어갈수록 루터는 내면의 변화가 외적 변화에 선행해야 한다는 것을 더욱 강력히 주장했다. 이전의 보다 소극적인 카를슈타트가 보다 '진보적으로' 선택하고 보다 공격적으로 기존 질서를 파괴할 것을 요구할수록 루터는 더욱 분명하게 '보수적으로' 발언하였다. 시민이 된 탁발 수도사 루터와 농민으로 행세하는 카를슈타트 사이의 복잡한 관계에서 종교개혁의 변화 동학의 양면성이 각자의 삶의 차원에서 모범적으로 반영되었다.

---

88 WA 6, S. 460,28~31.

89 WA 15, S. 346,5f. 배경에는 아마도 에스겔서 16:39가 있는 듯하다(같은 곳, 각주 1). 그러나 이것은 확실하지 않다. 이 대화에 대해서는 WA 18, S. 84,10ff. 참조. 여기에 따르면 오를라뮌데의 평신도는 신약성서를 원용했다.

90 WA 15, S. 346,7f.

묵시문학적 · 심령주의적 급진성

학식 있는 신학자들처럼, 평신도들도 외적 · 내적 변화에 따라서 삶이 차별화되었다. 수공업자들은 평신도로서의, 팸플릿 저자로서의 역할 이해를 발전시켰으나 그들의 외적 삶의 좌표는 그것에 저촉받지 않은 채로 남아 있었다. 예를 들어 뉘른베르크의 제화공 한스 작스(Hans Sachs)는 종교개혁 시대의 잠언가로서 가장 왕성하게 활동했는데, 그는 1523년에 나온 시집 『비텐베르크의 나이팅게일』[91] 이후 펜으로 철저하게 종교개혁에 봉사했다.[92] 이 시집은 루터의 원수들에 대한 복음의 승리를 찬양한 것이었다. 그는 종교개혁에 대한 입장 때문에 자신의 직업을 바꾸지 않다가, 수십 년 후 저술 활동만으로 먹고살 수 있게 되었을 때 자신의 직업을 포기했다. 또한 아일렌부르크의 제화공 게오르크 쇠니헨(Georg Schönichen)[93]은 작스처럼 라틴어 학교 수료생으로서 라이프치히 대학 신학자들과의 팸플릿 논쟁을 벌였는데(그는 1523년에 여러 글을 통해 신학자들의 오류를 비난했다) 그 때문에 사회적 · 직업적 궤도에서 벗어나지는 않았다.

1520년대 초에 '신학 저자'[94]가 된 다른 수공업자들의 경우, 특히 그들이 종교개혁적 참여를 통하여 폭동 농민의 편을 들게 되었을 때 상황

---

91 *Die Wittenbergisch Nachtigall*, hg. v. Gerald H. Seufert, Stuttgart 1974 (Nachdruck 1984).

92 그에 대해서는 Berndt Hamm, *Bürgertum und Glaube. Konturen der städtischen Reformation*, Göttingen 1996, S. 181ff. 참조.

93 Siegfried Bräuer, "*ich begere lauttern und reinen wein / So vormischt er mirn mith wasser*". *Der Flugschriftenstreit zwischen dem Eilenburger Schuhmacher Georg Schönichen und dem Leipziger Theologen Hieronymus Dungersheim*, in: Jörg Haustein, Harry Oelke (Hg.), *Reformation und Katholizismus. Festschrift für Gottfried Maron*, Hannover 2003, S. 97~140.

94 Martin Arnold, *Handwerker als theologische Schriftsteller. Studien zu Flugschriften der frühen Reformation (1523-1525)*, Göttingen 1990.

은 달랐다. 내적 변화와 외적 변화의 특히 긴밀한 연관성은 이른바 츠비카우 예언자 같은 집단이나 재세례파 출신의 일부 방랑자들에게서 만날 수 있는데, 그들은 종말 때의 사도적 방랑 생활을 위해서 사회와의 고정된 결속을 포기했다. 그러므로 평신도들에게서도 외적 변화와 내적 변화의 연관 정도에 따라서 '급진적' 종교개혁과 '정부적' 종교개혁 사이의 경계선이 그어질 수 있다. 예언적 계시와 신학적 통찰에서부터 일정한 사회적 변혁을 필연적인 것, 포기할 수 없는 것으로 도출하고 스스로 실행하며 올바른 '교훈 인식'의 명백한 결론으로서 삶의 실천을 선포하기를 거부하는 그리스도교 조직을 철저히 비판하는 사람들은 '급진적'이었다. 급진주의자들은 종교개혁파 성서학자들을 공격할 때 학습된 교육을 넘어서야 보다 적절한 종교적 통찰에 도달할 수 있고 자기 존재의 변화를 변화된 신 이해의 표현으로 이해할 수 있다고 주장했다. '삐뚤어진 학자들'에 대한 민중의 항의는 이 무리들에게서 가장 신랄하게 표현되었다.

츠비카우 예언자들은 이런 급진주의의 첫 번째 대표로서, 그들은 카를슈타트와 뮌처의 급진적 변화에 영향을 끼쳤다. 그들은 한편으로는 종교개혁 이전의 후스파 혹은 왈도파의 영성에서 영감을 얻었으나, 다른 한편으로는 또한 루터와 초기 비텐베르크 신학자들을 원용했다. 종교개혁기에 처음으로 그들 무리에게서 재세례파로 귀결될 초기 분리주의적 집단 및 환경에 특징적인 수공업자와 학자들의 사회적 공산주의화를 만날 수 있다. 그러므로 내적 관점과 신념의 변화에 상응하여 사회적 관계 및 삶의 형태의 외적인 변화가 뒤따랐다. 성서를 뛰어넘어 인간 내면에 성령이 직접 증언한다고 주장하는 것에 맞추어서 학자 및 성직자의 특별한 종교적·사회적 역할이 근본적으로 거부되었다. 1521년 가을의 뮌처에게 학자나 성직자는 '모든 피조물 속의 신의 질서'와 정면으로 대립하는 자들이었다.[95]

95 Günther Franz (Hg.), *Thomas Müntzer. Schriften und Briefe*, Gütersloh 1968,

종교개혁기에 전투적인 **반(反)성직주의**와[96] 외적인 법정, 예를 들어 성서적 법정과는 원칙적으로 무관하고 특별한 예언과 계시에 초점을 맞춘 **심령주의**는 먼저 1521년에 토마스 뮌처와 츠비카우 예언자들에게서 나타났다. 뮌처와 츠비카우 예언자들에게서 특징적인, 교회와 사회의 기존 질서에 대한 거부는 영 혹은 내면의 말씀에 의한 권위 부여 전략에 근거했거나 이것과 결부되었다. 그들은 이 전략을 통해서 외적 성서의 말씀에 의거한 종교개혁파 '성서학자'의 논리에 대립해서 독자적이 되었다. 아마도 1521년 베오그라드 정복을 통해 새로운 차원에 도달한 오스만 제국의 팽창(363~65쪽 참조)을 묵시문학적으로 해석함으로써, 츠비카우인들의 급진주의적 역동성은 진화한 듯하다. 뮌처는 프라하에 체류하는 동안 보헤미아인들에게 그들이 '사제들'에게 적대하여 그들과 싸우라는 자신의 호소를 거부한다면 투르크족에 의해 죽임을 당할 것이라고 예언하였다.[97] 그리고 그와 가까운 대학생 포크틀란트(Vogtland, 작센의 서남쪽 지방)의 엘스터베르크(Elsterberg) 출신의 마르쿠스 토마에(Markus Thomae), 일명 슈튀브너(Stübner)는 1521년 12월에 비텐베르크에서 두 명의 예언자 동지와 함께 약간의 소요를 일으켰는데, '투르크족이 곧 독일을 점령할' 것이고 모든 '사제들', 또한 여인을 취한 사제들, 그러므로 개신교 사제들은 죽임을 당할 것이며 "5, 6, 7년 안에 경건하지 못하고 악한 죄인은 살아남지 못할 그런 변화가 세상에 있을" 것이라고 주장했다고 한다.[98]

S. 490,12 (Prager Manifest). 이에 대해서는 Günter Vogler, *Anschlag oder Manifest? Überlegungen zu Thomas Müntzers Sendbrief von 1521*, in: ders., *Thomas Müntzer und die Gesellschaft seiner Zeit*, Mühlhausen 2003, S. 38~54 참조.

96 이에 대해서는 Hans-Jürgen Goertz, *Radikalität der Reformation*, Göttingen 2007 참조.

97 Franz, *Müntzer* (Anm. 95), S. 494,21ff.

98 비텐베르크 부근에서 활동한 성직자 암브로지우스 빌켄(Ambrosius Wilken)의 1522년 1월 6일자 보고에 이렇게 나와 있다. Müller, *Die Wittenberger Bewegung* (Anm. 25), Nr. 68, S. 151~64, 여기서는 S. 160f.; Th. Kaufmann,

츠비카우인들의 전투적 예언 활동의 위협은 상이한 전통들과 경험, 개인적 성향들이 교차됨으로써 생긴 복잡한 정황의 결과였다. 1517년 이후 비텐베르크 대학생이었던 뮌처는 위터보크(Jüterbog)의 프란체스코회 수도사들과 갈등을 겪은 뒤에 잘레 강가 바이센펠스 인근의 마을 보이니츠(Beunitz bei Weißenfels)의 시토회 수도원에서 고해 신부로서 활동하다가, 1520년 이후 아마도 루터의 주선으로 츠비카우의 마리아 교회에서 교구 사제직을 대행하게 되었다. 여기서 그는 구교파, 특히 프란체스코회 수도사들과 격렬하게 대립하게 되었으나, 그가 루터의 제자로 간주되었기 때문에 시 참사회의 보호를 받았고 마리아 교회 설교자 요하네스 질비우스 에그라누스(Johannes Silvius Egranus, 1500년 이전~1535)의 귀환 후 카타리나 교회의 설교자직을 맡게 되었다. 1520년 말과 1521년 초에 츠비카우에서 뮌처와 온건한 인문주의적 개혁 노선을 주장한 에그라누스, 그리고 본래의 루터 추종자들 사이에 극적인 충돌이 일어났다. 이 대립 때문에 결국 뮌처는 해고되었다.

뮌처는 자신의 신학 발전에서 비텐베르크 신학, 인문주의, 그리고 교부들의 영향[99] 외에 신비주의 문학, 특히 조이제(Seuse)와 타울러(Tauler)의 연구를 통해 깊은 영향을 받았는바, 이 영향은 그를 점차 루터에게서 지배적인 외적 성서 말씀을 기준으로 삼는 자세로부터 벗어나게 만들었다. 인간 마음속의 말씀, 환상, 꿈, 예언을 통한 신의 계시 활동의 증거가 전면에 나서게 된 것이다. 신의 계시 활동은 뮌처와 츠비카우 예언자들에게는 성문화된 성서 텍스트에서 완료된 것이 아니라 여기서 오늘

"*Türckenbüchlein*". *Zur christlichen Wahrnehmung "türkischer Religion" im 15. und 16. Jahrhundert*, Göttingen 2008, S. 98ff. 참조.

99 Ulrich Bubenheimer, *Thomas Müntzer. Herkunft und Bildung*, Leiden u. a. 1989; Helmar Junghans, Siegfried Bräuer (Hg.), *Der Theologe Thomas Müntzer*, Berlin 1989; Walter Elliger, *Thomas Müntzer. Leben und Werk*, Göttingen ^{3}1976; Günther Vogler, *Thomas Müntzer*, Berlin/Ost 1989; Gottfreid Seebaß, Artikel *Müntzer, Thomas*, in: *TRE* 23 (1994), S. 414~36 참조.

선택받은 자들의 영적 체험에서 계속된다. 츠비카우에 있는 뮌처의 적대자들이 '열광주의적'('광적 영감을 받은')이라고[100] 표현하였고 '피카르디(Picardie)인'—15세기에 보헤미아 후스파 운동과 긴밀하게 관계를 맺은 왈도파 이단자—과 결부시킨 이런 신학적 신념은 에르츠 산맥 기슭에 있는 선제후령 작센 도시의 평신도 무리들이 대변했던 관점과 일치하였다.

15세기 후반에 빈곤해졌고 광업에 투자하는 신흥 시민들에 의해 변두리로 밀려난 츠비카우의 옛 명문가 후예인 듯한 수건 제조업 도제 니콜라우스 슈토르히(Nikolaus Storch, 551쪽 참조)는 사회적으로 특히 위협받은 직업 집단인 수건 제조업 도제들 가운데서 큰 명성을 얻었다. 슈토르히는 풍부한 성서 지식을 구사했고, 아마도 보헤미아에서 급진적인 반성직주의 사고를 가졌으며, 평신도 설교를 실천했고, 특히 영적 체험을 주장한 종교 그룹들과 만났던 것 같다. 슈토르히에 대해 뮌처가 했다는 발언—"그는 유일하게 성서를 아는 자로서 모든 사제보다 우월하고"[101] 성령을 가지고 있다—에 근거하여 신학자가 그에게 영향을 끼쳤다기보다는 차라리 그가 신학자에게 영향을 끼쳤다고 생각할 수 있다. 슈토르히는 어쨌든 뮌처의 인정과 지원을 받고서 "제화공이나 재단

---

100 뮌처를 조롱하는 시에 이렇게 쓰여 있다. Siegfried Bräuer, *Spottgedichte in Zwickau 1520/21*, in: ders., *Spottgedichte, Träume und Polemik in den frühen Jahren der Reformation*, Leipzig 2000, S. 9~58 참조), ediert in: Johann Karl Seidemann, *Kleine Schriften zur Reformationsgeschichte (1842-1880)*, hg. v. Ernst Koch, Bd. 1: *Thomas Müntzer und der Bauernkrieg (1842-1878)*, Leipzig 1990, S. 120. Susan Karant-Nunn, *Zwickau in Transition, 1500-1547. The Reformation as an Agent of Change*, Columbus 1987 참조.

101 Seidemann, 앞의 책, S. 120. 슈토르히와 뮌처에 대해서는 Paul Wappler, *Thomas Müntzer in Zwickau und die "Zwickauer Propheten"*, Gütersloh 1966, 특히 S. 29ff.; Siegfried Hoyer, *Die Zwickauer Storchianer—Vorläufer der Täufer?*, in: Jean Rott, Simon Verheus, *Anabaptistes et dissidents au XVIe siècle*, Baden-Baden 1987, S. 65~83(동시에 Jahrbuch für Regionalgeschichte 13 [1986]), S. 60~78).

사에게 설교하는 피카르디인의 관습처럼 모퉁이 설교"를 했다.[102]

'콘벤티쿨라'(Conventicula),[103] 무엇보다 수건 제조업자 가운데서 모집한 '슈토르히파'(Secta Storchitarum)의 분리주의적 비밀 회합은[104] 곧 선제후령 작센 정부의 의심을 일깨웠다.[105] 일제 단속 결과 츠비카우 예언자 가운데 세 사람—슈토르히, 대학생 슈튀브너, 그리고 익명의 수건 제조업자—이 비텐베르크로 피신했다. 슈튀브너의 역할은 무엇보다 대학 구성원들 가운데 자신의 영적 은사를 선전함으로써 추종자를 모집하는 데 있었다. 슈토르히는 공공연히 수공업자들 가운데서 활동했다. 예언자들이 선전한 대로 종말 때의 임박한 '세상의 변화'[106]에 직면하여 사람들은 일반적으로 종말 때에 신의 영이 부어짐을 예견하였기 때문에, 격앙된 분위기가 청중들에게 어떤 영향을 끼친 듯하다. 루터를 인용하며 그가 "대부분 옳으나 모두 옳지는 않다"[107]고 주장하면서 그보다 높은 영을 기다리고 있다는 츠비카우인들에게서 종교개혁기 최초로 교회적·사회적 변혁에 대한 이해가 나타났다. 즉, 그들은 기존 질서는 궁극적으로 무너질 것으로 보며 모든 불신자와 모든 성직자에게 죽음을 통고하고 '작은 무리'의 참된, 선택받은 고백자들을 혁신의 실현 도구로 보았던 것이다.

츠비카우 소종파와 뮌처의 분리주의적 교회론은 교회 제도를 돌이킬 수 없는 증오로써 대했고, 그들은 루터가 그들의 예언적 주장 및 유아 세례에 대한 비판을 명백히 거부하자 곧 비텐베르크의 '교황'과 그의 '성서학자들'을 열광적으로 배척하기에 이르렀다. 루터는 츠비카우

102 Seidemann, *Kleine Schriften* (Anm. 100), S. 120.

103 같은 곳.

104 같은 곳.

105 Felician Gess (Hg.), *Akten und Briefe zur Kirchenpolitik Herzog Georgs von Sachsen*, 2 Bde., Leipzig/Berlin 1905~17 (Nachdruck Köln und Wien 1985), Bd. 1, S. 210; S. 216f. (1521년 11/12월)

106 앞의 각주 98 참조.

107 빌켄의 보고(Anm. 98), S. 160.

인들이 주장한, 세상, 전통 및 경건한 자들과 죄인들로 이루어진 혼합체(corpus permixtum)로서의 교회와의 과격한 단절을 불신했다. 슈토르히는 종교개혁 초기에 평신도 출신의 첫 번째 종교적 열광주의자로서, 계시에 근거하여 온 세상에 대한 주권을 얻으려고 했다고 한다.[108] 종교개혁기의 독보적인 종교 현상인 츠비카우인들 같은 급진적인 인물들(이들은 종교개혁 이전의 이단 역사와 직접적으로 연결되었을 개연성이 있다)은[109] 평신도의 참여를 의심스럽게 만들었고 정부 주도의 종교개혁 과정에서 카리스마에 대한 직무의 승리를 확고히 하는 데 기여했다.

종교개혁적 전투상들에서 본 성직 신분의 위기

종교개혁적 대립이 그들에게 특별히 그들의 사회적 지위, 그들의 개인적 삶, 그들의 자기 이해에서 극적인 변화를 의미하였던 인간 집단이 있다면, 그것은 바로 '성직자', 사제, 수도사, 수녀 그리고 신학자들이었다. 그들 가운데서 '개신교'도가 된 자들에게 삶의 변화는 당연하였고 다른 맥락에서 이미 논의되었다. 수도사와 수녀들은 자신들의 수도원, 수녀원을 떠나서 혼인했고 시민적 직업을 취했다. 세속 사제들은 혼인하거나 다른 방식으로 공공연히 로마 교회와 단절했고 이로써 주교의 판결과 충돌하였다. 일부 사제들은 성직록을 상실하거나 자발적으로 그것을 포기했고, 다른 자들은 지킬 수 있었다. 이전의 사제들이 교회 공동체나 시 정부에 의해 선출되었거나 부름을 받고 임명되었다면, 그들에게는 시와 교회에 대한 특별한 의무가 발생했는데, 이것은 대개 시민

108 멜란히톤이 카메라리우스에게 1525년 4월 16일에 보낸 서신, *MBW.T* 2, Nr. 391, S. 289,9~14.

109 Reinhard Schwarz, *Die apokalyptische Theologie Thomas Müntzer und der Taboriten*, Tübingen 1977 참조.

권 획득, 따라서 도시의 법적 영역으로 들어갈 권리를 수반하였다. 그러나 종교개혁을 지지하지 않고 구교에 머물렀던 성직자들은 이런 것으로부터 영향을 받지 않았다. 그러므로 교황 교회를 지지한 사제와 신학자들에게 어느 정도나 삶의 변화가 있었다고 할 수 있는가?

상황 변화는 여러 차원 — 외적 관계, 사회적 가치와 내면적 입장 및 자기 이해의 변화 — 에서 이루어졌다. 종교개혁이 승리한 도시에서, 그리고 이후에는 시골에서도 교황 교회를 지지한다는 것은 그 당사자들이 종교개혁 지지자들로부터 증가하는 공격의 위험에 노출된다는 것을 의미했다. 그러나 종교개혁 이전의 반성직자주의의 다양한 표현 형태와는 무관하게 성직자 개인, 그들의 물건, 그들의 지배의 상징에 대한 폭력 위협의 정도 및 카니발 같은 시나리오에서 연출된 대중 매체를 통해 유포된 사제에 대한 증오(345~52쪽 참조)의 강도는 종교개혁 이전의 교회가 경험했던 것을 훨씬 능가하였다.

특히 지금까지 주로 신앙 목적으로 사용되었고 기존의 경건 실천을 뒷받침해주며 교육적으로 심화했던 **인쇄술**은 급격한 기능상 변화를 겪었다. 1520년대 이후 제작된 대부분의 목판화는 친(親)종교개혁적 활동을 위해 사용되었다. 구교 성직자의 상들은 성직에 대한 전통적인 존경의 요소를 느낄 수 없게 만들었고, 종교개혁적 혁신자에게 대항하는 싸움에서 드러난 개별 인간들도 그대로 두지 않았다. 무엇보다 인쇄를 통해 무대에 오른 구교 성직자를 동물의 형상으로 묘사함으로써, 성직과 평신도의 전통적인 역할 유형과 가치 서열을 전도해놓았는데 — 예를 들어 히에로니무스 보슈(Hieronymus Bosch, 1450경~1516)의 형상들이 돼지머리의 사제로 점철된 사실에도 불구하고 — 이것은 극적인 문화적 변화의 요소라고 할 수 있을 것이다. 늑대로 표현된 교황과 추기경들이 그리스도의 양 우리에 돌입해서 그들에게 대책 없이 내맡겨진 그리스도의 양들을 강탈했다. 그런데 루터는 그의 펜으로 악한 짐승들에게 중지를 명령했다(그림 22).[110] 1496년경 로마에서 흘러 들어왔다고 하는 괴물, 교황 나귀의 '흉측스러운 상'에서 크라나흐는 교황의 악마

그림 22 『늑대 형상의 교황들』
(저자 미상, 전지 인쇄, 1520년경)

성을 나귀 머리, 나귀 발굽 모양의 손발, 용의 다리, 악마의 꼬리와 악마 머리의 엉덩이를 가진 직립한 여인의 형상으로 묘사했다(그림 23 참조). 이 형상뿐만 아니라 루터의 '수도사 송아지'(작센에서 발견된 기형으로 태어난 송아지)를 멜란히톤은 교황, 수도회 제도 및 구교 전체를 반대하는 하늘의 징조로 읽었다.[111] 악의 화신으로서의 교황제의 짐승 같은 괴물성은 형상 아이디어를 불러일으켰다. 이 형상에는 잔인하고도 얼간이 같은, 유혹적이고도 악마적인 형상 요소들이 함께 들어왔다.

1521년경에 작성된 팸플릿에서도 성직자들이 악하거나 부정적인 의미의 짐승으로 형상화되어 의미심장하게 표현되었다. 즉, 짐승 얼굴을 가진 네 명의 성직자 — '고양이' 무르너, '염소' 히에로니무스 엠저, '돼지' 요하네스 에크, '개' 요하네스 렘프(Johannes Lemp, 별로 두드러지지 않은 튀빙겐 출신의 구교 측 신학자) — 무리 가운데 교황 레오가 '적그리스도'라는 명패를 달고 나타난다(그림 24 참조).[112] 발코니 위에서 사자 레오를 둘러싸고 있는 네 명의 성직자가 개선하기는커녕 오히려 망쳤다고 비방하는 글귀가 대중어로 쓰여 있다. 이들은 루터의 문학적 적대자들이다. 혐오감을 자아내는 그들의 야수성은 그들을 교활함, 폭력성, 성적 방종, 물욕의 화신으로 만들었다. 형상 아래 테두리에 있는 불가타 라틴어 성서에서 인용한 시편 제118장(제119장) 구절은 학식 있는 형상 관찰자에게는 해석학적 열쇠를 제공함으로써, 형상화된 학식 있는 신학자들의 악덕을 신의 뜻과 대결시킨다. 신중하게 고려된 구성(확실

110 *Sehet auff/das ist ein seltzsams thier*, 1529 (Mainz: Johann Schöffer); Hermann Meuche, Ingeborg Neumeister, *Flugblätter der Reformation und des Bauernkrieges*, Leipzig 1976, S. 35 und Nr. TA 13, S. 117; Harry Oelke, *Die Konfessionsbildung des 16. Jahrhunderts im Spiegel illustrieter Flugblätter*, Berlin/New York 1992, 그림 10 참조.

111 WA 11, S. 359ff.; Thomas Kaufmann, *Das Ende der Reformation. Magdeburgs "Herrgotts Kanzlei" 1548~1551/2*, Tübingen 2003, S. 311ff. 참조.

112 예를 들어 *Martin Luther und die Reformation in Deutschland*, Frankfurt am Main 1983, Nr. 283, S. 224f.의 묘사.

그림 23 대(大)루카스 크라나흐, 『로마의 교황 나귀』(1523)

그림 24 루터의 적대자들을 조롱한 그림
(저자 미상, 전지 인쇄, 1521년경)

히 어떤 학식 있는 인문주의자가 이것의 제작에 참여하였다)은 다단계적 발언 의미를 내포한다. 이 형상은 문맹자들에게 반성직주의를 선동하고, 대중어로 된 텍스트를 읽는 독자들에게는 묘사된 인물들이 루터와 신의 말씀에 적대하고 있음을 보여준다. 그러나 라틴어를 아는 이들에게는 신의 원수들에게 대항하는 것은 신의 구원 계획의 일부임을 증언한다. 일부 종교개혁 초기의 팸플릿들에서 입증될 수 있는 형상적으로 등급화된 의미 차원들의 다단계성은 문맹의 '보통 사람들'만이 이런 팸플릿의 독자 대상이 아니었음을 말해준다. 물론 '표면적인' 형상 언어가 드물지 않게 특히 반성직주의적·사회비판적으로 들릴 수 있었다는 것은 우연이 아닐 것이다. 종교개혁기 대부분의 팸플릿 가운데서 낱장 인쇄물은 희박한 보존 가능성으로 인해 극히 일부만 보존되었기 때문에, 이런 자료 유형의 경우에는 높은 분실률을 전제해야 할 것이다.

교황 교회 및 그것의 대표들을 형상적으로 비방하는 것은 특히 빈번히 반(反)논제적 대립의 수단을 이용했다. 1521년도 루카스 크라나흐의 『그리스도와 적그리스도의 고난』은 후스파의 모델로부터 영감을 받은 가장 영향력 있는 초기의 예들 중 하나이다(그림 25~28 참조). 서로 마주 보고 있는 목판 위에서 그리스도의 가르침과 행동이 교황의 그것과 대조를 이루며 교황은 '적그리스도'로 묘사된다. 그리스도는 자신에게 제시된 세상의 통치권을 거부하나, 교황은 무력으로 그것을 쟁취한다. 그리스도는 매를 맞으나 교황은 콘스탄틴을 통하여 권세의 표장을 부여받는다. 그리스도는 제자들의 발을 씻어주나, 교황은 입맞춤을 받는다 등등. 모든 목판화 밑에는 묘사된 장면의 의미를 성서 구절 내지 교회법에서의 인용에 비춰 설명한 설명문이 붙어 있다.[113] 『고난』은 크라나흐와 비텐베르크 신학자—아마도 루터—사이의 긴밀한 협조의 결

113 WA 9, S. 701~15에 텍스트 인쇄; WA 9에 형상 영인본; Karin Groll, *Das "Passional" Christi et Antichristi von Lucas Cranach d. Ä.*, Frankfurt am Main 1990 참조.

Passional Christi vnd Antichristi.

Christus.

Ir solt nicht haben golt nach silber/ nicht gelt an ewrn gor= teln / keyne taschen / auch nit zwen röck nach schuch/ nach eyn wanderstab Matthei. 10.

Sanct Peter sagt/ Ich habe wyder golt nach silber. Act. 3.

Ubi ist dan Patrimonium Petri?

Antichristus.

Keyn Bischoff sall auff eyn gering vnd kleyne stadt geweyet werden/ sondern zu eynem erlichen Titell gesatzt vnd hoch ge= ehret seyn. 80. dist. c. Episcopi.

Wir ordnen das keyne weyhung ane gnugliche vorsorgung krefftig sey. 70. dist. sanctorum.

Passional Christi und

Christus.

Das reich gots ist nit yn ewsserlichen geberden/ sye hie/ aber do ist Christus/ besonder das reich gots ist innerlich yn euch. Lu. 17. Warumb habt ir das gebott gots vbirtretten von menschen gesetz wegen/ Alle ehren mich vorgeblich/ die do menschen lere und gebott halten. Mat. 15. Esaie. 21.

Antichristi.

Des Antichrists reich ist gantzlich in ewßerlichen weßen/ was sagt des Bapsts recht anders dan ordnung/ von kaseln/ cleydern/ platten/ feyertagē/ weyungē/ pfreunden/ sectē/ monchen und pfaffen/ vn̄ nennen sich/ yr habe und gutter geystlich gutt/ sich allein die Christlich kirche/ die pfaffen dz außerwelte volck gots/ gleich sam weren die leyen nicht in der kirchen und gots/ widder alle schrifft/ vbir das vorbeut er die speyße/ ehe/ wie dan Paulus vorgesagt hat. Es werden kōmen vorlogne geyst/ und solche ding vorbieten. 1. Timo. 4.

그림 25~26 대(大)루카스 크라나흐(텍스트는 루터가 쓴 듯하다),

『그리스도와 적그리스도의 고난』(독일어판, 1521년)

Paſſional Chriſti vnd Antichriſti.

Er hat funden ym tēpell vorkauffer/ ſchaff/ ochſſen vñ tawbē vñ wechſler ſitzen/ vñ hat gleich ein geyſſel gemacht võ ſtrickē alle ſchaff/ ochſſen / tawben vñ wechſler auſſem tēpell trieben/ das gelt verſchut/ die tzall bredt vmkart/ vñ tzu den die tawben vorkaufften geſprochen / Hebt euch hin mit dieſſen auß meins vatern hauß/ ſolt ir nit ein kauffhauß machē. Joh. 2. Ir habts vmb ſunſt/ darūb gebts vmb ſunſt. Mat. 10. Dein gelt ſey mit dir yn vordamnuß. Act. 8.

Hie ſitzt der Antichriſt ym tēpell gots vnd ertzeygt ſich als got wie Paulus vorkundet. 2. Teſſal. 2. vorandert alle gotlich ordnung / wie Daniel ſagt / vnnd vnterdruckt die heylig ſchrifft / vorkaufft diſpenſation/ Ablas/ Pallia/ Biſthum/ Lehen/ erhebt die ſchetz der erden / loſt auff die ehe / beſchwerdt die gewiſſen mit ſeynen geſetzen / macht recht/ vnd vmb gelt tzureyſt er das/ Erhebt heyligen / benedeyet vñ maledeyet yns vierde geſchlecht vnd gebewt ſein ſtym zuhoren/ gleych wie gots ſtym. c. ſic oīs. diſt. 19. vnd niemants ſall ym eynreden. 17. q. 4. c. Nemini.

Passional Christi vnd

Jn yrer ansehen ist er auffgehaben vnd die wolcken haben yhn hinwegk genommen võ yren ougen. Disser Jesus der von euch yn hymmel auffgenommen ist / wirdt alßo wyder kommẽ wie yr yhn geschen habt zu himmel faren. Act. I. Seyn reych hat keyn ende Luce. I. Wer do mir dient der wird mir nach volgen vñ wu ich bin do wirt meyn diener ouch seyn Johã. I2.

Antichristi.

Es ist ergriffen die Bestia vñ mit yr ð falsch prophet der durch sie zeychen than hat do mit er verfurdt hat/ die so seyn zeychẽ von yme genommen / vnd sein bilde angebet seynt versenckt yn die teuffe des fewirs vnd schweffels vnd seynd getodt mit dem schwerdt des der do reydt vffim weyssen pferdt/ das auß seynẽ mauel gehet. Apocal: 19. Danne wirdt offenbar werden der schalckhafftige denn wirdt der herr Jesus toeten mit dem atem seyns mundts vnd wirdt yn sturtzen durch die glori seyner zu kunfft. 2. ad Tessa. 2.

그림 27~28 대(大)루카스 크라나흐(텍스트는 루터가 쓴 듯하다),

『그리스도와 적그리스도의 고난』(독일어판, 1521년)

과로 해석될 수 있다. 이것은 형상을 통해서 말하며 그런 한에서 문맹자들에게 유용하지만, 동시에 성서 원문을 통해 도덕적·공격적 차원을 넘어서 종교적·구원사적 해석 가능성을 열어준다. 이것은 고난 명상이라는 전통적인 문학 형식과 연결되며 이 명상 형식을 동시에 공격적·선동적인 것으로 전환한다. 이것은 말과 형상으로 고난당하는 그리스도를 가까이 다가오게 만들고, 이 종교적 사안을 교황 교회 및 그 대표들에 대한 투쟁 선포와 결부시키는바, 그 신랄함을 무엇으로도 능가할 수 없다. 이처럼 급진적이고 보편적·대중적인 방식으로 가치 전도된 교황 교회의 대표들로서는 종교개혁이 관철된 곳 어디서나 이 기관을 위한 사역이 근본적으로 변했다는 사실을 거의 부정할 수 없었을 것이다.

종교개혁 및 그것과 결부된 종교적으로 자명한 것들의 상실로 말미암아 '구'교에 남는 것은 특히 성직 대표들에게 신앙고백적 성질을 띠었다. 또한 개별 그리스도인들은 종교개혁적 팸플릿 및 선전 출판물을 통해서 '참된' 복음의 설교자와 거짓 교황파 설교자 사이에서 선택하지 않을 수 없게 되었다. 이미 1520년대 말에 사람들은 두 교회 사이에서 궁극적으로 양자택일해야 하는 기로에 섰다. 이 시기에 뉘른베르크에서 나온 날짜 없는 팸플릿(그림 29 참조)은 두 설교자, 두 공동체를 서로 대립시킨다. 그림은 '근대적인' 르네상스식 기둥을 통해 절반으로 나누어져 있다. 중앙의 수염 달리고 모자를 쓴 인물은 두 설교자의 교훈을 담고 있는 설명문 아래의 독서 지침, 독자에 대한 호소로서 표현되어 있는 것을 상징한다. "여기서 그대 경건한 그리스도인은 어떤 가르침이 참된 것인지 판단하라."[114] 그러나 진정한 '선택'은 물론 문제가 될 수 없었다. 가운데 인물의 손짓은 이미 개신교 설교자를 지지한다. 그는 성서를 해석하며, 시민 복장을 하고 학식 있는 인물로 나타나는 동시에, 독서에 굶주리고 교양에 전념하는 중산층 시민을 양심적으로 지지한다. 반면에

114 Georg Pencz, Verse von Hans Sachs, *Inhalt zweierley predig*, in: Meuche, Neumeister, *Flugblätter* (Anm. 110), S. 36f. und Nr. TA 14, S. 117f.

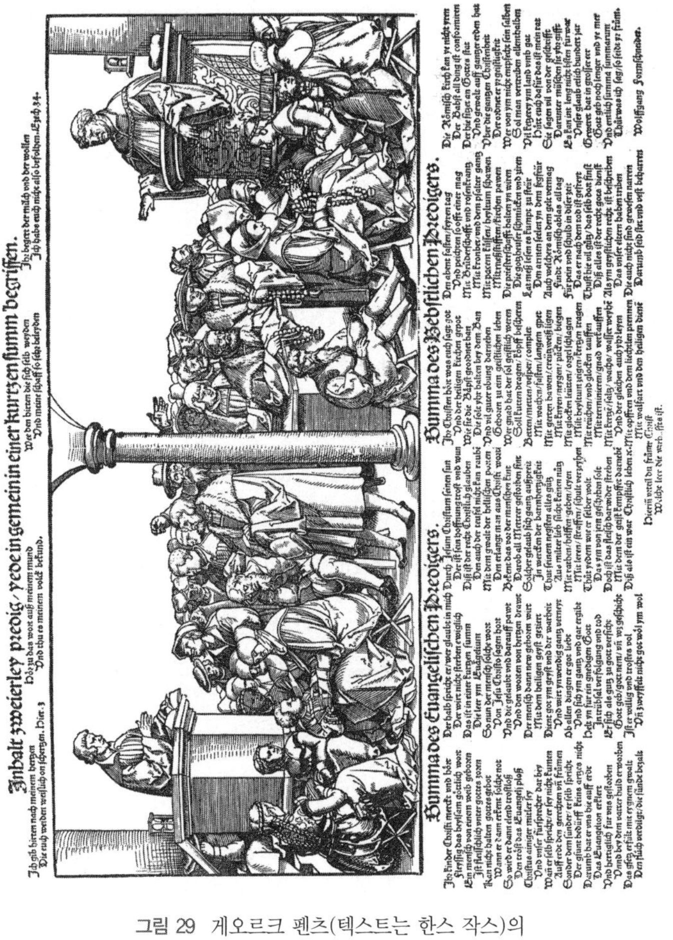

그림 29　게오르크 펜츠(텍스트는 한스 작스)의
『두 가지 설교 내용』(삽화가 든 팸플릿, 목판화, 1529~30년경)

그의 구교 측 상대는 살쪘고 무엇보다 부자들의 방문을 받는데, 이들은 책 대신 묵주를 사용하고 성서와 관계 없는 설교에도 거의 관심이 없다. 개신교 설교자와 교황파 설교자의 설교를 요약하자면, 한스 작스가 시로 읊은 대로 유익한 신의 말씀이 자칭 거룩한 교회의 영과, 성서에 근거한 진리가 몇 명의 설교자의 근거 없는 견해와, 그리스도의 신앙이 전례적 호화로움과 대립한다.

상응하는 가르침의 요약을 갖춘 반(反)논제적 형상 프로그램은 일상적 삶의 세계의 결단 차원에서 종파문화적 대립의 수단이다. 아무도 구원과 심판, 빛과 어두움, 그리스도와 벨리알 사이의 양자택일에서 벗어날 수 없음을 이런 형상 제작자는 암시한다. 종교개혁 초기의 출판물이 이미 형성해놓은 정신적 양극화는 16세기 후반의 사회적·정치적 종파화 과정을 나타낸다. 도시와 영방국의 세속 정권들이 그 시민과 신민들에게 일정한 '종파'를 따르도록 요구하기도 전에, 보통 사람들은 종교개혁 설교자 및 구교 설교자, 선전자, 출판자들을 통해 그리스도교 신앙의 문제에서 오직 양자택일만이 있을 수 있고 중도는 배제되었다는 생각에 익숙해졌다. 1520년대에 이미 발전한 양 진영 사이의 양극화로 인해 에라스무스 주변의 일부 인문주의자들이 떠맡으려고 시도했던 중재적 입장은 시대의 종교적 의견 충돌 속에서 현저하게 주변적인 역할로 전락하고 말았다.

구교의 저항

종교개혁을 지속적으로 규정하였던 편들기 강요는 로마 교회에 머물기 바랐던 인문주의자들에게 그들의 자기 이해 및 실천의 변화를 강제했다. 예를 들어 대중어로 된 종교개혁적 출판물의 홍수에 거슬러 라틴어 글로 대항할 수는 없었다. 따라서 가톨릭의 논쟁신학자들은 점차 독일어로 글을 씀으로써 토론에 참여했다. 이것은 두 종류의 그리스도인, 즉 성직자와 평신도의 근본적 구별에 기초한 교회론적 개념의 전제로부터 볼 때 당연하지 않음에도 불구하고, 문맹의 평신도들을 부득이 토론에 끌어들였다. 물론 대중어로 나온 구교 측 논쟁신학자들의 출판물은 전체적으로 절반을 넘어서지 않는다—1525년까지 77종의 글이 100번 인쇄되어 나왔다. 라틴어 글의 수는 69종이었고 131번 인쇄되었다.[115] 이것은 양적으로 루터 혼자 쓴 라틴어 글의 종수와 일치하는데—단, 루터의 글은 출판 면에서 수적으로 두 배 이상이었다.

개신교 저자와 가톨릭 저자 사이의 출판상의 불균형은 라틴어 인쇄물과 독일어 인쇄물 간의 관계와 일치한다. 즉, 두 언어의 비중이 구교 측 저자들의 경우에는 균형을 이룬 반면, 개신교 팸플릿 저자들의 경우 대중어가 압도적이다. 18곳의 주요 개신교 출판자들 사이에서 1525년까지 총 554종의 독일어 글이 2,272번 인쇄되었고, 212종의 라틴어 글이 711번 인쇄되었다. 재인쇄 쇄수도 독일어로 된 개신교 인쇄물이 훨씬 많다. 독일어로 된 개신교 팸플릿은 평균적으로 4.1번 재인쇄되었던 반면, 구교 측 논쟁신학자의 그것은 1.3번에 불과했다. 어쨌든 루터 및 그의 추종자들에 대한 구교 측 대적자들의 유보 자세에도 불구하고 그들이 대중어를 통한 출판 논쟁에 참여했다는 사실은 종교개혁과 결부된 문학적 실천의 변화를 나타내는 하나의 지표가 된다.

루터의 9월 신약성서를 둘러싼 대결

이것은 신약성서 독일어 번역판을 대하는 태도에서도 드러난다. 작센 공작 게오르크가 1522년 11월에 한 명령을 통해서 루터의 9월 신약성서 소지하면 처벌하겠다고 위협하고 구매가 환불을 조건으로 책을 인

115 수치에 대한 보고는 Alejandro Zorzin, *Karlstadt als Flugschriftenautor*, Göttingen 1990, S. 24 참조. Wilbirgis Klaiber, *Katholische Kontroverstheologen und Reformer des 16. Jahrhunderts. Ein Werkverzeichnis*, Münster/Westfalen 1978은 구교 측 논쟁신학자들의 출판에 대한 가장 방대한 서지학적 개관을 제공한다.

도할 것을 명령한 후에,[116] 그의 영주처럼 라이프치히 논쟁 이후 비텐베르크인들의 결정적인 원수가 된 공작의 비서이자 궁정 사제 히에로니무스 엠저(222~31쪽 참조)는[117] 대중어로 된 팸플릿을 출판했는데, 여기서 그는 이 결정의 근거를 설명하면서 1,400곳의 '번역상의 오류'를 입증했고 루터가 오류에 대해 책임이 있다고 주장했다.[118] 루터는 이 금지령을 "스스로 신의 자리에 앉아 양심과 신앙을 속박하고 자기 미친 생각에 따라서 성령을 길들이기"를 감행하는 세속 정권의 독재적 오만 행위로 보았다.[119] 알베르트가 작센 지역에서 자신의 첫 번째 성서 번역이 금지된 사건은 그가 『세속 권세에 관하여』(1523)에서 정치이론적으로 영적 권세와 세속 권세의 구별에 관해 숙고하는 계기를 마련해주었다. 이 글은 말씀 선포의 자유, 그러나 또한 세상적 이성의 기준에 따라 형성되어야 할 사회·정치적 관계의 독자성을 보장하는 것을 목표로 하였다.

루터의 번역에 대한 엠저의 비판은 한편으로는 루터가 기초로 삼은 에라스무스의 그리스어 텍스트에 대한 라틴어 번역본과 불가타의 우월적 지위에 근거하며, 다른 한편으로는 '축자적으로' 번역해야 한다는 번역론적 전제에 근거하였다. 루터는 동시대의 경쟁하는 번역 이론 가운데서 분명히 의미적절한 목표어인 독일어의 특성에 상응하는 번역 콘셉트를 따랐으며, 그는 1530년에 『번역에 관한 공개서한』에서[120] 근본적으로 이 문제를 숙고했다. 엠저에게는 교회가 인정한 불가타가 그

---

116 명령의 판본은 Gess, *Akten und Briefe*, Bd. 1 (Anm. 105), Nr. 400, S. 386f.

117 Heribert Smolinsky, *Augustin von Alveldt und Hieronymus Emser*, Münster 1983; Hermann Gelhaus, *Der Streit um Luthers Bibelverdeutschung im 16. und 17. Jahrhundert*, 2 Bde., Tübingen 1989/90; Uwe Köster, *Studien zu den katholischen deutschen Bibelübersetzungen im 16., 17. und 18. Jahrhundert*, Münster 1995.

118 *Aus was Ursach Luthers NT verboten sei*, in: Laube, Weiß, *Flugschriften gegen die Reformation (1518~1524)*, S. 509~29.

119 *Von weltlicher Obrigkeit* (1523), in: WA 11, S. 246,29f.

120 WA 30 II, S. 627~46.

리스어 원어 텍스트보다 절대적으로 우선권을 가졌다. 대중어 번역판들도 불가타에서 나와야 한다는 것이었다. 1527년에 엠저는 이 원칙에 기초하여 독자적 신약성서 번역을 소개했다. 이것은 루터의 번역을 사용했으되 불가타에 따라서 철저히 루터 번역을 교정했다. 루터는 이 방법을 용납할 수 없는 표절이라고 깎아내렸다. 드레스덴의 엉터리 저자 엠저는 자신이 "나의 신약성서를 극복했다"고 공론장에 알렸다.[121] 그는 "내가 번역한 대로 나의 신약성서를 거의 축자적으로"[122] 받아들였으나 그 흔적을 지우고 자신의 이름, 서문, 방주를 삽입하여 자기 이름 아래 판매했다. "사랑하는 자녀들이여, 그의 영주[게오르크 공작]가 잔인한 명령으로 루터의 신약성서를 읽는 것을 저주하고 금지하면서 엉터리 인간의 신약성서를 읽으라고 명령하니, 나[루터]는 얼마나 유감스러운가? 그러나 그의 번역은 루터의 것과 동일한 것이었다."[123] 엠저의 신약성서 독일어 번역은 16세기 말까지 24쇄가 나왔고, 대중어 성서 보급에 크게 기여하였다. 그의 번역판은 루터의 신약성서에 대항하는 가톨릭 성서로서 언어상으로는 비텐베르크 성서의 영향을 받았다. 제국 내의 구교 신학자들도 종교개혁을 통해서 결정적으로 활성화된 대중어 성서로의 근본적인 종교문화적 변화에서 벗어날 수 없었고 벗어나려 하지도 않았다.

요하네스 코클레우스

1520/21년 이후, 특히 학식 있는 신학자들은 루터에 대한 찬반과 교황에 대한 찬반 결정에서 벗어나기가 어려웠다. 이것은 개별 신학자의 자기 이해 및 지성적 태도에 심대한 결과를 가져왔다. 루터의 가장 생산적이고 영향력 많은 문학적 적대자인 요하네스 코클레우스(Johannes

121 같은 책, S. 634,13.
122 같은 책, S. 634,17f.
123 같은 책, S. 634,20~24.

Cochläus)[124] 같은 인물의 학자로서의 삶에서 우리는 이 어쩔 수 없는 편들기의 강압과 그것이 삶에 끼친 점진적인 결과를 본보기로 제시할 수 있다. 1479년에 중부 프랑켄 벤델슈타인(Wendelstein, 라틴어 cochlea, '나선형 층층대') 교구의 라우버스리트(Raubersried)에서 출생한 코클레우스는 1504년부터 쾰른 대학에서 수학했다. 1507년에 그는 마기스터가 되었고 음악에 관한 글을 처음으로 출판했다. 그 후 그는 토마스주의의 고전적 길(via antiqua) 노선에서 신학을 공부했으며, 1510년에 뉘른베르크 성(聖)로렌츠 학교 교장으로 부름을 받았다. 그다음 해에 그는 라틴어 문법, 음악, 『게르마니아』라는 표제를 가진 독일 지리에 관한 여러 교재와 아리스토텔레스의 『기상학』의 첫 3권 등을 출판하였다. 코클레우스는 명문가 출신으로 학문 및 고대 언어 정신에서 갱신되는 신학의 가장 강력한 선구자 빌리발트 피르크하이머(Willibald Pirckheimer) 주변의 뉘른베르크 인문주의자들과 밀접하게 연결되어 있었다. 1515년에 그는 피르크하이머의 조카와 동행해서 이탈리아로 갔고 볼로냐, 페라라(신학박사 학위 취득), 로마에서 성서, 교부, 역사를 공부했다. 그 밖에 그는 고전 텍스트를 출판했고, 콘스탄티누스의 증여가 위작이라는(107쪽 참조) 로렌초 발라의 입증을 조용히 탐구했다. 또한 그는 영감을 주는 넓고 다양한 르네상스의 문화 세계 안에서 살았다. 1518년에 그는 프랑크푸르트의 성모마리아 교회 수석 사제로 임명되었으나, 1520년에 가서야 취임했다.

면죄 논쟁 이후 제국을 뒤흔들어놓은, 비텐베르크 출신 탁발 수도사를 둘러싼 생생한 논쟁에 로마의 코클레우스는 거의 참여하지 않았다. 처음에는 루터에 대한 강한 공감을 품었던 피르크하이머에게 한 일부

124 Adolf Herte, *Die Lutherkommentare des Johannes Cochläus*, Münster 1935; A. Herte, *Das katholische Lutherbild im Bann der Lutherkommentare des Cochläus*, 3 Bde., Münster 1943; Monique Samuel-Scheyder, *Johannes Cochläus, Humaniste et adversaire de Luther*, Nancy 1993.

발언에서, 반동적인 스콜라주의자들을 반박하는 루터의 투쟁을 지지하는 인문주의자의 자세가 암시된다.[125] 그러나 1520년에 무엇보다 곧 이루어질 것으로 기대되거나 이미 이루어진 교황 교회의 정죄에 대한 비텐베르크인의 첫 번째 문서상의 답변 『그리스도인 귀족에게 고함』과 『교회의 바빌론 포로에 관하여』를 읽은 후, 편파적이지 않은 인문주의자이자 종교 지성인인 코클레우스는 루터 이단에 대항하는 불굴의 투사가 되었고 그런 인물로 명백히 종교개혁사의 연감에 등록되었다. 다음 30년간의 행적을 보면, 코클레우스는 1523년에 자기 친구 엠저의 뒤를 이어서 작센 공작 게오르크의 궁정 사제가 되었고 알베르트가(家) 작센에 종교개혁이 도입된 후(1539) 브레슬라우와 아이히슈테트 성당참사회로 옮겼으며 지치지 않고 루터와 종교개혁에 대항하는 글을 썼다. 200편의 논쟁신학적 글 가운데서 그의 기념비적 만년 작품인 루터의 삶과 행적에 관한 주석(1549)이 두드러진다.[126]

1521년 4월 제국의회와 관련해서 루터와 코클레우스 사이에 개인적 만남이 이루어졌다. 코클레우스는 직전에 마인츠 선제후의 자문인 카피토를 통해서 알게 된 교황 특사 알레안더의 중재자로서, 트리어의 대주교 리하르트 폰 그라이펜클라우가 루터의 청문 이후에 가졌던 협상 대화에 개입하였다. 이 만남에 대한 만년의 회고에 의하면, 코클레우스는 루터에게 그가 "신앙과 그리스도 교회에 반하는 것만을 철회할" 것을 요청하였다고 주장한다.[127] 루터의 숙소에서 있었던 또 다른 대화에서는 성만찬 신학 문제에 대해 토론했다. 1215년의 제4차 라테란 공의

---

125 코클레우스가 피르크하이머에게 1520년 6월 12일에 보낸 서신 참조. Helga Scheible (Hg.), *Willibald Pirckheimers Briefwechsel*, Bd. 4, München 1997, Nr. 698, S. 261,26~32.

126 Johannes Cochläus, *Commentaria de actis et scriptis Martini Lutheri*, Mainz 1549 (Nachdruck Westmead 1968).

127 Cochläus, *Glossen und Kommentar auf 154 Artikel* (1523), in: Laube, Weiß, *Flugschriften gegen die Reformation (1518-1524)* (Anm. 72), S. 397,35~37.

회에서 교리화된 화체설의 내용을 이미 주장한 교부 암브로시우스를 원용한 것에 대해서 코클레우스는 루터를 동행한 무리로부터 농담 외에 다른 것을 듣지 못했다. 루터가 『신약성서에 관한 설교』 앞부분에 진술한 "법이 적을수록 정의는 보다 낫다"[128]는 논제에 대해서 코클레우스가 성서상의 증거를 요구했을 때, 비텐베르크인은 그것을 '계시받았다'[129]고만 답변했다고 한다. 그러나 그는 어떤 예언적 징조를 통해서 이것이 이루어졌는지 설명하지 않았다. 루터와의 이 개인적 만남 이후에 코클레우스는 루터가 위험한 선동가이자 예언자적 환상가, 자기모순에 빠진 거짓 교사라고 확신했다.

종교개혁이 코클레우스에게 의미한 개인적 변화는 그가 쉼 없이 거의 전적으로 루터 및 그의 추종자에 대한 문학적 투쟁에 종사한 데 있었다. 코클레우스는 어느 누구와도 달리, 비텐베르크인의 초기 행실 및 진술과 후기의 그것들 사이의 추정적 혹은 실제적 모순을 감지했다. 그의 『7두(頭)의 루터』(1529)[130] 같은 글, 또한 10년간 투르크족 문제에 관한 긴장감 넘치는 루터의 발언들을 주석한[131] 그의 다른 많은 글들은 이단에 대한 경멸로 동기부여된 놀라운 근면이 이룩한 기념비였다. 그의 적대자들 가운데 누구도 코클레우스만큼 철저하고도 방대하게 루터의 글을 안 사람은 없었다. 또한 누구도 코클레우스만큼 루터와 농민 봉기 사이, 루터와 그로부터 멀어진 '급진주의자'들 사이, 루터와 종교개혁 진영 내의 배척당한 자들 사이의 관계를 더 명확히 안 사람은 없다. 그의 학문적이고도 루터에 대한 광적인 증오에 의해 만들어진 『주석』(*Commentaria*)은 수세기 동안 가톨릭교회의 루터상(像)을 결정지었다. 루터와의 개인적, 문서상의 만남은 이 흥미로운 인문주의자로 하여금

---

128 Laube, Weiß, 앞의 책, S. 390,9; WA 6, S. 353,6 참조.

129 같은 책, S. 390,29.

130 Adolf Laube, Ulman Weiß (Hg.), *Flugschriften gegen die Reformation (1525~1530)*, 2 Bde., Berlin 2000, Bd. 2, S. 989ff. 그림 30 참조.

131 Thomas Kaufmann, "*Türckenbüchlein*" (Anm. 98), 특히 S. 183ff. 참조.

그림 30 요하네스 코클레우스의 『7두의 루터』 표지 그림(목판, 1529)

그의 삶의 방향을 근본적으로 바꾸게 만들었다. 즉, 그는 편집광적 저자이자 로마 교회의 불타는 수호자가 되었다.

종교개혁 초기 변화의 한계

그러므로 종교개혁은 종종 개별 인간이나 집단의 생애에 깊은 흔적을 남겼다. 이것은 적극적으로 종교개혁에 대처한 인간들에게 — 긍정적 의미에서든지 전투적인 저항의 의미에서든지 간에 해당된다. 그들에게 종교개혁은 급속한 변화의 집단적 현상이었다. 이 변화 요소들 가운데 몇몇은 일시적으로, 다른 몇몇은 지속적으로 영향을 끼쳤다. 라틴어를 모르는 평신도들이 공공연히 문서 활동에 참여할 수 있는 가능성은 무엇보다 보름스 제국의회와 농민전쟁 사이 수년간에 급증하였다. 그들은 이전이나 이후에도 이에 비견할 만한 역할을 수행할 수 없었다. 평신도들이 능동적으로 참여한 사실은 종교개혁 초기의 변화의 역동성과 동시에 변화의 종말을 가리킨다.

1520년대는 극도로 유동적인 시기였다. 즉, 온 세상이 뒤집어진 듯했다. 16세기의 다른 기간은 훨씬 '느리게' 진행되었다. 변화의 역동성의 다단계성은 종교개혁 역사의 핵심 문제다. 종교개혁을 장기전망적 변화의 전환 혹은 그 일부로 평가할 수 있는가의 문제에서 결정적인 것은 미시적·거시적 관점을 어떻게 연관짓는가이다. 예를 들어서 카타리나 쉬츠-첼의 생애에서 우리가 그녀에 대해 아는 모든 사실에 따르자면, 그녀가 사제와 혼인했고 종교개혁을 문학을 통해 지지하였던 1520년대는 그녀의 삶의 결정적 단계였다. 그녀와 다른 사람의 활동을 통해 성립한 기구인 개신교 목사관(館)은 종교개혁이 사회사적으로 지속적인 영향을 끼친 결과의 현상에 속한다. 따라서 그녀에게서 생애상의 변화는 사회사적으로 중대한 변화와 일치하였다. 다른 사람에게서 이것은 언제나 그렇지는 않는다. 아르굴라 폰 그룸바흐, 쇠니헨의 평신도 바이다, 츠비카우의 예언자 및 다른 많은 지지자들에게는 한갓 에피소드로 남았다. '변화의 장기적 전망'[132]에서 그들의 극적·개인적 결단, 모험, 환멸의 이야기는 설 자리가 없었을 것이다. 그러나 종교적 진리를 위한 투쟁을 자신의 일로 삼았던 인간들의 행위, 감정, 자기 이해가 중요했던 종교개혁의 역사에서 그들의 약하고 일시적인 '작은 변화'의 이야기가 빠져서는 안 된다.

132 Heinz Schilling, *Reformation — Umbruch oder Gipfelpunkt eines Temps des Réformes?*, in: ders., *Ausgewählte Abhandlungen zur europäischen Reformations- und Konfessionsgeschichte*, hg. v. Luise Schorn-Schütte und Olaf Mörke, Berlin 2002, S. 11~31.

제8장

기사, 농민의 종교개혁과 제후의 종교개혁

그 시대의 사회적 대집단, 농민과 시민, 그리고 하층 귀족과 고위 귀족은 종교개혁에 대해 원칙적으로 지지 혹은 반대 입장에 있지 않았다. 어쨌든 각 사회집단 혹은 신분은 자신들의 실존적 특수 조건에 상응하는 방식으로, 종교개혁 운동을 통해서 일정한 내용 혹은 행동 형태를 발전시켰다. 도시의, 농민의, 영방 제후의 혹은 기사의 종교개혁은 서로 무관하지 않았다. 성공을 거둔 도시 및 제후의 종교개혁 과정에서 경로—영방국에서도 대개 도시들이 출발점이 되었다—, 질서 전략 혹은 활동하는 엘리트 사이에 연관 관계가 성립한다. 영방국에서 여러 결정적인 기능 수행자들은 출신과 정신적 스타일 면에서 도시민들이었다. 여러 시 참사회들이 영방 제후들과 마찬가지로 권위적으로 행동했다. 그들의 공통점은 전통적인 종교 시설을 자신들의 통제 아래 두고 그것을 길들이거나 배제하기를 바란 것이었다.

1522/23년의 기사 운동과 농민전쟁(1524/25)은 역사적으로 좌절된 종교개혁 사상을 사회적·정치적으로 습득·동화한 과정을 나타낸다. 두 사회집단, 농민과 기사들은 16세기 초 정치적으로는 가치 상실의 상황에, 사회적으로는 불안정한 상황에 처해 있었다. 양자의 공통점은 특히 영방국 지배의 강화가 그들 전래의 권리를 위협했다는 것이다. 즉,

양자에게는 오랜 전통 및 보다 좋은 옛 시대의 기준에 따라서 억압적 현재를 교정하려는 경향이 뚜렷했다. 양자는 종교개혁 신학의 특정 내용과 경향에서 자기들 신분의 특별한 이해를 표현하고 정당화할 수 있는 우수하고 확실한 수단을 발견했다. 양자의 좌절은 영방국을 안정시켰다. 하층 귀족의 대표와 농민 사이의 동맹은 이 연관 관계를 확증해 주며, 울리히 폰 후텐 주변의 일부 출판물, 예를 들어 『새로운 카르스트한스』(308~11쪽 참조)는 기사와 농민의 반성직주의적 싸움에서 보여준 공동체성의 역사적 전형을 제공했다. 물론 두 운동의 역사적 의미는 상당히 차이가 있다. 즉, 기사 운동은 제한된 지역에서 타오른 작은 불이었고, 농민전쟁은 종교개혁의 성격을 바꿔 놓은 대화재였다. 농민전쟁 후 합법적인 권력자로부터 출발하지 않은 평신도의 현실 참여는 종교개혁의 신학적·정치적 지지자들에게서 지원을 얻지 못했다.

기사 운동(1522/23년)

1520년 초에 이미 루터는 제국 기사 가문 출신의 인문주의 시인 울리히 폰 후텐으로부터 제국 기사단의 지원을 보장받았다. 폰 후텐은 이탈리아에서 법학을 수학한 후에 선제후 알브레히트 폰 마인츠를 후견인으로 두었고, 1519년 이후 제국 기사 가운데 가장 힘 있는 프란츠 폰 지킹겐과 긴밀한 친분 관계를 맺었다(254~55쪽 참조).[1] 폰 후텐은 라이프치히 논쟁 이후 루터와 그의 문제로 격앙되어서 "공동의 자유(communem libertatem)를 구출합시다, 위협받는 조국(patriam)을 해방합시다"[2]라고 비텐베르크의 아우구스티누스회 수도사에게 호소했다. 그는 자신의 민족적 해방투쟁을 루터의 관심사와 결부하려고 했다. 그는

1 *MBW.T* 1, Nr. 74, S. 164f.; WA.B Nr. 205, S. 115~18.

2 후텐이 루터에게 1520년 6월 4일에 보낸 서신, WA.B, S. 117,29f.

기사들의 옛 영광을 기원함으로써 이념적으로 이 투쟁을 승화시켰고 로마에 대한 투쟁에 초점을 맞추었다.

크라이히가우(Kraichgau) 기사 가문 출신이고 선제후 팔츠의 크로이츠나흐(Kreuznach)에서 관리로 봉직한 지킹겐은 결투 기획자, 용병 지휘관, 사령관으로서 황제를 위하여 주변에 군사적·정치적 세력을 모았다. 그는 제국 기사 출신의 동지들에게 경탄스러운 귀감이었다. 그는 로렌, 팔츠, 헤센과의 사투를 통하여 자신의 영토를 획득하고자 애썼다. 그와 다른 기사들은 특히 종교 제후들과의 대결을 자기 영토권 구축의 토대를 획득할 수 있는 기회로 보았다. 1520년 이후 요하네스 외콜람파트, 마르틴 부처, 카스파르 아크빌라(Kaspar Aquila, 1488~1560, 훗날 비텐베르크의 설교자, 튀링겐 잘펠트의 감독), 요하네스 슈베벨(Johannes Schwebel, 1490~1540, 츠바이브뤼켄의 종교개혁가), 아마도 또한 오토 브룬펠스(Otto Brunfels, 브라이스가우의 설교자, 스트라스부르의 교사, 베른 시 의사)와 같은 종교개혁 신학자들과 함께 크로이츠나흐 위 지킹겐의 에베른부르크(Ebernburg) 성(城)에서 묵었던 후텐과의 접촉에서 이 기사는 개신교적 신념이 확고해졌고 전투적인 반성직주의적·민족적 경향을 띠게 되었다. 지킹겐은 후텐이 칭한 대로 '정의의 피신처'인 에베른부르크에서 일찍이 독일어로 개신교 예배와 이종배찬 성만찬을 거행케 했다. 디터 폰 달베르크(Dieter von Dalberg), 대중어 팸플릿을 열성적으로 출판한 하르트무트 폰 크로넨베르크(Hartmut von Cronenberg) 12세와 같은 다른 기사 동지들과 함께 지킹겐은 미사는 오직 일요일에만 거행해야 한다는 의견을 가졌다. 루터도 상응하는 행위를 권고했다.[3] 바르트부르크에서 루터는 지킹겐에게 고해에 대한 설교를 헌정했다.[4] 에베른부르크의 분위기는 종교개혁적 혁신의 일종의 간부 훈련소이자 실험장이었다. 보름스, 슈파이어, 마인츠 혹은 스트라스부르에서 공표된 숱

3 WA 8, S. 457,5ff.; S. 537,22ff.

4 WA 8, S. 138~40.

한 익명의 팸플릿들은 지킹겐과 후텐 주변에 있는 민첩한 종교개혁 활동가 부대에서 유래한 것으로 볼 수 있다. 아마도 이동전략상으로 유리한 위치에 있었던 지킹겐의 성은 때로는 종교개혁 운동이 스트라스부르나 보름스 같은 지역에서 정착하기 전까지 일종의 초기 남독일의 전술 중심이었다.

지킹겐 주변에 있는 남부 라인 지역 기사들, 또한 다른 지역의 기사들도 루터의 강령적 글인 『독일 민족의 그리스도인 귀족에게 고함』을 자신들에게 향한 것, 자신들의 정치적 비중을 재평가한 것으로 느꼈다는 것은 확실한 듯하다. 또한 우리는 루터가 귀족에게 보낸 글이 그것의 출판 이전에 이미 루터와의 접촉을 모색했던 제국 기사들의 동의를 고려했다고 전제할 수 있다. 귀족에게 보낸 글에서 기사들은 자신들이 수행하고 있는 고위 성직자들의 세속적 지배에 대항하는 싸움을 위한 무수한 동기와 논거를 힘들이지 않고 추론할 수 있었다.

1522년 여름에 지킹겐의 주도 아래 '남부 라인 지역 기사들의 형제동맹'이 형성되었는바, 이것은 그것에 비견될 만한 프랑켄 귀족 연합과 연결되어 있었다. 이런 식의 동맹 체결은 1518년에도 보편화되었다. 아우크스부르크에서 나온 익명의 연속 팸플릿 가운데 하나인 『15명의 동맹 동지』(311쪽 참조)의 팸플릿 시리즈에 등장하는 허구적 동맹[5] 혹은 『새로운 카르스트한스』에 등장하는 농민-기사의 동맹과[6] 유사하게 1522년 란다우(Landau)에서 6년 기한으로 체결된 기사들의 '형제적 동맹, 단체 혹은 양해'는[7] '공동의 이익' 증진 및 '평화와 정의의 장려'를

5 이 연속물에 속하는 총 4개의 팸플릿 가운데 2개는 출판된 형태로 볼 수 있다. Adolf Laube u. a. (Hg.), *Flugschriften der frühen Reformationsbewegung (1518-1524)*, 2 Bde., Berlin 1983, Bd. 2, S. 731~47. 또 다른 글은 Otto Clemen (Hg.), *Flugschriften aus der Reformationszeit in Facsimiliedrucken*, Bd. 1, Leipzig 1921. 세부적 내용에 대해서는 Thomas Kaufmann, *Anonyme Flugschriften der frühen Reformation*, in: Bernd Moeller (Hg.), *Die frühe Reformation in Deutschland als Umbruch*, Gütersloh 1998, S. 191~267, 여기서는 S. 251ff.

6 BDS 1, S. 442~44. S. o. S. 315~17.

위한 그리스도교적 사상 조합으로서 스스로를 소개했다.[8] 사람들은 "신성모독적 서약과 말, 불필요한 음주와 다른 …… 부적절한 행위나 일을"[9] 삼갈 것과 부하들에게 이런 취지에서 가르치고 외적 위협이 있을 경우에 서로 지원하기로 맹세했다. 기사들이 '거룩하고 분할될 수 없는 삼위일체'[10]의 이름으로 공표한 동맹 문서의 채택 직후에 시작된 지킹겐과 트리어의 대주교 리하르트 폰 그라이펜클라우 간의 투쟁을 종교개혁적 사고를 지닌 주변의 선전가들은 복음을 위한 싸움으로 선포하였다. 복음을 퍼뜨리고 신의 명예를 추구하며 '사이비 사제들의 반그리스도교적인 무거운 멍에와 율법으로부터' 압박받는 그리스도교계를 해방하고 '복음의 밝은 빛과 그리스도인의 자유로 이끌기' 위해서 땅과 민중, 명예, 몸과 생명을 건다는 것이었다.[11]

지킹겐이 이해한 복음은 사이비 사제에 대한 전쟁에 참여하라는 호소였다. 이 전쟁은 기사다운 용기를 가지고—"비상사태 속에서 과감히 행동하고 장고(長考)하지 말아야 한다"[12]는 그의 슬로건에 충실하게—치러야 했다. 그러나 트리어 포위는 실패로 끝났다. 1523년 봄에 약탈자 기사에게 대항하여 동맹을 맺은 대주교와 헤센 방백, 팔츠 선제후는 기사 군대를 격파했다. 1523년 5월 7일에 지킹겐은 자신의 성 란트슈툴(Landstuhl)에서 항복해야만 했다. 몇 시간 후에 그는 부상으로 사망했다. 지킹겐의 전투 이후 친(親)합스부르크적 슈바벤 동맹 군대는,

---

7 Karl Schottenloher, *Flugschriften zur Ritterschaftsbewegung des Jahres 1523*, Münster / Westfalen 1929, Nr. 1, S. 30~37, 여기서는 S. 30,4f.에서 인용.

8 같은 책, S. 30,11f.

9 같은 책, S. 30,24~26.

10 같은 책, S. 30,8; 36,19f.

11 Schottenloher, *Flugschriften*, S. 11에서 인용한 하인리히 폰 케텐바흐(Heinrich von Kettenbach)의 어떤 글에 이렇게 쓰여 있다.

12 포개어 쌓을 수 있는 지킹겐의 술잔들 가운데 하나에 이렇게 쓰여 있다. *Martin Luther und die Reformation in Deutschland*, Frankfurt am Main 1983, Nr. 263, S. 206f.

전투를 포기하지 않고 지킹겐처럼 정치적 독립을 추구했던 슈바벤과 프랑켄 기사들에게 본때를 보였다. 일부 종교개혁적 동기를 통해 활성화된 기사 운동은 결국 영방 제후들에 의해 결정적으로 한계에 몰렸다. 하층 귀족의 옛 영광은 종교개혁의 신학을 차용함으로써도 회복될 수 없었다. 1520년대 후반에 기사들의 자취는 종교개혁 출판의 홍수 속에 사라졌다.

농민 종교개혁과 농민전쟁(1524/25년)

외르크 폰 루카스 크라나흐가 1522년에 루터를 융커(Junker)로 시각적으로 연출함으로써 귀족들의 마음을 본격적으로 사로잡으려고 했다면, 농민의 경우 카르스트한스라는 인물(307~08, 326~29쪽 참조), 두 명의 스위스 농민의 『신의 맷돌』(304~07쪽 참조), 그리고 다른 많은 텍스트들을 통해서 농민과 종교개혁 사이의 정신적 다리를 놓았던 것은 차라리 종교개혁적 사고를 지닌 남독일의 인문주의자들이었다. 성직자와 평신도의 이분법 폐지 및 만인사제직 개념에 힘입어 지금까지 '어리석고' 우둔하다고 여겨졌던 농민에게 특별히 종교적 은사가 있다고 믿게 만드는 결정적인 신학적 전제가 마련되었다. 루터가 귀족에게 보낸 글에서 고백한 것처럼 "경작을 늘리고 상업을 축소하는 것이 훨씬 그리스도교적이라는 것을 나는 안다"[13]라는 발언은 반자본주의적, 근대화 비판적인 말로 들린다. 이런 말은 전통적 가치를 지향하는 농민들에게 특별한 반향을 얻을 수 있었을 것이다. 카를슈타트가 새로운 농민 평신도로서 연출한 것과 설교하는 농민 예언자인 '카르스트한스들'의 등장(그 배후에는 언제나 대개 달아난 사제들이나 수도사들이 있었다)은 1520년대 초에 종교개혁 지지자들과 농민적 삶의 세계—혹은 학식 있는 활동가

13 WA 6, S. 466,40~467,1.

들이 생각한 그런 것—사이에 새로운 다양한 관계가 대두되었음을 증언하며, 교육받지 못한 '일개' 농민들이 정신활동적 지식의 전달자라는 사고가 유포되어 있었음을 증언한다. 대중적인 대화 장르에서 학자들을 의미심장하게 가르치는 눈치 빠른 농민이 핵심 인물이었다. 또한 십일조나[14] 자유로운 사제 선출권과 관련된 농민들의 전통적인 사회적·종교해방적 요구는 종교개혁 초기 출판물에서 때이른 폭넓은 공감을 얻었다. 농민들은 공동체주의적 정신에[15] 이끌려 있었고 '성직 프롤레타리아' 출신의 별로 교육받지 못하고 사회적 뿌리를 상실한 사제 대리가 시골 교회를 합당치 않게 관리하는 것에 저항하고자 했다.

종교개혁 초기 운동의 제 신분을 포괄하는 역동성은 도시와 시골, 농민과 시민 사이를 연결하고[16] 대면시키며 관계를 맺도록 한 듯하다. 이런 현상은 1520년 이전과 1525년 이후 보편화된 것을 훨씬 능가하였다. 복음의 깃발 아래서 또한 초기 자본주의의 경제적 근대화 과정에 속한 것들 가운데 여러 가지 요소들이 모였다. 몇몇 지역에서는 도시 봉기와 산악 지대 광부들의 폭동과 '농민전쟁' 사이에 협조가 이루어졌는데, 이것은 다양한 충돌의 징후라고 표현할 수 있다.

1524/25년의 다양한 전투 및 봉기 사건을 단수의 **'농민전쟁'**으로 표현한 것은 각 봉기 지역 간 사건의 내적 맥락에 의해 정당화된다. 슈바르츠발트 지역에서 시작된 봉기 소식은 1524년 6월 이후 보다 넓은 지

---

14 Gunter Zimmermann, *Die Antwort der Reformatoren auf die Zehntenfrage*, Frankfurt am Main u. a. 1982. 이 문제에 대한 중요한 자료가 다음에 실려 있다. Laube, *Flugschriften der frühen Reformationsbewegung* (Anm. 5), Bd. 2, S. 1038ff.

15 기초적인 것은 페터 블리클레(Peter Blickle)의 연구들이다. 특히 *Gemeindereformation. Der Mensch des 16. Jahrhunderts auf dem Weg zum Heil*, München 1987 (Studienausgabe); P. Blickle, Johannes Kunisch (Hg.), *Kommunalisierung und Christianisierung. Voraussetzungen und Folgen der Reformation 1400~1600*, Berlin 1989; P. Blickle (Hg.), *Zugänge zur bäuerlichen Reformation*, Zürich 1987.

16 이정표적 연구인 Franziska Conrad, *Refomation in der bäuerlichen Gesellschaft. Zur Rezeption reformatorischer Theologie im Elsaß*, Stuttgart 1984 참조.

역으로 전파되었는데, 여기서 일부 도시 종교개혁 과정과 연결된 것이 유리하게 작용했다. 예를 들어 학식 있는 신학자 발타자르 후프마이어가 이제 막 츠빙글리의 전례를 따라 맨 처음 도시 종교개혁을 관철한 발츠후트나 크리스토프 샤펠러가 1524/25년에 종교개혁을 성공시킨 메밍겐에서 농민과 시민들 간의 긴밀한 관계가 입증되었는바, 이것은 결국 합스부르크 지배에 대항하는 공동전선에서 비롯한 것이었다.

『일반 농민들의 12개 조항』

봉기한 농민들의 표준적 강령문, 이른바 슈바벤 농민들의 『12개 조항』은 — 오늘까지 가장 합리적인 저자 가설에 의하면 — 1525년 2월에 메밍겐의 모피 가공 도제이자 토지 관리인인 제바스티안 로처(Sebastian Lotzer)가 초안을 작성했고 샤펠러가 서문을 붙인 것으로 알려져 있다.[17] 그러므로 이 글은 도시 평신도와 종교개혁파 신학자, 그리고 농민 간의 긴밀한 접촉에 의해 탄생한 것이다. 농민 종교개혁의 이 중대한 강령 문서의 대량 유포(24쇄가 출판되었고 이로써 종교개혁기에 가장 많이 인쇄된 문서에 속한다)는 여러 곳의 농민들의 요구가 균등해지고 '농민전쟁'이라는 전체 사건이 발생하는 데 본질적으로 기여했다. 또한 개혁이라는 의미에서의 종교적 표상과 사회적 요구의 결합이 『12개 조항』의 성공을 가능하게 만들었다.

농민들의 "모든 조항의 근거는 복음을 듣고 복음에 따라서 사는 데 있다"라고 강령 서문은 말한다.[18] 농민들은 '교훈과 삶을 위해 복음'[19]을 갈구하므로 그들의 조항은 폭동적일 수 없었다. 복음은 결코 폭동의 이유가 아니었다. 조항 목록의 초반에 '전체 공동체'에 의한 자유로운 사

---

17 나는 다음 출판물에서 인용했다. Adolf Laube u. a. (Hg.), *Flugschriften der Bauernkriegszeit*, Berlin/Ost ^{2}1978, S. 26~31; S. 567.

18 같은 책, S. 26,19.

19 같은 책, S. 26,28.

제 선출을 요구한 것은 '인간적 첨가, 교훈, 명령 없이'[20] 복음의 순수하고 분명한 선포가 농민들의 주된 종교적 관심사임을 강조하였다. 제2조는 공동체의 책임 아래 곡물의 십일조 관리를 규정했다. 즉, 십일조는 사제 급료와 빈자 부양을 위해 사용되어야 하고, 작은 십일조 혹은 가축 십일조는 폐지되어야 한다는 것이었다. 세 번째 조항은 그리스도론적 근거에 입각해 농노 신분의 폐지를 요구했다. "그리스도는 그의 고귀한 피 흘림을 통해 우리를 구원했고 속량했다."[21] 성서에서 "우리는 자유로워야 한다"는 결론이 나온다.[22] 이 자유는 권세를 인정하지 않음을 의미하지 않고 오히려 인간은 신이 세운 권세에 "모든 세속적·종교적 일에서 기꺼이 순종해야 한다"[23]는 것이었다. 여기서 강조하여 거부한 농노 신분은 특히 남부 슈바벤에서 '권력 집중화 과정의 결과'[24]로 간주되어야 할 새로운 현상과 연관된다. 제11조에서 이른바 '사망 사안',[25] 즉 농노가 죽었을 때 영주가 징수하는 세금의 폐지를 요구했다는 것은 농민들의 상황이 사회적으로 악화되고 그들이 귀족 영주나 수도원 지주에게 점점 더 예속되어가고 있다는 사실의 증거로 볼 수 있다.

농민들의 또 다른 조항들은 공용지 이용에 대한 오랜 집단적 권리에 관한 것이다. 이 권리—숲과 강에서 자유로이 수렵할 권리, 목재 이용 및 초지와 밭의 공동 이용의 권리(제4~6조, 제10조)—는 영주들의 개입에 의해 제한되거나 폐지되었다. 농민들에게 요구되었던 부역과 지대는 포기되거나 감축되거나 아니면 독립적 평가관에 의해 조사되고 새로이 정해져야 한다(제7~9조)고 주장되었다. 그러므로 그들은 권세에서 벗어나려 하거나 권세를 폐지하고 박탈하려는 것이 아니었다. 즉, 농

20 같은 책, S. 27,8ff.
21 같은 책, S. 28,14~16.
22 같은 책, S. 28,17f.
23 같은 책, S. 28,26f.
24 Peter Blickle, *Die Revolution von 1525*, München ^{3}1993, S. 40f.
25 Laube u. a., *Flugschrfiten der Bauernkriegszeit* (Anm. 17), S. 30.29.

민들은 자신들의 신분을 보다 비참하게 만드는 일을 막고 독자적인 정치적 지위를 확보하기 위한 공정한 조건을 합의하려고 노력했다.

농민들과 그들에게 자문하는 도시인들은 자신들과 자신들의 요구를 신의 말씀 아래 두었다.[26] 그들은 자기들의 조항이 성서에 기초하거나 오직 성서에 의해서만 반박될 수 있다는 데서 출발했다. 사회적·법적 불만 문제를 정당화하기 위해서 종교개혁적 성서 원리를 적용한 것은 종교개혁 이전의 농민봉기에 비해 농민 종교개혁 구상의 새로운 점을 나타낸다. 『12개 조항』의 종교적 내용은 그것이 막대한 영향력을 행사할 수 있게 만들어주었다. 그런 한에서 농민전쟁은 종교개혁 신학을 특수하게 수용하고 적용한 형태를 보여준다. 복음의 '신적 법'은 농민들의 종교적·경제적·정치적 요구를 반영하고 정당화하는 기초를 마련했으며, 이것은 그들이 자신의 주권 한계를 넘어서 연대하는 것을 가능하게 했다(그림 31).

농민 봉기

농민 봉기는 1524년 여름에 남부 슈바르츠발트의 백작령 슈틸링겐(Stühlingen)에서 시작되었다(그림 32 참조). 가을과 겨울에 농민 부대는 방랑을 했다. 즉, 농민들의 지역적 규합과 활동 방식은 그때마다 대개 그들의 불평의 대상이기도 했던 정권 상황에 달려 있었다. 수도원 공격은 무엇보다 양식을 조달하기 위해서였다. 슈틸링겐 농민 부대는 친(親)합스부르크 시 정부에 대항하였던 발츠후트 시민들로부터 지원을 받았다. 1525년 2월에 수도원령 켐프텐(Kempten)에서 '그리스도인 농민동맹'이 소집되었고 알고이(Allgäu)가 봉기 지역이 되었다. 울리히 폰 뷔르템베르크(Ulrich von Württemberg)가 용병대와 함께 자신의 스위스 유배

26 특히 결론 참조. 같은 책, S. 31,2ff.

An die versamlung gemayner Pawer-
schafft/so in Hochteütscher Nation/vnd vil ande
rer ort/mit empörung vñ auffrůr entstandẽ.ꝛc.
ob jr empörung billicher oder vnpillicher ge
stalt geschehe/ vnd was sie der Oberkait
schuldig oder nicht schuldig seind.ꝛc.
gegründet auff der heyligen Göt-
lichen geschrifft/von Oberlen-
dischen mitbrüdern gůtter
maynung außgangen
vnd beschriben.ꝛc.

Hie ist des Glückradts stund vnd zeyt
Gott wayst wer der oberist bleybt.

Hie Pawrßman gůt Christen.

Hie Romanisten vnd Sophisten.

Wer meret Schwytz

Der herren gytz.

그림 31 『일반 농민들의 집회에 보내는 글』(1525년)

지에서 나와서 농민 부대와 동맹을 모색했을 때 긴장은 최고조에 달했다. 그는 일련의 스캔들—자신의 시종 한스 폰 후텐을 살해했고(이 사건은 울리히 폰 후텐의 글을 통해서 유포되었다), 그의 아내 자비나는 바이에른에서 도피했으며, 그는 또한 제국도시 로이틀링겐(Reutlingen)을 자의적으로 점령했다—후 1519년에 평화 파괴자로서 제국 남서부 제후들과 도시들이 체결한 슈바벤 동맹에 의해 나라 밖으로 추방되었다. 알고이의 '그리스도인 동맹'은 보덴제(Bodensee) 농민 부대, 도나우 강 우안(右岸)의 발트링겐(Baltringen) 부대와 연결되었다.

운동의 지리적·병참적 중심지인 메밍겐에서 농민들은 제바스티안 로처의 초안에 기초하여 「동맹 규정」을 만들었다. 이것은 평화주의를 과시하는 듯한 그 필치에서 약간 란다우의 기사 동맹을 연상시켰다.[27] 문서 결론에 루터, 멜란히톤, 뉘른베르크의 오지안더, 스트라스부르의 마티아스 첼과 다른 종교개혁 교사들이 신적 정의의 의미에서 평가할 수 있는 '박사'들로 인용되었다.[28] 1525년 3월에 메밍겐에서 시작하여 남부 슈바벤 지역에서 이루어진 농민 부대의 협공 작전은 차라리 예외적이거나, 설득력 있는 지도자—알자스에서 에라스무스 게르버(Erasmus Gerber, 1525년 사망) 혹은 티롤에서 미하엘 가이스마이르(Michael Gaismair, 1491경~1532)—가 등장하는 곳에서만 만날 수 있었다. 추측건대 1525년 3월의 『12개 조항』에서 농민 봉기와 종교개혁 운동 간의 긴밀한 연결 관계가 증언되고 선포되었는바, 이 문서의 출판은 상이한 지역 봉기를 초지역적으로 통합하는 데 가장 중요한 요인이 되었다.

1525년 봄 이후의 봉기는 프랑켄, 튀링겐, 팔츠, 알자스로 확산되었

27 Laube u. a., *Flugschriften der Bauernkriegszeit* (Anm. 17), S. 32~43; S. 567f.; Gottfried Seebaß, *Artikelbrief, Bundesordnung und Verfassungsentwurf. Studien zu drei zentralen Dokumenten des südwestdeutschen Bauernkrieges*, Heidelberg 1988에 실려 있음.

28 Laube u. a., 앞의 책, S. 33,34ff.

그림 32 독일의 농민전쟁(1524~26)

다. 곧이어 티롤, 잘츠부르크, 오스트리아 내륙도 전쟁에 휩싸였다. 튀링겐, 슈타이어마르크(Steiermark), 티롤에서는 봉기한 농민들과 광부들이 동맹을 맺었다. 곧 30만 명의 농민들이 봉기에 가담했는데, 이 엄청난 '군대'가 군사적으로 협력하여 행동했더라면 진압하기가 어려웠을 것이다. 메밍겐에서는 슈바벤 동맹과 협상을 주도한 농민 사무국이 설치되었다. 오덴발트(Odenwald) 부대로부터 시작된 '농민의회'[29]는 남독일

29 Blickle, *Revolution* (Anm. 24), S. 206; S. 306f. 하일브론에서 예정된 논의 대상에 대해서는 Günther Franz (Hg.), *Quellen zur Geschichte des Bauernkrieges*,

무리의 공동 관심사와 제국 개혁의 일반적 계획을 하일브론(Heilbronn)에 모여서 논의하기로 하였으나, 군사적 패배 이후 참여가 저조해 더 이상 성립될 수 없었다. 1525년 4월 17일에 알고이와 보덴제 부대는 슈바벤 동맹과 바인가르텐(Weingarten) 조약을 맺었으며, 4월에 이것이 인쇄되었다.[30] 루터는 이 합의에 대한 소식을 '신의 특별한 은혜'[31]로 보고 큰 기쁨으로 받아들였으며 이것을 '우리 땅에서',[32] 즉 중부 독일 지역에서 군사적 확전을 저지할 수 있는 적절한 길로 보았다. 그렇기 때문에 그는 바인가르텐 조약문을 서문을 붙여 재출판하도록 하였다.[33] 조약에 의하면, 농민 무리는 자신들의 맹약서를 반환하고 해산한 다음에 자기 마을로 돌아가고 강탈한 재물을 가능한 한 반환하며 자신들의 영주에 대한 지금까지의 의무를 이행할 것을 맹세했다. 그다음으로 양측의 이해를 보호하는 중재재판소를 설립하는 가운데 자신들의 사회적 처지 개선에 대한 협상을 벌이게 되어 있었다. 이런 합의를 통해서 농민들은 자신들의 유일한 패를 손에서 꺼냈다. 이것은 바로 다수의 규합에 있었다.

남(南)슈바벤에는 평화가 찾아온 반면, 네카 계곡의 오덴발트 무리는 교육받은 관리 전문가이며 호엔로에(Hohenlohe)와 팔츠 선제후의 정부에서 봉직했던 벤델 히플러(Wendel Hipler)와 능숙한 약탈 기사 괴츠 폰 베를리힝겐(Götz von Berlichingen, 1480경~1562)의 지휘 아래, 밀텐베르크(Miltenberg) 조약(1525년 5월 7일)에서[34] 마인츠 대주교의 대행인 스트라스부르 주교 빌헬름 3세로 하여금 『12개 조항』을 승인하도록 만드

Darmstadt 1963, Nr. 122f., S. 370~74 참조.

30 Laube u. a., *Flugschriften der Bauernkriegszeit* (Anm. 17), S. 35~40; S. 568f에 실려 있음.

31 WA 18, S. 336,4.

32 WA 18, S. 336,8f.

33 WA 18, S. 335~43.

34 Laube u. a., *Flugschriften der Bauernkriegszeit* (Anm. 17), S. 57f.; S. 571f에 실려 있음.

는 데 성공했다. 농민들이 자신의 뜻을 관철할 수 있는 곳 어디서나 제국에 대한 포괄적 '개혁'을 추진하는 법안과 계획들이 등장했다.[35] 알자스 무리는 약 4주 동안 지역을 지키는 데 성공했지만, 그러자 로렌 공작은 네덜란드 및 스페인 용병의 도움을 받아서 이를 탈환했다. 약 18,000명의 농민이 살육당했다고 한다. 스트라스부르의 신학자들과 정치인들의 중재는 좌절되었다. 또한 뷔르템베르크에서도 농민들은 완전히 수세에 몰렸다. 뵈블링겐(Böblingen) 전투에서 슈바벤 동맹의 야전 사령관 게오르크 트루흐제스 폰 발트부르크(Georg Truchseß von Waldburg, 1488~1531)는 승리를 거둘 수 있었다.

1524년 후반부터 농민들의 찬란한 종교 지도자로 간주된 토마스 뮌처가 그들과 긴밀하게 접촉했다. 1523년 초부터 뮌처는 에르네스트가(家) 작센에 속하는 튀링겐의 농촌 소도시 알슈테트(Allstedt)의 사제가 되었고, 독일어 예배를 도입함으로써 명성을 얻었다. 그의 설교의 영향 아래 1524년 봄에 수녀원에 납부하는 것이 거부되었고, 이 수녀원에 속한 한 예배소를 약탈하는 일이 벌어졌다. 뮌처의 개입 덕분에 시 참사회와 에르네스트 공작의 관리가 범인을 처벌하는 것이 무산되었다. 뮌처는 자신의 추종자들과 동맹을 맺었는데, 바이마르에서 선제후령 작센 정부의 심문 후 이 동맹은 해체되었다. 그의 풍운아적 삶의 다음 단계인 튀링겐의 제국도시 뮐하우젠(Mühlhausen)에서 뮌처는 오래 머물 수 없었다. 그는 과두적인 시 참사회에 대항하여 신의 말씀에 따른 시 규정을 요구했고, 도시 문 앞에서 '영원한 동맹'을 위해 서약한 시민 그룹과의 접촉을 모색했다. 뮐하우젠으로부터 추방된 후 뮌처는 제국의 남부로 갔고, 약간의 성공을 거두면서 헤가우(Hegau)와 클레트가우(Klettgau)에서 봉기하는 농민들과 접촉하고자 했다. 1525년 2월에 뮌처는 뮐하우젠으로 돌아왔다. 여기서 자신의 추종자들과 아이히스펠트(Eichsfeld) 출신의 전(前) 시토회 수도사 하인리히 파이퍼(Heinrich Pfeiffer)는 그사이

35 예를 들어 같은 책, S. 57,28.31 등 참조.

에 시를 장악했고 '신이 원하는 영원한' 정부를 세우려고 했다.

1525년 4월 중순에 튀링겐에서도 농민 무리들이 집결하기 시작했다. 뮐하우젠은 봉기한 농민들과 결부된 공시를 내걸었다. 뮌처가 생각한 영원한 신 동맹의 깃발 아래 농민 무리가 행군했다. "신의 말씀은 영원히 남는다"(verbum Dei manet in aeternum)는 구호와 함께 흰 바탕 위에 무지개가 그려진 깃발이었다. 뮌처는 점차 튀링겐 농민 봉기의 정신적·선동적 우두머리로 부상했다. 그는 종말 때의 결전이 임박했고, 신은 선택받은 자들을 위해서 이 전쟁에 개입하여 자유와 정의의 천년왕국을 세울 것이라고 믿었다. 만스펠트 백작 외에 주변 지역의 제후들—헤센의 필리프, 작센의 게오르크, 브라운슈바이크-볼펜뷔텔의 하인리히—은 농민들이 동원되는 것을 보고서 반격할 필요를 느꼈다. 1525년 5월 15일에 제후 연합은 프랑켄하우젠에서 봉기군에 신속한 승리를 거두었으며, 승리자들의 잔혹한 살육으로 끝을 맺었다. 약 6,000명의 농민 가운데 1,000명 미만만이 살아남았다고 한다. 뮌처와 파이퍼는 발각되어 체포되었으며, 고문을 통해 상세히 신문을 받고 5월 27일에 처형되었다.

슈바벤 동맹의 군사적 압력 아래 제국 남부에서도 봉기는 점차 무너졌다. 종교개혁 운동이 정치권력의 지지를 얻지 못한 곳 어디서나 종교운동이기도 했던 농민전쟁은 종교개혁에 대항하여 싸울 확실한 동기를 제공했다. 코클레우스와 같은 저자들은 무엇보다 루터에게 미혹당한 농민들의 폭동과 수천 명의 죽음에 대한 책임이 있다고 주장했다. 농민전쟁과 관련하여 루터의 최악의 글인 『강도, 살인자 농민 무리에 적대하여』[36]가 적대자들에 의해 재출판된 것은 뮌처가 이미 유포한 농민 모독자, 제후의 종이라는 그에 대한 부정적인 공적 이미지를 확산시키는 데

36 인쇄 목록은 WA 18, S. 348~50; Josef Benzing, Helmut Claus, *Lutherbibliographie. Verzeichnis der gedruckten Schriften Martin Luthers bis zu dessen Tod*, 2 Bde., Baden-Baden ^{2}1989~94, Nr. 2137~58 참조.

기여했다.[37]

농민전쟁에서 뮌처의 역할은 비텐베르크인이 보기에 사태에 치명적인 결과를 초래했다. 사람들은 농민들이 전적으로 그의 신학에 영향을 받았다고 비방했다. 그러나 이것은 튀링겐 지역에 대해서 전혀 옳지 않다. 또한 다른 지역에 대해서도 타당하지 않다. 루터뿐만 아니라 멜란히톤도 펜으로 농민의 폭동에 대항하여 싸웠다. 팔츠 선제후 루트비히를 위한 어느 소견서에서 그는 자신들의 경제적·정치적 요구를 관철하기 위해서 복음을 원용한 농민들의 권리를 부정했다. 복음은 세속적 자유의 근거를 제공하지 않고 도리어 권세에 대한 무조건적 순종을 요구한다는 이유에서였다. "독일인같이 거칠고 버릇없는 백성은 현재보다 자유를 덜 가지는 것이 필요하다. …… 그러나 우리 통치자들은 백성에게 온갖 방종을 허용했고 그들에게서 오직 돈을 취했으며 이 밖에 그들에게 기율을 지키게 하지 않았으니, 여기서 큰 재앙이 비롯했다."[38] 비텐베르크 신학자들은 농민전쟁과 관련된 출판 활동을 통하여, 농민이 신적 정의를 주장하는 것의 정당성을 결코 인정하지 않고 '보통 사람들'의 무장봉기를 근본적으로 거부하며 세속 권세의 폭력 조치를 인정하고 있음을 의심할 수 없게 했다. 비텐베르크인들이 농민들의 개별 요구와 불평의 정당성을 수용했을지라도 그들에게는 '그들[농민들]이 폭력과 폭동을 통해서 그것을 강요하는 것은 반(反)신적'이었다.[39]

---

37 Günther Franz (Hg.), *Thomas Müntzer, Schriften und Briefe*, Gütersloh 1968, 특히 S. 321～43.

38 *Eyn schrifft Philippi Melanchthon widder die artickel der Bauerschaft* (1525년 5월 말/6월초 인쇄), *MWA* 1, S. 206,14～21에 따라서 인용됨.

39 *MWA* 1, S. 200,36f.

농민전쟁 중 루터의 출판 활동

시기적으로 종교개혁 진영 내의 성만찬 논쟁 초기와 중첩되는 농민전쟁에 대한 루터의 글들은 제국 내 종교개혁 운동에서 루터의 지위에 치명적인 결과를 가져왔다. 그의 남독일 추종자들 가운데는 신이 교만 때문에 "그에게서 참된 영을 빼앗아갔다"는 소문이 퍼졌다.[40] 그의 『농민에게 적대적인 잔인한 소책자에 관한 공개서한』(1525년 7월경)의 말미에서와 같은 발언은 제후들의 지나친 폭력에 대한 소식에 흥분한 많은 사람들에게는 의아한 변명으로 들렸음이 분명하다. 그는 이 글을 통해서 자신의 팸플릿 『강도, 살인자 농민 무리에 적대하여』(1525년 5월 중순)에 대한 비판적 반응에 대응하려고 하였다. "내가 읽고 쓴 것은, 세상이 그것 때문에 무너진다 하더라도, 여전히 옳을 것이다."[41] 그가 프랑켄하우젠의 살인자들을 '어리석은 독재자'요 '야수'라고[42] 표현한 것이 이 인상을 잊게 할 수는 없었다.

농민전쟁과 관련한 루터의 문필 활동은 제국 남부의 사건에 대한 그의 비교적 제한된 지식 수준, 군사적 반격을 준비하고 있었던 만스펠트 백작 주변으로부터 들어오는 정보에의 의존, 그리고 그가 봉기 지역을 여행한 동안에 얻은 개인적 인상과 밀접한 관계가 있었다. 루터는 그의 첫 번째 농민전쟁에 대한 글 『12개 조항에 관련한 평화 권고』에서[43] 남(南)슈바벤 농민들의 요구 사항들을 세분하여 다루었다. 그는 그들의 곤궁과 그들이 제기한 일부 불평의 정당성을 인정했고 제후들과 영주들에게 도움을 주라고 권고했다. 그는 농민들에게 폭력 조치를 삼갈 것을 호소했다. 그다음으로 그는 튀링겐의 봉기 지역으로 여행했을 때 목

40 Thomas Kaufmann, *Die Abendmahlstheologie der Straßburger Reformatoren bis 1528*, Tübingen 1992, S. 339, Anm. 396에서 인용; WA 23, S. 282,28ff. 참조

41 WA 18, S. 401,15f.

42 WA 18, S. 400,24.36.

격한 심한 황폐의 인상, 그리고 농민들에게 행한 설교에도 불구하고 받아들여지지 않고 그들로부터 조롱당함으로써 얻은 쓰라린 경험의 인상 아래서 두 번째 글 『강도, 살인자 농민 무리에 적대하여』[44]를 집필했는데, 이 글은 악마에 사로잡힌 폭동자들을 온갖 수단으로 무찌르라는, 제후에게 행한 불타는 호소에서 절정에 다다랐다. "할 수 있는 자는 누구라도 찌르고, 치고, 목 조르라, 그대가 그것 때문에 죽는다면, 그대는 이보다 더 복된 죽음을 맞지 못할 것이다."[45]

출판 연대에 비춰볼 때 프랑켄하우젠의 제후 동맹이 루터의 호소를 인지한 가운데 자신들의 승자로서의 정의를 살육으로써 실행했다고는 할 수 없을지라도, 돌이켜보건대, 루터는 대학살에 대해서 결정적으로 도덕적 책임을 져야 할 것처럼 보인다. 비텐베르크 신학 교수의 어떤 현상, 어떤 발언이나 행위도, 사건의 역동성에 의해 추월당한 그의 농민전쟁 출판물보다 '보통 사람들' 무리 및 자신을 그들의 대언자로 소명받았다고 느낀 사람들에게서 그의 명성을 더 지속적으로 손상한 것은 없었다. 그는 그의 비판자와 적대자들에게 공격할 수 있는 더할 나위 없는 계기를 마련해주었다. 루터는 '잘못 인도된 제자 뮌처'에 대해서도 책임을 느꼈다.[46]

비텐베르크 종교개혁 진영 내의 극단적인 신학적·정치적 입장들은 1524/25년에 서로 충돌하였으며, 루터는 이전의 동지 카를슈타트, 뮌처와의 충돌을 특히 쓰라리게 받아들였고 단호히 대응했다. 1521/22년부터 드러나기 시작했던 이 분열은 1525년에 궁극적으로 완성되었다. 즉, 이 분열은—신앙, 행위, 칭의, 그리스도론, 교회론에 대한 근본적인 신학적 이견 외에—외적 언어 내지 성례전적 구원의 표지와 성령의 관

43 WA 18, S. 291~334.
44 WA 18, S. 357~61.
45 WA 18, S. 361,25f.
46 예를 들어 WA.TR 1, S. 195,19 참조.

계에도 해당되었다. 핵심적으로는 종교개혁적 행동의 주체에 대한 문제가 중요했다. 교육받지 못한 성령으로 각성된 일개 평신도냐, 아니면 신에 의해 세워진 세속 권세냐.

이전에도 비텐베르크 출신의 '느긋하게 사는 살덩어리'[47](그리스도와의 고난적 일치를 추구하는 예언자 뮌처가 루터를 공공연히 이런 식으로 조롱했다) 같은 여러 가지 자극적인 표현이 있었을지라도, 농민전쟁 이후 비텐베르크인들에게는 교회 제도의 혁신과 변형, 종교개혁은 전적으로 세속 권력 및 그가 임명한 신학자들의 보호 아래서만 존속할 수 있고 또 그래야만 한다는 것이 결정적으로 확고해졌다. 이것을 이 세상 권력자 앞에서 '제후의 종' 루터의 비굴함과 '보통 사람들'에 대한 배신으로 보는 것은 그가 처한 복잡한 난맥상에 비추어 정당하지 않을 것이다. 루터는 농민들이 세상적 목표 달성을 위해서 복음을 내세운 것을 복음을 악용하는 것으로 보았다. 그는 제후들도 종교개혁을 위해 참여할 때 전적으로 세상적 이해를 쫓고 있음을 모르지 않았다. 그러나 그는 이것을 그렇게 개의치 않았는데, 복음 선포의 자유가 보장되는 한에서 기존 정치 질서 관계에 대해 의심 속에서도 정당성을 인정했기 때문이다. 그는 피곤하고 무거운 짐을 진 자들에게 자기 십자가를 지라고 가르쳤다.

루터의 질서신학적 보수주의는 1525년 정점에 다다른 자기 진영 내 급진주의자들과 농민들의 입장의 상호작용 과정의 결과였다. 루터는 제후들과 세속 권력의 행동보다는 농민 및 카를슈타트로부터 영향을 받은 무리가 공동체 주도 종교개혁을 요구한 것을 복음에 대한 훨씬 큰 위험으로 보았다. 루터의 의미에서 농민 종교개혁에 대항하는 그의 문서 투쟁은 복음의 자유를 겨냥했다. 즉, 그는 지금까지 정치권력을 갖지 못했고 그것을 지향하는 자들보다는 오히려 제후들에게서 이 자유가 수호된다고 보았다. 1525년 이후, 그 시대의 조건 아래서 영방 제후에 대한 정치적으로 합목적적인 루터의 충성심은 더 이상 의심할 수 없

47 Franz, *Müntzer*(Anm. 37), S. 322,1f. 참조.

었다. 예를 들어 귀족에게 보낸 글을 읽으면 알 수 있는 것처럼, 종교개혁에 대해 누가 결정적으로 책임을 져야 하는가라는 물음에 관해서 모호함은 더 이상 있을 수 없었다. 종교개혁의 운명은 도시 밖에서는 영방제후들의 손 안에 있었다.

어쨌든 농민전쟁은 단체 형성의 결정적 종말을, 농민층의 지속적인 사회적·경제적 주변화를 의미하지는 않았다. 여러 가지 사실이 농민들의 사회적 처지가 점차 안정되었음을 가리킨다. 그러나 농민들은 종교개혁 형성의 행동 주체로서는 완전히 배후로 물러났고, 종교개혁 문학에서, 그리스도인의 신앙 의식을 연출하는 데서 1521년과 1525년 사이에 팸플릿 문학의 핵심 인물로 부상했던 평신도, '보통 사람', 농민은 더 이상 결정적인 역할을 할 수 없었다. 농민전쟁까지 논란의 여지 없는 종교개혁 운동의 첫 목소리였던 비텐베르크 신학은 점차 경합하는 개신교 신학의 다양한 의견 스펙트럼 가운데 하나의 방향이 되었다. 루터는 농민전쟁의 해에 그의 삶의 어떤 시기보다 더 카리스마를 상실했다.

크라나흐 학파가 루터를 묘사한 형상들에서 자기 부인 카타리나 폰 보라 곁에 있는 교회 교사, 집안 가장, 박사모를 쓴 학자, 흔들림 없는 고백자, 성서에 근거한 정통 신앙의 개인적 보증인이라는 **직책상의** 특징들이 전면에 두드러진다는 사실은 1525년이 종교개혁사의 위기의 해가 되었음을 강조한다. (루터는 적대자들의 조롱을 받으며 농민전쟁 와중인 1525년 6월 13일 혼인함으로써 몇몇 친구들의 분노를 자아냈다.) 1525년부터 크라나흐의 루터상은 점차 보다 교수답고, 보다 세상적이고, 보다 비대해졌다. 더불어 그는 풍채와 체격에서 자신의 베틴(Wettin)가(家) 영주와 보다 비슷해졌다. 초기 형상을 결정했던 성자 화상 전통에서의 이지적인 금욕주의자의 특색은 완전히 사라졌다. 세상과 혼인과 3신분 속의 창조 질서와 외적인 생활 규제의 책임 있는 기관으로서의 정부를 인정하는 것이, 바로 세상이 붕괴할 위기에 처한 시기에 루터의 전기 내지 그의 인격을 시각적으로 표출하는 데에서 지배적이 되었다. 그가 수도사로서 농민전쟁을 목격하면서 혼인을 통해 세상 속으로 결정적으로 걸어 들어간 행보는 모든 위협의 배후에 숨어 있는 악마에게 판돈을 곱으로 거는 그 나름의 방식이었다. 1525년 여름, 루터가 많은 사람의 마음에 귀를 기울였던 종교개혁 초기 단계는 지나갔다.

제후 종교개혁

1520년대 중반부터 시작된 영방 제후의 종교개혁은 한편으로는 특별한 개인적 성향을 따랐고, 다른 한편으로는 구조적 공통점을 보여주었다. 종교개혁에 대한 지지 결정은 원칙적으로 각 제후의 개인적 사안이었고 일반적으로 정치 자문들과의 의견 조율을 통해서, 또는 일부 신학적 자문관의 영향 아래서 이루어졌다. 이런 결정은 자연히 왕조의 이해를 고려하여, 그리고 국내정치 및 외교정치적 결과를 고려하여 이루어졌다. 영방 신분들은 종교개혁에 대한 제후의 지지 결정을 막을 수 없었다. 기부금과 성직록 같은 전통적인 체제를 통해서 보증되었던 귀족 후예들의 생계가 위협받은 것으로 보이는 경우에 특히 종교개혁에 반대하는 영방 귀족들의 저항이 있었다.

동맹

영방국의 외교정책에서 종교개혁에 대한 지지 결정은 어떤 제후가 종교정책상 유사한 성향을 가진 다른 제후에게 접근하는 결과를 가져왔다. 튀링겐의 농민 봉기에 대항하는 전투에서 성공적이었던, 게오르크 폰 작센과 그의 사위 필리프 폰 헤센의 제휴는 종교정책적 이유 때문에 지속될 수 없었다. 알베르트가(家) 작센 공작 게오르크는 통치기(1500~39) 동안 단호히 반종교개혁적 노선을 걸었던 반면, 필리프 폰 헤센은 1524년 이후 종교개혁으로 기울었고 1520년대 중반부터 에르네스트가(家) 작센과 더불어 개신교의 중요한 정치적 축을 형성했다. 1525년 7월에 **데사우 동맹**이 구교 수호와 루터파를 무찌르기 위한 종교정치적 동맹으로 결성되었다(작센 공작, 브란덴부르크 선제후, 마인츠 선제후, 브라운슈바이크-볼펜뷔텔 공작). 남부에서는 교황 특사 로렌초 캄페조(Lorenzo Campeggio)의 독려에 따라 1524년 6월 이후 이미 오스트리아의 페르디난트, 바이에른 공작, 슈파이어, 잘츠부르크, 아우크스부르크, 파사우의 주교들이 **레겐스부르크 동맹**으로 결속했다. 1526년 2월에 비준된 **토르가우 동맹**은 헤센과 선제후령 작센, 또한 1526년 6월 이후 브라운슈바이크-뤼네부르크, 브라운슈바이크-그루벤하겐, 메클렌부르크 공작, 안할트와 만스펠트 백작, 마그데부르크 시를 규합했다.

종교정치적 당파 형성의 경향은 제국 차원에서의 통일된 종교정책이 실현 불가능한 것으로 입증되었다는 사실과 부합한다. 개신교의 방어적 성격의 토르가우 동맹, 이후 1530/31년부터 슈말칼덴 동맹은 개별 동맹의 영토에서의 종교개혁 과정을 정치적으로 보장하며 또한 공통의 교리적·전례적 기준에 합의하기 위한 기능을 가졌다. 종교개혁에 대한 지지 결정은 또한 초기 근대적 국가를 강화하는 요소로 해석될 수 있다. 교회를 재편하고 새로이 정리하는 과제는 평야국가(Flächenstaat)의 통일과 통합에, 구조화된 행정부 구축에, 종교적·도덕적 책임감을 강조하는 데, 그러나 또한 종교 재산의 국유화에 의한 국가 수입 증대에, 교육과 사회복지 영역에서 국가적 조직 형태를 확고히 하는 데에 본질적으로 기여했다. 유사한 영방국의 '근대화 과정'이 또한 구교로 남아 있는 영방들에서도 입증될 수 있다는 사실은 종교개혁 이전에 영주의 교회 지배에서 이미 시작된 경향이 종교개혁 기간에 일부 지속되고 강화되었다는 것을 강조한다.

제후 종교개혁과 공동체 종교개혁

제후 종교개혁과 공동체 내지 도시 종교개혁의 관계는 복잡하다. 예를 들어 선제후령 작센, 브라운슈바이크-뤼네부르크, 안스바흐-바이로이트와 같은 영방국에서는 교회법과 같이 제후의 법 제정으로 귀결되는 규범화 내지 통일화 과정이 여러 면에서 단순히 처음으로 종교개혁적 갱신을 초래한 것이 아니고 기존의 다양한 개혁을 제한하거나 규제하였다는 데서 출발한 듯하다. 예를 들어 1528/29년 선제후의 대(大)순방 전에 루터의 『미사 양식』(1523)에 따라서 예배를 거행한 공동체들이 있었던 반면, 다른 곳에서는 그의 『독일어 미사』(1526)에 따랐다면, 제후 종교개혁은 지역적으로 통일된 질서와 기준을 관철하는 것을 목표로 삼았다. 다른 영방국에서 제후 종교개혁은 장기간의 발전 과정을 거친 뒤 비로소 종결된 반면, 이 영방국 내의 일부 도시들은 부분적으로 이미 오랫동안—제후의 관용 내지 지원을 통해서든지, 제후의 의지에 반해서든지—개신교를 지지했다.

한 영방국에서 종교개혁을 도입하는 과정은 시간적으로 긴, 부분적으로 수년간에 걸친 과정으로 생각해야 한다. 종교개혁과 더불어 사제 및 평신도에게 종교적 교리문답상 구속력 있는 요구도 제기되었다. 이 요구를 변환하거나 수용하는 것은 온갖 정황에 달려 있었다. 1530년대부터 종교개혁은 예를 들어 뷔르템베르크, 브란덴부르크 그리고 알베르트가(家) 작센에서의 통치자 교체 상황과 마주치기도 했다. 제후의 우발적·개인적 결정에 본질적으로 의존한 이런 종교개혁은 어떤 의미에서 아우크스부르크 종교 평화에서 성문화된 제국 신분의 개혁 권리(ius reformandi)에 대한 규범의 선구가 되었다. 이것은 주권자에게 자기 통치 영역 내의 종교 선택의 자유—이른바 '한 영방국, 한 종교'(Cuius regio, eius religio) 원칙을 부여하는 것이었다. 반면 1520년대 초기의 제후 종교개혁에서는 제후 개인의 결정 외에도 종교개혁 운동이 어느 정도나 이미 각 영방국에서 기반을 잡았는지가 중요한 듯했다.

일부 제후들은 활동 중인 평신도 신학자로서의 자신의 결정을 독자적 판단의 근거로 두려고 하였다.[48] 영방국 내에서 종교개혁의 정치적

---

48 예를 들어 필리프 폰 헤센에 대해서는 Gury Schneider-Ludorff, *Der fürstliche Reformator. Theologische Aspekte im Wirken Philipps von Hessen von der Homberger Synode bis zum Interim*, Leipzig 2006 참조.

발전이 제국정치적 판도와 밀접한 관계가 있었다는 것은 자명하다. 범교회적 공의회 혹은 민족적 공의회에 대한 희망이나 요구가 양 종교정치적 진영의 제국 신분들에게도 여전히 중요했기 때문에 모든 '혁신'은 잠정적 유효라는 유보 조건 아래 있었다. 종교개혁적 사고를 지닌 제후들이 종교개혁 도입을 위한 승인으로 해석한 1526년 첫 번째 슈파이어 제국의회의 결의(368쪽 이하 참조)는 각자가 '신과 황제 폐하에 대하여 책임지기를 소망하고 믿는'[49] 것처럼 보름스 칙령을 대해야 한다는 단서 조항을 명시적으로 차기 공의회 때까지로 한정하였다. 따라서 종교개혁을 수행하는 이들에게도 종교개혁 과정은 유예기간이 주어진 과도적 해법이라는 울타리 아래 있었으니, 이 해법이 얼마나 오래 유효할지는 아무도 예측할 수 없었다.

공동체 및 도시 종교개혁에서는 그 특징을 나타내는 발단이나 활동가들이 다양한 것과는 달리, 제후 종교개혁에서 일반적으로 행동하는 것은 제후들로부터 위임받은 소수의 인물들이었다. 즉, 주로 지침과 규정을 작성한 신학자와 법률가, 순방 위원들뿐만 아니라 현지 사제와 공동체 대표들이 그들이었다. 이들은 검증을 받고 정보를 제공해야 하며 특정한 규정을 고쳐야 했다. 대부분의 도시 및 공동체 종교개혁 과정의 역동성은 많은 사람이 종교개혁에 책임이 있다고 생각하기 때문에 생겼고 그것의 구조와 형상은 복잡하고 특별한 교섭 과정의 결과였던 반면에, 제후 종교개혁의 경우 정부의 허가 동기가 지배적이었다.

에르네스트가(家) 작센의 종교개혁

제후 종교개혁들 가운데 가장 이르고 중요한 것은 에르네스트가 선제후령 작센과 방백령 헤센에서의 종교개혁이다. 많은 관점에서 그들은 모델 역할을 수행했다. 종교개혁 이전에는 외견상으로 뒷전으로 물러났던 주교의 전통적인 과제, 즉 자신의 교구를 순방하고 현지 교회의 상

49 368~69쪽 참조.

태를 관찰하고 악습을 징계하고 경우에 따라서 개선하는 과제를 이어받아서 요하네스 폰 작센(1468~1532)은 1486년 이후 자기 형 현자 프리드리히 선제후의 공동 통치자요 1525년부터는 그의 후계자로서 자기 영토에서 **순방**을 실시케 했다. 1524년 여름 요한 프리드리히의 명령으로, 뮌처와 무엇보다 카를슈타트의 '열광주의적 선동'의 결과를 검증하기 위해서 루터와 비텐베르크의 아우구스티누스회 수도원장 에버하르트 브리스거(Eberhard Brisger, 1509경~45) 및 바이마르의 궁정 설교자 볼프강 슈타인(Wolfgang Stein, 1487경~1553)이 실시한 시찰 여행은 어떤 의미에서 후대의 선제후령 작센의 순방들 가운데 선구 격으로 간주될 수 있다. 아이제나흐의 종교개혁가이자 고리대금업과 싸운 용감한 투사인 야코프 슈트라우스(Jakob Strauß)가 1525년 1월과 3월에 요한 폰 작센의 명령으로 튀링겐 서부 지역을, 일부는 고문 부르크하르트 훈트(Burkhard Hund)를 동반하여 실시한 순방도 마찬가지다.

영주로 하여금 행동하지 않을 수 없게 만든 것은 목회자 검증을 통해서 '개신교' 설교가 이루어지는지 확인하는 일 말고도 교구 내의 물질적 궁핍 때문이었다. 루터가 요한 폰 작센으로 하여금 상응하는 조치를 하도록 주도했다는 것은 놀라운 일이 아니다. 왜냐하면 그는 여러모로 개별 목회자들의 불만을 듣는 자였기 때문이다. 또한 해법을 찾은 곳, 예를 들어 라이스니히에서조차 목회자는 궁핍에 시달렸는데, 선제후 프리드리히가 금고 규정을 인준하지 않았기 때문이다.[50] 1525년 10월 31일에 루터가 선제후 요한에게 보낸 서신은 후자로 하여금 책임에 직면케 하였다. "목회자들은 어디서나 비참한 상태입니다. 아무도 주지 않고 아무도 지불하지 않습니다. 제물과 영혼의 동전은 떨어졌고, 지대는 없거나 너무 적습니다. 보통 사람들은 설교자도 목회자도 존경하지 않습니다."[51] 헌납할 준비 태세의 결핍으로 인한 교회 헌금, 기부금, 공물

50 루터가 슈팔라틴에게 1524년 11월 24일에 보낸 서신, WA.B 3, Nr. 798, S. 390,16~19.

제도의 붕괴, 그러나 또한 공동 금고 구상을 실천에 옮기는 데 주저하는 태도는 분명히 여러 곳에 교구의 목회자를 부양하는 일에서의 재정적 내지 물질적 위기를 초래했다. 따라서 순방은 일차적으로 영방 제후들이 교회에 대해 자신들의 권력을 확장하고 자기 신민들의 '사회적 기율을 바로잡기' 위해서 사용한 도구가 결코 아니었다. 순방은 우선은 목회자와 교사들의 부양 기반이 붕괴된 사태를 고려한 구출 작전이었다.

루터는 자기 영주에게 이 과제를 이해할 것을 집요하게 촉구했다. "왜냐하면 그들은 신으로부터 요구를 받은 것처럼 우리로부터 필연적으로 이 일을 행하도록 요청받았기 때문입니다."[52] 루터는 궁핍을 변화시켜서 의미 있는 재정 구조에 도달하기에 충분한 종교 시설과 수도원, 성직록 등이 있다고 생각했다. 그러나 요한 폰 작센은 우선 비텐베르크인이 교회 일꾼에게 국가 금고에서 재정을 지원하기를 원하는 것을 두려워했다. 이에 대해 선제후는 공동체의 재정에의 참여를 요구했다. "그럼에도 불구하고 우리는 도시 시민들과 시골 주민들이 자신들의 토지에서든지 종교 소작지에서든지 간에 교구에 기여하고 무언가를 행하는 것이 적절하다고 생각한다. 이로써 목회자와 설교자들은 신의 말씀을 선포하고 성례전을 수행하는 것에 따라서 그만큼 보수를 받을 수 있게 된다."[53]

비텐베르크 신학자들은 목회자들의 물질적 궁핍으로 인한 교구 제도의 붕괴는 국가 공동체 전체의 사회도덕적 현실에, 특히 청소년에게 부정적 영향을 끼칠 것이라는 것을 책임 있는 정치가들보다 일찍이 그리고 분명하게 안 듯하다. 수도원과 대성당 참사회의 자본은 현실적인 숙제를 해결하기에 충분하다는 것을 루터는 확신하였다. 1527년 6월, 여

51 루터가 선제후 요한에게 1525년 10월 31일에 보낸 서신, WA.B 3, Nr. 937, S. 595,39~42.

52 같은 책, S. 595,48f.

53 요한 폰 작센이 루터에게 1525년 11월 7일에 보낸 서신, WA.B 3, Nr. 944, S. 614,18~23.

러 가지 문제 해법이 앞서 제기된 뒤에 결국 에르네스트가 작센에 대한 순방 지침이 공포되었다. 순방위원회는 2인의 제후 자문과 2인의 대학 대표와 법학자 히에로니무스 슈르프, 그리고 신학자로서 선발된 필리프 멜란히톤으로 구성되었다.[54] 위원회는 정기적으로 모여서 우선 현지의 관할 교직자로부터 지역 상황에 관한 정보를 듣는 것으로써 일을 처리해야 한다. 신이 복음을 '이 마지막 날에'[55] 다시 비치도록 하기 위해서 선제후의 작센을 선택했을지라도, 복음을 받아들이지 않고 전례와 성례전에 부합하지 못한 일부 인간들이 있다. 그러므로 순방의 일차 목표는 복음 선포를 영토에 전반적으로 관철함에 있다. 그렇기 때문에 가르침과 행실에 대해서 목회자와 학교 교사를 심문해야 한다. 구교 사제는 교체되어야 하지만, 일회적 보상과 은급을 통해서 그들의 경제적 삶을 보장해주어야 한다. 종교개혁적 사고를 지닌 설교자로서 특히 성례전에 대해서 그릇된 교훈을 유포한 자는 해임되어야 하고 국외로 추방되어야 한다. 개별 사례에서 위원회의 평가에 따라서 다른 방식으로 제재를 가할 수도 있다. 무엇보다 카를슈타트, 뮌처 혹은 츠비카우 예언자들의 탓인 이단적 소종파의 가르침을 저지하기 위해서 혐의가 있는 평신도들도 검증해야 한다. 행실에 흠이 있다고 비난받는 목회자의 경우, 다른 지역으로의 전근이나 해임을 고려해야 한다.

그다음으로 각 교구 및 그 영역 내에 있는 교회 시설들의 재정 상황을 세밀하게 파악해야 한다. 또한 위원회는 개별 시민들이나 귀족들이 기부된 재산이나 봉토를 불법적으로 점유하지 않았는지 조사해야 한다. 조사에 근거하여(선제후에게 유보되어 있는 수도원 토지와 대성당 시설은 여기에 포함되지 않았다) 교회 인원에 대한 급여 상황을 조사 내지 확정하고 공동체의 기여를 통해서 재정적 빈틈을 메워야 한다. 그래도 무언가 부족하다면, 영주의 수도원과 교회 재산에 손을 대야 한다. 순방위원회

54 *EKO* 1, S. 142～48, 여기서는 S. 142a.

55 *EKO* 1, S. 142b.

의 또 다른 임무는 통일된 예배 질서를 도입하고 청소년 교육을 통제하는 데 있었다.

또한 기존의 교구 구조도 검증되어야 한다. 즉, 상황과 처지에 따라서 지금까지 통합되었던 교구들이 독립되거나 가까이 있는 마을들이 합쳐질 수 있다. 교회 건물의 건축 비용은 시 참사회와 공동체의 과제임을 강조하고 구빈은 공동 금고를 통해서 조직해야 한다. 동시에 첫 번째 순방을 통해서 교회의 지도 구조가 도입되었다. '주요 도시'의 목회자는 '교구 수석감독'으로 임명되었다.[56] 그들의 의무는 나머지 목회자들의 교리와 행실, 예배 실천을 검증하는 것이었다. 물의를 일으킨 목회자에 대한 고발이 있고 수석감독이 이 고발을 해결할 수 없을 때는 영주에게 보고해야 한다. 수석감독은 또한 혼인 재판을 주관해야 한다. 분명히 일부 목회자들은 종교개혁적 변화가 시작된 후에 이혼시킬 권한이 있다고 주장한 일이 있었다. 이 밖에 순방위원회는 온갖 종류의 윤리적 잘못에 대하여 징계 처분을 내려야 했고 현지의 목회자와 직무자들을 가르쳐야 했다. 지금까지 자신들의 '오류'를 고집한 수도원의 거주자들은 '개종'해야 한다. 영토 내의 늙고 허약한 수도원 거주자들은 고타의 아우구스티누스회 수도원과 아이제나흐의 시토회 수도원에 수용되었다. 탈퇴를 원하는 수도사들은 재정적 지원을 받을 수 있었다. 수녀원에는 개신교 설교자를 파송했다. '교황파 시절'의 '견딜 수 없는' 행위를 중지해야 하지만 결정적인 종결을 단행하지는 말아야 한다.

이런 의제를 통해서, 연속적으로 영방국 내 전체 교회를 재조직하기 위한 관점들이 언급되었다. 이것들은 일단 제기된 행위의 필요에서 비롯한 것들이었다. 1525년 봄에 이루어진 선제후령 작센 내의 정권 교체와 무엇보다 농민전쟁 도중에 가시화된 교회 권력 공백의 결과들이 교리, 삶, 예배, 교구 조직과 관련해서 교회를 국가화해야 할 분명한 당위성을 부여했다. 루터가 1528년 봄에 출판한 목회자를 위한 가장 중요

56 *EKO* 1, S. 146a.

한 문서상의 조언인 『선제후령 작센 내 목회자를 순방하는 이들을 위한 교훈』[57] 서문에서, 특히 교리 고백이라는 기초적인 문제를 구속력 있게 확정했고 무엇보다 영주의 교회 통치의 비상 성격을 강조했으며[58] '가르치고 종교를 통치하는 것'[59]이 세속 권력의 본래 임무에 속하지 않는다는 사실을 분명히 밝혔다. 또한 본문에서도 '교회법과 세속 정부의 법'[60]의 차이를 강조했을지라도, '가장 그리스도교적인 황제' 콘스탄티누스의[61] 모범적 행동을 원용한 것은 물론, 작센 선제후가 종교개혁을 실행할 때 루터가 황제 카를 5세에게 기대했던 것처럼[62] 행동했으며 이로써 신의 뜻에 부합했음을 암시하였다.

세속 권력에 부과된 평화를 돌보고 분쟁을 피해야 할 의무는[63] 실제로 비상 직무에 대한 어떤 대안도 허용하지 않을 뿐만 아니라 그리스도교 제후가 교회 개혁을 받아들인 경우에만 권력으로서의 자기 임무를 제대로 완수할 수 있다는 확신을 암시하였다. 영주로서의 비상감독직은 루터와 그의 비텐베르크 동료들에게는 원칙적으로 흠결 있는 교회 체제 형태가 아니라 사태에 따라서 유일하게 수용 가능한 것이었다. 이것은 제국정치적 이유에서도, 역사신학적 이유에서도 잠정적 질서 이상이 될 수 없었다. 실제로 선제후령 작센의 종교개혁 구상은 절차 형태 면에서나 조직적·교리적·예배적 내용 면에서 모델이 될 수 있었고 지속적으로 영향을 끼쳤다.

---

57 WA 26, S. 195~240; *EKO* 1, S. 149~74; LuStA 3, S. 406~62.

58 특히 WA 26, S. 197,25ff.; S. 200,27ff. = LuStA 3, S. 409,17ff.; S. 414,15ff. 참조.

59 WA 26, S. 200,29 = LuStA 3, S. 414,17.

60 WA 26, S. 223,38 = LuStA 3, S. 441,31f.

61 WA 26, S. 200,31ff. = LuStA 3, S. 414,20ff.

62 WA 6, S. 413,20ff. 참조.

63 LuStA 3, S. 414,18ff.; S. 441,31ff. = WA 26, S. 200,29ff.; S. 223,40ff. 참조. 야만적이고 '단순히 살인'(448,40)을 자행하는 투르크인을 저지해야 할, 그리스도인 신민에 대한 정권의 의무에 대해서는 S. 447,20~449,12 = WA 26, S. 228,33~229,46 참조.

『교훈』은 중대한 신학적·실천적 교리 문제에 대하여 정확하고 구속력 있는 진술을 담고 있어서 종교개혁파 신앙고백 역사에서 중요한 지위를 스스로에게 보장해주었다. 이후 이 텍스트는 많은 교회법에 수용되었다. 즉, 이것은 목회자의 신학 지식의 정상적 기준 같은 것을 정의했고 또한 이후 임용 시험의 기초를 이루었다. 유사한 표준화 경향은 예배 규정에서 나왔다. 루터의 『독일어 미사』, 그의 세례식서, 후에 또한 혼인예식서(1529)는 거의 규범적 지위의 텍스트가 되었다. 1528년 이후 비텐베르크 종교개혁의 국내적·국제적으로 가장 영향력 있는 교회 조직가인 요하네스 부겐하겐(Johannes Bugenhagen)이 작성한 교회법의 예배사적 영향을 과소평가해서는 안 되겠지만 말이다.

루터의 교리문답들

선제후령 작센의 순방에 대한 경험 맥락에서 또한 루터의 가장 영향력 있는 글인 『소(小)교리문답』이 생겨났다. 물론 루터의 것 이전에도 이미 다른 종교개혁파 교리문답들이 출판되었다. 평신도들이 쉽게 학습할 수 있는 촬요 형태로 개신교 교리를 집필하라는 요청이 도처에서 제기되었다. 그러나 루터의 『소교리문답』은 다른 모든 것을 능가했다. 루터가 농민전쟁 후 더 이상 '민중의 영웅'은 아니었을지 몰라도, 그는 의심의 여지 없이 '보통 사람들'의 초보적 신앙 지식에 깊은 영향을 끼친 신학자였다. 능숙한 설교자의 풍부한 경험에서 우러나온 『소교리문답』은 수백 년간 개신교회의 기본 도서가 되었다. 이 글은 가정과 교회에서 기도와 신앙고백, 그리스도인의 정체성을 위한 강철 같은 규범으로 기능했다.

『소교리문답』과 시간적으로나 내용적으로 밀접한 연관 속에 만들어진 『대(大)교리문답』은 성장하는 그리스도인에게, 무엇보다 목회자들에게 길잡이로서 도움을 주었는데, 그 목적은 그들로 하여금 정기적으로 교리문답 설교를 공포할 수 있게 만드는 것이었다. 『소교리문답』이 순방자 루터의 개인적 경험을 전제할 뿐만 아니라 오스만 제국으로 인한 그리스도교 세계의 위험이 특별히 심각했던 시점에 나왔다는 사실은 놀라운 일이 아니다. 이슬람의 집단 개종 강요에 대한 소식(루터는 이 사실을 그리스도교의 불충분한 종교적 '무장' 탓으로 돌렸다)에 직면하여 '보통 사람들'에 대한 교리문답 교육이 그리스도교의 근본적 생존 문제로 떠올랐다. 투르크족의 전쟁 포로가 될 위험에 직면하여—1529년 빈이 포위되던 해에 어느 때보다 심각하게 고려될 수 있는 가능성이었으니—삶을 살아가는 그리스도인의 가슴에 루터는 십계명, 주기도문, 그리고 사도신조 등 초보적 교리문답 자료를 제공하였다.

> 그대는 아직 여유가 있으므로 십계명과 주기도문과 사도신조를 배워라, 그리고 우리가 말할 때 특별히 이 논제를 배워라. '그의 외아들 우리 주 예수그리스도를 …….' 왜냐하면 이 논제에 의지해, 이 논제로부터 우리는 그리스도인이라 불린다 …… 따라서 투르크인에게서 어떤 신성함의 큰 빛을 보게 될 때, 흔들리지 말고 이렇게 말하라. 그대가 천사일지라도 그대는 예수그리스도가 아니다. 주 예수님, 나는 오직 당신을 믿사오니, 나를 도우소서 등.[64]

이 텍스트의 핵심적 내용뿐만 아니라 두 성례전 세례와 성만찬에 대해 그리스도교 세계를 영적으로 '무장'하는 과제는, 따라서 순방 경험을 고려해서뿐만 아니라 투르크족의 위협에 직면해서 누구나 동의할 수 있을 만큼 설득력을 얻었다. 그런 한에서 '투르크족'은 제후 종교개혁에서 안정화 조치 및 종교 교육이 불가결하고 필연적으로 비치게 만드는 데 공헌하였다.

루터와 선제후의 권위는 서로 의존적이었다. 무능한 목회자로부터 교육을 받은 백성은 '사랑스러운 소와 비이성적인 돼지'처럼 살고 '복음이 들어온' 후에 '자유를 교묘하게'[65] 남용한다는 루터의 주장은 종교

64 *Heerpredigt wider die Türken*, in: WA 30 II, S. 186,1～9.31～34.

적·윤리교육적 충고를 농민전쟁의 폭동에서 그 정당성을 얻은 훈육적 호소에 결부시킨 것이었다. 그런 한에서 『소교리문답』은 동시에 종교적·사회윤리적 내지 정치적 교육을 목표로 하였다. 그러므로 루터가 제안한 텍스트 형식을 사용하는 목회자들은 종교개혁을 통해 혁신된 영방국의 종교적·사회도덕적 기초 지식을 실천에 옮길 최종 심급이었다. 이 의도는 정부에 대한 순종 명령의 근거를 제4계명 해석에[66] 둠으로써 특히 의미심장하게 표현되었다.

교리문답 자료, 특히 처음 세 부분—십계명, 주기도문, 사도신조—을 배우기를 원치 않은 사람에게는 그들이 악마에게 넘겨지고 음식이 거부되며 영주에 의해서 "땅에서 추방될" 것임을 통고받을 것이라고 경고해야 했다.[67] 영주 종교개혁을 지지하는 사람들, 정치가, 법률가, 신학자들의 행동 의도에 비추어볼 때 그들에게는 공동체를 '그리스도교화하고' '사회적으로 훈육'하는 일이 불가분으로 서로 공속하고 있음을 의심할 수 없었다. 그러나 이것이 주민에게는 종교적 삶의 질서를 국가가 규정한 의무 형태로 접하게 된다는 것을 의미했다. 비록 루터는 누구보다도 "아무도 신앙을 강요할 수 없고 그래서도 안 된다"는 것을 잘 알았지만 말이다.[68] 그렇기 때문에 선언된 목표는 신앙인의 '자기 강제'에 있었다.[69] 즉, 그리스도인의 자기 훈육 없이는 종교개혁의 울타리 안에서 사회적 규율은 얻을 수 없었다.

65 WA 30 I, S. 267,6~10.

66 WA 30 I, S. 287,5~9; S. 274,18 참조.

67 WA 30 I, S. 271,26f.

68 WA 30 I, S. 271,28f.; S. 277,18ff.

69 "…… 이제 교황의 독재정은 끝났으므로, 그들은 더 이상 성례전에 참여하기를 원치 않고 멸시한다. 그러나 우리는 아무에게도 신앙을 강요하거나 성례전을 강요해서는 안 된다는 것을 알고 행동할 필요가 있다. 법도, 때도, 상황도 적합하지 않다. 그러므로 설교를 통해서 그들이 우리의 법 없이 스스로를 강제하고 우리 목회자들에게 성례전을 거행하도록 요구하게 만들자." WA 30 I, S. 277,14~25; S. 281,3ff. 참조.

교리문답은 양식에 의해 습득할 수 있는 개인적 신앙 의식의 강령이자 표현이며 동시에 공적으로 통용되는 신앙고백이자 개인적 고백 행위—"나는 신이 나를 모든 피조물과 함께 창조했음을 믿는다" 등—여야 했다.[70] 이 긴장은 『소교리문답』 안에 이미 있었다. 이 긴장은 개신교 경건의 역사를 형성했고, 이 역사로 하여금 개인과 집단 사이, 사적 종교와 공적 종교 사이에서 동요케 했다.

임직과 목회자 회의

선제후령 작센의 교회 조직의 또 다른 두 가지 요소—목회자의 임직과 목회자 회의—가 계속해서 단계별로 적용되었다(다른 곳에서도 이것을 따랐다). 두 질서 요소는 원래 비텐베르크 및 그 대학과 연관이 있었다. 의전으로서의 임직은 1535년 선제후령 작센에서 대학에 이 과제를 위탁하는 선제후의 칙령을 통해서 비로소 도입되었다.[71] 시험을 거친 후 비텐베르크 대학에서 임직을 시행하는 이 결정은 복잡한 발전의 결과였으며, 이 발전의 끝에는 구교의 모델에 따라서 개신교 목사직에 임명하는 의식 절차가 있었다. 1525년 5월 14일, 농민전쟁 중간에 최초의 임직으로 간주될 수 있는 바이에른인 게오르크 뢰러(Georg Rörer)에게 행한 의식을 기초를 뒤흔드는, 묵시문학적 질서 실종을 눈앞에 둔 예언자적·고백자적 상징 행위로 평가할 수 있다면,[72] 1530년대 중반부터는 즉흥적인, 통일성 없는 관계를 허용하지 않는 개신교 영방교회(Landeskirche)의 지속적인 제도적 고착화가 두드러지게 진행되

70 WA 30 I, S. 293,15f.

71 Martin Krarup, *Ordination in Wittenberg. Die Einsetzung in das kirchliche Amt in Kursachsen zur Zeit der Reformation*, Tübingen 2007, 특히 S. 175ff.; Dorothea Wendebourg, *Martin Luthers frühe Ordinationen*, in: Stefan Ehrenpreis, Ute Lotz-Heumann, Olaf Mörke, Luise Schorn-Schütte (Hg.), *Wege der Neuzeit. Festschrift für Heinz Schilling*, Berlin 2007, S. 97~115.

72 Wendebourg, *Martin Luthers frühe Ordinationen*, (Anm. 71), S. 107 참조.

었다. 비텐베르크의 임직 규정은 1533년에 창설된 에르네스트가의 수석감독직에 딱 들어맞았다. 비텐베르크 시 목사이자 신학 교수인 부겐하겐이 이 규정을 인지했다. 그는 영방국의 교구를 감독할 책임 및 후에 신학자들과 법률가들로 구성된 선제후령 작센 교회의 최고 지도 기관인 목회자 회의를 주재할 책임을 졌다.

1542년에 제후의 칙령을 통해서 시작된 비텐베르크 목회자 회의는[73] 주교 재판 기능, 특히 혼인 법정과 교회 치리를 인수했고, 제후의 종교개혁을 통해서 필수적이 된 제도적 새 규정을 마무리지었다. 선제후령 작센은 제후 종교개혁 영역에서 모델 역할을 수행했다. 북독일과 스칸디나비아, 도시 및 영방국 교회법의 중요한 집필자가 된(브라운슈바이크 1528년, 함부르크 1528/29년, 뤼베크 1530/32년, 힐데스하임 1545년, 동東프리슬란트[1529년에 부겐하겐을 본따], 포메른 1534/35년, 덴마크 1537년, 노르웨이 1537/39년, 슐레스비히-홀슈타인 1542년, 브라운슈바이크-볼펜뷔텔 1543년)[74] 부겐하겐의 다양한 교회 조직 활동을 통하여 선제후령 작센 교회의 법 형식의 많은 요소들이 특히 비텐베르크를 지향한 루터파 교회 속으로 들어갔던 것이다.

방백령 헤센의 종교개혁

기존의 교회를 국가 감독 아래의 기구로 전환하는 선제후령 작센의 연속적·실용적·보수주의적 구상이 성공적인 것으로 입증된 이유는 행동의 필요성이 분명히 존재하고 개신교 교리에 의한 혁신이 불가피해진 경우에만 교회를 규제하고 개혁했기 때문이다. 다른 견해들은 점차

73 *EKO* 1, S. 200～09; Ralf Frassek, *Eherecht und Ehegerichtsbarkeit in der Reformationszeit. Der Aufbau neuer Rechtsstrukturen im sächsischen Raum unter besonderer Berücksichtigung der Wirkungsgeschichte des Wittenberger Konsistoriums*, Tübingen 2005.

74 Tim Lorentzen, *Johannes Bugenhagen als Reformator der öffentlichen Fürsorge*, Tübingen 2008.

배제되거나 배후로 물러났다. 이것은 예를 들어 헤센 종교개혁 초기에 있었던 교회 제도의 야심 찬 모델에 해당된다. 헤센 방백 필리프는 프랑스 아비뇽 출신 전 프란체스코회 수도사 프랑수아 랑베르에 의해 종교개혁 도입을 위한 기구로서의 노회(老會) 아이디어에 설득당했다. 랑베르는 다른 종교개혁가들과 달리 취리히, 비텐베르크, 스트라스부르의 종교개혁 중심지와 긴밀한 관계를 맺은 바 있었다(323쪽 참조). 1526년 10월에 필리프는 영방 신분 및 성직자 회의를 에프체(Efze) 강변 홈부르크(Homburg)에서 소집했는데, 이것은 종교개혁사에서 이른바 홈부르크 노회로 통한다. 토론에서는 랑베르가 작성한 논제들과 파라독사(Paradoxa)가[75] 다루어졌다. 비상하게 신속히 진행되었고 구교 측 저항을 거의 허용하지 않은 토의 끝에 참석자들은 "모든 헤센 교회에서 무엇을 개혁할 것인지"[76] 확정하는 일을 몇 사람에게 위임하자는 데 합의했다. 이에 따라서 랑베르는 회중교회적·노회적 요소로 구성된 교회 제도 초안인 『헤센 교회의 개혁』을[77] 작성했다. 이 문서는 영주에게 일정한 간섭권을 허용하며 공동체적 요소와 영방교회(Landeskirche)적 요소를 조정하고 절충하는 복잡한 제도를 둔다는 점이 특징이다. 방백이 루터에게 소견을 요청했을 때,[78] 루터는 이 초안이 너무 복잡하다는 점을 발견했고 지나친 규제욕에 대해 경고했으며 본질적인 것에 집중하라고 조언했다. 적합한 목회자로 하여금 공동체를 돌보게 하는 일에 집중하라는 것이었다. 무엇보다도 랑베르의 초안의 급진적 새로움이 루터에게는 불편했다. 방백 필리프는 부분적으로만 납득하고 계속하여 선제후령 작센의 모델을 지향하되, 장로직 같은 특별한 요소를 바꿨다. 헤센에서도 결국 교회 제도의 갱신은 순방위원회에서 출발했으며, 위원회는 현

75 *EKO* 8/1, S. 12, Anm. 17의 증거.

76 *EKO* 8/1, S. 12에서 인용.

77 *EKO* 8/1, S. 43~65에 실림.

78 루터가 헤센 방백 필리프에게 1527년 1월 7일에 보낸 서신, WA.B 4, Nr. 1071, S. 157f.

지에서 상황에 대해 보고받은 뒤 무엇보다 개신교 설교자를 배려하고 예배 개혁을 고려했다. 양대 개신교 영방국에서 나란히 진행된 개혁전략적 발전은 제국 영역 내 종교개혁의 종교정치적 안정화에 기여했다.

1520년대 후반부에 종교개혁 행위를 결정한 것은 더 이상 종교개혁 운동의 많은 배우들이 아니라 특히 제후들, 그들의 자문들, 그리고 영방국에서 봉사하는 신학자들이었다. 후대의 도시 종교개혁에서도 결코 빠질 수 없었던 두드러진 공동체 종교개혁적 요소들은 전체적으로 결산했을 때 거의 아무것도 바꿔놓지 않았다. 종교개혁이 원래 도시적 사건이었을지라도 그것은 제후들 때문에 살아남았다.

제9장

신학적 해명과 분열

옛 교회 체제 및 그 체제의 로마 대표들 내지 제국 내의 수호자들에 대한 전투적 대립은 종교개혁 운동 초기에 '개신교도'들의 원초적 결속감 형성에 본질적으로 기여했다. 개신교 진영 내의 최초의 균열은 어떤 속도로 특정한 신학적 통찰로부터 어떤 실천적 결과들을 끌어낼 수 있는지를 결정해야 할 필요가 있을 때 가시화되었다. 신학적 내용 수준에서 공통점이 지배적일지라도 몇몇 경우에 전략적 대립이 생겼다. 이것은 형상 문제의 해명, 미사 폐지, 이종배찬의 성만찬 도입 혹은 세례 의식을 재형성하는 문제에 해당되었다. 이 문제 가운데 어떤 것도 근본적 혁신의 목표나 이것의 신학적 정당화에 대한 것이 아니었다. 논란이 되었던 것은 이 목표에 도달하는 방법과 속도, 그리고 누가 합당한 행위자가 되어야 하는가의 문제였다—개별 신학자인가, 전투적인 공동체 그룹인가 혹은 세속 정권인가?

개혁을 필요로 하지 않고 단지 폐지되어야 할 다른 그리스도교 경건 실제의 경우, 사회적으로 끼치는 영향을 고려해서 이 일이 신속하고도 효과적으로 이루어져야 한다는 데에 주목할 만한 폭넓은 합의가 있었다. 면죄부, 순례, 성자숭배, 성유물 제의, 견신례, 사제 서품, 종부성사, 수도원 제도 및 중세 후기 경건의 다채로움을 이루는 다른 많은 것들은 금지되거나 중단되었다. 종교개혁의 이 부정적·파괴적 요소와 관련한 표준적이거나 이론적인 해명은 이미 1520/21년에 무엇보다 루터 자신을 통하여 표명되었고 종교개혁 운동에서 거의 규범적 가치를 획득했다.

반면에 실천적으로 새로이 형성되어야 할 주제들은 신학적으로 중요하지만 논란거리가 된다는 것이 입증되었다. 이 주제들은 상당한 해명이 필요하거나 처음 형성 과정에서 해명을 필요로 하는 것으로 드러났다. 이것은 무엇보다 **세례**와 **성만찬** 내지 그것에 대한 이해의 핵심 문제였다. 출판상으로 특히 성공적인, 1519년 및 1520년의 루터의 이 주제와 관련된 초기 글들이 후대의 종교개혁파 내 논쟁 대상이 된 성례전 신학의 주요 문제에 어떤 명백한 혹은 신학적으로 충분히 설득력 있는 해답을 주지 않았다는 사실은 두 가지 성례전에 대한 논쟁의 생성과 진행에서 사소한 일이 아니었다.

두 성례전과 관련해서 물론 이론적 해명은 포기할 수 없었다. 즉, 그리스도가 그것을 제정했고 그것이 실천되어야 한다는 것은 논란의 여지가 없었기 때문이다. 두 성례전에서 핵심은 교회의 이해, 무엇이 성례전을 구성하며, 무엇이 그것의 본질을 이루는가 혹은 그리스도가 그것에서 어떻게 행동하는가, 그리고 그것이 원칙적으로 한 공동체의 모든 인간을 포괄하는가 아니면 결정적으로 그리스도와 복음을 고백한 사람들만을 포괄하는가의 문제였다. 세례와 성만찬에 대한 논쟁은 성서적 현실에서 볼 때 분명하게 결정될 수 없는 듯 보였다—또한 이것이 이들 논쟁을 구교 측과의 논쟁과 구분시켜주었다. 성서상의 기초 자체가 비판의 여지가 있는 것으로 입증된 한에서, 아마도 특히 성만찬 논쟁을 **종교개혁의 근본적 위기**로[1] 보는 것이 타당할 것이다.

성례전 논쟁은 종교개혁적 교회상에 대한 자기 이해의 신학적 과정으

---

1 Thomas Kaufmann, *Die Abendmahlstheologie der Straßburger Reformatoren bis 1528*, Tübingen 1992, 특히 S. 270 참조.

로서, 도시와 영방국 내의 개신교 교회의 제도적 형성 시작과 긴밀한 연관 관계에 있다. 세례와 관련된 대립에서 논쟁거리는 개혁이 다수인의 교회로서 실현되어야 하는가 아니면 소(小)종파적 공동체로서 실현되어야 하는가였다. 성만찬 논쟁에서 개혁은 하나의 교회의 틀에서가 아니라 다수 교회들의 틀 안에서 구체화된다는 것이 판명되었다. 1520년대 후반부에 성만찬 문제와의 연관 속에 이루어진 개신교 진영의 신학적 차별화 및 다원화 과정은 심대한 분열의 계기가 되었고, 분리된 종파적 발전의 출발점이 되었다.

종교개혁 내의 신학적 차별화 과정은 지역적·영방적인 특별한 맥락 속에서 교회가 새로이 형성되는 데 기여했으나, 종교개혁적 교회의 상위 조직 구조가 거의 형성되지 못하게 만들었다. 종교개혁적 교회를 범지역적·범영방적으로 연결하는 일은 일차적으로 제국 정치의 필요에서 비롯되었다. 1530년 아우크스부르크 제국의회에서 개신교 신분들이 제출한 두 개의 신앙고백, 즉 『아우크스부르크 신앙고백』(*Confessio Augustana*) 및 『네 도시 신앙고백』(*Confessio Tetrapolitana*)과 슈말칼덴 동맹이라는 군사적·정치적 동맹은 상위 차원에서 프로테스탄티즘의 중대한 연결 요소를 보여준다. 그러나 성만찬 문제에서 신학적 이견이 동맹정책에 유의미해졌던 시기, 즉 1529/30년에 오랜 기간 이어질 치열한 논쟁은 이미 시작되었다.

구조적 관점에서 성만찬 및 세례 문제에 대한 논쟁은 무엇보다 전자가 훨씬 폭넓은 출판상의 반향과 결부되어 있었고, 보다 많은 논쟁문의 저자들을 그 마법에 끌어들였으며, 점차 거의 전적으로 대중어로 진행되었다는 것 때문에 구별된다. 성례전의 실천적·제의적 차원 때문에 이 논쟁은 학자 집단을 벗어났다. 이 점에서 이 논쟁은 자유의지에 대한 루터와 에라스무스 간의 논쟁과 구별된다.

종교개혁파의 성만찬 논쟁

자기 진영으로부터 재세례파, 열광주의자, 소종파주의자들을 경계짓는(547~68쪽 참조) 데에서 정부 주도 종교개혁의 유력 신학자들 사이에는 암묵적 합의가 있었다. 교회 개혁을 위한 그들의 투쟁은 어떤 도시나 영방국의 모든 그리스도인에게 그리고 '백성의 교회'에 해당되는 것이었지, 특별히 성도들의 배타적이고 작은 무리에게만 해당되는 것은 아니었다. 또한 루터가 1526년에 때때로 사고했고,[2] 마르틴 부처가 1546/1550년에 '제2의 종교개혁'의 시도로서[3] 재세례파에 대립하여 개념적으로 정리한 교회 내의 진지한, 회개 준비가 된 그리스도인의 경건한 공동체화라는 교회론적 이념은 만인의 그리스도인화 및 '참된 그리스도교 개혁'[4]을 지향하는 것이었다. 따라서 한 사회의 많은 사람들이 중요한가 아니면 한 공동체의 특별 자격을 부여받은 소수의 그리스도인들이 중요한가에서 종교개혁적 '정통주의'와 소종파적 '이단' 사이의 정신이 갈렸다. 1524년 가을 이후 발발한 성만찬 이해에 대한 신학논쟁에서 정부 주도 종교개혁 추종자 집단 가운데서 나온 신학 논쟁자들에게 문제는 다수, 즉 '교회'에 속한 모든 자들의 만찬이라는 공통의 울타리 아래 있었다. 성만찬 잔치를 전적으로 참으로 믿고 세례받은 자들의 공동체의 상징적인 평등한 행동 및 고백 행위로 보았던 급진적 종교개혁의 대변자들은 처음부터, 두 진영의 '확립된' 종교개혁가들과는 다른 교회론적 사고 지평에서 주장을 펼쳤다. 츠빙글리와 루터, 그리고 그들의 숱한 논쟁자들, 적수들에게는 성만찬을 둘러싼 대결이 교회의 중심적·공적 제의의 이해에 대한 문제였다. 이 과제에 대처해야 했다.

---

2 WA 19, S. 75,3ff.

3 Werner Bellardi, *Die Geschichte der "Christlichen Gemeinschaft" in Straßburg (1546/50). Der Versuch einer "zweiten Reformation"*, Leipzig 1934.

4 BDS 17, S. 235,28; S. 228,26ff. 참조.

그런 한에서, 미사 예배의 전례적 혁신과의 밀접한 관계 때문에 신학자 집단을 넘어서 폭넓게 확산된 성만찬 논쟁은 불가피한 점이 있었다. 즉, 교회가 그리스도에 의해 제정된 식사를 그의 지시에 따라서 거행할 때 어떻게 할 것인가에 모든 신학자와 공동체 구성원은 답변할 수 있어야 했다.

루터의 초기 성만찬 저서

세례 문제보다는 성만찬과 관련해서 이 주제에 대한 루터의 초기 글들이 종교개혁 내부 논쟁의 생성과 진행에서 핵심적 의미를 가졌다는 것은 보다 분명했다. 루터는 성만찬 문제에 대해 카를슈타트의 성만찬 글을 통하여 1524년 가을에 대립이 촉발되기 오래전부터 일련의 관련 글들을 저술했다. 이 글들은 라이프치히 논쟁과 로마 재판의 종료 사이의 짧은 기간에 이루어진 그의 신학의 신속한 발전을 웅변하는 증거다. 1519년 가을에 집필된 성만찬 글 『그리스도의 거룩한 참된 시신의 경외스러운 성례전에 관한 설교』에서 루터는 에라스무스의 『그리스도인 군사의 핸드북』[5]에서의 성만찬 신학과 유사하게 식사 공동체에 분명히 역점을 두었다.[6] 교회의 여러 지체들 중 그리스도의 몸은 현재적 그리스도를 나타낸다. 성례전적 표시는 공동체가 "영적 몸으로, 즉 그리스도와 모든 성도들의 교제 속으로 들어가 변화"되도록 작용했다.[7] 성례전에 의해 중계된 교제의 목표는 그리스도를 닮고 서로 간의 애정적 헌신 속에 그의 영적 몸으로서 서로를 위하는 데 있었다. 이 글에서 루터는 빵이나 포도주와의 관계에서 그리스도의 성례전적 몸의 존재론적 특성—그러므로 종교개혁의 내적 논쟁의 결정적 계기가 되었던 문제—에는 관심을 기울이지 않았다. 여러 가지 사실은 그가 1519년에

---

5 Erasmus von Rotterdam, *Ausgewählte Schriften*, hg. v. W. Welzig, Bd. 1, S. 180ff.

6 WA 2, S. 742~58 = LuStA 1, S. 270~87 = Cl 1, S. 196~212.

7 WA 2, S. 749,12~14.

"성례전에는 빵과 포도주 외에는 없는가"[8]라는 물음으로 인해서 가졌다고 전해지는 '가혹한 시련'[9]이 이 첫 번째 설교를 작성할 때 배경에 있었음을 말해준다.[10] 그러나 그의 후대 기억에 따르자면, 제정사(辭) 텍스트의 현저한 명백성이 그로 하여금 그리스도의 몸과 피를 단지 상징적으로 해석하지 못하게 막았다—"이것은 내 몸**이다**", "이 텍스트는 너무나 강력하게 존재하고, 말을 통해서 잊히지 못하게 하였다."[11]

루터의 성만찬 신학의 발전에서 특징적인 사실은 1519년의 성만찬 설교에서 실제적으로 아무 역할도 하지 않았던 제정사가 다음의 주제 관련 발언, 곧 『신약성서에 관한 설교』[12](1520년 봄)에서 핵심을 이루었다는 것이다. 루터는 그리스도의 유언을 이제 약속, 즉 신앙의 근거를 이루는 약속(promissio)으로 이해했다. 외적 성례전의 표지, 빵과 함께 패러독스하게 동일한, 즉 '동일 본질적으로' 임재하는 것으로 사고된 그리스도의 몸은 확증 내지 봉인의 표시로서, 이 표시를 통해서 그리스도는 자기 말의 내용을 담보를 통해서 강화하고 의무를 지우듯이 전달한다. 루터가 1519년에는 그것을 신학적으로 받아들이지 않은 채 거의 '함께 끌고 갔던'[13] 구교의 화체설에 대립해서, 이제 그리스도의 한 인격 내 두 본성의 친교와의 유비에서 발전된 그리스도의 몸과 요소들의 친교적 공존의 표상을 내세웠다. 당연하게 전제된 육신의 실재적 임재 표상에는 특별히 신학적 자기 가치를 부여하지 않았다. 그것의 '기능'은 외적 표시로서 신앙의 근거를 이루며 강화하는 그리스도의 약속을 확증하는 것 이상을 넘어서지 않았다. 그런 한에서 이 개념은 빵과 포도

8 WA 2, S. 394,14f.

9 WA 2, S. 394,13f.

10 Thomas Kaufmann, *Der "alte" und der "junge" Luther als theologisches Problem*, in: Christoph Bultmann, Volker Leppin, Andreas Lindner (Hg.), *Luther und das monastische Erbe*, Tübingen 2007, S. 187~206 참조.

11 WA 15, S. 394,19f.

12 WA 6, S. 353~78 = LuStA 1, S. 288~311 = Cl 1, S. 299~322.

13 WA 2, S. 749,10~12.

주의 요소가 스스로 이미 모든 것을 결정하는 구원의 말씀의 봉인과 확증 표지가 될 수 있음에도 불구하고, 그리스도의 참된 몸이 실제로 임재하는 것을 믿어야 하는가를 묻는 (루터와는 거리가 먼) 합리주의적 반문에 의해 흔들릴 수 없었다. 표지를 통한 강화를 위해서 그리스도의 몸은 있어야 하지 않았는가? 루터는 말씀에 의한 그리스도의 몸의 임재를 당연히 전제했다. 그리스도 자신은 이 육신적 현재화의 길을 선택했다. 그의 임재에 특별한 '기능'을 돌리는 것은 창조적 현실을 세우는 말씀에 충실한 비텐베르크의 성서신학자와는 거리가 멀었다.

그다음으로 루터의 설교 『성례전의 경배에 대하여』[14]에서 논란이 되는 성만찬 문제 관련 발언에서 특징적인 것은 이중의 전선이 이미 형성되었다는 것이다. 한편으로 그는 "빵의 형상 아래에는 그리스도의 몸이 있지 않다"[15]고 쓰고 설교한다는 구교 측에서 퍼뜨린 소문에 대항하고, 다른 한편으로는 빵과 포도주 내의 그리스도 몸의 임재를 실제적으로 부인한 자기 진영 출신의 '경솔한 정신들'[16]에 대항하고 있었다. 소문은 제국의회 수준으로까지 퍼졌다. 육신적으로 임재한다는 표상이 파괴될 경우, 두 요소에 대한 경건과 관련해서 종교적으로 끼치는 결과는 물론 직접적으로 컸다. 루터는 그리스도의 육신적 임재에 대한 신앙을 분명히 강조하는 취지에서 사물에 대한 시각을 진술했는바, 이것을 "온 복음의 …… 총체"로 표현했다.[17] 이 글은 보헤미아 형제들에게 헌정되었는데, 그는 1521/22년 이후 그들과 특히 집중적으로 접촉하였다. "우리 독일 사람들이 믿는 것처럼, 그들도 그리스도가 마리아에게서 태어났고

---

14 WA 11, S. 431~56.

15 한스 폰 더 플라니츠(Hans von der Planitz)가 뉘른베르크 제국의회에서 작센 선제후 프리드리히에게 1523년 1월 2일에 보낸 서신, Ernst Wülcker, Hans Virck (Hg.), *Des kursächsischen Rathes Hans von der Planitz Berichte aus dem Reichsregiment in Nürnberg 1521~1523*, Leipzig 1899 (Nachdruck Hildesheim und New York 1979), Nr. 132, S. 301~05, 여기서는 S. 302,36f.

16 WA 11, S. 434,2.

17 WA 11, S. 432,25.

거룩한 십자가에 매달렸던 것처럼, 진실로 자기 살 및 피와 함께 성례전 아래에 있음"[18]을 확신한다는 것을 루터는 형제들의 사절로부터 보장을 받았음을 분명히 확인했으므로, 그가 상세하게 육신적 현재 표상을 부인하는 것과 대립한 이유는 보헤미아인들에게서가 아니라 종교개혁 운동 주변 집단에서 찾아야 할 것이다.

카를슈타트가 1523년 봄에 이미 그리스도의 육신적 실재 임재에 대한 회의적인 발언을 했다는 사실은 배제할 수 없지만 근거는 없다. 루터는 『성례전의 경배에 대하여』에서 물론, 이미 후일 츠빙글리를 통해 유명해진 '이것은 내 몸이다(est)'라는 공식을 '이것은 내 몸을 상징한다(significat)'의 의미로 해석한 제정사에 대한 주석과 대결했다. 루터는 아마도 1522년에 원래 자신을 겨냥한 『그리스도교 서신』(*Epistola christiana*)으로부터[19] 네덜란드 법학자 코르넬리스 훈(Cornelisz Hendricxz Hoen, 1524년 사망)의 이 해석을 알았다. 이 글은 1525년 봄에 마르틴 부처에 의해 스트라스부르에서 약간의 텍스트 작업을 거쳐서 출판되었고 또한 독일어로 번역되어 유포되었다. 특히 츠빙글리와 루터 간의 후일 대결에서 취리히의 종교개혁가가 1524년 가을 이후 자신에게 알려진 해석 est = significat(이다 = 상징한다)에 준하여 제정사를 해석했다는 것은 중요하지 않은 것이 아니었다. 루터는 이 제정사를 『성례전의 경배에 대하여』에서 이미 성서의 가치에 대한 재앙적인 결과를 지적하면서 날카로이 거부했다. "이런 악을 한 구절에서 허용하여 단어 ist가 '의미한다'와 같은 뜻이라고 성서상의 근거도 없이 말할 수 있다면, 다른 구절에서도 거부할 수 없고 성서 전체가 파괴될 것이다. 이런 악이 어째

18 WA 11, S. 431,11～13.

19 Z 4 (CR 91), S. 512～19에 실림. Kaufmann, *Abendmahlstheologie* (Anm. 1), S. 284ff. 참조. 역사적·인쇄사적 재구성에서 문제가 없지는 않지만 Bart Jan Spruyt, *Cornelius Henrici Hoen (Honius) and His Epistle on the Eucharist. Medieval Heresy, Erasmian Humanism, and Reform in the Early Sixteenth Century Low Countries*, Leiden 2006도 참조.

서 특히 한 구절에서 유효하고 모든 구절에서 그렇지 않은지 근거가 없기 때문이다."[20] 루터가 종교개혁 내부의 성만찬 논쟁에서 이렇게 신랄하게 공격하며 등장한 이유는 그가 성서 말씀의 근본적인 가치 상실을 '이성과 지혜',[21] 즉 빵과 포도주가 어떻게 그리스도의 살과 피가 될 수 있는지를 이해하지 못하는 저 '건전한 인간 이성'이 성서 말씀의 의미에 대해 판단할 경우의 필연적 결과로 간주했다는 데서 설명된다. 제정사 해석에서 루터에게는 종교에 남아 있는 유일한 권위인 성서의 가치가 관건이었다.

종교개혁파의 성만찬 논쟁 개관

루터파와 개혁파의 종파적 발전의 핵을 이루며 상이한 개신교 종파 문화를 형성시킨 종교개혁파의 성만찬 논쟁은 여러 단계로 구분될 수 있다. 곧 츠빙글리 및 그의 바젤 동료인 외콜람파트에게 대항한 비텐베르크인들의 첫 번째 공개적 공격 시점인 1524년 가을과 1525년 여름 사이의 시작 단계에 뒤이어서 약 3년간의 문서상 공격 단계가 있었다. 여기서 두 경쟁 진영의 대표들 사이에 격렬한 타격 교환이 있었다. 세 번째 단계는 1528년 여름에 스트라스부르의 종교개혁가 마르틴 부처의 대화 팸플릿[22]에 의해 시작되었는데, 부처는 이전에 특히 성만찬 요소 내에 그리스도가 육신적으로 임재한다는 루터의 콘셉트를 문서를 통해 반박하는 파괴적 선동자로서 활약했다.[23] 세 번째 단계는 종교 및 제국 정치적 문제와 상황의 영향을 받은 복잡한 과정을 거쳐서 결국 1536년에 종결된 비텐베르크의 성만찬 협약으로 끝을 맺었다. 남부 독일과 비

20 WA 11, S. 434,30~34.

21 WA 11, S. 434,17.

22 BDS 2, S. 295~383에 실림.

23 세부 내용에 대해서는 Kaufmann, *Abendmahlstheologie* (Anm. 1); Th. Kaufmann, *Zwei unerkannte Schriften Bucers und Capitos zur Abendmahlsfrage aus dem Herbst 1525*, in: ARG 81 (1990), S. 158~88 참조.

텐베르크 신학 간의 신학적 양해에 도달하게 된 이 마지막 단계에 츠빙글리와 외콜람파트 — 둘은 1531년에 사망했다 — 의 신학적 '상속자들'은 더 이상 가담하지 않았다.

이 상이한 단계 동안에 신학 분쟁의 의사 표현 형식은 상당히 변했다. 1525년에서 1528년까지의 문서상의 대립에서는 독일어 팸플릿이 지배적이었다. 즉, 라틴어 텍스트는 초기에만 어떤 역할을 담당했다. 특히 루터와 츠빙글리 사이의 여러 차례 대결을 통해서 이루어진 문학적 결투의 정점은 무엇보다 대중어 팸플릿 형식을 통해서였다. 그다음으로 중재 및 양해 과정은 문서상의 대화인 부처의 대화편을 통해서 시작되었고 서신 교환 및 종교 대화에 의해 형성되었다. 이 가운데서 부처 및 헤센의 방백 필리프의 참여를 통해서 성사된 마르부르크 종교 대화는 특별한 주목을 받았다. 이 대화에서 루터와 츠빙글리 사이의 유일한 개인적 만남이 이루어졌다.

종교개혁파 성만찬 논쟁의 시작 단계(1524/25년)

시작 단계는 추방된 비텐베르크인 안드레아스 카를슈타트의 '출판물 공격'[24]을 통해서 촉발되었다. 그가 1524년 10~11월에 무엇보다 바젤과 스트라스부르에서 출판하도록 한 8편 글 가운데서 오직 5편만이 성만찬론, 특히 제정사의 해석에 관계된 것이었다. 여기서 카를슈타트는 '새로운 교황파'의 우두머리 루터에게 대항하여 그리스도는 자기 죽음에 대한 기념 만찬을 제정했을 때 자신의 몸을 가리켰다는 논제를 진술했다. 그러므로 "이것은 내 몸이다"라는 말은 자기 추종자를 위한 유일한 자기 제물로서 자신을 내준 자의 십자가에 달린 몸을 지시한다. 카를슈타트는 히브리서의 의미에서 그리스도의 단번의 충분한 제물 사상에서 착안된 제정사에 대한 이런 해석의 근거를 문법적으로 빵의 그리스어 ho artos는 남성이지만 지시대명사 touto = hoc = '이것'은 중성이라

24 Alejandro Zorzin, *Karlstadt als Flugschriftenautor*, Göttingen 1990, S. 126 u. ö.

는 것에서 설명한다. 그리스어에 대한 면밀한 능력을 거의 입증하지 못하는 이 논제를 통해 카를슈타트는 조직되던 양 진영의 논쟁문 저자들로 하여금 자신을 거부하고 조롱하게 만들었다.

작센의 이단자 카를슈타트가 스위스로 여행할 때 일탈의 환경만 찾았지 종교인들과의 접촉은 기피했던 사실을 질타한 취리히와 스트라스부르의 유력 신학자들도 그의 설득력 없는 해석에서 그로부터 거리를 두어야 할 마땅한 동기를 발견했다. 그럼에도 불구하고 그들이 그의 성만찬 콘셉트의 결정적 근본 논제를 공유했다는 사실은 이것에 의해서 변치 않고 남았다. 예를 들어 골고다에서 그리스도가 십자가상에서 희생한 것을 기억하기 위해 만찬의 의미를 강조하는 데에, 성만찬 제정 시 육신적으로 현재한 그리스도는 빵 속에 있을 수 없다는 그리스도론적 논거에, 그리고 또한 에라스무스를 연상시키는 요한복음 6:63을 공리적으로 사용하는 데서도 의견 일치가 있었다. '육신은' 육신적 임재에 반대하는 성서상의 증거의 의미에서 '쓸모가 없었다.'

카를슈타트와 스위스인들 내지 남부 독일인들은 성만찬론에서 가톨릭의 잔재를 철저히 일소한다는 데서도 견해가 일치했다. 루터가 빵과 포도주 내의 그리스도의 임재를, 그가 제정사를 이해한 것처럼, 그리스도의 능력에 가득한 행위 언어 선언과 결부했다는 사실은 카를슈타트에게는 봉헌 사제의 자세를 드러내는 가톨릭의 잔재였다. 또한 그는 비텐베르크에서 유지되는 성체 거양에서 미사 제사 신학의 잔재를 감지했다. 육신적 임재설을 비판한 스위스인들과 남부 독일인들은 이 점에서 그를 따랐다. 그러므로 그에 대해 스위스인들과 남부 독일인들은 내용상의 공통점을 거의 말하지 않음으로써 거리 두기 전략을 보여주었는데, 그들은 두 부분으로 출판된 글 『천상적 예언자에게 적대하여』[25]에서 옛 동료와 날카로이 대립한 루터의 눈 밖에 나기를 바라지 않았다. 어쨌든 카를슈타트의 '지면 공격'은 양극화라는 결과를 초래했으며, 단

25 WA 18, S. 62~125.134~214.

시일 내에 그가 제기한 문제에 대한 숱한 공개 발언과 해석을 유발했다.

스트라스부르의 카피토 혹은 아우크스부르크의 우르바누스 레기우스와 같은 일부 인물들은 초기 비텐베르크 신학의 중요한 두 대표 인물 사이의 깊은 신학적 갈등이 알려진 후, 즉시 종교개혁에 대한 피해를 최소화하려 했고 논쟁을 단순한 언쟁으로 치부하려고 노력했다. 왜냐하면 구교의 원수들이 아직 잠들지 않았고, 1524/25년에 종교개혁을 위한 투쟁이 아직 진행 중이었으며, 그 결말이 불확실한 여러 도시의 신학자들은 내부 갈등이 종교개혁의 타당성과 신뢰성에 심히 부담을 줄 것을 우려했기 때문이다. 농민전쟁을 제외하면 성만찬 논쟁은 '급진주의자들'이 정부 주도의 종교개혁으로부터 이탈하는 데 가장 중요한 동기 가운데 하나가 되었다. 또한 이 논쟁은 일부 학자들, 예를 들어 테오발트 빌리칸(Theobald Billican)이나 빌리발트 피르크하이머(Willibald Pirckheimer)에게서 종교개혁적 성서 원리의 실행 능력에 대한 회의와 결국 로마 교회에의 충성을 유지하려는 경향을 강화했다. 구교 측 출판물은—루터의 명성에 타격을 준, 농민들에 대한 탄핵 연설의 재출판을 통해서와 마찬가지로—종교개혁파 내부의 성만찬 논쟁의 스캔들이 확산되는 데 기여했다.[26] 또한 성만찬 문제의 신학적 해명과 개신교 성만찬의 전례적 갱신 사이의 시간적·내용적 연관 관계는 논쟁이 폭넓은 주민들을 자체의 궤도 속으로 끌어들이는 데 기여했다. 1524년과 1528년 사이에 어떤 신학 문제도 성만찬 문제보다 출판물을 통해 더 큰 주목을 끌지는 못했다. 남부 독일의 도시들에서 논쟁은 또한 개신교도들 사이의 여론 주도전으로 나타났다. 왜냐하면 타당하고 설득력 있는 신학적 근거를 가지고 루터의 입장에서 벗어난 서남부와 스위스의 신학자들은 농민전쟁을 통해서도 상처를 입은 비텐베르크인의 권위에 무조건 굴복할 준비가 되어 있지 않았기 때문이다.

26 Kaufmann, *Abendmahlstheologie* (Anm. 1), S. 282, Anm. 65 참조.

성만찬 논쟁의 정점(1525~28년)

성만찬 논쟁의 결정적인 전투 단계는 1525년 여름에 부겐하겐이 브레슬라우의 종교개혁가 요하네스 헤스(Johannes Heß, 1490~1547)에게 보낸 서신에서 츠빙글리가 제정사에서 est=significat(이다=상징하다)의 의미로 해석한 것을 비판함으로써 촉발되었다.[27] 츠빙글리는 두 가지 라틴어 작품, 곧 로이틀링겐의 종교개혁가 마테우스 알버(Matthäus Alber, 1495~1570)에게 보낸 서신과 종교개혁 신학사상 최초의 가장 방대한 체계적 서술인 『참된 종교와 거짓 종교에 관한 주석』[28](574~76쪽 참조)에서 이런 해석을 전개한 바 있다. 부겐하겐의 출판상의 큰 성공(5종의 독일어판과 6종의 라틴어판 등 11종이 출판되었으니, 성만찬 논쟁의 어떤 다른 글보다 많이 나왔다[29])은 두 종교개혁 중심지인 취리히와 비텐베르크 사이의 중대한 신학적 불일치에 대한 소식을 널리 알려주었다.

이에 자신의 스트라스부르 동료 카피토로부터 부분적으로 지원을 받은 부처는 일련의 글들, 그 가운데 훈의 『그리스도교 서신』(*Epistola christiana*)을 출판하고 츠빙글리를 편들어 남부 독일의 사제들에게 보낸 서신 캠페인을 통해서 한편으로는 평화를 호소하고 다른 한편으로는 상징적인 성만찬 콘셉트를 선전함으로써, 출판물에 의한 반격 공세를 개시했다. 1525년 여름에 스트라스부르에서 출판된 라틴어 대저작[30]에서 교부들을 폭넓게 원용함으로써 상징적 임재관을 변증하였으되 츠빙글리와는 달리 est 대신 corpus[그리스어 soma(몸)]를 그리스도에 대한

---

27 *Dr. Martin Luthers sämmtliche Schriften*, hg. v. Johann Georg Walch, 23 Bde., St. Louis/Missouri 1880~1910, Bd. 20, Sp. 501~04 참조.

28 Z 3 (CR 90), S. 590~912; 독일어 번역은 Thomas Brunschweiler, Samuel Lutz (Hg.), *Huldrych Zwingli. Schriften*, Bd. 3, Zürich 1995, S. 31~452; Z 3 (CR 90), S. 322~54 (Alberbrief).

29 VD 16 B 9380~90.

30 Johannes Oekolampad, *De Genuina verborum Domini "Hoc es corpus meum" iuxta vetustissimos authores expositione liber* [Straßburg: Joh. Knobloch d. Ä. 1525]; Ex. MF 715, Nr. 1828; Köhler, *Bibl.*, Bd. 3, Nr. 3554, S. 179.

비전통적인 화법으로 해석한 — '이것은 내 몸의 상징이다'의 의미로 해석해야 한다 — 바젤의 외콜람파트처럼, 부처는 훈 내지 츠빙글리의 해석에 집착하지 않았다. 그러나 실질상 그들 모두는 비텐베르크인들에게 대항하여 그리스도가 빵에 육신적으로 임재하지 않으며, 따라서 요소는 다만 기념의 목적과 그리스도의 약속을 강조할 목적에서 그를 지시할 따름이라는 데 일치했다. 그리스도는 자기 공동체의 신앙 안에 성령에 의해서 영적 방식으로 현존한다.

외콜람파트의 논설은 몇몇 슈바벤 사제들의 반박문 『슈바벤의 공저』(*Syngramma Suevicum*)[31]의 동기가 되었다. 이 글은 슈바벤-할의 종교개혁가 요하네스 브렌츠의 주도 아래 만들어진 것이었다. 이 문서는 남부 독일에서 실재임재관의 지지자들과 반대자들 사이의 전선 성립에 중요한 의미를 가진다. 부처와 외콜람파트는 이 글을 반박했다. 루터는 슈바벤 지역에 있는 자신의 전투 동지들에 대해 기뻐했고 『공저』를 칭송하는 서언을 붙여 두 차례 출판했다.[32] 브렌츠는 이후 서남부에서 루터의 가장 신실한 추종자가 되었다. 아무도 브렌츠만큼 츠빙글리와의 대결에서 성숙한 형태를 갖춘 루터의 그리스도론의 세세한 점들을 파악하고 독자적으로 발전시킨 사람은 없었다. 브렌츠가 1535년부터 뷔르템베르크 공작령을 개혁하는 데에서, 1537/38년부터 튀빙겐 대학의 개혁에서, 그리고 뷔르템베르크의 유력 교회인으로서, 마지막으로 1553년 이후 슈투트가르트 주교좌 성당의 수석 사제로서 행하게 될 주도적 역할은 그가 초기 성만찬 논쟁에서 처음으로 행한 신학적으로 두드러진 역할에 결정적으로 근거하고 있다. 개신교화되어가는 남부 독일의 도시 지역들을 '상징적' 노선으로 이끌어가려는 특히 스트라스부르인들의 노력에 대항한 루터의 공격에 가담함으로써 그리고 뷔르템베르크 '공저

---

31 Johannes Brenz, *Frühschriften*, hg. v. Martin Brecht u. a., Tl. 1, Tübingen 1970, S. 222~78.

32 WA 19, S. 447~61.

자'들을 공격함으로써 성만찬 논쟁은 지역적 내지 소(小)공간에서의 결정 과정 차원에서 보다 심화되었다.

1525년 가을 이후 자신의 글을 통해 논쟁에 개입하는 사람들이 증가했다. 또한 적지 않은 익명 혹은 가명의 저자들의 글도 그 가운데 있었다. 종교개혁 초기의 팸플릿 생산을 추동했던 출판을 통한 참여의 열망은 또다시 불붙었다. 그러나 요소 내의 그리스도의 육신적 임재관을 지지하거나 반대하는 논거들은 곧 바뀌었다. 때로는 차라리 사람들이 함께하는 견해에 특별히 공감하거나 반대 의견을 주장하는 자들의 상응하는 시도를 저지하는 것이 중요했다. 부처가 자신의 성만찬론을 어떤 특별히 표시되지 않은 텍스트 부록에 끼워 넣기 위해서 자신이 독일어로 번역한 부겐하겐의 라틴어 시편 주석을 이용했다는 사실, 그리고 그가 루터 설교의 라틴어 번역 서문에서 자신은 어째서 상징적 성례전 이해를 합리적으로 생각하는지를 정확하게 서술한 것은 형제들 간의 다툼이 영혼에 부담을 주고 신랄한 공격 없이는 끝나지 않았음을 전형적으로 보여준다.

츠빙글리와 그의 취리히 동료 레오 유트, 부처와 카피토 등은 루터가 성만찬 문제에서 신실하지 못했고 '반동적으로 전향'했다는 견해를 서로 나누었다. 육신적 임재관을 포기할 때 비로소 로마 교회 미사와 구교의 사제직이라는 괴물에게 궁극적이고 결정적인 타격을 가할 수 있을 터였다. 초기 루터에게 비판적으로 연결되어 있는 진리 동기는, 실제로 루터가 자신의 성만찬 신학을 1519년과 1523년 사이에 분명히 발전시킨 반면, 이후 스위스와 남부 독일의 종교개혁파 내 적대자들이 이런 변화를 인지하지 못했거나 의식적으로 따르지 않았다는 데 있다. 그들은 1519년과 1520년의 루터의 글에서 발췌한 인용문과 확신으로 무장하고서, 점차 날카롭게 표현된 루터의 육신적 임재 표상에 대항했다. 그러나 이후 루터의 초기 제자 요한 아그리콜라(1492/94~1523)를 둘러싼 1530년대 후반(1537~40)의 종교개혁파 내 대립에서처럼, 성만찬 논쟁에서도 그들은 그것의 의미 맥락과 동떨어진 루터의 개별 논제들을 인용했을 것이다. 아그리콜라는 자신의 '반율법주의', 즉 그리스도인의 삶에서 율법이 무의미하다는 논제를 변증하기 위해 청년 루터를 인용하려고 했다. 그들이 루터의 초기 텍스트들을 공격한다고 할지라도, 루터에 의하면 분명하고 명백한, 그러나 츠빙글리 및 다른 자들의 견해에 의하면 비전통적으로 비유적으로만 해석될 수 있는 제정사 텍스트에 대한 해석학적 열쇠의 문제는 손을 댈 수 없었다.

루터의 성서 이해는 구별되는 개체들의 정체를 확인하고자 하며, '빵은 그리스도의 몸'이라거나 '이 인간 예수는 신'이라는 역설적인 사실을 인정하기를 거부하는 인간 이성은 성서의 말씀을 통해서 충성을 맹세해야 한다는 것을 전제했다. 신앙 문제에서 자연적 이성 인식의 한계는 제거될 수 없으나, 성서 말씀을 통해 새로이 조명될 수 있었다. 루터는 이것을 개념에 의미적 부가 가치를 부여하는 은유와 같은 언어 현상을 통해 예증했다. 수사학적 제유—동일한 의미론적 장에서 취한 개념으로써 어떤 개념을 대치하는 수사법—는 그에게 성만찬에서 빵과 그리스도의 몸의 일체성 혹은 그리스도의 인격에서 신과 인간의 일체성을 설명할 수 있는 적절한 가능성을 제공했다.

> 내가 자루나 보따리를 보여주거나 줄 때 이것이 100굴덴이라고 말한다면, 이 지시와 이 말은 보따리와 관계된다. 그러나 보따리와 굴덴은 하나의 사물이므로 …… 이것은 동시에 굴덴에도 해당된다. …… 이런 화법은 성서와 모든 언어에 공통적이므로, 성만찬에서 동일한 선포는 우리에게 아무것도 막지 못한다. …… 왜냐하면 몸과 빵이 각자 두 개의 상이한 자연이고 서로 구별될지라도 다른 것이 아니기 때문이다. 그러나 양자가 함께 나오고 전혀 새로운 존재가 될 때, 그것을 하나의 사물이라고 말한다. …… 그것은 이제 육의 빵 혹은 몸의 빵이니, 즉 이 빵은 그리스도의 몸과 더불어 하나의 성례전적 존재이다. ……[33]

33 WA 26, S. 444,1～445,17 = LuStA 4, S. 185,1～186,27 = Cl 3, S. 461,20～

그러므로 육신적 임재 문제에서 해석학적·인식론적 근본 문제가 발생했으며, 이것은 특히 1527/28년의 루터와 츠빙글리 사이의 서신 교환에서 폭넓게 토의되었다. 루터에게 '이 빵은 그리스도의 몸이다'와 같은 역설적인 동일화 논제 내용은 성서 전체를 의심하지 않기 위해서 문자적으로 참이 되어야 하는 반면, 츠빙글리는 이 공식을 단순히 언어적으로 연결된 실재들을 논리적으로 구별하라는 권유로 이해했다. 구별되는 정체들을 구별하는 것에 고착된 그의 신학적 인식론은 츠빙글리로 하여금 신약성서 내의 그리스도의 인격에 관계되는 고난 진술을 엄밀한 의미에서 오직 인간성에 대해서만 인정하도록 만들었는바, 신성은 고전적 형이상학 전통에 따라서 근본적으로 고난받을 수 없기 때문이었다. 그러므로 츠빙글리뿐만 아니라 루터도 성만찬 문제에 대한 자신들의 해당 논설에서 근본적인 파급효과를 지닌 신학적 콘셉트를 제시했다. 루터에게는 성만찬에서 자기 사람들에게 자신을 내주고 그들을 위해 존재하는 분할되지 않은 신-인간의 임재 표상이 종교적 경험에서 자신의 복음 이해의 기초적 총합이었다. 츠빙글리에게 육신적 임재 표상은 신화적 잔재였다. 즉, 그리스도는 그의 인간성으로는 하늘로 올라갔고 거기서 '신의 오른편'의 일정한 공간에 앉아 있으니, 그러므로 육신적으로는 만찬에 임재할 수 없다. 루터는 '신의 오른편'을 공간적으로 확정하는 것에 반대했다. 이것은 어린아이 신앙이니, "화가가 그린 것처럼, 그곳에 황금 의자가 있고 거기에 그리스도가 아버지 곁에서 황금 관을 쓰고 앉아 있다는 천국 환상과 같은 것이다".[34] '신의 오른편'은 "신 자신의 권능"이다.[35] 성례전의 구원 작용은 루터에게는 말씀의 능력에 있으며, 츠빙글리에게처럼 외적인 중재 기관에 대한 독자적인 신앙에 있지 않았다.

462,33.

34 WA 23, S. 131,11～13.

35 WA 23, S. 143,12.

성만찬 신학의 교회론적 국면에 대해서도 두 유력 종교개혁 신학자의 논쟁에서 분명한 양자택일이 드러났다. 츠빙글리에게는 교회 공동체는 만찬의 행동 주체였다. 다른 공동체들, 예를 들어 정치 공동체와 기념식 혹은 동업조합 회의가 그런 것처럼, 교회 공동체는 모여서 그리스도를 기억하고 골고다에서의 그의 고난적 헌신을 기념하였다. 여기에서 그들은 그들 존재의 역사적·법적 근거를 확신하였다. 라틴 교부들에게서 입증된 sacramentum의 본래 의미인 충성 서약 혹은 맹세에 근거하여 그리스도교 공동체는 성만찬에서 서약 의식(儀式)을 행했다. 반면에 루터에게 결정적인 사실은 공동체와 개인이 성만찬에서 행위 주체가 아니라 수용자라는 것이었다. 그리스도는 그들을 자기 식탁에 초대했고 그의 말씀과 요소들에서 자신을 함께 나누었다. 그는 목자의 입과 손을 이용함으로써 말했고 여기서 지금 자신을 내주었다.

루터의 시각에서 볼 때 츠빙글리와의 차이점은 너무나 커서 루터는 그를 형제로 부르기를 거부했고, 따라서 그리스도의 육신적 임재를 거부한 자들과의 교회 교제는 불가능하다고 선언했다. 그가 자신의 마지막이자 가장 방대하며 신학적으로 내용이 풍부하고 가장 영향력이 큰 성만찬 논설 『그리스도의 만찬에 관하여』(1528년 2/3월)[36]를 개인적 고백, 곧 사도신조 개요에 의거한 자신의 신학적 신념의 요약으로써 마감했다는 사실은 이제 무엇이 명백해졌는지를 보여주며 시작된 분열의 증후를 드러냈다. 루터는 고백을 다음의 말로써 개시했다.

> 나는 도당을 짓고 헤매는 일이 길면 길수록 더욱 커지며 사탄의 준동과 광분은 멈출 줄 모른다는 것을 알았으므로, 장차 내 생시에 혹은 내 사망 후, 성례전과 세례에 관한 열광주의자들이 그러기 시작한 것처럼, 어떤 사람이 나와 내 글을 이용하여 자신의 오류를 강화하지 못하도록 하기 위해서 이 글을 통해서 신과 온 세상 앞에서 내 신앙을 하나하나 고백하고자

36 WA 26, S. 261～509 = LuStA 4, S. 25～258 = Cl 3, S. 352～516.

한다. 나는 내가 세상을 떠나 우리 주 예수그리스도의 심판석 앞에 가는 날까지 이 신앙에 머무를 것이다. 누군가 내 죽음 후에, 루터가 지금 살아 있다면 그는 이런저런 조항을 달리 가르치고 생각할 것이라고 말할지라도 …… 이에 반대해서 나는 신의 은총으로 이 모든 조항을 부지런히 숙고했다는 것을 예나 지금이나 한결같이 말한다. ……[37]

이 모든 일이 시작되고 10년 후에 45세의 루터 박사는 자신을 원용한 자들에게도 궁극적으로 결별 선언을 할 필요를 느꼈다. 개신교 신앙고백을 공식화하는 과정을 개시했고 결정적으로 영향을 끼친 이 신앙고백의 유언적 성격은 이 이론의 더 이상의 발전을 허용하는 것이 아니라 영구히 자신의 이론 내용을 고정했다. 특히 루터 자신을 원용하고자 하는 자들의 종교적 실험 시대는 궁극적으로 끝났다. 아무도 루터의 견해와 다른 견해를 위해서 루터를 원용해서는 안 되었다. 신앙고백(confessio)은 자신의 입장을 정의하고 분명한 경계선을 긋는 결정적 수단이 되었다. 아무도 루터보다 상이하고 다양한 해석을 야기한 경우는 없었으므로 그 누구도 그만큼 날카로이 영들을 저지한 인물도 없었다. 1530년대처럼 다양한 신학들이 그렇게 신속하게 폭발적으로 형성된 적은 없었다. 신학적 가능성들은 1520년대 말에 계속해서 발전했다. 이제 교회의 개혁을 위한 기초를 다지는 것이 중요해졌다.

성만찬 일치를 위한 도상에서(1528~36년)

부처의 대화편 『그리스도의 만찬에 관한 루터 박사와 그의 반대파의 비교』(1528년 6/7월)는 상징적 성만찬 이해를 주장한 한 유명인이 고착화된 전선을 돌파하려는 진지한 시도를 보여주었다. 그의 결단은 헤센 방백 필리프의 신임을 얻었다. 후자는 성만찬 논쟁의 정치적인 마비 효과를 극복해보려 했고 신학적인 중재 입장에 기울었다. 그의 초대에 의

37 WA 26, S. 499,1~500,20 = LuStA 4, S. 245,4~16 = Cl 3, S. 507,30~508,2.

해 1529년 10월 초에 **마르부르크 종교 대화**가 이루어졌다. 전적으로 신학적 토론으로 시작되어 진행된 성만찬 논쟁은 제2차 슈파이어 제국의회 이후 정치적 문제가 되었다. 즉, 구교 측은 슈파이어에서 성만찬 논쟁을 빌미로 개신교 신분들을 분열시키려고 노력했다. 일부 프로테스탄트 도시들과 제후국들의 **항의**(Protestation)를 야기한, 근래 효력이 발생된 보름스 칙령은 군사적·정치적 방어동맹의 필요성을 절실하게 만들었다. 남부 독일과 독일계 스위스를 포함한 광범위한 동맹 계획을 구상하였던 방백 필리프는 양 진영의 유력 신학자들의 종교 대화에서 개신교도들의 정치적 협력을 용이하게 할 수 있는 적절한 수단을 발견했다. 종교 대화가 성립했다는 사실은 정치 상황 때문이었을 것이다. 1525년 이후 거듭하여 촉구되었던 순수신학적 대화를 주도하려는 노력은 특별히 결실을 맺지 못했었다. 마르부르크 종교 대화의 진행, 그러나 특히 그 결과는, 신학자들이 양심이 허락하는 한에서 거기에서 설정된 과제를 받아들일 준비가 되어 있었다는 것을 증언한다. 신학자들, 법률가들, 그리고 제후 혹은 도시 정치인들 간의 긴밀한 의견 조율은 계속해서 종교개혁파의 소통 및 결정 과정의 구조적 요소가 되었다.

대화에는 루터, 멜란히톤, 츠빙글리, 외콜람파트, 부처, 카스파르 헤디오, 안드레아스 오지안더, 브렌츠, 슈테판 아그리콜라(Stephan Agricola, 아우크스부르크의 설교자 우르바누스 레기우스를 대리하여)뿐만 아니라 취리히의 자문 정치인 울리히 풍크(Ulrich Funk), 바젤의 펠릭스 프라이(Felix Frei), 스트라스부르의 야코프 슈투름이 참석했다. 도시 정치인들을 포함한 것은 헤센 방백 필리프의 동맹 계획과 연관이 있었다. 그는 그들과 이 계획에 대해 협상하였다. 동맹조약의 초안은 교부되고 이후에 서명되었으나, 슈말칼덴 동맹으로 종결된 정치적 발전에 비해서 전체적으로 성과 없이 끝났다. 츠빙글리와 멜란히톤, 루터와 외콜람파트가 1529년 10월 1일에 마르부르크 성에서 먼저 개별 대화를 통해서, 그 다음으로 10월 2일과 3일에 4인이 공동으로 필리프 방백의 참석 아래 주요 협상을 진행했다. 백작을 고려해서 대화는 독일어로 진행했다. 마르부르크에서 교환된 논거들은 이전에 수년간 문서상으로 주장된 것의 틀 안에서 움직였다. 또한 교부들의 증언도 집중적으로 포함되었다. 대화는 극적인 클라이맥스가 없지 않았고 돌파에 대한 희망도 엿보였다. 특히 그리스도는 인간성으로는 한 공간 이상에서 있을 수 있다는 것에 대한 증거를 갖지 않았다고 츠빙글리가 주장하자 루터가 식탁에서 벨벳 덮개를 치우고 "분필로 쓴 '이것은 내 몸'이라는 말씀"[38]을 지시하였던 장면은 개신교 기념 문화에 깊은 인상을 주었다. 본질적인 문제에서는 가까워지지 않았으나, 문서상의 논쟁을 통해서 시작된 적개심은 어느 정도 완화되었다. 어쨌든 대화 이후 문서 전쟁은 더 이상 없었다.

루터는 상대방을 형제로 인정하거나 완전한 교회적 친교를 허용할 수 없다고 생각했다. 그만이 이런 조치를 취할 수 있는 유일한 인물이었을 것이다. 즉, 츠빙글리와 그의 쪽 사람들은 성만찬론의 불일치 때문에 교회 친교를 거부할 이유가 없다고 보았기 때문이다. 어쨌든 루터는 방백의 촉구에 따라서 15개 교리 및 신앙 조항을 작성했는데, 이것은 결국 공동으로 서명되었고 실제로 종교개혁기의 유일한 종교개혁파 공통의 신앙고백으로 남았다. 바로 『마르부르크 신조』이다. 처음 14개 조항은 공동의 교리적 논제를 포함한다. 성만찬에 대한 제15항은 우선 기초적인 합의 내용으로서, 두 형태 아래 성만찬을 받으며 영적인 먹고 마심이 누구에게나 필요하고 그리스도는 '약한 양심을 믿도록 만들기 위해서' 성만찬을 제정했다고 표명했다.[39] 쟁점에 대해서는 다음을 확정했다. "우리가 빵과 포도주 안에 그리스도의 몸과 피가 있는지에 대해서 지금 조정하지는 못할지라도, 각자의 양심이 감수할 수 있는 한 서로 간에 그리스도인의 사랑을 보여야 할 것이다."[40] 양측이 이 결과를 이후

38 Andreas Osiander, GA, Bd. 3, S. 432,16f.; Gerhard May (Hg.), *Das Marburger Religionsgespräch 1529*, Gütersloh 1970 (^{2}1979), S. 54. 마이(May)의 텍스트 수집은 주제에 대한 중요한 모든 자료를 제공한다. Gerhard May, Artikel *Marburger Religionsgespräch*, in: *TRE* 22 (1992), S. 75~79 참조.

39 May, *Das Marburger Religionsgespräch* (Anm. 38), S. 70에서 인용.

각자 자신의 성공으로 해석하였을지라도, 성만찬 논쟁의 다툼 단계에서 드러났던 공공연한 적대 관계는 우선 일단락되었다.

마르틴 부처는 마르부르크 종교 대화에서 자극을 받아 점차 분명하게 중재자의 역할로 나아갔고 루터의 신뢰를 받게 되었다. **비텐베르크 협약**(1536)[41]의 성공은 정치적 정황 탓뿐만 아니라 신학적 해소 덕분이었다. 1530년 12월 말에 다져진 슈말칼덴 동맹의 고백신학적 일치는 남부 독일 도시들에서 지배적인 실제임재관에 대한 이견이 슈말칼덴 동맹의 신학적 기초인 『아우크스부르크 신앙고백』(1530)의 가르침에 대처하는 것에 대한 양해를 필요로 했다. 유력 정치가들 편에서는 동맹외교적 계산에서 신학적 이견을 차단하려는 데 긴요한 관심이 있었고, 성만찬 신학의 해명 과정에서 스위스인들을 배제함으로써 부처는 양측의 해석의 여지를 허용하는 양해 공식을 제안하기가 용이해졌다. 비텐베르크인들이 수용한 논쟁점의 해법의 기초로서 부처는 남부 독일인들을 위해서 그리스도의 몸과 피는 '빵과 포도주와 함께'(cum pane et vino) "진실로 본질적으로 임재하고 주어졌다"고 표현했다.[42] 요소들 속의 그리스도의 임재는 주는 자와 받는 자의 합당함과는 무관하다. 또한 합당하지 않은 자들(indigni)에게도 그리스도의 몸은 주어지며, 그들은 그의 몸을 받는다.[43] 합당하지 않은 자들도 참된 몸을 받는다(manducatio indignorum)는 이 공식[44]은 말씀의 객관적 효력에 의해 형성된 루터의 사상, 곧 그리스도의 몸은 성례전 수용자의 신앙과는 무관하게 현존하며, 불신자들도 먹고 마시되(manducatio impiorum) 심판을 위해 먹고 마신다는 사상

40 같은 곳.

41 Thomas Kaufmann, Art. *Wittenberger Konkordie*, in: *TRE* 36 (2004), S. 243~51 참조.

42 "cum pane et vino"와 "vere et substantialiter adesse exhiberi et sumi corpus Christi et sanguinem", BDS 6,1, S. 120,4f.; S. 121,6~123,2 참조.

43 BDS 6,1, S. 122,7~125,5.

44 예를 들어 *BSLK*, S.450,27~451,15.

을 완화한 것이었다.

비텐베르크에서 발견한 해법도 성만찬 논쟁을 실질적으로 종결짓지 못했다. 그러나 이것은 제국법적으로 점차 중요해진 『아우크스부르크 신앙고백』의 우산 아래 개혁파 제국 신분들을 보호하기 위한 중요한 전제를 이루었다. 1540년 멜란히톤은 『아우크스부르크 신앙고백』의 개정판(*Confessio Augustana variata*)에 비텐베르크 협약서의 '함께'(cum) 공식을 수용했다.[45] 슈말칼덴 동맹의 틀 안에서 '일치의 성례전'을 둘러싼 파괴적 대립은 정치적으로 해소되었다. 루터파와 개혁파 사이의 신학 논쟁의 주제로서, 그러나 또한 형성되어가는 종파 내의 상이한 소그룹들 사이에서도 성만찬 문제는 전체 종교개혁 세기 동안 거듭하여 제기되었다.

세례 문제와 재세례파

루터와 유아세례

1519년 가을에 루터는 세례 설교에서[46] 유아세례의 전통적 실천을 당연히 전제했으나, 동시에 미성년 아이의 세례의 근거를 설명하는 데에 유리하지 않은 신학적 성례전 해석을 전개했다. 그는 세례 의식의 의미는 온 생애 동안 지속되며 '비로소 죽음에서 완성되는'[47] 죄의 살해에 있다고 밝힌 바 있다. 세례 성례전에서 신과 세례받는 자 사이의 계약이 체결된다. 신은 죄로 인해 죽기를 갈망하는 인간과 연합되고, 세례받는 자는 자기 죄를 점차 살해하기 위해서 신과 연합된다.[48] "신과 그대의

45 *MWA* 6, S. 9; *BSLK*, S. 65,45f.

46 *Ein Sermon von dem heiligen hochwürdigen Sakrament der Taufe*, in: WA 2, S. 727~37 = LuStA 1, S. 259~69.

47 WA 2, S. 728,15 = LuStA 1, S. 260,25; WA 2, S. 730,8 = LuStA 1, S. 262,15.

48 WA 2, S. 730,30f. = LuStA 1, S. 262,36f.; "…… 신이 그대와 연합한다"와 "위

연합이 지속되는 동안 신은 그대에게 은총을 다시 행하고 그대와 연합할 것이다"[49] 같은 표현이나 세례를 서약과 비교한 것[50]은 세례를 신과 인간 사이의 상호 계약 혹은 의무 관계로 이해한다는 인상을 자아낼 수 있었다.

그러나 미성년 아이를 신의 약속과 인간의 신앙을 통해서 구성되는 '계약'의 파트너로 설정하는 것이 합리적이었나? 1520년 가을에 집필된 『교회의 바빌론 포로에 관하여』에서 루터는 자신의 세례 이론에 대한 항변, 곧 갓난아이는 신의 약속을 이해할 수 없고 따라서 신앙을 가질 수 없으며 그러므로 말씀과 신앙에 근거한 세례 신학은 거짓이거나 유아세례는 무익하다는 항변[51]과 대결하였다. 이에 맞서 그는 부모와 대(代)부모의 '타인의 신앙'(fides aliena)[52]을 지목함으로써, 그리고 그 작용 가능성이 인간적 혹은 지상적 척도에 묶여 있지 않은 말씀의 능력을 지목함으로써 대응했다. 아이 자신이 믿는 것을 전제하지 않고 아이에게 세례를 베푸는 것을 루터는 받아들일 수 없다고 간주했다.[53] 그는 "아이들은 세례 시 스스로 믿으며 자기 신앙을 가지는 것을 전제한다."[54] 신은 대부모의 대도와 교회의 신앙에 근거하여 아이들의 신앙(fides infantium)을 일으킬 것이다.

이런 표현은 이미 유아세례의 정당성을 둘러싼 종교개혁파 내 대립의 맥락 속에서 생성된 것이다. 실질적으로 루터는 이미 1522년 1월에 바르트부르크에서 멜란히톤에게 보낸 서신에서 처음으로 유아세례에

로의 계약"(WA 2, S. 730,21f. = LuStA 1, S. 262,28f.); "그대는 연합한다"(WA 2, S. 730,30 = LuStA 1, S. 262,36); "신과 그대와의 이런 연합"(WA 2, S. 731,3 = LuStA 1, S. 263,9).

49 WA 2, S. 731,3f. = LuStA 1, S. 263,9f.

50 WA 2, S. 735,29ff. = LuStA 1, S. 267,29ff.

51 WA 6, S. 538,4~6.

52 WA 6, S. 538,7.

53 WA 11, S. 452,29~33; WA 17 II, S. 78,30~82,33 참조.

54 WA 17 II, S. 82,27f. (1525); *BSLK*, S. 702,44~703,3 참조.

대해 츠비카우 예언자들의 비판과 대결할 때, 이렇게 주장한 바 있다.[55] 루터에 의하면 한편으로는 유아세례를 반증하는 주석적 근거가 없고 아이들이 믿지 않는다는 것의 증거가 없으며 다른 한편으로는 유아세례는 사도 시대부터 실천되었음을 전제하기 때문에,[56] 그는 재세례파의 급진적인 전통 파괴를 무책임하다고 간주했다. "우리는 성서를 통해서 뒤집거나 변경할 수 없는 것은 아무것도 뒤집거나 변경해서는 안 된다."[57] 신이 수천 년 동안 자기 교회를 유효한 세례 없이 방치했다는 것은 루터에게는 상상할 수 없는 일이었다. 자기 진영 내의 유아세례를 둘러싼 대립은 그에게 자기 입장을 분명히 하는 계기가 되었다.

츠비카우 예언자들과 토마스 뮌처

내 견해로는, 수년 전부터 유아세례를 비판해온 것에서 실천적으로 성인의 신앙 내지 고백의 세례를 행하도록 결론을 이끌어낸 시점부터 하나의 구별되는 사회적·종교문화적 현상으로서의 재세례파 내지 재세례 운동에 대해서 이야기되어야 할 것이다. 추측건대 이것은 1525년 1월 21일 저녁 처음으로 취리히에서 사제의 아들 펠릭스 만츠(Felix Mantz)의 집에서 몇몇 사람이 물통에서 서로 세례를 줌으로써 일어났다. 종교개혁 시 츠비카우 예언자들의 선전(377, 458쪽 참조)의 맥락 속에서 유아세례를 부정한 것에 대한 최초의 증언은 루터로 하여금 전통적이고 그의 견해로는 지금껏 결코 논란이 되지 않았던 교회의 실천을 옹호하는 일련의 논거들을 인용하도록 하였다. 그는 자기 진영 내의[58]

55 루터가 멜란히톤에게 1522년 1월 31일에 보낸 서신, *MBW.T* 1, Nr. 205, S. 436,42ff.; WA.B 2, Nr. 450, S. 425,41ff.

56 WA 26, S. 166,9~167,18; WA.B 2, S. 426,76~78 = *MBW.T* 1, S. 437,77~79; WA 6, S. 526,35ff = LuStA 2, S. 209,4ff. 참조.

57 WA 26, S. 167,11~13.

58 "우리 안에 그리고 우리 사람들 가운데", WA.B 2, S. 427,118 = *MBW.T* 1, S. 439,117.

'가장 중대한 분열'[59]의 책임을 악마에게 돌렸다. 츠비카우인들은 유아세례 및 '타인의 신앙'(aliena fides)에 대한 비판을 위해서 '마르틴 박사를 원용한' 듯하다.[60] 멜란히톤은 선제후령 작센의 관리에게 비텐베르크 사건에 대하여 구두로 보고하면서 특히 츠비카우인들이 자신들의 세례 이론의 근거를 위해 내세운 계시 때문에 불안해하고 있음을 드러냈다.[61] 선제후는 유아세례 문제에 대해 논쟁하지 말도록 강력히 권고했고 아우구스티누스는 이 문제에 대해 확실히 츠비카우인들보다 많이 이해했다고 강조하며, 신은 작고 보잘것없는 인간들에게 큰 계시를 허용할 수 있음을 인정하지만 "이 사람들이 그런 인간들인지 의심하였다".[62]

에르츠(Erz) 산맥 기슭에 있는 도시에서의 사건에 대한 최초의 조사를 통해서 선제후는 대부모의 신앙의 효과에 대한 회의 때문에 츠비카우인들이 유아세례를 문제시하게 되었음을 알게 되었다. "몇몇 사람들은 신앙 없이 행복해질 수 있다고 주장한다."[63] 루터의 가르침들이 비텐베르크 대학생 마르쿠스 토마에(Markus Thomae), 일명 슈튀브너를 통해서 츠비카우의 수공업자들에게 알려졌는데, 루터와 연계되어 발전한 '신앙의 주관적 의미에 대한 의식'[64]은 그들에게 은총의 성례전적 중계

59 "중대한 분열", WA.B 2, S. 427,118f. = *MBW.T* 1, S. 439,117f.

60 멜란히톤이 후골트 폰 아인지델(Hugold von Einsiedel)과 슈팔라틴에게 1522년 1월 1일에 보낸 서신, *MBW.T* 1, Nr. 202, S. 428,10. Z. 23f. 참조.

61 *MBW.T* 1, S. 428,27ff.

62 *MBW.T* 1, S. 430,39.

63 1521년 12월 18일에 니콜라우스 하우스만(Nikolaus Hausmann), 요하네스 차이들러(Johannes Zeidler), 볼프 차이머(Wolf Zeimer) 등이 작센 선제후 프리드리히에게 제출한 츠비카우 예언자들에 대한 보고서에서 인용. Theodor Kolde, Ältester Bericht über die Zwickauer Propheten, in: *ZKG* 5 (1882), S. 323~25, 여기서는 S. 323f.; *MBW.T* 1, 431,50f. (자료표의 독법 교정 참조); Paul Wappler, *Thomas Müntzer in Zwickau und die "Zwickauer Propheten"*, Gütersloh 1966, S. 47f. 1521년 12월 16일에 진행된 뮌처-슈토르히 무리에 대한 심문은 여러 주제 가운데서 유아세례를 주요 대상으로 삼았다. Wappler, 앞의 책, S. 52f., Anm. 230 참조.

를 비판하는 계기를 제공했다. 종교개혁기에 최초로 츠비카우인들에게서 탁월한 역할을 담당했고 곧 또한 재세례파와 심령주의자들에게 중요한 인식의 근원이 될 꿈과 환상은 그들에게 비상한 소명 의식을 제공했으며 여성들로 하여금 설교를 하고[65] 선교·홍보 활동을 조장하게 했다.

무리의 카리스마적 지도자 니콜라우스 슈토르히는 자신이 천사들과 은밀한 대화를 나누었다고 주장했다. 그는 자신이 영에 의해서 교회의 개혁자로 소명받았음을 보았고, 영의 참으로 살아 있는 근원으로 인도함으로써 루터가 시작한 그리스도교 정화를 완성하고자 한다고 주장했다.[66] 16세기 후반의 한 전승에 의하면, 슈토르히는 교회 내의 종교적·세속적 지배자들의 근절을 선포했고 포크틀란트(Vogtland, 작센의 서남부)에서 '많은' 군중을 자기 주위에 모았다고 한다. 그들은 "꿈에서 많은 놀라운 환상과 계시를 보았다고 주장했다. 몇몇 사람은 자기들이 깨어 있을 때 환상이 나타났다고 주장했다. 슈토르히는 자신의 공동체에 들어오고자 하는 사람들에게 새로이 다시 세례받아야 한다고 외쳤다. 그러므로 재세례 운동은 처음으로 우리 시대에 나타났다."[67] 종교개

64 Wappler, *Müntzer* (Anm. 63), S. 47.

65 츠비카우의 수건 제조공 카스파르 토이헤린(Caspar Teucherin)의 아내에 대해서는 Wappler, *Müntzer* (Anm. 63), S. 46ff. 참조. 급진적 종교개혁에서의 여성들에 대해서는 C. Arnold Snyder, Linda Huebert Hecht (Hg.), *Profiles of Anabaptist Women*, Waterloo/Ontario 1996 (6. Nachdruck 2002); Marion Kobelt-Groch, *Aufsässige Töchter Gottes. Frauen im Bauernkrieg und in den Täuferbewegungen*, Frankfurt am Main 1993 참조.

66 CR 15, Sp. 1160; CR 14, Sp. 767; Wappler, *Müntzer* (Anm. 63), S. 47 참조.

67 Marcus Wagner, *Einfeltiger Bericht: Wie durch Nicolaum Storcken die Auffruhr in Thüringen …… angefangen sey worden ……*, Erfurt: Zacharias Zimmer 1596; VD 16 W 125, Bl 23v; Wappler, *Müntzer* (Anm. 63), S. 57, Anm. 243에 인용됨. 츠비카우 예언자와 재세례 운동의 시작 문제에 대해서는 또한 Harold S. Bender, *The Zwickau Prophets, Thomas Müntzer, and the Anabaptists*, in: Mennonite Quarterly Review 27 (1953), S. 3~16; James M. Stayer, *Saxon Radicalism and*

혁기에 최초의 성인세례에 대한 이 보고서의 신빙성이 어떠하든지 간에 — 명백한 사실은, 유아세례 문제는 츠비카우인들 및 그들에 의해서 전개된 선전의 중심 주제였다는 것이다.

뮌처와 연계해서 홍보된 슈튀브너의 묵시문학적 콘셉트는 유아세례를 완전히 평가절하하는 것으로 끝났다. 투르크인들에 의해 야기된 변화는 무신자들의 근절을 초래할 것이며, 그다음으로 온 인류가 한 신앙과 한 세례 아래 모이게 될 터였다. "아이들이 이성을 갖기 전에 받는 세례는 세례가 아니다."[68] 뮌처 자신도 주장한 바 있는 근본적인 변화, 선택된 자들의 천년왕국적 나라에 대한 기대는 작센 지역의 초기 급진주의자들 가운데서 유아세례를 부정하는 데 특별한 신학적 단서가 된 듯하다. 이 콘셉트가 유아세례 실천을 주장하게 하거나 성인세례를 초래했는지는 확실히 증언된 바 없고, 츠비카우인들의 표상 세계가 일관된다는 전제 아래서도 기대할 수 없다. 왜냐하면 보편적인 종말 시 세례는 '세상의 대격변에서'[69] 비로소 일어날 것이었기 때문이다. 아마도 그들에게는 영의 경험이 이 변화의 서막으로 간주되었을 것이다.

알슈테트(Allstedt)와 뮐하우젠에서 뮌처가 일상적인 유아세례를 변형하는 의미에서 실천적·전례적으로 일관성 있게 목회 활동을 했는지는 알려져 있지 않다. 그가 세례를 능동적인 고난 추종의 상징으로 재해석하고, 고대 교회가 실천한 성인세례는 집중적인 교리문답 교육이 선행될 때 정당하다고 전제하며,[70] 유아세례의 도입을 성서상의 근거가 결

Swiss Anabaptism. The Return of the Repressed, in: Mennonite Quarterly Review 67 (1993), S. 5～30; Olaf Kuhr, *The Zwickau Prophets, the Wittenberg Disturbances and Polemical Historiography*, in: Mennonite Quarterly Review 70 (1996), S. 203～14.

68 Nikolaus Müller, *Die Wittenberger Bewegung 1521 und 1522*, Leipzig ^{2}1911, S. 160f.에서 인용.

69 같은 책, S. 161.

70 Günther Franz (Hg.), *Thomas Müntzer. Schriften und Briefe*, Gütersloh 1968, S. 227,29f.

여된[71] 중대한 기형적 발전으로 간주했을지라도,[72] 알슈테트 시를 위한 그의 독일어 예배 규정(1523)에는 대부모의 참석 아래 유아세례가 유효하게 유지되었다.[73] 그의 뮐하우젠 시대와 연관해서 그는 아이들이 기억할 수 있는 연령, 즉 약 6세 혹은 7세까지 세례를 연기하는 것을 고려했다고 추정할 수 있다.[74] 1524년 9월 5일에 취리히의 그레벨 무리, 즉 스위스 재세례 운동의 핵심 인원이 뮌처에게 보낸 서신에서 나타난 사실은 4개월 후 최초로 실증된 신앙의 세례를 실천한 자들이 선제후령 작센의 이단자 뮌처와 카를슈타트를 유아세례에 대한 비판에서 동일한 의견을 가진 것으로 보았다는 것이다.[75] 그러나 뮌처와 카를슈타트

71 같은 책, S. 229,15ff.

72 같은 책, S. 228,3ff.

73 같은 책, S. 214,12ff.

74 같은 책, S. 526,13~16. 해석에 대해서는 Ernst Koch, *Das Sakramentsverständnis Thomas Müntzers*, in: Helmar Junghans, Siegfried Bräuer (Hg.), *Der Theologe Thomas Müntzer*, Berlin 1989, S. 129~55, 여기서는 S. 144.

75 Franz, *Müntzer* (Anm. 70), S. 445,22~24. 그레벨 무리의 서신에서 "뮌처와 카를슈타트가 계속 유아세례를 고집한 것에 대한 가벼우나 명백한 비판"(Koch, *Das Sakramentsverständnis*, [Anm. 74], S. 141)을 추론할 수 있는가는 취리히인들이 뮌처의 세례 실제에 대해 알았음을 전제할 수 있는가에 달렸다. 어쨌든 취리히로 이주한 금세공인 한스 후유프(Hans Hujuff)를 통하여(Karl Simon, *Die Zürcher Täufer und der Hofgoldschmied Kardinal Albrechts*, in: Zwingliana 6 [1934], S. 50~54 참조) 뮌처와 취리히 재세례파 사이의 직접적인 인격적 접촉이 이루어졌다(Franz, 앞의 책, S. 445,16.26f.에서는 후유프의 형제가 정보원으로 언급된다). 그러나 다음의 문장 뒤에 실제로 뮌처에 대한 비판이 숨어 있었나? "그대가 10번 이상 고백했고 유아세례에 대한 항변(Franz, 앞의 책, S. 225~40)을 입 밖에 내놓았으므로, 우리는 그대가 신의 영원한 말씀, 신념과 계명에 반하여 행동하지 않을 것으로 기대한다. 신의 계명에 따라서 믿는 자들에게 세례를 주어야 하고 어린이에게 세례를 주지 말아야 한다"(Franz, 앞의 책, S. 443,34~38 = Leonhard von Muralt, Walter Schmid [Hg.], *Quellen zur Geschichte der Täufer in der Schweiz*, Bd. 1: *Zürich*, Zürich ^{2}1974, S. 18). Siegfried Bräuer, "*Sind beyde dise Briefe an Müntzer abgeschikt worden?" Zur Überlieferung der Briefe des Grebelkreises an Thomas Müntzer vom 5. September 1524*, in: Mennonitische Geschichtsblätter 55 (1998), S. 7~24.

가 분명하게 문서상으로 유아세례를 반박하지는 않았다 하더라도, 그레벨은 이렇게 하고자 했다. 그레벨이 알았던 대중어로 된 종교개혁과 세례 의식은 걸림돌이었다.[76] 따라서 취리히, 비텐베르크, 뉘른베르크, 스트라스부르에서 추진된 유아세례를 당연히 전제한 대중어 세례 의식은 그레벨 무리로 하여금 신학적 이의를 제기하게 만들었다.

취리히 그룹은 카를슈타트에게도 뮌처에게와 같은 서신을 보냈다고 하는데, 그가 이 서신을 받았다면 — 뮌처에게 보낸 서신은 결코 도달하지 않았다 — 그는 이 서신으로 말미암아 이후 익명으로 출판된 자신의 세례 대화편을 집필하게 되었을 가능성이 있다.[77] 그 밖의 다른 동기는 알려진 바 없다. 카를슈타트가 선제후령 작센으로부터 추방된 후 취리히에서 그레벨 무리와의 접촉을 시도했고 스트라스부르를 경유하여 취리히로 갔다는 사실은, 작센 이단자와 스위스 및 남부 독일의 이단자들 사이의 연결망의 중요한 요소를 이루었다. 뮌처가 1524년 10월과 1525년 2월 사이에 프랑켄과 바젤, 그리고 남서부의 다른 지역으로 여행한 것도 마찬가지다. 루터에 의해 매우 우호적으로 판단되었고[78] 1521년 아마도 니콜라우스 슈토르히를 통하여 츠비카우 예언자들에게 포섭당하여 비텐베르크로 와서 카를슈타트에게 접근했던 쾰른의 법

---

76 Franz, *Müntzer* (Anm. 70), S. 443,38ff. = Muralt, Schmid, *Quellen* (Anm. 75), S. 18.

77 Alejandro Zorzin, *Karlstadts "Dialogus vom Tauff der Kinder" in einem anonymen Wormser Druck aus dem Jahr 1527. Ein Beitrag zur Karlstadt-bibliographie*, in: ARG 79 (1988), S. 27~58. 다른 토론에 대해서는 Calvin A. Pater, *Westerburg. The Father of Anabaptism. Author and Content of the Dyalogus of 1527*, in: ARG 85 (1994), S. 138~67; Alejandro Zorzin, *Zur Wirkungsgeschichte einer Schrift aus Karlstadts Orlamünder Tätigkeit. Der 1527 in Worms gedruckte Dialog vom fremden Glauben, Glauben der Kirche, Taufe der Kinder. Fortsetzung einer Diskussion*, in: Sigrid Looß, Markus Matthias (Hg.), *Andreas Bodenstein von Karlstadt (1486~1541). Ein Theologe der frühen Reformation*, Wittenberg 1998, S. 143~58 참조.

78 WA.B 2, S. 515,8~13; S. 597,26~30.

률가 게르하르트 베스터부르크(Gerhard Westerburg) 같은 인물에게서도, 이단에 빠진 스위스 활동가들과 중부 독일의 활동가들 사이의 긴밀한 접촉이 집중되었음이 뚜렷이 드러난다. 이것은 주로 1524년 가을과 1525년 사이에 이루어졌다. 베스터부르크는 카를슈타트와 친척 관계였는데 카를슈타트에 앞서 스위스로 여행했고, 바젤에서 정통 교회에서 이탈한 몇몇 급진적 형제들의 지원을 받아 루터의 이전 동료가 특별히 성만찬 문제에 대해 집필했던 글들을 인쇄하게 되었다. 이 글들은 종교개혁 내의 성만찬 논쟁을 야기하게 될 터였다.

취리히의 그레벨 그룹과 츠빙글리 간의 대결

그레벨 그룹이 뮌처와 카를슈타트에게 보낸 저 서신 이전에는 츠빙글리 주변의 이단자들과 작센의 급진주의자들 사이에 직접적 접촉이 증언되지 않는다고 할지라도, 먼저 츠비카우인들이 유아세례를 비판한 것에 대한 정보가 취리히에 도달했을 가능성은 배제할 수 없다. 물론 이것은 확실하지는 않다. 츠빙글리의 신학적 발전에서 볼 때 그의 이전 추종자들과 '동역자들'에게서 그것이 재세례파적 세례로 이해되었을 가능성이 있음은 납득할 수 있다. 확실한 사실은 츠빙글리는 1523년 봄에 유아세례의 실천을 포기하는 것이 적절하다고 간주했다는 것이다. 그 자신은 회고를 통해서 "아이들이 성년에 도달했을 때 세례를 주는 것이 더 낫다"고 오류를 주장했음을 인정했다.[79] 그가 1523년 5월 취리히에서 자신에게 접근한 발츠후트의 목사이며 후일의 재세례파 신학자인 발타자르 후프마이어와 나눈 대화에서 "아이들이 신앙 교육을 받기 전에는 세례를 주어서는 안 된다는 데" 합의했다.[80] 츠빙글리는 후프마이어에게 교리문답 시까지 아이들의 세례를 연기하는 것에 대한 이런 자

79 Z 4 (CR 91), S. 228,25f.

80 Balthasar Hubmaier, *Schriften*, hg. v. Gunnar Westin und Torsten Bergsten, Gütersloh 1962, S. 186.

신의 가르침을 공공연히 주장했음을 선언했다고 한다. 그러나 츠빙글리가 강단에서 그리고 심지어 1523년 여름의 『최종 연설 해석』(*Ußlegen der Schlußreden*)에서 이렇게 주장했다는 후프마이어의 후일의 주장에[81] 반해서, 츠빙글리가 대중 앞에서 유아세례의 실천은 고대 이래에는 "우리 시대처럼 그렇게 보편적으로 보급되지 않았다"[82]라고 단언한 것 이상을 넘지 않았음에서 출발해야 할 것이다. 이 밖에 그는 청소년은 근본적으로 교리문답 교육을 받을 필요가 있음을 강조했다. 실제로 1522년 이후 취리히에서는 1년에 두 차례 이것을 실시하였다. 츠빙글리는 공적으로 계속 전제되어 있는 유아세례의 실천으로부터 아이들을 즉시 가르쳐야 한다고, 곧 "이성에 도달하여 신의 말씀을 이해할 수 있을"[83] 때 가르쳐야 한다고 결론을 내렸다.

유아세례에 대한 츠빙글리의 유보적 자세는 그의 신앙 이해와 관련이 있었다. 그의 견해로는 성례전은 믿음이 약한 자들에게 '심리적인 보조 수단' 이상이 될 수 없었다.[84] 즉, 구원을 위한 도구적 능력이 그들에게 내재하지 않는다. 그의 신앙 이해에서 볼 때 유아세례를 포기하는 것이 논리적일 것이다. 그의 추종자 무리들 가운데 등장한 재세례파와의 충돌 이전에는 츠빙글리는 유아세례에 유리한 성서상의 논거를 전개하려고 시도하지 않았다. 그의 이전 논적들은 그가 세례 문제와 관련해 미사 폐지나 교회 개혁에서의 세속 정권의 권한 인정에서처럼 일관적이지 않다고 느꼈다. 취리히 시 참사회에 교회정치적으로 양보함으로써 츠빙글리의 종교개혁의 성공이 가능해졌지만, 그의 동료들 가운데 몇 사람은 이것을 진리에 대한 배신으로 생각했다.

81 같은 곳. 견신례에 대한 조항을 의미한다. 특히 Z 2 (CR 89), S. 123,1~30.
82 "우리 시대처럼 그렇게 보편적이 아니었다", Z 2 (CR 89), S. 123,11f.
83 Z 2 (CR 89), S. 123,18f.
84 Adolf Fugel, *Tauflehre und Taufliturgie bei Huldrych Zwingli*, Goldach 1989, S. 113; Andrea Strübind, *Eifriger als Zwingli. Die frühe Täuferbewegung in der Schweiz*, Berlin 2003 참조.

신앙과 세례의 필수 불가결한 맥락에 대한 종교개혁적 확신에서부터 콘라트 그레벨, 펠릭스 만츠, 하인리히 아베를리, 빌헬름 로이블린 및 그 밖의 다른 취리히 재세례파들에게 물 세례는 인간이 죄에 대해 죽어 생명의 새로움 속에서 삶을 영위하고 "확실히 행복해짐으로써 내적 세례를 통해서 신앙에 따라 살아가는 것이며, 따라서 비텐베르크의 성직자들이 말한 것처럼 물이 신앙을 확정하거나 증대시키는 것이 아님"[85]을 의미했다. '아직 선과 악을 구별하는 지식에 도달하지 못했고'[86] 믿음이 없는 어린아이들은 그리스도의 고난으로 말미암아 세례 없이도 복될 것이었다. 그레벨 그룹의 이런 신념이 1524년 9월 5일자 뮌처에게 보낸 서신에 최초로 증언되어 있을지라도, 이런 신념은 오래전부터 보급되어 있었고, 로이블린과 요하네스 브뢰틀리(Johannes Brötli, 1528년 사망)가 활약한 취리히에 속하는 비티콘(Witikon)과 촐리콘(Zollikon) 마을에서 1524년 봄부터 도합 다섯 차례 세례 거부를 초래한 것으로 문서상으로 기록되어 있다. 1524년 8월의 취리히 시 참사회의 심문 조서에 의하면, 로이블린은 아이의 아버지 한 사람에게 다음과 같이 말했다고 한다. "그가 참된 그리스도인이 되고 그리스도인의 삶을 살고자 한다면 세례가 필요치 않다."[87] 로이블린은 공식적으로 "자신이 아이가 있다면, 그 아이가 성년이 되어 스스로 대부모를 선택할 때까지는 그에게 세례를 주도록 하지 않을 것이다"[88]라고 설교했다고 한다. 브뢰틀리도 유사한 설교를 했다. "아이들은 성년이 되어 신앙을 스스로 고백할 수 있을 때 비로소 세례를 받아야 한다."[89]

따라서 두 목사는 공동체 사람들에게 유아세례를 거부한 것이 아니

85 Franz, *Müntzer* (Anm. 7), S. 443,8～10 = Muralt, Schmid, *Quellen* (Anm. 75), S. 18.

86 Franz, 앞의 책, S. 443,17f. = Muralt, Schmid, 앞의 책, S. 18.

87 Muralt, Schmid, 앞의 책, S. 10.

88 같은 곳.

89 같은 책, S. 11.

라[90] 세례 연기를 신학적으로 보다 타당한 변형으로 제시했다. 갓난아이의 아버지들은 이 교훈을 받아들였다. 이 소문이 자자했을 때, 취리히 시 참사회는 로이블린을 체포해 교구 사제와 다른 관리들로 하여금 사건을 조사하도록 지시했고, 벌금형으로 위협함과 아울러 아직 세례받지 않은 아이들에게 세례를 주도록 조치했다.[91] 로이블린과 브뢰틀리가 츠빙글리가 나중에 회상하면서 자신의 실수라고 인정한 것과 같은 견해(아이들에게는 스스로 구별하고 판단할 수 있는 연령에 세례를 주는 것이 낫다)[92]를 주장했고 시 참사회는 더 이상의 신학적 해명 없이 세례는 의무라는 취지에서 결정했으므로, 츠빙글리와 이전의 추종자들 사이의 관계가 극도로 나뉜 것은 츠빙글리가 자신의 신학적 통찰을 기회주의적으로 부인했다고 그들이 비난한 것에서 설명될 수 있다.

반면에 츠빙글리는 유아세례에 대한 그레벨 무리의 공격을 외형성에 부조리하고도 불필요하게 집착하는 것으로 보았다.[93] 그는 1524년 12월 28일에 작성된 신랄한 글 『소요의 원인을 제공하는 것이 누구인가』에서 자신의 이전 추종자들과 궁극적으로 결별하였고 그들에 대해 도덕주의적 편협성과 애정 없음, 분파주의, 세속 권력을 인정하지 않을 뿐만 아니라 그리스도인이 되는 것과 권세 직무를 존중하는 것은 일치하지 않는다고 선언한 태도를 비난했다. "곧 그들은 자체 교회를 가지고자 한다. …… 이제 우리는 미혹하는 사제들을 때려 죽여야 한다. 즉, 우리는 그들에게 무력 없이 자유로이 설교하게 해야 한다. 우리가 아이

90 비티콘 출신의 한스 후버(Hanns Huber)의 아들은 1524년 8월에 태어난 지 6개월이 되었으나 아직 세례를 받지 않았는데, 그는 로이블린으로부터 자신의 행동에 대해서 어떤 지시를 받거나 방해받지 않았다고 분명히 진술했다. 같은 책, S. 10.

91 Regest: Emil Egli (Hg.), *Actensammlung zur Geschichte der Zürcher Reformation in den Jahren 1519~1533*, Zürich 1879 (Nachdruck Aalen 1973), Nr. 567, S. 246; Muralt, Schmid, *Quellen*, (Anm. 75), S. 11에 편집됨.

92 같은 책, Anm. 79.

93 Z 3 (CR 90), S. 411,25~29; S. 403,21ff.

들에게 세례를 줌으로써 그리스도교에서 이보다 더 가증스러운 일, 죄악을 행할 수 없는 것이니, 아이들에게 세례를 주지 말아야 한다고 그들은 외친다. 그리고 그들은 매일 아프리카의 기이한 동물들보다 더 야단법석을 떤다."[94]

츠빙글리는 특히 재세례파의 가장 중요한 지성이며 출판을 통해 재세례파를 대변하는 발타자르 후프마이어와의 대결에서 전개한 완성된 세례론에서 그와 재세례파를 연결하는 신학적 전제를 유지하였다. 그 전제는 루터 및 전통에 반하여 세례 의식과 결부된 은혜 작용을 거부하고 성례전을 상징적 행동으로 이해하는 것이었다. 유아세례를 지지하는 그의 논거는 주석적 관점에서 세례 의식을 할례 의식과 비교한 것에, 그리고 그리스도에게서 속행되었고 세례를 통해서 상징화된 계약 체결 표상에 근거한다. 교회론적 관점에서 츠빙글리는 유아세례가 부모와 공동체에 아이에게 그리스도교 교육을 제공할 책임을 부여한다고 역설했다. 이 밖에 유아세례는 교회와 정치 공동체의 일치 표상과 부합하였다. 성인세례는 자신을 죄가 없다고 생각하고 다수의 교회에 대해 사랑이 없는 자들의 엘리트 소종파 공동체를 가져올 수 있었다.

시 참사회가 1524년 늦여름이나 초가을에 지시한 교구 사제와 급진주의자들 간의 대화는 좌절되었다. 츠빙글리는 이전의 친구들에게 소요 혐의를 씌웠다. 『소요의 원인을 제공하는 것이 누구인가』의 출판 이전에 펠릭스 만츠가 집필한 것으로 알려진 『항변』[95]은 소요에 대한 비난을 방어하려고 시도했고, 유아세례가 성서상으로 명령된 것인지 아니면 거부되어야 하는지의 쟁점을 서면으로 토론할 것을 요청했다.[96] 분명히 급진주의자 쪽 사람들은 자신들이 능숙한 논쟁자 츠빙글리보다 한 수 아래라고 생각했다. 앞선 대화들은 그들에게 자신들이 말을 시작하자

---

94 Z 3 (CR 90), S. 404,7～14.

95 Muralt, Schmid, *Quellen* (Anm. 75), Nr. 16, S. 23～28.

96 같은 책, S. 28.

마자 츠빙글리의 수사학적 기교에 압도당할 것임을 확신하게 했다. 그러나 시 참사회는 지금까지의 정책을 지속함으로써 1525년 1월 17일에 토론을 개최했다. 공고문에서는 "어린아이에게 세례를 주어서는 안 된다는 그릇된 견해를 가진 사람들에게 신의 참된 문서에 근거해" 그 이유를 밝히도록 요청했다.[97]

기대한 대로 토론의 결과는 츠빙글리에게 유리하게 돌아갔다. 즉, 1월 18일에 시 참사회는 지금까지 세례받지 않은 모든 아이들은 8일 안에 세례를 받아야 한다고 결정했다. 그러지 않을 경우 저항하는 가족은 취리히에서 추방될 터였다.[98] 3일 후에 시 참사회는 취리히 출신의 그레벨과 만츠가 지금까지의 선동적 활동을 자제하고 종교적 주제에 대한 모든 논쟁을 중지해야 한다고 결정했다. 그들에게 '신앙상의 문제가'[99] 있다면 시장, 즉 세속 권력과 급진주의자 집단이 신앙 문제에서 어떤 판단 및 결정 권한이 있음을 부정한 저 기관에 문의해야 한다는 것이었다. 이 밖에 로이블린, 브뢰틀리, 해처, 그리고 그라우뷘덴(Graubünden) 출신의 목발잡이 서적상 안드레아스 카스텔베르거(Andreas Castelberger), 일명 '목발잡이 안드레스'(Andres uff der Stültzen)[100](그는 수공업자들과의 사적인 회합에서 성서를 해석했다)는 8일 안에 추방하도록 조치했다. 1525년 1월 21일 저녁에 정부로부터 철저히 배척되고 계속 엄격히 박해당한 무리의 지도자들이 마지막으로 펠릭스 만츠의 집에서 모였다. "여기서 그라우뷘덴 출신의 사제인 열혈의 외르크 블라우로크(Jörg Blaurock)는 최초로 새로운 세례를 요구하여 이를 시행했다."[101]

---

97 같은 책, Nr. 22, S. 33에 실림.

98 같은 책, Nr. 24f., S. 34f에 실림.

99 같은 책, Nr. 26, S. 35f.

100 그의 활동에 대한 일목요연한 서술은 하이니 아베를리(Heini Aberli) 등의 심문 조서(1525. 1. 20)에서 나타난다. Egli, *Actensammlung* (Anm. 91), Nr. 623, S. 276~78.

재세례파의 확산

성인세례는 계속해서 분리주의적 공동체 형성에서 제의적으로 결정적인 구심점 역할을 하였다. 재세례파 공동체들이 추방당한 재세례파 지도자들의 선교 활동을 통해서 샤프하우젠과 장크트갈렌, 또한 뷔르템베르크, 프랑켄, 티롤 지역에서 매우 신속히 생겨났고 농민들의 사회적 요구와 연결되었다. 십일조 및 지대 납부 거부, 시를 통한 정치적·경제적·문화적 후견에 대항하는 해방 운동, 그리고 자신의 삶의 세계에 적합하고 자주적으로 형성된 자발성과 사회적 결속을 통해 형성된 종교를 실천할 수 있다는, 만인사제직 이론에서 비롯한 기대 때문에 재세례 운동은 무엇보다 하층 신분의 사람들에게 매력적이었다. 예를 들어 1527년 1월 5일에 펠릭스 만츠를 리마트 호수에 익사시킨 사건과 같은 정부의 잔인한 탄압에도 불구하고, 재세례 운동은 궁극적으로 근절될 수 없었고 은밀한 환경 속에서 살아남았다.

농민 봉기가 패퇴되는 인상 속에서 특별히 미하엘 자틀러(Michael Sattler, 1490경~1527)의 평화주의적 방향이 추진력을 얻었다. 슈바르츠발트의 베네딕트회 수도사였던 자틀러는 1527년 2월에 샤프하우젠 북서쪽에 있는 마을 슐라이트하임(Schleitheim)에서 열린 재세례파 집회에서 재세례파 신앙고백 『몇몇 신의 자녀들의 형제적인 일치』[102]를 집필하는 데 핵심 역할을 맡았다. 예수를 철저히 따를 의무가 있는 참된 믿음을 갖고 세례를 받은 자들의 배타적 공동체는 임박한 최후의 심판일에 직면하여 세상과 분리되어 살았고, 폭력을 포기하고 서약을 거부하였으며, 당대 사회 변두리에서 거의 수도원적인 성화(聖化)의 삶을 영위했다. 자체 의식, 지도 구조, 교회 기율을 가지고 이미 독자화의 길

101 Fritz Blanke, *Täuferforschung, Ort und Zeit der ersten Wiedertaufe*, in: Theologische Zeitschrift (Basel) 8 (1952), S. 74~76, 여기서는 S. 76; Fugel, *Tauflehre* (Anm. 84), S. 212 참조.

102 Adolf Laube u. a. (Hg.), *Flugschriften vom Bauernkrieg zum Täuferreich (1526~1535)*, 2 Bde., Berlin 1992, Bd. 1, S. 728~48.

을 걸어가고 있었던 재세례파 공동체는 슐라이트하임 조항을 통해 뚜렷한 윤곽을 얻게 되었다. 이 신앙고백서는 성서주의적 분리주의 문서로서 외적인 성서 말씀에 속박되는 것에 결정적인 의미를 인정하지 않는 신비주의적 심령주의의 다양한 현상과는 거리를 두었다. 1527년 5월에 자틀러는 뷔르템베르크의 로텐베르크에서 처형되었다. 그에 대한 기억은 재세례파 운동의 순교자로서 계속 살아남았다. 그의 금욕주의적·평화주의적 삶의 이념은 신속히 다양해진 재세례 운동에서, 예를 들어 후프마이어, 한스 후트(Hans Hut) 혹은 멜히오르 호프만(Melchior Hoffman)에게서 반대에 부딪쳤으나 스위스 형제들과 후트파에 지속적으로 영향을 끼쳤다.

1524/25년의 농민 봉기와의 긴밀한 관계 속에서 다양한 형태의 **행동주의적·묵시문학적 재세례파**가 형성되었고, 이것은 1530년대 중반 뮌스터의 재세례파 왕국의 몰락(1535. 6. 25~27)까지 생생하게 영향력을 행사했으며, 어쨌든 사회 내에 각종 불안을 야기했고 정부의 제재 조치가 강화되는 데에 근본적인 원인으로 작용했다. 사람들이 재세례파 혹은 '급진적 종교개혁'[103]에 포함시킨 종교 집단 및 환경이 형성되었음은 고도의 신학적·제의적·사회정치적 이종성(異種性)이 있었음을 가리킨다. 이 사실은 호의적인 심령주의적 역사기술가 제바스티안 프랑크(Sebatian Frank)와 같은 동시대의 관찰자에게 이미 서술상 심각한 문제를 야기했다.[104] '상이한 견해를 가진 이'들을 하나로 묶는 것은 무엇보다 정부 주도 종교개혁의 지금까지의 진행에 대한 환멸이었다. 그들의 견해로는 정부 주도의 개혁은 정치적·사회적 관계를 철저히 근본적으로 충분히 변화시키지 못했고, 정부 개혁의 맥락 속에서 다만 약간의 참

103 George Huntston Williams, *The Radical Reformation*, Kirksville ^{3}2000.

104 Sebastian Frank, *Chronica, Zeitbuch und Geschichtsbibel*, Ulm 1536 (Nachdruck Darmstadt 1969), Tl. 3, S. 193^v~201^{v}에 나오는 "Artickel und leer der Teüffer / welche all von dem Bapst /und zum teyl auch von andern Secten und Glauben als Ketzerey verdampt werden" 참조.

여 및 형성 가능성만을 열어주었을 뿐, '보통 사람들'을 계속해서 정부 규제의 대상이자 목회적 교훈을 수동적으로 받는 자로 만들었다. 급진주의자들 가운데 전적으로 부정적인 의미에서 '율법 교사'로 표현되었던 종교개혁파 성직자들은 자신들에게 품었던 사람들의 기대를 저버렸다. 그들은 서로 다투었고, 사회를 도덕적으로 개선하지 못했으며, 세상의 힘 있고 권력 있는 자들과 타협했다. '왜곡된 율법 교사'들은 민중의 관심을 다시 한 번 배신했다![105]

또한 농민전쟁의 진행에 대한 실망은 많은 노병들을 일탈로 몰아갔는데, 여기서 친근하고 사회적으로 신뢰할 수 있는 형제자매들과 망명자들의 작은 연대 집단이 형성될 수 있었고, 아울러 여기서 1525년의 전투에서 짓밟힌 대변혁에 대한 희망이 새로이 싹트게 되었다. 그레벨, 만츠, 후프마이어, 뎅크, 후트, 해처, 아이텔한스 랑게만텔(Eitelhans Langemantel, 1528년 사망), 야코프 카우츠(Jakob Kautz, 1500경~1536 이후) 등 초기 재세례 운동의 지성적인 유력 인물들, 다방면으로 교육을 받은 사람들은 자연사 혹은 순교적 죽음을 통해 물러났고 재세례 운동은 점차 '작은 사람들'의 일이 되었다. 1520년대 말이나 1530년대 초와는 달리 초기 발전의 역동성은 근본적으로 학자들과 수공업자들, 도시민들과 농민들, 이전 사제들과 평신도들 사이의 긴밀한 사회문화적 상호작용 덕분이었다. 불만과 실망, 온갖 종류의 희망, 종교적 자율 및 자발적 공동체화에 대한 동경, 복락을 독자적으로 형성하는 것에 대한 갈망은 다양한 '싹'들을 틔우는 사회문화적 토양을 형성했다.

한스 후트에 의해 형성된 재세례파에서 농민전쟁의 경험과 위기의 연관성이 특히 현저했다. 프랑케 출신의 서적 행상인 후트는 뉘른베르

105 Thomas Kaufmann, *Filzhut versus Barett*, in: Anselm Schubert, Astrid von Schlachta, Michael Driedger (Hg.), *Grenzen des Täufertums / History of Anabaptism. Neue Forschungen*, Gütersloh 2009, S. 273~94; Th. Kaufmann, *"Doctrina" in der sogenannten radikalen Reformation der 1520er Jahre*, in: Philipp Büttgen u. a. (Hg.), *Sacra doctrina*, Darmstadt 2009.

크와 비텐베르크 사이를 정기적으로 왕래했고 카를슈타트와 뮌처 같은 작센의 급진주의자들의 영향권에 들어갔으며 프랑켄하우젠 전투(502쪽 이하 참조)에서 간신히 목숨을 건졌다. 그의 스승 뮌처처럼 그는 농민의 패배를, 농민들이 이기주의적 관심을 좇았고 전적으로 신의 일을 위해 싸우지 않았던 탓으로 돌렸다. 후트는 투르크족들의 도움으로 불(不)경건한 자들이 파멸되는 것에 대한 희망과 천년왕국적 평화의 나라 건설에 대한 희망을 포기하지 않았고, 1528년 성령강림절에 종말 사태가 나타날 것을 기대했다. 후트는 투르크족과 연합하여 불경건한 자들, 성직자들, 대영주들에 대한 심판을 실천할 자들에게 봉인세례를 시행했다. 그는 특히 프랑켄과 후일 모라비아, 오스트리아의 농민들 및 수공업자들 등 농민전쟁 참전 노병들에게서 추종자를 얻었다. 그의 묵시문학적 종말 계산 및 뮌처와 연계해서 발전된 고난신학, 즉 그리스도를 보편적이고 창조물에 내재적인 구원 원리의 총괄 개념으로 보았던 그의 '피조물의 복음'은 재세례파 내부에서 논란거리였다. 어떤 나무가 목수의 도끼질을 통해서 비로소 건축에 적합한 목재가 되는 것처럼 인간도 신의 집에 들어가려면 "먼저 모든 욕망과 함께 세상에 대해 살해되어야 했다."[106] 종말 시 구원에 들어갈 수 있는 이교도들에게도 이 원리가 인지될 수 있을 터였다. 후트는 그리스도의 대리적 형벌 고난이라는 바울적 속죄 제물 표상을 뮌처와 연계해서 거부했는바, 이것이 인간이 고난받는 그리스도를 닮아가는 것을 방해하기 때문이었다.

모라비아의 니콜스부르크(Nikolsburg)에서 후트와의 충돌이 일어났다. 이곳은 후프마이어가 농민전쟁 시 발츠후트에서의 패배 이후 지역

---

106 Heinold Fast, Martin Rothkegel (Bearb.), Gottfried Seebaß (Hg.), *Briefe und Schriften oberdeutscher Täufer 1527~1555. Das 'Kunstbuch' des Jörg Probst Rotenfelder genannt Maler*, Gütersloh 2007, S. 184. 후트에 대한 기초적인 연구는 Gottfried Seebaß, *Müntzers Erbe. Werk, Leben und Theologie des Hans Hut*, Gütersloh 2003, 특히 S. 400ff.; G. Seebaß, *Die Reformation und ihre Außenseiter*, Göttingen 1997, S. 186~202.

권력자 가운데 한 사람인 리히텐슈타인 영주의 지원을 받아서 재세례파 개혁을 시작했던 곳이다. 특히 후트의 묵시문학적 종말 계산은 스위스 재세례파에게서 항의에 봉착했던 반면, 후트는 거꾸로 스위스인들이 실천하는 서약 거부와 병역 거부에 불만을 품었다. 1527년 8월 아우크스부르크에서의 재세례파 대집회에서 대립은 극복될 수 없었다. 집회는 해산되었다. 후트도 체포되었고 처형을 각오해야 했다. 왜냐하면 재판 도중 뮌처와의 연계 및 농민전쟁 가담이 발각되었기 때문이다. 도주를 시도하던 중 감옥 탑이 불타버렸다. 후트는 연기에 심하게 중독되었고, 그 결과 1527년 12월 6일에 사망했다.

후트의 유산은 잠시 동안 아우크스부르크의 수공업자 아우구스틴 바더(Augustin Bader, 1500경~30)에게 남아 존속하였다. 바더는 새로운 계시 및 가톨릭 사제였던 오스발트 레버(Oswald Leber)가 그에게 가르친[107] 카발라적 사변에 근거하여 후트의 종말 시간 계산을 1530년으로 연기했다. 바더의 주변 집단은 슈바벤의 뮐렌(Mühlen)에서 그들이 믿는 대로 오스만 제국의 침공을 통해서 촉발된 '변화'를 준비하였으나, 세례의 때는 이미 지나갔다는 그들의 메시지를 통해서 동시대 재세례파로부터 별다른 지지를 얻지 못했다. 또한 자신의 아들에게 유대교의 메시아 희망을 넘겨준 것은 바더를 당대 종교 문화의 주변 인물로, 또한 신경질적인 음모 이론을 비추는 영사막으로 전락시켰다. 당대의 팸플릿에 기록된 것처럼[108] 슈바벤 동맹의 관청에 의한 그의 체포, 신문, 그리고 처형은 유대인, 투르크인, 그리고 뷔르템베르크 공작 울리히와의 공모 혐의를 받은 위험인물로 낙인찍힌 선동자에게 주어진 운명이었다.

1527년부터 1533년까지의 시기는 재세례파 역사에서 박해가 '최고조'에 달한 때였다. 비정통적 사상들을 보급하기 위해 글을 출판할 수

107 Anselm Schubert, *Täufertum und Kabbalah. Augustin Bader und die Grenzen der radikalen Reformation*, Gütersloh 2008.

108 Laube u. a., *Flugschriften vom Bauernkrieg zum Täuferreich*, Bd. 2, S. 984~96.

있는 기회가 점차 줄어들었다. 그러므로 1520년대 말경 필사본이나 구두에 의한 소통 형태가 재세례파 집단에서 가장 중요했다. 재세례파 처형의 80퍼센트가 이 시기에 이루어졌다. 그러나 오직 10퍼센트(그중 절반은 선제후령 작센 지역에서, 절반은 독일어권 스위스에서)만이 개신교 정권에 의해 행해졌다.[109] 세례의 때의 종말에 관한 바더의 메시지에는 이미 관청의 엄격한 박해 정책이 반영되어 있는 듯하다. 이 정책은 1529년 제2차 슈파이어 제국의회(369~70쪽 참조)의 이른바 재세례파 법령에 그 제국법적 근거를 두었다.[110] 재세례파 박해에 종교개혁가들이 동의한 이유는—경우별로 상이한 논리들에도 불구하고—특히 그들을 소요를 일으키는 이들로 간주했기 때문이다. 무엇보다 묵시문학적 재세례파 운동의 천년왕국적 사상은 농민전쟁의 배경 아래 보통 사람들의 새로운 폭동에 대한 불안감을 현실적 위험으로 비치게 했다.

일단 종교적 근거에 의한 재세례파의 선 긋기 전략 및 종교개혁파의 배척 전략에 근거한 독자화 경향은 재세례파 공동체를 주변 사회에 대한 반사회적 세계로 보이게 만들었다. 물물 공유, 서약 거부, 폭력 포기, 평신도들의 자율적 설교 및 성례전 거행, '자율적'으로 취급 가능한 종교적 자원의 개발, 계시 및 권위를 꿈이나 환상처럼 부여하는 형태,[111] 임박한 세상 종말의 지평에서 궁극적으로 구속력 있는 거룩한 질서를 종종 구약성서를 원용한 가운데 창조하고 형성하려는 시도, 유대인과의 실제적인 접촉 혹은 접촉한 것으로 의심받은 혐의 등 이 모든 것은 재세례파 공동체를 세상의 외톨이로 만들어, 개신교와 가톨릭이라는 두 진영의 종파적 대립의 압력 아래서 그들의 어떤 일탈도 사회적 공생에서 추가적인, 견딜 수 없는 위험으로 간주되는 결과를 초래했다.

---

109 Claus-Peter Clasen, *Anabaptism. A Social History, 1525~1618*, Ithaca and London 1972, S. 359~422.

110 *DRTJ.JR* 7/2, Nr. 153, S. 1325~27.

111 예를 들어 Anselm Schubert, *Der Traum vom Tag des Herrn. Die "Träumer von Uttenreuth" und das apokalyptische Täufertum*, in: ARG 97 (2006), S. 106~35.

심령주의

재세례파를 사회정치적으로 주변으로 내몰고 박해한 것은 그들의 존재 방식의 명백한 제의적 중심인 성인세례가 관(官) 주도적 종교개혁의 발전에 역시 동의하지 않은 일부 일탈적 지성인들에게서 그 특별한 의미를 상실하게 만드는 데 결정적으로 기여했다. 한스 뎅크, 제바스티안 프랑크, 발렌틴 크라우트발트(Valentin Krautwald, 1490~1545), 카스파르 폰 슈벵크펠트, 루트비히 해처, 한스 뷘데를린(Hans Bünderlin, 1500경~39), 크리스티안 엔트펠더(Christian Entfelder, 1544년 이후 사망)와 심령주의라는 개념 아래 포괄되는 다른 자유사상가들은 그리스도교의 모든 외적 제의, 모든 가시적인 공동체, 모든 제도적 형성 시도에 회의적으로 대립하는 태도와 사고를 대변한다. 그들 중 몇몇은 재세례파에 일시적으로 접근하였으나, 다른 이들은 루터 혹은 츠빙글리의 사상에서 출발하여 독자적으로 그들을 넘어섰다. 그들 모두는 인문주의적 교육을 받았고, 많은 개신교 '율법학자들'이 발산하는 영적 지평을 초월했으며, '활자'가 영을 정복하고 일차적으로 전문적인, 임명된 직업적 해석자들이 성서 문구를 놓고 신학적으로 이끄는 종교적 토론 문화에 참여하기를 바라지 않았다. 그들 가운데 대다수는 내적으로 에라스무스의 평화주의 및 관용적 그리스도교에 연결되어 있었다. 그들은 루터파의 칭의 신앙과 모든 종교개혁가들의 속죄 제물 그리스도론에서 윤리적 해이의 위험을 간파했다. 정부 주도의 종교개혁 과정에서 종교의 국가화는 그들에게 신앙 및 양심의 자유에 대한 위협으로 보였다. 이 맥락에서 사람들은 루터가 1523년에 『세속 권세에 관하여』[112]에서 진술한 신앙적 이유에서의 박해에 반대하는 호소를 원용했다. 정부 조치를 통한 외적인 일치 강제가 아니라 개인 및 사회를 내면으로부터 그리스도교화하는 것이 그들의 구호였다.

그들 가운데 일부, 예를 들어 '슈벵크펠트파'는 주로 남서부의 도시

---

112 특히 WA 11, S. 267ff. 참조.

사회 가운데서 외적으로 눈에 띄지 않게 거의 방해받지 않고 살았던 경건 공동체였다.[113] 그들은 기존의 대중 그리스도교에 대립하는 독자적 교회를 지향하지는 않았다. 다른 이들, 예를 들어 프랑크는 자기 자신과 널리 흩어진 독자 공동체를 위해 끊임없이 출판을 했던 외톨이였다. 이 영의 변증자들이 주장한 종파적 대립 저편의 중도 콘셉트는 근대 초기 제국의 종교 문화에서 중요한 요소로 남았는데, 이 개념은 17세기 후반에 비로소 사회적으로 폭넓게 수용되었다.

농민전쟁 이후 시대에 이 '자유사상가들'의 등장은 성만찬 논쟁(533~47쪽 참조)에서 신학적 진영 사이의 분열에 의해 조장되었는바, 이 사건은 정신사적 변화 과정을 보여준다. 정부 주도의 종교개혁이 성공적으로 정착됨으로써 종교적 의미를 추구하고 대안적 종교, 교회 내지 종파, 사회 콘셉트가 새로이 추구되었다. 종교개혁의 승리는 종교개혁에서 나와 이제 종교개혁에 실망한 자들 편에서 문제를 제기하도록 만들었다. 서양 교회의 분열과 종교개혁의 성공은 그리스도교 이해와 그것의 교리 및 삶의 형태 이해에서 다원적 역동성을 초래했으며, 이는 중세 **그리스도교**를 결정적으로 뒤꼍으로 밀어버렸다.

성서 말씀에 의한 교회의 가르침: 종교개혁의 신학적 주요 저서

루터가 저 '위대한 인물',[114] 세상에 '다른 얼굴'[115]을 부여하고 세상을 '조야한 상태에서 매우 세련된 상태로'[116] 인도한 저 찬란하고 성공

113 Caroline Gritschke, "*Via Media*". *Spiritualistische Lebenswelten und Konfessionalisierung: das süddeutsche Schwenckfeldertum im 16. und 17. Jahrhundert*, Berlin 2006 참조.

114 Z 3 (CR 90), S. 757,20: "magnis viris".

115 Z 3 (CR 90), S. 757,22: "alia specie".

적인 저술가에 속한다는 것은 성만찬 논쟁에도 불구하고 츠빙글리에게도 자명한 사실이었다. 그리고 그가 자신을 은근히 신학 저술가로서 세상을 변화시킨 그런 '위대한 인물'로 간주했다는 사실을 우리는 확실히 추측할 수 있다. 실제로 종교개혁은 지성적·문학적으로 비상한 재능을 갖춘 저자들을 주목할 정도로 산출했다. 사건들과 논쟁에 대한 시선은 교회의 변화 과정 및 관철 투쟁의 최전선에 서 있던 여러 사람들이 학문적인 라틴어 작품을 집필한 사실에 대한 시각을 왜곡할 수 있다. 라틴어 작품들은 시국적인 투쟁을 위해서보다는 결정적으로 학문적 신학을 통해 형성된 종교적 구성으로서의 프로테스탄트 종파 문화를 지속적으로 정착시키는 데 매우 많이 기여했다.

신뢰할 만한 성서 해석과 성서적으로 입증된 신학적 교리 요약을 통해 종교개혁 신학의 학문적 기초를 놓는 종교개혁 세대의 끊임없는 작업은, 비텐베르크에서 출발하여 독일의 개신교 지역에서 자기주장을 하게 될 번영하는 프로테스탄트 교육 및 대학 시스템을 위한 토대를 형성했다. 다른 사람과는 달리 특히 멜란히톤이 종교개혁적 쇄신에 통합했던 인문주의적 교육이라는 전제 없이는 이것을 생각할 수 없을 것이다. 좌우에 있는 적들에게 대항하여 종교개혁적 그리스도교를 학문적으로 작업하는 것에 관심을 갖고 희미하게 조명되고 난방이 덜 된 연구실에서 히브리어와 그리스어 원어로 된 성서 문헌을 해석하느라 밤을 보낸 비상한 재능을 갖춘 청년들 없이는, '개신교의 자유'는 지속적으로 유지되기 힘들었을 것이다. 왜냐하면 이 자유는 성서적 진리에, 즉 자신의 해석을 텍스트에 부합하고 합리적인 해석으로 입증하거나 주장하는 것에 근거하기 때문이다.

주로 구약성서를 연구하는 주석가 외콜람파트, 카피토, 취리히의 히브리어 학자 콘라트 펠리칸[117]의 위대한 주석서에는 로이힐린과 에라

116 Z 3 (CR 90), S. 757,22f.: "e rudi expolitissimum fecissi".

117 이 주석학파의 인문주의적·문헌학적 성격을 평가하는 것에 대해서는 Bernard

스무스의 인문주의를 통해 그들에게 중계된 문헌학적 정밀성이 간단없이 살아 있다. 취리히와 스트라스부르에서는 평신도들과 학생들에게도 개방된 강의 내지 주석 모임이 개최되었고, 여기서는 원문 내지 고대 번역본이 중심이 되었다. 취리히 성서 번역은 1525년 여름부터 대성당의 참사회실에서 아침마다 열린 성서 해석 모임에 일차적으로 그 '삶의 자리'가 있었다. 유사한 행사가 스트라스부르에서도 있었는데, 부처는 1523년 봄에 도착한 직후 성서 문헌에 대한 공개 강연을 시작했다. 이 행사는 취리히 및 스트라스부르 종교개혁가들의 학문적 성서 주석이 생겨난 배경이었다. 종교개혁 초기의 이 행사에서 도시 내지 주변 지역의 아직 덜 수련된 교구 성직자들에게 종교개혁적 교리를 교육하는 것이 중요했음은 물론이다.

교회는 성서로부터 건설되어야 하고 개혁되어야 한다는 것, 성서 해석을 위해 학문적 교육을 받은 책임 있는 교직자가 필요하다는 것과 종교개혁 신학의 체계적인 교리 요약을 성서에서 입증하고 발전시켜야 한다는 것은 1520년대 말에 서로 분리된 루터파와 개혁파 진영 사이에서 논란의 여지가 없었다. 세례와 성만찬을 둘러싼 논쟁에서의 분열과 충돌은 한편으로는 로마 스콜라주의에 대해서, 다른 한편으로는 급진적 개혁주의자들의 학문적 공격에 대해서 정부 주도 종교개혁 대변자들의 기초적 공통점을 의문스럽게 만들기보다는 오히려 강화했다. 고대 교회 이래 이전의 그리스도교와 달리 종교개혁 교회는 성서 해석에 의지해 살았고 성서 해석에서 성장한 신학을 필요로 했다. 왜냐하면 교회 권위를 통해 관리된 교회법도, 영의 자유로운 활동에 대한 경험도 정부 주도 종교개혁의 프로테스탄트 '대중 교회'가 필요로 한 교리의 보편성 및 타당성 주장을 뒷받침할 수 없었다.

1520년대에 나온 종교개혁 신학의 세 가지 상이한 작품(이것들은 각

Roussel, *De Strasbourg à Bâle et Zurich. Une École rhénane d'Exégèse*, in: Revue d'Histoire et de Philosophie Religieuses 68 (1988), S. 19~39.

저자들의 주요 작품으로 표현될 수 있다)에서 성서신학의 공고화 및 형성 과정이 가시화되었는데, 이 과정은 1520년대 말부터 싹튼 요약적 신앙고백 양식의 기초를 이루게 되었다. 멜란히톤의 『신학총론』(*Loci communes rerum theologicarum*, 1521), 츠빙글리의 『참된 종교와 거짓 종교에 관한 주석』(*De vera et falsa religione commentarius*, 1525), 루터의 『노예의 지론』(*De servo arbitrio*, 1525)이 그것이다.

멜란히톤의 『신학총론』

멜란히톤의 『신학총론』은 루터의 판단에 따르면 성서 이후 가장 좋은 책이며,[118] 에라스무스의 작품들과 달리 교회의 인정을 받을 자격이 있는 작품으로서[119] 최초의 종교개혁파 교의학으로 간주된다. 이 작품에 대한 루터의 비상한 평가는 이 작품의 치밀하고 함축적인 언어 형태와 연관이 있으며, 이 재능에서 루터 자신은 자신의 인문주의적 친구이자 동료보다 분명히 뒤떨어진다고 생각했다. 루터는 한번은 책상에 분필로 이렇게 메모했다. 멜란히톤에게서는 사실과 언어가 일치하고, 에라스무스에게서는 말은 일치하나 사실은 그렇지 않으며, 루터에게서는 사실은 일치하나 언어는 그렇지 않고, 카를슈타트에게서는 언어도 사실도 일치하지 않는다.[120]

118 WA.TR 5, Nr. 5511, S. 204,24~26 (1542/43): "여러분은 태양 아래서, 『신학총론』만큼 모든 신학이 그렇게 세련되게 정돈되어 있는 책을 발견하지 못한다. 교부들과 『명제집』을 읽어보라, 아무것도 아니다. 성서 이후 더 좋은 책은 없다."

119 WA 18, S. 601,5f.; WA 54, S. 179,5~8; CR 22, Sp. 721f.; CR 21, Sp. 77f. 참조; Heinz Scheible, *Luther und Melanchthon*, in: ders., *Melanchthon und die Reformation*, Mainz 1996, S. 139~52, 특히 S. 142 참조.

120 WA.TR 3, Nr. 3619, S. 460,38~40 (1537. 8. 1): "8월 첫째 날 조식을 마치고 식탁에 앉아 둘러보다가 분필로 식탁에 썼다. 필리프는 사실과 말이 일치하고, 에라스무스는 사실 없이 말이 일치하고, 루터는 말 없이 사실이 일치하고, 카를슈타트는 말도 사실도 일치하지 않는다." 전승에서는 바질리우스 모너(Basilius Monner)와 멜란히톤이 간여했다고 보고한다. 루터가 에라스무스와 멜란히톤의 성격을 표현한 것은 맞지만, "자신은 지나치게 높이 평가했고, 어쨌든 루터

멜란히톤이 선택한 신학적 주제들의 형식적 형성은 사실에 대한 특별한 이해에 부합하였다. 왜냐하면 아리스토텔레스 이후 고대 전통과 연계해서 성서 및 다른 문헌의 독자들에게 '자명한 진리들'(loci)을 많은 개별 구절들을 가진 자료 모음을 자유롭게 다루어야 하는 질서 체계로서 추천한 에라스무스와 달리, 멜란히톤의 관심은 성서에 적용되는 질서 원리가 아니라 성서에서 발전된 질서 원리에 있었다. 그의 『신학총론』은 로마서에 대한 조직적 해석에서 발전했다. 그 방법은 자명한 특정 진리들의 외적 도식을 가지고 성서 텍스트에 접근하는 것이 아니라 텍스트에 포함되어 있는 자명한 진리들을 텍스트로부터 끄집어내려고 시도하는 체계적 주석이다. 교리적 전통과의 관계에서 이 절차는 한편으로 전통적인 교리의 재고량을 줄이는 것을 의미하고, 다른 한편으로는 직접 구원, 신앙, 죄, 회개와 관계된 내용에 집중하는 것을 의미한다.

멜란히톤의 분명한 목표는 성서를 읽고 헤매는 자들에게 '그리스도교 교리의 진수'[121]를 몇 마디 말로 알려주는 것이었다. 그는 그 대상으로서 대학의 청년들뿐만 아니라 근본적으로 자기 신앙의 성서적 기초에 관심을 갖는 모든 그리스도인을 염두에 두었다. 그런 한에서 『신학총론』이 급속히 독일어 번역으로 보급된 정황은 그 저자의 원래 의도와 부합했다. 24세의 비텐베르크의 마기스터는 교리 전통을 가차 없이 판단했다. 동방교회의 핵심 교리서인 『지식의 근원』의 저자 요하네스 다마스케누스(Johannes Damascenus), 스콜라주의 신학의 기본서인 『네 권의 명제집』(*Libri quatuor sententiarum*)의 저자 페트루스 롬바르두스는 그에게 호평을 받지 못했다. 전자는 지나치게 철학적이고, 후자는 성서의 생각에 대해 알려주기보다는 인간들의 견해를 편찬하고자 한다.[122] 교

에게 말이 일치함을 인정해야 한다." 같은 책, S. 461, Anm.

121 *MWA* 2/1, S. 4,18f. = Hans-Georg Pöhlmann (Hg.), *Philipp Melanchthon. Loci communes 1521. Lateinisch-Deutsch*, Gütersloh 1993, S. 15: "summa christiana doctrinae".

122 *MWA* 2/1, S. 5,27ff. = Pöhlmann, 앞의 책, S. 19.

의학의 전통적 주제 일부—예를 들어 삼위일체론—는 인간의 이해 능력을 초월하며 그리스도인의 삶에서 결정적이지 않다. "우리는 신성의 신비를 탐구하기보다는 경배해야 한다."[123] 그리스도인에게 포기할 수 없는 주제는 죄와 율법, 은총이다. 이것들을 통해 그리스도를 인식한다. "그리스도를 인식하는 것은 그의 선행을 아는 것이다."[124] 그리스도에 대한 형이상학적·사변적 혹은 역사적 문제가 아니라 그리스도가 우리에게 구원 수단으로 어느 정도나 주어져 있는가가 신학적 중심 주제를 선택하고 제시하는 데 초점을 이룬다.[125]

멜란히톤은 로마서와 연계하여 죄와 율법, 은총의 주제에서 그리스도를 인식할 수 있는 통로를 발견했다. 즉, 이 주제들은 그리스도인의 마음에 그리스도를 심어주고 그의 양심을 강화했다. 신과의 관계에서 인간의 자유의지 분석은 교리적 서술의 출발점을 이루어야 한다. 로마서의 핵심 주제인 신의 예정의 빛에서 볼 때 인간에게는 구원에 대한 자유를 인정할 수 없다. 칭의는 율법에 근거한 죄인에 대한 사망 판결과 죄인을 용서하는 복음의 구원하는 말씀을 통한 소생을 의미한다. 우리가 믿음 안에서 그리스도에게 의지한다면 '그의 의는 우리의 의'[126]가 된다. 오로지 그리스도로 말미암아 신앙에 근거해서만 의롭게 칭함을 받는다는 종교개혁적 교리는 아직 중요하게 표현되지 않았다.

멜란히톤의 걸작은 처음에는 단편적으로 출판되었고 이후 숱하게 재인쇄되어 대중어로 출판되면서 종교개혁 문학의 베스트셀러가 되었으며, 후대의 판에서—이제는 『신학적 특별 주제들』(*Loci praecipui*

---

123 *MWA* 2/1, S. 6,16f. = 같은 곳: "우리는 신성의 신비를 탐구하기보다는 경배함이 옳다."

124 *MWA* 2/1, S. 7,10f. = Pöhlmann, 앞의 책, S. 23: "hoc est Christum cognoscere beneficia eius cognoscere".

125 *MWA* 2/1, S. 7,17 = 같은 곳: "nobis remedii".

126 *MWA* 2/1, S. 88,11~13 = Pöhlmann, 앞의 책, S. 207: "illi fide adhaeremus …… Christi iustitia sit nostra iustitia".

theologici)이라는 표제로 — 많은 개정을 겪었다. 그는 후에 전통적 교리들, 예를 들어 삼위일체론 혹은 그리스도의 양성론을 다시 다루었는데, 그 이유는 종교개혁의 '급진적 주변'에서 교리비판적 목소리가 들렸기 때문이다. 작품의 양도 대폭 증가했는데, 이것은 무엇보다 로마와의 신학적 논쟁을 고려했기 때문이다. 실제로 『신학총론』은 점차 형성되는 프로테스탄트 성직자들의 가장 중요한 교리 교과서가 되었다. 멜란히톤이 이것을 대중어로 보급하는 데 계속 관심을 가졌다는 것은 만인사제직과 연결된바, 신학적 기초 교육에서 발전된 모든 그리스도인의 판단 능력에 대한 확신을 확고히 신봉했다는 것에서도 물론 나타났다.[127]

츠빙글리의 『참된 종교와 거짓 종교에 관한 주석』

츠빙글리의 『참된 종교와 거짓 종교에 관한 주석』은 많은 이들이 — 적어도 그의 반(反)합스부르크 정책 때문에라도 — 프랑스 프랑수아의 1세가 종교개혁에 문호를 개방하리라는 소망을 가지고 1525년 프랑스 국왕에게 바친 헌정사와 함께 출판된 교리적 작품으로서, 양적으로 멜란히톤의 『신학총론』의 약 세 배에 달한다. 이 작품은 최초로 종교개혁 신학을 폭넓게 체계적으로 총결산한 것으로서 거짓 종교, 즉 교황파 종교와의 일반적 대립 형태로 진행되었다. 참된 그리스도 종교는 불행한 인간이 자기 자신에게 절망하고 자신의 아들을 인간을 위해 내어준 신을 신뢰하는 데 있는 반면에, 거짓 교황파 종교는 그리스도의 이름을 불의하게 사용하니 이 종교는 그리스도 외에 다른 데 소망을 두었기 때문이다.[128] 츠빙글리는 총 29장에서 '신앙, 삶, 율법, 제의, 성례전'[129]을 포

---

127 Johannes Schilling, *Melanchthons deutsche Dogmatik*, in: Günter Frank (Hg.), *Der Theologe Melanchthon*, Stuttgart 2000, S. 243~58; Philipp Melanchthon, *Heubtartikel Christlicher Lere. Melanchthons deutsche Fassung seiner* LOCI THEOLOGICI, hg. v. Johannes Schilling und Ralf Jenett, Leipzig 2002 참조.

128 Z 3 (CR 90), S. 723,1~6 = Zwingli, *Schriften*, Bd. 3 (Anm. 28), S. 177.

함하여 그리스도인들의 경건 전체를 표현하기 위해 사용한 종교 개념에서 출발하여 신의 말씀에 의한 계시는 표준적인 인식의 근원으로 간주되어야 하고 신 인식과 자기 인식의 연관 관계는 필연적으로 중심적인 것으로 서술되어야 한다고 주장한다. 오징어를 잡기 어려운 것처럼 계시 없이는 인간은 인식하기 어렵다.[130] 오직 인간을 창조한 신만이 그러므로 인간 마음의 신비를 알 수 있다.[131]

인간의 신 인식과 자기 인식의 필연적 연관 관계는 츠빙글리를 그리스도에 대한 복음으로 인도했다. 여기서 신은 아담을 타락으로 인해 파괴된 신과의 관계로 되돌아가게 했다. 그리스도교 종교는 참되니 인간이 원래 창조에 따라 신과 교제하도록 정해진 운명을 회복하기 때문이다. 로마 교회가 지시한 구원의 길에 대한 상세한 그의 반박에서, 인간은 율법을 통하여 자신의 처지가 얼마나 절망적인지를 깨닫고 복음에서 제공된 구원에 의탁한다. 츠빙글리의 교의학에는 정부[132]와 성만찬[133]에 대한 특별히 상세한 장이 포함되어 있다. 농민전쟁 및 시작되는 성만찬 논쟁과의 역사적 연관성은 오인할 수 없다. 츠빙글리는 프랑스 국왕에게 종교개혁이 정치 질서를 뒤흔드는 것이 아니라 오히려—올바로 이해한다면—안정시킨다고 역설한다. 츠빙글리는 자신의 책의 장황함에 대해 변명하면서 그 이유가 적그리스도 교황, 죄 있는 인간(데살로니가후서 2:3)이 참 교리를 망친 때문이라고 설명한 에필로그에서 결론적으로 인간을 인간이 되게 만드는 것은 신 인식과 자기 인식을 연결하는 참된 종교라고 밝힌다.[134] 교육받은 인문주의자 츠빙글리에게 인간

129 Z 3 (CR 90), S. 639,15~18 = Zwingli, 앞의 책, S. 52f.: "pietatem totam Christianorum …… fidem, vitam, leges, ritus, sacramenta complectitur".

130 Z 3 (CR 90), S. 654,28f. = Zwingli, 앞의 책, S. 75

131 Z 3 (CR 90), S. 655,27f. = Zwingli, 앞의 책, S. 76: "Nullo igitur magistro alio aut duce unquam dabitur humani cordis arcana videre, quam solo hominis architecto deo".

132 Z 3 (CR 90), S. 867,4~888,31 = Zwingli, 앞의 책, S. 388~420.

133 Z 3 (CR 90), S. 773,25~820,17 = Zwingli, 앞의 책, S. 253~322.

본질에 대한 물음은 종교개혁을 통해 답변되었는바, 이 물음은 피코 델라 미란돌라의 문학작품을 통해서 그에게 다가왔다. 츠빙글리는 인간의 자유의지와 신의 은총 사이를 조정하고 협동 관계를 설정하려는 에라스무스의 시도를 분명히 거부했다.[135]

루터의 『노예의지론』

루터의 『노예의지론』(*De servo arbitrio*)은 멜란히톤의 『신학총론』, 츠빙글리의 『주석』 혹은 후대의 개정판 『신학총론』과 유사하게 보완과 개정 과정을 겪은 획기적인 칼뱅의 『그리스도교 강요』(*Institutio christianae religionis*, 초판 1536, 최종판 1559)가 보여주는 것과 같은 그리스도교 교리의 체계적인 촬요가 아니다. 그러나 루터는 이 글을 자신의 교리문답과 더불어 가장 중요하고 성공적인 작품으로 간주했다.[136] 에라스무스와의 관계에서 이 글은 오래전에 드러난 경계선을 명백하게 그었다.[137] 루터에게 참을 수 없는 종교 정책에서의 인문주의 군주의 위선적인 태도와 자신의 글 『자유의지에 관한 논설』(*De libero arbitrio diatribe*, 1524. 9)에서 결정적으로 루터에게 대항하여 "인간에게 영원한 구원으로 이끄는 것으로 향하거나 그것으로부터 돌아설 수 있는 자유의지"[138]를 인정하는 에라스무스의 입장은 비텐베르크인으로 하여금 그와의 관계에 결정적

---

134 Z 3 (CR 90), S. 907,1ff. = Zwingli, 앞의 책, S. 444ff.

135 Z 3 (CR 90), S. 844,25~30 = Zwingli, 앞의 책, S. 356f.

136 WA.B 8, S. 99,7f.; WA 18, S. 595f.: WA 18, S. 600~787에 게재; 라틴어-독일어판(번역 Athina Lexutt), in: Martin Luther, *Lateinisch-deutsche Studienausgabe*, Bd. 1, Leipzig 2006, S. 219~661.

137 Thomas Kaufmann, *Luther und Erasmus*, in: Albrecht Beutel (Hg.), *Luther Handbuch*, Tübingen 2005, S. 142~52은 두 사람의 관계에 대해 간략한 개관을 제공한다.

138 Erasmus, *Ausgewählte Schriften*, hg. v. W. Welzig, Bd. 4, S. 36: "vi humanae voluntatis, qua se possit homo applicare ad ea, quae perducunt ad aeternam salutem, aut ab iisdem avertere".

인 종지부를 찍는 것을 불가피하게 만들었다. 정부 주도 종교개혁의 주요 신학적 대변자들과 성만찬 문제에서 루터로부터 벗어난 이들도 에라스무스와 선을 긋는 데에서 루터를 따랐다.

농민전쟁, 혼인, 열광주의자들과의 싸움으로 동요된 루터의 생애 기간에 생성된 『노예의지론』—1525년 12월에 초판 출간—은 권위 원리에 대한 회의와 인정 사이에서 흔들리는 에라스무스의 태도와의 대결에서 종교개혁적 신념이 세운 기념비이다. 신학에 유일하게 적합한 화법(modus loquendi theologicus)은 확실한 진술(assertio)이다.[139] 루터의 판단에 따르면 에라스무스가 그러듯이 확실한 진술을 포기하는 것은 그리스도교를 폐기하는 것을 의미한다(Tolle assertiones, et Christianismum tulisti).[140] 신과 인간의 관계에 대한 진술에서는 성령을 통해서 선사되는 내적 명백성(claritas interna)에 상응하는 글의 외적 명백성(claritas externa)이 적합하다. 글의 내적 명백성과 외적 명백성의 상관관계에서 한편으로는 열광주의자들의 성령의 직접성 콘셉트, 다른 한편으로는 권위에 대한 신앙으로 바뀌는 에라스무스의 회의에 대립하는 성서 해석에 루터의 특별한 기여가 있다. 성서에 포함된 명령으로부터 인간의 의지 활동에 포함된 구원에 도달할 수 있는 능력을 추론할 수 있다는 논거에 대립하여 루터는 창조, 역사, 화해, 구속에서 신의 작용에 대한 이해를 개진했다.

루터가 한편으로는 선포된, 계시된, 제공된, 경배된 신의 의지와 다른 한편으로는 감추어진, 그러므로 인간과는 상관이 없는,[141] 무시할 수 없는 신의 의지를 날카로이 구별한 것은 신 자신 내의 극적인 차이를 드러낸다. 그리스도교 신앙은 그의 권위와 본성 속에 감추어진 전능한 신(deus absconditus)과 상관이 없다. 인간은 전적으로 그리스도 안에 계시

139 WA 18, S. 603,1ff.

140 WA 18, S. 603,28f.

141 WA 18, S. 685,3ff.

된 신(deus revelatus)을 지시받는다.[142] 루터는 대립으로까지 상승한 신 자신 안의 긴장을 첨예화했으니, 육신이 된 복음의 신은, 많은 인간을 버리거나 멸망시키는 것이 율법을 다루는 신의 주권적 의지이기는 하지만, 경건하지 못한 자들의 타락에 대해 울고 탄식한다.[143] 신 자신 내에서의 구별은 인간의 구원 혹은 멸망이 인간 의지 밖의 신 자신에게 달렸다는 사고의 가능한 가장 급진적인 형태였다. 이로써 루터는 특히 로마서의 예정론적 진술을 합리적으로 설명할 수 있다고 믿었다. 인간 주체의 부분적 자율성에 근거한 에라스무스의 윤리적 완성 이론과는 구별되게, 루터의 신론과 그것에 상응하는 인간론은 전적으로 그리스도에게서 중재되는, 오직 구원을 가능케 하는 신과 스스로 완전히 버림받은 인간 간의 극복될 수 없는 대립에 맞추어져 있다. 오직 확실케 하는 복음에 중심을 둔 루터의 신앙 콘셉트는 『노예의지론』의 신 및 인간상에서 철저하게 전개되었다. 그런 한에서 이 글은 그 시대에 종교개혁 신학의 결정적 교리 형태를 형성하는 과정 속에서 그 교리를 명백히 하는 동시에 분열시키는 글에 속한다.

종교개혁이 1520년대 말 이후에 내적인 신학적 차별화 및 교회 분열 과정과 외적인 종교정치적 발전에 근거하여 필연적 신앙고백 형성 단계로 진입하였을 때, 종교개혁가들의 학문적 신학은 신구(新舊)의 서양 전통에 대립하여 더욱 진보하는 고유의 모습을 얻게 되었다.

142 WA 18, S. 685,14ff.

143 WA 18, S. 689,31ff.

제10장

신앙고백, 동맹, 고통

종교 문제의 정치화

종교 문제의 정치적 차원은 1520년대 초부터 분명해졌으나, 그것이 구체화되는 상황과 형태는 1520년대 말 무렵 변하였다. 우선 종교개혁파의 출판물을 통해 만인사제직에 근거하여 철두철미한 교회 개혁을 위해 적극적이어야 하는 세속 정부의 책임이 강조되었다. 제국정치적으로 보름스 칙령 중지에 기초하여 1526년 제1차 슈파이어 제국의회(368쪽 이하 참조) 이래 농민전쟁의 경험을 배경으로 도시 혹은 영방국 차원에서 종교개혁 과정의 전환 시도가 강화되었다. 세속 정부들은 종교개혁을 주도적으로 관철했다.

이미 1520년대에 종파적 전선을 따라서 군사·정치적 동맹이 형성되기 시작했다(508쪽 이하 참조). 합스부르크와 바이에른의 후견 아래 이루어진 남부 독일의 유력 가톨릭 신분들의 레겐스부르크 동맹(1524), 알베르트계 작센, 브라운슈바이크-볼펜뷔텔, 선제후 브란덴부르크, 마인츠 대주교의 가담 아래 이루어진 중부 및 북부 독일 가톨릭 제후들의 동맹(1525), 개신교 측에서는 헤센과 선제후령 작센이 주도하는 토르가우 방어동맹(1526)이 그것이다. 1528년 봄에는 하마터면 군사적 충돌까지 발발할 뻔했다. 작센 공작 게오르크의 수상쩍은 부재상 오토 폰 파크(Otto von Pack, 1480경~1537)에 의해 위조된 문서가 공개되었는데, 이것은 1527년에 체결된 가톨릭 신분들의 브레슬라우 동맹에 대해 논한 것이었다. 내용인즉 여기에는 페르디난트 왕, 바이에른과 작센 공작, 마인츠와 잘츠부르크 대주교, 그리고 뷔르츠부르크, 밤베르크 주교가 가담했다고 한다. 그리고 이 동맹은 루터적 사고를 가진 제후들에 대한 군사 공격을 준비하고 있다는 것이었다. 파크가 위조한 이 가상의 브레슬라우 동맹 관련 문서에 깜빡 속은 헤센의 필리프는 작센 선제후 요한에게 선제공격의 필요성을 설득하는 한편, 이미 마인츠와 뷔르츠부르크에 대항하여 군사작전에 착수하기 시작했다. 비텐베르크 신학자들은 선제공격을 단호히 반대했고, 그런 한에서 공격을 지연시키는 데 영향을 끼쳤다. 헤센의 필리프가 선제후의 추궁 압박을 받아 마침내 자신의 장인인 작센의 게오르크에게 자신이 무력 정책을 추진한 근거로 이른바 브레슬라우 동맹을 털어놓으면서, 사건은 일단락되었다. 당시에 출판되었던 팸플릿들은[1] 그사이에 형성 중이던 종파들 서로 간의 악감정이 어느 정도였는지를 생생하게 보여준다.

페르디난트 왕이 다수인 가톨릭 신분들의 도움을 받아 제1차 슈파이어 제국의회의 종교 조항을 폐기한 제2차 슈파이어 제국의회(369~70쪽 참조) 역시 사태를 양극화하는 데 결정적으로 기여했다. 『슈파이어 항의서』(*Speyerer Protestation*, 370쪽 참조)는 종교개혁사의 핵심 문서이다. 중세의 신분 특권에 근거한, 법적 권리 주장의 유지 여부를 결정하는 문제에서 법적으로 구속력 있는 다수결에 대항하는 항변이라는 법적 수단이 슈파이어에서 종교적 양심의 자유 원리를 명문화하는 데 사용되었다. 다수결은 "신의 영광과 우리의 구원과 영혼의 복락에 대한 사안에서

1 일부 출판물들은 다음에 게재되어 있다. Adolf Laube, Ulman Weiß (Hg.), *Flugschriften gegen die Reformation (1525~1530)*, 2 Bde., Berlin 2000, Bd. 1, Nr. 31, S. 610~69.

있을 수 없으며, 이런 문제에서는 각각이 스스로 신 앞에 서서 해명해야 하기 때문이다".[2] 항변이라는 법적 행위는 다수인 가톨릭 신분들이 1526년 슈파이어 제국의회의 결의를 폐기하고 긴급히 요망되는 공의회까지 보름스 칙령에 따라서 조치를 취해야 한다는 결정[3]을 개신교 신분들에 대항하여 무력으로 관철하는 것을 저지하기 위함이었다. 페르디난트가 항변 문서의 접수를 거부했다는 사실은 시위성 행위의 합법성을 인정하지 않는다는 것을 보여주었다. 슈파이어 제국의회 끝에 헤센, 선제후령 작센, 뉘른베르크, 울름, 스트라스부르 시는 임박한 위험에 대처하기 위해 비밀 방어동맹으로 결속했다.

국제 정치 상황은 군사 대립의 위험이 첨예화되기 시작하는 데 기여했다. 왜냐하면 황제 카를 5세가 1530년 아우크스부르크 제국의회를 위하여 1521년 이래 처음으로 다시 제국에 들어왔을 때, 정치적 조건은 그가 의도한 종교 문제 전체의 궁극적 해결에 유리하게 전개되었기 때문이다. 프랑스 국왕 프랑수아 1세는 카를 5세에게 대항한 다양한 군사적 반격 후에 일시적으로 안정적인 평화조약의 체결에 동의했다. 황제의 생일인 1525년 2월 24일 파비아(Pavia) 전투에서 패배해 황제의 포로가 되었다가 석방된 후 협상한 마드리드 평화조약을 파기하고(합스부르크가가 부르고뉴를 요구한 것을 받아들일 수 없었으므로) 이어 교황, 밀라노, 피렌체, 베네치아와의 반(反)합스부르크 코냑 동맹이 좌절된 후, 1529년 여름에 프랑스 왕 프랑수아 1세에게는 평화 외에 다른 진지한 대안이 없었던 것이다. 황제의 누이와 프랑수아 1세의 모친 사이에 협상된 '캄브라이(Cambrai) 여인 강화조약'은 부르고뉴의 반환을 제외했으나, 프랑스 국왕에게 밀라노와 제노바, 나폴리와 관련해서 이탈리아

2 *Erweiterte Protestation der evangelischen Stände auf dem Reichstag zu Speyer vom 20. April 1529*, in: *Reformation und Protestation in Speyer*, Speyer 1990, S. 133; *DRTA. JR* 7/2, Nr. 167, S. 1345ff.

3 결의문의 복사본: *Reformation und Protestation* (Anm. 2), S. 63~101, 특히 S. 67f. = *DRTA.JR* 7/1, S. 788ff.

정치에 개입하는 것을 포기할 것을 강요했다.

합스부르크가의 주목할 만한 두 번째 평화조약, 즉 교황 클레멘스 7세(재위 1523~34)와의 조약이 1529년 6월 29일 바르셀로나에서 성립되었다. 카를 5세는 교회의 몰락, 독일에서의 이단의 강화, 오스만 제국의 공격의 책임을 레오 5세 이후 추진되었던 교황청의 반(反)황제정책에 돌렸는데, 이 조약은 이런 신랄한 군사 대립을 종식시켰다. 황제 측의 전쟁 관련 출판물 속에는 심지어 '신성로마제국의 반(反)교황, 반(反)교황청 프로파간다'[4]의 동기가 스며들어왔다. 이런 선동은 급료 미지급 때문에 폭동을 일으킨 용병대가 로마로 진격하여(로마 약탈Sacco di Roma, 1527년 5월부터 6월) 영원한 도시를 알라리크(Alaric) 시대(410년) 이후 가장 심하게 파괴하고 약탈하는 데 일조했다. 용병들 가운데는 프로테스탄트들도 있었는바, 그들은 적그리스도와 그의 조신들에게 가시적 손상을 입히는 것에서 만족을 얻고자 했다. 교황은 약탈물 총액을 1천만 두카토로 평가했다. 희생자 숫자는 1만 명에 달했다고 한다. 엥겔스부르크에서 포위되어 있다가 1527년 6월 7일에 항복한 교황 클레멘스 7세는 황제 군대의 포로가 되었으며 속전을 주고 석방되어야 했다. 황제는 자기 병사들의 잔혹 행위와는 거리를 두었을지라도, 교황의 포박은 신의 손에 의해 결정되었으며 그리스도교계에 평화와 공의회로 가는 길을 예비하기 위해서 신의 허락에 의해 이루어진 일이라고 확신했다. 공의회는 "누구나 소망하고 누구에게나 필요한 교회의 개혁을 위함이고 또한 오류에 빠진 루터파를 뿌리뽑기 위함이었다."[5]

황제 외교가 결국 교황을 황제 편으로 끌어들이는 데 성공했다는 사실은 한편으로는 이탈리아의 영토 보호에 대한 관심—무엇보다 베네

4 Alfred Kohler, *Karl V. 1500~1558. Eine Biographie*, München ^{3}2001, S. 183.

5 나폴리의 섭정 피에르 드 베르 오 라누아(Pierre de Veyre au Lannoy)에게 보낸 카를 5세의 지시, Alfred Kohler, (Hg.) *Quellen zur Geschichte Karls V.*, Darmstadt 1990, Nr. 36, S. 134~36, 특히 S. 134.

치아에 대항하여 — 과 연결되어 있었고, 다른 한편으로는 오스만 제국에 의한 현실적 위협과 연관이 있었다. 황제는 협상에서 교황을 공의회로 위협하는 것을 포기했다. 이로써 오래전부터 지연되었던 이탈리아행과 황제 대관을 위한 전제 조건이 황제에 의해 마련되었다. 이탈리아 영토에서의 황제 대관과 결부된 통치자로서의 명성에 대한 상징적 이득은, 평화를 가져오는 자요 참된 가톨릭 신앙의 수호자로서의 군주의 보편적 권리 주장을 부채질했다. 카를 5세는 교황으로부터 대관을 받을 수 있는 독일 민족의 마지막 신성로마제국의 황제가 될 수 있었다.

자신의 추밀원 앞에서 행한 황제의 한 연설에 따르자면, 그는 교회를 위한 투쟁을 이탈리아 원정의 근본적 추진 동기로 표현했다. "진실을 말하자면, 내가 이탈리아로 가는 목적은, 이탈리아나 독일에서 이단에 대항하고 교회 개혁을 위하여 교황에게 보편적 공의회를 강요하기 위해서다. 나는 신과 그의 아들에게, 세상 아무것도 루터 이단만큼 나를 짓누르는 것은 없음을, 나의 시대에 이 이단의 탄생에 대해 이야기하는 역사가들이 내가 그것에 대항해서 갖가지 일을 기도했음을 추가하도록 하기 위해 내 임무를 행할 것임을 맹세한다."[6] 실제로 카를 5세의 제국 정책적 행동의 결정적인 추진 동기는 교회 개혁을 위한, 그리고 루터 이단에 대항하는 열정에서 볼 수 있다. 그러나 제국 내의 이단에 대항하고 교회를 철두철미하게 개혁하기 위한 싸움의 도정은 그로 하여금 이탈리아로 넘어가게 했다. 왜냐하면 황제가 밀라노와 노바라, 파비아 및 몇몇 작은 요새들을 돌려주고 베네치아를 정치적으로 묶어놓고 밀라노 성채와 코모(Como) 시를 보유하고 자기 왕국 나폴리를 손실 없이 확고히 하고 피렌체에서 메디치가의 지배권을 회복하기 위해 메디치가 교황 클레멘스 7세를 군사적으로 지원함으로써(1530년 8월 12일 피렌체 항복) 이탈리아를 만족시킨 결과, 그의 동생 페르디난트에게 1530년 1월

6 카를 5세가 1528년 9월 16일에 추밀원 앞에서 한 연설, Kohler, *Quellen* (Anm. 5), Nr. 37, S. 136~38, 특히 S. 134.

에 알린 것처럼 종교 문제의 해법을 기대케 하는 '운신의 자유'[7]가 가능해졌기 때문이다.

카를 5세는 페르디난트를 로마의 왕으로 선출하고 제국 내 자신의 대리자로 지명하려는 계획은 이탈리아 땅에서의 황제 대관에 달렸음을 알았다. '독일이 낳았고 매일 더욱 사악해지는 대(大)이단'[8]에 대항하여 오직 하나의 수단만이 있으니, 그것은 "내 자신이 가거나 적어도 사람들이 내가 거기로 가는 배에 탄 것을 보는" 것임을 자기 동생에게 알렸다.[9] 카를 5세는 결국 1530년 아우크스부르크 제국의회 종결 후 주간에 다수의 선제후들이 참석한 가운데 페르디난트의 임명을 단행했다. 페르디난트는 이로써 로마 왕위와 황제 대리직을 통해서 이후의 제국 및 종교 정책을 결정하는 권력을 추가로 확보했다. 상당한 재정 지출과 결부된 이 선출에 대해 무엇보다 선제후령 작센과 바이에른이 저항했지만, 지속적인 결과를 얻지는 못했다.

교황 클레멘스 7세와 황제(그림 33 참조)가 3개월 이상 함께 볼로냐에 체류했고 정기적으로 상담하였던 시기에 합스부르크가 통치자와 교황청의 관계는 지속적으로 안정된 듯이 보였다. 또한 대(對)이탈리아 정책도 이를 위한 것이었다. 카를 5세는 자신이 '이탈리아에서 군주 행세를 할'[10] 경우 교황의 우정을 얻을 수 없음을 알았다. 잉글랜드의 헨리 8세에게 카를 5세의 고모인 아라곤의 카타리나와의 첫 번째 혼인을 취소해 달라는 청원을 허락하기를 교황이 거부한 것은 클레멘스 7세와 황제 사이의 행동 축을 확고히 하는 데 기여했으나, 또한 잉글랜드와 프랑스의 접근을 조장하기도 했다. 카를 5세는 그렇지 않아도 프랑스 국왕이 지속적으로 평화조약의 책임을 준수할 것을 믿지 않았다. 공의회의 주도

7 카를 5세가 페르디난트에게 1530년 1월 11일에 보낸 서신. Kohler, *Quellen* (Anm. 5), S. 151.

8 같은 책, S. 147.

9 같은 곳.

10 같은 책, S. 148.

그림 33 볼로냐에서의 황제 카를 5세와 교황 클레멘스 7세
(니콜라우스 호겐베르크의 동판화)

권을 쥐는 데서 교황과의 관계가 언제나 결정적이었다. 부담 없는 관계만이 이단에 대한 싸움을 가망성 있는 것으로 보이게 했다. 카를 5세의 보편적 주권 주장은 종교적인 정당화를 결여할 수 없고 결여해서도 안 되었다. 그런 한에서 아우크스부르크로 가는 길과 1530년 2월 24일의 군주의 30세 생일에 이루어진 황제 대관식은 내적으로 연관 관계가 있다.

대관식 장소로 로마 대신 볼로냐를 선택한 것은 아마도 '영원한 도시'가 약탈 이후에 흥이 깨진 상황 때문인 듯하다. 도시는 축하 무대를 제공할 수 없었고 황제는 자신에게 책임을 강요할지도 모를 곤혹스러움을 면하고자 했다. 볼로냐의 경우는 달랐다. 도시는 건축물들—황제를 로마제국의 전통 속에 세운 승전 아치, 조각들, 알레고리적 화상들—로 장식되었다. 황제는 20명의 추기경, 400명의 교황청 호위병의 영접 아래 당당히 행진했다. 그리고 300명의 황제 기사와 자기 영토의 군대가 뒤를 따랐다. 황제는 천개(天蓋) 아래 말을 타고 들어왔다. 그의 투구는 거대한 제국의 독수리 문양으로 장식되어 있었는데, 이것은 화려한 커튼에서도 볼 수 있었다. 로버트 페릴(Robert Peril)[11]이 양피지에 거대하게 묘사한 승리의 행진과 니콜라우스 호겐베르크(Nikolaus Hogenberg)의 동판화 연작은 스펙터클한 사건을 후대를 위해 포착했고 황제 대관의 선전적 특성을 기록하고 있다. 교황과 친근하게 조화를 이룬 보편적 군주 황제는 밖으로는 무슬림 원수들에 대항하여 그리스도교계를 수호하고, 안으로는 이단에 대항하여 철두철미한 개혁으로 이끌 터였다.

---

11 Hugo Soly, John van der Wide (Koord.), *Carolus. Keizer Karel V. 1500~1558*, Gent 2000, Nr. 144, S. 261f.

아우크스부르크 제국의회의 서막

카를 5세가 4개월 후인 1530년 6월 15일, 즉 성체 축일 전야에 당당하게 아우크스부르크로 입성했을 때 그는 레흐(Lech) 강 다리에서 선제후와 제후들, 제국 신분들로부터 성대하게 영접을 받았고 마인츠 대주교 알브레히트 폰 브란덴부르크 추기경의 '장대한 기도로써 영접'[12]을 받았으며 황제 대관에 대해 축하를 받았다. 대성당에 들어섰을 때 황제는 성체 현시대 앞에 무릎을 꿇었고,[13] 자신이 전통적 교회에 깊이 연결되어 있다는 것을 분명히 과시했다. 황제가 숙소에 도착했을 때, 그는 작센 선제후의 비호를 받는 유력 개신교 제후들 몇 명을 자기 '방으로 오도록'[14] 시켰고 자기 동생 페르디난트 왕을 통해 그들에게 개신교 설교자들의 설교를 금지하고 다음 날 성체 축일에 참석하라고 전달했다. 늦어도 이 시점부터 로마 교회에 굴종한 황제가 이단과의 타협을 전혀 관용하지 않고 제국의 종교적 통일을 모든 수단을 동원하여 수호할 것임은 의심의 여지가 없었다.

프로테스탄트 제후들은 황제의 감독 아래 연출된 종교적 교제로부터 거리를 두는 과시성 행위에 전력을 기울였다. 교황 특사인 추기경 캄페조가 입장하는 제후들을 축복하였을 때(6월 15일), 작센 선제후는 서 있었고 이로써 로마 교직자의 구원 중재를 거절한다는 점을 표시했다. 성체 축일(6월 16일) 참여는 종교개혁적 관점에서 신성모독적인 의식을 인정하는 것을 의미했으므로 개신교 제후들은 이를 거부했다. 반면 개신교 제후들은 개회 미사(6월 20일)에는 참여했지만, 필리프 방백은 제사 의식 동안에 밖으로 나갔고 이후 뤼네부르크 공작 에른스트와 함께

12 Kohler, *Quellen* (Anm. 5), S. 157에 따라서 인용.

13 같은 책, S. 160.

14 Karl Eduard Förstemann, *Urkundenbuch zu der Geschichte des Reichstages zu Augsburg im Jahre 1530*, Bd. 1, Halle 1833 (Nachdruck Hildesheim 1966), Nr. 93, S. 267f., 특히 S. 268.

대성당의 가운데 통로에서 산책했으며 다른 개신교 제후들은 냉소적인 거리 두기를 드러내는 웃음 속에 참여했다.[15]

1530년 1월 21일의 제국의회의 황제 포고문은 평화주의적이기는 했으나, 종교 문제의 결론에 대해서는 개방적인 어조로 들렸다.

> 거룩한 신앙과 그리스도 종교에서의 오류와 분열 때문에 다음과 같이 논의하고 의결하고자 한다. 분열의 치유가 유익하게 이루어지기 위해서, 반감을 중단하고 지나간 과실을 우리의 구세주에게 맡기며, 모든 사람을 선히 여기며, 우리 사이의 의견과 생각을 사랑과 친절 속에 경청하고 이해하고 고려하기 위해 노력하며, 하나의 그리스도교 진리로 데려오고 화해시키기 위해서 노력한다. …… [목표는] 양편에서 올바르게 해석되지 않거나 다루어지지 않은 모든 것은 폐기하고 …… 공동으로 하나의 참된 종교를 받아들이고 지키며 …… [하나의] 교회의 교제와 일치 속에 살아가는 것이다.[16]

황제는 포고문에서 자신을 양편 위에 있는 교회 일치의 수호자로 자처했으며 루터에 대한 교황의 유죄판결과 보름스 칙령을 언급하지 않았고 프로테스탄트 제후들에게는 합의에 대한 소망을, 반면 가톨릭 제후들에게는 그가 지금까지 취해온 단호한 반종교개혁적 진로를 중단할 수 있다는 의심을 자아냈다.

종교 문제 외에도 투르크족에 대한 방어는 포고문의 결정적인 주제였다. 황제는 가까운 장래에 오스만 제국의 새로운 공격이 예상된다는 의심을 버릴 수 없었다. 1529년 10월 중순에 중단되어야 했던 빈 포

---

15 B. Stollberg-Rilinger, *Des Kaisers alte Kleider. Verfassungsgeschichte und Symbolsprache des Alten Reiches*, München 2008, S. 101ff. 참조.

16 Kaiser Karl V., *Ausschreiben zum Augsburger Reichstag an Kurfürst Johann von Sachsen*, in: Förstemann, *Urkundenbuch*, Bd. 1 (Anm. 14), Nr. 1, S. 1~9, 여기서는 S. 7f.

위 — 황제는 제국의회의 포고문에서 이렇게 역설한다 — 는 투르크족의 탐욕적이고 독재적인 기질이 모든 그리스도인들의 영혼 구원에 타격을 입혔고 '그리스도교계의 수장'[17]으로서 자신은 오스만 제국의 공격을 중단시켜야 할 의무가 있음을 보여주었다. 1520년대 말에 극적으로 증가한 투르크족에 대한 불안은 최고의 평화의 보루요 그리스도교 일치의 수호자로서의 황제의 역할에 새로운 당위성을 부여했다. 이것은 또한 황제의 이런 역할을 수용한 1529년 어간의 투르크족 관련 프로테스탄트 출판물에서도 나타난다. 그런 한에서 '투르크족의 위험'은 카를 5세의 황제 권리 주장을 강화하고 신앙 문제에서의 판정관 역할을 인정하는 데 그 나름대로 기여했다.

물론 제국의회 개회 몇 주 전에 이미 황제가 최고 판정관으로서 자신의 역할을 인지하는 방식이 종교적 무관심이나 '불편부당성'과는 전혀 상관이 없었다는 것이 여러모로 분명해졌다. 왜냐하면 다른 외교관 요한 폰 작센과 함께 1530년 5월 초에 인스부르크에서 황제를 알현한 선제후령 작센의 대사 한스 폰 돌치히(Hans von Dolzig, 1485경~1551)는 정통 종교에 대해 인정받고 작센과의 단독 강화조약을 승인받으려는 목표를 달성하지 못했기 때문이다. 그 대신에 당시 이미 황제는 개신교 측에 제국의회 개최 장소에서 설교하는 것을 금지하리라는 것이 명백해졌다.[18] 루터와 멜란히톤은 이에 따라서 선제후에게 이 문제에서 위험에 노출되지 말고 불의를 감수할 것을 조언했다. 멜란히톤은 이 밖에 이것을 아우크스부르크에서 츠빙글리파의 선동을 막을 수 있는 기회로 보았다. 황제가 아우크스부르크에 도착했을 때, 설교 금지는 긴 협상 끝에 구교 측에도 확대되었다.

작센 선제후 요한은 선제후 가운데 맨 먼저 1520년 5월 2일에 아우

---

17 같은 책, S. 7 참조.

18 같은 책, S. 180f.; S. 183~87; WA.B 5, Nr. 1568, S. 314f.; *MBW* 1, Nr. 905; *MBW.T* 4/1, S. 166,10ff. 참조.

크스부르크에 도착했다. 그의 수행원들 가운데 가장 중요한 신학자는 멜란히톤이었다. 그 밖에 유스투스 요나스, 슈팔라틴, 요한 아그리콜라가 동행했다. 루터는 안전상의 이유로 에르네스트가의 프랑켄 영지에 속하는 코부르크 성채에 남았다. 그러나 그는 선제후령 작센의 대표단들과 지속적으로 서신 연락을 했고 여러 방문객을 받았으며 왕성한 출판 활동을 전개했는데, 여기서 그는 무엇보다도 종교 분쟁의 민족교회적 해법을 호소했고 자유로운 복음 설교 허용을 모든 화합의 핵심 축으로 제시했다.[19] 그러나 종교개혁가는 때로 튀링겐 숲에 갇힌 고독 속에서 자신이 결정적인 사태 발전으로부터 단절되었음을 느꼈다—이런 느낌이 전혀 터무니없는 것은 아니었다.

개신교파의 출발 상황은 제국의회 전야에 정치적인 관점이나 신학적 관점에서 서로 일치하지 않은 것으로 나타났다. 헤센의 필리프는 반(反)합스부르크 동맹을 위한 자신의 광범위한 동맹 전략 계획을 좇아서 취리히와 스트라스부르, 즉 '성례전파'가 지배적인 지역을 자신의 계획 속에 편입하고 울리히 폰 뷔르템베르크의 주권 회복을 자신의 일로 삼은 반면, 작센 선제후에게는 군사적 선택이 고려될 수 없었다. 비텐베르크 신학자들은—뉘른베르크 시 서기 라차루스 슈펭글러(Lazarus Spengler)처럼[20]—황제에 대한 모든 형태의 능동적 저항을 단호히 거부했다. 멜란히톤의 어느 입장 표명에서[21] 권세에 대한 복종은 신법 및 자연법으로서 요구되었다. 아무도 권세의 일을 심판해서는 안 되고, 황제에 대한 저항은 금지되어야 한다. 그는 농민전쟁과 지킹겐의 기사 운

---

19 WA 30 II, S. 340,20~342,34.

20 브란덴부르크-안스바흐 후작 게오르크를 위한 슈펭글러의 1530년 1월 소견서, in: Heinz Scheible (Hg.), *Das Widerstandsrecht als Problem der deutschen Protestanten 1523~1546*, Gütersloh 1969, Nr. 12, S. 50~57.

21 Scheible, *Widerstandsrecht* (Anm. 20), Nr. 13, S. 57~60; *MBW.T* 4/1, Nr. 872, S. 66~71에 게재됨. 멜란히톤의 논문은 작센 선제후 요한을 위한 1530년 3월 6일자 루터의 소견서(WA.B, Nr. 1536, S. 249~62)에 편입되었다.

동을 인정한 츠빙글리파와 부처의 정반대 견해를 날카로이 배척했다. 설사 황제가 복음을 박해함으로써 불의를 행한다 하더라도, 이로써 권세로서의 그의 지위와 "신하들의 순종 의무가 폐기되어서는 안 된다."[22] 아우크스부르크 제국의회에서 돌아온 뒤에 황제에 의한 군사적 위협의 증가에 직면하고서야 비로소 비텐베르크 신학자들은 이 입장을 수정했다. 그러나 제국의회라는 배경에서 '성례전파' 및 헤센의 필리프 같은 정치적으로 공감대가 있는 자들과의 동맹은 선제후령 작센의 정치적 전망 밖에 있었다.

『아우크스부르크 신앙고백』의 성립과 내용

성립

제국의회 포고문이 알려진 직후, 선제후 요한은 비텐베르크 신학자들에게 신앙 및 제의 문제에서의 '분열'[23]에 대한 신조를 평이한 형태로 편집해줄 것을 요청했다. 임박한 제국의회는 "아마도 …… 공의회 내지 민족회의 대신 개최될"[24] 것이므로 다른 제국 신분들과의 '순수한 교리'에 대한 대화를 이끌기 위해서는 개회 전에 명백한 교리 형태를 필요로 할 터였다. 비텐베르크인들은 이에 따라서 실제적 고충 사항 목록을 편집했다. 그 가운데 일부 — 예를 들어 평신도 잔, 사제 혼인, 미사 — 는 선제후령 작센 신학자들에게는 양보할 수 없는 것으로 간주되었다. 여기서 분명히 성서의 증언을 변경하는 것 말고 다른 길은 없었다. 다른 조항들 — 예를 들어 서품, 수도원, 고해 혹은 금식에 대한 — 은 양심

22 WA.B 5, S. 258,18.

23 작센 선제후 요한이 루터 등에게 1530년 3월 14일에 보낸 서신, WA.B 5, S. 264,25 = *MBW.T* 4/1. S. 75,24f.

24 WA.B 5, S. 264,23f. = *MBW.T* 4/1, S. 75,22f.

을 구속하는 일정한 강제적 요소가 제거되는 한, 타협을 배제할 수 없는 것처럼 보이는 종류들이다. 심지어 교황권에 대해서 '절충주의적' 입장을 보였다. 교황이 마땅히 그래야 하듯이, '복음을 자유로이 허락하는 한',[25] '주 혹은 수장'[26]으로서의 그의 지위를 감수할 용의가 있었다. 잠시 후 선제후는 비텐베르크 신학자들을 토르가우로 소환했다. 거기서 무엇보다 멜란히톤은 — 루터는 비텐베르크에 남아 있었다 — 이른바 『토르가우 신조』[27]를 작성했는바, 이것은 논란이 되는 제의와 예배 시 질서 문제를 상세히 다루었다. 이것은 이후 아우크스부르크에서 성립한 『아우크스부르크 신앙고백』의 두 번째 부분을 위한 초안이 되었다.

멜란히톤이 토르가우에서 작성한 문서의 끝부분에 아우크스부르크 제국의회를 위한 작센의 신앙고백 전체 계획의 윤곽이 드러났다. "나[멜란히톤]의 자비로운 영주[작센의 요한]께서 선포케 한 것을 사람들이 알기를 바라서 신조를 수교(手交)하고자 한다. 여기에는 그리스도교 교리 전체가 정리되어 집필되었다. 이것은 사람들이 나의 자비로운 영주께서 어떤 이단적 교리도 허용하지 않고 도리어 우리 주 그리스도의 거룩한 복음을 가장 순수하게 선포하도록 한다는 것을 볼 수 있도록 하려는 것이다."[28] 토르가우에서 자문에 참여했던 비텐베르크 신학자들 — 멜란히톤 외에 부겐하겐과 요나스도 있었다 — 이 다시 예전의 신앙고백 양식들 가운데 하나를 사용해야 한다는 전제에서 출발했는지는 의심스럽다. 물론 선제후는 1530년 3월에 인스부르크 궁으

25 *MBW.T* 1, Nr. 845; *MBW.T* 4/1, S. 81,83f.

26 *MBW.T* 4/1, S. 81,81.

27 *MBW* 1, Nr. 883; *MBW.T* 4/1, S. 95~109. 『토르가우 신조』의 텍스트 형태는 논란이 된다. Förstemann, *Urkundenbuch* (Anm. 14), Nr. 27, A-F, S. 66~108의 상이한 텍스트 단편들 내지 이 단편들의 각 부분이 중요하다. 이 토르가우 초안은 무엇보다 『아우크스부르크 신앙고백』의 두 번째 부분(CA 22-28)을 위해 중요해졌는데, 이에 대해서는 Wilhelm Maurer, *Historischer Kommentar zur Confessio Augustana*, Bd. 1, Gütersloh ^{2}1979, S. 27ff. 참조.

28 *MBW.T* 4/1, S. 108,387~392.

로 가는 도중에 자신의 자문관 한스 폰 돌치히에게 『감찰관 지침』뿐만 아니라 자기 영토에서 통용되는 교리 요약으로서의 『슈바바흐 신조』(*Schwabacher Artikel*)를 건네주었다. 『슈바바흐 신조』는 마르부르크 종교 대화 직전에 성립한 것이고 『마르부르크 신조』 집필 때 사용된 교리 고백으로서, 1529년 10월과 12월 동맹 협상을 위한 기초를 이루었으나 헤센, 울름, 스트라스부르가 이를 수용하지 않았다.

자료들에서 수차례 '변증'으로 표현되는 선제후령 작센의 신앙고백의 서문 초안은 대표단이 수일간 머물렀던 코부르크에서 4월 20일에 작성되었다.[29] 늦어도 아우크스부르크 도착(1530년 5월 2일) 후에 멜란히톤은 제의에 대해서 『토르가우 신조』를 명확한 신학적 교리로써 보완하는 것이 필요할 것임을 인식했을 것이다. 에크가 종교개혁가들의 글에서 이단적으로 추정되는 380개의 논제들을 수집한 『404개 조항』[30]을 출판함과 동시에 이 초안은 아우크스부르크에서 알려졌다.[31] (에크는 여기에 자신의 논제 24개를 첨부했다.) 가장 신랄한 로마의 논쟁 저자가 종교개혁파의 교리를 이단시한 것 때문에 종교개혁파 측에서는 자신의 교리를 성서 및 교부들과 부합한다는 것을 증언할 필요가 생겼다. 5월 11일에 본래 멜란히톤에 의해 작성된 '변증'이 루터에게 보내졌다.[32] 그가 받은 정확한 텍스트 형태는 불확실하다. 그러나 몇 가지 사실은 이

---

29 *MBW* 1, Nr. 889; *MBW.T* 4/1, S. 119~22; 『슈바바흐 신조』: WA 30 III, S. 81~91; S. 172~82.

30 [Ingolstadt: Georg und Peter Apianus] 1530; VD 16, E 270에 실리고 1530년 3월 14일 황제에게 발송된 필사본에 따라서 출판됨. Wilhelm Gußmann, *Quellen und Forschungen zur Geschichte des Augsburgischen Glaubensbekenntnisses*, Bd. 2, Kassel 1930, S. 91~151.

31 멜란히톤이 『404개 조항』을 알았다는 사실에 대한 최초의 증언은 1530년 5월 4일에 코부르크 성채에 있는 루터에게 보낸 서신이다. *MBW*. 1, Nr. 899; *MBW.T* 4/1, S. 153,17ff.

32 멜란히톤이 루터에게 1530년 5월 11일에 보낸 서신, WA.B 5, Nr. 1565, S. 314~16; *MBW* 1, Nr. 905; *MBW.T* 4/1, S. 164~66.

것이 교리 및 제의 조항으로 구성된『아우크스부르크 신앙고백』의 전(前) 형태였다는 것을 말해준다. 루터는 선제후에게 종교개혁기의 가장 중요한 신앙고백이 될 저 문서에 대한 자신의 평가를 전했다. "나는 필리프의 변증서를 훑어보았는데, 내 마음에 상당히 들어 무엇을 고치거나 바꿔야 할지 모르겠고 또한 적당하지도 않을 것이니, 나는 그렇게 조용히 아부를 하지 못하기 때문이다."[33] 멜란히톤의 비판가들과 적대자들이 루터와 신학적으로 차이가 있음에 대한 증언으로 평가하는 이 서신은 분명히 연장자가 원칙적·내용적으로 동의했다는 의미로 해석될 수 있다. 루터는 멜란히톤의 상이한 언어전략적 스타일에 대한 존중 때문에 텍스트 수정을 거절했다. 멜란히톤의 스타일은 자신의 스타일이 아니었지만, 그는 당연히 그것의 정당성을 인정했다. 루터는『아우크스부르크 신앙고백』의 내용적 결함을 무엇보다 연옥, 성자숭배, 적그리스도로서의 교황에 대한 불분명한 입장에서 발견했다.[34] 아우크스부르크에서 긴장감 넘치는, 양심을 짓누르는 협상에 관여한 멜란히톤과 스스로가 코부르크에 고립되어 무위도식하도록 저주받았다고 생각한 루터 사이의 지속적인 서신 교환이 담고 있는 불협화음은 상황적 부조화와 공간적 거리에 의해 제약된, 또한 기질상의 차이점을 반영하지만, 근본적인 신학적 대립을 나타내지는 않았다. 루터가 멜란히톤을 비판했다면 그 이유는, 그로부터 보다 많은 것을 기대했고 아우크스부르크에 모인 다른 어떤 개신교 신학자들보다 그를 높이 평가했기 때문이다.

황제는 포고문을 통해 1530년 4월 8일에 제국의회를 아우크스부르크에서 소집했다. 황제의 도착이 지연되어 시간적 여유가 생긴 것과 5월 중순 이후 황제가 종교 및 신학 문제에서 초당파적 입장을 취할 생각이

33 루터가 선제후에게 1530년 5월 15일에 보낸 서신, WA.B 5, Nr. 1568, S. 319f. 특히 S. 319,5~9.

34 루터가 요나스에게 1530년 7월 21일에 보낸 서신, WA.B 5, Nr. 1657, S. 496, 7~9.

없다는 조짐이 구체화된 것이 이미 그들의 대표가 아우크스부르크에 와 있던 개신교 제국 신분과 도시들 사이의 상호 단결을 촉진했다. 대화는 결국 『아우크스부르크 신앙고백』이 선제후령 신앙고백으로 그친 것이 아니라 폭넓은 지지를 얻도록 만들었다.

멜란히톤이 선제후령 작센 정부의 승인 아래 구교 측과 진행한 협상은 타협안으로 구체화되었다. 즉, 주교의 권한은 평신도 잔, 사제 혼인, 개신교 미사가 보장되는 대신에 회복되어야 한다는 것이었다.[35] 멜란히톤은 당시 ― 마인츠 대주교에게 이렇게 진술했다 ― 헤센의 필리프, 스트라스부르인과 스위스인들이 전쟁을 사주할 것을 두려워했다. 그러므로 루터파는 구교인들과 합의해야만 했다. 그럼에도 불구하고 이 협상은 좌절되었다. 이것은 아우크스부르크에서 카를 5세의 적대적 거동에 대한 경험과 결부되어 프로테스탄트 신분들의 공동의 신앙고백을 위한 동의 기반을 확산시키려는 노력을 강화하는 데 기여했다.

프로테스탄트들 편에서 정치적으로 중요한 발전은 필리프 방백이 제국의회를 멀리하려는 자신의 이전 계획에 반하여 아우크스부르크로 왔고, 그 자신이 동맹 및 전쟁 이념의 정치적 위험을 인식하여 선제후령 작센과의 제휴를 추구했다는 데 있었다. 멜란히톤과 필리프 방백 및 그의 궁정 신학자 에르하르트 슈네프(비텐베르크인의 대학 친구) 사이의 신뢰 관계는 이 접근을 용이하게 만들었다. 그러나 멜란히톤은 방백에게 서신을 써서 작센과의 보다 긴밀한 의견 조율을 촉진하려는 시도에 대한 루터의 동의를 얻어내려 했으나 자신의 비텐베르크 동료의 고집으로 좌절되고 말았다. 결국 방백은 성만찬에 관한 조항(CA 10)에서 츠빙글리 내지 남독일의 교리에 대한 명시적 배척을 포기하고 라틴어판에서 비교적 개방적으로, 즉 그리스도 몸의 실제 임재와 요소들의 성례전적 일치에 대한 규정 없이 표현하도록 하는 데 성공했다.[36]

35 *MBW* 1, S. 921; *MBW.T* 4/1, S. 211~14.

36 *BSLK*, S. 64.

선제후령 작센의 '변증'에서 다수파 프로테스탄트 제국 신분들이 진술한 『아우크스부르크 신앙고백』으로의 기능 변화는 마지막 편집 과정에 영향을 끼쳤다. 서명하는 제후들과 도시 대표들, 다수파의 신학자들, 정치적 고문들이 그들 영주의 자문관으로서 최종 협의에 참여했다. 서문은 작센의 옛 재상 그레고르 브뤼크(Gregor Brück)에 의해 멜란히톤의 초안을 폭넓게 참조하여 완전히 새롭게 작성되었다. 멜란히톤은 이 신앙고백을 황제 앞에서 엄숙히 낭독하고 그에게 전달하는 의식이 거행되기까지 마지막 편집과 윤문 작업에 몰두했다. 황제에게 전달하는 행사는 프로테스탄트들의 청원으로 개최된 특별 제국의회의 틀 안에서 6월 25일 14시에서 16시 사이 황제의 숙소인 주교 궁의 대회의실에서 이루어졌다. 선제후령 작센의 재상 크리스티안 바이어(Chritian Beyer)가 큰 목소리로 많은 참석자들 앞에서 공개적으로 독일어판 텍스트를 낭독했다. 궁내의 많은 사람들이 참석할 수 있었다. 그다음으로 라틴어 텍스트와 독일어 텍스트가 전달되었다. 양자는 각기 독자적으로 작성되었고, 텍스트상으로 완전히 일치하지는 않았다. 이 행위가 기쁘고 행운을 약속하는 징표라는 것을[37] 이 신앙고백의 권위 있는 집필자 멜란히톤은 확신했다.

황제에게 전달된 『아우크스부르크 신앙고백』 문서는 선제후 요한과 그의 아들 요한 프리드리히 폰 작센, 브란덴부르크-안스바흐 후작 게오르크, 뤼네부르크 공작 에른스트와 프란츠, 방백 필리프, 제후 볼프강 폰 안할트, 제국도시 뉘른베르크와 로이틀링겐의 서명을 담고 있다. 이후 6월 중순에 또한 빈츠하임(Windsheim), 하일브론, 켐프텐, 바이센부르크 시가 가담했다. 독일 프로테스탄트들의 이후 운명은 제후들과 도시 정치인들이 자기 영지 내의 그리스도교 공동체와 설교자를 대리하여 진술한 이 거대한 교리 고백과 지속적으로 결부되어 있었다. 논쟁적 신랄함에서 완전히 자유로운 이 문서의 간략하고도 정교한 어법은 이

37 *MBW.T* 4/1, S. 260,13; S. 263,2.

문서를 종교개혁과 교리의 고전적 표현으로 만들었다. 이 문서는 루터의 결정적인 신학적 기여 없이는 탄생할 수 없었을 것이다.

브뤼크는 자신이 쓴 『아우크스부르크 신앙고백』 서문에서 서명자들이 이 신앙고백을 제출함으로써 황제의 제국의회 포고문에서 선언된 자신들의 신앙을 진술하라는 요구에 부응하고자 했음을 역설한다. 그들은 교회의 일치에 대한 제국 수장의 소망을 함께하였다. 반대파도 포고문에 따라서 행동하는 한, '신과 양심'[38]에 부합하는 모든 것을 '그리스도교의 일치'[39]를 위해 바치는 데 성의껏 노력하기로 했다. 아우크스부르크에서 종교 문제 협상이 진전되지 않을 경우에 대비하여 그들은 황제로 하여금 보편적 공의회 소집을 호소하게 한다는 데 합의했다고 한다. 황제가 요구하면 교황도 공의회를 소집하는 쪽으로 움직일 것으로 보았던 것이다. 수사학적으로도 화려한 이 서문을 통해 일정한 관점에서 『아우크스부르크 신앙고백』의 이해가 확정되었다. 즉, 이 문서는 성서와 전통의 기초 위에서 참된 그리스도교 신앙에 대한 솔직한 진술을 표현하였다. 이 진술은 오직 보편적 공의회의 틀 안에서만 적절하게 논의될 수 있었을 것이다. 이 신앙고백을 통해서 신앙고백의 서명자들은 황제와 제국에 의한 종교 문제의 결정에 결코 굴복하지 않을 것임을 암시적으로, 오인할 수 없게 표현하였다. 서문의 정치적 폭발력은 신앙고백의 종교적 진리 주장에서 나왔다. 이 서문은 6월 20일 제국의회 개회식에서 카를 5세가 팔츠 백작 프리드리히에게 대독시킨 연설에 대한 묵시적인 반론이었다. 황제는 이 연설에서 보름스 칙령을 통해 내려진 해법의 관점에서 종교 문제 협상을 전망했기 때문이다.[40] 그러나 브뤼크는 개신교 교리의 진리에 대해서는 아직 결정된 바가 없다는 입장을 취하였다.

---

38 *BSLK*, S. 47,2: "cum deo et bona conscientia".

39 *BSLK*, S. 47,1: "christianam concordiam".

40 Förstemann, *Urkundenbuch* (Anm. 14), Bd. 1, Nr. 102, S. 295~309, 특히 307f.

내용

『아우크스부르크 신앙고백』(CA)은 두 부분, '교리 요약'(CA 1-21)[41]과 '그것에 대해서 분열이 있는', 서명자들의 '교회들'[42]에서 종교개혁적 조치를 통해서 변경된 '악습'[43]을 다룬 조항들(CA 22-28)로 구성된다. 신앙고백의 두 부분은 중간부를 통해 결합되어 있는데, 여기에는 신앙고백에서 진술되는 교리가 "교부들의 글에서 알 수 있는 한, 성서의 진리, 보편적 그리스도교 및 로마 교회의 증언"[44]과 일치한다는 주장이 표현되어 있다. 적대자들도 신앙고백 제1부의 조항들에 이의를 제기할 수 없었을 것이다. 즉, 그것을 이단적이라고 규정하는 것은 불합리하고 황제의 포고문에서 요구된 '그리스도교의 일치와 사랑'[45]을 위한 노력을 방해하는 것이었다. 『아우크스부르크 신앙고백』의 교리 부분의 신학적 내용에 대해서 고백자들은, 종교 문제에서의 대립은 다만 확실한 권위 없이 교회 안에 들어온 일부 악습과 관련된 것이라고 주장했다.[46] 이것은 물론 전략적이었고 실제로 설득할 수도 없었다. 그럼에도 불구하고 황제도 개회 연설에서 당대 교회 내의 '악습'에 대해 말했음을 인용할 수 있었다.[47] '이런 우리의 신앙고백은 신적이고 그리스도교적'[48]이라는 주장을 통해 『아우크스부르크 신앙고백』에 서명한 제후와 도시의 평신도들은 그리스도교 신앙의 진리에 대해 정의할 권한을 주장할 수 있었다. 『아우크스부르크 신앙고백』의 평화주의적, 합의 지향적 어조와

---

41 *BSLK*, S. 83c,7.

42 *BSLK*, S.83c,8.

43 *BSLK*, S. 84,2.

44 *BSLK*, S. 83d,2~4.

45 *BSLK*, S. 83d,9f.

46 "Tota dissensio est de paucis quibusdam abusibus, qui sine certa autoritate in ecclesias irrepserunt"(*BSLK*, S. 83c,14~16). "Dann die Irrung und Zank ist vornehmlich über etlichen Traditionen und Mißbräuchen"(앞의 책, S. 83d,14~16).

47 Förstemann, *Urkundenbuch* (Anm. 14), Bd. 1, S. 309.

48 *BSLK*, S. 83d,18f.

는 상관없이 황제와 제국 앞에서의 공적인 고백 행위는 그 자체로 믿는 자들의 만인사제직이 특별히 실현되었음을 보여준다.

『아우크스부르크 신앙고백』의 교리 조항들은 교회 전통과의 일치를 강조하며, 종교개혁적 통찰의 스캔들을 자아내는 '신선함'을 교회 전승의 교리적 주요 흐름과 일치한다고 자처하는 형태로써 제시한다. 21개의 교리 조항 중 9개는 damnant(정죄한다)라는 말로 표현된 배척에 해당한다. 성만찬 조항(CA 10)에서 육신적 임재를 부인하는 자들과의 대립은 보다 약한 improbant(거부한다)라는[49] 말로 표현된다. 배척에서는 고대 교회의 이단설들이 언급되며 정통신앙적 교리를 대변한다는 고백자들의 주장이 강조된다. 이것은 『아우크스부르크 신앙고백』이 『슈바바흐 신조』, 『토르가우 신조』, 『마르부르크 신조』, 그리고 『감찰관을 위한 지침서』 외에 참조했던 가장 중요한 종교개혁기 문서, 즉 1528년의 신앙고백에서 루터가 행한 바와 같다. 재세례파에 대한 배척은 가장 빈번하게 명시적으로 표현된다(CA 5, 9, 12, 16, 17). 이로써 고백자들은 제2차 슈파이어 제국의회의 재세례파 법령 뒤에 섰고 황제의 개회 연설에서 언급한, 보름스에서 정죄된 이단과 '농민 폭동'과 '재세례파'[50] 사이에 연관 관계가 있다는 확신에 암시적으로 이의를 제기했다. 『아우크스부르크 신앙고백』은 교리 배척을 통해서 고대와 근대의 이단설을 현실적으로 극복했음을 선언했고 지금 진리를 고백하는 교회의 발언 행위로서 연출된다. 삼위일체론을 수용한 제1조와 그리스도론을 수용한 제3조 사이에서 원죄에 대한 교리는 종교개혁적으로 신에 대한 신뢰 결핍 및 탐욕으로서 표현되었다.[51] 원죄론의 이런 입장은 고대 교회의 전통을 구원론적으로 조망한 것에 상응할 것이다. 왜냐하면 죄의 용서는 "우리가 그리스도가 우리를 위해 고난받았다고 믿는 것처럼, 신앙을 통

49 *BSLK*, S. 64,5.

50 Förstemann, *Urkundenbuch* (Anm. 14), Bd. 1, S. 308.

51 *BSLK*, S. 53,5f.: "sine metu Dei, sine fiducia erga Deum et cum concupiscentia".

해 그리스도로 말미암은 은혜에서"[52] 비롯하기 때문이다.

『아우크스부르크 신앙고백』에서 구교 측에 불쾌한, 진정 종교개혁적으로 배타적인 문구(오직 은혜로, 오직 믿음으로, 오직 그리스도) 없이 표현되는 칭의론은 일종의 신앙고백의 신학적 핵심을 이룬다(CA 4-6; 20). 서명자들에게 "우리는 행위로 신에게 의로워질 뿐만 아니라 거기에 그리스도에 대한 믿음을 더한다"(CA 20)[53]라고 가르친 것과 같은 표현은 로마 측에 전략적으로 순응하는 데 지나치게 치중한 듯하고—신앙은 "선한 열매와 선한 행위를 가져와야 한다"[54]라는 표현처럼—멜란히톤의 신학적 색채를 느끼게 한다. 교회 내지 설교직에 대한 이해는 철저히 복음 선포와 성례전 집행에서 발전되었다. 신앙은 말씀과 성례전에서 생성되니, 성령은 이것들을 도구로서 이용한다. 교회는 "모든 믿는 자들의 모임"[55]이니 여기에서 복음이 "순수하게 선포되고 거룩한 예전이 복음에 따라서[즉, 제정에 따라서] 수여된다."[56] 로마 교회에서 구속력 있는 7개 성례전은 『아우크스부르크 신앙고백』에서는 명시적으로 공격받지 않았다. 세례 의식(CA 9)에서는 루터에게 핵심적인, 믿음에 대한 언급이 빠져 있다. 라틴어판과 독일어판에서 내용상으로 심한 편차를 보이는 성만찬 조항의 의식적으로 부드러운 표현은 1215년 제4차 라테란 공의회의 화체 교리의 의미에서 해석될 수 있는 가능성을 배제하지 않았다. 고해와 회개에 대한 조항은 고백자들이 그것을 성례전으로 간주한다는 것을 시사한다. 다만 고해를 할 때 모든 잘못을 완전히 열거하기를 포기하는 데서 로마의 실천과의 거리가 암시되지만, 교리와의 거리는 암시되지 않는다. 제13조는 물론 성례전과 신앙의 원칙적 연관 관

52 *BSLK*, S. 56,7~9.

53 *BSLK*, S. 76,11~13.

54 *BSLK*, S. 60,2f.

55 *BSLK*, S. 61,4f.: "congregatio sanctorum".

56 *BSLK*, S. 61,4~6: "in qua evangelium pure docetur et recte administrantur sacramenta".

계를 표현한다. 이런 발단에서부터 성례전 기관으로서의 교회의 성격이 원칙적으로 의문시되고 있음은 언급되지 않는다. 『아우크스부르크 신앙고백』은 교회 제의들(CA 15)이 질서와 평화를 위해서 행해져야 하지만 양심에 부담을 주어서는 안 된다고 가르친다. 신에 대한 그것들의 공로는 거부되나 성서에 준하는가의 기준은 언급되지 않는다. 또한 『아우크스부르크 신앙고백』은 성서의 배타적 속박의 규범적 의미를 주제화하기를 포기한다. 신적 창조 질서로서의 세속 정부에 대한 가치 평가(CA 16)에 따라서 급진적·종교개혁적 천년왕국설의 의미에서 의로운 자들의 세상 왕국과 경건하지 못한 자들의 파멸을 선포한 '일부 유대교적 가르침'[57]을 배척한다. 종교개혁 운동과 연결되었던 폭동적 경향으로부터 이보다 분명히 거리를 둘 수는 없었다. 성자에 대한 조항(CA 21)에서는 모범적·신앙적 증인으로서 그들의 의미가 강조되지만, 성자숭배나 신 앞에서의 그들의 중재적 대행을 신뢰하는 것은 거부된다. 따라서 고해 조항에서처럼 이미 『아우크스부르크 신앙고백』의 교리 부분에서 기존 교회의 실천에 대한 공공연한 반대가 암시되고 있다.

악습에 대해서 『아우크스부르크 신앙고백』은 오직 가장 명백한 것들만을 다루었음을 확인한다. 면죄와 순례, 파문 실제 등과 같은 악습은 보다 상세히 다루어진 악습들에서 추론될 수 있다. 제의에 대해서 고백자들은 성서나 '보편적 그리스도교 교회'[58]에 위배되는 것은 실행되어서는 안 된다고 주장한다. 이종배찬 성만찬(CA 22)과 사제 혼인(CA 23)에 대해서 성서뿐만 아니라 교회사를 통해서 상세히 논증한다. 여기서 고대 교회가 자기 편임을 알고 이것을 분명히 한다. 고해(CA 25), 금식명령(CA 26), 수도원 서약(CA 27)은 무엇보다 그 율법적·공로적 양심에 부담을 주는 요소들 때문에 거부된다. 실제로 악습에서는 물론 교회가 어떠한 정당성에 근거하여 무엇을 할 수 있는가가 문제다. 교황의 보

57 *BSLK*, S. 72,14f.

58 *BSLK*, S. 134,24.

편적 권력과 교회법 형태에 의한 그것의 법적 근거는 명백히 부인되지 않으나, 성서 및 전통에 의한 논증을 통해서 묵시적으로 폐기된다. 제의에서의 악습에 대한 비판의 형태로 1526년 이래 '개신교'화된 도시들과 영방국에서 관철된 종교개혁적 변화가 옹호된다. 멜란히톤이 미사(CA 24)와 관련해서 "어떤 특별한 변화가 일어나지 않았고 일부 지역에서 민중을 가르치며 훈련시킬 독일어 찬가가 라틴어 찬가와 더불어"[59] 도입되었다고 주장한 사실은 그사이에 진전된 성만찬 전례상의 갱신을 지나치게 하찮은 일로 만들었다. 왜냐하면 멜란히톤이 공격적으로 언급한 미사의 악습들과 그것의 상품화, 제사로서의 그것의 성격, 그것의 공로성, 수찬자 없는 미사 집전은 신속한 개혁을 필요로 했기 때문이다. 주교의 권력에 대한 조항(CA 28)은 영적 열쇠 직무와 세속적 칼의 직무를 구별할 필요성을 강조한다. 전자는 신적 권세에 속하고, 후자는 세속적 권세에 속하며 주교들과 관련한 그것은 복음에 의해서 정당화되지 않는다. 주교들의 영적 권세는 설교 및 성례전 집행에 근거하며 신학적으로 설명될 수 없는 정치적 역할, 세속법에서 파생된, 그들이 제국의 제후로서 취한 정치적 역할에까지 확대되지 않는다. 주교들이 자신들에게 위임된 인간 법의 정치권력을 적절하게 행사하지 않는 한, "제후들은 좋든 싫든 간에 신하들에게 평화를 위하여 판결을 내릴 책임이 있다."[60] 따라서 신학적 근거에 의해 뒷받침된, 순수한 영적인 주교직의 성격에서부터 지방 영주의 교회 통치에 대한 정당성 이론이 나온다. 이것은 이미 첫 번째 영방국 종교개혁 과정에서 현실이 되었다.

결과

『아우크스부르크 신앙고백』에서 책임 있는 신학자들과 제국 신분들은 신학적으로 자신을 부인하는 한계선에 이르기까지 구교 측의 뜻에

59 *BSLK*, S. 91,33~92,3.
60 *BSLK*, S. 125,7~11.

영합하였다. 루터도 충분한 것 이상으로[61] 양보했다는 견해를 가졌는데, 왜냐하면 무언가 양보를 할 수 있는 더 이상의 조항은 없었기 때문이다. 그럼에도 불구하고 그는 『아우크스부르크 신앙고백』이 낭독된 저 시각에 그리스도가 이 훌륭한 『신앙고백』을 통해서 선포되었음을 의심하지 않았다.[62]

황제의 금지령에도 불구하고 『아우크스부르크 신앙고백』은 이미 1530년 9월에 출판되었다. 정통 로마 가톨릭 전통의 주요 흐름을 인정하고 교황—루터와 다른 많은 사람들에게는 적그리스도[63]—에 대한 신랄한 신학적 판단을 포기하며 일부 악습을 평가하는 데서의 불일치를 사소한 일로 치부하려 한 개신교도들의 과도한 영합이 적대자들에 의해서 수용되거나 받아들여지지 않는다면, 단절은 결정적일 수밖에 없었다. 복음의 교회의 이름으로 루터는 1520년 12월 10일에 교황 교회를 파문했었는데, 그 복음의 교회가 아우크스부르크에서는 세속 신분 가운데 유력 대표자들을 통해서 이미 관철된 일부 조치를 인정하는 조건으로 로마 가톨릭 교회로 복귀하려고 시도했다. 이 사실은 아우크스부르크 시나리오의 극적 성격을 이룬다. 그러나 이 시도는 좌절되었다. 퇴출된 이단자들을 아우크스부르크에서만큼 쉽게 되불러올 수는 없었을 것이다. 비둘기의 시간은 빨리 지나갔다. 매들이 비상했다.

---

61 루터가 멜란히톤에게 1530년 6월 29일에 보낸 서신, WA.B 5. Nr. 1609, S. 405,19f. = *MBW* 1. Nr. 946; *MBW.T* 4/1, S. 289,19f.: "Pro mea persona plus satis cessum est in ista Apologia[즉, 『아우크스부르크 신앙고백』]."

62 루터가 콘라트 코르다투스(Konrad Cordatus)에게 1530년 7월 6일에 보낸 서신, WA.B 5, Nr. 1626, S. 442,12~14; "Mihi vehementer placet vixisse in hanc horam, qua Christus per suos tantos confessores in tanto concessu publice est praedicatus confessione plane pulcherrima."

63 WA.B 5, Nr. 1657, S. 496,9; WA 26, S. 507,1ff. = LuStA 4, S. 253,12ff. 참조.

대립 속의 신앙고백

『아우크스부르크 신앙고백』의 반박과 방어

가톨릭 측은 황제에게 자신의 신앙고백을 제출하기를 거부했다. 즉, 그들은 이단자들과 같이 취급된다는 인상을 자아내기를 원치 않았다. 그들은 자신을 하나의 종파로 느끼지 않았고 진리와 권위가 자기편에 있다고 생각했다. 카를 5세는 교황 특사 로렌초 캄페조의 영향을 받아서 구교 측 신학자 집단에 『아우크스부르크 신앙고백』을 반박하도록 위임했는바, 그들 가운데는 에크, 파브리, 그리고 코클레우스, 즉 반종교개혁의 가장 명석한 두뇌들이 있었다. 1530년 8월 3일 『아우크스부르크 신앙고백 반박문』(*Confutatio Confessionis Augustanae*)의 독일어판이 황제 비서를 통해서 제국 신분 대표들 앞에서 낭독되었다. 그러므로 황제는 『아우크스부르크 신앙고백』에 대한 가톨릭의 답변을 수용했고 그것을 유효한 반박으로 존중했다.

『반박문』의 텍스트는 『아우크스부르크 신앙고백』에 비견할 만한 평화적인 어조로 작성되었다. 즉, 공격적인 초안은 황제 및 제국 신분들 다수에 의해서 배격되었다. 『반박문』은 수많은 교리 문제에서 『아우크스부르크 신앙고백』에 동의했다. 반박한 이들이 자칭 합의 뒤에서 근본적인 차이점을 발견한 조항들은 그만큼 흥미롭다. 예를 들어 이것은 원죄론의 경우에 해당된다. 논쟁신학자들은 원죄를 신에 대한 두려움으로, 신에 대한 신뢰 결핍으로, 탐욕으로 규정한 것에서 거부감을 느꼈다.[64] 왜냐하면 이것은 세례 의식의 작용 능력을 수용할 수 없을 정도로 약화시킬 것이기 때문이다. 칭의신학적 교리에 대해서 구교 신학자들은 신앙과 별도로 능동적 사랑에 구원의 근거가 되는 특성을 부여해야 한다고 강조했다. '성도와 참으로 믿는 자들의 모임'[65]으로서의 교회에 대

---

64 Herbert Immenkötter (Bearb.), *Die Confutatio der Confessio Augustana vom 3. August 1530*, Münster ^{2}1981, S. 80,8ff.

한 정의에서 그들은 후스를 연상시키는 완벽주의적 표상을 발견했다. 그러므로 이 정의대로 하면 '악인과 죄인은 교회로부터 분리될'[66] 터였다. 종교개혁적 혁신의 가장 가시적인 표지인 평신도 잔과 사제 혼인을 둘러싼 대립은 특히 격렬했다. 멜란히톤이 고대 교회의 해당되는 실천을 옹호하기 위해 인용했던 구교적 논거들은 특히 도발적인 잠재력을 내포하였다. 어쨌든 『반박문』은 전반적으로 구교 신학자들과 신분들에게는 프로테스탄트들의 평화 제안을 받아들일 수 있는 진지한 신학적 가능성이 없다는 것을 확인해주었다.

아우크스부르크 상황의 점증하는 긴장감은 또한 황제가 『반박문』을 개신교도들에게 교부하기를 거부한 데서 표현되었다. 『반박문』에 대한 답변서—이것을 황제는 금지했다—작성을 주도한 멜란히톤은 다른 글에 의존해야 했다. 이 텍스트, 즉 『아우크스부르크 신앙고백 변증』에서 신학적으로 중요한 것은 무엇보다 『반박문』에 의해 공격을 받은, 폭넓게 전개한 오직 믿음에 의한 칭의이다. 1537년 이후 슈말칼덴 동맹 안에서 『아우크스부르크 신앙고백』과 더불어 신앙고백의 지위로 승격된 『아우크스부르크 신앙고백 변증』은 1530년 9월 22일 황제에게 전달되었다. 그러나 황제는 접수를 거부했다. 아우크스부르크의 신앙고백 제국의회의 결말은 치명적이었다.

츠빙글리의 『신앙의 석명』

아우크스부르크에서 성만찬 문제에서의 종교개혁파 내 불일치로부터 비롯한 정치적 결과는 간과할 수 없게 되었다. 이것은 또 다른 두 개의 개신교 신앙고백이 황제에게 전달되어 낭독됨으로써 가장 분명히 드러났다. 츠빙글리의 사적 신앙고백으로 표현된 『신앙의 석명』[67]—

65 *BSLK*, S. 61,4; S. 62,1f.: "Congregatio sanctorum et vere credentium".

66 Immenkötter, *Die Confutatio* (Anm. 64), S. 94,18f.

67 Z 6/2 (CR 93/2), S. 753~817에 게재. 독일어 번역은 Thomas Brunschweiler,

짧은 표제는 이렇다 — 및 부처와 카피토가 작성한 남독일의 4개 도시 스트라스부르, 메밍겐, 콘스탄츠, 린다우의 신앙고백, 이른바 『네 도시 신앙고백』(*Confessio Tetrapolitana*)이 그것이었다.[68] 1530년 3월에 아직은 느슨한 동맹인 '그리스도교 도성권'(christliches Burgrecht)에 속한 남독일과 스위스의 독일어권 도시들(여기에는 우선 취리히, 베른, 바젤, 스트라스부르, 콘스탄츠가 속했다)은 자신들 가운데 몇 명의 신학자에게 제국의회에 대비하여 신앙고백 작성을 권고하기로 양해한 바 있었다. 바젤의 외콜람파트가 이 신앙고백에 대한 작업을 즉각 착수한 반면, 츠빙글리로부터는 아무런 말이 들리지 않았다. 5월이 되자 스트라스부르 시 참사회의 사절을 통해서 이런 신앙고백을 중지해야 한다는 소식이 들렸다. 조짐은 공의회를 암시하였다. 자기 교리를 미리 요약하는 것은 협상 가능성을 다만 제한할 따름이었다.

황제가 아우크스부르크에 도착하고 도성권 도시들 가운데 가장 중요한 협상 파트너인 헤센이 선제후령 작센과의 공동의 신앙고백을 위해서 참여한 것이 가시화되기 시작한 후, 츠빙글리에게 아우크스부르크 제국의회에 대한 소식을 전해준 가장 중요한 인물인 야코프 슈투름이 보기에 상황은 완전히 변한 것으로 나타났다. 슈투름은 6월 20일자 서신에서 츠빙글리에게 도성권 도시들을 위해서 그들의 '신앙 석명'(fidei rationem[69]) 제출을 고려해볼 것을 요청했다. 츠빙글리는 2~3일 안에 이 요청에 문서로 부응하였다. 그러나 취리히 시 참사회로 하여금 자신의 신앙고백을 공식적으로 승인하게 하려는 그의 시도는 좌절되었다. 사람들은 이 사안에 의해 '현재로서는 공식적으로 부담을 받지 않기를'[70] 바랐다. 그러나 어쨌든 시 참사회는 7월 3일에 인쇄된 츠빙글리의 신앙

Samuel Lutz u. a. (Hg.), *Huldrych Zwingli. Schriften*, Bd. 4, Zürich 1995, S. 93~131.

68 BDS 3, Gütersloh & Paris 1969에 게재.

69 슈투름이 츠빙글리에게 1530년 4월 20일에 보낸 서신, Z 10 (CR 97), S. 633, 15~634,1.

고백 문서를 아우크스부르크로 가져갔고, 7월 8일에 콘스탄츠 주교이자 제국 부재상인 발타자르 메르클린(Balthasar Merklin, 재임 1530~31)에게 인도한 사절에게 삯을 지불했다. 제국의회의 이후 진행에 아무런 영향을 행사하지 못한 이 문서에 대한 황제의 반응에 관해서는 알려진 바가 없다. 추측건대 에크의 『404개 조항』 외에 그사이에 현 제국의회에서 루터의 신앙고백으로서 출판된 『슈바바흐 신조』—아홉 번의 출판으로 아우크스부르크 제국의회 역사에서 베스트셀러가 되었다![71] —가 출판된 것이 츠빙글리에게 근본적 동기가 된 것 같다. 취리히인은 자신의 입장을 알려야 할 긴급한 필요를 느꼈던 것 같다.

『신앙의 석명』은 사도신조의 구조를 따른다. 첫 번째 조항은 삼위일체론과 그리스도 양성론을 포괄한다. 여기서 그리스도의 한 인격 안에서 두 본성의 실제 속성 교류(communicatio idiomatum realis)에 대한 루터의 확신을 반박하여 진술한 것은 간과할 수 없다.[72] 츠빙글리에 의하면 비천함의 진술은 엄밀한 의미에서 오직 인간성에 대해서만, 그런 한에서 그리스도의 인격에 관계되는 것이며 신의 아들의 본성에 연관지어져서는 안 된다. 신의 계획(제2조)에 대해서 신의 생각을 모든 인간 행동에서 벗어나게 하고 긍휼을 베푸는 전능자의 절대적 우월성을 부각하려는 츠빙글리의 의도는 오인할 수 없다. 신은 자기 아들을 세상에 죄에 대한 제물로 보낸 것이다. 미사 제사에 대한 비판은 골고다 희생의 일회성에 근거한다. 츠빙글리는 성만찬 안에서의 그리스도의 육신적 임재 표상에 대하여 한편으로는 영 중심의 신 개념을 통해서, 다른 한편으

70 Z 6/2 (CR 93/2), S. 755에서 인용.

71 WA 30 III, S. 172~74 (elf Drucke); Josef Benzing, Helmut Claus, *Lutherbibliographie. Verzeichnis der gedruckten Schriften Martin Luthers bis zu dessen Tod*, 2 Bde., Baden-Baden ^{2}1989~94, Nr. 2850~60 참조. 츠빙글리는 에크의 논제들을 알았고 슈투름이 보내준 것(1530. 5. 31)을 통해서 루터의 출판을 알았다(Z 10, S. 601,8ff.; S. 602,8ff.).

72 Z 6/2 (CR 93/2), S. 793,13ff.

로는 공간적·대상적으로 사고되는 그리스도의 인간성 개념을 통해서 반박한다. 츠빙글리는 루터파와 신학적 경계선을 묵시적으로 그은 반면에, 세례론에서[73] 그리고 그가 배격한 만물 화해 표상[74]과 연관해서 명시적으로 재세례파와 구별한다. 『아우크스부르크 신앙고백』의 평화적 어조와는 달리 취리히의 종교개혁가는 노골적으로 로마를 공격하였다. 신의 말씀을 수용한 공동체의 대변자로서 그는 황제와 제후들에게 교황이 짐 지운 모든 허섭스레기로부터 그리스도교를 해방할 것을 호소했다.[75]

『네 도시 신앙고백』

『네 도시 신앙고백』은 츠빙글리의 『신앙의 석명』과 나란히, 그러나 이것과는 무관하게 성립되었다. 이것은 7월 9일, 즉 츠빙글리의 글이 나온 지 하루 뒤에 서명한 네 도시의 전권대사들을 통해서 부수상 메르클린에게 전달되었다. 『네 도시 신앙고백』에 대해서는 『아우크스부르크 신앙고백』처럼, 그러나 츠빙글리의 신앙고백과는 달리 공식적인 반박문이 작성되어 10월 25일에 제국의회 앞에서 낭독되었다. 『네 도시 신앙고백』은 아우크스부르크 제국의회의 맥락에서의 제한된 종교정치적 의미를 가질 뿐이어서 그 영향은 미미했고, 국지적으로 특수한 신앙고백의 수준을 넘어서지 못했다. 『네 도시 신앙고백』의 초안은 『아우크스부르크 신앙고백』의 낭독 후 공격을 받았다. 스트라스부르인들은 성만찬 조항을 제외한 『아우크스부르크 신앙고백』에 서명하는 것을 인정받으려는 시도가 좌절되었기 때문에 이 신앙고백이 필요했다. 신앙고백 텍스트 작업을 위해서 직접 아우크스부르크에 간 스트라스부르의 부처와 카피토는 헤센의 필리프가 그들에게 전달한 『아우크스부르크 신앙

73 Z 6/2 (CR 93/2), S. 805,29ff.
74 Z 6/2 (CR 93/2), S. 815,10ff.; Z 6/1 (CR 93/1), S. 193,5ff. 참조.
75 Z 6/2 (CR 93/2), S. 817,15ff.

고백』을 이용할 수 있었다. 공동 서명자들에 의해 거부된 잠정적인 안에서는 실제적 임재 표상에 대한 날카로운 거부를 포함했으나[76] 최종안에서는 논란이 되는 문제에 대한 전문적 진술 대신 만찬의 영적 성격에 대해 신학적으로 볼 때 의식적으로 신랄하지 않은 고백을 제공한[77] 성만찬 조항을 제외하고, 『네 도시 신앙고백』에는 『아우크스부르크 신앙고백』과 내용적으로 반대되는 교리 주장은 거의 발견되지 않는다. 늦어도 슈바인푸르트(Schweinfurt) 동맹회의(1532년 4월) 이후, 즉 개신교도들의 결정적 군사·정치적 동맹인 슈말칼덴 동맹에 가담한 맥락에서 남독일 도시들이 『아우크스부르크 신앙고백』을 인정한다는 사실이 명확히 선언된 동맹회의 이후 스위스인들에게도 지지받지 못한 『네 도시 신앙고백』은 존재의 정당성을 상실했다.

황제의 종교 정책

개신교 제국 신분들의 신앙고백은 그것이 역사적으로 최초로 사용됨에 따라서 협상의 범위 안에서 토론되고 해명되어야 할 입장과 견해, 논거를 제시할 과제를 가지게 되었다. 이것은 어쨌든 황제가 포고문을 통해서, 그리고 또한 6월 20일자 논제를 통해서 자아낸 인상이었다. 황제는 『반박문』을 그 자신의 반박인 '로마 황제 폐하의 반박'[78]으로 수용하고 프로테스탄트들에게 텍스트의 교부를 거부하라는 구교 측의 요구에 굴복함으로써 판정관 역할로부터 지지자 역할로 분명히 바뀌었다. 기초가 되는 상대방의 입장에 대한 지식이 절차상의 장난에 의해 배제되고 판정관이 마땅한 중립성을 유보했다면, 도대체 신앙 문제에 대해서 어떻게 협상할 수 있겠는가?

황제는 종교 갈등을 공의회를 통해 극복하려는 전략을 계속해서 추

76 BDS 3, S. 128,9ff.

77 BDS 3, S. 128,16ff.

78 Immenkötter, *Confutatio*, (Anm. 64), S. 74,1.

진했다. 완고한 프로테스탄트 제국 신분들에게는 — 1530년 7월 14일 황제는 교황 클레멘스 7세에게 보낸 공의회 호소문에서 이렇게 진술했다 — 공의회의 확고한 개최 시기를 약속하는 조건으로 그들의 오류를 포기할 것을 강요했다. 즉, 모든 사람은 공의회가 참된 구원 수단이라고 생각하고 있다. "악인들은 거기서 그들의 의도 가운데 무언가를 관철할 수 있다고 생각하기 때문에 공의회를 바라고, 선인은 악인들의 악행이 거기서 치유되기 위해서 공의회를 바란다."[79] 교회를 신실하게 사랑하는 자들에게는, 보다 나은 질서를 도입하고 악을 예방하며 새로운 이단을 저지하기 위해서는 악습을 폐지하는 것이 중요하다. 독일의 이단자들로 하여금 공의회 아래 '굴복하도록'[80] 강요하는 것은 치유 효과가 있을 것이다. 공의회가 개최된다면, 그들은 신속히 저주받고 심판받을 것이다. 황제는 이런 주된 표상에 따라서 행동했다. 그러나 결국 1530년 11월 19일의 아우크스부르크 제국의회 의결에 포함된[81] 상응하는 계획의 관철은 교황 및 다수의 추기경들이 공의회 소집을 거부함으로써 좌절되었다.

제국 신분들의 협상

황제와 『아우크스부르크 신앙고백』의 서명자들 사이의 관계가 황제가 반박문에 대한 재답변을 배척하기 위해서 텍스트를 내놓기를 거부함에 따라 지속적으로 악화된 후, 8월 초에 브란덴부르크와 마인츠 선제후 및 몇몇 다른 제국 신분들의 중재를[82] 통해 집중적인 협상이 시작

79 카를 5세가 클레멘스 7세에게 1530년 7월 14일에 보낸 서신, Kohler, *Quellen* (Anm. 5), Nr. 45, S. 165~69, 여기서는 S. 167.

80 같은 책, S. 168.

81 제국의회 의결 제16조 참조. 부분 인쇄는 Ulrich Köpf (Hg.), *Deutsche Geschichte in Quellen und Darstellung*, Bd. 3: *Reformationszeit 1495~1555*, Stuttgart 2001, Nr. 65,4, S. 381~83, 여기서는 S. 382f.; Ruth Kastner, *Quellen zur Reformation 1517~1555*, Darmstadt 1994, Nr. 158, 여기서는 S. 517f.

82 Förstemann, *Urkundenbuch* (Anm. 14), Bd. 1, 특히 S. 180~83.

되었다. 협상은 양 진영의 정치인과 신학자들로 똑같이 구성된 두 개의 위원회, 곧 **14인위원회**와 나중에 결성된 **6인위원회**에서 진행되었다. 작센 선제후 요한 프리드리히 왕자, 브란덴부르크-안스바흐 후작 게오르크, 신학자로서 개신교 측에 요하네스 브렌츠, 필리프 멜란히톤, 에르하르트 슈네프, 가톨릭 측에 요하네스 에크, 요하네스 코클레우스, 아우크스부르크 주교, 브라운슈바이크-볼펜뷔텔 공작 하인리히가 속한 첫 번째 위원회의 임무는 신앙 교리와 교회·전례적 실천의 파괴된 일치를 제국 차원에서 회복하는 것에 있었다. 결국 좌절된 이 협상에서 아마도 가장 주목할 만한 측면은 개신교 측이 거의 동등한 권리를 가진 존재로 대우받았다는 것에서 찾아볼 수 있다. 칭의론, 죄와 신앙 같은 신학적 주제 영역에서는 심지어 주목할 만한 접근이 있었다. 교회 이해에 대해서 에크는 사람들이 "근본적으로 원칙적으로 일치하지 않는 것이 아님"을 확인했다.[83] 제의적·실천적 문제는 보다 어렵다는 점이 드러났는데, 개신교화된 도시들과 영방국에서는 이미 가시적인 변화가 있었기 때문이다. 평신도 잔, 사제 및 수도사의 혼인, 혐오스러운 수찬자 없는 미사를 포함한 미사 내지 미사 기도의 철폐—이 모든 것은 여러 곳에서 이미 개혁되었으며 쉽사리 철회될 수 없었다. 개신교 측은 양 진영의 두 위원과 한 사람의 신학자로 구성된 6인위원회에서 이미 관철된 변화가 공의회까지 인정받을 것에 대한 반대급부로서 주교의 사법권을 존속 내지 회복할 것을 제안했다. 이것은 개신교 신분들 간의 신뢰 문제를 야기했다. 왜냐하면 이 위원회에 대표를 파견하지 못한 브라운슈바이크-뤼네부르크와 헤센, 그리고 개신교 제국도시들은 선제후령 작센, 브란덴부르크-안스바흐의 양보적 태도에 반대했기 때문이다. 이에 따라서 멜란히톤은 8월 29일에 루터에게 글을 썼다. "우리는 우리 편 사람들로부터 공격받고 있습니다. 왜냐하면 우리가 주교의 사법권을 회복하려 하기 때문입니다. 한번 주교의 멍에를 벗어버려서 자유에 익숙해진 민중

83 같은 책, S. 227.

들은 저 옛 짐을 다시 지기를 싫어합니다. 제국도시들은 대부분 저 지배를 증오합니다. 그들은 종교 교리(doctrina religionis)를 위해 애쓰지 않는데, 그만큼 주권과 자유가 그들에게는 중요하기 때문입니다."[84]

제국 결의

위원회 협상이 결국 황제에 의해 중단되었다는 사실은 화해 및 타협 정치의 궁극적 종언을 나타냈다. 제국 수장의 관점에서 이단자들에 대한 제국법적으로 보장된 관용은 있을 수 없었다. 문제는 오직 공의회까지 프로테스탄트들에게 평화를 보증할 것인가 아니면 이단 사설(邪說)에 의한 평화 교란을 군사적 수단으로 응징해야 하는가일 따름이었다. 개신교 제국 신분들은 9월 22일 신앙 문제에 대한 초안[85]에 동의하지 않았으며 황제를 판정관으로 인정하기를 거부했다. 11월 19일의 제국 결의는 대부분의 개신교 제국 신분들의 부재 속에 공포되었는바, '오랫동안 전해진 예전의 참된 그리스도교 신앙과 종교'[86] 및 전통적 제의의 준수 의무를 명령했고 공의회까지 어떠한 '변경'[87]도 금지했으며 보름스 칙령의 시행을 재차 강조했다. 설명서에는 프로테스탄트 갱신자들의 교리 및 제의적 오류가 상세히 열거되었다. 충격적인 결론은 다음과 같다. "모든 그리스도교적 명예, 훈육, 덕행, 계명, 신 경외, 신뢰성, 선한 윤리적 행실과 삶, 또한 이웃에 대한 참된 사랑이" 프로테스탄트로 인해 "완전히 붕괴되었다".[88] 또 다른 설명서에는 인간이 그리스도인으로서 어떻게 믿어야 하고 어떤 제의를 준수해야 하는지가 표시되었다. 예전의 참된 신앙을 따르고 '불신적' 권세 아래 사는 자는 특별히 보호받

---

84 *MBW.T* 4/2, S. 617,17~21; *MBW 1*, Nr. 1050; WA.B 5, Nr. 1708, S. 598, 17~22.

85 Förstemann, *Urkundenbuch* (Anm. 14), Bd. 2, S. 474ff. 참조.

86 Kastner, *Quellen zur Reformation* (Anm. 81), Nr. 158, S. 507에서 인용.

87 같은 곳.

88 Kastner, 같은 책, S. 510.

아야 한다. 혼인한 사제들은 자신들의 성직록을 상실하게 될 것이다. 온갖 종류의 새로운 것, 특히 '비방문, 삽화가 들어간 팸플릿 등'[89]의 인쇄는 관청의 사전 검열을 조건으로 중단되어야 한다. 세속화된 혹은 달리 다른 목적으로 사용된 교회 재산은 반환되어야 한다. 이 명령에 대한 위반은 제국 대법원에 고발될 수 있었다. 이 제국 결의를 통해서 로마 교회의 교리 및 질서 형태는 제국법적 규범으로 격상되었다.

이로써 개신교 제국 신분들은 제국법 밖에 있게 되었고, 국가의 평화 교란자로 간주되었다. 제국의회 종결 후 6개월 이내에 교황은 '보편적 그리스도교 공의회'[90]를 소집해야 하고, 공의회는 그로부터 늦어도 1년 후에 개최되어야 했다. 그러나 카를 5세는 구교 측의 제국 신분들로부터 제국 내의 종교적 혁신에 대항하는 투쟁을 위한 군사적 지원 약속을 얻을 수 없었다. 황제가 휘하의 작센 공작 요한에게 1525년 이래 상속된 선제후 직위를 수여하는 것과 공작령 율리히-클레베(Jülich-Cleve)에 대한 상속권을 확증하는 것을 거부했다는 사실은 개신교 제국 신분뿐만 아니라 구교 측 신분들의 분노에 부딪혔다. 황제권에 대한 제국 신분들의 기초적 공동 이해, 그러나 또한 제국의 수호에 대한, 특히 오스만인 적들에 대항해야 하는 공동 책임이 결정적으로 종교적 대립 때문에 제국 신분들 간의 모든 형태의 실천적 협력과 정치적 공동행위가 불가능하지 않게 하는 데 기여했다.

카를 5세가 1531년 1월 5일에 자기 동생 페르디난트를 로마 왕으로 선출하는 것을 관철하고 자신의 부재 동안 그에게 제국의 섭정을 위임함으로써 제국 통치를 암암리에 무효화했을 때, 작센의 요한의 주도 아래 많은 개신교 제국 신분들뿐만 아니라 일부 가톨릭 제국 신분들이 이것에 대해 항거했다. 바이에른은 종교적 대립에도 불구하고 유력한 프로테스탄트 제국 신분들과 동맹을 체결했다. 장기적 관점에서 페르디난

89 같은 책, S. 515.

90 같은 책, S. 518.

트의 로마 왕위와 섭정(이것을 통해서 제국 내에서 카를의 후계자에 대한 조치는 이미 이루어졌다)은 황제의 제국 정책을 공고화하고 강화하는 결과를 가져왔다.

모든 일에서 결정적이었던 종교개혁 첫 10년간의 루터에게서 출발한 종교개혁 운동은 폭넓은 사회적 연관 관계로 발전했고 수많은 행동 및 변형 형태가 형성되었으며 깊은 내적 차별화 과정을 거쳤는바, 이 10년 후에 별개의 신앙고백에 근거한 몇몇 제국 신분들은 종교개혁을 살아남게 만든 중요한 보증인이 되었고, 황제는 종교개혁의 탁월한 적수가 되었다. 아우크스부르크 제국의회의 결의 및 페르디난트 왕의 즉위와 더불어 제국 차원에서 산만한 종교 정책은 종식된 듯 보였다. 전선은 명확해졌다. 갈등의 공개적 발발은 점차 개연성 있는 일이 되었다.

황제에게 항거하는 개신교 동맹

개신교 제국 신분들은 제국의회가 실망스럽게 종결된 후, 어느 때라도 자신들의 책임으로 떠넘겨진 국가의 평화 교란에 대한 강제 조처를 예상해야 했기 때문에 동맹을 위한 노력이 급선무였다. 제국 결의에 따른 정치적·군사적 위협에 직면해서 개신교 진영 내의 신앙고백적 차이로 인한 갈등이 더 이상 1529년과 같은 의미를 가질 수 없다는 것은 필연적이었다. 1530년 12월 말경 슈말칼덴에서 창립된 슈말칼덴 동맹(1531년 1월)은 어떤 신앙고백적 전제를 포함하지 않았다. 또한 『네 도시 신앙고백』의 4명의 서명자들도 동맹의 창립 멤버에 속했다. 5명의 중부 독일 제후들(선제후령 작센, 헤센, 브라운슈바이크-뤼네부르크, 브라운슈바이크-그루벤하겐, 안할트-베른부르크), 2명의 만스펠트 백작과 11개 도시(스트라스부르, 울름, 메밍겐, 로이틀링겐, 콘스탄츠, 비버라흐, 린다우, 이스나이, 뤼베크, 브레멘, 마그데부르크)도 그 멤버였다.

그 종말, 곧 1547년 봄의 슈말칼덴 전쟁에서의 패배까지 종교개혁의 정치적 존속과 생존에서 가장 중요한 이 동맹의 창립 전에 선제후령 작센의 법률가들은 결정적인 정치 이론 문제에서 비텐베르크의 신학자들, 특히 루터와 멜란히톤의 마음을 움직이는 데 성공했다. 루터와 요나스, 멜란히톤은 1530년 10월 26일 토르가우에서 열린 작센의 정치인들과의 회합에서 법률적 소견서에 따라 성서 내지 자연법에 근거한 황제에 대한 무조건적 순종 의무에 관한 자신들의 논제를 포기했다. 이 소견서는 황제가 신앙 문제에서 무력을 행사하고, 궁극적인 결정 기관으로서의 공의회에 항소하는 일이 아직 계류 중이며, 개신교도 내지 참된 종교를 위한 방어를 포기하는 일이 돌이킬 수 없는 손해의 위험을 의미할 경우에 실정법에 따라 저항은 합법적인 것으로 간주될 수 있다는 것을 입증하였다. 결국 루터는 1530년 3월, 즉 아우크스부르크 제국의회 전에 부겐하겐, 요나스, 멜란히톤과 공동으로 작성한 소견서[91]를 수정하게 되었는데, 이 소견서는 다른 제국 신분들에 대해서만(그러나 상위 권세로서의 황제에 대해서는 아니다) 긴급 방어가 가능하다고 선언한 바 있었다. 무엇보다 정치인들과 법률가들이 제시한, 제후들은 황제를 권세로서 선출했고 황제가 이 선출에서 발생한 의무에 부응하지 않을 경우 그에게 순종을 거부할 수 있다는 논리는 결국 신학자들을 설득시켰다. 그런 한에서 당시의 정치적 긴급 사안에 맞선 신학적 이의를 극복한 것은 바로 제국의 구조에 대한 법률가들의 가르침이었다.

루터와 다른 신학자들이 토르가우에서 내놓은 외교문서 형식의 선언문은, 복음과의 관계에서의 세속법의 독자적 권위에 따라서, 즉 이른바 '두 정부 이론'의 기초적 사상의 어법에 따라서 논리를 전개했었다. 우리는 비텐베르크에서 "언제나 세속법이 명령하는 것이 통용되며 효력을 갖고 준수되도록 해야 한다고 가르쳤다. 왜냐하면 복음은 세속법에 반하여 가르치지 않기 때문이다." 그렇기 때문에 "황제가 자신의 인격

---

91 WA.B 5, S. 258~62; Scheible, *Widerstandsrecht* (Anm. 20), S. 60~63; *MBW.T* 4/1, Nr. 872, S. 66~71 참조.

으로 행하든 누가 그의 이름 아래 행하든 간에, 그것에 저항해야 할 경우에도 우리는 성서로써 세속법을 공격할 수 없다."[92] 이로써 신학자들은 정치가들에게 행동의 자유를 허락하거나 그들에게 행동의 자유가 불가피한 것으로 드러난, 헤센의 필리프가 1529년 이후 고집스럽게 주장해온 선택권에 굴복했다. 종교개혁 과정의 결정적 역동성이 신학적 이념들과 대량으로 인쇄된 팸플릿, 성서적으로 영감을 받은 행위자들의 종교적 연출과 변덕스러운 행동에서 나왔던 시기는 1530년 말에 멀리 지나갔거나 사회의 변두리에만 남아 있는 것처럼 보였다. 산만하고 가속적인 변화의 '미친' 10년은 지나갔다.

1531년 3월에 인쇄된 제국 결의와 더불어 시작된 상황을 해석하려고 — 한편으로는 제국 결의를 신랄하게 주석한 재인쇄 형태[93]를 통해서, 다른 한편으로는 『사랑하는 독일인에 대한 경고』[94]라는 팸플릿을 통해서 — 시도한 것은 또다시 루터였다. 이것은 근본적으로 그가 귀족들에게 보낸 글 이후에 직접 독일 민족을 향해 쓴 첫 번째 글이었는데, 이 글은 귀족에게 보낸 글 이후에 스스로를 '독일인들의 예언자'로 지칭한 자가 행한 유일한 넓은 의미에서의 정치적 발언이었다. "나는 교황과 당나귀를 즐겁게 하기 위해서 계속해서 이 오만불손한 이름을 사용해야 한다."[95]

이 글의 인쇄 역정은 1530년 가을 이후 종교개혁의 정치적·정신적 정황을 일부 드러낸다. 이 글이 처음 출판된 시점에 루터의 『경고』는 네 번 인쇄되었는데, 세 개의 비텐베르크판 외에도 스트라스부르판이 있었다.[96] 15년 후인 1546/47년에 이른바 슈말칼덴 전쟁에서 황제가 슈말

---

92 Scheible, *Widerstandsrecht* (Anm. 20), Nr. 10, S. 67; WA.B 5, S. 662,6ff.; *MBW. T* 4/2, S. 719,9ff.

93 WA 30 III, S. 321~88.

94 WA 30 III, S. 252~320.

95 WA 30 III, S. 290,28~30.

96 WA 30 III, S. 266f.; Benzing, Claus, *Lutherbibliographie* (Anm. 71), Nr. 2908~24.

칼텐 동맹 및 그것을 주도한 제후인 헤센 방백 필리프와 에르네스트가(家) 선제후에 맞서 군사 공격을 개시한 맥락에서 이 글은 출판상으로 큰 영향력을 행사했다(약 10쇄). 종교개혁이 결국 직접 위협받은 것처럼 보였을 때, 그사이에 이미 죽은 저자의 이 글에 대한 보다 폭넓은 관심은 공공연히 드높아졌다. 카를 5세의 복고적·반종교개혁적 정책에 대항하는 가장 중요한 저항의 중심인 마그데부르크의 이른바 '주 하나님 사무국'(Herrgotts Kanzlei, 699쪽 이하 참조)의 활동에서 속행된 슈말칼덴 전쟁에 관한 출판물들은 1520년 초에서처럼 또다시 폭넓은 주민층을 겨냥하여 참된 신앙에 대한 공공연한 열정의 불꽃을 타오르게 했다.

아우크스부르크 제국의회와 슈말칼덴 전쟁 사이의 15년이라는 기간은 이 출판물들에 의해 특징지어졌다. 즉, 중요한 것은 더 이상 종교개혁 '전체'가 아니라 제국 내의 통일된 종교라는 거대한 문제였다. 아우크스부르크에서는 이것이 정치적·외교적·신학적으로 문제였다면, 1546/47년에는 이것 때문에 군사적으로 충돌했다. 그러나 '중간 시기'에 에너지, 관심, 관점은 일부 영방국과 도시들에서 슈말칼덴 동맹의 정치적 보장 아래 종교개혁 과정을 지속하거나 개시하고 독자적 개신교회를 구축하기 위한 행동의 여지를 이용하는 데로 옮아갔다. 페르디난트 왕과 동맹을 맺은 5개 구교 칸톤들, 곧 슈비츠(Schwyz), 우리, 운터발덴, 추크, 루체른과, 자신의 동맹 파트너인 베른, 바젤, 샤프하우젠의 지원을 거의 받지 못한 취리히 사이의 카펠 전투에서 패배한 후 종교개혁의 팽창력이 소진되고 츠빙글리의 전사(1531. 10. 11) 이후 그 운동이 카리스마적 지도자를 잃은 독일어권 스위스와 달리, 독일에서는 일부 도시들과 큰 영방국들이 점차 계속해서 종교개혁에 합류하였다. 그러나 이런 과정들이 거의 보편적인 반향을 얻거나, 주목을 자아내거나, 공적 참여를 이끌어내지는 못했다. 이러한 종교개혁 동력의 국지화는 제국 정치의 발전에 상응하였다. 제국을 분열시키는 종교적 불일치의 법적 해법에 대한 원칙적 결정들을 방해하는 단계적 준비, 시한부적 평화 유지를 위한 복잡한 협상 과정, 강요된 타협 등이 1531년과 1546년 사이에 일상화되었던 것이다.

루터의 『경고』는 독일인들로 하여금 제국을 위협하는 전쟁의 위험에 계속해서 대비하도록 했다. 전쟁을 추진하는 자들은 그에게는 '살인적이고 피에 굶주린 교황파',[97] 황제로 하여금 개신교도들에 대한 공격을 사주하는 '악마들'[98]이었다. 그는 공개적으로 '정당방위'[99]에 찬성했으나(그것의 법적 해명은 법률가의 일이다), 무력 저항을 촉구하거나 그것을 정당화하려고 하지는 않았다. 그는 반대편을 군사적으로 공격하는 것의 정당성을 처음부터 부인했고, 사람들이 복음에 대항하는 전쟁을 위해 나쁘게 이용되는 것에 대해 경고했다. 교황파 '악당들'[100]은 "우리가 가르쳤고 살았고 행했고 지금도 행하고 살고 있는"[101] 모든 것을 뿌리 뽑고 말살하려 한다고 루터는 진술했다.

결정적으로 '반종교개혁적'인 이러한 위험은 코부르크에 있을 때 전해진 부친의 사망 소식을 접하고 자신을 '늙은 루터'[102]라고 느낀 종교개혁가에게는 자신의 시각에서 총결산을 하고 자신에게 중요했던 교회개혁의 결과를 정의할 계기가 되었다.

> 우리의 복음은, 신을 찬양하라, 많은 위대한 선한 것을 만들었다. 이전에 사람들은 복음이 무엇인지, 그리스도가 무엇인지, 세례가 무엇인지, 고해가 무엇인지, 성례전이 무엇인지, 신앙이 무엇인지, 영이 무엇인지, 육신이 무엇인지, 선행이 무엇인지, 십계명이 무엇인지, 주기도문이 무엇인

---

97 WA 30 III, S. 282,23.

98 WA 30 III, S. 290,33.

99 WA 30 III, S. 282,25.

100 WA 30 III, S. 317,11.

101 WA 30 III, S. 317,13f.

102 루터가 멜란히톤에게 1530년 6월 5일에 보낸 서신, WA.B 5, Nr. 1584, S. 351,29f.: "Ego succedo nunc in haereditate nominis, ut senior sim fere Lutherus in mea familia"(나는 이름을 상속함으로써 우리 루터 집안에서 거의 연장자가 된다). *MBW* 1, Nr. 922; *MBW.T* 4/1, S. 216,26f. 참조.

지, 기도가 무엇인지, 고난이 무엇인지, 위로가 무엇인지, 세속 권세가 무엇인지, 혼인이 무엇인지, 부모가 무엇인지, 자녀가 무엇인지, 주가 무엇인지, 종이 무엇인지, 여자가 무엇인지, 하녀가 무엇인지, 악마가 무엇인지, 천사가 무엇인지, 세상이 무엇인지, 삶이 무엇인지, 죽음이 무엇인지, 죄가 무엇인지, 법이 무엇인지, 죄의 용서가 무엇인지, 신이 무엇인지, 주교가 무엇인지, 목자가 무엇인지, 교회가 무엇인지, 그리스도인이 무엇인지, 십자가가 무엇인지 몰랐다. 결론: 우리는 그리스도인이 알아야 할 것을 전혀 몰랐다. 모든 것은 교황의 당나귀들을 통해서 모호해졌고 억압되었다……. 그러나 이제, 신을 찬양하라, 남녀노소가 교리문답 교육을 알게 되었다. 그리고 사람들이 어떻게 믿고 살고 기도하고 고난받고 죽어야 하는지, 그리고 어떻게 그리스도인이 되어야 하고 그리스도를 알아야 하는지에 관한 양심의 교육이 있다. 이제 우리는 신앙과 선행에 대해 옳게 설교한다. 결론: 위에 언급한 것들이 다시 밝히 드러났고 설교단, 제단, 세례석이 다시 올바르게 놓였다. 이것은 그리스도 교회의 형상에서 인식될 수 있다.[103]

루터에게는 10년간의 불안한 싸움 뒤에 신 자신을 통해 설교가 갱신되었고, 성례전이 회복되었고, 세계 질서에서 그리스도인 삶의 기반이 마련되었고, 교회의 개혁이 일어났다. 종교개혁가에게는 '주요 조항'인 칭의론이 사태의 중심을 이루었다. "우리 마음은 위로와 확신을 우리 행위가 아니라 오직 그리스도에게 두어야 하니, 곧 오직 믿음을 통해서 죄로부터 자유롭고 의로워진다."[104] 이 "조항이 사라질 때 교회도 사라진다."[105] 그에게는 이것이 중요했다. 즉, 그는 이런 메시지로써 온갖 정열을 타오르게 했고 제국을 전쟁의 직전까지 분열시켰다. 그는 이 메시

103 WA 30 III, S. 317,15~318,1.

104 WA 30 III, S. 319,9~12.

105 WA 30 III, S. 319,15.

지에 근거하여 교황과 황제에게 철회를 거부했고 세속 권세들의 동조를 얻어냈다고 확신했다. 그래서 교회 개혁은 루터의 의미에서 하나의 사실이 되었다. 종교개혁이 위협받거나 철회될지 여부는 '독일인 예언자'의 죽음을 넘어서도 여전히 불확실한 채로 있었다.

제3부

종교개혁의 철회 불가

제국 내 종교개혁의 역사는 아우크스부르크 제국의회와 슈말칼덴 동맹의 창립 이후 전적으로 정치의 울타리 안에 있었다. 1520년대에 결정적인 추진력과 도전이 신학자들과 평신도 출신의 종교 저자들, 그리고 배우들에게서 나왔다면, 1530년대에는 제후들과 그들의 정치가들이 결정적인 조치를 실행했고 신학자들은 대개 자신들의 직접적 참여나 동의 없이 결정되었던 것에 대해 입장을 취하거나 사후에 정당화해야 했다. 탁상 담화에서 전해진 1532년 여름 루터의 발언은 유력 신학자들이 담당해야 했던 하위적 역할의 특징을 잘 드러낸다. "지금 내 최고의 난제는 정치다. 그 악마는 나에게서 아무것도 얻어낼 수 없으니 나의 목에 정치의 짐을 지우려 하며 내 양심을 이로써 불안하게 만들려 한다. 내가 조언하면 사람들은 나를 따르지 않고 내가 지배하려 한다고 말한다. 내가 조언하지 않으면, 나는 그것에 대해 양심의 가책을 가져야 한다. 나는 어찌해야 좋을지 모르겠다!"[1]

황제가 다시 주로 제국 밖에 머물렀던 1530년대의 특징은 프로테스탄티즘이 점차 세를 불리던 데 있었다. 포메른, 뷔르템베르크, 알베르

1 WA.TR 2, Nr. 1715, S. 191,25～27(1532년 6월 12일과 7월 12일 사이).

트가(家) 작센, 선제후령 브란덴부르크와 같은 일련의 대(大)영방국들이 종교개혁에 가담했다. 그러나 1540년대에는 상황이 다시 바뀌었다. 황제는 프랑스와의 평화조약 체결(1544년 9월 18일, 크레피Crépy) 및 오스만 제국과의 휴전(1545년 10월) 이후 예기치 않은 행동의 여지를 얻었다. 결국 프로테스탄트에 대한 군사적 공격이 가능해졌고 성공했다(1547년 봄, 슈말칼덴 전쟁). 이제 지난 20년간의 종교개혁 과정은 황제의 허락, 이른바 『잠정 처분』(*Interim*, 1548)을 통해서 철회될 수 있었다. 다시 한 번 동맹정치적·군사적 세력 관계의 추이에 근거하여 결국 1550년대 초에 황제가 30년간 성공적으로 저지한 것이 현실이 되었다. 그것은 제국법적으로 프로테스탄트 이단을 지속적으로 승인하게 된 것 및 제국 내의 주권과 사회를 통합하는 일원적인 종교 콘셉트의 실질적 종언이었다. 루터가 1521년 황제와 제국 앞에서 종교개혁의 신학적 토대를 철회하지 않았고, 일부 개신교 제국 신분들이 황제와 제국 앞에서 고백한 종교개혁은 무엇보다 역사적 정황 및 그것을 지탱한 제후들의 정치적 비중에 근거하여 결국 철회될 수 없음이 입증되었다.

제1장

지속되는 긴장: 슈말칼덴 전쟁까지 제국 내 상황 (1531~46년)

제국의회와 평화 상태

뉘른베르크 휴전과 프랑크푸르트 휴전

1530년의 아우크스부르크 제국의회 이후에 합스부르크가(家) 통치자의 국제정치적 상황에 의해서 제국 결의의 철저한 실행은 지장을 받았다. 프랑스 및 오스만 제국과의 전쟁을 위해서 카를 5세와 페르디난트는 제국 신분들의 재정 지원을 필요로 했다. 1531년 4월 레겐스부르크에서 열린 제국의회에서 개신교 신분들은 1530년의 결의를 수정할 경우 페르디난트 왕의 선출을 승인하고 투르크족과의 전쟁에 참여할 용의가 있음을 분명히 알렸다. 이에 따라서 황제의 위임으로 슈바인푸르트와 뉘른베르크에서 제국의회 의제 외에 마인츠 및 팔츠의 선제후와 개신교 신분들 간의 협상이 진행되었는바, 이 협상은 1532년 7월 23일에 종교개혁기의 첫 번째 종교 평화조약의 체결, 이른바 뉘른베르크 휴전[1]으로 마무리될 수 있었다. 실제로 이 평화조약의 체결은 보름스 칙령으로 시작되었고 비로소 아우크스부르크에서 확인된 종교 정책 방향

---

1 *DRTA.JR* 10, S. 1511f.

으로부터의 이탈뿐만 아니라 20년 후 파사우 조약(1552) 내지 아우크스부르크 종교 평화(1555)로 종식될 저 발전의 시작을 의미했다. 17세기 초까지 대(對)투르크 전쟁에 대한 지원은 제국 내 법적·정치적 협상의 중요한 동기로 남아 있었다. 뉘른베르크 휴전은 개신교 신분들을 공의회 혹은 차기 제국의회까지 국내 평화에 편입하고 제국 대법원 재판 절차를 연기시킨 한에서, 1530년 아우크스부르크 제국의회의 결과를 무력화했다. 특히 정치적으로 가장 적극적인 프로테스탄트 제국 제후인 헤센 방백 필리프의 요구에 따라서 — 선제후 요한과 결정적으로 평화를 바라는 그의 자문관 루터 역시 평화를 이미 개신교화된 제국 신분들에게 국한할 용의가 있었을 것이다 — 장차 종교개혁에 가담하는 영방국들과 제국도시들을 평화 질서에 편입하게 되었다. 이로써 제국 교회 재산의 세속화는 거의 합법화된 것처럼 보였다. 구교 측 신분들은 레겐스부르크에서 뉘른베르크 휴전에 동의하기를 거부했다. 황제도 법적 의미에서 조약의 파트너로서 나타나지 않았다. 뉘른베르크 휴전은 공식적으로 유력 개신교 제국 신분들과 마인츠 및 팔츠 선제후 간의 조약 형식을 취했다. 이 법적 형식은 황제에게 정치 상황의 변화에 따라서 처신할 수 있는 자유를 허용했다. 자신의 영주에게 아주 단호히 이 정치적 평화를 옹호하였던 루터는 '황제 폐하의 자비로운 제안'을 신이 기도를 청허(聽許)한 것이고 하늘이 평화를 선사한 것으로 보았다.[2] 새로 추가되는 개신교 제국 신분들을 위한 단서 조항에 근거하여 뉘른베르크 휴전은 일련의 국지적 종교개혁을 합법화하는 중요한 제국정치적 문서가 되었다. 약 10년간 종교개혁은 폭넓게 발전했다.

1541년에 비로소 차기 제국의회가 레겐스부르크에서 열렸다(4월 5일~7월 29일). 2년 전에 프랑크푸르트 휴전[3](1539년 4월 19일)을 통해

2 루터가 선제후 요한에게 1532년 6월 29일에 보낸 서신, WA.B 6, Nr. 1943, S. 324~27, 여기서는 S. 327,54f.57f.

3 Rainer Wohlfeil, Artikel *Frankfurter Anstand*, in: *TRE* 11 (1983), S. 342~46.

서 뉘른베르크의 평화조약이 연장 내지 갱신되었다. 『아우크스부르크 신앙고백』의 추종자들에게는 제국 대법원에서 교회 재산의 세속화 때문에 계류 중인 상환 절차가 정지된 가운데 반년간의 종교 평화가 허용되었다. 개신교 제국 신분들은 프랑크푸르트 휴전에서 최초로 『아우크스부르크 신앙고백』을 통해 명백하게 자신을 정의했다. 개신교 제국 신분들이 교회 재산에 대한 새로운 침해를 중지하고 슈말칼덴 동맹에 새로운 맹원을 받아들이지 않는 한, 휴전 기간은 15개월 연장될 수 있었다.

슈말칼덴 동맹과 『슈말칼덴 신조』

슈말칼덴 동맹은 1530년대에 제국의 결정적인 권력 요소로 성장했다. 슈말칼덴 동맹 가입자들은, 특히 교황에 의해 거부된 헨리 8세와 아라곤의 카타리나 간의 이혼 때문에 공식적으로 로마 교회와 결별한 잉글랜드, '벽보 사건'(635쪽 참조) 및 이에 따라 연출된 프로테스탄트들에 대한 박해 물결 이후 반(反)합스부르크적 이해를 정치적으로 확보하는 데에 중점을 두었던 프랑스, 또한 종교개혁에 문을 개방한 덴마크 왕국과의 외교적 연결이 성사되었다. 그들은 특히 반합스부르크, 반교황적 이해 및 계획된 공의회를 향한 관심으로 결속되었으나, 정치적 협력과 고백적 공통성에서 상이한 강도와 안정성을 보여주었다. 덴마크 왕 크리스티안 3세(재위 1534~59)와 슈말칼덴 동맹의 대부분의 신분들 간에 상호 군사원조에 대한 조약이 체결되었다. 그러나 슈말칼덴 동맹과 잉글랜드, 프랑스 간의 협상은 거듭하여 결렬되었다. 1538년까지 슈말칼덴 동맹의 가입자 수는 꾸준히 증가했다. 1532년에 니더작센의 4개 도시(브라운슈바이크, 고슬라Goslar, 괴팅겐, 아인베크Einbeck)와 아이슬링겐(Eislingen)이 가입했다. 1535년에는 몇몇 제후들(안할트-데사우, 포메른, 뷔르템베르크)과 6개의 다른 도시들(프랑크, 아우크스부르크, 함부르크, 하노버, 켐프텐, 민덴), 1537년에는 나사우-자르브뤼켄, 슈바르츠부르크-아른슈타트과 알베르트가(家) 작센이 가입했다.

일부 행동에서 동맹의 본래 목표인 개신교 신앙의 방어는 전적으로 공격적이고도 애매한 방법으로 수행될 수 있다는 것이 드러난다. 1534년 5월에 헤센의 방백 필리프가 합스부르크가의 지배 아래 있는 뷔르템베르크 공작령을 정복할 때, 슈말칼덴 동맹의 군대가 결정적으로 참여했다. 뷔르템베르크 공작 울리히는 1519년 제국도시 로이틀링겐을 습격한 후에 바이에른과 슈바벤 동맹에 의해 자신의 영토로부터 추방되었는데(498쪽 참조), 1526년 이후 헤센 방백은 울리히에게 카셀에 도피처를 허락했다. 슈바벤 동맹은 대공 페르디난트에게 뷔르템베르크의 통치권을 이양했는데, 대공은 공작령을 합스부르크가의 오스트리아 영지와 연결해주는 중요한 고리로 이용했다. 남서부 유럽에 대한 합스부르크가의 패권은 페르디난트의 뷔르템베르크 통치를 통해 근본적으로 지원을 받음으로써 종교개혁의 팽창을 결정적으로 제한하였다. 슈바벤 동맹이 1534년 2월에 종결되었고 뷔르템베르크의 합스부르크가 통치가 라우펜(Lauffen) 전투(1534년 5월 13일)에서 무력으로 와해된 후, 울리히 공작을 복위시키고 종교개혁을 도입할 수 있는 길이 열렸다. 뷔르템베르크의 가입으로 슈말칼덴 동맹은 남독일에서 보강되었다.

바울 3세가 교황위(位)를 승계함으로써(1534년 10월 13일) 공의회 문제에 새로운 움직임이 있었다. 1535년 봄에 새로운 교황은 특사들을 통해서 임박한 공의회의 개최를 공지했다. 1536년 6월에 공의회를 1537년 5월 23일 만투아에서 소집하기로 했다. 그러나 다시 한 번 오스만 제국과 동맹을 맺고 합스부르크가(家) 황제에 맞서 싸운 프랑스 왕은 슈말칼덴 동맹처럼 교황의 권력 영역 내에 있는 도시에서의 공의회를 반대했다. 선제후령 작센의 신학자들은 공의회가 교황의 헤게모니에서 자유롭고 오직 신의 말씀에 대해서만 책임진다는 조건 아래 공의회 참석에 동의했다. 프랑스-합스부르크-오스만의 전투 상황 때문에 루터는 현실적으로 공의회가 실제로 개최될 것이라고 믿지 않았다. 물론 그에게는 사람들이 프로테스탄트들을 공의회의 방해자로 지목하지 않는 것이 중요했다. 그러나 슈말칼덴 동맹의 책임 있는 정치가들은 공의회 참여를 결정적으로 거부했다.

루터는 슈말칼덴 동맹 신분들을 자문하는 과정에서 자신의 영주로부터 교리 신조 하나를 제출하도록 요청받았다. 이 신조에서는 어떤 조항에서 "그리스도인의 사랑 때문에 그리스교계에서 평화와 일치 유지를 위해서"[4] 양보할 수 있고 어떤 조항은 교황청에 대항하여 결코 포기할 수 없는지가 드러나야 했다. 루터는 이 신조를 완성한 후에 즉시 선제후령 작센의 신학자들과 논의했다고 한다. 이후 『슈말칼덴 신조』로 표현된 루터의 이 신조 문서는 1537년 2월 슈말칼덴 동맹의 논의에서 정확히 알려지지 않은 원인 때문에, 아마도 남독일 동맹 도시들을 고려하여 『아우크스부르크 신앙고백』, 멜란히톤의 『아우크스부르크 신앙고백 변증』 및 『아우크스부르크 신앙고백』에 대한 후속적 해석으로 이해될 수 있는 『교황권에 관한 논설』을 위해서 동맹의 공식적인 신학적 기초 문서의 지위로 승격되지 않았다. 루터 자신이 '내가 그 위에 서야 하고 내 사망 시까지 서야 할 신조'[5]로 표현한 교리 요약에서 루터는 신적 권한에 의해 그리스도교 전체를 지배한다는 교황의 주장을 신랄하게 반대한다. 교황은 "자신의 권세 없이 그리스도인들이 행복해지는 것을 원치 않고"[6] 그리스도 위에 서려고 하기 때문에 "진짜 적그리스도 혹은 반(反)그리스도"로[7] 간주되어야 한다. 슈말칼덴에서 서명을 통해서 루터의 신조에 동조한 42명의 신학자 가운데 멜란히톤은 공의회에서 협상의 남은 가능성을 고려하여 교황권에 대한 루터의 신학적 판단으로부터 거리를 둔 유일한 사람이었다. "복음이 평화와 공동의 일치를 위하여 그리스도인들이 교황 아래 있고 장차 그렇게 되기를 허락하고자 한다면, 인간 법에 따라서 주교들에 대한 교황의 우위성을 우리도 인정해야 한다고 생각한다."[8] 반면 루터에게 신적 법에 근거하지 않은 주권 주

4 선제후 요한 프리드리히가 루터와 비텐베르크 동료들에게 1536년 12월 11일에 보낸 서신, WA.B 7, Nr. 3116, S. 612~14, 여기서는 S. 613,15f.

5 WA 50, S. 252,10~12 = *BSLK*, S. 462,5.

6 WA 50, S. 216,26f. = *BSLK*, S. 430,16f.

7 WA 50, S. 217,24f. = *BSLK*, S. 430,14f.

장을 포기할 수 있다는 교황의 말장난은 "있을 수 없다"[9]는 점은 논란의 여지가 없었다. 특히 에르네스트가(家) 공작들의 가치 평가를 통해 결정된 『슈말칼덴 신조』의 수용 역사(이것은 이후 루터파 고백 문서의 규범에 수용되었다)에 종교개혁가의 비타협적이고 신랄한 반교황주의가 계속 살아 있었다. 이로써 슈말칼덴 동맹의 신앙고백의 기초로 승격한 『아우크스부르크 신앙고백』의 수용을 통해서—비텐베르크 성만찬 협약서(1536년 5월)는 대다수 남독일 신학자들의 동의를 얻었으니—교황청에 대한 신학적 견해 차이는 외적으로 여전히 남아 있었다.

보름스 종교 대화에서 슈말칼덴 전쟁의 발발까지

바울 3세가 1537년 5월 21일에 계획된 개회 이틀 전에 공의회를 무기한 연기하였으므로, 황제는 제국 차원에서 종교 분열을 극복할 방법을 모색하지 않을 수 없었다. 일련의 종교 대화의 짧은 시대가 시작되었다(668~71쪽 참조). 1540년 6월 황제의 초청으로 개최된, 제국에 관련된 첫 번째 종교 대화가 하게나우에서 열렸다. 종교 대화는 그해 11월에 보름스에서 속행되었다. 보름스 이래 황제로부터 전권을 위임받은 그랑벨(Granvelle)에 의해 주도된 마지막 종교 대화는 레겐스부르크에서 제국의회 동안에 열렸다. 종교 대화는 1541년에 궁극적으로 좌절되었다. 1546년에 또다시 제국의회 직전에 새로운 종교 대화가 레겐스부르크에서 시작되었다. 내용상으로 이 종교 대화는 1540/41년에 도달했던 칭의론에서의 퇴보를 의미했다. 사람들은 절차 문제에 빠졌다. 프로테스탄트들은 조기에 대화의 장을 떠났고 후에 황제로부터 실패의 책임에 대한 비난을 받았다. 보름스 제국의회에서 이미 황제와 교황 간의 동맹 협상이 시작되었다. 레겐스부르크에서의 좌절된 대화는 그런 한에서 종교 분쟁의 외교적 해결의 종식과 무력적 해법으로의 이행을 의미하

8 WA 50, S. 253,12~15 = *BSLK*, S. 463,10~464,5.
9 WA 50, S. 216,12.17 = *BSLK*, S. 429,18.

였는바, 이것은 슈말칼덴 전쟁에서 현실이 될 터였다.

1541년의 레겐스부르크 제국의회와 1546년 7월 전쟁 발발 사이의 5년은 개신교회의 정치적·법적 자기주장을 위한 투쟁, 투르크족의 위협으로 인한 황제 내지 페르디난트와 제국 신분들 사이의 지속적인 협조 압력, 헤센 방백 필리프의 이중 혼인과 하인리히 폰 브라운슈바이크-볼펜뷔텔의 추방, 황제의 행동반경의 증가에 따른 슈말칼덴 동맹의 위기라는 울타리 속에 있었다. 황제는 프랑스와의 강화조약 체결(1545), 오스만 제국과의 휴전 및 교황과의 군사동맹 이후 프로테스탄트를 군사적으로 공격할 수 있는 여지를 가질 수 있었다. 1541년 레겐스부르크 제국의회(667쪽 이하 참조)에서 프로테스탄트들은 대(對)투르크 전쟁 참여를 거부하겠다고 위협함으로써 뉘른베르크 종교 평화를 연장하고 교회 재산의 세속화를 비공식적으로 재가받는 데 성공했다. 1543년 뉘른베르크 제국의회에서 프로테스탄트들은 대(對)투르크 전쟁 원조를 거부하였는데, 페르디난트와 가톨릭 신분들이 종교개혁적 개입을 제국법으로 보장하라는 그들의 요구를 거부했기 때문이다. 1544년 슈파이어 제국의회(6월 10일 제국 결의)에서 프로테스탄트들은 프랑스와 오스만 제국에 대한 전쟁 원조를 대가로 또다시 종교개혁의 결과를 보장한다는 양보를 얻어냈다. 제국 결의에서 황제는 '독일 민족 공동의 자유로운 그리스도교 공의회의 토론'[10]을 통해서 종교적 분열을 극복하려 한다고 선언했다. 민족교회적 해결의 전망이 나타났는바, 교황은 신랄하게 이에 항의하고 1545년 3월 15일자로 트리엔트에 공의회를 소집했다. 루터는 이것을 악마가 세운 교황제를 공격할 수 있는 마지막 계기로 보았다.[11] 이것은 프로테스탄트 영방국들 내의 반교황적 투쟁 의지를 불타오르게 하고 전쟁을 정신적으로 준비하는 데에 기여하는 등 슈말

---

10 Alfred Kohler (Hg.), *Quellen zur Geschichte Karls V.*, Darmstadt 1990, Nr. 82, S. 302~08, 여기서는 S. 304.

11 WA 54, S. 206~99.

칼덴 동맹 신분들의 정치적 이익에 도움을 주었다.

프랑스와의 강화조약에서 프랑스 왕은 황제의 공의회 계획을 지원할 의무를 지게 됐는바, 이 조약 체결 후 프로테스탄트 제국 신분들에게는 종교 문제를 제국의 정치 무대에서 법적으로 지속적으로 해결할 수 있는 가능성이 악화되었다. 슈말칼덴 동맹 약화의 결정적 원인은 1540년 3월에 헤센의 필리프가 궁녀 마르가레테 폰 더 잘레(Margarete von der Saale, 그녀의 모친은 정상적인 혼인을 고집했다)와 두 번째 혼인을 맺었던 데 있었다. 작센의 게오르크의 딸 크리스티네와의 첫 번째 혼인 관계는 지속되었다. 1532년 도입된 카를 5세의 **형법**(Constitutio Criminalis Carolina)에 근거하여 필리프는 사형에 처해질 위험에 빠졌다. 슈말칼덴 동맹의 유력 신학자들, 특히 루터와 멜란히톤, 부처는 양심상의 이유 때문에 악명 높은 혼외 관계로 인하여 시련받는 방백의 혼인에 동의했으나, 그것의 비밀을 유지할 것을 추천했다. 외적으로 방백은 그 관계를 동거 관계로 표현했다고 한다. 이런 일은 제후들 사이에 특별한 일이 아니었다.[12] 그러나 이 사실은 소문이 났고 방백은 어쩔 수 없이 황제와 타협하지 않을 수 없었다. 이중 혼인으로 인한 특사의 대가는 컸다. 필리프는 잉글랜드나 프랑스의 가입을 통한 슈말칼덴 동맹의 확장을 저지하고 겔데른(Geldern) 공작령을 둘러싼 분쟁에서 슈말칼덴 동맹자들을 배제하는 책임을 져야만 했다. 겔데른의 신분들은 겔데른의 공작 카를 폰 에그몬트(Karl von Egmont)의 사망 후(그는 후계자 상속에 대한 합스부르크가의 권리 주장을 인정했다), 1538년에 빌헬름 폰 클레베(Wilhelm von Kleve)를 영주로 선포했었다. 그러나 이것은 북서부에서의 카를 5세의 영토정치적 이해와 충돌했다. 군사적 대결 후에 프랑스와 제휴한 클레베 공작은 겔데른에 대한 권리 주장을 포기하고 구교 신앙을 고백해야 했다. 이것은 1542/43년 이후에 쾰른 대주교 헤르만 폰 비트(Hermann von Wied, 668~69쪽 참조)로부터 지원을 받았던 니더라인에

12 WA.B 8, S. 643,144f.

서의 종교개혁적 발전을 관용하지 않겠다는 황제의 각오에 대한 신호로 평가될 수도 있었다. 알베르트가(家) 작센 외에 브란덴부르크(1539), 그리고 — 프리드리히 2세(재위 1544~56)의 통치와 함께 시작된 — 세속 선제후령 가운데 세 번째로 팔츠가 종교개혁에 가담한 뒤 선제후단 내의 다수를 차지했던 가톨릭 세력은 쾰른의 종파 교체에 대한 처분을 따라야 할 형편이었다. 그런데 카를 5세는 겔데른을 둘러싼 후계자 상속 전쟁 및 슈말칼덴 전쟁에서 승리한 뒤 헤르만 폰 비트에게 사퇴를 강요했고 쾰른을 가톨릭으로 남도록 못 박았다.

황제와 슈말칼덴 동맹의 관계에서 젊은 하인리히에 의해 주도된 북독일의 '구교 신앙'의 대들보인 브라운슈바이크-볼펜뷔텔 공작령에 대한 군사적 개입은 성공적이었음이 입증되었다. 자치도시 브라운슈바이크와 제국도시 고슬라는 1531/32년에 슈말칼덴 동맹에 가입하고 나서 공작 하인리히에 의한 지속적 위협에 내맡겨졌다. 1541년 루터는 하인리히를 '한스 보르스트'(Hans Worst)[13]로 지칭하여 글로써 공격했다. 1539년 이후에 한편으로는 슈말칼덴 동맹의 주축 세력인 선제후령 작센과 헤센, 다른 한편으로는 작센과 브라운슈바이크-볼펜뷔텔 사이의 출판물 싸움이 발발했다. 상당한 양을 차지하는 문서 싸움이 튀링겐-작센 지역의 개신교 도시들에 대한 방화와 더불어 일어났다. 슈말칼덴 동맹자들은 이 사태의 책임을 볼펜뷔텔 공작에게 돌렸다. 1540년에 제국 대법원은 고슬라에 대해서 제국 파문을 선고하고 하인리히 공작에게 그것의 집행을 위임했다. 그가 브라운슈바이크와 고슬라에 대한 군사 공격을 개시한 후, 황제가 파문을 잠시 정지했음에도 불구하고 슈말칼덴 동맹의 주축 세력들은 연대할 기회가 주어졌다고 보았다. 1542년 7월과 8월에 그들은 하인리히 공작에게 대항하여 공세를 폈다. 후자는 슈말칼덴 군대의 우세 앞에서 도주했다. 슈말칼덴 동맹군은 공작령 내에 개신교회 건설을 시도했다. 하인리히 공작이 1545년 가을에 자기 영

13 WA 51, S. 469~572.

토로 진군하다가 헤센의 필리프에게 생포되었을 때, 이 사건은 슈말칼덴 동맹자에게 국내 평화 파괴에 대한 책임을 묻도록 할 절호의 구실을 구교 제국 신분들과 황제에게 제공했다. 브란덴부르크 선제후처럼 슈말칼덴 동맹에 가입하지 않은 작센의 모리츠도 브라운슈바이크 사건에서 경쟁자 에르네스트가(家) 작센에 대항할 결정적인 잠재성을 감지했다. 작센의 모리츠와 요한 프리드리히는 베틴 왕조가 공유한 암트 부르첸(Amt Wurzen)을 둘러싼 분쟁에서 군사적 대결의 임계점에 이르기까지 긴장을 고조시켰다. 모리츠는 프로테스탄트들에 대한 황제의 군사공격을 방조하는, 황제에 대한 중립을 선언하게 되는데, 이는 베틴 왕조 내의 영속적인 경쟁의 결과이기도 하였다. 알베르트가의 목표인 선제후 지위는 거의 달성되었다.

슈말칼덴 동맹이 브라운슈바이크-볼펜뷔텔의 하인리히를 추방한 사건은 1546년 7월 20일에 황제가 선제후령 작센과 헤센에 제국 파문을 선고할 정당한 근거를 제공하였다. 황제가 자기 누이인 헝가리의 마리아에게 말한 것처럼, 이것이 '전쟁을 위한 구실과 핑계'에 불과하다는 것을 황제 자신만큼 잘 아는 사람은 없었다. 이 핑계가 "변절자들[프로테스탄트]이 이 전쟁은 종교 때문에 일어난다는 것을 확신하는 것을" 막지는 못할 터였다.[14] 실제로 황제의 관점에서 볼 때 "종교에 대한 위험은 비상하게 컸다."[15] 루터의 사망(2월 18일) 후인 1546년 여름 교황과 동맹조약에 서명하고(6월 7일), 바이에른(6월 7일) 및 모리츠 공작과 중립 협정을 맺으며(6월 19일), 마지막 제국의회를 평화 시기로 연기함(7월 29일)에 따라 이제는 무기로써 말할 차례가 되었다.

14 카를 5세가 헝가리의 마리아에게 1546년 6월 9일에 보낸 서신, Kohler, *Quellen* (Anm. 10), Nr. 87, S. 323~27, 여기서는 S. 325.

15 같은 곳.

도시들과 영방국가들에서의 종교개혁의 확산과 뮌스터의 그리스도 왕국 프로젝트

종교개혁의 확산과 감독 체제의 실패

1531년과 1546년 사이의 15년의 기간은 제국 내에서 종교개혁이 강력히 발전한 단계였다(그림 34 참조). 일련의 도시들과 영방국들이 슈말칼덴 동맹의 정치적 보호 아래 종교개혁에 가담하였다. 종교개혁 운동은 1530년대에 유럽의 여러 국가들, 예를 들어 프랑스와 잉글랜드, 폴란드-리투아니아, 헝가리, 이탈리아에서 권력자들로 하여금 혁신자들에게 찬성 혹은 반대하지 않을 수 없을 정도의 힘과 역동성에 도달했다. 1534년에 헨리 8세는 로마 교회와 결별을 선언했고, 잉글랜드 국교회를 창립했다. 같은 해 프랑스에서는 프로테스탄트들에 대한 호의적 단계에 이어 프랑수아 1세의 프로테스탄트 박해가 '벽보 사건'에 의해 촉발되었다. 이 사건은 미사에 대한 항의 행위로서, 왕의 침실까지 항의 벽보가 게시되었다. 또한 스칸디나비아 왕국 덴마크와 스웨덴에서 국왕 주도의 국교회가 수립되었는바, 두 나라의 종교개혁 결정(덴마크 1536/37년, 스웨덴 1527/1531년)은 제국 내 종교개혁의 확산 및 슈말칼덴 동맹의 안정화에 일시적으로 유리하게 작용했다. 프로테스탄트들이 자신의 운 좋은 행보를 신적 은총의 증거로 보았고 로마 교회의 신속한 몰락을 기대했다는 것은 놀라운 일이 아니었다.

1530년까지 이전에 폴란드 영토에 속한, 즉 제국 연맹 밖에 있었고 1525년에 공작령으로 세속화된 독일 기사단 국가 프로이센 외에 선제후령 작센, 헤센, 브라운슈바이크-뤼네부르크, 브란덴부르크-안스바흐의 영방국들이 개신교화되었다. 보다 중요한 도시들 가운데서 남부의 뉘른베르크, 스트라스부르, 콘스탄츠, 린다우, 로이틀링겐, 메밍겐, 켐프텐, 북부의 마그데부르크(구舊도시), 슈트랄준트(Stralsund), 첼레(Celle), 브라운슈바이크, 고슬라, 브레멘, 괴팅겐, 함부르크, 리가의 도시들은 아우크스부르크 신앙고백 제국의회 종료 전에 자신들의 도성 안에 개신

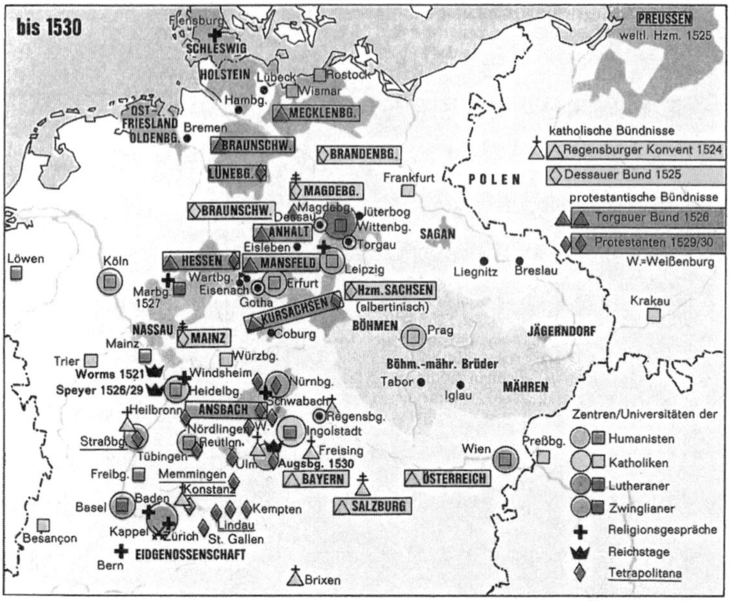

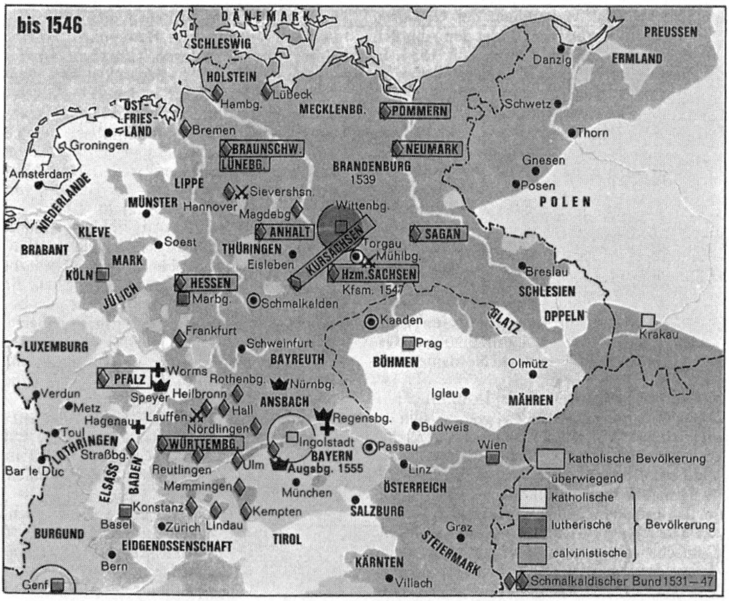

그림 34 1546~47년까지 제국 내 종파의 분할

교회를 건립했으며, 일부 구교 제후들의 공격에 대항하여 그것을 방어하고 동맹전략적 작전을 통해 확립하였다. 이 도시들의 많은 종교개혁 과정들은 유사한 진행 역학을 보여주었다. 동업조합적 구조를 가진 체제가 존립했고 동업조합들이 시 참사회에서 권력 배분에 상당한 영향력을 행사했던 도시들(예를 들어 대부분의 남독일 제국도시들)에서 종교개혁을 향한 결정 과정은 비교적 조용하게 충돌 없이 진행되었다. 반면에 시민 계층이 시 참사회 정부에 참여하기를 거부당하거나 참여가 제한되고 따라서 권력이 소수 세습 가문의 손 안에 있던 도시들에서는 드물지 않게 중류 상인과 수공업자들이 주도한 종교개혁 운동이 대개 저항하는 신분 및 집단들의 참사회 통치 참여 문제와 결부되어 있었다. 대부분의 중부 독일 및 한자동맹에 속한 북독일의 도시 종교개혁에서 전형적인 현상은 상응하는 충돌 및 협상 과정이었다. 북독일의 힘 있는 한자 도시였던 뤼베크에서 이런 진행 유형이 입증될 수 있다. 뤼베크는 시민 계층이 1530년에 세습 가문 상인들에게서 권력을 탈취한 뒤에 종교개혁을 결정했고 1531년에 부겐하겐이 작성한 교회법을 도입하며 슈말칼덴 동맹에 가입하기로 결정하였던 것이다. 뤼베크 종교개혁의 특징은 해양 세력인 덴마크 및 합스부르크가의 네덜란드에 맞서 군사적 수단을 동원하여 한자 독점권을 다시 쟁취하려던 모험가 위르겐 불렌베버(Jürgen Wullenweber)의 시도에서 나타난다. 그는 세습 가문에 속하지 않은 상인들의 지원을 받았다. 불렌베버의 계획은 실패했고 1537년에 폭동자로 고발된 그의 처형으로 마무리되었다. 세습 가문 체제도 복구되었다. 뤼베크는 개신교 신앙고백을 유지했으나, 발트해 무역에서 뤼베크의 주도적 지위는 끝났다.

1530년대와 1540년대 초에 영방국의 종교개혁은 연속적으로 확산되었으나, 그 결과는 극적이었다. 뷔르템베르크와 포메른, 안할트-데사우, 슐레지엔의 영방국 리크니츠(Liegnitz)와 브리크(Brieg)는 1534년에 개신교화되었다. 5년 후에 작센 공작령과 선제후령 브란덴부르크도 같은 행보를 걸었다. 1540년대 초에는 팔츠-노이부르크와 팔츠-줄츠바흐—그리고 완만한 과정을 거쳐서—공작령 메클렌부르크가 가담했다. 또 다른 북독일과 중부 독일, 남독일의 일부, 그리고 제국 남동부와 남서부의 대부분 지역들이 교황 교회 및 황제의 종교로부터 이탈하여 교회를 새로이 조직하는 방향으로 나아갔다. 또한 합스부르크가의 영토, 특히 오스트리아에도 종교개혁이 침투했고 강력한 귀족 가문들에서 지원 세력을 얻었다. 프로이센에서는 주교 게오르크 폰 폴렌츠(Georg von Polentz, 1478~1550)와 에르하르트 폰 크바이스(Erhard von Queis, 1488경~1529)가 종교개혁에 가담하면서 자신들의 직위를 유지하였고, 자신들의 세속적 권한을 양도한 가운데 자신들이 작성한 교회법에 기초하여 사제 서품, 시찰, 혼인 법정과 같은 영적 임무를 속행했는바, 프로이센을 제외하고 개신교 주교직을 관철하려는 시도는 하나의 에피소드로 끝났다. 루터는 두 번 개인적으로 개신교 '주교'를 취임시켰는데, 1542년 자기 옛 친구이며 동지인 마그데부르크 대교구 감독 니콜라우스 폰 암스도르프를 나움부르크-차이츠의 주교로, 1545년에 안할트 가문의 제후 자손 게오르크를 메르제부르크 대성당 참사회 종교 업무 보좌역으로 추천했다. 전자는 나움부르크 대성당 참사회에 대항하여 작센 선제후 요한 프리드리히에 의해 임명되었으나, 그의 영주가 슈말칼덴 전쟁에서 패배한 뒤 황제의 포로가 되고 참사회에 의해 선출된 대성당 수석 신부 율리우스 플루크(Julius Pflug)가 그의 직위를 대신함으로써, 그의 운명은 결정되었다. 신학적으로 강하게 멜란히톤에게 경도되어 있었던 안할트 가문의 게오르크의 종교 활동은 주교직의 일면이었다. 통치하는 모리츠 공작의 형제인 아우구스트는 관리자로서 다른 쪽, 세속적 활동을 수행했다. 카를 5세가 슈말칼덴 전쟁 후에 메르제부르크에서의 관계를 새로이 규제할 것을 요구했을 때, 아우구스트는 대주교 직위를 포기했다. 황제는 대성당 참사회에 대항해 마인츠의 부주교 미하엘 헬딩(Michael Helding)의 선출을 관철했다. 세속적 관리자와 종교적 보좌역의 분리는 전자가 후자 없이 존립할 수 없음을 입증했다. 개신교 주교직이 비텐베르크인들이 큰 관심을 가진 교회 지도 구조였다고 할지라도, 그것의 실현은 한편으로는 대성당 참사회가 대개 구교로 남아 있었기 때문에 실패했고, 다른 한편으로 전통적 주교직은 영적·세속적 임무와 불가분으로 결합되어 있었기 때문에 실패했다.

종교국 및 장로 제도

루터가 『교회 감찰관 지침』 서문에서 가르친 대로,[16] 개신교 감독 제도의 실패 및 영주의 비상감독제 도입과 더불어 1530년대 후반 이후 선제후령 작센에서 설치되기 시작한 종교국이 교회 지도의 중요한 도구가 되었다. 종교국은 합의 기관으로서 종교개혁 이전부터 이미 일부 주교구에서 설치되었다. 그것의 임무는 무엇보다 재판, 혼인 및 행정 업무와 관련되어 있었다. 종교개혁기에 종교국은 어떤 의미에서 교회 시찰과 관련해서 임명되었던 저 위원회를 고정적으로 설치한 것이었다. 신학자들과 법률가들은 거기에 대개 같은 비율로 참여했다. 그들은 영주에 의해 초빙되었다. 이후 모델이 된 뷔르템베르크의 지도 기구 '교회 협의회'에는 신학 및 정치 분과가 있었다. 전자는 교리 및 인사 문제를 담당했고, 후자는 경제적 임무를 담당했다. 영방교회의 최고 지도 기구로서의 종교국은 수석 감독과 성직자들의 교리 및 윤리를 검열하고 혼인 재판—역사적으로 선제후령 작센에서 최초의 종교국을 설치(1539)한 일차적 동기였다—을 담당했으며, 여러모로 영주의 교회 지배를 구체적 형태로 관철·수립하였다.

자신의 제후가 루터파 교회에 속하지 않은 평신도들은 가장으로서, 모친으로서 교리문답의 정신에 따라 설교와 경건 문서, 찬송가를 통해 자녀들과 하인들, '온 집안'과 '가정교회원'을 가르칠 수 있었고 가르쳐야 했기에 일차적으로 가정에서 능동적으로 종교 활동을 할 수 있는 가능성을 가진 반면, 남독일과 개혁파 지역에서는 장로직과 더불어 공동체를 지도하는 평신도 직분이 생겼다. 부처는 스트라스부르에서 장로직을

16 WA 26, S. 200,22ff. = LuStA 3, S. 414,1ff. 참조.

도입했다. 그의 영향 아래 있었던 울름의 교회법도 지역공동체 교회의 권징을 실시하기 위해 위원회를 계획했다. 이 위원회에는 시 참사회 의원, 목사, 교회 장로가 참여하였다. 부처가 작성한 『치겐하인의 권징 규정』(1539)에 따르면, 위원회는 몇몇 시 참사회 의원들에 의해 임명되며, 공동체에서 선출된 몇몇 장로들은 목사와 공동체의 교리 및 행실을 돌보고, 교리 문답 교육 여부를 감독하고, 이탈자를 목회적으로 혹은 권징을 통해 다루고, 교회와 사회의 안녕을 위해서 정권과 협력할 의무가 있었다.[17] 윤리 기율 영역에서는 영주의 경찰적·사회기율적 관심과 성화(聖化)를 목표로 하는 공동체의 자체 훈육적 동기가 중첩되었다. 부처의 직분신학 및 공동체 조직에 대한 이념들은 '그리스도의 추방된 자'(exul Christi)로서 1538년과 1541년 사이에 스트라스부르에서 프랑스 난민 공동체를 지도한 장 칼뱅(Jean Calvin)에게 깊은 영향을 끼쳤고, 제네바의 개혁파 교회에 그 흔적을 남겼다. 칼뱅주의에서 장로는 목사와 함께 공동체를 지도하고 윤리적으로 통솔하는 핵심 역할을 맡았다. 특히 루터파 문화의 특징으로서 모든 그리스도인으로 하여금 개인신앙적 정체성(이것은 적대적인 타 종교나 타 종파적 조건 아래서도 영적으로 살아남을 수 있게 만들었다)을 형성하도록 도우려는 노력은 물론 평신도로 하여금 신앙 지식의 습득을 통해서 신앙을 활성화하게 했다. 이런 노력은 종교개혁 이전 평신도의 경건 참여 및 책임 형태를 넘어섰다.

1530년대 이후 제국의 도시들과 영방국에서 이루어진 교회의 정리 과정은 한편으로는 특별한 조건과 상황을 따랐고, 다른 한편으로는 공통점을 보여주었다. 후자의 경우는 예를 들어, 이미 한 도시나 영방국에서 확증되고 활성화된 교회 조직을 다른 시 참사회나 영주들이 같은 일을 실행하기 위해 '차용'했다는 사실에서 나타났다. 상당한 영향력을 지닌 개신교 '종교개혁 전문가'는 루터파 영역에서는 요하네스 부겐하겐과 요하네스 브렌츠였다. 전자는 수많은 북독일 도시들과 영방국, 덴

17 *EKO* 8/1, S. 101ff.

마크, 노르웨이를 위해 교회법을 작성했고(521쪽 참조), 후자는 슈베비쉬-할, 하일브론, 뇌르트링겐, 딩켈스뷜(Dinkelsbühl), 브란덴부르크-안스바흐에 종교개혁을 도입하는 데, 그리고 마지막으로 뷔르템베르크 공작령의 교회 개혁에 참여했다(538쪽 참조). 남독일 영역에서 울름, 스트라스부르, 아우크스부르크, 헤센의 교회법 작성에 결정적으로 참여했던 것은 부처였고, 제국 밖의 개혁파·칼뱅파 영역에는 칼뱅이 있었다. 그의 제네바 교회법은 나머지 서유럽의 프로테스탄트에 깊이, 그리고 지속적으로 영향을 끼쳤다.

제국 내 종교개혁의 확산

영방국 간의 교역 과정, 슈말칼덴 동맹 내의 커뮤니케이션 및 행동 연계, 우선 평화 상태라는 콘텍스트 속에서 드러나는『아우크스부르크 신앙고백』의 법적·정치적 의미 획득, 비텐베르크 협약을 통해서 조장된 남독일 도시들의 연속적인 루터파 교회화 과정은 1540년대 중엽까지 무엇보다 '루터파'에서 종교개혁이 진전되는 데 기여하였다. 그러나 16세기 전반기의 '루터파'로 이해해야 한다고 해서 교리 면에서 지나치게 폐쇄적이고 조직적으로 동종적인 현상으로 생각해서는 안 된다. 의식 문제, 예를 들어 형상 문제에 대한 관점에서 다양한 행동을 관찰할 수 있는바, 곧 '약한 자'들을 고려하고 시각적 지식 중계의 유용성을 강조하여 형상을 보존하는 것에서부터 부분적으로 정화하는 것을 거쳐서 비타협적으로 제거하는 것에 이르기까지 다양하다. 다른 '아디아포라'(Adiaphora), 즉 '중간적인 것'들도 비슷하다. 이것은 '신의 말씀에서 명령되지도 금지되지도 않은 이른바 교회의 관행들'[18]로서, 따라서 신앙고백에 들어갈 정도의 신학적 핵심 문제는 아니지만 종교의 구체적인 인지와 감각적 경험에서 기초적 의미를 가진다. 일개 평신도들에게 교회의 개혁은 무엇보다 감각적으로 인지 가능한 변화에서 감지될 수 있

18 *BSLK*, S. 1053,27~1054,1.

었는데, 그들의 관점에서 볼 때, '루터파적'이라는 것이 뉘른베르크나 비텐베르크, 함부르크 혹은 슈투트가르트에서 1540년경 매우 상이하게 나타날 수 있었다.

일부 영방국, 특히 뷔르템베르크와 브란덴부르크에서의 종교개혁(율리히-클레베-베르크Jülich-Kleve-Berg 지역에서의 종교개혁도 후자와 유사하다)은 중재적인 경향, 즉 신앙고백상 뚜렷한 확정을 회피하는 경향이 특징적이었다. 뷔르템베르크에서는 영방국 내의 통일되지 않은 신앙고백적 경향과 영향들을 일차적으로 고려하여 이런 일이 일어날 수 있었다. 선제후령 작센을 통해 시작된 카덴(Kaaden) 평화조약(이 조약은 공작령을 오스트리아의 봉신 영지로 양도했다)은 츠빙글리의 교리에 우호적인 선택을 불가능하게 하였다. 물론 뷔르템베르크의 종파적 상황은 루터파와 남독일의 츠빙글리파가 서로 다툰 것이 특징적이었다. 그 결과 울리히 공작은 종교개혁가인 콘스탄츠 출신 개혁파 암브로지우스 블라러(Ambrosius Blarer)와 헤센에서 활약하였던 루터파 에르하르트 슈네프(Erhard Schnepf) 두 사람에게 종교개혁의 실행을 위임하기에 이르렀다. 『아우크스부르크 신앙고백』에 대한 합의는 평화를 수립하는 데 이바지했다. 1534년 8월 2일에 성립한 성만찬에 관한 타협, 이른바 슈투트가르트 협약(그리스도의 참된 육신적 실재를 제정사의 작용과 결부하였다[19])에 대해서 블라러가 츠빙글리를 배신한 것으로 해석하는 것이 전혀 부당한 것은 아니었고, 이 타협은 교리 발전을 명백하게 종결짓지 못했다. 형상을 제거하며 예배를 빈곤하고 무미건조하게 형성한 것은 오인할

19 협약문은 다음과 같다. "'이것이 내 몸이고 이것이 내 피'라는 이 말씀의 능력에 의해서 그리스도의 몸과 피가 진실로, 즉 질적으로나 양적으로 혹은 공간적으로가 아니라 본질적으로 실체적으로 성만찬 속에 현존하고 주어진다고 우리는 고백한다." Traugott Schiess (Hg.), *Briefwechsel der Brüder Ambrosius und Thomas Blarer 1509~1548*, Bd. 1: *1509 bis Juni 1538*, Freiburg 1908, S. 518; Max Lenz [Hg.], *Briefwechsel Landgraf Philipp's des Grossmüthigen von Hessen mit Bucer*, 1. Theil, Stuttgart 1880 (Nachdruck Osnabrück 1965), S. 39 참조.

수 없이 개혁파적 경향을 보여주었다. 그러나 이런 것은 공작의 관점에서 볼 때 무엇보다 주민들로 하여금 주권 및 종파 교체가 이루어졌음을 느낄 수 있게 하려는 목적을 가졌다.

브란덴부르크 종교개혁의 신앙고백상 중재적 경향은 무엇보다 정치적인 고려 때문이었다. 이 지역의 종교개혁은 우선 예배가 계속하여 가톨릭 양식으로 남는 것을 전제하였으나, 물론 교회법—이것은 비텐베르크인들의 동의를 보장했다—에는 신앙에 의한 칭의와 자유로운 복음 선포를 포함하였다. 브란덴부르크 선제후 요아힘 2세는 중재적 신학자 멜란히톤 외에 개혁 가톨릭주의적 사상을 지닌 에라스무스주의자 게오르크 비첼(Georg Witzel)을 종교개혁 작업에 끌어들였는데, 황제와의 관계에 부담이 되지 않기를 바랐던 것이다.

종말 때에 대한 기대

1530년대 및 1540년대에 제국 내 및 유럽에서의 종교개혁 확산을 인식하는 회고적 역사 판단은 상이한 색깔의 개신교도들 간에 존재했던 현재에 대한 '낙관주의적' 관계 내지 시간 인식과 거의 일치하지 않았다. "세상은 종말에 도달했다", "기쁨은 끝났다", "최후의 날은 멀지 않았다" 혹은 "사랑하는 신이 끝을 내기를 소망한다"[20]와 같은 발언을 1530년대 초에 비텐베르크의 전(前) 아우구스티누스회 수도사의 입에서 듣는 것은 특이한 일이 아니었다. 또한 멜란히톤은 정확하게 계산함으로써 이에 동의했다. 세계 시간은 예언자 엘리아 학파에서 나온 묵시문학적 발언에 따르자면 6천 년간 지속될 것이다. 구속자의 탄생까지 80번 희년이 지나갔고, 그후 1,532년이 지나갔다. 따라서 우리는 세계 시간으로 5648년에 있다. 그러나 신은 자기가 선택한 자들을 위해서 시간을 단축할 것이다. 존재의 덧없음은 깊은 변화 경험에 직면한 시간의 신속함의 느낌과 일치한다. "…… 세상은 서둘러 지나간다. 왜냐하면 이

20 WA.TR 2, Nr. 2756b, S. 636,25~27; 637,4f.(1532년 9월 28일과 11월 23일 사이).

10년간에 거의 새로운 시대가 탄생했기 때문이다."[21] 비텐베르크 환경과 긴밀하게 연결된 로하우(Lochau)의 목사이며 이전 아우구스티누스 은둔자회 수사 미하엘 슈티펠(Michael Stifel, 1487경~1567)은 예컨대 투르크족의 위협 및 황제를 통한 은밀한 위협에 직면하여 현실화된 임박한 세계 종말 의식을 수학적 정확성을 통해 뒷받침했다. 그는 카발라 전통에서 차용한 각 문자에 대한 일정한 수치에 근거하여 묵시문학적 성서 구절에서 예고된 그리스도 재림의 정확한 시점을 계산했고, 그 일이 1533년 10월 19일 아침 8시에 있을 것이라는 결론에 도달했다. 이 예측이 인근 주민들에게 야기한 커다란 불안(이 문제 때문에 루터로부터 비판을 받았으나 개인적으로 높이 평가받았고 보호되었던 인물은 일시적으로 직위를 박탈당했다)은 이단적 재세례파 집단뿐만 아니라 프로테스탄트의 보다 넓은 사회계층도 묵시문학적 종말에 대한 기대로 적지 않게 격앙될 수 있다는 사실을 분명히 보여준다.

재세례파의 평신도 설교자 멜히오르 호프만이 선전한 종말 시나리오에서는 1533년에 기대되는 그리스도 재림이 주된 역할을 담당했다. 자칭 사도의 떠돌이 방랑 생활(슈바벤 출신의 호프만은 리플란트Livland, 스웨덴, 덴마크, 슐레스비히-홀슈타인—카를슈타트와 함께—그리고 동東프리슬란트를 거쳐서 결국 1529년 스트라스부르에 도착했다) 후에 그는 자신에 의해 곧 출판된[22] 여성 평신도 우르줄라 요스트(Ursula Jost)의 예언의 영향 아래 종말론적 개념을 발전시켰는바, 곧 종말의 때에 경건하지 못한 자들, 특히 적그리스도와 교황파, 루터파, 츠빙글리파의 사제들이 세상에서 일소될 것임을 예견했다. 이 최후의 싸움에서 제국도시들은 알자스의 수도(首都)의 주도 아래 거짓 교사, 황제, 교황으로 이루어진 지

---

21 WA.TR 2, Nr. 2756b, S. 637,10f.

22 『24년부터 30년까지 성령을 통해 한 신의 사랑받는 여인에게 계시된, 이 마지막 때의 신의 역사에 관한 예언적 환상과 계시 ……』, [Straßburg: B. Beck] 1530; VD 16 J 993; MF 1337, Nr. 3509; Köhler, *Bibl.*, Bd. 2, Nr. 1605, S. 61.

옥의 삼총사와 싸워 승리하리라 예견한 것이다. 1530년 봄에 제국도시의 설교자와 시 참사회의 표적이 된 호프만은 도망치듯이 시를 떠나 동(東)프리슬란트와 네덜란드에서 선교 활동을 펼친 결과 상당히 많은 추종자를 얻었다. 1533년 봄에 그는 스트라스부르로 돌아왔다. 왜냐하면 그는 여기서 묵시문학적 종말 전투가 발발하고 새 예루살렘이 나타날 것을 기대했기 때문이다. 1533년 여름에 호프만은 스트라스부르 노회에 의해 유죄판결을 받았고 1543년까지 종신토록 감금되었다.

뮌스터 재세례파 왕국

설교와 인쇄물을 통해서 유포된 그의 사상은 곧 열매를 맺었다. 호프만의 가르침은 세부 사항에 대한 약간의 수정—종말 사건 시점을 1534년으로 고치고 종말 사건 장소를 베스트팔렌의 뮌스터로 이동함—을 거쳐 종교개혁기의 스펙터클한 사건 가운데 하나의 출발점이 되었다. 1534~35년의 재세례파 왕국이 그것이었다. 뮌스터의 종말 프로젝트를 묵시문학적 동기에 의한, 구속력 있는 거룩한 질서를 수립하려는 평신도 재세례파 그리스도인들의 시도로 해석할 수 있다. 이것은 도시 및 영방국의 그리스도인 공동체를 건설하는 것과 유사하다. 1534년 초 멜히오르 호프만의 네덜란드인 추종자들이 멜히오르파 공동체의 지도자인 제빵공 얀 마테이스(Jan Matthijs)에 의해 파견되어 베스트팔렌의 주교도시에 도착했을 때, 그들은 종교정치적으로 유리한 상황을 마주했다. 성(聖)마우리티우스(St. Mauritius) 대성당 참사회의 부사제 베른하르트 로트만(Bernhard Rothmann, 1495경~1535, 그는 루터의 글을 읽고 스트라스부르를 방문함으로써 종교개혁 메시지에 접했고, 1531년 이후 뮌스터에서 이것을 성공적으로 전파했다)의 설교에 근거하여 도시는 2년 안에 개신교화되었다. 개신교 설교자들이 뮌스터 교회에서 임명되었고, 가톨릭 시 참사회 의원들이 다수를 차지한 개신교 의원들에 의해 교체되었으며, 1533년 봄에 시의 영주인 주교 프란츠 폰 발데크(Franz von Waldeck, 1491~1553)와의 조약에서 새로운 관계가 법적으로 효력을 얻었다. 로트만의 신학적 신념은 율리히 지역의 암트 바센베르크(Amt Wassenberg)에서 뮌스터로 도피한 개신교 설교자들의 영향으로 급진화되었다. 이제 그는 비텐베르크인의 성만찬론을 반대하고 유아세례를 부정함으로써 시 참사회에서 다수를 차지한 루터파 의원들과 대립하였다. 로트만이 네덜란드에서 파견된 자들 및 뮌스터가 가진 종말 시의 특별 위상에 대한 그들의 메시지에 동조함으로써, 멜히오르파가 주민들의 호의를 얻도록 조장되었다. 수백 명이 며칠 만에 세례를 받았고 세속의 삶을 청산하기로 선서하였다. 가톨릭과 루터파 교인들은 도시를 떠났다. 주교가 군사적 조치를 취할 것이라고 위협한 것이 오히려 네덜란드 재세례파의 끊임없는 유입을 통해서 종교적으로 급진화된 공동체를 자극했다. 1534년 2월 23일 시 참사회 선거에서 결국 재세례파는 승리를 거두었다. 이제 세례를 받음으로써 종말 시에 공동체에 편입되어 낡은 세계 질서의 경건하지 못한 대표들에 대한 투쟁에 연대할 준비가 되어 있지 않은 자들은 재산을 몰수당했고 추방을 강요당했다.

'예언자' 얀 마테이스(그림 35 참조)가 1534년 2월 말에 친히 뮌스터에 입성했을 때, 도시 공동체는 성서적, 특히 구약성서적 질서의 기준에 따라서 변혁되기 시작했다(그림 36 참조). 먼저 12인 장로의 집단 지도 위원회가 설립되었다. 마테이스가 군사 공격으로 사망한 후에 '재단사의 종'[23] 얀 판 레이던(Jan van Leiden, 1509~36)의 지휘 아래 왕정이 연출되었다(그림 37 참조). 복잡한 상징체계를 지닌 궁정 의식이 거행되었고, 지원을 얻기 위하여 재세례파 사도들이 주변 지역으로 파견되었다. 물물 공유와 성서적 선례(에베소서 5:23)에 따라서 혼인 의무를 보장하는 일부다처제가 도입되었고, 가톨릭과 개신교 제국 제후 동맹군에 의해 포위된 도시 공동체에 조직적으로 매일 식량이 공급되었다.

23 *Handel und Geschichte von der Stadt Münster*, in: Adolf Laube u. a. (Hg.), *Flugschriften vom Bauernkrieg zum Täuferreich (1526~1535)*, 2 Bde., Berlin, Bd. 2, S. 1637~41, 여기서는 S. 1638,10f.

IOHAN' MATHYS VAN HAERLEEM EEN PROPHEET DER GEESTDRYVERS.

그림 35 크리스토펠 폰 지헴(Christoffel von Sichem)의
「얀 마테이스」(동판화, 1605/06)

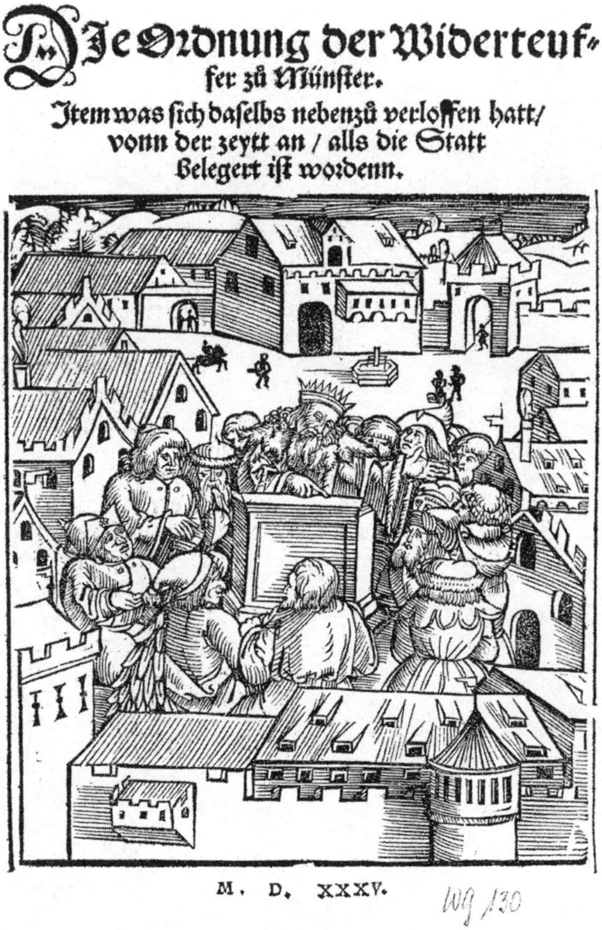

DIe Ordnung der Widerteuf-
fer zů Münster.
Item was sich daselbs nebenzů verloffen hatt/
vonn der zeytt an / alls die Statt
belegert ist wordenn.

M. D. XXXV.

그림 36 『뮌스터의 재세례파 법』(1535)

그림 37 하인리히 알데그레버(Heinrich Aldegrever)의
「얀 판 레이던」(동판화, 1536)

군사적 패배(1535년 6월 24/26일) 후에 승리한 종파연합 제후동맹은 그리스도 나라 프로젝트에 따라 지상의 지옥으로 드러난, 모든 사고 가능한 관점에서 윤리적·사회적·문화적으로 부패한 도시의 그림을 유포했다. 곡물이 소진된 후에 주민은 고양이와 개, 쥐들을 잡아먹었다. 굶주려 죽어가는 사람들은 할 수만 있으면[24] 포위된 도시로부터 도망쳤다. 사악하고 악마 같은 왕이 불행한 백성을 눈멀게 만든 탓에 그들은 무한한 고난을 통해서 종말의 승리에 보다 가까이 다가가고 있다는 희망을 품었다. 그러나 공격자들의 군사적 기술이나 왕국의 내적 붕괴가 아니라 포위자들에게 도시로 들어가는 비밀통로를 누설한 두 명의 변절자의 배신이 뮌스터의 비극을 종결지었다.

재세례파 왕국은 전통적인 지배 관계를 묵시문학적 소망의 빛에서 급진적으로 문제삼았고 제거했다. 이전에는 결코 일개 평신도들이 신학적 자문관 로트만의 지원을 받아 공동체를 뮌스터에서처럼 그렇게 철저히 바꾼 적이 없었고, 거룩하고 새롭게, 종말 시의 질서에 따라서 변형한 적이 없었다. 뮌스터의 평신도들은 종교뿐만 아니라 도시 전체를 손아귀에 넣었다. 그들은 이전에 누구도 넘은 적이 없었던 경계—윤리의 경계, 지배와 봉사의 상징적 질서의 경계, 사회적 역할 분담의 규칙, 영원과 시간 내지 천국과 지옥 사이의 경계—를 넘었다. 뮌스터에서 왕이 된 작은 사람의 동화 같은 꿈은 묵시문학적 열정의 도움을 받아서 실현되었다. 이것은 독일의 종교개혁에서 '보통 사람들'의 최후의 진지한 반란으로 남게 되었다. 승리자의 사법 정의의 잔인함은 농민전쟁 10년 후에 다음 사실을 확정했다(그림 38 참조). 즉, 하나의 변화였던 종교개혁은 오직 기존의 권력과 지배 관계 내에서만, 그리고 또한 전체, 사회 혹은 국가의 새로운 정리로서가 아니라, 또한 신의 질서의 회복이나 그리스도 나라의 선취로서가 아니라 교회 개혁으로서만 생각할 수 있고 실현될 수 있다는 사실이 그것이었다.

24 같은 책, S. 1639,7ff.

Des Münsterischen
Königreichs vnd Widertauffs
an vnd abgang/Blůthandel vnd End/Auff
Sambstag nach Sebastiani. Anno M.D.xxxvj.
¶ Ein gedechtnus wirdig Histori.

그림 38 『뮌스터 왕국 및 재세례파의 시작과 몰락』(1536)

복고적 종교개혁

일부 교회와 사회, 경건 영역에서 1520년대에 극적이고도 혁명적인 성격을 지닌 견실한 변화가 나타났다. 도시와 영방국들 내의 교회 관계를 형성하는 데 특권을 주장하였고 이에 상응하는 가능성을 가졌던 정치행정적·신학적 엘리트들에게는 종교개혁적 사회의 건설을 저해할 위험이 있는 모든 변화나 일시적인 흥분을 철회하는 것이 중요했다. 정부기관의 관여 없이 혼인 관계를 맺거나 해소하는 것, 대학생들이 일정한 학업을 이수하거나 시험을 통과하는 것을 거부하는 것, '보통 사람들'이 종교개혁을 일차적으로 특정한 지불 및 납부 의무로부터의 해방으로 인식한 것은 지배 엘리트의 관점에서는 큰 부담으로 평가되었음이 분명하다.

반동적 경향

주교의 판결이 붕괴되거나 효력을 상실했으나 도시 및 영방국의 교회 당국이 아직 효과적으로 작업에 착수하지 않은 단계에 있던 여러 곳에서는 질서를 바로잡을 필요성을 강조하는 상황이 나타났다. 질서를 바로잡는 과제에서 반동적 경향, 즉 종교개혁 이전에 존재하고 문제시되었던 규정들을 의식적으로 따르는 것이 실제로 합목적적이라는 것이 입증되었다. 예를 들어 혼인법이 그런 영역이었다. 즉, 일부 프로테스탄트 교회 및 종교국 법에서 금지된 혼인 촌수에 대한 법률가의 견해에 따라 성서보다 사회 현실에 부합하는 세분화된 가톨릭 교회법 규정들(한때 루터 자신에 의해 일괄적으로 거부되었던)이 점차 재도입되었다.

또한 학문 조직에 대해서도 종교개혁 초기에는 무엇보다 루터의 공격을 통해서 신뢰를 잃었던 일부 요소와 전통들이 바람직하고 포기될 수 없는 것으로 입증되었다. 예를 들어 인문학 분야에서 역할을 점차 회복한 아리스토텔레스 텍스트들이 여기에 해당된다. 비텐베르크에서 특히 강조되었던 언어 훈련은 무엇보다 그것을 포기할 수 있다고 생각하는 젊은 예언자에게 대항해 종교개혁 신학 유형의 필수 전제로서 유지되는 것이 중요했다. 또한 오랫동안 쇠퇴했고 정당화 위기에 내몰렸던 논쟁과 전통적인 학위 수여 체계는 다시 부활했다. 대학교수 집단 가운데 대학 교육을 가잘 신랄하게 비판했던 카를슈타트 자신은 직업적 방랑의 마지막 단계, 즉 1534년 이후 바젤 시 목사 및 신학 교수의 겸직에 임명되었을 때, 논쟁 및 학위 수여 쪽으로 돌아갔다. 교회 및 정치적 직무를 위한 개신교의 기능 엘리트를 양성하는 데 대학이 핵심 기관으로서 가진 구속력 있는 기능은 상응하는 규제의 필요를 야기했다.

반면에 선서를 통해 신앙을 고백해야 하는 의무로서의 특정한 교리 규범의 도입은 '종파적 시대'를 선취한 새로운 도구였다. 이런 유의 첫 번째 예는 비텐베르크 신학부 교수와 박사들이었다. 1533년 멜란히톤이 만든 학사 규정 개정판에 의하면, 그들은 『아우크스부르크 신앙고백』에 대해 선서할 의무가 있었다. 여러 영방국에서는 이후에 공직에 취임한 자는 반드시 신앙고백에 대한 선서를 해야 했다. 루터파, 개혁파, 로마 가톨릭 교도들의 종파적 사회 형성을 결정하게 될 종교적 규범화, 질서정치적 표준화, 사회적 규율화 경향은 1530년대 종교개혁 과정에서 이미 부각되었으나 파사우 조약 내지 아우크스부르크 종교 평화의 제국 종교법적 해결에 근거하여 완전히 힘을 발휘했다.

유대교 및 이슬람과의 경계 설정

질서를 수립하려는 엘리트들의 요구에는 질서 상실에 대한 경험 혹은 그것에 대한 두려움, 종교개혁이 수반한 엄청난 변화의 상흔이 반영되어 있다. 또한 유대교와 투르크족의 종교, 즉 이슬람에 대한 개신교도들의 관계에는 1530년대 이후 보다 분명한 평가, 보다 통일된 행동 규범과 보다 확정적인 경계 설정의 경향이 뚜렷해진다. 그러나 상위의 종교 개념은 결정적 역할을 하지 못했다. 즉, 이슬람을 인식하는 데 이단론의 모범이 여전히 살아 있었는바, 이에 따르면 '무함마드 종교'는 그리스도교 이단으로 취급되었다. 유대교에 대해서는 성서상의 근거에 의한 판단이 지배적이었는데, 이것은 무엇보다 예수의 메시아성을 부정하는 것에 초점을 맞추었다. 특히 예수가 신의 아들됨 및 삼위일체론에 대한 구약성서의 '증거'를 찾기 위해 노력했으며, 이를 전통에 연계해서 설명하였다. 유대인들이 제국도시 및 영방국 공동체에서 한시적으로 관용되는 변두리 거주자로서 그리스도인 사회와 정기적으로 접촉하는 반면에, 무슬림들은 위협적인 공격자들로서 그들의 정복 군대는 동시대인들의 관찰에 따르자면 자신들이 점령한 지역에서 그리스도인 삶의 기초를 파괴했고, 그리스도교에 대항하는 전투에서 자기들의 '예배'를 행했다. 종교개혁 초기에는 유대인뿐만 아니라 투르크족에 대한 행동 규범의 분명한 변화를 선포하였다. 루터는 자신의 회개신학의 이름으로 투르크족에 대항하는 거룩한 전쟁에 참여하는 것에 반대하였다. 왜냐하면 신은 그리스도교를 죄 때문에 오스만 제국을 통해서 징벌하는 것이기 때문이었다. 유대인에 대해서 루터는 그들을 그리스도인들 가운데 살게 하고 그들을 친절하게 대하고 그들에게 구약성서의 그리스도 증언을 가르치고 이로써 사랑을 통해 그리스도교 신앙으로 인도할 것을 요청했다. 종교개혁 이전의 전통에 비해 종교개혁 운동에서 폭넓게 수용된 루터의 이런 발언은 일종의 추세 전환을 나타냈다. 그러나 시간이 지나면서 그는 상이한 경험과 정황 때문에 초기의 견해에서 멀어졌다. 그러나 루터가 구교의 논쟁신학자들로부터 투르크족 및 유대인의 친구라는 누명을 쓰게 되었다는 사실은 그의 변화된 입장을 설명하기에는 충분하지 않다. 점차 다른 종교개혁가들에게서도 종교개혁 이전의 평가와 행동 모범에 접근하거나 종교개혁 이전의 텍스트들 및 전통을 의식적으로 따르려는 경향이 감지될 수 있었다.

'유대인 문제'에 대해 1520년대 초의 개종 시도로부터의 전향(당시 사람들은 수백 년간 이렇다 할 유대인 개종이 일어나지 않은 것을 무엇보다 교황교회와 그것의 신학적으로 불충분한 메시지의 책임으로 돌릴 수 있었다)은 도시 및 영방국 종교개혁 과정에서 독자적 '유대인 정책'의 강요와 역사적·실질적으로 밀접하게 결부되어 있었다. 언급할 가치가 있는 개종 성공에 대한 루터의 비현실적 희망은 점차 노골적인 유대인 증오로 바뀌었는바, 이 증오는 온갖 모호한 근원의 반유대주의를 받아들였으나, 핵심에서는 구약성서에 대한 그리스도교적 해석에 근거한 진리 주장에서 비롯한 것이었다. 남독일의 개종자 안토니우스 마르가리타(Antonius Margaritha)와 같은 사람의 목소리는 루터에게 인상 깊지 않을 수 없었으나, 결국 루터 자신이 고집 세고 버림받은 백성에 대해 성서로부터 배운 것을 확증해주었을 뿐이었다. 안토니우스는 많은 주목을 받은 1530년의 글에서 이른바 원초적 그리스도인 증오에 의해 형성된 유대인들의 삶의 방식, 그들의 반그리스도교적 기도 관습과 의식, 그리고 그들과 오스만 제국 간의 신비스러운 연결 관계에 대하여 깊은 '통찰'을 주었고 회당에서 일어나는 것에 대하여 '전문가'로서 계몽하였다.

루터의 후기 유대인 글들 가운데 첫 번째 것, 즉 1538년의 『안식일주의자 반박』(*Wider Sabbather*)[25]은 부처의 관련 글(이것은 역시 익명의 '선한 친구'[26]에게 쓴 글이었다)과 더불어 선제후령 작센 및 헤센의 유대인 정책의 방향을 둘러싼 논쟁의 맥락에 속한다. 두 종교개혁가는 유대교에 '개종자 만들기' 혐의를 씌웠고 미심쩍은 '정보'를 인용했다. 예를 들어 루터는 5년 이상 간접적으로 들은 안식일을 거룩하게 지킨 보헤미아 재세례파 무리에 대한 정보를 갖고 그들이 유대교의 영향 아래 할례를 행했다고 주장했다. 이 '안식일주의자'들은 루터에게서 1536년 이래 강화된 선제후령 작센의 유대인 정책을 위한 논거로 사용되었고, 자신에게 들어온 당시 구(舊)제국 유대교의 중요한 대표자 요젤 폰 로스하임(Josel von Rosheim, 1478경~1554)의 청원을 거부하는 근거로 사용되었다. 로스하임은 1536년 8월 이후에 금지된, 선제후령 작센을 통과할 유대인의 권리를 허락해줄 것을 루터에게 청원했었다.[27] 유대인에 대한 루터

25 WA 50, S. 309~37. 세부 사항에 대해서는 Thomas Kaufmann, *Luthers "Judenschriften" in ihren historischen Kontexten*, Göttingen 2006 참조.

26 BDS 7, S. 332; S. 362ff.

의 가장 신랄한 공격인 『유대인과 그들의 거짓말에 대하여』(1543)도 시대역사적, 유대인 정책적 의미를 함축했다. 1539년에 작센 선제후는 조건부로 유대인들에게 작센을 통과하는 것을 허용하는 명령을 공포했다. 유대인들이 1541/42년, 즉 루터가 위의 글을 집필하던 시기에 보헤미아 왕국 영토에서 추방되었고 따라서 이전보다 빈번히 작센을 통과했으므로, 종교개혁가는 이 관행을 종식시킬 것을 목표로 한 듯하다. 1543년 봄에 작센에서 루터를 원용하여 유대인들에 대한 엄격한 통행금지령이 공포되었다는 사실은 이런 유대인 정책의 맥락이 있었음을 확증해준다. 루터의 글에서 폭넓은 주석적 논증은 유대인 성서 해석자들에 대해서뿐만 아니라 무엇보다 바젤의 제바스티안 뮌스터와 같은 그리스도인 히브리어 학자에 대해서도, 오직 구약성서의 증언에 근거하여 예수의 신의 아들됨과 메시아성을 입증할 가능성과 그 입증이 신학적으로 필요하다는 입장을 견지하려고 했다. 유대인 및 그의 견해로는 '유대주의화된' 그리스도교 히브리어학에 대항한 루터의 싸움은 구약성서에 대한 그리스도교적 이해를 위한 싸움이기도 했는바, 구약성서는 25년 이상 교수로서의 그의 교육 활동의 거의 유일한 대상이었다.

자신이 한때 선전했던 관용 정책이라는 '다른' 길[28]에 대한 루터의 날카로운 결별은 우르바누스 레기우스와 유스투스 요나스 같은 그와 가까운 신학자들이 추종하지도 않았고, 프로테스탄트 종파 사회에서 결코 유일한 방안으로 간주되지도 않았다. 루터 자신은 유대인, 이 '독하고 신랄하고 복수에 굶주리고 섬뜩한 뱀, 암살자, 악마의 자식'(요한복음 8:44 참조)[29]을 추방하여 그리스도인들이 없는 땅, 즉 '투르크족'이나 다른 이교도들 곁에서 살게 하는 것이 최선의 해결책이라고 생각했다. 왜냐하면 유대인들의 신성모독은 그리스도교를 오염시켰고 신의 진노

27 WA.B 8, Nr. 3157, S. 89~91; WA.TR 3, Nr. 3597.

28 WA.B 10, S. 226,19~21 참조.

29 WA 53, S. 530,25~27.

를 도발했기 때문이다. 그가 선전한 '매정한 자비'[30] 조치는 프로테스탄트 지역의 유대인 삶의 토대를 파괴할 것이고, 유대인들을 비참하게 만들 것이며, 그리스도가 메시아임을 고백하도록 강요하게 될 터였다. 회당 소각은 "우리 주님과 그리스도교를 영광스럽게 하는 데" 이바지할 것이니, 그럼으로써 "신이 우리가 그리스도인이며 우리가 그[신]의 아들과 그리스도인들에 대한 공공연한 거짓말과 저주, 비방을 알게 되었을 때 관용하지도 용납하지도 않았음을 알게 하기" 위함이다.[31] 루터는 신성모독적 유대교에 대한 파괴적 판단을 내릴 때 니콜라우스 폰 리라(Nikolaus von Lyra, 1349년 사망), 파울루스 폰 부르고스(Paulus von Burgos, 1353경~1435), 살바구스 포르헤투스(Salvagus Porchetus, 1315년 사망)와 같은 중세 시대의 저자들을 의식적으로 인용했다. 그러므로 그는 생애 말에 접어들어 한때 거리를 두었던 라틴 유럽 그리스도교계의 반유대주의의 폭넓은 흐름 속에 의식적으로 들어섰다. 종교개혁 이전처럼 개별 도시와 영방국의 유대인 정책은 근대 초기 동안 특별한 정황과 이해관계에 따라 결정되었고 분명한 종파신학적 행동 논리를 따르지는 않았다.

반(反)투르크 출판 활동은 압도적으로 강한 적의 군사적 위협 경험과 밀접한 관계가 있다. 투르크족 문제에 대한 텍스트 내지 인쇄물의 생산 물결은 빈 포위(1529년 9/10월)와 부다페스트 정복, 오스만 제국의 헝가리 중부 합병(1541)을 즈음하여 치솟았다. 비텐베르크인들이 1529년에 투르크족의 도발을 신학적으로 해석함으로써 공헌한 것은 그들을 구원사적으로 정리한 것에 있다. 신학자들은 투르크족을 다니엘서의 작은 뿔(특히 다니엘 7:8.25), 즉 로마 제국으로부터 다른 뿔들인 "이집트, 그리스, 아시아를 밀어내고 그 자리를 차지하여"[32] 강력해진 제국으로 보았

30 WA 53, S. 522,35.

31 WA 53, S. 523,3~6.

32 WA 30 II, S. 167,5~7.

다. 비텐베르크인들에게는 '작은 뿔'을 네 번째, 즉 세계 제국 로마를 뒤흔드는 세력들 가운데 마지막 세력과 동일시함으로써 '최후의 날이 이미 문 앞에 있음'[33]이 필연적 결론으로 드러났다. 종말까지 남아 있는 얼마 안 되는 시간을 그리스도교계는 머리 두 개 달린 적그리스도, 즉 교황과 투르크족에 대항하는 영적인 '최후 전투'를 준비하기 위해서 사용해야 한다. 투르크인들의 종교와 문화에 대한 지식은 여기서 중요하게 활용될 수 있다는 것을 루터는 확신했다. 그렇기 때문에 빈 포위가 끝난 직후에, 곧 방금 뒤집어진 그리스도교계가 다시 거짓 안위의 구습에 빠질 수 있는 상황에서, 종교개혁 이전에 이미 여러 차례 인쇄된 투르크족의 윤리와 관습, 파렴치함에 대한 글을 출판했다. 이 글은 때때로 '헝가리의 게오르기우스'(Georgius de Hungaria)[34]로 불린 도미니쿠스회 수도사의 작품이다. 그는 청소년 때 투르크족에 의해 자신의 고향 지벤부르크에서 추방되었고, 약 20년간 오스만 제국에서 노예로 살다가 모험을 감행하여 로마로 피신할 수 있었다. 사망 직전에 이 지벤부르크인은 투르크족의 윤리, 관습, 종교, 문화에 대하여 특이하게도 다채로운 묘사를 통해 일목요연하게 정보를 제공하였다. 그의 주요 관심은 투르크족에 대해 경고하는 데 있었다. 즉, 그들의 문화적 업적과 매력 — 탁발승의 엄격한 금욕, 여성의 정절, 그들 건축의 숭고성 — 뒤에는 악마가 숨어 있다는 것이었다. 루터의 출판에 뒤를 이어서 곧 제바스티안 프랑크에 의한 독일어 번역판이 나왔는데, 루터의 출판을 통해 게오르기우스의 글은 새롭게 주목을 받게 되었다. 이 글은 종교개혁기와 그 시대를 넘어서까지 투르크족의 문화와 종교에 대한 지식을 위한 중요한 자료 가운데 하나가 되었다. 그러나 루터의 출판은 그리스도교 내의 다툼

33 WA 30 II, S. 171,20f.; Thomas Kaufmann, "*Türckenbüchlein*". *Zur christlichen Wahrnehmung "türkischer Religion" im 15. und 16. Jahrhundert*, Göttingen 2008 참조.

34 Reinhard Klockow, *Georgius de Hungaria, Tractatus de moribus, conditionibus et nequicia torcorum*, Köln u. a. ^{2}1994.

에 사용하려는 목적도 있었다. 그렇기 때문에 그는 투르크족의 종교는 교황파의 율법 종교보다 탁월하고, 양자는 악마의 속임수로 간주되어야 하며, 그리스도인은 아름다운 외양 때문에 그리스도 및 그의 말씀에 대한 신앙에서 벗어나서는 안 된다고 강조했다.[35] 투르크족에 대한 '지식'은 루터에게는 이스탄불뿐만 아니라 로마에 대한 영적 싸움에서도 똑같이 유용하였다. 물론 프랑크의 경향성 있는 번역에서 오스만 제국에 대한 지식은 차라리 서로 다투는 그리스도교 종파들이 자신을 절대화하는 경향을 극복하고 보편적 관용의 방향으로 나아가는 데 도움을 주려는 것이었다.[36]

루터는 자신이 출판한 게오르기우스의 글의 서문에서 코란의 번역판을 발견하지 못한 것에 대해 유감을 표명했다. 그러나 1542년에 바젤의 인쇄업자 요하네스 오포린(Johannes Oporin, 1507~68)을 통해서 잉글랜드인 로버트 케튼(Robert Ketton)이 라틴어로 번역한 희귀한 필사본이 루터에게 알려졌을 때 상황은 달라졌다. 이 번역은 클뤼니의 페트루스 베네라빌리스(Petrus Venerabilis)가 12세기에 위임한 것이었다.[37] 오포린은 취리히의 신학자이자 언어학자인 테오도르 비블리안더(Theodor Bibliander, 1504/1509~64)가 출판 준비 중인 코란뿐만 아니라 무엇보다 라틴 유럽 전통에서 나온 이슬람에 대한 중요한 중세 텍스트들의 인쇄 계획을 위해서 루터의 지원을 얻고자 했다. 루터와 멜란히톤의 지지 의견과 서문 덕분에 바젤과 취리히에서 이 야심 찬 기도에 대항하여 일어난 엄청난 저항은 결국 극복될 수 있었다. 루터는 코란에 대한 지식에 의해서 또 다른 결론을 이끌어냈다. 그는 1300년경 집필된 코란 반박문을 자신이 독일어로 번역하여 출판했는데, 이 글은 리콜두스 데 몬테크

35 WA 30 II, S. 205,29ff.

36 Sebastain Frank, *Sämtliche Werke. Kritische Ausgabe mit Kommentar*, Bd. 1: *Frühe Schriften*, hg. v. Peter K. Knauer, Bern 1993; Christoph Dejung, *Sebastian Franck. Sämtliche Werke*, Bd. 1: *Frühe Schriften. Kommentar*, Stuttgart 2005.

37 Hartmut Bobzin, *Der Koran im Zeitalter der Reformation*, Beirut 1995.

루키스(Ricoldus de Montecrucis)[38]라는 이름의 수도사가 집필한 것이었다. 루터가 이 완전히 논쟁적인 글을 이전에는 무함마드 종교에 대한 조잡한 묘사로 간주했다면, 코란을 알게 된 후에는 자기 판단으로는 리콜두스가 정당했다고 확신했다.

라틴 유럽 그리스도교에서 나온 관련 반(反)이슬람 텍스트들을 보급하는 데 비블리안더와 비텐베르크인이 공헌한 것은 종교개혁가들이 자신을 이 전통의 상속자로 느꼈음을 의심할 수 없게 만들었다. 즉, 이 전통은 생산적으로 계속 발전시킬 필요가 있었다. 비텐베르크와 취리히에서 심히 이단적이라고 간주한 코란과 같은 텍스트를 출판함으로써 보다 효과적으로 그것에 대해 경고하고 목표를 겨냥하여 반박할 수 있게 되었다는 사실은 이단설에 대한 전통적인 취급 방식에 비하여 물론 엄청나게 획기적이었다. 그러나 사람들은 종교개혁 이전 교회의 반(反)이슬람 투쟁의 폭넓은 전통 흐름에 들어섬으로써, 이 혁신적인 동기를 약화시켰다. '투르크족 문제'에 대한 옛 지식과 전통을 재고하는 것으로 의도적으로 되돌아감으로써—이것은 동시에 그리스도교 내 종파 싸움에 이용되었다—종교개혁 초기 선전의 갈등과 혼란이 종식되었다. 그 선전에서는 심지어 오스만 제국의 공격에 대한 군사적 방어 전쟁의 정당성마저 의문시되었다. 비록 사람들이 십자군 이념을 계속 부인하고, 투르크세(稅) 납부에 대한 동의에 맞서 종교정책적인 안정을 확보하려 하며, 구교 측이 루터를 공격하여 악명 높게도 '투르크족의 친구'로 깎아내렸다 하더라도, 종교개혁이 이슬람에 대한 라틴 유럽의 전통적 인식 및 행동 형태의 영속적 변화를 의미하지는 못했다.

---

38 Johannes Ehmann (Hg.), *Ricoldus de Montecrucis Confutatio Alcorani (1300). Martin Luther Verlegung des Alcoran (1542). Kommentierte lateinisch-deutsche Textausgabe*, Würzburg und Altenberge 1999; Johannes Ehmann, *Luther, Türken und Islam*, Gütersloh 2008; WA 53, S. 261~396; Vorrede Luthers zu Biblianders Koran-Ausgabe (같은 책, S. 561~72); Melanchthons *Prämonitio* (CR 5,10~13; *MBW* 3, Nr. 2973).

제2장

가톨릭 개혁으로의 먼 길

지배적인 역(逆)종교개혁

로마 교회를 유일하게 참되고 보편적인 가톨릭교회로 여기는 이들에게는 종교개혁을 통해서 발생한 상태가 어렵고 위험한 것으로 보였다. 왜냐하면 종교개혁가들이 논란의 여지가 없는 개혁 요구를 수용하여 일반적 불만의 대상인 악습을 탄핵하고 그리스도교 교리와 교회 형성에 대한 그들의 독단적인 이념을 결부시킴으로써, 교황 교회에 신의를 지키고자 하는 모든 사람을 수세에 몰아넣거나 처음에는 거의 생산적이지 않았던 대립을 강요했기 때문이다. 압도적 출판 활동을 통해 여론을 이끄는 개신교 측 지도자들은 수많은 가톨릭 논쟁신학자들로 하여금 약 20년 동안 주로 수동적으로 행동하지 않을 수 없게 만들었다. 이것은 무엇보다 회개, 면죄, 신앙의 의, 그리스도인의 자유, 신앙과 선행의 관계, 성례전, 형상, 전례적 전통과 그것의 효력, 성자 및 마리아 숭배, 순례 등의 문제였다.

가톨릭 논쟁신학자들은 종종 개별 개신교 신학자들의 개별 글에 대해 답변했고, 개신교 신학자들은 그들대로 반박문을 통해 반응했다. 에크, 엠저, 코클레우스, 그리고 후일 요하네스 그로퍼(Johannes Gropper)

와 멜히오르 카노(Melchior Cano) 같은 옛 신앙의 수호자들은 다소간 일련의 논쟁문을 생산한 것 외에도 교리 교과서와 촬요(Enchiridia), 신학의 주요 주제들(Loci theologici) 및 교리문답집을 집필했으며, 이런 것을 가지고 종교개혁 저자들의 상응하는 글에 맞섰다. 개신교의 신앙고백 형성의 맥락에서, 그리고 예수그리스도의 교회 및 고대 교회의 공의회와 연속선에 있고 교부들 또한 압도적으로 자기편에 있다는 그들 주장의 맥락에서, 교회론적 주제는 점차 넓은 공간을 차지했다. 프로테스탄트들이 그리스도의 참된 교회라는 주장을 공공연히 표명하고 더욱더 교부의 권위적 증언으로 뒷받침할 수 있다고 강변할수록 교황 교회의 수호자들은 오직 가시적인 로마 가톨릭교회만이 참된 교회임을 보다 힘주어 강조해야만 했다. 두드러지기 시작한 종파적 대립 아래 양측에 부담을 주는 자기주장의 압력이 대안을 불가능하게 만들거나, 그들에 의해 박해받은 자들을 사회적 무의미성의 주변 영역으로 몰아냈다. 또한 인문주의는 황제의 종교 대화의 맥락 속에서 또다시 상당한 의미를 가지게 되었으나, 절충을 택함으로써 1540년 후반 교회정책적으로 급속하게 영원히 주변으로 밀려났다. 교황 및 모든 '교황에 관련된' 것에 대해 근본적으로 반대하지 않을 수 없는 강박(이런 강박은 이단으로 유죄판결을 받은 종교개혁에 카인의 반점처럼 달라붙어 있었다)은 간접적으로 로마 교회의 수호자들을 자신의 주문으로 옭아매었고 역(逆)종교개혁의 분위기를 낳았다. 교황 교회에 충성하고자 하는 이는 종교개혁에 대항하지 않을 수 없었다—어떻게 이것을 표명하든지 간에 그랬다.

역종교개혁과 개혁 가톨릭주의

'역종교개혁'을 말한다는 것은 폄하적 의도에서 제국의 가톨릭교회를 이른바 보다 창조적인 종교개혁에 대한 비창조적인 방어 자세에 고정하는 것이 아니라, 충돌하는 종교적 진리 주장의 역동성이 교황 교회를 향한 고백을 종교개혁에 반대하는 명백한 결단과 결부시키는 것을 불가피하게 만든 정황을 감안하는 것을 의미한다. 그러므로 교황에 대한 충성은 **근원적으로** 역종교개혁적이다. 종교개혁 이전 교회가 가졌던 다양한 교회정치적·신학적·개혁적 선택권은 종교개혁의 결과 극적으로 위축되었다. 어쨌든 독일에서 가톨릭 영역 내의 교회 개혁은 오히려 지연되었고 기존의 것의 지속은 강화되었다. 왜냐하면 사람들은 악습을 인정함으로써 스스로를 공격받을 수 있게, 그리고 자기 진영에서 의심받게 만들었을 것이기 때문이다. 로마가 결국 총체적 개혁을 위한 단호한 조치에 착수해야 하고 착수할 것이라는 포기할 수 없는 고정관념이 마비 작용을 했다. 특히 대부분이 정신적 신망을 얻지 못한 독일의 주교단으로부터는 개혁 주도권이 나오지 못했다. 그리고 알베르트가(家) 작센(1539년까지)이나 율리히-클레베-베르크 공작령 및 마르크와 라벤스부르크 백작령에서처럼, 엄격한 가톨릭 영방 제후의 주도권을 토대로 중세 후기 영방 제후의 교회 정치와 연계해서 그리고 '독일 민족의 불만'을 수용한 가운데 개혁 가톨릭의 특별한 길을 따르고, 종교개혁의 정당한 사안을 통합하려 시도하며, 논란이 되는 교리 문제를 교조적으로 확정하는 것을 피한 경우에도, 이런 일은 제국 차원이나 전체 교회 차원에서의 궁극적 결정은 아직 이루어지지 않았다는 제한 내에서 일어났다. 일부 에라스무스적 정신에서 양육된 개혁 가톨릭주의도 종교개혁의 지속적 확산을 저지하려고 했던 한에서 '역종교개혁적'이었다. 율리히-클레베-베르크의 요한 3세 공작은 자신의 개혁 구상을 관철하기 위해서 개혁적 사고를 지닌 제후들과 정치인들도 적용한 것과 동일한 도구—시찰과 교회법—를 이용했다.

트리엔트 공의회 이전의 가톨릭교회의 스펙트럼은 굉장히 넓었고, 게오르크 비첼이나 요하네스 그로퍼, 미하엘 헬딩 혹은 율리우스 플루크(Julius Pflug) 등 1500년경 혹은 그 직후에 출생한, 중재를 지향하고 에라스무스적 사고를 가진 가톨릭 소장 신학자들이 1540년대에 끼친 영향을 낮게 평가할 수는 없다. 그럼에도 불구하고 이 가톨릭 신학자들의 행동 성격을 '역종교개혁적'이라고 표현하는 것은 타당하다. 에라스무스처럼 그들도 처음에는 일부 공감했었던 종교개혁을 잘못된 방향으로의 발전으로 간주했다. 종교개혁이 기존 질서를 위협하거나 해체하고 파멸적인 교조주의를 초래했으며 폭넓은 사회계층의 윤리를 위협하는 논쟁을 부추겼다는 것이다. 또한 그로퍼 같은 개혁 가톨릭 신학자는 교회가 본질적으로 가시적이고 그것의 특성은 교리, 성례전 의식의 보편성, 교회 확장의 보편 통일성에 있다고 주장함으로써,[1] 부처로부터 '세상 밖 교회'[2]를 만들고 교회의 본질적으로 영적인 성격을 그르친다는 비난을 받았다. 루터는 상대편이 가시적 기구로서의 교회의 무결성을 고집하는 것을 모든 개혁에 대한 이기적 거부로 보았다. "면죄부가 악마의 기만이라는 것이 명백하게 드러났으나, 그들은 회개하지 않고 또한 교회를 개선하거나 개혁할 생각을 하지 않은 채 도리어 교회라는 맹목적이고 단순한 말로써 자신의 가증스러운 행각을 방어하려고 한다."[3] 종교개혁가가 볼 때 전통적 교회 제도의 기구 조직을 유지하려는 모든 시도는 필연적인 개혁을 거부하려는 혐의를 받는 짓이었다.

하게나우와 보름스에서의 종교 대화

황제의 종교 정책 역시 — 그가 교황보다 교회의 악습에 대해 보다 분명한 시선을 가졌고 진지한 개혁을 촉구했음에도 불구하고 — 핵심적으로는 역종교개혁적이었는바, 전적으로 종교개혁 및 친(親)종교개혁적 제국 신분들의 영향을 차단하고 퇴치하거나 무해하게 만들며 관리자이자 후견인으로서 교회의 일치를 회복하는 데 목표를 두었다. 그러나 그가 역종교개혁의 목표를 추진하는 데 사용한 수단은 변화하는 정치 상황에 따라 달랐다. 1540/41년에는 **종파 간 대화**가 적합한 도구로 보였다. 한편으로 이것은 프랑크푸르트 휴전(1539년 4월 19일)에서 예견

1 Johannes Gropper, *Christliche und Catholische gegen berichtung*, Köln: Jaspar von Gennep 1544; Nachdruck Gütersloh 2006 (BDS Ergänzungsband), Bl. XXVb.

2 Randglosse in: Bucer, *Bestendige Veranwortung*, in: BDS 11,3, S. 184 a. R.

3 *Wider Hans Worst* (1541), in: WA 51, S. 545,3~6.

됐던 종교 협상에 부응했는바, 이 협상은 프로테스탄트들의 뜻에 따라서 교황청 참여 없이 제국 차원에서 개최하기로 되어 있었다. 다른 한편으로는 공의회에 대한 예전이나 지금이나 불확실한 전망 및 국제정치의 일반 상황, 특히 투르크족 문제(여기서는 프로테스탄트 제국 신분들의 지원이 절실했다), 마지막으로 헤센 방백 필리프의 이중 혼인 사건(632쪽 이하 참조)에서 발생한 정치적 이점 등은 황제에게 지금껏 효력이 입증되지 않은 이 수단을 철저하게 이용할 수 있는 기회로 보였다. 황제에게는 무엇보다 '불충한 자들을 바른 길로 돌아서게'[4] 만들고 제국의 주적인 투르크족에 대항하는 전쟁에 끌어들이는 것이 중요했다는 사실은 논란의 여지가 없었다. 마지막으로 황제가 프랑크푸르트 휴전에 항의했던 교황청을 이 계획에 끌어들이고 교황청에 전권대표 파견을 요청한 것은 정치적으로 노련한 일이었다.

처음에는 슈파이어로, 그다음으로 페스트 때문에 1540년 6, 7월에 하게나우로 변경되어 페르디난트 왕에 의해 개최된 종파 간 대화는 예비적 문제의 해명을 넘어서지 못했다. 개신교 측의 저명한 참석자는 브렌츠와 오지안더, 스트라스부르의 카피토와 부처, 그리고 알자스 수도(首都)의 프랑스 망명자 공동체의 지도자이며 후일 제네바의 종교개혁가인 무명의 청년 칼뱅(1509~64)이었다. 가톨릭 측에서는 불굴의 종교개혁 적대자이며 구세대에 속하는 요하네스 파브리(그사이에 빈의 주교가 됨)와 에크, 코클레우스, 화해에 보다 관심을 가진 개혁신학자 플루크와 그로퍼, 프리드리히 나우제아(Friedrich Nausea, 1491/1496~1552)가 대화에 임했다. 교황 특사 조반니 모로네(Giovanni Morone, 1509~80)의 역할은 가톨릭 측 자문역을 맡는 것에 국한되었다. 1530년도 아우크스부르크 제국의회의 소위원회 협상 결과로부터 출발하여 거기서 조정되지 않은 조항을 다루자는 왕의 제안에 반해서, 참석자들은 프로테스탄트들

4 카를 5세가 겐트의 아귈라르(Aguilar)에게 1540년 4월에 보낸 서신, Alfred Kohler (Hg.), *Quellen zur Geschichte Karls V.*, Darmstadt 1990, S. 242f.에서 인용.

의 요청에 따라서 『아우크스부르크 신앙고백』을 기초로 삼자는 데 합의했다. 이 목적을 위해 멜란히톤이 작성한 『아우크스부르크 신앙고백』의 개정판, 이른바 Variata가 보름스 종교 대화(1540년 11월부터 1541년 1월까지)에서 사용되었으나 성만찬을 둘러싼 후일 개신교 내 대립에서 비로소 본래의 영향력을 발휘했다.

카를 5세가 재가한 하게나우 결의에서는 대화의 계속에 대한 결정을 포함하며 대화 의제를 개략적으로 결정했다. 황제가 이런 타협 수단에 보다 큰 희망을 두었다는 사실은 당시 자신의 중요한 외교관이자 수석 자문인 니콜라 페르노 드 그랑벨(Nicolas Perrenot de Granvelle, 1484~1550)에게 보름스 종교 대화를 주도하는 임무를 맡긴 것에서 나타났다. 그랑벨은 가톨릭 신학자들 간의 내적 긴장 때문에도 지지부진한 협상이, 한쪽 편에게는 용납될 수 없고 다른 쪽 편에게는 포기될 수 없는 신앙고백 텍스트에 근거해서는 목적을 거의 이룰 수 없을 것임을 신속히 깨달았다. 이에 따라 그랑벨은 그로퍼, 카피토, 부처, 그리고 황제의 자문인 게르하르트 펠트비크(Gerhard Veltwyk, 1505경~55)로 구성된 비밀위원회를 임명하였다. 비밀위원회는 12월 말까지 쾰른 대주교 헤르만 폰 비트의 신학 자문인 그로퍼의 텍스트 초안에 기초하여 신학적 합의문을 작성했다. 이 문서는 원죄, 칭의, 성서와 전통의 관계, 성만찬론, 전례 등의 문제에서 교리적 입장의 본질적인 접근을 정식화하였다. 멜란히톤은 비밀 협상에서의 절충문 작성을 단호히 거부했고 그랑벨에게 절차에 대해 항의했다.[5] 1541년 1월 14일부터 17일까지 공개적으로 멜란히톤으로 하여금 에크와 함께 『아우크스부르크 신앙고백』 제2항 원죄론에서 출발하여 토론하게 하였고 그다음으로 대화는 중단되어 레겐스부르크(황제는 그사이에 제국의회를 이곳으로 소집했다)로 연기되었다는 사실은 그저 촌극에 지나지 않았다. 부처와 그로퍼 사이의 '공동 생산의 모든 특징'[6]을 보여준 『보름스의 서(書)』와 더불어 그랑벨은 타협 문

5 *MBW* 3, Nr. 2593; 2596.

서를 손에 넣었으며, 이것은 황제의 통합 작업의 기초가 될 수 있었다. 황제가 확신한 중요한 근거는 부처가 신학적으로 자문한 방백 필리프가 『보름스의 서』를 추후 협상의 토대로 사용하는 것에 동의했다는 데 있었다.

레겐스부르크 제국의회(1541년)

1541년 4월 4일에 열린 레겐스부르크 제국의회에서 황제는 소위원회 구성을 촉구했으며, 소위원회의 과제는 『보름스의 서』를 원용한 가운데 종교 문제를 계속 협의하고 제국의회를 위한 결의안을 준비하는 것이었다. 소위원회에는 가톨릭 측에서 플루크와 그로퍼, 에크가, 개신교 측에서는 멜란히톤과 부처, 그리고 헤센의 목사인 요하네스 피스토리우스(Johannes Pistorius, 1502/1503~83)가 속해 있었다. 여기에 8명의 정치 고문이 양측에서 공평하게 추가되었으며, 그랑벨과 팔츠 백작 프리드리히가 의장직을 맡았다. 위원회에 제출된 『보름스의 서』 텍스트는 원본과 비교해 모두 20군데에 수정이 이루어졌다. 이것은 교황 특사 가스파로 콘타리니(Gasparo Contarini, 1483~1542)와 황제 궁의 교황청 대사 모로네 및 그로퍼가 협의한 결과였다. 성만찬 조항에 화체설이 기입된 것은 특히 중대한 결과를 가져왔다. 『보름스의 서』 원문 형태를 비텐베르크에서 이미 알았고 이것을 루터처럼 단호히 거부했던 멜란히톤은 악몽에 시달렸다. 종파 간의 대화 시작 전에 그의 꿈에 흉측한 괴물, 즉 처녀 얼굴에 화염 같은 눈과 다른 야수들의 팔다리를 지닌 하이에나가 나타났다. 그가 환상에 대해 제후들에게 이야기하자, 제후들은 환상을 기록하도록 요청했다.[7] 멜란히톤은 회고하면서 서로 어울리지 않는 팔

6 코르넬리스 아우구스테인(Cornelis Augustijn)과 마레인 드 크룬(Marijn de Kroon)의 종파 간 대화 문서 출판(1539~1541): BDS 9/1, S. 330; *TRE* 28, S. 433,29f. 참조.

7 CR 10,576, Nr. 187; Otto Clemen, *Kleine Schriften zur Reformationsgeschichte*, hg. v. Ernst Koch, Bd. 4, Leipzig 1984, S. 267f.; Siegfried Bräuer, "…… *einige aber sind*

다리로 이루어진 괴물 하이에나를, 두 번의 후속 개정을 거친 후 『레겐스부르크의 서(書)』로 명명된 작품으로 해몽했다—곧 명백한 신학적 표현 방식이 결여되어 빤히 들여다보이는 타협작이라는 것이었다. 멜란히톤은 이런 평가에서 본질적으로 에크와 일치했다. 10년 후에 멜란히톤의 제자인 마티아스 플라치우스 일리리쿠스(Matthias Flacius Illyricus)는 레겐스부르크에서의 하이에나 꿈을 저 1548년의 황제의 종교 허락, 곧 『아우크스부르크 잠정 처분』(*Augsburger Interim*)으로 해석했는바, 카를 5세는 슈말칼덴 동맹에 대한 군사적 승리 후 협상 방식으로 달성할 수 없었던 종교 일치를 이런 처분을 통해 강요하고자 했다.

1541년 5월 25일까지 1개월 동안 위원회는 합의 문서 작업에 몰두했고 칭의론에서 열광적으로 환영받은 돌파구에 도달한 것처럼 보였다. 그러나 위원회는 고전적인 교회론의 논쟁 주제들—공의회의 무오성과 교황 수장권—과 콘타리니가 포기할 수 없다고 선언한 화체설에서 서로 양보하지 않았다. 협의 결과, 『레겐스부르크의 서』의 23개 조항 가운데 단 몇 개에서만 합의가 이루어질 수 있었다. 양측의 제국 제후들뿐만 아니라 루터와 교황은 『레겐스부르크의 서』를 거부했다. 개별 교리 조항별로 분리하여 협상하는 전략은 양측의 신학적 교리 및 교회적 삶의 복합적인 맥락과 모순된다는 것이 또다시 드러났다. 레겐스부르크 종파 간 대화를 통해서 황제의 합의 정책은 궁극적으로 좌절되었다.

헤르만 폰 비트와 쾰른에서의 종교개혁 실패

쾰른의 대주교 헤르만 폰 비트(1477~1552)에게는 황제의 종파 간 대화의 중재 프로그램이 환영할 만한 것이었다. 어쨌든 그는 1542/43년

Natürliche, andere Göttliche, wider andere Teuflische ……". *Menlanchthon und die Träume*, in: S. und Bräuer, *Spottgedichte, Träume Polemik in den frühen Jahren der Reformation*, Leipzig 2000, S. 223~54, 여기서는 S. 237ff.; Thomas Kaufmann, *Das Ende der Reformation. Magdeburgs "Herrgotts Kanzlei" 1548~1551/2*, Tübingen 2003, S. 307f., Anm. 489 참조.

에 부처와 멜란히톤을 쾰른으로 초빙하여 그들로 하여금 교회법을 작성하고 개혁 프로젝트에 착수하도록 했다. 처음에는 먼저 그로퍼가 지원한 계획이 폭넓은 지지를 얻었다. 대성당 참사회 신분들은 개혁을 요구했고, 시도 이런 방향으로 움직였다. 한순간 제국 내 가톨릭파의 종말이 임박한 듯이 보였다. 폰 비트로 말미암아 또 다른 선제후가 개신교도가 되었다면, 선제후단 내의 다수를 차지했던 가톨릭파는 몰락했을 것이다. 쾰른에서의 종교개혁 파동은 프란츠 폰 발데크 아래 통합된 베스트팔렌 주교구 민덴, 오스나브뤼크, 뮌스터에까지 확산될 위기에 처했다. 그러나 선제후가 두 명의 탁월한 프로테스탄트에게 책임을 부여했고 그로퍼가 그들과 거리를 유지하였다는 사실이 쾰른인들에게 분명해졌을 때, 수도회, 대성당 참사회, 대학, 그리고 곧 라인의 수도 시 참사회 측으로부터 결연한 반대가 이루어졌다. 양측의 대립은 출판물에 의해 폭넓은 공론을 산출했다. 즉, 100종 이상의 텍스트를 통해 팸플릿 전쟁이 발발했다. 얼마 전 1544년에 페트루스 카니시우스(Petrus Canisius)의 아버지의 유산으로 재정 지원을 얻은 예수회 지부도 종교개혁으로 기울어진 대주교에 대항한 싸움에 참여했다. 예수회는 바스크족 신비주의자인 이그나티우스 데 로욜라(Ignatius de Loyola)에 의해 로마 교회의 영적·자선적·선교적·지성적 갱신과 교황의 권위 강화를 위해 창립되었고, 교황 파울루스 3세에 의해 얼마 전에 재가를 받았으며(1540년 9월 27일), 제국에서는 카니시우스가 예수회의 가장 중요하고 영향력 있는 투사였다. 예수회원들은 독일 땅에서 성공적으로 역종교개혁 활동을 시작했는바, 바로 제국에서 가톨릭교회 존립의 위험이 아마도 가장 컸던 순간에 활동에 착수했다. 쾰른의 성직자와 대학은 카니시우스로 하여금 폰 비트에 대항하여 카를 5세에게 지원을 청원케 하였다. 1546년에 폰 비트는 추방되었다. 그다음 해 겔던의 상속 전쟁과 슈말칼덴 전쟁에서 승리한 후에 황제는 대주교의 사직을 강요했다. 북서부의 종교에도 닥칠 우려가 있었던 종교개혁의 흐름은 차단되었다.

1546년 레겐스부르크 종교 대화

임박한 군사적 충돌의 징조 속에서 열린 마지막 종교 대화는 1546년 1월과 3월 사이에 재차 레겐스부르크에서 오래 기대했던 공의회가 트리엔트에서 이미 개최된 시점에 진행되었다. 이 대화는 대립이 화해 불가능하다는 것을 분명히 보여주며 종결되었다. 그러나 종교 협상의 인정, 프로테스탄트에 대한 제국 대법원 재판의 잠정 중단은 황제의 계산된 수단에 지나지 않았는바, 그는 이 수단을 통해 공의회 소집을 강요하고자 했고 또한 그것에 성공했다. 교황 파울루스 3세가 1544년 여름에 어느 비난 교서에서 협상안에 대해 공격하고 황제에게 노골적으로 이 단자에 대항하여 전쟁을 하도록 촉구한 후에[8] 가을에 공의회 소집 결정 소식이 통보되었다. 루터는 교황 교서에 대해 듣고서, 죽기 1년 전에 가장 신랄한, 유언장 성격의 글인 『악마에 의해 세워진 로마 교황청에 적대하여』[9]를 집필했다. 실제로 루터는 교황이 공의회, 황제, 그리고 성서 위에 있다는 주장을 거듭 배척했다. 텍스트의 내용들은 25년 전 당시 발생한 모든 것을 거의 추동한 독일 귀족에게 보낸 글을 연상시킨다. 그러나 그것은 어조의 신랄함, 대립의 엄격함, 교황에 대한 판단의 타협 불가성에서 새로운 수준에 도달했다. 교황 '베오볼프'[10]와 그의 추기경들은 루터에게 구제 불능의 불한당, '신과 인간의 원수, 그리스도교를 교란하는 자, 사탄의 살아 있는 집'[11]이었다. 그들은 "아무것도 믿지 않고 신앙에 대해 말하는 것을 들을 때 비웃는다."[12] 비텐베르크의 노인은 현실을 구원과 심판, 그리스도와 교황 악마, 성도의 교제와 불행을 초래하

8 *CT* 4, Nr. 276f., S. 364~79; Hubert Jedin, *Geschichte des Konzils von Trient*, Bd. 1, Freiburg und Breisgau 1949, S. 398ff.

9 WA 54, S. 195~299.

10 WA 54, S. 218,33.

11 WA 54, S. 219,31f.

12 WA 54, S. 219,33f.

그림 39 교황제에 대한 묘사
(대大루카스 크라나흐, 텍스트는 마르틴 루터, 1545)

는 로마 사이의 날카로운 대립이 아니고서는 달리 표현할 수 없었다. 그러나 그가 또다시, 종교정치적 전선이 궁극적으로 공고해졌고 폭풍에 대한 징조가 나타났던 시대의 삶의 감정을 적절히 표현했다는 것이 진실에 가장 가까울 것이다. 크라나흐가 1545년에 만들었고 루터가 문학적으로 초라한 운문을 붙인,[13] 교황청을 조롱하는 조야한 그림(그림 39 참조)이 가혹하게 느껴지고 포악해진, 보다 절망적이고 불안에 가득한 시대의 취향에 부응했다는 사실도 우려할 만하다.

1540년대 중반에 종교 문제를 해결할 수 있는 가능성은 소진되었다. 자신의 전집이 비텐베르크에서 막 출판되기 시작한 루터는 이를 누구보다도 더 잘 알았다. 그가 자신의 라틴어 작품집 제1권의 서론에서 술회한 자신의 '시초'에 대한 회상[14]은 곧 무언가 일어날 것이라는 확신

13 WA 54, S. 346ff.; S. 531ff.

으로 끝을 맺었다. 바로 지금 사탄이 강하고 악해지며, 분노와 원한으로 가득 차 있다. 왜냐하면 사탄은 "시간이 얼마 남지 않았다"는 것을 알기 때문이다.[15] 교황청에 새로운 시대가 시작될 것이라는 점은 종교개혁가와 그의 추종자들에게는 상상할 수 없었다. 1546년 2월 18일에 루터가 자신의 출생지 아이슬레벤에서 사망한 후, 그의 말 가운데 이것보다 더 유행한 말은 아마 없을 것이다. "내가 살았을 때 나는 그대에게 페스트였고, 죽어서는 그대의 죽음이 될 것이요, 교황."[16] 그는 이런 역사신학적 확신 속에 살았고 죽었다. 루터파는 오랫동안 이 확신에 사로잡혀 있었다.

시대착오적인 공의회

1545년 12월 13일에 열린 공의회는 제국과 유럽 내의 교회 일치를 회복하기에는 너무 늦었다. 유럽 여러 나라에서 종교개혁은 확고한 지반을 차지했고, 로마로부터의 해체 과정은 영속적으로 성취되었거나 이미 진행 중에 있었다. 잉글랜드 왕 헨리 8세는 1534년의 수장령을 통해서 자신을 잉글랜드 국교회의 수장으로 선언했고 로마의 사법권으로부터 교회정치적·행정적 독립을 성취했다. 잉글랜드 국교회의 특징적인 공생적 의미에서 개혁파적, 특히 부처와 칼뱅 신학을 지향한 교리 내용과 전례 및 교직 구조에서의 전통적 가톨릭 요소로써 교회를 교리적·

14 1545년 3월 5일자로 연대가 표기됨. WA 54, S. 176~87 = LuStA 5, S. 618~38 = Cl 4, S. 421~28.

15 WA 54, S. 187,5 = LuStA 5, S. 638,13 = Cl 4, S. 428,33: "breve tempus".

16 WA.TR 3, Nr. 3543, S. 390,18; WA.TR 1, Nr. 880, S. 410f.; WA 35, S. 597f.; WA 30 III, S. 279,18f.; S. 339f.; WA 48, S. 280; WA 48 RN, S. 115: "Pestis eram vivens moriens ero mors tua, Papa". 또 다른 언급으로는 Thomans Kaufmann, *Konfession und Kultur. Lutherischer Protestantismus in der zweiten Hälfte des Reformationsjahrhunderts*, Tübingen 2006, S. 210f., Anm. 10.

종교실천적으로 변형한 것이 에드워드 6세(재위 1547~53) 아래서 보다 분명한 윤곽을 얻었고, 정치적으로 스페인 및 교황청과 긴밀하게 연결된 메리 튜더(재위 1553~58)에 의해 잔혹한 재(再)가톨릭화 과정을 거치기는 했지만, 섬 왕국은 엘리자베스 1세(재위 1558~1603)의 취임 이후 영속적으로 로마 가톨릭교회로부터 떨어져 나왔다. 같은 일은 덴마크—노르웨이와 아이슬란드를 포함하여—와 핀란드를 점령한 스웨덴에도 일어났다. 이 나라들에서도 1520년대와 1530년대에 교회의 조직 구조 및 종교개혁을 찬성하는 감독제를 계속 유지한 가운데 결정적으로 비텐베르크를 지향하여 거기서부터 신학 지도자를 공급받은 개신교적 민족교회를 건설하도록 인도한 것은 바로 왕실의 종교개혁이었다. 북동 및 남동 유럽 나라들, 폴란드-리투아니아, 서프로이센, 보헤미아, 슐레지엔, 헝가리에도 루터파와 개혁파적 뿌리를 가진 종교개혁이 16세기 중엽에 깊숙이 침투하였다. 종교개혁은 폴란드 왕실이나 합스부르크 수장에 대항하여 귀족 신분들이나 시와 시민들이 자신을 주장하는 수단이었다. 프랑스 프로테스탄티즘은 프랑수아 1세가 슈말칼덴 동맹과 정치적으로 접촉하였음에도 불구하고, 1534년 이후 탄압을 받았다. 스트라스부르, 런던, 제네바에 영향력 있는 프랑스인 망명객 공동체가 생겼는데, 이 공동체들은 무엇보다 칼뱅의 영향과 1541년 이후 관철된 제네바 모델의 영향 아래 시민 계층과 귀족들로 하여금 지하 교회를 조직하도록 이끌었다. 프랑스를 뒤집어놓고 마비시킨 수십 년에 걸친 종교전쟁(1562~98)에서 가장 그리스도인다운 왕의 통치 영역이 더 이상 통일된 종교 아래 모일 수 없다는 것이 드러났다. 네덜란드에서는 일찍이 1520년대 이후에 침투되었고, 다양한 인문주의, '데보티오 모데르나', 루터파, 개혁파적 전통 속에 성장한 프로테스탄티즘을 선택하는 것이 곧 스페인-합스부르크가(家)라는 외세의 반동적 통치에 대항하는 자기 주장의 표시가 되었다.

종교개혁이 여러 유럽 국가에서 각기 상이한 방식으로 발산한 강력한 역동성을 공의회는 더 이상 저지할 수 없었고, 저지하려 하지도 않았다. 기껏해야 기반 상실, 무엇보다 프랑스의 상실을 막아보려고 했을 뿐이었다. 겉으로 보기에 교황들은 상실된 제국 영토를 이미 오래전에 포기했다—아마도 이미 수십 년 이래 독일 정치에 대한 교황청의 권한이 제한된 결과일 것이다. 그리고 가톨릭교회가 아직 강력한 요소이거나 다시 강력한 요소가 된 국가에서도 트리엔트 공의회에서 나온 결속 및 갱신력이 효과를 발휘할 수 있기까지는 수십 년이 흘렀다. 로마 교회를 트리엔트 공의회가 결정한 가톨릭 종파 교회로 만드는 것은 긴 과정이었다. 일부 국가와 영방국, 대주교구, 주교구에서 이 과정은 18세기까지 지속되었다.

공의회 지연의 이유는 로마에 있었으나 국제정치에도 있었다. 1520년대 이후에 종교개혁 신학자들과 그들을 선호하는 제국 신분들, 그러나 또한 그들에게 반기를 든 일부 제국 신분들이 공의회를 요구했고 교황의 금지령에도 불구하고 공의회에 항소했다. 황제와 교황 클레멘스 7세 간의 노골적인 적대 관계 때문에 그들이 볼로냐에서 화해하기까지 공의회 소집은 중단되었다. 프로테스탄트들 사이에서 공의회에 제시한 조건들이 그사이에 정리되었다. 자유로운, 즉 교황의 후견 아래 있지 않은 보편적인, 곧 성직자와 평신도, 특히 모든 그리스도교 국가의 제후들을 고려하는, 그리고 그리스도교적인, 즉 오직 성서 규범만 따르는 교회회의가 제국 영토 안에서 열리기로 했다. 클레멘스 7세는 1533년 공의회에 이르는 길을 결국 열어줄 준비가 되었으나, 프랑스 왕의 항거 때문에 좌절되었다. 이 항거는 1544년 크레피 강화조약으로 궁극적으로 분쇄되었다. 1536년 6월 파울루스 3세(재위 1534~49)를 통해 —하드리안 6세 이후 교회 및 교황청 개혁의 필요성을 보다 분명히 통찰한 듯 보인 첫 번째 교황(비록 그는 족벌주의와 정실 청탁에 깊이 관여되어서 수미일관한 행동 결과를 보여주지 못하기는 했지만) —만투아에 소집된 공의회(1537년 5월 23일)도 결국 슈말칼덴 동맹자들의 공의회 참석 거부 때문이 아니라 합스부르크-프랑스의 지속적 갈등 때문에 좌절되었다.

트리엔트 공의회

공의회와 관련하여 상이한 측들의 서로 일치되지 않은 기대 때문에 공의회 개최는 순조롭지 않았다. 황제가 다른 무엇보다 교회 일치와 개혁을 추진한 반면, 프로테스탄트들은 자신들의 교리의 진실성을 고백하고 입증하고 유포하고 교황청의 허위성과 부패성을 드러내고자 했다. 교황청은 우선 무엇보다 효과적인 이단 방어와 자체 교리의 토대 확보, 그리고 두 번째 단계로 계속적 단절을 조장할 수 있는 악습의 제거에 중점을 두었다. 공의회 장소 선택은 타협의 결과였다. 교황은 공의회에 대한 자신의 우위성을 고집했고 이 주장은 무엇보다 자신의 지배 영역인 이탈리아에서 관철될 수 있었다. 황제는 제국 내의 장소를 주장했다. 즉, 교회 공의회는 제국 내의 그리스도교 분열을 치유해야 하고 이탈한 개신교 제국 신분들에게 관철되어야 했기 때문이다. 제국 최남단에 위치한 트리엔트는 알프스 산기슭의 도시로서 게르만과 라틴 유럽 사이의 언어적·문화적 경계선상에 있었다. 이 도시에는 교황이 자신의 공고문[17]에서 강조한 것처럼 이탈리아인과 프랑스인, 스페인인, 독일인과 다른 민족들이 쉽게 도달할 수 있었다. 인스부르크에 있는 합스부르크가의 궁과는 승마(乘馬)로 불과 하루 거리에 있었다. 황제는 애초에 프로테스탄트들에게 바랐던 대로 군사적 승리 이후에 공의회 참석을 강요할 계획이었다. 그러한 승리를 얻기 전에 교황이 공의회를 개회한 것은 황제의 마음에 들지 않았다. 왜냐하면 그것은 처음부터 그가 공의회와 연계해서 세웠던 목표를 실현할 수 있는 가능성을 약화시켰기 때문이다. 공의회는 지속적으로 교황의 주재 아래 있었다. 교황은 특사들을 통해 회의를 주도했다. 그들은 의제와 자문위원회 구성을 결정했다. 공의회 결정은 교황들의 동의를 통해서 비로소 법적 효력을 얻었다. 15세

17 *CT* 4, Nr. 184, S. 226~31, 여기서는 S. 229,44ff. 독일어 번역은 Ulrich Köpf (Hg.), *Deutsche Geschichte in Quellen und Darstellung*, Bd. 3: *Reformationszeit 1495~1555*, Stuttgart 2001, Nr. 73.1, 여기서는 S. 425.

기에서처럼 민족의 수에 따라서가 아니라 머릿수에 따라서 표결함으로써, 스페인과 더불어 공의회 참석자들의 다수를 차지한, 회의 장소 인근 이탈리아 주교들의 압도적 우세가 철저히 확보되었다. 공의회가 황제 정치의 효과적 도구가 될 수 있는 가능성은 공의회의 복잡한 역사의 모든 단계에서 배제되었다.

공의회는 3회기 — 1545년부터 1547년까지, 1551년부터 1552년까지, 그리고 1562년부터 1563년까지 — 에 걸쳐 열렸다. 외적 진행은 근본적으로 정치적 영향을 받아 결정되었다. 1547년 3월, 슈말칼덴 동맹군에 대한 황제의 승리 몇 주 전에 다수의 이탈리아 참석자들이 볼로냐로 향했다. 오직 친(親)황제 측 주교들 소수만이 트리엔트에 남았다. 황제는 항의했고 공의회를 정지시켰다. 또한 이미 결의된 결정들이 공식적으로 공포되는 것을 막았다. 왜냐하면 이것은 프로테스탄트들이 제기한 자유로운 그리스도교 공의회에 대한 요구에 반하는 것이고 그들로 하여금 공의회에 참석하도록 강요할 수 없게 만들기 때문이었다. 새로이 선출된 교황 율리우스 3세(재위 1550~55)가 1551년에 공의회를 새로 소집한 것은 교황청 쪽의 보다 친황제적 정책 경향에 부응한 것이었다. 두 번째 회기는 1552년에 종료되었는데, 황제에게 대항한 프로테스탄트 제후들의 봉기가 발발하면서(702~06쪽 참조) 수많은 공의회 참석자들이 트리엔트를 떠났기 때문이다.

세 번째 회기에 앞서, 소집해야 할 공의회가 새로운 공의회인가 아니면 첫 회기의 속개인가에 대한 논란이 크게 있었다. 황제 페르디난트 — 카를 5세는 1558년에 사망했다 — 와 프랑스는 전자를 지지했는데, 왜냐하면 그들의 관심은 공의회를 프로테스탄트들과의 타협적 협상에 이용하는 데 있었기 때문이다. 즉, 이전 회기들의 교리 결정과 기각 결정들이 유효하고 그것에 대해 새로이 논의할 수 없다는 전제 아래서는 개신교 측과의 협상이 애초부터 무의미한 것처럼 보였기 때문이다. 반면 스페인은 한번 종결한 것을 다시 열어서는 안 된다고 주장했다. 그러나 칼뱅주의가 프랑스에 진출한 가운데 가톨릭 교도들이 처한 첨예화된 난관은 이 대립을 뒷전으로 물러나게 만들었다. 교황파와 감독파 세력 사이의 긴장은 보다 많은 사람들이 참석한 이 마지막 회기 동안 특히 심하게 부각되었다. 이 세 번째 공의회 단계에서 내려진 개혁 결정들 가운데 일부는 주교직의 영적 갱신을 위해서 주교 권력의 회복을 목표로 했다. 주교들은 거주 의무를 준수하고, 예배를 집전하고, 시찰 의무를 따르고 주교구 노회를 실행해야 하며, 더 이상 일차적으로 세속적 통치자가 되어서는 안 된다. 이것이 제국교회 내 주교직의 구조에 부합하는 것이었다. 이 개혁이 실제로 실천되기까지 오래 걸렸을지라도, 어쨌든 개혁의 성격은 종교개혁가들이 수십 년 전에 요구했던 것과 일치했다. 다만 공의회는 교황청 개혁에까지 나아가지 못했다.

공의회의 제2차 회기 동안에 일부 독일 프로테스탄트 제국 신분들의 사절, 법률가, 신학자들도 참석했다. 1551년 2월 14일의 제국의회 결의는 그들에게 그럴 의무를 지웠다. 슈말칼덴 동맹군에 대한 군사적 승리 이후에 황제는 공의회를 통해 교회 분열의 궁극적 극복을 계속하여 촉구했다. 프로테스탄트들은 이 참석 의무와 연계해서 교황은 교회 회의를 주도해서는 안 되고 중심적 교리 문제에 대한 지금까지의 결정을 성서 원리의 토대 위에서 새로이 토의해야 한다는 일상적 요구를 제기했다. 뷔르템베르크의 브렌츠와 선제후령 작센의 멜란히톤은 각자의 영주로부터 적합한 신앙고백 —『뷔르템베르크 신앙고백』과 『작센 신앙고백』[18] — 을 집필하라는 임무를 받았다. 프로테스탄트의 이중적 신앙고백에는 정치적 이유가 있었다. 그러나 신학자들은 내용상의 일치를 역설했고, 이를 인정하는 제국 신분들의 뒷받침은 인상적이었다. 뷔르템베르크와 브란덴부르크, 스트라스부르에서 온 사절들은 1551년 10월 이후에 트리엔트에 도착했다. 멜란히톤과 그의 동행들은 뉘른베르크까지만 왔다 — 제후 전쟁이 시작되었고 공의회는 해산했으므로, 그들은 다시 귀환하였다. 프로테스탄트 사절들은 트리엔트에서 우선 황제 대사

18 Ernst Bizer, *Confessio Virtembergica*, Stuttgart 1952; *MWA* 6, S. 80～167.

들과만 협상하였다. 1552년 1월 24일에 그들은 총회에 참석할 수 있었다. 거기서 그들은 자유로운 공의회를 주장했고, 이미 내려진 교리 결정에 대한 새로운 협상을 요구했다. 그러나 참석 교부들은 자신들의 의제에 따라서 회의를 속행했다. 그러므로 트리엔트 방문은 프로테스탄트들에게 한갓 에피소드로 남았고 공의회는 교황청의 행사가 되었다.

독일의 종교개혁에 대해 트리엔트 공의회의 가장 중요한 결과는 일부 중심적 **교리 법령**에서 볼 수 있는데, 여기에서 로마 가톨릭교회는 궁극적이자 결정적으로 루터와 그의 지지자들에 의해 제기된 의문과 그들이 주장한 입장에 구속력 있게 대처했다. 트리엔트 공의회는 종교개혁 신학에 대해 교리적으로 정확한 경계를 설정함으로써, 당대의 신학적 핵심 문제와 종교적 삶의 문제에서 교회사적 획을 그어놓았다. 교회회의 초반인 제4차 회의(1546년 4월 8일)에서 신앙의 기초에 대해 중요한 신학적 해명을 달성했다. 공의회는 신앙과 윤리에 관련되는 성서와 전통(traditiones)의 관계에 대해 다음과 같이 결정했다. '같은 감사의 마음과 경외심을 가지고' 그들을 대해야 한다.[19] 종교개혁가들의 신학과는 달리(여기서는 성서 내지 성서에 포함된 신의 말씀이 포기할 수 없이 앞서 주어진 권위로 이해되었다), 공의회는 거룩하고 보편적이고 성령으로 정당하게 모인 노회로서, 공의회 자신에 정경에 속하는 문서들, 즉 구속력 있는 전통에 부합하는 문서들을 정의할 권한이 있다고 보았다. 또한 이른바 외경 문서들은 불가타(공인된 라틴어 번역—옮긴이) 성서 정경의 의미로 받아들였다. 제4차 회의의 또 다른 법령에서 공의회는 구속력 있는 성서 번역은 모든 공적 교리에서 불가타임을 선언했다.[20] 성서의 원어인 그리스어나 히브리어 텍스트로 인하여 불가타를 상대화하는 것(이것은 인문주의와 종교개혁가들의 주석의 결과로 일반화되었다)은 이로써 근본적으로 불법적인 것으로 간주되어야 한다. 개인의 주관적 견해

19 DH 1501: "pari pietatis affectu et reverentia".

20 DH 1506.

는 성서 주석에서 의미를 주장해서는 안 된다. 오직 거룩한 어머니 교회가 교부들의 '일치된 의미'에 부합하여 '확립하고 확정한'[21] 의미만이 효력을 주장할 수 있다. 인쇄업자는 오직 무오(無誤)한 불가타 성서만을 출판할 의무가 있고, 관할 주교가 검증하고 인정하지 않은 일반 저자나 익명의 다른 종교적 내용의 책을 인쇄해서는 안 된다.[22]

공의회가 제5차 회의(1546년 6월 17일)와 제6차 회의(1547년 1월 13일)에서 **죄론**과 **칭의론**을 다루었다는 사실은 공의회 참석자들이 교황 특사의 신중한 주도 아래, 당대의 발생학적·조직신학적 관점에서 가장 영향력 있는 교리 분쟁이 발발했던 저 주제들에 손대기 시작했다는 사실을 인상적으로 증언해준다. 특히 신 및 그의 의에 대항한 인간의 능동적 적대 관계 요소를 역설했던 루터 신학의 극적인 죄 이해에 대립하여 참석자들은 스콜라주의에서 일반적인 타락과 더불어 상실된 원래적 거룩함과 의에 대한 표상을 내세웠다.[23] '죄의 참된, 본래의 성격'[24]을 가진 모든 것은 세례를 통해서 효과적으로 제거됨으로써, 세례를 통해 다시 태어난 자에게는 더 이상 신이 미워하는 것이 남아 있지 않다.[25] 개신교 신학자들이 신에 대한 능동적인 적대감으로 이해한 '탐욕'(concupiscentia)은 공의회에 의하면 악의 단순한 점화제로 평가될 따름이다. 즉, 정욕은 '죄로 기울게'[26] 만들지만 죄 자체는 아니다.

칭의론 조항은 특히 상세하게 다루어졌다. 이 조항 배후에는 생생하고 논란 많은 토론이 있었는바, 여기서 비교적 폭넓은 신학적 입장들이 표명되었다. 신의 은총과 인간의 성화(聖化) 간의 관계 문제에 대해 중세 후기의 해결되지 않은 입장들이 6개월간 지속된 트리엔트 공의회 참

21 DH 1507: "tenuit et tenet …… unanimem consensum".

22 DH 1508.

23 DH 1511.

24 DH 1515: "quod veram et propriam peccati rationem habet".

25 같은 곳.

26 같은 곳: "fomitem …… ad peccatum inclinat".

석자들의 토론에서 다루어졌다. (루터도 한때 신의 은총과 인간의 성화 간의 관계에서 출발하여 급진적인 바울-아우구스티누스적 신앙의 의를 탐색함으로써 자신의 길을 발견했다.) 칭의의 출발점은 그리스도 안에서 중계된 신의 '선행하는 은총'[27]이다. 은총은 값없이 주어진 선물로 간주되어야 할 '은총과의 자유로운 동의와 협력'을 일깨운다. 그런데 인간은 은총 아래서 자유로운 의지로써 의로 향한다. 신앙은 신의 계시를 인정하는 것, 자유로이 신으로 향하고 신의 자비를 생각하는 것을 뜻한다.[28] 서로 협력하는 인간의 자유와 신적 은총의 균형 잡힌 관계는 죄의 용서뿐만 아니라 자발적으로 은총을 받아들인 인간의 효과적 갱신을 뜻하는 칭의를 이루게 한다.[29] 믿는 자 자신이 처리할 수 없고 그의 밖에 있는 그리스도의 의의 단순 전가를 말한 비텐베르크인의 칭의론과 달리, 트리엔트 공의회는 은총과 그것의 자발적 수용을 통해서 불의한 자에서 의인이 된 인간이 칭의 대상이 된다고 가르친다. 트리엔트의 이해에 의하면, 성화 행위는 전적으로 은총에 의해 둘러싸여 있다. 종교개혁가의 칭의론과 칭의 법령에서 표현된 대로의 로마 가톨릭 칭의론의 결정적 차이점은, 후자를 극단적 의미에서 '행위적 의'로 비난할 수 있는 것이 아니라 둘이 순수한 수용으로서 말씀에 묶여 있는, 일차적으로 신뢰로 이해되는 신앙의 의미(이것은 예를 들어 루터에게는 전적으로 배타적인 의미다)를 함께하지 않는다는 데 있다. '오직 은총으로'(sola gratia)가 아니라 '오직 믿음으로'(sola fide)가, 은총의 역할이 아니라 신앙의 배타성이 논란거리였다. 트리엔트 참석자들에게는 신앙에 희망과 사랑이 추가되어야 했으니,[30] 이것은 인간이 완전히 그리스도와 결합되기 위함이다. 즉, 이것이 '오직 믿음으로'에 대한 명백한 입장 표명이었다.[31]

---

27 DH 1525: "per Christum Iesum praeveniente gratia".

28 DH 1526: "eidem gratiae libere assentiendo et cooperando".

29 DH 1528.

30 DH 1531.

31 DH 1533f. 참조. 종교개혁적 '오직 믿음으로'(sola fide)에 대해서는 멜란히톤의

트리엔트 공의회의 칭의신학은 **성례전론** 및 **성례전 기관으로서의 교회** 이해와의 맥락에서만 적절하게 이해될 수 있다.[32] 이것은 제7차 회의(1547년 3월 3일)에서 칭의 법령에 성례전에 대한 법령을 연결했다는 사실에서 무엇보다 분명해진다. 왜냐하면 칭의 법령이 다루고 있는 의는 신과 인간의 인격적 관계, 신앙에 초점이 맞추어진 것이 아니라, 거룩한 구원 기관으로서의 로마 가톨릭 성례전 교회와 연관되어 있기 때문이다. 성례전을 통해서 의는 시작되고, 그것은 "증가되거나 혹은—상실된 한에서—회복된다."[33] 오직 세례와 성만찬만이 그리스도에 의해 제정되었다는 종교개혁가의 주장에 반하여 공의회는 중세 교회가 이미 법령화한 7개 성례전을 고수했다.[34] 루터 성례전 신학에서 중심적인 사상, 곧 성례전은 '신앙을 양육하기'[35] 위해서 제정되었다는 사상은 교회 파문에 처해졌다. 공의회의 제1차 회기 동안에 성례전에 대한 일반적인 교령 외에 세례와 견신례에 대한 법령들이 결정되었다.[36] 나머지 성례전에 대한 토의와 결정은 다음 회기로 넘어갔다. 성례전에 대한 교리 및 배척 법령들은 종교개혁 측에 의해 문제제기되었고 거부당한 중세 후기 교회에서의 일상적인 관점과 실제들을 재확인했다. 성례전은 사제의 행위를 통해서(ex opere operato), 즉 단순한 실행을 통해서 작용한다. 견신례는 성례전적 특성을 가진다. 화체설과 여기서 나온 모든 제의적 결과들은 합법적이다. 고해성사에서 모든 죄를 열거하는 것은 포기할 수 없다. 종부성사는 성례전이다. 이종배찬에 의한 성찬은 이단적이다. 혼인은 성례전이며, 사제와 수도사의 독신 의무는 포기할 수 없다. 복고

『작센 신앙고백』에서의 특히 명확한 표현 참조. *MWA* 6, S. 98,30ff.

32 DH 1524f.; 1600.

33 DH 1600: "sacramentis ……, per quae omnis vera iustitia vel incipit, vel coepta augetur, vel amissa reparatur".

34 DH 1601.

35 DH 1605: "solam fidem nutriendam".

36 DH 1614~30.

적·역종교개혁적 성격은 미사 제사에 대한 교리에서도 나타난다. 미사 제사는 종교개혁가들에게는 어떤 의미에서 구원 기관으로서의 로마 교회의 자기 이해에서 가장 불만스러운 요소였다. 공의회 참석자들은 미사에서 희생 없이 행해지는 제사에 십자가 제단에서 자신을 단번에 희생한 그리스도가 임재한다는 것과 이 전례에서 드려진 속죄 제물을 통해 신과 화해하고 자비를 얻는다고 확정지었다. "왜냐하면 희생 제물은 동일하기 때문이다. 그때 자신을 십자가에서 희생한 자가 지금 사제의 섬김을 통해서 자신을 희생한다."[37] 성례전론은 트리엔트 공의회의 구원 기관으로서 사제 중심 교회론의 핵심을 이룬다. 즉, 그것의 모든 본질적인 교리 진술—신중한 면죄와 연옥 교리에서도[38]—에서 종교개혁의 신학적 이념과 고백에 대해 오해의 여지가 없는 대립을 표출한다. 종교개혁 이단의 근절[39]은 공의회가 스스로 제기한 첫 번째 과제였다. 이 과제는—어쨌든 계속 가톨릭 교리로 통용되어야 할 것을 오해의 소지 없이 해명함으로써—트리엔트에서 상당한 성공을 거두었다. 여기에 두 번째 과제, 즉 '윤리 갱신'[40]이 비로소 연결될 수 있었고 연결되어야 했다.

중세 후기 전통과 연결하면서 결정적으로 역종교개혁적 입장을 취한 로마 가톨릭교회는 트리엔트에서, 그 기초 위에서 16세기 후반의 개혁 교황들이 건설하게 될 교리적 토대를 만들었다. 공의회는 지난 수십 년간 발생한 분열과 배척을 치유하지 못했고 그것을 확인했을 뿐이었다. 공의회는 근본적으로 트리엔트적이 될 가톨릭교회에 미래를 열어주었다. 종교개혁 세기 후반부에 로마 가톨릭교회가 발휘하게 될 내적 힘과 확산력은 중앙집권적·계급서열적 조직 구조의 구축에 기초하였다. 이

37 DH 1743: "in ara crucis …… nunc offerens sacerdotum ministerio …… tunc in cruce".

38 DH 1835; 1820.

39 DH 1500.

40 같은 곳: "moribus reformandis".

조직 구조는 교리 교육 및 교리문답(예를 들어 『성직자와 대학 교구를 위한 신앙 선서』[*Professio fidei Tridentina*, 1564], 『어린이와 평신도를 위한 교리문답』[*Catechismus Romanus*, 1566]), 전례적 통일(예를 들어 『기도서』[*Missale Romanum*, 1570]), 그리고 『교회법 대전』(*Corpus juris canonici*, 1582)과 금서 목록(Index librorum prohibitorum)의 개정판을 통하여 교회법적으로 통제하는 구속력 있는 도구를 만들었다. 새로이 창립되어 폭발적으로 발전한 수많은 수도회들—남성 수도회로서 예수회, 카푸친회, 테아티노회, 바나바회, 나사로회, 여성 수도회로서 안젤리카회, 우르술라회, 비지탄틴회(Visitantinnen), 잉글랜드 수녀회—이 무조건적 헌신, 희생 봉사, 신과 교황과 교회를 위한 엄격한 투쟁 및 희생을 각오함으로써 프로테스탄티즘이 그것의 교회 형태에서 알지 못했던 영적 힘이 로마 교회에 증대했다. 예수회는 민첩하고 중앙집권적으로 엄격히 조직되어 있고, 교황에 대한 특별한 순종 관계에 있으며, 고등교육을 받은 적극적 성직자 엘리트 조직으로서 1550년대 이후 가톨릭의 고등교육기관 및 대학을 완전히 자신들의 통솔 아래 두었는바, 로마 교회가 새로이 역동적으로 힘을 발휘하고 매력을 획득하는 데 제국 내에서만 중요한 요소가 된 것이 아니었다. 로마 교회는 그것의 모든 본질적인 감각적·제의적 표현 양식, 전례 및 성례전 중심적 표현 양식, 조직적 표현 양식, 대중종교적 경건 표현 양식에서 결정적으로 역종교개혁적이 되었다.

제3장

마지막 가열과 냉랭한 타협

슈말칼덴 전쟁과 『아우크스부르크 잠정 처분』

'종교를 위해 모든 프로테스탄트에 적대하는'[1] 전쟁은 이미 1530년에 황제의 정책 속에 있었고, 확실히 1541년 이후, 그리고 특히 겔던의 후계 다툼에서 클레벤 공작에게 승리한 이후 강화되었다. 군사적 선택의 목표는 거의 논란의 여지가 있을 수 없었다. 그것은 슈말칼덴 동맹의 분쇄, 공의회와 더불어 혹은 공의회 없이 교회 일치의 회복, 그리고 군주정 원리의 의미에서 제국 정치 구조의 강제 개혁이었다. 그런데 황제가 1547년 봄에 슈말칼덴 동맹에 승리를 거두었을 때, 제국 신분들의 연대와 제후들의 자율성 의식이 어떤 종파적 당성보다 강했다는 것과 '스페인 종살이'에 굴복하지 않는 '독일인의 자유'라는 구호 아래 개신교 및 구교 측 제국 애국자들이 단합할 수 있다는 것이 곧 드러났다. 궁극적으로 5년 후인 1552년에 비로소 드러난 카를 5세의 실패는 그가 상황을 지나치게 긴장시킨 결과였다. 카를 5세가 그 속에서 행동해야

1 카를 5세와 헤센 방백 필리프 간의 조약(1541. 6. 13): Alfred Kohler (Hg.), *Quellen zur Geschichte Karls V.*, Darmstadt 1990, S. 259.

했던 정치 현실은 그의 최대 승리 시점에조차 그가 정복한 프로테스탄트 영토 내의 종교 문제를 '플랑드르의 도살자'[2](프로테스탄트 프로파간다 문학이 그에게 붙인 별명)가 주권을 행사하였던 지역에서 실행한 것과 같은 방식—강제 조치, 탄압, 검열, 종교재판 같은—으로 해결하는 것을 허용하지 않았다.

황제 군대가 비텐베르크를 점령한 후 카를 5세는, 도시에 남아서 저항 없는 항복을 호소한 시 목사 부겐하겐의 정보에 의하면, 중지되었던 슐로스 교회의 예배를 다시 드리도록 허락했다. 부겐하겐은 이렇게 말했다고 한다. "이런 일[즉, 예배 중지]이 우리 이름으로 일어난다면, 사람들은 우리를 좋아하지 않을 것이다. 그러나 우리가 독일 땅에서 종교상으로 아무것도 바꾸지 않았다면, 우리가 도대체 어째서 여기서는 그래야 하는가."[3] 한때 위클리프에게 그랬던 것처럼, 그리고 1556년 황제의 사촌 마리아 튜더를 통해서 잉글랜드에 망명 중에 사망한 스트라스부르 목사 마르틴 부처와 파울 파기우스(Paul Fagius)에게 그랬던 것처럼, 황제가 루터의 시신을 발굴하여 소각하는 것을 그만둔 것도 정치적으로 계산된 것이었다. 그는 이로써 자신의 최측근인 알바(Alba) 공작과 아라스(Arras) 주교 그랑벨의 상응하는 권고를 거절했다. 그의 목표는 교회 및 제국의 통일이었다. 그는 이것을 실현하기 위해서 프로테스탄트 동맹군, 무엇보다 작센의 모리츠에게 의존했으며, 며칠 후 후자에게 비텐베르크 시를 넘겨주었다. 사망한 루터와 그의 명성, 그의 이념은 시신에 대한 이단 재판을 통해서 더욱 강해졌다. 카를 5세는 이단자를 미워했을지라도 스펙터클한 무력 조치로써 이단자를 근절하기에는 그들이 모든 사회계층의 사람들을 이미 너무나 깊이 사로잡았음을 분명히 알았다.

---

2 익명 저자의 팸플릿인 *Ursprung und ursach dieser Auffrur Teutscher Nation* (1546), in: Kohler, 앞의 책, Nr. 90, 여기서는 S. 378 참조.

3 Johannes Bugenhagen, *Bericht über Belagerung und Übergang Wittenbergs* (1547), Kohler, 앞의 책, Nr. 97, 여기서는 S. 378.에서 인용.

슈말칼덴 전쟁

카를 5세는 "종교적 위험이 비정상적으로 컸고,"[4] 자신의 누이이자 네덜란드 섭정인 헝가리의 마리아에게 알린 것처럼, 독일이 가톨릭 종교에서 영구히 이탈하는 것을 저지하고자 했기에 전쟁을 감행했다. 이것이 종교전쟁이었음은 의문의 여지가 없다. 그럼에도 불구하고 황제는 이 전쟁이 세속적인 것임을, 1546년 7월 20일에 슈말칼덴 동맹의 주요 인물인 작센의 요한 프리드리히와 헤센의 필리프에 대해 선고된 제국 파문을 근거로 들어 정당화했다. 이 법적으로 전적으로 의심스러운 절차의 계기는 1542년 여름 브라운슈바이크-볼펜뷔텔 공작 하인리히가 슈말칼덴 동맹에 의해 추방된 사건이었다. 황제는 이 사건을 국가 평화에 대한 파괴 행위로 규정했다. 황제는 슈말칼덴 동맹군이 브라운슈바이크 전투 때문에 약화된 것을 알았다. 찾아낸 전쟁의 '구실과 핑계'[5]는 프로테스탄트들 사이에 쐐기를 박는 것을 목표로 했다. 공공연히 종교가 문제가 되었다면, 카를 5세는 프로테스탄트 진영으로 침투하는 데 보다 큰 어려움을 겪었을 것이다. 그가 침투에 성공한 것은 외교적 성공이었으며, 이것 없이 전쟁은 불가능했을 것이다. 그가 전쟁을 필요로 했다는 것은 자신 내지 합스부르크가의 지위를 확고하게 만들었을 무엇인가를 행할 용의가 구교 측 제국의 제후들 가운데 거의 없었음을 가리킨다. 동맹 문제에서도 헤센이 브라운슈바이크-볼펜뷔텔의 하인리히를 체포하고(1545) 마지막 세속 선제후 팔츠의 프리드리히 2세가 종교개혁으로 넘어간(1546년 초) 이후에 가톨릭 진영 내의 균열이 얼마나 심했는지 분명해진다.

작센의 모리츠는 황제의 중요한 동맹 파트너가 되었다. 1546년 6월 19일에 레겐스부르크 제국의회에서 체결된 조약에는 공의회에 순종

---

4 카를 5세가 헝가리의 마리아에게 1546년 6월 9일에 보낸 서신, Kohler, 앞의 책, Nr. 87, S. 325.

5 같은 곳.

하겠다는 각오를 선언함과 동시에 평화와 정의를 이룩하는 것을 지원할 의무가 포함되어 있다. 황제의 약속은 차라리 모호하게 진술되었다. 작센이 오래전부터 추구한 할버슈타트와 마그데부르크 대주교구에 대한 보호 통치 — 후자는 중요했을 것이다 — 는 가톨릭 교회 보호에 대한 의무와 결부되었다. 작센에 선제후권을 주겠다는 약속은 이루어지지 않았다. 이것은 궁극적으로 비텐베르크 항복 조약(1547년 5월 19일) 속에서 비로소 조정되었는바, 패배하여 포로가 된 요한 프리드리히는 모리츠를 위해서 선제후권을 포기해야 했고, 어쨌든 자신의 아들들에게는 영지 일부를 물려줄 수 있었다. 황제는 모리츠와의 레겐스부르크 조약 직전에 바이에른 및 교황과 동맹조약을 맺었다. 바이에른은 중립을 지키는 대가로 영토를 획득하게 되고, 동맹에 의해 황제는 이탈리아와 네덜란드, 헝가리에서 데려오기로 한 군대 문제의 해결이 용이해질 터였다. 그러나 바이에른은 양다리를 걸쳐 슈말칼덴 동맹자들을 상대로 자신의 이익을 챙겼다. 황제는 아직 젊은 프로테스탄트 브란덴부르크-쿨름바흐(Kulmbach) 후작 알브레히트 알키비아데스(Albrecht Alkibiades, 1522~57, 재위 1541~54)와 브란덴부르크-퀴스트린(Küstrin) 후작 요한(1513~71, 재위 1536~56), 브라운슈바이크-칼렌베르크(Calenberg) 공작 에리히 2세(1528~84)와도 조약을 맺었다. 황제는 교황으로부터 4개월 동안 12,500명의 용병뿐만 아니라 스페인 왕국 내의 교회 재산에 대한 압류권을 보장받았다. 그러나 1546년 6월 7일에 서명된 조약은 카를 5세와 파울루스 3세 간의 깊은 상호 불신을 극복하지 못했다. 교황은 이탈리아의 세속 군주로서 강력한 합스부르크 황제만큼 두려운 대상이 없었다. 교황이 작센 출정 도중에 자신의 지원군을 철수시키고 공의회(공의회에서는 황제의 의지에 반하여 교회 개혁이 아니라 교리를 다루었다)를 1547년 봄에 볼로냐로 이전시킨 것(676쪽 참조)은 황제의 지위를 약화시키려는 데 목적이 있었다. 그러므로 제국 내의 프로테스탄트들에 대항한 군사 공격을 위해서 프랑스와의 강화조약(1544) 및 오스만 제국과의 휴전(1545)을 통해 외교적으로 철저히 준비된 초기의 조건이 아무리 유리했을지라도, 황제가 맺은 모든 동맹 관계는 취약했고 파트너들의 일시적 자기 이해에 의해 결정되었다. 통일된 제국 및 종교 정책을 목표로 한 황제의 제국보편주의에는 많은 적들이 있었다.

1547년 4월 24일 황제가 엘베 강변 뮐베르크(Mühlberg)에서 얻은 군사적 승리는 운이 작용한 결과였을 뿐만 아니라, 군사력에서 일시적으로 분명히 월등한 슈말칼덴 동맹군의 통일성 없이 행동하는 전쟁 참모의 중대한 전략적 오판의 결과였다. 1546년 10월 페르디난트의 보헤미아 군대와 모리츠의 작센 군대가 선제후령 작센으로 침공했다. 모리츠는 선제후령을 계속하여 자신의 통제 아래 두었고 할레로 하여금 황제가 자신에게 약속한 보호 통치를 인정하도록 강요했다. 모리츠는 요한 프리드리히의 역습에 의해 궁지에 몰렸으나, 일단 후작 알브레히트 알키비아데스의 지원을 받아서 버틸 수 있었다. 3월에 후자는 선제후령 작센의 포로가 되었다. 브란덴부르크 선제후와 에르네스트가(家), 알베르트가 영방 신분들이 요한 프리드리히와 모리츠 사이에 시도한 중재 협상을 통해 요한 프리드리히는 소중한 시간을 벌었다. 4월에 황제는 친히 작센의 전쟁터에 나타났고, 보헤미아의 겨울 숙영지를 출발한 자기 아우 페르디난트의 군대 및 모리츠의 동맹군과 연합하였다. 엘베 강을 따라서 부대는 작센 선제후령으로 깊숙이 진군했다. 4월 23일에서 24일 사이의 밤중에 황제는 긴 야간 행군 끝에 작센 선제후를 정면으로 기습하였다. 두 군대 사이에는 엘베 강이 놓여 있었다. 황제 군대가 엘베 강 다리 점령에 성공하자, 선제후 군대는 기진맥진하여 도주하지 않을 수 없었고 로하우(Lochau) 들판의 대전투에서 격멸당했다.

요한 프리드리히는 황제의 포로가 되었는데, 이것은 아마도 황제의 가장 중요한 승리였을 것이다. 왜냐하면 이 승리로 황제는 협상을 통해 자신의 승리를 완전하게 할 수 있게 되었기 때문이다. 슈말칼덴 동맹은 그러나 북부에서 군사적 우위를 지켰다. 1547년 5월에 베저(Weser) 강변 드라켄부르크(Drakenburg) 부근에서 황제의 군대에 감격적인 승리를 거둘 수 있었고, 이로써 황제는 브레멘과 마그데부르크에 대한 통치를 강제할 수 없었다. 황제는 사로잡힌 선제후에게 법적으로 의심스러운 절차를 통해 즉각 사형을 선고하게 한 후 그를 사면했고, 5년간 살아 있는 담보물로서 치욕스럽게 데리고 다녔다. 비슷한 일이 헤센의 필리프에게도 일어났다. 브란덴부르크 선제후 요아힘과 그의 사위 모리츠가 황제와 협상한 후, 그는 종신형 처벌은 받지 않을 것이라는 애매모호한 보장에 근거하여 제국 수장에게 굴복하였다. 필리프가 오랫동안 연금당한 것이, 전쟁을 통해 큰 영지를 획득했고 선제후권을 양도받은(1547년 6월 4일) 작센의 모리츠가 황제에게 적대적 입장을 취한 이유들 가운데 하나였다. 승리를 과시함으로써 인정을 받으려는 황제의 태도는 그의 정치 계획에 중대한 부담이 되었다. 카를은 티치아노(Tiziano)에게 자신을 '그리스도인 군대'로서 신성한 창을 들고 '독일의 역병' 루터파 이단을 몰아내는 제2의 게오르크로 묘사하도록 지시하였고(그림 40), 그리스도인 카이사르로 연기하였다 — 그가 자신의 루비콘 강인 엘베 강을 건넜을 때, "나는 왔고, 보았고, 신이 승리했노라"(Veni, vidi, deus vicit)라고 말했다고 한다.[6] 그는 팔츠 선제후, 뷔르템베르크 공작, 남독일 제국도시들을 굴복시켰고, 복수와 응보를 추구했으며 자신의 오만을 철저히 누렸다.

카를 5세의 재위 기간 중 어떤 국면에서도 그의 명성이 그의 권력이 최강에 달했던 그때보다 더 큰 상처를 받은 적은 없었다. 슈말칼덴 전쟁 기간에 만연했고 황제의 공격을 무엇보다 신의 말씀 및 독일의 자유에 대한 공격과 동일시한 프로테스탄트들의 프로파간다 팸플릿에서, 지

6 Heinz Schilling, *Karl V. und die Religion – das Ringen um Reinheit und Einheit des Christentums*, in: ders., *Ausgewählte Abhandlungen zur europäischen Reformations- und Konfessionsgeschichte*, hg. v. Luise Schorn-Schütte und Olaf Mörke, Berlin 2002, S. 47~118, 여기서는 S. 53. 종종 인용문은 vixit(vivere['살다']의 3인칭 능동태 완료)로 제공되지만, 이것은 오독(誤讀)이다. 스페인 궁정 역사 편찬자인 루이스 데 아빌라 이 주니가(Luis de Avila y Zúñiga)의 *Commentariorum de bello Germanico, a Carolo V. Caesare Maximo gesto, libri duo ……*, Antwerpen: Joh. Steelsius 1550, S. 124v에서 최초의 단서가 발견된다: "Veni, Vidi, Deus vicit".

그림 40 말을 타고 뮐베르크 전투로 출정하는 카를 5세의 모습
(티치아노 베첼리오, 1548년)

금까지 신중하게 유지되었던 제국 수장과 그를 사주하는 '교황 악마'의 가치 평가가 동등해졌다. 정치 문제에서 비텐베르크 신학자들 가운데 악명 높게도 가장 온건한 멜란히톤조차 전쟁에 직면하여 '세속 정부와 종교에서 영원한 변화'[7]가 임박했고, 곤경에 처한 개신교도 소집단들은 한때 이교도 압제자들에 대항하여 싸운 마카비인들처럼 묵시문학적 결단 상황에 처했음을 의심하지 않았다. 결정적으로 묵시문학적 근거에 의한 급진적인 정당방위 개념은 수년간 무엇보다 마그데부르크에서 대규모 인원을 동원하는 잠재력을 발휘하게 될 터였는데, 이 개념은 황제에 대한 항구적 저항권을, 황제가 로마에 있는 적그리스도적 독재자의 수호자가 되었다는 것으로부터 도출되었다. 적그리스도 독재자의 정권은 성서에 근거한 3신분, 곧 세속 정권, 설교자 직분, 가정 직분의 질서에 대항한다는 것이었다. 신의 뜻을 해석한 비텐베르크인은 감칠맛 나게 설명했다. 즉, 하늘의 주님은 "카를 황제와 로마의 악마 대행자 파울루스 교황을 의무와 서약을 어긴 순종치 않고 신실치 않은 반역자, 선동적 능멸자, 영원하고 전능한 권위와 주권을 손상하는 자로서" 파문했고 "황제직과 교황직에서 신적 통치권이나 권세가 없는 사인 신분으로"[8] 떨어뜨렸다는 것이다. 군사적, 정치적·법적 차원에서 수행된 개신교에 적대하는 황제의 전쟁은 종교개혁을 위한 자기주장의 투쟁을 도발했는바, 이 투쟁의 열정은 그 자체가 추구하는 목적이 되었다.

아우크스부르크 '무장 제국의회'(1547~48년)

황제는 일련의 조치를 통해서 제국 체계를 재정비하기를 바랐다. 만일 이 조치들이 실현되었다면, 전근대적 독일 국가의 특별한 구조를 근

7 CR 6, Sp. 196; Th. Kaufmann, *Konfession und Kultur. Lutherischer Protestantismus in der zweiten Hälfte des Reformationsjahrhunderts*, Tübingen 2006, S. 52ff. 참조.

8 [Georg Major], *Ewiger: Göttlicher / Allmechtiger Maiestet Declaration* [o. O., o. Dr., o. J.]; VD 16 M 2033~35; Ex. MF [nach 1530] 1973, Nr. 3260 (=VD 16 M 2034), D $4^{r/v}$.

본적으로 군주제적 지배로 바꾸었을 수도 있었다. 이 조치들이 특별히 논의된 무대는 제국의회였다. 황제는 제국의회가 1547년 9월 1일부터 1548년 6월 30일까지 열린 아우크스부르크 시를 자기 권능을 과시하기 위해 스페인 연대로 포위케 했으므로, 이 제국의회는 역사에서 이른바 '무장 제국의회'로 통한다. 카를 5세의 체제정치적 목표 아래서 슈바벤 동맹의 모델을 지향하는 황제 주도의 제국 동맹 시스템 창설이 최우선 목표였다. 이에 대한 논의는 전쟁 기간 동안 시작되었다. 그 중요한 기능은 화폐수단의 확보에 있었는바, 교황으로부터의 돈줄이 고갈된 후에 황제는 그것을 시급히 필요로 했다. 이 계획에 의하면, 황제와 지금까지 가까웠던 제국 신분들이나 정복당한 슈말칼덴 동맹의 제국 신분들에게 최소 12년 혹은 그 이상 기한으로 하나의 동맹에 가담할 것을 강요하고, 이 동맹은 어떤 다른 신분 연맹도 배척한다는 것이었다. 이 프로젝트는 신분들의 의심 때문만이 아니라 황제가 결국 네덜란드에서의 자신의 왕조적 이해를 제국 동맹을 위해 희생할 준비가 되어 있지 않았기 때문에 좌절되었다. 반면 황제는 수년간의 프로테스탄트들의 사보타주 때문에 심히 약화된 제국 대법원을 재조직하는 데 큰 성공을 거두었다. 여기서 로마법을 수미일관 지향한 전문화와 황제의 배석판사 지명권을 관철하는 데 성공했다.

제국의회 종료 후에 우선 아우크스부르크와 울름에서, 후에는 거의 모든 슈바벤 제국도시에서 실행된 일부 체제정치적 조치는 결정적이었다. 압도적으로 다수의 제국도시들이 개신교화되고 심지어 슈말칼덴 동맹 편에서 황제에게 대항하여 싸웠기 때문에, 황제는 이러한 불충(不忠)을 장차 불가능하게 만들려고 숙고했다. 종교개혁 와중에 여러 곳에서 강화되었던 바, 도시 통치에서 동업조합의 협력을 철폐하는 것이 관건인 듯이 보였다. 이것에 결정적인 고문위원회는 계속하여 전적으로 대부분 가톨릭으로 남은 세속 가문 출신들로 구성되어야 했다. 이 황제의 재가는 오랫동안 유효한 것으로 입증되었다. 이것은 도시 정권의 권세 지배적 성격을 강화했고 본질적으로 구(舊)제국 말기까지 존속하였다.

반면 황제가 아우크스부르크에서 관철한 종교 문제의 해법은 오판인 것으로 드러났다. 프로테스탄트들을 공의회에 복속시키려는 황제의 본래 목표는 상당한 난제에 직면했다. 공의회를 볼로냐로 이전하고 중단시킨 일, 제1차 회기 동안 이루어진 프로테스탄트들이 근본적으로 수용할 수 없는 교리 결정, 마지막으로 파르네세(Farnese)가(家) 출신 교황 파울루스 3세와의 관계의 중압 등이 그것이었다. (교황의 아들 피에르 루이지Pier Luigi는 황제로부터 로마의 안보 이해에서 중요한 영토인 파르마와 피아첸차를 봉토로 수여받은 후에 어떤 음모의 희생양이 되었는데, 이 음모에 황제의 밀라노 대리 페란테 곤차가[Ferrante Gonzaga, 1507~57]가 관여되어 있었다.) 스페인 군대가 이에 피아첸차를 점령한 사실은 교황뿐만 아니라 프랑스의 이해를 핵심적으로 침해했고, 양자가 합스부르크가에 대항하여 단결할 것이라는 우려를 자아냈다. 이런 정황 아래서 제국 땅에서 공의회를 재개하는 것은 생각할 수 없었다.

『아우크스부르크 잠정 처분』

갖가지 헛수고 끝에 결국 목표에 도달한 종교정치적 행보는 황제가 비밀 신학자위원회를 임명하는 것이었다. 이 위원회는 여러 단계의 과정을 거치고 구성원을 변경한 가운데(위원회에는 종교 대화의 경험을 가진 가톨릭 신학자 플루크와 헬딩, 루터의 고집 센 이전 제자이며 브란덴부르크 궁정 설교자 요한 아그리콜라가 속했다) 합의문을 작성했는바, 이 문서는 제국에서 종교 문제를 잠정적으로, 즉 '공의회의 종료와 결정까지 당분간',[9] 그러나 구속력 있게 정리하게 될 터였다. 신학적으로 『아우크스부르크 잠정 처분』은 지나치게 가톨릭적인 문서였다. 예를 들어 칭의론 조항에서 역점은 전적으로 능동적 사랑의 행위를 촉구하기 위해 주입되는 신의 사랑에 놓여 있었다. 교회론에서 주교의 권위, 교황의 권위에

---

9 Joachim Mehlhausen (Hg.), *Das Augsburger Interim von 1548*, Neukirchen-Vluyn ^{2}1996, S. 30.

복종하는 것이 중요한 역할을 했다. 다만 사적 미사에 대한 유보적 자세에서, 그러나 무엇보다 사제 혼인과 평신도 잔을 인정하는 데에서 종교개혁 신학의 정체성을 세우는 요소들이 남아 있었다. 1548년 5월 중순 이후에 제국의회로 이관된 문서에 대한 토의에서 가톨릭 제국 신분들이 『잠정 처분』의 수용을 거부했고, 또한 프로테스탄트 신분들의 반대도 크다는 것이 곧 드러났다. 그럼에도 불구하고 황제는 이 문서를 신분들의 다수 표결이라는 의문스러운 방법으로 합법화함으로써 제국 결정에 포함했고, 이로써 개신교 제국 신분들에게 구속력 있는 제국 종교법으로 도입했다. 이 과정은 괄목할 만했다. 황제는 대(大)제사장적 군주의 지위로 종교 문제를 제국 차원에서 법적으로 구속력 있게 규제할 권리를 주장했다. 『잠정 처분』이 표현한 교회법 체계에 대한 침범은 이 처분이 일부, 즉 프로테스탄트 제국 신분들에게만 적용되어야 한다는 그 자체로 법적인 반박 가능성이 가장 높은 단서 규정을 통해 은폐되었다. 교황은 그 자체로 교회법과 부합할 수 없는 『잠정 처분』의 내용, 예를 들어 평신도 잔에 대해 특별사면을 약속함으로써 이 법을 합법화했다. 가톨릭 제국 신분들에게 황제는 종교 제후들이 계속 수용한 『개혁 양식』(*Formula reformationis*)[10]을 포고했는데, 이것은 제국 차원에서 교회 및 성직 개혁에서 구속력 있는 조치에 다다르려는 첫 번째 시도였다.

개신교 지역 내에서 황제의 재(再)가톨릭화 명령의 실행은 다음 해 동안 독일 프로테스탄티즘의 핵심적 숙제가 되었다. 뷔르템베르크와 대다수 남독일 제국도시들에서 『잠정 처분』은 황제의 직접적인 군사적 압력 아래 도입되었다. 스트라스부르와 팔츠, 뉘른베르크, 브란덴부르크도 『잠정 처분』을 수용했는데, 후자는 그러나 1540년의 현행 교회법을 유지하였다. 『잠정 처분』의 도입을 자신들의 양심으로 양해할 수 없거나 단순히 해고된 개신교 목사들의 대대적인 탈출이 시작되었다. 콘스

10 *Acta Reformationis Catholicae Ecclesiam Germaniae concernentia saeculi XVI*, hg. v. Georg Pfeilschifter, Bd. 6, Regensburg 1974, S. 348ff.에 게재.

탄츠의 암브로지우스 블라러나 아우크스부르크의 볼프강 무스쿨루스(Wolfgang Musculus, 1497~1563) 같은 저명한 신학자들은 스위스로 도피했다. 브렌츠 같은 신학자는 은둔했다. 제국 밖에 있었고 그 때문에 '『잠정 처분』에서 자유로운' 프로이센 공작령은 요아힘 뫼를린(Joachim Mörlin, 1514~71), 마르틴 켐니츠(Martin Chemnitz, 1522~86), 안드레아스 오지안더 등 수많은 '고백자들'의 목적지가 되었다. 부처와 파기우스는 잉글랜드로 망명했다. 예기치 않게 신학 학문과 교리적 논쟁 중심지들이 번영했다. 쾨니히스베르크와 마그데부르크는 그 가운데 가장 찬란한 곳이 되었다.

그런데 선제후령 작센에서 『잠정 처분』에 대한 입장이 독일 프로테스탄티즘의 운명이 되었다. 제국의회 동안 이미 모리츠는, 종교법 도입은 선제후령 작센 영방 신분들의 동의에 따라야 한다는 생각에 의심의 여지를 남겨놓지 않았다. 그러나 프로테스탄트 모리츠는 도입을 촉구하는 황제의 압박에서 벗어날 수 없음을 깨달았다. 그래서 외적 제의, 이른바 '아디아포라'에 대해서 종교개혁파의 신학적 핵심 내용을 유지하되 양보하는 타협적 해법에 대한 생각이 떠올랐다. 슈말칼덴 전쟁 동안 폐쇄되었던 비텐베르크 대학이 다시 문을 연 후 새로운 영주 모리츠의 충성스러운 종 멜란히톤은 『잠정 처분』의 칭의 조항에 대해 신랄한 비판을 해야 했다. 그러나 외적 전례에 대해서는 성서와 명백하게 모순되지 않는 한 환영 의사를 표명했다. 1548년 12월에 라이프치히 영방의회(Landtag)에서 『잠정 처분』에 대한 변혁 양식이 의결되었는바,[11] 교리는 개신교적 성격을 유지하려 하고 전례는 가톨릭 양식을 인정하는 것이었다. 토의가 진행되는 동안에 자기 스승 멜란히톤에게 이미 타협에 대해 경고하였던 그의 제자 마티아스 플라치우스 일리리쿠스는 선제후령 작센의 종교법에 대해서 '라이프치히 잠정 처분'이라는 홍보적 영향력이 큰 개념을 만들었다. 플라치우스가 1549년 봄에 양심상의 이유로

11 *PKMS*, Bd. 4, S. 254ff.

비텐베르크 대학의 히브리어 교수직을 사임하고 1547년 6월 이후 황제에게 대항한 전쟁 참여와 악명 높은 불복종 때문에 제국 파문에 처해진 엘베 강의 수도 마그데부르크로 이주했을 때 종교개혁을 구출하기 위한 출판물 전쟁이 시작되었는바, 이는 1520년대 초 이후 보기 힘든 사건이었다.

마그데부르크 포위로부터 아우크스부르크 종교 평화

마그데부르크 전투

구(舊)도시 마그데부르크는 1524년 비텐베르크와 긴밀하게 관계를 맺은 가운데 초기 도시 종교개혁을 관철했는데, 시 참사회와 시민에게는 개신교 신앙고백을 위해 정치적·군사적·프로파간다적 수단을 동원하여 치른 전투가 오래전 16세기 이전에 시작된 대주교구 통치에 대한 도시 자율권을 위한 투쟁의 중요한 요소를 이루었다. 시는 1520년대에 에르네스트가(家) 작센에 정치적인 접근을 모색했고 1526년에 토르가우 동맹, 1531년에 슈말칼덴 동맹에 가담했으며, 마침내 추기경 알브레히트의 사망 후에 새로이 선출된 대주교 브란덴부르크-안스바흐의 요한 알브레히트에 대한 충성을 거부하고, 대성당 구역에 남아 있던 참사회 의원들에게 계속해서 미사를 거행할 경우 대성당을 폐쇄하겠다고 위협했다. 1547년 초에 구도시 참사회(여기에는 주덴부르크Sudenburg와 신도시 시민들도 속해 있었다)는 황제와 제국 대법원 앞에서 자신의 권리를 요구한 대성당 참사회에 보복을 통고했고 '옛 자유'와 '독일인의 자유'의 이름으로 대주교구 지역의 종교 재산을 압류했다. 1547년 봄, 수년 전부터 이미 방어진지를 구축하고 상당한 군대와 시민 방어군으로 무장한 엘베 강 수도는 황제 군대에 의해 포위된 브레멘을 구원할 때 협력했고, 황제의 군대가 남부로 퇴각할 때 괴로움을 겪지 않았다. 1547년 7월에 시에 제국 파문이 선고되었다. 정확히 20년 전인 1527년에 이미 이런 일이 있었다. 대주교 요한 알브레히트가 슈말칼덴 전쟁에서 선제후 요한 프리드리히로부터 사임을 강요당한 후, 대성당 참사회는 또다시 호엔촐레른가(家)의 왕자 프리드리히 4세(재위 1550~52) 방백을 선출했고, 황제는 그에게 대주교구를 봉토로 수여했다. 작센의 모리츠가 슈말칼덴 전쟁 동안 황제와의 연대 때문에 얻어낸 저 수입의 일부였던 마그데부르크와 할버슈타트 주교구에 대한 보호 통치는 그 결정적 가치를 상실했다. 황제가 그로 하여금 자신의 장인인 헤센의 필리프의 석방을 거듭하여 아무런 보상 없이 간청하게 함으로써 그에게 가한 모욕, 『잠정 처분』과 공의회의 요구로 공격받고 상처받기 쉬운 프로테스탄트적 자존심은 차치하더라도 무엇보다 제국 신분의 정서가 새로운 작센 선제후로 하여금 황제의 지배자적 작태를 멸시하게 만들었다. 모리츠가 1550년 10월에 아우크스부르크 제국의회에서 마그데부르크에 대한 제국 파문 실행을 자신에게 위임하도록 한 것은 그에게 독일 프로테스탄티즘에 예상치 못한 기회가 될 행동 가능성을 주었다.

마그데부르크는 『잠정 처분』의 수용을 공공연히 거부한 몇 안 되는 중부 독일 도시들 가운데 하나였다. 시의 늙은 대교구 감독이자 루터의 친구 니콜라우스 폰 암스도르프는 나움부르크 주교직(1542~47)에서 쫓겨난 후에 자신의 옛 활동지로 돌아왔고, 자신의 종교적·교회정치적 관심을 개신교 신앙고백의 투쟁 정신을 고무하고 공공연하거나 은폐된 '교황파 짓거리'에 대한 어떤 타협이나 굴복에 대항하며 굳건한 신앙을 가진 에르네스트가에 대한 '마이센의 유다' 모리츠 공작의 부끄러운 배신을 공개적으로 비난하는 데 집중했다. 또한 다른 친(親)에르네스트 저자들, 1548년 여름 이후 그러나 무엇보다 황제의 종교법을 견딜 수 없는 멍에로 간주한 저자들은 마그데부르크에 주목하였고 이곳으로 물밀듯이 망명했으며, 필연적이 된 직업 전향을 위한 토대로서 이 시를 이용하거나 시가 제국 내 유일한 장소로서 제공하는 출판 가능성을 활용했다. 여기서만 『잠정 처분』을 반박하는 글을 노골적으로 인쇄할 수 있었다. 여기서만 신앙고백에서 조금도 양보하지 않을 각오가 되어 있었으며 이곳만이 이런 자세를 능숙한 언변과 강한 논증으로 선전할 수 있는 신학자들에게 공감을 보였다. 여기서만 루터의 유산이 순수하게 보존되었고, 비텐베르크에서 타협적으로 희석된 참된 교리가 보호받고 보급되었다.

불안한 시기 동안에 마그데부르크로 이주하고 여기서 목사나 저술가로 정착한 사람들 가운데 1549년과 1550년 비텐베르크로부터 배신당한 젊고 재능 많은 학자 플라치우스와 니콜라우스 갈루스(Nikolaus Gallus, 1516~70)가 특별한 역할을 맡았다. 그들은 암스도르프와 함께 우리 '주 예수그리스도의 사무국'(officina libraria Jesu Christi[12]) 역할을 담당하여 마침내 유명해진 저 루터파 정통 신앙의 확고한 요새의 탁월한 문학적 투사가 되었다. 목사직을 갖지 않았고 주로 저자와 출판가로 활약한 플라치우스는 인쇄 작업이 가장 많았던 1549년과 1550년에 거의 모든 텍스트의 절반에 관여했다. '그리스도의 사무국'의 인쇄 작업 총량은 1548년과 1551년 사이에 400종 이상에 달했다. 이 시기에 제국 내 어떤 곳에서도 여기보다 더 많은 팸플릿이 생산되지 않았다. 마그데부르크는 얼마 동안 황제의 억압적 재(再)가톨릭화 정책의 질곡을 짊어지지 않으려는 자유로운 독일 프로테스탄티즘의 대변자처럼 되었다. 또한 외국으로부터, 특히 스위스와 프랑스의 프로테스탄트들이 경탄의 시선으로 중부 독일 도시를 주시하였다.

사람들이 이 투쟁에서 사용한 다양한 문학 장르들은 종교개혁 초기의 팸플릿 전쟁을 연상시킨다. 대화편과 논제, 신앙고백서, 소견서, 교리서와 교리문답서, 설교, 공개서한, 위로 서한과 공격적 논설문, 기도문, 예언서, 삽화가 들어간 팸플릿이 출판되었다. 삽화가 든 팸플릿은 인상

12 마그데부르크 설교자의 자기표현으로 1550년 4월 13일자로 인증될 수 있고, 보통 빌헬름 라베(Wilhelm Raabe)에게서 문학적 2차 양식으로 인용된 '그리스도의 사무처'라는 표현의 역사에 대해서는 Thomas Kaufmann, *Das Ende der Reformation. Magdeburgs "Herrgotts Kanzlei" 1548~1551/2*, Tübingen 2003, S. 157ff. 참조.

깊게도 무해한 듯 행동하는 『잠정 처분』 배후에 숨은 악마를 보여준다(그림 41 참조). 또한 적그리스도 교황 및 그의 황제에 대항하는 종말 전쟁을 다른 역사적·정치적 맥락에 집어넣은 낡은 혹은 새로운 보조 텍스트들도 출판되었다. 이미 예고되었고 1550년 가을부터 실행된 포위 때문에 도시가 처한 위협은 주민들의 결속감을 강화했다. 시민들은 자신들을 아시리아인에게 항거한 베툴리아와 비교했다(유디트서 참조). 그리고 도시의 이름에서 이런 연관성에 대한 신적 암시를 발견했다. 왜냐하면 소녀 내지 처녀의 히브리어 베툴라(betula)가 처녀의 성(Maiden-burg), 소녀의 성(Mädchen-burg) 마그데부르크(Magdeburg)에 포함되어 있는 것처럼 보였기 때문이다. 사람들은 외견상의 어원적 유사성에 근거하여 심지어 모든 전투 중 최후 전투 아마겟돈(Har-maged-on, 요한계시록 16:16)의 묵시문학적 실행 장소와 동일시하였다. 여기 마그데부르크의 성문 앞에 모든 것이, 즉 시대의 종말에 오로지 축복을 주는 복음의 가르침을 보존하느냐 상실하느냐가 달려 있기 때문이다.

시 참사회와 신학자들 간의 긴밀한 연결은 순수한 교리의 유지를 위해 하급 행정관들에게 고위 위정자들에 항거할 수 있는 권한을 인정한 저항 교훈을 표명하는 것에서 열매를 맺었다. 이 콘셉트에서 주목할 만한 것은 무엇보다 묵시문학적 영감으로 고취되어 독재자로 변한 제국 수장에게 도전하는 비타협적 자세와 3신분 이론을 지향한 창조질서 신학의 이론적 결합이었다. 또한 신학정치적 관점에서 슈말칼덴 전쟁 시기에 나온 프로테스탄트 선동문학은 마그데부르크에서 다시 뜨거워진 반면, 비텐베르크에서는 냉담한 타협을 허용하기 시작했다. 멜란히톤과 알베르트가를 섬기는 그의 비텐베르크와 라이프치히, 드레스덴 동료에게 대항하여 마그데부르크의 출판물에서 표현된 극심한 거부감이 극복되기까지는 수십 년이 걸렸다.

초기 종교개혁 운동의 관철 동학에서 한때 특징을 드러냈던 종교적 진리 주장과 도시 공공심(公共心)의 결합, 도시와 종교개혁의 신학적·문화적 공생은 마그데부르크에서 궁극적으로 절정에 도달했다. 사람들

그림 41 『무고한 중립주의자들의 백의(白衣)』(연대 미상)

이 마그데부르크인들을 재세례파 왕국의 뮌스터와 비교한 것은 반란에 대한 비난뿐만 아니라 궁극적 진리에 대한 묵시문학적·무조건적·환상적 헌신에도 그 이유가 있었다. 그러나 마그데부르크인들은 변화를 선전하거나 실행하지 않았고 내부의 시 참사회 규정을 전복하지 않았다. 그들은 반동적인 것으로 악명 높은 '교황 악마'의 사주를 받은 황제가 그들에게서 박탈하려고 한 옛 자유, 원초적 복음, 신앙고백의 권리를 위해 투쟁했다. 1551년 봄에 정치가들이 모리츠와의 비밀 협상에 응해서 암스도르프와 플라치우스, 갈루스가 보증한 최후까지의 투쟁을 점차 포기하였을 때, 종교와 정치, 시 참사회 의원들과 신학자들 사이의 정신적 공생은 해체되기에 이르렀다. 마그데부르크가 개신교 신앙고백의 자유의 유명한 상징적 장소가 되었다는 것은 무엇보다 신학자들 덕분이며, 시가 일부 처벌을 받기는 했어도 본질적으로 저항의 모험에서 온전하게 벗어난 것은 무엇보다 정치가들 덕분이다.

작센의 모리츠의 전선 변경

모리츠가 1550년 가을에 포위를 개시했을 때, 황제의 억압적 종교 정책에 대항하는 일부 프로테스탄트 제후들의 저항은 이미 형성되기 시작했다. 브란덴부르크-퀴스트린의 방백 한스와 메클렌부르크의 요한 알브레히트(그의 참사회는 얼마 전 1549년 공작령의 종교개혁에 동의했다), 그리고 『잠정 처분』으로 망명한 수많은 사람들에게 도피처를 제공한 프로이센 공작 알브레히트는 1550년 2월에 서로 동맹을 맺었는바, 이 동맹은 확대되어 황제에게 맞서고자 했다. 모리츠가 황제와 제국의 비용으로 그들 가운데서 용병을 취해 자신을 위해 고용했을 때, 그들은 마그데부르크의 경악을 목격했다. 1551년 초 이후에 모리츠는 슈말칼덴 동맹의 전 외교관인 요한 추 하이데크(Johann zu Heideck, 1500경~54)를 고용했는데, 그 목적은 그가 이전의 전쟁 적수들과 종교 동지들 가운데서 작센 선제후가 점차 은밀히 전선을 변경하리라는 것을 신뢰하도록 만들기 위해서였다.

선제후 모리츠는 헤센을 통해서 프랑스와의 외교 관계를 구축하였다. 그는 젊은 방백 빌헬름 4세(1532~92, 재위 1547~52와 1567~92)와 퀴스트린 주변의 동맹을 끌어들여 갖가지 의무를 지웠는데, 이것은 1551년 5월에 토르가우에서 합의된 연맹으로 강화되었다. 1547년에 사망한 프랑스 왕 프랑수아 1세의 후계자 앙리 2세(1519~59)도 협상에 끌어들였다. 1559년 가을 이후에 그는 이탈리아에서 합스부르크가와 전쟁을 치르고 있었고, 오스만 제국과의 새로운 동맹을 계획했다. 프랑스가 요구한 반대급부가 제국 존립을 침해할 것임이 드러났기 때문에 퀴스트린의 한스와 프로이센의 알브레히트는 동맹에서 탈퇴했다. 1552년 1월 15일에 샹보르(Chambord) 조약이 서명되었다. 이 동맹은 황제에 단호히 맞섰으나, 선제후의 바람에 따라서 밖으로는 페르디난트 왕을 앞세웠다 — 이것은 전략적으로 중요한 결정이었는바, 합스부르크가와의 협상에 여지를 주고 황제와 그 아우 간의 점차 드러난 소외 관계를 고려한 것이었다.

합스부르크가의 두 계보 사이에서 부담스럽게 작용하기 시작한 황제의 후계에 대한 제국 내의 논란이 되는 견해들 속에서 긴장감이 인식될 수 있었고, 이것은 또한 다가오는 해의 종교 문제 협상에도 영향을 끼쳤다. 페르디난트의 황제직 이후에 자기 아들 필리프를 후계자로 삼으려는 카를의 희망은 페르디난트 자신의 왕조적 이해에 저촉되었을 뿐만 아니라 선제후들의 선출권, 즉 제국의 헌법적 구조에도 저촉되었다. 군주들, 특히 카를이 이로써 반대 측의 제국 제후들로부터 "그들이 제국을 상속할 수 있게 만들려고 하며 한 외국인을 무력으로써 선제후들 및 다른 제후들의 의도와 신념과 의지에 대립하게"[13] 만들고자 한다는 비난을 받았다는 사실은 전통적 질서의 근본적 전도를 두려워한다는 것을 분명히 보여준다. 그렇기 때문에 샹보르 조약의 파트너는 제국 수장

13 1552년 제국 신분들의 *Passauer Gravamina*: Kohler, *Quellen*, (Anm. 1), Nr. 108, S. 421에서 인용.

에 대한 항거의 근거를 한편으로는 '종교'에 대한 황제의 공격에서(황제는 개신교에 '울타리를 치고 결국 박멸하려고'[14] 한다), 다른 한편으로는 헤센의 필리프의 석방 및 독일 민족의 '옛 자유'에서 찾았다. 이 자유가 "스페인과 다른 곳에서 볼 수 있는 것처럼 잔인하고 견딜 수 없으며 영원한 종살이"[15]에 의해 파괴되기를 바라지 않았다.

황제를 돕기 위해 불충한 마그데부르크 시를 포위한 작센의 모리츠는 교묘하게 진행된 이 음모의 주동자로 나서는 데 성공했다. 프랑스 왕에게 정당한 근거도 없이 치르려던 대가는 제국에게는 사소하지 않았으나 황제에게는 고통스러울 정도로 컸다. 그 대가는 캄브라이와 로렌(Lorraine)의 주교좌 도시 메츠(Metz), 툴(Toul), 베르됭(Verdun), 즉 '옛날부터 제국에 속했고 독일어권이 아닌'[16] 도시들이었으니, 프랑스 왕은 이 도시들을 장차 제국을 대리해서 관리하되 궁극적으로 제국에서 분리하지는 않는다는 것이었다. 이 협상의 전략적 의미는 자명했다. 프랑스는 새로운 영토를 차지함으로써 바리케이드처럼 합스부르크가의 남독일과 네덜란드 소유지 사이로 밀고 들어와서 핵심을 건드렸다.

모리츠는 자신이 마그데부르크인들과 벌이게 만든 비밀 항복 협상에서 외적으로 포위 압력을, 이후에는 점차 포위의 외관만을 유지하면서 자신은 포위당한 자들과 같은 교리를 가지고 있음을 고백하며 심지어 그것을 위해 몸과 목숨을 바칠 각오가 되어 있다고 역설했다. 그는 은밀히 시로부터 상속자로 인정받고 반대급부로 개신교를 보장한 반면, 공적으로는 황제와 제국의 이해의 집행자로 처신했다. 즉, 모리츠는 프로테스탄트들의 맞은편에서 그들 중 한 사람으로 단호히 처신했다. 이런 신앙고백적 연기(아마도 진정한 감정과 부합할 것이다)는 엘베 강변 수도의 신앙 형제들에게 깊은 인상을 주는 데 실패하지 않았을 것이다. '마

14 *PKMS*, Bd. 5, Nr. 311, S. 574.
15 같은 책, S. 575.
16 같은 책, S. 581.

이센의 유다'에서 '프로테스탄티즘의 구원자'로의 특이한 이력은 오직 종교가 가진 암시 및 극복 잠재력에 근거해서만 생각할 수 있었다.

1551년 10월 이후에 인스부르크에 체류한 황제는 분명히 이런 음모에 대해서 전혀 알지 못했다. 구교 제후들과 주교들이 1552년 3월 이후에 남부로 진입한 프로테스탄트 저항군을 방해하지 않았고, 이 이른바 제후 전쟁의 승패가 초여름까지 군사적으로 결정되었다는 사실은 제국 내 실제적 세력 관계, 우세해진 황제에 대한 제국 신분들의 연대와 일치하였다. 황제는 개인적으로 치욕스럽게도 도피하지 않을 수 없었다. 모리츠 군대가 티롤로 진격했을 때, 황제에게는 가마를 타고 브레너(Brenner) 고개를 경유해서 필라흐(Villach)를 도피하는 길밖에 없었다. 황제의 권력이 돌이킬 수 없이 상처를 입었다는 사실을 이보다 더 효과적으로 보여줄 수는 없었다.

페르디난트와 반란 제국 신분들, 중립적 신분들 사이의 협상은 1552년 초부터 파사우에서 진행되었는데 무엇보다도 왕이나 구교 측의 제국 신분들도 제국 내 지속적인 종교 평화에 대한 생각에 반대하지 않았기 때문에 실행 가능한 결과에 도달했다. 가톨릭 독일도 더 이상 이단자들과의 영구적 평화를 배제한 로마 교회의 교회법적 원리에 구속받지 않는다고 생각했다. 제후 전쟁 및 이와 별개의 악명 높은 후작 알브레히트 알키비아데스의 평화 파괴 행위(그는 스스로 프랑켄 주교구들을 법과 질서에 어긋나게 괴롭혔다)는 보편적 평화에 대한 염원을 강화했다. 보편주의적 통일 이념과 끝이 없는 이단자 증오심에 사로잡혀서 지속적 종교 평화에 맞서 스스로를 가둔 유일한 사람은 황제였다. 그러나 자기 형에 대한 페르디난트의 영향력은 황제가 수정된 조약안에 동의하고 이것을 1552년 8월 15일에 비준하는 데 충분했다. 조약문은 방백의 석방, 제국 차원의 종교 대화의 틀 안에서 타협해야 할 종교 문제를 곧 소집될 제국의회까지 연기하도록 조정했고, 분열된 종교를 궁극적으로 조정할 때까지 '황제 및 왕 폐하와 독일 민족의 선제후, 제후, 신분들 사이의 지속적 평화 상태'에 대한 전망을 포함했다.[17] 이것은 프로테스탄트들에게는 획기적 성과였으니, 무엇보다 그들 자신을 한때 큰 곤경에 몰아넣었던 모리츠 덕분이었다. 모리츠는 1553년 7월에 국가 평화 파괴자 알브레히트 알키비아데스에 대한 성공적인 전투 후에 사망했다. 이것은 제국과 제국의 평화를 위한 헌신이었다. 모리츠는 실제로 용병 지도자에서 선제후, '제국의 기둥'이 되었다.

1552년 가을에 또다시 엄청난 대출을 조달하고 스페인 및 이탈리아 정부를 합병할 수 있게 된 황제는 로렌 전장으로 진군했으나 군사적으로 실패했고 네덜란드로 퇴각해야 했다. 그는 제국에 다시 발을 들여놓지 못했다. 1553년 여름에 15세의 나이로 잉글랜드 왕 에드워드 6세가 사망하고, 헨리 8세와 아라곤의 카타리나 사이에 태어난 장녀이자 황제의 조카이며 가톨릭으로 남은 메리가 왕위를 계승한 후에 합스부르크 왕조에는 또다시 희망에 가득 찬 전망이 열렸다. 1554년 7월에 카를 5세의 아들 필리프(1527~98, 재위 1556~98)는 메리와 결혼했다. 이 목표를 위해서 오스트리아 가계에 속한 빈 왕자를 매수하고 합스부르크가 내의 관계에 또 다른 부담을 주는 일을 감수했다. 그러나 온 세상을 포괄하는 세계 제국에 대한 새로운 환상은 성취되지 못했다. 1558년 황제와 같은 해에 메리도 자녀 없이 사망했다. 그녀와 그 남편의 유혈적인 재가톨릭화 정책은 잉글랜드와 스페인의 관계에 장기간 큰 부담이 되었다. 황제의 만년의 희망은 아무것도 이루어지지 못했다. 황제가 1558년 9월 21일에 스페인 에스트레마두라(Estremadura)에 있는 히에로니무스파 수도원 유스테(Yuste) 부근의 암자에서 사망했을 때, 중세의 제국 이념은 그 대변자를 상실했다. 카를 5세에게 사죄를 수여한 톨레도의 대주교가 그리스도의 고난만을 전적으로 지시한 것에 이의를 제기한 성직자들의 음모 때문에 루터파 이단자라는 심각한 혐의를 받았다는 사실은 종교 내에 얼마나 많은 열광주의적 망상이 있었는지를 보여주었

17 파사우 조약의 종교 조항, Ruth Kastner, *Quellen zur Reformation 1517~1555*, Darmstadt 1994, Nr. 159, S. 520에서 인용.

다. 그래서 루터파 이단의 악영향은 그것을 파괴하기 위해서 그리고 가톨릭교회의 일치를 유지하기 위해서 어떤 사람보다 많은 일을 한 인물의 임종 자리에까지 미쳤다.

아우크스부르크 종교 평화

카를 5세는 제국 내 종교의 지속적 평화를 반대하였는데, 그가 자기 아우에게—철저히 신뢰할 만하게—전한 것처럼 그리스도교 통일의 해체로 말미암은 양심의 가책에서[18] 비롯한 황제의 이러한 반대는 사태가 아우크스부르크 종교 평화로 발전하는 것을 저지할 수 없었다. 마지막으로 그는 퇴위를 통해서 제국 결의의 법적으로 유효한 공포를 무효로 돌리려 했다. 그럼에도 불구하고 페르디난트는 제국의회 종료 1시간 전에 도달한 소식을 묵살하였다. 아우크스부르크 종교 평화를 포함한 1555년 9월 25일자 제국 결의는 그것을 고집스럽게 저지하려고 한 저 황제의 권위 아래 공표되었다. 카를의 퇴위는 1558년에 비로소 법적 효력을 얻었다. 선제후들은 퇴위에 동의하는 것과 통치권을 로마 왕에게 이양하는 것에 동참할 권리를 요구했다. 페르디난트는 제국 이해의 정직한 중개자로 간주되었다. 그는 1555년의 아우크스부르크 협상에서 그러한 자로서 확인되었고, 어떤 다른 법조문보다 근대 초기 독일 역사를 지속적으로 결정짓게 될 저 특별한 종교법의 성립에 기여했다.

1555년 6월 21일자 제국 신분들의 공동 초안에 이미 포함된 본질적 내용은 다음과 같다. (1) 평화는 『아우크스부르크 신앙고백』 측 신분들과 가톨릭 종교 사이에 유효하다. 이 평화는 다른 종교인과 개혁파를 배제한다(제17~19항).[19] (2) 이 평화는 파사우 조약 전에 이루어진 제국

18 Kohler, *Quellen* (Anm. 1), Nr. 114, 특히 S. 455.

19 Arno Buschmann, *Kaiser und Reich. Verfassungsgeschichte des Heiligen Römischen Reichs Deutscher Nation vom Beginn des 12. Jahrhunderts bis zum Jahre 1806 in Dokumenten*, Tl. 1: *Vom Wormser Konkordat 1122 bis zum Augsburger Reichsabschied von 1555*, Baden-Baden ^{2}1994, Tl. 1, Nr. 11, S. 215ff.에 게재됨.

신분들에 의한 제국 직속 종교 기관의 세속화를 인가한다(제19항). (3) 이 평화는 '종교의 궁극적 조정 전까지' 개신교 신분들의 종교 사법 행위를 보류한다(제20항). (4) 이 평화는 가톨릭 종교 기관의 수입과 이 수입에 대한 세속 정권의 권리를 확정한다(제21~22항). (5) 이 평화는 한 지역으로부터 다른 신앙을 가진 신하의 망명권을 허락하고, 그들에게 재산과 부동산을 처분할 권한을 보장한다(제24항).

아우크스부르크 종교 평화는 1526년 슈파이어 제국의회 이후에 실제로 도입된 종파적 영토고권 원리에 근거한다. 이 원리는 1600년경 최초로 사용되고 입증된 간결한 정식 — '영주가 종파를 결정한다'(cuius regio eius religio) — 으로 요약되곤 한다. 종교 평화는 한 영방국 내에 폐쇄된 단일 종교의 원리를 전제한다. 그러나 영주만이 종교개혁을 도입할 권리를 가진다. 단, 두 종파가 공존하는 제국도시들에서는 평등한 종교 실천이 예상되었다. 이 평화는 지속적이고 침해될 수 없이 유지되어야 함에도 불구하고 종교와 신앙 문제가 그리스도교적으로 사이 좋게 궁극적으로 조정되기까지 원칙적으로 시한을 가진다(제26항). 근본적으로 두 가지 문제가 미결로 남았는바, 이는 16세기 동안 중대한 장애물로 드러났다. (1) 프로테스탄트들은 가톨릭 지역 내 거주하는 기사들과 도시들이 개신교도로 남을 권리를 가져야 한다고 요구했다. 가톨릭 신분들은 이 규정에 반대했다. 제국 결의에 수용되지 않았고 우선 공표되지 않았으며 법적 구속력이 논란이 되었던 선언문(*Declaratio Ferdinandea*)에서 페르디난트 왕은 이것을 인정했다. (2) 가톨릭 측은 종교 제후가 『아우크스부르크 신앙고백』 종교로 변경할 경우, 제국 신분의 가톨릭 성격은 유지되어야 하고 따라서 종교 제후는 다만 사인으로서 개신교도가 될 따름이라고 주장했다(이른바 '종교적 유보'*Reservatum ecclesiasticum*). 이 문제에서 신분들 간의 일치에 도달하지 못했으므로 해당 규정은 왕의 명령 형태로 선포되었다.

본문에 언급된 조항들은 아우크스부르크 종교 평화와 관계된다.

논란이 되는 문제에 다양한 논쟁의 싹이 남아 있었을지라도, 종교 평화는 지난 25년간의 혼란을 고려할 때 예상되었던 것보다는 제 기능을 훨씬 잘 수행했다. 이 평화는 세속적 평화 질서를 도입했으며, 이 평화 질서는 동시에 구(舊)제국을 지탱하고 가능하게 했던 저 정치 시스템을 안정시켰다. 이 평화는 권력 분배를 경향성을 가지고 확정하기는 했지만, 그 논리는 종파들 간의 실제적 권력 분배와 일치하였다. 이 평화는 교회법상 유죄판결을 받은 이단에게 존속을 보장했으며, 이로써 정치 질서를 세속화하고 국가의 종교적 중립성의 토대를 세우는 데 결정적으로 기여했다. 구제국의 종교법은 재세례파와 유대인, '비국교도' 등을 배제했다. 이 법은 포괄적 의미의 종교적 관용의 근거를 만들지 못했다. 이 법은 개혁파에게 『아우크스부르크 신앙고백』의 우산 아래서 법적 관용을 얻도록 요구했는바, 이것은 오직 루터파 종파와 개혁파 종파 간의 분쟁으로 얼룩진 해석 및 협상 과정을 통해서만 성취될 수 있었다. 종교 평화는 가톨릭 교도들 사이에서 많은 논란을 불러일으켰다. 교황의 공식적 항의는 없었지만 이단자와의 평화를 견딜 수 없는 것으로 간주한 이들에 의해 지속적으로 그랬다. 프로테스탄트들도 이 평화를 그들 자신의 법적 존재를 보장하는 토대로 무조건적으로 인정하기까지는 한 세대가 걸렸다. 베스트팔렌 조약을 만든 정치가들과 법률가들이 30년 전쟁 후에 1555년의 원리로 돌아온 사실은 다른 무엇보다도 냉철한 법적 합리성(사람들은 종교적 진리 주장의 열기를 이 합리성으로 냉각시키고 그것의 파괴적 잠재력을 억제했다)이 미래에 유용할 수 있음을 입증해주었다.

아우크스부르크 종교 평화는 종교에 세속법의 경계를 설정했다. 이 경계 내에서 종교개혁은 유지될 수 있었다. 이 경계 내에서 종교적 진리는 그 권리를 유지했다(외부에서 볼 때 다수에게 보다 많은 진리가 있을 따름이었다). 그러나 이것은 그 시대의 가장 영향력 있는 신학자 루터가 매진했고 기대했던 것에는 훨씬 못 미치는 것이었다. 또한 이것은 모든 시대에서 가장 강력한 황제 카를 5세가 관용했고 허용했던 것보다 훨씬 많은 것이었다. 1555년에 3인의 교황을 겪은 로마에서만 다시 한 번, 그리고 언제나 다른 걱정거리가 있었다. 그래서 종교개혁의 나라 독일에서 다른 곳보다 일찍, 그리고 다르게 새로운 종파 시대가 시작되었다.

종파 문화

1555년의 종교 평화는 동시에 역사적·역동적 발전의 종점이었다. 이 평화는 약 30년에 걸친 한 이단의 정치적·법적 생존 보장을 위한 투쟁을 종결지었다. 이 이단은 신분들의 지원 때문에 억압될 수 없었다. 그런 한에서 아우크스부르크 종교 평화는 제국 내 세력 관계에 근거하여 불가피한 발전을 마감했다. 카를 5세는 이 발전을 끝까지 막아섰다. 1555년의 결정으로 독일에는 두 종파 내지 다중 교회 체제가 영구히 세워졌는바, 이 체제는 중세 제국적 통일 개념의 근본을 이루는 제국 및 그 수장과 제(諸) 신분들의 종교적 동일성을 근본적으로 저지했고 실제적으로 폐기했다. 종교개혁 시대의 국교회 내지 영방국 교회, 시 교회에 대해서 자명한 사실은 그것들이 — 제의, 의식과 관습에서 다양한 연속적 요소들에 불구하고 — 법적·조직적·신학적 관점에서 새롭게 형성된 것이며, 크고 작은 영향력을 가진 국지적 현상들이 결합되었다는 것이다. 개신교 영방국 교회들은 교리와 제의, 관리 구조, 법적 관계에서 볼 때 세속 정권 내지 왕조에 의존적인 기관이다. 이 기관에서는 중세 후기에 시작된 영주의 교회 통치를 발전시키려는 경향이 지속됨과 동시에 질적·양적으로 새로운 수준으로 고조되었다. 왜냐하면 영주는 '비상(非常) 주교'로서 제국의 종교법상 선택의 범위 안에서 명목상 자기 영토 내에서 유효한 교리를 결정하였기 때문이다. 즉, 그는 교회법을 공포했고, 종교국 위원회의 신학 및 법률 위원을 지명했으며, 교회를 지도할 종교인을 청빙했다. 교회법상의 제약은 그에게는 더 이상 유효하지 않았다. 다른 영방국 교회와의 협력, 특히 다른 영방국과의 종파적 연대에 대한 합의는 그의 동의를 얻어야 했다. 통치하는 제후가 실제로 법률적·신학적 고문들에 의해 결정되었고, 또한 특히 전례적·인사정치적 권한, 해석 및 개입 권한에 관한 한 상이한 배우들 간의 협력 모델이 일상적이었을지라도—교회 및 자신의 신하의 구원을 담당하는 종교 기관에 대한 결정적 관할권은 영주 자신에게 있었다. 영주는 언젠가 신의 보좌 앞에서 책임을 져야 할 것이고 그런 한에서 통용되는 행동 논리의 규범에 따라서 책임 의식을 가지고 행동해야 했다. 영방국 교회의 국지화는 독일 프로테스탄티즘을 지속적이면서도 영구·근본적으로 주조했다. 교회 국지화는 독일 종파 시대의 기본 표지판이 되었다. 독일의 가톨릭 지역 내에서 지역적 교회 성격이 형성되었고, 따라서 라인 지역 가톨릭교회가 바이에른 혹은 뮌스털란트(Münsterland) 지역 가톨릭교회와 정신적 혹은 제의적·실천적 관점에서 부분적으로 오늘날까지 상이할지라도, 가톨릭교회는 프로테스탄티즘과 같은 정도로 다원성 내지 다양성을 이루지는 않았다. 왜냐하면 교회법적, 계급서열 기관적, 전례적, 교리적 요소들은 교황의 사법적 효력 영역에서 일반적으로 발견되기 때문이다. 여기에 덧붙여 16세기 후반과 17세기 독일 가톨릭교회는 집중적으로 남유럽 국가들로부터 영적·신학적인 수도원 혁신의 영향을 받았다. 적어도 교황 우호적이고 로마교회적이며 초민족적인 흔적이 가톨릭교회의 특성인 것처럼 지방적·지역적 내지 영방국가적인 경향은 개신교 교회에 특징적이었다.

교회의 문화적 형태는 그리스도교 종파 간에 매우 상이하게 나타날 수 있었다. 즉, 교회가 무엇인가는 루터파나 개혁파, 가톨릭 종파 사회의 그리스도인에게도 상이하게 나타난다. 경쟁하는 종파들의 종교적 진리 주장이 법적으로 중지된 데 근거한 아우크스부르크 종교 평화 체제는 종파들이 그리스도교 해석 형상을 자신들에게 설정된 경계 안에서 문화적으로 형성하는 데 결정적으로 기여했다. 구제국의 어떤 종파 교회도 단순히 중세 교회의 지속이 아니었다. 종교개혁이 중세를 교회적 관점에서 종결했다는 사실이 종파 시대에 궁극적으로 드러났다.

루터파는 가장 쉼 없이, 그 내적 발전에서 가장 강력하게 구제국과 연관된 종파였다. 『잠정 처분』을 둘러싼 논쟁 후에 루터파는 또 다른 신학 논쟁으로 혼란에 빠졌다. 논쟁은 1570년대 후반의 힘겨운 합의 과정을 통해 『일치 양식』(*Konkordienformel*, 1577) 내지 『일치서』(*Konkordienbuch*, 1580)로써 교리를 어느 정도 공고화하는 데 기여했다. 그러나 루터파 교리 고백서 가운데 마지막 것은 제국법적으로 구속력 있는 『아우크스부르크 신앙고백』의 관점에서 루터파 내부 논쟁을 해석한 것으로서, 루터 내지 비텐베르크 전통을 원용하는 어떤 독일 지역 또는 독일 외 지역에서도 인정받지 못했다. 고백신학적 다원성은 루터파 내지 개혁파의 특징으로 남았다. 개혁파는 성만찬에 대한 취리히와 제네바, 하인리히 불링거(Heinrich Bullinger)와 장 칼뱅 간의 신학적 합의, 1549년의 이른바 취리히 합의(Consensus Tigurinus) 이후 다양한 해석 체계, 민족적 전통 및 종파 내부의 다양성에 대한 소속감에 의한 신학 문화를 형성했다. 개혁파가 명목상 『아우크스부르크 신앙고백』의 우산 아래 종교 평화의 보호에 들어오는 데 성공함으로써 선제후령 팔츠가 개혁파를 선택한 후 (1566), 개혁파는 제국 안에서 점차 기반을 확보했다. 개혁파를 선택하는 물결(나사우 1578년, 브레멘 1580년, 안할트 1584년)은 루터파에 대한 정체성 압력을 심화했고 루터파와 개혁파 간의 논쟁을 꾸준히 증가시켰다. 종파 문화 형성은 신학 교리의 요새를 구축함으로써 뒷받침되었다. 세 종파 각자는 교육받고 신학적 공격에 능통한 신학자들을 끌어들여 교리문답을 훈련하려고 노력하였다. 이 전략은 성직자들과 교회 민중들에게 교리적 관점을 보급하는 것을 가능하게 하거나 개선하기 위함이었다. 루터파와 개혁파 성직자들의 압도적 다수가 16세기 마지막 3분기(1567년) 이후 대학을 다녔는데, 성직자의 교육 수준에서 루터파와 개혁파의 일종의 장점은 일정한 맥락에서 예수회 출신의 기동력 있는 엘리트 활동가들에 의해 상쇄되었다. 1550년대 이후 페트루스 카니시우스(Petrus Canisius)가 제국 내에서 적극적으로, 신중하게 세운 예수회는 프로테스탄트들에게 가장 큰 도전이 되었다. 예수회는 가톨릭 교육제도에 지속적으로 영향을 끼쳤고 그것을 근대화했으며 — 고해 신부의 역할로 — 또한 가톨릭 제후의 정책에도 영향력을 행사했다.

세 종파 모두는 교육과 교리문답 영역 외에도 특정 사회적·도덕적 지도 이념과 훈육 전략에 대해서 일정한 공통점을 보여준 듯하다. 진지한 회개, 직업에서의 그리고 교회와 학교, 국가의 권위에 대한 의무 이행, 혼인의 신실함의 강조, 혼외정사에 대한 신랄한 배격, 훈육받고 악행 없는 그리스도인 삶의 긍정, 비국교도, 심령주의자, 재세례파에 대한 경고, 유대인과의 거리 유지, 투르크족에 대한 증오 — 이 모든 것은 비록 각 종파 신학의 관련 체계 내에서 그 타당성이 매우 상이했을지라도, 각 종파의 모든 설교자들이 중시한 동기들이며 각 정권이 호소하는 것이었다. 상이한 종파 문화의 형성은 경계선 긋기와 경쟁을 통해서 이루어졌으나 또한 사람들이 유익하다고 생각한 타 종파의 요소나 전략을 대개 암묵적으로 수용함으로써도 이루어졌다. 예를 들어 루터파는 예수회의 기도문을 수용했는데 이 기도문의 내면화 경향과 양심을 예리화하는 적응력은 자체 목표를 위한 성공을 약속하였다. 예수회원들은 그 기원이 알려지지 않은 멜란히톤의 교리 텍스트를 자신들의 김나지움과 대학에서 사용했는데, 그들은 '독일의 스승'으로 칭해진 비텐베르크의 교수보다 나을 수 없었기 때문이다. 철학 및 정치이론적 이념 산출의 영역에서 개혁파와 가톨릭 저자들 간에는, 서로 비방하기도 했지만 그것보다 훨씬 활발한 교류가 지배했다. 또한 종파 적응 압력 아래 있었고 저 탁월하고 초연한 초당파성을 유지할 수 없었던(이것은 에라스무스에게도 이미 불가능했다) 학식 있는 인문주의자들에게서도 종파적 경계선을 뛰어넘어 학문적 접촉이 이루어졌다. 즉, 다른 종파를 악마의 역사로 간주하기는 했지만, 서로 읽고 심지어 다른 종파의 지성적 업적을 존중했다. 상이한 방향으로의 전향은 일부 종파의 여론을 움직였고, 상호 대립적 신학 체계와 종교실천적 행동 방식만큼이나 종파 시대의 문화적 실천에 속했다.

로마 가톨릭교회의 영적·제의적 갱신은 교리에서처럼 중세 후기의 경향을 수용하고 활성화하고 발전시킴으로써 이루어졌다. 성례전적인 것과 시각적인 것, 스펙터클하고 거룩한 대상에 대한 성향, 경건한 활동 업적에 대한 성향은 역종교개혁에 의해 재탄생한 제국 내 가톨릭교회에서 꺾이지 않았고 오히려 새롭게 증가하였다. 면죄, 희년, 기부, 순례와 행렬, 성자 및 유물 경배—모든 중세 후기 경건의 다양한 요소들이 다시 전면에 나타났거나 온건한 트리엔트 양식을 극적으로 강화함으로써 새롭게 활성화되었다. 루터파에서 음악적으로 연출된 신적 말씀의 형태, 물과 빵, 포도주의 요소에 담긴 성례전적 약속의 형태로만 만나는 신성함의 원초적 타자성은 역종교개혁의 가톨릭교회에서 감각적이고 공간건축적·시각적으로 연출된 기적적인 대상으로 경험할 수 있었다.

제국 내 가톨릭교회의 트리엔트화는 장기간에 걸친 역사 과정이고 독일 주교단의 영적 갱신은 시간을 필요로 하며 가톨릭 개혁으로의 길에서 제후 평신도의 역할을 간과할 수 없었을지라도, 로마 가톨릭교회의 라틴화 경향은 비교적 일찍이 감지될 수 있었는바, 교리문답과 기도서, 교회법의 법전화, 가톨릭 교도들에게 금지된 서적 목록(Index librorum prohibitorum)에서뿐만 아니라 언어적 구속력 있는 불가타 성서 텍스트에서도 그러했다. 많은 관점에서 제국 내 가톨릭교회의 안정화와 소생을 위한 결정적인 자극은 로마로부터 왔다. 신학에서 트리엔트 공의회의 규범을 지향하며, 여러 관점에서 중세 후기 신학의 경향과 구별되는 교리 양식이 관철되었다. 그러나 모든 종파들에 공통적인 교리 부합성에 대한 강조는 가톨릭교회의 경우에 다양한 종교적 경험의 차원 속에 편입되었다. 프로테스탄트들에게는 교리가 지배적이었다. 세계내적·금욕주의적·행동적 개혁파는 시각적·음악적 관점에서 선포된 말씀, 참된 교리와의 강력한 감각적 대응을 허용하지 않았는바, 일반적으로 성서적으로 정당화될 수 없는 전통적 경건 문화 요소를 루터파보다 엄격하고 가차 없이 대하였다. 루터의 첫 번째 종교개혁 이후 요청되는 '제2의 종교개혁'이라는 말에서(왜냐하면 일정한 가톨릭 잔재가 세례 등에서 유지되었기 때문에) 개혁파 활동가들은 제국 내 루터파를 능가하고 그리스도교의 성서적 규범 형태를 아주 철저히 실현한다고 자신들의 주장을 표현하였다. 루터파는 종말 의식에 대해서 경쟁 종파보다 훨씬 각성되어 있었다. 즉, 가톨릭 교도들은 요동치는 시대에 직면하여 복락을 선사하는 구원 기관 교회 안에서 종교적 안식을 발견할 수 있었고 칼뱅주의자들은 신의 예정이 확신의 담보가 된 반면에, 루터파는 특히 성서와 역사적·자연적 경험의 징조, 표적, 기적에서 임박한 종말에 대한 단서를 찾았다.

독일은 다른 유럽 국가들보다 강하게 '요람에서 무덤까지' 인간 삶의 기초적 면면을 그 나름대로 규제하고 형성하는 상이한 종파 문화로 분열되어 있었다. 고대 그리스도교의 전통 및 라틴 유럽의 전통과 현실적 체험 및 도전에 근거한 공통적 뿌리로부터 성장한 간과될 수 없는 종파들 간의 공통점은 자신의 종파를 구원에 이르는 유일한 길로 간주한 이들에게 별로 의미가 없었다. 그러나 독일 내의 종파문화적 경쟁은 종교적 생명력이 활성화되는 데 근본적으로 기여했다. 사람들은 서로에게 관철하고 서로 싸웠다. 사람들은 상대방에게 대항하여 자기주장에 안전장치를 달았다. 사람들은 논쟁에서 자기주장을 위해 선전하기도 했고 손을 떼기도 했다. 또한 사람들은 다른 종파의 경쟁적 진리 주장에 대항하여 문학과 철학, 신학에 등장하고 자율적 사고를 조장하거나 초종파적인 '그리스도교의 본질'의 가치를 변호하는 온갖 견해를 동원하여 사람들을 설득하였다. 종교개혁의 결과 탄생한 라틴 유럽 그리스도교의 교회 다중성과 해석의 다양성은 새로운 역사 시대의 특성을 이루었다.

에필로그

종교개혁과 라틴 유럽 그리스도교

16세기 전반에 그리스도교는 신속한 변화와 심각한 도전의 시대에 들어섰다. 1000년 이래 그리스도교화된 '자기' 대륙에서 이미 경험했으며 여전히 느껴지는 오스만 제국의 위협은 여러모로 신의 징벌 및 임박한 종말의 징표로 이해되었다. 프로테스탄트와 가톨릭은 투르크 군대의 승리에 대한 책임을 서로에게 전가했다. 외적 위협은 그리스도교의 내적 신앙 싸움의 한 가지 동기였다. 유럽 밖 대륙에서의 포르투갈과 스페인 왕실의 확장 및 선교 정책은 그리스도교의 지구화 시대를 열었는바, 곧 유럽의 종교개혁과의 연관 속에서 이 정책을 보게 되었다. 이른바 보상 이론에 따라서 로마의 가톨릭 신학자들은 대서양 저편에서 오로지 구원을 선사하는 교황 교회를 위해 획득한 것과 그들이 유럽에서 겪은 상실을 연결하였다. 그리고 그들이 이렇게 하는 것이 부당하지는 않았다. 로마 교회는 비로소 그때, 유럽 최대 반동의 시대에 공간적으로 모든 것을 포괄하는 가톨릭교회가 되었다.

근대 초 로마 가톨릭교회에서 가톨릭 국가교회를 형성하려는 경향은 한편으로는 프로테스탄트 국가교회 혹은 영방국 교회의 성립을 통해서, 다른 한편으로는 트리엔트에서 비롯한 개혁 충격 및 탄생하는 유럽 밖 교회의 요구와 지평 확장을 통해서 근본적으로 중단되었다. 그러나 제국에서 나온 종교적 불안이 전통적 교회 제도에 지속적으로 개입하도록, 로마로부터 분리되도록 만들었고 종교개혁에 이른 곳에서는 그 나름대로의 국가교회 내지 영방국 교회가 성립했다. 상이한 유럽 나라들에서 종교개혁적 충격이 초래한 운명은 정치적 결정권자의 태도와 종교개혁이 그들에게 가져다주는 가능성에 의해 결정되었다. 1520년대 이후의 그때그때의 종교개혁 운동은 대개 빈번히 지성적 중계인, 인문주의자, 학자, 수도사, 상인들을 통해서 성립되었다. 이들은 제국으로부터 이념과 텍스트를 자기 고향 땅에 유포하거나 민족어로 옮겼고, 비밀공동체와 네트워크를 형성했다. 종교개혁과 더불어 그리스도교 역사상 최초로 독일로부터 유럽 전체에 끼치는 영향이 나왔다. 루터는 상이한 민족어들로 번역된 최초의 저자였다. 여러 유럽 국가에서 어떤 종교개혁 과정도 제국으로부터의 종교적 자극에 의존적이지 않은 것은 없었다. 유럽 종교개혁의 다양한 유형에도 불구하고 이 말은 타당하다. 민족어가 종교적 커뮤니케이션에서 중심적 의미를 가지게 된 것은 많은 유럽 국가에서 일차적으로 종교개혁의 결과였다.

잉글랜드, 덴마크, 스웨덴 국왕의 종교개혁은 통일된 전권 행위를 통해서 실현되었으며, 그들 통치 영역의 교회는 로마로부터 분리되었다. 이제 성립한 종교개혁적 국가교회는 조직 구조—예를 들어 대주교 내지 주교 제도—와 전례적 전통을 유지했다. 이런 전통은 종교개혁적 사고를 지닌 활동가들과 구교 활동가들 사이의 전투적 갈등의 결과로 종교개혁이 도입된 다른 맥락 속에서 사라졌다. 네덜란드와 프랑스, 폴란드, 지벤뷔르겐(Siebenbürgen, 루마니아 북부 지방—옮긴이), 보헤미아, 헝가리, 그리고 합스부르크가의 세습지에서 종교개혁적 사고는 대부분 왕실 내지 통치 왕조에 대항하는 신분들의 자기주장의 필수 요소로서 작용했다. 근대 초 유럽의 여러 정치적 자유 운동은 종교개혁 전통의 요소들에 의해 정당화되었다. 정치적·사회적 갈등의 종파화는 대부분 상호작용의 과정으로서 나타났다. 즉, 특정 활동가들이 종교개혁적 자세를 취할수록 더욱더 단호하게 방어 세력은 '가톨릭'으로 자신을 과시했고, 또한 거꾸로도 그랬다.

종교개혁 신학이 유럽에 끼친 영향은 비텐베르크와 제네바에 있는 프로테스탄트 엘리트들의 중요한 학문적 양성 기관뿐만 아니라 로스토크나 쾨니히스베르크, 혹은 라이프치히 같은 다른 대학의 초민족적 발산력의 결과였다. 종교개혁은 종교개혁 이전 교회의 초민족적 요소들의 결과로서 유럽적 차원을 획득했다. 왜냐하면 종교개혁 활동가들이 비판하고 트리엔트 공의회 참석자들이 변호했던 것 중 많은 것들—예를 들어 스콜라주의 신학의 7성례전과 형상, 면죄, 은총과 칭의론 등—이 중세 라틴 유럽 가톨릭교회의 본질과 현상의 구성 요소에 속했기 때문이다. 나아가 종교개혁은 유럽적인 것이었다. 왜냐하면 유럽의 모든 국가 세계가 직간접적으로 그것의 영향을 받았으며, 합스부르크가(家) 황제의 강력한 권력이 견인한 정치적 협력과 군사동맹, 전략적 형세를 통해 종교개혁적 사고를 지닌 제국 제후들이 자신의 위상을 안정시키고 종교정책적 결단을 관철할 수 있었기 때문이다. 종교개혁의 결과로 정치적 행동의 선택 및 행동 동기의 스펙트럼은 국내와 국가 간의 차원에서뿐만 아니라 제국의 정치적 상호작용 구조에서도 확대되었다. 여러 가지 관점에서 세계는 종교개혁의 흐름 속에서 보다 복잡해졌다. 그러나 때로는 행동의 근거 논리가 훨씬 단순해지기도 했다. 즉, 많은 일들이 바로 '종교' 때문에 일어난다고 믿었거나 믿게 만들었다.

종교개혁에 연대한 통치자들의 관점에서 볼 때, 개인적인 종교 성향에도 불구하고 재정적 자원과 정치적 운신 가능성이 확대되었다. 교회법, 로마의 특사, 특권 부여, 종교 인사 정책에 끼친 교황청의 영향력을 고려하는 일은 끝이 났다. 종교 평화는 제국 차원에서 정치와 종교를 구조적으로 구별하는 길을 마련했다.

일부 영역, 예를 들어 구빈과 교육에서 세속 군주의 새로운 책임이 생겼는데, 이것은 물론 종교개혁이 일어나기 한참 전부터 이미 그들의 명령 행위와 야망의 대상이 되었다. 정치 공동체를 종교적으로 통합하는 일은 종교개혁 과정에서 전반적으로 강행되었다. 즉, 국가적으로 도입된 종파 교회를 개인이 의무적으로 인정하는 새로운 형식이 일상화되었다. 국가에의 소속과 교회에의 소속은 거의 분리될 수 없게 되었다. 교리문답 교육은 모든 개신교 그리스도인들에게 종교적 기본 지식과 신앙고백의 의무를 부여하였다. 평신도들은 성서를 접할 수 있었다. 종교개혁이 승리한 곳 어디서나 대중어 번역 성서가 폭넓게 보급되었기 때문이다. 이런 성서는 트리엔트 공의회에서 강조된 불가타의 정경적 효력과는 상관없이 가톨릭 지역에서도 멈추지 않았다. 그러나 그것의 가치는 프로테스탄트들에게서와는 다른 것이었다. 왜냐하면 그들 누구나가 이 가장 중요한 종교적 자원을 원칙적으로 접할 수 있었기 때문이다. 그들 사이에서 성서를 원용하는 자는 반박당해야 하지, 그저 함구시킬 수 없었기 때문이다. 프로테스탄티즘에서 성서 외에 대중어 문학작품이 계속 산출되었다. 그러나 1530년대 이후 무엇보다 신학자들이 말하고 썼다. 1520년대 중반에 시작된 종교개혁 커뮤니케이션의 구조 변화는 경향성을 가지고 계속되었다.

1530년대 이후에 종교개혁의 '정치화'와 더불어 커뮤니케이션 주인공들의 '전문화'도 병행되었다. 세속 정권의 신임을 받고 개신교회의 건설과 '교황파' 및 열광주의에 대항하는 싸움을 책임진 자들이 특히 글을 썼다. 그리스도교를 성직자와 평신도로 이분화하는 것에 대한 신학적 반론은 개신교회에서 철저히 지속되었다. '일개 평신도'에 대해 상응하는 권위를 주장하는 전문 성직자들을 양성하는 것도 원칙적으로 변한 것이 없었다. 개신교적 이해에 따라서 그리스도교가 모든 사람에게 똑같이 동일한 방식으로 적용되며, 반면 성직주의적 혹은 수도원적 2단계 그리스도교는 궁극적으로 폐지되었다는 사실은 2천 년간 자명하였던 삶의 질서의 종말을 의미했다. 종교개혁과 더불어 이단이 승리를 쟁취했는바, 그들의 발산력은 근본적으로 그들이 대중적이며 동시에 학문적으로 등장해 '대중'을 주문(呪文) 속으로 끌어들이고 학식 있는 대변인들과 성서에 능통한 인문주의자와 언변 좋은 설교자들을 보유한 데에 근거했다. 트리엔트 공의회가 종교개혁의 이론을 다룬 것처럼, 중세 교회 회의는 어떤 이단도 그렇게 집중적으로 문제삼은 적이 없었다.

종교개혁을 통해서 교회의 의미가 변했다. 교회의 가시성을 이루는 요소들이 개신교에서는 극적으로 축소되었다. 복장을 통해서 별 노력 없이 신분이 확인될 수 있었던 계급적으로 등급화된 종교 신분의 수도사와 성직자들 다수는 더 이상 인격적 관점에서 '교회'를 대표하지 않았다. 오히려 예배 도중 때때로, 그리고 예배 밖에서는 일반적으로 평민 복장으로 개인적으로 등장하는 개신교 목사들이 교회를 대표했다. 가시적인 성대한 시위 행위들(순례와 행렬, 성자 축일, 유물과 성물 관람, 면죄부 캠페인 등) 및 다양한 공동체 삶의 형태들(수도원과 형제단, 평신도회 등)이나 그것들과 결부되어 있는 상황에 따른 건축 공간을 고려하면, 종교개혁과 더불어 라틴 유럽 그리스도교는 전에 경험하지 못했던 급격한 위축이 진행되었다. 프로테스탄티즘은 교구 교회 외의 '교회' 공간을 알지 못했다. 즉, 일요일과 교회력의 축일을 제외하고 개혁파는 '교회' 축제를 거행하지 않았다. 루터파에서는 성서상의 근거를 지닌, 일반적으로 그리스도론적으로 재해석된 일부 사도 및 마리아 축일이 보다 오랫동안 효력을 지녔다. 개혁파는 여기서 보다 급진적으로 바꿨다. 가르치고 보호하고 양육하는 신분 질서 외의 다른 질서, 즉 혼인과 직업의 세속적 영역 외에 다른 것은 개신교 종파 사회에는 낯선 것이었다. 제의와 전례에서도 종교의 감각적 형식 레퍼토리는 극히 축소되었다. 거룩한 실천과 대상에서 감각적으로 직접 와닿는 후각 및 촉각뿐만 아니라 시각은 더 이상 중요성을 가지지 못했다.

급진적 종교개혁 성향의 외톨이파와 그런 단체들에서 철저하게 실현된 눈에 띄지 않은 개신교회 특성 때문에, 교회가 대상적 표현을 필요로 하는 곳이면 어디든지 간에 종교적 광채 대신 '세상', 사회질서, 궁, 시민 혹은 농민 문화 공간의 대표적 인물들이 나타나게 되었다. 루터파의 이른바 종파상(像)에서 교회는 세 신분, 즉 귀족, 순수한 교리의 수호자로서의 목사와 종교개혁가, 그리고 말씀을 듣고 아이에게 세례를 베풀게 하고 두 형상으로 성만찬을 거행하는 공동체로 나타났다. 비문에는 세속 복장을 입은 귀족이나 시민 기부자들이 성서에 이미 나타난 형상과 연관지어 묘사되었다. 교회론적 질서 개념에서 '교회'는 세 신분, 사회의 사회학적 구분을 통해 구체화되었다. 종교개혁 교회는 중세 및 역종교개혁 교회에 특유한 세상 영역 저편의 상징 및 질서 세계를 알지 못했다. 종교개혁 교회는 신이 성서에서 사용한 언어, 인간의 언어, 세상의 언어에서 가시적 표현을 발견했다. 그럼에도 불구하고 '거룩함'은 종교개혁 교회의 가시적 특성이 될 수 없었다.

전형적인 형상과 책의 표지 그림으로 이 교회를 대표한 종교개혁가들과 제후들도 중세의 성자 도상에 특유한 저 흠 없이 영웅시되거나 신성시되는 일은 없었다. 선포되고 청취되고 믿어지는 말씀에서 유래하지 않는 거룩함은 거짓 신성함의 혐의를 받아야 했다. 동시에 도처에 말씀이 선포되고 믿어지는 곳 어디서나 거룩한 교회가 생길 수 있었다. 말씀과 성례전에 묶여 있는, 종파 교회의 가시적인 경계를 뛰어넘은 보편적인 교회, 믿는 자, 선택받은 자, 성도의 공동체로서의 교회 개념(교회의 머리는 오직 그리스도)은 종교개혁 추종자들에게서, 참된 교회는 결코 실제 존재하는 교회와 동일할 수 없다는 의식을 살아 있게 했다. 후스는 양자의 불일치 때문에 고통받았다. 루터는 그 차이의 신학적 불가피성을 깨달았다. 이로써 그는 자기 수도회 수호자 아우구스티누스에 의지하여 새로운 교회 이해의 길을 개척했다. 종교개혁 이단 교회들은 비교적 최선으로 실현된 교회상 이상도, 그러나 그 이하도 되고자 하지 않았다. 이 교회는 교리에서만 완벽할 수 있었다. 이 점에서 이단자로서의 죽음을 피한 루터는 후스와 달랐다. 후스는 가시적 교회를 거룩하게 만들려는 싸움 때문에 죽어야 했다. 그러나 종교개혁은 신과의 관계의 직접성을 위해 해방된 그리스도인에게 불가시적 교회에 구속됨과 동시에 그것으로부터 거리를 유지할 수 있게 만들었다.

종교개혁과 그것을 추종함으로써 생긴 그리스도교 삶 및 해석 형식의 다원화가 교회사적 관점에서 라틴 유럽 그리스도교의 지금까지의 역사에서 결정적 휴지(休止)를 이루었는지는 과연 논란거리인가? 그 시대 사람들은 다양한 평가에도 불구하고 이 물음에 대해서 분명한 의견을 가졌다. 구교도들에게 그것을 시작한 루터는 "모든 저주받은 이단자들이 똥거름을 준 밭의 기름진 것을 먹고 살찐 이단자였다."[1] 역사가 제바스티안 프랑크는 무엇보다 루터를 통해서 "전체 교황 교회가 독일 전역에서 그리고 특히 많은 사람의 말씀에서 거의 사라졌고 새로운 신학과 신앙을 독일에 도입했다"[2]고 역설했다. 루터 자신은 교황의 지배에 결정적인 공격을 가한 것을 자신의 일생의 업적으로 보았다. 그는 '선구자'[3] 후스의 예언자적 말을 통해서 자신이 확증되었다고 스스로를 이해했다. 후스는 이렇게 말했다고 한다. "그들[교황의 추종자들]은 거위[즉, 후스]를 구울 것이다. 백조가 내 뒤에 올 것이니, 그들이 굽지 못할 것이다. 그리고 그렇게 되었다. 그는 1416년에 화형을 당했다. 지금의 다툼은 1517년 면죄부를 통해 일어났다."[4] 그리고 비텐베르크의 인문주의 동료이자 친구 멜란히톤에게 확고한 사실은 신이 스콜라주의, 우상숭배, 수도원 미신으로 어두워진 제4교회 시대 후에 "복음의 빛을 루터를 통해서 다시 불붙였다. 그리고 언제나 그러하듯이, 많은 민중들이 복음의 목소리에 적대적인 생각에 머물렀을지라도 많은 지역에서 교회는 신의 뜻에 맞는 형태를 갖추었고 교리 전체는 완전무결해 보인다. 그

1 Paul Bachmann, *Martin Luther, wie er ein Mann sei und was er führt im Schilde* (Leipzig 1522), ediert in: Adolf Laube, Ulman Weiß (Hg.), *Flugschriften gegen die Reformation (1518~1524)*, Berlin 1997, S. 379,8f.

2 Sebastian Franck, *Chronica, Zeitbuch und Geschichtsbibel*, Ulm 1536 (Nachdruck Darmstadt 1969), Bd. 3, clxvii^{v}f.

3 Vorrede zu Danielbuch (1541), in: WA.DB 11/2. S. 88,15.

4 WA.DB 11/2. S. 88,16~19. 이 후스의 주제를 유포시키는 데 부겐하겐의 루터의 장례 설교도 결정적으로 기여했다. *Vom Christlichen abschied aus diesem tödlichen Leben des Ehrwürdigen Herrn D. Martini Lutheri*, Stuttgart 1996, B 1^{v}. 루터와 후스에 대해서는 Thomas Kaufmann, *Jan Hus und die frühe Reformation*, in: Martin Keßler, Martin Wallraff (Hg.), *Biblische Theologie und historisches Denken*, Basel 2008, S. 62~109 참조

러므로 우리는 이것을 제5시대라 명명할 수 있다. 이 시대에 신은 다시 교회를 그 원천으로 돌아가도록 부르셨다."[5] 하지만 이 부름을 들은 교회는 더 이상 교황의 교회가 아니었다. 이 점에서 종교개혁은 실패했다.

5 Melanchthon, *Declamatio de Luthero et aetatibus ecclesiae*, 1548: *Melanchthon deutsch*, Bd. 2, Leipzig, 1997, S. 194에서 인용.

옮긴이의 말

이 책의 저자 토마스 카우프만(Thomas Kaufmann)은 '종교개혁의 역사적 의미가 무엇인가'라는 문제에서 출발한다. 전통적 시각에서는 중세를 교황청이 세계를 지배한 암흑기로 보았고, 마르틴 루터(Martin Luther, 1483~1546)의 면죄부 비판은 중세를 종식시키고 교황제의 질곡에서 유럽을 해방시킨 획기적인 사건으로서 종교개혁을 루터의 일회적 사건의 연장선에서 이해해왔다. 그러므로 전통적인 종교개혁의 역사 연구는 루터 개인에게 초점을 맞추고 그를 영웅시하는 경향이 있었다.

이에 반해 저자는 종교개혁을 당대 유럽의 전반적인 상황 아래에서만 이해해야 한다고 본다. 그러므로 종교개혁 이전의 유럽인들의 삶과 종교적·정치적·경제적·문화적 요소들을 포괄적으로 고려할 필요가 있다는 것이다. 저자는 이런 시도를 종전 연구에서의 루터를 영웅시하는 것으로부터 자유롭지 않은 '탈상황화'(Dekontextualisierung) 경향에 대립하여 '재상황화'(Rekontextualisierung)라고 표현한다.

종교개혁은 실제로 유럽인의 삶과 문화를 완전히 뒤바꿔놓은 사건이었다. 중세뿐만 아니라 종교개혁 이후까지 오랫동안 유럽인들의 삶은 교회 중심의 삶, 교회가 가르친 대로 믿고 따르는 삶이었다. 사람들은 '요람에서 무덤까지' 교회에 속해 있었다. 가톨릭교회가 가르친 것은 모두 확고한 진리였고 추호의 의심도 허용되지 않았다. 예를 들어 중세 교회는 천동설(天動說)을 성서에 입각한 진리로 확신하였다. 그러므로 지동설(地動說)을 주장한 갈릴레오 갈릴레이(Galileo Galilei, 1543~1642)는 교황청 종교재판에 회부되었고 결국 자신의 주장을 철회할 수밖에 없었다. 그러나 갈릴레이의 주장 철회에도 불구하고, 그리고 교황청이 그의 저서들을 금서로 지정했음에도 불구하고 지동설은 입에서 입으로 퍼져 나갔고, 결국 지동설은 진리로 확립되었다. 이는 중세 교회가 어느 정도로 인간 삶을 간섭했는지, 그리고 종교개혁이 그리스도교 신앙을 어떻게 바꾸었는지 보여주는 단적인 사례이다.

종교개혁은 단순히 로마 가톨릭교회의 분열과 개신교회의 출범을 가리키는 것만이 아니다. 갈릴레이의 사건에서 보듯이, 이것은 유럽인들의 삶의 총체적 변화를 뜻하는 것이고 사상의 변화를 의미한다. 인간들은 더 이상 교회의 가르침을 맹목적으로 추종하지 않게 되었다. 교회가 종교재판으로 위협하면서 인간들의 양심을 옥죄던 시대는 지나갔다. 종교개혁 이전 유럽인의 삶의 중심에는 언제나 교회가 자리잡고 있었다. 오늘날 유럽의 어느 도시에 가든지 교회가 시 중앙에 있고 교회 주변에 시청, 그리고 시장이 서는 광장이 있다. 이것은 중세 유럽의 삶이 교회 중심이었음을 잘 보여준다. 국가의 정치와 경제 역시 교회의 인허와 축복 아래 진행되곤 했다. 그러나 종교개혁은 점차 인간의 생각을 바꿔놓았다. 인간들은 더 이상 사제의 가르침에 맹목적으로 순종하려 하지 않고, 새로운 사상에 의거하여 모든 것을 숙고하기 시작했다. 종교개혁은 단순히 교회의 혁신뿐만 아니라 낡은 종교에 대한 저항이었고, 구(舊)종교에 대한 반역은 구체제에 대한 반발로 발전했다. 그러므로 종교개혁은 일종의 도미노 현상과 같다고 할 수 있다. 또한 종교개혁은 정치적 사건이기도 했다.

그렇다면 루터나 당시 로마 교황청은 이런 결과를 예측했을까? 면죄부 비판 논제가 게시될 당시, 루터는 이런 결과를 예측하지 못했다. 그는 단순히 자신이 사랑하는 교회의 잘못된 관행을 바로잡으려는 열정에서 그 일에 착수했다. 반면 로마 교황청은 이런 결과를 예상하고 있었던 것으로 보인다. 루터 이전에도 잉글랜드의 존 위클리프(John Wycliffe, 1320?~1384), 보헤미아의 얀 후스(Jan Hus, 1369?~1415) 같은 인물이 이미 가톨릭교회에 반기를 들었기 때문이다. 로마 교황청은 위클리프와 후스를 모두 이단자로 판결하였다(위클리프는 사망 후 이단자로 판결되었다). 교황청은 위클리프와 후스의 사상의 위험성을 예측하였다. 교황청은 그들의 사상이 가톨릭교회의 근간을 흔들어놓을 수 있다는 것을 알았다. 그래서 그들의 개혁 시도는 불발로 끝나고 말았다.

그렇다면 루터 역시 위클리프나 후스와 같은 운명을 만날 수 있었고, 그의 개혁 시도 역시 불발로 끝날 수 있었다. 그의 시도가 성공한 이유는 무엇인가? 저자는 종교개혁의 성공 요인이 루터 개인의 탁월성에 있지 않았다고 역설한다. 저자는 "종교개혁의 성공은, 작은 국지적 공간에서 개혁을 이룸으로써 모든 인간을 통합하여 교회를 세우고, 갱신을 규칙적으로 어떤 사회적·정치적 삶의 공간에 단숨에 구속력 있게 관철한 데서 비롯하였다"(15쪽)라고 말함으로써, 종교개혁 성공을 이룩한 여러 요소들을 고려해야 한다고 본다. 그렇기 때문에 저자는 종교개혁 이전의 여러 정황을 분석하고, 그것들이 어떻게 종교개혁을 성공으로 이끌었는지를 서술하는 것을 자신의 과제로 삼았다.

이 책에는 '배우'(Akteurs), '연출'(Inszenierung), '연출하기'(inszenieren)와 같은 눈에 띄는 어휘들이 있다. 연극의 필수 요소는 대본, 연기자, 연출이다. 그렇다면 '종교개혁은 연극이었나'라는 의문이 생긴다. 누구도 처음부터 종교개혁을 계획하지는 않았다. 루터나 다른 어떤 인물도 어떤 의도와 계획을 가지고 종교개혁에 착수하지는 않았다. 그렇다면 종교개혁은 연극이 아닌가? 그러나 미리 쓰인 대본을 필요로 하지 않은 즉흥극이 있다. 그러므로 종교개혁을 일종의 연극으로 본 저자의 의견이 틀린 것은 아니다. 대본이 없는 종교개혁은 루터라는 연기자 한 명이 등장하는 1인극이 아니었다. 저자는 종교개혁을 많은 연기자들 — 황제, 제후, 도시, 시민, 농민, 수공업자 등 — 이 연출하는 대규모 즉흥극으로 이해했다. 그러므로 저자는 각 연기자의 행위를 분석하고 기술한다.

연극은 사회의 변화를 반영하는 예술이다. 종교개혁은 당시 중세의 가을로 접어든 유럽의 변화를 반영한 사건이라고 할 수 있다. 다시 말해 종교개혁 이전에 이미 가톨릭교회는 쇠퇴기로 접어들었고, 많은 문제로 곪아터질 위기에 처해 있었다. 루터는 면죄라는 한 가지 문제에 정면으로 도전하였다. 그러므로 종교개혁이 중세 교회에 몰락을 가져온 것이 아니라, 오히려 중세 교회의 몰락은 기정사실이었고 종교개혁은 그것을 확인한 사건에 불과하다는 것이다. 저자는 이 점을, 종교개혁은 중세의 연속선에 있고, 다른 한편으로 보면 중세와의 단절을 나타내는 사건이라고 표현한다.

종교개혁을 독자적인 시기로 규정할 것인가 아니면 중세의 끝자락에 일어난 사건 혹은 근대 초에 일어난 사건으로 볼 것인가의 문제는 과거부터 끊임없이 제기되었다. 그러나 저자는 어느 한편을 일방적으로 지지하지는 않는다. 또한 저자는 종교개혁을 1517년 10월 31일 만성절에 시작되었다거나 1555년 아우크스부르크 제국의회 결정으로 종식된 것으로 볼 수 없다고 말한다. 역사는 어떤 획기적인 사건을 통해 단절되는 것도 아니고, 인위적으로 끊어질 수 있는 것도 아니기 때문이다.

일차적으로 종교개혁은 중세와의 연속선상에 있었으니, 저자는 종교개혁 이전부터 있었던 대중어 성서, 칭의(稱義, justification)와 회개에 관한 설교에 대한 민중의 관심, 도시 독자들을 위해 정해진 경건문학과 신앙문학 출판의 폭발적 증가, 반(反)로마적·반교황적 교회 비판, 공의회주의에 대한 열망을 그 단적인 예로 든다. 또한 인쇄, 팸플릿, 교육적 도상 매체 등 대중매체 수단 없이는, 초기 종교개혁 운동을 수반했고 또한 가능케 한 거대한 매체 장치는 생각할 수 없다. 이런 점에서 볼 때 종교개혁은 중세 시대의 연속임을 의심할 수 없다.

반면에 종교개혁과 더불어 유럽 그리스도교회는 교황에게서 벗어난, 교회법의 구속력과 로마의 판결에서 독립된 교회로 넘어갔다. 유럽의 그리스도교계는 종교개혁에 비견될 만한 제도적·조직적, 교회법 역사적 해체 과정을 지금까지 겪지 못했다. 종교개혁과 더불어, 종교개혁을 통하여, 인간 구원을 하나님과의 개인적 관계 및 신앙에 근거짓는 신학, 이에 상응하는 경건 실천이 주도적이 되었다. 이 입장의 급진성과 보편성, 배타성은 경건한 인간과 교회의 관계를 근본적으로 바꿔놓았다. 교회는 더 이상 구원 획득의 중계자로서 봉사하는 것이 아니라 개인이 신의 말씀, 믿는 자들의 교제와 만나는 공간으로 변한다. 또한 종교개혁이 성직자와 평신도의 구별을 신학적으로 부정함으로써 결국 종교개혁 초기 이후 역사적으로 유례없는 평신도들의 활동이 시작되었으니, 이것은 교회 변혁 과정의 중요 요소가 되었다. 그리고 종교인의 극적인 감축, 수도원 제도의 철폐, 재산 관리 제도 및 이와 연관된 성직록 체계의 해체, 그리고 시민 세계에 완전히 통합된 목사직 제정은 사회사적·정신사적으로 심대한 변혁을 이룬다. 마지막으로 신성한 대상, 예를 들어 성유물, 성체, 형상, 부적 등을 종교적으로 대하는 데서 종교개혁은 전통과 완전히 단절했다. 그런 의미에서 종교개혁은 중세 교회와의 불연속을 초래하였다.

저자는 독일의 종교개혁 역사를 서술의 중심에 놓는 것이 합리적이라고 판단한다. 저자는 역사적 맥락을 이해하기 위해서 유럽 연관성을 포기할 수 없을 경우에만 그 관계를 다루고자 한다. 독일 민족의 신성로마제국의 수장 카를 5세(재위 1519~56)가 종교개혁의 결정적 단계에서 유럽적·세계정치적 규격의 군주였고 제국에서 종교정책이나 외교적 이해관계에 얽혀 영향력을 행사했던 사실을 볼 때, 국제 관계적 측면은 당연히 중요성을 지녔다. 그러나 종교개혁은 독일에서 시작되었고 구(舊)제국의 특수한 정치적 조건 아래서 특수한 성격을 얻어 다른 유럽 국가들에 비하여 성격적으로 다르게 진행되었으며, 다른 한편으로는 종교개혁이 대중어 출판의 핵심적 역할에 근거하여 특수한 문화적 맥락을 형성했고 종교개혁을 이끈 주역들이 독일 민족이라는 정치적·문화적 공간 내의 교회에 특별한, 어쨌든 우선적 의미를 부여했다. 그러나 옮긴이의 견해로는 저자의 의도가 그러하다면 이 저서의 제목을 '독일의 종교개혁사'라고 칭하는 것이 더 적절했을 것이다. 왜냐하면 유럽 각국에서는 종교개혁의 역사가 전혀 다르게 진행되었기 때문이다. 16세기 스위스, 잉글랜드, 스코틀랜드 혹은 프랑스의 종교개혁사를 본다면, 독자들은 이 말을 쉽게 이해할 수 있을 것이다.

이 책은 제1부 '종교개혁의 전제들', 제2부 '제국의 종교개혁', 제3부 '종교개혁의 철회 불가'의 전체 3부로 구성되어 있다.

제1부에서는 종교개혁의 전제가 되는 여러 제반 조건들을 분석하는 데 초점을 맞춘다. 저자는 종교개혁의 근거, 동기, 진행과 구조는 직접 그것의 전사(前史)로부터 도출될 수 없다고 본다. 종교개혁 전야의 교회와 사회의 위기적 몰락 상황에서, 르네상스를 통해 미화된 베드로의 권좌에서 호색적인 인간들이 이끄는 교회에 만연한 퇴폐에 대항하여 다소간 어쩔 수 없이 양심이 봉기하게 되었다는 데서 결정적 원인을 찾는 개신교 해석 모델에 대하여 강력한 유보 자세를 취해야 한다. 저자는 중세 후기에 대한 퇴폐이론적 시각은 종교개혁가들과 그의 후계자들의 변증적·공격적 자기주장 전략의 결과로 이해될 수 있다고 주장한다. 오히려 종교개혁을 가능케 했고 그 진행 및 구조를 그 시대 안에서 용납할 수 있게 만든 조건 및 전제들에 대해 묻는 것이 필요하다.

제1장의 사회적·정치적 조건들에서는 종교개혁 이전 구제국의 정치 상황과 제국민들의 삶을 조명한다. 저자는 막시밀리안 1세의 제국 정치와 종교개혁의 연관성을 세 가지 시각에서 다룬다. 첫째, 혼인 정책을 통해 합스부르크가(家)가 이룩한, 종교개혁 운동의 반대 명제로서의 신성로마제국의 팽창 과정이고, 둘째, 종교개혁 운동에 제동을 걸기도 했지만 오히려 추진력을 야기하기도 한 구제국의 정치 조직과 종교 관련 법제화이다. 황제를 선출하고 그의 직무를 대리하는 선제후단의 역할은 과소평가할 수 없으니, 특히 작센 선제후 '현자' 프리드리히가 종교개혁 운동에 끼친 영향은 간과할 수 없다.

또한 막시밀리안 1세 때 처음 도입된 제국의회(Reichstag)는 종교개혁에서 과소평가될 수 없는 중요한 정치적 의결 기구였다. 황제에게는 제국을 위협하는 투르크족의 공격, 이탈리아에 대한 프랑스의 야욕을 방어하기 위해서 제국 신분들의 협조가 절실히 필요했고, 제후와 도시들은 이 기회를 이용하여 자신들의 이익을 최대한 증진시키고자 했다(여기서 신분들이란 중세 사회의 기본 구성원인 성직자, 귀족, 시민 계층을 말한다). 그러므로 종교개혁의 성패는 이러한 이해관계에 따라서 상이하게 결정되었다. 1495년 보름스 제국의회에서 특히 중요한 것은 법제도의 공고화였으니, 그럼으로써 종교개혁 동안에 발발한 수많은 분쟁을 법적으로 조정하고 잠재울 수 있게 되었다. 종교개혁과 연결된 종교적 감정의 거대한 확산이 재앙적인 종교전쟁으로 끝나지 않았던 것은 막시밀리안 1세 시대에 확립된 법 기구들의 잠재력 덕분으로 돌려야 할 것이다. 다른 중요한 결정은 정례적으로 제국의회를 개최하기로 합의한 것과, 제국의회에서 의결된 결정의 실행에 관한 것이었다. 그것을 실행하는 것은 결정적으로 지방 영주의 집행권에 달려 있었다. 일부 지방 영주들이 1521년의 보름스 칙령, 곧 루터 및 그의 추종자들에게 불리한 반(反)종교개혁적 제국 의결의 실행 내지 공표를 거부하는 한에서, 이 결정은 종교개혁에 결정적으로 유리한 것이었다. 제국의회는 종교개혁을 종교정책적으로 확보하기 위한 중요한 무대이자 종교개혁 신학자들, 제후들, 도시 정치가들 간 의사소통의 무대가 되었다. 제국의회는 개신교 제후들의 권력 신장 및 황제권의 약화를 초래한 측면에서도 종교개혁 운동에 중요한 변수로 작용했다. 막시밀리안 1세의 반(反)교황 정책도 역시 종교개혁 운동에 중요한 변수가 되었다.

한편으로 종교개혁 이전부터 시행된 바 영방국들로 이루어진 신성로마제국이라는 특이한 정치체제는 종교개혁에 유리한 조건을 형성하였다. 독일의 지방분권 정치체제는 유럽 다른 나라에서는 찾아볼 수 없는 현상이었다. 영방 제후들은 교회 인사에 지속적으로 개입하고 영향력을 행사했다. 영방국의 공고화, 동질화 및 중앙집권화 과정은 종교개혁의 중요한 전제를 이루었다. 즉, 종교개혁은 '제후의 종교개혁'으로서 특별히 지속적으로 영향력을 미치고 이후 독일 역사를 항구적으로 형성하게 되었다.

종교개혁기에 제국 인구의 1/4 내지 1/5이 도시민이었다. 제국도시들에는 법적·정치적으로 특별한 역할이 주어졌다. 즉, 그 도시들은 독자적 제국 신분을 형성했고, 따라서 제후의 통치권에 예속되지 않았다. 이런 도시만의 특권은 종교개혁 운동에 유리한 조건을 형성했다. 시민계층 및 동업조합의 참정권 투쟁이 1520년대 이후 종교개혁의 관철 시도와 연결되었다는 사실은 종교개혁에 중대한 의미를 가진다. 사회적 상호작용 및 통제의 지역으로서, 동업조합적 통합 이념 및 밀집된 커뮤니케이션의 실험실로서, 시기적절한 지식의 보호소로서 도시는 종교개혁의 전제 조건을 이루었다. 종교개혁가들은 도시인들이었고, 도시 중심으로 종교개혁이 진행되었다.

다른 한편 제국 인구의 대부분을 차지한 농민들은 일부 자작농을 제외하고는 한 명의 귀족이나 교회 영주, 지주에 의존했고, 조세 부담의 의무를 지며, 모든 교육의 기회에서 소외되고, '농노'로서 시민이 누리는 것과 같은 권리를 가질 수 없었다. 농민들의 생활고와 참정권 투쟁은 불안의 온상이 되었다. 이것들은 종교개혁을 유리하게 하고 가능케 하는 요소들에 속했다.

제2장의 종교적 전제들에서는 종교개혁 이전의 종교적·신학적 정황을 다룬다. 저자는 1500년경 경건, 신학과 교회의 실제 다양한 현상들은, 전통적으로 개신교에서 주장한 것과는 달리, 총체적으로 문제성이 있는 것은 아니었다고 주장한다. 중세 말의 위기에서 종교개혁의 원인을 발견할 수 있다고 생각하는 것은 1500년경의 복잡한 상황을 지나치게 단순화하는 것이라는 것이다. 왜냐하면 그것은 많은 '중세적인 것'이 종교개혁에 수용되고 유지되었음을 무시하는 것이기 때문이다.

종교개혁 직전 교회 상황에서 두드러진 점은, 교회 비판, 사도적 청빈 이념에의 호소 등이 3세기 전에 비하여 큰 의미를 갖지 않았다는 것이다. 저자가 교회를 '열린 체계'라고 칭한 이유는, 일반적으로 믿었던 것처럼 중세 교회가 그렇게 폐쇄적이 아니었기 때문이다. 교회는 현저히 주목할 만한 통합력을 전개했고 다양한 경건 스타일에 안식처를 제공했다. 시골에서는 성직자에 의한 미사 예배와 전통적인 성례전이 종교적 실제의 기본 형태를 이루었다. '열린 체계'로서의 교회의 안정성은 1500년경 관찰되는 활발한 기부 활동에서 드러났다. 어떤 시대에도 1500년경처럼 그렇게 많은 교회 건물과 예배당과 제단이 세워진 적이 없었고, 기부자 및 그 가족의 영혼을 구원하기 위해 성만찬의 제물을 드렸던 하급 사제에게 그렇게 많은 미사 비용을 지급한 적이 없었으며, 그렇게 많은 형상들이 경건을 위해 만들어진 적이 없었다.

교구 교회, 수도원, 종교 시설과 수도회, 형제단 등이 순례나 성물 관람을 유치하는 도시나 제후들과 치열하게 경쟁했다는 사실에서 우리는 1500년경 종교가 초기 자본주의적 시장과 유사했음을 알 수 있다. 종교의 개방성은 도시와 제후들이 교회와 더불어 혹은 대립적으로 구원의 문을 열어주었다는 데서 표현되었다.

그러므로 '중세'는 한동안 계속되었고, 또한 종교개혁, 역(逆)종교개혁, 종파 시대에도 계속 진행되었다. 저자는 다양한 중세 시대의 경건 관행에서 그런 단서—예를 들어 '데보티오 모데르나'(devotio moderna), 수도원 개혁 운동, 순례, 성유물 관람, 면죄, 성자숭배, 마리아숭배, 그리스도 고난 경건, 설교와 경건문학, 고해, 마녀 신앙—를 발견한다. 이런 관행들은 서로 모순되는 듯 보이면서 교회 전체의 긴장을 반영한다. 1500년경 신학 상황도 마찬가지로 그러했다. 상이한 콘텍스트가 있었고, 콘텍스트에 따라서 신학은 다르게 나타났다. 한편에는 대학에서 주류를 이룬 스콜라주의 신학이 있었고, 다른 한편에는 신비주의 경건 신학이 있었다. 일부 스콜라주의 신학자들에 의한 아우구스티누스 은총론의 재발견은 종교개혁의 중요한 전제를 이룬다. 유명론(唯名論, Nominalism)은 신학이 해명할 수 있는 권한이 한정되었다고 주장했고 무익한 신학적 호기심을 경고했으며 신학이 성서와 계시에 집중하는 것을 조장했다. 요하네스 타울러(Johannes Tauler, 1300~61?)의 설교들이 1498년 이후 인쇄되어 보급되면서 종교개혁 세대에게 가장 현실적이고 선동적으로 영향을 주었으니, 타울러는 그리스도인의 길이 십자가에 달린 자 추종, 자신에 대한 절망, 신적 가능성에의 헌신에 있다고 주장하고 모든 세상적 노력을 포기하라고 호소함으로써 루터, 안드레아스 카를슈타트(Andreas Karlstadt, 1486~1541), 토마스 뮌처(Thomas Müntzer, 1489~1525)와 같은 신학자들의 종교적 형성뿐만 아니라 경건 언어의 형성에도 큰 역할을 했다.

제3장의 문화적 전제들에서는 종교개혁 이전의 교육, 출판문화, 대학, 인문주의를 주제로 삼는다. 중세 학교는 선한 그리스도인 양육에 목표를 두었다. 도시마다 설립된 학교는 도시 주민의 문맹률 감소에 이바지했다. 출판문화는 매체 혁명이라고 할 만한 눈부신 발전을 이룩했으니, 이것은 독서 능력의 확산과 직접적으로 연관이 있다. 종교개혁 운동에서 출판문화의 역할은 과소평가될 수 없다.

한편으로 세속적 기능의 엘리트 양성을 목적으로 설립된 대학은 새로운 사상 전파의 온상이 되었다. 특히 대학생들을 통해서 전파된 것이 이탈리아의 르네상스 인문주의 운동이었다. 그런데 인문주의 운동이 종교개혁에서 가지는 의의는 무엇보다 독일 민족의 자긍심을 높여준 데 있었다. 15세기 중엽에 재발견된 타키투스(Tacitus)의 『게르마니아』(*Germania*)는 독일인들이 야만적이라는 이탈리아인들의 주장을 반박하는 논거를 제공했다. 그러므로 알프스 이북의 인문주의는 민족정신과 연결되어 있었고, 독일 민족에게 보내는 호소는 반(反)로마적 투쟁에 사용되었다.

이른바 반(反)계몽주의자들과의 싸움, 요하네스 로이힐린(Johann Reuchlin, 1455~1522)을 공격하는 스콜라주의 신학자들에 대한 적대적인 분위기 조성은 스콜라주의 신학을 공격하는 종교개혁가들에 대한 긍정적 반응을 불러왔다. 인문주의는 종교개혁의 전제가 되었으며 종교개혁은 인문주의를 부분적으로 이어가면서 자기 것으로 변형했다. 그러나 인문주의는 종교개혁 곁에서 그것에 적대한 채 남았으니, 그 전형적 인물이 바로 에라스무스(Erasmus, 1466~1536)이다. 에라스무스는 종교개혁을 가능케 만들었던 정신적 힘이 되었다. 대부분의 종교개혁가들은 루터파나 츠빙글리파가 되기 전에 에라스무스주의자들이었다. 그의 교회 비판과 신학의 여러 동기들은 개신교에 유산으로 전수되었다.

독자들의 예상과 달리, 저자는 루터의 초기 생애를 제4장에 가서야 다룬다. 루터를 이 위치에 놓은 것도 전통적인 서술 방식과는 큰 차이를 보인다. 저자는 루터를 영웅시하고 종교개혁의 주역으로 보려는 것에 분명히 선을 긋는다. "루터의 개인적·종교적·신학적 형성의 역사도 종교개혁의 전제에 속한다. 이 역사는 당연히 당대 교회의 '열려 있는 체계' 안에서 이루어졌기 때문이다. …… 종교개혁 이해에 비추어 1517년 후반 내지 1518년 초반[면죄부 반박] 이전의 루터에 관해서, 그가 종교개혁의 발단을 제공했다고는 거의 말할 수 없다."(117쪽) 이로써 저자는 루터의 초기 사상이 종교개혁에 직접적 동기를 제공했다는 것을 부인한다. 반면 루터의 초기 신학 활동은, 이후 루터의 활동을 감안할 때, 종교개혁의 하나의 전제를 이룬다는 사실 또한 부인할 수 없다.

제2부와 제3부에서 저자는 제국의 종교개혁 역사를 서술한다. 제2부 제1~3장에서는 종교개혁의 초기(1517~21) 역사를 다룬다. 이 시기는 1517년 10월 31일 루터의 면죄부 비판으로부터 1521년 5월 보름스 제국의회까지 약 3년 반의 기간에 해당한다. 저자는 종교개혁 역사의 시작 단계에 관해서, 특별히 루터 및 비텐베르크 무리들을 고려하면서 서술하는 것이 합리적이며 필요하다고 본다. 제2부 제4~10장에서는 1521년부터 1530년 아우크스부르크 제국의회까지의 역사를, 그리고 제3부에서는 아우크스부르크 제국의회 이후 종교개혁 운동이 더 이상 돌이킬 수 없이 진전되어 종파화 단계로 접어드는 1555년 아우크스부르크 종교 평화까지의 역사를 다룬다.

제2부 제1장에서는 종교개혁 운동의 초기 단계를 개괄한다. 루터는 독일과 중부 유럽에서 가장 유명한 신학자요 추종자들의 희망의 상징으로 부상했다. 종교개혁 운동은 루터에게서 지도자를 발견했고, 제국

내의 종교와 정치 상황은 루터 사상과의 대립이 진행되는 것과 나란히 발전했다. 1521년의 보름스 칙령이 제국 내에서 집행되지 않고 종교개혁 운동이 계속 확산된 근거는 바로 이 기간에 운동의 기초가 놓였기 때문이다. 이 시기에 중요한 두 가지 사건이 있었다. 루터에 대한 교회재판과 폭넓은 독자층을 확보한 종교개혁적 저서 출판이 그것이다. 그리고 두 사건의 역사적 출발점은 면죄에 대한 루터의 공개 비판이었다.

제2장에서는 면죄부 논쟁을 다룬다. 저자는 루터가 10월 31일 만성절 전야에 면죄 반박 95개 논제를 게시한 것이 아니라는 가설을 반박하면서, 루터가 하필 이날을 반박문 게시 시점으로 선택한 이유를 설명한 후 95개 논제를 분석한다. 루터는 면죄 반박을 통해서 신뢰성의 위기로부터 교회를 구하려 했을 뿐 다른 의도를 가지지 않았다. 또한 당시 자신이 말하고자 한 것이 성직 엘리트들에게 위협이 될 수 있다는 것, 구원자가 위험이 될 수 있다는 것을 상상할 수 없었을 것으로 추측된다.

제3장에서는 루터에 대한 재판과 그의 초기 출판 활동, 보름스 제국의회와 보름스 칙령을 다룬다. 루터는 1518년 중엽부터 1520년 중엽까지 교회 권력 기구의 희생자가 되었지만, 동시에 휴식 없이 글들을 발표했다. 점차 그의 글들이 로마와의 화해를 불가능하게 만들지는 않았을지라도 어렵게 만들었다는 사실이 명확해졌다. 그는 입장 취소를 거부했고, 따라서 자신에게 전가된 이단자 역할을 점차 분명하게 수용했다. 루터 사건(causa Lutheri)은 현저히 양극화되어 전개되었으며 활발한 출판 활동을 통해 서로 대립하는 지지파와 적대파가 형성되었다. 특히 루터의 1520년 글들은 결정적으로 종교개혁적 성격을 가지고 있었다. 즉, 루터는 전통적인 성례전 신학과 실제를 근본적으로 변화시켜 교황청을 개혁할 수 있는 근거와 동기들을 발전시켰으며, 기존 교회에 대한 비판을 넘어서 복음 정신에 상응하는 그리스도교를 제도적·종교적·의식적으로 형성하고 그 신학적 근거를 제공했다. 그 저작들의 특별한 의미는 루터가 글 대부분에서 단순히 적대자들의 도전에 대응한 것이 아니라 자신의 주제를 스스로 결정했다는 데 있다.

보름스 제국의회에서 루터의 철회 거부는 종교개혁 운동에 중요한 사건이었다. 루터에게는 성서에 의해 교리를 반박하는 것이 거부되었다. 이것은 그의 가르침이 성서에 부합하고 따라서 반박될 수 없다고 생각하는 이들의 확신을 고무시켰음이 분명하다. 황제의 정책은 어떤 사상의 비진실성을 입증하지 않은 채 그것을 무력으로 억압해야 한다는 부담을 지속적으로 안고 있었다. 그런 한에서 30년 후에 궁극적으로 확인된 황제의 종교정책의 실패는 이미 보름스에서 결정된 것이었다. 왜냐하면 그리스도교 교리 문제, 루터가 고무한 종교적 진리 의식을 교회법적·국가적 권력 수단을 통해서가 아니라 오직 성서와 교부, 이성에 근거해서만 결정할 수 있다는 것은 어떻든 종교재판을 겪지 않은 많은 그 시대 사람들에게 분명했기 때문이다.

제4장에서는 만인사제직 개념을 통해서 변화된 종교 사회 현상을 주제로 삼는다. 루터는 만인사제직이라는 성서상의 개념을 통하여 세속 권세, 또한 평신도 그리스도인들도 각자 자기 신분에서 교회 개혁에 대해 공동 책임을 질 권리와 의무가 있다는 신학적 이론을 전개했다. 이 이론은 그의 칭의론을 교회론적으로 구체화한 것으로 평가될 수 있다. 개별 인간이 오직 그리스도로 말미암아 설교와 성례전에서 약속된 화해의 말씀에 대한 믿음과 신뢰에 근거하여 신 앞에 설 수 있으므로, 또한 모든 그리스도인들은 '오직 믿음에 의해' 신 앞에서 권리가 있으므로 교회의 외적 형성에 협력할 권리가 있다.

그것이 내포한 교회 비판적 잠재력에 비추어서 칭의론은 혁명적인 개념이었다. 1521년 이후 농민전쟁까지 종교개혁적 메시지를 특별히 수용하여 기존 교회를 비판하는 활동이 급속히 증가했다. 이로써 종교개혁의 주도권은 루터의 손을 떠났으니, 1520년대 중반 이후 종교개혁은 지지자들의 시각에서 볼 때 신학적으로나 종교정책적인 면에서나 통일성을 상실했다.

다른 한편 팸플릿의 대량 출판은 이전에 볼 수 없었던 새로운 현상이다. 1521년부터 1525년의 농민전쟁까지 이 대중 커뮤니케이션 매체 생산은 절정에 다다랐다. 팸플릿의 양적 증가는 '종교개혁적 여론'의 구조가 변화된 표지이다. 선동적·홍보적 논쟁에 참여한 것은 특이하게도 평신도 출신의 필자들이었다. 학자들과 수공업자, 기사와 여성, 농민과 제후, 왕과 수도사들이 필자로 등장했고, 신학 문제에 관한 여론 투쟁에 참여해 자신의 신념을 위해 변론했다. 물론 팸플릿 저자들 가운데 가장 성공을 거둔 사람은 루터였다. 농민전쟁 이후 평신도 필자의 팸플릿은 급격히 감소했고, 신학자들의 논쟁 상황으로 바뀌었다,

제5장에서는 종교개혁 초기 단계에서 팸플릿 활동 외에 나타난 여러 가지 교회 비판적 행태 — 십일조 거부와 사제 선출 요구, 설교 방해, 단식 위반, 사제 혼인, 수도원 탈퇴, 성물 모독 등과 누가 교회 개혁의 행동 및 결정 주체가 될 것인가, 교회 공동체인가 정치 공동체인가, 세속 정권인가 아니면 특히 신념이 확고한 그리스도인들의 개별 행동 집단인가의 문제 — 를 서술한다. 종교개혁의 실천 방식에 대한 대립은 대개 이론적 논쟁으로서 이루어진 것이 아니라 일부 급진적 인물들의 도발적 행동에서, 그리고 결단을 강요하는 시나리오에서 발생했다. 대부분의 정부 주도 종교개혁은 이런 돌발 행동에 제동을 걸 필요에 의해 형성되었다. 초기 종교개혁 운동의 다양한 행동 형태들에서 명백한 사실은 설교와 인쇄물 외에 행동, 상징적 실천, 제의적 커뮤니케이션 형태가 대립의 중요한 도구와 매체로 평가될 수 있다는 것이다.

제6장에서는 도시들의 초기 종교개혁 운동을 비텐베르크와 취리히의 사례를 들어 설명한다. 당시 제국정치적 상황의 주요 변수로 등장한 것이 오스만 제국이었다. 오스만 제국과의 전쟁을 위한 재정 수요 때문에 황제는 종교개혁파 제국도시들과 점차 타협하지 않을 수 없었다. 그런 한에서 프랑스뿐만 아니라 오스만 제국과의 외교 관계는 제국의 행동 차원에서 종교개혁을 정치적으로 확립하는 데 단계적으로 중요한 의미를 가지게 되었다. 오스만 제국으로 말미암은 위협과 종교개혁이 가장 집중적으로 확산된 것이 시기상 일치한다는 사실은 결코 우연이 아니었다. 오스만 제국 문제와 종교 문제는 정치적·정신사적으로 서로 긴밀

하게 연결되어 있었다.

보름스 칙령과 제2차 슈파이어 제국의회 사이의 약 10년간에 도시들은 제국 내 종교개혁 운동의 견인차가 되었다. 도시 종교개혁 과정은 시작 단계와 제도화 단계로 구별될 수 있다. 또한 도시 종교개혁의 몇몇 전형적 요소들과 특징들—이종배찬, 대중어 예배, 미사 폐지, 개신교 설교자 임명, 성서에 근거한 교회법 도입 등—이 발견된다. 즉, 도시 종교개혁의 초기 단계에 종교개혁적 사상과 글을 보급한 유동적 인간들이 있었다. 인쇄소를 보유한 도시들에서 종교개혁적 글의 출판은 종교개혁 사상을 유포하는 데 중요한 역할을 했다. 그다음은 새로 임명된 개신교적 설교자들이 종교개혁 발전의 구심점이 되는 단계였다. 즉, 복음의 '새로운' 가르침과 종교개혁적 설교에 대한 요구는 도시가 사제직이나 시민들의 기부에 근거한 설교자직에 대한 지명권을 가진 곳에서 특히 빠르게 실현될 수 있었다.

제7장에서는 종교개혁이 개별 인간이나 특정 집단의 삶에서 어느 정도 변화를 의미했는지를 몇몇 사례를 들어 서술한다. 종교개혁을 통해서 그리스도인과 유대인 간의 관계는 변화되었다. 또한 일부 여성들의 자기 이해와 관련해서도 종교개혁은 급속한 변화의 지표가 된다. 종교개혁 초기에 일부 여성들이 팸플릿 필자로서 등장했다. 그들은 저술 활동을 만인사제직을 통해 새로이 규정된 평신도 역할의 표현으로 보았다.

츠비카우 예언자(Zwikaw Prophets) 같은 급진적 집단은 종말 때의 사도적 방랑 생활을 위해서 사회와의 고정된 결속을 포기했다. 이런 급진주의자들은 종교개혁파 성서학자들을 가장 신랄하게 비판했다. 츠비카우 예언자들은 카를슈타트와 뮌처에게 큰 영향을 끼쳤다.

종교개혁이 승리한 도시에서 교황 교회를 지지한다는 것은 당사자들이 종교개혁 지지자들로부터 공격받을 위험에 노출된다는 것을 의미했다. 성직자에 대한 증오의 강도는 종교개혁 이전의 교회가 경험했던 것을 훨씬 능가하였다. 지금까지 주로 신앙이라는 목적에 사용되어 기존의 경건 실천을 뒷받침해주고 교육적으로 심화시켰던 인쇄술은 급격한 기능상의 변화를 겪었다. 1520년대 이후 제작된 대부분의 출판물은 친(親)종교개혁적 활동에 사용되었다. 팸플릿에서 구교 성직자들은 악하거나 부정적 의미의 짐승으로 형상화되어 의미심장하게 표현됨으로써 성직에 대한 전통적인 존경의 요소를 느낄 수 없게 만들었다.

제8장에서는 기사의 몰락과 실패한 농민전쟁, 그리고 그들의 불행을 기반으로 성공한 제후들의 종교개혁을 서술한다. 농민과 기사 양자의 공통점은 영방국 권력 강화가 그들 전래의 권리를 위협했다는 것이다. 즉, 양자에게서는 오랜 전통 및 보다 좋은 옛 시대의 기준에 따라서 억압적 현재를 교정하려는 경향이 뚜렷했다. 양자는 종교개혁 신학의 특정 내용에서 자기들 신분의 특별한 이해를 표현하고 정당화할 수 있는 수단을 발견했다. 그러나 양자의 좌절은 영방국을 안정시켰다. 농민전쟁 후 합법적인 권력으로부터 출발하지 않은 평신도의 현실 참여는 종교개혁의 신학적·정치적 지지자들에게서 지원을 얻지 못했다. 1520년대 후반부에 종교개혁 운동을 결정한 것은 제후들, 그리고 제후를 위해 일하는 신학자들이었다. 종교개혁은 제후들 때문에 살아남았다.

제9장에서는 신학 논쟁과 재세례 문제를 집중적으로 조명한다. 개신교 진영 내 최초의 균열은 특정 신학적 통찰로부터 어떤 실천적 결과들을 끌어낼 수 있는지를 결정해야 할 필요가 있을 때 가시화되었다. 실천적으로 새로이 형성되어야 할 주제들은 신학적으로 중요하지만 논란거리가 된다는 것이 입증되었다. 이 주제들은 상당한 해명을 필요로 하거나 처음 형성 과정에서 해명을 필요로 하는 것들이었다. 이것은 무엇보다 세례와 성만찬 내지 그것에 대한 이해의 문제였다. 두 성례전에서 핵심은 교회의 이해, 무엇이 성례전을 구성하며 무엇이 그것의 본질을 이루는가, 혹은 그리스도가 그것에서 어떻게 행동하는가, 그리고 그것이 원칙적으로 한 공동체의 모든 인간을 포괄하는가 아니면 결정적으로 그리스도와 복음을 고백한 자들만을 포괄하는가의 문제였다. 1520년대 후반기에 성만찬 문제와의 연관 속에 이루어진 개신교 진영의 신학적 차별화 및 다원화 과정은 심대한 분열의 계기가 되었고, 종파적 분열 발

전의 출발점이 되었다. 반면 세례에 관련된 대립에서 논쟁거리는 종교개혁이 다수인의 교회로서 실현되어야 하는가 아니면 소(小)종파적 공동체로서 실현되어야 하는가였다. 이 논쟁은 재세례 운동을 초래했다.

제10장에서는 1530년 『아우크스부르크 신앙고백』의 전후 맥락을 다룬다. 종교 문제의 정치적 차원은 1520년대 초부터 분명해졌으나 1520년대 말 무렵 구체화되었다. 종교개혁파의 출판물을 통해서 만인사제직에 근거하여 교회 개혁에 적극적이어야 할 세속 정부의 책임이 강조되었다. 제국정치적으로 농민전쟁의 경험으로부터 도시 혹은 영방국 차원에서 종교개혁으로의 전환 시도가 강화되었다. 세속 정부들은 종교개혁을 주도적으로 관철했다. 이에 종파에 따라서 군사·정치적 동맹이 형성되기 시작했다. 국제 정치 상황도 군사 대립 위험의 첨예화에 기여했다. 본래 선제후령 작센의 '변증'으로 시작한 『아우크스부르크 신앙고백』은 프로테스탄트 제국 신분들의 고백으로 발전하였다. 독일 프로테스탄트들의 이후 운명은 이 신앙고백과 지속적으로 결부되어 있었다. 논쟁적 신랄함에서 일절 자유로운 이 문서의 간략하고도 정교한 어법은 이를 종교개혁파, 보다 엄밀히 말해서 루터파 신앙의 고전적 표현이 되게 만들었다.

제3부에서는 1530년 아우크스부르크 제국의회 이후부터 1555년 아우크스부르크 종교 평화까지 종교개혁의 역사를 서술한다. 종교개혁의 역사는 아우크스부르크 제국의회와 슈말칼덴 동맹의 창립 이후 정치인의 손에 넘어갔다. 황제가 주로 제국 밖에 머물던 1530년대에 프로테스탄티즘은 점차 세를 늘렸다. 그러나 1540년대에는 상황이 다시 바뀌었다. 황제는 프랑스와의 평화조약 체결(1544년 9월 18일 크레피[Crépy]) 및 오스만 제국과의 휴전(1545년 10월) 이후 행동의 여지를 얻었다. 결국 프로테스탄트에 대한 군사적 공격이 가능해졌고 성공했다(1547년 봄, 슈말칼덴 전쟁). 이제 지난 20년간의 종교개혁 과정은 이른바 『잠정처분』(*Interim*, 1548)을 통해서 철회될 수 있었다. 그러나 1550년대 초

제국법적으로 프로테스탄트 이단을 지속적으로 승인하게 되었고, 제국 내의 주권과 사회를 통합하는 일원적인 종교 콘셉트는 실제적으로 종언을 고했다.

다른 한편 가톨릭교회는 종교개혁의 초기 단계에는 수동적으로 행동했다. 그러나 종파적 대립이 심화되면서 가톨릭교회는 자구책—트리엔트 종교회의를 통한 역(逆)종교개혁—을 강구했다.

저자는 필리프 멜란히톤(Philipp Melanchthon, 1497~1560)의 말을 인용하면서 이 책의 결론을 내린다. "이 시대에 신은 다시 교회를 그 원천으로 돌아가도록 부르셨다. 하지만 이 부름을 들은 교회는 더 이상 교황의 교회가 아니었다. 이런 점에서 종교개혁은 실패했다."(724쪽) 이 결론은 독자들에게 이상하게 들릴지 모른다. 근본적으로 종교개혁은 신의 말씀으로 돌아가자는 운동이었다. 그러므로 신의 부름을 따르는 자들은 교황을 따를 수 없다. 그러나 실제로 교황 교회는 역종교개혁 운동을 통해 살아남았다. 또한 개신교회는 루터의 의도와 달리 우여곡절 끝에 정치도구화되었고, 신학 논쟁 결과로 '하나의 거룩한 공교회'(una sancta catholica ecclesia)와는 거리가 먼 여러 교파로 분열되었다. 저자는 이런 이유에서 종교개혁은 실패했다고 판단한다.

2017년 8월

옮긴이 황정욱

인물 소개

가일러 폰 카이저베르크, 요하네스(Johannes Geiler von Kayserbeg, 1445~1510)

신학자, 설교자, 작가. 1460년 이후 프라이부르크 대학 인문학부에서 수업을 받았고, 1463/64년 마기스터가 되었다. 1470년 사제 서품을 받았고, 1471년 이후 바젤에서 신학을 공부했다. 1475년 신학 박사 학위를 취득하고, 1476년 이후 프라이부르크 대학 신학 교수직을 얻었으며 총장에 취임하기도 했다. 1477년 대학 경력을 포기하고, 1478년 이후 스트라스부르의 대성당에서 설교자로서 활발한 활동을 전개했다. 사후 일부 출판된 문학작품, 특히 설교집은 종교개혁 직전에 큰 영향을 끼쳤다.

게오르크 폰 작센(Georg von Sachsen, 1471~1539) **공작**

일명 '수염 달린 자'로 불림. 1500년 이후 부친 알베르트의 후계자로 알베르트계 작센을 지배했다. 그 자신의 교회개혁적 성향을 바탕으로 선제후령 작센에 위치한 비텐베르크에서 출발한 종교개혁적 경향에 처음에는 우호적이었다. 그의 임석 아래 개최된 라이프치히 논쟁과 더불어 그의 성향은 근본적으로 변했다. 1525년 중부 독일의 농민전쟁을 타도하는 데 결정적으로 가담했다. 세상을 떠날 때까지 제국 제후들 가운데 가장 두드러진 종교개혁의 적대자였다. 자신의 아우 하인리히를 유산 상속에서 배제함으로써, 작센 공작령에 종교개혁을 도입하려는 시도는 좌절되었다.

귄터, 프란츠(Franz Günther, ?~1528)

설교자. 1512년 인문학 바칼라우레우스 학위를 취득했으며, 1515년 비텐베르크 대학에 등록하고 인문학과 신학 학위를 받았다. 1519년 유터보크(Jüterbog) 설교자로서 프란체스코회 수도사들과 충돌했고, 이 때문에 토마스 뮌처가 그를 대리해야 했다. 그러나 뮌처 역시 도시를 곧 떠나야 했다. 1520년 로하우의 설교자가 되었고, 그곳에서 1528년 작고했다.

그라이펜클라우 추 폴라츠, 리하르트(Richard Greiffenklau zu Vollraths, 1467~1531)

가톨릭 신학자, 트리어 대주교. 1482년 참사회원, 1487년 트리어 주교좌 대성당 참사회원이 되었으며, 1488년 이후 파리에서 수학했다. 1511~31년 트리어 대주교 및 선제후를 지냈다. 보름스 제국의회에서 제국 신분들의 이름으로 루터와 협상했다. 1522년에 지킹겐의 도전을 성공적으로 방어했다.

그레벨, 콘라트(Konrad Grebel, 1498경~1526)

스위스 인문주의자, 재세례파. 바젤과 빈, 파리에서의 수학을 통해 인문주의적 교육을 받았다. 취리히로 돌아온 후에 츠빙글리를 추종했으나, 1523/24년에 그와 절교했다. 친구들과 함께 취리히 재세례파 운동을 시작했다. 1525년에 최초의 성인세례를 실행했고, 1526년 페스트로 작고했다.

그로퍼, 요하네스(Johannes Gropper, 1503~59)

가톨릭 신학자, 추기경. 쾰른에서 인문학을 수학했고, 1516년 인문학 마기스터가 된 후에 법학을 공부했다. 1516년 법학 박사 학위를 취득했다. 1526년 사제 서품을 받았으며, 같은 해에 대주교구 총무처장으로 취임했다. 1530년 이후 신학 연구에 몰두했다. 1539~41년 종교 대화에 참석했다. 이른바 『레겐스부르크의 서(書)』는 그에게서 유래한다. 1555년 추기경으로 승진했다.

그룸바흐, 아르굴라(Argula Grumbach, 1492~1568경)

결혼 전 성은 슈타우프(Stauff). 종교개혁 출판가. 오버팔츠 에른펠스 성(Burg Ernfels)에서 태어나 1508년 바이에른 공작부인 쿠니군데(Kunigunde)의 시녀로 뮌헨에 왔다. 일찍 부모를 여의고 1516년 알트뮐탈 디트푸르트(Dietfurt in Altmühltal)의 관리인이었던 프리드리히 폰 그룸바흐(Friedrich von Grumbach)와 혼인했다. 일찍이 종교개혁에 관심을 가졌고 그녀 주변(뉘른베르크의 오지안더, 뷔르츠부르크의 파울 슈페라투스Paul Speratus) 및 비텐베르크의 종교개혁적 사고를 가진 신학자(1522년 루터)와 서신을 교환하고 개인적으로 접촉하려 했다. 1523년 가을에 여성 최초로 종교개혁적 취지의 글을 출판했다. 그 계기는 잉골슈타트 대학이 이전의 비텐베르크 대학생 아르자키우스 제호퍼(Arsacius Seehofer)에게 강요한 철회 요청 때문이었다. 대중적 관심을 크게 불러일으킨 이 사건에 뒤이어 1524년에 몇 편의 작은 글을 발표했다. 1530년 코부르크에서 루터를 방문한 것은 확실하다. 1520년대 말 첫 번째 남편과, 1535년에는 두 번째 남편과 사별했다.

뎅크, 한스(Hans Denck, 1500경~27)

인문주의자, 심령주의자. 1517년부터 잉골슈타트에서 수학했고 1522년 이후 바젤에서 에라스뮈스와 외콜람파트의 영향을 받았다. 1523년에 마기스터가 되었고 뉘른베르크에서 교장직을 맡았으나, 1525년 급진적 성향 탓에 추방되었다. 아우크스부르크로 가서 후트(H. Hut)로부터 세례를 받았다. 1526년 스트라스부르로 이주했으나 역시 추방되었다. 헤처(L. Hätzer)와 함께 구약성서의 예언서를 원문에서 번역했다(1527년 출간). 외콜람파트의 보증을 얻어서 결국 바젤에 정착했으나, 페스트에 걸려 작고했다.

될슈, 요하네스(Johannes Doelsch, 1483경~1523)

1502년 이후 하이델베르크에서, 1504년 이후에는 비텐베르크에서 수학했고 1507년에 사제 서품을 받았다. 1511년 인문학부 교수가 되었고, 알러하일리겐 수도회 참사회 의원이 되었다. 1516/17년에 대학 총장, 1521/22년에 신학부 학장이 되었다. 1521년 5월에 알러하일리겐 수도회 감찰이 되었다. 원래 스코투스주의자였으나 1518년 루터의 가르침으로 전향했고, 1520년에 루뱅 대학이 루터를 정죄한 것에 대항하여 루터를 변호하려고 나섰다.

둔스 스코투스, 요하네스(Johannes Duns Scotus, 1265경~1308)

스콜라주의 철학자이자 신학자. 스코틀랜드 출신으로 프란체스코회에 입회했다. 옥스퍼드와 파리에서 수학했다. 1291년 사제 서품을 받았고, 1305년 신학 마기스터가 되었다. 1307년 프란체스코회 교사로 쾰른에 왔다. 주저로는 페트루스 롬바르두스의 『명제집』에 대한 주석이 있다.

둥거스하임, 히에로니무스(Hieronymus Dungersheim, 1465~1540)

일명 '옥센파르트'(Ochsenfart). 가톨릭 신학자. 1484년 이후 라이프치히에서 수학했다. 1495년 사제 서품 후에 켐니츠의 설교자가 되었다. 1501년에는 츠비카우의 설교자가 되었으며, 외교 임무도 맡았다. 1504년 시에나로 가서 1505년 신학 박사가 된 뒤 라이프치히로 귀환했다. 1506년 퓌르스텐콜레기움의 교수, 1510년에는 대학 총장에 취임했다. 1519/20년에 루터와 서신 형태로 문서 논쟁을 벌였다. 1522년에 마이센 주교 요한 폰 슐라이니츠(Johann von Schleinitz)의 조수가 되었다. 1525년 이후에 뮐하우젠의 설교자, 1538년 이후에는 라이프치히의 설교자로 일했으며, 또한 신학부 학장을 맡았다.

랑, 요하네스(Johannes Lang, 1486/88~1548)

아우구스티누스 은둔자회 수도사이자 종교개혁가. 1500년 이후 에르푸르트에서 수학했으며, 아우구스티누스 은둔자회에 들어가 거기서 1508년 사제 서품을 받았다. 루터와 함께 비텐베르크의 아우구스티누스회 수도원으로 옮겨가 그곳의 대학에 등록했다. 마기스터 학위를 받은 후에 그곳 인문학부에서 교수를 지냈다. 1516년 에르푸르트에서 신학 연구를 속행했고, 루터에 의해 에르푸르트 수도원장으로 임명되었다. 1519년 신학 박사 학위를 취득했다. 논쟁을 위해 하이델베르크(1518)와 라이프치히(1519)까지 루터와 동행했다. 1524년 에르푸르트 교회를 개혁하는 업무를 위임받았으며, 1525년 통일된 예배 질서를 도입했다.

랑베르 드 아비뇽, 프랑수아(François Lambert de Avignon, 1486경~1530)

종교개혁파 신학자. 1501년에 프란체스코회에 들어갔고 남프랑스에서 방랑 설교자로 활동했다. 루터의 글을 접한 후 1522년 비텐베르크에 있는 루터의 집에서 하숙했고, 1523/24년 대학에서 강의했다. 1526년에 헤센의 필리프의 위임으로 종교개혁 교리를 변호하기 위한 158개 논제를 작성했고, 헤센의 새로운 교회법 작성에 관여했다. 1527년 신설된 마르부르크 대학의 신학 교수가 되었다.

레기우스, 우르바누스(Urbanus Rhegius, 1489~1541)

본명은 우르반 리거(Urban Rieger). 루터파 신학자. 1508년 이후 프라이부르크에서 특히 카피토와 에크 아래서 수학했고, 1512년에 에크를 따라 잉골슈타트로 갔다. 1518년 이후 콘스탄츠에서 파브리 곁에 머물렀다. 사제 서품을 받고 1520년 아우크스부르크 대성당의 설교자가 되었다. 종교개혁적 팸플릿을 여러 편 집필했다. 첼레(Celle)로의 초빙을 받아들여 그곳의 교구 감독이 되었다. 1531년 뤼네부르크 공작령의 교회법을 작성했고, 북독일 도시들의 종교개혁 도입에 동참했다. 1537년 슈말칼덴에서의 협상에, 1540년 하게나우 종교 대화에 참여했다.

레오 10세 교황, 조반니 데 메디치(Leo X. [Giovanni de' Medici], 재위 1513~21)

1475년에 태어나 1489년에 추기경이 되었고, 1494년 집안이 몰락한 뒤에는 피렌체를 떠나야 했다. 1500년 이후 로마와 피렌체에서 다시 정치적 영향력을 강화할 수 있었다. 교황으로 선출된 후 교황청의 권력 강화 전략을 추진했다. 중요한 개혁을 추진하지는 않았고 베드로 대성당을 짓기 위해 면죄부를 판매하였다. 대성당 건축을 위해 미켈란젤로와 라파엘로 같은 예술가를 고용했다.

로이블린, 빌헬름(Wilhelm Reublin [Röubli], 1484경~1559)

재세례파. 프라이부르크와 튀빙겐에서 수학했으며, 1521년 이후 바젤의 교구 설교자가 되었다. 급진 종교개혁적 설교를 한 후, 1522년에 시로부터 추방되어 비티콘(Witikon)으로 갔다. 스위스에서 사제로서 처음으로 공개적으로 혼인했다. 재세례파로 전향했기 때문에 1525년 비티콘을 떠나야 했다. 샤프하우젠과 발츠후트, 스트라스부르, 호르프(Horb), 로이틀링겐, 에슬링겐에 재세례 운동을 전파했다. 1530년 이후 재세례파와 결별했다.

로이힐린, 요하네스(Johannes Reuchlin, 1455~1522)

법률가, 히브리어 학자, 인문주의자. 1481년까지 인문학과 법학을 수학했고, 두 차례의 이탈리아 여행(1482년과 1490년)에서 피코 델라 미란돌라를 알게 되어 카발라 연구를 시작했으며, 이를 위해 히브리어를 공부했다. 1502년 슈바벤 연방 판사로 선출되었으며, 11년간 튀빙겐에서 근무했다. 그 후 잉골슈타트로 가서 1519년에 그리스어와 히브리어 교수가 되었다. 유대인 개종자 요하네스 페퍼코른(Johannes Pfefferkorn)과의 논쟁에서 모든 유대교 글을 소각하라는 그의 요청을 거부했다. 그리스도교를 변증하기 위해 성서 이후 유대교 문서의 보존을 옹호하는 『소견서』(*Augenspiegel*, 1511)를 작성했다. 그의 지지자들은 풍자적인 『반(反)계몽주의자들의 서신』을 통해 그의 투쟁을 지원했다(1515~17).

로처, 제바스티안(Sebastian Lotzer [Weygelin, Wergelin], 1490경~1525 이후)

평신도 신학자. 수공업자(모피 제조공으로 추정됨)로서 메밍겐에서 활동했다. 1523~25년 다섯 편의 종교개혁적 팸플릿을 출판했는데, 여기서 평신도 권리를 변호했다. 샤펠러와 함께 메밍겐에 종교개혁 운동을 도입했다. 그의 도움을 받아 슈바벤 농민들의 『12개 조항』(1525)을 편집했다.

뢰러, 게오르크(Georg Rörer, 1492~1557)

루터파 신학자. 1511년 이후 라이프치히에서 수학했으며(1520년 인문학 마기스터), 1522년 이후 비텐베르크에서 종교개혁가 집단과 밀접한 관계를 맺었다. 1525~37년 비텐베르크 시 교회 부제가 되었으며, 1529년 마르부르크 종교 대화에 참석했다. 1530년 선제후령 작센의 교회 시찰에 참여했으며, 비텐베르크 신학자들의 출판에 참여하기도 했다. 또한 1531년 이후에 성서 번역 개정을 위한 위원회의 회의록을 작성했다. 1535년 신학 박사가 되었다. 1537년 이후에는 루터의 글 편집에 참여했으며, 그가 기고한 글에 핵심적으로 기초하여 이것의 출판이 이루어졌다.

루터, 마르틴(Martin Luther, 1483~1546)

아우구스티누스 은둔자회 수도사, 신학 교수, 종교개혁가. 만스펠트 광산업자의 아들로 태어나 만스펠트와 마그데부르크, 아이제나흐에서 초등교육을 받은 후 에르푸르트 대학에서 수학하였다. 인문학 마기스터 학위를 받은 후에 아우구스티누스회에 들어가(1505), 신학을 공부했다. 1512년 스승 요한 폰 슈타우피츠의 후계자로 비텐베르크 대학의 신학 교수직에 취임했다. 면죄와 고해에 대한 비판은 즉시 교회 구원 제도에 대한 근본적인 반대로 확대되었으니, 이 때문에 1520년 교황의 파문을 받았고 그다음 해에 제국 파문을 받았다. 작센 선제후의 지원에 힘입어 이단자로서의 죽음을 면했다. 신학 저자로서 당대 독일 사회에 막대한 영향력을 행사했다. 그의 교리문답과 교회 찬송가,

성서 번역은 그의 주도로 말미암아 표준적으로 결정된 개신교회에 지속적인 영향을 끼쳤다. 유럽 역사에서 가장 영향력 있는 신학자였다.

루헤라트 폰 베젤, 요하네스(Johannes Rucherath von Wesel, 1425경~1481)

신학자. 1441/42년 이후 에르푸르트에서 수학했으며(1445년 인문학 마기스터 취득) 1456년 신학 박사 학위를 받았다. 1456/57년 에르푸르트 대학 총장을 역임했고, 1460년 마인츠 대성당 참사회 의원, 1461년 바젤 대학의 신학 교수가 되었다. 1463년에 대성당 참사회 의원으로 마인츠로 귀환했다. 1477년 면죄에 대한 비판적 언급 때문에 정직당했다. 교황과 공의회의 권위를 의심한 탓에 이단 재판을 받았다. 1479년 철회했으나 연금되었다. 면죄에 대한 논설을 제외한 그의 글들이 종교재판의 대상이 되었다.

링크, 벤체슬라우스(Wenzeslaus [Wenzel] Linck, 1483~1547)

종교개혁파 신학자. 1501/02년에 학업을 중단하고 아우구스티누스 은둔자회에 들어갔다. 1503년 비텐베르크 대학에서 학업을 재개했고 교수가 되었다. 1511년 신학 박사 학위를 받았으며, 1511년과 1515년 사이에 비텐베르크 수도원장을 역임했다. 1512/14년에 신학부 학장, 1512~15년 작센-튀링겐 수도회 관구 대리가 되었다. 1516년 뮌헨의 수도회 설교자가 되었으며, 1517년 슈타우피츠의 후임으로 뉘른베르크의 설교자가 되었다. 종교개혁으로 전향했고 1522년 이후에 알텐부르크의 사제 및 교구 감독이 되었다. 1525년 뉘른베르크의 사제가 되었다.

막시밀리안 1세(Maximilian I, 1459~1519)

로마 왕이자 황제. 합스부르크가(家) 출신 프리드리히 3세의 아들로서 1486년 통치를 시작했고, 왕조의 세계사적 의미에 초석을 놓았다. 부르고뉴 공주 마리아와 혼인함으로써 부르고뉴에서 합스부르크의 지배권을 확보했다. 헝가리 및 보헤미아와의 강화조약 체결, 손자와 보헤미아-헝가리 상속자의 혼인으로 양 왕국의 상속권을 확보했다. 자신의 아들 필리프와 딸 마르가레테를 카스티야와 아라곤의 상속자인 후안 및 요한나와 혼인시킴으로써 합스부르크가는 스페인 통치 지역에 대한 지배권을 획득했다. 1495년의 제국 개혁은 제국의 국가적 조밀화를 촉진했다. 정치·문화적 관점에서 인문주의 및 민족적 정서를 장려했다.

만츠, 펠릭스(Felix Mantz, 1500경~1527)

재세례파. 파리에서 학문적 교육을 받았다. 취리히에서 처음에는 츠빙글리를 추종했다. 1524년 『시위와 변호서』에서 자신의 신앙 및 세례 이해를 진술했다. 취리히에서 성인세례가 있었고, 촐리콘에 재세례파 공동체가 세워졌다. 재세례파 운동의 지도자가 되었고 샤펜하우젠과 바젤에서 가르쳤다. 1527년 최초의 재세례파로서 리마트 강에서 익사형에 처해졌다.

멜란히톤, 필리프(Philipp Melanchthon [Schwarzerd], 1497~1560)

종교개혁가. 포르츠하임(Pforzheim)에서 수학한 후, 친척 로이힐린의 추천으로 1518년 비텐베르크 대학의 그리스어 교수직에 임명되었고 루터의 친밀한 동역자가 되었다. 1521년 종교개혁 최초의 교의학(『신학총론』)을 출판했다. 1523/24년에 총장이 되어 대학 개혁을 추진했다. 종종 학교와 대학 개혁에서 자문을 맡았으며, 제국의회와 종교 대화에서 개신교 신분들의 중요한 자문관으로 활약했다. 아우크스부르크에서 표준적인 『신앙고백』(*Confessio Augustana*) 및 그 변증서를 집필했다. 1547년 슈말칼덴 전쟁의 패배 이후 작센의 모리츠에게 굴복했다. 선제후령 작센에서 종교개혁 교리를 보존할 수 있었고, 1548년 『잠정 처분』을 방어했다. 트리엔트 공의회를 위해서 1551년 『작센 신앙고백』을 작성했다.

모리츠 폰 작센(Moritz von Sachsen, 1521~53)

공작이자 선제후. 알베르트계 공작 '경건한 자' 하인리히의 아들로서, 1541년 그 후계자가 되었다. 국내정치적으로 1539년 시작된 개신교 제도의 도입을 속행했다. 제국 차원에서 황제와 슈말칼덴 동맹 사이에서 독자적 지위를 확보하기 위해 노력했다. 슈말칼덴 동맹군과의 전투에서 카를 5세와 연합함으로써 작센 선제후 직위를 얻었으며, 에르네스트계 영지의 상당 부분에 대한 소유권을 획득했다. 황제가 자신의 장인 필리프 폰 헤센을 계속하여 구금한 것 때문에 분노한 나머지, 마그데부르크에 대한 제국 파문의 집행을 이용하여 제후들이 제국 수장에게 반기를 들도록 만들었다. 군사적 승리로 페르디난트 왕과 파사우 조약을 체결할 수 있었다. 1553년 국토의 평화를 파괴한 알브레히트 알키비아데스 후작에 대한 원정에서 전사했다.

무르너, 토마스(Thomas Murner, 1475경~1537)

프란체스코회 수도사, 저자, 논쟁신학자, 법률가. 1490년에 프란체스코회에 들어갔으며, 1494년 사제 서품을 받았다. 여러 대학에서 수학한 후, 1506년 프라이부르크 대학에서 신학 박사 학위를 받았다. 1515년 로마법을 가르쳤으며, 1519년 양법(兩法, 교회법과 세속법) 박사 학위를 받았다. 1520년 이후 스트라스부르에서 종교개혁을 둘러싼 논쟁에 휘말렸다. 1524년 부처와 함께 성만찬에 대해 논쟁했으며, 로마 가톨릭의 입장을 옹호했다. 1527년 루체른, 1533년 오버엔하임(Oberehnheim)의 사제가 되었다.

뮌스터, 제바스티안(Sebastian Münster, 1488/89~1552)

히브리어 학자, 우주학자. 1505년 프란체스코회에 들어갔으며 하이델베르크와 루뱅, 프라이부르크에서 수학했다. 1514년 이후 튀빙겐 프란체스코회 수도원에서 철학 강사로 일했다. 1521년 하이델베르크에서 히브리어 연구에 전념했으며, 1524년 대학교수가 되었다. 1529년 수도회를 떠났고, 바젤 대학에 히브리어 교수로 초빙되었다. 로이힐린의 뒤를 이은 당대의 가장 중요한 히브리어 학자로 간주된다. 그러나 무엇보다 시대의 역사적·지리적 지식을 반영한 『세계지』(1544)를 지은 것으로 인정을 받았다.

뮌처, 토마스(Thomas Müntzer, 1490경~1525)

설교자. 라이프치히(1506)와 프랑크푸르트/오더(1512년 이후)에서 수학했으며, 사제 서품 이후에 브라운슈바이크에서 성직록을 받았다. 아마 늦어도 1518/19년 이후 비텐베르크의 인사들과 접촉한 듯하다. 1520년 츠비카우로 옮겼으나, 1521년 다시 해임되었다. 프라하에 체류한 후 1523년부터 알슈테트에서 설교자로 일했고, 거기서 전례 개혁을 시작했으나 곧 도시를 떠났다. 1525년 이후 튀링겐의 뮐하우젠에서 설교자로 활동했다. 튀링겐 봉기자들을 지원했고 뮐하우젠에서 처형되었다. 그의 글은 묵시문학적·심령주의적 신학의 색채를 띠고 있다.

파울 3세 교황(Paul III [Alessandro Farnese], **재위** 1534~49)

1468년에 태어났으며, 교황청 차원에서 로마 가톨릭교회의 개혁 및 역(逆)종교개혁을 도입했다. 정치적으로는 중립적인 인물로 간주되며, 전임자 클레멘스 7세의 우유부단한 정책을 종식시키고자 했다. 트리엔트 공의회를 추진했고, 1538년 잉글랜드의 헨리 8세를 파문했다. 오래된 수도회의 개혁 및 새로운 수도회의 설립을 장려했다(예를 들어 이그나티우스 폰 로욜라의 예수회 인준). 1542년에 이단 공격을 위한 중앙기구를 설립했다.

바이어, 크리스티안(Christian Bayer, 1482경~1535)

교수이자 정치가. 1500년 이후 에르푸르트와 비텐베르크에서 수학했다(1505년 인문학 마기스터 취득). 1507년 인문학부 강사가 되었고, 1510년 법학 박사 학위를 취득했다. 1512년에 로마법 교수, 대법원 배석판사, 법학부 학장이 되었다. 1513년 이후 선제후령 작센의 고문 및 비텐베르크 시장이 되었다. 1528년 작센 선제후 요한의 재상이 되었으며, 1530년 아우크스부르크 제국의회에 참석하여 『아우크스부르크 신앙고백』 독일어본을 낭독했다.

베르나르, 클레르보의(Bernard de Clairvaux, 1090/91~1153)

신비주의자이자 설교자. 1112년에 시토(Cîteaux) 수도회에 가입했다. 1115년 수도원장으로서 클레르보 수도원의 건립을 위해 파견되었다. 이것을 시작으로 68개 수도원을 설립했다. 아벨라르(Peter Abaelard, 1079~1142)를 적대하여, 그를 이단자로 낙인찍는 일을 관철시켰다. 십자군 설교자로서 북프랑스, 플랑드르, 라인 지역을 여행했다. 중세 그리스도 신비주의의 시조로 간주된다. 주저 『교황 에우게니우스에 대한 고려』에서 교황의 권력욕과 세상 지배를 공격했다.

베른하르디, 바르톨로메우스(Bartholomäus Bernhardi, 1487~1551)

종교개혁 신학자. 1512년 비텐베르크 대학 인문학부 학장, 1518년에 총장이 되었다. 1518년 이후 또한 켐베르크 주교좌 성당 수석 사제가 되었다. 1521년에 성직자 가운데 한 사람으로서 최초로 혼인했고 변호문을 썼다.

베스터부르크, 게르하르트(Gerhard Westerburg, 1495경~1558?)

법률가이자 신학자. 쾰른의 명문가 출신으로 쾰른과 볼로냐에서 수학했으며, 볼로냐 대학에서 법학 박사 학위를 받았다. 이탈리아로 귀환한 후 츠비카우 예언자들로부터 영향을 받았으며, 비텐베르크로 가서 카를슈타트를 추종했다. 1523년 예나에 머물렀으며, 연옥에 대한 팸플릿을 썼다. 1524년 카를슈타트에 앞서 스위스로 갔고 그의 성만찬에 대한 논설 인쇄를 주선했다. 1525년 프랑크푸르트/마인에서 농민 봉기에 가까운 도시 봉기에 가담했다. 1526년 프랑크푸르트에서 추방되어 다시 쾰른으로 갔다. 1534년 이후 동(東)프리슬란트에서 설교자로 활동했다.

부겐하겐, 요하네스(Johannes Bugenhagen, 1485~1558)

루터파 신학자. 1502년 그라이프스발트(Greifswald) 대학에 등록했으며, 1504년 트레프토우(Treptow) 시립학교 교장이 되었다. 1509년에 사제 서품을 받았다. 1517년 이후 벨부크(Belbuck) 수도원에서 성서 교사로 일했다. 1520년 이후 그의 신학에서 루터의 영향을 발견할 수 있으니, 1521년 비텐베르크에서 신학 수업을 결심했다. 1521년 이후 시편 강의를 했고, 1523년 비텐베르크 시 교구를 인수했다. 1533년 신학 박사가 되었으며, 그 후 성서 번역에서 루터의 동역자 집단에 속했다. 1525년 팸플릿을 발표해 츠빙글리와의 성만찬 논쟁이 개시되었다. 1526년 이후에 북독일과 스칸디나비아 교회의 개혁자가 되었다. 루터의 최측근이자 고해 신부가 되었다.

부처, 마르틴(Martin Bucer 혹은 Butzer, 1491~1551)

종교개혁가. 1507년에 셀레스타(Sélestat)의 도미니쿠스회 수도원에 들어갔으며, 여기서 철학 수업을 수료했다. 1516년 사제 서품을 받았다. 1517년 하이델베르크에서 신학 수업을 시작했고, 1518년 여기서 루터를 만났다. 1521년 수도회 서약에서 해제되었으며, 그 결과 여러 사제직을 가졌다. 1522년 전직 수녀와 혼인했다. 1524년 스트라스부르의 사제직을 인수했으며, 그곳에서 25년간 시의 종교개혁가로 활약했다. 루터로부터 큰 영향을 받았음에도 불구하고 스트라스부르인들과의 성만찬 논쟁에서 츠빙글리 편에 섰다. 그럼에도 불구하고 합의를 중요시했으니, 그 결과 1536년 합의가 성립했다

(비텐베르크 협약). 1540년대에 종교 대화와 교회 혁신에서 중재자로서 없어서는 안 될 역할을 했다. 방대한 서신을 교환함으로써 네덜란드, 프랑스, 잉글랜드에서 종교개혁 운동을 장려했다. 『잠정 처분』으로 말미암아 1548년 잉글랜드로 망명했으며, 그곳에서 3년 후 사망했다.

브렌츠, 요하네스(Johannes Brenz, 1499~1570)

루터파 신학자. 1514년부터 하이델베르크 대학에서 수학했다(추측건대 1518년 인문학 마기스터 학위를 받았다). 1522년 이후 슈베비쉬-할에서 설교자로서 활약했으며, 그곳에서 1524년 이후 종교개혁 도입에 참여했다. 1535년 이후 뷔르템베르크 공작령을 종교개혁으로 전향시키기 위해 활동했으며, 1537/38년에 튀빙겐 대학의 개혁에도 참여했다. 1530년 아우크스부르크 제국의회에 참석했으며, 하게나우와 보름스에서의 종교 대화(1541), 레겐스부르크에서의 종교 대화(1546)에 참여했다. 『잠정 처분』 결과로 슈베비쉬-할을 떠나야 했고, 1553년 이후 슈투트가르트 주교좌 성당의 수석 사제가 되었다. 교회법 및 가장 많이 보급된 남독일 교리문답서를 작성했다.

브룬펠스, 오토(Otto Brunfels, 1489/90~1534)

인문주의자, 루터파 설교자, 교사, 의사, 식물학자. 마인츠에서 수학했으며, 1510년 시토 수도회에 들어갔다. 이후 스트라스부르로 이주했다. 종교개혁으로 전향한 후, 1521년에 슈타이나우(Steinau)에서 설교자가 되었으나 도피해야 했다. 1524년까지 노이엔부르크에서 시 설교자로 활동했으며, 이후 스트라스부르로 이주해 1532년까지 교사로 일했다. 1530년에 의학 박사 학위를 취득했다. 1532년 베른의 시 의사로 초빙되었다. 식물학 분야에서의 그의 업적은 획기적인 것으로 평가된다.

브뤼크, 그레고르(Gregor Brück [Heins], 1485~1557)

정치가. 비텐베르크와 프랑크푸르트/오더에서 수학했다. 1519년에 궁정 고문이 되었고, 곧 재상이 되었다. 궁정과 종교개혁가들 사이를 중개하며 선제후령 작센의 정치에 영향력을 행사했다. 『슈파이어 항의서』(1529)의 주 집필자였고 슈말칼덴 동맹과 토르가우 동맹 창립에 참여했다. 1530년 아우크스부르크에서 프로테스탄트 신분들을 위해 변호했다. 1547년 예나 대학의 설립에 참여했다.

블라러, 암브로지우스(Ambrosius Blarer [Blaurer], 1492~1564)

종교개혁가이자 시인. 1505년 이후 튀빙겐에서 수학했다. 1510년경 알피르스바흐(Alpirsbach)의 베네딕트회 수도원에 들어갔으며, 부원장이 되었다. 1522년 수도원을 나와 1525년부터 콘스탄츠에서 동생 토마스 블라러(Thomas Blarer) 및 요하네스 츠비크(Johannes Zwick)와 종교개혁을 도입했다. 스위스와 메밍겐(1528), 울름, 에스링겐에서 종교개혁가로 등장했다. 1534년 이후 슈네프(E. Schnepf)와 함께 뷔르템베르크 공작령에서 종교개혁을 주도적으로 도입했다. 1538년에 콘스탄츠로 돌아갔다. 거기에서 가톨릭으로 복귀한(1548) 후에 스위스로 도피했다. 그의 시가(詩歌) 「하나님이 기뻐하는 것처럼 나도 기쁘다」(1522)는 최초의 독일어 개신교 찬송으로 간주된다.

블라우로크, 외르크(Jörg Blaurock, **혹은** Georg vom Hause Jakob, Cajacob von Bonaduz, 1492~1529)

스위스 재세례주의자. 쿠르(Chur)에서 수도사, 트린스(Trins)에서 보좌 신부를 지냈고(1516~18), 1525년에 취리히에서 그레벨에게 세례를 받음으로써 재세례파에 가담했다. 1525년 츠빙글리와 세례에 대해 논쟁을 했으며, 스위스와 티롤에서 재세례파 지도자가 되었다. 1529년에 화형당했다.

비엘, 가브리엘(Gabriel Biel, 1410/15년경~1495)

신학자이자 철학자. 1432년 이후 하이델베르크에서(1438년 인문학 마기스터 취득), 1442/43년과 1451~53년에 에르푸르트에서, 1453년 이후에는 쾰른에서 수학했다. 1457년 이후 마인츠 대성당 설교자가 되었다. 1464년 엘트빌레(Eltville)에서 성직록을 받았으며, '공동생활형제단'에 가입했다. 1468년과 1479년에 각각 부츠바흐(Butzbach)와 울라흐(Ulrach) 대성당의 수석 사제가 되었다. 1479~92년에 튀빙겐 대학에서 철학과 신학을 가르쳤다. 1485년과 1489년에 튀빙겐 대학의 총장이 되었다. 윌리엄 오컴의 추종자로서 페트루스 롬바르두스의 『명제집』 주석에서 오컴의 이론을 방법론적으로 서술했다(*Collectorium circa IV libros sententiarum*, 1501).

비첼, 게오르크(Georg Witzel, 1501~73)

가톨릭 신학자. 1516년 에르푸르트와 비텐베르크에서 수학한 후, 1521년에 사제 서품을 받았다. 독신 의무 위반으로 직위를 상실했으며, 아이제나흐로 가서 슈트라우스(J. Strauß)를 추종했다. 1525년에 루터는 그에게 루프니츠(Lupnitz)의 사제직을 주선했다. 1531년 가톨릭교회로 복귀했으며, 아이슬레벤에서 활동했다. 1538년 게오르크 폰 작센을 따라서 드레스덴으로 갔으나, 그다음 해 그가 죽자 이 직위를 상실했다. 1553년 이후 마인츠에서 활동했다. 가장 영향력 있는 가톨릭 개혁신학자 가운데 한 사람이며, 종교개혁파 신학에 대해 해박한 지식을 가졌다.

비트, 헤르만 폰(Hermann von Wied, 1477~1552)

백작, 대주교, 쾰른 선제후. 종교적 신분으로 양육되었으며, 젊은 시절에 쾰른의 대성당 참사회 의원직을 맡았다. 1515년 대주교로 선출되었으며, 선제후로 승인받았다. 1520년 아헨에서 카를 5세의 대관식을 담당했다. 초기에는 종교개혁을 거부했으나 1530년대 이후 개혁적 인문주의 사상의 영향 아래 이를 철회했다. 1542/43년에 쾰른으로 부처와 멜란히톤을 초빙하여 그들의 관여 아래 종교개혁 도입 및 대성당 세속화를 추진했다. 그러나 황제 및 교황의 지원을 받은 쾰른 대성당 참사회의 거부 때문에 실패했다. 1546년 교황에 의해 출교되었으며, 카를 5세에 의해 사직을 강요당했다.

빌리칸, 테오발트(Theobald Billkan, 1491~1554)

본명은 디폴트 게를라허(Diepold Gerlacher). 신학자. 1513년에 하이델베르크 대학에서 인문학 마기스터가 되었으며, 바일 더 슈타트(Weil der Stadt, 1522)와 뇌르틀링겐(1524)에 종교개혁을 도입했다. 1530년에 이전의 지위가 대부분 취소되었음에도 불구하고, 1535년까지 뇌르틀링겐에서 종교개혁 설교자로서 활약했다. 법학을 수학한(1536년 이후) 후에 마르부르크 대학에서 법학 박사 학위를 취득했다.

빔펠링, 야코프(Jakob Wimpfeling, 1450~1528)

인문주의 신학자. 1464년 이후 프라이부르크와 에르푸르트, 하이델베르크에서 수학했으며, 1471년 하이델베르크에서 시학과 수사학을 가르쳤다. 1481/82년에 총장직을 수행했다. 1484~98년 슈파이어의 대성당 보좌 신부였으며, 1496년 하이델베르크에서 신학사 학위를 받았다. 1501년 바젤 주교의 자문을 역임했으며, 1520년대 초에 스트라스부르와 슐레트슈타트에서 개혁 성향 인문주의 연대의 구심점 역할을 했다. 교육학 및 역사 관련 작품이 특히 주목을 받았다. 종교개혁 운동의 진전을 유감스럽게 여겨 저지하려고 노력했다.

빔피나, 콘라트(Konrad Wimpina, 1460경~1531)

본명은 코흐(Koch). 가톨릭 신학자. 1497년 이후 라이프치히 대학에서 학생으로 있었으며, 1491년에 이 대학의 교수, 1494년에는 총장이 되었다. 1505년 신생 프랑크푸르트/오더 대학 총장으로 활동하였다. 루터가 면죄 논쟁을 시작한 후에 루터를 단호하게 적대했다. 1530년 이후 『아우크스부르크 신앙고백 반박문』(*Confutatio Confessionis Augustanae*) 집필에 관여했다.

샤펠러, 크리스토프(Christoph Schappeler, 1472경~1551)

종교개혁파 신학자. 빈에서 수학한 후 신학 박사 학위를 받고 로마법 및 교회법 학사가 되었다. 1503년부터 1513년까지 고향인 장크트갈렌(St. Gallen)의 라틴어 학교 교사로 있었다. 1513년 이후 메밍겐의 설교자를 지냈고, 1520년 이후 종교개혁 운동에 관여했다. 1524/25년에 메밍겐에 종교개혁을 도입하는 데 결정적으로 관여했으며, 봉기한 농민들을 신학적으로 지원하는 일에 참여했다(슈바벤 농민의 『12개 조항』을 공동 집필). 농민전쟁 종료 이후 장크트갈렌으로 도피하여 목사직을 맡았다.

슈네프, 에르하르트(Erhard Schnepf, 1495~1558)

루터파 신학자. 에르푸르트와 하이델베르크에서 신학과 법학을 수학한 후에 종교개혁으로 전향, 1520년 이후에 여러 사제직에서 일했다. 1527년부터 신설된 마르부르크 대학에서 신학 교수직을 맡았다. 1534년 이후 뷔르템베르크 고향에서 종교개혁 도입에 관여했다. 1541년과 1546년에 하게나우와 보름스의 종교 대화, 레겐스부르크의 종교 대화에 참여했다. 1544년 이후 튀빙겐 대학의 신학 교수로 일했다. 『잠정 처분』 때문에 에르네스트계 예나 대학으로 피신했으며, 루터파 내부의 신학 논쟁에 관여했다.

슈르프, 히에로니무스(Hieronymus Schurff, 1481~1554)

법률가. 바젤와 튀빙겐에서 수학했다(인문학 마기스터). 1502년에 폰 슈타우피츠와 함께 신생 비텐베르크 대학으로 가서 처음에는 철학부에서, 1505년 이후에는 법학부에서 가르쳤다. 1507년 양법 박사 학위를 받았다. 1521년에 루터와 함께 보름스 제국의회에 동행했으며, 그의 고문 역할을 했다. 교회법을 거부하는 것에 대해서는 루터의 급진적 입장에 반대했다. 1547년 슈말칼덴 전쟁에서 선제후령 작센의 패배 이후에 프랑크푸르트/오더로 피신했으며, 그곳 대학에서 작고할 때까지 가르쳤다.

슈벵크펠트, 카스파르 폰 오시크(Kaspar von Ossig Schwenckfeld, 1489~1561)

슐레지엔 귀족 출신의 평신도 신학자. 쾰른과 프랑크푸르트/오더에서 수학한 후에 궁정에서 일했다. 1521년 이후 리크니츠(Liegnitz) 공작에게 종교개혁을 하도록 영향력을 행사하기도 했다. 예배를 심령주의적으로 이해한 탓에 관 주도의 종교개혁 대변자들과 멀어지게 되었다. 1529년 슐레지엔에서 추방되어 여러 남독일 제국도시에서 살았다. 제국도시들에서 추종자들을 끌어모았고 왕성한 문학 활동을 전개하였다.

슈타우피츠, 요한 폰(Johann von Staupitz, 1468경~1524)

신학자이자 루터의 가장 중요한 스승. 작센 귀족 가문 출신으로, 쾰른과 라이프치히에서 수학한 후에 뮌헨에서 아우구스티누스 은둔자회 수도원에 들어갔다. 1497년 튀빙겐 수도원 원장이 되었다. 1500년에 신학 박사 학위를 받았으며, 1502년 신생 비텐베르크 대학에 초빙되었다. 1503년 수도회 엄수파의 총대리가 되었다. 1512년까지 비텐베르크 대학의 교수직을 유지했으며, 이후 루터가 그의 교수직을 넘겨받았다. 1520년에 자신은 동참하지 않은 종교개혁의 영향으로 수도회의 직위에서 물러났으며, 생애 말년을 잘츠부르크에서 보냈다. 그곳에서 1522년 베네딕트 수도회에 들어갔으며, 그곳 수도원 원장이 되었다.

슈투름, 야코프(Jakob Sturm, 1489~1553)

제국도시의 정치인. 스트라스부르 명문가의 아들로서 종교인의 길을 걷기로 정해져 있었다. 1501년 이후에 하이델베르크와 프라이부르크에서 수학했다(1505년 인문학 마기스터 취득). 이어서 몇 학기 동안 신학을 수학했다. 1507년 하위 성직 서품을 받았으나, 성직자로서의 경력을 중단했다. 1517년과 1523년 사이에 방대한 인문주의적 교육을 받아서 빔펠링의 영향 아래 비서 겸 사서가 되었다. 종교개혁으로 전향하여(1523) 1524년 이후 고향 도시에서 정치적 직무를 맡았으니, 그다음 10년간 제국 정치의 중요한 모임에서 빠짐없이 정치적 임무를 수행했다. 스트라스부르의 종교개혁가들과 긴밀하게 협조하며 지속적으로 교회의 종교개혁에 영향력을 행사했다.

슈트라우스, 야코프(Jakob Strauß, 1480**경**~1532 **이전**)

종교개혁파 신학자. 1500년경 도미니쿠스회에 들어갔다. 1516년 이후 프라이부르크에서 수학했으며, 신학 박사 학위를 받았다. 1521년에 티롤의 할(Hall)에서 종교개혁적 설교 활동을 벌였다. 1522년에 비텐베르크에서 루터를 만났다. 1523년 루터의 주선으로 베르트하임(Wertheim) 백작 휘하에서 사제직을 맡았으며, 1523년 아이제나흐 장크트게오르크 교회의 사제가 되었다. 이자 취득을 고리대금업으로 정죄했고, 이 때문에 비텐베르크 종교개혁가들로부터 비판을 받았다. 1525/26년 바덴바덴 후작령의 대성당 설교자가 되었다.

슈팔라틴, 게오르크(Georg Spalatin, 1484~1545)

선제후령 작센의 자문관이자 루터파 신학자. 1498년 이후 에르푸르트와 비텐베르크에서 신학과 법학을 수학했다(1503년 인문학 마기스터 취득). 1505년 에르푸르트에서 가정교사로 일했으며, 같은 해 고타 부근의 게오르겐탈 수도원에서 신입을 가르치는 일을 맡았다. 1508년에 사제 서품을 받았고, 1512년 자문 및 왕자의 스승으로 선제후령 작센 궁에 들어갔다. 작센의 프리드리히 3세의 주요 측근이 되었다. 프리드리히 3세가 사망한 후인 1525년에 알텐부르크의 사제가 되었다.

슈펭글러, 라차루스(Lazarus Spengler, 1479~1534)

시 참사회 서기, 평신도 신학자. 인문학 기초교육을 받은 후에 1496년 부친의 고향인 뉘른베르크에서 행정 업무를 시작했다. 1505년 행정 수장이 되었다. 뉘른베르크에서 슈타우피츠의 추종자가 되어 1519년 이후 출판물을 통해 종교개혁을 지지했다. 평생 동안 뉘른베르크에서 종교개혁적 결정 및 정리 과정에 결정적인 영향력을 행사했다.

아그리콜라, 요한(Johann Agricola, 1492/1494~1566)

본명은 슈나이더(Schneider), 슈니터(Schnitter) 혹은 이슬레비우스(Islebius). 종교개혁가. 라이프치히(1509/10)와 비텐베르크(1515~20)에서 수학했다. 1525년 이후에 아이슬레벤 라틴어 학교 교장을 지냈다. 1536년 비텐베르크로 돌아갔으며, 1539년에 종교국 회원이 되었다. 1540년 이후 베를린 궁정 설교자, 1543년 이후에는 마르크 브란덴부르크 관구 총감독을 역임했다. 멜란히톤(1527년 이후), 루터(1537년 이후)와 함께 제1차, 제2차 반(反)율법주의 논쟁을 벌였다. 1548년 『아우크스부르크 잠정 처분』 작성에 참여했으며, 이 때문에 일부 개신교계에서 증오받는 인물이 되었다.

아그리콜라, 슈테판(Stephan Agricola d. Ä., 1491~1547)

본명은 카스텐바우어(Kastenbauer) 또는 보이우스(Boius). 루터파 신학자. 빈에서 수학했으며, 1519년 신학 박사 학위를 취득했다. 종교개혁으로 전향한 후에 라텐부르크/인(Rattenburg/Inn)의 설교자가 되었으며, 1522년 체포되었으나 탈출할 수 있었다. 1529년 마르부르크 종교 대화에, 1530년 아우크스부르크 제국의회에 참석했다. 1531년 호프, 1543년 줄츠바흐, 1545년 아이슬레벤에서 설교자로 활동했다.

아델만 폰 아델만스펠덴, 베른하르트(Bernhard Adelmann von Adelmannsfelden, 1459~1523)

인문주의자. 하이델베르크와 바젤, 페라라에서 수학한 후에 1486년 주교좌 성당 참사회 의원직을 맡았고, 1498년 아우크스부르크에서 또 다른 참사회 의원직을 맡았다. 외콜람파트와 함께 1519년 『에크에게 보낸 무지한 참사회 의원의 답변』에서 에크를 공격했고, 그 때문에 1520년 파문 교서에 올랐다. 그러자 이에 굴복하여 사면을 받았다. 누구보다 피르크하이머와 긴밀하게 친분을 맺었고 인문주의자 모임인 '소시에타스 아우구스타나'(Societas Augustana)에서 활동했다.

알레안더, 히에로니무스(Hieronymus Aleander, 1480~1542)

인문주의자이자 가톨릭 신학자. 이탈리아에서 교육을 받았으며, 일찍이 그리스어와 라틴어, 아랍어, 시리아어를 배웠다. 1508년 에라스무스는 그를 프랑스로 보내주었고, 1516년 로마에 가서 교황청 사서가 되었다. 1520년 레오 10세에 의해 독일로 파견되어 루터에 대한 파문 위협 교서를 공표했다. 카를 5세의 의뢰를 받아 보름스 칙령 초안을 작성했다. 클레멘스 7세가 위임한 외교적 임무를 완수한 뒤 1538년에 추기경이 되었다. 프로테스탄트와의 대결에서 언제나 굴복하지 않는 입장을 옹호했다.

알브레히트 폰 브란덴부르크(Albrecht von Brandenburg, 1490~1545)

브란덴부르크 후작, 마인츠와 마그데부르크 대주교, 할버슈타트 관리자, 제국 선제후, 대재상. 1508년 마인츠 대성당 참사회 의원과 1513년 마그데부르크 대주교, 할버슈타트 주교구 관리자, 1514년 마인츠 대주교 및 선제후를 지냈으며, 1518년에 추기경이 되었다. 제국 정치의 결정적인 국면에 주도적으로 참여했다(1519년 카를 5세 선출. 1532년 뉘른베르크 휴전). 면허 취득 비용 조달을 위해 로마의 베드로 면죄부를 홍보하여 면죄부 논쟁을 야기했고, 이로써 종교개혁을 촉발했다. 종교개혁을 통해 마그데부르크와 할버슈타트 및 마인츠 대주교구 대부분을 상실했다.

암스도르프, 니콜라우스 폰(Nikolaus von Amsdorff, 1483~1565)

루터파 신학자. 라이프치히와 비텐베르크에서 수학했으며, 1502년 인문학 마기스터, 1511년 신학사를 취득하고, 알러하일리겐 성당 참사회 의원이 되었다. 1516년 이후 학과 동료로서 루터의 친밀한 동역자가 되었다. 루터와 1519년 라이프치히 논쟁에, 1521년 보름스 제국의회에 동행했다. 1524년부터 마그데부르크의 수석 감독과 목사직을 맡았으며, 1542년에는 나움부르크 주교가 되었다. 예나 대학(1548년 개교) 설립을 추진했으며, 예나판(版) 루터 작품집 출판에 참여했다. 『잠정 처분』에 대항하는 와중에 마그데부르크에서 주도적 역할을 담당했다. 마그데부르크 포위가 종료된 후, 다시 에르네스트가를 위해 목사로서 사역하였다.

에라스무스 폰 로테르담, 데지데리우스(Desiderius Erasmus von Rotterdam, 1466/69~1536)

인문주의자. 사제의 사생아로 출생한 것으로 추정되며, 데벤터르와 세르토헨보쉬('s-Hertogenbosch)에서 학창 시절을 보냈고 여기서 '데보티오 모데르나'와 접촉하였다. 1487년에 하우다(Gouda) 부근 슈테인(Steyn)의 아우구스티누스 참사회 수도원에 들어갔으며, 인문주의 정신으로 문학적 관심을 발전시켰다. 사제 서품(1492) 이후에 캄브라이 주교의 비서로 활약했다. 1495년부터 1499년 사이에 파리에서 수학했다. 잉글랜드 여행(1499) 도중에 유력 인문주의자들(존 콜레트, 토머스 모어)과 접촉했으며, 그리스어를 배웠고 곧 능숙하게 구사하게 되었다. 1506~09년에 이탈리아에 체류했으며, 토리노에서 신학 박사 학위를 받았다. 방랑하는 기간에 획기적인 출판 활동(그리스어로 된 신약성서[초판 1516년] 및 교부 문헌 출판)의 기초를 다졌다. 이 글들은 바젤로 이주한 후에 인쇄업자 요하네스 프로벤(Johannes Froben)에 의해 출판되었다. 외형화된 그리스도교를 비판하며(*Enchiridion militis christiani* [1503], 이 글은 1518년 이후 베스트셀러가 되었다) 초기에는 루터에게 공감하였으나, 1520년 초 이후 신학적 차이 및 종교개혁가들의 참기 힘든 공격 탓에 그와 거리를 두었다. 일시적으로 당대의 가장 영향력 있는 사상가였으니, 그의 주석 작품을 통해서도 종교개혁 지지자들과 적대자들에게 지속적 영향을 끼쳤다.

에크, 요하네스(Johannes Eck, 1486~1543)

본명은 마이어(Maier/Mayer). 가톨릭 신학자. 하이델베르크, 튀빙겐, 쾰른, 프라이부르크에서 철학과 신학을 수학했다. 1510년 프라이부르크에서 신학 박사 학위를 취득한 후에 작고할 때까지 잉골슈타트의 신학 교수 및 대학 부총장, 아이히슈타트의 참사회 의원을 지냈으며, 1519년 이후 잉골슈타트에서 사제로 일했다. 논리학 교과서와 아리스토텔레스 저작에 대한 주석을 집필했다. 1519년에 카를슈타트, 루터와 논쟁을 했으며, 1520년 파문 위협 교서 작성에 동참했다. 1526년 바덴 논쟁에서 일부 스위스 칸톤을 로마 교회에 붙잡아두는 데 성공했다. 1526년 이후 재세례파에 대한 엄격한 조치를 옹호했다. 1530년에 『아우크스부르크 신앙고백 반박문』에 참여했다.

엠저, 히에로니무스(Hieronymus Emser, 1478~1527)

가톨릭 신학자. 튀빙겐과 바젤에서 수학했으며, 1499년 인문학 마기스터 학위를 취득하고 사제 서품을 받았다. 면죄부 설교자인 추기경 라이문드 페라우디(Raimund Peraudi)의 독일 여행에 동행했다. 1504년 에르푸르트에서 인문주의 강의를 들었으며, 1504/05년 라이프치히로 이주하여 신학 바칼라우레우스, 교회법 학사 학위를 취득했다. 게오르크 폰 작센의 비밀 비서 및 궁정 사제가 되었다. 1519년에 에크와 동행해 라이프치히 논쟁에 참여했다. 루터와 일련의 논쟁문을 교환했으며, 1524년 루터의 성서 번역에 대한 비판을 작성했다. 1527년에 불가타 신역(新譯)을 출판했다.

오지안더, 안드레아스(Andreas Osiander, 1498~1552)

종교개혁파 신학자. 1515년 잉골슈타트 대학에 등록했으며, 1520년부터 뉘른베르크의 아우구스티누스 은둔자회 수도원에서 히브리어 교사로 일했다. 여기에서 사제 서품도 받았다. 1522년 이곳에서 최초의 개신교 설교자가 되었으며, 시의 종교개혁 도입을 촉진했다. 1529년에 마르부르크 종교 대화에 참석했으며, 『슈바바흐 신조』 작성에 관여했다. 『잠정 처분』 때문에 1548년 뉘른베르크를 떠나 쾨니히스베르크로 옮겨 설교자와 신학 교수로 활동했다. 칭의론 논쟁('오지안더 논쟁')으로 루터파에서 가장 논란이 되는 신학자 가운데 한 사람이 되었다.

오컴, 윌리엄(William of Ockham, 1285경~1347/49)

신학자이자 철학자. 프란체스코회에서 수학한 후, 1308년 옥스퍼드에서 신학을 연구했으며 1317년 이후 그곳에서 가르쳤다. 이단 혐의 때문에 마기스터 학위 취득이 거부되었다. 교황과 프란체스코회 총장 사이의 청빈 논쟁에서 일부 형제들과 함께 자기 수장을 지지했으며, 1328년 아비뇽에서 피신하여 피사로 갔다. 비록 출교당했으나 바이에른의 루트비히 황제는 1330년 그를 보호하기 위해 뮌헨의 자기 궁정으로 데려갔다. 거기서 정치적·논쟁적 글을 집필했다.

오터, 야코프(Jakob Otter, 1485경~1547)

종교개혁파 신학자. 하이델베르크에서 신학을 공부한(1505~07) 후에 가일러 폰 카이저스베르크의 조수가 되었다. 그가 죽은 뒤 프라이부르크에서 연구를 계속했으며, 1517년에 거기서 신학사 학위를 받았다. 1520년 이후 볼펜바일러(Wolfenweiler)의 사제, 종교개혁 지지자가 되었다. 부처의 소개로 1532년 제국도시 에슬링겐으로 초빙되어 도시를 개혁했다. 도시를 위한 예배 및 교회 규칙을 집필했으며, 1536년 비텐베르크 협약의 남독일 서명자 가운데 한 사람이 되었다.

외콜람파트, 요하네스(Johannes Oecolampad, 1482~1531)

본명은 후스신(Husschin) 또는 하우스샤인(Hausschein). 종교개혁가. 1499년에 하이델베르크 대학에 등록했으며, 1503년 인문학 마기스터 학위를 받았다. 빔펠링의 영향 아래 인문주의 연구를 심화했다. 1518년 신학 박사 학위를 받았으며, 바젤에서 고해 사제, 아우크스부르크에서 대성당 설교자가 되었다. 1519년에 한 라틴어 변증서에서 에크를 반대하고 루터를 지지했다. 1522년에 다시 바젤로 왔으며 여기서 곧 바젤 시 종교개혁에서 주도적 역할을 맡았다. 여기서 설교자와 교수로 활동했다. 츠빙글리, 부처, 카피토와 연대하여 상징적 성만찬 이론을 위한 중요한 주석적·교부적 논거를 제공했다.

요한 폰 작센(Johann von Sachsen, 1468~1532)

일명 '불변하는 자'로 선제후. 선제후 에른스트의 아들이자 현자 프리드리히의 동생으로 1486년 이후에 에르네스트계 작센 공작령의 통치에 관여했다. 1513년 이른바 공동소유권을 도입했고, 그 결과 자기 지분을 통치하게 되었다. 수십 년에 걸친 형제의 공동 통치는 매우 조화롭게 진행되었다. 프리드리히의 사망 이후 단독으로 통치를 맡았다. 그의 통치는 선제후령 작센 내 종교개혁의 철저한 도입과 결부되었다. 제국 차원에서 개신교 신앙고백의 정치적 확보를 위해 슈말칼덴 동맹에 주도적으로 참여했다.

요한 프리드리히 폰 작센 1세(Johann Friedrich I. von Sachsen, 1503~54)

일명 '고매한 자'로 선제후이며, 후일 공작이 되었다. 선제후 요한의 아들로 일찍이 루터와 종교개혁을 지지했으며, 단독 통치(1532)를 맡은 후 부친의 종교개혁 노선을 일관되게 이어갔다. 황제와의 갈등 관계에서는 슈말칼덴 동맹의 2인자인 헤센의 필리프에 버금갔다. 1547년 슈말칼덴 전쟁에서 황제에게 참패를 당함으로써 선제후 직위를 상실했다. 1552년에 비로소 황제의 포로 신분에서 해방되었다.

울리히 폰 뷔르템베르크(Ulrich von Württemberg, 1487~1550)

공작. 1498년에 공작이 되었으며, 1503년 통치권을 완전히 물려받았다. 1514년에 '가난한 콘라트' 농민 봉기를 진압했다. 1516년 자신의 승마 교관 한스 폰 후텐을 살해케 했다. 이 사건의 결과로 전면 파문을 받았고 울리히 폰 후텐과 출판물을 통해 논쟁을 벌였다. 제국도시 로이틀링겐을 불법으로 점령한 후에 뷔르템베르크 공작령은 슈바벤 동맹군에 의해 합병되었으며 그는 추방되었다. 1523년 이후 종교개혁에 문호를 개방했다. 1526년에 헤센의 필리프의 궁에서 환대를 받았으며, 필리프는 그의 통치권 회복을 추진했다. 카덴(Kaaden) 조약 이후인 1534년에 뷔르템베르크로 귀환할 수 있었으며 종교개혁을 도입했다. 1536년 슈말칼덴 동맹에 가담했다.

위클리프, 존(John Wyclif, 1330경~1384)

신학자이자 교회개혁가. 옥스퍼드 대학에서 계속해 승진했으며, 1372년 신학 박사 학위를 취득함으로써 절정에 달했다. 1361년에 사제 서품을 받았으며, 계속해서 여러 성직록을 관리했다. 지배적인 유명론(唯名論)에 대항하여 실재론적 입장을 취했다. 경탄과 동시에 논란의 대상이 된 교사로서, 교회비판적 발언(면죄 판매, 성자숭배, 순례 등) 및 성서의 권위를 위한 사회참여 활동 때문에 고위 성직 계급의 눈밖에 났으며 대학으로부터 추방되었으나 유죄판결을 받지는 않았다. 1381년 이후 잉글랜드 왕이 하사한 루터워스(Lutterworth) 교구에서 살았다. 그의 개혁 요구는 프라하 대학에서도 긍정적으로 받아들여졌으며, 후스가 개시한 운동에 영향을 끼쳤다.

유트, 레오(Leo Jud, 1482~1542)

인문주의자이자 종교개혁가. 1499년 이후 바젤에서 수학했으며, 동시에 약제사 수업을 수료했다. 1502/03년에 인문학 바칼라우레우스 학위를 취득했다. 종교인의 길을 선택하기로 결심하고 로마 여행 도중에 사제 서품을 받았다. 1507년 이후 바젤에서 부제로 일했으며, 이어서 츠빙글리의 후임으로 아인지델른(Einsiedeln) 교구 설교자로 일했다. 그곳에서 특히 인문주의 및 종교개혁적 작품을 번역했다. 1523년에 취리히의 사제로서 츠빙글리의 동역자가 되었다. 특히 일련의 교리문답서를 출판했으며, 취리히의 전례 개혁에 관여했다.

이그나티우스 폰 로욜라(Ignatius von Loyola [Iñigo López de Loyola], 1491~1556)

예수회 창립자. 궁중에서 양육되었으며, 장교로 복무했다. 1521년 전투에서 다리에 중상을 입어 이를 계기로 회심하고 고해자와 순례자로서 몽세라(Montserrat) 수도원에 들어갔다. 1526년 이후 알칼라(Alcalá), 살라망카, 파리에서 수학했으며, 1534~35년에 신학을 공부했다. 1535년부터 북부 이탈리아에서 목회자로 활동했으며, 1537년에 사제 서품을 받았다. 1537년 이후 예수회 창립을 추진했으며, 1540년 교황으로부터 종단 설립을 인허받았다. 예수회는 역(逆)종교개혁의 추진력이었다.

작스, 한스(Hans Sachs, 1494~1576)

명가수, 격언시인. 뉘른베르크 라틴어 학교를 다닌 후 제화 도제 훈련을 받았다(1509~11). 뒤이어 1516년까지 여러 해에 걸쳐 장인(匠人)으로 방랑 생활을 했다. 1520년에 고향인 프랑켄에서 제화 마이스터로 정착했다. 이후 생애 내내 저술 활동만으로 살았다. 많은 주목을 받는 그의 격언시 「비텐베르크의 나이팅게일」(1523) 이후 종교개혁기의 가장 영향력 있는 문학가로 부상했다.

제르송, 장(Jean Gerson, 1363~1429)

스콜라주의 신학자. '가장 그리스도교적인 박사'로 15세기 신학에 결정적으로 영향을 끼쳤다. 1377년 이후에 파리에서 수학했고, 1382년 인문학 마기스터가 되었다. 1392년에 신학 교수 자격을 얻었다. 1394년 브뤼헤의 학장이 되고 파리에서 신학 교수가 되었다. 1395년에는 파리 대학 총장이 되었다. 1415~18년 콘스탄츠 공의회에 참여했으며, 1419년 이후 리옹에서 주로 저술 활동에 종사했다.

지킹겐, 프란츠 폰(Franz von Sickingen, 1481~1523)

제국 기사. 1505년 이후 부친의 영토를 물려받았으며, 여러 차례의 전투를 벌이며 영토를 확장했다. 라인 강변 백작들의 수석 영지 주무관 및 팔츠 선제후의 영지 주무관이 되었다. 1515년 이후에 독자적인 전쟁사업가로 활동했다. 1516년 프랑스 왕을 위해, 1517년에는 황제를 위해 싸웠다. 후텐은 그에게 이념적 지원을 제공했으며, 종교개혁을 지지하도록 자극했다. 일련의 종교개혁적 사고를 가진 신학자들에게 에베른부르크(Ebernburg)에 망명처를 제공했다. 부처와 브룬펠스, 외콜람파트 등이 여기에 일시적으로 은신했다. 1522년 란다우에서 알자스-라인 기사단 동맹을 주도했는데, 이 동맹은 지역 영주들에게 대항하여 하위 귀족의 권리를 옹호하기 위함이었다. 라인 남부 기사단의 수장으로 1522년 이후 트리어 대주교에게 대항하여 전투를 벌였으나 패배했다.

첼, 카타리나(Katharina Zell, 1497/98~1562)

결혼 전 성은 슈츠(Schütz). 목사 부인, 종교개혁파 작가. 1523년 최초의 종교개혁파 설교자 마티아스 첼과 혼인함으로써, 시민의 딸인 그녀는 남편의 죽음(1548)을 넘어서 개신교 목사 부인으로서의 삶을 개념적으로 실천했고 이를 믿는 자의 만인사제직의 실현 형식으로서 이해했다. 1524년 두 편의 전투적 팸플릿을 통해 사제 혼인의 정당성을 변호했으며, 복음을 위해 고난받을 각오를 할 것을 권고했다. 스트라스부르 시 참사회가 그녀에게 출판 활동을 금지했기 때문에 그녀의 글은 조금밖에 출판될 수 없었다. 생애 말년에 프로테스탄티즘의 종파적 협소화에 대항해 싸웠으며, 슈벵크펠트에 대한 관용을 변호했다. 남편의 옛 보좌 신부였던 루트비히 라부스(Ludwig Rabus) 교구 감독에게서 체험한 고루한 권위 의식을 비판하는 글을 썼다.

츠빌링, 가브리엘(Gabriel Zwilling, 1487경~1558)

루터파 신학자. 안나베르크 출신으로, 처음에는 프라하, 1502년부터는 비텐베르크에서 수학했으며, 아우구스티누스 은둔자회에 들어갔다. 일찍이 루터와 밀접하게 연결되었다. 1521/22년 츠비카우와 아일렌베르크에서 종교개혁을 선동한 것으로 알려져 있다. 비텐베르크 운동에서 카를슈타트 곁에서 핵심적 역할을 맡았다. 루터가 바르트부르크에서 귀환한 뒤에는 루터에게 충실했다. 1523년 이후 토르가우의 설교자로 활동했다. 『잠정 처분』에 항거한 탓에 1549년 선제후 모리츠 폰 작센에 의해 직위를 박탈당했다.

츠빙글리, 훌트리히(Huldrych Zwingli, 1484~1531)

독일계 스위스의 종교개혁가. 1498년 이후 빈과 바젤에서 수학했다(1506년 인문학 석사 취득). 1506년에 사제 서품을 받았으며, 글라루스(콘스탄츠 교구)의 사제직을 맡았다. 1516~18년 순례 중심지인 아인지델른의 목회자로, 1519년 이후 취리히 대성당에서 설교자로 일했다. 1522년 종교개혁적 행동의 발단(단식 위반) 및 이 사건의 신학적 변호에 적극적으로 관여했다. 남독일의 여러 도시들과 스위스의 도시 종교개혁에서 모범이 된 최초의 취리히 도시 종교개혁에서 본질적 결정 과정은 모두 그의 활동에 자극을 받은 것이었다. 독자적인 신학을 발전시켰으니, 루터와의 성만찬 논쟁에서 전투적으로 옹호한 종교개혁 신학 형태가 그것이었다. 구교 측 칸톤들과 벌인 제2차 카펠 전투에서 야전 설교자로 일하다가 전사했다.

치스카, 요한 폰 트로크노프(Johann [Jan] von Trocnov Žiska, 1370**경**~1424)

체코의 기사이자 타보르파(派) 지도자. 보헤미아 후스 교도 중 가장 급진적인 집단의 야전사령관으로서, 1420년과 1422년에 지기스문트 왕(재위 1410~37)에게 대항하여 군사적 승리를 거두었다. 기사단 운동과 급진적 종교개혁에서 전투적 반(反)성직주의의 귀감으로 간주되었다.

카노, 멜히오르(Melchior Cano, 1509~60)

가톨릭 신학자. 1541년 이후 알라카 데 에나레스(Alacá de Henares) 대학의 철학 교수와 1546년 이후 살라망카 대학의 신학 교수를 역임했다. 카를 5세의 의뢰로 1551/52년 트리엔트 공의회에 참석했다. 1554년에 교수직을 포기하고, 1557년에 살라망카 수도원장이 되었다. 그의 작품 *De locis theologicis*(사후 출판, 1563)는 종파 시대 가톨릭 신학에 지속적인 영향을 끼쳤다.

카니시우스, 페트루스(Petrus Canisius, 1521~97)

본명은 피터 카네이스(Pieter Kanijs). 예수회 회원이자 신학자. 1536~40년에 쾰른에서 철학을 수학했으며, 1543년 예수회에 입회했다. 이후 쾰른에서 신학을 수학했으며, 1546년에 사제 서품을 받았다. 트리엔트 공의회(1547)에 참가했으며, 볼로냐에서 신학 박사 학위를 취득한(1549) 후 잉골슈타트(1549~52), 빈과 프라하(1552~56), 아우크스부르크(1559~66), 인스부르크(1571~77)에서 교수를 역임했다. 역(逆)종교개혁을 위해 설교자가 되었다. 여러 차례에 걸쳐 제국의회에 참석했으며, 1557년에 보름스 종교대화에 참여하기도 했다. 황제 페르디난트 1세의 고문역을 맡았다. 그가 쓴 세 편의 교리문답은 큰 영향력을 발휘했다.

카피토, 볼프강 파브리티우스(Wolfgang Fabritius Capito [Köpfel의 라틴어명], 1481~1541)

종교개혁 신학자. 잉골슈타트와 하이델베르크, 프라이부르크에서 수학한 후에 1512년 브루흐잘(Bruchsal) 수도원 설교자가 되었다. 신학 박사 학위 취득 후인 1515년에 바젤로 이주했다. 1516년 이후 바젤 대학에서 신학을 가르쳤으며, 대성당 설교자, 히브리어 학자로 활약했다. 에라스무스와 특히 긴밀한 관계를 맺었다. 1520년에 주교좌 대성당 설교자가 되었으며, 1521년 마인츠 대주교 알브레히트 폰 브란덴부르크의 고문이 되었다. 1523년 이후 스트라스부르 성(聖)토마스 교회의 수석 사제가 되었으며, 공개적으로 종교개혁을 지지했다. 부처를 도와 제국도시 알자스에서 종교개혁을 힘껏 장려했다. 1530년 『네 도시 신앙고백』의 집필에 참여했다. 1536년 비텐베르크 협상에 참여했으며, 1540/41년 종교 대화에 참여했다.

카를 5세(Karl V, 1500~58)

로마 왕, 황제, 스페인 왕. 부친 필리프 폰 합스부르크의 사망 및 모친 카스티야의 요한나('광녀狂女')의 정신병 발작 후에 플랑드르에서 숙모 마르가레테에 의해서 양육되었다. 조부 막시밀리안 1세의 야심 찬 혼인 정책에 따라 거대한 통치 영역(스페인과 남아메리카, 북北부르고뉴 공작령)을 소유했으며, 1519년에 황제로 선출되었다. 재위 기간은 프랑스 및 오스만 제국과의 지속적인 군사적 충돌, 교황청과의 대립(이탈리아에 대한 권리 주장 때문), 그리고 종교개혁을 지지하는 독일의 제국 제후, 도시들과의 대결로 점철되었다. 1521년 이후에 일관된 역(逆)종교개혁 노선을 걸었다. 로마 교회의 전투적이고 신실한 아들로서, 그의 통치기 말에 루터파 이단에 대한 법적 승인을 용인할 수 없는 것으로 생각했으나 그 필요성이 부상하여 결국 스스로가 그것을 단념하게 되었다.

카를슈타트, 안드레아스 루돌프(Andreas Rudolf Karlstadt, 1486~1541)

본명은 보덴슈타인(Bodenstein). 종교개혁 신학자. 에르푸르트(1499/1500), 쾰른(1503~05), 비텐베르크에서 수학했다(1505년 인문학 마기스터 취득). 1510년 사제 서품을 받았으며, 신학 박사가 되었다. 비텐베르크 알러하일리겐 성당의 수석 부제, 대학의 신학 교수로서 1515/16년에 로마에서 양법 박사 학위를 받았다. 1517년 이후에 루터의 주장으로 전향했으며, 그와 함께 1519년 라이프치히에서 에크와 논쟁했다. 종교개혁 실행 방식에 대한 근본적 이견 때문에 학문 활동에서 물러났다. 1523/24년에 오를라뮌데/잘레의 사제가 되었고, 그곳에서 자신의 개혁 모델을 실천했다. 루터에 대한 반대 때문에 선제후령 작센에서 추방되었다. 1531년 취리히에 망명했고, 1534년 바젤로 이주하여 교수로 활동했다.

칼뱅, 장(Jean Calvin, 1509~64)

종교개혁가. 1524년부터 파리에서 수학했으며(1527년 마기스터 취득), 1528년 이후 오를레앙에서 법학 연구에 몰두했다. 1533년 법학 수료 후에 법학사로서 파리로 귀환했으며, 거기서 교회 개혁 운동에 가담했다. 프랑스에서의 프로테스탄트 박해 때문에 어쩔 수 없이 피신했고, 1533년 스트라스부르에 도착했다. 계속해서 바젤로 여행한 후 그곳에서 『그리스도교 강요』(1536)를 완성했다. 1536년 제네바의 동역자가 되었으나, 1538년 시에서 추방되었다. 스트라스부르로 돌아와 프랑스 망명자 교회의 설교자직을 인수했다. 1541년에 제네바로 귀환해 전 유럽에 영향력을 끼친 제네바 종교개혁을 성공적으로 이끌었다.

캄페조, 로렌초(Lorenzo Campegio, 1474~1539)

가톨릭 신학자. 1500년에 양법 교수, 1512년에 주교, 1517년에는 추기경이 되었다. 1524/25년에 클레멘스 7세로부터 독일의 종교개혁에 대처하도록 임무를 부여받았다. 아우크스부르크 제국의회(1530)에서 교황의 이익을 대변하였다.

대(大)크라나흐, 루카스(Lucas Cranach d. Ä., 1472경~1553)

화가이자 조각가. 1505~50년 작센 선제후 관저가 있는 비텐베르크의 궁정 화가로 활동했다. 아우크스부르크와 인스부르크에 머물다, 1552년에 바이마르의 새로운 관저로 이주했다. 루터의 혼인에서 증인 역할을 했을 뿐만 아니라 두 사람은 서로의 자녀에게 대부 역할을 맡았을 정도로 루터와 친밀한 우정을 나눴다. 종교개혁가의 수많은 초상화가 그의 작업실에서 나왔다. 루터 '상(像)'에 지속적인 영향을 끼쳤다.

크레츠(또는 그레츠), 마티아스(Matthias Kretz [Gretz], 1480경~1543)

가톨릭 신학자. 1518년 튀빙겐에서 인문학 바칼라우레우스와 마기스터가 되었으며, 이어서 잉골슈타트에서 철학을 가르쳤다. 이 대학에서 신학 박사 학위를 받았다. 1519년에 설교자로서 아우크스부르크로, 이후에 뮌헨으로 초빙되었다. 거기서 1533년 이후 학장이 되었다. 아우크스부르크 제국의회(1530)에, 그리고 보름스 종교 대화(1540)에 참석했다.

클레멘스 7세(Clemens VII, 재위 1523~34)

본명은 줄리오 데 메디치(Giulio de' Medici). 교황. 1478년에 태어나 1513년 피렌체 대주교가 되었다. 사촌 레오 10세는 1513년에 그를 추기경으로 지명했으며, 1517년 부재상이 되었다. 교황 재위 기간에 피렌체에서 메디치가의 지배를 강화하기 위해 노력했다. 외교정치적으로 카를 5세와 프랑수아 1세 사이에서 왔다 갔다 했다. 1527년 로마의 약탈을 경험했고 황제에게 굴복해야만 했다. 1529년 카를 5세와 조약을 체결했으며,

1530년 볼로냐에서 카를 5세의 대관식을 거행했다. 헨리 8세와 아라곤의 카타리나의 혼인이 무효임을 선언하기를 거부한 결과, 잉글랜드 교회는 로마 교회로부터 분열했다.

타울러, 요하네스(Johannes Tauler, 1300경~1361)

도미니쿠스회 신비주의자. 스트라스부르에서 태어나 13세 때 그곳의 도미니쿠스회 수도원에 들어갔다. 그곳에서 신비주의 신학자 마이스터 에크하르트로부터 영향을 받았다. 1339년에서 1342/43년 사이에 바젤에, 이후에는 쾰른에 머물렀다. 80편 이상의 설교 모음집은 루터 및 초기 종교개혁 운동의 추종자들에게 영향을 끼쳤다.

테첼, 요하네스(Johannes Tetzel, 1465경~1519)

도미니쿠스회 면죄 설교자. 1482/83년 이후 라이프치히에서 수학했으며, 1489년 그곳의 도미니쿠스회 수도원에 들어갔다. 1504~10년에 독일 수도회의 면죄 설교자로서 독일 내 여러 교구에서 활동했다. 1509년에 폴란드의 종교재판관이 되었다. 1517년 마그데부르크 지역에서 베드로 면죄부를 선포하는 임무를 맡았으니, 여기서 루터의 비판이 발발하였다. 1518년 빔피나(Wimpina)가 집필한 면죄에 대한 논제를 가지고 프랑크푸르트/오더 대학에서 논쟁을 벌였다. 같은 해 그곳에서 신학 박사 학위를 받았다. 라이프치히 수도원에서 작고했다.

트루트페터, 요도쿠스(Jodocus Trutvetter, 1460경~1519)

신학자이자 철학자. 1476년 이후 에르푸르트에서 수학했다(1485년 인문학 마기스터, 1504년 신학 박사 취득). 1493~1501년 에르푸르트의 성(聖)안드레아스 교회 사제로 있었으며, 1507~10년에는 비텐베르크 대학 교수이자 대성당 수석 부제를 지냈다. 루터에게 '비아 모데르나'(via moderna)의 철학 전통을 입문시켰다. 1518년 그의 유명한 제자와 결별했다.

파기우스, 파울(Paul Fagius, 1504~49)

본명은 부헬린(Buchelin), 뷔헬린(Büchelin), 뷔힐라인(Büchlein) 등. 종교개혁 신학자이자 히브리어 학자. 1515년 이후 하이델베르크에서 수학했으며, 1518년 하이델베르크 논쟁에 참여했다. 1522년에 스트라스부르의 카피토에게 히브리어를 배웠으며, 이스니/알고이(Isny/Allgäu)의 라틴어 학교 교사가 되었다. 1535년에 스트라스부르로 돌아갔으며, 1537~43년 이스니의 설교자가 되었다. 시 참사회 의원의 도움을 받아 히브리어 인쇄소를 설립했다. 1544년 카피토의 후계자로 스트라스부르의 설교자 및 구약성서 교수가 되었다. 1546년에 선제후 프리드리히 2세의 고문으로 하이델베르크 대학의 개혁을 담당했다. 『잠정 처분』의 결과, 1548년에 부처와 함께 케임브리지로 갔다.

파브리, 요하네스(Johannes Fabri, 1478~1541)

가톨릭 신학자. 1505년 이후 튀빙겐에서 수학했으며, 1508년 린다우의 사제, 1509년 프라이부르크에 등록했다. 1510/11년 양법 박사 학위를 취득했다. 1513~18년에 바젤 주교의 종교재판관, 1518년 콘스탄츠 주교의 총대리 및 교황청 서기장을 역임했다. 콘스탄츠 주교의 대리인으로 제1차 취리히 논쟁에 참여했다. 1523년에 페르디난트 1세의 고문직을 인계받았으며, 1530년 빈의 주교가 되었다. 종교개혁에 대항하는 가장 적극적인 신학적 적수 가운데 한 사람이었다.

페르디난트 1세(Ferdinand I, 1503~64)

로마 왕 및 독일 황제이자 보헤미아 및 헝가리 왕. 부르고뉴의 필리프와 카스티야의 요한나('광녀狂女') 사이의 차남이며, 카를 5세의 동생이다. 1516년 이후 네덜란드 메헬렌(Mechelen)에서 황제 막시밀리안 1세의 딸인 숙모 마르가레테의 보호 아래 성장했다. 황제가 죽은 후에 오스트리아의 통치권을 인수했으며, 이곳의 종교개혁에 단호히 대처했다. 1526/27년에 보헤미아와 헝가리의 왕권을 획득했다. 오스만족을 영구히 헝가리에서 몰아내려는 그의 시도는 실패했다(1541). 제국에서 형의 대리인 역할을 담당했다. 로마 왕으로 선출된 후에 제국 차원에서 그의 정치는 점차 독자성을 획득했다. 제국의 법적 상황과 정치적 현실에 상응하는 그의 종교 정책은 프로테스탄트와의 지속 가능한 평화를 위한 기회를 열어주었다(1552년 파사우 조약과 1555년 아우크스부르크 종교 평화). 황제 재위 기간(1558~64)에 트리엔트 공의회(1546~63)의 양극화 경향에도 불구하고 이 노선을 이어갔다.

프랑크, 제바스티안(Sebastian Frank, 1499~1542/43)

신학자, 작가이자 인쇄업자. 잉골슈타트(1515년 이후)와 하이델베르크(1518년 이후)에서 수학했다. 먼저 루터 종교개혁의 지지자로서 아우크스부르크와 뉘른베르크 지역에서 종교 직책을 맡아 활동했다. 재세례파, 심령주의자 집단과 접촉하면서 종교직을 포기했으며, 뉘른베르크(1528)와 스트라스부르(1531)에서 저작 활동을 하며 살았다. 『역사 성서』(1531)의 출판 이후에 스트라스부르에서 추방되었다. 1534년 이후에는 울름에서 인쇄업자로 일했다. 1539년 바젤로 피신했으나, 곧 페스트로 작고했다.

프리드리히 폰 작센 3세(Friedrich III von Sachsen, 1463~1525)

일명 '현자'(der Weise). 선제후. 1486년 부친 에른스트로부터 선제후직를 물려받았으며, 동생인 요한과 함께 에르네스트계 작센을 지배했다. 1500년 이후 제국 차원에서 개혁 운동의 대변자로서 중요한 역할을 담당했다. 경제적·문화적·정치적 관점에서 그의 통치기와 에르네스트계 작센의 번영이 밀접한 관련을 이루었다. 1519년 황제 선출을 거부했다. 루터 및 그 추종자에 대한 그의 보호 정책은 종교개혁 전파의 결정적 토대를 이루었다. 이종 성만찬을 받음으로써 임종석에서 새로운 교리를 증언하였다.

플라치우스 일리리쿠스, 마티아스(Matthias Flacius Illyricus, 1520~75)

본명은 플라치치(Vlačich 또는 Vlaeiae), 프랑코비츠(Francowitz 또는 Frankoviae) 등. 루터파 신학자, 역사가이자 히브리어 학자. 아우크스부르크와 바젤, 튀빙겐, 비텐베르크에서 수학했으며, 종교개혁에 가담했다. 1544년 히브리어 교수직에 취임했다. 1549년에 『잠정 처분』에 대한 항거 표시로 교수직을 포기하고 마그데부르크에 체류했다. 여기서 멜란히톤 주변의 비텐베르크 신학자 및 황제의 종교 정책을 옹호하는 이들을 반박하는 글을 집필했다. 1557년 예나 대학의 청빙을 받고 신약성서 교수가 되었다. 에르네스트가(家) 영주와의 신학적·종교정치적 이견 때문에 그와 그의 사상 동지들은 1561년 예나를 떠나야 했다. 프랑크푸르트/마인에 망명했다. 연구를 조직하는 그의 재능은 최초의 방대한 개신교 교회사인 이른바 『마그데부르크 1세기』(*Magdeburger Centurien*, 1559~74)에 잘 드러나 있다.

플루크, 율리우스(Julius Pflug, 1499~1564)

나움부르크 주교. 1510년부터 라이프치히와 이탈리아에서 인문학과 법학을 수학했다. 1521년 게오르크 폰 작센 공작의 자문이 되었고, 그와 함께 아우크스부르크 제국의회에도 참석했다. 1539년에 추기경 알브레히트 폰 브란덴부르크의 자문, 1540년에는 나움부르크 주교가 되었다. 그러나 작센 선제후는 그가 암스도르프에 대항하여 이 직무를 수행하는 것을 막았다. 1546/47년에 비로소 나움부르크 주교에 취임했다. 레겐스부르크 종교 대화(1546)와 보름스 종교 대화(1557)의 의장을 맡았고, 『잠정 처분』 집필에 관여했다. 1551/52년 트리엔트 공의회에 참석했다.

피르크하이머, 빌리발트(Willibald Pirckheimer, 1470~1530)

인문주의자이자 정치가. 파두아와 파비아에서 법학 수업을 수료했다. 명문가의 아들로 1496년 이후 고향 도시 뉘른베르크 시 참사회 의원이 되었다. 1501년경 이후 인문주의 연구에 몰두했고, 1520년 에크를 조롱하는 풍자물 『갈린 에크』(*Eckius dedolatus*)의 저자라는 혐의를 받아 교황으로부터 파문 위협을 당했다. 뉘른베르크에 종교개혁 도입(1525) 이후, 특히 외콜람파트의 성만찬론을 공격하였다.

피코 델라 미란돌라, 조반니(Giovanni Pico della Mirandolla, 1463~94)

인문주의 철학자이자 신학자. 이탈리아의 백작 아들로 태어나 1477년 이후 볼로냐, 페라라, 파두아, 파리, 페루자에서 폭넓게 수학했으며, 로렌초 데 메디치 및 그 주변의 학자들과 긴밀한 관계를 맺었다. 그리스어, 히브리어, 아랍어에 대한 비상하게 방대한 언어 지식을 토대로 고대철학 전통 및 카발라 문학에 대한 지식을 얻었으며, 이것들을 종합하고자 했다. 이를 위해 모든 학문 영역으로부터 900개의 논제를 작성했고, 이것을 가지고 당대의 유력 지성인들과 로마에서 논쟁을 벌이려 했다. 논제에 대한 교황청의 유죄판결(1487) 때문에 이 행사는 성사될 수 없었다. 이 대회를 주최하기 위해 작성된 연설「인간의 품위에 대하여」, 점성술에 대한 그의 비판, 또한 인문주의자들이 강조한 수사학적 스타일 문제에 대한 철학적 사실 문제의 우위성을 주장하는 그의 논쟁은 16세기에 지속적인 영향을 끼쳤다. 생애 말년은 피렌체의 고해 설교자 사보나롤라의 영향 아래 있었다.

필리프 폰 헤센(Philipp von Hessen, 1504~67)

일명 '대범한 자'. 방백. 빌헬름 2세의 아들로 1509년 모친인 안나 폰 메클렌부르크의 섭정 아래 통치를 시작했다. 1518년 이후 단독 통치를 했다. 지킹겐과의 전투(1523) 및 농민전쟁에서의 군사적 승리로 1524년 이후 종교개혁을 지지한 그의 명성이 상승했다. 1526년 자신의 영지에 종교개혁을 도입했다. 1529년 종교개혁파 내부의 성만찬 논쟁을 중재하려고 노력했다. 1530년『아우크스부르크 신앙고백』을 지지했으며, 다음 10년 동안 프로테스탄트 제국 제후 진영에서 정치적으로 핵심 역할을 담당했다. 이중혼(1540) 때문에 황제로부터 정치적인 압박을 받았다. 슈말칼덴 전쟁에서의 패배로 장기간 포로 생활을 했으며, 이는 파사우 조약(1552)으로 끝났다. 프로테스탄티즘 내의 다양한 신학적 방향에 대한 개방적 자세 때문에 종파적 명백성을 촉구하는 다수의 제국 제후들과 구별된다.

하드리안 6세(Adrianus Florensz Boeyens, Adrian von Utrecht, 1522~23)

교황. 1459년에 태어나 '공동생활형제단'에서 최초의 교육을 받았다. 그 후인 1476년에 루뱅에서 철학과 신학, 교회법을 수학했다(1491년 신학 박사 취득). 1489년 이후 루뱅 대학 교수직을 역임했다. 1507년 이후 후대의 황제 카를 5세의 스승이 되었다. 1516년 토르토사 주교와 대(大)종교재판관을 거쳐 1517년에 추기경이 되었다. 1520년 스페인에서 카를 5세의 대리인이 되었다. 1522년 레오 10세의 후계자로 교황에 선출되었다. 자신의 주 임무를 교회 개혁으로 보았다.

하인리히 폰 브라운슈바이크-뤼네부르크-볼펜뷔텔

(Heinrich von Braunschweig-Lüneburg-Wolfenbüttel, 1489~1568)

일명 '주니어'. 공작. 1514년 이후 부친 하인리히 시니어의 조언자로서 통치하면서 정치적으로 황제와 특별히 긴밀한 관계를 추구했다. 1525년에 농민 봉기 타도에 참여했다. 1525년과 1528년 사이에 황제의 야전사령관으로 이탈리아에서 복무했다. 제국에서는 제후들 가운데 가장 신랄한 종교개혁 반대자에 속했다. 1542년에 루터가 출판을 통해 공격한 '한스 보르스트'(1541)의 실재 인물로서, 슈말칼덴 동맹군에 의해 자신의 영지에서 추방되었다. 슈말칼덴 전쟁에서 개신교 동맹의 패배 이후 자신의 영지로 귀환했다.

해처, 루트비히(Ludwig Hätzer, 1500경~1529)

신학자이자 재세례파 인문주의자. 바젤과 프라이부르크에서 수학한 후에 콘스탄츠에서 사제 서품을 받았다. 뒤이어 베덴스빌러(Wädenswiler)의 부사제가 되었고 츠빙글리를 추종했다. 1523년에 기록 서기로서 제2차 취리히 논쟁에 참석했다. 1524년 재세례파의 대변자로서 아우크스부르크에 체류, 그 후 취리히로 귀환하였다. 그곳에서 추방된 후에 스트라스부르로 갔고 거기서 뎅크와 만났다. 그들은 공동으로 보름스 유대인의 지원을 받아 구약성서 예언서 원문에서 최초로 종교개혁적 번역을 시도하였다. 이중혼을 비난했다는 이유로 콘스탄츠에서 처형당했다.

헤디오(또는 하이드, 보크, 뵈켈), 카스파르(Kaspar Hedio [Heyd, Bock, Böckel], 1494~1552)

종교개혁적 신학자. 1515/16년 인문학 마기스터 학위를 취득했으며, 바젤과 마인츠에서 신학을 수학하고 1523년 신학 박사 학위를 받았다. 1520년에 마인츠의 궁정 설교자, 1523년에는 스트라스부르 대성당 설교자가 되었다. 1529년 마르부르크 종교 대화에 참석했으며, 1540/41년 보름스와 레겐스부르크의 종교 대화에도 참여했다. 1542/43년 쾰른 대주교 헤르만 폰 비트의 고문 역할을 맡았으며, 1549년 스트라스부르의 교회회의 의장이 되었다. 『잠정 처분』에 저항하여 설교자직을 포기했다. 최초의 종교개혁적 교회사가 가운데 한 사람으로 간주된다.

헬딩, 미하엘(Michael Helding, 1506~61)

지도니우스(Sidonius)라고도 한다. 가톨릭 신학자이자 메르제부르크 주교. 1525~28년 튀빙겐에서 수학했으며, 1531년 이후 대성당 학교 교사를 지냈다. 1533년에 마인츠 대성당 설교자, 1537년에는 부주교가 되었으며, 1543년 신학 박사 학위를 취득했다. 보름스 종교 대화(1540)와 레겐스부르크 종교 대화(1546), 보름스 제국의회(1547/48)에 참여했다. 여기서 『잠정 처분』을 주도적으로 작업했다. 1549년 메르제부르크의 마지막 주교가 되었고, 1558년 슈파이어 제국 대법원장이 되었다. 또한 1561년 빈 제국 궁중추밀원 의장이 되었다. 플루크와 더불어 온건한 가톨릭 중재파의 대표였다.

호그스트래텐, 야코부스 판(Jakobus van Hoogstraeten, 1460경~1527)

도미니크회 수도사이자 종교재판관. 루뱅 대학에서 인문학 수업을 받았다. 1485년 마기스터가 되었고, 도미니쿠스회에 입단하였다. 사제 서품 이후에 1496년부터 쾰른에서 신학을 공부했고, 1504년 신학 박사 학위를 받았다. 1500년 이후 안트베르펜에서 사제로 일했으며, 1505년 쾰른으로 돌아와 수도회 학교 교장 및 대학교수직을 맡았다.

1510년 그곳의 도미니쿠스회 수도원 원장이 되었으며, 쾰른과 마인츠, 트리어 지역의 종교재판관으로 일했다.

호프만, 멜히오르(Melchior Hoffmann, 1500경~1543)

재세례파 설교자. 직업은 모피 제조공이며, 1523~25년에 리플란트에서 종교개혁을 선전하였다. 여기서 특히 카를슈타트의 사상에 경도된 듯 보인다. 리플란트에서 추방된 후에 1527년 킬(Kiel)에서 부제가 되었으며, 인쇄소를 설립하여 자기 글을 출판했다. 부겐하겐과 만난 후 1529년 추방되어 결국 스트라스부르로 왔으며, 이곳에서 '스트라스부르의 예언자'에 가담했다. 1530~33년에 동(東)프리슬란트와 네덜란드에서 설교하고 세례를 주었다. 그의 묵시문학적 환상은 뮌스터 재세례파 왕국의 토대를 이루었다. 스트라스부르로 귀환한 후에 종신형에 처해졌다.

후스, 요하네스(Johannes Hus, 1370경~1415)

체코의 민중 설교자. 얀(Jan) 후스라고도 한다. 1390년 이후 프라하에서 수학했으며(1396년 인문학 마기스터 취득), 1400년 사제 서품을 받고 신학 수업을 시작했다. 1401/02년에 철학부 학장, 1409/10년에 총장이 되었다. 1402년 이후 프라하의 베들레헴 예배당 설교자였다. 1410년 이후 보헤미아 교회 개혁 운동의 선봉에 섰다. 1410년 설교 금지 및 서적 소각에 대한 항거를 이유로 교황청 재판을 받기 시작했으며, 이 재판은 1412년 파문 선고 및 수찬 정지로 종결되었다. 1412~14년에 유배되었으며, 1414년 지기스문트 왕의 호위를 받으며 콘스탄츠 공의회에 출두하여 자신의 정통 신앙을 입증하려고 했다. 거기서 체포되었으며, 1415년 이단자로 판결을 받고 화형에 처해졌다.

후텐, 울리히(Ulrich Hutten, 1488~1523)

인문주의 작가. 부친의 뜻에 어긋나게 종교 신분에 들어가지 않고 독일과 이탈리아 대학의 인문학부와 법학부에서 광범위하게 수업을 이수했다. 1515년 이후 알브레히트 폰 브란덴부르크로부터 재정적으로 지원을 받았다. 1519년 그를 위해 봉직했다. 1517년 황제 막시밀리안 1세에 의해 '계관시인'으로서 대관을 받았으며, 로이힐린을 옹호하는 『반계몽주의자들의 서신』에 참여했다. 민족적·반(反)로마적 정서 때문에 루터에게서 정신적 친밀 관계를 발견했다. 그가 개인적으로 접근한 제국 기사 프란츠 폰 지킹겐 주변에서 종교개혁의 지지자들을 모았다. '사이비 사제에 대한 전쟁'에의 호소는 갈등을 심화시켰다. 에라스무스가 매독으로 고통받고 죽어가는 시인에게 보인 거부 반응은 당대의 여론을 움직였다.

후트, 한스(Hans Hut, 1490경~1527)

재세례파. 방랑 서적상으로 프랑켄과 튀링겐 지방을 거쳐 비텐베르크로 왔다. 토마스 뮌처의 '영원한 동맹'에 가담했으며, 프랑켄하우젠 전투에 참가했다. 아우크스부르크에서 뎅크로부터 세례를 받았으며, 이어서 바이에른과 슈바벤, 프랑켄, 오스트리아에서 설교자로 활동했다. 1527년 후프마이어와 종교 대화를 벌였다. 이른바 '아우크스부르크 순교자 노회'에 참여했고, 체포된 후 자신의 감방에서 화재로 세상을 떠났다.

후프마이어, 발타자르(Balthasar Hubmeier, 1480/85경~1528)

재세례파 신학자. 1503년 이후 프라이부르크에서 인문학 수업, 그 후에는 신학 수업을 받았다. 사제 서품 이후 스승 에크를 따라서 잉골슈타트로 갔고 그곳에서 1512년에 신학 박사 학위를 취득했다. 이후 설교자와 신학 교수로 활동했으며, 1516년 레겐스부르크로 이주하여 '아름다운 마리아'에게로 순례하는 일을 홍보하는 데 주도적으로 참여했다. 1520년에 발츠후트의 사제가 되었으며, 도시를 개혁했다. 여기서 특히 츠빙글리의 사상에 경도되었다. 츠빙글리와 사이가 틀어진 후, 1525년 이후 재세례 운동의 유력 신학자로 부상했다. 보헤미아의 니콜스부르크(Nikolsburg)에 재세례파 공동체를 설립했으며, 이 때문에 유죄판결을 받고 빈에서 화형에 처해졌다.

히에로니무스 폰 프라하(Hieronymus von Prag, 1370경~1416)

학자이자 후스교도. 본명은 예로님 프라츠키(Jeronim Pražski)로 프라하와 옥스퍼드에서 수학했다. 옥스퍼드에서 위클리프의 글들을 보헤미아로 보냈다. 위클리프의 명제를 대변했고, 이 때문에 미움을 받아 도피해야 했다. 예루살렘과 폴란드, 리투아니아로 떠돌아다녔으며, 1414년에 후스를 지원하기 위해 콘스탄츠로 갔으나, 여기서 역시 고발되었고 이단자로 판결을 받아 화형에 처해졌다.

연표•

1414~18	콘스탄츠 공의회/교회 분열의 제거, 공의회주의의 절정/정기적인 공의회 소집의 법적 의무.
1415	콘스탄츠에서 얀 후스가 화형에 처해짐.
1417~31	교황 마르틴 5세.
1431~42	바젤-페라라-피렌체 공의회/그리스인, 아르메니아인, 야고보파(단성론파)와의 통합/7성례전의 교리화.
1452	비잔틴에서 통합 결정이 선포됨.
1452~93	황제 프리드리히 3세.
1453. 4. 6~5. 29	오스만 제국의 수도가 된 콘스탄티노플(이스탄불)의 포위 및 함락.
1455~1522	요하네스 로이힐린.
1456	그리스도교 십자군이 베오그라드를 성공적으로 방어.
1458~64	교황 피우스 2세(Enea Silvio Piccolomini).
1461	마지막 그리스도교 전초기지인 흑해변의 트라페춘트(Trapezunt)가 오스만 제국의 수중에 들어감.
1466/69~1536	에라스무스.
1483. 11. 10	마르틴 루터가 아이슬레벤에서 태어남.
1484~1531	훌트리히 츠빙글리.
1485	베틴가(家) 영지의 분할(알베르트계와 에르네스트계 혹은 선제후령 작센).
1486~1541	안드레아스 보덴슈타인 폰 카를슈타트.

• 왕, 교황 등의 연대는 통치 내지 재위 기간을 의미한다.

1486~1525	작센 선제후 프리드리히.
1488~1523	울리히 폰 후텐.
1491~1551	마르틴 부처.
1492	안달루시아의 무슬림의 마지막 보루인 그라나다 함락/국토 회복(Reconquista)의 절정/콜럼버스의 아메리카 발견.
1493~1519	막시밀리안 1세.
1495	보름스 제국의회/이른바 제국 개혁/영원한 국토 평화.
1497	필리프 미왕과 카스티야의 요한나 혼인.
1497~1560	필리프 멜란히톤.
1500~39	게오르크 폰 작센 공작.
1502	비텐베르크 대학 설립.
1503~13	교황 율리우스 2세.
1505	루터가 에르푸르트의 아우구스티누스 은둔자회 수도원에 들어감.
1509~1564	장 칼뱅.
1509~47	잉글랜드 왕 헨리 8세.
1512	루터가 비텐베르크 대학 교수가 됨.
1512~17	제5차 라테란 공의회.
1512~20	셀림 1세.
1513~21	교황 레오 10세.
1514~68	브라운슈바이크-볼펜뷔텔 공작 하인리히 2세.
1514~17	로이힐린-페퍼코른 논쟁/『반(反)계몽주의자들의 서신』.
1515	합스부르크-야기에우워(Jagiello)가의 이중 혼인.
1515	로마 베드로 대성당 건축을 위한 교황의 면죄 교서.
1515~47	프랑스 왕 프랑수아 1세.
1516	에라스무스가 그리스어 신약성서 초판 출간.
1516/17	오스만 제국의 이집트, 시리아 정복, 마물루크 제국 파괴.
1517. 10. 31	루터가 95개 논제를 유포하기 시작.
1518~67	헤센 방백 필리프.
1518. 4. 26	하이델베르크 논쟁.
1518년 10월	아우크스부르크에서 카예탄이 루터를 심문.
1519~26	황제 카를 5세.
1519. 6. 27~7. 16	라이프치히에서 루터, 카를슈타트와 에크 간에 논쟁이 벌어짐.
1520~66	술레이만 대제.
1520. 6. 15	파문 위협 교서(Exsurge Domine).
1520	종교개혁 관련 루터의 출판물이 절정에 이름(『그리스도인의 자유

	에 대한 논설』, 『독일 민족의 그리스도인 귀족에게 고함』, 『교회의 바빌론 포로에 대한 서주』).
1520. 12. 10	교회법전, 파문 위협 교서, 일부 스콜라주의 교리서를 비텐베르크 엘스터 문 앞에서 소각함으로써 교황 교회를 파문함.
1521. 1. 3	파문 교서(Decet Romanum Pontificem).
1521. 4. 16~26	루터가 보름스 제국회의에 출두함.
1521	오스만 제국의 베오그라드 점령.
1521. 5~1522. 5	루터가 작센 선제후 프리드리히에 의해 바르트부르크에 연금됨/왕성한 저작 활동(『수도원 서약에 관하여』, 『설교 주해』, 신약성서 번역).
1521. 5. 25	보름스 칙령.
1521	멜란히톤의 『신학총론』(*Loci communes*).
1522. 1. 24	비텐베르크 시 참사회 법.
1522	취리히에서 단식 위반.
1522	로도스의 요한 기사단의 항복/베네치아와 제노바 무역을 오스만 제국이 통제.
1522~23	교황 하드리안 6세(폰 위트레흐트).
1522~23	지킹겐의 전투.
1522/24	뉘른베르크 제국의회.
1523년 이후	취리히 종교개혁의 시작/제1차, 제2차 취리히 논쟁.
1523~34	교황 클레멘스 7세
1524	선제후령 작센에서 카를슈타트가 추방됨/작센의 이탈자와 스위스 이탈자들이 접촉/종교개혁파 내 성만찬 논쟁 시작.
1524~25	농민전쟁/자유의지에 관한 루터와 에라스무스의 논쟁(『노예의지론』).
1525~32	작센 선제후 요한.
1525. 2. 24	파비아 전투/프랑수아 1세가 카를 5세의 포로가 됨.
1525	독일 기사국을 프로이센 공작령으로 세속화.
1525	취리히에서 최초의 성인세례/취리히 시와 주에서 재세례파 추방/츠빙글리의 『참된 종교와 거짓 종교에 관한 주석』.
1525. 5. 15	프랑켄하우젠 전투/토마스 뮌처 체포(1525. 5. 27 처형).
1526. 8	제1차 슈파이어 제국의회.
1526. 8. 29~30	모하츠 전투/오스만 제국이 루트비히 2세가 이끈 헝가리-보헤미아 군에게 승리를 거둠/헝가리에 요한 차포야(Johann Zápolya)가 통치하는 봉신국 정부 설립.
1526/1529	작센에서 교회 시찰 시작/작센과 헤센에 개신교회 구축.
1527. 5~7	로마 약탈.

1527. 11. 3	페르디난트를 헝가리 왕으로 대관.
1528	성만찬 논쟁에 관한 루터의 마지막 글 및 『신앙고백』/『교회 감찰관 지침』/개신교 신앙고백이 형성되기 시작.
1529	제2차 슈파이어 제국의회/개신교 신분들의 항의('프로테스탄트', 4월 19일).
1529. 6. 29	볼로냐에서 카를 5세와 클레멘스 7세 간 평화조약.
1529. 8. 3	캄브라이 여인의 평화.
1529. 9/10	오스만 제국의 빈 포위 실패.
1529. 10	헤센의 필리프가 주도한 마르부르크 종교 대화/루터와 츠빙글리의 유일한 개인적 만남/『마르부르크 신조』.
1530. 2. 24	볼로냐에서 카를 5세의 황제 대관.
1530	아우크스부르크 제국의회(『아우크스부르크 신앙고백』, 『네 도시 신앙고백』, 『신앙의 석명』).
1530	슈말칼덴 동맹 설립.
1531	제2차 카펠 전투/츠빙글리와 외콜람파트 사망.
1531	술탄 아래 튀니지 예속/오스트리아의 페르디난트를 로마 왕으로 선출(1. 5).
1532~47	작센 선제후 요한 프리드리히.
1532	뉘른베르크 휴전/프로테스탄트 제국 제후들이 투르크인들에 대항한 지원을 약속.
1533	합스부르크와 오스만 제국 간 평화조약/요한 차포야(동부)와 페르디난트 1세가 헝가리를 분할.
1534	헤센 방백 필리프가 뷔르템베르크 공작령을 정복/카덴의 평화(6. 29).
1534~49	교황 바오로 3세.
1534~35	뮌스터 재세례파 왕국.
1534	잉글랜드 교회가 로마로부터 분열.
1535	카를 5세가 튀니지를 정복.
1535/36	오스만 제국과 프랑스 간에 최초의 교역 조약 성립.
1536	만투아로 공의회 소집/루터의 『슈말칼덴 신조』.
1536	비텐베르크 협약.
1538	클레베와 겔던 공작령 통합.
1538~41	칼뱅이 스트라스부르에 머묾.
1539	프랑크푸르트 휴전.
1539/40	이그나티우스 폰 로욜라가 예수회를 창립.
1540	헤센 방백 필리프의 중혼.

1540～41	하게나우, 보름스, 레겐스부르크 종교 대화/『아우크스부르크 신앙 고백』 개정판.
1541	요한 차포야 사망/오스만 제국이 부다페스트를 정복하고 헝가리 중부 병탄.
1541～53	작센 공작 모리츠(1547년 이후 선제후).
1542	브라운슈바이크-볼펜뷔텔 공작 하인리히에게 대항한 슈말칼덴 동맹군의 원정.
1543	겔던의 유산 상속 전쟁.
1543～46	쾰른 대주교 헤르만 폰 비트의 종교개혁 시도.
1544. 9.18	카를 5세와 프랑수아 1세 간의 크레피 평화/투르크와 프랑스 간의 동맹 종결.
1545～63	트리엔트 공의회(제1차 회기 1545～47, 제2차 회기 1551～52, 제3차 회기 1562～63).
1546. 2. 18	마르틴 루터 사망.
1547	슈말칼덴 전쟁(1546～47)의 뮐베르크 전투에서 카를 5세가 승리(1547. 4. 24)/작센의 요한 프리드리히와 헤센의 필리프가 사로잡힘.
1547	오스만 제국에 페르디난트 1세가 조공을 바치는 조건으로 합스부르크와 오스만 제국 간 평화조약 체결.
1547～59	프랑스 왕 앙리 2세.
1547～53	잉글랜드 왕 에드워드 1세.
1547～48	아우크스부르크 '무장 제국의회'.
1548. 6. 30	『아우크스부르크 잠정 처분』.
1549	이른바 라이프치히 잠정 처분/루터파 내부 논쟁 시작(『잠정 처분』 논쟁과 '아디아포라' 논쟁).
1549	취리히와 제네바 간 성만찬 합의(취리히 합의).
1550～55	교황 율리우스 3세.
1550～51	작센의 모리츠가 마그데부르크 포위/'그리스도 사무국'의 출판 전쟁.
1551	제국의 스페인 승계에 관한 규정을 포함한 합스부르크가 가내(家內)협약이 체결됨.
1552	제후 전쟁.
1552. 8. 15	파사우 조약.
1553～58	잉글랜드 여왕 메리 튜더.
1555. 9. 25	아우크스부르크 종교 평화.
1555～59	교황 바오로 4세.
1556	카를 5세의 사퇴.

1556~64	황제 페르디난트.
1556~98	스페인 왕 필리프 2세.
1558. 9. 21	카를 5세 사망.
1558~1603	잉글랜드 여왕 엘리자베스 1세.
1559	파리에서 제1차 프랑스 개혁파 교회 노회.
1559~65	교황 피우스 4세.
1577	『일치 양식』.
1598	앙리 4세(1598~1610)의 낭트 칙령.

문헌 목록

포괄 문헌

사료학 및 서지학

Josef Benzing, Helmut Claus, *Lutherbibliographie. Verzeichnis der gedruckten Schriften Martin Luthers bis zu dessen Tod,* 2 Bde., Baden-Baden ²1989~94.

Bibliographie de la Réforme 1450~1648. Ouvrages parus de 1940 à 1955 (Bd. 6: 〈...〉 à 1960, Bd. 8: 〈...〉 à 1975/76), hg. v. der Commission international d'histoire ecclésiastique comparée, 8 Bde., Leiden 1961~82.

Winfried Dotzauer, *Das Zeitalter der Glaubensspaltung (1500~1618)*, Quellenkunde zur deutschen Geschichte der Neuzeit von 1500 vis zur Gegenwart Bd. 1, Darmstadt 1987.

Hans Joachim Hillerbrand, *Bibliographie des Täufertums 1520~1630*, Gütersloh 1962.

Index Aureliensis: *Catalogus Sedecimo saeculo impressorum*, Bd. 1ff., Nieuwkoop und Baden-Baden 1967ff.

Hans Joachim Köhler, *Bibliographie der Flugschriften des 16. Jahrhunderts*, Tl. 1: *Das frühe 16. Jahrhundert (1501~1530), Druckbeschreibungen*, Bd. 1ff., Tübingen 1991ff. [=Köhler, Bibl.].

Franz Schnabel, *Deutschlands geschichtliche Quellen und Darstellungen in der Neuzeit*, Bd. 1 (einziger Bd.), Leipzig und Berlin 1931 (Nachdruck Darmstadt 1972).

Karl Schottenloher (Hg.), *Bibliographie zur deutschen Heschichte im Zeitalter der Glaubensspaltung 1517~1585*, 6 Bde., Leipzig 1932~40; 2. Aufl., Bd. 1~7 hg. v. Ulrich Thürauf, Stuttgart 1956~66.

Verzeichnis der im deutschen Sprachgebiet erschienenen Drucke des 16. Jahrhunderts, 25 Bde., hg. v. der Bayerischen Staatsbibliothek [München] und der Herzog-August-Bibliothek [Wolfenbüttel], Stuttgart 1983~2000 [=VD 16].

Gustav Wolf, *Quellenkunde der deutschen Reformationsgeschichte*, 3 Bde., Gotha (Bd. 3: Stuttgart und Gotha) 1915~23 (Nachdruck Nieuwkoop und Hildesheim 1965).

Periodisch erscheinende Literaturübersichten zum gesamten Bereich der Reformationsgeschichte bietet:

Archiv für Reformationsgeschichte. Literaturbericht, Gütersloh, Bd. 1 (1972)ff.; für die Renaissance- und Humanismusforschung (seit 1966): *Bibliographie internationale de l'Humanisme et de la Renaissance*, in: Bibliothèque d'Humanisme et de Renaissance.

Die wichtigsten Zeitschriften mit refornationsgeschichtlichen Beiträgen sind: Archiv für Reformationsgeschichte, Berlin u. a., 1 (1903/04)ff.; Zwingliana. Beiträge zur Geschichte Zwinglis, der Reformation und des Protestantismus in der Schweiz, Zürich, 1 (1897)ff.; Luther-Jahrbuch, Leipaig, 1 (1919)ff.; für den weiteren Bereich der frühneuzeitlichen Geschichte: The Sixteenth Century Journal, Kirksville, 1 (1970)ff.; Zeitschrift für Historische Forschung. Vierteljahresschrift zur Erforschung des Spätmittelalters und der frühen Neuzeit, Berlin, 1 (1973)ff.

참고 문헌

Peter G. Bietenholz (Hg.), *Contemporaries of Erasmus. A Biographical Register of the Renaissance and Reformation*, 3 Bde., Toronto, Buffalo und London 1985~87 (Nachdruck Toronto 2003).

Deutsche Biographische Enzyklopädie der Theologie und der Kirchen (DBETh), hg. v. Bernd Moeller mit Bruno Jahn, 2 Bde., München 2005.

Martin Greschat (Hg.), *Gestalten der Kirchengeschichte*, Bd. 5 und 6: *Reformationszeit I/II*, Stuttgart u. a. 1981.

Hans Joachim Hillerbrand (Hg.), *The Oxford Encyclopedia of the Reformation*, 4 Bde., New York und Oxford 1996.

Martin Jung, Peter Walter (Hg.), *Theologen des 16. Jahrhunderts*, Darmstadt 2002.

Thomas Kaufmann, *Reformatoren*, Göttingen 1998.

Lexikon für Theologie und Kirche, 3. völlig neu bearb. Aufl., 11 Bde., Freiburg/Breisgau u. a. 1993~2001.

Religion in Geschichte und Gegenwart. Handwörterbuch für Theologie und Religionswissenschaft, 4. völlig neu bearb. Aufl., 8 Bde., Tübingen 1998~2005; Registerband 2007 [=*RGG*[4]].

Theologische Realenzyklopädie, 36 Bde., Berlin und New York 1971~2004 [=*TRE*].

주요 인용 문헌

Bekenntnisschriften der evangelisch-lutherischen Kirche, Göttingen [9]1982 [=*BSLK*].

Gustav Adolf Benrath (Hg.), *Reformtheologen des 15. Jahrhunderts*, Gütersloh 1968.

Rudolf Bentzinger (Hg.), *Die Wahrheit muß ans Licht! Dialoge aus der Zeit der Reformation*, Frankfurt/Main 1983.

Martin Bucer, *Correspondance*, Bd. 1ff., Leiden 1979ff.

Martin Bucer, *Opera Latina*, Bd. 1ff., Paris und Gütersloh 1955; Leiden 1982ff.

Martin Bucer, *Deutsche Schriften*, hg. v. Robert Stupperich u. a., Bd. 1ff., Gütersloh und Paris 1960ff. [=BDS].

Martin Bucer (1491~1551). Bibliographie, erstellt von Holger Pils, Stephan Ruderer und Petra Schaffrodt, Gütersloh 2005.

Heinrich Bullinger, *Werke*, Abt. 1: *Bibliographie*, 2 Bde., Zürich 1972~77; Abt. 2: *Briefwechsel*, Bd. 1ff.,

Zürich 1974ff.; Abt. 3: *Theologische Werke*, Bd. 1ff., Zürich 1983ff.

Heinrich Bullinger, *Schriften*, hg. im Auftrag des Zwinglivereins, 7 Bde., Zürich 2004~07.

Arno Buschmann, *Kaiser und Reich. Verfassungsgeschichte des Heiligen Römischen Reichs Deutscher Nation vom Beginn des 12. Jahrhunderts bis zum Jahre 1806 in Dokumenten*, Tl. 1: *Vom Wormser Konkordat 1122 bis zum Augsburger Reichsabschied von 1555*, Baden-Baden ^{2}1994.

Otto Clemen (Hg.), *Flugschriften aus den ersten Jahren der Reformation*, 4 Bde., Leipzig 1906~11 (Nachdruck Nieuwkoop 1967).

Concilium Tridentinum. Diarium, actorum epistularum, tractatuum nova collectio, Bd. 1ff., Freiburg/Breisgau 1901ff. [=*CT*].

Corpus Catholicorum, Bd. 1ff., Münster 1919ff.

Corpus Reformatorum [Werke Melanchthons, Zwinglis, Calvins], Berlin 1834ff. [=CR]

Heinrich Denzinger, *Enchiridion symbolorum definitionum et declarationum de rebus fidei et morum. Kompendium der Glaubensbekenntnisse und kirchlichen Lehrentscheidungen*, verbessert, erweitert und ins Deutsche übertragen von Peter Hünermann, Freiburg/Breisgau u. a. ^{41}2007 [=DH].

Deutsche Reichstagsakten. Jüngere Reihe, Bd. 1ff., München u. a. 1893ff. [=*DRTA.JR*].

Emil Egli (Hg.), *Actensammlung zur Geschichte der Zürcher Reformation in den Jahren 1519~1533*, Zürich 1879 (Nachdruck Aalen 1973).

Ernst Ludwig Enders (Hg.), *Dr. Martin Luther's Breifwechsel*, 17 Bde., Frankfurt/Main und Leipzig 1884~1920.

Erasmus von Rotterdam, *Ausgewählte Schriften*, hg. v. Werner Welzig, Ausgabe in acht Bänden, lateinisch und deutsch, Darmstadt 1968~80.

Peter Fabisch, Erwin Iserloh (Hg.), *Dokumente zur Causa Lutheri (1517~1521)*, 2 Tle., Münster 1988~91.

Heinold Fast (Hg.), *Der linke Flügel der Reformation. Glaubenszeugnisse der Täufer, Spiritualisten, Schwärmer und Antitrinitarier*, Bremen 1962.

Günther Franz (Hg.), *Quellen zur Geschichte des Bauernkrieges*, Darmstadt 1963.

Günther Franz, *Der deutsche Bauernkrieg. Aktenband*, Darmstadt 1968.

Walter Friedensburg, *Urkundenbuch der Universität Wittenberg*, Tl. 1: *(1502~1611)*, Magdeburg 1926.

Klaus Ganzer, Karl Heinz Zur Mühlen (Hg.), *Akten der deutschen Reichsreligionsgespräche im 16. Jahrhundert*, Bd. 1/1ff., Göttingen 2000ff.

Felician Gess (Hg.), *Akten und Briefe zur Kirchenpolitik Herzog Georgs von Sachsen*, 2 Bde., Leipzig und Berlin 1905~17 (Nachdruck Köln und Wien 1985).

Hans Joachim Hillerbrand, *Brennpunkte der Reformation*, Göttingen 1967.

Hanns Hubert Hofmann, *Quellen zum Verfassungsorganismus des Heiligen Römischen Reichs Deutscher Nation 1495~1815*, Darmstadt 1976.

Paul Hohenemser, *Flugschriftensammlung Gustav Freytag. Bibliographie*, Frankfurt/Main 1925 (vollständige Wiedergabe der 6265 Flugschriften aus dem 15. bis 17. Jahrhundert sowie des Katalogs von P. Hohenemser, Stadt- und Universitätsbibliothek Frankfurt/Main, Mikroficheserie, München u. a. 1980~81).

Ulrichi Hutteni equitis Germani Opera, hg. v. Eduard Böcking, 5 Bde., Leipzig 1859~61 (Nachdruck Aalen 1963).

Erwin Iserloh (Hg.), *Katholische Theologen der Reformationszeit*, 5 Bde., Münster 1984~86.

Ruth Kastner (Hg.), *Quellen zur Reformation 1517~1555*, Darmstadt 1994.

Walter Klaassen (Hg.), *Anabaptism in outline. Selected primary sources (1524~1564)*, Kitchener/Ontario 1981.

Alfred Kohler (Hg.), *Quellen zur Geschichte Karls V.*, Darmstadt 1990.

Hans-Joachim Köhler (Hg.), *Flugschriften des späteren 16. Jahrhunderts*, Mikroficheserie, Leiden 1990~2003 [=MF (nach 1530)].

Hans-Joachim Köhler, Hildegard Hebenstreit-Wilfert, Christoph Weismann (Hg.), *Flugschriften des frühen 16. Jahrhunderts,* Mikroficheserie, Zug 1978~88 [=MF]. Walter Köhler (Hg.), *Erasmus von Rotterdam. Briefe*, 3. erw. Aufl. von Andreas Flitner, Bremen 1956 (Nachdruck Darmstadt 1986).

Ulrich Köpf (Hg.), *Deutsche Geschichte in Quellen und Darstellung*, Bd. 3: *Reformationszeit 1495~1555*, Stuttgart 2001.

Adolf Laube u. a. (Hg.), *Flugschriften der Bauernkriegszeit*, Berlin/Ost ^{2}1978.

Adolf Laube u. a. (Hg.), *Flugschriften der frühen Reformationsbewegung (1518~1524),* 2 Bde., Berlin 1983.

Adolf Laube u. a. (Hg.), *Flugschriften vom Bauernkrieg zum Täuferreich (1526~1535),* 2 Bde., Berlin 1992.

Adolf Laube, Ulman Weiß (Hg.), *Flugschriften gegen die Reformation (1518~1524),* Berlin 1997.

Adolf Laube, Ulman Weiß (Hg.), *Flugschriften gegen die Reformation (1525~1530),* 2 Bde., Berlin 2000.

Volker, Leppin (Hg.), *Reformation*, Neukirchen-Vluyn 2005.

Martin Luther, *Werke, Kritische Gesamtausgabe* (Weimarer Ausgabe), Bd. 1ff., Weimar 1883ff. (Nachdruck 2001~07) [=WA].

Dr. Martin Luthers sämmtliche Schriften, hg. v. Johann Georg Walch, 23 Bde., St. Louis/Missouri 1880~1910.

Martin Luther Studienausgabe, 6 Bde., hg. v. Hans-Ulrich Delius, Berlin und Leipzig 1979~99 [=LuStA].

Martin Luther, *Lateinisch-deutsche Studienausgabe*, hg. v. Wilfrid Härle u. a., Bd. 1~3, Leipzig 2006~09.

Albrecht Pius Luttenberger, *Katholische Reform und Konfessionalisierung*, Darmstadt 2006.

Philipp Melanchthon: *Melanchthons Briefwechsel. Kritische und kommentierte Gesamtausgabe*. Im Auftrag der Heidelberger Akademie der Wissenschaften hg. v. Heinz Scheible, Abt. Regesten, Bd. 1ff., Stuttgart-Bad Cannstatt 1977ff. [=*MBW*]; Abt. Texte, Bd. 1ff., Stuttgart-Bad Cannstatt 1991ff. [=*MBW.T*].

Melanchthons Werke in Auswahl, hg. v. Robert Stupperich, 7 Bde., Gütersloh 1951~75, zum Teil in 2. Aufl. 1978~83 [=*MWA*].

Hermann Meuche, Ingeborg Neumeister, *Flugblätter der Reformation und des Bauernkrieges*, Leipzig 1979.

Jürgen Miethke, Lorenz Weinrich (Hg.), *Quellen zur Kirchenreform im Zeitalter der großen Konzilien des 15. Jahrhunderts*, 2 Bde., Darmstadt 1995~2002.

Carl Mirbt (Hg.), *Quellen zur Geschichte des Papsttums und des römischen Katholizismus*, Bd. 1, 6. völlig

neu bearb. Aufl. von Kurt Aland, Tübingen 1967.
Moritz von Sachsen: *Politische Korrespondenz des Herzogs und Kurfürsten Moritz von Sachsen*, Bd. 1ff., Berlin 1900ff.; Leipzig 1978ff. [=*PKMS*]
Ernst Friedrich Karl Müller (Hg.), *Die Bekenntnisschriften der reformierten Kirche*, 2 Bde., Leipzig 1903 (Nachdruck Waltrop 1999).
Nikolaus Müller, *Die Wittenberger Bewegung 1521 und 1522*, Leipzig ^{2}1911.
Nuntiaturberichte aus Deutschland, Abt. 1: *1533~1559*, hg. vom Deutschen Historischen Institut in Rom, 17 Bde., 2 Erg.-Bde., Berlin bzw. Gotha 1892ff. (Nachdruck Frankfurt/Main 1968).
Heiko A. Oberman (Hg.), *Die Kirche im Zeitalter der Reformation*, Neukirchen-Vluyn ^{4}1994.
Andreas Osiander d.Ä., *Gesamtausgabe*, hg. v. Gerhard Müller und Gottfried Seebaß, 10 Bde., Gütersloh 1975~97.
Irmgard Pahl (Hg.), *Die Abendmahlsliturgie der Reformationskirchen im 16./17. Jahrhundert*, Freiburg/Schweiz 1983.
Georg Pfeilschifter (Hg.), *Acta Reformationis Catholicae ecclesiam Germaniae concernentia saec. XVI. Die Reformverhandlungen des deutschen Episkopats von 1520~1570*, 6 Bde., Regensburg 1959~74.
Detlef Plöse, Günter Vogler (Hg.), *Buch der Reformation. Eine Auswahl zeitgenössischer Zeugnisse (1476~1555)*, Berlin 1989.
Quellen zur Geschichte der (Wieder-)Täufer, Bd. 1ff., Leipzig und Gütersloh 1930ff.
Quellen zur Geschichte der Täufer in der Schweiz, Bd. 1ff., Zürich 1952ff.
Reformierte Bekenntnisschriften, hg. im Auftrag der Evangelischen Kirche in Deutschland von Heiner Faulenbach und Eberhard Busch, Bd. 1/1ff., Neukirchen-Vluyn 2002ff.
Bernd Roeck (Hg.), *Deutsche Geschichte in Quellen und Darstellung, Bd. 4: Gegenreformation und Dreißigjähriger Krieg*, Stuttgart 1996.
Oskar Schade (Hg.), *Satiren und Pasquille aus der Reformationszeit*, 3 Bde., Hannover ^{2}1863 (Nachdruck Hildesheim 1966).
Emil Sehling (Hg.), *Die evangelischen Kirchenordnungen des* XVI. *Jahrhunderts*, Bd. 1ff., Leipzig 1902ff. und Tübingen 1955ff. (zum Teil Nachdruck Aalen 1979ff.) [=*EKO*].
Lazarus Spengler, *Schriften*, hg. v. Berndt Hamm u. a., Bd. 1ff., Gütersloh 1995ff.
Walter L. Strauss, *The German Single-Leaf Woodcut 1500~1550*, 4 Bde., New York 1974.
Walter L. Strauss, *The German Single-Leaf Woodcut 1550~1600*, 3 Bde., New York 1975.
Robert Stupperich (Hg.), *Die Schriften der Münsterischen Täufer und ihrer Gegner*, 3 Tle., Münster 1970~83.
Inge Wiesflecker-Friedhuber (Hg.), *Quellen zur Geschichte Maximilians I. und seiner Zeit*, Darmstadt 1996.
George Huntston Williams, Angel M. Mergal (Hg.), *Spiritual and anabaptist writers*, London 1957.
Karl Zeumer, *Quellensammlung zur Geschichte der deutschen Reichsverfassung in Mittelalter und Neuzeit*, 2 Tle., Tübingen ^{2}1913.
Huldrych Zwingli, *Schriften*. Im Auftrag des Zwinglivereins hg. v. Thomas Brunnschweiler und Samuel Lutz, 4 Bde., Zürich 1995.

편람 및 개론서

Carl Andresen, Adlof Martin Ritter (Hg.), *Handbuch der Dogmen- und Theologiegeschichte*, Bd. 2, Göttingen ^{2}1998.

Peter Blickle, *Die Reformation im Reich*, Stuttgart ^{3}2000 (zuerst 1982).

Thomas A. Brady, *Zwischen Gott und Mammon. Protestantische Politik und deutsche Reformation*, Berlin 1996.

Thomas A. Brady, *Communities, Politics, and Reformation in Early Modern Europe*, Leiden, Boston und Köln 1998.

Thomas A. Brady, Heiko A. Oberman, James D. Tracy (Hg.), *Handbook of European History 1400~1600*, 2 Bde., Leiden u. a. 1994~95.

Johannes Burkhardt, *Das Reformationsjahrhundert. Deutsche Geschichte zwischen Medienrevolution und Institutionenbildung 1517~1617*, Stuttgart 2002.

Euan Cameron, *The European Reformation*, Oxford 1991.

Pierre Chaunu, *Le temps des Réformes. Histoire religieuse et système de civilisation*, Paris 1975.

Pierre Chaunu, Église, culture et société 1517~1620. Essais sur Réforme et Contre-Réforme, Paris 1982.

Scott C. Dixon, *The Reformation in Germany*, Oxford 2002.

Geoffrey R. Elton, *Europa im Zeitalter der Reformation 1517~1559*, München ^{2}1982 (zuerst 1971, engl. Original 1963).

Hans-Jürgen Goertz, *Deutschland 1500~1648. Eine zertrennte Welt*, Paderborn 2004.

Mark Greengrass, *The European Reformation, c. 1500~1618*, London und New York 1998.

Kaspar von Greyerz, *Religion und Kultur. Europa 1500~1800*, Göttingen 2000.

Wolf-Dieter Hauschild, *Lehrbuch der Kirchen- und Dogmengeschichte*, Bd. 2: *Reformation und Neuzeit*, Gütersloh 1999.

Martin Heckel, *Deutschland im konfessionellen Zeitalter*, Göttingen ^{2}2001 (zuerst 1983).

Scott H. Hendrix, *Recultivating the Vineyard. The Reformation Agendas of Christianization*, Louisville und London 2004.

Hans Joachim Hillerbrand, *The Division of Christendem. Christianity in the sixteenth Century*, Louisville und London 2007.

Ronnie Po-chia Hsia (Hg.), *The Cambridge History of Christianity*, Bd. 6: *Reform and Expansion 1500~1660*, Cambridge 2007.

Illustrierte Geschichte der deutschen frühbürgerlichen Revolution, Berlin ^{2}1982 (zuerst 1974).

Erwin Iserloh, *Geschichte und Theologie der Reformation im Grundriß*, Paderborn ^{3}1985 (zuerst 1980).

Paul Joachimsen, *Die Reformation als Epoche der deutschen Geschichte*. In vollständiger Fassung erstmals aus dem Nachlaß hg. v. Otto Schottenloher, München 1951 (Nachdruck Aalen 1971).

Thomas Kaufmann, Raymund Kottje (Hg.), Ökumenische Kirchengeschichte, Bd. 2: *Vom Hochmittelalter bis zur frühen Neuzeit*, Darmstadt 2008.

Harm Klueting, *Das Konfessionelle Zeitalter 1525~1648*, Stuttgart 1989.

Harm Klueting, *Das Konfessionelle Zeitalter. Europa zwischen Mittelalter und Moderne. Kirchengeschichte und Allgemeine Geschichte*, Darmstadt 2007.

Franz Lau, Ernst Bizer, *Reformationsgeschichte Deutschlands bis 1555*, Göttingen 1964.

Nicole Lemaître, *L'Europe et les Réformes au XVI siècle*, Paris 2008.

Joseph Lortz, *Die Reformation in Deutschland*, 2 Bde., Freiburg/Breisgau 1939~40; ^{6}1982.

Heinrich Lutz, *Das Ringen um deutsche Einheit und kirchliche Erneuerung. Von Maximilian I. bis zum Westfälischen Frieden. 1490 bis 1648*, Frankfurt/Main 1983 (Studienausgabe 1987).

Heinrich Lutz, *Reformation und Gegenreformation*, München ^{4}1997 (zuerst 1979).

Diarmaid MacCulloch, *The Reformation*, New York und London 2004; dt.: *Die Reformation 1490~1700*, München 2008.

Martin Luther und die Reformation in Deutschland. Ausstellung zum 500. Geburtstag Martin Luthers, Frankfurt/Main 1983.

Bernd Moeller, *Deutschland im Zeitalter der Reformation*, Göttingen ^{4}1999 (zuerst 1977).

Olaf Mörke, *Die Reformation. Voraussetzungen und Durchsetzung*, München 2005.

Steven E. Ozment, *The Age of Reform 1250~1550. An Intellectual and Religious History of Late Medieval and Reformation Europe*, New Haven und London 1980.

Andrew Pettegree (Hg.), *The Reformation World*, London 2000.

Horst Rabe, *Deutsche Geschichte 1500~1600. Das Jahrhundert der Glaubensspaltung*, München 1991.

Leopold von Ranke, *Deutsche Geschichte im Zeitalter der Reformation*, 5 Bde., München und Leipzig 1924.

Francis Rapp, *Christentum*, Bd. 4: *Zwischen Mittelalter und Neuzeit (1378~1552)*, Stuttgart 2006.

Wolfgang Reinhard, *Probleme deutscher Geschichte 1495~1806. Reichsreform und Reformation 1495~1555*, in: Bruno Gebhardt, *Handbuch der deutschen Geschichte*, 10. völlig neu bearb. Aufl., Stuttgart 2001, S. 111~356.

Ulinka Rublack, *Die Reformation in Europa*, Frankfurt/Main 2003.

Heinz Schilling, *Aufbruch und Krise. Deutschland 1517~1648*, Berlin 1988 (Sonderausgabe 1994).

Heinz Schilling, *Die neue Zeit. Vom Christenheitseuropa zum Europa der Staaten. 1250 bis 1750*, Berlin 1999.

Anton Schindling, Walter Ziegler (Hg.), *Die Territorien des Reichs im Zeitalter der Reformation und der Konfessionalisierung. Land und Konfession 1500~1650*, 7 Bde., Münster 1989~97.

Helga Schnabel-Schüle, *Die Reformation 1495~1555*, Stuttgart 2006.

Luise Schorn-Schütte, *Die Reformation. Vorgeschichte-Verlauf-Wirkung*, München ^{3}2002 (zuerst 1996).

Winfried Schulze, *Deutsche Geschichte im 16. Jahrhundert*, Frankfurt/Main 1987 (Nachdruck Darmstadt 1997).

Robert W. Scribner, *The German Reformation*, Basingstoke 1986.

Gottfried Seebaß, *Geschichte des Christentums*, Bd. 3: *Spätmittelalter-Reformation-Konfessionalisierung*, Stuttgart 2006.

Stephan Skalweit, *Reich und Reformation*, Berlin 1967.

Robert Stupperich, *Die Reformation in Deutschland*, Gütersloh ^{2}1980 (zuerst 1972).

Marc Venard (Hg.), *Die Zeit der Konfessionen (1530~1620/30)*. Deutsche Ausgabe bearb. und hg. v. Heribert Smolinsky, Die Geschichte des Christentums Bd. 8, Freiburg/Breisgau u. a. 1992.

Marc Venard (Hg.), *Von der Reform zur Reformation (1450~1530)*. Deutsche Ausgabe bearb. und hg. v. Heribert Smolinsky, Die Geschichte des Christentums Bd. 7, Freiburg/Breisgau u. a. 1995.

Günter Vogler, *Europas Aufbruch in die Neuzeit 1550~1650*, Stuttgart 2003.

Rainer Wohlfeil, *Einführung in die Geschichte der deutschen Reformation*, München 1982.

Ernst Walter Zeeden, *Die Entstehung der Konfessionen. Grundlagen und Formen der Konfessionsbildung im Zeitalter der Glaubenskämpfe*, München und Wien 1965.

Karl-Heinz Zur Mühlen, *Reformation und Gegenreformation*, 2 Tle., Göttingen 1999.

세부 문헌

서론

Hartmut Boockmann, *Das 15. Jahrhundert und die Reformation*, in: H. Boockmann, *Wege ins Mittelalter*, hg. v. Dieter Neitzert, Uwe Israel und Ernst Schubert, München 2000, S. 65~80.

Thomas A. Brady, *The Protestant Reformation in German History*, in: German Historical Institute Washington D. C., Occasional Paper No. 22, Washington 1998, S. 9~34.

Thomas A. Brady (Hg.), *Die Deutsche Reformation zwischen Spätmittelalter und Früher Neuzeit*, München 2001.

Thomas A. Brady, *"We have Lost the Reformation"-Heinz Schilling and the Rise of the Confessionalization Thesis*, in: *Wege der Neuzeit* (s. u.), S. 33~56.

Stefan Ehrenpreis, Ute Lotz-Heumann, *Reformation und konfessionelles Zeitalter*, Darmstadt 2002.

Friedrich Wilhelm Graf, Horst Renz (Hg.), *Protestantismus und moderne Welt*, Gütersloh 1984.

Hans R. Guggisberg, Gottfried G. Krodel (Hg.), *Die Reformation in Deutschland und Europa: Interpretationen und Debatten*, Gütersloh 1993.

Berndt Hamm, *Von der spätmittelalterlichen reformatio zur Reformation. Der Prozeß normativer Zentrierung von Religion und Gesellschaft in Deutschland*, in: ARG 84 (1993), S. 7~82.

Berndt Hamm, Michael Welker, *Die Reformation. Potentiale der Freiheit*, Tübingen 2008.

Hubert Jedin, Remigius Bäumer, *Die Erforschung der kirchlichen Reformationsgeschichte*, Darmstadt 1975.

Bernhard Jussen, Craig Koslofsky (Hg.), *Kulturelle Reformation. Sinnformationen im Umbruch: 1400~1600*, Göttingen 1999.

Ruth Kastner (Hg.), *Quellen zur Reformation 1517~1555*, Darmstadt 1994.

Thomas Kaufmann, *Die Konfessionalisierung von Kirche und Gesellschaft. Sammelbericht über eine Forschungsdebatte*, in: Theologische Literaturzeitung 121 (1996), Sp. 1008~25 und 1112~21.

Thomas Kaufmann, *Die Reformation als Epoche?*, in: Verkündigung und Forschung 47 (2002), S. 49~63.

Thomas Kaufmann, *Evangelische Reformationsgeschichtsforschung nach 1945*, in: ZThK 104 (2007), S. 404~54.

Thomas Kaufmann, *Jan Hus und die frühe Reformation*, in: *Biblische Theologie und historisches Denken. Festschrift Rudolf Smend*, hg. v. Martin Keßler und Martin Wallraff, Basel 2008, S. 62~109.

Thomas Kaufmann, *Die deutsche Reformationsforschung seit dem Zweiten Weltkrieg*, in: ARG 100 (2009), S. 9~41.

Bernd Moeller (Hg.), *Die frühe Reformation in Deutschland als Umbruch*, Gütersloh 1998.

Heiko A. Oberman, *Reformation. Epoche oder Episode?*, in: ARG 68 (1977), S. 56~111.

Heiko A. Oberman, *Zwei Reformation. Luther und Calvin. Alte und Neue Welt*, Berlin 2003.

Malte Prietzel, *Das Heilige Römische Reich im Spätmittelalter*, Darmstadt 2004.

Heinz Schilling, *Reformation - Umbruch oder Gipfepunkt eines Temps des Réformes?*, in: ders., *Ausgewählte Abhandlungen zur europäischen Reformations- und Konfessionsgeschichte*, hg. v. Luise Schorn-Schütte und Olaf Mörke, Berlin 2002, S. 11~31.

Michael Scholz, *Residenz Hof und Verwaltung der Erzbischöfe zu Magdeburg in der ersten Hälfte des 16. Jahrhunderts*, Sigmaringen 1998.

Ernst Schubert, *Einführung in die deutsche Geschichte im Spätmittelalter*, Darmstadt [2]1998 (zuerst 1992).

Gottfried Seebaß, Art. *Reformation*, in: *TRE* 28 (1997), S. 386~404.

Gottfried Seebaß, *Die Reformation als Epoche*, in: *Wege der Neuzeit* (s. u.), S. 21~32.

Ferdinand Seibt, Winfried Eberhard (Hg.), *Europa 1500*, Stuttgart 1987.

Stephan Skalweit, *Der Beginn der Neuzeit*, Darmstadt 1982.

Ernst Troeltsch, *Kritische Gesamtausgabe*, Bd. 8: *Schriften zur Bedeutung des Protestantismus für die moderne Welt (1906~1913)*, hg. v. Trutz Rendtorff und Stefan Pautler, Berlin und New York 2001.

Rudolf Vierhaus (Hg.), *Frühe Neuzeit - Frühe Moderne? Forschungen zur Vielschichtigkeit von Übergangsprozessen*, Göttingen 1992.

Anette Völker-Rasor (Hg.), *Frühe Neuzeit*, München 2000.

Wege der Neuzeit. Festschrift für Heinz Schilling zum 65. Geburtstag, hg. v. Stefan Ehrenpreis, Ute Lotz-Heumann, Olaf Mörke und Luise Schorn-Schütte, Berlin 2007.

Eike Wolgast, Art. *Reform, Reformation*, in: *Geschichtliche Grundbegriffe*, Bd. 5, Stuttgart 1984, S. 313~60.

제1부 제1장 종교개혁의 사회적 · 정치적 전제들

Wilhelm Abel, *Massenarmut und Hungerkrisen im vorindustriellen Deutschland*, Göttingen 1982.

Kurt Andermann, Hermann Ehmer (Hg.), *Bevölkerungsstatistik an der Wende vom Mittelalter zur Neuzeit*, Sigmaringen 1990.

Hermann Aubin, Wolfgang Zorn (Hg.), *Handbuch der deutschen Wirtschafts- und Sozialgeschichte*, Bd. 1, Stuttgart 1971.

Jean Baechler, John A. Hall, Michael Mann (Hg.), *Europe and the Rise of Capitalism*, Oxford 1989.

Leonhard Bauer, Herbert Matis, *Geburt der Neuzeit. Vom Feudalsystem zur Marktgesellschaft*, München 1988.

Hartmut Boockmann, Ludger Grenzmann, Bernd Moeller, Martin Staehelin (Hg.), *Recht und Verfassung im Übergang von Mittelalter zur Neuzeit*, 2 Tle., Göttingen 1998~2001.

Fernand Braudel, *Sozialgeschichte des 15.~18. Jahrhunderts*, 3 Bde., München 1985 (Studienausgabe 1990) (frz. Original 1967).

Wilfried Ehbrecht (Hg.), *Städtische Führungsgruppen und Gemeinde in der werdenden Neuzeit*, Köln und Wien 1980.

Wilfried Ehbrecht, *Konsens und Konflikt. Skizzen und Überlegungen zur älteren Verfassungsgeschichte deutscher Städte*, hg. v. Peter Johanek, Köln, Weimar und Wien 2001.

Richard Ehrenberg, *Das Zeitalter der Fugger. Geldkapital und Kreditverkehr im 16. Jahrhundert*, 2 Bde., Jena 1922.

Rudolf Endres, *Adel in der Ffühen Neuzeit*, München 1993.

Franz-Reiner Erkens (Hg.), *Europa und die osmanische Expansion im ausgehenden Mittelalter*, Berlin 1997.

Peter Fabisch, Erwin Iserloh (Hg.), *Dokumente zur Causa Lutheri (1517~1521)*, 2 Tle., Münster 1988~91.

Axel Gotthard, *Säulen des Reiches. Die Kurfürsten im frühneuzeitlichen Reichsverband*, 2 Bde., Husum 1999.

Kaspar von Greyerz (Hg.), *Religion and Society in Early Modern Europe, 1500~1800*, London 1984.

Bodo Guthmüller, Wilhelm Kühlmann (Hg.), *Europa und die Türken in der Renaissance*, Tübingen 2000.

Mark Häberlein, *Die Fugger. Geschichte einer Augsburger Familie (1367~1650)*, Stuttgart 2006.

Heiliges Römisches Reich deutscher Nation 962 bis 1806. Altes Reich und neue Staaten 1495 bis 1806. 29. Ausstellung des Europarates in Berlin und Magdeburg. Katalog hg. v. Hans Ottomeyer, Jutta Götzmann und Ansgar Reiss, Dresden 2006; Essays hg. v. Heinz Schilling, Werner Heun und Jutta Götzmann, Dresden 2006.

Claudia Helm u. a. (Hg.), *1495. Kaiser—Reich—Reformen. Der Reichstag zu Worms*, Koblenz 1995.

Wolfgang von Hippel, *Armut, Unterschichten, Randgruppen in der Frühen Neuzeit*, München 1995.

Eberhard Isenmann, *Die deutsche Stadt im Spätmittelalter*, Stuttgart 1988.

Peter Johanek, Heinz Stoob (Hg.), *Europäische Messen und Märktesysteme in Mittelalter und Neuzeit*, Köln u. a. 1995.

Peter Kriedte, *Spätfeudalismus und Handelskapital. Grundlinien der europäischen Wirtschaftsgeschichte vom 16. bis zum Ausgang des 18. Jahrhunderts*, Göttingen 1980.

Adolf Laube, *Studien zum erzgebirgischen Silberbergbau von 1470~1546*, Berlin 1974.

Franz Mathis, *Die deutsche Wirtschaft im 16. Jahrhundert*, München 1992.

Erich Meuthen, *Das 15. Jahrhundert*, München ^{4}2006.

Wolfgang J. Mommsen (Hg.), *Stadtbürgertum und Adel in der Reformation*, Stuttgart 1979.

Peter Moraw, *Von offener Verfassung zu gestalteter Verdichtung. Das Reich im späten Mittelalter 1250~1450*, Berlin 1985.

Helmut Neuhaus, *Das Reich in der Frühen Neuzeit*, München ^{3}2003 (zuerst 1997).

Michael North, *Kommunikation, Handel, Geld und Banken in der Frühen Neuzeit*, München 2000.

Gerhard Oestreich, *Geist und Gestalt des frühmodernen Staates*, Berlin 1969.

Sheilagh Ogilvic, Robert W. Scribner (Hg.), *Germany. A Social and Economic History, 1450~1630*, London 1996.

Christian Pfister, *Bevölkerungsgeschichte und historische Demographie: 1500~1800*, München ^{2}2007 (zuerst 1994).

Götz Freiherr von Pölnitz, *Die Fugger*, Frankfurt/Main ^{6}1999 (zuerst Frankfurt/Main 1960).

Götz Freiherr von Pölnitz, *Jakob Fugger. Kaiser, Kirche und Kapital in der oberdeutschen Renaissance*, Tübingen 1949.

Wilfried Reininghaus, *Gewerbe in der Frühen Neuzeit*, München 1990.

Edwin E. Rich, C. H. Wilson (Hg.), *The Economy of Expanding Europe in the Sixteenth and Seventeenth Centuries*, Cambridge 1962 (Nachdruck 1980).

Heinz Schilling, *Die Stadt in der Frühen Neuzeit*, München 1993.

Peter Schmid, *Der Gemeine Pfennig von 1495*, Göttingen 1989.

Georg Schmidt, *Geschichte des Alten Reiches. Staat und Nation in der Frühen Neuzeit 1495~1806*, München 1999.

Ernst Schubert, *Fürstliche Herrschaft und Territorium im späten Mittelalter*, München 1996.

Ernst Schubert, *Einführung in die deutsche Geschichte im Spätmittelalter*, Darmstadt ^{2}1998 (zuerst 1992).

Aloys Schulte, *Die Fugger in Rom 1495~1523*, 2 Bde., Leipzig 1904.

Knut Schulz (Hg.), *Handwerk in Europa. Vom Spätmittelalter bis zur Frühen Neuzeit*, München 1999.

Barbara Stollberg-Rilinger, *Das Heilige Römische Reich deutscher Nation*, München ^{3}2007 (zuerst 2006).

Barbara Stollberg-Rilinger, *Des Kaisers alte Kleider. Verfassungsgeschichte und Symbolsprache des Alten Reiches*, München 2008.

Rudolf Suntrup, Jan R. Veenstra, *Stadt, Kanzlei und Kultur im Übergang zur frühen Neuzeit*, Frankfurt/Main 2004.

Otto Ulbricht, *Die leidige Seuche. Pest-Fälle in der Frühen Neuzeit*, Köln 2002.

Hermann Wiesflecker, *Kaiser Maximilian I.*, 5 Bde., Wien 1971~86.

제2장 종교개혁의 교회사적 · 경건사적 · 신학사적 전제들

Willy Andreas, *Deutschland vor der Reformation. Eine Zeitenwende*, Stuttgart ^{7}1972 (zuerst 1932).

Arnold Angenendt, *Heilige und Reliquien*, München ^{2}1997 (zuerst 1994).

Arnold Angenendt, *Geschichte der Religiosität im Mittelalter*, Darmstadt ^{3}2005 (zuerst 1997).

Arnold Angenendt, *Grundformen der Frömmigkeit im Mittelalter*, München ^{2}2004 (zuerst 2003).

Helmut Appel, *Anfechtung und Trost im Spätmittelalter und bei Luther*, Leipzig 1938.

Robert J. Bast, Andrew C. Gow (Hg.), *Continuity and Change. The Harvest of Late Medieval and Reformation History. Festschrift Heiko A. Oberman*, Leiden 2000.

Hans-Jürgen Becker, *Die Appellation vom Papst an ein allgemeines Konzil*, Köln und Wien 1988.

Gustav Adolf Benrath, *Reformtheologen des 15. Jahrhunderts*, Gütersloh 1968.

Hartmut Boockmann (Hg.), *Kirche und Gesellschaft im Heiligen Römischen Reich des 15. und 16. Jahrhunderts*, Göttingen 1994.

Hartmut Boockmann, *Der Streit um das Wilsnacker Blut. Zur Situation des deutschen Klerus in der Mitte des 15. Jahrhunderts*, in: ders., *Wege ins Mittelalter*, hg. v. Dieter Neitzert, Uwe Israel und Ernst Schubert, München 2000, S. 17~36.

Irene Crusius (Hg.), *Studien zum weltlichen Kollegiatstift in Deutschland*, Göttingen 1995.

Divina Officia. Liturgie und Frömmigkeit im Mittelalter. Ausstellungskatalog der Herzog-August-Bibliothek Wolfenbüttel und des Dommuseums Hildesheim, Braunschweig 2004.

Angelika Dörfler-Dierken, *Die Verehrung der Heiligen Anna in Spätmittelalter und Früher Neuzeit*, Göttingen 1992.

Eamon Duffy, *The Stripping of the Altars. Traditional Religion in England, c. 1400~c. 1580*, New Haven 1992.

Peter A. Dykema, Heiko A. Oberman (Hg.), *Anticlericalism in Late Medieval and Early Modern Europe*, Leiden u. a. 1993.

Falk Eisermann, *Der Ablaß als Medienereignis. Kommunikationswandel durch Einblattdrucke im 15. Jahrhundert. Mit einer Auswahlbibliographie*, in: *Tradition and Innovation in an Era of Change / Tradition und Innovation im Übergang zur Frühen Neuzeit*, hg. v. Rudolf Suntrup und Jan R. Venstra, Frankfurt/Main 2001, S. 99~128.

Kaspar Elm (Hg.), *Reformbemühungen und Observanzbestrebungen im spätmittelalterlichen Ordenswesen*, Berlin 1989.

Martin Elze, *Das Verständnis der Passion Jesu im ausgehenden Mittelalter und bei Luther*, in: *Geist und Geschichte der Reformation. Festgabe für Hanns Rückert,* hg. v. Heinz Liebing und Klaus Scholder, Berlin 1966, S. 127~51.

Franz-Reiner Erkens, *Buße in Zeiten des Schwarzes Todes*, in: ZHF 26 (1999), S. 483~513.

Wilhelm Ernst, *Gott und Mensch am Vorabend der Reformation*, Leipzig 1972.

Gerhard Faix, *Gabriel Biel und die Brüder vom gemeinsamen Leben*, Tübingen 1999.

Günter Frank, Friedrich Niewöhner (Hg.), *Reformer als Ketzer. Heterodoxe Bewegungen von Vorreformatoren*, Stuttgart-Bad Cannstatt 2004.

František Graus, *Pest—Geissler—Judenmorde. Das 14. Jahrhundert als Krisenzeit*, Göttingen ^{3}1994 (zuerst 1987).

Richard Griffiths (Hg.), *The Bible in the Renaissance. Essays on Biblical Commentary and Translation in the Fifteenth and Sixteenth Centuries*, Aldershot 2001.

Sven Grosse, *Heilsungewißheit und Scrupulositas im späten Mittelalter*, Tübingen 1994.

Kenneth Hagen (Hg.), *Augustine, the Harvest and Theology (1300~1650). Festschrift für Heiko A. Oberman*, Leiden 1990.

Berndt Hamm, *Frömmigkeit als Gegenstand theologischer Forschung*, in: ZThK 74 (1977), S. 464~97.

Berndt Hamm, *Frömmigkeitstheologie am Anfang des 16. Jahrhunderts. Studien zu Johannes Paltz und seinem Umkreis*, Tübingen 1982.

Berndt Hamm, *Normative Zentrierung im 15. und 16. Jahrhundert. Beobachtungen zur Religiosität, Theologie und Ikonologie*, in: ZHF 26 (1999), S. 163~202.

Berndt Hamm, *The Reformation of Faith in the Context of Late Medieval Theology and Piety. Essays*, hg. v. Robert J. Bast, Leiden u. a. 2004.

Berndt Hamm, *Die "Nahe Gnade"—innovative Züge der spätmittelalterlichen Theologie und Frömmigkeit*, in: Jan A. Aertsen, Martin Pickavé (Hg.), *"Herbst des Mittelalters"? Fragen zur Bewertung des 14. und 15. Jahrhunderts*, Berlin und New York 2004, S. 541~57.

Berndt Hamm, Thomas Lentes (Hg.), *Spätmittelalterliche Frömmigkeit zwischen Ideal und Praxis*, Tübingen 2000.

Thomas Hefferman, Thomas E. Burman (Hg.), *Scripture and Pluralism. Reading the Bible in the Religiously Plural Worlds of the Middle Ages and the Renaissance*, Leiden u. a. 2006.

Peter Hilsch, *Johannes Hus. Prediger Gottes und Ketzer*, Regensburg 1999.

Ulrich Hinz, *Die Brüder vom Gemeinsamen Leben im Jahrhundert der Reformation*, Tübingen 1999.

Peter Jezler (Hg.), *Himmel, Hölle, Fegefeuer. Das Jenseits im Mittelalter*, München $^{1-2}$1994.

Thomas Kaufmann, *Vorreformatorische Laienbibel und reformatorisches Evangelium*, in: ZThK 101 (2004),

S. 138~74.

Dietrich Kurze, *Pfarrerwahlen im Mittelalter*, Köln und Graz 1966.

Adolf Laube u. a. (Hg.), *Flugschriften der frühen Reformationsbewegung (1518~1524)*, 2 Bde., Berlin 1983.

Volker Leppin, *Wilhelm von Ockham*, Darmstadt 2003.

Volker Leppin, *Theologie im Mittelalter*, Leipzig 2007.

Gudrun Litz, Heidrun Munzert, Roland Liebenberg (Hg.), *Frömmigkeit - Theologie - Frömmigkeitstheologie. Contributions to European Church History. Festschrift für Berndt Hamm*, Leiden a. u. 2005.

Katherine Jackson Lualdi, Anne T. Thayer (Hg.), *Penitence in the Age of Reformations*, Aldershot 2000.

Eckhart Conrad Lutz, Ernst Tremp (Hg.), *Pfaffen und Laien - ein mittelalterlicher Antagonismus?*, Freiburg/Schweiz 1999.

Erich Meuthen (Hg.), *Reichstage und Kirche*, Göttingen 1991.

Andreas Meyer, *Arme Kleriker auf Pfründensuche*, Köln u. a. 1990.

Jürgen Miethke, *De potestate papae. Die päpstliche Amtskompetenz im Widerstreit der politischen Theorie von Thomas von Aquin bis Wilhelm von Ockham*, Tübingen 2000. (Studienausgabe unter dem Titel: *Politiktheorie im Mittelalter. Von Thomas von Aquin bis Wilhelm von Ockham*, Tübingen 2008).

Bernd Moeller, *Die Reformation und das Mittelalter*, hg. v. Johannes Schilling, Göttingen 1991.

Heinrich L. Nickel (Hg.), *Das Hallesche Heiltumsbuch von 1520*, Halle/Saale 2001.

Heiko A. Oberman, *Spätscholastik und Reformation*, Bd. 1: *Der Herbst der mittelalterlichen Theologie*, Zürich 1965.

Heiko A. Oberman, *Theologie des späten Mittelalters*, in: Theologische Literaturzeitung 91 (1966), Sp. 401~16.

Heiko A. Oberman (Hg.), *Via Augustini. Augustine in the Later Middle Ages, Renaissance and Reformation*, Leiden u. a. 1991.

Heiko A. Oberman, Charles Trinkaus (Hg.), *The Pursuit of Holiness in Late Medieval and Renaissance Religion*, Leiden 1974.

Henrik Otto, *Vor- und frühreformatorische Taulerrezeption*, Gütersloh 2003.

Nikolaus Paulus, *Geschichte des Ablasses am Ausgang des Mittelalters*, Darmstadt ^{2}2000 (zuerst 1923).

Franz Posset, *The Front-Runner of the Catholic Reformation. The Life and Works of Johann von Staupitz*, Aldershot 2003.

Paolo Prodi, *The papal Prince. One body and two souls. The papal monarchy in early modern Europe*, Cambridge 1987.

Arnd Reitemeier, *Pfarrkirchen in der Stadt des späten Mittelalters. Politik, Wirtschaft und Verwaltung*, Stuttgart 2005.

Eric L. Saak, *High Way to Heaven. The Augustinian Platform Between Reform and Reformation, 1292~1524*, Leiden 2002.

Eva Schlotheuber, *Klostereintritt und Bildung*, Tübingen 2004.

Eva Schlotheuber, Helmut Flaschenecker, Ingrid Gardill (Hg.), *Nonnen, Kanonissen und Mystikerinnen. Religiöse Frauengemeinschaften in Süddeutschland*, Göttingen 2008.

Ludwig Schmugge, *Kirche, Kinder, Karrieren. Päpstliche Dispense von der unehelichen Geburt im*

Spätmittelalter, Zürich und München 1995.

Klaus Schreiner (Hg.), *Laienfrömmigkeit im späten Mittelalter*, München 1992.

Klaus Schreiner, *Maria. Jungfrau, Mutter, Herrscherin*, München 1996.

Manfred Schulze, *Fürsten und Reformation. Geistliche Reformpolitik weltlicher Fürsten vor der Reformation*, Tübingen 1991.

Hermann Schüssler, *Der Primat der Heiligen Schrift als theologisches und kanonistisches Problem im Spätmittelalter*, Wiesbaden 1977.

Reinhard Schwarz, *Die spätmittelalterliche Vorstellung vom richtenden Christus - ein Ausdruck religiöser Mentalität*, in: Geschichte in Wissenschaft und Unterricht 32 (1981), S. 526~53.

Petra Seegets, *Passionstheologie und Passionsfrömmigkeit im ausgehenden Mittelalter*, Tübingen 1998.

Ferdinand Seibt (Hg.), *Jan Hus. Zwischen Zeiten, Völkern, Konfessionen*, München 1997.

Wolfram Setz, *Lorenz Vallas Schrift gegen die konstantinische Schenkung*, Tübingen 1975.

Jörn Sieglerschmidt, *Territorialstaat und Kirchenregiment. Studien zur Rechtsdogmatik des Kirchenpatronatsrechts im 15. und 16. Jahrhundert*, Köln und Wien 1987.

Gabriela Signori, *Das spätmittelalterliche Gnadenbild. Eine nachtridentinische invention of tradition?*, in: *Rahmen-Diskurse. Kultbilder im konfessionellen Zeitalter*, hg. v. David Ganz und Georg Henkel, Berlin 2004, S. 302~29.

František Šmahel (Hg.), *Häresie und vorzeitige Reformation im Spätmittelalter*, München 1998.

Dieter Stievermann, *Landesherrschaft und Klosterwesen im spätmittelalterlichen Württemberg*, Sigmaringen 1989.

Robert N. Swanson (Hg.), *Promissory Notes on the Treasury of Merits. Indulgences in Late Medieval Europe*, Leiden und Boston 2006.

Andreas Tacke, *Der Katholische Cranach. Zu zwei Großaufträgen von Lucas Cranach d. Ä., Simon Franck und der Cranach-Werkstatt (1520~1540)*, Mainz 2002.

Götz-Rüdiger Tewes, *Die römische Kurie und die europäischen Länder am Vorabend der Reformation*, Tübingen 2001.

Götz-Rüdiger Tewes, *Deutsches Geld und römische Kurie. Zur Problematik eines gefühlten Leides*, in: *Kurie und Region. Festschrift für Brigide Schwarz zum 65. Geburtstag*, hg. v. Brigitte Flug, Michael Matheus und Andreas Rehberg, Stuttgart 2005, S. 209~39.

Götz-Rüdiger Tewes, Michael Rohlmann (Hg.), *Der Medici-Papst Leo X. und Frankreich*, Tübingen 2002.

Anne T. Thayer, *Penitence, Preaching and the Coming of the Reformation*, Aldershot 2002.

Winfried Trusen, *Rechtliche Grundlagen des Häresiebegriffs und des Ketzerverfahrens, in: Ketzerverfolgung im 16. und frühen 17. Jahrhundert*, hg. v. Silvana Seidel-Menchi, Wiesbaden 1992, S. 1~20.

André Vauchez, *Gottes vergessenes Volk. Laien im Mittelalter*, Freiburg/Breisgau u. a. 1993.

Susanne Wegmann, *Auf dem Weg zum Himmel. Das Fegefeuer in der deutschen Kunst des Mittelalters*, Köln, Weimar und Wien 2003.

Ralph Weinbrenner, *Klosterreform im 15. Jahrhundert zwischen Ideal und Praxis*, Tübingen 1996.

Wilhelm Ernst Winterhager, *Ablaßkritik als Indikator historischen Wandels vor 1517. Ein Beitrag zu Voraussetzungen und Einordnung der Reformation*, in: ARG 90 (1999), S. 6~71.

Charles Zika, *Hosts, Processions and Pilgrimages. Controlling the Sacred in Fifteenth-Century Germany*, in:

Past and Present 118 (1988), S. 25~64.

Gunter Zimmermann, *Spätmittelalterliche Frömmigkeit in Deutschland. Eine sozialgeschichtliche Nachbetrachtung*, in: ZHF 13 (1986), S. 65~81.

제3장 종교개혁의 문화사적 · 교육사적 · 커뮤니케이션사적 전제들

Cornelis Augustijn, *Erasmus von Rotterdam. Leben, Werk, Wirkung*, München 1986.

Cornelis Augustijn, *Erasmus. Der Humanist als Theologe und Kirchenreformer*, Leiden u. a. 1996.

Cornelis Augustijn, *Humanismus*, Göttingen 2003.

Peter Baumgart, Notker Hammerstein (Hg.), *Beiträge zu Problemen deutscher Universitätsgründungen des 15. Jahrhunderts*, Nendeln 1978.

Michael Baxandall, *Die Kunst der Bildschnitzer. Tilman Riemenschneider, Veit Stoss und ihre Zeitgenossen*, München [4]2004 (zuerst 1984; engl. Original 1980).

Wolfgang Behringer, Bernd Roeck (Hg.), *Das Bild der Stadt in der Neuzeit 1400~1800*, München 1999.

Hans Belting, *Bild und Kult. Eine Geschichte des Bildes vor dem Zeitalter der Kunst*, München [6]2004 (zuerst 1990).

Hartmut Boockmann, *Die Stadt im späten Mittelalter*, München [3]1994 (zuerst 1986).

Hartmut Boockmann, *Wissen und Widerstand. Geschichte der deutschen Universität*, Berlin 1999.

Hartmut Boockmann, Ludger Grenzmann, Bernd Moeller, Martin Staehelin (Hg.), *Literatur, Musik und Kunst im Übergang vom Mittelalter zur Neuzeit*, Göttingen 1995.

Hartmut Boockmann, Bernd Moeller, Karl Stackmann (Hg.), *Lebenslehren und Weltentwürfe im Übergang vom Mittelalter zur Neuzeit. Politik—Bildung—Naturkunde—Theologie*, Göttingen 1989.

Bodo Brinkmann (Hg.), *Cranach der Ältere. Katalog der Ausstellung*, Ostfildern 2007.

Enno Bünz (Hg.), *Bücher, Drucker, Bibliotheken in Mitteldeutschland. Neue Forschungen zur Kommunikations- und Mediengeschichte um 1500*, Leipzig 2006.

Peter Burke, *Die europäische Renaissance. Zentren und Peripherien*, München 1998 (Neuausgabe München 2005; engl. Original 1998).

Ernst Cassirer, *Individuum und Kosmos in der Philosophie der Renaissance*, Darmstadt [5]1977 (zuerst 1927).

Gerd Dicke, Klaus Grubmüller (Hg.), *Die Gleichzeitigkeit von Handschrift und Buchdruck*, Wiesbaden 2003.

Irene Dingel, Günther Wartenberg (Hg.), *Die Theologische Fakultät Wittenberg 1502 bis 1602*, Leipzig 2002.

Richard van Dülmen, Sina Rauschenbach (Hg.), *Macht des Wissens. Die Entstehung der modernen Wissensgesellschaft*, Köln, Weimar und Wien 2004.

Willehad Paul Eckert, *Erasmus von Rotterdam. Werk und Wirkung*, 2 Bde., Köln 1967.

Elisabeth Eisenstein, *Die Druckerpresse. Kulturrevolutionen im frühen modernen Europa*, Wien und New York 1997.

Werner Faulstich, *Medien zwischen Herrschaft und Revolte. Die Medienkultur in der frühen Neuzeit (1400~1700)*, Die Geschichte der Medien Bd. 3, Göttingen 1998.

Johannes Fried (Hg.), *Schulen und Studium im sozialen Wandel des hohen und späten Mittelalters*, Sigmaringen 1986.

Johannes Fried, *Aufstieg aus dem Untergang. Apokalyptisches Denken und die Entstehung der modernen Naturwissenschaft im Mittelalter*, München 2001.

Michael Giesecke, *Der Buchdruck in der frühen Neuzeit*, Frankfurt/Main 1994.

Ludger Grenzmann, Klaus Grubmüller, Fidel Rädle, Martin Staehelin (Hg.), *Die Präsenz der Antike im Übergang vom Mittelalter zur Frühen Neuzeit*, Göttingen 2004.

Ludger Grenzmann, Thomas Haye, Nikolaus Henkel, Thomas Kaufmann (Hg.), *Wechselseitige Wahrnehmung der Religionen im Spätmittelalter und in der Frühen Neuzeit. I. Konzeptionelle Grundfragen und Fallstudien (Heiden, Barbaren, Juden)*, Berlin, New York 2009.

Ludger Grenzmann, Karl Stackmann (Hg.), *Literatur und Laienbildung im Spätmittelalter und in der Reformationszeit*, Stuttgart 1984.

Klaus Grubmüller (Hg.), *Schulliteratur im späten Mittelalter*, München 2000.

Gutenberg. aventur und kunst. Vom Geheimunternehmen zur ersten Medienrevolution. Katalog zur Ausstellung der Stadt Mainz, Mainz 2000.

Bodo Guthmüller (Hg.), *Latein und Nationalsprachen in der Renaissance*, Wiesbaden 1998.

Bodo Guthmüller, Wolfgang G. Müller (Hg.), *Dialog und Gesprächskultur in der Renaissance*, Wiesbaden 2004.

Léon-E. Halkin, *Erasmus von Rotterdam. Eine Biographie*, Zürich 1989 (frz. Original 1987).

Notker Hammerstein (Hg.), *Handbuch der deutschen Bildungsgeschichte, Bd. 1: 15.~17. Jahrhundert. Von der Renaissance und der Reformation bis zum Ende der Glaubenskämpfe*, München 1996.

Notker Hammerstein, *Bildung und Wissenschaft vom 15. bis 17. Jahrhundert*, München 2003.

Arno Herzig, Julius H. Schoeps (Hg), *Reuchlin und die Juden*, Sigmaringen 1998.

Daniel Hess (Hg), *Mit Milchbrei und Rute. Familie, Schule und Bildung in der Reformationszeit*, Nürnberg 2005.

Werner Hofmann (Hg.), *Luther und die Folgen für die Kunst*, München 1983.

Heinz Holeczek, *Erasmus Deutsch. Die volkssprachliche Rezeption des Erasmus von Rotterdam in der reformatorischen Öffentlichkeit 1519~1536*, Bd. 1, Stuttgart-Bad Cannstatt 1983.

Gerlinde Huber-Rebenich, Walther Ludwig (Hg.), *Humanismus in Erfurt*, Rudolstadt und Jena 2002.

Humanismus in Europa, hg. v der Stiftung "Humanismus heute" des Landes Baden-Württemberg, Heidelberg 1998.

Stephanie Irrgang, *Peregrinatio academica. Wanderungen und Karrieren von Gelehrten der Universitäten Rostock, Greifswald, Trier und Mainz im 15. Jahrhundert*, Stuttgart 2002.

Martin Kintzinger, *Wissen wird Macht. Bildung im Mittelalter*, Ostfildern 2003.

James M. Kittelson, Pamela J. Transue (Hg.), *Rebirth, Reform, Resilience. Universities in Transition 1300~1700*, Columbus 1984.

Erich Kleineidam, *Universitas Studii Erffordensis*, Tl. 2: *Spätscholastik, Humanismus und Reformation 1461~1521*, Leipzig ^{2}1992 (zuerst 1969).

Thomas Kock, Rita Schlusemann (Hg.), *Laienlektüre und Buchmarkt im späten Mittelalter*, Frankfurt/Main 1997.

Ulrich Köpf, *Bemerkungen zur theologiegeschichtlichen Einordnung des spätmittelalterlichen Humanismus*, in: *Dona Melanchthoniana. Festschrift Heinz Scheible*, hg. v. Johanna Loehr, Stuttgart-Bad Cannstatt 2001, S. 247~66.

Paul Oskar Kristeller, *Humanismus und Renaissance*, 2 Bde., München 1973~75 (Nachdruck München o. J.).

Friedhelm Krüger, *Humanistische Evangelienauslegung. Desiderius Erasmus von Rotterdam als Ausleger der Evangelien und seiner Paraphrasen*, Tübingen 1986.

Hans-Jörg Künast, *"Getruckt zur Augspurg". Buchdruck und Buchhandel zwischen 1468 und 1555*, Tübingen 1997.

Kunst der Reformationszeit. Eine Einführung mit erläuternden Bildkommentaren an ausgewählten Beispielen aus den Sammlungen der Staatlichen Museen zu Berlin 〈...〉, Berlin 1983.

Adolf Laube, Max Steinmetz, Günter Vogler (Autorenkollektiv), *Illustrierte Geschichte der deutschen frühbürgerlichen Revolution*, Berlin/Ost 1982.

Jacques Le Goff, *Die Intellektuellen im Mittelalter*, München 1993 (frz. Original 1957).

Max Liedtke (Hg.), *Handbuch der Geschichte des Bayerischen Bildungswesens*, 4 Bde., Bad Heilbrunn 1991~97.

Erich Meuthen, *Die alte Universität*, Kölner Universitätsgeschichte Bd. 1, Köln und Wien 1988.

Bernd Moeller, Hans Patze, Karl Stackmann (Hg.), *Studien zum städtischen Bildungswesen des späten Mittelalters und der frühen Neuzeit*, Göttingen 1983.

Harald Müller, *Habitus und Habit. Mönche und Humanisten im Dialog*, Tübingen 2006.

Rainer A. Müller, *Geschichte der Universität. Von der mittelalterlichen Universitas zur deutschen Hochschule*, München 1990.

Uwe Neddermeyer, *Von der Handschrift zum gedruckten Buch. Schriftlichkeit und Leseinteressen im Mittelalter und in der frühen Neuzeit*, Wiesbaden 1998.

Heiko A. Oberman, Thomas A. Brady (Hg.), *Itinerarium Italicum. The Profile of the Italian Renaissance in the Mirror of its European Transformations*, Leiden 1975.

Alexander Patschovsky, Horst Rabe (Hg.), *Die Universität in Alteuropa*, Konstanz 1994.

Hans Peterse, *Jacobus Hoogstraeten gegen Johannes Reuchlin*, Mainz 1995.

Dagmar Preising, Ulrike Villwock, Christine Vogt (Hg.), *Albrecht Dürer. Apelles des Schwarz-Weiss.* Ausstellungskatalog, Aachen 2005.

Wolfgang Reinhard (Hg.), *Humanismus im Bildungswesen des 15. und 16. Jahrhunderts*, Weinheim 1984.

Gerhard Ritter, *Die Heidelberger Universität. Ein stück deutscher Geschichte*, Bd. 1: *Das Mittelalter (1386~1508)*, Heidelberg 1936.

Bernd Roeck, *Lebenswelt und Kultur des Bürgertums in der frühen Neuzeit*, München 1991.

Werner Röcke, Marina Münckler (Hg.), *Die Literatur im Übergang vom Mittelalter zur Neuzeit*, München und Wien 2004.

Walter Rüegg (Hg.), *Geschichte der Universität in Europa*, München 1993.

Erika Rummel (Hg.), *Biblical Humanism and Scholasticism in the Age of Erasmus*, Leiden und Boston 2008.

Rudolf Schieffer (Hg.), *Kirche und Bildung vom Mittelalter bis zur Gegenwart*, München 2001.

Paul Gerhard Schmidt (Hg.), *Humanisten. Biographische Profile*, Stuttgart 2000.

Rainer Schoch, Matthias Mende, Anna Scherbaum (Bearb.), *Albrecht Dürer. Das druckgraphische Werk*, 3

Bde., München u. a. 2001~04.
Rainer C. Schwinges, *Deutsche Universitätsbesucher im 14. und 15. Jahrhundert. Studien zur Sozialgeschichte des Alten Reiches*, Stuttgart 1986.
Rainer C. Schwinges (Hg.), *Gelehrte im Reich. Zur Sozial- und Wirkungsgeschichte akademischer Eliten des 14. bis 16. Jahrhunderts*, Berlin 1996.
Silvana Seidel-Menchi, *Erasmus als Ketzer. Reformation und Inquisition im Italian des 16. Jahrhunderts*, Leiden u. a. 1993.
Nadezda Shevchenko, *Eine historische Anthropologie des Buches. Bücher in der preußischen Herzogsfamilie zur Zeit der Reformation*, Göttingen 2007.
Ruth Slenczka, *Lehrhafte Bildtafeln in spätmittelalterlichen Kirchen*, Köln u. a. 1998.
Lewis W. Spitz, *The Religious Renaissance of the German Humanists*, Cambridge/Massachusetts 1963.
Andreas Tacke, *Der katholische Cranach. Zu zwei Großaufträgen von Lucas Cranach d. Ä., Simon Franck und der Cranach-Werkstatt (1520~1540)*, Mainz 1992.
Andreas Tönnesmann, *Die Kunst der Renaissance*, München 2007.
Jörg Traeger, *Renaissance und Religion. Die Kunst des Glaubens im Zeitalter Raphaels*, München 1997.
Charles Trinkaus, *The Scope of Renaissance Humanism*, Ann Arbor 1983.
Johannes Tripps, *Das handelnde Bildwerk in der Gotik*, Berlin 1998.
Peter Walter, *Theologie aus dem Geist der Rhetorik. Zur Schriftauslegung des Erasmus*, Mainz 1991.
Martin Warnke, *Geschichte der deutschen Kunst*, Bd. 2: *Spätmittelalter und Frühe Neuzeit 1400~1750*, München 1999.
Ulman Weiß (Hg.), *Buchwesen in Spätmittelalter und Früher Neuzeit. Festschrift für Helmut Claus*, Tübingen 2008.
Horst Wenzel, *Hören und Sehen, Schrift und Bild. Kultur und Gedächtnis im Mittelalter*, München 1995.
Reinhard Wittmann, *Geschichte des deutschen Buchhandels*, München ²1999 (zuerst 1991).
Franz-Josef Worstbrock (Hg.), *Verfasserlexikon Deutscher Humanismus 1480~1520*, Bd. 1 (bisher drei Lieferungen), Berlin und New York 2005~08.
Charles Zika, *Reuchlin und die okkulte Tradition der Renaissance*, Sigmaringen 1998.
Albert Zimmermann (Hg.), *Die Kölner Universität im Mittelalter*, Berlin und New York 1989.
Hellmut Zschoch, *Klosterreform und monastische Spiritualität im 15. Jahrhundert*, Tübingen 1988.

제4장 루터의 초기 종교적 · 신학적 발전~제2부 제3장 희생자 루터—행위자 루터

Kurt Aland, *Hilfsbuch zum Lutherstudium*. Bearbeitet in Verbindung mit Ernst Otto Reichert und Gerhard Jordan, Witten ⁴1996 (zuerst 1956).
Matthieu Arnold, *La correspondance de Luther. Étude historique, littéraire et théologique*, Mainz 1996.
Irene Backus (Hg.), *The Reception of the Church Fathers in the West*, 2 Bde., Leiden u. a. 1997.
David V. H. Bagchi, *Luther's Earliest Opponents. Catholic Controversialists, 1518~1525*, Minneapolis 1991.
Hermann Barge, *Andreas Bodenstein von Karlstadt*, 2 Bde., Nieuwkoop ²1968 (zuerst Leipzig 1905).
Ulrich Barth, *Die Geburt religiöser Autonomie. Luthers Ablaßthesen 1517*, in: ders., *Aufgeklärter Protestantismus*, Tübingen 2004, S. 53~95.

Karl Bauer, *Luthers Aufruf an den Adel, die Kirche zu reformieren*, in: ARG 32 (1935), S. 167~217.

Remigius Bäumer (Hg.), *Lutherprozeß und Lutherbann. Vorgeschichte, Ergebnis, Nachwirkung*, Münster 1972.

Oswald Bayer, *Promissio. Zur Geschichte der reformatorischen Wende in Luthers Theologie*, Darmstadt ^{2}1989 (zuerst 1970).

Theo Bell, *Divus Bernhardus. Bernhard von Clairvaux in Luthers Schriften*, Mainz 1993.

Josef Benzing, Helmut Claus, *Lutherbibliographie. Verzeichnis der gedruckten Schriften Martin Luthers bis zu dessen Tod*, 2 Bde., Baden-Baden ^{2}1989~94.

Albrecht Beutel, *Im Anfang war das Wort. Studien zu Luthers Sprachverständins*, Tübingen 1991 (unveränderte Studienausgabe Tübingen 2006).

Albrecht Beutel (Hg.), *Luther Handbuch*, Tübingen 2005.

Michael Beyer, Günther Wartenberg (Hg.), *Humanismus und Wittenberger Reformation*, Leipzig 1996.

Ernst Bizer, *Fides ex auditu. Eine Untersuchung über die Gerechtigkeit Gottes durch Martin Luther*, Neukirchen-Vluyn ^{3}1966 (zuerst 1958).

Heinrich Bornkamm, *Thesen und Thesenanschlag Luthers. Geschehen und Bedeutung*, Berlin 1967.

Heinrich Bornkamm, *Iustitia dei in der Scholastik und bei Luther*, in: H. Bornkamm, *Luther. Gestalt und Wirkungen. Gesammelte Aufsätze*, Gütersloh 1975, S. 95~129.

Wilhelm Borth, *Die Luthersache (Causa Lutheri) 1517~1524. Die Anfänge der Reformation als Frage von Politik und Recht*, Lübeck 1970.

Gerhard Bott, Gerhard Ebeling, Bernd Moeller (Hg.), *Luther. Sein Leben in Bildern und Texten*, Frankfurt/Main 1983.

Martin Brecht, *Luther*, 3 Bde., Stuttgart 1981~87.

Martin Brecht, *Ausgewählte Aufsätze*, Bd. 1: *Reformation*, Stuttgart 1995.

Martin Brecht, *Luthers reformatorische Sermone*, in: *Fides et pietas. Festschrift für Martin Brecht zum 70. Geburtstag*, hg. v. Christian Peters und Jürgen Kampmann, Münster 2003, S. 15~32.

Martin Brecht, *Luthers neues Verständnis der Buße und die reformatorische Entdeckung*, in: ZThK 101 (2004), S. 281~91.

Martin Brecht, Christian Peters (Hg.), *Martin Luther. Annotierungen zu der Werken des Hieronymus*, Köln, Weimar und Wien 2000.

Ulrich Bubenheimer, *Consonantia Theologiae et Iurisprudentiae. Andreas Bodenstein von Karlstadt als Theologe und Jurist zwischen Scholastik und Reformation*, Tübingen 1977.

Ulrich Bubenheimer, *Thomas Müntzer. Herkunft und Bildung*, Leiden 1989.

Christoph Bultmann, Volker Leppin, Andreas Lindner (Hg.), *Luther und das monastische Erbe*, Tübingen 2007.

Theodor Dieter, *Der junge Luther und Aristoteles*, Berlin und New York 2001.

Angelika Dörfler-Dierken, *Luther und die heilige Anna. Zum Gelübde von Stotternheim*, in: LuJ 64 (1997), S. 19~46.

Andrea van Dülmen, *Luther-Chronik*, München 1983.

Gerhard Ebeling, *Lutherstudien*, Bd. 1; 2,1~3; 3, Tübingen 1971~85.

Gerhard Ebeling, *Evangelische Evangelienauslegung. Eine Untersuchung zu Luthers Hermeneutik*, Tübingen ^{3}1991 (zuerst 1942).

Gerhard Ebeling, *Luthers Seelsorge an seinen Briefen dargestellt*, Tübingen 1997 (Neudruck 1999).

Lucien Febvre, *Martin Luther*, hg. und neu übersetzt und mit einem Nachwort versehen von Peter Schöttler, Frankfurt/Main $^{1-2}$1996 (frz. Original 1928).

Bernhard A. R. Felmberg, *Die Ablaßtheologie Kardinal Cajetans (1469~1543)*, Leiden u. a. 1998.

Josef Freitag (Hg.), *Luther in Erfurt und die katholische Theologie*, Leipzig 2001.

Stephan Füssel (Hg.), *Ulrich von Hutten 1488~1988*, München 1988.

Ernst Giese, Johannes Schilling (Hg.), *Ulrich von Hutten in seiner Zeit*, Kassel 1988.

Leif Grane, *Contra Gabrielem. Luthers Auseinandersetzung mit Gabriel Biel in der Disputatio contra scholasticam theologiam*, Kopenhagen 1962.

Leif Grane, *Modus loquendi theologicus. Luthers Kampf um die Erneuerung der Theologie (1515~1518)*, Leiden 1975.

Leif Grane, *Martinus noster. Luther in the German Reform Movement 1518~1521*, Mainz 1994.

Leif Grane, Alfred Schindler, Markus Wriedt (Hg.), *Auctoritas Patrum. Contributions on the Reception of the Church Fathers in the 15th and 16th Centuries*, Mainz 1993.

Leif Grane, Alfred Schindler, Markus Wriedt (Hg.), *Auctoritas Patrum II. Neue Beiträge zur Rezeption der Kirchenväter im 15. und 16. Jahrhundert*, Mainz 1998.

Martin Greschat, J. F. Gerhard Goeters (Hg.), *Reformation und Humanismus. Festschrift für Robert Stupperich*, Witten 1969.

Maria Grossmann, *Humanism in Wittenberg 1485~1517*, Nieuwkoop 1975.

Ilonka van Gülpen, *Der deutsche Humanismus und die frühe Reformationspropaganda*, Hildesheim, Zürich und New York 2002.

Berndt Hamm, *Was ist reformatorische Rechtfertigungslehre?*, in: ZThK 83 (1986), S. 1~38.

Berndt Hamm, *Von der Gottesliebe des Mittelalters zum Glauben Luthers. Ein Beitrag zur Bußgeschichte*, in: LuJ 65 (1998), S. 19~52.

Berndt Hamm, Volker Leppin (Hg.), *"Gottes Nähe unmittelbar erfahren". Mystik im Mittelalter und bei Martin Luther*, Tübingen 2007.

Konrad Hammann, *Ecclesia spiritualis. Luthers Kirchenverständnis in den Kontroversen mit Augustin von Alveldt und Ambrosius Catharinus*, Göttingen 1989.

Gerhard Hammer, *Militia Franciscana seu militia Christi. Das neu aufgefundene Protokoll einer Disputation der sächsischen Franziskaner mit Vertretern der Wittenberger Theologischen Fakultät am 3. und 4. Oktober 1519*, in: ARG 69 (1978), S. 51~81; 70 (1979), S. 59~105.

Gerhard Hammer, Karl-Heinz Zur Mühlen (Hg.), *Lutheriana. Zum 500. Geburtstag Martin Luthers von den Mitarbeitern der Weimarer Ausgabe*, Köln und Wien 1984.

Hans-Peter Hasse, *Karlstadt und Tauler*, Gütersloh 1991.

Scott H. Hendrix, *Ecclesia in via. Ecclesiological Developments in the Medieval Psalm Exegesis and the Dictata super Psalterium (1513~1515)*, Tübingen 1974.

Scott H. Hendrix, *Luther and the Papacy*, Philadelphia 1981.

Gerhard Hennig, *Cajetan und Luther. Ein historischer Beitrag zur Begegnung von Thomismus und Reformation*, Stuttgart 1966.

Hajo Holborn, *Ulrich von Hutten*, Göttingen 1968.

Karl Holl, *Gesammelte Aufsätze zur Kirchengeschichte*, Bd. 1: *Luther*, Tübingen ^{7}1948 (zuerst 1921;

Nachdruck Darmstadt 1964).

Irmgard Höss, *Georg Spalatin 1484~1545*, Weimar [2]1989 (zuerst 1984).

Eero Huovinen, *Martin Luthers Lehre vom Kinderglauben*, Mainz 1997.

Erwin Iserloh, *Luther zwischen Reform und Reformation. Der Thesenanschlag fand nicht statt*, Münster [3]1968 (zuerst 1966).

Thorsten Jacobi, *"Christen heißen Freie". Luthers Freiheitsaussagen in den Jahren 1515~1519*, Tübingen 1997.

Denis R. Janz, *Luther on Thomas Aquinas*, Wiesbaden und Stuttgart 1989.

Werner Jetter, *Die Taufe beim jungen Luther*, Tübingen 1954.

Helmar Junghans, *Wittenberg als Lutherstadt*, Berlin [2]1982.

Helmar Junghans, *Der junge Luther und die Humanisten*, Göttingen 1985.

Helmar Junghans, *Spätmittelalter, Luthers Reformation, Kirche in Sachsen. Ausgewählte Aufsätze*, Leipzig 2001.

Paul Kalkoff, *Die Depeschen des Nuntius Aleander vom Wormser Reichstage von 1521*, Halle [2]1897 (zuerst 1886).

Paul Kalkoff, *Huttens Vagantenzeit und Untergang. Der geschichtliche Ulrich von Hutten und seine Umwelt*, Weimar 1925.

Der Kardinal Albrecht von Brandenburg. Renaissancefürst und Mäzen, Bd. 1: *Katalog*, hg. v. Thomas Schauerte, Bd. 2: *Essays*, hg. v. Andreas Tacke, Regensburg 2006.

Thomas Kaufmann, *Bucers Bericht von der Heidelberger Disputation*, in: ARG 82 (1991), S. 147~70.

Thomas Kaufmann, *Capito als heimlicher Propagandist der frühen Wittenberger Theologie*, in: ZKG 103 (1992), S. 81~86.

Thomas Kaufmann, *Martin Luther*, München 2006.

Wilbirgis Klaiber (Hg.), *Katholische Kontroverstheologen und Reformer des 16. Jahrhunderts. Ein Werkverzeichnis*, Münster 1978.

Rosemarie Knape (Hg.), *Martin Luther und der Bergbau im Mansfelder Land*, Eisleben 2000.

Rosemarie Knape (Hg.), *Martin Luther und Eisleben*, Leipzig 2007.

Alfred Kohler, *Karl V. 1500~1558. Eine Biographie*, München [3]2001 (zuerst 1999).

Jens-Martin Kruse, *Universitätstheologie und Kirchenreform. Die Anfänge der Reformation in Wittenberg 1516~1522*, Mainz 2002.

Adalbero Kunzelmann, *Geschichte der deutschen Augustiner-Eremiten*, 7 Bde., Würzburg 1969~76.

Hans-Günter Leder, *Ausgleich mit dem Papst? Luthers Haltung in den Verhandlungen mit Miltitz 1520*, Berlin 1969.

Volker Leppin, *"omnem vitam fidelium penitentiam esse voluit". Zur Aufnahme mystischer Traditionen in Luthers erster Ablaßthese*, in: ARG 93 (2002), S. 7~25.

Walter von Loewenich, *Luthers Theologia crucis*, Bielefeld [6]1982.

Bernhard Lohse, *Der Durchbruch der reformatorischen Erkenntnis bei Luther*, Darmstadt 1968.

Bernhard Lohse, *Der Durchbruch der reformatorischen Erkenntnis bei Luther - neuere Untersuchungen*, Stuttgart 1988.

Bernhard Lohse, *Evangelium in der Geschichte. Studien zu Luther und der Reformation. Zum 60. Geburtstag des Autors*, hg. v. Leif Grane, Bernd Moeller und Otto Hermann Pesch, Göttingen 1988.

Bernhard Lohse, *Luthers Theologie in ihrer historischen Entwicklung und in ihrem systematischen Zusammenhang*, Göttingen 1995.

Bernhard Lohse, *Martin Luther. Eine Einführung in sein Leben und Werk*, München ³1997 (zuerst 1981).

Heiner Lück (Hg.), *Martin Luther und seine Universität*, Köln u. a. 1998.

Ingetraut Ludolphy, *Friedrich der Weise. Kurfürst von Sachsen 1463~1525*, Göttingen 1984.

Birgit Lusch, *Reliquienverehrung als Symbolsystem. Volkskirchliche Praxis und reformatorischer Umbruch: zum Wittenberger Reliquienschatz und zur Transformation des symbolischen Denkens bei Luther*, Münster 2008.

Volker Mantey, *Zwei Schwerter—Zwei Reiche. Martin Luthers Zwei-Reiche-Lehre vor ihrem spämittelalterlichen Hintergrund*, Tübingen 2005.

Wilhelm Maurer, *Der junge Melanchthon zwischen Humanismus und Reformation*, 2 Bde., Göttingen 1967~69 (Nachdruck Göttingen 1996).

Bernd Moeller (Hg.), *Die frühe Reformation in Deutschland als Umbruch*, Gütersloh 1998.

Bernd Moeller, *Luther-Rezeption. Kirchenhistorische Aufsätze zur Reformationsgeschichte*, hg. v. Johannes Schilling, Göttingen 2001.

Bernd Moeller, *Thesenanschläge*, in: Ott, Treu (Hg.), *Faszination Thesenanschlag* (s. u.), S. 9~31.

Bernd Moeller, Karl Stackmann, *Luder—Luther—Eleutherius. Erwägungen zu Luthers Namen*, in: Nachrichten der Akademie der Wissenschaften zu Göttingen, Phil.-hist. Kl. Nr. 7, Göttingen 1981, S. 169~203.

Marcel Nieden, *Organum Deitatis. Die Christologie des Thomas de Vio Cajetan*, Leiden, New York und Köln 1997.

Heiko A. Oberman, *Die Reformation. Von Wittenberg nach Genf*, Göttingen 1986.

Heiko A. Oberman, *Luther. Mensch zwischen Gott und Teufel*, verb. Aufl. Berlin 1987 (zuerst 1981).

Heiko A. Oberman, *Werden und Wertung der Reformation. Vom Wegestreit zum Glaubenskampf*, Tübingen ³1989 (zuerst 1977).

Heiko A. Oberman, *The Impact of the Reformation*, Edinburgh 1994.

Joachim Ott, Martin Treu (Hg.), *Faszination Thesenanschlag—Faktum oder Fiktion*, Leipzig 2008.

Steven E. Ozment, *Homo Spiritualis. A comparative Study of the Anthropology of Johannes Tauler, Jean Gerson and Martin Luther*, Leiden 1969.

Volker Press, Dieter Stievermann (Hg.), *Martin Luther. Probleme seiner Zeit*, Stuttgart 1986.

Siegfried Raeder, *Die Benutzung des masoretischen Textes bei Luther in der Zeit zwischen der ersten und der zweiten Psalmenvorlesung (1515~1518)*, Tübingen 1967.

Fritz Reuter (Hg.), *Der Reichstag von Worms von 1521. Reichspolitik und Luthersache*, Köln ²1981 (zuerst 1971).

Reinhold Rieger, *Von der Freiheit eines Christenmenschen. De libertate christiana*, Tübingen 2007.

Hans-Christoph Rublack, *Neuere Forschungen zum Thesenanschlag Luthers*, in: Historisches Jahrbuch 90 (1970), S. 329~42.

Otto Scheel (Hg.), *Dokumente zu Luthers Entwicklung (bis 1519)*, Tübingen ²1929 (zuerst 1911).

Otto Scheel, *Martin Luther. Vom Katholizismus zur Reformation*, Bd. 1: *Auf der Schule und Universität*, Tübingen ³1921 (zuerst 1916); Bd. 2: *Im Kloster*, Tübingen ⁴1930 (zuerst 1917).

Heinz Scheible, *Melanchthon und die Reformation. Forschungsbeiträge*, hg. v. Gerhard May und Rolf Decot, Mainz 1996.

Heinz Scheible, *Melanchthon. Eine Biographie*, München 1997.

Johannes Schilling, *Passio Doctoris Martini Lutheri. Bibliographie, Texte, Untersuchungen*, Gütersloh 1989.

Lothar Schmelz, Michael Ludscheidt (Hg.), *Luthers Erfurter Kloster*, Erfurt 2005.

Gabriele Schmidt-Lauber, *Luthers Vorlesung über den Römerbrief 1515/16. Ein Vergleich zwischen Luthers Manuskript und den studentischen Nachschriften*, Köln, Weimar und Wien 1994.

Hans Schneider, *Contentio Staupitii. Der "Staupitz-Streit" in der Observanz der deutschen Augustinereremiten 1507~1512*, in: ZKG 118 (2007), S. 1~44.

Anselm Schubert, *Libertas Disputandi. Luther und die Leipziger Disputation als akademisches Streitgespräch*, in: ZThK 105 (2008), S. 411~42.

Manfred Schulze, *Johannes Eck im Kampfgegen Martin Luther*, in: LuJ 63 (1996), S. 39~68.

Wolfgang Schwab, *Entwicklung und Gestalt der Sakramententheologie bei Martin Luther*, Frankfurt a. M. und Bern 1977.

Reinhard Schwarz, *Fides, spes und caritas beim jungen Luther*, Berlin u. a. 1962.

Reinhard Schwarz, *Vorgeschichte der reformatorischen Bußtheologie*, Berlin u. a. 1968.

Reinhard Schwarz, *Luther*, Göttingen ^{3}2004 (zuerst 1986).

Kurt-Victor Selge, *Der Weg zur Leipziger Disputation zwischen Luther und Eck, in: Bleibendes im Wandel der Kirchengeschichte*, hg. v. Bernd Moeller und Gerhard Ruhbach, Tübingen 1973, S. 169~210.

Kurt-Victor Selge, *Das Autoritätengefüge der westlichen Christenheit im Lutherkonflikt 1517 bis 1521*, in: Historische Zeitschrift 223 (1976), S. 591~617.

Kurt-Victor Selge, *Die Leipziger Disputation zwischen Luther und Eck*, in: ZKG 86 (1975), S. 26~40.

Wolfgang Simon, *Die Meßopfertheologie Martin Luthers. Voraussetzungen, Genese, Gestalt und Rezeption*, Tübingen 2003.

Klaus-Bernward Springer, *Die deutschen Dominikaner in Widerstand und Anpassung während der Reformationszeit*, Berlin 1999.

Karl Stadtwald, *Patriotism and Antipapalism in the Politics of Conrad Celtis's "Vienna Circle"*, in: ARG 84 (1993), S. 83~102.

David C. Steinmetz, *Luther and Staupitz*, Durham 1980.

Ursula Stock, *Die Bedeutung der Sakramente in Luthers Sermonen von 1519*, Leiden 1982.

Götz-Rüdiger Tewes, *Luthergegner der ersten Stunde. Motive und Verflechtungen*, in: Quellen und Forschungen aus italienischen Archiven und Bibliotheken 75 (1995), S. 256~365.

Hans Georg Thümmel, *Karlstadts und Cranachs "Wagen" von 1519*, in: *Reformation und Katholizismus. Festschrift für Gottfried Maron*, hg. v. Jörg Haustein und Harry Oelke, Hannover 2003, S. 66~96.

Christoph Volkmar, *Reform statt Reformation. Die Kirchenpolitik Herzog Georgs von Sachsen, 1488~1525*, Tübingen 2008.

Martin Warnke, *Cranachs Luther. Entwürfe für ein Image*, Frankfurt a. M. 1984.

Ulman Weiß, *Ein fruchtbar Bethlehem. Luther und Erfurt*, Berlin 1982.

Ulman Weiß, *Die frommen Bürger von Erfurt*, Weimar 1988.

Jared Wicks, *Luther's Reform. Studies on Conversion and the Church*, Mainz 1992.

Josef Wienecke, *Luther und Petrus Lombardus. Martin Luthers Notizen anläßlich seiner Vorlesung über die*

Sentenzen des Petrus Lombardus Erfurt 1509/11, St. Ottilien 1995.

Wilhelm-Ernst Winterhager, *Martin Luther und das Amt des Provinzvikars in der Reformkongregation der deutschen Augustiner-Eremiten*, in: *Vita religiosa im Mittelalter. Festschrift Kaspar Elm*, hg. v. Franz J. Felten und Nikolas Jaspert, Berlin 1999, S. 707~38.

Herbert Wolf, *Germanistische Luther-Bibliographie. Martin Luthers deutsches Sprachschaffen im Spiegel des internationalen Schrifttums der Jahre 1880~1980*, Heidelberg 1985.

Jens Wolff, *Metapher und Kreuz. Studien zu Luthers Christusbild*, Tübingen 2005.

Markus Wriedt, *Gnade und Erwählung. Eine Untersuchung zu Johann von Staupitz und Martin Luther*, Mainz 1991.

Adolar Zumkeller, *Geschichte des Erfurter Augustinerklosters vom Ausgang des Mittelalters bis zur Säkularisation im Jahre 1828*, in: Augustiniana 55 (2005), S. 321~55.

Karl-Heinz Zur Mühlen, *Nos extra nos. Luthers Theologie zwischen Mystik und Scholastik*, Tübingen 1972.

제4장 변화의 물결~제5장 종교개혁 초기 운동에서의 행동과 연출 형태

August Baur, *Deutschland in den Jahren 1517~1525. Betrachtet im Lichte anonymer und pseudonymer deutscher Volks- und Flugschriften*, Ulm 1872.

Arnold E. Berger, *Die Sturmtruppen der Reformation*, Leipzig 1931 (Nachdruck Darmstadt 1967).

Franz-Heinrich Beyer, *Eigenart und Wirkung des reformatorisch-polemischen Flugblatts im Zusammenhang der Publizistik der Reformationszeit*, Frankfurt a. M. u. a. 1994.

Peter Blickle, André Hohenstein, Heinrich Richard Schmidt, Franz Sladeczek (Hg.), *Macht und Ohmacht der Bilder. Reformatorischer Bildersturm im Kontext der europäischen Geschichte*, München 2002.

Siegfried Bräuer, *Spottgedichte, Träume und Polemik in den frühen Jahren der Reformation. Abhandlungen und Aufsätze*, hg. v. Hans-Jürgen Goertz und Eike Wolgast, Leipzig 2000.

Stephen E. Buckwalter, *Die Priesterehe in Flugschriften der frühen Reformation*, Gütersloh 1998.

Miriam Usher Chrisman, *Lay Culture, Learned Culture. Books and Social Change in Strasbourg 1480~1599*, New Haven und London 1982.

Miriam Usher Chrisman, *Conflicting Visions of Reform. German Lay Propaganda Pamphlets 1519~1530*, Boston 1996.

Otto Clemen, *Kleine Schriften zur Reformationsgeschichte*, 9 Bde., hg. v. Ernst Koch, Leipzig 1982~88.

Cécile Dupeux, Peter Jezler, Jean Wirth (Hg.), *Bildersturm. Wahnsinn oder Gottes Wille?*, Zürich 2000.

Alfred Dürr, Walther Killy (Hg.), *Das protestantische Kirchenlied im 16. und 17. Jahrhundert*, Wiesbaden 1986.

Mark U. Edwards, *Printing, Propaganda, and Martin Luther*, Berkeley u. a. 1994.

Heinold Fast, *Reformation durch Provokation. Predigtstörungen in den ersten Jahren der Reformation in der Schweiz*, in: H.- J. Goertz (Hg.), *Umstrittenes Täufertum* (s. u.), S. 79~110.

Dieter Fauth, *Thomas Müntzer in bildungsgeschichtlicher Sicht*, Würzburg ²1999 (zuerst 1990).

Holger Flachmann, *Martin Luther und das Buch*, Tübingen 1996.

Jean-François Gilmont (Hg.), *La Réforme et le livre. L'Europe de l'imprimé (1517~1570)*, Paris 1990.

Hans-Jürgen Goertz (Hg.), *Umstrittenes Täufertum 1525~1975*, Göttingen ²1977 (zuerst 1975).
Hans-Jürgen Goertz, *Pfaffenhaß und groß Geschrei. Die reformatorischen Bewegungen in Deutschland 1517~1529*, München 1987.
Hans-Jürgen Goertz, *Radikalität der Reformation. Aufsätze und Abhandlungen*, Göttingen 2007.
Harald Goertz, *Allgemeines Priestertum und ordiniertes Amt bei Luther*, Marburg 1997.
Johann F. Gerhard Goeters, *Die Vorgeschichte des Täufertums in Zürich*, in: *Studien zur Geschichte und Theologie der Reformation. Festschrift Ernst Bizer*, Neukirchen-Vluyn 1969, S. 239~81.
"Gott hat noch night genug Wittenbergisch Bier getrunken." Alltagsleben zur Zeit Martin Luthers, Wittenberg 2001.
Berndt Hamm, *Die Reformation als Medienereignis*, in: Jahrbuch für Biblische Theologie 11 (1996), S. 137~66.
Berndt Hamm, Bernd Moeller, Dorothea Wendebourg, *Reformations-Theorien. Ein kirchenhistorischer Disput über Einheit und Vielfalt der Reformation*, Göttingen 1995.
Thomas Hohenberger, *Lutherische Rechtfertigungslehre in den reformatorischen Flugschriften der Jahre 1521~22*, Tübingen 1996.
Ronnie Po-chia Hsia (Hg.), *The German People and the Reformation*, Ithaca/New York 1988.
Ronnie Po-chia Hsia, Robert W. Scribner (Hg.), *Problems in the Historical Anthropology of Early Modern Europe*, Wiesbaden 1997.
Susan C. Karant Nunn, *Zwickau in Transition, 1500~1547, The Reformation as an Agent of Change*, Columbus 1987.
Susan C. Karant Nunn, *The Reformation of Ritual. An Interpretation of Early Modern Germany*, London und New York 1997.
Thomas Kaufmann, *Anonyme Flugschriften der frühen Reformation*, in: Bernd Moeller (Hg.), *Die frühe Reformation in Deutschland als Umbruch*, Gütersloh 1998, S. 191~267.
Thomas Kaufmann, *Filzhut versus Barett. "Lehre" und "Leben" in der radikalen Reformation der frühen 1520er Jahre*, in: Anselm Schubert, Astrid von Schlachta, Michael Driedger (Hg.), *Grenzen des Täufertums/Boundaries of Anabaptism. Neue Forschungen*, Gütersloh 2009, S. 273~94.
Hans-Joachim Köhler (Hg.), *Flugschriften als Massenmedien der Reformationszeit*, Stuttgart 1981.
Hans-Joachim Köhler, *Erste Schritte zu einem Meinungsprofil der frühen Reformationszeit*, in: Volker Press, Dieter Stievermann (Hg.), *Martin Luther. Probleme seiner Zeit*, Stuttgart 1986, S. 244~81.
Esther-Beate Körber, Öffentlichkeiten der frühen Neuzeit. Teilnehmer, Formen, Institutionen und Entscheidungen öffentlicher Kommunikation im Herzogtum Preußen von 1525 bis 1618, Berlin und New York 1998.
Shinichi Kotabe, *Das Laienbild Andreas Bodensteins von Karlstadt in den Jahren 1516~1524*, Diss. theol. München 2005.
Gudrun Litz, *Die reformatorische Bilderfrage in den schwäbischen Reichsstädten*, Tübingen 2007.
Peter Matheson, The Rhetoric of the Reformation, Edinburgh 1998.
Peter Matheson (Hg.), *A People's History of Christianity*, Bd. 5: *Reformation Christianity*, Minneapolis 2007.
Sergiusz Michalski, *The Reformation and the Visual Art*, London 1993.
Bernd Moeller, *Stadt und Buch. Bemerkungen zur Struktur der reformatorischen Bewegung*, in: Wolfgang J.

Mommsen (Hg.), *Stadtbürgertum und Adel in der Reformation*, Stuttgart 1979, S. 25~39.

Bernd Moeller, Art. *Flugschriften der Reformationszeit*, in: TRE 11 (1983), S. 240~46.

Bernd Moeller, *Die frühe Reformation in Deutschland als Kommunikationsprozeß*, in: ders., *Luther-Rezeption. Kirchenhistorische Aufsätze zur Reformationsgeschichte*, hg. v. Johannes Schilling, Göttingen 2001, S. 73~90.

Bernd Moeller, Karl Stackmann, *Städtische Predigt in der Frühzeit der Reformation*, Göttingen 1996.

Hansgeorg Molitor, Heribert Smolinsky (Hg.), *Volksfrömmigkeit in der frühen Neuzeit*, Münster 1994.

Harry Oelke, *Die Konfessionsbildung des 16. Jahrhunderts im Spiegel illustrierter Flugblätter*, Berlin und New York 1992.

Volker Pribnow, *Die Rechtfertigung obrigkeitlicher Steuer- und kirchlicher Zehnterhebung bei Huldrich Zwingli*, Zürich 1996.

Hans-Christoph Rublack, *... hat die Nonne den Pfarrer geküßt? Aus dem Alltag der Reformationszeit*, Gütersloh 1991.

Hans-Christoph Rublack, *Anticlericalism in German Reformation Pamphlets*, in: Peter A. Dykema, Heiko A. Oberman (Hg.), *Anticlericalism in Late Medieval and Early Modern Europe*, Leiden u. a. 1993, S. 461~89.

Antje Rüttgardt, *Klosteraustritte in der frühen Reformation*, Gütersloh 2007.

Heinz Scheible, *Reform, Reformation, Revolution. Grundsätze zur Beurteilung der Flugschriften*, in: ders., *Melanchthon und die Reformation. Forschungsbeiträge*, hg. v. Gerhard May und Rolf Decot, Mainz 1996, S. 442~69.

Johannes Schilling, *Gewesene Mönche. Lebensgeschichten in der Reformation*, München 1990.

Norbert Schnitzler, *Ikonoklasmus—Bildersturm. Theologischer Bilderstreit und ikonoklastisches Handeln während des 15. und 16. Jahrhunderts*, München 1996.

Karl Schottenloher, *Flugblatt und Zeitung. Ein Wegweiser durch das gedruckte Tagesschrifttum*, Bd. 1: *Von den Anfängen bis zum Jahr 1848*, Berlin 1922 (Nackdruck München 1985).

Johannes Schwitalla, *Deutsche Flugschriften 1460~1525. Textsortengeschichtliche Studien*, Tübingen 1983.

Johannes Schwitalla, *Flugschrift*, Tübingen 1999.

Robert W. Scribner, *Popular Culture and Popular Movements in German Reformation*, London und Ronceverte 1987.

Robert W. Scribner (Hg.), *Bilder und Bildersturm im Spätmittelalter und in der frühen Neuzeit*, Wiesbaden 1990.

Robert W. Scribner, *For the Sake of Simple Folk. Popular Propaganda for the German Reformation*, Oxford ²1994 (zuerst 1981).

Robert W. Scribner, *Elements of Popular Belief*, in: Thomas A. Brady, Heiko A. Oberman, James D. Tracy (Hg.), *Handbook of European History 1400~1600*, Bd. 1, Leiden u. a. 1994, S. 231~62.

Robert W. Scribner, *Religion und Kultur in Deutschland 1400~1800*, hg. v. Lyndal Roper, Göttingen 2002.

James M. Stayer, *Die Anfänge des schweizerischen Täufertums im reformierten Kongregationalismus*, in: H.-J. Goertz (Hg.), *Umstrittens Täufertum* (s. o.), S. 19~49.

Heike Talkenberger, *Sintflut. Prophetie und Zeitgeschehen in Texten und Holzschnitten astrologischer Flugschriften 1488~1528*, Tübingen 1990.

Heike Talkenberger, *Kommunikation und Öffentlichkeit in der Reformationszeit. Ein Forschungsreferat 1980~1991*, in: Internationales Archiv für Sozialgeschichte der deutschen Literatur, Forschungsreferate 3, 6. Sonderheft 6, 1994, S. 1~26.

Larissa Taylor (Hg.), *Preaches and People in the Reformations and Early Modern Period*, Leiden 2001.

Patrice Veit, *Das Kirchenlied in der Reformation Martin Luthers*, Stuttgart 1985.

Rebecca Wagner Oettinger, *Music as Propaganda in the German Reformation*, Aldershot 2007.

Lee Palmer Wandel, *Voracious Idols and Violent Hands. Iconoclasm in Reformation. Zurich, Strasbourg, and Basel*, Cambridge 1995.

Paul Wappler, *Thomas Müntzer in Zwickau und die Zwickauer Propheten*, Gütersloh 1966.

Carsten-Peter Warncke, *Sprechende Bilder—sichtbare Worte. Das Bildverständnis in der frühen Neuzeit*, Wiesbaden 1987.

Martin Warnke (Hg.), *Bild und Bildersturm im Spätmittelalter und in der frühen Neuzeit*, Wiesbaden 1990.

Rainer Wohlfeil, *"Reformatorische Öffentlichkeit"*, in: Ludger Grenzmann, Karl Stackmann (Hg.), *Literatur und Laienbildung im Spätmittelalter und in der Reformationszeit*, Stuttgart 1984, S. 41~54.

Gunter Zimmermann, *Die Antwort der Reformation auf die Zehntenfrage*, Frankfurt a. M. 1983.

Alejandro Zorzin, Karlstadt als Flugschriftenautor, Göttingen 1990.

Alejandro Zorzin, *Einige Beobachtungen zu den zwischen 1518 und 1526 im deutschen Sprachgebiet veröffentlichten Dialogflugschriften*, in: ARG 88 (1997), S. 77~117.

제6장 도시들의 초기 종교개혁

Lorna Jane Abray, *The People's Reformation. Magistrates, Clergy, and Commons in Strasbourg, 1500~1598*, Oxford 1985.

Inge Bátori (Hg.), *Städtische Gesellschaft und Reformation*, Stuttgart 1980.

Daniel Bolliger, *Infiniti contemplatio. Grundzüge der Scotus- und Scotismusrezeption im Werk Huldrych Zwinglis*, Leiden 2003.

Thomas A. Brady, *Ruling Class, Regime and Reformation at Strasbourg 1520~1550*, Leiden 1978.

Thomas A. Brady, *Göttliche Republiken. Die Domestizierung der Religion in der deutschen Stadtreformation*, in: *Zwingli und Europa*, hg. v. Peter Blickle, Andreas Lindt und Alfred Schindler, Zürich 1985, S. 109~36.

Thomas A. Brady, *Turning Swiss. Cities and Empire, 1450~1550*, Cambridge 1985.

Martin Brecht, *Die gemeinsame Politik der Reichsstädte und die Reformation*, in: ders., *Ausgewählte Aufsätze*, Bd. 1: *Reformation*, Stuttgart 1995, S. 411~70.

Martin Brecht, *Zwingli als Schüler Luthers. Zu seiner theologischen Entwicklung 1518~1522*, in: ebenda, S. 217~36.

Ulrich Bubenheimer, *Scandalum et ius divinum. Theologische und rechtstheologische Probleme der ersten reformatorischen Innovationen in Wittenberg 1521/22*, in: ZSRG.K 59 (1973), S. 263~342.

Ulrich Bubenheimer, *Luthers Stellung zum Aufruhr in Wittenberg und die frühreformatorischen Wurzeln des landesherrlichen Kirchenregiments*, in: ZSRG.K 71 (1985), S. 147~214.

Ulrich Bubenheimer, *Streit um das Bischofsamt in der Wittenberger Reformation 1521/22*, in: ZSRG.K 73

(1987), S. 155~209.

Wilfried Ehbrecht, *Verlaufsformen innerstädtischer Konflikte in nord- und westdeutschen Städten im Reformationszeitalter*, in: W. Ehbrecht, *Konsens und Konflikt. Skizzen und Überlegungen zur älteren Verfassungsgeschichte deutscher Städte*, hg. v. Peter Johanek, Köln, Weimar und Wien 2001, S. 314~31.

Oskar Farner, *Huldrych Zwingli*, 4 Bde., Zürich 1943~60.

Peer Frieß, *Die Bedeutung der Stadtschreiber für die Reformation der süddeutschen Reichsstädte*, in: ARG 89 (1998), S. 96~124.

Ulrich Gäbler, *Huldrych Zwingli im 20. Jahrhundert. Forschungsbericht und annotierte Bibliographie 1897~1972*, Zürich 1975.

Ulrich Gäbler, *Huldrych Zwingli. Eine Einführung in sein Leben und sein Werk*, Zürich ^{3}2004 (zuerst 1983).

Kaspar von Greyerz, *Stadt und Reformation. Stand und Aufgaben der Forschung*, in: ARG 76 (1985), S. 6~63.

Berndt Hamm, *Zwinglis Reformation der Freiheit*, Neukirchen-Vluyn 1988.

Berndt Hamm, *Bürgertum und Glaube. Konturen der städtischen Reformation*, Göttingen 1996.

Martin Hauser, *Prophet und Bischof. Huldrych Zwinglis Amtsverständnis im Rahmen der Zürcher Reformation*, Freiburg/Schweiz 1994.

Ralf Hoburg, *Seligkeit und Heilsgewißheit. Hermeneutik und Schriftauslegung bei Huldrych Zwingli bis 1522*, Stuttgart 1993.

Walter Jacob, *Politische Führungsschicht und Reformation. Untersuchungen zur Reformation in Zürich 1519~1528*, Zürich 1970.

Walter Köhler, *Huldrych Zwingli*, Leipzig ^{2}1954 (nachdruck Zürich 1984).

Franz Lau, *Der Bauernkrieg und das angebliche Ende der lutherischen Reformation als spontaner Volksbewegung*, in: LuJ 26 (1959), S. 109~34.

Gottfried Wilhelm Locher, *Huldrych Zwingli in neuer Sicht*, Zürich und Stuttgart 1969.

Gottfried Wilhelm Locher, *Die Zwinglische Reformation im Rahmen der europäischen Kirchengeschichte*, Göttingen 1979.

Johannes Merz, *Landstädte und Reformation*, in: Anton Schindling, Walter Ziegler (Hg.), *Die Territorien des Reichs im Zeitalter der Reformation und der Konfessionalisierung. Land und Konfession 1500~1650*, Bd. 7, Münster 1997, S. 107~35.

Bernd Moeller, *Zwinglis Disputationen. Studien zu den Anfängen der Kirchenbildung und des Synodalwesens im Protestantismus*, 2 Tle., in: ZSRG.K 56 (1970), S. 275~324; 60 (1974), S. 213~364.

Bernd Moeller (Hg.), *Stadt und Kirche im 16. Jahrhundert*, Gütersloh 1978.

Bernd Moeller, *Luther und die Städte*, in: *Aus der Lutherforschung. Drei Vorträge*, Opladen 1983, S. 9~26.

Bernd Moeller, *Reichsstadt und Reformation*, bearbeitete Neuausgabe Berlin 1987 (zuerst 1962).

Olaf Mörke, *Rat und Bürger in der Reformation. Soziale Gruppen und kirchlicher Wandel in den welfischen Hansestädten Lüneburg, Braunschweig und Göttingen*, Hildesheim 1983.

Nikolaus Müller, *Die Wittenberger Bewegung 1521 und 1522*, Leipzig ^{2}1911 (zuerst 1909).

Stefan Oehmig, *Die Wittenberger Bewegung 1521/22 und ihre Folgen im Lichte alter und neuer*

Fragestellungen, in: ders (Hg.), *700 Jahre Wittenberg*, Weimar 1995, S. 97~130.

Steven E. Ozment, *The Reformation in the Cities. The Appeal of the Reformation to sixteenth-Century Germany and Switzerland*, New Haven 1975.

Franz Petri (Hg.), *Kirche und gesellschaftlicher Wandel in deutschen und niederländischen Städten der werdenden Neuzeit*, Köln und Wien 1980.

Rainer Postel, *Die Reformation in Hamburg 1517~1528*, Gütersloh 1986.

James S. Preus, *Carlstadt's Ordinaciones and Luther's Liberty. A Study of the Wittenberg Movement 1521~22*, Cambridge/Massachusetts 1974.

Hans-Christoph Rublack, *Die Einführung der Reformation in Konstanz von den Anfängen bis zum Abschluß 1531*, Gütersloh 1971.

Heinz Schilling, *Die politische Elite nordwestdeutscher Städte in den religiösen Auseinandersetzungen des 16. Jahrhunderts*, in: Wolfgang J. Mommsen (Hg.), *Stadtbürgertum und Adel in der Reformation*, Stuttgart 1979, S. 235~308.

Georg Schmidt, *Der Städtetag in der Reichsverfassung. Eine Untersuchung zur korporativen Politik der Freien und Reichsstädte in der ersten Hälfte des 16. Jahrhunderts*, Wiesbaden 1984.

Heinrich-Richard Schmidt, *Reichsstädte, Reich und Reformation. Korporative Reichspolitik 1521~1529*, Stuttgart 1986.

Winfried Schulze, *Vom Gemeinnutz zum Eigennutz. Über den Normenwandel in der ständischen Gesellschaft der Frühen Neuzeit*, in: Historische Zeitschrift 243 (1983), S. 591~627.

Ernst Staehelin, *Das theologische Lebenswerk Johannes Oekolampads*, Leipzig 1939 (Nachdruck New York 1971).

Andrea Strübind, *Eifriger als Zwingli. Die frühe Täuferbewegung in der Schweiz*, Berlin 2003.

Günter Vogler, *Nürnberg 1524/25. Studien zur Geschichte der reformatorischen und sozialen Bewegung in der Reichsstadt*, Berlin 1982.

Wolfram Wettges, *Reformation und Propaganda. Studien zur Kommunikation des Aufruhrs in süddeutschen Reichsstädten*, Stuttgart 1978.

Gunter Zimmermann, *Der Durchbruch zur Reformation nach dem Zeugnis Zwinglis vom Jahre 1523*, in: Zwingliana 17 (1986), H. 2, S. 97~120.

제7장 작은 것 속의 변화—일상 세계의 종교개혁
(제2부 제4~5장의 문헌 목록 참조)

Philippe Ariès, Roger Chartier (Hg.), *Geschichte des privaten Lebens*, Bd. 3: *Von der Renaissance zur Aufklärung*, Frankfurt a. M. 1991 (frz. Original 1986).

Martin Arnold, *Handwerker als theologische Schriftsteller. Studien zu Flugschriften der frühen Reformation (1523~1525)*, Göttingen 1990.

Matthieu Arnold, Ralf Decot (Hg.), *Christen und Juden im Reformationszeitalter*, Mainz 2007.

Ronald Bainton, *Frauen der Reformation. Von Katharina von Bora bis Anna Zwingli. 10 Porträts*, Gütersloh [2]1996 (zuerst 1995).

Dean Phillip Bell, Stephen G. Burnett (Hg.), *Jews, Judaism, and the Reformation in Sixteenth-Century Germany*, Leiden und Boston 2006.

Johannes Brosseder, *Luthers Stellung zu den Juden im Spiegel seiner Interpreten*, München 1972.
Susanna Buttaroni, Stanisław Musiał (Hg.), *Ritualmord. Legenden in der europäischen Geschichte*, Wien, Köln und Weimar 2003.
Anne Conrad (Hg.), *"In Christo ist weder man noch weyb". Frauen in der Zeit der Reformation und der katholischen Reform*, Münster 1999.
Achim Detmers, *Reformation und Judentum. Israel-Lehren und Einstellungen zum Judentum von Luther bis zum frühen Calvin*, Stuttgart u. a. 2001.
Martin Dinges (Hg.), *Hausväter, Priester, Kastraten. Zur Konstruktion von Männlichkeit in Spätmittelalter und Früher Neuzeit*, Göttingen 1998.
Richard van Dülmen, *Kultur und Alltag in der Frühen Neuzeit*, 3 Bde., München 1990~94.
Mark U. Edwards, *Catholic Controversial Literature 1518~1535*, in: ARG 79 (1988), S. 189~205.
"Ein jedes Volk wandelt im Namen seines Gottes …". Begegnung mit anderen Religionen. Vereinnahmung, Konflikt, Frieden, Wittenberg 2008.
Hermann Gelhaus, *Der Streit um Luthers Bibelverdeutschung im 16. und 17. Jahrhundert*, 2 Bde., Tübingen 1989~90.
Carlos Gilly, *Das Sprichwort "Die Gelehrten die Verkehrten" oder der Verrat der Intellektuellen im Zeitalter der Glaubensspaltung*, in: *Forme e destinazione del messaggio religioso. Aspetti della propaganda religiosa nel cinquecento*, hg. v. Antonio Rotondo, Florenz 1991, S. 229~375.
Hartmann Grisar, Franz Heege, *Luthers Kampfblider*, 4 Bde., Freiburg/Breisgau 1921~23.
Silke Halbach, *Argula von Grumbach als Verfasserin reformatorischer Flugschriften*, Frankfurt a. M. u. a. 1992.
Berndt Hamm, *Geistbegabte gegen Geistlose. Typen des pneumatologischen Antiklerikalismus—zur Vielfalt der Luther-Rezeption in der frühen Reformationsbewegung*, in: Peter A. Dykema, Heiko A. Oberman (Hg.), *Anticlericalism in Late Medieval and Early Modern Europe*, Leiden u. a. 1993, S. 379~440.
Ronnie Po-chia Hsia, *The Myth of Ritual Murder. Jews and Magic in Reformation Germany*, New Haven 1988.
Ronnie Po-chia Hsia, *Trient 1475. Geschichte eines Ritualmordprozesses*, Frankfurt a. M. 1997 (engl. Original 1992).
Carola Jäggi, Jörn Staecker (Hg.), *Archäologie der Reformation*, Berlin u. a. 2007.
Martin Jung, *Nonnen, Prophetinnen, Kirchenmütter. Kirchen- und frömmigkeitgeschichtliche Studien zu Frauen der Reformationszeit*, Leipzig 2002.
Thomas Kaufmann, *Pfarrfrau und Publizistin. Das reformatorische "Amt" der Katharina Zell*, in: ZHF 23 (1996), S. 169~218.
Thomas Kaufmann, *Das Judentum in der frühreformatorischen Flugschriftenpublizistik*, in: ZThK 95 (1998), S. 429~61.
Thomas Kaufmann, *Luthers "Judenschriften" in ihren historischen Kontexten*, Göttingen 2005.
Peter Matheson, *Argula von Grumbach. A Woman's Voice in the Reformation*, Edinburgh 1995.
Elsie Mckee, *Katharina Schütz Zell*, 2 Bde., Leiden u. a. 1999.
Elsie Mckee (Hg.), *Katharina Schütz Zell. Church Mother. The Writings of a Protestant Reformer in Sixteenth-Century Germany*, Chicago und London 2006.
Harald Meller (Hg.), *Fundsache Luther. Archäologen auf den Spuren des Reformators*, Stuttgart 2008.

Anne-Marie Neser, *Luthers Wohnhaus in Wittenberg*, Leipzig 2005.

Heiko A. Oberman, *Wurzeln des Antisemitismus. Christenangst und Judenplage im Zeitalter von Humanismus und Reformation*, Berlin ^{2}1983 (zuerst 1981).

Heiko A. Oberman, *Die Gelehrten die Verkehrten. Popular Response to Learned Culture in the Renaissance and Reformation, in: Religion and Culture in Renaissance and Reformation*, hg. v. Steven E. Ozment, Kirksville 1989, S. 43~63.

Peter von der Osten-Sacken, *Martin Luther und die Juden. Neu untersucht anhand von Anton Margarithas "Der gantz Jüdisch glaub" (1530/31)*, Stuttgart 2002.

Steven E. Ozment, *When Fathers Ruled. Family Life in Reformation Europe*, Cambridge/Massachusetts 1983.

Wolfgang Reinhard, *Lebensformen Europas. Eine historische Kulturanthropologie*, München 2004.

Austra Reinis, *Reforming the Art of Dying. The ars moriendi in the German Reformation (1519~1528)*, Aldershot 2007.

Claudia Resch, *Trost im Angesicht des Todes. Frühe reformatorische Anleitungen zur Seelsorge an Kranken und Sterbenden*, Tübingen 2006.

Lyndal Roper, *Das fromme Haus. Frauen und Moral in der Reformation*, Frankfurt a. M. und New York 1995 (engl. Original 1989).

Lyndal Roper, *Gender and the Reformation*, in: ARG 42 (2001), S. 290~302.

Paul A. Russell, *Lay Theology in the Reformation. Popular Pamphleteers in Southwest Germany, 1521~1525*, Cambridge 1986.

Monique Samuel-Scheyder, *Johannes Cochläus, humaniste et adversaire de Luther*, Nancy 1993.

Claudia Ulbrich, *Frauen in der Reformation*, in: Nada Bôskovska Leimgruber (Hg.), *Die Frühe Neuzeit in der Geschichtswissenschaft. Forschungstendenzen und Forschungserträge*, Paderborn 1997, S. 163~77.

Günter Vogler (Hg.), *Wegscheiden der Reformation. Alternatives Denken vom 16. bis zum 18. Jahrhundert*, Weimar 1994.

Mary E. Wiesner, *Women and Gender in Early Modern Europe*, Cambridge ^{2}2000 (zuerst 1993).

Heide Wunder, *"Er ist die Sonn', sie ist der Mond". Frauen in der Frühen Neuzeit*, München 1992.

Heide Wunder, *Frauen in der Reformation. Rezeptions- und historiographiegeschichtliche Überlegungen*, in: ARG 92 (2001), S. 303~20.

제8장 기사, 농민의 종교개혁과 제후의 종교개혁

Robert J. Bast, *Honor Your Fathers. Catechisms and the Emergence of a Patriarchal Ideology in Germany, 1400~1600*, Leiden u. a. 1997.

Peter Blickle, *Gemeindereformation. Der Mensch des 16. Jahrhunderts auf dem Weg zum Heil*, München ^{2}1987 (zuerst 1985).

Peter Blickle (Hg.), *Zugänge zur bäuerlichen Reformation*, Zürich 1987.

Peter Blickle, *Der Bauernkrieg. Die Revolution des Gemeinen Mannes*, München ^{2}2002.

Peter Blickle, *Die Revolution von 1525*, München ^{4}2004 (zuerst 1977).

Heinrich Bornkamm, *Martin Luther in der Mitte seines Lebens. Das Jahrzehnt zwischen dem Wormser und dem Augsburger Reichstag*. Aus dem Nachlaß hg. v. Karin Bornkamm, Göttingen 1979.

Ursula Braasch-Schwersmann, Hans Schneider, Wilhelm Ernst Winterhager (Hg.), *Landgraf Philipp der Großmütige 1504~1567*, Marburg und Neustadt an der Aisch 2004.

Siegfried Bräuer, *Bauernkrieg in der Grafschaft Mansfeld—Fiktion und Fakten*, in: Rosemarie Knape (Hg.), *Martin Luther und der Bergbau im Mansfelder Land*, Eisleben 2000, S. 121~57.

Siegfried Bräuer, *Die Vorgeschichte von Luthers "Ein Sendbrief an die Fürsten zu Sachsen von dem aufrührerischen Geist"*, in: ders., *Spottgedichte, Träume und Polemik in den frühen Jahren der Reformation. Abhandlungen und Aufsätze*, hg. v. Hans-Jürgen Goertz und Eike Wolgast, Leipzig 2000, S. 59~90.

Martin Brecht, *Der theologische Hintergrund der Zwölf Artikel der Bauernschaft in Schwaben von 1525. Christoph Schappelers und Sebastian Lotzers Beitrag*, in: ders., *Ausgewählte Aufsätze*, Bd. 1: *Reformation*, Stuttgart 1995, S. 311~47.

Wolfgang Breul-Kunkel, *Herrschaftskrise und Reformation. Die Fürstabteien Fulda und Hersfeld ca. 1500~1525*, Gütersloh 2000.

Paul Burgard, *Tagebuch einer Revolte. Ein städtischer Aufstand während des Baurenkrieges 1525*, Frankfurt a. M. und New York 1998.

Amy Nelson Burnett, *The Yoke of Christ. Martin Bucer and Christian Discipline*, Kirksville/Missouri 1994.

Horst Buszello, Peter Blickle, Rudolf Endres (Hg.), *Der deutsche Bauernkrieg*, Paderborn ^{3}1995 (zuerst 1984).

Horst Carl, *Der Schwäbische Bund 1488~1534*, Leinfelden-Echterdingen 2000.

Henry J. Cohn, *Anticlericalism in the German Peasant's War*, in: *Past and Present* 83 (1979), S. 3~31.

Franziska Conrad, *Reformation in der bäuerlichen Gesellschaft. Zur Rezeption reformatorischer Theologie im Elsaß*, Stuttgart 1984.

Irene Dingel, Volker Leppin, Christoph Strohm (Hg.), *Reformation und Recht. Festgabe für Gottfried Seebaß*, Gütersloh 2002.

Scott C. Dixon, *The Reformation and Rural Society. The Parishes of Brandenburg-Ansbach-Kulmbach, 1528~1603*, Cambridge 1996.

Scott C. Dixon, *The Princely Reformation in Germany*, in: Andrew Pettegree (Hg.), *The Reformation World*, London 2000, S. 146~75.

Richard van Dülmen, *Reformation als Revolution. Soziale Bewegung und religiöser Radikalismus in der deutschen Reformation*, Frankfurt a. M. ^{2}1987 (zuerst 1977).

Walter Elliger, *Thomas Müntzer. Leben und Werk*, Göttingen ^{3}1976 (zuerst 1975).

Rudolf Endres, *Adel in der Frühen Neuzeit*, München 1993.

Dieter Fauth, *Verfassungs- und Rechtsvorstellungen im Bauernkrieg 1524/25*, in: ZSRG.K 81 (1995), S. 225~48.

Günther Franz, *Der deutsche Bauernkrieg*, Darmstadt ^{12}1982 (zuerst 1935).

Andreas Gäumann, *Reich Christi und Obrigkeit. Eine Studie zum reformatorischen Denken und Handeln Martin Bucers*, Bern u. a. 2001.

Hans-Jürgen Goertz, *Adel versus Klerus. Antiklerikale Polemik in Flugschriften des Adels*, in: ders., *Antiklerikalismus und Reformation*, Göttingen 1995, S. 45~62.

Wolfgang Hardtwig, *Ulrich von Hutten. Zum Verhältnis von Individuum, Stand und Nation in der*

Reformationszeit, in: ders., *Nationalismus und Bürgerkultur in Deutschland, 1500~1914*, Göttingen 1994, S. 15~33.

Irmgard Höss, *Georg Spalatin 1484~1545*, Weimar ²1989 (zuerst 1956).

André Holenstein, *Bauern zwischen Bauernkrieg und Dreißigjährigem Krieg*, München 1996.

Helmar Junghans (Hg.), *Leben und Werk Martin Luthers von 1526 bis 1546*, 2 Bde., Berlin ²1985 (zuerst 1983).

Helmar Junghans (Hg.), *Das Jahrhundert der Reformation in Sachsen*, Leipzig ²2005 (zuerst 1988).

Marion Kobelt-Groch, *Aufsässige Töchter Gottes. Frauen im Bauernkrieg und in den Täuferbewegungen*, Frankfurt und New York 1993.

Walther Köhler, *Zürcher Ehegericht und Genfer Konsistorium*, 2 Bde., Leipzig 1932~42.

Martin Krarup, *Ordination in Wittenberg. Die Einsetzung in das kirchliche Amt in Kursachsen zur Zeit der Reformation*, Tübingen 2007.

Sebastian Kreiker, *Armut, Schule, Obrigkeit. Armenversorgung und Schulwesen in den evangelischen Kirchenordnungen des 16. Jahrhunderts*, Bielefeld 1997.

Hans Walter Krumwiede, *Zur Entstehung des landesherrlichen Kirchenregiments in Kursachsen und Braunschweig-Wolfenbüttel*, Göttingen 1967.

Olaf Kuhr, *Die Macht des Bannes und der Buße. Kirchenzucht und Erneuerung der Kirche bei Johannes Oekolampad (1482~1531)*, Bern u. a. 1999.

Johannes Kunisch (Hg.), *Kommunalisierung und Christianisierung. Voraussetzungen und Folgen der Reformation 1400~1600*, Berlin 1989.

Tim Lorentzen, *Johannes Bugenhagen als Reformator der öffentlichen Fürsorge*, Tübingen 2008.

Ingetraut Ludolphy, *Friedrich der Weise Kurfürst von Sachsen 1463~1525*, Göttingen 1984.

Harald Marx, Cecilie Hollberg (Hg.), *Glaube und Macht. Sachsen in Europa der Reformationszeit*, 2 Bde., Dresden 2004.

Justus Maurer, *Prediger im Bauernkrieg*, Stuttgart 1979.

Bernd Moeller (Hg.), *Bauernkriegs-Studien*, Gütersloh 1975.

Christopher Ocker, *Church Robbers and Reformers in Germany, 1525~1547*, Leiden und Boston 2006.

Volker Press, *Adel, Reich und Reformation*, in: Wolfgang J. Mommsen (Hg.), *Stadtbürgertum und Adel in der Reformation*, Stuttgart 1979, S. 330~83.

Volker Press, *Kaiser Karl V., König Ferdinand und die Entstehung der Reichsritterschaft*, Wiesbaden ²1980 (zuerst 1976).

Volker Press, *Ein Ritter zwischen Rebellion und Reformation*, in: Blätter für Pfälzische Kirchengeschichte und religiöse Volkskunde 50 (1983), S. 151~78.

Volker Press, *Reformatorische Bewegung und Reichsverfassung. Zum Durchbruch der Reformation—soziale, politische und religiöse Faktoren*, in: ders., Dieter Stievermann (Hg.), *Martin Luther. Probleme seiner Zeit*, Stuttgart 1986, S. 11~42.

Volker Press, *Franz von Sickingen—Wortführer des Adels, Vorkämpfer der Reformation und Freund Huttens*, in: ders., *Adel im Alten Reich*, hg. v. Franz Brendle und Anton Schindling, Tübingen 1998, S. 319~31.

Volker Press, *Ulrich von Hutten und seine Zeit*, in: ebenda, S. 299~318.

Christine Roll (Hg.), *Recht und Reich im Zeitalter der Reformation. Festschrift für Horst Rabe*, Frankfurt a.

M. u. a. [2]1997 (zuerst 1996).

Heinz Schilling (Hg.), *Kirchenzucht und Sozialdisziplinierung im frühneuzeitlichen Europa*, Berlin 1994.

Johannes Schilling, *Klöster und Mönche in der hessischen Reformation*, Gütersloh 1997.

Gury Schneider-Ludorff, *Der fürstliche Reformator. Theologische Aspekte im Wirken Philipps von Hessen von der Homberger Synode bis zum Interim*, Leipzig 2006.

Günter Scholz, *Ständefreiheit und Gotteswort. Studien zum Anteil der Landstände an Glaubensspaltung und Konfessionsbildung in Innerösterreich (1517~1564)*, Frankfurt a. M. u. a. 1994.

Luise Schorn-Schütte, *Evangelische Geistlichkeit in der Frühneuzeit*, Gütersloh 1996.

Karl Schottenloher (Hg.), *Flugschriften zur Ritterschaftsbewegung des Jahres 1523*, Münster/Westfalen 1929.

Gottfried Seebaß, *Artikelbrief, Bundesordnung und Verfassungsentwurf. Studien zu drei zentralen Dokumenten des südwestdeutschen Bauernkrieges*, Heidelberg 1988.

Karla Sichelschmidt, *Recht aus christlicher Liebe oder obrigkeitlicher Gesetzesbefehl?*, Tübingen 1995.

Anneliese Sprengler-Ruppenthal, *Gesammelte Aufsätze. Zu den Kirchenordnungen des 16. Jahrhunderts*, Tübingen 2004.

Gerald Strauss, *Luther's House of Learning. Indoctrination of the Young in the German Reformation*, Baltimore und London 1978.

Christoph Strohm (Hg.), *Martin Bucer und das Recht*, Genf 2002.

Sven Tode, *Stadt im Bauernkrieg 1525*, Frankfurt a. M. 1993.

Günter Vogler, *Die Gewalt soll gegeben werden dem gemeinen Volk. Der deutsche Bauernkrieg 1525*, Berlin [2]1983.

Johannes Wallman, *Ein Friedensappell—Luthers letztes Wort im Bauernkrieg*, in: Dieter Henke u. a. (Hg.), *Der Wirklichkeitsanspruch von Theologie und Religion. Festschrift Ernst Steinbach*, Tübingen 1976, S. 57~75.

Günther Wartenberg, *Wittenberger Reformation und territoriale Politik. Gesammelte Aufsätze*, Leipzig 2003.

Hans-Ulrich Wehler (Hg.), *Der Deutsche Bauernkrieg 1524~1526*, Göttingen 1975.

Rainer Wohlfeil (Hg.), *Der Bauernkrieg 1524~1526. Bauernkrieg und Reformation*, München 1975.

Eike Wolgast, *Die Wittenberger Theologie und die Politik der evangelischen Stände*, Gütersloh 1977.

Eike Wolgast, *Formen landesfürstlicher Reformation in Deutschland*, in: *Die dänische Reformation vor ihrem internationalen Hintergrund*, hg. v. Leif Grane und Kai Hørby, Göttingen 1990, S. 57~90.

Gunther Zimmermann, *Die Einführung des landesherrlichen Kirchenregiments*, in: ARG 76 (1985), S. 146~68.

제9장 신학적 해명과 분열
(제2부 제4~5장과 제7장 문헌 목록 참조)

Matthieu Arnold, Berndt Hamm (Hg.), *Martin Bucer zwischen Luther und Zwingli*, Tübingen 2003.

Jörg Baur, *Luther und seine klassischen Erben*, Tübingen 1993.

Susanne Bei der Wieden, *Luthers Predigten des Jahres 1522*, Köln, Weimar und Wien 1999.

Torsten Bergsten, *Balthasar Hubmaier. Seine Stellung zu Reformation und Täufertum 1521~1528*, Kassel

1961.
Ernst Bizer, *Studien zur Geschichte des Abendmahlsstreits im 16. Jahrhundert*, Darmstadt ^{3}1972 (zuerst 1940).
Martin Brecht, *Herkunft und Eigenart der Taufauffassung der Zürcher Täufer*, in: ARG 64 (1973), S. 147~65.
Martin Brecht, *Luther und Karlstadt. Der Beginn des Abendmahlsstreites 1524/25 und seine Bedeutung für Luthers Theologie*, in: ZSRG.K 70 (1984), S. 196~216.
Ulrich Bubenheimer, Stefan Oehmig (Hg.), *Querdenker der Reformation—Andreas Bodenstein von Karlstadt und seine frühe Wirkung*, Würzburg 2001.
Peter Burschel, *Sterben und Unsterblichkeit. Zur Kultur des Martyriums in der frühen Neuzeit*, München 2004.
Andrea Chudaska, *Peter Riedemann. Konfessionsbildendes Täufertum im 16. Jahrhundert*, Gütersloh 2003.
Claus-Peter Clasen, *Anabaptism. A Social History, 1525~1618*, Ithaca und London 1972.
Brian Cummings, *The Literary Culture of the Reformation, Grammar and Grace*, Oxford, 2002.
Michael Driedger, Astrid von Schlachta, Anselm Schubert (Hg.), *Grenzen des Täufertums/Boundaries of Anabaptism, Neue Forschungen*, Gütersloh 2009.
Günter Frank (Hg.), *Der Theologe Melanchthon*, Sigmaringen 2000.
Reinhold Friedrich, *Martin Bucer—"Fanatiker der Einheit?" Seine Stellungnahme zu theologischen Fragen seiner Zeit (Abendmahls- und Kirchenverständnis) insbesondere nach seinem Briefwechsel der Jahre 1524~1541*, Bonn 2002.
Adolf Fugel, *Tauflehre und Taufliturgie bei Huldrych Zwingli*, Goldach 1989.
Hans-Jürgen Goertz (Hg.), *Radikale Reformatoren. 21 biographische Skizzen von Thomas Müntzer bei Paracelsus*, München 1978.
Hans-Jürgen Goertz, *Die Täufer. Geschichte und Deutung*, München ^{2}1988 (zuerst 1980).
Hans-Jürgen Goertz, *Religiöse Bewegungen in der Frühen Neuzeit*, München 1993.
Martin Greschat, *Martin Bucer. Ein Reformator und seine Zeit. 1491~1551*, München 1990; erweiterte engl. Ausgabe Louisville und London 2004; Münster ^{3}2009.
Eberhard Grötzinger, *Luther und Zwingli. Die Kritik an der mittelalterlichen Messe—als Wurzel des Abendmahlsstreites*, Gütersloh 1980.
Susi Hausammann, *Die Marburger Artikel—eine echte Konkordie?*, in: ZKG 77 (1966), S. 288~321.
Hartmut Hilgenfeld, *Mittelalterlich-traditionelle Elemente in Luthers Abendmahlsschriften*, Zürich 1971.
Hans Joachim Hillerbrand, *Die politische Ethik des oberdeutschen Täufertums*, Leiden und Köln 1962.
Traudel Himmighöfer, *Die Zürcher Bibel bis zum Tode Zwinglis (1531)*, Mainz 1995.
Volkmar Joestel, *Ostthüringen und Karlstadt. Soziale Bewegung und Reformation im mittleren Saaletal am Vorabend des Bauernkrieges (1522~1524)*, Berlin 1996.
Thomas Kaufmann, *Die Abendmahlstheologie der Straßburger Reformatoren bis 1528*, Tübingen 1992.
Thomas Kaufmann, *Luther und Erasmus*, in: Albrecht Beutel (Hg.), *Luther Handbuch*, Tübingen 2005, S. 142~52.
Thomas Kaufmann, *Luther und Zwingli*, in: ebenda, S. 152~61.
Walther Köhler, *Das Marburger Religionsgespräch 1529. Versuch einer Rekonstruktion*, Leipzig 1929.
Walther Köhler, *Zwingli und Luther. Ihr Streit über das Abendmahl nach seinen politischen und religiösen*

Beziehungen, 2 Bde., Leipzig 1924; Gütersloh 1953 (Nachdruck London, New York 1971).

Ernst-Wilhelm Kohls, *Luther oder Erasmus. Luthers Theologie in der Auseinandersetzung mit Erasmus*, 2 Bde., Basel 1972~78.

Kati Kopperi (Hg.), *Widerspruch. Luthers Auseinnandersetzung mit Erasmus*, Helsinki 1997.

Christian Krieger, Marc Lienhard (Hg.), *Martin Bucer and Sixteenth Century Europe*, 2 Bde., Leiden 1993.

Johannes Kunze, *Luther und Erasmus. Der Einfluß des Erasmus auf die Kommentierung des Galaterbriefes und der Psalmen durch Luther 1519~1521*, Münster 2000.

Nicole Kuropka, *Philipp Melanchthon. Wissenschaft und Gesellschaft. Ein Gelehrter im Dienst der Kirche (1526~1532)*, Tübingen 2002.

Neil R. Leroux, *Martin Luther as Comforter. Writings on Death*, Leiden und Boston 2007.

Marc Lienhard, *Martin Luthers christologisches Zeugnis*, Göttingen 1980.

Harry J. MacScorley, *Luthers Lehre vom unfreien Willen nach seiner Hauptschrift De servo arbitrio im Licht der biblischen und kirchlichen Tradition*, München 1967.

Werner O. Packull, *Mysticism and the Early South German-Austrian Anabaptist Movement 1525~1531*, Scottdale 1991.

Calvin Augustine Pater, *Karlstadt as the Father of the Baptist Movements. The Emergence of Lay Protestantism*, Toronto 1984.

Ralf Ponader, *"Caro nihil prodest. Joan. VI. Das fleisch ist nicht nutz / sonder der geist." Karlstadts Abendmahlsverständnis in der Auseinandersetzung mit Martin Luther 1521~1524, in: Andreas Bodenstein von Karlstadt (1486~1541). Ein Theologe der frühen Reformation*, hg. v. Sigrid Looß und Markus Matthias, Wittenberg 1998, S. 223~45.

Thomas Reinhuber, *Kämpfender Glaube. Studien zu Luthers Bekenntnis am Ende von De servo arbitrio*, Berlin und New York 2000.

John D. Roth, James M. Stayer (Hg.), *A Companion to Anabaptism and Spiritualism, 1521~1700*, Leiden und Boston 2007.

Bernhard Roussel, *De Strasbourg à Bâle et Zurich. Une "École rhénane" d'Exégèse*, in: Revue d'Histoire et de Philosophie Religieuses 68 (1988), S. 19~39.

Martin Sallmann, *Zwischen Gott und Mensch. Huldrych Zwinglis theologischer Denkweg im De vera et falsa religione commentarius (1525)*, Tübingen 1999.

Anselm Schubert, *Täufertum und Kabbalah. Augustin Bader und die Grenzen der Radikalen Reformation*, Gütersloh 2008.

Gottfried Seebaß, *Die Reformation und ihre Außenseiter*, Göttingen 1997.

Gottfried Seebaß, *Müntzers Erbe. Werk, Leben und Theologie des Hans Hut*, Gütersloh 2002.

Ronald J. Sider, *Andreas Bodenstein von Karlstadt. The Development of His Thought 1517~1525*, Leiden 1974.

Bart Jan Spruyt, *Cornelius Henrici Hoen (Honius) and His Epistle on the Eucharist. Medieval Heresy, Erasmian Humanism, and Reform in the Early Sixteenth Century Low Countries*, Leiden 2006.

James M. Stayer, *Anabaptists and the Sword*, Göttingen 1997.

James M. Stayer, *The German Peasant's War and Anabaptist Community of Goods*, Montreal 1991.

Peter Stephens, The Theology of Huldrych Zwingli, Oxford 1986.

Peter Stephens, *Zwingli. Einführung in sein Denken*, Zürich 1997 (engl. Original 1992).
Birgit Stolt, *Martin Luthers Rhetorik des Herzens*, Tübingen 2000.
Gerald Strauss, *Law, Resistance and the State. The Opposition to Roman Law in Reformation Germany*, Princeton/New Jersey 1986.
Andrea Strübind, *Eifriger als Zwingli. Die frühe Täuferbewegung in der Schweiz*, Berlin 2003.
Hans-Georg Tanneberger, *Die Vorstellung der Täufer von der Rechtfertigung des Menschen*, Stuttgart 1999.
Lee Palmer Wandel, *The Eucharist in the Reformation*, Cambridge 2006.
George Huntston Williams, *The Radical Reformation*, Ann Arbor/Michigan ^{3}2000 (zuerst 1962).
Christof Windhorst, *Täuferisches Taufverständnis*, Leiden 1976.
Jarold Knox Zeman, *The Anabaptists and the Czech Brethren in Moravia, 1526~1628*, Den Haag and Paris 1969.
Alejandro Zorzin, *Karlstadts "Dialogus vom Tauff der Kinder" in einem anonymen Wormser Druck aus dem Jahre 1527*, in: ARG 79 (1988), S. 27~57.
Alejandro Zorzin, *Ludwig Hätzers "Kreuzgang" (1528/9). Ein Zeugnis täuferischer Bildpropaganda*, in: ARG 97 (2006), S. 137~64.

제10장 신앙고백, 동맹, 고통

Rosemarie Aulinger, *Das Bild des Reichstages im 16. Jahrhundert*, Göttingen 1980.
Fritz Blanke, Zwinglis *"Fidei ratio" (1530). Entstehung und Bedeutung*, in: ARG 57 (1960), S. 96~102.
Heinrich Bornkamm, *Die Geburtsstunde des Prostestantismus. Die Protestation von Speyer (1529)*, in: H. Bormkamm, *Das Jahrhundert der Reformation*, Göttingen ^{2}1966, S. 112~25; Neuausgabe Frankfurt a. M. 1983, S. 146~61.
Diethelm Böttcher, *Ungehorsam oder Widerstand? Zum Fortleben mittelalterlichen Widerstandsrechts in der Reformationszeit (1529~1530)*, Berlin 1991.
Diethelm Böttcher, *Die Protestation vom 19. April 1529 gemeinrechtlich betrachtet*, in: ZHF 29 (2002), S. 39~55.
Martin Brecht, Reinhard Schwarz (Hg.), *Bekenntnis und Einheit der Kirche. Studien zum Konkordienbuch*, Stuttgart 1980.
Rolf Decot (Hg.), *Vermittlungsversuche auf Augsburger Reichstag 1530. Melanchthon—Brenz—Vehus*, Stuttgart 1989.
Walter Friedensburg, *Der Reichstag zu Speier 1526*, Berlin 1887 (Nachdruck Nieuwkoop 1970).
Leif Grane, *Die Confessio Augustana*, Göttingen ^{5}1996 (zuerst 1970).
Gabriele Haug-Moritz, *Der Schmalkaldische Bund 1530~1541/2*, Leinfelden-Echterdingen 2002.
René Hauswirth, *Landgraf Philipp von Hessen und Zwingli*, Tübingen und Basel 1968.
Herbert Immenkötter, *Um die Einheit im Glauben. Die Unionsverhandlungen des Augsburger Reichstages im August und September 1530*, Münster ^{2}1974 (zuerst 1973).
Herbert Immenkötter, *Der Reichstag zu Augsburg und die Confutatio*, Münster 1979.
Herbert Immenkötter, Gunther Wenz (Hg.), *Im Schatten der Confessio Augustana. Die Religionsverhandlungen des Augsburger Reichstages 1530 im historischen Kontext*, Münster 1997.
Erwin Iserloh (Hg.), *Confessio Augustana und Confutatio. Der Augsburger Reichstag 1530 und die Einheit*

der Kirche, Münster 1980.

Kaiser Karl V. (1500~1558). Macht und Ohnmacht Europas. Ausstellungskatalog, Bonn und Wien 2000.

Thomas Kaufmann, *Das Bekenntnis im Luthertum des konfessionellen Zeitalters*, in: ZThK 105 (2008), S. 281~314.

Ernst Koch, *Aufbruch und Weg. Studien zur lutherischen Bekenntnisbildung im 16. Jahrhundert*, Berlin 1983.

Alfred Kohler, *Das Reich im Kampf um die Hegemonie in Europa*, München 1990.

Alfred Kohler, Heinrich Lutz (Hg.), *Aus der Arbeit an den Reichstagen unter Karl V.*, Göttingen 1986.

Walther Köhler, *Der Augsburger Reichstag und die Schweiz*, in: Schweizerische Zeitschrift für Geschichte 3 (1953), S. 169~89.

Armin Kohnle, *Reichstag und Reformation. Kaiserliche und städtische Religionspolitik von den Anfängen der causa Lutheri bis zum Nürnberger Religionsfrieden*, Gütersloh 2001.

Armin Kohnle, Eike Wolgast, Art. *Reichstage der Reformationszeit*, in: TRE 28 (1997), S. 457~70.

Johannes Kühn, *Die Geschichte des Speyerer Reichstages 1529*, Leipzig 1929.

Wilhelm Maurer, *Zu Entstehung und Textgeschichte der Schwabacher Artikel*, in: *Theologie in Geschichte und Kunst. Festschrift Walter Elliger*, hg. v. Siegfried Herrmann und Oskar Söhngen, Witten 1968, S. 134~51.

Wilhelm Maurer, *Historischer Kommentar zur Confessio Augustana*, 2 Bde., Gütersloh [2]1979 (zuerst 1976~78).

Bernd Moeller, *Confessio Augustana—Confessio Tetrapolitana. Die Bekenntnisse von 1530 in ihrem Zusammenhang*, in: *Wege der Neuzeit. Festschrift für Heinz Schilling zum 65. Geburtstag*, hg. v. Stefan Ehrenpreis, Ute Lotz-Heumann, Olaf Mörke und Luise Schorn-Schütte, Berlin 2007, S. 57~72.

Gerhard Müller, *Causa Reformations. Beiträge zur Reformationsgeschichte und zur Theologie Martin Luthers*, Gütersloh 1989.

Helmut Neuhaus, *Der Augsburger Reichstag des Jahres 1530. Ein Forschungsbericht*, in: ZHF 9 (1982), S. 167~211.

Christian Peters, *Apologia Confessionis Augustanae*, Stuttgart 1997.

Jan Rohls, *Theologie reformierter Bekenntnisschriften*, Göttingen 1987.

Hans von Schubert, *Bündnis und Bekenntnis 1529/30*, Leipzig 1908.

Hans von Schubert, *Bekenntnisbildung und Religionspolitik 1529/30*, Gotha 1910.

Hans von Schubert, *Der Reichstag zu Augsburg im Zusammenhang der Reformationsgeschichte*, Leipzig 1930.

Paul Tschackert, *Die Entstehung der lutherischen und der reformierten Kirchenlehre samt ihren innerprotestantischen Gegensätzen*, Göttingen 1910 (Nachdruck Göttingen 1979).

Gunther Wenz, *Theologie der Bekenntnisschriften der evangelisch-lutherischen Kirche*, 2 Bde., Berlin und New York 1996~97.

제3부 제1장 지속되는 긴장: 슈말칼덴 전쟁까지 제국 내 상황(1531~46년)

Rosemarie Aulinger, Art. *Nürnberger Anstand*, in: TRE 24 (1994), S. 707f.

Willem de Bakker, Michael Driedger, James Stayer, *Bernhard Rothmann and the Reformation in Münster,*

1530~35, Kitchener Ontario 2009.
Martin Brecht (Hg.), *Martin Luther und das Bischofsamt*, Stuttgart 1990.
Gerhard Brendler, *Das Täuferreich zu Münster 1534/5*, Berlin 1966.
Klaus Deppermann, *Melchior Hoffman*, Göttingen 1979.
Johannes Ehmann, *Luther, Türken und Islam. Eine Untersuchung zum Türken- und Islambild Martin Luthers (1515~1546)*, Gütersloh 2008.
Adam S. Francisco, *Martin Luther and Islam*, Leiden u. a. 2007.
Peter Gabriel, *Fürst Georg III. von Anhalt als evangelischer Bischof von Merseburg und Thüringen 1544~1548/50*, Frankfurt a. M. 1997.
Berndt Hamm, *Lazarus Spengler (1479~1534)*, Tübingen 2004.
Sigrun Haude, *In the Shadow of the "Savage Wolves". Anabaptist Münster and the German Reformation During the 1530s*, Leiden und Boston 2000.
Thomas Kaufmann, *"Türckenbüchlein". Zur christlichen Wahrnehmung "türkischer Religion" in Spätmittelalter und Reformation*, Göttingen 2008.
Karl-Heinz Kirchhoff, *Die Täufer in Münster 1534/5*, Münster 1973.
Ralf Klötzer, *Die Täuferherrschaft von Münster. Stadtreformation und Welterneuerung*, Münster 1992.
Alfred Kohler, *Ferdinand I. 1503~1564*, München 2003.
Das Königreich der Täufer. Reformation und Herrschaft der Täufer in Münster. Stadtmuseum Münster, hg. im Auftrag der Stadt Münster von Barbara Rommé, Katalogtexte: Thorsten Albrecht, 2 Bde., Münster 2000.
Georg Kuhaupt, *Veröffentlichte Kirchenpolitik. Kirche im publizistischen Streit zur Zeit der Religionsgespräche*, Göttingen 1998.
Athina Lexutt, *Rechtfertigung im Gespräch. Das Rechtfertigungsverständnis in den Religionsgesprächen von Hagenau, Worms und Regensburg 1540/41*, Göttingen 1996.
Albrecht Pius Luttenberger, *Glaubenseinheit und Reichsfriede. Konzeptionen und Wege konfessionsneutraler Reichspolitik 1530~1552 (Kurpfalz, Jülich, Kurbrandenburg)*, Göttingen 1982.
Albrecht Pius Luttenberger, *Konfessionelle Parteilichkeit und Reichspolitik. Zur Verhandlungsführung des Kaisers und der Stände in Regensburg 1541*, in: *Fortschritte in der Geschichtswissenschaft durch Reichstagsaktenforschung*, hg. v. Heinz Angermeier und Erich Meuthen, Göttingen 1999, S. 65~101.
Hubertus Lutterbach, *Der Weg in das Täuferreich von Münster. Ein Ringen um die heilige Stadt*, Münster 2006.
Heinrich Lutz (Hg.), *Das römisch-deutsche Reich im politischen System Karls V.*, München und Wien 1982.
Friedrich Prüser, *England und die Schmalkaldener 1535~1540*, Leipzig 1929 (Neudruck New York und London 1971).
Heinz Schilling, *Aufstandsbewegungen in der stadtbürgerlichen Gesellschaft des Alten Reiches. Die Vorgeschichte des Münsteraner Täuferreichs, 1525~1534*, in: Hans-Ulrich Wehler (Hg.), *Der Deutsche Bauernkrieg 1524~1526*, Göttingen 1975, S. 193~238.
Heinz Schilling, *Karl V. und die Religion—das Ringen um Reinheit und Einheit des Christentums*, in: H. Schilling, *Ausgewählte Abhandlungen zur europäischen Reformations- und Konfessionsgeschichte*, hg. v. Luise Schorn-Schütte und Olaf Mörke, Berlin 2002, S. 47~118.

Winfried Schulze, *Reich und Türkengefahr im späten 16. Jahrhundert*, München 1978.
Günther Wartenberg, *Moritz von Sachsen und die albertinische Kirchenpolitik bis 1546*, Gütersloh 1988.
Dorothea Wendebourg, *Die Reformation in Deutschland und das bischöfliche Amt*, in: dies., *Die eine Christenheit auf Erden*, Tübingen 2000, S. 195~224.
Rainer Wohlfeil, Artikel *Frankfurter Anstand*, in: TRE 11 (1983), S. 342~46.
Eike Wolgast, *Hochstift und Reformation. Studien zur Geschichte der Reichskirche zwischen 1517 und 1648*, Stuttgart 1995.
Walter Ziegler, *Die Entscheidung deutscher Länder für oder gegen Luther. Studien zur Reformation und Konfessionalisierung im 16. und 17. Jahrhundert*, Münster 2008.

제2장 가톨릭 개혁으로의 먼 길

Remigius Bäumer (Hg.), *Concilium Tridentinum*, Darmstadt 1979.
Reinhold Baumstark (Hg.), *Rom in Bayern. Kunst und Spiritualität der ersten Jesuiten*, München 1997.
Rainer Berndt (Hg.), *Petrus Canisius SJ (1521~1597)*, Berlin 2000.
Thomas Brockmann, *Die Konzilsfrage in den Flug- und Streitschriften des deutschen Sprachraums 1518~1563*, Göttingen 1999.
Irene Dingel, Artikel *Religionsgespräche IV. Altgläubig-protestantisch und innerprotestantisch*, in: TRE 28 (1997), S. 654~81.
Helmut Feld, *Ignatius von Loyola. Gründer des Jesuitenordens*, Köln, Weimar und Wien 2006.
Peer Frieß, Rolf Kießling (Hg.), *Konfessionalisierung und Region*, Konstanz 1999.
Klaus Ganzer, *Aspekte der katholischen Reformbewegung im 16. Jahrhundert*, Stuttgart 1991.
Elisabeth G. Gleason, *Gasparo Contarini. Venice, Rome, and Reform*, Berkeley 1993.
Ronnie Po-chia Hsia, *Gesellschaft und Religion in Münster 1535~1618*, Münster 1989 (engl. Original 1984).
Ronnie Po-chia Hsia, *Gegenreformation. Die Welt der katholischen Erneuerung 1540~1770*, Frankfurt a. M. 1998 (engl. Original 1998).
Wibke Janssen, *"Wir sind zum wechselseitigen Gespräch geboren", Philipp Melanchthon und die Reichsreligionsgespräche von 1540/41*, Göttingen 2009.
Hubert Jedin, *Geschichte des Konzils von Trient*, 4 Bde., Freiburg/Breisgau 1949~75; [3]1978.
Georg Kuhaupt, *Veröffentlichte Kirchenpolitik. Kirche im publizistischen Streit zur Zeit der Religionsgespräche (1538~1541)*, Göttingen 1998.
Gottfried Maron, Artikel *Katholische Reform und Gegenreformation*, in: TRE 18 (1989), S. 45~72.
Gottfried Maron, *Ignatius von Loyola. Mystik, Theologie, Kirche*, Göttingen 2001.
Peter Matheson, *Cardinal Contarini at Regensburg*, Oxford 1972.
Gerhard Müller, *Die römische Kurie und die Reformation 1523 bis 1534. Kirche und Politik während des Pontifikates Clemens' VII.*, Gütersloh 1969.
Gerhard Müller (Hg.), *Die Religionsgespräche der Religionszeit*, Gütersloh 1980.
John W. O'Malley, *The Jesuits. Culture, Science and the Arts, 1540~1773*, Toronto 2000.
John W. O'Malley, *Trent and All That. Renaming Catholicism in the Early Modern Era*, London 2000.
Wolfgang Reinhard, *Gegenreformation als Modernisierung? Prolegomena zu einer Theorie des konfessionellen*

Zeitalters, in: ARG 68 (1977), S. 226~52.
Wolfgang Reinhard, Heinz Schilling (Hg.), *Die katholische Konfessionalisierung*, Gütersloh 1995.
Dieter J. Weiß, *Katholische Reform und Gegenreformation*, Darmstadt 2006.
Dorothea Wendebourg, *Die Ekklesiologie des Konzils von Trient*, in: dies., *Die eine Christenheit auf Erden*, Tübingen 2000, S. 147~63.
Eike Wolgast, *Das Konzil in der Erörterung der kursächsischen Theologen und Politiker*, in: ARG 73 (1982), S. 122~52.
Wolfgang Zimmermann, *Rekatholisierung, Konfessionalisierung und Ratsregiment. Der Prozeß des politischen und religiösen Wandels in der österreichischen Stadt Konstanz 1458~1637*, Sigmaringen 1994.

제3장 마지막 가열과 냉랭한 타협

Robin B. Barnes, *Prophecy and Gnosis. Apocalypticism in the Wake of the Lutheran Reformation*, Stanford 1988.
Winfried Becker (Hg.), *Der Passauer Vertrag von 1552. Polotische Entstehung, reichsrechtliche Bedetung und konfessionsgeschichtliche Bewertung*, Neustadt an der Aisch 2003.
Wolfgang Brückner, *Lutherische Bekenntnisgemälde des 16. bis 18. Jahrhunderts*, Regensburg 2007.
Fritz Büsser, *Heinrich Bullinger. Leben, Werk und Wirkung*, 2 Bde., Zürich 2004~05.
Emidio Campi, Peter Opitz (Hg.), *Heinrich Bullinger. Life—Thought—Influence*, 2 Bde., Zürich 2007.
Irene Dingel, Günther Wartenberg (Hg.), *Politik und Bekenntnis. Die Reaktionen auf das Interim von 1548*, Leipzig 2006.
Scott C. Dixon, Luise Schorn-Schütte (Hg.), *The Protestant Clergy of Early Modern Europe*, Houndmills 2003.
Volker Henning Drecoll, *Der Passauer Vertrag*, Berlin und New York 2000.
Robert von Friedeburg, *Widerstandsrecht und Konfessionskonflikt. Notwehr und gemeiner Mann im deutsch-britischen Vergleich 1530~1669*, Berlin 1999.
Daniel Gehrt, *Ernestinische Konfessionspolitik vom Augsburger Interim 1548 bis zur Konkordienformel 1577*, Leipzig 2009 (voraussichtlich).
Axel Gotthard, *Der Augsburger Religionsfrieden*, Münster 2004.
Kaspar von Greyerz, Thomas Kaufmann, Anselm Schubert (Hg.), *Frühneuzeitliche Konfessionskulturen*, Gütersloh 2008.
Martin Heckel, *Deutschland im konfessionellen Zeitalter*, Göttingen ^{2}2001 (zuerst 1983).
Johannes Herrmann, *Moritz von Sachsen (1521~1553). Landes-, Reichs- und Friedensfürst*, Beucha 2003.
Carl A. Hoffmann u. a. (Hg.), *Als Frieden möglich war. 450 Jahre Augsburger Religionsfrieden*, Regensburg 2005.
Thomas Kaufmann, *Das Ende der Reformation. Magdeburgs "Herrgotts Kanzlei" (1548~1551/2)*, Tübingen 2003.
Thomas Kaufmann, *Konfession und Kultur. Lutherischer Protestantismus in der zweiten Hälfte des Reformationsjahrhunderts*, Tübingen 2006.
Ernst Koch, *Das konfessionelle Zeitalter—Katholizismus, Luthertum, Calvinismus (1563~1675)*, Leipzig

2000.

Robert Kolb (Hg.), *Lutheran Ecclesiastical Culture 1550~1675*, Leiden und Boston 2008.

Volker Leppin, *Antichrist und Jüngster Tag. Das Profil apokalyptischer Flugschriftenpublizistik im deutschen Luthertum 1548~1618*, Gütersloh 1999.

Volker Leppin, Georg Schmidt, Sabine Wefers (Hg.), *Johann Friedrich I.—der lutherische Kurfürst*, Gütersloh 2006.

Ute Lotz-Heumann, Jan-Friedrich Mißfelder, Matthias Pohlig (Hg.), *Konversion und Konfession in der Frühen Neuzeit*, Gütersloh 2007.

Peter Opitz (Hg.), *Calvin im Kontext der Schweizer Reformation*, Zürich 2003.

Matthias Pohlig, *Zwischen Gelehrsamkeit und konfessioneller Identitätsstiftung. Lutherische Kirchen- und Universalgeschichtsschreibung 1546~1617*, Tübingen 2007.

Nathan Rein, *The Chancery of God. Protestant Print, Polemic and Propaganda against the Empire, Magdeburg 1546~1551*, Aldershot 2008.

Heimo Reinitzer, *Gesetz und Evangelium. Über ein reformatorisches Bildthema, seine Tradition, Funktion und Wirkungsgeschichte*, 2 Bde., Hamburg 2006.

Heinz Schilling, *Das konfessionelle Europa. Die Konfessionalisierung der europäischen Länder seit Mitte des 16. Jahrhunderts und ihre Folgen für Kirche, Staat, Gesellschaft und Kultur*, in: H. Schilling, *Ausgewählte Abhandlungen zur europäischen Reformations- und Konfessionsgeschichte*, hg. v. Luise Schorn-Schütte und Olaf Mörke, Berlin 2002, S. 646~99.

Heinz Schilling, *Die Konfessionalisierung im Reich. Religiöser und gesellschaftlicher Wandel in Deutschland zwischen 1555 und 1620*, in: ebenda, S. 504~40.

Heinz Schilling, Heribert Smolinsky (Hg.), *Der Augsburger Religionsfriede 1555*, Gütersloh 2007.

Alexander Schmidt, *Vaterlandsliebe und Religionskonflikt. Politische Diskurse im Alten Reich (1555~1648)*, Leiden und Boston 2007.

Bernd Christian Schneider, *Ius Reformandi*, Tübingen 2001.

Luise Schorn-Schütte (Hg.), *Das Interim 1548/50. Herrschaftskrise und Glaubenskonflikt*, Gütersloh 2005.

Thomas Töpfer, *Die Leucorea am Scheideweg. Der Übergang von Universität und Stadt Wittenberg an das albertinische Kursachsen 1547/48*, Leipzig 2004.

Olli-Pekka Vainio, *Justification or Participation in Christ. The Development of the Lutheran Doctrine of Justification from Luther to the Formula of Concord (1580)*, Leiden und Boston 2008.

Andreas Waschbüsch, *Alter Melanchthon. Muster theologischer Autoritätsstiftung bei Matthias Flacius Illyricus*, Göttingen 2008.

Mark David Whitford, *Tyranny and Resistance. The Magdeburg Confession and the Lutheran Tradition*, St. Louis 2001.

그림 출처 및 해설

그림 1 (38~39쪽): Europa und die habsburgischen Gebietserweiterungen im 16. Jahrhundert, 출처: Heinz-Dieter, *Die Habsburger. Dynastie und Kaiserreiche*, München: C. H. Beck 2001 (^{3}2006), S. 54f.

그림 2 (73쪽): *Wallfahrt zur >Schönen Maria< von Regensburg*. Holzschnitt von Michael Ostendorfer, um 1519. 형상에 대한 경건의 과장된 묘사는 '우상 숭배'를 시각화한 예술가의 평가 표시일 것이다.

그림 3 (82쪽): Deutsche Fassung des sogenannten *Großen Rosenkranzes* von Erhard Schön (um 1515). 상부 텍스트는 로사리오 기도와 결부된 면죄에 대해 알려준다. 하부 텍스트는 그리스도의 인간성, 마리아, 사도, 예언자, 성자들을 통한 '삼위일체' 신 숭배를 설명한다. 도상의 하부는 연옥을 묘사한다.

그림 4 (106쪽): Titelblatt der zweiten Sammlung *Dunkelmännerbriefe* (*Epistolae Obscurorum virorum ad Magistrum Ortvinum Gratium* 〈...〉, Speyer [fingiert: Köln]: Jakob Schmidt 1517); VD 16 1723. 이 책은 주로 울리히 폰 후텐에 의해 집필되었고 익명으로 출판되었다.

그림 5 (132쪽): Erstdruck von Luthers *Thesen gegen die scholastische Theologie* (Wittenberg: Johannes Rhau-Grunenberg 1517).

그림 6 (187쪽): Kardinal Albrecht von Brandenburg. Kupferstich von Lucas Cranach d. Ä. (1520).

그림 7 (203쪽): *On Aplas von Rom kan man wol selig werden durch anzaigung der götlichen hailigen geschrifft*. (Augsburg: Melchior Ramminger 1520); VD 16 O 527. 익명의 팸플릿이다. 같은 표제의 목판화가 다른 문서에도 사용되었다.

그림 8 (228쪽): Andreas Bodenstein von Karlstadt, *Fuhrwagen* beziehungsweise *Himmels- und Höllenwagen*. Einblattholzschnitt von Lucas Cranach d. Ä., mit zahlreichen Inschriften von Karlstadt, Wittenberg 1519.

그림 9 (247쪽): Martin Luther, *Eyn Sermon von dem Hochwirdigen Sacrament / des heyligen*

Figuren Bapstesels zu Rom und Munchkalbs zu Freyberg in Meyszen 〈...〉, Wittenberg 1523, A 1^{v}; VD 16 L 4421; WA 11, S. 361f.; 371.

그림 24 (468쪽): Spottblatt auf Gegner Luthers. Einblattdruck (um 1521). 왼편에서 오른편으로 토마스 무르너, 히에로니무스 엠저, 교황 레오 10세, 요하네스 에크, 요하네스 렘프이다.

그림 25~28 (470~73쪽): *Passional Christi und Antichristi*. Holzschnitte von Lucas Cranach d. Ä.; 독일어 판 [Wittenberg: Johannes Rhau-Grunenberg 1521]; VD 16 L 5587; Köhler, *Bibl.*, Bd. 1, Nr. 2612; MF 1652, Nr. 4259, C 2^{v}~3^{r}; C 3^{v}~4^{r}; C 4^{v}~[D] 1^{r}; [D] 1^{v}~[D] 2^{r}. 그림에서의 서명은 마르틴 루터의 것인 듯하다. 소책자에는 26개의 목판화가 들어 있다. 2개의 그림이 각각 서로 대립되도록 배열되어 있다.

그림 29 (475쪽): *Inhalt zweierley predig / yede in gemein in einer kurtzen summ begriffen*. 삽화가 있는 팸플릿, Nürnberg (um 1529/30). 목판화는 게오르크 펜츠(Georg Pencz)의 것이다. 한스 작스는 세 개 란으로 구분하여 개신교와 교황파 설교자들의 가르침을 요약 집필했다.

그림 30 (483쪽): Johannes Cochläus, *Sieben Köpffe Martini Luthers. Vom Hochwirdigen Sacrament des Altars*, Leipzig: Valentin Schumann 1529, Titelseite (Holzschnitt); VD 16 C 4391; Köhler, *Bibl.*, Bd. 1, Nr. 578. 일곱 머리는 왼편부터 오른편으로 다음을 나타낸다. 박사모를 쓴 박사, 수도승 두건을 쓴 루터, 루터-투르크인과 선동자, 교회인-설교자, 열광주의자, 교회 시찰자(즉 교회 조직가), 그리고 바라바(즉 빌라도가 그리스도 대신 사면한 강도).

그림 31 (497쪽): *An die versamlung gemayner Pawerschafft / so in Hochteütscher Nation / und vil anderer ort / mit empörung unn auffrur entstanden* 〈...〉 [Nürnberg: Hieronymus Höltzel 1525]; VD 16 A 2436.

그림 32 (499쪽): Der deutsche Bauernkrieg 1524~1526, 출처: Ernst Walter Zeeden, *Hegemonialkriege und Glaubenskämpfe 1556~1648*, Propyläen-Geschichte Europas 2, Frankfurt/Main: Propyläen ^{2}1980, S. 236.

그림 33 (585쪽): Kaiser Karl V. und Papst Clemens VII. in Bologna. 니콜라우스 호겐베르크(Nicolaus Hogenberg, 1500년 뮌헨에서 출생, 1539년 메헬렌에서 사망)의 동판화. 승리감에 들뜬 시가 행진에서 황제와 교황이 하나의 천개(天蓋) 아래 말을 탔고, 뒤를 이어 성 페트로니오 교회에서 대관식이 열렸다. 그림은 보편적 권력의 상징적 통일을 묘사하며 황제의 위탁으로 제작된 듯하다.

그림 34 (636쪽): Karte zur konfessionellen Verteilung im Reich bis 1546/47, 출처: Hans Erich Stier u. a. (Hg.), *Völker, Staaten und Kulturen*, Braunschweig: Westermann 1973, S. 54f.

그림 35 (647쪽): *Iohan Mathys van Haerleem een propheet der geestdryvers*. Jan Matthijs (gest. 1534) nach einem Kupferstich von Christoffel von Sichem (etwa 1605/06).

그림 36 (648쪽): *Die Ordnung der Widerteuffer zu Münster* 〈...〉, [Nürnberg] 1535; VD 16 O 883.

그림 37 (649쪽): *Johan van Leiden eyn koninck der wederdoper* 〈...〉. Jan van Leiden nach einem Kupferstich von Heinrich Aldegrever (1536).

그림 38 (651쪽): *Des Münsterischen Königreichs und Widertauffs an und abgang* 〈...〉 [o. O., 1536]; VD 16 M 6732.

그림 39 (671쪽): Martin Luther, Lucas Cranach d. Ä.: *Abbildung des Papsttums*, Wittenberg 1545. Doppelbild: 》Papa dat Concilium in Germania《(교황이 독일에서 공의회를 허락한다). 》Papa Doctor Theologiae et Magister Fidei《(신학 박사이자 신앙의 교사 교황). 왼편: 교황이 돼지를 타고 있다. 오른편: 백파이프 연주자로서 교황관을 쓴 나귀.

그림 40 (691쪽): Tizian Vecellio, Reiterbildnis Karls V. nach der Schlacht bei Mühlberg (1548).

그림 41 (701쪽): *Der unschuldigen Adiaphoristen Chorrock / darüber sich die unrugige und Störrische Stoici mit ihnen zancken* [Magdeburg: Pancratius Kempff], 출판 연대 미상. 그림 중앙에 아디아포라의 상징으로서 백의(白衣)가 있다. 오른편 신학자들, 마그데부르크 그룹(왼편에서 오른편으로 에라스무스 알버, 마티아스 플라치우스, 니콜라우스 폰 암스도르프, 니콜라우스 갈루스)은 이것을 무해한 것으로 만들고, 반면 그것의 악마적 성격을 폭로한다. 백의의 메커니즘을 통해 관찰자는 마그데부르크 출판가들에 의해 계몽된다.

찾아보기

| ㄴ |

| ㄷ |

| ㄹ |

| ㅁ |

| ㅂ |

| ㅇ |

| ㅈ |

| ㅎ |

지은이 소개

토마스 카우프만(Thomas Kaufmann, 1962~)은 독일의 루터파 교회사가이다. 쿡스하펜에서 태어나 1981년 김나지움을 졸업했다. 1981~87년 뮌스터, 튀빙겐, 괴팅겐 대학에서 개신교 신학을 공부했고, 1987년 하노버에서 첫 번째 신학 시험을 통과했다. 1989~93년에는 괴팅겐에서 베른트 묄러와 함께 연구를 진행했다. 1990년 그는 괴팅겐 대학에서 스트라스부르 종교개혁가들의 성만찬 신학에 관한 연구로 박사학위를 취득했다. 1993~94년에는 연구조교로 일했으며, 1994년 역시 괴팅겐 대학에서 교회사로 하빌리타치온을 받았다. 1996년 뮌헨 대학의 교회사 교수로 부임했다가, 2000년 괴팅겐 대학으로 자리를 옮겨 베른트 묄러의 후임으로 지금까지 그곳에서 교회사를 가르쳐오고 있다. 2003/05년에는 이 대학 신학대학의 학장직을 맡았고, 2005년 바젤 대학, 2011년 에를랑겐 대학으로부터 초빙을 받았으나 이를 거절했다.

그의 주요 연구 주제는 종교개혁기와 근대 초기의 교회사, 신학사, 그리스도교사이다. 마르틴 루터의 일대기, 유럽 종교개혁의 역사, 독일 종교개혁의 역사를 다룬 책을 썼다. 괴팅겐 과학아카데미의 정회원이며, 2012~16년에는 아카데미의 첫 번째 부의장으로 일하기도 했다. 2016년 5월 5일, 요아힘 링레벤의 후임으로 부르스펠데 수도원의 원장직을 맡았다. 그 밖에 2011년부터 지금까지 종교개혁사 학회의 회장으로 있기도 하다. 2017년 1월 13일 카우프만은 노르웨이 오슬로 신학대학으로부터 종교개혁사 연구에서 이룬 성과를 인정받아 명예박사학위를 수여받았다. 루터의 신앙고백에 대한 그의 해석은 스칸디나비아에서 큰 주목을 얻었다.

저서로 *Die Abendmahlstheologie der Strassburger Reformatoren bis 1528*(1992), *Das Ende der Reformation: Magdeburgs "Herrgotts Kanzlei" 1548~1551/2*(2003), *Konfession und Kultur: Lutherischer Protestantismus in der zweiten Hälfte des Reformationsjahrhunderts*(2006), *Erlöste und Verdammte: Eine Geschichte der Reformation*(2016), *Geschichte der Reformation in Deutschland*(2016) 등이 있다.